묵점 기세춘 선생과 함께하는

實學思想

實學思想

1판 1쇄 인쇄_ 2012년 3월 30일
1판 1쇄 발행_ 2012년 4월 15일

지은이_ 기세춘

펴낸곳_ 바이북스
펴낸이_ 윤옥초

책임편집_ 이현실
편집팀_ 이성현, 도은숙, 김태윤, 문아람
책임디자인_ 방유선, 박은숙
디자인팀_ 윤혜림, 이민영, 남수정, 윤지은

ISBN_ 978-89-92467-64-3 03150

등록_ 2005. 07. 12 | 제 313-2005-000148호

서울시 마포구 서교동 395-166 서교빌딩 703호
편집 02) 333-0812 | 마케팅 02) 333-9077 | 팩스 02) 333-9960
이메일 postmaster@bybooks.co.kr
홈페이지 www.bybooks.co.kr

책으로 아름다운 세상을 만드는 - 바이북스

묵점 기세춘 선생과 함께하는

實學思想

바이북스
ByBooks

필자의
변명

　이 책은 임진왜란과 정유재란, 두 차례의 왜란이 끝난 17세기 초부터 동학 혁명이 일어난 19세기까지 중세적인 성리학을 지양하고 새로운 나라를 위한 근대적인 학문을 지향했던 조선 실학자들의 사상을 종합적이고 체계적으로 조감할 수 있는 개론서입니다. 사실 '실학'에 대해서는 많은 학자의 연구가 축적되어 있고 그 성과물도 다수 출판되어 있지만 이는 특정한 한 부문에 대한 연구이거나 선인들의 인간적인 면모를 보여주는 미시적 생활사를 엿보는 것일 뿐 실학사상에 대한 개론서는 처음인 것 같습니다.

　요즘의 실학책들은 선인들의 옛 기술론이나 사생활의 미담과 청렴한 공직자상만을 다루고 있습니다. 실학의 태동은 전 국토가 잿더미가 되고 인구의 절반이 죽임을 당해야 했던 왜란 이후 성리학의 실효성에 대한 회의에서 출발하였고, 그 결실이 동학 혁명이라고 한다면 이러한 학문적 경향은 결코 적실한 것이 아닙니다. 선인들의 인간적이고 따뜻한 모습은 항구적인 가치이므로 오늘날 서양화되고 자본에 포섭된 대중의 취향에도 영합할 수 있어 잘 팔리기야 하겠지만, 거기서는 선각자의 시대적 고민과 사상은 은폐되어버립니다. 미시적 생활사를 무시하자는 것은 아닙니다. 다만 잎과 열매가 무성함은 햇볕과 토양, 줄기와 뿌리 때문이며 토양과 줄기가 다르면 싱그러움도 다른 것처럼, 왕조 시대에 청렴했던 공직자와 히틀러나 일본 총독 밑에서 청렴했던 공직자는 청렴한 것은 같으나 그들의 철학과 사상은 같지 않다는 것입니다.

　그래서 책 이름을 '실학'이라 하지 않고 '실학사상'이라 한 것입니다. 필자는 오래전부터 '한국 사상 논문집'은 있으나, 우리 학자들이 지은 '한국 사상사'는 없으며, '실학 논문집'은 있으나 '실학사상 개론'은 없다는 것을 안타까워했습니다. 이런 필요를 메워주기 위한 것이 이 책입니다. 이미 실학에 관심을 두었던 독자들에게는 실학사상을 체계적으로 조감할 수 있는 기회가 될 수 있고, 처음으로 실학을 접하는 독자들에게는 큰 줄기와 가닥을 잡을 수 있어 공부하는 수고를 덜어드릴 수 있을 것입니다. 특히 서양 사상에 길든 대학생들이 한국 사상의 진면목을 볼 수 있었으면 하는 바람입니다.

실학사상은 박물관에 잠자는 역사의 유물이 아닙니다. 우리 선조들의 삶을 지배했던 성리학적 이데올로기는 많은 실학자의 노력에도 불구하고 우리 자력으로 지양해내지 못했고, 유교적 인간론은 지금도 우리의 핏줄 속에 살아서 우리의 행동을 규제하고 있습니다. 그러므로 그것을 창조적으로 지양하고 새로운 시대를 열려고 했던 실학자들의 고민과 정신은 아직도 우리에게 유효합니다.

'성리학 개론'과 '실학사상 개론'의 자료를 정리하게 된 계기는 15년 전으로 거슬러 올라갑니다. 필자는 일찍이 북한 주체사상의 연원을 마르크스와 묵자로부터 찾으려 했으나 오히려 유교적 세계관이 더욱 깊숙이 개입된 것을 알게 되었습니다. 그래서 1997년 『주체철학 노트』를 출간하면서 다음에는 '동양 주체 철학'을 쓰겠다고 다짐하며 다음과 같이 서문을 썼습니다.

> 우리가 지금 주체를 말하는 것은, 지금까지 지배자들이 모든 것을 피지배자들의 책임으로 돌리기 위해 도덕적 인격과 형이상학적 인성을 들먹이는 것에 반발하면서, 반대로 모든 책임을 사회의 제도와 구조 등 사회관계에 돌렸던 종전의 태도에서 벗어나는 것입니다. 그것은 또한 서구화 합리화에 세뇌되어 객관적이고 과학적인 것만이 진리이고 전통과 문화와 관습 등 주관적인 기억은 파괴해버려야 할 나쁜 것이라는 생각에서 벗어나는 것이기도 합니다.
>
> 『주체철학노트』, 세훈, 1997년

흔히 제도와 구조 문제는 정치 사회 과학의 문제이고 주체 문제는 철학이나 문학의 영역이라고 생각합니다. 그러나 실학자들은 제도 개혁과 심성 계몽을 별개로 보지 않고 아울렀습니다. 그러므로 선인들에게서 제도와 개인의 조화를 발견할 수 있을 것으로 기대했습니다.

그러나 필자는 자료를 수집하고 정리하는 5년여 동안 두 가지를 고민하며 망설였습니다. 하나는 '동양 주체 철학'에 대해서는 앞선 사례가 전무한 형편에서 필자 단독의 능력만으로는 부족하다는 것이고, 둘째는 주제가 너무 광범위하여 축약한다고 해도 분량이 너무 많고 내용도 무거워 흔쾌히 출간해줄 출판사를 찾기가 난망하다는 것이었습니다. 그러던 중 정리했던 자료를 교재로 삼아 동양 사상 강좌를 열었으며, 급기야 뜻있는 출판사를 만나 이 자료들을 유가, 묵가, 도가, 주역, 법가, 성리학, 실학 등 일곱 권으로 분책하여 출판하기로 계약하고, 2002년에 그중

네 권을 출간했습니다. 그러나 독자들에게 이미 예고한 나머지 세 권은 계약을 해지하고 출간을 중지했습니다.

출판을 앞두고 '실학 개론'의 원고를 다시 검토한 결과 도저히 만족스럽지 못했고 스스로 만용임을 깨달았던 것입니다. 다양하며 이질적이기도 한 여러 실학자를 필자의 주체철학의 시각으로 짜인 틀 속에 가두어버림으로써 많은 주제를 놓치고, 각자의 깊은 시대적 고민과 사상은 고사하고 통론도 겉핥기에 불과하다는 반성에서였습니다. 도리어 한 분 한 분의 개성과 온전한 모습을 오롯이 보여주지 못하고 정형화해버리는 어리석음을 범할 수 있기 때문입니다. 그동안의 노력이 허사라는 자괴감이 엄습했습니다. 결국 이러한 종합적인 사상서는 인물별, 분야별 전문 학자들의 집단적 작업을 기다려야 한다고 위로하며 물러서기로 했습니다.

그러나 그 후 필자는 노촌 이구영 선생의 이문학회, 한남대 인돈학술원, 묵자학회 등에서 '성리학 개론'과 '실학사상 개론'을 강의하면서 미련을 버리지 못하고 초고를 다시 점검하여 3년 만에 수정본을 탈고했습니다. 그리고 2007년에 출판 계약을 했습니다. 미흡한 줄 알면서도 출판하려고 한 것은 강의를 들은 후학들의 관심과 열성 그리고 전혀 새로운 것을 발견한 듯 놀라워하는 모습에 감명을 받았기 때문입니다. 어느 제자의 독백은 저에게 큰 용기를 주었습니다.

누구나 지봉, 성호, 교산, 연암, 다산, 혜강을 조금은 안다고 생각한다. 그러나 나는 묵점 선생의 강의안을 읽고서야 비로소 내가 청맹이었음을 알았다. 특히 문인이라면 6세기 양나라 문학 이론가인 유협의 《문심조룡文心雕龍》은 못 읽어도 이 강의안에 수록된 연암과 다산의 서로 대치되는 문예론 정도는 읽어야 한다. 우리의 눈을 열어줄 것이다.

계약 이후에도 여러 곳에서 '실학사상' 강좌를 열었지만 두 번째 탈고한 원고를 또다시 손질하는 지루함에 게으름을 피우다가 초고를 내놓은 지 10년 만에 출간하게 되었습니다. 지금도 만족스럽지 못하지만 독자들에게 15년 전에 한 약속을 지킬 수 있어 기쁩니다.

그러나 독자 여러분께 고백하지 않을 수 없습니다. 이 책에는 많은 위대한 선각자가 등장합니다. 저는 그분들의 사색의 깊이와 넓이를 다 헤아렸다고 도저히 장담할 수 없습니다. 두레박줄은 거의 닿은 듯하지만 아직 우물을 길을 수 없다(汔至亦未繘井)는 『주역周易』의 글귀를 70 평생 좌우명으로 삼아온 저는 두레박줄은 길어야 한다는 강박 관념으로 많은 책을 섭렵하려 했습니다. 종교, 철학, 시, 소설 등 동서양의 고전과 정치, 경제, 사회 과학은 물론 과학 서적까지 탐독했습니다. 그러나 우둔한 저는 도무지 우물 안 개구리일 뿐이었습니다. 그래서 우물을 박차고 뛰쳐나오려고 발버둥쳤습니다. 그러나 말뚝에 매인 밧줄은 아무리 늘리려 해도 여전히 밧줄 길이만큼의 둘레를 벗어나지 못한다는 것을 알았습니다. 공자와 주자를 성인으로 숭배하던 서당집 아이가 열렬한 기독교 신자로, 마르크스주의자로, 그리고 스님이 되려고도 했습니다. 그렇지만 언제나 맴을 돌 뿐이었습니다. 그리고 늘 허전했습니다. 세상이 몇 번인가 바뀌었지만 내 마음의 우물은 여전히 얕고 메말라 있었습니다. 고을은 바뀌어도 우물은 바뀌지 않는다(改邑不改井)는 『주역』의 경구대로 역시 나의 우물은 북해와 대양을 닮을 수 없었습니다. 이제 생각해보니 바로 그 말뚝은 민족과 민중이란 담론이었습니다. 일제 강점기에 조부와 부친의 고초를 곁에서 보고 느낀 망국의 서러움과 몸소 체험했던 6·25 전쟁 중의 굶주림은 어린 제 마음에 대못을 박은 것 같습니다. 그리고 거의 70 평생을 민족 민주 운동권 주변에서 맴돈 삶의 궤적에서 헤어나지 못하는 모양입니다. 이렇게 부질없는 인생담을 늘어놓는 것은 제 모든 글이 그러한 마음의 울타리를 맴돌고 있었음을 고백하고자 하는 것입니다. 이번에는 되도록 종교, 철학, 문학까지 시선을 넓히려고 노력했으나 여전히 여러 선각자의 민족 민중 문제에 대한 고민에 초점이 모아져 편협하다는 비판을 면할 수 없을 것 같습니다. 독자 여러분께서 이 점 혜량하시기 바랍니다.

아울러 이 책은 앞선 여러 학자의 많은 연구 성과를 토대로 이루어진 것임을 재삼 밝혀두어야 하겠습니다. 그분들의 학문적 성과에 경의를 표합니다. 그러나 일일이 거명하지 않았습니다. 이 책의 인용문 선택과 번역 및 해석은 전적으로 필자의 책임이기 때문입니다. 부족한 점은 독자들의 성원이 있어 개정판이 허락된다면 수정 보완해나가겠습니다. 앞으로 좋은 사상서가 나올 때까지 징검다리로 만족할 것입니다. 천학비재한 필자로서는 처음으로 '실학사상 개론'을 출간했다는 것만으로도 외람되고 과분한 영광입니다. 선후배님들의 양해와 질정을 간곡히 부탁합니다.

문학이 아니고 경세학이며, 창작이 아니고 번역인 이상 은유적인 윤색은 되도록 삼가야 한다는 고집과 투박한 글쓰기를 탓하지 않고 책을 내주시는 바이북스 편집팀과 이를 성원해주시는 독자 여러분께 깊은 우정과 연대의식을 느낍니다.

독자 여러분! 다시 뵙게 되어 기쁩니다. 또 하나의 짐을 드립니다. 더욱 건강하고 보람 있으시기를 기원합니다.

2012년 3월 어느 날
대전 둔산동 우거에서 기세춘 올림

목차

實學思想

《제5부 유물론적 신학》

1장 | 최한기의 근대적 기학

實學思想

실학의
선구자들

1장
실 학 사 상

실학의
사적 배경

◆

학문이란 시대적 산물이다. 어느 학문이든 그 학자의 시대적 고민과 무관할
수 없다. 조선의 실학도 17세기 조선 사회의 급박한 당면 과제이자 필요에
대한 응답이었다. 당시는 임진왜란(1592~1598)과 병자호란(1636)으로 국토가 황폐화되고 민생이
도탄에 빠진 시기였으며 서양에서는 계몽주의 운동이 일어나던 때였다.

두 번의 왜란은 참혹했다. 왜란 전의 농지는 대체로 80만~90만 결結이었으나 왜란 직후인
1611년에는 54만 결로 줄었고, 800만 명이 넘던 인구는 왜란과 호란이 끝나고 78년이 지난
1676년에 470만 명으로 줄어 있었다. 이는 농토와 인구가 절반으로 줄어들었음을 말해주고 있다.
당시 기록들은 이러한 참상을 다음과 같이 증언하고 있다.

선조실록宣祖實錄/권161

전란 통에 묵었던 전야는 아직 다 일구지 못해   田野未盡闢

버려진 들에는 덤불만 무성하고   汚萊榛莽

가득 찬 달은 쓸쓸히 논두렁 밭두렁을 비추는데   滿月蕭然 畎畝阡陌

어디를 가나 엉덩이 붙이고 살 곳이 없구나!   無迹可据.

유성용柳成龍

서애집西厓集/서애선생문집西厓先生文集/권16/기란후사記亂後事

임진년(1592) 사월 삼십 일 임금의 어가가 서울을 빠져나가자	壬辰四月三十日 車駕出城
백성들은 맨 먼저 장예원과 형조를 불태웠는데	亂民先焚掌隷院刑曹
이 두 곳에 공사의 노비 문서가 있기 때문이다.	蓋以二局公私奴婢文籍所在也.
또한 내탕고에 들어가서	又入內帑庫
값진 금붙이와 폐백을 닥치는 대로 훔쳐 갔다.	搶掠金帛.
그리고 경복궁, 창덕궁, 창경궁 등을 불태워	焚景福宮昌德宮昌慶宮
궁궐이라고는 하나도 남겨두지 않았다.	無一遺者.
적들이 처음 입성했을 때는 궁궐만 불탔고	賊初入城 獨宮闕燒盡
기타 공사公私의 건물은 아직 남아 있었다.	而公私廬舍猶完.
왜장 평수가는 종묘를 숙소로 삼았다.	其將平秀家 館於宗廟.
그러나 밤마다 괴이한 일이 많이 생겼고,	夜間多怪
그 안에서 자던 왜병이 왕왕 폭사하기도 했다.	倭卒之止其內者往往暴死.
평수가는 두려워 소공주택으로 이사하면서	秀家懼 移寓小公主宅
종묘를 불태워버렸다.	而焚宗廟.
다음 해 정월에 명나라 군사가 평양을 수복하자	正月天兵復平壤
왜장 평행장 등이 서울로 패주해 와서	平行長等奔還
혹시 백성들이 내응할까 두려워 몰래 성을 빠져나간 뒤	疑我民爲內應 設詐
하룻밤 사이에 성안의 집들을 모조리 불태워버리고,	一夜盡焚城內家舍
백성들을 거의 다 죽여 살아난 자가 몇 명 되지 않았다.	殺人民殆盡 存者無幾
계사년 사월에 적들이 서울에서 철수했는데,	明年四月賊出城
그때 살아남은 백성 중 또다시 굶주림과 돌림병으로	而因饑餓癘疫
죽은 자가 열 명 중에 여덟아홉 명이나 되었다.	死者又十八九.
이처럼 우리 백성들은 일대 액운을 당한 것이다.	蓋其生民一大厄會.

이수광李睟光

지봉유설類說類說/권1/재이부災異部/기황饑荒

선왕조 계사 갑오년은	頃在先王朝 癸巳甲午年間

왜란을 겪은 다음이어서,	新經倭寇
무명 한 필에 쌀 두 되였고,	木綿一匹直米二升
말 한 필 값이 쌀 서너 말에 불과했다.	一馬價不過三四斗.
굶주린 백성은 백주에 사람을 잡아먹고,	飢民白晝屠剪
부자와 부부가 서로를 잡아먹는 지경에 이르렀다.	至父子夫婦相殺食.[1]
거기에 전염병이 겹쳐서 길에 죽은 시체가 서로 베개 삼았고,	重以疫癘 道路死者相枕
수구문 밖에는 시체가 산을 이루어	水口門外 積屍如山
성벽 위로 두어 길이나 높았다.	高於城數丈.
승도를 동원해서 매장하는데	募僧徒埋瘗之
이듬해인 을미년에 겨우 마칠 수 있었다.	訖乙未乃止.

계사년에 왜병이 서울에서 물러난 후	癸巳京城倭退後
굶어 죽은 시체가 성안에 가득했으며,	餓莩滿城
날마다 굶어 죽어가는 자들을	一日死者
이루 다 헤아릴 수조차 없을 지경이었다.	不紀其數.
선왕께서 하교해 말씀하셨다.	先王敎曰.
근일에 굶주린 백성을 구제할 방법이 없으니,	近日飢民無術可濟
나는 하늘을 우러러 괴롭고 가슴을 불로 지지는 듯 아프다.	予仰天痛爍.
내가 먼저 죽고 싶으나 그럴 수조차 없구나!	欲先死而不得.
관원이 날마다 백미 여섯 되 씩을 내 식량으로 진상하고 있는데,	有司日進白米六升
나는 본래 평일에도 하루 세 끼를 먹지 않으니,	予平日素不食三時
어찌 석 되의 쌀인들 다 먹겠는가?	雖三升之米 寧能盡食.
그래서 매일 석 되 씩을 덜어서 구휼하는	今宜除米三升
다섯 곳에 나누어 보낸다.	分送于賑濟五場.

이처럼 참혹한 미증유의 변란에 속수무책이었던 조선 지배 세력의 무능함은 여실히 폭로되었고, 그들의 지배 이념이었던 성리학의 효용성도 의심을 받게 되었다. 그러나 공리공담에 찌든 지배 세력은 여전히 일말의 반성도 없었다. 급기야 왜란이 그친 지 30년도 되지 않아 또다시 두 차례의 호란을 불러들이고 말았다. 과연 이처럼 무능하고 썩은 지배 세력에 저항하지 않는다면 나라를

---

[1] 『懲毖錄』에도 父子夫婦相食이라고 기록하고 있음.

가질 만한 민족이라고 말할 수 있겠는가? 이때 뜻있는 일군의 신진 사류 사이에서 성리학적 패러다임을 반성하고 수정하는 운동이 일어났으니 이를 우리는 실학 운동이라고 말하는 것이다.

서구의 17세기는 계몽주의 시대다. 왕실과 귀족들의 상업 자본이 식민지를 개척하기 위한 척식 회사를 창립하는 것으로 서구의 17세기는 개막되었다. 영국은 1600년에 네덜란드는 1602년에, 프랑스는 1604년에, 덴마크는 1616년에 각각 동인도 회사를 설립했다. '회사'라는 의제된 인간의 탄생도 새롭지만 동양을 개척하기 위해 서구 열강이 다투어 나선 것도 새로운 것이다.

세상은 급격히 변하고 이에 적응할 수 없는 신神 중심의 중세는 붕괴되고 있었다. 구체제(앙시앵 레짐)는 갈릴레이Galileo Galilei, 1564~1642를 종교 재판에 회부했으나, 지구는 여전히 돌고 있었다. 세르반테스Miguel de Cervantes, 1547~1616는 이렇게 묵은 것과 동거하는 새로운 것에 어리둥절해하는『돈키호테Don Quixote』를 탄생시켰다.

그러나 이러한 혼란은 점차 자라나는 근대의 싹을 막을 수는 없었다. 종교 재판소는 1633년 갈릴레이를 로마에 유폐시켰으나, 1637년 데카르트René Descartes, 1596~1650는 기존의 모든 것을 의심하고 합리주의적으로 사고하는『방법 서설Discours de la méthode』을 발표한다. 급기야 영국에서는 묵은 것과 새것이 전쟁을 시작했고(청교도 혁명, 1642~1660), 새것을 대표하는 크롬웰Oliver Cromwell, 1599~1658의 의회군이 승리함으로써 묵은 것을 대표하는 찰스 1세Charles I, 1600~1649는 처형되었고 공화정이 실시되었다.

이러한 계몽의 열기는 1651년 홉스Thomas Hobbes, 1588~1679의『리바이어던Leviathan』과 1669년 파스칼Blaise Pascal, 1623~1662의『팡세Pensées』를 내놓았고, 드디어 1689년 권리 장전이 채택되어 명예혁명의 승리는 완성되었다. 1690년 이것을 총정리하는 존 로크John Locke, 1632~1704의『인간 오성론Essay concerning human understanding』과 국가 계약설이 발표되었다. 그리고 1687년에 뉴턴Isaac Newton, 1642~1727이 만유인력의 법칙을 발견함으로써 이제 교회에 갇혀 있던 자연은 해방되었다.

그러나 서구 밖의 세계는 아직도 잠에서 깨어나지 못했고 서구 열강의 잠자는 식민지 쟁탈 경쟁은 급기야 1689~1997년 영국 프랑스 식민지 전쟁으로 비화된다.

이러한 17세기에 조선은 어떻게 대응했는가? 조선은 임진왜란이 끝나고, 1600년 명明나라 군대가 조선 땅에서 철수하는 것으로 17세기를 맞는다. 그러나 조선에도 계몽의 싹은 어김없이 트고 있었다. 1608년 대동법 실시, 1610년 허준許俊, 1546~1615의『동의보감東醫寶鑑』, 1618년 허균許筠, 1569~1618의『홍길동전』이 그 어린 싹이었다. 그러나 국제 정세에 눈이 어둡고 정권욕에 눈이 멀어버린 사대부 세력은 중립 외교를 펴는 광해군을 쿠데타로 몰아내고 썩은 그루터기인 명나라를 하늘처럼 섬기며 새로 일어나는 청靑나라를 배척하고, 대항함으로써 1627년 정묘호란을 불러들였다. 이에 패배하여 후금後金과 강화도 조약을 체결했으나 이를 이행하려 하지 않아 다시 1636년 병자호란을 불러들였으며, 1년 만인 1637년에 드디어 청나라에 항복하는 치욕을 겪었다. 급기야 청나라는 1645년 중국을 완정 정복했다. 이에 조선은 공식 외교에서는 청나라에 사대하며 조공을 바치지 않을 수 없게 되었으나 국내 정치용으로는 청나라에 복수하여 멸망한 명나라에 대한 의리를 지키자며 이른바 북벌론을 주장했다.

그러나 이것은 의기 있는 선비들의 자주 자존 정신을 고무한 측면도 없지 않았으나 실은 광해군을 몰아낸 쿠데타 정권의 명분을 옹호하기 위한 정치 술수였을 뿐이었다. 당시 국력은 북벌을 감당할 능력과 의지도 없고 그것을 위한 계획과 준비도 없었기 때문이다. 당시 쿠데타 정권은 자신의 쿠데타 명분을 옹호하기 위해 군대도 없을 뿐만 아니라 백성이 초근목피로 연명하는 피폐한 국력을 아랑곳하지 않고 계속 북벌을 주장하며 멸망한 명나라를 아비 나라로 섬겼다. 급기야 1717년에는 송시열宋時烈, 1607~1689의 유명으로 멸망한 명나라의 죽은 황제인 신종神宗과 의종毅宗의 제사를 지내기 위해 만동묘萬東廟를 건립하고 제사하며 청나라를 원수로 대했다. 그들 북벌론의 근거는 명분론이었다. 즉 단군이 최초로 창조한 조선을 명나라가 다시 창조했으므로 이른바 재조지은再造之恩에 대해 보답해야 한다는 의리와 아울러 호란의 원수를 갚아야 한다는 명분을 내세웠으나 사실은 정권 유지의 술책이었던 것이다.

이처럼 당시 조선의 실정은 네 차례의 왜란과 호란의 참혹한 재난이 겹쳐 통치자들의 현실을 외면한 안일한 명분론과 잔혹한 수탈로 민생이 역사 이래 최악의 상태였으며 국력은 쇠락할 대로 쇠락해져 있었다.

그러나 한편으로 생각하면 민생의 구제는 아랑곳하지 않고 부패와 안일에 젖어 있는 지배 세력으로서는 이러한 거짓 북벌론으로 긴장을 고조하고 추락한 민족의 자긍심을 자위할 수 있었으므로 그들의 명분론은 정권 유지에 유용했을 것이다. 또한 왕조의 입장에서는 정권의 무능과 수탈로 폭발하기 시작한 민란으로 멸망 직전에 처한 위기 상황에서 연이은 왜란과 호란으로 민民의 저항이 무력화됨으로써 되살아난 꼴이 되었다.

그러나 민족과 민생은 더할 나위 없는 상처를 입었다. 없어진 나라를 섬기기 위해 현재 존재하는 나라를 배척함으로써 중국을 통해 들여오던 서양 문물의 유입이 막혔고, 400여 년 동안 외국의 배 한척도 들어오지 않게 되어 고립된 미개국으로 전락되고 말았다. 어느 학자에 따르면 당시 청나라는 국내 총생산(GDP)이 세계 전체 GDP의 3분의 1에 해당할 정도로 경제 대국이었다고 한다(1820년 추계). 이는 오늘날 세계 제일의 경제 대국인 미국 경제가 세계에서 차지하고 있는 비중보다도 더 많은 것이었다. 그러므로 당시 청나라로는 세계 문물이 유입되었다. 그런데 조선은 그들을 적대함으로써 이웃으로서의 이점을 살리지 못하고 문명의 고아가 되고 말았던 것이다.

그러나 개방적인 선각자가 없었던 것은 아니었다. 그들은 민족 자존을 지키기 위해서도 개방이 필요하다는 것을 알았고 그러기에 힘겹고 외로운 목소리를 내고 있었다. 1631년 정두원鄭斗源, 1581~?은 명나라에서 서양 문물을 반입했고, 한백겸韓百謙, 1552~1615은 중국의 고증학考證學을 수입하여 실학을 선구했으며, 이수광李睟光, 1563~1628은 명나라에 사신으로 왕래하면서 습득한 새로운 지식을 종합하여 왜란 직후인 1614년에 우리나라 최초의 백과전서라고 할 수 있는『지봉유설芝峰類說』을 저술했으며, 1618년에는 허균의 이상 사회를 설파한『홍길동전』이 나왔고, 명나라가 멸망하고 26년 후인 1670년에 유형원柳馨遠, 1622~1673이 지은『반계수록磻溪隨錄』은 조선의 실학을 정초하기에 이르렀다.

조선은 그 후 수많은 실학자들의 노력에도 불구하고 1683년부터 시작된 썩은 선비들의 당쟁이 격화되어 나라를 혁명하지 못하고 1905년 일본에 합병되고 말았다.

◆ 임진왜란과 병자호란 이후 연표

■ 이황(1501~1570)   ■ 이이(1536~1584)

연대	국내 상황	국외 상황
1500년대	1559년~1561년 임꺽정 민란. 1589년 정여립의 대동계 모반 사건. 1592년 4월 13일 임진왜란 　　　　(육군 15만 명 수군 8,000명으로 침입함). 　　　　6월 1일 선조 평양으로 피신. 　　　　6월 13일 왜군 평양 함락. 　　　　12월 이여송의 명군 4만 명 압록강 건너옴. 1597년 1월 정유재란(왜군 20만 명 재침). 1598년 도요토미 히데요시 사망, 이순신 전사.	1598년 프랑스 낭트 칙령으로 신교는 신앙의 　　　　자유 획득.
1600년대	1600년 명군 철수. 1605년 사명당이 일본에서 포로 3,000여 명 인솔 　　　　귀국. 1614년 이수광 조선의 백과사전『지봉유설』지음. 1618년 허균『홍길동전』지음. 1627년 정묘호란(인조반정을 빌미로 3만 명의 　　　　병력으로 침입. 강화도로 피신. 형제의 맹약). 1636년 병자호란(조선이 청나라 황제 명의의 국서를 　　　　거절하자 청나라 태종이 20만 대군으로 침입) 1637년 강화도 함락. 인조는 삼전도에서 청에 항복. 1638년 김육 충청도에 대동법 시행 건의. 　　　　(1650년에 실시). 1644년 북경 함락 명나라 의종 자살.	1601년 영국 네덜란드 동인도 회사 설립. 1603년 일본 에도 막부 시대 개막. 1604년 로마 과학 아카데미 설립. 1604년 셰익스피어『오셀로』지음. 1605년 에스파냐 세르반테스『돈키호테』지음. 1612년 덴마크 동인도 회사 설립. 1622년 일본 막부는 태국과 마카오와의 무역 　　　　허가함. 1637년 데카르트『방법 서설』지음. 1644년 영국 청교도 혁명. 1651년 홉스『리바이어던』발표. 1687년 뉴턴 만유인력 발견.

	1653년 조선 탕약망이 만든 시헌력 사용 결정. 1656년 유형원 『동국여지』 저술 1659년 예송이 일어남(당쟁 격화). 1660년 최재우 동학교를 창시함. 1670년 유형원 『반계수록』 지음. 　　　　김만중 『서포만필』 지음.	1689년 영국 명예혁명. 권리 장전 발표. 1690년 로크 『인간 오성론』 『시민 정부론』 지음.
1700년대	1712년 인물성 동이 논쟁. 1760년 이익 『성호사설』 완성. 1762년 안정복 『성호사설유선』 간행.	1752년 프랑스 『백과사전』 발간. 1755년 루소 『인간 불평등의 기원』 발표. 1762년 루소 『사회 계약론』 지음. 1789년 프랑스 혁명. '인간과 시민의 권리 선언' 　　　　발표, 미국 독립.
1800년대	1894년 동학 혁명 발발(전봉준 고부 관아 점령). 1897년 국호를 대한 제국으로 고침.	1854년 일본 개국. 1868년 메이지 유신.
1900년대	1900년 활빈당 전국에서 출몰. 1905년 을사조약 체결. 1910년 연암과 다산을 좌찬성으로 추증하고, 　　　　문도라는 시호를 내림. 1910년 8월 22일 한일 합병 조약 조인. 　　　　대한 제국 멸망. 1919년 고종 덕수궁에서 암살. 3·1 운동, 　　　　임시 정부 수립.	

조선의 변법 운동

조선의 17세기는 왕조 후반기의 쇠락으로 접어드는 시점으로 새로운 환골탈태의 경장이 없으면 멸망으로 치달을 수밖에 없는 사활의 분기점이었다. 왜란과 호란 이후 국력은 쇠락하고 민생은 피폐하여 역사 이래 최악의 상태였으나 집권 사대부들은 시대적 요구인 개혁은 염두에도 없고 당쟁에 여념이 없었다. 급기야 정주학은 청담 공론에 빠져 당쟁의 도구로 전락하고 말았다.

이처럼 서양의 계몽주의 시대에 해당하는 17세기에 들어서도 조선의 정주학은 묵은 정치 세력의 정권 유지 수단에 불과했다. 주자학은 원래부터 북방의 오랑캐 나라인 금金나라를 배척하고 한족 정권인 송宋나라의 정체성을 회복하기 위한 목적에서 탄생한 것이었다. 조선의 서인 정권은 동방 오랑캐인 조선이 한족 정권인 명나라가 무너짐으로써 비로소 중화를 계승하게 되었다고 자부하고, 북방 오랑캐 나라인 청나라를 배척하는 것은 조선이 오랑캐를 모면하기 위해 하늘이 준 기회라고 내세웠다. 그러므로 그들 세력에게 주자학은 국시였으며 한 글자 한 획이라도 주희朱熹, 1130~1200와 다르게 말하는 것은 적국인 청나라와 내통하는 사문난적斯文亂賊이었던 것이다.

예컨대 윤휴尹鑴, 1671~1680 같은 분은 공맹의 경전을 주희와 다르게 해석했고, 태극은 이理가 아니라 기氣라고 했으니 사문난적의 낙인이 찍혔고 결국 역적의 누명을 쓰고 죽임을 당할 수밖에 없었다(1680). 서양에서도 14~15세기 중세에는 신神을 부인하거나 또는 지구가 돈다고 말했다는 이유로 화형을 당하거나 유폐를 당했다. 그러나 17세기는 계몽주의 시대였다. 프랑스는 1598년 이른바 낭트 칙령에 의해 신교의 자유가 인정되었고 중국 명나라는 1601년부터 마테오리치(이마두利瑪竇)가 북경에 입성하여 활동하고 있었다. 당시 조선의 사대부들이 얼마나 시대에 부응하지 못한 고루한 맹목이었는지를 짐작할 수 있다. 이러고도 민란이 일어나지 않고 나라가 망하지 않는다면 오히려 이상한 일이다.

그러나 조선의 사회도 느리지만 스스로 변화하고 있었다. 대동법 이후 상품 교환이 확산되면서 물물 교환 경제를 기본으로 하는 봉건 사회의 경제 체제가 변화하고 있었고, 왜란과 호란을 겪으며 전쟁 수행과 전후 복구를 위해 기층 민중의 협력이 절실했으며, 또한 이들의 수난에 대한 원망과 자각은 서서히 사회 제도의 변화를 압박하고 있었다. 이에 부응하는 조그만 움직임이 싹트기 시작했다. 16세기의 조광조趙光祖, 1482~1519, 이이李珥, 1536~1584 등의 경장 노력을 숨통으로 삼고 17세기 말부터 변법 운동이 일어났으니 이것을 통틀어 실학 운동이라고 말한다.

학문적 성격

새로운 것이란 늘 묵은 것들에 깊숙이 뿌리박고 있다. 어쩌면 새로운 것이란 묵은 것의 영양을 섭취하고 자란다는 점에서는 묵은 것의 새로운 모습으로의 부활이라고 볼 수 있다. 생명이란 항상 그런 것이다.

성리학은 14세기 이래 300여 년간 조선의 지배 이념으로 군림했으나 16세기 말에 들어 시대의 변화에 대응하지 못하고 수명을 다하고 있었다. 그러므로 성리학을 대신하여 새로운 시대의 새로운 사상이 요청되었다. 이러한 요청에 부응하여 일어난 것이 실학이다. 그러므로 실학은 성리학에 대한 비판과 반성을 기초로 형성된 일군의 학풍이다.

청나라 황제들은 정주程朱의 이학理學을 지배 이념으로 삼고 문자옥文字獄을 만들어 통제하는 한편 『사고전서四庫全書』를 편찬하는 등 지식인들에게 고전의 훈고에 몰두하게 함으로써 현실 정치에 무관심하도록 유도했다. 그러나 재야 학자들은 고증학을 일으켜 정치 권력으로부터 학문의 객관성과 독립성을 담보하는 새로운 학풍으로 정립해나갔다. 그들은 공맹의 고증을 통해, 송나라와 명나라를 이어 청나라까지 관학이었던 정주학을 비판하기 시작했다. 대표적 고증학자인 대진戴震, 1723~1777은 '복고'의 기치를 내걸고 정주를 버리고 본래의 공맹으로 돌아가자고 호소했으나, 그 내용은 장재張載, 1020~1077 이래의 유물론적인 기일원론을 계승하고 근대 계몽사상을 고취한 것이다. 조선의 실학이란 것도 당시 지배 이념이었던 성리학 내지 유교의 썩은 뿌리에서 싹튼 것이지만 그 내용은 계몽적이었다.

유학은 공자孔子, BC 551~479로부터 오늘날까지 제왕학 또는 관료학이었으며 도덕 또는 윤리학에 국한되었다. 실제 생활에 필요한 지식은 학문에서 제외하고 천민들의 직분에 불과한 것으로 천시했다. 이러한 학문적 경향은 중세 서구의 스콜라 철학도 마찬가지였다. 본래부터 유학자들은 노장과 불교에 대해 공리공론 혹은 허무지학虛無之學이라 비판하고 자신들의 학문의 정체성을 실학이라고 주장해왔다. 그러나 17세기 조선의 정주학이야말로 경세제민經世濟民과는 동떨어진 공리공론에 빠져 반실학적이었던 것이다.

이에 개방적인 조선의 선각자들은 청 대 고증학의 '실사구시實事求是', '불주일가不主一家', '무증불신無證不信'의 방법론으로 정주학을 비판하고, 이러한 '북학北學'을 시발점으로 하여 청나라를 통해 수입한 서구의 과학적 지식을 수용하고 계몽적이며 세속적인 신학문을 지향했다. 이러한 조선의 신사조, 신학풍을 총칭하여 실학이라고 하는 것이다. 예컨대 1614년 이수광은『지봉유설』을 지어 최초로 서양의 천주교, 지도, 천문학을 소개했다. 1631년에는 정두원이 명나라의 장교관掌敎官이었던 이탈리아인으로부터 화포, 망원경, 자명종, 천문서, 지도, 천주교 서적을 받아 왔다.

이처럼 자신들의 반정주학적 학문 경향을 유교적 실학이라고 위장하지 않을 수 없었다 할지라도, 그들이 말하는 실학이란 유가들이 주장하는 '실용지학'과는 다르다. 여기서 말하는 실학은 유가들이 금기시했던 이익을 창출하기 위한 경제학과 과학 기술 등 세속의 학문을 의미한다. 다만 유의할 것은 이러한 학풍을 '실학'이라고 하지만 이들은 형이상학과 인식론에 대해 동일한 견해를 가진 것은 아니었다는 사실이다. 다만 이들이 고증과 실용을 중시했다는 점에서 뭉뚱그려 '실학자'라고 부르고 있는 것이다. 이들의 특징은 다음과 같이 정리할 수 있다.

첫째, 실사구시 학문을 제창했다. 정주학의 공리공론을 반대하고 학문 방법으로 실증을 중시하고 그 내용은 실용을 위주로 삼았다. 실용에 있어서는 정치 제도, 인재 등용 등 나라를 다스리는 경세치용經世致用을 위주로 하는 경향과 경제와 과학 기술에 관심을 갖는 이용후생利用厚生을 위주로 하는 경향으로 나눌 수 있다.

둘째, 그들은 대체로 관념론적인 주리론主理論보다 유물론적인 주기론主氣論적 경향이 강했다.

셋째, 그들은 법고창신法古創新을 주장했다. 그 특색은 민본民本 민생民生를 지향한다. 서얼 철폐, 공직의 선거 제도, 민협의회民協議會 등을 제시했다.

넷째, 전제田制 개혁을 주장했다. 대체로 옛 정전제井田制의 이상을 살리는 탁고개제託古改制의 방안이었다.[2]

다섯째, 대동법을 지지하고 상품의 시장 경제를 주장했다.

여섯째, 반청 정책을 반대하고 민족주의적이었다.

일곱째, 미신 타파와 외국 문물 개방을 주장했다.

여덟째, 그들의 유토피아는 대체로 이상화된 고대 봉건 국가인 대동 사회를 지향했다. 박지원朴趾源, 1737~1805은 『허생전』에서 노자老子의 소국과민小國寡民의 원시 공산 사회를 말했고, 최한기崔漢綺, 1803~1877는 세계어世界語와 대동 세계를 주장했다.

---

2) 반계: 科田制(公田. 均民. 每四頃에 兵士 一人). 성호: 永業 限田法. (均民. 均權). 연암: 限民名田議. 다산: 閭田制(農者受田의 公田制. 共同勞動 共同收穫. 勞動에 따른 분배).

2장
실 학 사 상

한백겸의
『기전고』

**기전을 발견한
고증학파**

　구암久庵 한백겸은 남인 출신으로 청주 목사와 평양 감사를 지낸 인물이며, 조선 최초로 청나라의 고증학을 수입한 사람이다. 이는 조선에서 성리학을 지양하려는 본격적인 움직임의 효시라 할 수 있을 것이다. 그의 저서로는 『동국지리지東國地理志』와 『구암집久庵集』이 있다. 훗날 청 대의 고증학은 청나라를 배우자는 북학파들에게 전파되었으나 사상성이 없는 고문자학古文字學에 치우치는 점을 경계하여 크게 유행하지 못했다. 그러나 김정희金正喜, 1786~1856에 이르면 국내에서도 인정을 받기에 이른다.

　구암의 『동국지리지』는 전후한서前後漢書의 조선, 고구려, 동옥저, 부여국, 읍루 등의 전기傳記를

◆ 고증학

　고증학이란 어떤 특정한 철학 사상을 말하는 것이 아니라 청 대의 학풍을 한마디로 요약해 말한 것이다. 그러므로 중국의 철학 사전에는 '고증학'이란 단어가 나오지 않는다. 이것은 고증학이 완전한 체계를 갖춘 철학 사상이 아니라는 뜻이다. 청 대의 학풍은 방법론에서는 객관적 고증을 중시하고 내용은 통경치용通經致用을 지향하는 것이 특색이다. '통경'이란 경사經史를 수단으로 한다는 뜻이고, '치용'이란 경세經世를 목적으로 한다는 뜻이다. 이 점에서 명 대까지의 성리학적 의리학義理學과 대립되며 조선의 실학과 맥을 같이한다. 이러한 학풍은 청 초의 황종희, 고염무, 왕부지 등을 대표로 하는 복명復明 유로遺老를 시작으로 하여 대진을 대표로 하는 건가학풍乾嘉學風으로 중국의 중세 철학의 종말을 장식했다. '건가'란 건륭제乾隆帝에서 시작하여 가경제嘉慶帝까지의 학풍을 말한다.

중심으로 우리나라에 대한 중국 쪽의 기록을 뽑아 정리하고 자신의 의견을 붙인 것으로 민족 자주정신의 산물이라 할 것이다. 특히 그가 발견한 평양의 기전유제설箕田遺制說은 당시 조선 선배들의 천형과도 같은 굴욕적인 존명사대尊明事大의 근거이던 주자의 화이론華夷論을 뒤엎는 쾌거였으며 토지 개혁을 염원하던 실학자들을 크게 고무시킨 고증학적 업적의 일례다.

예부터 기자箕子가 조선에서 정전제를 시행한 흔적이 남아 있다고 전해져왔다. 이에 고무된 한백겸이 이를 답사 실측하여 이것이 은나라 토지 제도임을 고증했다. 구암의 기전箕田 연구는 그 방법이 고증학적이라는 것도 획기적이지만, 이를 통해 정전제가 조선에서도 실제로 시행되었음을 증명함으로써 조선이 제민항산濟民恒産의 전제田制를 시행해야 할 당위성을 고취했던 것이다.

구암유고久庵遺稿/**기전유제설**箕田遺制說

정전제는 선유들이 상세하게 논의하고 있다.	井田之制 先儒論之詳矣.
그러나 그 학설은 모두 맹자를 조종으로 삼고 있어,	然其說 皆以孟子爲祖宗
특히 주실周室 제도가 자세하고	故特詳於周室之制
하은제夏殷制는 증험할 수 없었다.	而於夏殷則未有徵焉.
주자의 조세 제도에 대한 논의도	朱子之論助法
억측을 자료로 추측한 것일 뿐,	亦出於推測臆料
참고할 만한 고증이 없는 주장이다.	而未有參互考證之說.
그런즉 당시의 제도의 취지와	則其果悉合於當時制作之意
합치하는지 알 수 없으니,	有不可得以知者
옛 제도를 좋아하는 선비들도 모두 저도 모르게 병통이 있었다.	好古之士 皆竊病焉.
정미년 가을 사제 유천공이 관서 관찰사로 제수되어	丁未秋 舍弟柳川公觀察關西
내가 받들고 황혼에 평양에 도착했을 때	余奉晨昏到平壤
처음으로 기자 시절의 정전 유적을 볼 수 있었다.	始得見箕田遺制.
가로세로 밭두렁이 온전히 보존되어 있어	阡陌皆存
정연하고 어지럽지 않았다.	整然不亂.
기자께서 정전을 구획하여 다스림으로써	古聖人經理疇畫
오랑캐를 중화로 만든 뜻을,	變夷爲夏之意
천 년 후의 후손에게 보여주는 것 같았다.	猶可想見於千載之下.

속언에 이르기를 중국에서 잃어버린 예禮는

오랑캐 땅에서 징험하라 했으니 어찌 불신하겠는가?

그 토지를 자세히 살펴보니 밭 모양이 경무법이었다.

오늘날 맹자가 말한 정井 자형과는

다른 점이 있었다.

그중에서도 정양문과 함구문 사이의

구획이 가장 분명했다.

그 제도는 모두 은나라 시대의 전제인 전田 자형인데,

일 전田은 네 구역으로 구획되고 한 구역은 칠십 무畝였다.

대로의 안쪽에 가로로 보면

사 전田 팔 구區가 있고,

세로로 보면 역시 사 전田 팔 구區가 있었다.

사 전田은 사 형象을 본 딴 것이고, 팔 구區는

팔 괘卦를 본 딴 것일 것이다.

팔팔 육십사 괘卦가 방정하니

그 법상이 바로 선천방도先天方圖를 닮았다.

고인이 제도를 만들 때 어찌 취하여 본받은 것이 없었겠는가?

이로써 생각해보니 아! 이는 은나라 제도가 분명하다.

『맹자孟子』에서는

은나라 조세 제도는 칠십 단위로 조助를 거둔다고 했는데,

이는 칠십 무가 본래

은나라가 농지를 나누는 제도임을 말해주고 있다.

기자는 은나라 왕실 출신이므로 들을 구획하여 농지를 분배할 때

당연히 그의 종주국인 은나라 제도를 모방했을 것이니

평양의 정전이 주나라 제도와 다른 것은 의아할 것이 없다.

반고가 지은 사서인 『한서漢書』의 「형법지刑法志」에 이르기를

語[1]曰 中國失禮

徵在四夷 其不信然歟.

就其地諦審之 其田形畝法.

與今孟子所論井字之制

有不同者焉.

其中含毬正陽兩門之間

區劃最爲分明.

其制皆爲田字形

田有四區 區皆七十畝.

大路之內 橫而見之

有四田八區

竪而見之 亦有四田八區.

四田四象之象耶

八區八卦之象耶.

八八六十四 正正方方

其法象正類先天方圖.

古人制作 豈無所取法耶.

因以思之 噫 此蓋殷制也.

孟子曰

殷人七十而助[2]

七十畝本

殷人分田之制也.

箕子殷人 其畫野分田

宜倣宗國

其與周制不同 蓋無疑矣.

按班史刑法志曰

---

1) 語(어)=諺言也.

2) 孟子/滕文公 3: 夏后氏五十而貢, 殷人七十而助, 周人百畝而徹, 其實皆什一也.

사 정井을 읍邑, 사 읍을 구丘, 사 구를 전甸으로 삼아,　　　　四井爲邑 四邑爲丘 四丘爲甸

일 전은 육십사 정이 된다고 했는데,　　　　甸有六十四井 云云

정·읍·구·전이란 명칭은 비록 주나라 제도에서 쓴 것이지만,　　　其井邑丘甸之名 雖用周制

사를 숫자의 기준으로 삼고　　　　而以四起數

사 곱하기 사로 땅의 단위를 만들었으니　　　　四四成方.

실은 평양의 정전과 꼭 부합하는 것이다.　　　　實與此脗合.

『한서漢書』「형법지」를 지은 반고는 학문이 심히 넓었으므로　　　班氏之學甚博

아마 은나라의 정전제가 전래되어 답습한 것이 아닌가 생각된다.　　　或恐有所沿襲來歷也.

안타깝게도 문서로 고증함이 완전하지 못하니 애석하다.　　　惜乎其典籍不完.

간혹 정전의 경계 수로를 개수하는 것은　　　　間或以朱子改治溝洫

인력의 낭비가 많다는 주자의 말을 가지고,　　　　多費人力之說

맹자의 말을 의심하는 자가 있다.　　　　有疑於孟子之言.

그러나 이것은 그렇지 않다고 생각한다.　　　　此則恐未然.

맹자께서는 편안한 도리로 서민을 부리되　　　　孟子曰 佚道使民

비록 수고롭게 하더라도 원망이 없게 하라고 했고,　　　雖勞無怨

주자 또한 일찍이　　　　朱子亦嘗

왕통을 뒤집고 대를 바꾸는 일을 논의한 바 있다.　　　論革命易代.

그런즉 황차 전제는 서민의 항산을 제도하는 것이므로,　　　則況此濟民常産

실로 정사를 발하고 인仁을 펴는 중차대한 사안이다.　　　實發政施仁之大者.

어찌 작은 비용 때문에 고루하게 폐습을 답습하여　　　豈可計其小費 踵弊膠柱

변혁을 강구하지 못하겠는가?　　　不與俱變乎.

이로 미루어볼 때 내가 알기로 주자의 이 말씀은　　　以此推之 吾知朱子此說

혹시 일시적인 문인들과의 문답이었을 뿐　　　或出於一時門人問答

평생의 정론이 아니라고 생각한다.　　　而非平生之定論也.

『주자어류朱子語類』 중에는 이 같은 담화가 허다한데,　　　語類中此等說話甚多

이것을 고집하여 전제를 의심하는 것을 불가하다고 생각한다.　　　恐不可執此而疑彼也.

　특히 이것은 유가들이 성인으로 추앙하는 기자의 흔적을 조선 땅에서 발견한 것이어서 그 영향력이 대단했다. 기전箕田의 발견은 유근柳根, 1549~1627, 허성許筬, 1548~1612, 윤휴, 유형원,

이익李瀷, 1681~1763, 박지원, 정약용丁若鏞, 1762~1836 등 당시 토지 개혁을 열망했던 실학자들을 고무시켰던 것이다.

윤휴 尹鑴

백호전서白湖全書/권24/만필漫筆/하下

조선의 평양성 함구문과 정양문 밖에	我國平壤城含毬正陽門外
밭을 정사각형으로 구획한 것이 있는데,	有田經劃方正
전해지기를 이것이 기자의 정전이라 한다.	相傳是箕子井田.
수천 년이 지났는데도 그 모습이 완연하게 남아 있다.	曆歲千百 形止宛然.
그러나 그 모습은 정井 자가 아니라 전田 자 모양이다.	然其形非井也 乃田字形.
한백겸 공이 목격한 그 밭의 형태는 상나라 조세 제도인	韓參議百謙公 目擊其田形
칠십 무를 분배받고 칠 무의 공전을 경작해주는 조법이었다.	以爲商家七十而助一田.
일 전의 네 구역은 각각 칠십 무로	四區各七十畝
그 제도는 주나라의 철법과 다른 것 같지만 같은 것이다.	其制與周家徹法 似異而同.
기자가 동래하여 중화의 법으로 오랑캐를 교화하고자	太師東來用夏變夷
진실로 선왕의 구법을 바꾸지 않고	其不改先王之舊
백성을 교화한 것이 이와 같았던 것이다.	以其敎民如此.
허성 공께서는 그 제도에 대해 추측하기를	許公筬又推其制
일 전 사 구가 둘씩 둘씩 짝을 이루고 있다고 보았다.	以爲一田四區 兩兩而比.
그러므로 이 전 팔 구를 일곱 명이 각각 칠십 무씩 사유하고,	蓋兩田八區 七人各私七十畝
나머지 일 구 칠십 무는 공전으로	餘一區七十畝 公田
일곱 명이 각각 칠 무씩 사십구 무와	各七畝 爲四十九畝
집터로 각각 삼 무씩 이십일 무를 충당했다는 것이다.	廬舍各三畝 爲二十一畝.
결국 이것은 십분의 일의 세법인 셈이다.	乃十一之制也.
맹자가 말한	孟子所謂
실질은 모두 십분의 일의 세법이다.	其實皆十一是也云云.
이는 맹자가 말한 그 실제의 족적을 펴 보여주는 것으로,	此其實迹昭布
예禮를 잃으면 밭에서 찾았던 명백한 증거이니,	證據明白 禮失而求諸野
멀리 찾아 나가면서 가까이 있는 것을 소홀히 해서는 안 될 것이다.	不可以出於遐遠而忽之也.

하물며 성인이신 기자께서 남긴 유적이 가까이 있거늘! 　　　況有箕聖之遺武哉.

유형원柳馨遠

반계수록磻溪隧錄/**권5**/**전제고설**田制攷說/**진한이후정전의론**秦漢以後井田議論

우리나라 한백겸의 기전유제설에 이르기를	本國韓百謙箕田遺制說曰
평양의 기자전은	平壤箕子田
함구문과 정양문 밖에 있는데	在含毬正陽兩門之外者
그 구획이 가장 분명하다.	區劃最分明.
그 전제는 전田 자 모양인데	其制蓋爲田字形
전田의 네 구역은 구역마다 칠십 무였다.	田有四區 區皆七十畝
이는 은나라의 분전제分田制이다.	此蓋殷制也.
당나라 이정과 두우는	按唐李靖杜佑
모두 황제가 정전을 만들었다고 말하지만,	皆以爲井田創於黃帝
이는 모두 경계를 증거할 수 없는 학설일 뿐이다.	然是皆無經據之說.
오로지 평양의 기자전은 지금까지도 그 경계가 완연하며,	雖箕子田 至今經界宛然
맹자가 말한 바 있는 은나라의 칠십 무 전제와	而與孟子所論殷人七十畝者
일치한다.	若合符節.
그러므로 은나라 전제는 이것에 근거하여 판단할 수밖에 없다.	殷之田制據此可斷.
그리고 정전은 주나라 때부터 시작되었음을 알 수 있게 되었다.	而井田之始於周從可知矣.
중국이 잃어버린 예禮를 오랑캐에서 찾는다는 옛사람의 말을	古謂中國失禮徵在四夷
어찌 믿지 않겠는가?	豈不信夫.

다만 성호는 평양의 기전箕田도 은나라 대에 창시된 새로운 전제가 아니라, 하夏나라 대로부터 발전하여 주周나라 대로 이어진 정전井田의 한 형태라고 보았다. 그러나 안정복安鼎福, 1712~1991은 평양 기전을 정전과는 다른 제도로 본 한백겸의 주장을 지지했으나 박지원은 기자전이야말로 주나라의 정전에 앞선 전제의 원조라고 보았다. 이처럼 사소한 견해 차이는 있었으나 안정복, 이가환李家煥, 1742~1801 등 실학자들에게는 기자전이야말로 조선만이 중화의 고법古法이 보존된 유일한 적자라는 자부심을 불러일으키기에 충분했다. 기자야말로 은나라의 태사太師이며 주나라 무왕武王에게 홍범洪範을 내려줌으로써 주나라에 정통성을 부여해준 도성道聖이 아니던가? 그런데 그 도성의 정전이 평양에서 발견되었다는 것은 조선이야말로 성인의 도道를 전승한

유일한 나라임을 반증하는 것이기 때문이다.

이익 李瀷

맹자질서 孟子疾書 / 등문공 滕文公 3장

평양에는 기자의 전제 유적이 아직 남아 있다.	我國平壤 尙有箕子遺制.
밭은 모두 네 구역이 밭도랑을 같이 사용하고 있어	田皆四區同溝
전田 자 모양이다.	如田字樣.
필시 옛 제도가 이와 같았을 것이다.	其必古制之如此.
그러나 주자는 애석하게 이것을 보지 못했으나	而惜乎朱子之所未之見也
하우 夏禹가 구주를 나누고 밭도랑을 준설하여	夏后之分九州濬畎澮[3]
정전을 획정했던 것이니,	已成畫井之制
그러므로 공자도 우임금이 밭도랑을 파는 데 진력했다고 말했고,	故夫子亦云 禹盡力乎溝洫.
주자도 『상서 尙書』와 『논어 論語』를 주해하면서는	朱子註書及論語兩書
이를 정전으로 풀이했으니,	旣皆以井地爲解
소강 시대인 하은주 삼대가 다 정전제를 시행했다는 설이다.	而小康一成之說.
이러한 문서가 오류가 아니라면	不是左契
정전은 은나라 대에 창시된 것이 아님이 분명하다.	則井非殷人之所剙明矣.

안정복 安鼎福

동사강목 東史綱目 / 부록 附錄 / 고이 考異 / 평양정전 平壤井田

우리 학자들은 모두 기자 정전을 말하지만	東人諸說 皆云箕子井田
그러나 전田 자와 정井 자는 다르다.	然其田與井字異.
그러므로 정전제 定田制라고 말할 뿐	故今只曰定田制
정전 井田을 획정한 것으로 말하지 않는다.	而不曰畫井田.
기자의 전제는 중국사에서 발견할 수 없고	更按箕子田制 不見中國史
그래서 통감에서도 취하지 않은 것으로 미루어 볼 때,	故通鑑不取
동방에서 서로 전해오는 말을 무시해서는 안 될 것이다.	而東方相傳之語 不可誣矣.

---

3) 書經/益稷: 禹曰 洪水滔天 予決九川 距四海 濬畎澮 距川.

기전고箕田攷/서序

옛적부터 성왕이 세상을 다스림에	古昔 聖王御世出治
도道는 홍범보다 숭상한 것이 없고	道莫尙於洪範
정사로는 전제보다 앞서는 것이 없었다.	政莫先於經界.
천 년 세월 전부터 전제를 획정했으나	日星千古 而畫經界
지금에는 어두워져 밝히지 못한 까닭은 무엇인가?	迄今晦昧 不章何也.
홍범을 폈던 무왕이	洪範陳之武王
전제를 일부 변방에만 실시했기 때문이다.	經界畫於偏邦故也.
주나라가 쇠해지고 전국 시대에 이르자	然周室旣衰
제후들이 모두 정전을 기피했다.	諸侯悉慢其經界.
맹자도 『시경詩經』을 인용하여 말했을 뿐이다.	孟子引詩而曰
이로 볼 때 비록 서주에서 십일조법이 실시되었다고 하나	由是觀之 雖周亦助
천하를 두루 돌아다녀도 하나도 보지 못했다고 했다.	是轍環天下 而未嘗一見也.
유독 평양의 기자전만이	獨平壤箕田
전제를 실시한 유적을 고스란히 보존하고 있다.	疆理具存.

연암집燕巖集/권16/과농소초課農小抄/전제田制

신은 일찍이 평양 외성에 만들어진	臣嘗遊平壤外城爲作
기자전을 둘러보았는데 기록에 이르기를	箕子田 記曰
옛 선왕이 전야를 균등하게 구획한 제도는 발견된 곳이 없는데	古先王均地畫野之制 無處可見
유독 우리 평양성 밖의 네모진 밭이	獨我國平壤城外方田
선조들의 유적이라 한다.	乃是父師之遺畫.
그런데 그 제도는 정井 자가 아니라 전田 자였다.	其制不爲井而爲田字.
종횡으로 각각 사 전이니	橫縱各四田
사 곱하기 사는 전田요	四四而爲田者十六
전마다 안에 각각 사 구區이니	每田之內各四區
팔 곱하기 팔은 육십 구다.	八八而爲區者六十四.
구역과 구역의 경계에 농수로가 있는데	界區有徑

그 넓이가 육 척尺이며,

전과 전의 경계엔 농로가 있는데 그 넓이가 삼 척이며,

사 전 밖으로 길은 성문으로 곧장 뻗었는데 그 넓이는 구 척이다.

구역마다 방 팔십삼 보 이 척이 조금 모자라니

실제 넓이는 칠십 무畝다.

이에 구암은 맹자가 말한

은나라의 제도와 합치한다고 보았다.

그것은 가구마다 칠십 무를 받고

칠 무의 공전公田을 경작해주는 것이다.

하夏·은殷·주周 삼왕의 통치 대법은

전제에 근본하지 않은 것이 없다.

다만 하나라 왕은 오십 무였으며

은나라 왕은 칠십 무, 주나라 왕은 일백 무였으니,

그 경계와 구획은 마땅히 대소의 차이가 있었지만,

전田은 네 가구,

정井은 구 구로 균분한 것은 매한가지다.

그러므로 나는 주나라의 정전이

기자로부터 나왔다고 생각한다.

왜냐하면 기자의 홍범구주가 곧 정전이기 때문이다.

위대한 우임금 시절에 땅이 고르고 하늘이 성대한 것은,

토목 치수 사업과 정전의 공로가 아닌 것이 없다.

그리고 수는 일一에서 일어나

구에서 그치는 것이니 토지를 구획하고 주를 나누는데

구九를 벼리로 해서 구주라 했던 것이다.

기자께서 이것을 유추하고 풀어서 무왕에게 내려주셨으니

이것이야말로 한결같이 왕업의 대법인지라

어찌 전제에서만 본받지 않을 수 있었겠는가?

其廣六尺

界田有路 其廣三之

四田之外 路直城門 其廣九之.

每區方八十三步二尺贏

實積爲七十畝.

久菴韓百謙以爲

整合于孟子所謂.

殷人七十

而助者是也.

三王出治之大法

莫不本之田制.

則夏人五十

殷人七十 周人百畝

其經界區劃 當有大小之異

而田之四口

井之九區 其爲均分則一也.

故吾以爲成周之井田

出於箕子.

何則 九疇卽井田也.

大禹之地平天成

罔非土事田功.

而數起於一止於九

則所以畫野分州

亦維九也.

箕子推類而衍之 以授武王

此一王之大法也

寧有不本之田制乎.

상서고훈尙書古訓/**권2**/**고요모**皐陶謨

밭 사이의 수로는 수遂(넓이 이 척)가	鏞案 田間水道
견畎(넓이 일 척, 깊이 일 척)보다 크고,	遂大於畎
구溝(넓이 사 척)가 수遂보다 크고,	溝大於遂
혁洫(넓이 팔 척)이 구溝보다 크고,	洫大於溝
회澮(넓이 십육 척)가 혁洫보다 크다.	澮大於洫.
『서경書經』에서	經云[4]
우임금이 견회를 파서 냇물에 이르게 했다고 한 것은,	禹曰濬畎澮距川
견畎과 회澮 두 가지로 모두를 포괄해서 말한 것이다.	畎澮擧兩端以包之也.
원래 견회의 제도는 정전을 말한 것으로	原夫畎澮之制 起於井地
물을 소통시켜 피해를 막았다는 것이 아니다.	非僅疏水以遠害也.
그런즉 우임금이	然則禹自言
견과 회를 준설하여 냇물에 이르게 했다고 말한 것은	濬畎澮距川者
정전을 획정했다는 뜻이지 홍수 때문이 아니다.	是井地之役 非洪水之故.

---

4)『尙書』皐陶謨.

3장
실 학 사 상

이수광의
『지봉유설』

이력

이수광의 자字는 윤경潤卿이며 호號는 지봉芝峰이다. 그는 태종의 6대손으로 5세부터 글을 읽은 신동이었다. 19세에 진사가 되고 22세에 문과 급제하여 승정원 부정자를 시작으로 관로에 들어섰다. 도승지, 대사간, 병조 참판, 대사헌, 대사성을 거치고, 세 차례나 명나라에 사신으로 다녀왔다. 파직된 상태에서 임진왜란이 나자 종사관으로 금산 전투에 참여했고 함경도 선유어사를 재수받은 것을 시작으로 전란을 치렀다. 정묘호란 때는 65세의 늙고 병든 몸으로 강화로 피신한 왕을 보필했고 혈기 방장한 신진기예들의 후금에 대한 주전론을 무마하는 데 힘썼으며 환도 후에는 좌우참찬이 되었다가 이조 판서가 제수되자 사양했다. 지추知樞라는 직함을 지닌 채 66세로 졸했으니 40여 년 동안 관로에 몸을 담고 있었던 것이다. 사후 영의정을 추증하고 문간文簡이라는 시호를 내렸다.

이처럼 이수광은 왜란과 호란을 치러냈고, 두 번의 옥사를 겪었으며, 폭력으로 왕을 몰아내는 반정을 겪는 등 조선 500년 역사에서 내우외환이 가장 극심한 시대에 벼슬길에 있었다. 그가 몸을 부지할 수 있었던 것은 물처럼 맑은 성품과 파당에 앞장서지 않았기 때문이었다. 그는 권세가들과는 소원했고 당색이 뚜렷하지 않은 청류淸流 문인들과 교류했으며,[1] 한평생 향기를 내지 않았고, 촛불을 밝힌 적이 없고, 연회를 베푼 적이 없으며, 성악盛樂을 듣지 않았고, 항시 포의만 걸쳤으며, 한 벌의 갖옷을 15년이나 입은 수도사 같은 군자였다. 그러므로 뒷날 근경近京

---

1) 창덕궁 서쪽에 있는 천류시인賤流詩人 유희경劉希慶의 침류대枕流臺에 모이는 당색을 멀리한 학사들과 교류했음.

남인南人들의 추앙을 받았다.

그러므로 그는 유교의 덕치주의 구현을 강력하게 주장했다. 그러나 그는 퇴율의 성리학이 풍미하던 당시에 그것에 안주하지 않고 서양 문물을 수입한 계몽주의적 학자였다. 그는 '박학하고 심문審問한' 학자로서 우리나라 최초의 '백과전서'라 할 수 있는 『지봉유설』을 지었다. 『지봉유설』은 반계와 성호에게 영향을 끼쳐 『반계수록』과 『성호사설星湖僿說』의 모태가 되었다. 그의 저서는 『지봉유설』 외에 『주역언해周易諺解』가 전해지고 있으며, 그의 시문을 묶은 『지봉집芝峰集』이 34권 10책으로 간행되었다.

조선 최초의 백과사전 『지봉유설』

서양 최초의 백과사전은 1752년부터 시작하여 1772년까지 20년에 걸쳐 편찬되었다. 백과사전은 사전으로 그치는 것이 아니라 편집에 참가한 디드로Denis Diderot, 1713~1784 등 160여 명의 학자들을 '백과전서파'라 부르고, 프랑스 계몽사상의 기념비적인 사건으로 역사에 기록되고 있다. 그들은 이로써 민주주의, 자연주의, 자연 과학, 생산 기술을 전파했던 것이다.

『지봉유설』은 1614년에 탈고하고 1634년에 함경도 덕원에서 간행된 조선 최초의 백과사전으로 서양의 백과사전보다 약 140년 앞선 것이었다. 이 책은 총 20권 10책으로, 거론된 항목은 총 3,435개조이며, 인용한 서적은 육경 이하 근세 소설까지 총 348가家에 이르고, 거론한 인물은 2,265명에 이른다. 그의 학문적 태도는 대체로 주자학의 반성에서 출발한 고증학의 방법적 요소와 최초로 세속적인 것들을 학문으로 끌어들인 박학파의 계몽적인 요소가 기조를 이루고 있다. 유설의 천문부는 천문天文, 화목華木, 금충부禽蟲部에 이르기까지 방대하다. 일본, 안남(베트남), 유구琉球, 섬라暹羅(시암=태국), 석란錫蘭(실론) 등 동양 각국을 소개할 뿐 아니라, 영국, 프랑스 등을 소개하고 그들의 군함 무기 등 기술과 생활 양식을 소개하고 있다. 그리고 마테오 리치가 지은 『천주실의天主實義』를 소개하고 있다.

이러한 실용적 글쓰기는 그 후 유형원의 『반계수록』, 이익의 『성호사설』 등 실학자들의 저서에 귀감이 되었다. 『지봉유설』이야말로 성리학 일변도의 봉건성을 벗어나 새로운 근대적인 학문의 길을 제시한 이정표였던 것이다. 『지봉유설』의 의의와 영향은 참으로 중대하다. 이후 뜻있는 젊은 선비들 사이에서 시문, 경전 등 과거 시험 위주의 학문을 버리고, 예전에는 비천하게 여겼던 실생활에 밀접한 이용학利用學을 전문적으로 하는 기풍이 일게 되었기 때문이다.

또한 『지봉유설』이 탈고된 1614년은 조선 건국 222주년으로 이미 나라의 기운이 쇠퇴기에 접어들고, 건국 이념인 성리학이 형해화되어 지도 이념으로서 적합성을 잃고 있었던 전환기였다. 왜란 이후 조선에 주저앉으려던 명나라 군사가 자신들의 나라가 멸망 위기에 처하자 철수한 지 겨우 14년이 되던 해로 민생이 극도로 피폐한 위태로운 시기였다. 한편 지배 세력은 이런 위기 상황을 인식하지 못하고 당쟁에 여념이 없었고 급기야 인조반정(1623)을 일으켜 정묘호란(1627)과 병자호란(1636)을 불러들였으니 이때가 『지봉유설』이 나오기 14년 전의 일이다. 이런 시대적 상황에서 그가 『지봉유설』을 한 자 한 자 적어나간 것은 나라의 명운을 걱정하고 나라를 일신하여 새 역사의 전기를 마련하고자 한 우국충정의 발로였던 것이다.

천인합일

이수광은 새로운 학문의 길을 개척했지만 여전히 성리학을 정학正學으로 인정하는 유학자였다. 무실務實을 강조하면서도 천인합일天人合一 사상을 강조하고, 왕권천명설王權天命說과 동중서董仲舒, BC 170?~120?의 '천인감응설天人感應說'을 거론하고 있다. 그러나 그가 그것을 유교의 교리로써 고집하기보다는 자신의 개혁적 주장이 성誠스럽고 성聖스러운 생명 살림의 천심天心에 기초한 것임을 강조하기 위한 것으로 해석할 수도 있을 것이다.

다만 그는 유학을 실제 실용 위주로 생각했다. 당시 유학자의 필수 과제인 사단 칠정이나 인심도심 등 성리설을 탐구한 글이 보이지 않는다. 또한 당시 사림이 절대시하던 예론 또한 그에게서는 찾아볼 수 없다. 그의 관심은 천지의 마음을 최고 가치로 삼는 유가 정신을 경세치용의 무실과 박학의 지향점으로 정립하려 했던 것 같다. 그의 이러한 실학 정신은 반계와 성호에게 영향을 끼쳐 실학의 시대를 연 것이다.

지봉집芝峰集/권27/병촉잡기秉燭雜記

주돈이의 『통서通書』에서 "성聖은 성誠일 뿐"이라고 말했는데 나는 천도 역시 성誠일 뿐이라고 생각한다. 성인과 하늘이 하나로 되는 것은 그 성誠으로써 그런 것이다. 그러므로 성誠이란 하늘의 도道라고 말하는 것이다.

通書曰 聖誠而已矣
愚謂 天道亦誠而已矣.
聖人與天爲一 以其誠也.
故曰 誠者天之道也.

소강절 선생이 이르기를 심心을 태극이라 했고, 또 이르기를 도道를 태극이라 했다.

邵子曰 心爲太極
又曰 道爲太極.

대저 심은 곧 도요, 도는 곧 심인 것이다.

주자가 이른바 "심의 이理는 태극이요,

심의 동정은 음양"이라고 한 것도 이것이다.

지봉집芝峰集/**권24**/**채신잡록**采薪雜錄

성性이란 사람이면 본래부터 가지고 있는 것이라서,

비록 성인이라 할지라도 더 보탤 수 없다.

오직 그것을 다하는 것은 자기에게 달려 있을 뿐이다.

그러므로 자사께서

"성性을 따르는 것이 곧 도道"라고 말했던 것이다.

도 밖에 성이 없고, 성 밖에 도가 없으니,

도는 곧 성이요, 성은 곧 도인 것이다.

하늘은 곧 이理다.

육경에서 천天을 말한 것은 대체로 이理로써 말한다.

만물의 성性을 천성이라 하고, 운명은 천명이라 하며,

지위를 천위라 하고, 봉작을 천작이라 하고,

민民을 천민이라 하며, 공민을 천공이라 말하듯

사물의 하나하나에 이르기까지 천과 연계되지 않은 것이 없다.

그러므로 옛 제왕들은 천을 본받아 도道를 행했고,

천을 받들어 정사를 행했던 것이니

감히 천을 공경함에 소홀할 수 없고

천을 체현함이 어긋날 수 없었다.

천과 인人이 서로 더불어 함이 이처럼 지극했던 것이다.

하늘은 생명으로 덕德을 삼고, 자연을 도道로 삼는다.

사람은 능히 하늘을 체득하여

생명으로 덕을 삼으면 천덕이요,

자연으로 도를 삼으면 천도가 된다.

이를 총괄해서 말하면 성誠이다.

盖心卽道 道卽心.

朱子所謂心之理是太極

心之動靜是陰陽是也.

性者人所固有

雖聖人亦無所增加.

唯盡其在己者而已.

故曰

率性之謂道.

道外無性 性外無道

道卽性 性卽道也.

天卽理也.

六經中言天者 大抵以理而言.

性曰天性 命曰天命

位曰天位 爵曰天爵

民曰天民 工曰天工

以至事事物物 無一不係於天.

故古昔帝王 法天而行道

奉天而行事

敬之而不敢忽

體之而不敢違.

天人相與之際 可謂至矣.

天以生爲德 以自然爲道.

人能體天

而以生爲德 則天德也

以自然爲道 則天道也.

總而言之則誠也.

그러므로 성誠스러우면 곧 성聖이요, 성聖스러우면 곧 천天이다.　故誠則聖矣 聖則天矣.

만물의 생명 의지를 관찰하면,　觀萬物之生意

만물을 살리는 천지의 마음을 볼 수 있다.　則可以見天地生物之心.

만물을 살리는 마음이 바로 인仁이다.　生物之心 仁也.

사람이 능히 생명을 살리는 천지의 마음을 자기 마음으로 삼는다면,　人能以天地生物之心爲心

가히 인하다 할 것이다.　則仁矣.

만물은 모두 천지에서 생성된다.　萬物皆生成於天地.

하늘이 낳고 땅은 이룬 것이지만,　天生之地成之

천지는 만물에게 보답을 재촉한 적이 없고,　而天地未嘗 責報於物

만물은 공을 천지에 돌린 적이 없다.　物未嘗歸功於天地.

그래서 천지가 크다고 하는 까닭이다.　此天地之所以大也.

오직 성인만이 능히 천지를 본받을 수 있으므로　唯聖人能法天地

오직 하늘만이 위대하다고 한다.　故曰 惟天爲大.

요임금이 이를 본받아 부지불식간에 천제의 힘에 이른 것은　惟堯則之 至於不識不知帝力

무엇 때문인가?　何有.

진실로 천지의 마음을 공유했기 때문이다.　則眞同天地矣.

무릇 사람의 마음은 하늘이다.　凡人之心卽天也.

그러므로 마음의 신은 곧 하늘의 신이다.　心之神卽天之神也.

대저 마음은 몸의 주인이고, 신은 마음의 주인이다.　盖心者身之主 神者心之主.

따라서 군자는 마음 섬기기를 하늘 섬기는 것처럼 해야 한다.　故 君子事心如事天.

존심存心하는 것이 존신尊神이다.　存心以尊神也.

사람은 태어날 때 천지의 성性을 받아 자기 성性으로 삼고　人之生也 受天地之性以爲性

천지의 기氣를 받아 자기의 기氣로 삼는다.　稟天地之氣以爲氣.

그러므로 사람의 마음은 곧 천지의 마음이다.　故人之心卽天地之心.

옛사람은 말했다.　古人謂.

자기 마음을 속이는 것은 천지의 마음을 속이는 것이라고.　自欺其心者 所以欺天地.

어찌 두려워하지 않을 수 있겠는가?

마음은 살아 있는 물건이다.

그러나 천리를 따르면 살고,

인욕에 질곡되면 죽는다.

죽으면 활동하지 못하고, 활동하면 죽지 않는다.

可不懼哉.

心是活物.

而循乎天理則活

梏於人欲則死.

死則不活 活則不死.

지봉집芝峰集/권26/제채자이심법론후題蔡子履心法論後

내가 늘 말한 대로 마음은 살아 있는 물건이므로

한 번 마음이 기울면 승천할 수도,

연못으로 추락할 수도 있다.

잡으면 보존되고 놓으면 달아나니

보존이 심히 어려운 것이다.

그러므로 배움은 모름지기 지경持敬을 위주로 하고

존양 성찰해야 한다.

愚謂 心者活物也

一念之頃 或升而天

或降而淵.

操存捨亡

保守甚難.

故學者須以持敬²⁾爲主

存養省察.

지봉집芝峰集/권25/설문청독서록해薛文淸讀書錄解

내가 말한 대로 마음의 본체는 큰 것이지만,

사물에 의해 가려지면 큰 것도 작아진다.

경敬에 주력하면 가림이 스스로 제거된다.

가림이 제거되면 작은 것도 다시 커진다.

愚謂 心體本大

爲物蔽之 則大者小矣.

主敬則蔽自去.

蔽去則小者大矣.

지봉집芝峰集/권22/조진무실차자을축條陳務實箚子乙丑

새벽 청명할 때는 함양에 힘쓰고,

방 안에서 한가할 때는 계구하기를 늦추지 않으며,

이런 마음을 항상 잃지 않고 사욕을 물리치면,

입을 열면 인의를 말하고

성현의 덕을 온축할 것이니,

조치하는 일마다 한결같이 바르게 발현되고,

치평의 효과를 이룰 수 있을 것이다.

昧朝淸明之際 益務涵養

屋漏燕閑之頃 不弛戒懼

使此心常存 私欲退聽則

發而爲仁義之言

蘊之爲聖賢之德

措諸事業者 粹然一出於正

而治平之效可致矣.

---

2) 持敬(지경)=성리학에서 말하는 存天理.

관물

이처럼 이수광은 고지식하게도 유심주의적 성리학에 머물고 있다. 그러므로 인식론에 있어서도 퇴계 이황李滉, 1501~1570 고봉 기대승奇大升, 1527~1572의 격물 논쟁에도 아랑곳없이 여전히 주관주의에 머물고 있다. 즉 그는 내 마음이 사물을 궁리한다는 '격물格物'에만 머물고 있어, 사물이 내 마음을 이룬다는 '물격物格'에는 관심이 없었던 것 같다.

지봉집芝峰集**/권24/채신잡록**采薪雜錄

소강절 선생은 사물을 보는 것은	邵子曰 觀物者
눈으로 보지 않고 마음으로 보아야 하며	非觀之以目 而觀之以心
마음으로 보지 않고 이理로 보아야 한다고 말했다.	非觀之以心 而觀之以理.
내 생각으로 성인의 마음은	愚謂 聖人之心
만물을 본래 갖추고 있으나 한 가지 사물도 없는 것이니,	本備萬物 而無一物
무릇 마음에 사물이 없어야 사물을 볼 수 있는 것이다.	夫惟無物乃能見物.
대체로 사물을 쫓는 자는 사물에 가려지고,	盖逐物者蔽於物
마음이 비어 있는 자만이 능히 사물을 밝힐 수 있기 때문이다.	而虛心者足以燭物故也.
사물로서 사물을 본다는 것은	以物觀物
사물에 부림을 당하지 않으므로	而不役於物
시를 읊는 것이 사물에 있을 뿐 나에게 있지 않을 것이니,	則吟詠在物而不在我
이른바 '생각에 삿됨이 없다(思無邪)'는 것이리라.	所謂思無邪者也.

자연의 도

이수광은 환로宦路에 40여 년 몸담고 있었으나 마음은 청한淸寒의 고결한 선비였으니, 세속에 살면서도 세속의 권세와 이욕을 초탈한 자연의 삶을 살고자 했다. 그러므로 시기와 질투와 모함이 몸에 붙지 않았다. 이는 대체로 당시 선비들의 모범적인 모습이었다. 즉 벼슬에 나아가서는 유도儒道를 행하고, 벼슬에서 물러나서는 도가적인 은둔의 삶은 살아가는 것이었다.

또한 그가 노장에 호감을 보인 것은 산림처사의 청담에 머물기 위함이 아니라 그의 개방적 학풍 때문이기도 하다. 그가 서거 5년 전에(1623) 쓴 『채신잡록采薪雜錄』에 대해 당시 명유였던 정경세鄭經世, 1563~1633는 노장의 기미氣味가 있고 왕양명王陽明, 1472~1529의 치양지설과

48

실학사상

근사하다는 비평을 한 바 있다. 그러나 그는 도학을 버린 것이 아니라 유불선을 하나로 종합한 도학 본래의 모습에 충실했을 뿐이다. 즉, 그는 정주程朱에 묶여 이단을 공격하는 고루함을 벗어난 참된 도학자였으며, 아울러 그것을 실용에 접목하려는 실학적인 박학파였다.

지봉집芝峰集/권28/병촉잡기秉燭雜記

노자께서 이르기를 "성인은 상심이 없고	老子言 聖人無常心
백성의 마음을 자기 마음으로 삼는다"고 말했다.	以百姓心爲心.
이 말은 최고로 훌륭하다.	此語最好.

옛사람들은 장자를 문장의 귀신이라고 말했다.	古人言莊周神於文者也.
장주의 문장은 이름난 요리사가 소를 잡고	盖莊周之於文 如庖丁[3] 之解牛
이름난 공인이 바퀴를 깎는 것처럼	輪扁[4] 之斲輪.
스스로 깨닫는 바가 있게 한다.	有所自得.
그러므로 닫히고 열리며 변화가 환상적이어서	故闔闢變幻
의도하지 않아도 기교를 부리니	無意於用巧
고금에 그의 신묘함을 따를 자가 없다.	而古今莫之能及 斯其所以神乎.

정자께서 이르기를 천지는 무심하지만 조화를 이루고,	伊川先生曰 天地無心而成化
성인은 유심하지만 무위하다고 말했다.	聖人有心而無爲.
나는 말한다.	愚謂.
천지는 만물을 살리는 것을 마음으로 삼지만	天地以生物爲心
그 조화의 자취를 드러내지 않는다.	而不見其化之之迹.
그러므로 이르기를	故曰
무심은 성인의 무위요 나아가 천지의 무심이라고 한다.	聖人之無爲 卽天地之無心也.

정자께서 말했다. 신神과 기氣는 분리될 수 없으며,	程子曰 神與氣未嘗相離
그것 자체로 생존하는 것도 사망하는 것도 아니다.	不以生存 不以死亡.
또한 합하여 태어남은 오는 것이 아니며,	又曰 合而生非來也

제1부 실학의 선구자들

---

3) 庖丁(포정)=고대 유명한 요리사.
4) 輪扁(윤편)=고대 유명한 공인.

다하여 죽는 것은 가는 것이 아니다.	盡而死非往也.
나는 그의 말이 지극한 이치라고 생각한다.	愚謂 此乃至理之言.
대저 형체에 존망이 있을 뿐 신과 기는 생사가 없다.	盖形有存亡 而神氣無生死.
성性도 천天도 모르는 자와는 이런 말을 하기에는 적합하지 않다.	非知性知天者 不足以語此.

지봉집芝峰集/권24/채신잡록采薪雜錄

하늘은 생명으로 덕德을 삼고, 자연을 도道로 삼으니,	天以生爲德 以自然爲道
사람은 능히 하늘을 체득하여	人能體天
생명으로 덕을 삼으면 천덕이요	而以生爲德 則天德也
자연으로 도를 삼으면 천도가 된다.	以自然爲道 則天道也.
이를 총괄해서 말하면 성실이다.	總而言之則誠也.
그러므로 성실하면 곧 성聖이요 성실하면 곧 천天이다.	故誠則聖矣 誠則天矣

『논어』에 이르기를	論語曰
"유有는 무無와 같고, 실實은 허虛와 같다"라고 했다.	有若無 實若虛.[5]
내 생각으로는 "유는 무와 같다"라는 말은	愚謂有若無者
유하면 무해지고, 무하면 유해진다는 뜻이며,	有而無 無而有
"실은 허와 같다"라는 말은	實若虛者
실하면 허해지고, 허하면 실해진다는 뜻일 것이다.	實而虛 虛而實.
그래서 안자가 어리석은 것 같이 보였던 것이다.	此顔子所以如愚也.
'허무' 두 글자는 경전에서 보여준 것처럼	虛無二字見於經傳中者如此
노장의 취지와는 같지 않은 것이다.	與老莊之旨不同.

발자취를 숨기는 것보다 마음을 숨기는 것이 어려운 것이다.	跡隱非難 心隱爲難.
산림이 높은 것이 아니라 조정과 시정이 높은 것이다.	山林非高 朝市爲高.
이른바 지인至人이란	所謂至人者
발자취는 속인이지만 마음은 은자인 것이다.	跡乎俗而心乎隱者也

---

5) 論語/泰伯 6: 증자가 말했다(曾子曰). 유능하면서도 무능한 자에게 묻고, 많으면서도 적은 자에게 묻고(以能問於不能 以多問於寡), 부유하면서도 없는 것 같고, 실하면서도 허한 것 같으며(有若無 實若虛), 범했는데도 따지지 않습니다(犯而不校). 내 벗 중에서 일찍이 이렇게 한 사람이 있었습니다(吾友 嘗從事於斯矣). 증자는 有와 無의 실제의 뜻으로 썼는데 지봉은 이를 청담으로 해석했다.

지봉집芝峰集/**권24**/**여정부학채신록평**與鄭副學采薪錄評

내 보기에 세간의 한 부류는 이름을 산림에 두었다면서	愚見世間一種人 托名山林
마음과 행동이 서로 달라 한 시대를 크게 속이니	而心與跡異 厚誣一時
나는 일찍이 그들이 안타깝고 싫다.	竊嘗痛惡.
아는 바대로 옛날에는 몸은 벼슬에 묶여 있으나	聞古之人 有身處實中
뜻은 물외物外로 초탈한 이들이 있었다.	而意超物外者.
이런 이들은 저들 산림과 비교하면	以此比較彼
어찌 지인至人이라 하지 않겠는가?	豈不可謂至人哉.

지봉유설芝峰類說/**권17**/**인사부**人事部/**사망**死亡

삶이란 죽음의 시작이며, 성대함은 쇠락의 단초이다.	生者死之始也 盛者衰之端也.
영화란 치욕이 숨어 있고, 얻음은 잃음의 원인이다.	榮者辱之兆也 得者失之因也.
그러므로 삶에는 반드시 죽음이 있고,	是故 生必有死
성대하면 반드시 쇠락이 있으며,	盛必有衰
영화로움은 욕됨의 조짐이요,	榮必有辱
얻으면 반드시 잃음이 있는 것이다.	得必有失.
이는 필연적인 자연의 이치이므로	此必然之常理
어리석은 자도 지혜로운 자도 면할 수 없다.	而愚智所不免.
세상은 어리석어 매양 살아서는 치욕을 모르고,	世之昧者 每生而不知恥
성대한 자리를 밟으면 그칠 줄 모르며,	履盛而不知止
영화를 탐하여 은둔을 모르고,	貪榮而不知避
얻음에 몰두하여 경계할 줄 모르니,	務得而不知戒
어찌 할꼬?	何也.

무실

이수광은 당시 국정 문란의 원인을 '부실不實'에 있다고 진단하고 '무실務實'로써 그 병을 고쳐야 한다고 주장했다. 그리고 실實에 힘쓰는 것이 곧 천天의 성誠을 본받는 것으로 생각했다. 이로써 성리학과 실학을 일치시키려 했다.

도道는 민생과 일용에 있다.	道在於民生日用之間.
여름에 갈옷을 입고 겨울에 갖옷을 입으며,	夏葛而冬裘
배고프면 먹고 갈증 나면 마시는 것이 곧 도다.	飢食而渴飲 卽道也.
이것들 밖에서 도를 말하는 것은 잘못된 것이다.	外此而言者非矣.
장자가 도는 똥과 오줌에 있다고 한 말은	莊子所謂道在屎尿[6]
비록 조잡하지만 역시 이러한 점을 보여준 것이다.	雖粗雜亦有見乎此也.

후세는 천인의 이치에 밝지 못하여	後世不明此理
천天을 높고 먼 것으로 생각하고	乃以天爲高遠
천을 업신여겨 살피지 않거나 배반하고 돌아보지 않았다.	慢天而不省 背天而不顧.
결국 하늘과 사람이 나뉘어 둘이 되고 말았다.	則天與人遂分而二矣.
세상 선비들이 성현의 글을 읽지만,	世之爲士者 讀聖賢書
귀와 입으로만 익힐 뿐 몸과 마음을 돌아보지 않으니,	不啻熟於耳口 而顧於心身
위에서부터 이것을 체인하고 실천하지 않는다.	上不曾體認踐履.
그러므로 왕왕 세속의 욕망을 따르고 이利와 녹祿만 취하며,	故往往從欲浮沈 只取利祿
의지와 절조도 없고	以言其志節則掃如
정사와 기술도 찾아볼 수 없으니	以言其政術則蔑如
끝내 용렬한 자를 면할 길이 없다. 어찌 부끄럽지 않은가?	終不免爲庸人而已 寧不愧乎.

그는 63세 때인 1625년 인조仁祖에게 12개 조목의 만언차萬言箚를 올렸다. 이른바 「조진무실차자條陳務實箚子」라는 것으로 여기서 그는 유학을 실용 위주로 개혁할 것을 주장했다. 그는 성리학에서 천리天理를 성誠이라고 말하는 데 대해, 그 '성誠'은 곧 '실實'이라고 해석하고 실학이야말로 진정한 성학聖學이라고 주장한다. 그에게 천天은 성誠이요, 성誠은 성聖이었던 것이다.

치적이 이루어지지 않고 다스림도 효과가 없어	以致績[7]用無成 治效蔑著

---

6) 屎尿(시뇨)=똥과 오줌.

7) 績(적)=積과 통용.

국사가 날로 피폐해지고 조정의 기율이 날로 문란해지니
이것은 다름이 아니라 모두가 부실의 병에 걸렸기 때문입니다.
천하에는 힘쓸 일이 지극히 광범하며
그 마음가짐은 성誠입니다.
성은 곧 실實입니다. 만약 실을 힘쓰지 않으면,
한낱 문장으로 다스림을 이루려고 아무리 노력한들
만사가 다 공염불이 될 것입니다.

진실로 원하건대 전하께서는 지금부터
위로는 성誠을 다하시고 아래로는 실實을 독촉하시어,
실한 마음으로 실질적인 정치를 행하고
실한 노력으로 실질적인 효용을 이루십시오.
생각마다 모두 실질적이고 일마다 모두 실질적이면,
실實로써 정치를 하게 되니 합당하지 않은 것이 없고,
실實로써 다스리게 되니 이루지 못할 것이 없을 것입니다.

國事日以委[8]靡 朝綱日以紊亂
是則無他 皆坐[9]不實之病也.
夫天下之事務至廣
而所以操之者誠也.
誠卽實也. 若不務實
而徒欲以文具 勤成治功
則萬段事爲悉歸虛套[10].

誠願 殿下繼自今
盡誠於上 責實於下
以實心而行實政
以實功而致實效.
使念念皆實 事事皆實
則以之爲政 而政無不擧[11]
以之爲治 而治無不成.

그가 올린 만언차에서 말한 무실務實 12조는 근학지실勤學之實, 정심지실正心之實 경천지실敬天之實, 휼민지실恤民之實, 납간쟁지실納諫諍之實, 진기강지실振紀綱之實, 임대신지실任大臣之實, 양현재지실養賢才之實, 소붕당지실消朋黨之實, 식융비지실飾戎備之實, 후풍속지실厚風俗之實, 명법제지실明法制之實 등이다. 몇 가지 요지를 보면 다음과 같다.

근학의 실

『대학大學』, 『논어』, 『맹자』의 '심설心說'을 경전으로 성현의 심성 수양법을 익히고 실천하여 치국신민治國新民에 노력해야 하며, 이때에도 학문이란 치용致用을 위한 것인 만큼 오로지 무실務實을 위주로 공부해야 한다.

---

8) 委(위)=靡 통용.
9) 坐(좌)=科罰也.
10) 虛套(허투)=빈 껍질.
11) 擧(거)=用也 合也 正也.

지봉집芝峰集**/권22/조진무실차자**條陳務實箚子

무릇 학문을 하는 것은 근면함에 달려 있습니다.

근면하다는 것은 장구나 짓고 훈고나

익히는 것이 아닙니다.

학자는 장차 실용을 이루기 위해 마땅히 아래를 실實해야 하며

하루의 공부는 하루의 유익함이 있고,

이틀 공부는 이틀의 유익함이 있다면

자연히 마음과 뜻이 안으로 안정되고 기질이 점점 변하여

성실하고 밝은 경계에 이르게 될 것입니다.

夫爲學在勤.

所謂勤者 亦非尋章句

習訓詁之謂也.

盖學者將以致用 惟當實下

工夫一日 有一日之益

二日 有二日之益

則自然心志內定 氣質漸變

可至於誠明之域.

지봉집芝峰集**/권28/병촉잡기**秉燭雜記

시詩란 성정을 소리로 읊는 것으로 그쳐야 한다.

비록 정미한 데 이르렀다 해도 한가한 언어에 불과하다면,

실용에 아무런 보탬이 되지 않는다.

그런데도 세인은 그것을 끼고 스스로 고고한 척 뽐내며,

기교를 다투고 정신을 소모시키는 것을 능사로 생각하니

어찌 잘못이 아니겠는가?

詩者吟詠性情而已.

雖使十分精至 不過閑漫言語

無補於實用.

而世人挾之 以自高誇多

鬪巧耗敝精神 以爲能事

豈不謬哉.

경천의 실

천인일리天人一理이며 임금은 천명을 받았으므로 천리에 따라 정치를 해야 한다. 그러므로 임금의 도리와 사업은 법천法天 봉천奉天하는 마음으로 시행해야 한다.

지봉집芝峰集**/권22/조진무실차자**條陳務實箚子

옛 제왕은 하늘을 본받아 도道를 행하고,

하늘을 받들어 정사를 행하여

근엄 공손하고 삼가 두려워하며 힘써 공경하기를

게을리 하지 않았으니,

古之帝王 法天而行道

奉天而行事

嚴恭寅[12]畏懋敬

不怠

---

12) 寅(인)=敬也, 虎也, 東北也.

말 한마디 행동 하나까지 모두 천리를 따랐습니다. 　　　　一言一動 悉循乎天理.

하늘의 운행을 체득하여 혹시라도 태만함이 없어야 하며 　　　殿下體天之行 而毋敢或怠

하늘의 위엄을 두려워하여 혹시라도 불경함이 없어야 합니다. 　畏天之威 而毋敢不敬.

재앙이 없다면 하늘이 나를 잊은 때문인가 두려워하고 　　　無災則 懼天之所以忘予

재앙을 만나면 하늘이 나를 경계하기 때문인가 생각해야 합니다. 遇災則 思天之所以儆[13]予.

휼민의 실

민民은 나라의 근본이고 임금의 하늘이다. 하늘이 임금을 세운 것은 백성을 기르기 위함이지 백성이 임금에게 봉사하게 하려는 것이 아니다. 그러므로 학정으로 민을 곤핍하게 하면 안 되며 양민養民에 진력해야 한다.

지봉집芝峰集**/권22/조진무실차자**條陳務實箚子

옛 왕들은 자기 마음을 마음으로 삼지 않고, 　　古之帝王 不以己心爲心

민民의 마음을 자기 마음으로 삼았습니다. 　　　以民之心爲心.

장수를 바라는 민심을 알기에, 　　　　　　知民心之在於欲壽

그들을 살리고 상하지 않게 했으며, 　　　　則生之而不傷

부유하기를 바라는 민심을 알기에, 　　　　知民心之在於欲富

후하게 하여 곤궁하지 않게 했으며, 　　　　則厚之而不困

편안하기를 바라는 민심을 알기에, 　　　　知民心之在於欲逸

노동을 조절하여 소진시키지 않았습니다. 　則節其力而不盡.

이것이 군주의 도리를 다하는 방법입니다. 　此所以盡爲君之道也.

간쟁의 실

옛날부터 중국과 조선에서는 간쟁을 제도적으로 보장했다. 이는 천하의 지혜를 모으고 인재를 멀리 구하기 위함이었다. 그래서 선인들은 언로가 막히면 혈로가 막히고 기식氣息이 막히듯 나라가 쇠락한다고 생각했다. 특히 당시는 노론의 지배가 계속되고 주자와 다른 말을 하면 사문난적

---

13) 儆(경)=戒也.

斯文亂賊으로 몰아붙여 문자옥文字獄으로 억압하던 시대였는데도 실학자들은 학문의 자유와 이단의 포용을 주장할 정도로 언로를 개방할 것을 강력히 주장했다. 언로가 막히면 나라가 망한다는 것은 옛날이나 지금이나 변함없는 진리다.

지봉집芝峰集/권22/조진무실차자條陳務實箚子

전하께서는 우선 언로를 열고,	殿下首開言路
간쟁하는 신하를 도탑게 용납해야 합니다.	優納諫臣.
전하께서는 마음을 더욱 비워 받아드리는 도량을 품어,	殿下益恢虛受之量
자기 독단을 버리시고	舍一己之見
다수의 의견을 자기 의견으로 삼으시고,	而以衆人之見爲見
자기만의 지식을 버리시고	去一己之知
중인의 지식을 자기 지식으로 삼으십시오.	而以衆人之知爲知.
남의 뜻에 비위를 맞추는 자를 반드시 살펴 물리치시고,	希旨[14]者必察而逐之
귀에 거슬리는 의견을 반드시 기쁘게 따르십시오.	逆耳者必熹而從之.

풍속의 실

나라의 성쇠는 풍속의 후박에 달려 있으니 덕화를 먼저 하고 법치를 뒤로 하며, 학교를 세워 온 백성을 교육할 것을 주장했다.

지봉집芝峰集/권22/조진무실차자條陳務實箚子

국가의 성쇠는 풍속의 후박에 달려 있습니다.	國家之盛衰 係風俗之厚薄.
풍속의 후박은 군주가 좋아하고 숭상하는 것에 따릅니다.	風俗之厚薄 由君上之好尙.
그러므로 요순이 위에 있을 때는 풍속이 인자하고 후덕했고	故堯舜在上 則仁厚之風成
걸주가 군왕으로 있을 때는 풍속이 악하고 야박했던 것입니다.	桀紂爲君 則薄惡之俗成.
우리 동방의 풍속은 원래 온유하고 공손한 것으로 알려졌으며,	我東方風俗素稱柔謹
시골 자제들도 예의와 사양을 알고	鄕士子弟能知禮讓
어버이와 어른을 공경할 줄 알았습니다.	修事親敬長.

---

14) 希旨(희지)=남의 비위를 맞춤.

농민, 공민, 상민도 역시 자신의 본업을 지키고,	農工商賈亦守本業
분수를 범하거나 윗사람을 능멸하는 풍속이 없습니다.	無犯分凌蔑上之習.
그러므로 임진년 왜란이 났을 때는	故壬辰倭亂
비록 무지한 민중들도 적에게 붙은 자가 없었고	雖無知小民 莫有從賊者
의병을 일으켜 적을 쳐서 물리칠 수 있었던 것입니다.	倡起義師以至勦滅.
명나라 군대에 물자를 공급하고 나라에 재력을 다 바치면서도	供給天兵 竭其財力
원망하고 배반하는 마음이 없었습니다.	而無怨叛之心.
이로써 우리의 풍속이 얼마나 선한지를 알 수 있습니다.	其習俗之美 槪可想矣.
전하께서는 몸소 도를 닦고 나라에 교화를 펴시고	殿下修道於身 成敎於國
덕화를 먼저 하고 형벌을 뒤로 하십시오!	先德化而後刑罰.
삼가 학교를 세워 민중을 훈도하고	謹庠序[15]之制 以導其民
향약의 법을 펴시어 풍속을 선하게 하십시오.	申鄕約之法 以善其俗 .

기강의 실

당시는 두 차례 왜란으로 국토가 초토화되고 민생이 파탄하여 나라가 중병을 앓는 사람처럼 쇠락해졌다. 거기에 더하여 당파의 이익을 위해 가식의 명분을 내세운 쿠데타인 인조반정을 거친 후로는 일당 독재가 다시 살아나면서 기강이 극도로 문란해졌다. 그러므로 군주가 공평하고 정직한 마음으로 기강을 진작시켜야 한다는 것이다.

지봉집芝峰集/**권22**/**조진무실차자**條陳務實箚子

비유하자면 국가는 사람의 몸과 같고	國譬則人身也
기강은 원기와 같습니다.	紀綱譬則元氣也.
국가에 폐단이 없을 수 없는 것이니	國家之不能無弊
마치 사람이 질병에 걸리는 것과 같습니다.	人身之不能無疾病.
원기가 남아 있으면 사람이 병에 걸려도 죽지 않듯이,	元氣存則人雖病而不死
기강이 있으면 나라에 비록 폐단이 있어도 망하지는 않습니다.	紀綱存則國雖弊而不亡.
그러므로 국가의 존망을 알고자 하면,	故欲知國家之存亡

15) 庠序(상서)=夏曰校 殷曰庠 周曰序 家有塾 黨有庠 術有序.

국가의 기강을 살피는 것입니다.　　　　　　　　　　　視其紀綱而已矣.

법제의 실

나라의 법제를 약과 침술로 비유하고, 나라의 원기를 보양하는 덕화가 우선이며 법제가 없으면
악을 제거할 수 없다고 말한다. 다만 신법新法을 단행하라는 것이 아니고 구법의 실효성을 강조
했다. 이 점에서 그는 여전히 유가의 보수성을 벗어나지 않는다.

지봉집芝峰集/**권22**/**조진무실차자**條陳務實箚子

옛 성왕은 덕과 교화로 인도하고	古之聖王 道之以德教
정사와 형벌로 다스렸으나	齊之以政刑
천하의 변고에 모두 대처하기에 부족했습니다.	猶未足以盡天下之變.
그래서 법제를 만들되	於是爲之法制
인의의 가르침이 그 속에 깃들게 함으로써	使仁義之教 寓法制之中
법이 시행되면 인의도 역시 시행되도록 했습니다.	法行而仁義亦行.
그러므로 백성은 두려워 범하지 않고,	故民畏之而不犯
벌을 받아도 원망하지 않았으니	誅之而不怨
그 법제가 간소하고 밝았기 때문입니다.	由其法制之素明也.
이로 볼 때	以此觀之
지금의 법은 불량하지 않고, 제도 또한 불선하지 않으나	方今法非不良 制非不善
부족한 것은 오직 실實입니다.	而所不足者實也.
만약 옛 장전章典을 거듭 펴 밝히고, 미비점을 보완하여	苟能申明舊章 修擧廢墜
성실로 행한다면	而行之以實
대전大典의 일부만으로도 족할 것입니다.	則一部大典亦足矣.

지봉집芝峰集/**권28**/**병촉잡기**秉燭雜記

법제란 약이나 침술과 같다.	法制者藥石[16]也
약과 침은 병을 치료하는 수단이고,	藥石所以治疾

---

16) 石(석)=砭也.

법제는 어지러움을 대비하는 수단이다.	法制所以備亂.
치란과 안위의 기미는	而治亂安危之機
항상 법제 밖에서 일어나는 것이니	常出於法制之外
성인은 법을 다스림의 수단으로 의지하지 않는다.	故聖人不恃法以爲治.
다만 위태롭기 전에 그것을 제어하고,	制之於未危
어지럽기 전에 그것을 금하는 것뿐이다.	禁之於未亂.
마치 병을 치료하는 자가 약과 침을 앞세우지 않고,	猶治疾者 不以藥石爲先
오직 원기를 군건히 하여 혈기를 조화롭게 함으로써	而惟固其元氣 調其榮衛
병이 나지 않게 하는 것과 같은 이치다.	使疾不作而已.

위공(극기)

이수광의 위공爲公은 일반적으로 애국심이라고 설명되고 있다. 그러나 그것은 너무 포괄적으로 말한 것이며 그의 학문적 경향을 말하기에는 적실하다고 할 수 없다. 유가들의 학문은 원래부터 유사들 자신의 인격 수양(修己)과 관로 진출의 자기 출세(治人)를 위한 것이었다. 민중을 위한 것이 아니라는 뜻이다. 이를 다시 말하면 유가들의 학문은 군주의 신하인 군자가 되기 위해 선왕들의 말씀을 학습하는 것이었다.

그러나 성리학에 이르면 군왕만이 천명을 받은 자가 아니라 인간은 모두 천리인 본성을 품부 받은 존재가 된다. 그러므로 학문은 천리인 본성을 회복하는 복성復性을 위한 것이 된다. 즉 학문은 존천리存天理 멸인욕滅人欲을 목표로 한다. 이제 학문은 사私를 위한 것이 아니라 공公을 위한 것이 되어야 한다. 이것이 공자가 말한 극기복례克己復禮의 참뜻이다.

지봉은 유가이며 집권 세력의 일원이었다. 그러나 그는 시대의 변천을 꿰뚫는 탁월한 학자였으므로 공자와 성리학에 대하여 구체제를 유지하면서도 실용적으로 해석하려 한다. 그는 모든 학문은 사私를 버리고 공公을 위한 것이야 한다는 신념을 가지고 있었고 그렇게 실천한 사람이었다.

당시 조선은 토호와의 분권적인 봉건성을 유지하되 절대 왕권을 지향하려고 했던 독창적인 체제를 마련하고 있었다. 물론 그 왕권을 호위하는 세력은 성씨를 하사받은 소수의 토호들이었다. 이들을 백성百姓이라고 말한다. 성씨를 가지지 못한 천민이나 농·공·상의 서민은 백성에 해당되지 않는다. 특히 족보를 가진 백성은 공무 담임권을 갖고 있으므로 명목상 시민권자이지만 실제로는 족보를 가진 선비 계급만이 양반으로 공직을 맡을 수 있었다.

그러므로 조선은 여전히 신분 차별의 봉건 사회였다.

　그런데 당시는 그 온정적인 봉건 질서마저 무너지고 있었다. 양반들은 봉건 질서를 일탈하여 오늘날 개인주의 사회에서처럼 무도하게 서민을 착취하고 있었고, 봉건 질서로 옭죄어놓아 방어 수단을 봉쇄하고 있었다. 이는 너무도 불공정한 경쟁이었다. 그 결과 경쟁에서 탈락한 양반이 서민이 되었으므로 양반은 점점 줄어들고 서민은 점점 늘어나고 있었다. 그야말로 양극화 현상이 심화된 것이었다. 이것이 바로 국력의 쇠퇴로 이어졌고 급기야 왜침을 유도하는 원인이 되었다.

　이를 통감한 지봉은 왕과 왕의 신민인 백성을 보호 육성함으로써 부국강병의 나라를 만들어야 한다고 믿었으므로 여전히 봉건 윤리를 기초로 하는 실용을 강조하였다. 이 시기에 서양의 봉건 국가인 영국에서는 상업 자본의 수탈로 굶주리는 서민을 보호하기 위한 구빈법救貧法을 제정하고 이들의 해외 개척을 위한 동인도 회사를 설립했고, 여타 봉건 열강들도 동양에 식민지를 개척하려고 다투어 동인도 회사를 설립했다.

지봉집芝峰集/**권27**/**병촉잡기**秉燭雜記

무아는 공公이요, 유아는 사私다.	無我則公 有我則私.
그러므로 군자는 극기를 우선하여 배우려고 한다.	故君子爲學以克己爲先.
'극기'의 기己는 유아의 사를 말한 것이다.	己者有我之私也.

지봉집芝峰集/**권24**/**채신잡록**采薪雜錄

공자께서 이르기를 "옛 학문은 자기를 다스리는 것이었고,	孔子曰 古之學者爲己
지금의 학문은 남을 다스리는 것"이라고 했다.	今之學者爲人.
정자는 이르기를 "옛 벼슬아치는 남을 위했고	程子曰 古之仕者爲人
지금 벼슬아치는 자기를 위한다"라고 했다.	今之仕者爲己.
대저 배우는 것은 남을 위한 것이지만	夫學則爲人
벼슬아치가 되면 자기를 위한다.	仕則爲己 此所以今不及古也.
이 점이 지금이 옛날보다 못한 까닭이다.	此所以今不及古也.
옛사람은 민民을 기르며 오직 부족함을 걱정했고,	古者養民 唯恐不足
지금 사람은 민을 착취하고 오로지 부족함을 걱정한다.	今者取民 唯恐不足.
자기에게 공정한 사람은 남에게도 공정하다.	公於己者 公於人.

남에게 공정한 사람은 사물에도 공정하다.	公於人者 公於物.
이를 일러 크게 공정하면 마음이 허허로워	是之謂大公廓[17]然
천지와 더불어 하나가 되었다고 한다.	與天地一矣.

지봉집芝峰集**/권31/잉설여편**剩說餘編

옛사람은 정치를 관용으로 했고,	古人爲政以寬
지금 사람은 정치를 사나움으로 한다.	今人爲政以猛.
옛사람은 민民을 자식처럼 보았고,	古人視民如子
지금 사람은 민을 원수처럼 본다.	今人視民如讐.
오! 사나운 정치로 원수 같이 민을 다스리니	噫 以猛政治讐民
민이 어찌 감내하겠는가?	民曷[18]堪焉.

치세를 이루는 데는 백 년이 걸리고 무너짐은 하루아침이다.	治成百年 壞於一朝.
어지러움이 생기는 것은 하루아침이요	亂生一日
그 폐단은 여러 세대에 남는다.	流於數世.
그러므로 나라를 다스리는 자는	故爲國者
자기의 치세에 자만하지 않고	不恃[19]其治
자기의 어지러움을 항상 걱정한다.	而常憂其亂.

위민 양병

일반적으로 이수광은 백성을 사랑한 학자라고 일컬어진다. 유가들은 모두 백성은 임금의 하늘이고, 그것을 실천한 사람을 성군이라고 말한다. 그러나 어느 시대에 성군이 있었던가? 요순 이래로 성군은 나타나지 않았다. 그러므로 유도는 요순을 지향하지만 요순을 배반한 허위에 불과한 것이었다.

그러나 백성이란 말은 애매한 표현이다. 당시 조선의 양반은 20퍼센트 내외였다고 한다. 그들만이 엄밀한 의미에서 백성이다. 그 나머지 80퍼센트의 상놈들은 성씨도 없고 인권이 없는

---

17) 廓(곽)=성곽. 휑할. 마음의 집(恢廓)을 말한다.

18) 曷(갈)=何也.

19) 恃(시)=賴也, 自是也.

착취의 대상이었을 뿐이다. 더구나 임진왜란과 병자호란이라는 두 차례 참담한 병화를 겪고 난 이후에는 20퍼센트의 백성을 제외한 민중의 생활은 그야말로 도탄에 허덕이고 있었다. 이때 나라를 보위하기 위해서는 우선 군사를 정비하고 민생을 돌보아야 했다. 그러나 당시 농토의 소유자가 병사를 내는 농병 일치의 제도 하에서 20퍼센트의 양반이 농토를 겸병하면서도 병역을 면제받았으니, 80퍼센트의 상민이 가진 농토만으로는 군사를 정비할 수 없는 형편이었다. 즉 민생이 피폐하여 군사를 정비할 수 없는 처지였던 것이다. 그래서 1만 명의 군사만 쳐들어와도 나라를 지탱할 수 없는 지경에 처해 있었다.

그러므로 당시에도 역시 민력民力이 곧 국가 안보였던 것이다. 그러나 양반들은 상민이 눈에 들어오지 않았다. 참담한 임진왜란이 끝나고도 반성은커녕 공신 녹만 차지하려고 다투며 당쟁에 골몰하고 있었다. 오직 한 사람 지봉 이수광만이 이순신의 공적과 아울러 민력과 의병의 중요성과 공로를 높이 평가하고 있을 뿐이었다. 다만 그도 왕도주의자인 유자儒者이므로 신분 타파를 주장할 정도로 진보적이지는 못했다. 급기야 왜란이 끝난 지(1600년 명군 철수) 27년 만에 다시 호란(1627)을 불러들이고 말았다.

지봉유설芝峰類說/권3/병정부兵政部/민호民戶

대저 민民은 어리석지만 속일 수 없으며	夫民愚而不可詐也
비천하지만 이길 수 없다.	賤而不可勝也.
군주가 민을 얻으면 천자가 되고	人主得之 則爲天子
민을 잃으면 한낱 범부일 뿐이다.	失之則爲匹夫.
그러므로 이르기를 민은 군왕의 하늘이라 한다.	故曰 民者君之天也.

지봉집芝峰集/권28/병촉잡기秉燭雜記

옛 제왕들은	古之帝王
인민들이 좋아하는 바를 따라 등용하고,	因衆人之所喜而擧之
인민들이 싫어하는 바를 따라 죄를 주었다.	因衆人之所惡而罪之.
이처럼 한 사람을 등용하여 천하를 권면하고,	擧一人而天下勸
한 사람을 죄 주어 천하를 복종시켰던 것이다.	罪一人而天下服.
순임금이 고요를 등용하고, 사흉을 벤 것이 이것이다.	如舜之擧皐陶 誅四凶是也.

나라는 민民을 근본으로 삼고, 임금은 민을 하늘로 삼는다.

하늘이 임금을 세운 것은 민을 양육하려는 목적이지

민을 위협하여 자기를 받게 하려는 목적이 아니다.

國以民爲本 君以民爲天.

天之立君 所以養民

非欲其厲民以自奉也.

대마도는 옛날에는 신라 예속이었는데,

언제 왜노가 점거했는지는 알 수 없다.

세종조 기해년(1419) 오월에

왜선 삼십 여 척이 침입하여

비인 해주 등지까지 노략질을 했다.

임금께서는 이 빈틈을 타서 공격하기로 하고

영의정 유정현을 도총사로 삼고

최윤덕을 도절제사로 삼아

그해 유월 십칠 일 임금이 친히 한강에서 전송했다.

對馬島舊屬新羅

不知何時爲倭奴所據.

按世宗朝己亥五月

倭船三十餘艘

入寇于庇仁海州等處.

上欲乘虛擊之

命領議政柳廷顯爲都統使

崔潤德爲都節制使

親餞于漢江亭.

이때 경상 전라 충청도의

병선 삼백이십칠 척과

수군 일만 칠천 명을 출동시켰다.

육십오 일 분의 식량을 싣고

바다를 건너 대마도 두지포에 이르니,

도적들은 모두 도망쳐버렸다.

드디어 적선 일백이십구 척을 빼앗고

소굴 이천 곳을 불태웠으며,

머리를 벤 것과 사로잡은 자가 이백 명을 넘었다.

이것은 약과일 뿐이다.

오월 이십일 일에 출정식을 마치고

유월 십칠 일에 발선하여,

칠월 초삼일에 돌아온 것은

귀신도 헤아릴 수 없는 작전이 아니라면

發慶尙全羅忠淸等道

兵船三百二十七艘

一萬七千人.

六十五日糧

渡海至對馬豆知浦

賊皆遁逃.

乃攻奪賊船一百二十九

焚賊巢二千

斬首虜幷二百餘.

是後也.

五月二十一日出征

六月十七日發船

七月初三日引還

苟非神算不測

어찌 이처럼 빠를 수 있었겠는가?　　　　　　　　　何以迅疾若.

이로써 알 수 있듯이 조종조의 병력은 강성했던 것이다.　亦可見 祖宗朝兵力之盛矣.

지금 국가는 임란을 겪은 뒤로부터　　　　　　　　今國家自經壬辰變後

수군에 전력하고 있으나,　　　　　　　　　　　專力於舟師

삼도의 병선은 겨우 구십여 척에 불과하며　　　　而三道兵船 僅九十餘隻

군비와 수졸들 또한 정비되지 않아,　　　　　　戰具水卒又不齊整

창졸간에 일이 터지면 견디어내기 어려운 형편이니　倉卒難以取勝

탄식할 노릇이다.　　　　　　　　　　　　　可歎.

지봉유설芝峰類說/권3/병정부兵政部/병제兵制

병사를 기르는 것은 백성을 기르는 것을 근본으로 해야 한다.　養兵以養民爲本.

백성을 기르지 않고 병사를 기른다는 것은 있을 수 없는 일이다.　不養民以能養兵者 未之有也.

우리 군대는 평소 미리 양성하지 않고　　　　　　我國之兵 不爲預養

창졸간에 징발하여 쓰므로　　　　　　　　　　而倉卒調用

적을 만나면 무너져버리니 이것은 사세의 당연한 일이다.　遇敵崩潰 勢所必至.

상고하면 옛날부터 십육 세가 되면 중정이 되고,　　按古者人生 十六爲中

이십일 세가 되면 장정(군 복무 연령)으로 삼는다.　　二十一爲丁.

지금 우리나라는 십육 세를 장정으로 하고 있다.　　今我國以十六爲丁.

군대에 결원이 생기면 이들로 정해진 정원을 보충해야 한다.　而闕軍充定有常額.

수령은 문책을 면하기에 급급해　　　　　　　　故守令急於免責

나이를 속여 어린애를 임시변통으로 충원하니　　　以乳下黃口冒年苟充

천리를 손상하고 민생을 괴롭힘이 이 아니 심한 일인가?　其傷天理困民生 不亦甚乎.

우리나라는 평시 중외의 군대 정원이 십팔만여 명이다.　我國平時 中外軍額十八萬零[20].

보포保布를 내고 면제받은 장정을 합하면　　　　戶保通計

병력 자원은 무려 오십만 명이 된다.　　　　　　則無慮五十萬.

그런데 왜란을 겪은 후인데도 현존 병력은 겨우 육만 명이다.　而自經倭變 見存僅六萬.

더구나 서울 이외의 야전군은 수만 명도 채 되지 않을 것이다.　至於京外哨軍 不下數萬.

---

20) 零(영)=徐雨也. 餘數也.

이는 비록 전란 이후 생민이 감소한 때문이기도 하지만   是雖亂後生齒未敷[21]

실은 한가롭게 노는 사족은 많고   實由士族閑遊者衆

병역에 응소할 백성은 적기 때문이다.   以應役之民寡故也.

획기적인 제도의 개혁이 없고는 좋은 방책이 없을 것이다.   若非大段更張 恐無善策.

지봉유설芝峰類說/권3/병정부兵政部/민호民戶

고구려가 망할 때 당나라 장군 이적李勣이   高句麗之亡 李勣

장왕과 대신 등 이십여만 명의 포로를   以王臧及大臣等二十餘萬

장안(시안)으로 끌고 갔다.   還[22]京師.

또 고구려 백성 삼만 팔천삼백 호를   又移三萬八千三百戶

강회와 경서의 여러 고을로 이주시켰다고 한다.   於江淮之南 及京西諸州云.

이때 중국에 이주한 우리 백성이   是時東民之移入中國者

거의 국민의 절반이었다고 한다.   殆半矣.

전해지는 바에 의하면 개성의 민호는   世傳 開城府城內民戶

고려 때는 십삼만 호였는데(십이만 이천 호가 줄어)   前朝時十三萬

도읍을 옮긴 뒤에는 겨우 팔천 호였다고 한다.   而遷都後 僅八千餘戶.

지금 수도인 한양의 민호는 평시에 팔만 호이니   今漢都平時戶八萬

개성 시절만도 못하다.   不及開都之盛.

왜란 이후 거의 사망하고   而亂後死亡殆盡

이십여 년이 지난 지금까지도   至今二十許年

수만 호에도 미치지 못한다.   未滿數萬戶.

생민이 모여듦이 이처럼 어려워진 것이다.   生聚之難如此

지봉유설芝峰類說/권3/군도부君道部/상공賞功

임진왜란 때 국왕이 서쪽으로 피신하자   壬辰倭變 乘輿西幸

나라 안이 텅 비어 적병들로 가득 차고,   國內空虛 敵兵充斥[23]

나라의 호령이 통하지 않아   號令不行

---

21) 敷(부)=펴지다.

22) 還(환)=返也 退也 遷也.

23) 斥(척)=逐也 見也 開也.

나라 없는 기간이 거의 한 달이 넘었다. 　　幾於無國者逾月矣

영남의 곽재우, 김면, 　　嶺南郭在祐 金沔

호남의 김천일 고경명, 　　湖南金千鎰 高敬命

호서의 조헌 등이 의병을 일으키고 　　湖西趙憲 等 倡義起兵

사방에 격문을 발송하니, 　　傳檄遠近

이때부터 　　自是

백성들이 비로소 나라를 생각하는 마음을 갖게 되었다. 　　民始有向國之心.

각 고을의 선비들이 곳곳에서 의병을 모집하여 　　州郡士者 在在召募

의병장이라 호칭한 사람이 무려 일백여 명에 달했다. 　　以義將稱號者 無慮百數.

이로써 왜적을 물리치게 되었으니, 　　以至剿[24]制倭賊

나라를 되찾은 것은 바로 의병의 힘이었다. 　　恢復國家 乃義兵之力也.

지봉유설芝峰類說/권15/인물부人物部/절의節義

수군통제사 이순신은 임란 때 수군을 지휘하여 　　統制使李舜臣 壬辰督率舟師

서해를 차단하고 왜의 선단을 누차 격파했으며, 　　遮截海中 累破倭船

참하고 사로잡은 왜병이 셀 수 없이 많았다. 　　擒斬無算.

적은 두려워 수로를 경유한 한양 공략을 감행하지 못했다. 　　賊畏之再不敢由水路而西.

그 결과 호남 호서 지방을 온전히 지킴으로써 　　使兩湖得全

나라를 회복할 수 있었으니, 　　以底恢復

이것은 모두 그의 힘이었다. 　　皆其力也.

무술년 구월 왜선이 퇴각하려 하자 순신은 결연히 말했다. 　　戊戌九月 倭船將遁去 舜臣曰.

"왜적의 군사를 온전하게 돌려보내는 일은 결단코 있을 수 없다." 　　不可使此賊 全師而歸進.

순신은 최후의 해상 전투에서 왜 선단을 대파 패퇴시켰으나 　　戰於海上 燒舡大捷賊退

적탄에 맞아 전사했으니 　　而舜臣中丸死矣

변방의 민중 중에 통곡하지 않은 이가 없었다. 　　邊民莫不號慟.

---

24) 剿(초)=滅也.

이수광은 나라의 부강을 위해서는 화폐 사용이 중요하다고 주장했다. 훗날
김육金堉, 1580~1658은 이를 계승하여 실행했으나, 한편 성호 이익은 이를 극력
반대했다. 이수광은 또한 최초로 활자의 중요성을 인식한 학자다. 활자 기술은 우리나라가
중국보다 앞선 것을 지적하고 이의 보급 발전을 주장했다. 참으로 선견지명이 아닐 수 없다.

지봉유설芝峰類說/권3/군도부君道部/제도制度

나라가 부유해지는 방책은 화폐에 달려 있고	國富之術 在於錢幣
병사의 충원은 호패에 달려 있다.	足兵之策 在於號牌.
무릇 화폐 제도를 시행하면 나라의 재용이 저절로 넉넉해지고,	盖錢幣行則國用自裕
호패 제도를 시행하면 전시에 요행을 부리는 민民이 없어진다.	號牌行則時無幸民.
이처럼 화폐와 호패의 이익은 참으로 큰 것이다.	其利益必大矣.
화폐 사용의 논의는 선왕 말년에 있었는데,	用錢之議 起於先王末年
조정 신하들이 진언하여 모두 시행이 옳다고 했으나	廷臣獻言 皆以爲可行
일의 결말은 잠잠해지고 말았다.	而事竟寢.
금속 활자로 책을 인쇄하는 기술은	鑄字印書
조선이 창조한 것이지 중국의 소유가 아니다.	創自本朝 非中國所有也.
활자로 변한 이후부터 판각이 어려운 탓에	自變後以刻板爲難
활자를 많이 사용했으나	多用活字
다만 교정을 살피지 못하여	而考校不審
오자가 쉽게 생긴 것은 한스러운 일이다.	易致訛誤可恨.
들은 바에 의하면 조종조에서는 서적에 오자가 나타나면	聞祖宗朝 凡書籍有誤著
인쇄 감독관을 두어 발견 되는 대로 징벌을 가함으로써	監印官輒杖之
결코 글자에 착오가 없었다고 한다.	故絶無錯字.

이수광은 해외 문물을 접하고 이를 수입하여 이용하려 했다. 그러므로 도가와
불가 등 이단까지도 그 장점을 포용하려는 유연성을 가진 선각자였다.

이단은 원래 유도를 해치는 것이지만 취하면 유익한 점도 있다.	異端固害儒道 亦有所取益者.
도가의 '무위'는 곧 다스리는 자에게 경계가 될 수 있다.	道家之無爲 乃有爲者之戒.
또한 도가의 '양생'은 생명을 억압하려는 자에게 경계가 된다.	其養生 乃戕生者之戒.
부처의 '견심見心' 즉, 본심을 깨달으라는 말은	釋氏之見心
곧 마음을 놓아버린 자에게 경계가 될 수 있으며,	乃放心者之戒
살생을 경계한 것은 살생을 좋아하는 자에게 경계가 될 수 있다.	其戒殺 乃嗜殺者之戒.

스님 유정의 호는 송운인데	僧惟政號松雲
임진왜란 때 승군僧軍의 장수가 되었다.	壬辰變後爲義僧將.
영남에 진을 치고 있는데 왜장 청정이 그를 만나기를 청했다.	陣于嶺南 倭將淸正 要與相見.
왜병의 영체에 들어가자 수십 리가	松雲入倭營 賊衆列立數里
창칼로 숲을 이루었다.	槍劍如束.
송운은 두려운 빛이 없이 청정을 만나 편안히 담소했다.	松雲無怖色 見淸正從容談笑
청정이 "귀국에도 보물이 있는가?" 라고 물었다.	淸正謂松雲曰 貴國有寶乎.
송운은 대답하기를	松雲答曰
"다른 보물은 없고 귀하의 목이 보배" 라고 했다.	我國無他寶 惟以汝頭爲寶.
"우리나라는 귀하의 목이라면	我國購汝頭
금 천 근과 읍 만 호를 주고 산답니다.	金千斤邑萬戶
그러니 보배가 아니고 무엇입니까?"	非寶而何.
아마 이것은 과장해서 전해진 말일 것이다.	此言疑是誇傳也.
십 년 후에 송운은 화의 전권 대사로 일본에 갔는데	後十年 松雲以通和入日本
왜노들은 그를 후히 대접해 보냈다.	倭奴厚待以送之.

정이가 말하기를 "천지는 무심하되 조화를 이루고,	伊川曰 天地無心而成化
성인은 유심하되 무위한다"라고 했다.	聖人有心而無爲.
내 생각으로는 성인이 능히 무위로 조화한다면	愚謂 聖人能無爲而化
성인 또한 천지다.	則亦天地也.
유심 무위하는 것은 현인의 일로	有心而有爲者 賢人之事

아직 성인에는 못 미치는 것이다.

노자의

"덜고 또 덜어내어 무에 도달한다"라는 말은 참으로 좋다.

배우는 자들의 욕심을 줄이는 방법이 될 수 있을 것이다.

未至於聖者也.

老子所謂

損之又損 以至於無 此言甚善.

可爲學者寡欲之方也.

지봉유설芝峰類說/권6/경서부經書部/제자諸子

장자의 말에 의하면 "얻음은 때이고 잃음은 순리이니,

때에 편안하고 순리를 따르면

슬픔과 기쁨이 침입하지 못한다" 했다.

나에게 말하려면

장자의 말은 진리에 통달했다고 할 수 있을 것이다.

莊子言 得者時也 失者順也

安時而處順

哀樂不能入也.

余謂

莊子此言可謂達理者也.

마음을 보존하고 이理를 밝히는 것은 성학의 종지이며,

마음을 단련하여 도道에 합하는 것은 도가의 요체이며,

마음에서 본성을 밝히는 것은 불가의 깨달음(證悟)이다.

이처럼 삼교가 모두 마음을 위주로 하지만 작용은 다르다.

그러나 세인은 하나로 통일하고 싶은 욕심으로

망령되게 삼교의 근원이 같다고 말하지만,

어찌 심히 잘못된 것이 아니겠는가?

存心明理者 聖學之旨也

煉心合道者 道家之要也

卽心見性者 釋門之證也.

三者皆以心爲主 而作用不同.

世人乃欲一之

妄謂三敎同源

豈不謬甚矣哉.

지봉집芝峰集/권24/채신잡록采薪雜錄

유자의 말은 통이실通而實하고,

노자의 말은 고이색高而賾하고,

석씨의 말은 대이과大而夸하다.

세상 사람들이 우리 유도를 싫어하여 보려고 하지 않고

불씨 노씨를 사모하는데

이는 자기의 쌀과 고기를 버리고

儒者之言通而實[25]

老子之言高而賾[26]

釋氏之言大而夸[27].

世之人有厭吾道 而不爲見

二氏而慕之

此與棄其粱肉

69

제1부 실학의 선구자들

---

25) 通而實(통이실)=열려 있고 실함.

26) 高而賾(고이색)=높고 깊음.

27) 大而夸(대이과)=크고 과장됨.

타국의 기이한 맛을 좋아함과 같으니,

역시 미혹됨이 아니겠는가?

而嗜逖方異味者無異

不亦惑乎.

지봉집芝峰集/권28/병촉잡기秉燭雜記

내 생각으로는 석씨는 공空에 빠지고

도가는 정靜에 잠겼으니 모두 지나친 것이다.

지나침과 미치지 못함은 모두 중도를 잃은 것이다.

따라서 도道는 중용을 지극한 것으로 여긴다.

愚謂 釋氏之溺於空

道家之淪於靜 皆過焉者也.

過與不及 均爲失中

故道以中庸爲至.

지봉유설芝峰類說/권5/유도부儒道部/학문學問

왕수인이 이르기를

"요즘 사람들의 병통은 대체로 오만 때문"이라고 말했다.

오만은 자기만이 높고 옳다고 여겨

남에게 굽히고 낮추기를 싫어한다.

학문을 하려면 먼저 이 병의 뿌리를 제거해야 한다.

마음이 여유로워지면 발걸음이 진전할 수 있을 것이다.

오만의 반대는 겸손이다.

겸손은 이 병증의 약이다.

王守仁曰

今人病痛大段只是傲.

傲則自高自是

不肯屈下.

爲學先要除此病根.

方寸有地步可進.

傲之反爲謙.

謙字便是對症之藥.

왕세정이 양명에 대해 말한 것을 보면,

그의 '치양지설'은 곧바로 본심을 가리킨다는 이른바

'직지본심'으로, 너무도 간이簡易하고 통절하여

학문과 사변의 공부를 없애는 지경에 이르렀다.

양명이 제자들에게 이르기를,

"선도 없고 악도 없는 것이 마음의 본체요(心體),

선도 있고 악도 있는 것이 마음의 작용이요(發心),

선을 알고 악을 아는 것이 양지이며(心果),

선을 행하고 악을 버리는 것이 격물이니(知止),

이것으로 일체의 종지로 삼는다"고 말했다.

내 생각으로는 그는 육상산을 추존하고

王世貞謂王守仁

爲致良知之說

直指本心最簡易痛切

乃至欲盡廢學問思辨之工.

守仁之語門人云

無善無惡者 心之體

有善有惡者 心之用

知善知惡者 良知

爲善爲惡者 格物

以此爲一切宗旨云.

余按守仁推尊象山

주자를 힘써 비방했는데,　　　　　　　　而力詆朱子

그의 이른바 '치양지설'은　　　　　　　　其致良知之說

불교의 즉심견성卽心見性과 같은 것이라　　乃佛家卽心見性.

그 간이성 때문에 일시 학자들이 추종했다.　以其簡易 故一時學者多趨之.

그러나 이는 성학에 죄를 진 것이다.　　　然得罪於聖學.

지봉유설芝峰類說/**권5**/**유도부**儒道部/**심학**心學

왕양명이 이르기를　　　　　　　　　　　　王陽明曰

"마음은 텅빈 것이 태허(하늘)와 같다"라고 말했다.　此心廓然 與太虛同體.

태허 속에는 어떤 물건도 존재하지 않는다.　太虛之中 何物不有.

그리고 어느 한 물건도 태허를 막히게 할 수 없다.　而無一物能爲太虛之障碍.

무릇 부귀 빈천, 득상 애오가 서로 마주치는 것은　富貴貧賤得喪愛憎之相値

마치 바람에 나부끼는 안개처럼 태허 속에서　卽飄風浮靄之往來

변화무쌍하지만,　　　　　　　　　　　　變化於太虛

태허의 본체는 한상 텅 빈 듯 막힘이 없다.　而太虛之體 固常廓然無碍也.

나는 그의 말은 참으로 옳다고 여기지만　余謂此言固善 但從佛語中來

다만 불가에서 나온 말이다.　　　　　　但從佛語中來.

해외 문물 소개

　　이수광은 세 차례의 중국 방문을 계기로 외국 사신들과 교류하면서 서양 문물을 접하고 이를 소개함으로써 후학들에게 세계에 눈을 뜨게 해주었다. 『지봉유설』 제2권 「외국조外國條」에서는 안남(베트남), 유구, 섬라(태국), 일본, 대마도, 진납국眞臘國(부남), 회회국回回國(아라비아), 포르투갈, 영국 등 40여 개 나라를 언급하고 있다. 특히 그는 『천주실의』를 처음으로 소개하고 천주교 교리에 대해 중립적으로 말하고 있다. 이러한 경향은 훗날에 큰 영향을 끼친다. 그의 처남들인 권일신權日身, ?~1791, 권철신權哲身, 1736~1801과 그들과 인연된 이벽李蘗, 1754~1785, 이승훈李承薰, 1756~1801, 정약종丁若鍾, 1760~1801 등과 함께 1784년에 천주교회를 세움으로써 사상사에 큰 전기를 마련했다.

지봉유설芝峰類說/권1/천문부天文部/천天

내가 일찍이 구라파(유럽) 사람 풍보보가	余嘗見 歐羅巴人馮寶寶
그린 천형도를 보았는데	所畫天形圖
그에 의하면 하늘은 구 층으로 되어 있는데	曰 天有九層
최상층이 별들이 운행하는 하늘이고,	最上爲星行天
그다음이 해가 운행하는 하늘이며,	其次是日行天
가장 아래가 달이 운행하는 하늘이라 했다.	最下爲月行天.
그의 학설은 대체로 근거가 있는 듯했다.	其說似亦[28]也據[29].

지봉유설芝峰類說/권2/제국부諸國部/외국外國

만역 계묘년(선조 36년, 1603년)에	萬曆癸卯
내가 부끄럽게도 부제학으로 있을 때,	余忝[30]副提學時
연경에 사신으로 다녀온 이광정과 권희가	赴京回還使臣李光庭權憘
여섯 폭짜리 구라파(유럽) 지도를	以歐羅巴輿[31]地圖一件六幅
홍문관에 보내왔다.	送於本館.
그 지도를 보니 매우 정교하여	見其圖甚精巧
서역에 대해서는 특히 상세했고,	於西域特詳
중국의 지방들에서부터	以至中國地方
조선 팔도와 일본 육십 주에 이르기까지	及我東八道 日本六十州
지리와 원근 대소가 세밀하여 빠짐이 없었다.	地理遠近大小纖悉無遺.

불랑기국(포르투갈)은 섬라(태국) 서남 해상에 있는 나라인데	佛浪機國 在暹羅西南海中
서양의 대국이다.	乃西洋大國也.
그들의 화기인 불랑기(대포)는	其火器號佛浪機
지금 우리 군대에서도 사용하고 있다.	今兵家用之.
또 그들 서양의 옷감은 극히 가볍고 섬세하여,	又西洋布極輕細
매미 날개와 같다.	如蟬翼焉.

---

28) 亦(역)=大也. 總也.
29) 據(거)=徵也.
30) 忝(첨)=辱也. 謙辭.
31) 輿(여)=地道也.

실학사상

영국은 바다 서쪽 끝에 있는 나라다.　　　　　　永結利國 在極西外洋.

그들의 배는 사중으로 건조되는데　　　　　　　四重造船

겉과 속, 내외를 철판으로 두른 철갑선이다.　　以鐵片周裹內外.

선상에는 수십 개의 돛대를 세우고,　　　　　　船上建數十檣竹

선미에는 바람을 일으키는 기계를 달았다.　　船尾設生風之機.

닻줄은 철사를 수백 개 꼬아 만들었으므로,　　礎索用鐵 鎖數百湊合以成

어떠한 풍파를 만나도 끄떡없다.　　　　　　故雖遇風濤不敗.

전투용 대포를 가지고 있어 갑자기 출몰하여 겁탈을 자행해도,　　戰用大砲 出沒行劫

해중에는 여러 나라가 있으나 감히 대항하지 못한다고 한다.　　海中諸國 莫敢相抗.

지난해에는 일본으로부터 표류해 홍양만에 도착했는데,　　頃年自日本 漂到興陽之境

그 배가 너무 높고 커서 마치 여러 층의 누대와 같았으며,　　其船極高大 如層樓大屋

아군이 이를 공격했으나 격파하지 못했고　　我軍搏戰不能攻破

저들의 일을 다 마치고 물러갔다.　　致令脫去.

후에 왜의 사신에게 물은 바　　後問倭使

그들이 영국인임을 알게 되었다.　　知其爲永結利人也.

대서국(이탈리아)이라 부르는 구라파(유럽) 사람으로　　歐羅巴國 亦名大西國

이마두 (마테오 리치)라는 이가 있어　　有利瑪竇者

팔 년을 항해하여 팔만 리 파도를 넘어와서　　泛海八年 越八萬里風濤

동월(광둥 성)에서 십여 년 거주했다.　　居東粵[32]十餘年.

그가 두 권짜리 『천주실의』라는 책을 저술했는데　　所著天主實義二券

그 머리 요지는 천주가 처음으로 천지를 창조하고　　首論 天主始制天地

만물을 주재하고 편안히 길러주는 도리를 말했고,　　主宰安養之道

그다음은 사람은 영혼 불멸의 존재로서　　次論 人魂不滅

금수와 크게 다름을 논했고,　　大異禽獸

그다음은 육도 윤회설이 오류라는 것과,　　次辯 輪廻六道之謬

천당 지옥은 선악의 응보라고 주장했으며,　　天堂地獄善惡之報

끝으로 사람의 본성은 본래 선하다는 것과　　末論 人性本善

천주를 공경하고 받들어야 한다는 뜻을 설명했다.　　而敬奉天主之意.

---

32) 粵(월)=동월(지금의 광둥 성).

4장
실 학 사 상

허균의
『성소부부고』

◆

허균許筠의 자字는 단보端甫, 호號는 교산蛟山, 성소惺所, 성옹惺翁, 백월거사白月居士다. 형조 판서, 의정부 참찬을 지냈다. 선조 27년(1594) 25세에 문과에 급제하여 관로에 나갔고 선조 30년(1597) 중시重試에 장원했고 그해 사신을 따라 북경에 가서 천주교를 접했고 많은 책을 사왔다. 광해군 6년(1614)에 호조 참의로 임명되고 그해 천추사千秋使로 중국에 다녀오면서 또 많은 책을 사왔다. 광해군 7년(1615) 5월에 문신들의 정시庭試에 장원했고, 8월에 다시 동지겸진주사冬至兼陳奏使 부사로 북경에 갔다 오면서 자신의 돈으로 4,000여 권의 책을 구입했다. 이로 볼 때 그가 얼마나 호학했는지를 알 수 있다. 광해군 10년(1618) 반역죄로 처형당했다. 저서로는 『홍길동전』과 「호민론豪民論」이 유명하고, 문집 『성소부부고惺所覆瓿藁』가 전한다. 그리고 그는 일찍이 유불선에 통달하고 시를 잘 썼다. 그는 아마 희대의 천재였던 것 같다. 이에 대해서 이익의 『성호사설』에는 다음과 같은 기록이 전해오고 있다.

이익李瀷

성호사설星湖僿說/**권12**/**인사문**人事門/**허균기성**許均記性

대체를 총괄하는 자는 그 뜻이 밝고,	摠大體者 其意明
세세한 사무를 힘쓰는 자는 그 일이 어지럽다.	勞細務者 其事亂也.

기억력이 슬기롭기로는 근세에 허균을 최고라고 하는데	記性之慧 近世以許筠爲最
그는 눈에 한번 지나치기만 하면 문득 알아낸다.	筠過目輒認.
사람들이 그를 시험하기 위해 붓을 한 다발 가득 쥐고	人欲試之 取筆管稊握
그 붓끝을 보여준 다음 붓을 감추고 얼마인가를 물었더니,	擧以示其端 去管而問幾何
균은 눈으로 상상하고 마음으로 준거하여	筠目想心準
곧 벽에 먹으로 붓대처럼 표시하고	便向壁以墨識之若管端
다시 하나하나를 헤아려서 능히 알아맞혔다고 한다.	輒復一一數之 能得云.

그는 그 당시 이지李贄, 1527~1602의 동심설童心說에 촉발되어 청나라의 원굉도袁宏道, 1568~1610 등이 진한秦漢 성당盛唐의 모방을 반대하고 전통적 형식을 넘어서(不拘格套) 성정을 직접 쏟아내고(直寫性情), 자유롭고 천진한 글쓰기(情眞語直)를 표방하는 이른바 공안파公安派와 상통했다. 허균의 『한정록閑情錄』에 수록된 「병화사瓶花史」와 「상정觴政」은 원굉도의 저서를 그대로 옮겨놓은 것이다. 이처럼 허균과 연암의 혁명적 문체는 이들 공안파에 영향을 받았다는 것이 정설이다.

이지는 회교도이며 회교 출신으로 원래 이름은 임재지林載贄인데 이름을 바꾸었다. 호號는 탁오卓吾·독오篤吾·굉보宏甫라 했고, 별호는 온능거사溫陵居士라 칭했다. 이지는 왕학王學과 불학佛學을 존숭했고, 공맹과 정주를 반대했다. 그는 만민 평등, 남녀 평등, 혼인 자주, 과부의 재가를 주장했다. 특히 그는 서얼 차별, 인욕 억압, 남존여비 사상을 강력하게 반대했다.

이처럼 혁명적이었던 이지의 사상은 성리학을 지양하려고 했던 허균에게 크게 영향을 미쳤을 것이다. 다만 그것을 직접적으로 표명한 기록은 없으나 그가 성리학자들이 기피하는 제자백가의 서적을 탐독했고, 그의 『한정록』에 이지의 『분서焚書』를 전거 서목으로 인용했으며 동심설에 영향을 받은 원굉도의 글을 그대로 옮겨놓은 것을 보면 허균은 이지와 공안파에 매료된 것 같다. 또한 그는 야인의 기질이 강한 혁명아였으므로 공안파의 문예론에 공감한 것은 자연스러운 일일 것이다.

그의 『홍길동전』은 이지가 그의 『분서』 「독율부설讀律膚說」에서 『수호전水滸傳』을 충의지서忠義之書로 해설한 것에 직접 영향을 받았다. 『홍길동전』의 저자가 허균이라는 데에 대해서 의문을 제기하는 학자도 있으나 소수의 의견에 불과하다. 허균이 모반죄로 처형당하자 누구도 허균을 좋게 말하지 않았던 당시에 허균을 잘 알면서도 그를 비판한 택당 이식李植의 다음 글은 못 믿을 이유가 없으며 이를 반증할 아무런 증거도 없다.

송시열宋時烈 **편찬**

택당집별집澤堂集別集/**권15/잡저**雜著

세상에서 『수호전』을 지은 작자는 삼대까지 농아가 되었다는데	世傳作水滸傳人 三代聾啞
그것은 죄 값을 받은 것이며	受其報應
도적들이 그 책을 좋아하기 때문이라고 한다.	爲盜賊尊其書也.
허균, 박엽 등이 그 책을 좋아하여	許均朴燁等好其書
도적 대장의 별명으로	以其賊將別名
서로 호를 지어 부르며 희롱했다.	各占爲號以相謔.
허균 또한 『수호전』을 본떠 『홍길동전』을 지었고,	均又作洪吉童傳 以擬水滸
그의 무리인 서양갑, 심우영 등은	其徒徐羊甲沈友英等
직접 실행하여 일촌이 박살났었고,	躬蹈其行 一村虀粉
허균도 모반하다가 처형되었으니,	均亦叛誅
이는 농아의 응보보다 더욱 심하다.	此甚於聾啞之報也.

야인기인

안정복安鼎福

순암집順菴集/**권17/천학문답**天學問答

균은 총명하고 문장에 능하나 행실에 절제함이 전혀 없었다.	筠則聰明能文章 而專無行章.
스스로 사류士類에 용납되지 못할 것을 알고 불교에 의탁하여	自知不爲士類所容 托跡於佛
밤낮으로 예불을 하고 불경을 외우며	日夜拜佛誦經
지옥에 떨어지지 않기를 빌었다.	求免地獄.
그리고 주장하기를 "남녀의 정욕은 하늘의 자연이며,	唱言曰 男女情慾天也
남녀를 나누어 차별하는 윤리는 성인의 가르침이다.	分別倫紀 聖人之敎也
그러나 하늘은 성인보다 높으니	天尊於聖人
차라리 성인을 어길지언정	則寧違於聖人
감히 하늘이 준 본성을 어길 수는 없다"라고 했다.	而不敢違天稟之本性
그리고 수시로 부박한 행동을 하면서	以是當時浮薄

문장깨나 한다는 자들이 그의 문도가 되어

주창하기를 '천학天學'의 말씀이라고 했다.

그러나 실은 '서학'과는 천지 차이로 같지 않으며,

견주어 말할 만한 것이 못 된다.

有文詞爲其門徒者

唱爲天學之說.

其實與西土之學 霄[1]壤不侔

不可比而同稱也.

성소부부고惺所覆瓿藁/권6/사우재기四友齋記

재각 이름을 사우四友라 지은 것은 왜인가?

허 선생이 벗하는 자가 셋인데,

허 선생이 그중 하나를 차지하니 넷이 된 셈이다.

허 선생은 성격이 소탈 호탕하여 세상과는 잘 맞지 않으므로

그를 만나는 사람은 무리를 지어 꾸짖고 떼 지어 배척하므로,

문간에 찾아오는 이가 없고 나가도 뜻이 맞는 이가 없다.

마지못해 옛사람 중에서 사귈 만한 사람을 골라

벗으로 삼을 수밖에 없었다.

齋以四友名者何也.

許子所友者三

而許子居其一 幷而爲四也.

許子性疎誕不與世合

恃之人 群詈而衆斥之

門無來者 出無與適.

無已則 於古人中 擇其可友者

友之.

내가 가장 사랑하는 사람은

진나라 처사 도잠이다.

그는 한가하고 고요하며 평탄하고 소광하여

세상일 따위는 마음에 두지 않는 어린아이 마음으로

가난을 편히 여기며 천명을 즐기다가

승화 귀진했으니

맑은 풍모와 빼어난 절개는 아득하여 잡을 길이 없다.

나는 그를 몹시 사랑하지만 그의 경지는 미칠 수가 없다.

다음은 당나라 한림 이태백이다.

그는 비범하고 호탕하여

팔극을 좁다하고 총신과 귀인을 개미 보듯이 하며

스스로 산수 간에 방랑했으니,

내가 부러워 따라가려고 애쓰는 처지다.

그다음은 송나라 학사 소자첨이다.

吾所最愛者

晉處士陶元亮氏.

閑靜夷曠

不以世務嬰心

安貧樂天

乘化歸盡

而淸風峻節 邈不可攀.

吾甚慕而不能逮焉.

其次則唐翰林李太白氏.

超邁豪逸

俯陋八極 蟻視寵貴者

而自放於川岳之間

吾所羨而欲企及者.

又其次 宋學士蘇子瞻氏.

---

1) 霄(소)=雨霰也 天空也.

그는 허심탄회하여 남과 경계를 두지 않으므로,　　　　　　虛心曠懷 不與人畦畛

현우 귀천을 가리지 않고 모두 그와 즐기니,　　　　　　無賢愚貴賤 皆與驩然

유하혜와 같은 화광동진을 지녔다.　　　　　　有柳惠和光之風.

나도 본받고자 하지만 할 수 없는 처지다.　　　　　　吾欲效而未之能也.

이 세 분 군자는 문장이 천고에 떨쳐 빛나지만　　　　　　三君子 文章振輝千古

내 보기에는 그들에게 그것은 여가의 일이었다.　　　　　　以余觀之 則皆其餘事.

그러므로 내가 취함은 인품에 있지 문장에 있지 않다.　　　　　　故吾所取者在此而不在彼也.

만약 이 세 분을 벗 삼을 수 있다면,　　　　　　若友此三君子者

어찌 속인들과 어깨를 포개고 옷소매를 맞대며　　　　　　則奚必與俗子 聯袂疊肩

비위 맞추는 귓속말을 하는 것으로 우도를 삼겠는가?　　　　　　謟謟然耳語自以爲友道也哉.

성소부부고惺所覆瓿藁/권14/성옹송惺翁頌

온 세상이 다 가는 길을 그대는 따르지 않고,　　　　　　擧世之趨 翁則不奔

남들은 고생으로 여기는데 그대는 기쁘게 받는다네!　　　　　　人以爲苦 翁獨欣欣.

마음 편하고 정신이 고요함은 내 용렬함이 취한 것이요,　　　　　　心安神靜 庸陋之取

정기가 모여 기氣가 온전함은 내 무식한 탓이라네!　　　　　　精聚氣完 愚無識故.

형을 받아도 두렵지 않고 귀양을 보내도 슬프지 않으니,　　　　　　遭刑不怖 遭貶不悲

꾸짖어도 내버려두고 기뻐하고 즐거워한다네!　　　　　　任毀任詈[2] 愉愉怡怡.

제 스스로 송頌을 짓지 않으면 뉘가 있어 내 이름을 기릴까?　　　　　　非自爲頌 孰能頌汝

성옹은 누군가? 그가 바로 허균 단보라네.　　　　　　惺翁爲誰 許均端甫.

성소부부고惺所覆瓿藁/권12/대힐자對詰者

풍체 좋게 갓을 쓴 자가 나를 나무란다.　　　　　　頎[3]而弁者 有詰於吾.

그대는 문장을 잘하고 벼슬은 대부에 올랐고,　　　　　　君有文章 官上大夫

뿔 관을 쓰고 넓은 관대 두르고 임금을 모실 때는　　　　　　峨冠博帶 侍於淸都

종자들이 구름 같고 큰길에 물렀거라 소리쳤다.　　　　　　從者雲擁 呵于通衢[4].

---

2) 詈(리)=꾸짖다.

3) 頎(기)=헌걸차다.

4) 衢(구)=네거리.

의당 고관대작의 사랑방을 드나들며 한 무리가 되어,
함께 추종하며 거짓 꾀에 동조하며
권력을 틀어쥐고 흥청망청 살 수 있거늘
어찌 조정을 그만두고 바보처럼 한가롭게 좋아한단 말이요?

영달하지 못한 자들만 부르고 보잘것없는 자와 함께하니,
검은 얼굴도 있고 붉은 수염도 있어,
붉은 자는 혀를 희롱하고 검은 자는 술병을 들고,
키가 작은 한 사내는 코가 여우 같고,
눈은 애꾸요, 속눈썹은 붉은데,
날마다 마루에서 떠들고 큰 소리로 노래 부른다.
이처럼 궁상스러운 오만 군상을 불러 모아 스스로 즐거워하니
미워하는 자가 즐비하고 선비들이 등을 돌려 달아난다.
의당 몸을 자애해야 하거늘 진흙탕에 굴리다니!
어찌 이런 무리를 버리고 요로에 줄을 대지 않는가?

내 말 들어보소! 아니야! 아니야! 그대 말이 우원하다.
내 천성 천박하여 엉성하고 거칠다오.

宜其所交 卿相爲徒
偕[5]其追逐 叶[6]其訏[7]謨
躐[8]取權柄 以豊其廚[9]
胡爲朝罷 閑兌[10]如愚.

無顯者來 畸[11]人與俱
有黧[12]其面 有赤其須[13]
赤者詼[14]舌 黧者提壺
有一短漢 其鼻如狐
有眼其眇 有睫其朱
日哄[15]其堂 歌呼嗚嗚.
鎪[16]困萬象 用以自娛
嫉者如林 群士背趍.
宜其子[17]身 阨[18]于泥塗.
捨此輩 往締[19]要途

余曰 否否 子言之迂.
吾性鄙拙 疏而且麤[20].

5) 偕(해)=同也.
6) 叶(협)=화합하다.
7) 訏(우)=大也, 僞也.
8) 躐(렵)=밟다.
9) 廚(주)=주방.
10) 兌(태)=기쁨, 지름길.
11) 畸(기)=뙈기밭.
12) 黧(려)=검다.
13) 須(수)=수염.
14) 詼(회)=농락하다.
15) 哄(홍)=떠들다.
16) 鎪(수)=후비다. 새기다.
17) 子(자)=愛也. 慈也.
18) 阨(액)=陋也. 困也.
19) 締(체)=맺다.
20) 麤(추)=과격하다.

권모도 술수도 없고, 의심도 아첨도 못 하며　　　　無機無巧 不諂[21]不諛[22]

한 가지라도 맞지 않으면 잠시도 참지 못하고,　　有一不協 不忍須臾

남을 칭찬하는 말을 할라치면 입이 금방 더듬거리며,　談及譽人 口卽囁嚅[23]

권문에 발을 밟으면 발꿈치가 갑자기 쑤시고,　　足躡[24]權門 其跟[25]卒瘏[26]

공경에게 읍을 할라치면 내 몸에 기둥이 박힌다네!　軒裳拱揖 如柱在軀.

이처럼 불경스러운 모습으로 공경대부를 찾아본들　將此惰容 去謁公孤[27]

보자마자 금방 미워하여 골통을 부셔버리려 할 것일세.　見者輒憎 欲斲[28]其顱[29].

부득이 강호에 은거할 생각도 했지만　　　　　　不得已焉 思適江湖

가난하여 녹을 먹고자 물러나고 싶어도 머뭇거린다네!　爲貧爲祿 欲退次且.

오직 두세 사람은 속됨에 묶이지 않아　　　　　　唯二三人 不爲俗拘

나의 기량을 기뻐하고 나의 기탄없음을 사랑했다.　喜我伎倆 或愛無郛[30].

나는 술에 취하면 서로 손짓하여 부르고,　　　　來醉我酒 相招相呼

부르는 노래는 화평하고 구절마다 밝은 구슬이다.　有倡斯和 篇篇明珠.

불의 집인가? 벼락 맞은 나무인가?　　　　　　火齋木難.

붉은 구슬과 푸른 산호처럼　　　　　　　　　玫瑰珊瑚

스스로 보배라 여길 뿐 관로에 팔리기를 기대하지 않으니　自寶我寶 非待其沽

『시경』의 민중의 노래와 사자를 기리는 노래를 오장伍長으로 삼고　風頌[31]爲伍

굴원의 「이소離騷」와 사명司命을 군졸로 삼았다.　命騷[32]僕奴.

대업을 가볍게 보고, 궁궐 담장을 갑갑하게 느끼고,　訑[33]爲大業 隘視寰[34]區

벼슬살이를 책망하지 않고 나를 모범 삼아 달려왔다.　謂仕無詭[35] 範我以驅

---

21) 諂(도)=疑也.

22) 諛(유)=아첨.

23) 囁嚅(섭유)=欲言復縮也.

24) 躡(섭)=밟다.

25) 跟(근)=발꿈치.

26) 瘏(도)=앓다.

27) 孤(고)=侯王之謙稱. 官之次於三公者.

28) 斲(착)=베다.

29) 顱(로)=두개골.

30) 郛(부)=郭也. 外城.

31) 風頌(풍송)=詩經(國風과 雅頌).

32) 命騷(명소)=楚辭(少司命과 離騷).

33) 訑(이)=自得貌. (타)=輕也.

34) 寰(환)=宮周垣也.

35) 詭(궤)=責也 詐也. 毁也.

하늘이 품부한 대로 따르다가

해가 뜨고 지는 곳에 이르리라.

從天所賦

以至桑[36]楡[37].

호불

성소부부고惺所覆瓿藁/**권4/송이나옹환지산서**送李懶翁還枳山序

소동파가 능엄경을 읽고나서

해외에 문장이 더욱 높아지고 오묘해졌으며,

근세의 왕수인과 당순지의 문장도

모두 불전에서 깨달은 바 있었다기에

마음속으로 몰래 좋아하여 자주 스님을 찾아

부처의 설법이 경전에 부합하는지를 찾고자 읽었더니

그 달견은 둑이 터지고 산이 열리는 듯하며,

뜻과 언사를 구사함은 마치 나는 용이 구름을 탄 듯,

아득하여 형상할 수 없었으니

참으로 문장이 귀신같았다.

수심에 잠겨 읽으면 즐거워지고

권태로워 읽으면 잠이 깨었으니

스스로 이르기를 이것을 읽지 않았다면

진실로 이생의 세월을 허송할 뻔했다.

한 해가 못 되어 읽은 책이 백 상자나 되었다.

심心을 밝히고 성性을 안정시키는 경지는

달빛처럼 깨달음이 있는 것 같고

及聞東波讀楞嚴

而海外文尤極高妙

近世陽明荆川[38]之文

皆因內典有所覺悟

心竊艶[39]之 亟[40]從桑門士

求所爲佛說契經者讀之

其達見果若峽決而河潰

其措意命辭 若飛龍乘雲

杳冥莫可形象

眞鬼神於文者哉.

愁讀之而喜

倦讀之而醒

自謂不讀此

則其虛度此生也.

未逾年 閱盡百函.

其明心定性處

朗然若有悟解

---

36) 扶桑(부상)=日出處(湯谷之上有扶桑 十日所浴-山海經).

37) 楡(유)=느릅나무. 晚景. 西方.

38) 荆川(형천)=名은 唐順之(明代학자).

39) 艶(염)=歆羨也.

40) 亟(극)=急也, (기)=屢也.

세상사에 얽히고 묶여 사념에 매달리다가　　　而俗事世累之絓⁴¹⁾於念者

해방된 듯 그 사슬을 벗어버린 듯했다.　　　脫然若去其繫.

지난해 나는 고을 수령이 되었는데,　　　客歲待罪郡紱⁴²⁾

지역은 외지고 송사는 간략하며,　　　地僻訟簡

날마다 일이 없고 취할 것도 적은 곳이라,　　　日無事 取少所

염계(周子), 이정(程顥, 程頤)의 서적을 자세히 살펴보니,　　　讀四子⁴³⁾濂洛書諦看之

불서의 성심에 대해 논의한 바는　　　則所謂佛子書 論性論心

비록 이치에 근사한 점이 있다고 말하지만,　　　雖曰近理

바른 전범인 우리의 가르침과는 상반됨이 많고　　　而寔⁴⁴⁾典吾敎 每每相反

그들의 환견과 공설은 종종 천리에 위배되었다.　　　其幻見空說 種種背於天理.

성소부부고惺所覆瓿藁/**권2/문파관작**聞罷官作

불경을 읽은 지는 오래되었지만　　　久讀修多敎⁴⁵⁾

그로 인해 마음이 머문 곳은 없다네!　　　因無所住心.

노불의 고사인 주옹周顒은 처를 내보내지 못했고　　　周妻⁴⁶⁾猶未遣

불자인 하윤何胤도 육식을 금하지 못했거늘,　　　何肉⁴⁷⁾更難禁

내 분수 이미 청운과 먼 것을　　　己分靑雲隔

탄핵을 받은들 어찌 근심하랴?　　　寧愁白簡侵.

인생이란 제 명에 편안할지니,　　　人生且安命

꿈은 오히려 산사로 달려가네.　　　歸夢尙祇林⁴⁸⁾.

예교가 어찌 방랑을 구속하리요?　　　禮敎寧拘放.

인생 부침을 내 맘대로 맡기리라!　　　浮沈只任情.

그대는 그대의 법도를 따르게.　　　君須用君法.

나는 내 인생을 살아가겠네!　　　吾自達吾生.

---

41) 絓(쾌)=懸也. 絲結也.
42) 紱(불)=인끈. 紳.
43) 四子(사자)=北宋의 四 선생
44) 寔(식)=正也 是也.
45) 修多敎(수다교)=수다라교
46) 周妻(주처)=南齊 때 老佛의 高士였던 周顒의 妻.
47) 何肉(하육)=南齊 때 불교도 何胤이 육식을 함.
48) 祇林(기림)=中인도 사위성 祇園精舍가 있는 숲.

벗들은 찾아와 서로 위로하지만	親友來相慰
처자식은 마음으로 불평한다네!	妻孥意不平.
즐거워라! 혹시 깨달음이 있어	歡然若有得
행여 이백 두보와 이름을 나란히 할거나!	李杜幸齊名.⁴⁹⁾

호노장

성소부부고惺所覆瓿藁/권13/독노자讀老子

노자를 장으로 나눈 것은 누구에게서 나왔는지 모르지만,	老子分章 未知出自何人
글의 뜻이 본래 끊어지지 않았는데 억지로 끊은 곳이 있어	其意本不斷 而有强斷處
대단히 잘못되었다.	殊爲紕繆⁵⁰⁾.
다만 마땅히 전체를 연결하여 읽어야만	但當全讀之
비로소 통할 수 있게 되었다.	乃可通也.
후세에 그들을 따르는 무리들이	後世其從
노자의 학술을 신비학으로 바꾸어버렸고,	轉神其學
그것이 유행하여 선약, 양생,	流而爲修煉⁵¹⁾服食⁵²⁾
부적, 푸닥거리 등 미신의 법으로 만들어,	符籙⁵³⁾齋醮⁵⁴⁾ 等法
괴이하고 황당하여 바르지 못하게 됨으로써	愧誕不經
세상을 현혹시키고 사람을 속이는 일이 많게 되었다.	而惑世誣人多矣.

성소부부고惺所覆瓿藁/권14/열선찬列仙賛

노자老子

선천先天은 무극이요, 대도大道는 무위라!	先天無極 大道無爲.

---

49) 이 시는 불교를 신봉했다는 이유로 삼척 부사에서 파직된 후 지은 것이다.
50) 紕繆(비류)=어그러짐.
51) 修煉(수련)=仙藥.
52) 服食(복식)=養生.
53) 符籙(부록)=부적.
54) 齋醮(재초)=푸닥거리.

어둠과 침묵, 순수함과 정미함은 만법의 스승이라!   玄默純精 萬法之師.

오천 문자 읽어보니 밝도다 지극한 덕이여!   閱五千文 於昭至德.

숨고 들어내고 변화무쌍한 조화가   隱顯變化

용처럼 측량할 길 없구나!   猶龍莫測.

장자莊子

소요는 아름다운 유遊요, 물론物論은 아름다운 제齊다.   逍遙匪遊 物論匪[55]齊.

인간 세상에 머물러도 시작도 끝도 없는 것을!   住人間世 無始無倪.

나뭇단에 불이 옮겨 붙듯 서로 전할 뿐이니,   薪火相傳

태초의 혼돈에 일곱 구멍을 뚫었구나!   混沌七竅[56].

막히고 얽혔어도 벼리는 좋으니,   闌編紀善

그 자취 더욱 크구나!   其迹愈莫.

인재 탕평론

성소부고惺所覆瓿藁/권11/유재론遺才論

천지가 인재를 낼 때는 원래 한 시대에 쓰기 위한 것이다.   天地生才 原爲一代之用.

사람이 태어날 때   而其生之也

명망가와 귀족에게는 풍부하게 부여하고   不以貴望[57]而豊其賦

미천한 자에게는 그 품부가 인색한 것이 아니다.   不以側陋而嗇其稟.

그래서 옛 밝은 임금은 그것을 알았기에   故古先哲辟 知其然也

혹은 인재를 초야에서 구했으며   或求之於草野之中

혹 병졸 속에서 구했고   或拔之於行伍

혹은 도둑의 무리에서 구했고 혹은 창고지기를 등용했다.   或擧賊 或用莞庫士.

---

55) 匪(비)=非也. 采貌也.

56) 七竅(칠규)=耳, 目, 口, 鼻, 肛, 尿, 心.

57) 望(망)=門族也.

우리나라는 땅이 편협하여 인재가 드물게 배출된다고
옛날부터 모두 걱정해왔다.
이조에 들어와서는 사람을 등용하는 길이 더욱 협소해져,
명문 세가가 아니면 좋은 자리에 출사할 수 없게 되었다.
하늘이 부여한 재주는 이처럼 고르건만
세족들과 과거 급제로 한정하니,
마땅히 인재가 없다고 항상 걱정할 수밖에 없다.
먼 오랜 옛날부터 지금까지 넓은 천지간에
서얼은 아무리 어질어도 버리고
어미가 개가하면 인재라도 쓰지 않는다는 말은 들어보지 못했다.

우리나라는 유독 그렇지 않다.
어미가 천하거나 개가한 자손들은
모두가 녹을 먹는 벼슬길에 나가지 못한다.
이는 스스로 벼슬길을 막아놓고
인재가 없다고 한탄하는 꼴이다.
하늘이 낳은 것인데 사람이 그것을 버리는 것이니
이는 하늘을 거역하는 것이다.
하늘을 거역하면서 천명이 오래가기를 기도하는 것은
있을 수 없는 일이다.

我國地褊[58] 人才罕出
蓋自昔而患之矣.
入我朝 用人之途尤狹
非世冑[59]華望 不得通顯仕.
天之賦才爾[60]均也
而以世冑科目[61]限之
宜乎常病其乏才.
古今之遠且久 天下之廣
未聞有孽出而棄其賢
母改適而不用其才者.

我國則不然.
母賤與改適[62]者之子孫
俱不齒[63]仕路.
乃反自塞其路
而自嘆曰無才無才.
天之生也 而人棄之
是逆天也.
逆天而能祈天永命者
未之有也.

---

58) 褊(편)=좁다.
59) 世冑(세주)=世族.
60) 爾(이)=如此也.
61) 科目(과목)=條要也, 取人條格(漢代는 科擧之制).
62) 適(적)=嫁也.
63) 齒(치)=錄也.

성소부부고惺所覆瓿藁/권1/소인론小人論

요즘 나라에는 소인도 없고 군자도 없다고 말한다.	方今國家 無小人焉 亦無君子焉.
소인이 없다면 다행이지만	無小人則 國之幸也
군자가 없다면 어찌 나라일 수 있겠는가?	若無君子則 何能國乎.
그러나 그것은 잘못된 말이다.	否否不然.
사실은 군자가 없기 때문에 역시 소인도 없는 것이다.	無君子故亦無小人焉
나라에 군자가 있을 수 있게 한다면	向使國有君子
어찌 소인들이 자기 정체를 숨길 수 있겠는가?	則小人不敢掩其迹也.
대저 군자와 소인은 음陰과 양陽 낮과 밤과 같아서,	夫君子小人 如陰陽晝夜
음이 있으면 또 양이 있고, 낮이 있으면 또 밤이 있듯이	有陰則又有陽 有晝則又有夜
군자가 있으면 반드시 소인도 있다.	有君子則又有小人.
요순 때에도 그랬는데 하물며 후세야 어떻겠는가?	在唐虞亦然 矧沒世乎.
대저 군자는 바르고 소인은 거짓되며,	蓋君子則正 小人則邪
군자는 옳고 소인은 그르며,	君子則是 小人則非
군자는 공평하고 소인은 사사로우니,	君子則公 小人則私
윗사람이	在上者
거짓과 바름, 옳고 그름, 공公과 사私를 분별하여 살핀다면	以邪正是非公私之辨而察之
저들 소인들이 어찌 감히 그들의 정체를 숨길 것인가?	則彼小人者 烏敢遁其情哉.
그런데 요즘은 이른바 군자다 소인이다 말하지만,	方今之所謂君子小人
크게 다른 것이 없다.	無大相遠者.
자기 패와 같으면 군자이고 다르면 소인이 되기 때문이다.	而同則皆爲君子 異則皆爲小人.
시是란 그들이 옳으면 옳은 것이고,	是者是其所是
비非란 저들이 그르다면 그른 것이다.	非者非其所非.
이것은 모두 공公이 사私를 이길 수 없어 그런 것이다.	此皆由公不能勝私而然也.

그러므로 이르기를 음흉한 붕당의 해로움은
소인의 국권 전횡보다 더욱 심하다고 말하는 것이다.

故曰 淫朋之害
有甚於小人之專朝也.

진실로 대인군자로서 학행과 지식이
한 시대를 대표하는 사람이 나와 높은 지위에 있도록 하여,
이로써 모든 관료들의 기풍을 권면하고
높은 대부들을 천거하게 함으로써
모두 정正을 지키고 공公을 받들 것을 깨우쳐주고
시비의 분별을 밝혀준다면
한때의 음흉한 붕당들이 면모를 개혁하는 것은 오래지 않으리라!

誠使大人君子學行才識
爲一時表率者出 而在上位
以風勵具僚
使薦紳大夫
皆知其守正奉公
明是非之分
一時淫朋將革面之不暇.

오호! 어찌하면 소인들이 국권을 전횡하고
그들의 세력을 떨치기 전에 미리 막고 제거할 수 있을까?
또 어찌하면 대인군자들이 나와
기풍을 열어 음흉한 붕당들을 해산시킬 수 있을까?
옛말에 이른바 소인들은
그 배움이 분별을 넘기에 족했고
그 행실이 세속을 속이기에 족했고,
그 재주는 세태의 변화에 적응하기에 충분했다.
그러므로 그들이 지위에 있으면
사람들은 그들의 속내를 가늠하지 못하므로
족히 그들이 하고자 하는 바를 행할 수 있었다.
그들 소인이 군자와 다른 것은
다만 공公과 사私의 아주 작은 차이지만
그들이 끼치는 재앙은 오히려 참혹하다.

嗚呼 安得小人者專國
防及其未張 以擊去之耶.
亦安得大人君子者出
而風之以散其淫朋.
古之所謂小人者
其學足以濟其辨
其行足以欺夫俗
其才足以應乎變.
故其在位也
人不測其中
而足以行其所欲爲.
其與君子異者
特公私一毫髮之差
其禍猶慘.

성소부부고惺所覆瓿藁/권1/호민론豪民論

천하에 두려운 것은 오직 민民이다.	天下之所可畏者 唯民而已.
더불어 안민입정安民立政을 즐거워하고 일상에 구애되어	夫可與樂成 而拘於所常見者
순순히 법을 지키고 윗사람에게 사역당하는 자들은 항민恒民이다.	循循然奉法 役於上者恒民也.
이들 항민은 두려워할 것이 못 된다.	恒民不足畏也.
피부를 벗기고 골수를 뽑히는 가혹한 착취로,	厲[64]取之 而剝膚椎髓
수입과 소출을 다 빼앗기고 끝없는 요구를 받아들이면서도	竭其廬[65]入地出 以供無窮之求
슬퍼하고 탄식하며 윗사람만 탓하는 자는 원민怨民이다.	愁嘆咄嗟[66] 咎其上者怨民也.
이들 원민은 반드시 두려운 것은 아니다.	怨民不必畏也.
백정 장사치 등 천업에 몸을 숨기고 남몰래 다른 마음을 품고	潛蹤[67]屠販之中 陰蓄異心
천지 사이를 엿보다가 요행이 시대에 변고가 있으면,	僻倪[68]天地間 幸時之有故
자기의 소원을 실행해보려는 자들은 호민豪民이다.	欲售[69]其願者豪民也.
이들 호민이야말로 크게 두려워할 존재다.	夫豪民者大可畏也.
호민이 나라의 허점을 정탐하며	豪民伺國之釁[70]
일의 기미에 편승할 기회를 엿보다가	佔[71]事機之可乘
팔을 휘두르며 한번 밭고랑에서 부르짖으면	奮臂一呼 於壟畝之上
원민들은 그 소리를 듣고 모여들어	則彼怨民者 聞聲而集
꾀하지 않아도 함께 외친다.	不謀而同唱.
그러면 항민들도 그들의 삶의 방도를 찾기 위해	彼恒民者 亦求其所以生

64) 厲(려)=猛也, 虐也.
65) 廬(려)=寄也.
66) 咄嗟(돌차)=탄식하다.
67) 蹤(종)=종적.
68) 僻倪(벽예)=흘겨보다. 엿보다.
69) 售(수)=行也, 讎也.
70) 釁(흔)=罪也, 過也, 瑕隙也.
71) 佔(점)=視也.

부득불 호미와 쇠스랑을 들고 그들을 따라서
무도한 자를 죽이지 않을 수 없게 된다.

고려 시대는 백성에게 부세가 제한되어 있었고,
산림과 천택의 이익은 백성들이 공동으로 가졌다.
상인은 유통했고 공인은 은혜로웠다.
또 수입을 헤아려 지출했으므로
나라에 여분이 저축되어 있었다.
그래서 갑작스러운 병화와 상사가 있어도
부세를 추가로 거두지는 않았다.
고려 말기까지도 나라에서 삼공三空을 걱정해주었다.

우리는 그렇게 하지도 못하면서
구차한 백성들에게 귀신을 섬기고 윗사람을 받드는 범절을
중국과 같게 했다.
백성이 내는 세금은 오분의
일만 관청으로 들어오고
나머지는 간사한 자들에게 흩어지며,
고을의 관청에는 여분이 없어
일만 나면 세금을 두 번 부과하고,
수령은 그것을 빙자하여 가렴주구하고,
그물망 같은 벼리는 극도로 촘촘하니
백성의 시름과 원망은 고려 말엽보다도 훨씬 심하다.

그런데도 윗사람들은 태평스러운 듯 두려워할 줄 모르니,

不得不 鋤檴[72]棘[73]矜[74]往從之
而誅無道也.

前朝賦於民有限
而山澤之利 與民共之.
通商而惠工.
又能量入爲出
使國有餘儲.
卒有大兵大喪
不加其賦.
及其季也 猶患其三空[75]焉.

我則不然
以區區之民 其事神奉上之節
與中國等.
而民之出賦五分
則利歸公家者纔一分
其餘狼戾於姦私焉
且府無餘儲[76]
有事則一年或再賦
而守宰之憑以箕斂
亦罔[77]有紀極
故民之愁怨 有甚王氏之季.

上之人恬不知畏

---

72) 鋤檴(서우)=호미와 괭이.
73) 棘(극)=大戟也.
74) 矜(긍)=矛柄也.
75) 三空(삼공)=흉년이 들어 제사를 지낼 수 없는 것, 서당에 학생이 오지 않는 것, 굶주림에 잡아먹어 뜰에 개가 없는 것.
76) 儲(저)=積蓄 豫備也.
77) 罔(망)=网의 俗字.

우리나라에는 두려워할 호민이 없기 때문이다.

불행하게도 견훤과 궁예 같은 사람이 나와서

몽둥이를 휘두른다면

신음하고 원망하던 백성이 따르지 않으리라는 보장이 없으니,

기주 양주에서 일어났던 황소의 변란이

움추렸던 몸을 일으키듯이 족히 예상할 수 있다.

백성을 다스리는 자가 이 같은 두려운 형세를 밝게 살펴

굽은 전철을 고친다면 그런대로 유지할 수 있을 것이다.

以我國無豪民也.

不幸而如甄萱弓裔者出

奮其白挺

則愁怨之民 安保其不往從

而蘄梁六合之變

可蹻[78]足預[79]也.

爲民牧者 灼知可畏之形

與更其弦[80]轍 則猶可及已.

문학론

성소부부고惺所覆瓿藁/권12/시변詩辨

오늘날 시를 하는 사람들이 높이는 것은

한나라의 악부와 위나라의 건안풍골과 동진의 전원 산수시이며,

다음은 성당盛唐의 이백·두보·백낙천이며,

가장 낮은 것은 북송의 소동파와 진사도라고 하면서,

그들의 지위를 뺏을 수 있다고 하니 자만이고 망발이다.

그것은 말뜻을 가감하고 답습 표절하여

제멋대로 부연한 것에 불과하다.

어찌 시의 도道라고 말할 수 있겠는가?

今之詩者高則

漢魏六朝[81]

次則開天大曆[82]

最下者乃稱蘇陳[83]

咸自謂可奪其位也 斯妄也已.

是不過掇拾其語意 踏襲剽盜

以自衍者.

烏足語詩道也哉.

『시경』은 스스로 시경이며,

악부, 풍골, 전원은 스스로 악부요 풍골이요, 전원이며,

三百篇自爲三百篇[84]

漢自漢魏晉六朝 自魏晉六朝

---

78) 蹻(국)=偏擧一足. 蹻蹻貌.

79) 預(예)=及也. 通豫.

80) 弦(현)=弓弦也.

81) 六朝(육조)=晉과 五胡十六國의 南北朝時代 陶淵明과 謝靈運의 詩風.

82) 開天大曆(개천대력)=開元, 天寶, 大曆, 盛唐時 年號(李白. 杜甫. 白樂天).

83) 蘇陳(소진)=北宋의 蘇東波와 陳師道.

84) 三百篇(삼백 편)=詩經(風160篇, 雅105篇, 頌40篇. 都合305篇).

당시唐詩는 스스로 당시며,

동파와 강서는 스스로 동파요 강서일 뿐이다.

어찌 서로 모방하여 일률로 만들겠는가?

모두가 각자 일가를 이룬 다음에야

후인이 가히 지극하다고 말할 것이다.

시를 어떻게 해야 극진하게 만들 수 있는가?

홍취에 앞서 의향을 세우되,

다음은 격조 있게 말을 명명하고,

구절은 활기 있고 글자는 원만하며,

음향은 맑고 음절의 변화와 리듬은 긴박하게 한다.

소재를 취하여 엮되,

바른 위치를 범하지 말고, 색상을 붙이지 말아야 한다.

두드리면 쇳소리가 나게, 만져보면 비단결 같게,

내리 눌러서 깊이 잠기게, 높게 올려서 치달리게,

닫을 때는 맑고 힘차게, 열 때는 호기 있고 여유 있게,

생각을 멋대로 구사하여 홍취에 젖어 북치고 춤을 추듯이 한다.

쇠를 가지고 금을 만들고,

썩은 것을 변화시켜 싱싱하게 하며,

평범하고 담담하되, 천박한 속됨에 흐르지 말고,

기이하고 고고하되, 괴벽에 가까이하지 말며,

형상을 읊되 물체처럼 빠지지 말며,

깔아서 늘이되 성률을 병들게 하지 말며,

화려하되 이치를 손상하지 말며,

논의는 거죽에 끈적끈적 달라붙지 않게 한다.

唐自爲唐	
蘇與陳亦自爲蘇與陳.	
豈相倣傚而出一律耶.	
蓋各自成一家	
而後方可謂至矣.	
則詩何如而可造極耶.	
曰先趣立意	
次格命語	
句活字圓	
音亮節繁.	
而取材以緯之	
不犯正位 不着色相.	
叩之鏗如 卽之絢如	
抑之而涵深 高之而騰踔	
闔而雅健 闢而豪縱	
放之而淋漓鼓舞.	
用鐵如金	
化腐爲鮮	
平澹不流於賤俗	
奇古不隣於怪癖	
詠象不泥於物類	
鋪敍不病於聲律	
綺麗不傷理	
論議不粘皮.	

비흥을 깊이 있게 하는 자는 사물의 이치를 통하고,　　　比興[85]深者通物理

서사를 잘 인용하는 자는 자신에게서 나온 것같이 한다.　　用事工者 如己出.

이리하여 품격이 온 편에 나타나서 혼연히 흠잡을 수 없고,　格見於篇成 渾然不可鐫

기운이 말 밖에 튀어나와 호연히 꺾을 수 없게 된다.　　　氣出於外言 浩然不可屈.

이상의 법칙을 갖춘 다음에야 비로소 시라고 할 수 있다.　　盡是而出之 則可謂之詩也.

유토피아

　　　　　사상가와 문호라면 그가 의식하든 의식하지 않든 모두가 자기만의 이상향을 품고 있고 그것을 표현한다. 허균의 이상 사회는 『홍길동전』이라는 소설을 통해 간접적으로 표현된다. 홍길동이 세운 율도국은 격양가擊壤歌로 표현되는 요순 시대를 모델로 하는 유교의 전통적인 유토피아인 천하일가天下一家의 모델이다. 이는 연암의 『허생전』에서 보여주는 노장식의 원시 공산 사회 모습보다는 보수적이다.

홍길동전

내 이제 율도국을 치고자 하나니 그대들은 전심전력을 다하라!

하고 진군할 제 길동이 스스로 선봉이 되고 마숙으로 후군을 삼아

정병 오만을 거느려 율도국 철봉산에 다다라 싸움을 돋우니

태수 감현충이 난데없는 군비와 이름을 보고 크게 놀라

일변 왕에게 보고하고 일지군을 거느려 내달아 싸우거늘

길동이 맞아 싸워 일합에 김현중을 베고 철봉을 얻어 백성을 안무하고

다시 대군을 휘몰아 바로 도성을 칠 새 격서를 율도국에 보내니 했으되

의병장 홍길동은 글월을 율도 왕에게 부치나니

대저 임금은 한 사람의 임금이 아니요, 천하 사람의 임금이라.

내 천명을 받아 기병하매 먼저 철봉을 파하고 물밀 듯 들어오니

왕은 싸우고자 하거든 싸우고 불연이면 일찍 항복하여 살기를 도모하라!

---

85) 比興(비흥)=『詩經』의 六義에 대한 약칭. 내용에 따라 風·雅·頌으로 분류하고, 형식에 따라 比·興·賦로 분류한다. 風은 民謠이고, 雅는 正樂이고 頌은 祭禮樂이며, 比는 읊으려는 것을 비유로 표현하는 것이고 興은 읊으려는 말을 연상하는 사물로 표현하는 것이며, 賦는 읊으려는 사실을 그대로 표현하는 형식이다.

허균의 『홍길동전』.
허균이 그리는 이상 사회가 표현된다.

왕은 격서를 받아 보고 놀라 제신을 거느리고 항복하니

길동이 성중에 들어가 백성을 안무하고 왕위에 즉위하니

만조백관이 천세를 불러 하례하더라.

왕이 치국하여 삼 년이 되자 산에는 도적이 없고

길에 떨어진 물건을 줍는 자가 없으니 가히 태평성대일러라.

실학의 실천가
김육

대동법

김육의 자字는 백후伯厚, 호號는 잠곡潛谷으로, 서인 한당파漢黨派 수령이었다. 성균관 제주祭酒와 영의정을 지냈다. 1651년 대동법大同法 절목節目(二冊)을 제출했고, 만난을 무릅쓰고 충청도에 시범 시행하여 성공했다. 1644년에는 연경에서 서양인 탕약망湯若望, Johann Adam Schall von Bell, 1591~1666이 만든 시헌력법時憲曆法을 가지고 온 바 있고, 급기야 1653년에는 시헌력(양력)을 시행하게 했고, 상평통보를 주조하도록 했으며. 차제車制를 실시하는 운동1)을 펴는 등 실학을 정책에 반영하고 실천으로 보여주었다.

잠곡유고潛谷遺稿/권9/재산루기在山樓記

무릇 천하만사는 실實일 뿐이다.	大凡天下之事 實而已矣.
명분은 실질에서 생기고, 실질은 명분을 줄기로 한다.	名生於實 實本2)乎名.
실질이 없으면서 그 명분만 있다면	無其實而有其名者
우리는 그것이 옳은가를 알 수 없다.	吾不知其可也.
악양루는 동정호로 인해 기상이 장대하나	吾岳陽樓 以洞庭而壯
그 실재는 작은 고을의 성문일 뿐이며,	其實小縣之城門也

---

1) 朴齊家의 고조 朴守鎭이 참모 역할을 했다.

2) 本(본)=幹也

황학루는 선인으로 인하여 기이해졌으나

그 실재는 부서진 옛날의 객사일 뿐이다.

그 이름을 얻고 그 실재도 있는 것은

오직 재산루뿐이다.

재산루는 종남산 위의 태극정 아래에 있는데,

층층 바위가 솟아 있고 그 가운데로 계곡물이 흐르며,

장안을 굽어보고 화산을 바라보며 읍을 하고 있다.

지세가 높고 형세가 웅장하며 확 트인 것이 비길 데 없으니

바로 궁사들이 활을 쏘는 곳이다.

사시에 따라 변하는 자태가 이 누대에 다 모여

경치가 빼어나니 이름과 실재가 서로 부합한다.

어찌 이름과 실재가 어긋나는

악양루나 황학루에 비교하겠는가?

黃鶴樓由仚人而奇

其實搥碎之舊館也.

得其名而有 其實者

其惟在山樓乎.

樓在終南山上太極亭下

層巖突起 澗水中流

俯瞰長安 平揖華山.

地高而勢雄 顯敞而寡仇

乃褊裨會射之所也.

四時之變態 咸萃於一樓

景致殊絶 名實相符.

豈可以論

於岳陽黃鶴之乖名爽實者哉.

잠곡유고潛谷遺稿/**권7/기우상격환수계**祈雨償格還收啓

나라가 불행하여 천재가 거듭 일어나고 있습니다.

가뭄이 지금처럼 혹심한 적이 없었습니다.

농사철에 한 달이 넘도록 비가 오지 않아

때를 놓쳐 모내기 할 계책이 없습니다.

홀로 버려진 백성의 목숨이 죽게 되었습니다.

나라가 의지하는 것은 백성이고,

백성이 하늘로 삼는 것은 식량입니다.

백성이 다 구렁에 버려지면 나라는 장차 무엇을 의지합니까?

하늘의 마음을 감동시키는 방도는 오로지 지성뿐입니다.

명산에 기우제를 올리는 것은 희생과 폐백만 낭비할 뿐이며

원통한 옥사를 심리함도 형식적일 뿐이니

이것이 어찌 하늘을 감응시키는 실제적인 것이겠습니까?

전하께서 마땅히 스스로 깊이 경계하고 반성해야 합니다.

내가 이런 마음을 가짐에

國家不幸 天災荐至.

而尤旱之酷 未有甚於今日者也.

當農之極 彌月不雨

根耕失時 揷秧無計.

孑遺之民 大命近止.

國之所恃者民

而民之所天者食.

民皆塡壑 則國將何依.

感天之道 惟在至誠.

而禱祀名山 則只費牲幣

審理冤獄 則亦涉文具

此何足以爲應天之實哉.

殿下當深自警省曰.

我之所以操存此心者

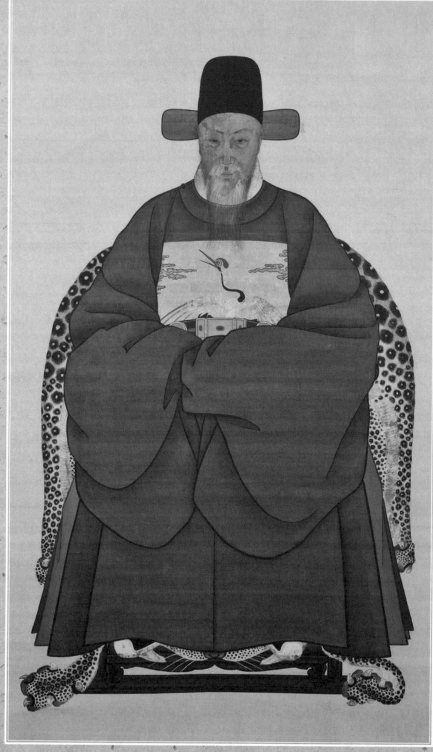

김육

金堉, 1580~1658

17세기 후반 공납 체도의 폐단을 개혁하기 위해, 대동법 시행을 주장했다. 당시 대동법은 조세 문제에 그치는 것이 아니라 시장, 상품 유통, 수공업, 화폐 등 상품 경제 발전에 획기적인 전기가 될 수 있는 개혁이었다.

"대동법은 부역을 고르게 하고 백성을 편안하게 하는 것으로 이는 실로 이 시국을 구제할 좋은 계책입니다."

정성이 미진한 것은 아닌가?　　　　　　　　　或有未盡於誠歟.

상제를 모심에 공경함이 미진하지는 않았는가?　　對越上帝者 或有未盡於敬歟.

백성이 징발에 원망을 품고 하늘에 하소연하는데　民之徵發者 或有抱冤呼天

아픈 마음으로 구휼을 베풀어줌이　　　　　　　　而我之所以軫念垂恤者

상처 입은 자를 돌보아주는 어짊에 못 미친 것은 아닌가?　有所未及於如傷若保之仁歟.

신하들이 감언을 하며 나라를 위해 자신을 바치는데,　臣之敢言者 或有殉國亡身

내가 기쁘게 받아들여 채용하는 것이　　　　　　而我之所以嘉納採用者

물 흐르듯 원만한 미덕에 미치지 못한 것은 아닌가?　有所未及轉圜如流之美歟.

인재는 다른 시대에서 빌려올 수 없는 것인데　　才不借於異代

내가 발탁 중용한자들이　　　　　　　　　　　而我之所以拔擢寵用者

과연 어진 인재들인가?　　　　　　　　　　　果皆得賢.

내가 배척하여 물리친 자들은　　　　　　　　而其所擯斥黜退者

모두 불초한 자들인가?　　　　　　　　　　　果皆不肖者歟.

벼슬을 제수하며 재능을 판별할 때　　　　　　除拜之際 辨別才能

다소 나의 사사로운 호오에 얽매이지는 않았는가?　而少無好惡偏係之私歟.

정사를 함에 소망은 무성하고 실적을 보이려고　政事之間 望茂實著

다소 거짓되거나 무익한 일을 하지는 않았는가?　而少無虛僞無益之事歟.

항상 이런 생각으로 태만함이 없도록 하셔야 하며　念玆在玆 無少怠忽

털끝만큼이라도 마음에 미진한 점이 있으면　　如或有一毫未盡於心者

돌아서 즉시 고치셔야 합니다.　　　　　　　則旋卽改之.

모든 일이 실제로 돌아가면 하늘과 사람은 한 이치이니　使之皆歸於實地 則彼此一理

어찌 감응하는 도리가 없겠습니까?　　　　　豈無感應之道哉.

원래 실학을 강조한 것은 변법變法의 정당성을 변호하기 위해 시작되었다. 우리나라의 변법 운동은 경제 부문에서는 두 갈래로 진행되었다. 첫째는 농지 개혁이요, 둘째는 상공업 개혁이었다. 첫 번째는 정전제를 모형으로 하여 균전均田을 위해 토지 소유의 상한을 제한하고, 균세를 위해 토지 수량 계산을 결부법結負法에서 경무법頃畝法으로 바꾸는 것이 골자였다. 두 번째로는 특산품을 현물로 바치는 제도를 없애고, 대신 화폐 또는 쌀로 세금을 징수하여 정부의 필요 용품을 시장에서 구입함으로써 공업의 자유와 시장의 활성화를 도모하려 했다. 이 두 가지 개혁을 동시에 달성하자는 것이 세금을 단일화하는 대동법이었다.

율곡이 주장한 경장론의 대요는 공안貢案, 즉 조세 제도의 개혁이었다. 공물貢物은 농지세 이외에 공산품에 대해 지방마다 특산품을 현물로 받는 것을 말한다. 여기서 공물의 수량과 품질과 운송을 기회로 탐관오리의 갖은 농간이 자행된다. 이러한 폐단을 없애는 것이 당면의 목표였으나 그 파장은 그것으로 그치지 않는다. 대동법은 조세 문제에 그치는 것이 아니라 시장, 상품 유통, 수공업, 화폐, 등 상품 경제 발전에 획기적인 전기가 될 수 있는 개혁이었다.

잠곡유고潛谷遺稿/권4/청행양호대동請行兩湖大同 잉사우의정차仍辭右議政箚

왕도의 정치는 백성을 편안하게 하는 것보다	伏以王者之政
앞서는 것은 없습니다.	莫先於安民.
백성이 편안한 다음에야 나라가 편안할 수 있습니다.	民安然後 國家得而安矣.
옛사람의 말에 천재지변은	古人有言曰 天變之來
백성의 원망이 불러들이는 것이라고 했습니다.	民怨招之也.
임금이 재변을 만나 두려워하고 측근들이 닦고 반성함에는	人君遇災而懼 側臣修省者
다른 방도가 없으니, 단지 백성을 보호하는 정책을 시행해서	非有他道 只是行保民之政
백성들로 하여금 편안하게 살아가게 하는 것뿐입니다.	使之安其生而已.
그런데 백성이 안정되지 못하고 천변이 끊이지 않는 것은	而民猶不安 天變不絶者
경장이 미급하고	蓋出於未及更張
마땅히 변통해야 할 것이 많기 때문입니다.	而當變通者多也.
수십 년 이래 시국이 어렵고 위태롭고	數十年來 時勢艱危
국법이 무너지고 풍속이 퇴폐했습니다.	國法陵夷 風俗頹敗.
탐관오리들이 자기를 살찌우고 권세가를 섬기는 데서	自貪官汚吏肥己善事
백성이 궁해졌고,	而民困矣
토호와 부자들이 무단으로 겸병하는 데서 백성이 곤궁해졌고,	土豪富人武斷兼幷 而民困矣
사신 행차가 많아 받들어 모시느라 분주한 데서	使价旁午奔走供億
백성이 곤궁해졌습니다.	而民困矣.
대동법은 부역을 고르게 하고 백성을 편안하게 하는 것으로	大同之法均役便民
이는 실로 이 시국을 구제할 좋은 계책입니다.	實是救時之良策
비록 전국에 두루 시행할 수는 없다 하더라도	雖不能遍行於諸道
경기 관동에 이미 시행하여 힘을 얻었습니다.	畿甸關東 旣行而得力.
그러니 만약 또 양 호남에서 시행한다면	若又行之兩湖

백성을 안돈하고 나라에 이익이 되는 방도로	則安民益國之道
이보다 좋은 것은 없습니다.	無大於此者.
신이 이 일에 급급한 까닭은	臣所以汲汲於此者
이 일은 왕위 계승 초에 행하는 것이 마땅하기 때문입니다.	此事當行於嗣服之初.

잠곡유고潛谷遺稿/**권6**/**청통행양호대동차**請通行兩湖大同箚

얼마 전에 호남인들이	向來湖南之人
대동법 시행을 잇달아 청원했으나	請行大同者 前後相續
조정에서 허락하지 않은 것은 참으로 이해할 수 없습니다.	而朝廷不許 臣實未曉也.
신이 이 일에 급급하는 것은	臣之汲汲於此者
대저 호남을 나라의 근본이라 하는데	盖以湖南國之本
재해를 많이 입었으므로 민심이 이탈할 것이기 때문입니다.	而災害甚多 民心已離.
반드시 가을 안에 시행해야만	行之必及於秋前
조금이라도 혜택을 베풀 수 있습니다.	可施一分之惠.
그러므로 죽음을 무릅쓰고 누차 아뢰는 것입니다.	故冒死而屢陳.
오! 백성이 소망하는 바는 하늘이 반드시 따르는 법입니다.	嗚呼 民之所欲 天必從之.
임금은 하늘의 도리를 체현하는 자인데,	人君體天道
어찌 백성의 뜻을 좇는 일을 우선하지 않을 수 있겠습니까?	豈可不先於順民志乎.
현재 전라도에서 일 결에 대한 세금으로 거두는 쌀이	當今本道 一結之價米
거의 육칠십 두나 된다고 합니다.	幾至六七十斗云.

열 두를 거둔다면	以十斗受之
다섯 배나 적게 거두는 것입니다.	則寡取於民 所減五倍矣.
그렇더라도 국가의 쓰임에는 부족한 데가 없는데,	而公家之用 無所不足
무엇을 꺼려서 이를 시행하지 않는단 말입니까?	何憚而不爲此乎.
지난번 호서의 수령들도 처음에는 모두 바라지 않았습니다.	前者湖西守令 亦皆不欲
그러나 시행한 지 몇 년 만에	而行之數年
백성들이 기뻐 춤을 추고,	村巷之民 鼓舞於田里
개들도 관리를 보고 짖지 않으므로	尨不吠吏
인접한 도에서도 부러워했습니다.	大爲隣道之所羨.

이것은 이미 시행해본 분명한 효과입니다.	此已然之明效也.
서울과 지방 모두 편리하고, 위아래가 모두 편안하다는 것은	京外皆便 上下相安
십 두를 제외하고는 모든 소출을 백성들 자신이 먹기 때문입니다.	十斗之外 皆民自食之米.
구휼하는 방안치고는 이보다 좋은 방도가 어디 있겠습니까?	振救之策 熟有善於此者哉.
이 일은 신이 평소에 항상 해오던 말이며	此事臣之所雅言也
지난해에도 올해에도 이를 또다시 말씀드리고 있습니다.	上年又言之 今日又言之.
그러니 세 번 다리를 잘렸던 화씨의 죄를 면하기 어려울 것입니다.	難免三刖之罪.[3]
신은 간절한 마음을 금치 못해 목숨을 다 바칠 뿐입니다.	臣不勝惓惓 盡死節而已.
결정을 내려주시기 바랍니다.	取進止.

잠곡유고潛谷遺稿/**권7**/**대동별단투진계**大同別單投進啓

신이 본사 두세 대신과 대동법의 규례를 의논하여 정한 것은	臣與本司二三臣 論定大同之規
그 뜻이 부역을 고르게 하여 백성들을 편안하게 하는 데 있었지,	意在均役安民
유독 외방의 백성들을 위한 것은 아니었습니다.	非獨爲外方之民.
이에 전에 비해 열 배 넘게 간략해져서	以之前時 豊約十倍
하민들은 조금이라도 생각이 있는 자라면 자못 만족해합니다.	下人之中 稍有識慮者 頗以爲足.
그러나 시정의 모리배들과 시골의 세도가들은	而市井牟利之徒 鄕曲豪勢之家
마음속으로 좋아하지 않지만 신 역시 어찌할 도리가 없습니다.	不悅於心 臣亦未如之何.
열 두의 쌀만 내면 일 년 일 결의 조세에 충당되게 하는 것은	以一斛之米 應一年一結之役
신은 십분의 일 세제보다 가볍다고 생각합니다.	臣則以爲輕於什一之賦.

---

3) 韓非子/권4/和氏: 초나라 사람 화씨가 초산에서 옥돌을 얻었다(楚人和氏得玉璞楚山中). 그것을 받들고 여왕에게 찾아가 바쳤다(奉而獻之厲王). 여왕이 보석 감정인에게 감정했더니 돌이라 말했다(厲王使玉人相之 玉人曰石也). 여왕은 왕을 속인 죄로 화씨의 왼발을 잘랐다(王以和爲誑 而刖其左足). 여왕이 죽고 무왕이 즉위하자(及厲王薨武王卽位) 화씨는 또 옥돌을 받들고 가서 무왕에게 바쳤다(和又奉其璞而獻之武王). 무왕이 보석 감정인에게 감정했더니 또 돌이라 말했다(武王使玉人相之 又曰石也). 무왕도 돌을 옥이라 속였다는 죄로 오른발을 잘랐다(王又以和爲誑 而刖其右足). 무왕이 죽고 문왕이 즉위하자(武王薨文王卽位) 화씨는 옥돌을 안고 초산 밑에서 울었다(和乃抱其璞 而哭於楚山之下). 삼일삼야를 울어 눈물이 마르자 피를 토하며 계속했다(三日三夜 淚盡而繼之以血). 왕에게까지 들려 그 까닭을 물었다(王聞之 使人問其故). 왕이 묻기를 천하에 월형을 받은 자는 많다. 그대는 어찌 그리 슬피 우는가(曰 天下之刖者多矣 子奚哭之悲也)? 화씨가 답하기를 다리를 잘린 것이 슬퍼서가 아닙니다(和曰 吾非悲刖也). 옥을 돌이라 하고 곧은 선비를 사기꾼이라 하니(悲夫寶玉而題之以石 貞士而名之以誑) 이런 세상이 슬퍼서 울었습니다(此吾所以悲也). 이에 문왕이 그 돌을 갈게 하였더니 보배로운 옥이 나왔다(王乃使玉人理其璞 而得寶焉). 그래서 이 보배를 '화씨의 구슬'이라 부르게 하였다(遂命之曰和氏之璧). 대저 옥은 군주들이 조급해하는 물건이다(夫珠玉人主之所急也). 그러나 화씨가 바친 옥돌이 비록 옥이 아니라 밝혀져도(和雖獻璞而未美) 군주에게 해가 되는 것은 아니었다(未爲主之害也). 그런데 두 발이 잘린 후에야 보배로 밝혀졌으니(然後兩足斬 而寶乃論) 보배를 보배로 결정하기가 이렇게 어려웠던 것이다(論寶若此其難也). 지금 군주들에게 법술은 화씨의 구슬처럼 조급해하지 않으니(今人主之於法術也. 未必和璧之急也) 신하들과 사민들의 사사로움을 금할 수 있겠는가(而禁群臣士民之私耶)? 그러므로 도리를 아는 선비가 죽지 않은 것은(然則有道者之不僇也) 다만 제왕에게 옥돌을 바치지 않은 것뿐이다(特帝王之璞未獻耳).

◆ 대동법 추진 경과

- 이이: 선조 2년(1569) 공물제를 수미법으로 대체할 것을 건의.
- 이원익: 선조 말년(1608)에 전세田稅(1결에 4두)와 공물을 합쳐 전 1결에 현미 16두 씩을(후에 12두로 감면) 춘추 2기로 나누어 받고 그 외에는 일체 조세를 폐지하는 대동법을 경기도에 시범 실시했다.
- 김육: 효종 2년(1652) 충청도에 실시. 효종 8년(1657) 호남에 대동법 실시 주천. 「대동법국례」를 지어 올림.
- 그 후 100년에 걸쳐 평안 함경도를 제외한 전국에 실시함.

그러나 사람들 가운데는 혹 불편해하는 자도 있습니다.	而人或有不便者.
이는 참으로 어리석은 신이 좋아하는 자들만을 헤아리고,	此誠愚臣之能料其好
그것을 싫어하는 자들을 헤아리지 못한 탓입니다.	而不能料其惡也.
그러나 이미 명을 받았으니	然旣已承命
결코 중도에 제멋대로 할 수는 없습니다.	則不可中道而自畫.

6장
실 학 사 상

김만중의
『서포만필』

◆

김만중金萬重, 1637~1692의 자字는 중숙重叔, 호號는 서포西浦다. 그는 율곡 이이의 고제高弟이며 예학禮學의 동국東國 제일재第一才라 인정받은 사계沙溪 김장생金長生, 1548~1631의 증손이며, 효종의 총애를 받은 신독재愼獨齋 김집金集, 1574~1656의 손자이며 병자호란 시 강화에서 순직한 김익겸金益兼, 1614~1636의 유복자로서 숙종의 정비 인경왕후의 삼촌이기도 한 명문 거족이었다. 저서로는 『서포집西浦集』, 『서포만필西浦漫筆』, 『구운몽九雲夢』이 있다. 『구운몽』은 적소에서 청상과부로 살아온 어머니를 위해 지은 것이다. 특히 한글로 된 소설이어서 더욱 값지다. 1803년에 간행되었다.

그러함에도 그의 평론집인 『서포만필』은 이단시되어 비난을 받았다. 그것은 그가 주자를 과감히 비판했고 불교에 동조적이었기 때문이다. 당시는 한 글자 한 획이라도 주자에 반하는 말을 하면 사문난적으로 몰아 죽이는 중세 암흑기였으므로 서인 집권 세력에게 서포는 처치 곤란한 존재였다. 그는 바로 서인의 적통이었기에 죽일 수도 살려둘 수도 없었기 때문이다. 그래서 그의 언동은 많은 비판을 받았고 급기야 숙종 18년 남해 배소에서 졸했다.

여기서 우리는 그가 집권 서인 세력의 적통임에도 자신의 안위를 위태롭게 할 정도로 공맹과 주자를 거리낌 없이 신랄하게 비판한 것을 어떻게 이해해야 할 것인가? 그의 과격하고 괴팍한 성품 탓이라고 돌리거나, 혹은 옳은 것은 옳고 그른 것은 그르다고 하는 강직한 성품 탓으로 돌리는 것으로 그만인가? 그것만으로는 만족하게 설명할 수 없다고 본다. 필자의 생각으로는 그의 자주독립 정신과 주체 의식을 주목해야 할 것이다. 당시 서인의 이른바 북벌론은 반청反淸 존명尊明 모화慕華 사상에서 나온 것이며 허구에 불과한 구호였지만, 서포는 사상과 학문 부문에서 북벌론의 자주정신을 몸소 실천했다고 이해해야 할 것이다. 공맹과 주자를 부정하지 않으면서도 그들의 절대적인 권위에 맹종하지 않고 시비곡직을 낱낱이 비판했으니 이는 서인의 모화사상과는 전혀 다른 것이었다. 서포야말로 조선 최초로 권력으로부터 학문의 자유를 실천했으며, 나아가 민족 주체 사상을 말한 사상가라고 평가해도 손색이 없을 것이다. 그의 비판적 학풍과 굳건한 행동은 뜻있는 후학들에게 큰 귀감이 되었기 때문이다.

왕권

서포만필西浦漫筆/하下 36

서언왕이 인의로 다스려 삼십육 국이 따르자 칭왕을 한 것은	徐偃王[1]之興
흡사 주 문왕이 목야의 전투에서 제후들을 받아들인 것과 같다.	恰似周文王牧野之戰受.
무원의 싸움에서 하늘이 초나라에 승리를 주지 않았다면,	武原之役 天不授楚
오히려 서언왕은 주나라를 오래 유지했을 것이다.	則徐可以爲周久矣.
세상에서는 성패로써 사람을 논평한다.	世之以成敗論人也.
희씨의 주나라는 왕의 운세가 다했기에	皇王之運 窮于姬周
주나라를 받드는 언왕은 왕이 될 수 없었다.	故偃王不得王.
역시 공자가 천하를 차지하지 못했고,	亦猶孔子之不有天下
안연이 단명으로 요절한 것도 하늘의 뜻이었던 같다.	顏淵之短命而死 天意然也.
칠원 주영소朱令昭는 다음과 같이 말했다.	漆園氏有言曰.
요순은 선양을 받아 임금이 되었고, 번쾌는 선양을 받아 멸망했다.	堯舜讓而帝 噲讓而滅.
탕·무는 싸워서 임금이 되고, 초나라의 백공은 싸워서 멸망했다.	湯武爭而王 白公爭而亡.
시대에 어긋나고 풍속을 거역하는 자는 찬탈이라 하고,	差其時逆其俗者 謂之篡
시대에 합당하고 풍속에 순응하는 자는 의도라고 한다.	當其時順其俗者 謂之義之徒.

---

1) 徐偃王(서언왕)=주나라 穆王 때 徐國의 제후. 仁義로 치국하여 명성을 얻고 진채지간에서 붉은 궁시를 얻은 후 자칭 서언왕이라 하니 36개국의 강회 제후들이 따랐다. 목왕이 초나라로 하여금 정벌하게 하니 왕은 백성을 사랑하여 대적하지 않았으므로 초나라에게 패했다.

나는 일찍이 천고에 참말을 한 자는 칠원의 노인이라 말했다.　　　吾嘗謂千古篤論此老一人.

변법과
말법

서포만필西浦漫筆/상上 81

성인이 내세운 가르침은 때에 따라 달랐다.	聖賢立教 隨時不同.
맹자의 '성선'은 공자의 한언罕言과 다르고	孟子之道性善 異於孔子之罕言[2]
그의 '호연지기'는 공자에서는 나타나지 않은 것이다.	而其說氣 又孔門之所未發也.
주자는 『중용中庸』의 성性, 도道, 교敎	朱子以中庸性道教
『소학小學』의 첫머리에 내세웠고,	首揭於訓蒙之書
'태극도설'을 내세운 『근사록近思錄』 제1장은	而近思錄第一章
정자께서 일찍이 제자들에게 보여주지 않은 것이다.	又程子之未嘗示諸大弟子者也.
대저 전인이 비밀스럽게 전해주고 홀로 전승되던 것이	大抵前人之密付單傳
후인들에게는 곧 진부한 말이거나 일상적인 방법이 된다.	在後人便成陳談常法.
이것이 어찌 고의로 이단 학설을 만든 것이랴?	此豈故相立異哉.
아마도 부득불 그러했을 뿐이다.	殆有不得不爾者耳.
이단이라 말하는 불가도 마찬가지다.	異端亦然.
석가가 세상에서 설법할 때는 삼십여 년 동안	釋迦在世說法三十餘年
삼승(성문승, 연각승, 보살승)의 계율로 가르치다가	唯諄諄於戒律
마지막에는 삼승이 곧 일승이라고 설법했고	最後始說一乘之法
임종 시 남긴 가르침은 또다시 계율을 설법하셨으니	而臨滅遺教 又復說戒
오르고 뛰어넘지 않음이 이와 같았다.	其不躐登如此.
달마에 이르러서는	至於達摩
문득 "직지인심 견성성불"을 말했으나,	便直指人心 見性成佛
오히려 그는 선정으로 가르침을 베풀었고,	然達摩猶以禪定[3]設教

---

2) 罕言(한언)=性을 말하지 않음.

3) 定(정)=心無欲也.

몸소 면벽 구 년의 선정을 했다.

반면 육조 혜능惠能은 가부좌한 선정자를 지팡이로 때렸다.

육조가 남을 가르칠 때는 역시 의리로 말했으니

선善도 생각지 말고 악惡도 생각지 말라고 한 것이 그것이다.

마조馬祖 이후에는

이것으로는 샛길로 떨어져 정견正見을 방해한다고 하여,

의미 없는 화두를 가지고 설교하게 되자

삼장의 경經·율律·론論이 허수아비가 되어버렸다.

이처럼 석가로부터 마조로 변하게 된

유래는 점진적이었다.

九年面壁.

至六祖見人結趺以杖叩之.

六祖之敎人 猶說義理

如不思善不思惡之類是也.

乃至馬祖以後

則以此等爲落谿逕礙正見

唯以無意味話頭說敎

而三藏經論盡成芻狗矣.

自釋迦變爲馬祖

所由來者漸矣.

서포만필西浦漫筆/하下 1

불서에 석가의 말을 기록하여 이르기를

내가 죽은 뒤에는

정법定法 천 년,

상법象法 천 년, 말법末法 만 년이라 했다.

이제 석가가 주나라 목왕 임신년에 죽었다는 설에

의거 추측해보면,

그 후 천 년은 한나라 광무제에 해당되고,

또 천 년은 송나라 인종 때에 해당된다.

정법이란 서천의 조사들이 불법을 전한 것을

말한 것이고,

상법이란 불교가 동방으로 전해진 뒤로

육조와 오종이 모두 이 천 년에 해당된다.

송나라 이후부터 불법이 쇠퇴하기 시작하여

선禪이 변하여 유儒가 되었으니,

유광평, 사상채, 장구성, 육상산 이하는

佛書錄釋迦言曰

吾滅度後

正法一千年

象法一千年 末法一萬年.

今據釋迦沒於周穆王壬申之說

而推之

其後一千年 當漢光武

又一千年當宋仁宗.

正法指西天諸祖師相傳者

而言也

象法佛敎東行後

六祖[4]五宗[5]皆在此千年中也.

自宋以後 佛法始衰

而禪變爲儒

游謝張陸[6]以下

---

4) 六祖(육조)= 達摩 慧可 僧璨 道信 弘忍 惠能.

5) 五宗(오종)= 潙仰宗 臨濟宗 曹洞宗 雲門宗 法眼宗.

6) 游謝張陸(유사장육)= 游廣平 謝上蔡 張九成 陸象山을 말함.

김만중
金萬重, 1637~1692

조선 최초로 권력으로부터
학문의 자유를 실천했으며
나아가 민족 주체 사상을
말했다.

"시대에 합당하고 풍속을
거역하는 자는 찬탈이라
하고, 시대에 합당하고
풍속에 순응하는 자는
의도라고 한다."

대체로 말법이라 하겠다.

그렇다면 육상산과 왕양명의 말법은

장차 만 년을 이어갈 것이니,

이같이 구분하여본다면 자못 부합한 듯하니,

부처는 역시 신령하고 괴이하다 할 것이다.

盖所謂末法也.

然則金谿餘姚之學

殆將與天地終始

如是分排 頗⁷⁾似符合

佛亦靈怪也哉.

공자 맹자 비판

서포만필西浦漫筆/상上 69

세상에서는 왕안석이 낚싯밥을 먹은 것을 간사하다 여겼으나	世以王介甫之食釣餌爲奸
주자는 이를 무심하다고 여겼다.	而朱子則以爲無心.
내 생각은 모두 그렇지 않은 것 같다.	皆恐不然.
낚싯밥 같은 것은 내관이 쇠 접시에 담아서	若此釣餌 中官盛以金杯
다른 곳에 놓는 것인데	置之他處
어찌 왕안석이 잘못 먹을 수 있었겠는가?	介甫何至誤食乎.⁸⁾
공자가 노나라 애공을 알현함에 애공이 복숭아를 하사하고	孔子見魯哀公 哀公賜之桃
복숭아 털을 닦으라고 기장을 함께 주었는데	而以黍爲雪桃之具
공자는 먼저 기장을 먹었다.	孔子先食黍.
이에 애공이 이상하여 그 까닭을 물었다.	哀公怪而問之.
이에 공자는 곡식을 귀중히 여기는 뜻이라고 대답했다 한다.	孔子對曰貴穀之義.
생각해보면 왕안석의 마음도	竊謂介甫之意
이처럼 인종仁宗을 풍간하려고 했지만	亦欲以此諷諫仁宗
묻지 않았으므로	而仁宗不問
끝내 자기 뜻을 밝힐 수 없었는지도 모른다.	故介甫終不得宣其意.
그런데 너무 지나쳤다는 비난을 받고 있으니 안타까운 일이다.	蒙被過情之誚 亦可歎也.

---

7) 頗(파)=자못, 약간.

8) 邵氏見聞錄/권2: 仁宗朝 王安石爲知制誥 一日賞花釣漁宴 內侍各以金楪盛釣餌藥置几上 安石食之盡. 明日仁宗謂宰輔 曰王安石詐人也 使誤食釣餌一粒則止矣 食之盡 不情也.

비록 공자의 일도

『공자가어孔子家語』에 기록된 것이니 믿을 것은 못 된다.⁹⁾

또한 직접 곡식이 귀중하다는 뜻을 설명했으면 될 일이거늘

어찌 기장을 먹을 필요까지 있었겠는가?

雖孔子之事

家語所錄未必可信.⁹⁾

只宣直陳貴穀之義

何必食黍.

서포만필西浦漫筆/상上 56

맹자 비판

어릉의 진중자는 사람됨이 옛날의 기인 같다.	於陵仲子 想其爲人古怪.
그러나 그에게 패륜 멸리의 죄가 있다고 보지 않는다.	未見其有悖倫滅理之罪也.
아마 진중자는 나라를 빼앗은 제나라 폭군 시대에 살았고,	槪仲子生於僭國暴君之世
그의 형도 또한 필시 어진 대부가 아니었기 때문에	其兄又未必是賢大夫
물러나 시골에서 농사를 지으면서 몸을 깨끗이 하려고 했다.	故退而耕野 以潔其身
그가 어머니를 받들어 동거하지 못한 것도	其不得奉母同居
형편이 그랬을 것이므로	亦或事勢之使然
편협하다는 한 글자로 단죄하는 것으로 충분할 것이다.	斷之以一隘字足矣.
어찌 일찍이 맹자처럼 함부로 판단하여	何嘗如孟子之縱辨
잘못을 지적하고 능멸하며 깔아뭉개 짓밟아버리겠는가?	摘疵凌轢 而踐踏之耶.
제나라 민왕은 음란하고 포악함이 걸주보다 심했으니	齊湣王之淫虐 甚於桀紂
정녕 진중자도 장차 몸을 더럽혔을지도 모른다.	此固仲子之若將浼焉者.
그런데 맹자는 오히려 그 조정에 서서	而孟子立其朝
다른 나라를 침략하는 모의에 동참했다.	與聞伐國之謀.
성인이 하는 일에 대해서는	聖人作用
구차한 유사들과 똑같이 논의해서는 안 되지만	固不可與拘儒曲士竝論
만약 강직한 선비가 본다면	而若使狷者觀之
의당 좋아하지 않을 것이며	則宜有所不悅者矣
그 말이 저촉되고 범하는 점이 없다고 할 수 있겠는가?	得無其言有所觸犯也.
비록 중자가 중도中道를 행하지는 않았지만	雖非中行
그를 수양산의 사당에 배향해도	以之配食於首陽之祠
누가 불가하다 하겠는가?	則誰曰不允.

---

9) 孔子家語/권5: 丘聞之君子以賤雪貴 不聞以貴雪賤. 今以五穀之長 雪菓之下者. 是從上雪下, 臣以爲妨於敎害於義, 故不敢. 公曰 善哉.

맹자孟子/등문공滕文公/하下

광장이 말했다.

"진중자가 어찌 참다운 청렴 지사가 아니겠습니까?

오릉에 살 때 삼 일 동안 굶어서

귀가 들리지 않고 눈에 보이는 것이 없었습니다.

우물가 오얏 열매는 굼벵이가 파먹은 것이 태반이었습니다.

그가 기어가서 세 개를 삼킨 후에야

귀와 눈이 밝아졌습니다."

맹자께서 말씀하셨다.

"나는 제濟나라 선비 중에 중자를

가장 간사한 자로 꼽소.

그런데도 어찌 청렴하다 하겠소?

중자의 절조를 충족시키려면 지렁이가 되어야 가능할 것이오!

지렁이는 위에서는 마른 흙을 먹고 아래서는 진흙을 먹고

중자가 거처하는 집은 백이가 지은 것이오?

아니면 도척이 지은 것이오?

그가 먹는 곡식은 백이가 심은 것이오?

아니면 도척이 심은 것이오?

이는 알 수 없는 노릇이오!"

광장이 말했다.

"그게 무슨 지장이 된단 말이오?

그는 몸소 삼신을 삼고 처는 삼실을 뽑아 팔아서 먹고삽니다."

맹자께서 말씀하셨다.

"중자는 제나라의 명문 세가 출신이오.

그의 형 대戴의 식읍인 개읍蓋邑의 녹이 만종이오.

형의 녹이 의롭지 않다 하여 먹지 않고

형의 집이 의로운 집이 아니라 하여 살지 않고

형을 피해 모친을 떠나서 오릉에 거처했던 거요.

匡章曰.

陳仲子 豈不誠廉士哉.

居於陵 三日不食

耳無聞 目無見也.

井上有李 螬食實者過半矣.

匍匐往將食之 三咽然後

耳有聞目有見.

孟子曰.

於齊國之士 吾必以仲子

爲巨擘焉.

雖然 仲子惡能廉.

充仲子之操 則蚓而後可者也.

夫蚓上食槁壤下食黃川

仲子所居之室 伯夷之所築與.

抑亦盜跖之所築與.

所食之粟 伯夷之所樹與.

抑亦盜跖之所樹與.

是未可知也.

曰.

是何傷哉

彼身織屨妻辟[10]纑 以易之也.

曰.

仲子齊之世家也.

兄戴蓋祿萬鐘.

以兄之祿 爲不義之祿而不食也.

以兄之室 爲不義之室而不居也.

辟兄離母 處於於陵.

---

10) 辟(벽)=績纑.

훗날 그가 형의 집에 들러 모친이 거위를 삶아서 먹게 했소.　　他日其母殺鵝也 與之食之.

형이 밖에서 들어와서 말하기를　　其兄自外至曰

'그것은 꽥꽥거리는 거위 고기다'라고 하자　　是鶃鶃之肉也

중자는 나가서 그것을 토해버렸소.　　出而哇之.

모친이 주면 먹지 않고 처가 주면 먹고　　以母則不食 以妻則食之

형의 집에서는 살지 않고 오릉에서 살고 있으니　　以兄之室則弗居 以於陵則居之

이것으로 능히 그의 괴벽을 충족시킬 수 있다고 할까요?　　是尙爲能充其類乎.

중자 같은 자는 지렁이가 되어야 그 절조를 충족시킬 것이오!"　　若仲子者 蚓而後充其操者也.

서포만필西浦漫筆/상上 59

맹자가 "연나라를 정벌해도 된다"라고 대답한 것은　　孟子伐燕之對

성심을 다하지 못한 책임이 있다.　　終恐未盡.

『맹자』에서 "그들이 그래서 연나라를 정벌했다"라는 말로 보면　　觀其然而伐之之言

연나라를 정벌한 계책은　　則伐燕之計

맹자의 말 한마디로 경정된 것이 분명하다.　　決於孟子一言審矣.

그로부터 두 나라는 서로 어육이 되어　　自是以後 兩國互相魚肉

칼날에서 죽은 백성이　　生民之死於鋒鏑者

몇천만 명 인지 알 수 없고　　當不知幾千萬

연왕 자쾌는 젓 담겨지고, 제왕 민왕은 힘줄이 뽑히게 되었다.　　終至子噲菹醢 湣王擢筋.

어찌 하늘이 살기를 발했을 뿐이지　　豈天發殺機

비록 성현도 역시 본의는 아니지만 자기 때문이라고 하겠는가?　　雖聖賢亦有[11]不得自由者耶.

참고 자료

맹자孟子/공손축公孫丑/하下

어떤 사람이 맹자에게 물었다.　　或問曰.

"제나라를 권해서 연나라를 치게 했다는데 그렇습니까?"　　勸齊伐燕 有諸.

맹자가 답했다. "아니요.　　曰 未也.

제나라 병무 장관 심동이 '연나라를 정벌해도 가可 할까요?'라고　　沈同問 燕可伐與.

묻기에 나는 가하다고 대답했을 뿐이오.　　吾應之曰 可.

---

11) 有(유)=爲也.

그런데 저들은 실제로 연나라를 정벌했소.　　　　　　彼然而伐之也.

저들이 만약 '누가 정벌해야 가할까요?'라고 물었다면　　彼如日 孰可以伐之

나는 천자가 된 자가 정벌하는 것이　　　　　　　　　則將應之日 爲天吏

가하다고 대답했을 것이오."　　　　　　　　　　　則可以伐之.

서포만필西浦漫筆/**상**上 60

세상에서는 순舜이 부모에 고하지 않고 장가를 들었다고 한다.　　世謂舜不告而娶[12]

이는 전국 시대 간교한 자들이　　　　　　　　　　　此殆戰國奸人

무엄하게 성인을 모함하는 이야기다.　　　　　　　　悖禮誣聖之說.

이윤이 백정이요, 요리사라거나,　　　　　　　　　　與伊尹割烹

공자가 시인侍人을 주인으로 삼았다는 것도 마찬가지다.　孔子主侍人一律.

그것은 맹자 역시 이를 잘 살피지 못하고 옮긴 때문이다.　而孟子亦未之察也.

한자 정자 비판

서포만필西浦漫筆/**하**下 40

한자**锌子** 비판

한유는 이허중의 묘지를 지었는데 이르기를　　　　　退之作李虛中墓誌云

사람이 태어날 때부터 생년월일은 주어지는 것이므로　　以人之始生 年月日所在

일진 간지가 생성 발전 쇠퇴 사망하는 모양으로,　　　日辰干支 相生勝衰死亡相

그 사람의 수요, 귀천, 이불리를 추측 짐작할 수 있는 것이니,　斟酌推人壽夭貴賤利不利

허중이 잠시 생시를 꼽아보면　　　　　　　　　　輒先處其年時

백에 한둘의 틀림도 없었다고 칭찬했다.　　　　　　百不失一二.

이 말은 가소롭다.　　　　　　　　　　　　　　此言可笑.

지금 세태를 보면 출세욕이 많은 자들은　　　　　　今人多科官慾者

모두가 점을 믿는 병통이 있다.　　　　　　　　　皆有信卜之病.

시골 장님의 어리석은 점괘가 백 번에 한 번 맞으면　　村瞽庸卜百言而一中

---

12)『孟子』萬章 上 참조

종신토록 이를 칭송하고 귀신처럼 공경하며,　　　　　　則終身誦之 敬若神明

그의 아흔아홉 번 실수는 고개를 돌리며 이를 잊어버린다.　其九十九失 轉頭而忘之.

허중이 반드시 이런 사람은 아닐지라도,　　　　　　　　虛中固非此類

백 번에 한 번 실수도 없다는 말은 정녕 지나친 찬사다.　百不失一 定是溢美.

한퇴지는 정녕 명리를 벗어나지 못한 사람이니,　　　　退之固非擺脫名利者

그의 이런 말도 이상할 것이 없을 것이다.　　　　　　無怪其言之如是也.

서포만필西浦漫筆/하下 46

정자程子 비판

왕안석은 새로운 경전으로 선비를 뽑음으로써,　　　　　王介甫以新經取士

천하의 학구파를 변화시켜 실용파 수재로 만들려고 했으나,　欲變天下學究爲秀才

도리어 모든 실용적인 수재를 변화시켜 학구파로 만들어버렸다.　却盡變秀才爲學究.

정이천은 명도학을 창시함으로써　　　　　　　　　　程伊川唱明道學

천하의 선학을 변화시켜 유자로 만들려 했으나　　　　欲驅天下禪學爲儒者

도리어 유자를 몰아다가 선학으로 만들어버렸다.　　　却盡驅儒者爲禪學.

주자 비판

서포만필西浦漫筆/상上 41

『주자어류』에서 혹자 묻기를　　　　　　　　　　　語類或問

예조가 천하를 파죽지세로 평정했는데,　　　　　　　藝祖平定天下如破竹

유독 북한의 거점 하동을 탈취하기 어려웠던 것은　　而河東獨難取

무엇 때문인가?　　　　　　　　　　　　　　　　何也.

주자 이르기를 태종이 편지로 회유했으나 대답하기를　曰 太宗以書喩之 答曰

유씨가 제사를 받지 못할까 하여 차마 할 수 없다 하니,　不忍劉氏之不血食被

그쪽 말이 바르고 이치가 맞아 탈취하기가 어려웠다고 했다.　他辭直理順 所以難取.

나는 감히 주자의 이 말은 그렇다고 생각할 수 없다.　朱子此言不敢以爲然.

유비가 촉에 나라를 세운 것은　　　　　　　　　　昭烈父子立國於庸蜀

실로 한고조나 광무제의 계통을 계승함이라 했으니,　　　　實纘高光之緒

말이 곧고 이치에 맞음에 있어서는 어찌 북한만 못할까?　　辭直理順 豈不如北漢.

그러나 유비의 촉나라는 실로 오나라보다 먼저 멸망했다.　　而蜀之亡 實先於吳.

하물며 북한의 유지원은 공덕도 없었고　　　　　　　　　況知遠之無功德

나라를 세운 지 사 년 만에 멸망한 사람이랴?　　　　　　立國四年而亡者乎

서포만필西浦漫筆/상上 51

『효경孝經』은 공자가 남긴 글로서　　　　　　　　　　　孝經孔氏之遺書

한나라 이래『논어』와 함께 경전으로 존중되었고,　　　　自漢以來 與論語竝尊爲經

하급 관리 부녀자들 아이들까지 외우고 익히지 않음이 없었으니　婦孺卒伍無不誦習

그 담겨진 뜻이 몹시 훌륭했기 때문이다.　　　　　　　　其意甚好.

그런데 주자가 이를 위서라 지목한 것은　　　　　　　　自朱子目之以僞書

주공을 제왕과 나란히 배열한 한마디 말이　　　　　　　又以周公配帝一語

참란한 마음을 일으킨다는 이유에서다.　　　　　　　　謂之啓人臣僭亂之心.

그래서『효경』을 축출하고 이를『대학』으로 대신했다.　　其書遂絀 而代以大學.

주자가『효경』을 의심하게 된 이유는　　　　　　　　　夫文公之致疑於孝經者

단지 이 말 한마디 전문傳聞 때문인데,　　　　　　　　特在傳文

그러나 전문으로 말한다면,　　　　　　　　　　　　　若論傳文

『대학』의 전문도 증자 스스로 지은 것이 아니니　　　　則大學之傳 亦非曾子自作

어찌 병폐가 없겠는가?　　　　　　　　　　　　　　　豈獨無病.

생각해보면『효경』은 인륜을 위주로 한 것으로　　　　　竊謂孝經主人倫

순임금부터 공맹에 이르기까지 교인敎人의 방책이며　　自帝舜至洙泗敎人之法

반면『대학』은 격물치지를 위주로 한 것으로,　　　　　大學主格致

정자와 주자가 학문의 종지로 삼았으니　　　　　　　　乃洛閩爲學之宗旨

치란의 기미가 고금이 다르기 때문이다.　　　　　　　機有古今之異故也.

서포만필西浦漫筆/상上 43

나는 일찍이 장준張浚은 왕안석과 흡사하다고 말한 바 있다.　嘗謂張魏公恰似王介甫.

왕안석은 경국제세를 왕이 알아주어 맺어졌고,　　　　　王以經濟結主知

장준은 송나라의 실지 회복을 자기 책임으로 여겼다.　　張以興復爲己任.

둘 다 모두 첫 번째 대의로 앞세운 것은 훌륭한 슬로건이었다.　　皆是第一義好題目.

왕안석은 정자와 함께 일했고 장준은 주자를 지기로 얻었다.　　王與程子共事 張得文公爲知己.

이들 모두가 세상에 유명한 대유였다.　　皆是命世大儒.

그러나 그들의 뜻은 컸으나 재주는 엉성했고,　　其志大才疎

거만하고 사나워 함부로 채용하고 충현을 축출함으로써　　傲愎自用 斥逐忠賢

군사를 잃고 나라를 줄어들게 했으니,　　喪師縮國 無一不合

하나같이 합치되지 않은 점이 없다.　　無一不合.

만 년에 불교를 망신한 것까지도 비슷하다.　　晩年侫佛亦相似.

그러나 왕안석은　　然王

현상賢相인 한기와 구양수를 종주로 삼으려 하지 않았고　　於韓歐亦不肯宗主

반면 장준은　　而張

간신인 황잠선와 왕언백의 문하를 기쁘게 드나들었다.　　乃甘心於黃汪門下.

이것이 서로 크게 다른 점이다.　　此則大相逕庭13)矣.

그러나 후세에 왕안석에게만 비방이 편중된 것은　　而後世謫議 偏華於鍾山者

어찌 왕안석의 아들인 왕원택이　　豈非以王元澤

장준의 아들인 장경부에 미치지 못하기 때문이 아니겠는가?　　不及張敬夫14)歟.

정자의 문인이었던 남헌 장경부와 화정 윤순은　　張南軒尹和靖

부모들이 하나같이 불교를 좋아했는데,　　父母之好佛一也

주자는 윤순에게는　　而文公於尹

부모를 도리로써 깨우치지 못했다고 책망하고,　　責之以不能諭於道

장경부에게는 그 일이 어쩔 수 없었다고 변명해주고 있다.　　於張諉之以無可奈何.

혹자에게는 현자가 되라고 책망하고,　　或責賢者備

혹자에게는 현자가 되는 것을 싫어했으니,　　或爲賢者諱

이처럼 주자의 뜻과 예禮는 동일하지 않았다.　　義禮不同.

서포만필西浦漫筆/상上67

명도 정호는 말하기를　　明道言

___
13) 逕庭(경정)=大差也.

14) 張敬夫(장경부)=철종의 字. 號는 南軒. 程子의 문인. 주희 여조겸과 더불어 東南의 三賢.

"마땅히 왕안석의 신법당新法党 사람들과도 | 當與元豊[15]舊人

같이 일을 해야 한다"라고 하니, | 共事

주자는 여백공에게 보낸 편지에서 | 朱子與呂伯恭書曰

이것은 "성현의 등용법이요, 올바른 의리"라고 칭찬했으나, | 此乃聖賢之用 義理之正

『주자어류』에서 함괘咸卦를 논할 때는 | 語類中論易咸卦

"바로 그것을 일러 술책을 부려 | 則直謂之任術

눈을 가리고 참새를 잡는 것"이라고 비방했다. | 而至以掩目捕雀譏之

이처럼 주장이 상반되니 후학들은 무엇을 따라야 하는가? | 二說相反 後學當何適從耶.

주자는 정윤부에게 답한 글에서는 | 朱子答程允夫書

"소자유는 제상 자리를 탐내서 범충선을 충동한 일은 | 蘇子由規取相位動搖范忠宣事

음흉하고 증오할 만하다"고 비난하고서 | 險詖可惡.

조기도에게 답한 글에서는 | 而答趙幾道書

소자유가 고사를 잘하는 것을 극구 칭찬하면서, | 則盛言子由古史之善

그것은 자질이 염정하고 외물을 탐하지 않은 결과라고 했다. | 以爲資質恬靜 無他外慕之效.

이처럼 두 가지 글이 다르니 도무지 진의를 알 수가 없다. | 此二說亦不同 未可知也.

서포만필西浦漫筆/상上 85

왕세정은 만 년에 불법을 배워 | 王元美晚年學佛

도정燾貞을 사사했는데, | 師事優婆夷燾貞

그 스승의 말이라면서 이르기를, | 稱其師之言曰

육상산은 진실로 선禪이지만, | 陸固禪矣

주자 역시 오십 보로 백 보를 비웃는 꼴이라고 했다는 것이다. | 朱亦五十步之笑百步.

주자가 처음 도겸을 좇아 영명의 심학을 깨우쳤고, | 盖以文公初從道謙 悟靈明之心

심학의 체용을 논한 것은 | 而其論心之體用

남선 지혜종에서 나온 것이며, | 出於南禪知解宗

정자와 주자의 존양 공부도 조계종에서 나왔기 때문이다. | 洛閩存養工夫 發自曹溪故也.

그러나 주자는 선학과 육학을 몹시 엄하게 배척했고, | 文公闢禪陸甚嚴

또 정이천 때문이기도 하지만 소동파를 깊이 증오했다. | 又以伊川之故 深惡東坡.

---

15) 元豊(원풍)=신종의 두 번째 연호. 왕안석 실각. 曾鞏과 三蘇의 전성시대.

그래서 명 대 삼백 년간에　　　　　　　　　　　　　　　而明三百年間

학문을 논하는 사람 중에 육구연을 좇는 사람과　　　　　　講學者宗江西

문장을 쓰는 선비로서 소동파를 따르는 사람들이　　　　　　文章之士附眉山

주자를 헐뜯고 모욕하는 자가 가는 곳마다 무리를 이루었다.　　譏侮晦菴者 所在成群.

그래서 "정말 공자를 죽이는 자는 죄가 없고,　　　　　　　　眞所謂殺夫子者無罪

공자를 파는 자는 금기가 없다"라고 말하는 것이다.　　　　　藉夫子者無禁者也.

서포만필西浦漫筆/상上 104

주자는 또한 『원각경圓覺經』에서　　　　　　　　　　　　朱子又以圓覺經

"지수화풍으로 분산되니 죽은 몸이 어디 남아 있으랴?"라고 한 것을　四大分散妄身何在

그 말이 열자와 비슷하다고 하여　　　　　　　　　　　　語類列子

불경이 장자와 열자에서 나왔다고 했다.　　　　　　　　　遂謂佛經出於莊列.

이것은 역시 그렇지 않다고 생각한다.　　　　　　　　　　此亦恐不然.

노자, 석가는 모두 정신을 귀하게 여기고 형체를 버린다.　　　老釋二家 皆貴精神 而遺形骸.

이것은 이른바 동방이나 서방이나 이런 마음은 같은 것이다.　　此所謂東海西海同此心者.

따라서 입언의 취지가 저절로 같은 것이 있어　　　　　　　立言之旨 自有不容不同者

중국인이 이 불경을 번역하면서,　　　　　　　　　　　　而華人之譯是經者

그 뜻이 대체로 열자의 말과 비슷한 것을 발견하고　　　　　見其大旨 與列子所云相似

그 문장법을 모방하여 불경을 기록한 것뿐이다.　　　　　　倣其文法以文之.

이것은 문인들에게는 보통 있는 일이다.　　　　　　　　　此乃文人之常事

서포만필西浦漫筆/하下 5

『주역周易』을 상수학象數學으로 해석한 소옹의　　　　　　　邵子

「선천도先天圖」의 요점은　　　　　　　　　　　　　　　先天圖關鍵

모두 양웅의 역서인 『태현경太玄經』에서 나온 것이며,　　　　全出於太玄

다만 팔과 구의 숫자가 다를 뿐이다.　　　　　　　　　　只是八九之數不同耳.

그런데 송유들은 매양 『태현경』을 깎아내리고　　　　　　　而宋儒每貶玄

소자邵子의 「선천도」는 높이니 너무 지나친 듯하다.　　　　　而尊邵恐過矣.

주희의 문인 채침蔡沈의 『홍범수洪範數』는
단지 『태현경』을 이름만 바꾼 것인데,
혹자는 이것을 높여 복희, 문왕, 공자의 『주역』에 비교하니,
유가들의 편당함이 너무 심하다.
또 원회운세도
석씨의 대겁大劫 소겁小劫설을 정제한 것으로,
거기에는 일 년을 삼백육십 일로 했으므로 육 일이 없으니,
『태현경』의 우수리를 고르게 하려고,
오리 다리를 잇고 학의 다리를 자른 것이다.
그러나 주자는 저것은 비방하고 이것은 용서하니
알 수 없는 일이다.

또 소옹의 『황극경세서皇極經世書』의 성음은
이십팔의 수를 사용했는데,
우리 훈민정음 이십구 성을 덮지 못하고
중성 가운데 하나의 소리가 빠졌다.
아마 이것은 사분법에 맞지 않으니
일부러 잘라냈을 것이다.
이러고도
천지자연의 수와 합치될 수 있는지 알 수 없다.

至九峰洪範數[16]
只是玄之換名者
而或者尊而竝之於三聖之易
甚矣儒者之阿黨也.
元會運世
亦因釋氏大小劫說 而整齊之
且其年用三百六旬 而無六日
與太玄之畸零均爲
鳧鶴之斷續.
而朱子譏彼置此
亦所未詳.

又其皇極聲音
用二十八數
比之我國 非蒙正音二十九
中聲却欠一聲.
盖以其不合於四分之法
故截去之耳.
未知如是
而能得合於天地自然之數否.

서포만필西浦漫筆/상上 52

주자의 격물론格物論 비판

대저 격물의 의미는 정자가 이미 상세히 언급한 바 있다.
그런데 성인 같은 주자도 삼십여 년 동안
실제를 공부한 다음에야 겨우 터득했다고 한다.
그러나 지금 사람들은 격물 두 글자를 읽은 후에도
수신 정심 등의 글자와 다르다고 생각하지 못하고
같은 것으로 지나쳐버리니,

夫格物之義 程子旣已詳言之矣.
而以朱子之將聖 三十餘年之後
用功於實地 僅能得之.
而今之人讀格物二字了
不以爲異與修身正心等字
一例看過者

---

16) 洪範數(홍범수)=『서경』의 홍범 편을 하도낙서에 끌어붙여 해석한 것.

이 또한 무사안일보다도 더한 것 같다.

아마 정주학은 『대학』이라는 책을 따라 들어가지 않고,

『대학』이라는 책으로 자기 학설을 증명하려 할 뿐인 것 같다.

亦似太無事矣.

盖程朱之學 非因大學之書而入者

特以大學之書證之耳.

서포만필西浦漫筆/상上 51

공희노公喜怒 이발설理發說

대학의 「정심」 장의 분치忿懥와 「수신」 장의 오타敖惰는

바로 사람의 악덕함이니,

결국 우憂, 락樂, 애愛, 오惡처럼

편벽되면 병이 되는 칠정과 동일하게 보는 것은 부당하다.

그런데도 이에 대해 주자는 울타리를 굳게 지켜

사람들로 하여금 입을 열지 못하게 했다.

대저 순임금이 사흉을 주벌하고

문왕, 무왕이 주紂를 쳐 천하를 안정하게 한 것은

결코 분忿(분한 마음)에서 나온 것이라 할 수 없으니

노怒(의분)와 분은 진실로 분별이 있어야 한다.

공자가 유비를 만나지 않은 것과

맹자가 왕환과 말하지 않은 것을

오타라고 한다면 어찌 부당하다고 말하지 않겠는가?

正心章之忿懥 修身章之敖惰

乃人之惡德

決不當與憂樂愛惡

辟而後爲病者 比而同之.

而文公於此 守之甚牢

使人不得開口.

夫舜之誅四凶

文武之安天下

決不可謂出於忿懥

則怒與忿懥 固有辨矣.

而至以孔子之不見孺悲

孟子之不語王驩

爲敖惰 則豈不亦未妥乎.

노자 숭모. 도가비판

서포만필西浦漫筆/하下 2

일찍이 주자는 도사들이 자기 가문의 노장 학설은 이해하지 못하고,

도리어 불가의 찌꺼기를 주워 모았다고 비웃었다.

이것은 정말로 그럴듯한 말이다.

후세에 이른바 도사라는 자들은

실은 석가모니의 서자이며 노자의 책을 빙자한 자들이니,

朱子嘗笑 道士不解渠家老莊說

却拾佛家糟粕.

此固然矣.

所謂道士者

實瞿曇之孽 而冒玄元之籍者

불가의 학설을 주위 모으는 것이 바로 그들의 본색이다.　　　掇拾佛說 乃其本色也.

이를 어찌 이상하다 할 것이 있겠는가?　　　又安足怪哉.

불법은 한나라 때부터 동으로 전래되어　　　大抵佛法自漢東來

당나라를 거쳐 송나라에 이르면서　　　歷唐至宋

그 조잡한 것은 도가가 되었고　　　其粗者爲道

그 정밀한 것은 유가가 되었으므로　　　精者爲儒

그 나머지는 거의 없다고 보아야 한다.　　　餘存無幾矣.

그러나 일찍이 불서를 보니　　　然嘗見佛書言

관음보살은 삼십이 개로 몸을 변화시켜　　　觀音大士 現三十二化身

말세의 습속을 교화한다고 했으니,　　　敎化末俗

만약 그 말대로라면　　　若使渠徒言 則未必不曰

아마 여러 보살들이 도사와 유자로 몸으로 현신하여,　　　諸大菩薩現道士儒者身

중국을 제도한다고 말하지 않겠는가?　　　以度中土也.

서포만필西浦漫筆/상上 45

석씨와 노씨의 학문은 득실은 같고 사생은 한가지라 했다.　　　二氏之學 齊得喪一死生.

그러나 구양수는 석씨는 죽음을 두려워했고,　　　而歐陽公乃謂 釋氏畏死

노씨는 삶을 탐했다고 말했다.　　　老氏貪生.

이 말은 그들의 병폐를 지적함에는 맞지 않는 듯하지만,　　　此言疑若不對於病

그들의 서적을 자세히 들여다보면　　　而若細觀二家書

구양수의 지적이 무함이 아님을 알 수 있다.　　　則可知歐說之非誣也.

그러나 그들이 유가를 비판한다면　　　然自二氏觀吾儒

명분만을 좋아한다고 하지 않겠는가?　　　則不謂之好名哉.

서포만필西浦漫筆/하下 35

맹자는 노자를 배척하지 않았다.　　　孟子不闢[17]老子.

주자는 양주의 학문이 노자에게서 나왔으므로　　　朱子謂楊朱之學 出於老子

양주를 배척한 것이 노자를 배척하는 방법이라고 변명했다.　　　闢楊所以闢老.

정말 맹자가 노자를 의식하고 양주를 성토했다면,　　　誠使孟子意在於老 而聲罪於楊

---

17) 闢(벽)=開也 屏除也.

이는 어리석고 구차하기 짝이 없는 것으로서　　　　　　則此乃疲[18]庸苟且之甚者

싸우지도 않고 기氣가 꺾인 꼴이니　　　　　　　　　未戰而氣已屈矣

어찌 방안통수의 배척만큼이나 하겠는가?　　　　　何能闢之廓如耶.

노자의 학문을 들여다보니　　　　　　　　　　　　老氏之學竊算

열고 닫히는 체體와 용用이 완전하고 거대하여　　　闔闢體全用鉅

양주가 터득한 것은 단지 그 일단에 불과하다고 생각된다.　楊朱所得 特其一端.

장자와 열자의 책에서 양주를 언급했지만　　　　　莊列之書 雖言楊朱

역시 그를 존중한 적은 없다.　　　　　　　　　　　亦未嘗尊之也.

설령 맹자가 양주를 성토하여 시장 바닥에 벌여놓았다고 해도,　設令孟子致討於楊氏 肆諸市朝

어찌 용의 터럭 하나라도 손상을 주었겠는가?　　　何嘗損猶龍者之一毛乎.

나는 알 수가 없다.　　　　　　　　　　　　　　　吾不知.

노담은 어떤 사람이기에　　　　　　　　　　　　老聃作何狀

공자 같은 성인이 그를 스승으로 삼았고　　　　　以孔子之聖 而嚴師之

맹자 같은 변론하기 좋아한 사람도 감히 용훼하지 못했는지?　孟子之好辯 而不敢開喙.

아! 참으로 이상한 일이다.　　　　　　　　　　　吁亦異哉.

묵자 수용

서포만필西浦漫筆/**하**下 71

백이, 유하혜, 양자, 묵자는 모두 대 현인이다.　　　夷惠楊墨皆大賢.

그러나 모두 중용의 도道가 아니므로 편벽됨이 없지 않았다.　然皆非中庸之道 則不能無偏.

조그만 편벽됨이라도 폐단이 없을 수 없겠으나　　　纔偏不能無弊

만약 그 폐단이 실제로 나타나지 않는다면　　　　苟其弊之未形

그 편벽됨도 가르침으로 삼아 풍속을 바로잡을 수도 있을 것이다.　則其偏可以設教而勸俗.

마치 약의 성분이 편벽됨으로써 병을 치료할 수 있는 것과 같다.　如藥性有偏 故可以治疾也.

맹자는 양자와 묵자를 홍수와 맹수라고 했으나,　楊墨 孟子所謂洪水猛獸者也

한자는 공묵은 반드시 서로 활용해야 하며　　　　而韓昌黎謂孔墨必相用

---

18) 疲(피)=勞也 極也 乏也.

그렇지 못하면 공자와 묵자가 될 수 없다 했고,
주자는 자주 양자를 칭찬하여 만 길 벼랑에 우뚝 서 있다 했다.

不相用不足爲孔墨

朱文公函稱楊氏 壁立萬仞.

서포만필西浦漫筆/상上 65

주자의 『중용』 서문의
"인심은 도심의 명을 듣는다"라는 말은 이해하기 어렵다.
대저 이미 "허령지각虛靈知覺은 하나"라고 말했다면
어찌 인심 도심이란 두 마음이 있겠는가?
만약 이것을 해석하여 이르기를
"반드시 의리의 마음을 항상 일신의 주인으로 삼고,
그것이 형기에서 발하는 경우에도
의리의 명령을 듣지 않음이 없도록 한다"라고 말하면
분명하게 이해할 수 있을 것이다.
주자의 뜻도 과연 이와 같은지 알 수 없다.
대저 사람의 한 몸에
두 마음이 있는 것 같을 때가 있다.
그럴 때는 이해하기 쉽도록 방편으로 말하는 것이 좋은 방법이다.
"마음으로 마음을 본다"라는 석씨의
'이심관심설以心觀心說'이 바로 이것인데
굳이 이를 배척한 것은 주자였다.
부처의 이심관심이란
마음으로 마음을 스스로 점검한다는 뜻이고,
주자의 '인심청명어도심人心聽命於道心'이란
마음으로 마음의 검속을 받아드린다는 뜻이니
무슨 차이가 있는지 알 수 없다.

中庸序

人心聽命於道心 一語最爲難讀.
夫旣曰 虛靈知覺一而已矣
則道心人心 豈有二心.
今若解之曰
必使義理之心 常爲一身之主
而其有時發於形氣者
亦莫不聽命於義理 云
則頗似分曉.
未知文公之意 果然是否.
大抵人之一身之內
有若有二心時.
方便立言 取人易曉 是亦一道.
而此乃釋氏
以心觀心之說
固已見斥於朱子矣.
以心觀心者
以其心自檢其心也
人心聽命於道心者
以其心受檢其心也
未見其有異同也.

선가에서는 심心의 작용을 성性이라 하는 까닭에 　　禪家以心之作用爲性

그들의 책에는 '정성 비구' 　　　　　　　　　　故其書有定性比丘

'정성 보살'이라는 말이 자주 나온다. 　　　　　定性菩薩之說

아마 정자와 장횡거의 학문이 선가에서 변화되었기 때문에 　　疑程張之學 自禪而變

인습적으로 쓰고 미쳐 고치지 않은 것이다. 　　故因循未改也.

와륜 선사의 게송에 이르기를 　　　　　　　臥輪禪師有偈曰

"와륜은 재주가 있어서 　　　　　　　　　臥輪有技倆

모든 생각을 단절할 수 있으며, 　　　　　　能斷百思想

마음과 사물을 대하고도 마음이 일어나지 않으니 　　對境心不起

보리수는 날마다 자라네!"라고 했는데, 　　　菩提日日長

육조 혜능이 이를 고쳐 이르기를, 　　　　　六祖改之曰

"혜능은 재주가 없으니 　　　　　　　　　惠能沒技倆

모든 생각을 단절하지 못하고, 　　　　　　不斷百思想

사물을 대하면 마음이 문득 일어나니 　　　對境心輒起

보리수가 어떻게 자라겠나?"라고 했다. 　　菩提甚麽長.

이것이 바로 장횡거와 정이의 정성定性의 뜻이다. 　此卽張程定[19]性之旨也.

당나라 대의 사대부들은 불교를 학습한 사람이 대단히 많았지만, 　唐代士大夫學佛者甚多

소우, 두홍점, 원재, 왕진 등은 　　　　　而如蕭瑀杜鴻漸元載王縉[20]之類

부처에 아첨하여 복을 받으려는 데 불과했고, 　不過佞佛邀福

향산 백낙천과 상국 배휴는 조예가 깊었지만, 　白香山 裵相國 所造最深

그 의취는 인과론에 편향했을 뿐이다. 　　而觀其意旨 亦似偏向因果耳.

송나라 대에 이르러서는 　　　　　　　　及至宋朝

문정(李沆), 문정(王且), 대년(楊億), 정공(富弼), 　李文靖 王文正 楊大年 富鄭公

정헌(呂公著), 열도(趙抃), 지국(韓維), 개보(王安石), 　呂正獻 趙閱道 韓指國 王介甫

안도(張方平), 원성(劉摯), 자첨(蘇軾), 자유(蘇轍), 　張安道 劉元城 蘇子瞻兄弟

---

19) 定(정)=心無欲也. 安靜也.

20) 王縉(왕진)=왕유의 아우. 재상을 지냄.

요옹(陳瓘), 충정(李綱), 위공(張浚) 등 제공들은 　　　陳了翁 李忠定 張魏公 諸公

비록 인품의 순일하고 잡박함, 체득함의 깊고 얕음이 있지만 　　雖人品有醇駁 所得有深淺

모두 청정함으로 근본을 삼았고, 　　　　　　　　　　　　　而莫不以淸淨爲本

무욕無慾으로 구제하기를 힘써 발현했으며 　　　　　　　　濟以定力發

언론과 정사를 다스림이 탁월하여 볼만했으니, 　　　　　而爲言論政事 卓有可觀

사대부의 선학禪學이 여기에서 성행하게 되었다. 　　　　士大夫禪學於斯爲盛.

특히 문정, 정헌, 원성 등은 경지가 높았다. 　　　　　　文靖 正獻 元城尤高矣.

이분들이 어찌 불학佛學에만 치우쳐 공부했겠는가? 　　　以上諸公 豈其偏冶佛學哉.

대체로 모두가 유학 위주로 하고 불학을 보조로 한 것이다. 　蓋皆以儒爲主 助之以佛.

마치 사람들이 약을 먹는 것처럼, 　　　　　　　　　　如人服藥者

아침에는 출부탕을 먹고, 저녁에는 청량산을 마신 것이다. 　朝服朮附湯 夕飮淸凉散.

이들은 이미 불교 학습을 꺼리지도 않았고, 　　　　　既不以學佛爲諱

뒤섞어 하나로 만들지도 않았다. 　　　　　　　　　　亦未嘗混而爲一.

왕안석과 소식은 두루 유학을 끌어다가 불교에 합했는데 　介甫子瞻頗援儒合佛

마치 청량한 재료를 보제에 더 넣어 　　　　　　　　如以淸凉之材料加入於補劑

이로써 정말 하나의 경단을 만들어낸 것이다. 　　　　固以打作一團.

그래서 옛사람이 만들어낸 약방문이 　　　　　　　而古人所作藥方

오히려 잡되고 어지러워 쓸데없는 것이 되지 않게 되었다. 　猶不至雜亂 而無稽也.

그러나 정호, 정이 문하의 제공들은 그렇지 않았다. 　　程門諸公則不然.

온제에 냉제를 섞어놓고는 큰소리로 떠들면서 이르기를, 　既合溫凉之劑 從而大言於人曰

옛 약방문은 본래 내 것과 같았는데 　　　　　　　古方本如此

중간에 의사들이 용렬하고 하질이라서 잃어버리고 전해지지 않았다. 中間醫者庸下遺失不傳.

지금 내가 얻은 약방문이 장장사張長沙의 비전이라고 말했다. 　今我所得 乃張長沙之秘傳.

이처럼 그들의 말은 아름답지 않은 적이 없으나, 　　　此其言未嘗不美

인심이 끝내 승복하지 않은 것은 　　　　　　　人心終有所不伏者

옛 처방전에는 실상 냉제가 없었기 때문이다. 　　　　古方實無凉藥故耳.

서포만필西浦漫筆/**하**下 **28**

성학은 맹자에게서 끝났지만, 　　　　　　　　　聖學訖于鄒孟

정주학이 중흥하여 옛것이 찬연하게 빛나고 | 洛閩中興 舊物燦然
스승의 자리에 올라 후학을 가르치게 되었으니, | 登師席以臨後學
그 누가 성학의 정통이라 말하지 않겠는가? | 孰不曰 洙泗之正統.
선유학禪儒學의 한 파가 날로 극성하여 | 而禪儒一派 日盛月熾
유학을 둘로 나누었고 | 不但中分魯國
거기서 그치지 않고 이런 추세로 간다면 | 而已 從今以往
또 알 것 같다. | 又可知也.
어찌 서축국 산하에서 | 豈西竺山河
실제로 성학으로 돌아오는 이가 있지 않을까? | 實有不歸者耶.

**도선 대사
무학 대사비판**

서포만필西浦漫筆/하下 12

세상에서는 도선이 일행에게서 불법을 전수받았다고 한다. | 世傳導詵傳法於一行.
하지만 일행은 당나라 개원 시기에 대연역大衍曆을 만든 사람이고 | 一行卽唐開元間 造大衍曆者
도선은 고려 태조와 동시대 인물이니 | 而道詵與麗祖之父同時
중국 오대 시기의 사람이다. | 盖五代時人.
그러므로 두 사람의 차이는 이백 년이나 된다. | 相去幾二百年.
일행은 재주가 많아 해외에까지 유명했기 때문에, | 一行以多藝名聞海外
간사한 중들이 이를 빙자하여 세인을 속였을 뿐이다. | 故奸僧憑藉 以欺世耳.
이러한 도선의 거짓 사적은 비석에 새겨져 후세에 전해지고 있다. | 詵傳法史蹟 勒石垂後.
지금 휴정의 문집에서도 보이는데 | 今見於僧休靜文集
그 말에 따르면 일행이 역산을 전수받을 때에 | 而其言乃一行傳得曆算時
문 앞에 계곡물이 서쪽으로 흘렀다고 한다. | 門前溪水西流事也.
도선의 요망하고 거짓됨이 이와 같은데도, | 詵之妖妄鄙誕如此
지금 사대부들은 그를 믿기를 | 而今世士大夫尊信
주공과 공자보다 더하니 슬픈 일이다. | 過於周公孔子哀哉.

안변에 석왕사가 있는데 그 이름을 취한 뜻은,

마치 법왕이나 공왕空王처럼 부처를 천왕으로 존칭한 것이다.

그런데 중들은 조작하기를

무학 대사가 이성계의 왕 꿈을 해몽하고 기도한 절이라고 말한다.

이처럼 비루하고 황당한데도

기만당하지 않는 사람이 드문 실정이니 가소롭다.

安邊有釋王寺 其取名之義

猶法王空王 梵釋天王之稱也

而今之髡徒造作

無學解夢之說.

鄙陋矯誣

而人亦鮮不爲所瞞 可笑.

과장된 주몽

서포만필西浦漫筆/**하**下 13

평양성 밖에는 동명왕의 궁정 우물과

조천석 기린굴 등 고적이 있는데,

예부터 전해 내려온 것이므로

세상 사람들은 그것이 잘못이라는 것을 미처 알지 못한다.

한 무제가 위만 조선의 우거왕을 멸하고 사군을 설치했는데,

지금의 평양은 낙랑군이 통치하던 곳이다.

동명왕의 발흥은

서한의 원제 성제 연간인데,

이때는 한나라의 전성기여서

낙랑군, 현도군을 설치했고,

그 강역이 반고의 한서에 기록되어 있어

상고할 수 있다.

이때 고구려는 비록 왕호는 가지고 있었지만

그 강역은

모두 산간벽지로 추측되며,

중국 영호남 사이의 토관과 같았을 뿐이다.

고주몽이 험지를 의지하여 나라를 세울 수는 있었겠으나,

역시 중국의 구속을 따르지 않을 수 없었을 터인데,

平壤城外有 東明王宮井

及朝天石麒麟窟古迹

古今相傳如此

世未有知其非者也.

漢武帝滅右渠置四郡

今之平壤卽樂浪郡所治也.

東明之興

當西漢元成年間

是時漢方全盛

樂浪玄菟建置

疆域之載於班史者

猶可考也.

高句麗於是時 猶有王號

其所有土地

想皆山峽深阻之處

如湖嶺間土官而已.

朱蒙氏得以依倚險阻以立國

而亦未嘗不遵受中國約束

이러한 속국의 처지에서	比諸屬國
어떻게 낙랑 태수의 성읍에 들어가	安得於樂浪太守所居城邑
이궁과 별관을 짓고 마음대로 질탕하게 놀았겠는가?	爲離宮別館 恣意遊蕩乎.
만약 지금의 성천을 졸본이라고 한다면,	若其以今之成川爲卒本
비록 명확한 증거는 없지만 거의 근사할 것이다.	則雖未有明證 庶幾近之矣.
일찍이 여러 사서를 상고해보았더니,	嘗以諸史考之
관서 일대는 위진 시대에 들어와서	關西一域 在魏晉時
고구려와 공손모용이 분점했고,	高句麗與公孫慕容分據
척발씨가 모용을 멸한 후에야 요수의 동쪽은	及拓跋之滅慕容也 遼水以東
위나라의 평성현과 멀기 때문에 모두 고구려의 소유가 되었다.	與平城懸遠故 盡爲高氏所有.
위나라 효문제 때 이르러서야 고구려는 강성해져	而當魏孝文時 高麗强大
위나라는 제나라 다음으로 예우를 했고,	魏之禮之亞於江左
장수왕이 죽었을 때는	長壽王之薨
효문제가 조문하고 애도를 표시할 정도였다.	孝文爲之加經擧哀.
이때부터 연개소문에 이르러	自此以後 至於泉蓋蘇文
병력이 항상 중국과 겨루게 되었으니,	兵力常與中國抗衝
장수왕이 실제로 비로소 평양에 도읍을 정한 것이다.	而長壽王實始定都平壤.
생각건대 평양에 전해지는	意者西都所傳
유적은 모두 장수왕의 유적일 것이다.	皆長壽王之遺蹟.
주몽은 겨우 십구 년 나라를 다스렸고	若朱蒙之享國僅十九年
산림을 개척하기에도 겨를이 없었는데,	而蓽路山林 日不暇給
어찌 진시황과 한 무제처럼	何至有秦皇漢武之
토목 공사를 일으키고 신선 찾는 일을 했겠는가?	土木神仙哉.

서포만필西浦漫筆/**하**下 **14**

고구려가 평양에 도읍하기 전에는 대체로 환도성에 있었다.	高氏未都平壤前 多在丸都城.
『당서唐書』「지리지址理志」에는 압록강 입구에서	唐志曰 自鴨綠江口
배를 타고 백여 리를 가서,	舟行百餘里
다시 작은 배로 갈아타고 동북쪽으로	乃小舫泝流東北行
오백삼십 리를 거슬러 올라가면, 환도성에 이른다고 했다.	凡五百三十里 而至丸都城.

지금 지형으로 찾아보면

강계, 위리 등 몇 군의 경내를 벗어나지 않을 것이다.

다만 사서에는 성이 강 안쪽인지 바깥인지 언급하지 않는다.

지금 압록강 서편에 황제 능이 있는데

옛 건국의 터였을 것이니,

여기가 어쩌면 환도성이 아니었을까?

以今地形求之

似不出江界及渭理 數郡之境也.

諸史不言城在江內江外

今鴨綠西邊有黃帝陵

盖古建國之地

此豈古之丸都城耶

임진왜란 평가

서포만필西浦漫筆/하下 17

왜란 유인설

풍신수길(도요토미 히데요시)이

어찌 요동을 침범할 계책을 갖게 되었을까?

사람들은 말하기를 왜병이 세 길로 나누어,

행장은 용만으로부터 압록강을 건너고

청정은 북관에서부터 호지를 공략 평정하고

의홍은 수군으로 우리 서해를 돌아

모두 요동에서 모인다고 했다.

수길은 교활한 놈이며 군사에 능하니,

어찌 요동의 평야가 광막하여 보병에 불리함을 몰랐겠으며

또한 수군으로 강절과 등래를 침범하면

그 길이 순조로울 것을 어찌 몰랐겠는가?

이른바 동로는 여진의 여러 부락을 경유해야 하고,

꾸불꾸불 돌아 길이 멀고, 군량의 운반이 이어질 수 없으니,

비록 어린이도 그것이 불가함을 알겠거늘

풍신수길이 어찌 바보란 말인가?

당시에는 현명한 임금이 위에 계셨지만 조정에 권신이 없었다.

옛날 멸망한 나라를 거울삼아 사태를 대응함이 달라야 하거늘.

秀吉

何遽至有犯遼計乎.

人謂倭師分三路

行長自龍灣渡江

淸正自北關略定胡地

義弘以舟師轉我國西海

皆會於遼東.

夫秀吉猾虜而習於兵.

豈不知遼野廣漠 不利步兵.

又豈不知 以舟師

犯順江浙登萊 其路甚順.

其所謂東路 經由女眞諸部

迂回踔遠 糧運不繼

雖兒童亦知其不可

秀吉豈病心哉.

當是時也 明主在上 朝無權臣.

比之古先喪亡之國 事應自別.

태평하고 안일하여 병사를 기피하고	而昇平恬嬉 以兵爲諱
조정 의론이 분열되고 민심이 흩어졌으니	朝議潰裂 人心渙散
교활한 왜놈들이 침을 흘린 지가 이미 오래였다.	狡虜之流涎已久.
우리만 막연하여 알지 못하고 있었고,	而我則漠然不知
게다가 사신이 어리석고 오만 강팍하여	加以奉使之臣 暗塞傲愎
왜놈의 충동을 도발하고 조정을 기만 은폐했으니,	挑動欺蔽
어찌 난을 불러들이는 도리가 없었다고 말할 수 있겠는가?	何可謂無致亂之道乎.

서포만필西浦漫筆/하下 18

십만 양병 불가론

율곡이 십만 양병을 주청했을 때	李文成公請養兵十萬
유성룡은 불가하다고 생각했으나,	柳豊原以爲不可
임진란을 당하여 율곡을 추모하고 그리워했다.	而追思於壬辰.
그러나 유성룡이 당시를 눈으로 본 바로는	豊原目見當時
쓸 만한 군사도 없고 먹을 양식도 없었으니,	無兵可用 無食可食
추모한 것은 마땅하지만	其追思固宜
그런 계책을 세웠다 해도	然以已然者策之
어찌 다 그렇게 할 수 있었겠는가?	則亦豈盡然.
당나라 전성기에 변방의 병력이 사십여만 명이나 되었으나,	唐之全盛 鎭兵四十餘萬
백성의 힘이 소진되어 천보의 난을 불러들이게 되었고,	而民力殫 致有天寶之亂
송나라도 궁중의 병사들 때문에 스스로 병통이 된 바 있다.	宋亦以禁兵自病.
작은 나라에서 십만 명을 양병하자면	以蕞爾國 養兵十萬
그 재앙이 백성에게 미치지 않을 수 없는 일이다.	而災不及民者 未之有也.
임란에 멸망하지 않은 것은	辰之不亡
국가에서 각박한 정치가 없어,	獨賴國無刻核之政
민심이 아직 이씨에서 끊어지지 않았기 때문이다.	民心不絶於李氏耳.
율곡이 갑십년(1584)에 졸했으니	文成公卒於甲申
임란으로부터 십 년이 채 되지 않는다.	距壬辰未十年.
우리나라가 십 년간 군사를 징집하고 훈련시켰다고 해도	以我國十年間簽括訓閱
반드시 풍신수길의 칼과 화총을 당해낼 수 없었을 것이다.	必能當秀吉之鐵刃火銃.

실학사상

민심이 한번 이탈한 뒤에는	而民心一離之後
무엇으로 명나라 사만 명의 원병을 급식하며,	楊李援師何以饋餉
호남과 영남의 의병들을 어떻게 규합할 수 있었겠는가?	湖嶺義旅何以糾合.
양병의 효과를 거두기도 전에	未食養兵之效
그 폐해를 받을 것이 필연이었다.	而已受養兵之害必矣.

〈율곡의 십만 양병설은 와전된 거짓이라는 주장이 있다〉

김장생이 찬한 「율곡행장栗谷行狀」의 원문은 이문정李文靖으로 되었는데, 훗날 누가 이문성李文成으로 변조했다는 것이다. 그리고 「율곡행장」 외에는 율곡이 십만 양병설은 주장한 기록이 어디에도 없다. 그런데도 변조된 행장이 백사 이항복李恒福, 1556~1618이 찬술한 「율곡신도비명栗谷神道碑銘」과 월사 이정구李廷龜, 1564~1635가 찬술한 「율곡시장栗谷諡狀」으로 이어지고, 우암 송시열이 찬한 「율곡연보栗谷年譜」로 계승되면서 사실로 굳어졌다. 그러나 이는 인조반정 이후 동인인 서애 유성룡과 이순신을 폄하하기 위해 서인 측에서 변조한 것일 뿐 사실이 아니라는 것이다.

첫째, 율곡이 십만 양병을 주장했다면 중대한 사안인데도 『율곡전서栗谷全書』 어디에도 그에 대한 언급이 전혀 보이지 않으며, 또한 『서애집西厓集』에도 서애가 이를 반대했다는 기사는 전혀 나타나지 않는다.

둘째, 행장의 "이문성李文成 진성인야眞聖人也"는 원래 "이문정李文靖 성인야聖人也"로 되어 있는 것을 누군가 변조했다. 문성은 율곡의 시호이고, 문정은 송나라의 명신 이항李沆의 시호다. 최근 이재호李載浩 교수의 논문에 의하면 『사계집沙溪集』의 「율곡행장」 및 『월사집月沙集』의 「율곡시장」 및 영조 2년(1749)에 간행된 『율곡전서』 모두 "이문정李文靖 성인야聖人也"로 되어 있다는 것이다. 그런데 순조 14년(1814)에 간행된 『율곡전서』에서 처음으로 "이문성李文成 진성인야眞聖人也"로 변조되기 시작했다.

셋째, 율곡에게 '문성'이란 시호가 내린 것은 인조 2년(1622)인데, 서애는 그보다 15년 전인 선조 40년(1607)에 죽었다. 그러므로 서애는 율곡의 시호를 알 리가 없었다. 그러므로 생전에 서애가 율곡을 문성이라고 불렀다는 이 글은 거짓임을 스스로 폭로하고 있다.

넷째, 서인들이 인조반정을 일으킨 이후에 『선조실록宣祖實錄』을 수정해서 『선조수정실록宣祖修正實錄』을 편찬하면서 이처럼 불확실한 사찬私撰 기록을 실록에 인용 전재했다. 그리고 이 사건은 「율곡연보」에서는 선조 16년 4월 조의 기사인데, 「실록」에는 선조 15년 9월 조의 사건으로 삽입했다. 후인들의 부회가 얼마나 억지인가?

이러한 사료뿐만 아니라 대체로 율곡은 경장更張 양민養民 우선을 주장하고 경장이 없이는 양병이 불가능함을 역설했던 점으로 미루어볼 때 최근 논문에서 "율곡이 경연에서 십만 양병을 주장했다는 기록은 후인들이 변조한 것"이라는 증거들은 적절성이 있다고 여겨진다.

호란의 주화론 옹호

서포만필西浦漫筆/하下 72

병자호란 이듬해에 인조가 남한산성에서 내려와 항복한 것은	丁丑下城
남송이 역부족하여	非如趙宋之
부모를 죽인 원수인 금나라를 섬긴 것과는 같지 않다.	忘親事讐.
다만 임진왜란 때 구원해준 은혜를 차마 저버리지 못하여,	只以不忍負萬曆救援之恩
성은 포위되고 죽음을 무릅쓰고 싸웠으나 힘이 부쳐	嬰城死戰力殫
백성의 생명을 지키기 위해 자기를 굽혀 항복했으니	然後屈己爲百姓請命
비록 성인이 이 지경을 당했더라도	雖使聖人當之
이보다 더하지는 못했을 것이다.	不過如此.
혹자는 이르기를 종묘가 없어지고 구족이 전멸하더라도,	或者謂 當夷七廟湛九族
명나라를 위해 죽음으로 절개를 지켜야 한다고 말하지만	爲大明死節
이는 지나친 것이라고 생각한다.	此恐或過矣.
주나라는 나라를 세울 때부터 땅이 서융에 가까웠으나,	周之立國 地近戎夷
주자는 주나라를 은나라의 순수한 신하가 아니라고 여겼는데,	故朱文公猶以爲非殷純臣
하물며 조선은 구복 밖에 있으니 명나라의 신하가 아니지 않은가?	況我國在九服之外者乎.
명나라를 위해 절사해야 한다고 주장한 김상헌과 정온의 장거는	彼二老之遠擧
정녕 사람마다 배울 수도 없으며,	固非人人所能學
또한 사람마다 배워야 할 것도 아니다.	亦非人人所當學.
요컨대 각자 마음이 편한 대로 추구하여	要各求其心之所安
스스로 신하의 직분을 다할 따름이다.	而自盡於臣子之職而已.
반면 최명길崔鳴吉은 끝내 주화론을 펴서 다소 시비가 있었지만,	崔完城終始主和 固多是非

역시 스스로 직분을 다한 것이 아니겠는가?　　　亦豈非自盡其職.

이식李植은 마음으로는　　　李澤堂心

김상헌과 정온의 척화론이 잘못임을 알았지만,　　　知斥和之非

아버지와 형의 견제를 받아 다른 주장을 내세울 수 없었다.　　　以爲父兄牽制 不能立異.

그러나 남한산성의 치욕을 보고 난 후에는　　　及見南漢之憂辱

평생토록 애통해하며 거적을 깔고 지내면서　　　終身傷痛 席藁私寢

스스로 죄인임을 자처했다.　　　以罪人自處.

장유張維는 조정 의론이 척화론으로 결정되자,　　　張谿谷當朝議斥和

술을 마시고 혀를 차며　　　燕居咄咄

만나는 사람마다 나라가 망할 것이라고 탄식했다.　　　對人有神州陸沈之歎.

그가 최명길처럼 힘써 화의론에 가담할 수 없었던 것은　　　然未能力擔和議如完城者

아마도 말해봤자 필시 소용이 없음을 알았기 때문이다.　　　盖知言之必無益也.

이는 때에 따라 말하고 침묵하는 군자의 절도에 맞는 것 같지만,　　　此於君子語默之節 似乎得矣

종신의 국가 흥망에 대한 의리로 본다면　　　而揆以宗臣休戚之義

부족하다고 해야 할 것이다.　　　則不得無歉[21].

이것이 장유가 모두 꺼리는 삼전도의 비문을 지은 까닭이다.　　　此三田文字之所以作也.

그의 입장에서는 임금의 치욕이 이러한데　　　若谿谷則 以爲主辱如此

의리상 저 홀로 깨끗할 수가 없다고 생각했을 것이다.　　　義不可以獨淸[22].

　　앞서 지봉에 이어 서포가 주화론主和論을 옹호한 것은 시중時中을 말한 것일 뿐 군이 척화론斥和論을 배척한 것이 아니다. 그러나 서포의 정신은 평화주의였다. 그 연원은 주나라 지배계급의 모태 신앙이었던 다음과 같은 고공단보古公亶父의 평화 정신이었을 것이다.

회남자淮南子/도응훈道應訓

주나라 문왕의 조부 고공단보가 분 땅에 있을 때　　　大王亶父居邠郊

오랑캐 적인들의 침입이 있었다.　　　翟人攻之.

대왕은 주옥과 공물을 보내 그들을 섬겼으나　　　事之以皮帛珠玉

적인들은 받지 않고 영토를 요구했다.　　　而不受 翟人所求者地也.

---

21) 歉(겸)=불만족.

22) 장유의 비문은 채용되지 않았고 이경석이 다시 지었다.

대왕은 말했다. 남의 형과 편안히 살기 위해	大王曰 與人之兄居
그 아우를 죽이거나	而殺其弟
남의 아비와 살 곳을 위해	與人之父處
그 아들을 죽이는 일을 나는 하지 않겠다.	而殺其子 吾不爲.
또한 내 들은 바로는	且吾聞之也
"기르는 수단인 땅을 위해 기르는 목적인	不以其所養
사람을 죽이지 않는다"라고 했다.	害其養.
이에 대왕은 영토를 포기하고 빈을 떠나자	杖策而去
백성들이 줄지어 그를 따랐고	民相連而從之
드디어 기산 밑에 새 나라를 세웠다.	遂成國於岐山[23]之下.
가히 대왕은 보생保生의 도道를 이루었다고 할 수 있을 것이다.	大王可謂能保生矣.
이처럼 생명 보존(保存)의 도는	能保生
비록 부귀해도 그것을 기르기 위해 몸을 상하지 않고,	雖富貴 不以養喪身
빈천해도 이익을 위해 형체를 구속하지 않는 것이다.	雖貧賤 不以利累形.
그래서 노자께서 다음과 같이 말했다.	故老子曰.
몸으로 천하를 위하는 자를 귀하게 하면	貴以[24]身爲天下
어떻게 천하를 부탁하겠는가?	焉[25]可以託天下.
몸으로 천하를 위하는 자를 아껴주면	愛以身爲天下
어찌 천하를 맡길 수 있겠는가?	焉可以寄天下.[26]

논어論語/태백泰伯 1

공자께서 말씀하셨다.	子曰.
"태백은 가히 지극한 덕인이라고 할 것이다.	泰伯[27] 其可謂至德也已矣
세 번이나 천하를 사양하고 멀리 떠나버렸는데,	三以天下讓

23) 岐山(기산)=陝西省 岐山縣 소재.
24) 以(이)=用也.
25) 焉(언)=어떻게. 어째서.
26) 『莊子』讓王와 『呂氏春秋』審爲도 같은 내용의 글이다.
27) 泰伯(태백)=周나라 太王 古公亶父의 長子. 太王이신 고공단보에게는 세 아들이 있었는데 長子는 泰伯이고 次子는 仲雍이며 三子는 季歷이다. 太王 때는 상나라 道가 浸衰했고 주나라가 날로 강대해졌다. 계력은 아들 昌를 낳았는데 聖德이 있었다. 태백은 상나라를 정벌하여 차지하려는 뜻이 있었으나 태백이 이를 따르지 않았다. 태왕은 마침내 계력을 후계자 삼았고 나라를 昌에게 전하려 했다. 태백이 이를 알고 아우 중옹과 더불어 나라를 떠나 荊蠻으로 도망했다. 계력이 죽고 창이 군주가 되어 천하를 삼분하여 둘을 차지했으니 이가 곧 文王이다. 문왕이 죽고 아들 發이 군주가 되었고 상나라를 멸망시키고 천하를 차지했다. 이가 곧 武王이다.

(이는 백이숙제와 비교될 만하거늘) 민중은 칭찬할 줄 모르는구나!"　民無得而稱焉.

노자老子/13장

천하를 위하는 것보다 생명을 귀하게 여긴다면	故貴爲身 於爲天下
가히 천하를 맡길 만하고,	若可以寄天下
천하를 위하는 것보다 생명을 아껴준다면	愛爲身 於爲天下
가히 천하를 부탁할 만할 것이다.	若可託天下.[28]

**문학의 자주독립
정신**

서포만필西浦漫筆/하下 159

송강 정철의 「관동별곡關東別曲」과 전후 「사미인곡思美人曲」은	松江關東別曲 前後思美人歌
우리 동방의 「이소離騷」일 것이다.	乃我東之離騷.
그러나 애석하게도 한문으로는 그것을 쓸 수 없다.	而惜不可以文字寫之.
그러므로 오직 소리꾼들의 입으로 전해지고	故惟樂人輩口相授受
혹 국문(國書)으로 기록되어 전해질 뿐이다.	或傳以國書而已.
어떤 사람은 관동곡을 칠언시로 번역한 사람이 있으나,	人有以七言詩翻關東曲
한문으로 번역하면 아름다울 수가 없다.	而不能佳.
혹은 이식李植이 소시에 번역했다고 하나 그렇지 않다.	或謂澤堂少時作 非也.
구마라습(쿠마라지바)의 말에 이르기를	鳩摩羅什有言曰
천축(인도)의 속인들이 가장 숭상하는 글은 찬불가며	天竺俗最尙文 其讚佛之詞
지극히 아름답다고 생각한다.	極其華美 .
그러나 이것을 중국말로 번역하면 다만 그 뜻은 얻을 수 있으나	今以譯秦語 只得其意
그 가사는 전할 수 없다. 이치가 본래 그러한 것이다.	不得其辭 理固然矣.
사람의 마음을 입으로 표현하면 말이 된다.	人心之發於口者爲言.
말을 절도 있게 읊으면 시가와 문장이 된다.	言之有節奏者 爲歌詩文賦.

---

28) 원문은 왕필본과 다르다. 帛書本 『장자』를 참조하여 정리했다.

지방에 따라 말은 비록 같지 않지만 능히 말할 수 있는 자라면

각자 그들의 말로 절도 있게 읊으면

모두가 족히 천지를 움직일 수 있고 귀신과 통할 수 있다.

유독 중국만이 그런 것이 아니다.

오늘날 우리의 시문은

자기 말을 버리고 다른 나라 말을 배우는데

설령 서로 비슷할지라도 그것은 다만 앵무새일 뿐이다.

마을의 초동과 물 긷는 아낙네들이

서로 화답하는 어둔한 흥얼거림이야말로

비록 촌티가 난다고 말하지만,

진짜 가짜를 논한다면

진실로 소위 학사 대부들의

이른바 시부와는

같은 절조로 논의하는 것이 불가하다.

더구나 정철의 삼별곡은 천기가 저절로 발하여

오랑캐 풍속의 촌티가 없다.

자고이래 동방의 진정한 문장은 이 세 편일 것이다.

또한 이 세 편에 대해 논한다면

「후미인곡後美人曲」이 더욱 고결하다.

「관동별곡」과 「전미인곡前美人曲」은

중국 자어字語를 빌려 그 색조를 꾸민 것 같다.

四方之言雖不同 苟有能言者

各因其言而節奏之

則皆足以動天地 通鬼神.

不獨中華也.

今我國詩文

捨其言而學他國之言

設令十分相似 只是鸚鵡之人言.

而閭巷間樵童汲婦

咿啞[29]以相和者

雖曰鄙俚[30]

若論眞贗[31]

則固不可與學士大夫

所謂詩賦者

同日[32]而論.

況此三別曲者 有天機之自發

而無夷俗之鄙俚.

自古左海眞文章 只此三篇.

然又就三篇而論之

則後美人尤高.

關東前美人

猶借文字語 以飾其色耳.

서포만필西浦漫筆/상上 103

주자는 『전등록傳燈錄』에

서천 조사의 게송에 운이 달린 것은

朱子以傳燈錄

西天祖師偈有韻脚

---

29) 咿啞(이아)=어둔한 말.

30) 俚(리)=鄙俗也.

31) 贗(안)=僞物也.

32) 日(일)=節也.

중국인이 가짜로 만든 것이라고 말했다.　　　　　　　謂之華人贋[33]作.

그리고 자기만이 감추어진 장물을 찾아낸 것으로 생각하고　自以爲捉得正贓[34]

양 씨와 소 씨가 그것을 깨닫지 못한 것을 비웃었다.　笑楊大年蘇子由[35]之不能覺察.

대저 삼대 성인은 운을 가르쳐　　　　　　　　　夫三大聖人訓之

후대에 전한 것이 거의 없다.　　　　　　　　　傳於後者無幾.

어찌 서축(인도)의 말이 수천 년 동안 사용되어왔는데　豈獨西竺之語　流傳數千年

도무지 아무런 이치가 없다고 한다면　　　　　都無殘缺之理乎

이는 도저히 믿을 수 없다.　　　　　　　　　此固不足信也.

그리고 운의 유무를 단정하는 것도　　　　　　然而　韻脚之有無爲斷案

옳지 않은 것 같다.　　　　　　　　　　　　則恐不然.

외국 말은 유독 운이 없는 것이 아니며,　　　　外國之語　非但無韻

그렇다면 어찌 오언과 칠언의 구별이 있겠는가?　亦豈有五言七言之別乎.

오직 번역자의 소위에 달려 있을 뿐이다.　　　惟在譯者之所爲耳.

다만 경을 번역함에는 오직 본뜻을 잃지 않는 것을 중시하고,　譯經唯以不失本旨爲貴

말의 장단과 번잡하고 간소한 것은　　　　　語之長短煩簡

원래 소관사가 아니다.　　　　　　　　　　元無所關.

황차 운의 유무이겠는가?　　　　　　　　　況有韻無韻乎.

서포만필西浦漫筆/하下 142

백사 이항복이 북청으로 귀양 갈 때　　　　　白沙李公之竄北靑

철령을 지나면서 「철령숙운鐵嶺宿雲」이라는 시를 지었다.　行過鐵嶺　作鐵嶺宿雲詞.

노랫말에 "외로운 신하의 원망스러운 눈물이 비가 되어　有詞得 '孤臣怨淚作行雨

구중궁궐에 뿌린다"라는 구절이 있었다.　　　往灑九重宮闕'之語.

하루는 광해군이 후정에서 연회를 베푸는데　　一日光海主遊宴後庭

궁녀가 이 시를 노래 불렀다.　　　　　　　宮娥有唱是詞者

군주는 말하기를 "훌륭하다! 이 새로운 노래는 어디서 나왔는가?"　主曰 大是新聲　何處得來.

대답하기를　　　　　　　　　　　　　　對曰

---

33) 贋(안)=가짜.

34) 贓(장)=장물.

35) 蘇子由(소자유)=蘇轍의 字.

"서울 장안에 불러지고 있는데 이 모의 작품이라고 합니다."　都下傳唱云 是李某所作.

군주는 노래를 다시 부르게 하더니 처연히 눈물을 흘렸다.　主使之復歌 悽然泣下.

시가 사람을 감흥하게 함이 이와 같은 것이다.　詩之感人如此.

그러니 이러한 광해군이　然若光海者

어찌 선하지 않다고 하겠는가?　亦豈不可與爲善哉.[36]

서포만필西浦漫筆/하下 155

『동파지림東坡志林』에서 이르기를　東坡志林曰

도회나 시골의 어린아이들은 열등하지만　都巷中小兒薄劣

집안이 가난하여 종아리 맞는 것과 돈 내라는 것은 싫어하며　其家所厭苦 軋[37]與錢

모여 앉아 옛이야기 듣기를 좋아한다.　令聚坐聽說古話.

『삼국지연의三國志演義』에 이르러 유현덕이 패한 대목을 들으면,　至說三國史 聞劉玄德敗

불쾌해하며 눈살을 찌푸리고 눈물을 흘린다.　嚬蹙有出涕者.

조조가 패한 것을 들으면 기뻐 쾌재를 부른다.　聞曹操敗 卽喜唱快.

이야말로 나관중의 『삼국지연의』에서 비롯된 것이다.　此其羅氏演義之權輿[38]乎.

지금 진수의 『삼국지三國志』나 사마온공의 『통감通鑑』을　今以陳壽[39]史傳 溫公[40]通鑑

청중을 모아놓고 강설한다 해도　衆聚講說

사람들은 눈물을 흘리지 않을 것이다.　人未必有出涕者.

이것이 통속 소설을 짓는 까닭이다.　此通俗小說之所以作也.

지금 이른바 『삼국지연의』라는 소설은　今所謂 三國志演義者

원나라 때 나관중에게서 나온 것이다.　出於元人羅貫中.

임진왜란 이후 우리나라에서 성행하여　壬辰後盛行於我東

부녀자와 유학자까지 모두 암송하여 이야기할 수 있을 정도다.　婦儒皆能誦說

그런데 우리의 선비된 자들은 대부분 역사책을 읽으려 하지 않는다.　而我國士者 多不肯讀史.

---

36) 이는 서인 정권의 정당성이 폭군 광해를 축출한 인조반정을 부정하는 불손한 말로 죽음을 각오한 발언이다.

37) 軋(알)=종아리 치다.

38) 權輿(권여)=始也.

39) 陳壽(진수): 晉代 史家로 『三國志』 저자. 이를 번안한 것이 羅貫中의 『三國志演義』다.

40) 溫公(온공)=司馬光. 北宋 守舊派의 영수로 『資治通鑑』저자. 이를 義理論의 수정한 것이 朱子의 「通鑑綱目」이다. 우리가 서당에서 반드시 배워야 했던 이른바 『통감』은 주자의 『통감강목』이다.

조조 이후 수십 수백 년의 일을 논할 때는 　　　　故建安以後 數十百年之事
『삼국지연의』를 거론하면 진실한 말이라고 믿는다. 　　擧於此而取信言.
'도원결의', '오관참장', 　　　　　　　　　　　　如桃園結義 五關斬將
'육출기산', '성단제풍' 등은 　　　　　　　　六出祁山 星壇祭風之類
왕왕 선배들이 과거 문장에까지 인용한 것을 볼 수 있다. 　往往見引 於前輩科文中.
돌고 돌아 서로 이어받다보니 참과 거짓이 뒤섞이고 말았다. 　轉相承襲 眞贋雜糅.
그런데 '여포사극', '선주실비', 　　　　　　　如呂布射戟 先主失匕
'적로도단계', '장비거수단교' 등은 　　　　的盧跳檀溪 張飛據水斷橋之類
도리어 이치에 어긋난 것이라고 의심하니, 심히 가소롭다. 　反或疑於不經 甚可笑也.

한글의 뿌리는 범어

서포만필西浦漫筆/하下 3

원각경圓覺經의 주소에 따르면 　　　　　　　圓覺疏曰
바라밀다는 중국 말로는 도피안이라 한다. 　　派羅密多 華言度彼岸.
'바라'를 번역하면 피안彼岸이고, '밀다'를 번역하면 도渡이므로, 　派羅譯彼岸 密多譯度

◆ 정사인 『삼국지』와 다른 기사

• 도원결의: 유비, 장비, 관우가 장비의 莊園 뒤뜰 도원에서 황건적 토벌에 의기투합하여 형제의 결의를 했다. 진수의 『삼국지』에는 先主가 향리에서 사람을 모으자 응모하여 외부 침략을 막았다. 선주와 두 사람은 같은 침대에서 자는 등 그 정이 형제와 같았다는 기록이 있다. 송나라와 원나라에 이르러 '은약형제恩若兄弟'를 과장하여 '도원결의'의 고사를 만들어냈다.

• 오관참장: 관우가 조조에게 작별을 고하고 선주의 두 부인을 모시고 하북의 유비를 찾아갈 때 다섯 개 관문에서 저지를 받자 여섯 명의 조조의 장수를 죽였다는 것. 그러나 이것은 모두 허구다.

• 육출기산: 제갈량이 여섯 차례 기산으로 나가 북벌했다는 것. 그러나 사서史書에 의하면 왜와 여섯 차례 전쟁을 했는데 기산 전투는 두 번뿐이고 나머지는 방어전이었다.

• 성단제풍: 적벽 대전을 앞두고 제갈량이 주유를 위해 동남풍을 빌었다는 것. 『삼국지』에 의하면 이는 자연 현상일 뿐이다.

◆ 정사인『삼국지』에 나오는 기사

- 여포사극: 이는 정사인『삼국지』에 그 일화가 나온다. 여포는 기령에게 유비와의 전쟁을 중지시키려고 제안했다. "내가 저 문지기의 가지창을 쏘아 중심에 맞추면 내 동생인 유비와 화해하시오!" 여포가 한 번 쏜 것이 명중하여 싸움을 그만두게 했다는 것이다.
- 선주실비: 정사인『삼국지』에 기록이 있다. 獻帝의 장인이자 車騎 장군 董承이 헌제의 밀지를 주며 조조를 죽이라고 했다. 이때 조조가 조용히 말했다. "지금 천하에 영웅이 있다면 그것은 당신과 나뿐이오!" 유비는 이 말을 듣고 숟가락을 떨어뜨렸다고 한다.
- 적로도단계:『삼국지』에 사실 여부가 명확하지 않은 전언으로 기록되어 있다. 유비가 번성에 주둔하고 있을 때 유표가 연회 도중에 암살하려고 했다. 이를 눈치채고 변소를 가는 척 몰래 탈출했다. 천리마인 적노를 타고 달아나다가 檀溪에 빠졌다. 이때 유비가 적노에게 "힘을 내라!"라고 말하자 적노가 한 번에 세 길을 뛰어올라 단박에 단계를 건넜다.
- 장비거수단교:『삼국지』에 기록이 있다. 유비는 조조를 등지고 원소 유표에게 의지했다. 유표가 죽자 조조가 형주로 들어왔으므로 유비는 강남으로 달아났다. 조조는 하루 밤낮을 추격하여 당양현 장판교에 이르렀다. 유비는 처자식을 버린 채 달아나며 장비에게 20명으로 뒤를 차단하도록 했다. 장비는 다리를 끊고 강물에 의거하여 창을 비켜잡고 눈을 부라리며 호통쳤다. "나는 익덕이다. 나와 함께 죽을 각오로 싸울 수 있겠는가?" 이로써 유비는 위기를 모면했다.

범어의 순서대로 하면 도피안이 아니라,	不曰度彼岸[41]
피안도라고 해야 한다.	而曰彼岸度[42]者.
서축어의 말씨는 우리처럼 체언을 먼저 쓰고 용언을 뒤에 쓰므로,	西竺語勢先體而後用
중국어의 독경 타종도 서축어로는 경독 종타로 말한다.	故如讀經打鐘 謂之經讀鍾打.
이로 볼 때 우리나라 말씨와 서로 비슷하다.	按此正與我國語勢相類.
또한 범어의 문자는 초성, 중성, 종성을	西域梵字 以初聲中聲終聲
합해 글자를 이루니	合而爲字
우리 한글처럼 그 생성이 무궁하다.	生生無窮.
원나라 세조 때에는 서역의 스님 파사파가	元世祖時 西僧八斯巴
서축어의 문체를 변화해 몽골 글자를 만들었고	變其體而爲蒙書
우리나라도 이를 따라 '언문'을 만들었다.	我國因之而爲諺文.
청국 또한 이른바 '청서淸書'라는 것이 있는데	淸國亦有所謂淸書者
문체는 비록 다르지만 그 방법은 같다.	其體雖別 其法則同此.

---

41) 度彼岸(도피안)=건너간다. 저 언덕으로
42) 彼度岸(피도안)=저 언덕으로 건너간다.

여기서 동서양의 이치가 통하지 않는 것이 없음을 볼 수 있다.   亦可見東海西海理無不通也.

오직 중국만이 어세와 자체가 스스로 일가를 이루어   惟中國語勢字體自作一家

아주 다르다.   迥然不同.

이것이 만국에서 홀로 존경받는 까닭이라 하지만,   此所以獨尊萬國者

불법은 사바세계에 행해지고 있는 반면   然佛法行於沙界

주공과 공자의 책은 동으로 삼한을 넘지 못했고,   而周公孔子之書 東不過三韓

남으로는 교지를 넘지 못했다.   南不過交趾.

아마도 언어 문자의 이치가   盖以言語文字之理

상통하지 못했기 때문에 그랬을 것이다.   不相通而然也.

〈강상원姜相源 박사의 주장〉

한글은 집현전 학사들이 지은 것이 아니라 세종의 밀명을 받고 집현전 학사로 참여한 신미信眉 대사가 범어의 모어인 실담어悉曇語에 근거하여 주도적으로 창제했다. 신미 대사는 한글 창제 반포(세종 28년 9월 29일) 이전에 한글의 실용을 시험하기 위해 『법화경法華經』, 『지장경地藏經』, 「반야심경般若心經」에 토를 달았고, 반포 직후인 세종 29년에는 『월인천강지곡月印千江之曲』을 지었으며, 소헌 왕후가 돌아가자 왕명에 의해 『석보상절釋譜詳節』과 「용비어천가龍飛御天歌」를 지었다. 또한 어명에 의해 『능엄경언해楞嚴經諺解』 열 권을 지었다. 문종이 즉위하자 선왕이신 세종께서 지어둔 대로 신미 대사에게 '선교도총섭禪教都摠攝 밀전정법密傳正法 비지쌍운悲智双運 우국리세祐國利世 원융무애圓融無碍 혜각존자慧覺尊者'라는 칭호를 내렸다.

세종 대왕이 여기서 말하는 '정법正法'이란 유교를 말함이 아니고 훈민정음을 창제한 어법을 말한 것이고, 비지悲智의 '지智'는 그의 범어에 대한 지식을 말한 것이고, 우국리세도 승병僧兵으로 나라를 구했다는 것이 아니라 한글 창제를 말한 것이라고 보아야 할 것이다. 그러나 최만리, 백팽년, 하위지 등 집현전 학사들의 빗발치는 반대 상소로 문종은 우국리세를 '도생리물度生利物'로, 혜각존자를 '혜각종사慧覺宗師'로 바꿀 수밖에 없었다.

제2부
실 학 사 상

탁고개제의
경세치용파

1장
실 학 사 상

실학의 창시자
유형원

◆

🐟 1절. 반계는 누구인가?

이력

유형원은 경기도 소정능동小貞陵洞에 세거하던 남인계의 유복한 가문 출신이
다. 자字는 덕부德夫, 호號는 반계磻溪다. 그는 2세에 부친을 잃고 27세에 어머
니를 여의었다. 조부의 소망에 부응하기 위해 30세에 정시에 급제하고 33세에 진사시에 급제했
으나 출사에는 뜻이 없었다.

이러한 일민逸民 의식은 명나라의 멸망과 왜란과 호란으로 지식인으로서 자존심에 깊은 상처를
입었기 때문이었을 것이다. 그래서 그는 벼슬길을 단념했다. 또한 당시 조선의 지식인들은 명나
라의 멸망이 청담淸談의 유행 때문이라는 중국 고증학자들의 진단에 큰 충격을 받았다. 이에 고대
의 경세학經世學을 재평가해야 했고 새로운 실용학의 필요성을 절감했다. 반계는 급기야 새로운
학문을 위해 은둔하기로 결심하게 되었던 것 같다.

반계선생연보磻溪先生年譜/**41세조**歲條

선생은 명나라가 망하자   先生以大明淪亡

국치를 설욕하지 못한 것을 한스러워했다.   國恥未雪深以爲恨.

부안에 있을 때는	其在扶安
달 뜨는 밤마다 거문고를 타고는 했는데,	每於月夜 以漢音操琴自彈
소리가 금석에서 나오는 듯했다.	聲出金石.
집 뒷산에 오를 때면 북쪽을 바라보며 눈물을 닦았는데	每登舍後絶頂 北望扐涕
사람들은 그 까닭을 알지 못했다.	人莫知其故.
늘 복수의 계책을 강구하고 있었으니,	常講究復雪之策
집에 준마를 길렀는데 하루 삼백 리를 달렸으며,	家畜駿馬 日行三百里
좋은 활과 조총을 가동과 마을 사람들에게 가르쳤다.	以良弓鳥銃 敎家童以及里人.
한가한 날이면 연습을 해서 모두 훌륭한 사수가 되었는데,	暇日習之 皆爲妙手
그 수가 이백여 명에 이르렀다.	至二百餘人.
또 지역의 험한 지세와 수륙의 병참 거리를	彼地險塞 及水陸站程
세세히 기록해두었다.	――記略.
이때 이르러 서울에 머물면서	至是始草
『중흥위략中興偉略』을 저술하기 시작했는데,	中興偉略
선생은 책이 완성되기도 전에 돌아가셨다.	書未成而先生卒.

유형원의 생애는 『반계수록』이라는 경세제민經世濟民의 책 한 권을 저술하기 위해 살아온 것 같다. 그는 31세 때 『정음지남正音指南』과 『반계수록』의 집필을 시작했다. 이를 위해 32세 때 서울에서 부안 우반동으로 이사했고, 41세에 다시 서울로 옮겨 오기도 했다. 또한 이 책의 집필을 위해 27세부터 영남 지방을 시작으로 29세에 호서 지방, 30세 때는 금강산, 36세에 호남 지방, 40세 때는 다시 영남 지방과 호남 지방을 조사를 위해 유람했다. 그리고 18년 만인 49세에 『반계수록』 (1670)을 완성했다. 그리고 3년 후인 1673년 52세의 나이로 졸했다. 선영인 용인군 죽산 용천리 정배산에 안장되었다.

그는 죽은 후에야 벼슬을 하게 되었다. 반계가 죽은 지 73년 후인 1746년에 영조가 반계의 전기를 지어 올리도록 명했으며, 그로부터 7년 뒤인 1753년에 통훈대부通訓大夫 사헌부 집의執義 겸 세자시강원世子侍講院 진선進善을 증직했다. 그로부터 17년 뒤인 1770년에는 통정대부 호조참의 겸 세자시강원 찬선贊善을 증직했다. 반계는 죽은 후에 계속하여 세자들의 스승이 된 것이다.

삼각산三角山 (兒時作)

하늘은 삼각산을 열어 부용을 다듬고	天開三角玉芙蓉

실학사상

유형원의 『반계수록磻溪隨錄』
1652년(효종 3년)에 쓰기 시작하여 18년 만인1670년
(현종 11년)에 완성하였다.

천년 신비의 서울은 해동을 안정시키는구나!	千載神京鎭海東
우뚝 솟은 대궐은 구름 속에 엄숙하고	魏闕雲深嚴肅肅
궁궐 정원의 소나무는 봄비 개여 울창하다.	上林春霽鬱蔥蔥
거미줄 같은 거리의 주련 장막엔 바람에 향기 날리고	九街簾幕香風動
만호에 노랫소리 종소리가 울려 퍼지는구나!	萬戶歌鍾殷響通
비로소 알았노라! 성인의 기업이 원대함을	始覺聖人基業遠
태평성대의 즐거운 노래를 민중과 더불어 함께하리라!	太平嘉樂與民同

정몽주 鄭夢周

과송도유회정포은선생 過松都有懷鄭圃隱先生

송악산의 왕기는 이미 사라지고 없으니	崧山王氣已烟空
만월대는 거칠고 낙조만 붉구나!	滿月臺荒落照紅
말을 세우고 서풍에 지난 왕업을 묻노니	立馬西風問往事
초동은 오히려 정몽주의 절개를 말하는구나!	樵夫猶說鄭文忠

이황 李滉

독퇴계선생집지감 讀退溪先生集志感

그윽한 난초 빈 골자기에 피었으니	幽蘭在空谷
온갖 꽃들과 스스로 분별코자 함인가?	自與衆卉別
찬연하도다! 꽃과 열매 빼어나고	燦燦敷華秀
창성하도다! 꽃향기 열열하네.	郁郁芳香烈

어찌 가시나무의 침노가 없으랴?	豈無刺刺侵
홀로 정절을 영원히 보전했네.	永保孤貞節
오랜 향기 아침까지 그치지 않고	宿芬朝未已
때때로 맑은 바람에 실려 오네!	時有淸風發

화귀거래사 和歸去來沙辭

도부안 到扶安

세상을 피해 남국으로 내려왔으니	避地來南國
물가 언덕에서 몸소 밭을 갈련다.	躬耕傍水垠
창을 여니 고기잡이 피리 소리 들리고	開窓漁籥響
베개를 세우니 노 젖는 소리 들린다.	攲枕櫓聲聞
포구를 벗어나니 모두 바다로 열리고	別浦皆通海
먼 산은 반쯤은 구름에 들어 있다.	遙山半入雲
모래톱 갈매기야 놀라 날아가지 마라!	沙鷗莫驚起
장차 너와 더불어 벗이 되려 한다.	將與爾爲群

탁고개제의 박학파

여기서 박학파라 한 것은 계몽주의 시대 프랑스의 백과전서파를 연상한 것이다. 백과전서의 중요성은 중세 시대에는 천시하던 세속적이고 잡다한 지식을 학문으로 인정했다는 것이며, 이것이 바로 계몽이고 근대성(모던)인 것이다. 여기서 박학博學이란 두 가지 측면이 있다. 프랑스 백과전서파의 '박학'은 서민들의 실용 학문을 널리 익힌다는 뜻이므로 이른바 이용후생의 '잡학雜學'을 말한다.

그러나 유형원의 '박학'은 이와 다르다. 첫째는 선왕의 말씀 중에서 개인의 수양을 강조하는 도덕학 이외에 나라의 법제法制, 예제禮制 등 정치 사회 제도를 주시한다는 점이고 둘째는 나라의 경제 제도에 대한 박학이다. 이 점에서 서민들의 후생을 중시하는 이용후생학파와 구별된다 하겠다. 예컨대 다 같이 경제를 중시했다 해도 경세파는 국가 경제에 초점을 맞춘 정치 경제학을, 이용학파는 생산 기술 등 생활 경제학을 중시했던 것이다. 또한 유형원은 고대 성왕 시대의 경세학인 『주례周禮』와 『예기禮記』 등을 의탁해 오늘날 우리 실정에 맞는 시의적절한 제도를 창안하려 했으므로 그를 탁고개제託古改制의 경세학자라고 말하는 것이다.

반계의『반계수록』은 우리나라 최초의 백과전서라 할 수 있는 이수광의『지봉유설芝峰類說』을 계승한 것이다. 반계는『반계수록』이외에도 21세에『백경사잠百警四箴』, 35세에『여지지輿地志』, 43세에『동방문東方文』, 44세에『동사강목조례東史綱目條例』,『동국가고東國可考』, 46세에『주자찬요성朱子纂要成』, 48세에『도정절집陶靖節集』등을 저술했다. 그 외에도 총 70여 권의 저술이 있었다고 하나 지금은『반계수록』을 제외한 저작들은 대부분 산일되어 전해지지 않는다.

특히 그는 경서 이외에 학교에서의 역사 교육을 강조한다.『반계수록』에서 각 항목에 붙어 있는 교설巧說은『주례周禮』이래 중국과 우리나라 법제의 역사적 변천과 그 장단점을 놀라울 정도로 소상하게 비교하여 반계의 주장을 논증하고 있다. 이러한 역사주의적 전통은 성리학의 의리주의와 대립했다. 이러한 반계의 제도 경세학적 경향은 다산을 비롯한 경세치학파의 실학자들에게 계승되었다.

이로써 알 수 있듯이 그는 경학經學, 성리性理, 문예文藝, 전법典法, 군사軍事, 음양陰陽, 음악音樂, 천문天文, 의약醫藥, 복서卜筮, 산술算術, 외국어外國語 등은 물론 국내, 국외의 산천, 도로, 풍속 등의 지리와 도교와 불교에 이르기까지 통하지 않는 것이 없었다고 한다. 이처럼 그는『주례』를 중심으로 하는 잡학파 내지 박학파였으므로 그를 실학자라 부르는 것이다.

또한 이처럼 그의 학문 내용이『주례』를 기본으로 하는 옛 제도를 연구하는 한편 세속 잡학에도 박학했으며, 그 학문 방법에 있어서는 탁상 위의 관념이 아니라 전국을 발로 다니며 실시한 조사 통계를 바탕으로 했다는 점에서 경험과 검증을 중시하는 근대적인 것이었으므로 그를 실학의 시조라 부르는 것이다.

성호 이익과 다산 정약용이 반계에 대해 다음과 같이 칭송하면서 경세經世, 시무時務, 전제田制에 밝았음을 지적한 것도 이를 말하고 있다.

성호사설유선星湖僿說類選/권3/하下/치도문治道門/변법變法

조선이 건국된 이래 시무時務에 밝은 분은	國朝以來識務
오직 이율곡과 유반계 두 분이 계시는데,	惟李栗谷柳磻溪二公在
율곡의 말씀은 거의 시행되었으나,	栗谷太半可行
반계 선생은 근본 원인부터 궁구하여	磻溪則究到源本
전반적으로 다듬고 혁신하여,	一齊剗[1]新
왕도 정치의 시초부터 다스리고자 했으니	爲王政之始
뜻이 진실로 원대했다.	志固大矣.

---

1) 剗(잔)=削也, 攻也, 平治也.

노심초사 경세의 뜻,	拳拳[2]經世志
홀로 반계 선생에게 볼 수 있으니	獨見[3]磻溪翁 睹其才藝也
이윤과 관중을 사모하며 초야에 묻혔으나,	深居慕伊管
명성이 왕궁까지 드날렸도다.	名聞達王宮.
큰 줄기는 균전에 있었으니	大綱在均田
모든 조목이 숲처럼 서로 통했고	萬目森相通
정밀한 생각은 물 새는 항아리를 깁고	精思補罅[4]漏
쇳물을 녹이고 망치질을 하는 대장간의 수고를 감수했다.	爐錘[5]累[6]苦工.
빛나도다! 왕을 보좌할 인재가	曄曄[7]王佐才
산림 중에 늙어 죽었으니,	老死山林中
남긴 책 비록 세상에 가득하나	遺書雖滿世
민중은 아직 그 공적과 혜택을 누리지 못하는구나!	未有澤民功.

---

2) 拳拳(권권)=忠勤之貌. 奉持之貌.

3) 見(견)=明也.

4) 罅(하)=裂也.

5) 錘(추)=鍛器也

6) 累(루)=疊也.

7) 曄曄(엽엽)=震電貌.

주리론

반계는 전반적인 개혁을 주장했지만 성리학을 버린 것은 아니다. 그는 어지러운 조선의 정세에서 새로운 질서를 희망했다. 그러나 그 새로운 질서는 성리학의 거센 저항을 받을 것을 예견했다. 그러므로 그는 기존의 성리학을 새롭게 해석하고, 퇴계의 주리론을 받아들여 이理를 중심으로 삼고 새로운 질서를 세우려 했다. 그는 자신의 실학과 개혁적 주장이 성리학적으로 타당함을 논증하려 한 것이다. 또한 그가 그럴 수 있었던 것은 성리학에 대한 조예가 그 누구도 따를 수 없을 만큼 심오한 경지에 이르렀기 때문이다.

반계수록磻溪隨錄/**권1**/**서**序/**오광운서**吳光運序

반계 유 선생은 은거하여 책을 저술하고	磻溪柳先生 隱居著書
이름을 '수록'이라 했다.	名曰隨錄.
그 책은 전제를 기본으로 하고,	其書以田制爲本
아울러	然後
교육, 선현, 임관, 군사, 예교, 정법 등을 다루고 있는데,	養士選賢任官制軍禮敎政法
그 규모와 절목이 모두 천리에 부합했다.	規模[8]節目 皆合於天理.
그리고 선생이 지은	而得先生所著
이기설, 인심도심, 사단 칠정설을 읽어보면	理氣人心道心四端七情說讀之
진실로 순수하고 정밀하고 심오하여	其純粹精深
근세의 유학자들이 미칠 수 없는 경지다.	非近世諸儒所可及.
이로써 도道와 기器는 서로 떨어질 수 없음을 믿을 수 있겠다.	於是益信 道器之不相離也.

반계수록磻溪隨錄/**부록**附錄/**전**傳/**홍계희전**洪啓禧傳

그의 벗 정동직과의	其與友人鄭東稷
이기 사단칠정 인심도심에 대한 논변을 보면	論理氣四七人心道心諸說
선인들이 발명하지 못한 많은 새로운 발명이 있었다.	多有發 前人未發者.

---

8) 規模(규모)=規範.

반계잡고磻溪雜藁/여정문옹동직논리기서與鄭文翁東稷論理氣書

이理가 밝게 발현되어 상하에 관철되고	此理昭著 貫徹上下
만물에 체현하니 없는 곳이 없다.	體物不遺.
천지가 제자리에 있는 것도 이理 때문이며,	天地之所以位者此也
해와 달이 밝게 빛나는 것도 이理 때문이며,	日月之所以明者此也
귀신이 어둠에 처하는 것도 이理 때문이며,	鬼神之所以幽者此也
사람과 만물이 태어나는 것도 이理 때문이며,	人物之所以生者此也
성명性命, 인의, 예악, 형정도 이理 아닌 것이 없다.	性命仁義禮樂刑政無非此也.

반계잡고磻溪雜藁/별지別紙

그러므로 이理는 스스로 실한 이理이며,	然理自是實理
기氣가 있음으로 이理가 있는 것이 아니다.	非因氣而後有也.
오히려 이理가 있음으로써 기가 있는 것이다.	其有此理 故有此氣也.
사물이 이미 그러한 것(已然)으로 본다면	自物之已然者而觀之
이理는 단지 '기의 이理'이며 기 이외에 이理가 따로 없다.	則理只是氣之理 氣外無理.
그러나 본래 그러함(本然)으로 본다면	自其本然者而觀之
이理가 있기 때문에 기가 있을 수 있다.	則以其有此理 故有此氣也.
기가 한 번 가면 한 번 오고, 한 번 닫히면 한 번 열리는데	氣之一往一來 一闔一闢
이것은 반드시 원인이 있으니 이것이 곧 이理다.	必有所以然 是則所謂理也.

만약 이理를 단지 '기氣의 이理'라고 말한다면	若但謂 理是氣之理
인의는 기인가? 이理인가?	則所謂仁義者 是氣耶理耶.
이理를 단지 '기의 이理'라고 말하는 것도	謂理只是氣之理
역시 불가하다고는 말할 수 없으나,	亦無不可
재능을 '기의 이理'라고 말한다면	然才謂氣之理時
끝내 기 쪽의 의사에만 편중되어	終是氣邊意思偏重
이理의 본원을 가려버린다.	掩了理之本原.
요즘 사람들의 견해는 이처럼 성명의 본원을 알지 못한다.	今人見不得性命之原.
이런 실정이므로	如此則
비록 기를 이理로 삼는 것을 인정하지 않는다고 말하면서도,	雖謂曰 不可認氣爲理

끝내 기를 위주로 삼는 것이므로　　　　　終是氣字爲主

이理를 기에 따르는 물건으로 만들어버려　　而理之爲髓氣之物

이理의 본연의 진실을 알지 못하게 한다.　而其本然之實 無以見矣.

　　이처럼 존재론적으로는 주리론을 지지하지만 그러나 인식론적으로는 관념
론에 머물지 않고 경험론 쪽으로 흐른다. 그는 천도는 소리도 없고 형체도
없으니 인식할 수 없으나, 만사에 있어 성誠하고 실實한 것으로 징험될 수 있다고 말한다. 이에 그
는 천도는 성誠이며 실實이라고 규정한다. 그러므로 만물에 성하고 만사에 실해야 천도에 합당한
것이다. 따라서 실학만이 천도에 부합되는 것이 된다.

반계잡고磻溪雜藁/여정문옹동직논리기서與鄭文翁東稷論理氣書

이理와 기氣는 혼융되어 간극이 없으며,　　　蓋理氣渾融無間

비록 기 밖에 이理가 없다 하지만　　　　　雖氣外無理

이理가 기로 인하여 생긴 것은 아니다.　　　然理非因氣而有也.

대개 하늘은 소리도 없고 냄새도 없으나　　蓋上天之載 無聲無臭

도리어 지극히 참되고 실하다.　　　　　　而却至眞至實.

하늘은 스스로 본체가 되니 도道라 하고,　　自其本體 而謂之道

하늘은 스스로 진실하니 성誠이라 하고,　　自其眞實 而謂之誠

하늘은 스스로 통합하니 태극이라 하고,　　自其總會[9] 而謂之太極

하늘은 스스로 조리이니 이理라 한다.　　　自其條理 而謂之理.

그것들이 실實함은 한가지다.　　　　　　其實一也.

반계잡고磻溪雜藁/별지別紙

태극에 동정이 있으니 이것은 천명이 유행함이다.　太極之有動靜 是天命之流行也 .

천명이 유행할 수 있는 것은 무엇 때문인가?　　天命之所以流行何也.

태극이 성誠하기 때문이다.　　　　　　　　以其誠也.

성誠하면 동動한다.　　　　　　　　　　　誠則動矣.

---

9) 總會(총회)=統合也.

지극히 성하면 동하지 않을 수 없다. 苟其至誠 自不能不動.

무릇 조화가 조화될 수 있는 것은 凡造化之爲造化

모두가 성실한 이理 때문이다. 皆實理也.

이理는 지극히 실實하다. 어떻게 그것을 알 수 있는가? 此理至實 何以見其至實也.

그 유행이 하루가 만고와 항상 같고, 流行者一日如此 萬古常如此

만물의 생멸이 끝없이 한결같다. 生息者一物如此 萬物皆如此.

만약 한 올의 털끝만큼도 어긋남이 있었다면 設有一毫虛僞

곧 단절되고 어긋났을 것이다. 便間斷舛[10]錯[11]了 相違背也.

그러므로 천도는 한마디로 말할 수 있으니 曰天地之道 可一言而盡

그 한마디는 성誠이다. 一者誠也.

실학은 성학이요 천리학이다

그러므로 반계는 실학이 인욕의 학문이 아니라 성리학에서 강조하는 천리天理의 학문임을 강조한다. 그는 토지의 공유를 기본으로 하는 경제 개혁으로 새로운 국가 건설을 목표로 했다. 그것은 백성의 항산恒産을 위한 것이다. 그는 자신의 개혁 정책과 실학이 의리보다 실리를 중시하는 인욕의 학문이라고 비난하는 것을 경계했다. 그래서 그는 실학의 철학적 근거를 마련한다. 즉 실학만이 천도이며 천리에 맞는 학문임을 논증하고, 아울러 토지 공유제만이 천리에 합당한 것임을 주장한다.

구체적으로 말하면 삼대의 제도는 모두 천리를 따른 것이었으나 지금의 제도는 모두 사사로운 인욕의 제도라고 비판한다. 그러므로 천리의 제도를 회복하기 위하여 정전제의 정신을 회복해야 한다는 것이다. 따라서 자신의 토지 공유제는 인욕의 제도가 아니라 천리를 회복하려는 것임을 강조한다.

반계수록磻溪隨錄/권26/발跋/서수록후書隨錄後

주나라가 쇠하자 왕도는 시행되지 않았으나 周衰雖王道不行

그 제도와 법도만은 아직 남아 있었다. 而其制度規式之猶在也.

---

10) 舛(천)=乖也.
11) 錯(착)=乖也 誤也. (조)=措也.

그러나 학자에게 전해지면서 그 제도가 달라졌고

구체적인 사물에 있어 상세한 해석이 없었다.

진나라가 망한 이후로는

제도와 전적이 아울러 없어짐으로써

천하의 이목이 막히고 굳어

후인들이 사사로운 마음으로 만들었으니

다시는 선왕의 법전을 알 수 없게 되었다.

하·은·주 삼대의 제도는

모두 천리에 따르고 인도에 순응하여

만든 것이다.

그 요체는 만물이 각기 제자리를 얻도록 함으로써

천지와 만물과 인간의 영험이 모두 지극하게 하는 것이었다.

후세의 제도는 모두 인욕을 좇아

구차한 편의만 도모하여 제도를 만들었다.

그 요체는 인류로 하여금 부패에 이르게 함으로써

천지를 막히게 했다.

이것은 옛 법도와 정반대다.

以傳於學者 而其制度之間[12]

則無所事於曲解也.

亡秦以來

幷與其典章制度 而蕩滅之

天下耳目膠固

於後世私意之制

不復知有先王之典章.

三代之制

皆是循天理順人道

而爲之制度者.

其要使萬物無不得其所

而四靈畢至.

後世之制 皆是因人欲

圖苟便 而爲之制度者.

其要使人類至於靡爛[13]

而天地閉塞.

與古正相反也.

경험론적 인식론

앞에서 지적한 바와 같이 그는 선험론적인 성리를 인정하는 보수적인 측면이 있는 반면 인식론에서는 경험론적이었다. 이는 성리학의 현학적 기풍을 반성하고 공자 본래의 경세학의 실학적 기풍으로 돌아가야 한다는 신념 때문이었다. 또한 이는 그의 인품이 왕도주의적인 충의 정신과 도덕군자의 강직한 성품 때문이기도 하겠지만, 한편 자신의 제도 개혁을 실행하기 위해서는 선비들의 양해와 사회적 안정이 필요하다고 생각했을지도 모른다.

---

12) 間(간)=異 迭 遠 隔也. (한)=安息 空隙也.

13) 靡爛(미란)=썩어 문드러짐.

반계잡고 磻溪雜藁/답배공근 答裵公瑾

옛사람들은 궁리한다고 하지 않고,	古人不曰窮理
사물에 이른다고(格物) 하거나, 뜻을 모은다고(集義) 말했다.	而曰格物 曰集義.
또 이理를 회복한다고(復理) 하지 않고 예禮를 회복한다고 말했다.	不曰復理 而曰復禮.
또 공경스럽고 조용히 앉아(居敬) 이理를 궁구한다고 하지 않고	不曰居敬窮理
선왕의 문물 제도를 널리 익히고(博文)	而曰博文
예로 제약한다(約禮)고 말했다.	約禮.
모든 것이 실체와 증거를 따르는 것을 공부로 여겼기 때문이니	皆從有形據[14]上做工夫也
지극히 정묘함을 알 수 있다.	可見其至精至妙也.

반계수록 磻溪隨錄/권26/발 跋/서수록후 書隨錄後

천지의 도리는 만물에 드러나는 것이니	天地之理 著於萬物
물物이 아니면 이理가 드러날 곳이 없다.	非物 理無所著
성인의 도道는 만사에 행해지는 것이니	聖人之道 行於萬事
사물이 아니면 도가 행해질 곳이 없다.	非事 道無所行

법과 제도 중시

　　　　　　　　그는 성리학을 공감하고 깊이 연구했다. 그것은 자신의 개혁을 당시의 지배 이념인 성리학으로 설명하기 위한 것이었다. 그러나 그는 형이상학적인 성리학보다는 단순하고 구체적인 원시 유가 사상을 더욱 좋아했다. 그것은 도덕과 아울러 실천을 중시했기 때문이다.

　　또한 유가들이 법가를 배척하고 인仁과 예禮 등 사람의 수양만을 중시하여 제도를 도외시한 인치人治 덕치德治와는 달리 그는 법과 제도를 중시했다. 이 점은 관자管仔, ?~BC 645와 순자荀子, BC 298?~238를 배타하지 않은 것으로도 알 수 있다.

반계수록 磻溪隨錄/권26/발 跋/서수록후 書隨錄後

옛날에는 교화가 밝게 행해져	古者敎明化行
크게는 경전과 법으로부터 하나의 사소한 일까지	自大經大法 以至一事之微

---

14) 據(거)=依也. 徵也.

그 제도와 법도를 갖추지 않은 것이 없었고,　　　　　　　其制度規式 無不備具

천하 모든 사람이 날마다 쓰고 마음으로 잘 익혔으니,　　天下之人 日用而心熟知

물이 흐르고 섶을 운반하는 것처럼,　　　　　　　　　　如運水搬柴

모두가 설비를 갖추고 만사를 시행했던 것이다.　　　　　皆有其具 以行其事.

반계수록磻溪隧錄/권4/전제후록하田制後錄下/국조명신론폐정제조부國朝名臣論弊政諸條附

대저 법이란 목수의 자나 먹줄과 같고　　　　　　　　　大抵法者 猶匠人之繩尺也

사대부의 규범과 같은 것이다.　　　　　　　　　　　　猶治人之模範也.

이른바 자와 먹줄이 제 구실을 못 하고　　　　　　　　所謂繩尺非繩尺

이른바 규범이 모범 구실을 못 한다면　　　　　　　　　所謂模範非模範

아무리 천하의 훌륭한 기술자라도　　　　　　　　　　雖有天下良工

한 칸의 집도 한 개의 그릇도 만들지 못할 것이다.　　　無以成一間室一箇器.

세상의 헛된 담론가들이　　　　　　　　　　　　　　世之徒談

훌륭한 기술자라면 자와 먹줄과 규범이 필요 없다고 말하는 것은　良工而謂不必用其繩尺模範者

참으로 생각이 모자라는 것이다.　　　　　　　　　　　其不思甚矣.

신분 세습 반대
교육의 기회 균등

전통적인 유가들은 신분의 세습과 차별을 통치의 근간으로 삼았고 따라서 『주례』이래의 사민四民 분업 정책을 대체로 고수했다. 그러나 성리학은 사민의 분업 질서를 옹호했지만 공맹의 노예적인 신분 세습과는 달리 사士의 세습을 인정하지 않고, 농민에게 사士 계급으로의 신분 상승을 용인했다. 또한 사민의 겸업을 금지하는 이른바 '사민 분업 정거' 정책과는 달리 선비가 관리로 재직하지 않을 경우는 농업에 종사하는 것을 당연하게 생각했다. 그러나 극소수의 부유한 자영농 이외에 소작농의 자녀들은 교육받을 기회를 보장받지 못했으므로 실질적으로는 신분 이동이 불가능한 형편이었다.

그래서 반계는 토지의 평등 분배로 자영농을 육성하고 입학 기회를 보장하여 계급 상승의 기회를 열어주려고 했다. 그는 교육의 확충과 학생의 입학 선발, 학비 보조 문제를 중시했다. 특히 무상 교육에서 더 나아가 고등교육의 경우는 학업 기간에 가족을 부양할 수 없으므로 그들에게 전답을 주어 가족의 생계를 걱정하지 않도록 해야 한다는 주장은 획기적이었다.

반계수록磻溪隧錄/**권9**/**교선지제상**敎選之制上/**향약사목**鄕約事目

옛 제도를 살펴보면 사士와 민民의 분별은 있었지만,	按[15]古者有士民之別
그것은 각자 행실과 학업의 현우賢愚로 분별한 것이지,	而其別之也 以其行業[16]之有賢愚
선조가 영화로웠느냐 초라했느냐로 분별한 것은 아니었다.	非以其族世之榮楚[17]也.
그러나 우리나라 풍속은 오로지 문벌만을 숭상하고,	而本國之俗 專尙門地
세습 가문의 선비는 이른바 문반과 무반의 양반이 있으며,	於業士之中 而又有所謂兩班
서족과 서얼은 품계의 이동이 막혀	庶族庶孽 品流定隔
서로 한 무리가 될 수 없다.	不相爲齒[18].
예禮로 말하면 천하에 태어날 때부터 귀한 자는 없다.	曰禮天下無生而貴者.
그러므로 천자의 아들이라도 입학하면	是以天子之子入學

---

15) 按(안)=依據也. 考驗也.

16) 業(업)=世業也. 書冊之版也.

17) 楚(초)=痛也. 辛也.

18) 齒(치)=類也.

역시 나이에 따라 차례 지운다.   亦以齒序.

황차 사대부의 아들이야 말한 것도 없다.   況士大夫之子乎.

그런즉 귀한 집안이라도   然則 貴者之世

재덕이 없으면 곧 일반 서민이 된다.   若無才德 則卽爲凡庶乎.

그래서 공경의 자식도 서인이 된다는 옛말이 있지 않는가?   曰 古語不云乎 公卿之子爲庶人.

귀천은 세습되지 않는 것이 옛사람의 도道인 것이다.   貴賤之不以世[19] 古之道也.

반계수록磻溪隨錄/권10/교선지제하敎選之制下/공거사목貢擧事目

사대부의 자제 중 학업에 뜻이 있는 자와   大夫士子弟志學

그리고 일반인의 자제 중 준수한 자는   及凡民俊秀者

나이 십오 세 이상이면 모두 입학하도록 한다.   年十五以上 皆許入學.

서울은 사학이 교육 기관이 되고   京則四學[20]敎官

그 밖은 수령이 교육 기관이 된다.   外則守令敎官.

그리고 그 뜻과 학업을 평가하여   考其志學

내사에 입사시켜 교육이 진전되도록 했으며   而後入而敎之蠲[21]

그들에게 이 경의 농지를 주고 옷감을 도와준다.   其所受田二頃保布.

내사에 들어올 수 없는 초입자는 농지를 더 주어   初入者爲增廣

외사에서 살며 통학하게 했다.   生居外舍.

반계수록磻溪隨錄/권25/속편상續篇上/제조制造

공전제가 시행되어야만 학교에 법도가 있을 것이다.   田制旣行 而學校有法.

그렇게 되면 사농공상이 각각 자기의 일자리를 얻게 된다.   則自然四民得其所矣.

반계수록磻溪隨錄/권9/교선지제상敎選之制上/학교사목學校事目

배우고 가르침이 일어나면 점차 학교를 설치해나간다.   學敎旣興 漸設庠序[22].

서울에는 방마다 방교를 설립하고   京中諸坊 設坊庠

주와 현의 각 고을마다 향교를 설립하여   州縣各鄉 設鄉庠

---

19) 世(세)=嗣也 繼存也.

20) 四學(사학)=太宗時 五學. 중간에 北學이 없어짐.

21) 蠲(견)=밝닷불. 明也.

22) 庠序(상서)=학교.

여기서 아동을 가르치고 배우게 한다.

그렇게 하여 천하에 가르치지 않은 백성이 없도록 한다.

以敎童學.

則天下無不敎之民.[23]

노예 해방

봉건 사회의 치명적인 약점은 신분 차별이다. 그중에서도 남녀 차별과 노예 법은 악법 중에 악법이었다. 조선 봉건 사회에서 노비 해방 주장은 아마 반 계로부터 시작되었을 것이다.

반계수록磻溪隨錄/**권26**/**속편하**續篇下/**노예**奴隸

상고하건대 천민의 신분은 어미의 신분을 따른다는 종모법은

고려 정종 때부터 시작되었다.

어미는 알고 아비는 모른다는 것은 금수의 도道다.

똑같은 사람인데 금수로 처우하는 것이 어찌 법이라 하겠는가?

按賤者 從母之法

始於高麗靖宗時.

知母而不知父 禽獸之道也.

人類而處以禽獸 豈法也哉.

살피건대 노비라는 명칭은

그 뿌리가 죄를 지은 사람을 노비로 편입한 데서 생긴 것이다.

죄를 짓지 않은 사람을 노비로 삼는 일은

옛날 법에는 없었다.

또한 죄를 지어 노비로 편입되었다 해도

그 후손까지 노비로 삼아 벌하지는 않았다.

더구나 죄가 없는 사람을 노비로 삼는 일은 없었다.

우리나라 노비의 법은 죄가 있고 없고를 불문하고

오직 노비의 자손이라는 이유로 백대까지 노비로 삼는다.

按奴婢之名

本起於以罪沒入.

無罪而使爲奴婢

古無其法也.

夫以罪沒入者

亦不罰及後嗣.

況無其罪者乎.

本國奴婢之法 不問有罪無罪

唯按其世系 而百代爲之奴.

이러한 악법이 언제부터 시행되었는지는 알 수 없으나,

대개 고려 초에 점점 성행된 듯하다.

삼국 이전에는 비록 노비가 있었다고는 하지만

未知此法 何時作俑[24]

而盖漸盛於高麗之初.

三國以前 雖有奴婢

---

23) 說文: 禮官養老(夏曰校 殷曰庠 周曰序). 樂記: 家有塾 黨有庠 鄉有序.

24) 俑(용)=木偶也. 倡端不善也.

오직 범죄자나 도둑을 노비로 편입하거나

전투에서 포로로 잡힌 자들도 이처럼 했으나,

이들도 대대손손 천민으로 삼는 일은 없었던 듯하다.

그러나 고려 통합 때부터 적과 반란을 토벌하는 일이 많아서

포로를 노획하여 공신들에게 주어 노비로 삼았고,

이로부터 대대손손 노예가 되었던 것이다.

조선조에 이르러 이것이 그대로 법제화되었고,

또 사람들을 몰아다가 천민으로 편입했고

편입은 있으나 해방은 없었으므로

천민이 점점 많아져 인구의 십중팔구가 천민이고,

양민은 점점 줄어 겨우 열에 한둘에 불과하게 되었다.

중국에서는 비록 노비가 있으나

모두 스스로 품팔이꾼으로 팔린 자들이며

계보를 따져 노비로 삼는 법은 없다.

대개 남을 위해 노역하는 자는 오직 머슴과

시한을 정해 고용된 이른바 품팔이(雇工)들이다.

우리나라는 노비법이 시행된 지 오래되어 습속으로 굳어졌고,

대부나 사士 계급은 모두 이들에게 의뢰하고 있는 실정이어서

가문으로서는 갑자기 혁파하는 것이 곤란하므로,

반드시 풍속이 점점 변하여 상하가 점점 후덕해지고,

품팔이꾼을 고용하는 풍습이 점점 일어나면

연후에는 반드시 혁파해야 할 것이다.

而唯以犯罪贓[25]盜沒入

及戰鬪被俘而似是

無世世爲賤之事.

麗祖統合時 克敵討叛多

以虜[26]獲給功臣爲奴婢

乃使世世爲奴.

至於本朝 則制法

又驅人入賤

有入無出

故賤者漸多十居八九

良人漸小僅存一二.

中國雖有奴婢

皆自賣爲傭者

無按系爲奴之法.

大槪爲人役者 唯傭奴[27]

及限年雇[28]工者云.

本國則此法行之已久 習舊俗成

大夫士皆賴此

而家難可猝[29]革

必風俗漸變 上下漸厚

雇工漸興

然後乃可罷之.

---

25) 贓(장)=納賄也.

26) 虜(로)=포로. 종.

27) 傭奴(용노)=머슴.

28) 雇(고)=품을 사다. 고용.

29) 猝(졸)=갑자기.

왕도주의적 대동 사회 지향

이처럼 반계는 전면적인 개혁주의자였다. 그러나 그는 공자의 왕도주의적 복고를 통한 개혁을 주장하는 현실주의자였다. 동시에 격양가를 부르던 요순 시대를 숭모한 이상주의자였으므로 부국론을 반대하고 부민富民과 균분均分을 지향한다. 그의 이러한 복고주의는 이런 관점에서 율곡의 이른바 '변법變法'과 '시의론時宜論'을 찬성하지 않는다. 환언하면 반계는『예기』의 소강小康 사회가 아니라 요순 시대의 평등 공동체인 대동 사회를 지향한 것이다.

공맹의 왕도주의는 원래부터 소국주의, 부민주의, 균분주의였다. 그러므로 부국강병은 본래 공맹이 반대한 패도주의의 대표적인 정책이다. 그런데 후세의 유가들이 패도인 부국강병을 수용한 것이다. 그러므로 반계의 개혁론은 공맹의 신분 세습과 신분 차별을 반대한 것 외에는 본래 요순 시대의 왕도주의로 돌아가자는 것이다.

율곡栗谷의 시의론時宜論

율곡집栗谷集/권5/만언봉사萬言封事

이른바 시의라 하는 것은 수시로 변통하여	夫所謂時宜者 隨時變通
법을 만들고 백성을 구제하는 것을 말합니다.	設法救民之謂也.
정자는『주역』을 논하여 말하기를,	程子論易曰
때를 알고 추세를 파악하는 것이『주역』을 배우는 큰 방도라 했고,	知時識勢 學易之大方也
또 이르기를 때에 따라 변하고 바뀌는 것이 상도라고 했습니다.	又曰 隨時變易 乃常道也.
대저 법은 때를 따르기 위해 제정하는 것이니,	蓋法因時制
때가 변하면 법도 같을 수 없는 것입니다.	時變則法不同.

시의론時宜論 비판

반계잡고磻溪雜藁/유재원柳載遠 반계선생언행록磻溪先生言行錄

오호라! 때에 따라 치란은 있지만 도道는 고금이 없다.	噫 時有治亂 道無古今.
그러나 병통이 있는 세속학자들은	而病世之學者[30]
고금의 마땅함이 다른 것으로 의심하고	疑有古今之異宜
지금은 옛 도를 다시 시행할 수 없으며,	謂古道不可復行於今
따라서 '인정仁政'은 다시는 현세에 시도할 수 없다고 말한다.	仁政不可復試於世.

---

30) 율곡을 지칭한 듯하다.

그동안 혹 세상을 구하고자 뜻을 가진 사람이 나타났지만,	其間或有志於救世者出
모두 자기 마음대로 시의時宜를 짐작함으로써	而率[31]以己意斟酌時宜
끝내 왕도와 패도를 병용하는 지경을 벗어나지 못했다.	故卒不免王覇竝用之域.
이것으로는 후세에 비록 이름 있는 군주와 큰 보좌가 있을지라도	此後世 雖有名君碩輔
부국강병을 이루는 데 그칠 뿐	至致富强而已
끝내 주나라의 태평성세를 이룰 수는 없을 것이다.	卒不能成周之治者也.

그 대표적인 사례가 대동법의 보완을 요구한 것이다. 대동법은 한 가지 정률의 세금 외에는 일체의 공과를 폐지하자는 것으로 율곡, 김육 등이 심혈을 기울여 추진한 혁신적인 개혁 정책이었다. 그런데 반계가 보완을 요구한 것은 '세출 내 징수' 제도를 바꾸어 '세입 내 지출'로 하자는 것이다. '세출 내 징수'는 미리 세출을 결정한 후 그것에 따라서 징수하는 것으로 국가 위주의 부국강병론에 합당한 세법이다. 그러나 반계가 주장한 '세입 내 지출'은 미리 정률의 세금을 정해놓고 그에 따라 수입된 한도 내에서 세출을 결정하자는 조세 법정주의였으므로 민생 위주의 소국小國주의에 알맞은 세법이다.

반계수록磻溪隨錄/**권3**/**전제후록상**田制後錄上/**경비**經費

경비는 일체 징수된 세금으로만 쓰고	經費一以經稅
지금처럼 세금 외의 부세는 근절해야 한다.	斷今科外之賦.
이제 만약 다만 세금과 비용을 논의함에	今若只謂經[32]稅經費
대동을 말하지 않는다면,	而不言大同
수입은 혹시 살피지 못하고,	則入或不察
세금으로는 일상적인 세출을 충당하고,	徒知經稅之充於常計
일이 있을 때마다 세금 외에 별도로 조달하는 것으로 안다.	而凡有事爲 別爲調役.
그렇게 되면 세금 외로 거두는 옛 제도로 복귀하는 것이다.	則將復有稅外之斂矣.
그러므로 지금 세상에서 바라는 세금의 투명성을 거론하려면	故擧今俗稱以明之
현재 대동법의 지출을 헤아려 거두어들이는	但今之大同是
'양출위입量出爲入'의 규정을,	量出爲入之規
수입을 헤아려 지출하는 '양입위출量入爲出'로 바꾸어야 한다.	而此乃[33]量入爲出之制也.

---

31) 率(솔)=皆也. 大略.

32) 經(경)=治也. 制分界也.

33) 乃(내)=及也. 至也. 裁也.

🐦 4절. 경제사상

전제 개혁

〈결부법을 경무법으로〉

주나라의 당초 토지 제도는 정전제였으나 이것이 무너지면서 난세로 치닫고 결국 멸망하게 된 것이다. 그러므로 맹자도 민民의 항산과 정전제를 주장한 바 있다. 그리고 이것은 성리학뿐 아니라 전통적인 유가들의 이상이었다.

반고 班固

한서漢書/**식화지**食貨志

백성의 인구와 전답의 크기를 제한하여 (限田法)	限民名[34]田
충분하되 만족하게 하지 않고	以贍不足
토지 겸병의 길을 막고	塞兼幷之路
소금과 철의 생산을 모두 백성에게 돌려주고,	鹽鐵皆歸于民
노비를 풀어주고, 함부로 죽이는 권한을 없애며	去奴婢除專殺之威
세금을 가볍게 하고 부역을 드물게 하면	薄賦斂省徭役
민중의 노동력을 넉넉하게 할 것이다.	以寬[35]民力.

반계는 조선 학자로서 최초로 국가 제도의 전반적인 개혁을 주장한 실학의 선구자였다. 그의 『반계수록』은 26권의 방대한 것으로, 예제, 토지 제도, 상공업 제도, 교육 제도, 관리 선발 제도, 관직의 정비와 임용 제도, 관리의 봉급 체계, 군사 제도, 노예 제도 등에 걸쳐 방대하고 치밀하게 폐해와 개혁 방법을 제시하고 있다.

그중에서도 핵심은 토제 제도의 개혁이었다. 그 요지는 토지의 공공 소유제, 즉 공전제公田制를 시행하여 1인당 1경의 토지를 평등하게 분배하자는 것이다. 이를 위해 먼저 토지 넓이를 헤아리는 도량형의 개혁을 주장했다. 즉 현재의 결부법을 폐지하고 옛 경무법을 복원하자는 것이다.

---

34) 名(명)=大也.

35) 寬(관)=宥也. 緩也.

무릇 전제는 결부법을 고쳐 경무법으로 바꾸어야 한다.　　　　　一凡田改結負置以頃畝.

경법은 척도가 하나이므로 비옥도에 상관없이 넓이는 모두 같으며,　蓋頃法各等地廣皆同

조세율은 비옥도에 따라 차등을 두는 제도다.　　　　　　　　而稅有差等.

이는 땅을 기본으로 하는 법이다.　　　　　　　　　　　　此以地爲本者也.

결법은 조세율은 모두 똑같이 하고　　　　　　　　　　　結法各等稅 數皆同

땅의 넓이는 비옥도에 따라 각각 다른 척도로 계산한다.　　　而地有濶狹.

이는 조세의 편의를 위주로 하는 법이다.　　　　　　　　此以稅爲主者也.

옛날 경무법은 사방 육 척을　　　　　　　　　　　　　古頃畝式 六尺爲一步

일 보(삼심육 평방척)로 하고,　　　　　　　　　　　(每步自方六尺 計實積三十六尺)[36]

일백 보를 일 무(삼천육백 평방척)로 하며,　　　　　　百步爲一畝

일백 무를 일 경(실적 삼심육만 평방척)으로 한다.　　百畝爲一頃[37](實積 三十六萬尺).

진한秦漢 이래 지금　　　　　　　　　　　　　　　　中朝今用頃畝式

중국에서 사용하고 있는 경무법은　　　　　　　　　(自秦漢以後 二百四十步爲一畝)

사방 오 척을 일 보로 삼고(실적 이십오 평방척)　　五尺爲一步(實積二十五尺)

이백사십 보를 일 무(실적 육천 평방척),　　　　　二百四十步爲一畝(實績 六千尺)

일백 무를 일 경(실적 육십만 평방척)으로 한다.　　百畝爲一頃[38](實績 六十萬尺).

이와 달리 조선에서 시행하는 결부법은　　　　　　本國今用結負式

전을 비옥도에 따라 육 등급으로 나누고,　　　　　田分六等

매 등급마다 일 척의 길이를 다르게 하여,　　　　每等田尺各異

각각 사방 십 척을 일 부로 하고,　　　　　　　　皆以方十尺爲負

일백 부를 일 결로 한다.　　　　　　　　　　　百負爲結.

(일 결의 면적은 명칭으로는 사방 일백 척, 즉 일만 평방척이다.　(各等一結各以其尺方百尺實積萬尺)

그러나 일 결의 면적은 전의 등급에 따라 각각 그 넓이가 다르다.)

일 등 토지는　　　　　　　　　　　　　　　　每一結一等田

중국의 삼십팔 무에 해당되고　　　　　　　　準今中朝田 三十八畝

---

36) 중국의 一尺은 약 30센티미터이고 一步는 6척(1.8m)×6척(1.8m)=3.24㎡으로 약 1평이다.

37) 一頃(일경)=약 1만 평, 즉 40두락쯤 된다.

38) 一頃(일경)=약 1만 7,000평, 약 70두락, 즉 80마지기쯤 된다.

(일 척의 길이는 주척으로 사 척 칠 촌 칠 푼 오 리다)　　　　(尺長準周尺 四尺七寸七分五釐)

이 등 토지는 중국의 사십사 무 칠 푼에 해당되고　　　　二等田 準四十四畝七分

(일 척의 길이는 주 척으로 오 척 일 촌 칠 푼 구 리다)　　　　(尺長準 五尺一寸七分九釐)

삼 등 토지는 중국의 오십사 무 이 푼에 해당되고,　　　　三等田 準五十四畝二分

(일 척의 길이는 주척으로 오 척 칠 촌 삼 리다)　　　　(尺長準 五尺七寸三釐)

사 등 토지는 중국의 육십구 무에 해당되고　　　　四等田 準六十九畝

(일 척은 주척으로 육 척 사 촌 삼 푼 사 리다)　　　　(尺長準 六尺四寸三分四釐)

오 등 토지는 중국의 구십오 무에 해당되고　　　　五等田 準九十五畝

(일 척의 길이는 주척으로 칠 척 오 촌 오 푼이다)　　　　(尺長準 七尺五寸五分)

육 등 토지는 중국의 백오십이 무에 해당된다.　　　　六等田 準一百五十二

(일 척 길이는 주척으로 구 척 오 촌 오 푼이다)　　　　(尺長準 九尺五寸五分).

이처럼 결법은 척이 없다고는 할 수 없으나　　　　結法非無尺數也

관리 마음대로 작성한 장부에 적힌 등급에 따라　　　　以其徒[39]載於簿書

밭의 면적이 일정하지 않다.　　　　而不齊於田面.

또한 각 등급에 적용되는 여섯 가지 자가 있고　　　　又其長短多端

그 가감승제의 법이 복잡하여 관리도 다 알지 못하는데　　　　乘除加減之法 當官者不能盡察

무식한 농민이야 알 턱이 없었다.　　　　況於田氓乎.

그러므로 서리의 농간이 용이하고 감찰의 방법이 어려워　　　　則胥吏易以容奸 以難察之法

서리들의 농간을 막으려 해도 막을 방법이 없다.　　　　而欲齊衆胥之奸 其勢不可得[40]也.

그래서 수뢰, 청탁,　　　　是以賄賂請託

탈루, 속이기, 은폐하기 등 폐단이 만연되어,　　　　漏脫欺冒之弊 無所不有

부세는 고르지 못하고 백성의 원성이 그치지 않는다.　　　　而畢竟賦稅亦不均矣.[41]

혹자는 우리나라가　　　　或者以爲本國

삼한 이래 결부법을 사용해왔으므로　　　　自三韓以來通用此法

지금 폐지하자는 의론은 용납되기 곤란하다 한다.　　　　今難容議.

그러나 그렇지 않다. 일찍이 고려 태조가　　　　是不然. 嘗觀麗太祖之言曰

"궁예가 민民에게 욕심을 부려　　　　泰封主以民從欲

---

39) 徒(도)=空也. 誕詐也.

40) 得(득)=得事之宜也.

41) 그 결과 힘 있는 지주와 부호는 살찌고, 그들이 부담해야 할 부세는 서민에게 전가되고 빈민의 고혈을 짜지만 재정은 날로 고갈되었다.
　　18세기 영정 시대에는 장부에서 누락 삭감시킨 은결의 액수가 결부 총액의 절반에 가까웠다고 한다.

일 경의 토지에 육 석의 부세를 거두었다"라고 말한 것을 보면,

고려 문종 때 정량의 토지는

보步의 수가 같으면 모두 넓이를 같게 하고,

땅의 비옥도에 따라 세금을 차등 부과하는 경무법을 썼다.

일 결의 땅이 넓이가 일정하지 않은 결부법은

고려 중엽 이후부터 생긴 것으로 보아야 할 것이다.

결코 삼한 때부터 그런 것이 아니다.

또한 지금 논점은 결부법이 옳으나 그르냐의 문제이지,

어찌 삼한 때부터 사용했느냐의 여부에 달린 문제이겠는가?

지금 농지의 양을 검토해보면

옛날처럼 칠십 무를 일 경으로 삼는다면

대략 이십육칠 말의 종자를 뿌릴 만한 땅인데

이것으로도 한 농부의 살림살이는 감당할 만하지만,

이것으로는 부모를 봉양하고 처자를 기르는 데는 부족하며,

흉년에는 굶주릴 것이니 백성들의 불안을 없앨 수는 없을 것이다.

하나라에서는 오십 무, 은나라에서는 칠십 무로 했던 경험을 살려

주나라에서 일백 무로 한 것은 이런 사정을 알았기 때문이다.

이제 일백 무를 일 경으로 하면

종자 사십 말을 뿌릴 수 있는 땅(사십 두락)이다.

이렇게 하면 양생, 장례, 세금 등

가계를 꾸려갈 수 있을 것이다.

또한 한구암 선생이 발견한 '기전도' 설에 의하면,

평양의 기자전은 칠십 무를 일 구로 하고,

사 구를 일 전으로 했다고 한다.

구간의 경계를 짓는 농로는 그 넓이가 일 무이며,

전간의 경계를 짓는 농로는 그 넓이가 삼 무였다.

그런즉 네 구역을 일 단으로 한 것은

역시 옛 성인의 제도였던 것이다.

一頃之田租稅六石

高麗文宗時 所定量田

步數諸等 地廣皆同

而賦稅隨地品有輕重.

則地有闊狹之規

必是創於麗氏中葉以後.

非自三韓已然也.

且只當論其可不可

豈係自三韓與否乎.

今以田度之

以古七十畝爲一頃

則大約可種稻二十六七斗之地

亦可容一夫資活然

如此則不足於養父母育妻子

凶年饑歲民不能無憾[42]矣.

歷夏殷五十畝七十畝

而周人更爲百畝者 知有以也.

今百畝爲頃

可種稻四十斗之地.[43]

如此然後 足以養生送死應公賦

立家計矣.

又按韓久庵箕田圖說

平壤箕子田以七十畝爲一區

四區爲一田(田字形).

界區之路其廣一畝

界田之路其廣三畝.

然則四區爲一段者

亦是古聖人之制也.[44]

---

42) 憾(감)= 不安也.

43) 一斗落은 旱田은 약 100坪, 水田으로는 약 150~200평이 된다.

44) 우리나라에서 井田制와 유사한 田制가 실시되었다는 것은 획기적인 발견이다. 이것을 발견한 사람은 한백겸이다.

〈토지의 사유제 및 상속 반대〉

반계는 백성의 안정적인 생업 기반 즉 '항산'의 유일한 수단인 전제야말로 모든 것의 기초라고 강조한다. 그리고 정전제의 정신을 살려 토지 공유와 균전을 골자로 하는 공전제公田制를 주장했다. 그러나 반계 이전에 조선의 유가 중 그 누구도 전제의 개혁을 구체적이고 집중적으로 거론하지는 않았다. 이것은 사대부들의 이익에 직결되는 일이며 정권 안보와 자신의 안위가 달린 문제였기 때문이다. 그러나 반계를 시작으로 이후 실학자들은 토지 공유제를 강력히 주장하고 왕에게 직접 건의함으로써 공론화하기에 이르렀다.

반계수록磻溪隨錄/**권1/전제상**田制上/**분전정세절목**分田定稅節目

공전의 법 정신은 인민들의 땅을 균등하게 하고	公田之法 均人以田
경작하는 땅에 따라 병역을 담당하는 제도로서	計田出兵
땅이 있으면 반드시 병역을 담당해야 하고	有田者必有役[45]
병역을 담당한 자는 반드시 땅을 소유할 수 있도록 함으로써	有役者必有田
땅과 인민을 하나로 합치하는 제도다.	則田與人合一矣.
농부 한 사람이 일 경을 점유받고 법에 정한 세금을 부담하며	每一夫占受一頃 依法收稅
매 사 경마다 병사 한 명을 차출한다.	每四頃出兵一人.
선비는 처음 입학자는 이 경을 지급받고	士之初入學者二頃
성균관 입사자는 사 경을 받되 병역은 면제한다.	入內舍者四頃 免其出兵.
관리는 구 품에서 칠 품까지는 육 경을 지급받고,	職官九品以上 至七品六頃
승급에 따라 올려주되 정이품이 되면	遞加至正二品
십이 경을 주되 병역은 면제한다.	則十二頃 並免出兵.
관리가 재직할 때는 녹을 받고,	仕者仕則受祿
파직되면 집에 살면서 역시 그 땅에 의지한다.	罷官家居亦資其田.

---

45) 役(역)=戌邊也 士卒也.

직급	대국	중국	소국	반계의 주장
하사	1경 (100무)	1경	1경	초입학자 2경
중사	2경	2경	2경	성균관 학사 4경
상사	4경	4경	4경	구품~십구품 6경
대부	8경	8경	8경	정0품 12경
경대부	32경	24경	16경	

반계수록磻溪隨錄/권1/전제상田制上/분전정세절목 分田定稅節目

무릇 농지를 받은 자가 죽으면 환수한다.	凡受田者沒則還之.
대부와 선비는 삼 년 후에 농지를 교체하고	大夫士三年後遞田
군졸과 백성은 백 일 후에 농지를 교체한다.	軍民百日後遞田.
그 자손이 이어받을 경우는	其子孫傳受者
그 자손이 응당 받아야 할 몫 이외에는 타인이 받는다.	其應受科外 乃許他人受.
양친이 죽은 유약자는 아비의 농지를 이어받되	孤獨子幼弱者 其父田傳給
이십 세가 되면 각기 자기 몫만 받는다.	待年二十歲 各以其科受.
자손이 없이 죽을 경우 처가 있으면 그 식구들이 농지를 나눈다.	無子孫身沒妻存給其口分田.
정이품 이상이 죽었을 때 처가 있으면	正二品以上身沒妻存者
그 절반을 받는다.	乃給其田之牛.
공신, 청백리, 순직자, 전몰자의 처는 온전히 받는다.	功臣淸白吏死節戰亡者妻全給.
천하를 다스리는 데 있어 토지의 공유제와	治天下不公田
인사의 공개 채용이 없고는 모두 구차할 뿐이다.	不公擧46) 皆苟而已.
공전 한 가지만 잘 실행하면 백 가지 일이 다 풀릴 것이니,	公田一行 百度擧已
빈부가 저절로 안정되며 호구가 분명해지고 군대가 정돈된다.	貧富自定 戶口自明 軍伍自整.
오직 이렇게 하고나서야 교화와 예악이 가능하다.	唯如此而後敎可行 禮樂可能.
그렇지 않고 근본이 문란하면 다시 무엇을 말할 수 있으랴?	不然大本已紊 無復可言.
옛날 정전제는 지극한 것이었다.	古井田法至矣.

---

46) 擧(거)=立也. 用也.

정전의 경계가 한번 바르게 되면 만사가 다 잘된다.

민중은 항구적으로 고정된 생업을 갖게 되고,

병사도 강제 동원의 폐단이 없어지고,

귀천 상하가 모두 각각 직책을 갖게 된다.

이로써 인심은 안정되고 풍속은 돈후해진다.

옛날부터 나라가 공고히 유지되고

수백천 년 예악이 일어난 까닭은

여기에 그 근거가 있었던 것이다.

후세에는 전제가 폐지되어 사적 점유에 제한이 없어짐으로써

만사가 모두 폐단이 생기고 이와 반대 현상이 일어난 것이다.

비록 아무리 선정을 바라는 군주라도 만약 전제가 바르지 못하면

결코 백성에게 안정된 생업을 보장할 수 없고,

부역이 끝내 고를 수 없고,

호구가 밝지 못하고, 군사를 정비할 수 없고,

쟁송을 그치게 할 수 없고, 형벌을 줄일 수 없고,

뇌물을 막을 수 없고, 풍속을 돈후하게 할 수 없다.

이러고도 정치와 교화를 한다는 것은 있을 수 없는 일이다.

經界一正而萬事畢擧.

民有恒産之固

兵無搜[47]括[48]之弊

貴賤上下 無不各得其職.

是以人心底[49]定 風俗敦厚.

古之所以鞏固維持

數百千年禮樂興行者

以有此根基故也.

後世田制廢 而私占無限

則萬事皆獘 一切反是.

雖有願治之君 若不正田制

則民産終不可恒

賦役終不可均

戶口終不可明 軍伍終不可整

詞[50]訟終不可止 刑罰終不可省

賄賂終不可遏. 風俗終不可厚.

如此而能行政敎者 未之有也.

상공업 진흥

유가들은 대체로 농업 이외에 공상을 억제하는 것이 전통적인 정책이었다. 그러나 반계는 공상의 유용성을 인정했다. 그는 상공인에 대한 착취를 고발하고 상공업의 진흥을 주장했다. 다만 상공업이 과다하면 농업을 해칠 것이므로 세금으로 조절해야 한다고 생각했다. 다만 정해진 세금 이외에는 가렴주구를 일체 폐지할 것을 주장했다. 훗날 성호 이익이 상업의 억제를 주장한 것을 생각하면 그의 주장이 얼마나 근대적인지를 알 수 있다.

47) 搜(수)=索也 聚也.

48) 括(괄)=檢也 會也.

49) 底(저)=止也. 底(지=至也,定也)와 통용.

50) 詞(사)=文也, 告也.

반계수록磻溪隨錄**/권25/속편상**續篇上**/제조**制造

무릇 제조업이 조악하거나, 법도에 맞지 않거나	凡制造之麤惡 不如法者
이용의 기술을 초과한 것은 금했다.	及濟[51]巧過度者禁之.
선왕 시대에	按先王之世
공인들은 일한 만큼 곡식을 받았다.	百工餼[52]餼廩[53]稱事.
무릇 공인들은 모두 정해진 직업이 있었고,	凡爲工匠者 皆有定業
그 일로 먹고 살 수 있었다.	而得食於其事.
또한 부리는 것도 법에 맞지 않는 것은 금지했다.	又從[54]而有不如法之禁.
그러나 우리나라는 법제가 밝지 못하여	我國法制不明
공인들에게 관명을 빙자하여 강제로 만들게 한다.	而以力爲制.
공인들은 정해진 세금은 없었으나	工匠未有定稅
수시로 국문하고 강제 노동을 시키면서	而隨聞[55]勒[56]使
노임도 주지 않는다.	不酬其直[57].

실학사상

반계수록磻溪隨錄**/권1/전제상**田制上**/잡설**雜說

생각하건대 공업과 상업은 없어서는 안 되는 것이니	又按工商之不可無
선비와 농민이 없어서는 안 되는 것과 다를 바 없다.	與士農無異.
다만 공업과 상업이 너무 지나치면 농업을 해친다.	但業之者過多 則害於農.
그러므로 너무 많으면 세금을 무겁게 하여 억제하고,	多則重其稅以抑之
너무 적으면 세금을 가볍게 하여 물화의 유통을 열어야 한다.	少則輕之 以開通貨之路.
각종 공장과 좌판, 행상, 시전과	各色工匠 坐賈行商公廓[58]
선박, 어업, 염업 등의 책임은	船隻[59]漁箭鹽盆之數[60]

---

51) 濟(제)=定也. 事邃也. 利用也.
52) 餼(희)=禾米也.
53) 廩(름)=給也.
54) 從(종)=隨行也. 使也.
55) 聞(문)=問也.
56) 勒(륵)=굴레. 抑制.
57) 直(직)=物價. 値也.
58) 公廓(공곽)=市廛.
59) 隻(척)=物單也.
60) 數(수)=責也.

각각 장부를 만들게 하여 모두 정해진 세금을 거둔다.	各成案藉[61] 皆定常稅 案藉.
각종 공업과 상업은 일 인당 매년 면포 한 필로 한다.	各色工商稅 每年綿布一疋.
또는 돈으로 대납하는 경우는	以錢代納
면포 한 필당 일백이십 문을 표준으로 한다.	每綿布一疋準錢一百二十文.
예컨대 제철업의 경우 이미 일정한 세금을 정한 후에는	旣以鐵冶定稅
공장 부지의 지세를 다시 징수하지 말아야 한다.	則産鐵之場 勿復徵其地稅.
즉 현재의 공과금 일체를 폐지해야 한다.	卽今所斂一切罷之.

동전 화폐

반계는 동전의 주조와 유통을 주장하고 무역의 확장을 건의했다. 서양의 화폐 제도는 리디아에서 BC 700년 직전에 발명되었다고 한다. 그러나 동양에서는 서양보다 1,000여 년 앞서 화폐가 사용되었다. 동양에서 화폐는 상商나라(BC 1766~1046) 상인들의 상업이 성행하면서 발명되었고 조개(貝)를 사용했다. 화폐에 대한 기록은 서주(BC 1122~771) 말기에 보인다. 청동기에 '거백환'이라는 제기(遽伯還簋)를 만들고 그 명문에 "조개 14붕의 거금을 들여 만들었다"라고 기록하고 있다. BC 992년에는 오형五刑을 벌금형으로 대속代贖하는 이른바 여형呂刑이 공포되었다.

청동기 화폐는 동주東周, BC 770~256 때에 만들어진 듯하다. 특히 관자는 인류사상 최초로 화폐 발행을 담당하는 관청을 설치한 바 있다. 또한 묵자墨子, BC 480?~390?는 인류사상 처음으로 '가격론價格論'을 말한 바 있다. 그럼에도 불구하고 유가들은 공맹의 경리 사상을 계승하여 이理와 욕欲을 악惡으로 간주했다. 그러므로 당시에 유사들이 화폐 제도를 말한 것 자체가 혁명적인 발상 전환이었다.

반계수록磻溪隨錄/권8/전제후록교설하田制後錄攷說下/본국전화설부本國錢貨設附

오늘날 교역하는 데 있어 직물을 화폐로 사용하는 것을 감안하면	以今麤布交易觀之
다른 말을 기다릴 것도 없이	則不待他言
반드시 돈이 발행되어야 함은 의심의 여지가 없다.	而知錢之必行無疑矣.
직물을 화폐로 사용하는 것은 유용한 것을	麤布以有用之物
무용한 데 사용하는 것이며	而爲無用

---

61) 案藉(안자)=장부. 藉(자)=籍과 통용.

동전을 사용하면 무용한 물건을 유용하게 사용하는 것이다.

직물은 인력이 많이 소비되고 오래지 않아 마모되어 파괴되지만,

동전은 한 번 만들면 만세에 전해질 수 있으니,

그 이해가 어찌 같을 수 있겠는가?

혹자는 동과 주석은 본국 소산이 아니므로 시행이 어렵다고 한다.

이것은 더욱 그렇지 않다.

동과 주석은 비록 본국의 산물이 아니지만

그것을 수입하는 값이 그렇게 높지 않다.

그러므로 심산유곡의 초가집에 사는 사람도

식기뿐 아니라 동이와 주발도

구리가 아닌 것이 없고,

대소 사찰에는 한결같이 여러 곳에 종이 걸려 있고

한 절에도 종과 경쇠가 부지기수다.

더구나 한 나라의 힘으로 수입한다면

동전을 만드는 데 부족함이 없을 것이다.

나라에 동 광산이 없으므로

백성이 몰래 동전을 만드는 자가 적을 것이니

동전을 유통하는 데 편리할 뿐 불편함이 없을 것이다.

이상과 같이 동전 화폐에 대해 살펴본 바에 의하면

나라의 재용을 충족시키고

민생을 넉넉하게 하는 수단이므로,

나라에서는 반드시 시행해야 하는 것이다.

銅錢以無用之物 而爲有用.

麤[62]布多費人功 而未久耗破

銅錢一成 而萬世可傳

其利害爲如何哉.

或又以銅錫非本國所産爲難.

是尤不然.

銅錫雖非本國之産

而貿之其價不甚高.

故深山窮谷草屋之人

酒食器外如盆[63]椀[64]之屬

無不以銅

大小寺刹或一縣數十餘區

而一寺鐘磬 不知幾何.

況貿以一國之力

而未足於錢貨乎.

國無銅山

故民之盜鑄者小

則便於行錢 非不便也.

按錢貨

所以贍[65]國用

而裕民生 有國之必可行者也

有國之必可行者也.

---

62) 麤(추)=粗野하다.

63) 盆(분)=동이(盎).

64) 椀(완)=주발(小盂).

65) 贍(섬)=足也 富也 給也.

반계잡고磻溪雜藁/분야설分野說

토정 선생은 일찍이 말하기를 우리나라 백성은 가난한데	土亭嘗言 我國民貧
만약 남방에 진출하여 해마다 유구 및 남양과 교류하여	若於南方 歲接琉球南洋
선박으로 몇 차례 왕래하면 풍족하고 넉넉해질 것이라고 했다.	船數三船 可以贍裕.
이 말은 적실한 말이다.	此語誠然.
혹자는 생각하기를 무역로를 열면	或以爲通路
후일에 염려할 일이 없지 않을 것이라고 하지만	不無後日之慮
이는 그렇지 않다.	此不然.
지역적 차이는 크게 동떨어진 것이 아니며,	地分不深遠
일본 여진처럼 이미 교역이 익숙해졌듯이 기피할 것이 없다.	如日本女眞 則已熟通 無可諱者.
유구와 서남양은 형세가 너무 멀어서	若琉球西南洋 則形勢絶遠
병화가 미칠 염려도 없으니 본래 지나치게 염려할 일은 없다.	非兵謀可及 本無萬慮.
황차 나라를 위하여 각자의 진실한 도리로 국가를 다스린다면	而況爲國自有其道 然治國家
장차 먼 나라 사람들도 우리를 경모하고 두려워하게 될 것이니	將遠人慕畏
어찌 허虛하고 실實하다는 이유로 그만둘 것인가?	豈但虛實而已耶.

2장
실 학 사 상
『상호사설』의
이익

◆

 1절. 성호는 누구인가?

이력

이익의 자字는 자신子新이며 호號는 성호星湖다. 그는 2세 때 평안도 유배지에서 남인계로 대사헌을 지낸 부친 이하진李夏鎭, 1628~1682을 여의었다. 또 26세 때는 중형仲兄 이잠李潛, 1660~1706이 상소를 올렸다가 장살당한 일이 있었다. 이익이 죽은 후 신유사옥 때는 이익의 제자인 권철신과 종손인 이가환도 노론에 의해 죽임을 당했다. 안산安山 첨성리瞻星里로 귀향해 벼슬길을 멀리하고 평생 청빈한 야인 생활을 했다.

성호사설星湖僿說/**권23**/**경사문**經史門/**기갈사태**飢渴奢泰

나는 가난한 생활에 익숙하여	余巧於居貧
나물만 먹는 것이 보통이나 고생으로 여기지 않노라!	菜蔌爲常 不知辛苦
시험 삼아 고기를 먹어보고	試以肉味
두 가지를 비교해보아도 어느 것이 좋은지 깨닫지 못한다.	兩咀而較量 亦不覺.
제일 좋은 것은 가난을 편안하게 여기는 마음이다.	其一勝心安苦也.

성호전집星湖全集/부록附錄/권1/행장行狀

성호 선생은 얼굴이 방정하고 모습이 헌걸차며	先生方顏頎身
미목이 형형하여 영기가 사람을 엄습하는 듯했다.	眉目炯然 英氣襲人.
온화하고 순수하며 화평하고 즐거운 듯	溫粹和樂
미소 띤 얼굴은 친근하여 봄바람 불어오는 것 같았고	色笑可親 則春風揚休
곧고 엄정한 말씨는 엄격하면서도	方毅嚴正
맑은 기백이 높고 간결하여 가을 햇살 같았다.	辭氣峻潔 則烈日秋客.

　　성호는 온화하고 중후한 도학자였으며 동시에 백성을 사랑하고 문장에 얽매이지 않고 실질에 충실한 실학자였다. 그의 이러한 양면성은 훗날 문인들이 도학道學적 기풍을 중시하느냐 실학적 측면을 중시하느냐에 따라 좌우파로 갈리게 한다. 다만 그는 도학도 치용을 중시했으므로 창신적으로 해석함으로써 고루하지 않고 개방적이었다. 그는 퇴계를 이자李子로 존숭했으나 율곡의 무실務實 학풍도 계승했다. 이처럼 그는 실학을 중시했지만 도학자였으므로 삶의 자세가 근엄했다. 다음의 글은 그가 주공을 평한 글이지만 그의 삶의 지표였음을 짐작할 수 있다.

성호사설星湖僿說/권13/인사문人事門/주공지재周公之才

공자께서 이르기를 비록 주공의 재품이 훌륭하다 할지라도	孔子曰 雖有周公之才之美
교만하고 인색하면 그 나머지는 보잘것없을 것이다.	使驕且吝 其餘不足觀也.
교만하면 오만하여 남을 능가하려고 하고	驕則傲慢凌駕
탐욕스러우면 인재를 발탁하여 현달시키려 하지 않으니	吝則不肯獎拔通顯
천하의 군자가 머리를 굽히고 나올 자가 있겠는가?	天下之君子 其有屈首冒進者耶.
주공은 그렇지 않았다.	乃周公則不然.
포의의 선비에게 폐백을 들고 찾아가	布之士執贄
스승으로 대한 자가 십이 명이었고,	所師見者 十二人
궁벽한 시골의 가난한 집을 먼저 찾아간 자가 사십구 명이었고,	窮巷白屋所先見者 四十九人
때때로 주공에게 착한 말을 드리는 자가 일백 명이었다.	時進善者百人.
가르치는 선비가 일천여 명이요,	教士者千人
조정에서 벼슬하는 자가 일만 명이니	官朝者萬人
입에 든 밥을 토하고 감던 머리를 틀어쥐고 손님을 맞는 수고로움이	吐哺握髮之勞
이에 이르렀던 것이다.	至於如此.

제2부 락고재제의 경세치용파

이익 李瀷,
1681~1763
온화하고 중후한 도학자
였으며 동시에 백성을 사랑
하고 문장에 얽매이지 않고,
실질에 충실한 실학자였다.

"나는 가난한 생활에 익숙
하여 나물만 먹는 것이
보통이나 고생으로 여기지
않노라! 시험 삼아 고기를
먹어보고 두 가지를 비교해
보아도 어느 것이 좋은지 깨
닫지 못한다. 제일 좋은
것은 가난을 편안하게
여기는 마음이다."

그렇지 않았다면 비록 훌륭한 재주가 있었던들   不然雖有才美

어찌 보잘 것이 있었겠는가?   何足觀哉.

그의 문인 안정복은 스승을 다음과 같이 회고했다.

안정복安鼎福

순암집順菴集**/권20/제문**祭文

선생의 뜻은 강의 독실하며   剛毅篤實 先生之志也

선생의 덕德은 정대 광명하며   正大光明 先生之德也

선생의 학學은 정심 굉박하며   精深宏博 先生之學也

그 기상은 화풍 경운하며   和風景[1]雲 其氣像也

그 금회는 추월 빙호이셨다.   秋月氷壺 其襟懷也.

특히 그는 부친이 연경에서 구입해놓은 많은 장서로 경사經史, 경제經濟, 군사軍師, 문학文學, 천문天文, 역학易學 등을 연구한 대학자였다. 학맥을 따지자면 퇴계 계열이 분명하다. 그는 퇴계의 글에 대해 "한 구절도 배워야 할 말이 아닌 것이 없다"라고 공경했으므로 이를 전하기 위해 『소학질서小學疾書』, 『심경부주질서心經附注疾書』, 『근사록질서近思錄疾書』를 지었고, 『곽우록藿憂錄』, 『사칠신편四七新編』, 『이자수어李子粹語』를 짓고 편찬했다. 여기서 그는 처음으로 퇴계에게 자子를 붙여 '이자李子'라 존칭했다.

그러나 그는 도학에 머물지 않고 실학으로 달려가 반계를 계승했다. 그리고 그의 도학 사상은 순암 안정복으로 이어지고 실학사상은 다산 정약용으로 이어졌다. 특히 성호는 반계와 외육촌이 되고, 지봉의 집안과도 가깝게 교유하는 사이였다. 그러므로 지봉과 반계의 영향을 크게 받았던 것이다.

성호전집星湖全集**/부록**附綠**/권1/채제공**蔡濟恭

생각하건대 우리의 도통은 퇴계이시니   但念吾道 自有統緖退溪

동방의 공자이시다.   我東夫子也.

그 도道는 한강 정구에게 전해지고,   以其道而傳寒岡

한강은 그 도를 미수 허목에게 전했다.   寒岡以其道而傳眉叟.

---

1) 景(경)=빛. 환히 밝다.

성호 선생은 미수를 사숙하고

미수의 학學을 배워 퇴계의 도통과 접했다.

先生私淑於眉叟

學眉叟者 而以接夫退溪之緒

정약용丁若鏞

여유당전서與猶堂全書/**일집시문집**—集言文集/**1권**/**과섬촌이선생구택**過剡村李先生舊宅

도학의 맥이 늦게야 동방에서 시작되어	道脉晚始東
설총이 먼저 문을 열었고	薛聰啓其先
그 흐름은 포은 목은에 이르러	傳流逮圃牧[2]
치우친 동방을 충의로써 제도했고	忠義濟孤偏
퇴계는 주자의 심오한 뜻을 발흥하여	退翁發閩奧[3]
천년 종통의 전승을 얻었으니	千載得宗傳
육경에 다른 해석이 없었고	六經無異訓
백가가 다 함께 현자로 추대했다	百家共推賢
이러한 맑은 기운이 운산에 엉키어	淑氣聚潼關[4]
성호에 계승되니 문운을 빛냈다.	昭文耀剡川[5]
가르치는 의취는 공맹에 가까웠고,	指趣近鄒阜[6]
뜻풀이는 마융과 정현에 근접했다.	箋釋接融玄[7]
어리석고 미천하지만 한 줄기라도 나누어 갖고자	蒙蔀[8]豁一線
깊고 굳은 빗장쇠를 벗기리라!	扃鐍抽深堅
지극한 뜻 나로서는 다 헤아릴 수 없으나	至意愚莫測
그 운동은 은미하고 깊구나!	運動微且淵

47세 때 선공감繕工監 가감역假監役에 임명되었으나 사퇴했다. 83세 때 노직으로 첨지중추부사
僉知中樞府使로 승자되었으나 그해에 졸했다. 저서로는 『맹자』, 『대학』, 『소학』, 『논어』, 『중용』, 『근
사록』, 『심경부주沈經附註』, 『주역』, 『서경』, 『시경』에 대한 '질서疾書'와 『성호사설星湖僿說』이 대표작

---

2) 圃牧(포목)=포은과 목은.

3) 閩奧(민오)=민학(주자학)의 심오함.

4) 潼關(동관)=洛陽에서 長安으로 들어오는 요충 관문. 여기서는 星湖가 태어난 평안도 雲山을 지칭함.

5) 剡川(섬천)=星湖의 고향인 廣州.

6) 鄒阜(추부)=鄒나라의 孟子와 曲阜의 공자.

7) 融玄(융현)=東漢代의 馬融과 鄭玄.

8) 蒙蔀(몽부)=어리석음.

이다. 그 외에 『백언해百諺解』, 『곽우록藿憂錄』, 『사칠신편四七新編』, 『이자수어李子粹語』, 『성호악부星湖樂府』 그리고 『성호문집星湖文集』 및 『성호속집』이 있다.

'질서'는 경을 보다가 깨달은 것을 그때그때 급히 적어둔 것이며, 『성호사설』은 성호가 자기의 견해와 소감들을 적어놓은 노트로 천지天地, 인사人事, 경사經史, 만물萬物, 시문詩文 등을 포함하여 『지봉유설』에 이은 당시 조선의 두 번째 백과전서라 할 수 있다.

『성호사설유선星湖僿說類選』은 안정복이 『성호사설』의 절반 정도만 선발 분류 편찬한 것이다. 『성호문집』은 경상도 유생들이 퇴계 문집을 모방하여 편집한 것으로 진보적인 부분은 제외하고 경전 해설과 시문을 주로 편집 간행한 것이다.

안산시 일동에 있는 성호의 묘소는 1967년에야 성호를 기리는 비석이 세워졌으나 생가는 고사하고 생가의 터조차 흔적도 없이 사라졌고, 묘소 앞 성호 공원에 '해거방축'이라는 시비가 세워져 있어 성호의 선견지명을 말해주고 있다. 화포 갯벌을 막아 옥토로 만들어야 한다는 성호의 바람대로 200여 년이 지난 지금은 시화 방조제가 축조되어 드넓은 갯벌이 육지로 바뀌었다.

성호전집星湖全集/**권4/화포잡영**華浦雜詠/**17수**

해거방축海渠防築

물길 트고 포구 옮겨 방축 쌓으면	穿渠移浦築防潮
짠 기 가셔 벼 자라나니 옥토가 되네!	鹹減禾生盡沃饒
반듯반듯 샛길 내어 새 마을 이루니	聚落仍成居井井
씨 뿌리고 김매기에 걱정이 없네	鋤耰何患莠驕驕
뉘라서 이 산천 골고루 일구어	誰敎山澤無遺利
황무지로 버리는 일 없게 하려나?	可見可蕪免浪抛
바다도 뽕밭으로 쉽게 바뀌리니	碧海桑田容易變
좋은 계책 민초에게 물어 이루세!	良謀輸與訪芻蕘

제2부 락고개제의 경세치용과

〈태극일원론太極 一元論〉

성호 이익은 성리학자로서 퇴계를 우리나라 학문의 비조로 받들었다. 그러나 그는 맹목적으로
성리학에 안주하려 하지 않았다. 어디까지나 비판적 태도를 견지했다.

성호사설星湖僿說**/권21/경사문**經史門**/유문금망**儒門禁網

『대학』경 일 장 주에	大學經一章注
"지어지선지지 止於至善之地 이불천而不遷"이라 했는데	"止於至善之地而不遷"
지止 자는 바로 지至 자를 잘못 쓴 것인데,	此止字卽至字之誤
고금의 선비들은그것을 살펴 발견해내지 못하면서도	今古諸儒皆不能看得出也
다만 한 글자라도 의심하면 망발이라 하고,	但曰 一字致疑則妄也
서로 대조 참고하는 것도 죄라고 한다.	考校參互則罪也.
주자의 글도 그러할 지경이니 경전이야 어떠하겠는가?	朱子之文尚如此 況古經乎.
그래서 우리의 학문은 우둔함을 면하기 어려운 것이다.	東人之學 難免魯莽[9]矣.

성호는 자연 과학에 많은 관심을 가지고 탐구했다. 그러므로 전통적인 이기론과 근대 과학이
일치되지 않는 것을 알고 있었다. 그렇다면 이기론을 폐기했어야 옳다. 그럼에도 불구하고 이기
론을 끝까지 버리지 않고 연구한 것은 무엇 때문인가? 그것은 아마 이기론을 근대 과학과 일치
되게 해석할 수 있을 것이란 희망을 버리지 않았기 때문일 것이다. 그러면 그의 노력이 실패했는
가? 그래서 우주를 설명하려는 형이상학을 포기했는가? 그렇지 않다면 성호는 반드시 새로운 이
기론을 정립했다고 보아야 할 것이다. 그러면 그것은 무엇인가? 그러나 아쉽게도 이 점에 대해
종합적이고 체계적인 설명을 주지 않고 있다.

학자들은 그가 주자나 퇴계를 해석한 것으로 그의 이기론을 짐작하려 한다. 여기에서 혼란이

---

9) 魯莽(노망)=재질이 무딤.

일어나고 있는 것이다. 그것은 어디까지나 주자와 퇴계의 이기론일 뿐, 거기에서 성호 자신의 이기론을 구분해내기는 쉽지 않기 때문이다. 또한 그의 이기론은 끝없이 수정되고 다듬어지고 발전되었을 것이지만, 스스로 자기의 최종 결론을 정리하지 않았기 때문이다.

다만 여기서 분명한 것은 성호도 여전히 존재 법칙인 소이연所以然과 당위 법칙인 소당연所當然을 구분하지 않는 성리학적 전통을 고수하고 있다는 점이다. 이것은 필자가 누누이 지적한 것처럼 동양적 특색이며 문제점이기도 하다. 그것은 그들이 우주론 또는 이기론이란 학문은 자연 질서에 대한 객관적 학문이 아니라 인간의 도덕적 사회 질서에 봉사해야 한다는 고정 관념에서 벗어나지 못하기 때문이다. 그들은 천지자연은 가장 선하고 도덕적이며, 인간 사회도 이러한 자연의 질서에 따라 움직여야 하며, 인간은 천지의 마음을 품부받은 가장 신령스러운 존재라는 기본 관념을 벗어나려 하지 않는다. 당시 학자들에게는 도덕적 표상인 천天을 설명할 수 없는 학문은 존재할 수 없었던 것이다.

우선 기존 이기론의 개념들에 대한 성호의 입장을 정리해보기로 하겠다.

◆ **태극생양의**太極生兩儀
- 태극이 음양을 낳는다는 「태극도설」의 테제를 중심 원리로 삼는다.
- 따라서 태극은 이理와 기氣를 모두 내포한다.
- 그러므로 이理가 기氣를 낳는다는 이일원론理一元論을 부인한다.

◆ **이기불상리**理氣不相離
- 이理와 기氣는 서로 분리되지 않는다는 테제를 중심 원리로 삼는다.

◆ **이기불상잡**理氣不相雜
- 이理와 기氣는 서로 섞이지 않는다는 테제를 인정하지 않는다.
- 이것은 '이기이원론理氣二元論'을 부인했음을 의미한다.

◆ **이동설**理動說
- 그는 기동氣動과 아울러 이동理動도 인정한다.

◆ **이선설**理先說
- 소이연所以然으로서 이理가 기氣에 앞선다는 의미는 인정하지만, 주자처럼 이理가 기氣에 앞서 홀로 존재한다는 의미는 아니다.

◆ **주기**主氣 **주리론**主理論 **반대**
- 천지간에 모든 사물은 기氣 아닌 것이 없다. 이것은 이미 고자가 말했다.
- 또한 천지만물은 이理 아닌 것이 없다. 이것은 이미 맹자가 말했다.
- 그러므로 주기主氣 주리主理의 대립은 쓸모없는 논쟁에 불과하다.

그러함에도 불구하고 성호의 이기론을 '주기론主氣論'으로 설명하는 학자가 많다. 성호가 퇴계의 주리론을 계승했다는 것이다.

성호전집星湖全集/권15/서書/답심반사答沈拌事

태극에 동정動靜이 없다고 말하지만 아마 그렇지 않은 것 같다.	且謂太極無動靜 恐是不然.
대저 동정하는 것은 기氣이고,	夫能動者氣也
동정하게 하는 원인은 이理다.	而所以動靜則理也.
만약 처음부터 동정의 이理가 없다면	若初無動靜之理
기氣가 어찌 저 혼자 운동할 수 있겠는가?	則氣何自有此乎.
진실로 이理가 동정動靜에 관여하지 않는다면	苟或其動其靜理無與焉
이것은 마치 장수 없는 졸개와 같을 것이니,	是無帥之卒
제멋대로 운행하고 질서 없이 달아나	恣行狂走
그치고 머물 곳을 모를 것이니 그것이 옳은 것인가?	無所止泊 其可乎.

사칠신편四七新編

움직임으로 보면	由動而看
이理와 기氣는 선후가 없다고 말할 수 있으나	則理與氣無先後之可言
고요함으로 보면	由靜而看
반드시 앞서 이理의 운동이 있고 난 연후에	必先有動之理
기氣가 비로소 운동이 시작된다.	而後氣方始動.

성호전집星湖全集/권14/서書/답권태중答權台仲

모든 운동에는 이理가 먼저이니,	凡動皆理先也
아마 기氣가 먼저 운동하면	恐無氣先
이理가 그것을 뒤따르는 도리는 없을 것이다.	而理方隨後之道也.[10]

그러나 주리론과는 양립할 수 없는 어록도 많다. 그래서 성호의 이기론을 '주기론主氣論'으로 설명하는 학자도 있다. 그것은 그가 과학 지식을 접하면서 그 영향으로 실증적인 태도로 바뀌어 당

---

10) 이는 율곡의 "氣發理乘 一途說"을 반대한 것이다.

초의 주리론을 수정하고 주기론으로 선회했다는 것이다.

성호사설星湖僿說/권5/만물문萬物門/원기元氣

무슨 생물이거나 처음 생겨날 때는 원기를 타고 나는데,	物生氣稟元
길고 짧은 운명이 있다.	有長短之數.
풀은 불과 일 년,	如草不過一歲
사람은 불과 백 년인 것과 같은 것이다.	人不過百年之類是也.
태어나 성장하고, 성장하면 노쇠하고,	生而長 長而衰
노쇠하면 죽는다.	衰而死.
각각 품부받은 한도가 있으므로 이를 원기라고 한다.	各有所稟之限 是謂元氣也.
천지도 마찬가지다.	天地亦然.
천지에 가득 찬 것이 원기 아님이 없지만	盈於兩間者 莫非元氣
이것 또한 쇠하여 그치는 시한이 있는 바,	而亦必有衰息之時
그것은 십이만 구천육백 년이	其十二萬九千六百年
곧 하나의 큰 한도다.	卽一大限也.

밤이 서늘하고 낮이 따뜻한 것은 해가 들고 나기 때문이지	夫夜涼晝溫 由日之出入
원기가 변해서 그런 것이 아니다.	非元氣之變也.
겨울이 춥고 여름이 더운 것은 해가 멀고 가까운 때문이지	冬寒夏熱 由日之遠近
원기가 변해서 그런 것이 아니다.	非元氣之變也.
추위와 더위가 서로 교체됨에 따라 온갖 물질이 생겨나는데	寒暑相推 而物生其間
이것은 원기가 쌓여 엉키고 길러서 자라게 한 것이다.	這元氣絪縕亭毒.
정기가 모이면 육성되고 정기가 흩어지면 소멸하지만	精聚而化醇 精散而漸滅
천지의 원기 속에서 벗어나지 않으며	不離於天地元氣之內
서로 통하지 않음이 없다.	無不相通.

성호사설유선星湖僿說類選/권1/하下/귀신혼백鬼神魂魄

무릇 천지간에는 기氣 아닌 것이 없다.	凡盈天地間者 莫非氣也.
그러나 그것이 응결하여 사물이 된 것은	然其融結爲物
곧 기氣의 정령이다.	卽氣之精靈.

이것을 이른바 "정기가 사물이 된다"라고 말한다.　　　　　　　　此所謂精氣爲物.

성호전집星湖全集/**권29**/서書/**답한여관**答韓汝寬

천지는 형체의 표준이다.　　　　　　　　　　　　　天地者 有形之儀也.

천지가 생기기 전에는 단지 이理만 있고 기氣는 없었는가?　二儀未生之前 只有理 還無氣耶.

아니면 천지가 서로 기다리며 분리되지 않은 채　　　抑二物相須不離

형체 이전에 다 갖추고 있다가　　　　　　　　　悉具於有形之前

기가 성형될 때 이理 역시 갖추어지는 것인가?　　　氣以成形 而理亦具也耶.

이른바 태극도설에서 태극이 양의를 낳는다고 한 말은　其所謂太極生兩儀者

기가 형체를 이룸에　　　　　　　　　　　　　凡氣之成形

이理가 작용하지 않음이 없다는 것을 말한 것이지　　莫非理之所爲故云爾

천지가 생기기 이전에 처음에 기라고 할 만한 것이 없다가　非謂兩儀之前 初無氣之可指

이理로부터 생겨났다는 것을 말하는 것은 아니다.　　而直從理生出來也.

　혹자는 성호가 만년에 갈수록 형이상학에 대한 혼란에 빠져 있었다고 보는 견해도 있다. 만년에 손질한 것으로 보이는 『역경질서易經疾書』에는 도道와 기器 개념을 이용하여 도를 형이상의 이理로 보았고, 기器를 형이하의 질質(氣)로 보았고, 그 중간에 형形이 있는 것으로 설명하고 있다. 그런데 그 '형'의 개념이 『주역』의 '상象'처럼 일반적인 겉모습을 뜻하는 형상으로 읽어야 하는지 아니면 플라톤Plant, BC 428~347?이 말한 이데아와 비슷한 개념으로 말한 것인지 모호하며, 또한 그 '형'이 이理인지 아니면 기氣인지 분명하지 않다. '형기形氣'라고 한다면 기器의 개념과 같은 것인데, 그러나 방안의 화로에 불이 꺼져도 온기가 남아 있는 것은 기운어 점점 흩어지기 때문이라는 설명과 기氣는 불멸이라는 규정과는 맞지 않다. 만약 불멸의 이데아라면 이理라고 말해야 적합할 것이다. 또한 '형'을 이理도 기氣도 아닌 제3의 요소로 보는 것 같으나 그렇다면 이기론을 벗어나는 것이 된다.

성호전집星湖全集/**역경질서**易經疾書

'형形'이란 만물의 방원 곡직　　　　　　　　形者物之方圓曲直

대소 장단과 같은 것이다.　　　　　　　　　大小長短之類是也.

이 '형'으로부터 형이상을 추론하면 이理를 얻고,　由是而上推 則有理

그 이理는 도道다.　　　　　　　　　　　　　理者道也.

이 '형'으로부터 형이하를 살펴보면 질質을 얻는데	由是而下察 則有質
그 질은 기器다.	質者器也.
도란 이理가 유행하는 것이고,	道者理之流行也
기란 질료를 받은 것이다.	器者質之有受也.
그리고 '형'은 그 사이에 있다.	而形居其間也.
무릇 눈으로 사물을 보는 것은 '형'을 위주로 한다.	凡目之見物以形爲主.
기氣는 천天에서 비롯되고	氣始於天
질質은 지地에서 갖추어진다.	質具於地.
그러므로 기는 하늘을 뿌리로 삼고	故氣者本乎天者也
질은 땅을 뿌리로 삼는다.	質者本乎地者也.
그러므로 기는 '형이상' 아닌 것이 없고	是以氣無不上
질은 '형이하' 아닌 것이 없다.	質無不下.

그러므로 여기서는 성호의 이기론을 잠정적으로 이원론理元論과 기원론氣元論을 통합한 '태극太極 일원론一元論'으로 이해하고자 한다. 그 주된 이유는 그가 누차 주리主理 주기主氣를 다 옳다 말하고 퇴계의 '이기호발설理氣互發說'에 찬동하기 때문이다. 또한 그는 '이기불상리理氣不相離'를 강조할 뿐 '이기불상잡理氣不相雜'을 인정하지 않으므로 이원론이라고는 말할 수 없기 때문이다.

태극은 이理와 기氣가 혼융되어 있는 태초를 이름 붙인 것이다. 그렇다고 이기보다 태극이 먼저 있었다는 것은 아니다. 태극, 이理, 기氣는 이름이 다를 뿐 하나이므로 선후의 문제가 있을 수 없다. 운동의 측면에서 보면 이기의 통합체인 태극이 발현되면 인간은 이理의 모습으로 보이기도 하고 기氣의 모습으로 보이기도 한다는 것을 의미한다.

위와 같은 결론은 잠정적인 것이다. 이익의 존재론은 학자들의 연구가 더욱 축적되어야만 그 정확한 모습이 밝혀질 것이다.

성호사설유선星湖僿說類選/권2/상上/논학문論學門

태어난 것을 성性이라 말한다.	生之謂性.
고자로부터 시작하여 맹자를 거치면서	出於告子 已經孟子
이미 충분히 논의되었다.	戡[11]破.

---

11) 戡(감)=堪(감)과 통용. 克也.

정자는 오히려 도道의 체體를 정확히 보지 못한 것 같다.　　程子若不的見道體.

진실로 이 문제는 다시 말할 필요가 없다.　　固不敢復道此也.

그때 맹자는 '주리主理'를 말하고 고자는 '주기主氣'를 말했는데,　　當彼時孟子主理 告子主氣

태어날 때부터 이理와 기氣가 합쳐진 것이니,　　生則理與氣合

주리설도 맞고 주기설도 맞는 것이다.　　主理說亦得 主氣說亦得.

성호전집星湖全集/**권13/서**書/**답권태중**答權台仲

물헌勿軒 웅씨는 "태극은 정미하고 근본이며,　　熊氏謂太極爲精爲本

음양은 조악하고 말단이다"라고 말한다.　　陰陽爲粗爲末.

이것은 의심스럽다.　　固是可疑.

한편 율곡은 모든 것을 음양에 통합 귀속시키는데(主氣論)　　而栗谷都屬之陰陽

역시 치우친 잘못이 있다.　　亦失之偏.

음양은 위치가 다르고 동정은 때가 다르지만　　陰陽異位 動靜異時

태극에서 분리 될 수 없다.　　而不離乎太極.

그런즉 음양에 정조 본말이 있다면　　則陰陽之有精粗本末

이것은 태극에 정조 본말이 있기 때문이다.　　由太極之有精粗本末也.

만약 이理가 이와 같지 않는데　　若理不如此

기氣가 어찌 스스로 이와 같겠는가?　　氣何自而有是.

성호사설星湖僿說/**권3/천지문**天地門/**물각태극**物各太極

북계 진순陳淳은 만물은 각각 하나의 태극이라고 논증하여　　陳北溪論 物各太極

이르기를 "하나의 큰 덩어리의 둥근 수은이 흩어지면　　曰如一大塊 水銀恁地

수많은 작은 덩어리가 되지만 모두 각각 둥글며　　圓散而爲萬萬小塊 箇箇皆圓

반대로 수많은 작은 덩어리를 합치면　　合萬萬小塊

다시 하나의 큰 덩어리로 복원되어　　復爲一大塊

여전히 둥근 것과 같다"라고 말한다.　　依舊又恁地[12]圓.

그러나 통일체인 태극은　　然統體太極

나뉘어져 만 가지로 달라지는 것이 아니며,　　非分爲萬殊

반대로 만 가지로 달라진 태극을　　萬殊太極

---

12) 恁地(임지)=이러한. 어떠한. 이렇게. 恁(임)=思也. 如此.

합쳐 통일체로 환원할 수 없으니	非合爲統體
이치가 다르다고 해야 한다.	於理爲差.
진기수는 이르기를	陳幾叟謂
"달이 만천하 냇물에 비치면	月落萬川
곳곳에 둥근 달이 있는 것 같다"고 말했다.	處處皆圓.
그러나 천상의 달은 참된 몸이 있으나	然天上是眞身之月
물속의 달은 광영에 불과할 뿐 실체가 아니므로	波水中不過光影無實
구름이 가리면 사라지고 물이 흐려지면 사라지니	雲蔽則滅 水濁則滅
이것에 대해서는 이미 퇴계가 명확하게 논변해놓은 바 있다.	此則退溪已有明辨矣.

인성론

185

성선론

성호는 인성人性에 대해서는 공자, 자사, 맹자, 주자, 퇴계로 이어지는 정통을 그대로 계승한다. 그러므로 성호의 인성론을 읽으려면 이들에 대한 기억을 정리해야 한다. 성호는 『주역』 「계사전」 을 공자가 지은 것으로 믿고 이를 정통으로 인정한다.

주역周易/계사전繫辭傳/5장

한 번 음陰하고 한 번 양陽하는 것을 도道라고 말한다.	一陰一陽之謂道.
그것을 발현하는 것은 선善이요,	繼之者善也
그것을 갖춘 것은 성性이다.	成之者性也.

주역본의周易本義

음양이 갈마들며 운동하는 것은 기氣요,	陰陽迭運者 氣也
그 기氣 운화運化의 이理를 도道라고 한다.	其理則所謂道.
도는 음陰으로 갖추고 양陽으로 운행한다.	道具於陰 而行乎陽.
'계繼'라 한 것은 그 발현을 말한 것이고,	繼言其發也

'선善'이라 한 것은 화육지공을 말한 것이므로 양陽의 일이다.	善謂化育之功 陽之事也.
'성成'이라 한 것은 그 갖춤을 말한 것이고.	成言其具也
성性이라 한 것은 사물이 받은 것을 말한 것이다.	性謂物之所受.
그러므로 물건이 태어날 때부터 성性이 있다고 말하는 것이며,	言物生則有性
각각 갖추는 것이 도道이니, 음陰의 일이다.	而各具是道也 陰之事也.

중용中庸

천天이 부여한 것을 성性이라 말하고,	天命之謂性
성을 따르는 것을 도道라 말하고,	率性之謂道
도를 닦는 것을 교敎라 말한다.	修道之謂敎.

따라서 그는 '성무선악설性無善惡說'을 반대한다. 그는 동중서에 대해 그의 성론性論을 인정하면서도 일부 '성무선악설'에 가까운 발언이 있음을 비판한다. 그러면서도 성삼품설을 비판할 때는 '성무선악설'을 긍정하는 듯도 하다. 이처럼 그의 인성론은 착종이 심하다. 그것은 도학을 버리지 않고 실학을 한다는 것이 한계가 있음을 보여주는 사례일 것이다.

성호사설星湖僿說/권19/경사문經史門/동자논성董子論性

(유교를 창립한) 동중서께서 이르기를	董子曰
하늘의 명령을 천명이라 하고,	天令之謂命.
명命은 성인이 아니면 실행할 수 없으며,	命非聖人不行
질박을 성性이라 하고, 성은 교화가 아니면 이루어지지 않으며,	質朴之謂性 性非敎化不成
인욕을 정情이라 하고, 정은 제도가 아니면 절제할 수 없다고 했다.	人欲之謂情 情非制度不節.
이 말은 주자의 『강목綱目』에 실려 있으며 유술이 취한 것이다.	此載諸綱目 儒術之所取也.
성이란 하늘에서 받은 이理이며,	性人所受之理
이理도 역시 하나의 물건이므로 질박하다고 말하며,	理亦一物 故謂之質朴
성의 욕심을 정이라 하지만 이는 탐욕을 이른 것이 아니다.	性之欲謂之情 非貪欲之謂也.
이렇게 해석해야 결점이 없을 것이다.	如此看故無害.

또 『춘추번로春秋繁露』 「실성實性」 편에서 말하기를	乃春秋繁露實性篇云
선善은 쌀과 같고, 성性은 벼와 같으니	善如米 性如禾

벼는 비록 쌀을 산출하지만, 벼를 쌀이라 할 수 없고, 禾雖出米 禾未可謂米

성이 선을 만들어내지만 성을 선이라 할 수 없다. 性雖出善 性未可謂善.

쌀과 선은 사람이 하늘의 뜻을 발현하여 밖에서 이루는 것이며, 米與善 人之繼天 而成於外也

하늘이 행하는 범위 안에 있는 것이 아니라고 했다. 非在天所爲之內也.

또 이르기를 又云

하늘이 할 수 있는 것은 고치와 삼에 그칠 뿐, 天之所爲 止於繭麻

이로써 실을 잣고, 베를 짜거나 성으로 선을 만드는 것은 以繭爲絲 以麻爲布 以性爲善

성인이 하늘을 발현하여 잘 진전시키는 것이며, 此聖人所以繼天而進也

성정 질박만으로 능히 이를 수 없는 것이라고 했다. 非性情質朴之能至也.

이것은 분명 '성무선악설'을 근본으로 삼은 것이니, 此分明 是性無善惡之說所祖然

큰 근원은 하늘에서 출현함을 비록 알았지만, 則雖知大原之出於天

선을 발현하는 것은 성이 이루는 것임을 몰랐으니 而不知繼善之爲成性

도道를 알았다고는 말할 수 없을 것이다. 不可謂知道也.

다만 의義를 바르게 하고 도를 밝힌 몇 구절이 탁월하니, 惟正義明道數句語意卓然

그를 다시 고쳐 평가할 필요는 없다 하겠다. 不可改評.

이처럼 성호는 성선설性善說을 당연히 지지한다. 성性의 문제는 이미 순임금의 "인심은 위태롭고 도심은 희미하니 중中을 잡으라!"라는 말로 모두 해결되었고, 이를 맹자가 다시 성선설로 정리한 것뿐이라고 주장함으로써 성리학의 지리한 설명을 사족으로 치부했다.

성호사설유선星湖僿說類選/권2/상上/논학문論學門

인간의 본성이 선한 것인가 악한 것인가의 문제는 性之善惡

맹자와 순자 이래 오히려 놀라고 의심하게 되었다. 孟荀以來 猶瞠[13]然爲疑.

비유하자면 밝은 진주가 조개의 태 안에서 자라는 것과 같다. 比如明珠養在蚌胎.

이것이 갓난아기의 마음이다. 是赤子心也.

그것이 사람이 채취하면서 온갖 진흙과 모래가 묻고 더러워져 至於採在人手 百種泥沙點汙

광채가 맑지 못한 것이 대체로 인심이다. 而光彩不渝 是大人心也.

진흙으로 더럽혀지는 것이 어찌 밝은 진주의 죄이겠는가? 點汙泥沙 豈明珠之罪也.

성선설은 비록 맹자에 의해 비롯되었다고 하지만 性善之說 雖肪於孟子

13) 瞠(당)=直視貌 警視貌.

기실은 순임금이 말한   其實舜有危微執中之論

인심유위"人心惟危 도심유미道心惟微 충집궐중允執厥中"을

맹자가 드러내 밝힌 것이다.   而孟子發揮之歟.

사람은 태어나면서부터 욕구가 있다.   人生而有欲.

땅에 떨어지자마자 배고파 우는 것은   墜地便飢 這飢也

인심人心에 함유된 것으로   是人心之合有者

도심道心의 절제를 받지 않은 것이지만   不待道心之節制

어찌 선하지 않다고 하겠는가?   而何嘗有不善.

사람이 악을 저지르게 됨은 인심에 얽매인 것이지만   人心歸咎於惡者 只係人心

본래 인심의 최초 근원은 불선이 없다.   而人心之最初原頭 無有不善.

그런즉 불선은 인욕이 발동해 생기는 것임을 알 수 있다.   則知不善縱人欲熾[14]蕩而生也.

성삼품설 비판

성호는 위에서 언급한 것처럼 동중서와 한유韓愈, 768~824의 성품 학습설을 부인하는데, 성삼
품설性三品說을 말할 때는 성학습설性學習說을 지지하는 모순된 모습을 보인다. 그의 논지는 공자가
이미 상지上知 하우下愚는 변하지 않는다고 말했으니, 그 밖의 대부분의 중인은 선악이 정해지지
않고 환경에 따라 달라진다고 해석한다. 이는 상지와 하우는 성품이 바뀌지 않지만 중인의 성품
은 바뀌어질 수 있다는 것이므로 모순되는 것 같다.

　　또한 본성이 악하고 선해서가 아니라 이기심에 따라 선하기도 하고 악하기도 하다고 설명하는
데 이는 분명히 성무선악설이며 결국은 묵자의 성학습설과 같은 것으로 귀결된다.

성호사설星湖僿說/**권13**/**인사문**人事門/**선악부정**善惡不定

공자가 상지와 하우는 옮겨지지 않는다고 했으니   子曰 上智下愚不移

이 두 가지 품급 이외에는 모두 옮겨질 수 있다는 뜻이다.   非此二品皆可以轉移也.

매양 사람을 시험해보면 중인의 성품은   每驗之於人 中人之性

본래부터 미리 정해진 것이 아니라   非有以素定

---

14) 熾(치)=火盛也. 埴과 통용.

이익과 명예로 인하여 점차 딸려 들어가는 것이다.　　　　率因利與名 而駸駸入也.

혹 우연히 한 가지 선善을 행하면　　　　或偶行一善

곧 스스로 좋아하는 마음이 생기고　　　　便起自好之心

사람들이 모두 추앙하므로　　　　人亦推而揚之

흥기되어 선을 점차로 더 하게 된다.　　　　因以興動 稍稍增重.

혹 불의를 범하면 사람들이 비루하게 여기므로　　　　或偶把不韙 人亦鄙之

선으로 향하는 뜻이 게을러지고　　　　於是向善意怠

격노하여 비난하면　　　　激怒遂非

오히려 점점 악을 행하여 꺼리지 않게 된다.　　　　則稍稍爲惡而不憚.

오! 참으로 두려운 일이다.　　　　嗚呼可懼.

성호사설星湖僿說/**권13/인사문**人事門/**종군자법**種君子法

벼 심은 데 벼 나고 보리 심은 데 보리 날 뿐　　　　種稻得稻 種麥得麥

벼를 심어 보리를 얻는 자는 없다고 말한다.　　　　未有種稻得麥者也.

나라에서 군자를 심는 것도 이와 같다면　　　　國之種君子 亦猶是也

소인을 심어놓고 군자가 자라게 하는 이치가 있겠는가?　　　　種小人而待君子之成 有是理哉.

군자를 심는 것은 어떻게 하는가?　　　　種之奈何.

북돋우고 기를 뿐이다.　　　　培之養之而已.

천하에 도道가 있으면　　　　天下有道

천하가 덕德을 따르므로 간사한 말이 나타나지 않아,　　　　則德從天下 邪說隱伏不見

선비가 모두 착한 일을 하는 데 분발할 것이니　　　　士皆奮於爲善

이것을 씨앗을 뿌린다고 한다.　　　　是爲種之也.

공자가 말하기를 중인 속에 고요를 등용해 심어놓으니　　　　子曰 選於衆擧皐陶

불인자不仁者가 멀리 달아났다고 한다.　　　　不仁者遠矣.

후세의 다스림은 모두 소인들만 심어놓고서　　　　後世之治 莫非種小人

참소와 아첨을 좋아하고 권장하며 상을 주니　　　　悅讒佞而勸賞之

비록 곧은 도道가 있더라도　　　　雖有直道

굽은 것에 배척받고 해를 당한다.　　　　便爲其擯害.

경전에 이르기를 군주는 신하를 예禮로 부린다고 했다.　　　經曰 君使臣以禮.

예禮란 법도에 순종하고 성왕의 말씀을 한결같이 따르는 것이다.　　禮者循循法度 一聽於聖王之訓.

그것을 어기면 제거하고 합당하면 권면하는 것이다.　　　違者去之 合者獎之.

이것이 사람들을 부득이 군자가 되지 않을 수 없게 하는 방법이다.　是使人不得已爲君子之術也.

설사 재주와 성품이 반드시 참되고 순수하지는 못하더라도　　說或其才性未必眞純

군자의 자리에 앉아 군자의 행실을 힘쓰며　　　居君子之位 勉君子之行

끝까지 순수하지 못함을 들어내지 않는다면　　　始卒不見綻露

군자가 되기에 방해되지는 않을 것이다.　　　不害爲君子也.

성즉리

성호는 성리학의 대명제인 '성즉리性卽理'를 받아들인다. 그러나 이理와 성性은 서로 환원되는 것이 아니라고 말한다. 이理는 전체인 천天의 원리요, 성性은 형체인 기氣에 내재한 개개 사물의 이理일 뿐이라는 것이다. 이것은 성리학에서는 중대한 문제다. 이는 성선설에 중대한 수정을 요구한다. 즉 인간의 성性은 선하다고만 할 수 없기 때문이다. 또한 이는 율곡의 '이통理通'을 부정하는 것이 된다.

성호전집星湖全集/중용질서中庸疾書

이理는 공공의 이름이고,　　　理是公共之名

성性은 형체인 기氣에 내재한 이理다.　　性是墜在形氣者.

성호사설星湖僿說/권24/경사문經史門/생지위성生之謂性

이성理性의 선악善惡

"생득한 것을 성性이라 한다"라는 말은 고자에서 나온 말이다.　　生之謂性 出於告子.

당시 맹자는 주리를 말하고, 고자는 주기를 말한 것이다.　　當彼時 孟子主理 告子主氣.

생득한 것은 이理와 기氣가 합한 것이니　　生則理與氣合

주리설도 맞고 주기설도 맞다.　　主理說亦得 主氣說亦得.

그런데 맹자는 위주爲主로 말하는 것을 옳지 않다고 배척했다.　孟子特斥其所主言者不是也.

정자는 이미 생득을 성性이라 말하고 이어 말하기를　　程子旣云 生之謂性 繼之云

사람은 기氣로 태어나는데 이理에 선악이 있다고 말했으니,　人生氣稟 理有善惡

그가 말한 이理라는 글자는 합合이라는 글자의 뜻이다.

이理에 어찌 악惡이 있다 했겠는가?

그것은 당연히 선악이 있다고 말한 것이다.

그러나 만약

천리에 선악이 있다고 말한다면 온당하지 못한 까닭에

주자는 "이천의 말도 미진한 점이 있다"라고 한 것이다.

대체로 성은 기품 이후의 일이기 때문이다.

『주역』에 한 번 음陰하고 한 번 양陽하는 것을 도道라고 하고,

그것을 그대로 발현하면 선善이고

그것을 그대로 이루면 성이라 했으니,

발현함이 비록 선이라 하더라도

갖춘 것 또한 어찌 음양의 일이 아니겠는가?

此理字卽合字意.

理何嘗有惡.

謂當有善惡也.

若曰

天理有善惡則未穩當

故朱子謂伊川說 得亦未甚盡.

蓋性是氣禀以後事.

易曰 一陰一陽之謂道

繼之者善

成之者性

繼之雖善

成之豈不是陰陽中事歟.

본연지성 기질지성

따라서 정주 이래 성리학의 전통인 성性을 본연의 성(本然之性)과 기질의 성(氣質之性)으로 나누는 것을 반대한다. 본연의 성이라고 말하는 것은 성이 두 가지가 있는 것이 아니라 기질의 성의 본원인 이理를 말하는 것뿐이라는 것이다. 즉 이理가 기질에 담기면 성이라 부르는 것이므로, '본연지성'이란 이理를 지칭하는 것일 뿐 별도의 물건이 아니며, '기질지성'이란 성性을 설명하는 말일 뿐 성이 두 개가 있다는 말이 아니라는 것이다. 이는 율곡의 발명이라고 자랑하는 이른바 '이통기국설理通氣局說'의 근거를 부정하는 것이기도 하다.

성리대전性理大全/권30/성리性理/권2/기질지성氣質之性

주자께서 가로되 천지의 성性과 기질의 성이 있다.

천지의 성이란 곧 천지 본연의 생성이니,

만 가지 다른 것들의 하나의 근본이다.

기질의 성이란 음양 이기二氣가 교대로 운행하여 생기니,

하나의 근본이지만 만 가지로 다르다.

朱子曰 有天地之性 有氣質之性.

天地之性 則天地之本然之妙

萬殊之一本也.

氣質之性 則二氣交運而生

一本而萬殊也.

(퇴계가 말했다.)

정情에 사단칠정의 구분이 있는 것은,

성性에 본연지성과 기질지성이 다른 것과 같다.

그렇다면 성에 있어서는 이기理氣로 구분해서 말하면서도,

정에 대해서는 유독 이기로 구분해서 말하면 안 된단 말인가?

情之有四端七情之分

猶性之有本性氣稟之異也.

然則旣於性也 旣可以理氣分言之

至於情獨不可以理氣分言之乎.[15]

(성호가 말했다.)

삼가 생각하건대

사실은 정情에 사단과 칠정의 구분이 있는 것과

성性에 본연의 성과 기질의 성이 있는 것과는 달라 같지 않다.

본연의 성과 기품의 성은 두 가지 성이 아니다.

혹 기품과 합해서 말하거나 혹 기품을 발라내서 말한 것이다.

하나는 이理만을 단언한 것이고

하나는 이기를 겸해서 말한 것이어서

본래 대립하는 물건이 아니지만,

정에 있어서는 분명히 두 개의 길이다.

성은 하나지만 혹은 이렇게 발하고 혹은 저렇게 발하니

어찌 두 길이 아니겠는가?

말을 타는 비유로 말한다면

사람이 스스로 나아가는 일도 있고,

말을 따라서 나가는 일도 있다.

사람은 하나지만 일은 두 가지다.

이 일과 저 일을 대립시키는 것은 옳지만

사람과 '말을 탄 사람'을 대립시키는 것은 옳지 않다.

謹按

其實情之有四七之分

與性之有本然氣稟 差不同.

本然之性 與氣稟之性 非二性也.

或與氣稟合言之 或剔去氣稟而言之

一則單言

一則兼言

本非對立物也

至於情分明是二路.

性一也然 而或如此而發 或如彼而發

則豈非二路也.

以乘馬說論

則人有自出之事

人有因馬出之事.

人雖一也 而事則二也.

以此事對彼事則可

若獨擧人與乘馬之人 對說則不可也.

성호전집星湖全集/권15/**서**書/**답홍량경**答洪亮卿

이理가 사물에 품부되는 것으로 말하면

오직 기질의 성性만을 말할 수 있다.

從理在物上說

則只須言氣質之性.

---

15) 『退溪文集』권16 答奇明彦論四七(第1書) 참조.

대저 본연의 성性이라고 하는 것은　　　　　　　　　夫本然者

기질의 성 이외의 별도의 물건이 아니다.　　　　　　非氣質之性之外 別有其物.

다만 기질의 성 중에서 그 본체를 지칭한 것뿐이다.　就氣質中 指出本體也.

심心

심心을 성정이 통합된 것으로 보는 점에서는 기존 성리학과 다를 바 없다. 그러나 성호는 인식과 의리, 정신과 심을 구분하려고 한다.

　　첫째, 우선 "사람이 다른 만물과는 달리 밝은 인식을 가지는 것은 무엇 때문인가?"를 묻는다. 성호는 사람만이 영험한 마음을 가지고 있기 때문이라고 말한다. 그는 정신은 지각을 하는 기氣의 작용이요, 심성은 판단을 하는 이理의 작용이라고 본 것 같다. 다만 마음에도 '지각지심'이 있는데 이것은 '혈육지심血肉之心'과 '신명지심神明之心'으로 나뉘어 있으며 다른 동물에는 혈육지심은 있으나 신명지심이 없기 때문에 밝은 인식이 불가능하다는 것이다.

　　둘째, 그는 "사람만이 의리를 아는 것은 무엇 때문인가?"를 묻는다. 그는 「잡저」에서 심心을 '생장지심生長之心', '지각지심知覺之心', '의리지심義理之心'으로 나눈다. 생장지심은 무심한 토석 이외에 하늘과 생명이 있는 모든 것에 있고, 지각지심은 모든 동물에 있는 것이고, 의리지심은 사단四端과 사덕四德을 말하는 것으로 하늘과 인간만이 가지고 있는 것이다.

　　성호보다 43년 후에 태어난 칸트Immaniel Kant, 1724~1804는 이성을 순수 이성과 실천 이성으로 분별했다. 이것은 성호의 정신과 마음의 구별에 대비될 수 있을 것이다.

마음을 거울에 비교하자니 거울은 비어 있으되 살아 있지 않고　心比於鑑 鑑空而不活

물에 비교하자니 물은 살아 있으되 감각하지 못하며　　　　　　心比於水 水活而不覺

원숭이에 비교하자니　　　　　　　　　　　　　　　　　　　　心比於猿

원숭이는 감각할 수 있으되 영험하지 못하다.　　　　　　　　猿覺而不靈.

그렇다면 마음은 끝내 설명할 수 없는 것인가?　　　　　　　然則心終不可喩乎.

비어 있는 것은 거울에 비유되고　　　　　　　　　　　　　　空處喩鑑

살아 있는 것은 물에 비유되고　　　　　　　　　　　　　　　活處喩水

지각하는 것은 원숭이에 비유되며,　　　　　　覺處喩猿

거기에 영감을 더하면 마음이라 말할 수 있을 것이다.　　加之以靈則得矣.

성호사설星湖僿說/권14/인사문人事門/심체心體

마음은 살아 있는 물건이지만 취할 수는 없다.　　心活物無可取.

거울이다 물이다 말한 것은 비유에 불과할 뿐이다.　　比不過曰鑑曰水.

거울과 물은 사물이 오면 비추어줄 뿐　　鑑與水可以受物之來照

영감으로 감응하지 못하기 때문이다.　　而不足以靈應也.

사물이 오면 비추고 가면 텅 비어 있고,　　物來則照 物去則空

예쁘면 예쁘게 비추고 추하면 추하게 비출 뿐이니　　姸[16]則姸媸[17]則媸

그 변화는 사물에 있을 뿐 거울과 물의 영험과는 상관이 없다.　　其變在物 不繫於鑑水之靈也.

사람은 상봉한 지 수십 년이 지났어도　　然有人相逢於十數年之後

곧 얼굴을 알아볼 수 있으며　　便識其面

그 이름만 듣고도 그가 어떻게 생긴 사람인지 안다.　　聞其名 而知其爲何人.

이것은 우리 마음속에 아무것도 남아 있지 않는 것 같으면서도,　　是不留之中

남아 있는 것이 존재하기 때문이다.　　有留者存故耳.

눈으로 이미 본 적이 있으면 곧 인식할 수 있는 것은　　目旣接便能識認

이는 바로 영험으로 응하기 때문이다.　　方是爲靈應也.

성호전집星湖佺集/권41/잡저雜著/심통성정도心統性情圖

인간의 마음에는 혈육의 마음과 신명의 마음이 있다.　　心有血肉之心 有神明之心.

혈육의 마음은 오장의 하나로　　血肉之心 是五臟之一

신명의 집이다.　　卽所謂神明之舍也.

신명의 마음은　　神明之心

혈육의 마음 중에서 기氣가 정밀 영명한 것으로　　是血肉之心中 氣之精英

이른바 출입 존망하는 것이라고 말하는 것이다.　　卽所謂出入存亡者也.

---

16) 姸(연)=곱다.

17) 媸(치)=醜也.

사단 칠정론

그러므로 성호는 '사칠四七 논쟁'에 대해서, 순임금이 말한 도심道心과 인심人心을 사단四端과 칠정七情으로 정리한 것뿐이므로 이미 해결되었는데, 이것을 다시 되풀이하는 것은 무용한 논쟁이라고 보았다. 그럼에도 불구하고 그 자신도 『사칠신론四七新編』을 지었으니 남들이 어찌 생각할까? 스스로 한편으로는 우습고 한편으로는 두렵다고 고백한다. 이는 무엇을 말하는가? 공자와 유교를 의심하지 않은 당시 지식인들은 유교의 목표인 천인합일天人合一의 인자仁者가 되기 위해서는 심신 수양, 즉 교화敎化가 가장 긴요한 문제임을 말해주고 있다. 또한 더 나아가 인간의 마음을 어떻게 순화할 것인가 하는 문제는 국가와 사회를 평화롭게 가꾸기 위한 관건이어서 시공을 초월한 중대한 문제이므로 부득이 다시 말할 수 밖에 없다는 변명이다.

성호사설유선星湖僿說類選/**권2/상**上/**논학문**論學門

근세에 고봉과 퇴계를 시작으로 사단 칠정에 관한 논변이	如近世四七理氣之辯
상자에 가득하고 궤짝에 넘치지만 아직도 못 다한 말이 있는 듯하다.	盈箱溢篋不可窮詰.
천지간에 모든 것이 이理와 기氣를 갖추고 있고,	天地間有理與氣
마음은 하나의 천지이니	方寸一天地也
이 이치를 알지 못할까 염려하여	恐未有難知之理
나 또한 한 권의 책을 냈으니	吾亦有一卷文字
사람들이 어찌 생각할까	又未知人以爲如何.
한편으로는 우습고 한편으로는 두렵다.	一笑一懼.

사칠四七 논쟁의 경과를 보면 퇴계의 이발기발설理發氣發說은 고봉과의 사칠 논쟁을 통하여 이발기수理發氣隨 기발이승氣發理乘의 양도설兩度說로 정리되는 듯했다. 그러나 율곡이 일어나 "고봉의 처음 의견이 모두 옳다"라고 고봉을 지지하면서 '기발이승氣發理乘의 일도설一途說'을 주장함으로써 다시 당의黨議가 일어나게 되었다. 이에 이익은 퇴계를 지지하고 한 걸음 더 진전시켜 이발기수理發氣隨 일도설一途說을 주장했던 것이다.

즉, 사단을 공公으로, 칠정을 사私로 규정하고, 사칠 모두 이발理發이나 칠정은 형체인 기氣가 개입한 것이 다를 뿐이라는 것이다. 그것은 칠정은 모든 동물이 다 가지고 있는 생장지심生長之心 내지 혈육지심이며, 사단은 인간에게만 품부된 의리지심이므로 엄격히 구분되어야 하지만, 기氣가

개입한 칠정도 반드시 악이라고만 할 수 없으므로 역시 이발이어야 한다는 것이다.[18]

성호전집星湖全集/권19/서序/사칠신편四七新編

이율곡이 나타나 사칠에 대한 화두를 다시 꺼내자	至李栗谷叔獻之出 復申此話
또다시 논쟁의 글과 편지들이 수만 언에 이르렀다.	長篇大牘[19] 累數萬言.
율곡이 "기고봉의 초견이 애초부터 옳다"라고 주장함으로써	謂高峰初見未始有不是
계속하여 당의가 일어났다.	繼又黨議之起.

사칠신편四七新編/사단자의四端字義

사단[20]의 측은지심은 칠정[21]의 애哀가 아니다.	四之隱 非七之哀也.
'측은(隱)'은 만물을 측은히 여기는 마음이니 공公이요	隱者隱於物 公也,
'비애(哀)'는 자기에 대해 슬퍼하는 것이니 사私다.	哀者哀在己 私也.
사단의 미움(惡)은 칠정의 미움(惡)이 아니다.	四之惡非七之惡也.
사단의 미움은 불선을 미워함이니 공이요,	四之惡 惡不善 公也
칠정의 미움은 자기를 해치는 것을 미워함이니 사다.	七之惡 惡害己 私也.

사칠신편四七新編/중발重跋

사단은 이발, 칠정은 기발이라는 퇴계의 주장은 지극한 것이다.	四七之理發氣發至也.
사단은 형체인 기氣에 따르지 않고 곧바로 발한 것이므로	四端不因形氣而直發
'이발'에 귀속시킨 것이요,	故屬之理發
칠정은 이理가 형기에 따라서 발한 것이므로	七情理因形氣發
'기발'에 귀속시킨 것이다.	則屬之氣發.
그러므로 기발도 또한 이발이 아니겠는가?	彼氣發 亦何嘗非理之發乎.
나는 그러므로 이理가 발함에 기氣가 따르는 것(理發氣隨)은	余故曰 理發氣隨
사단이나 칠정이 모두 같다고 말하는 것이다.	四七同然.
그러나 칠정의 경우는 이발 위에	而若七情則 理發上面

---

18) 상세한 것은 졸저 『성리학개론 (하)』, 바이북스, 2007, 6부 1장 사칠 논쟁 참조.
19) 牘(독)=편지.
20) 四端(孟子/告子上): 惻隱之心 羞惡之心 辭讓之心 是非之心(孟子/公孫丑上은 辭讓이 恭敬으로 됨).
21) 七情(禮記/禮運): 喜 怒 哀 懼 愛 惡 欲.

다시 한 층의 묘맥이 있으니	更有一層苗脈
이른바 형체인 기의 사사로움(形氣之私)이 이것이다.	所謂形氣之私 是也.
이러한 의견은 내 친구 신후담에게서 얻은 것이며,	此意 吾友愼耳老[22]得之
맹자의 희喜와 순임금의 노怒 등 칠정을	又以孟喜舜怒之類
이발에 귀속시킨 것은	歸之理發
기고봉과 부합되는 것이다.	與高峰[23]合.

영혼 불멸설

정신

성호는 인간의 정신을 '기혈의 빼어난 것'이라고 보았다. 그런데 동양의 일반적인 경향은 마음(心)과 정신을 분별하지 않는 데 있다. 그러나 성호는 서양 의학을 섭취하여 그것을 구분하고 있다. 즉 각覺은 뇌에 있고(覺在腦), 지知는 심心에 있다(知在心)는 것이다. 인성론에 심 이외에 뇌의 정신 작용을 언급한 것은 성호가 처음일 것이다.

그는 지각 작용을 뇌수의 기氣인 정신이라 하고 판단, 작용은 심장의 기氣와 거기에 내재한 선험적 이理의 작용으로 보는 것 같다. 다만 뇌와 심장이 기의 운행이라는 것 외에는 어떻게 정신과 마음에 연결되어 조화되는지는 설명이 명확하지 않다. 오늘날 두뇌 의학은 인공두뇌학이 생길 정도로 발전되었지만 뇌파라는 것 이외에는 그 생성은 신비에 쌓여 있는 문제다.

성호사설유선星湖僿說類選/**권1/하**下/**유석이적**儒釋異迹

천지의 대기에 대해 말하면 기氣는 충만하지 않음이 없다.	以天地之大氣言 則氣無不充.
크고 작고 간에 만물은 충만하지 않음이 없다.	故無大小 物無不充也.
여기에 그릇이 있다면 그 속에 기가 충만하며,	有器於此 氣充其中
그릇이 오래되어 파괴되어도 기는 불멸이다.	器久而毀壞 氣則不滅.
대기 중의 생물은 생기가 있는데	大氣中物之有生氣者

---

22) 愼耳老(신이노)=愼後聃 호는 河濱.

23) 高峰(고봉)=奇大升의 호.

각각 그들만의 기를 가지고 있다.

사람은 사람의 기, 물은 물의 기를 가지고 있다.

비록 이것들은 대기 가운데서 서로 상통하지만

그들 자신만의 생기로 몸을 충만하게 하며

배태로 시작하여 성장하다가 끝내 소멸하며

형체와 더불어 생사를 같이한다.

亦各有其氣.

人有人氣 物有物氣.

雖在大氣之中 而與之相通

其自有之生氣 充滿其體

始於胚胎 中於盛壯 終於衰滅.

與刑體同其死生.

성호사설유선星湖僿說類選/권2/상上/정신精神

사람과 사물이 형체를 이루는 것은 기혈 때문이고

기혈 중에 빼어난 것이 정신이다.

정미한 것은 피에 배속하고, 신령스러운 것은 기氣에 배속된다.

피가 아니면 기운이 깃들 곳이 없고,

기운이 아니면 정미함이 발현할 데가 없다.

정신이 운행하는 것은 물과 불이 서로 지양하는 것이다.

피는 물이고, 기는 피를 운행하게 한다.

人物之所以爲形者 氣血

而氣血之榮華 謂之精神.

精屬[24]血 神屬氣.

非血則氣無所寓

非氣則精無所發.

精神之動 水火之交濟[25]也.

血者水也 氣能運血.

성호사설유선星湖僿說類選/권5/하下/서국의西國醫

사람은 몸 안에서 군주 노릇을 하는 삼 지체를 갖추고 있다.

심장과 간장과 뇌수가 그것이다.

나머지는 모두 이것의 명령을 따른다.

人備三肢於身內爲君.

曰心 曰肝 曰腦.

而餘肢悉待[26]命焉.

이른바 육체를 조정하는 것은 품성인 기氣다.

이 기는 가장 세밀하여 능히 백 가지 맥락으로 통하고,

백 가지 구멍으로 인도하며

피를 타고 온몸을 구석구석 주행한다.

또 피의 한 갈래가 큰 경락을 통하여 심장으로 들어간다.

所謂變[27]體性之氣也.

此氣最細. 能通百脈

啓[28]百竅

引血周行遍體.

又本血一分 由大絡入心.

---

24) 屬(속)=從也 付也.

25) 濟(제)=渡也 成也 通也.

26) 待(대)=侍(承也 從也)와 통용.

27) 變(변)=化也 動也.

28) 啓(계)=通也 導也 發也.

먼저 우측 구멍으로 들어갔다가 좌측 구멍으로 이동하며	先入右竅 次移左竅
점점 세미해져 이슬처럼 변하는데	漸致細微 反變爲露
이것이 이른바 생명을 기르는 기다.	所謂生養之氣也.
이 기는 혈관을 타고 온몸을 돌며	是氣能引細血周身
이로써 원천인 열을 보존하게 한다.	以存原熱.
또 이슬의 한두 갈래는	又此露一二分
큰 경락을 타고 올라가 뇌 속으로 들어간다.	從大絡升入腦中.
또 더욱 세밀하고 정미하게 변하여	又變愈細愈精
이로써 감각의 기운을 움직이게 한다.	以爲動覺之氣.
그리고 오관과 사체의 운동과 지각을 명령함으로써	乃令五官四體動覺
각 기관이 각각 제 직분을 얻도록 한다.	各得其分矣.

혼백과 귀신

귀신과 혼백을 모두 기氣의 응취凝聚로 본다. 즉 음陰=하下 → 백魄=정령精靈=귀鬼, 양陽=상上 → 혼魂=정신精神=신神으로 대입시킨다. 따라서 기가 불멸이므로 귀신과 혼백도 영원불멸이다. 이러한 그의 영혼불멸설은 이기론에 따른 것이지만 결론은 천주교와 일치한다. 성호는 천주교를 비판했지만, 그의 제자들 중 권철신, 이가환 등은 천주교를 받아들여 탄압을 받았다.

성호사설유선星湖僿說類選/권1/하下/귀신鬼神

조화란 귀신의 발자취다.	造化者 鬼神之迹也.
귀鬼는 음陰의 영靈이며, 신神은 양陽의 영이다.	鬼也者陰之靈 神也者陽之靈.
스스로 그렇게 되는 것이므로 양능良能이라 한다.	自然而然 故曰良能也.
귀신이란 그 이름이고 양능이란 그 덕을 표현한 것이다.	鬼神其名 良能者乃表德也.
이른바 한 번 음하면 한 번 양하는 것은	然其所以爲一陰一陽者
곧 기氣가 오고 가는 것이므로 신이라고 말한다.	乃氣之往來 故曰神.

성호사설유선星湖僿說類選/권1/하下/귀신혼백鬼神魂魄

전에 이른바 조화의 비롯됨을 넋(魄)이라 했는데,	傳所謂始化曰魄
이 넋(魄)은 음陰이다.	魄者陰也.

음이 형체를 이루고 형질이 태어나면

백魄(넋)이 그 속에 있다.

양陽은 음에서 태어난다.

그러므로 이미 백이 있으면 곧 혼魂도 있으며,

양을 혼이라 한다.

혼과 백이 합하여

이목구비가 총명하고 숨을 쉰다.

사람이 살았을 때는 정신과 근력이 있지만

늙어 죽으면 양기는 흩어진다.

이것이 『주역』에서 말하는 떠도는 혼魂이다.

삶이 변하여 죽었다 해도 그 기氣는 천지간에 남아 있다.

방 안에 있는 하나의 화로에 불이 꺼졌다 해도

따듯한 기운은 방 안에 남아 있다가

그것이 점점 사라지는 것과 같다.

그 기의 흩어짐은 혹은 올라가고 혹은 내려간다.

올라가는 것은 양陽이고 내려가는 것은 음陰이다.

올라가는 것은 신神이고 내려가는 것은 귀鬼다.

이를 『예기』에서는 기는 신의 성대함이고,

백魄은 귀의 성대함이라고 말했다.

죽으면 반드시 땅으로 돌아가는데 이는 귀가 되고,

그 기가 위로 발양하면

만물의 정신으로 나타난다.

그러므로 정령은 백의 작용이고

신명은 혼의 작용이다.

정령은 음이고 신명은 양이다.

陰以成形 形質旣生

而魄亦在中也.

陽生于陰.

故旣有魄 則便有魂

陽曰魂

魂魄合而

爲耳目之聰明 口鼻之噓吸.

及人生許多[29]精神筋力也

及老而死 則陽氣浮散.

此易所謂游魂.

變生爲死 其氣亦在天地間.

如屋中一爐火 火雖滅而

溫熱之氣 尙留屋中

然其漸滅也.

其游散也 或升或降.

升者陽而降者陰也.

升者神而降者鬼也.

此禮所謂 氣也者神之盛也

魄也者鬼之盛也.

死必歸土 此之爲鬼

其氣發揚于上

此百物之精神之著也.

故精靈者魄之爲也

神明者魂之爲也.

精者陰也 神者陽也.

---

29) 許多(허다)=대단히 많다. 좋다. 상당하다.

천주교와 칠극

성호는 천주교를 반대했지만 탄압을 주장한 것은 아니다. 오히려 천주와 마귀를 제외하면 그들의 '칠극七克'은 유교의 '극기克己'와 같은 것이라고 긍정했다. 『칠극七克』이란 책은 서양인 방적아龐迪我, Diego de Pantoja, 1571~1618가 지은 기독교 해설서로 조선에도 수입되었다.

성호사설星湖僿說**/권11/인사문**人事門**/칠극**七克**과 성호사설유선**星湖僿說類選**/권10/상**上**/칠극**七克

『칠극』은 서양 사람 방적아의 저술인데	七克者 西洋龐迪我所著
유교의 '극기'의 논설과 같다.	卽吾儒克己之說也.
무릇 악惡이 욕심을 타는 것일 뿐, 욕심이 곧 악은 아니다.	凡惡乘乎欲 欲本非惡.
몸을 보호하고 영신을 보좌하는 것이 바로 욕심이다.	存護此身 輔佐靈神.
사람이 오직 사사로움에 빠지므로	人惟汨之以私
비로소 죄가 이어지고 악이 뿌리박는 것이다.	始乃罪待 諸惡根焉.
탐하는 마음이 돌과 같이 굳어지거든 은혜로써 풀고	貪如握固 以惠解之
오만함이 사자와 같이 사납거든 겸손으로써 굴복시키며	傲如獅猛 以謙伏之
탐욕이 구렁텅이처럼 크거든 절제로써 막고	饕30)如壑受31) 以節塞之
음탕한 마음이 물과 같이 넘실거리거든 정절로써 제지하며	淫如水溢 以貞防之
게으름이 지친 말과 같거든 근면으로 채찍질하고	怠如駑疲 以勁32)策之
질투심이 파도와 같이 일어나거든 너그러움으로 평정시키고	妬如濤起 以恕平之
분개하는 마음이 불같이 일어나거든 참음으로 멈추게 하라!	忿如火熾 以忍熄之.
이러한 일곱 가지 극기에는 절목이 많고	七枝之中 更多節目
조관이 순서가 있으며, 비유가 절실하여	條貫有序 比喩切己
혹 유교에서 밝히지 못한 것도 있으니	間有吾儒所未發者
유교의 '극기복례'로 들어가는 데 도움이 크다 하겠다.	是有助於復禮之功大矣.
다만 천주와 마귀의 말이 섞여 있어 해괴하지만	但其雜之以天主鬼神之說 則駭焉
이러한 잡설을 제거하고 명론만 가려낸다면	若刊汰沙礫 抄採名論
바로 유가의 말이라 해도 좋을 것이다.	便是儒家者流耳.

---

30) 饕(도)=재물을 탐함.

31) 受(수)=相付也. 盛也.

32) 勁(경)=剛也. 健也.

신화 거부

그는 실증적이어서 난생설화 등 신화를 거부한다. 이는 모두 어리석은 백성을 우롱하여 믿도록
하기 위한 술수로 단정했다.

성호사설星湖僿說**/권20/경사문**經史門**/기화**氣化

태고에는 반드시 먼저 천지가 있고	太古之時 必先有天地
그 뒤에 사람이 태어났을 것이다.	以後有人.
천지 사이에는 본래 사람이 생겨나는 이치가 있으므로	天地間 元有人生之理
맨 처음 아무것도 없었을 때는	而其始無有
기화로 생겨났다는 것이 이치로 보아 타당하겠지만	則氣化而生 其理宜
사람이 이미 생겨난 후에는 형체의 조화로 이어지니	然人既生矣 形化繼繼
어찌 기화로 이루어지는 일이 있겠는가?	豈復有氣化成者.
인문이 미비하고 풍속이 귀신을 믿었기 때문에	人文未備 俗信鬼神
지모 있는 선비가 어리석은 백성을 우롱하여	智謀之士 愚弄癡氓
신비주의를 빌어 숭배하고 받들도록 했을 것이다.	必將假託悅惚 以圖崇奉.
그래서 사람이 알에서 나오고 궤에서 나타났다는 설화로	於是卵生櫃出
현실과 환상을 서로 연계하고	相繼現幻
대중의 풍속에 영합하여 높이고 믿도록 했다.	而衆俗翕然[33]尊信.
이런 잠꼬대 같은 헛소문이 세상에 전파되자	諢[34]言稗說 譫[35]囈[36]流傳
사기를 짓는 자가 생각 없이 이것을 모아 기록해놓았으니	作史者無識 取而記載
어찌 그릇된 것이 아니겠는가?	豈不謬乎.

인간의 욕망

성리학적 패러다임에서 인간에 대한 관심은 인간의 본성과 인간의 도덕성에
대한 것일 뿐 살과 피를 가진 욕망의 덩어리로서 인간의 현상학적 실존에 대

---

33) 翕然(흡연)=부화뇌동.
34) 諢(원)=농담.
35) 譫(섬)=헛소리.
36) 囈(예)=잠꼬대.

해서는 부정적이다. 실학자들도 윤리 도덕을 강조하고 사사로운 욕망의 억제를 말하는 것은 같다. 그러나 실학자들은 욕망 그 자체를 악으로 단정하지 않고 인간의 실존을 직시하고 인정한다는 점에 주목할 필요가 있다. 근대의 특징이 인간 개개인의 주체를 긍정하는 것이라고 한다면 성호는 최초로 주체로서의 인간을 발견함으로써 이후 실학에 크게 영향을 미친 학자라고 말할 수 있다.

원래 동서양을 막론하고 농경 사회에서는 욕망의 억제야말로 사회 존속의 절대적 필수 조건이었다. 농업 생산은 탄력적이지 못하므로 한정된 토지 수확물을 균분해야만 사회가 존속 유지될 수 있었다.

공자의 '극기복례克己復禮', 맹자와 송견宋鈃, BC 360~290?의 과욕寡欲, 성리학의 '존천리存天理 멸인욕滅人慾'은 모두 욕망의 절제를 말한 것이다. "재물을 돌같이 보라!"는 예수의 말이나, "고뇌의 원인은 욕망"이라는 부처의 말은 모두 욕망의 억제를 말한 것이다.

그러나 중상주의와 공장제 자본주의가 등장하면서 인간의 본래 욕망을 해방시킴은 물론 그것으로 그치는 것이 아니라 새로운 욕망을 촉발하고 무한히 키움으로써 갈증을 부추겼고, 이로써 생산을 확대하고 소비를 촉진할 수 있었다.

그 결과 욕망이 오히려 사회에 선이 된다는 광기의 사회가 되어버렸으며 인간은 욕망의 포로가 되어 자본의 지배를 용이하게 만들었다. 그러나 인간이 무한한 욕망의 포로가 되어 이성보다 욕망을 앞세우는 것이 과연 인간 해방이고 행복인가? 이는 독자들이 고민해야 할 21세기의 가장 중요한 화두가 되어야 할 것이다.

성호사설星湖僿說/권13/인사문人事門/색욕色欲

사람이 금수와 다른 것은 윤리가 있기 때문이다.	人之所以異禽獸者 以其有倫也.
물욕이 이기면 금수와 멀지 않으며	物欲勝則 違禽獸不遠矣
금수와 멀지 않을 뿐 아니라	不獨違之不遠
음욕이 이기면 금수에도 미치지 못한다.	或反有不及者淫欲是也.
무릇 금수 중에도 가축 외에는	凡物之家畜者外
암수가 쌍으로 날고 함께 다니지만 어지럽지 않고	雌雄牝牡 雙飛竝行不相混亂
각각 정해진 짝이 있으니 이것은 분별이 있는 것이다.	各有定配 是爲有別.
사람은 흔히 그렇지 못해서 집에 처첩이 있는데도	人多不然 家有妻妾
반드시 다른 집을 어지럽혀 간음을 하고자 하며	倚而必欲奸 亂於他室倚
저자에서 얼굴을 단장하고 음심을 유혹하며 부끄러움이 없으니	市治容誨淫無恥

이것은 이미 금수에도 미치지 못한 경우다.

소와 양은 반드시 새끼를 배는 시기가 있어

새끼를 배면 곧 중지하는데 사람은 거기에도 미치지 못한다.

금수의 짝은 곱고 추한 것을 가리지 않는데

사람은 추함을 싫어하고 예쁜 것을 좋아하여

늙으면 버리고 젊은 것을 쫓아가며

남자는 여자를 좋아하고 여자는 남자를 유혹하여

담을 엿보고 빼앗아 달아나니

날이 다하고 해가 다하도록 미친 듯이 희롱하고

심하면 차마지 못할 짓을 그칠 줄 모르니

더럽고 악한 것을 말로 다할 수 없다.

이것을 어찌 자연의 이치라고 할 수 있겠는가?

내가 보건대 가축 중에서 오직 닭이 음란한 짓을 많이 하는데

그 죄는 수컷에 있고 암컷에 있지 않은 것 같으나,

오직 사람만은 남녀가 모두 서로 쫓으며,

혹은 밤낮을 가리지 않으니 금수에도 미치지 못한다.

정욕은 불과 같고 여색은 섶과 같아서,

장차 불꽃이 되려면 그만큼의 색이 타올라야 한다.

게다가 술이 열을 도와주면 그 불길을 끌 수 없게 된다.

그 까닭은 무엇인가?

금수는 치우친 성품이라 사려가 주밀하지 못하지만

오직 사람만이 가장 영명하여 오성이 두루 통한다.

군자는 이理로 기氣를 제어하여 행동이 도道에 합치할 수 있지만

그렇지 못한 자는 이理가 폐색되고 기氣가 작용하여

오히려 신령한 마음이 사역을 당하게 된다.

비유하면 영리한 자가 행악이 더욱 혹독한 것과 같다.

이 지경에 이르면 비록 금수만도 못하다 해도 좋을 것이다.

此已不及也.

牛羊之屬 必有懷孕之候

旣胎則便定 人又不及也.

禽獸之匹 不擇姸嬨

人則或厭醜而好姣

棄老而趨少

其男悅女 女惑男

窺墻劫逐

竟日窮年狂嬲

劇忍不知休息

穢惡不可道也.

此何天理.

余見畜物中 惟鷄多淫

其罪在雄而不在雌

惟人男女相循

或不擇晝夜 則不及矣.

情欲如火 女色如薪

火固將燼 値色必燃.

酒爲之助熱 不可撲滅乎.

其故何也.

禽獸偏性 智慮未周

惟人最靈 五性旁[37]通.

君子以理御氣 動靜合道

不然者 理閉而氣用事

靈覺之心 反爲所使.

比如伶俐人 行惡尤烈到.

到此誰謂之禽獸不若 可也.

---

37) 旁(방)=두루 널리.

무릇 혈기와 감각을 지닌 것은	凡有血氣心思者
모두 욕심이 없을 수 없다.	莫不有欲.
생명, 음식, 성교에 대한 욕심은	其生與飮食陰陽之欲
사람이나 금수 모두 있는 것이다.	人與禽獸同有.
진실로 죽음을 피하고 삶을 취하려면	苟可以避死趨生
음식과 성욕을 없앨 수 있겠는가?	則飮食陰陽可廢.
이는 삶의 욕심이 더욱 심할 것이다.	是生之欲尤甚也.
사람에게는 다섯 가지 본성의 욕심이 있으니	五性之欲
성聲, 색色, 취臭, 미味, 안일安逸이 이것이다.	聲色臭味及安逸是也.
이것은 사치한 마음 때문에 더욱 성해지는 것이므로	此由侈心而益熾
금수는 적으나 사람은 심하게 되는 것이다.	故禽獸微 而人爲甚也.

부귀의 욕심은 오직 사람만이 있는 것인데	富貴之欲 惟人有之
귀貴를 높이고 부富를 천히 여기는 까닭은	貴尊而富賤
귀하면 부를 겸할 수 있기 때문이다.	貴又可兼富.
그래서 귀에 대한 욕심이 부에 대한 욕심보다 심하다.	故貴之欲甚於富也.
의리에 대한 욕심은 오직 군자라야 있기 때문에	義理之欲 惟君子有之
생명을 버리고 의리를 취하는 자는 만에 한 사람뿐이다.	故其捨生取義者 億萬一人矣.
그러나 부귀의 욕심은 엄중한 것이라	然富貴之欲亦重矣
욕망에 눈먼 자는 생명으로 부귀를 바꾸기도 한다.	貪濁者或以生易之.
그러나 선불가에서는 장생보다 더 귀한 것은 없으므로	惟仙佛家莫有如長生
윤상을 끊고 세속을 초탈해서라도	故擺絶倫常 超脫世累
죽지 않기를 바란다.	庶幾[38]其不死.
이것은 모두 욕심의 갈래 흐름들이다.	此欲之有支流也.

---

38) 幾(기)=冀와 통용

경험론적 인식론

〈이도설理到說 반대 → 귀납법〉

성호는 자연을 감각의 대상으로 파악하고 실증성을 중시한다. 특히 그는 형이상학적이며 보편적인 유일자로서의 이理보다 실존적이며 개별적인 이理를 강조한다. 물리는 사물에 따라 각각 다르고 인륜은 관계에 따라 각각 다르다는 것을 강조한다. 그것은 통일체로서의 태극은 만물의 공통된 이理지만 만 가지로 다른 태극은 개개 사물의 이理라고 보는 것이다. 이를 인식론으로 말하면 통체태극統體太極은 인식할 수 없고 만수태극萬殊太極은 경험으로 인식할 수 있다는 입장인 것이다.

이러한 경향은 종래 유가들이 '활연관통豁然貫通'이라는 직관을 선호한 것과는 다른 것이다. 이 점에서는 성호의 인식론이 경험론적이며 과학적이라 할 수 있다. 특히 그가 귀납법적인 인식을 말한 것은 조선에서는 선구적이다. 귀납법은 베이컨Francis Bacon, 1561~1626이 제창한 것으로 인간의 지식은 감각으로부터 출발하여 실험에 근거하는 귀납적 방법으로만 자연법칙을 발견할 수 있다고 주장했던 것이다. 연역법은 아리스토텔레스Aristoteles, BC 384~322 이래 중세에 이르기까지 인류의 지식을 규정하는 금단의 황금척黃金尺이었으므로 이를 대체하는 귀납법의 등장은 중세 보편 논쟁을 거쳐 스콜라적인 편견, 습관, 언어 독단으로부터 과학을 해방한 획기적인 사건이었다. 그러므로 성호가 베이컨 보다 1세기 후에 이와 비슷한 주장을 말한 것은 주목하고 평가할 만한 일이다.[39]

그러나 성호는 여전히 '소이연所以然'의 물리와 '소당연所當然'의 인륜을 구별하지 않는 성리학의 전통을 고수한 점에서는 비과학적이라고 말해야 할 것이다. 소당연은 경험으로는 증명할 수 없는 가치의 세계이기 때문이다.

성호사설星湖僿說/**권19**/**경사문**經史門/**유학**儒學

또한 격물格物의 '격格'은 지至이니 且格至也

격물함은 물격함이요 성의함은 의성함이며 格物而物格 誠意而意誠

사물을 궁구하여 이르게 함은 窮至其物

사물로 하여금 궁극에 이르게 하는 것이다. 物使窮至矣.

39) 졸저 『성리학개론(상)』, 바이북스, 2007, 제2부 2장 주희와 우주론 참조.

주자는 "문조에 이른다(格)"라는 글귀를 증거로 삼았으니 　 朱子以格于文祖爲證

이는 가까운 세대를 따라 먼 세대까지 이른다는 뜻이며 　 彼謂從近世至於遠世也

얕은 것으로 말미암아 깊은 곳에 들어간다는 뜻이다. 　 此亦由淺入深之義.

격을 말하면 궁구는 그 가운데 있으니 　 言格則窮在其中

『대학 장구大學章句』의 말씀은 정밀하다. 　 章句之訓亦精矣.

몸속에 마음이 있고, 마음속에 지각이 있으니 　 身中有心 心中有知

진실로 앎에 이르고자(致知) 하면 　 苟欲致知

먼저 격물부터 하는 것은 당연한 이치다. 　 先格其物 理亦宜然.

그러니 치지致知란 다른 길이 있는 것이 아니고, 　 然致非有他路

사물 하나하나를 격하여 　 不過格其一物二物

격하지 않는 것이 없는 데까지 이르도록 하는 것뿐이다. 　 至於無不格而已.

성호전집星湖全集/**대학질서**大學疾書

만약 여러 가지 다양한 이리의 측면에서 구하지 않고, 　 若不求於衆理之上

오직 내 마음만을 지킨다면 　 而兀[40]然獨守吾心

끝내 격물의 방도는 없을 것이다. 　 則終無可格之道.

그러므로 인식은 반드시 사물에서 찾아야 한다. 　 故必於事物求之.

성호사설星湖僿說/**권22**/**경사문**經史門/**격치성정**格致誠正

나는 격물 정심 두 조목에 대해 　 余於格物正心兩條

끝내 깊이 깨닫지 못한 부분이 있다. 　 終有所未深曉者.

지식을 말하면 만물이 그 가운데 있고 　 言知則物在其中

마음을 말하면 뜻이 그 가운데 있다. 　 言心則意在其中也.

장구에서는 "뜻을 성실히 하려면 　 章句以爲 欲誠其意

먼저 그 지식을 이루고, 마음을 바르게 하려면 　 先致其知 欲正其心

먼저 그 뜻을 성실히 하라"라고 했는데 　 先誠其意

이것들은 그 순서를 어지럽힐 수 없을 것이다. 　 等是序不可亂也.

지혜에 이르면 뜻이 성실해지고 　 知至而後意誠

뜻이 성실하면 마음이 바르다는 말도 　 意誠而後心正等

---

40)유兀(올)=우뚝하다.

공부에 없어서는 안 될 것이라 생각한다.	是功不可闕也.
그러나 '물격 이후 지지知至'는 성립될 수 없다.	然物格而後知至 不可作.
공효가 전혀 없다고는 말할 수 없겠지만	功不可闕
문장에 거북한 점이 있다.	其於文勢有未安也.
사물을 이미 궁리했다면	物旣格後
다시 지식에 이르는 별도의 사업이 있겠는가?	更別有知至一段事耶.

귀납적

격格이란 글자는 각各을 따라 만들어진 것으로	格從各
각각 분별함이 있다는 뜻이다.	各有辨別之義.
『주역』에서 만물은 무리마다 나누어져 있다고 말했으니	易曰物以群分
이는 천하 만물은 만 가지로 다르다는 뜻이다.	天下之物萬殊也.
나무의 이理는 쇠의 이理와 구별되고	木之理別於金之理
물의 이理는 불의 이理와 구별된다.	水之理別於火之理.
또한 소나무의 이理는 버드나무의 이理와 구별되고	又松之理別於柳之理
쇠의 이理는 납의 이理와 구별된다는 것이다.	鐵之理別於鉛之理.
또한 부자의 관계는 군신의 관계와 구별되고	又如父子別於君臣
형제의 관계는 부부 관계와 구별된다는 것이다.	兄弟別於夫婦.
사물에서 각각 그 이理를 분별할 수 있을 뿐	在物各辨其理
다시 감추어진 이치가 남아 있을 수 없다.	不復餘蘊[41].

의심하라!

이익의 학문 경향이 경험론적인 면이 다소 있다 할지라도 그의 인식론은 어디까지나 관념론이라할 것이다. 다만 관념론적이라 해도 유가들처럼 선왕의 담론을 무조건 따르지 않고 의심을 거듭한 후 더 이상 의심할 수 없는 것만을 정론으로 인정하려는 태도는 데카르트의 '코기토Cogito'를 닮아 있다. 이익이 데카르트가 죽고 31년 후에 태어났지만 데카르트의 방법론을 알고 있었다는 증거는 없다. 그러나 그가 청 대의 독창적이고 실용적인 고증학에 영향을 받았고 서구의 과학 기술을 받아들였기 때문에 주자의 한 측면을 빙자해서 자기 생각을 강조한 것으로 추측된다.

---

41) 蘊(온)=聚也 通縕(亂也).

주자가 이르기를 "조금 의심하면 조금 진전되고,	朱子謂 小疑則小進
크게 의심하면 크게 진전된다"라고 했다.	大疑則大進.
많은 의심을 나타내는 것은 학문에 방해가 되지 않는다.	多著疑不妨.
만약 안으로는 의심하면서도 밖으로는 따른다면	若內疑而外順
그의 살피는 깊이를 알 만하다.	所存[42]可知也.
의심이 있으면 끝까지 추궁해 의심이 없는 데까지 이르는 것이	有疑而至於無疑
진실로 군자의 단계에 오르는 길이다.	固君子之階級次第.
속된 학자들은 대체로 의심을 하지도 못하는 사람들이 많은데	俗學大抵不致疑者多
이것은 실로 비웃음을 받을 일이다.	是實可哈[43].

선험론적인 어록

성리학에서는 이른바 미발未發=정靜=성性=주리主理를 중中 또는 선善이라 하고, 이발己發=동동 =정情=주기主氣를 과불급過不及 또는 선악의 갈림이라고 본다. 인식론적으로 말하면 대체로 미발은 생득적 선험이요, 이발은 후천적 경험이다. 비유하자면 무의식 또는 잠재의식은 미발이고 의식은 이발이다.

중국이나 조선이나 일반적으로 주리론자들은 선험을 중시하여 존덕성存德性을 강조하고, 주기론자들은 경험을 중시하여 도문학道問學을 강조한다. 성호는 주리론적이지만 경험론적이다. 그러므로 여전히 미발의 선험을 부인하지 않는다. 그는 흑백黑白 방원方圓을 미발의 선험적 인식 형식으로 보았고, 희로애락 감정과 선악 판단을 경험적 인식 형식으로 본 것 같다. 이것을 다시 말하면 선악의 판단은 인간의 선험적인 본성이 아니라 후천적인 감성에 있다는 말이 된다.

이것은 중대한 의미를 갖는다. 본문에는 나타나지 않지만, 이 글 속에는 인의예지 사덕四德과 그 실마리인 사단四端을 모두 미발로 보았던 종전의 정론과는 다른 느낌을 주고 있기 때문이다. 다시 말하면 성性=이理는 선악과는 직접적인 상관이 없다는 이야기가 되기 때문이다.

소자명이 물었다.	蘇子明問.

---

42) 存(존)=在也 省也 察也.
43) 哈(합)=한 모금.

"희로애락이 발하기 전에 중中을 구해야 합니까?"   喜怒哀樂之前 求中可.

이천이 대답했다. "될 수 없다. 이미 생각한 것이다.   伊川曰 不可 旣思.

희로애락이 발하기 전에 중을 구한다고 하는 것은   於未發之前求之

이 또한 벌써 생각한 것이고,   又却是思也

이미 생각했다면 희로애락이 벌써 발한 것이다."   旣思却是旣發.

이처럼 이천은 지각을 이발에 소속시키고,   伊川以知覺屬之已發

이미 지각이 있으면 동動이라 했다.   旣有知覺却是動.

그러나『주자어류』에서는   然語類云

이천의 말이 너무 지나치다고 비판한다.   此恐伊川說得太過.

여기에 대해 나는 이렇게 생각한다.   以愚臆之.

귀는 듣고, 눈은 보고, 마음은 알고 깨닫는다.   耳有聞 目有見 而心有知覺.

들으면 소리인 줄 알고 보면 빛인 줄 알지만   聞而知其爲聲 見而知其爲色

마음은 아직 사랑하고 미워하는 정情이 움직이지 않았다.   心未嘗動愛惡之情.

이 같은 경우는 고요함(靜)이라 해도 무방할 것이다.   如此者不害爲靜.

고요함은 곧 미발이다.   靜便是未發.

마음이란 본래 영명하여 물건이 거울에 비치는 것 같은데   心本靈明 如物照鏡

어찌 흑백과 방원을 알지 못하도록 할 수 있겠는가?   寧可使不知 其白黑方圓耶.

흑백 방원을 알면서도   知其爲白黑方圓

사랑과 미움의 정情이 싹트지 않는다면   而不萌愛惡之情

어찌 미발이 아니겠는가?   何害爲未發.

사물에 접촉한다고 문득 이발이라 한다면   物來而便成已發

미발인 때는 아예 있을 수 없을 것이다.   則是心未有未發時節矣.

『주자어류』에서는   語類

"지각이 곧 동이다"라고 한 이천의 말을   以伊川纔知覺便是動者爲說

너무 지나치다 했으니   得太過

이는 지각을 동이라 말할 수 없다는 뜻이다.   此不可以知覺動也.

그다음에 또 말하기를   其下又云

"무슨 일을 지각한 것이 아니고 다만 지각만 있는 것은
정靜이라 해도 무방하다"라는 주자의 말도
역시 정밀하지 못한 것 같다.
만약 무슨 물건이 눈앞에 직접 보이지 않는다 해도
마땅히 지각의 이理는 원래 있었기 때문에
이미 눈앞에 닥치면
백白은 백으로 흑黑은 흑으로 곧 알게 되는 데
이는 모두 동하기 전에 있는 것이다.
그 연후에 그 흑백이 무슨 물건이고 무슨 이름인지
왜 있고 어디에 있는지를 생각하고 계량하기 시작한다.
이것을 발發이라 하는데, 발發은 동이다.
그러므로 마땅히 생각하고 헤아리기 전에는
비록 지각이 있다 해도 마음은 그대로 고요할 뿐이다.

今未曾知覺甚事 但有知覺在
何妨其爲靜
此訓亦恐未精.
如物之未來
當云 知覺之理自在
物旣來矣
白便知白 黑便知黑
皆在未動之前.
然後方始思量 白黑之何物何名
何以有何以處.
是之謂發 發者動也.
當其未思量之前
雖有知覺 心固寂然矣.

민본주의

애민

성호의 철학은 퇴계를 스승으로 삼고 시무에 대해서는 율곡과 반계를 사사했다. 그러므로 그는 퇴계가 강조하는 만물 일체 사상을 계승한다. 그의 인성론에 의하면 의리지심은 사람에만 고유한 것이지만 식물에게는 생장지심이 있고 동물에게는 지각지심이 있다고 보았다. 그러므로 동물을 함부로 죽이지 말라는 부처의 자비심을 믿고 실천했다. 황차 사람에 대한 자비심이야 말할 것이 없다. 그는 현실을 직시하는 현실주의자였으나 개혁주의자였고, 민民을 진실로 사랑한 민본주의자였다.

성호사설星湖僿說/**권12**/**인사문**人事門/**식육**食肉

백성은 나의 동포이고 만물은 나와 더불어 살아야 할 동료다.	民吾同胞 物吾與也.
그러나 초목은 지각이 없어	然草木無知覺
혈육을 가진 동물과는 차별이 있으니	與血肉者有別
그것을 취하여 삶을 의탁해야 하지만	可取以資活
금수는 살기를 좋아하고 죽기를 싫어하는 생장지심이	如禽獸貪生惡殺
사람과 같으니	與人同情
어찌 차마 해칠 수 있으랴?	又胡爲忍以戕害.
어떤 이가 이르기를	說者曰
"만물은 다 사람을 위해 생겨났으므로	萬物皆爲人生
사람에게 먹히는 것은 당연하다"고 말했다.	故爲人所食.
정자께서 이르기를 "이蝨는 사람을 물어뜯는 것이 본성인데	程子曰 蝨咬人
그렇다면 사람은 이를 위해 생겨났느냐"라고 반문했다.	人爲蝨而生邪.
나는 늘 불교를 생각할 때마다	余每念佛家
'자비' 한 가지만은 옳은 것 같다.	惟慈悲一事 恐爲得之.

만약 거리낌 없이 욕심을 채우려 한다면   若專肆嗜慾

함부로 살생을 하거나   恣殺無忌

강자가 약자를 잡아먹는 난세로 돌아감을 면치 못할 것이다.   則不免爲弱肉强吞之歸耳.

성호사설星湖僿說/권12/인사문人事門/개자丐者

거지와 나

흉년이 들면 거지들이 길에 줄지어   歲不登 丐[44]者載道

쪽박을 들고 염치없이 달려들어   携瓢 貿[45]貿而至

눈살을 찌푸리면서 주어도 허리를 굽혀 받으니   攢[46]眉以與之 鞠躬而受之

이는 사람으로 차마 못 할 일이다.   此大丈夫殆不堪爲之也.

불쌍히 여기면서 주어도 부끄럽거늘 발로 차는 모욕감이랴?   嗟來猶恥 況乎蹴之辱耶.

나는 개인적으로 이런 경우를 모면한 것만으로도   余私自念起 人之得免

역시 감사하고 다행한 일이라 여긴다.   此亦幸矣.

우리는 실 한 올, 쌀 한 톨을 산출하지 못하거늘   吾旣力不能辦[47]一絲一粒

생활 자료를 어디서 얻고 있는가?   所資活何從.

불행하게도 집안에 재산이 없어 유리걸식할 형편인데도   苟使不幸而 顚沛流離

산업은 속이 비었는데 한갓 기백과 의지로   産業枵[48]空 則徒以一點氣意

가만히 앉아 죽기를 기다린다면   安坐待死

어찌 하찮은 자존심이 아니겠는가?   不幾於陳三[49]之細事耶.

구걸하면서 곤욕을 당하는 것은 가볍고, 생사는 무거우니   行乞之困輕 而死生之故重

차라리 그 모욕을 무릅쓰고라도 목숨을 구하는 것이리라.   寧冒其辱 求其重也.

내가 삼십 년 전 어느 추운 저녁에 서울 거리를 지나는데   余三十年前 暮過京裡甚寒

어떤 장님 걸인이 옷은 해지고 배는 고프고   有盲而丐者 衣弊腹飢

남의 집 문밖에 앉아 울면서 말하기를   坐人之門外 哭且訴天曰

"죽고 싶습니다! 죽고 싶습니다!" 하늘에 하소연하고 있었다.   願死願死.

---

44) 丐(개)=빌. (갈)=거지.

45) 貿(무)=갈마들다. 어릿어릿하다.

46) 攢(찬)=모으다.

47) 辦(판)=具也.

48) 枵(효)=속이 텅 빈 모양

49) 陳三(진삼)=인명인 듯함.

나는 지금도 잊혀지지 않아 생각할수록 눈물이 쏟아진다.　　　　余至今不能忘 思之幾於隕⁵⁰⁾涕.

성호사설星湖僿說/권12/인사문人事門/기한작도飢寒作盜

도둑과 나

어리석은 백성이 기한에 못 이겨	愚民迫於飢寒
도적이 되어 삶을 도모하는 것은	作盜而求生
마치 이蝨나 서캐와 같다고 할까?	其猶蝨乎.
이는 옷 속에 숨어 살며 사람을 물지 않으면	虱⁵¹⁾處衣縫非咬人
살아갈 수 없고	將無以爲生
이미 형체를 가졌으니	旣有形軀
죽음을 면하려 함은 이상한 것이 아니다.	求所以免死 無怪也.
이의 입장에서 볼 때 차라리 죽을지언정	在虱寧死而
사람을 물지 않겠다고 할 수 있겠는가?	不咬人可乎.
피부를 물어서 상하면	咬而傷膚
사람들은 부득이 불에 그을려 죽이지만,	人亦不得已而烘殺
이는 물지 않으면 굶어 죽고, 물면 불에 타서 죽는다.	不咬飢死 咬又烘⁵²⁾死矣.
어리석은 백성이 도둑이 된 것도	愚民作盜
비록 삶을 구하기 위해 부득이했다 해도 잡아 죽인다.	求生雖不得已 而擒殺.
그러나 마음으로는 용서할 만한 점이 있으니	然情有可恕
『논어』에서 증자께서는 그 실정을 알았더라도	曾子曰 如得其情
불쌍하게 여기고 기뻐하지 말라고 말한 것이다.	哀矜而勿喜.

민생

묵자는 목수 출신으로 일찍이 인간은 노동하는 동물임을 발견하고 노동자의 대변자가 되었다. 그리고 노동을 천시하는 유가들은 굶어 죽고 얼어 죽을 처지에 떨어져도 자기의 힘으로는 이

---

50) 隕(운)=떨어지다.

51) 虱(슬)=蝨.

52) 烘(홍)=횃불. 그을리다.

를 대처할 수 없다는 것이다.[53] 성호는 마음으로 수고하는 고귀한 자들은 노동으로 수고하는 천한 자들이 없으면 살아갈 수 없다고 말한다. 다시 말하면 노동을 떠난 한량 계급은 인간의 생존 조건을 상실한 불구화된 존재라는 것이다. 그런데 근엄한 유가인 성호가 유달리 묵자와 똑같은 말을 하고 있으니 놀랍다. 이러한 노동관은 성호보다 약 100년 후에 헤겔Georg Wilhelm Friedrich Hegel, 1770~1831이 말한 이른바 노예의 주인이 도리어 노예의 노예가 될 수밖에 없다는 '노예 변증법'과도 같은 맥락이다. 이처럼 노동을 인간의 조건으로 보았다는 점에서는 성호도 헤겔도 묵자의 계승자라고 말해도 무방할 것이다.

성호사설星湖僿說/권13/인사문人事門/민득십구民得十九

노예 변증법

사람은 귀천을 막론하고 곡식이 없으면 살지 못한다.	人無貴賤 無穀則不生.
곡식은 천한 자에게서 나오고, 귀한 자는 이용한다.	穀出於賤 而貴者資焉.
그 일은 마치 거지가 구걸하는 것과 같다.	其事如乞丐然也.
노동으로 수고하는 사가 곡식을 가지고	勞力者持穀
마음으로 수고하는 자와 바꾸는 것은 삯꾼과 같다.	易彼勞心 如賃傭也.
천한 자는 귀한 자가 없더라도 오히려 스스로 살아가지만	賤之無貴 猶或自活
귀한 자는 천한 자가 없으면 살아갈 수 없다.	貴之無賤 非復生.
아마도 칼자루를 쥔 권한은 아래에 있는 것 같은데도	意疑若其柄在下
그러나 노심자勞心者가 노력자勞力者를 다스린다.	然勞心者治下.

협상 가격차挾狀價格差

다스리는 데는 지위가 없을 수 없다.	治不可以無位.
지위가 있으면 몸이 높아지고,	有位則身尊
몸이 높아져야 위엄이 무거워 비천한 자가 굴복하게 된다.	身尊則威重 卑所伏焉.
그래서 자기 몫을 초과해 차지해도	故取之過其當
비천한 자는 감히 반항하지 못한다.	而卑不敢抗.
그러므로 저들은 남아돌고	故彼有贏[54]餘
이들은 도리어 모자라 굶어 죽는다.	此反餓死.

---

53) 졸저 『묵자』, 바이북스, 2009, 9장 사회 · 문화사상 참조.
54) 贏(영)=넘치고 남다.

마치 기계와 곡식을 서로 교환하는 것과 비슷하다.　　　　　　此猶械器粟米之相貿相易.

질그릇을 굽고 쇠붙이를 만드는 자는 힘이 강하여　　　　而陶冶力强

자기의 싼 물건을 주고 강제로 농부의 비싼 곡식을 빼앗는다.　刦勒[55]盡沒.

이토록 강매하는 것도 옳지 못한 일인데　　　　　　　強亦不可

하물며 관리는 그것도 없이 농부에게 빼앗으니　　　　況無其有而奪之耶

큰 도적이 아니고 무엇인가?　　　　　　　　　　　非盜賊而何.

십일조十一助

그러므로 성인이　　　　　　　　　　　　　　是以聖人

열에 하나를 세금으로 확정해놓은 것이다.　　　　　斷以十一之稅者.

그것은 갈고 심는 수고로움이　　　　　　　　　　知耕稼之勞

열에 아홉이 된다는 것을 알았던 것이다.　　　　　什居其九.

그래서 열에 아홉을 남겨 백성을 우대했던 것이다.　　故留九以優民.

단지 열에 하나만 취해도　　　　　　　　　　　　但十取其一

다스림의 공적을 충분히 보상한 것이다.　　　　　亦足以償治功.

성호사설星湖僿說/권13/잡저雜著/논부세論賦稅

조세 감면론

부세를 십분의 일로 정한 것은 고금의 공통된 뜻이다.　　賦稅之什一古今通義.

이보다 많이 받으면 폭군 걸桀이 되고　　　　　　多固桀

이보다 적게 받으면 오랑캐가 된다.　　　　　　　寡亦貊矣.

부세를 적게 받아도 넉넉히 쓸 수 있다고 말하지만　　雖曰寡亦足用

그러면 농지세 외에 백성을 부역시키는 일이 많아진다.　而田租之外 民役甚多.

지금 부세를 감해주는 것은　　　　　　　　　　今之減賦

다만 농토가 많은 자에게만 혜택이 될 뿐　　　　獨有田之賴[56]

농토가 없는 가난한 자에게는 상관이 없다.　　　　而無田者不與焉.

차라리 당연히 받아야 할 부세를 받아　　　　　　寧輸其當輸之租

부역조차 감당하기에 급한 서민들을 살펴주는 것이　　以甄[57]庸調之急

---

55) 刦勒(겁륵)=억지로 겁탈하다.

56) 賴(뢰)=贏也 利也.

57) 甄(견)=窯也 積也 視也 察也.

역시 더 나은 방법인 것이다.   則不亦愈乎.

남녀 무별 노비 해방

유교의 봉건 사회가 두고두고 비난받는 가장 대표적인 악법은 남녀 차별과 노비 문제였다. 특히 노비 문제는 변란이 날 때마다 노비들이 노비 문서가 보관된 서고를 방화한 것만으로도 그 폭발적 위험성을 내포하고 있음을 알 수 있다.

성호사설星湖僿說/권13/인사문人事門/분지고예적焚地庫隸籍

지고地庫란 한양에 도읍을 정한 뒤에	地庫者 定都漢陽之後
고려의 사초를 옮겨 보관하던 곳인데	移藏勝國之史草者也
임진왜란이 일어나자 왜적이 입성하기 전에	及壬辰之變 倭未入城
난민들에 의한 방화로	爲亂民所燒
여러 궁관과 함께 잿더미가 되어버렸다.	與諸宮館 一幷爲燼矣.
화재는 장례원에서 먼저 발화되었는데	是時先焚掌隸院
이곳은 노비 문적을 보관하던 곳이다.	院是藏奴婢籍者.
고려 때는 노예 출신 군인들이 공모하여	麗時奴隸軍合謀
제일 먼저 노비 문서를 불태운 바 있으니	先燒其籍
이것은 또한 고금이 한가지로 똑 같은 사례다.	此又古今一套.

성호사설유선星湖僿說類選/권3/상上/남녀무별男女無別

사서에 의하면 연나라 풍습은 시집가는 날 저녁에는	史云 燕之風俗 嫁娶之夕
남녀 무별을 오히려 영예로 여긴다고 한다.	男女無別 反以爲榮.
이는 비방하는 말이지만 우리의 풍습도 거의 비슷하다.	此譏刺之說也 我俗近燕.
무릇 혼인으로 만나는 것은	凡婚姻之會
다른 성씨와 먼 족속이 서로 섞이는 것이다.	異姓疏屬 相與雜遝[58]
이처럼 남녀 무별을 꺼리지 않아도 어찌 가하다 하는가?	不憚男女之無別 奚可哉.
부녀자들의 마음은 누구나	婦女常情

---

58) 遝(답)=重疊也. 召也.

곱게 화장하여 남들에게 과시하고자 하며,　　　　　　脂粉妍⁵⁹⁾粧 要誇人目

보는 자들도　　　　　　　　　　　　　　　　　　　目之者

모두 방정한 것만을 반드시 좋아하는 것은 아니다.　　未必皆端方好意.

어떻게 일생 동안 한결같은 정조를 지켜　　　　　　奈何以一生貞一之操

대중 앞에 증험해야 한단 말인가?　　　　　　　　　試之於十目之視耶.

이것은 의당 가훈으로 정하여 잃지 말아야 할 것이다.　此宜定作家訓 而勿失.

성호사설星湖僿說/**권12**/**인사문**人事門/**노비**奴婢, **성호사설유선**星湖僿說類選/**권3**/**상**上/**노비**奴婢

우리나라 노비법은　　　　　　　　　　　　　　　我國奴婢之法

천하 고금에 없는 악법이다.　　　　　　　　　　天下古今之所無有也.

한번 노예가 되면 백대를 이어 고통을 받아야 한다.　一爲臧獲 百世受苦.

자기가 노예가 된 것만으로도 슬픈 일인데,　　　　猶爲可傷

황차 법으로 반드시 어미를 따라 노예가 되어야 하니 어떻겠는가?　況法必從母役.

그렇다면 어미의 어미와 그 어미의 어미까지　　　則母之母 與夫其母之母之母

십 대 백 대를 거슬러 올라가면서　　　　　　　推至于十世百世之遠

어느 대의 어느 사람이 노예인지도 모르면서　　　不知爲何世何人

아득히 이어오면서 외손들은 모두 노예가 되어야 하니　而使其杳杳綿綿之外裔⁶⁰⁾

하늘이 다하고 땅이 다하도록 한없는 고뇌를 받으며　任受窮天極地 無限苦惱

벗어날 수 없다.　　　　　　　　　　　　　　　而不得脫.

성호전집星湖全集/**권46**/**잡저**雜著/**논노비**論奴婢 **참고: 성호사설**星湖僿說/**권9**/**인사문**人事門/**노비환천**奴婢還賤

우리나라 노비에 대한 전래의 법은　　　　　　　我邦奴婢世傳之法

기자의 팔조 금법에서 시작되었다고들 말하지만　人謂肇自八條

반드시 그런 것은 아니고　　　　　　　　　　　然箕子必不爲

뒤에 생긴 그릇된 법이다.　　　　　　　　　　此也其後來之謬規乎.

고려 태조는 일찍이 부로를 방면하여 양민으로 만들고자 했으나,　麗太祖嘗欲放俘爲良

그렇게 되지 못했고　　　　　　　　　　　　　而不能至.

정종 때 이르러 천인은 어미를 따른다는 종모법을 만들었다.　定宗定賤者從母法⁶¹⁾

---

59) 妍(연)=곱다.

60) 外裔(외예)=外孫.

61) 광종 때인 956년에 노비안검법을 시행함.

그것은 천한 노예들은 어미는 알지만 아비는 모르기 때문에, 蓋因賤隷有知 母而不知父

아비를 따르는 법으로 하면 쟁송이 일어나기 쉽기 때문이었다. 則從父易致爭訟故也.

지금은 더욱 가혹해져서 今也則 又有酷焉

아비가 노예이고 어미가 양민이라도 아비를 따라 노예가 된다. 其父奴而母良者 又從父爲奴.

대저 사람은 누구나 부모는 둘이며 조부모까지 넷이며 夫人父與母二而祖四

사 대에 이르면 벌써 열여섯 명이 된다. 至四世則已十六矣.

그런데 그 선조 중에 한 사람이라도 천한 자가 있으면, 其間一有賤者

그 자손은 노예를 면할 수가 없으며 蓋不免於爲奴

만세토록 벗어나지 못한다. 萬世不得脫於是.

나라에 천한 자가 열에 아홉이며 一國之內賤者十九

이들은 비록 성현의 재주가 있어도 而雖有聖賢之才

평소에 사람으로 취급받지도 못한다. 不得齒於平人之類.

어찌 슬픈 일이 아닌가? 豈不哀哉.

이것으로 그치는 것이 아니다. 不但此也.

동방이 옛날부터 나라가 가난하고 병사가 약하고 東方自昔國 貧而兵弱

스스로 떨쳐나지 못하는 것은 不能自振

이러한 악법이 방해하기 때문이다. 莫非此法爲之害也.

성호사설유선 星湖僿說類選/권3/하下/결울 決鬱

지금 세상은 막힌 것이 많다고 하겠다. 今之世鬱可數.

세상이 인재를 천대하므로 현명 유능한 사람들은 물러나고 其俗賤才 賢能必退

문벌을 숭상하여 서민 서자와 중인은 차별 대우하므로 其風尙閥 有庶孼中路之別

그들 자손은 백대를 지나도 중요 관직에 오를 수 없으며, 百世而不通名官

또 서북 삼 도의 사람들은 등용 길이 막힌 지가 又西北三道枳[62]塞

이미 사백 년이 되었으며, 已四百餘年

노비법이 엄하여 그 자손들은 사람으로 치부받지도 못하고 奴婢法嚴 子孫不齒平人

전 국민의 열에 아홉이 모두 원한과 울분에 쌓여있는 셈이다. 域中怨鬱十分居九.

또한 오늘날에는 당쟁이 공공연히 성행하고 있어 又至今日 黨論公行

---

62) 枳(기)=탱자. (지)=갈래.

삼삼오오 모여서 패거리를 만들고 각각 붕당을 이루니   三朋五儔[63] 各成部[64]曲

한패가 득세하면 다른 패는 모두 축출되니,   苟一得志 餘悉屏逐

천지가 무슨 수로 변화하겠으며, 초목이 번성하지 않는 까닭이다.   天地何以變化 草木所以不蕃也.

농군들은 곡식의 열매가 점점 감소하고   野人云 草實漸減

나무도 크지 않는다고 말한다.   木圍不大.

이것이 진실로 그 증거다.   是固其證也.

그러나 걱정은 막힌 것을 뚫어주려고 하지 않는 데 있다.   但患無決其鬱者.

인신매매 금지

성호사설星湖僿說/**권12**/**인사문**人事門/**금민매노**禁民賣奴

혹자는 말하기를 노비법은 이미 혁파할 수 없다고 한다.   或謂 奴婢之法 旣不可革.

그렇다면 매매는 불허하는 것이 마땅하다.   則宜不許賣買.

왕망은 이르기를 노비를 소나 말처럼 거래하고   王莽[65]云 奴婢之市與牛馬同

목숨을 함부로 끊는 것은   顓[66]斷其命

하늘을 거역하고 인륜을 어기는 것이라고 했는데   逆天悖倫

그의 말은 옳다.   其言則是耳.

사람은 금수가 아니다.   人非禽獸.

설령 습속에 따라 부림을 당한다 해도   雖或循俗役使

소나 말처럼 매매하는 것이 어찌 합당하겠는가?   而豈合賣買如牛馬乎.

설령 매매를 한다 해도 값의 경중을 보아   雖或賣買 視價輕重

한정된 연한으로 그치게 해야 하고   限年而止

그 자손을 노예로 부리는 것을 금지해야 한다.   不許役其子孫.

이것은 중국의 습속과 같은 것이며, 옳은 일이다.   一如中國之俗可也.

---

63) 儔(주)=類也 侶也.

64) 部(부)=曲也. 分判也 界也.

65) 王莽(왕망)= 新나라 皇帝.

66) 顓(전)=專也.

성호사설星湖僿說/**권7/인사문**人事門/**당장이장**黨長里長

우리나라 노비의 폐해는 이루 다 말할 수 없다.	我邦奴隷之害 不可殫⁶⁷⁾說

우리나라 노비의 폐해는 이루 다 말할 수 없다.   我邦奴隷之害 不可殫[67]說

나라가 쇠약한 것이 여기에 연유하고   國弱由於此

백성의 가난함이 여기에 연유한다.   民貧由於此.

이것이 비록 대대로 전해오는 노예라 할지라도,   雖傳世臧獲

오히려 인원수를 제한해서 함부로 거느리지 못하게 해야 하거늘,   猶宜限名不至濫畜

하물며 평민을 종으로 부리는 일이 어찌 있을 수 있는 일인가?   況平民而抑有之耶更張論.

경장론

변법

성호의 확고한 신념은 변법자강론變法自强論이다. 그러나 구법舊法파의 완고한 저항이 있을 것임을 누구보다 잘 알고 있었다. 공자와 유가들에게 최고 통치 규범인『주례』는 천리天理로 신성시되었던 불변의 전범이었다. 조선의『경국대전經國大典』도『주례』를 전범으로 삼은 것이다. 그런데 성호는『주례』그 자체도 수없이 개변된 것임을 지적한다. 이것은 당시 수구파의 철벽같은 반대에 직면한 변법파들로서는 변법의 당위성을 증명하는 가장 유효한 담론이며, 변법 반대자들의 그 어떤 담론도 무력화할 수 있는 무기가 될 수 있는 자료다. 당시 중국과 조선에서는 개혁을 말하다가도 북송 때 신법新法을 내걸고 구법을 변혁하고자 했으나 실패한 왕안석王安石, 1021~1086을 거론하면 모두가 입을 다물어야 하는 실정이었다. 이를 감안하면『주례』의 권위를 부정하거나 변법을 주장한다는 것은 목숨을 거는 일대 모험이었다.

성호사설星湖僿說/**권20/경사문**經史門/**주례**周禮

『주례』라는 책에 대해 임존효는 이르기를   周禮一書 林存孝以爲

"한 무제는 주나라 관제官制라는『주관周官』이   武帝知周官

말세의 난잡한 것일 뿐 경서가 아님을 알고   末世瀆亂 不經之書

『십론칠난十論七難』을 지어 배격했다"고 했으며   作十論七難 而排棄之

---

67) 殫(탄)=盡也.

하휴 역시

"『주례』는 육국 시대의 음모한 글"이라고 여겼으며

혹자는 말하기를

"유흠이 덧붙여

반란 정권 왕망을 보좌하던 것"이라고 했다.

나는『주례』가 현창된 것은 유흠에서 비롯되었다고 생각한다.

다만 의심스러운 것은 의심하여 배척할지라도,

육관을 설치한 그 규범은 넓고 원대하여

선대 성왕이 아니라면 능히 만들지 못했을 것이다.

何休亦以爲

六國陰謀之書

或謂

劉歆附益

以佐王莽者也.

愚謂周禮之顯 自劉歆始.

然其疑處自可疑而排

陳六官規模宏遠有

非先聖不能制者.

만약 이것을 모두 주공이 태평성세를 이룩한 족적이라 말한다면

결단코 그렇지 않다.

『의례儀禮』라는 글은 실제로 주공이 지은 것이라 하는데도

그중에는 가끔 공자의 말이 있으니

이것도 후세에 학자들이 더 써 넣은 것이 분명하다.

그러므로 옛 무제 때라고 믿을 수 없으며

지금 전하는『주례』는

무제가 시행했던 것이 아닌 듯하다.

若謂悉皆周公 致太平之迹

斷不然也.

夫儀禮實周公所制

而間有孔子之言

則分明是後來所添.

是故自武帝時 已有不信

而若今所傳者

抑恐非復武帝之驚矣.

성호사설星湖僿說/권11/인사문人事門/변법變法

법이 오래되면 폐단이 생기기 마련이며

폐단은 반드시 개혁해야 하는 것이 도리다.

옛날 위앙이 변법으로 진나라를 강하게 했으나

진나라의 군주는 그를 죽여야 했고

왕안석은 변법하여 성과를 거두지 못하고

세상의 증오를 불러일으켰으니

이로부터 사람들이 모두 손을 내저으며 말하기를 꺼리며

일체 무사안일의 계책만 궁리하게 되었다.

주자가 말하기를 송나라는

"이항李沆과 왕단王旦이 집정한 이래

法久弊生

弊必有革 理之常也.

昔衛鞅 變法而强秦

其人爲可戮也

王安石變法而無成

爲世懲創

自是人皆搖手諱言

一切爲偸安之計

朱子亦曰 本朝

自李文靖王文正 當國以來

조정의 의론들이 안정을 주장하여 朝論主於安定

건의를 하면 일을 만들어낸다는 핀잔을 듣고 凡有建明 便以生事歸之

온 천하를 순하게 길들여 극도의 폐단이 쌓여갔다"라고 했으니 馴至天下 弊事極多

이 교훈을 깊이 생각해야 할 것이다. 此訓儘[68]可商量.

성호사설 星湖僿說/권27/경사문 經史門/상앙변법 商鞅變法

상앙이 변법을 함에 이르기를 商鞅之變法也 曰

"어리석은 자는 이루어진 일에도 어둡고 愚者闇於成事

지혜로운 자는 싹이 트기도 전에 알아본다. 智者見於未萌.

백성은 처음부터 함께 도모하지는 못하지만 民不可與慮始

성공을 함께 즐길 수는 있다"고 말했다. 而可與樂成.

감룡은 "성인은 백성을 바꾸지 않고서도 가르치고 甘龍曰 聖人不易民而治

백성을 따라서 가르치면 수고롭지 않아도 공을 이루며 因民而敎 不勞而成功

법에 따라서 다스리면 緣法而治

관리는 익숙하고 백성은 편안하다"고 말했다. 吏習而民安之.

두지에 이르면 이익이 백 배가 아니면 변법하지 않고 至杜摯則 曰利不百不變法

공적이 열 배가 아니면 기구를 바꾸지 않는다"고 했다. 功不十不易器.

『시경』에서 이르기를 어긋나지도 잊어버리지도 않으니 詩曰 不愆不忘

옛 장전을 따라 행한다고 했다. 率由舊章.

이는 선왕의 장전은 갖추어진 것임을 말한 것이지만 言先王之典具矣

그것이 낡았다는 것은 선왕의 법이 낡아 다되었다는 것이니 其弊也 卽與先王之典 弊之盡矣

낡은 것을 변혁하여 선왕의 법을 따르면 무슨 해로움이 있겠는가? 變其弊 而從先王何害之有.

상앙은 그러지 않고 오로지 흥리를 위주로 하여 鞅則不然 專以興利爲主

각박하고 조급했으므로 이것이 끝내 실패한 원인이다. 刻薄爲急所以終敗也.

그러나 민중이 좋아했으므로 然小民必悅

끝내는 그것을 의지해서 천하를 병합했다. 故終賴之而倂天下也.

송나라 왕안석은 똑같이 변법을 했으나 若宋之王安石變法

백성이 좋아하지 않았으므로 상앙에는 한참 미치지 못한다. 而民不悅 不及於鞅遠矣.

대체 두 사람의 본령은 재리에서 벗어나지 못했으니 大抵二子之本領 不離於財利

---

68) 儘(진)=다할, 조금.

그들이 선왕의 법을 따랐다면 과연 어찌 되었을까?　　　　其於率由舊章 果何如也.

공자는 "은나라는 하례를 이어받았고　　　　子曰 殷因夏禮

주나라는 은례를 이어받았으니　　　　周因殷禮

비록 덜고 보탬은 있었으나 이어받을 것은 고치지 않았다"고 했다.　　　　損益雖在 所因則不改.

『주역』의 이른바 변통이란 것도 이와 같을 뿐이다.　　　　易所謂變通者 不過如此.

성호사설星湖僿說/권23/경사문經史門/왕안석王安石

주자가 『명신록名臣錄』에 왕안석을 올린 것을　　　　朱子名臣錄載王安石

의심하는 자가 많으나　　　　人多疑之

내가 말한다면 어찌 의심할 것이 있겠는가?　　　　余謂何疑之有.

안석의 죄란 공심에 따라 나갔으나　　　　安石罪過 其源從公心出

일이 잘못 되었을 뿐이다.　　　　特誤事耳.

그 잘못된 일이란 모두 변법에 있었으나,　　　　其誤事都在變法

변법을 단행한 것은 단지 세상을 다스리기 위한 것뿐이었다.　　　　變之只欲世治也.

법이란 오래되면 폐단이 생기지 않는 것이 없고,　　　　法久而未有不弊

폐단이 쌓이면 변경하지 않을 수 없는 것이다.　　　　弊積而未有不可變者.

변경한 것은 진실로 마땅한 것이었으나　　　　變之固當

그 시행이 점진적이지 않았으니 일을 망친 것은 당연하다.　　　　而行之無漸 其僨[69]事亦宜矣.

왕안석은 홀로 지독하게 청빈했고 견식은 깊고 밝았으니,　　　　其他特已淸苦 見識深明

그를 반대한 소동파 등은 처음부터 미치지 못한 인물이다.　　　　初非東坡諸人所及.

그것이 주자의 의견이기도 하다.　　　　朱子已有定說.

성호사설星湖僿說/권27/경사문經史門/왕안석王安石

소동파의 「변간론辨奸論」 이르기를　　　　蘇氏辨奸論[70]云

포로들이나 입는 옷을 입고, 개돼지나 먹는 음식을 먹으며,　　　　衣臣虜之衣 食犬彘之食

인정에 가깝지 않은 자는 크게 간특하지 않은 자가 드물다 했으니　　　　不近人情者 鮮不爲大奸慝

이것은 왕안석을 가리켜서 말한 것이다.　　　　此指王安石也.

그러나 이것은 군자다운 말은 아니다.　　　　此非君子之言也.

대저 군자는 악의와 악식을 부끄러워하지 않는다.　　　　夫惡衣惡食君子不恥.

---

69) 僨(분)=覆敗也.

70) 辨奸論(변간론)=간신을 분별하는 방법론.

옛 속담에 이르기를 좋은 옷은 절제하는 선비의 몸에 맞지 않고 　　古語曰 好衣不近節士體

흰쌀밥은 배 속의 글이 부끄러워한다고 했다. 　　朱粱穀似怕腹中書.

대개 법이 낡아 오래되면 불가불 변경하는 것이 이치다. 　　夫法弊久矣 理不可不變.

다만 안석이 일률적으로 착수했기 때문에 　　只緣安石一著

사람들이 모두 구설을 핑계로 경계하여 단안을 내렸으니, 　　人皆藉口作戒 完成斷案

법은 일체 변경해서는 안 되고 　　以爲法不可通變

비록 낡은 법이라도 마땅히 지켜야 한다고 생각하게 되었다. 　　雖弊宜守.

이는 매우 통석한 일이다. 　　此甚痛惜

이때부터 사람들이 비록 어긋나는 것에 손을 대려 해도, 　　自此以後 人雖欲齟齬下手

온갖 입이 저주하고 만 개의 손이 저지하여 　　百口咀呪 萬手拏戱

그 작업을 용납할 수 없게 만들었다. 　　使不得容其作爲.

이 또한 천하가 다스려지지 않는 함정이 되었으니 어찌하랴? 　　此又天下不復治之機穽奈何.

생각이 여기에 미치자 통곡할 일이니 눈물이 나온다. 　　念到此可爲痛哭流涕.

성호전집星湖全集/권46/잡저雜著/논경장論更張

법이 폐단이 생기면 경장하는 것은 자연의 추세다. 　　法弊而更張勢也.

그러나 경장이 반드시 잘 된다는 것은 아니므로 　　然更張未必善

혹은 걱정을 불러오기도 한다. 　　而或以之速[71]患.

그러므로 사람들은 고집스러운 생각으로 　　故人遂執以爲

고쳐 실패하기보다는 차라리 따르며 지탱하려고 한다. 　　與其毀裂而敗 寧因循而支[72]也.

이것이 당장의 안일을 탐하는 데는 상책이다. 　　此爲偸安之上計.

그러나 이것은 집이 오래되어 장차 무너지려고 할 때, 　　然比之 屋宇久將頹壓

서투른 목수에게 고치게 하면 수선도 하기 전에 　　使拙工改爲 或不無未及修繕

먼저 무너뜨리지 않을까 하는 염려도 있다. 　　使圮[73]先至之慮.

그러나 비바람이 불고 천둥이 덮쳐 　　如使風雨震凌

창졸간에 들보가 꺾이고 기둥이 무너지면 　　意外忽致梁摧棟踣[74]

제2부 탁고개제의 경세치용파

71) 速(속)=促也.

72) 支(지)=지탱하다.

73) 圮(비)=毁也.

74) 踣(북)=(부)=僵也.

그제야 혀를 차고 후회한들 소용이 없다.　　咄嗟[75]難悔[76].

나라의 폐정도 어찌 이와 다르겠는가?　　國之弊政 何異於斯.

성호사설유선星湖僿說類選/권3/하下/치도문治道門/변법變法

국조 이래 시무를 아는 손꼽히는 사람은　　國朝以來 屈指識務

율곡 이이와 반계 유형원 두 분이 있다.　　惟李栗谷柳磻溪二公在.

성호전집星湖全集/권46/잡저雜著/논경장論更張

반계 선생에 이르면 그 경장의 뜻이 더욱 커진다.　　至柳磻溪馨遠 尤有大焉.

백폐를 한 번에 쓸어버리고 옛 정전제로 돌아가　　一洗而反乎古

농지는 반드시 농민에게 주어야 한다는 것이다.　　必至授田.

그러나 훗날 결과는 그의 뜻은 비록 좋았으나　　而後已其意雖善

끝내 실행되기 어려웠으며,　　卒亦難行

이 일은 그만두고라도 여러 가지 개혁 방안은　　且置此一事 其他區畫[77]

법도에 맞고 시의적절한 것이었다.　　恰恰[78]中窾[79].

비록 당세에 시행되는 것을 볼 수는 없었지만　　雖未克見施當世

후에 반드시 본받을 사람이 나올 것이며,　　後必有來取法者存

영원한 스승으로 남을 것이다.　　而爲師于無窮也.

대체로 그의 말은 율곡과 합치된다.　　大抵其言多 與栗谷合.

한두 가지 예를 들자면　　姑[80]擧一二

긴요치 않은 관청은 없애고　　冗官可汰也

관리는 임무를 오래 지키게 하고　　官守久任也

사람을 채용할 때는 덕행을 우선할 것이며　　用人先德行也

작은 군은 통합하고　　小郡可倂

아비를 따라 노비가 되는 것을 불허하는 것 등이다.　　奴婢不許從父也.

---

75) 咄嗟(돌차)=탄식 소리.

76) 悔(회)=後悔. 失敗. 改也.

77) 區劃(구획)=計劃.

78) 恰恰(흡흡)=用心也. 適當之辭.

79) 窾(관)=款(條目也).

80) 姑(고)=고모. 잠시. 또한.

226 실학사상

온 백성은 모두 옳다고 말하고	國人皆曰可
조정에 아뢰어 반드시 시행해야 한다고 했다.	而建[81]白必行者也.
어찌하여 그의 말은 무겁기가 큰 종같이 여기면서	奈何重其言如洪鐘
그의 뜻은 추호처럼 가볍게 여겨	而輕其志如秋毫
백 년이 지나도록 머뭇거리고 지체할 뿐인가?	閱[82]百年而 猶自遲疑也.

여섯 가지 좀

〈사士와 농農을 하나로 합쳐라〉

성호는 나라를 좀먹는 여섯 가지를 지적했다. 이것은 오두五蠹를 말한 한비자韓非子, BC 280?~233의 예를 따랐으나 그 내용은 다르다. 첫째로 노비 제도 철폐를 말한 것은 그의 인본주의를 짐작하게 한다. 두 번째로 과거 제도 개혁을 말한 것은 실학을 중시하는 개혁을 주장했을 뿐 한비자처럼 유교를 전면 부정한 것은 아니다. 특히 그가 사민士民과 농민, 두 계급을 한 계급으로 통합할 것을 주장한 것은 새로운 창안으로 훗날 박제가朴齊家, 1750~1805가 다시 이를 주장했다.

성호사설星湖僿說/권12/인사문人事門/육두六蠹

사람이 간사함과 참람함이 없다면	人無奸濫
천하가 무엇 때문에 다스려지지 않겠는가?	天下何由而不治.
간사함과 참람함은 재물이 부족한 데서 생기고	奸濫生於財不足
재물의 부족은 농업에 힘쓰지 않는 데서 생기며	不足生於不務農
농업에 힘쓰지 않는 데는 여섯 가지 좀이 있기 때문이다.	農之不務其蠹有六.
그러나 말단을 좇는 상업은 포함되지 않는다.	而逐末不與焉.
첫째, 노비 제도, 둘째 과거 제도, 셋째 문벌,	一曰奴婢 二曰科業 三曰閥閱
넷째 사람을 미혹시키는 방술, 다섯째 절간의 중,	四曰技巧 五曰僧尼
여섯째는 놀고 먹는 자들이 이들이다.	六曰遊惰.
상업은 진실로 사농공상의 하나로	夫商賈者 固四民之一
오히려 재화를 유통하는 유익한 일을 한다.	而猶有通貨之益.
소금, 철, 포목 등은 상인이 없다면 운송되지 않는다.	如鹽鐵布帛之類 非賈不運也.

---

81) 建(건)=立朝律也.
82) 閱(열)=更歷也.

첫째, 노비를 대대로 물려 전하는 것은 　　　　　　奴婢傳世

고금과 사해를 통해 없는 일이다. 　　　　　　亘古今通四海 無有者也.

둘째, 무릇 문예가 세상의 도리와 심신에 도움이 없다면 　　凡文藝之無所補於世道身心者

일을 해롭게 하지 않음이 없을 것이다. 　　　　　莫非害事.

과거 공부는 유사들에게 효제는 늦추고 생업을 버리게 한다. 　應擧儒士 緩於孝悌抃[83]棄生業.

셋째, 벌열은 몸소 공을 세운 것을 말한다. 　　　　閥閱者身有功伐之謂也.

그러나 오늘날 습속은 벼슬한 가문의 자손까지 　　　今俗指依纓家子孫

양반이라 칭하며, 일반 백성과 구별한다. 　　　　混稱兩班 而區別於庶氓.

선조의 공적은 다 소모되었고, 재주와 기예는 미치지 않으니, 　雖使先業耗盡 才藝不逮

도리가 아닌 것으로 살길을 찾는 것이다. 　　　　　非理求生.

넷째, 기교란 진기한 노리개뿐만 아니라 　　　　技巧者不但玩好器什

방술로 사람들을 미혹하게 하는 모든 것이다. 　　　凡方術惑人者皆是.

광대와 무당과 박수가 더욱 해가 된다. 　　　　　而倡優巫覡爲尤害也.

다섯째, 중들은 부처를 숭상하기 위함이 아니고 　　　僧尼非因崇佛

다만 군역을 피하는 것을 목적으로 한다. 　　　　只思逃役.

깊은 굴속에 숨어 농사를 짓지 않고 　　　　　深竄無田之境

날마다 기름진 땅에서 나는 소출을 소비한다. 　　　日費沃壤之粒也.

여섯째, 민가에서 아들을 낳으면 　　　　　人家生子

가장 우둔한 자에게 농사나 지으라고 한다. 　　　　目其最蠢[84]曰農也.

이것은 다름이 아니고 나라의 기풍이 다른 일을 하면 　此無他. 國風固多別岐

농사를 짓지 않고도 후한 이득을 차지할 수 있기 때문이다. 　非農而可以厚占也.

만약 사농士農을 한 계급으로 통합하고 　　　　若使士農合一

법으로 교화하여 따르게 한다면 　　　　　法有遵化

마치 물고기가 물에서 놀고 새들이 숲으로 돌아가는 것처럼, 　如魚之游水 鳥之歸林

농사꾼 중에서 재덕이 있는 자를 발탁함으로써 　　其有才德 拔之於阡陌之間

저절로 팔리기를 기대하지 않게 한다면, 　　　　不待自衒[85]

백성들이 장차 자기 직분을 살펴 진작하고 　　　則民將視[86]作己分

---

83) 抃(변)=掃除也.
84) 蠢(준)=꿈틀거리다. 어리석다.
85) 衒(현)=팔다.
86) 視(시)=明也. 敎也. 察也.

눈과 손으로 익히면 각자 자기 생업이 안정될 것이다.

目熟手習 而各安其業矣.

파용관

성호사설星湖僿說/**권14**/**인사문**人事門/**파용관**罷冗官

말을 기르는 자가 꼴과 콩이 없어지는 것을 감시하기 위해

所謂患牧人之損其芻菽

감독관을 두었더니 말은 더욱 수척해졌다는 속담이 있다.

更立廐長 而馬益瘦也.

본래 우리나라는 토지는 좁고 관리는 많다는 비판을 듣는다.

東國素稱地狹官多.

토지가 좁으니 넉넉하지 않고

地狹則財寶不興

관원이 많으니 토색질이 많고

官多則冒奪成風

백성은 더욱 곤궁하다.

而民益困.

백성을 얻는 데는 재화의 생산보다 더 좋은 방법은 없고,

民得莫如生財

재화 생산은 부세를 가볍게 하는 것보다 더 좋은 방법은 없다.

生財莫如輕賦.

그러므로 생산자는 많고 먹는 자는 적으며,

故曰 生衆食寡

일을 빠르게 하고 씀을 느리게 하라고 말한다.

爲疾用徐而已.

먹는 자가 적으면 쓰는 것은 저절로 형편이 펴지게 될 것이다.

食寡則用自舒矣.

그 요령은 쓸데없는 관리를 도태시키는 것에 불과하니,

其要亦不過汰冗官之謂矣

모름지기 결원이 생길 때 보충하지 않으면 점차 줄어들 것이다.

須有闕不補 漸至減少也.

대소 관서 두세 곳을 하나로 통합하고

大府小省亦皆併二併三爲一

필요한 자 외에는 그 직원을 간략하게 솎아내며,

其職任之員皆簡汰

간관을 혁파하여 다른 관직들이 모두 겸직하게 해야 한다.

罷諫官以他職兼之.

양반 민주제

양반 민주제란 양반만이 국정에 참여하여 자기 뜻을 펼 수 있다는 뜻이다. 유가들의 인정仁政이란 것도 내용으로 보면 민民을 어린아이(赤子) 돌보듯이 하라는 것이고, 형식으로 보면 군주와 귀족과 유사(오늘날의 敎師)들만이 참정권이 보장되지만, 군주도 인정의 헌장인 『주례』에 복종해야 하므로 입헌 군주제라 할 수 있다. 이를 한마디로 말해서 인정이라 하지만 그것은 '천하일가天下一家'의 혈연 공동체를 지향하는 것이었다. 다시 말하면 천하를 하나의 가족 공동체의 확대판으로 보는 것이므로 이를 '가부장제'라고도 말한다. 그러므

로 양반 민주제란 유가들의 인정을 풀어 말한 것이다.

　이익은 여전히 유가이며 공맹의 인정을 이상적인 정치로 신봉하고 있었다. 따라서 아직도 신분 제도를 인정하고 남녀 차별과 장유 차별을 인정한다. 그러나 그는 양반 사회에 국한되지만 국가 경영의 민주성을 역설한 선각자였다.

성호사설星湖僿說/권11/인사문人事門/염철론鹽鐵論

세속에선 모두 말하기를 변법은 어렵다고 한다.	末俗皆言變法之難.
대개 변혁하면 어그러짐이 생겨 실패하기 쉽고	皆變法則或齟齬[87]易敗
옛 법을 지키면 과오를 미봉해 넘어갈 수 있기 때문이다.	守常猶可架[88]漏偸[89]過也.
그러나 법이 오래되면 폐단이 생기고	夫法久弊生
폐단이 오래되면 반드시 멸망하는 것이니	弊久必亡
변혁하지 않으려 해도 변혁하지 않을 수 없는 것이다.	雖欲不變得乎.
한나라 때 염철에 관한 논의는	如漢時鹽鐵論
천하 문사들을 불러 승상 어사와 함께	招天下文學之士 與丞相御史
서로의 난점을 반성하고, 백 가지로 강구하여	反覆相難 百道綢繆[90]
논박이 궁하게 되고 대답이 구비된 연후에야	辯者言窮 對者完備然後
시행할 것인가 말 것인가를 결단했으니	行不行始斷
이것이 가장 모범적인 정책 결정 방법이다.	此最可法.
이렇게 한다면 어찌 실정에 맞지 않아	如是豈有疎迂
중도에 폐지하는 걱정이 있겠는가?	中廢之患哉.
아직도 그 글이 『염철론鹽鐵論』이라는 책으로 남아 있으니	今其書尙在
군주가 시행할 모범 사례로 삼아야 할 것이다.	可爲君相設施凡例也.

곽우록藿憂錄/양자하기讓自下起

내가 보건대 후세의 조정 의론은	余觀後世廷論
반드시 대관이 마음대로 결정하므로	必大官臆決
동료나 보좌진은 참여할 수가 없다.	其僚佐無得與焉.

---

87) 齟齬(저어)=어긋남.
88) 架(가)=跨越也.
89) 偸(투)=苟避於事也.
90) 綢繆(주무)=얽고 묶다.

지혜와 사려와 계책을 말하자면	言其智慮謀爲
대관이라고 반드시 나은 것도 아닌데	大官未必勝
세력과 지위에 눌려 아랫사람은 무능하게 된다.	而爲勢位所壓 居下者無能爲也.
만약 위태롭고 의아스러운 지경에도	如危疑之際
공훈 있는 척신이나 권세 있는 총신에게 나라의 위란을 맡겨놓고	勛[91]戚權寵任其壞亂
그가 죽거나 나라가 망한 후에야 그친다.	則至於死亡後已也.
나라가 다스려지고 어지러운 것은	國之理亂
한 사람의 사사로운 일이 아니므로,	非一人之私
어린아이의 의견도 들어야 한다.	故孺子可聽.

성호사설星湖僿說/권10/인사문人事門/사창社倉

민관 공동 관리하는 사창 제도

사창은 지관에 소속되는데	社倉之制 本於地官
공전을 협동으로 경작하여 얻은 곡식과	粗力鋤粟[92]
벌과금으로 거둔 곡식을 기금으로 하여	屋粟[93]閒粟[94]
봄에 나누어주었다가 가을에 거두어들여	春頒秋斂
백성들의 긴급한 재액을 구휼한다는 취지에서 비롯되었다.	恤民之艱阨也.
옛날 숭안崇安에 흉년이 들어	昔崇安饑
주자가 부府의 곡식 육백 석을 빌려 빈민에게 나눠주었다.	朱子貸粟于府 得六百斛 散給之.
그해 겨울에 풍년이 들어 백성들이 상환하려 하자	冬有年 民願償于官.
지부 왕회는 그 곡식을 마을에 그대로 쌓아두고	知府王淮 俾[95]留里中
장부 상으로만 관에 바친 것으로 했다.	而上籍于官.
이에 주자는 그 곡식으로 사창이라는 것을 처음으로 설립했다.	後朱子創立社倉.
매 일 석에 이자로 쌀 두 말을 거두었는데	每石量收 息米二斗
흉년에는 반감하고	小歉卽蠲[96]其半

231

제2부 락고개제의 경세치용과

---

91) 勛(훈)=勳의 古字.
92) 粗粟(서속)=정전의 여덟 집이 공전을 경작하여 얻은 곡식.
93) 屋粟(옥속)=농지를 경작하지 않는 벌과금.
94) 閒粟(한속)=직업 없이 노는 자의 벌과금.
95) 俾(비)=더하다. 시키다.
96) 歉(겸)=흉년 들다.

큰 흉년에는 면제했다.

이렇게 십사 년 동안을 하고나니

원미 육백 석을 지부에 상환하고

나머지 삼천이백 석을 본부에 신고하여 점검한 후에

전과 같이 빌려주었는데

이후부터 이자는 받지 않되

모미耗米로 매 일 석에 석 되만 거두어 줄어들지 않게 했고,

본부의 관원과 마을의 사인 몇이 공동 관리했다.

大歉[97]卽盡蠲之.

至十有四年

將元米六百石 還納本府

其見管三千二百石 申府照會

將來依前斂散

更不收息

每石只收耗米三升

與本居官及士人數人 同其掌管.

우리는 흔히 군주 정체는 곧 폭군 정체요, 귀족 정체는 곧 과두 정체요, 입헌 정체는 곧 민주 정체로 이해한다. 그러나 아리스토텔레스에 따르면 이런 인식은 '좋은 정체'와 그것이 '타락한 정체'를 혼동하는 잘못이다.

평화를 위한 군비

이익은 평화주의자였다. 그러나 그는 무비武備를 급선무로 삼을 것을 주장한다. 평화와 무비는 모순되는 듯하다. 그는 평화를 지키기 위해 무비를 갖추어야 한다고 말한다. 평화주의자는 군비를 악으로 보고 반대하는 것이 일쑤다. 그러나 그것은 이상일 뿐 평화를 지키기 위해서는 무비가 필요조건인 현실을 인정해야 할 것이다. 특히 성호는 임진왜란을 몸소 경험한 사람이다. 왜란으로 국토의 절반이 황폐화되었으나 당시 그 누구도 병화의 책임을 물을 수 없었고 무비의 소홀했음을 반성하지 않았다. 그는 홀로 평화를 지키기 위해 무비의 방책을 강구하고자 한 것이다.

성호사설星湖僿說/**권14**/**인사문**人事門/**힐융**詰戎

무기는 흉기요 전쟁은 위험한 일이다.

불길한 것을 흉이라 하고

죽음에 무방비 상태를 위험이라 한다.

성인이 어찌 흉한 것을 버리고,

위험한 일을 제거하려 하지 않겠는가?

兵凶器 戰危事.

不吉之謂凶

易[98]死之謂危.

聖人豈不欲

去凶而絶危.

---

97) 蠲(견)=제거하다.

98) 易(이)=無守禦之備也.

그러나 포악한 자가 나타나 겁탈하고	不善者來刦[99]
제멋대로 잔혹하게 살육하면	或殘殺恣胸
생령이 다 죽게 될 것이므로	生靈將盡劉[100]矣
부득이 무력을 행사하는 것이다.	故不得已而用之.
도둑에 대한 방비를 잠시도 잊을 수 없기에	未嘗一日忘
사람이 태어나면 뽕나무 활(桑弧)과	故人生設弧[101].
쑥대 화살(蓬矢)로 육극에 화살을 쏘아 올리는 의식을 베풀고,	
소년 시절에는 상무象舞(武舞)를 춤추고	弱而舞象[102]
장성하면 활쏘기를 익히며	壯而習射
택궁에서 활을 쏘게 하여 그 덕을 관찰하고	觀德於澤宮[103]
향당에서는 사射의 예禮를 익혔다.	習禮於鄕黨.
죽어 염습할 때는 결습決拾[104]의 예를 올려주고	殮而設決
장사할 때는 살깃(翎)을 머리맡에 놓아주었으니	葬而戴翎[105]
어찌 잠시나마 잊을 때가 있겠는가?	夫豈少須臾不存心乎哉.
진실로 무력을 그칠 수 있는데도 그치지 않는 것은	苟使可已而不已
살인을 즐기는 짓이다.	是樂殺人者也.

성호사설星湖僿說/**권7**/**인사문**人事門/**병비**兵備

군사란 백 년 동안이라고 쓰지 않는 것이 옳지만,	兵可百年不用
하루라도 군비를 잊는 것은 옳지 않다.	不可一日忘備.
군사가 있어야 도적을 막을 수 있기 때문이다.	兵者將有以備寇.

성호사설星湖僿說/**권7**/**인사문**人事門/**무비위급**武備爲急

성인은 도둑이 드는 것을 음녀의 유혹에 비유했다.	聖人以誨盜 比諸誨[106]淫.

---

99) 刦(겁)=겁탈.
100) 劉(류)=죽이다.
101) 弧(호)=뽕나무 활. 禮記/內則: 國君世子生 射人以桑弧蓬矢 六射天地四方.
102) 象(상)=武舞.
103) 澤宮(택궁)=선비들이 활 쏘는 곳.
104) 決拾(결습)=활 쏘는 것을 상징한 의식. 決(결)=활깍지. 拾(습)=소매를 걷어 올려 매는 기구.
105) 翎(령)=箭羽.
106) 誨(회)=曉敎也.

지금 요염한 여자가 짙은 화장으로 교태를 부리면 | 今有妖冶 當街艶粧濃態

곧은 선비가 아니면 색정이 안 일어날 사람이 드물 것이다. | 自非貞孤之士 鮮不心桃.

집에 보화가 있는데 수호를 게을리하고 | 家有貨寶 守護不備

사람들에게 자랑한다면 | 使衆目齊覩

정직한 선비라야 엿보지 않을 수 있을 것이다. | 則惟正士爲能不睨[107]矣.

세상이 평화롭고 무사할 때는 문교가 우선이 되지만, | 時平無事 文敎爲勝

문교를 수행하려면 | 文敎之所以行

어찌 무비에 의존해야 하지 않겠는가? | 豈非有賴於武備乎.

방 안에 집기가 완비되고 | 如室中 器什完具

의관이 고우며 자리는 무늬를 놓고 | 衣帶鮮新 文席在下

벽에는 서화가 걸려 있으며 | 畵圖列壁

책을 읽거나 이치를 논하면서 여유로울 수 있어도 | 讀書說理 從容方得

만일 주춧돌이 기울고 기둥이 썩어 사나운 바람이 몰아쳐 | 苟使礎傾柱朽 獰[108]風忽至

들보가 꺾이고 사람이 치어 죽으면 | 梁摧人壓

그 같은 물건이 흔적도 없이 될 것이다. | 物無餘迹.

그러므로 안일에 젖어 위태로움을 잊고 | 是以習安忘危

문文에 묶여 무武를 천시하는 것은 | 扭[109]文賤武者

외침을 불러오는 첩경이 되는 것이다. | 其誨盜也甚矣.

성호사설星湖僿說/**권7**/**인사문**人事門/**퇴계선견**退溪先見

우리나라는 명조 선조 즈음에 와서야 | 聖朝至明宣之際

간신히 조금 평안했다고 말할 수 있다. | 殆[110]可謂小康.

그런데 퇴계 선생이 황중거에게 답한 편지에서 | 然退溪先生答黃仲擧書

뜻밖에 이르시기를 | 却[111]云

"남북에서 큰 환란이 아침이 아니면 저녁이면 닥칠 것인데 | 南北鉅[112]患 不朝卽夕

나를 돌아보니 하나도 믿을 만한 것이 없다. | 而還顧在我 無一可恃.

---

107) 睨(예)=엿보다.
108) 獰(영)=모질다.
109) 扭(뉴)=묶다.
110) 殆(태)=위험하다. 대체로. 겨우. 간신히.
111) 却(각)=물러나다. 사절하다. 뜻밖에. 역시.
112) 鉅(거)=巨와 통용.

그런즉 산림의 즐거움도 어찌 반드시 보전하겠는가? 　則山林之樂 亦豈必可保.

그래서 사사로이 걱정하며 남모르게 탄식한다"라고 말씀하셨다. 　以是私憂竊歎.

그때 조야는 태평스러웠는데 선생께서 홀로 이런 말씀을 하시니 　方朝野晏然 先生獨發此言

많은 사람은 우활한 선비의 예사말이거니 했다. 　衆必謂迂儒例談.

그러나 사십 년이 못 되어 임진년 화변이 일어났다. 　然不四十年 有壬辰之禍.

그리고 인조반정 이후에는 나라 형세가 　及仁廟初國勢

무너지는 집과 물 새는 배와 같아서, 　若壞屋漏舟 不日傾覆

언제 무너질지 점칠 수 없는데, 　不日[113]傾覆

깨닫지 못하는 동안 끝내 도탄에 빠지게 되었다. 　而猶不覺知 終致塗炭.

지금 돌이켜 생각해보니 　以今思之

선생의 걱정과 탄식이 다 들어맞은 것이다. 　退溪之憂歎 畢竟悉符.

동파가 이르기를 "사려가 천 리를 미치지 못하면 　東坡曰 慮不及千里之外

환란이 안석 앞에 있으니 　則患難在几席之下

막판에 후회한들 끝장이다"라고 말했다. 　到頭而悔者末矣.

세상에 안락을 탐함이 　世之偸樂

어찌 제비가 장막 위에 둥지를 짓고 　奚別於燕幕

물고기가 가마솥에서 노니는 것과 다르랴? 　魚釜耶.

퇴계 선생의 "산림의 즐거움도 보전하지 못하겠다"라는 말은 　其山林不保之說

역시 슬프고 탄식할 만하다. 　亦足傷歎.

묘당의 계책이 잘못되면 　策誤於廟朝

그 해독이 서민에게 미치는 것이니 　而毒偏於黍[114]庶

송장이 구렁을 메우고, 뼈와 골이 땅바닥에 으깨지는 것은 　塡壑塗地

사람의 허물이 아닐 수 없으니 어찌 하늘의 뜻이겠는가? 　莫非辜 此豈天意也哉.

십만 양병 불가론

십만 양병설에 대해서는 앞서 서포만필에서도 언급한 바 있다. 또한 십만 양병설은 근거 없는 왜곡이라는 주장도 살펴보았다. 이익은 십만 양병을 주장

113) 日(일)=一晝夜. 占卜也.
114) 黍(서)=기장. 黎(여)의 誤.

한 바 있었다고 해도 당시의 사정으로는 현실적으로 불가능했음을 구체적으로 설명하고 있다. 우리는 여기서 임란 직전의 국가 형세가 얼마나 취약했는가를 짐작할 수 있으며, 아울러 왜란은 우리 스스로 불러온 참화라는 이른바 '왜란 유인설'의 적실성을 공감하게 된다.

성호사설星湖僿說/권13/인사문人事門/예양병預養兵

임진왜란 전에 율곡이 십만 양병이 마땅하다고 했다.	壬辰倭亂前 栗谷謂當養十萬兵.
사람들은 선견지명이라 칭찬했다고 한다.	人稱先見.
우리나라는 한가히 노는 자가 셀 수 없이 많으니	我俗閑遊者無第[115]
변통만 잘하면 병사를 늘리는 것은 어렵지 않을 것이다.	苟有通變 則添兵不難.
그러나 양병은 쉬운 일이 아니다.	旦養之不易.
이미 농農과 병兵이 일치하지 않기 때문에	旣不能以兵寓[116]農
모름지기 병사를 먹여줄 수 있어야만 양성할 수 있는 것이다.	則須有食以養之也.
우리나라 사람은 하루 쌀 두 되 아니면 굶주리는 실정이니까	國人非一日二升米則飢
십만 명이면 하루에 이만 말을 먹어야 한다.	十萬人則一日食二萬斗.
나라 규정상 열다섯 말을 한 섬으로 치니까	國例以十五斗爲石
하루에 천삼백삼십 섬을 소비해야 하며	則當費一千三百三十餘石
만약 한 달을 버티려면 사만 섬을 소비한다는 계산이다.	若一月持久 則費四萬石矣.
기병이 섞이게 될 때에	騎兵間則蒭
필요한 꼴과 콩은 이 숫자에 포함되지 않았다.	豆不在此數.
또 행군을 할 때	又若行軍
소나 말 한 필이 이십 말을 운반하니까	而牛馬一匹運二十斗爲準
이것을 표준하면	則當有
일천 필이 있어야 하루 양식을 운반할 수 있다.	一千匹 方可運一日之食也.
일천 필에는 마부도 일 천 명이 필요한데	千匹則驅者亦有千人
우마와 마부가 먹을 것도 이 숫자에는 들어 있지 않다.	其所養不在此數.
그리고 기계와 잡용의 운반도 계산하지 않았다.	而機械雜用又不在此數
어찌 그것을 감당할 수 있겠는가?	其可堪之耶.

---

115) 第(산)=산가지.
116) 寓(우)=객사. 寄也(맡기다).

만약 성을 지키려 한다면	如欲守城
백성은 평소에 저축이 없고	國人素無畜聚
사람마다 부모처자가 있으니	而人皆有父母妻子
늙은이와 어린이가 모두 성에 들어가면	老幼皆入
장차 며칠이 못 되어 굶어죽은 터이니	將不日而餓
과연 무엇으로 구제하겠는가?	果何以濟之.
이런 정황을 생각하면	用此光景
다만 천만년토록 난리가 없기만을 바라야 할 것이다.	只合[117]願千萬世無亂.
난리가 있으면 반드시 패할 것이기 때문이다.	亂則必敗.
만약 평시에 군軍과 민民을 사랑하고 기른다면	苟能平時愛養軍民
비록 십만이 아니라도 침략을 막을 수 있을 것이다.	雖非十萬或可以禦侮.
그러나 목전에 벌어지는 현실을 보면	目見
백성의 고혈을 착취하여 구렁에 버려지고 사방으로 흩어지니	浚[118]剝膏澤 棄丘壑散四方
처참하고 가슴 아픈 일이 아닐 수 없다.	可爲悽愴傷心.
비록 십만 병사를 마련해도 아무 소용이 없을 것이다.	雖辦得十萬恐亦無用.

성호사설星湖僿說/권14/인사문人事門/병필수전兵必授田

병사는 죽음의 길이다.	夫兵者死地.
평상시에 따르던 민중도	平時使民樂從
위난을 당하면 오히려 도망쳐버린다.	急難猶懼逃躲[119].
후세에는 억지로 병역을 부과하는 제도로 되었지만	後世勒簽[120]兵額
유력자는 빠져나가고 가난하고 약한 자들만 면하지 못한다.	强有力者能脫 貧弱不免.
이래서 어찌 침략을 막아낼 수 있겠는가?	如何能折衝禦侮耶.
그러나 만약 농지와 땔감의 이익을 준다면	苟有田柴之利
민중은 병사가 되기를 원할 것이다.	則民願爲兵.
옛날 제나라 제상인 전요가 말한 대로	昔者田饒有言曰
재물이란 군자에게는 가벼운 것이요	財者君之所輕也

제2부 탁고개제의 경세치용파

---

117) 合(합)=응당 해야 한다.
118) 浚(준)=준설하다. 빼앗다.
119) 逃躲(도타)=逃避.
120) 勒簽(늑첨)=재갈과 쪽지. 강제 부과.

죽음이란 병사에게는 무거운 것이다.

군주가 가벼운 재물을 쓸 수 없으면서

병사에게는 무거운 죽음을 요구하니

어찌 어렵지 않겠는가?

그러므로 조준의 상소에서 이르기를

국가에서 비옥한 전지를 떼어

이를 갑사 십만을 길러 녹봉으로 주면

의복과 군량과 군비가 모두 이 토지에서 나오므로

나라에서는 양병하는 경비를 지출할 필요가 없게 되니

이는 조종의 법이요,

삼대에 걸쳐 군사는 농農에서 기르는 것이 유지였다.

그러나 지금은 병사와 전제田制가 모두 없어졌다.

변란이 일어나면 농민을 몰아 전장에 보충하므로

병사가 약하여 적군의 먹이가 되어버리고

농량을 털어 군량에 충당하므로

농가는 줄고 마을은 폐허가 된다.

이른바 군사는 농토에 숨겨둔다는 것을

더욱 절실히 깨달아야 하거늘

병사는 받아야 할 농지를 받지 못하고

그 농지를 부호와 고관들이 점거해버렸으니

나라에서는 병사들에게 지급할 농지가 없다.

死者士之所重也.

君不能用所輕之財

而欲使士致所重之死

豈不難哉.

故趙浚[121]云

國家割膏腴[122]之地

以祿甲士十萬餘人

衣糧器械 皆從田出

故國無養兵之費

祖宗之法

三代藏兵於農之遺意也

今兵與田俱亡.

每至倉卒驅 農夫以補兵

故兵弱而餌敵

割農食以養兵

故戶削而邑亡.

其所謂 藏兵於農

尤覺功實

兵不田授

則田皆爲豪貴占據

國無與焉.[123]

238
실
학
사
상

선린 화친과
재조지은

사실 동양의 평화 사상은 동이족인 백이숙제와 그 후손 묵자로 거슬러 올라

---

121) 腴(유)=아랫배 살찌다.

122) 趙浚(조준)=호는 旴齋 松堂. 시호는 文忠. 조선 개국 공신. 공민왕 때 급제. 전제 개혁안 발표. 정도전과 함께 혁명에 동참. 태종 때 대사헌.
　　　전제 개혁과 십만 양병설을 진언했음.

123) 대사헌 조준의 상소 『高麗史節要』 권33 辛禑四.

간다.[124] 무왕의 폭력 전쟁을 반대했던 백이와 숙제를 기리는 백성들의 마음이 수천 년 동안 식어가지 않자 유가들은 그 대안으로 주나라의 시조인 고공단보가 오랑캐에 사대한 것을 찬양하기 시작했다. 성호가 평화 사상의 근거로 제시하는 맹자가 말한 사대주의도 이 같은 태왕의 고사에서 연유한 것이다. 이에 의하면 진실로 자기의 안위보다도 백성의 안위를 위해 견융에게 사대를 했고 끝내 자기 나라를 포기하기까지 했으니 이야말로 진정한 평화주의자라고 말할 수 있을 것이다.

장자莊子/양왕讓王, 여씨춘추呂氏春秋/권21/심위편審爲篇

주나라의 시조 태왕 단보가 빈邠에서 살 때	太王亶父[125]居邠
북방 오랑캐들이 침입해왔다.	狄人攻之.
가죽과 비단을 바쳐 사대했으나 받지 않고	事之以皮帛 而不受
개와 말을 바쳐 사대했으나 받지 않고	事之以犬馬 而不受
주옥을 바치며 사대했으나 받지 않았다.	事之以珠玉 而不受.
북방 오랑캐들이 요구하는 것은 땅이었다.	狄人之所求者土地也.
태왕 단보가 말했다.	太王亶父曰.
"남의 형과 같이 살면서 그 동생을 죽이고	與人之兄居 而殺其弟
남의 부모와 함께 살면서 그 아들을 죽이는 짓은	與人之父居 而殺其子
나로서는 차마 할 수 없다.	吾不忍也.
그대들은 모두 그냥 머물러 살도록 노력해보시오.	子皆勉居矣.
내 백성이 되는 것과 북적의 백성이 되는 것이 무엇이 다르겠느냐?	爲吾臣與爲狄人臣 奚以異.
또한 내가 배운 바로는	且吾聞之
토지나 곡식 때문에 백성을 해치지 말라고 했다."	不以所用養[126] 害所養[127].
태왕이 지팡이를 짚고 빈을 떠나자	因杖策而去之
백성들이 줄지어 그를 따랐다.	民相連而從之.
그래서 기산 아래에 새로운 나라를 이루게 되었던 것이다.	遂成國於岐山之下.
태왕이야말로 생명을 존중하는 사람이라고 말할 수 있을 것이다.	太王亶父可謂能尊生矣.

124) 졸저『묵자』, 바이북스, 2009, 10장 반전 평화론 참조.

125) 亶父(단보)= 王季의 父. 周文王의 祖父.

126) 所用養(소용양)=토지.

127) 所養(소양)=백성.

그는 이러한 선린 정신에 따라 당시 서인 정권이 강조하던 이른바 '재조지은再造之恩'의 허구성을 지적하고 임진·정유 왜란의 원수였던 일본과 화친할 것을 주장한다. 이것만이 백성의 생령을 위하고 나라의 운명을 위하는 길임에도 하지 않는다면 천리를 거역하는 것이 된다고 강조한다. 더 나아가 나라보다 생령의 안식을 위해서는 나라의 수모보다도 화친이 중요하다는 것이다.

필자는 임란 전후 특히 호란 이후부터 이씨 조선은 이 강토의 주인으로서 자격이 없다고 생각한다. 역사는 반복될 수 없으며 가상은 금물이지만, 당시를 생각하면 눈물이 앞서는 비분강개한 마음 금할 길 없는 것은 나만이 아닐 것이다. 나라를 지키지 못했을 정도로 허약하고 민생을 돌보지 않던 부패한 이씨 조선이 민란으로 멸망하고, 새로운 왕조가 들어섰어야 천리에 합당할 텐데, 하늘은 깨우치지 못한 무지몽매한 백성에게 그런 복을 주지 않았다. 도리어 고통을 더 감내한 다음 일본에 의해 멸망해야만 제정신을 차릴 것이라 생각했는지도 모를 일이다.

성호사설星湖僿說/인사문人事門/권17/임진재조壬辰再造

임진왜란 때 재조의 공을 말한다면	壬辰再造之功
마땅히 석성을 첫째로 하고, 이순신을 다음으로 하고	當以石星[128] 爲首 李舜臣次之.
이여송을 다음으로, 심유경을 다음으로 해야 할 것이다.	李如松次之 沈惟敬[129] 次之.
그 나머지 조그만 승패는 따질 만한 것이 못된다.	其餘小小勝敗 都不足計也.
석성이 아니었다면 명나라 원군이 나오지 못했을 것이며	無石星天兵不出
처음부터 끝까지 우리 일을 힘써 주장한 것이 석성이다	始終力主東事者星也.
평양의 승전은	平壤之捷
단지 왜의 수군이 이순신에게 패하여	只緣倭水軍爲舜臣所摧衄[130]
수륙 협공의 세를 얻지 못했고 머뭇거리다가	失水陸長驅之勢 逗留不進
이여송의 대군에 패퇴한 것이다.	遇大軍而退也.
승승장구하던 왜군이 평양에서 수개월을 머뭇거린 것은	賊逗留平壤卒守
심유경의 계략인 맹약 때문이었고,	沈惟敬盟約
이로써 어가가 압록을 건너지 않았다.	大駕之不渡江.
평양과 황해의 백성이 도륙을 면할 수 있었던 것은	兩西之免於創殘
모두 심유경의 노력이었다.	皆其力也.

128) 石星(석성)= 明의 병부 상서로 조선에 구원병을 출병할 것을 주장함. 심유경과 함께 화의를 주장했다가 화의 실패로 체포되어 옥사함.

129) 沈惟敬(심유경)=유격장군으로 일본과 강화의 사명을 맡아 조선에 출정함. 풍신수길을 日王에 책봉할 것을 건의했다가 실패하고 사형을 당함.

130) 衄(뉵)=縮也. 挫折也.

그런데도 우리 조정은 석성과 심유경이 죽임의 화를 당할 때
앉아서 구경만하고 신원의 사신도 보내려 하지 않았으니,
재조의 은혜를 말하는 자들이 어찌 차마 이럴 수 있단 말인가?

然而我國坐視 石沈兩人之禍
不肯走一介伸救
是可忍耶.

성호사설星湖僿說/권12/인사문人事門/만력은萬曆恩

임진왜란과 정유왜란의 능욕은
반드시 갚아야 할 원수이고
신종神宗이 군사를 보내 구원해준 은혜는
만세까지 잊을 수 없는 은덕이다.
그러나 원수는 이미 흔적이 없고 은혜는 갚을 길이 없다.
주자의 『무오당의戊午讜議』에 의하면
만세까지도 반드시 갚아야 한다는 말이 있다.
누가 묻기를 "본조에서 당한 이적의 화는
백세까지 갚아야 옳다는 뜻인가?"
주자는 대답하기를, "이 일은 말하기 어렵다.
원수를 눈앞에 두고도 자기는 보복을 못 했으면서
그 아들에게 보복하라고 한다면
자손으로서는 자기 사업이 아니므로 옳지 않은 점이 있으며
저절로 기세가 식어 생각조차 없어질 것이다.
또한 내 아비와 할배를 죽인 자를 복수하려 하는 것인데
원수의 아들과 손자에게 보복한다면 심한 생각이 든다."

壬辰之亂 兩陵遭變
必報之仇也
萬曆援師之恩
亦萬世難忘之德也.
然仇已無痕 恩未有可酬之路.
朱子戊午讜議
雖有萬世必報之論.
然或問 本朝夷狄之禍
雖百世復之可也.
曰這事難說.
見讐在面前 不曾報得
欲報於其子
若孫非惟事 有所不可也
自沒氣勢無意思耳.
又曰 須復得親殺吾父祖之讐
若復其子孫 有甚意思.

대저 이웃 나라와 사귀는 도리는 오직 친목을 중히 여겨
유감을 풀고 정성을 다해 예물을 보냄으로써
행여 종묘사직을 보존하고 백성을 안식시키기 위해
시의에 적절하게 대처하는 것뿐이다.
맹자는 "작은 것으로 큰 것을 섬기는 것은
하늘을 두려워하는 것"이라 했다.

大抵交隣 惟以親睦爲重
釋憾輸誠
庶[31]其保乂[132]宗社 安息黎元[133]
亦時焉耳.
孟子曰 以小事大
畏天者也.

---

131) 庶(서)=幸也.
132) 乂(예)=治也.
133) 黎元(여원)= 백성.

주 문왕이 오랑캐 견융을 힘써 섬긴 것은	勉事戎狄
세력이 부득이해서 그런 것뿐인데	勢力之不得已也
왜 그것을 하늘을 두려워한 것이라고 말하는가?	而謂之畏天何也.
하늘은 단지 이理이며, 외천畏天은 순리를 말한 것이다.	天只是理也 畏天順理也.
만약 강약을 헤아리지 않고 거센 적과 부닥쳐	若不度强弱 妄攖[134]勍敵
백성이 도탄에 빠지고 국가가 멸망에 이른다면	至于生靈塗炭 國家滅亡
이것이 어찌 도리라고 하겠는가?	豈理也哉.
지금 우리가 밥을 먹고 사는 것도	馴[135]至今人得以噍食者
왜국과 화친한 공력이 준 것이 아니라고는 말 못 할 것이다.	莫非和倭之力與有焉.

성호사설星湖僿說/권13/인사문人事門/걸화걸항乞和乞降

당나라 사람의 시에 이르기를	唐人詩曰
한 장수가 공을 이루면 만 사람의 뼈가 마른다 했으니	一將功成萬骨枯
이는 골수에 사무치는 말이다.	此刺骨之談也.
맹자도 땅을 다투고 성을 다투어	孟子曰 爭地爭城
사람을 죽여 성에 가득하면 큰 죄악이라 했다.	殺人盈城 是爲大罪也.
그러나 외침은 막지 않을 수 없다.	然外侮不可不禦.
강적이 뜻밖에 내침하면 혹 원치 않아도	强敵之來 或值意慮之外
나는 장차 이를 막아야 한다.	我將有以禦之.
그런즉 나라는 스스로 막을 수 없고 백성의 힘에 의뢰한다.	則國非自禦 賴民力也.
만일 평상시에 후하게 길러	若不於平常之時
마음을 결집시키지 않으면	養之厚而結其心
난이 닥치면 어찌 그들의 힘을 얻을 것인가?	臨亂將何以得力.
고인의 말에 이르기를	古之人有言
"사람을 죽인 자는 죽여야 하는 것이 법이다"라고 하지만	殺人者死法也
장수는 사람을 죽여도 살인죄로 죄 주지 않기 때문에	猛將殺人不死
망령되게 강한 이웃을 건드려 공리를 엿보다가	其安挑强隣 苟窺功利
전군이 함몰함에 이른다면 그 죄 용서하기 어렵다.	至於全軍咸敗 厥罪難貸[136].

---

134) 攖(영)=다가서다.
135) 馴(순)=순종하다.
136) 貸(대)=관대히 다스리다.

나에게 전쟁에 대해 말하라고 한다면	余則曰 兵革之事
화친을 애걸하여 그치게 할 수 있다면 화친하고	乞和可已則和
항복을 구걸하는 것만이 그치는 길이라면 항복할 뿐,	乞降可已則降
나라가 깎이고 약해지는 것은 돌아볼 겨를이 없다고 생각한다.	國之削弱 有不可恤.
왜 그런가?	何也.
집에 전해오는 보화가 있는데 누가 들이닥쳐 빼앗으려 할 때	家有世傳重寶 人將來劫
맞서 다투면 사랑하는 자식이 반드시 죽고	爭之則愛子必死
순순히 내주면 부자는 그럭저럭 안전할 것이다.	與之則父子粗安.
나는 오월 왕 전초錢椒가 항복한 고사에서 취할 바가 있다고 본다.	吾於吳越錢王恐降 竊有取焉.
부득이 전쟁을 하는 것은	至不得已而戰
백성을 위해서일 뿐 나라를 이롭게 하려는 것이 아니다.	則是爲民非利國也.

사대주의와 화이론

사대주의

큰 나라를 섬긴다는 '사대事大'라는 말은 맹자에서 연원되었다. 그러나 맹자는 사대와 함께 '사소事小'도 말했음을 유의해야 한다. 즉 맹자의 의도는 선린善隣 교린交隣에 있었다.

맹자孟子/양혜왕梁惠王/하下

제나라 선왕이 물었다. "이웃나라와 외교에 도道가 있습니까?"	齊宣王問曰 交隣國有道乎.
맹자가 대답하기를, "있습니다.	孟子對曰 有.
오직 인자仁者만이 큰 놈이 작은 놈을 섬길 수 있습니다.	惟仁者 爲能以大事小.
그러므로 탕왕은 갈백葛伯을 섬겼고,	是故 湯事葛
문왕은 혼이混夷를 섬겼습니다.	文王事混夷[137].
오직 지자智者만이 작은 놈이 큰 놈을 섬길 수 있습니다.	惟智者 爲能以小事大.
그래서 태왕은 흉노를 섬겼고	是故太王事獯鬻

---

137) 混夷(혼이)=古大 中國의 西部의 변경 민족.

월왕 구천은 오나라를 섬겼습니다.	句踐事吳.
대국이 소국을 섬김은 하늘 뜻을 즐거워함이요,	以大事小樂天者也
소국이 대국을 섬김은 하늘 뜻을 두려워함입니다.	以小事大畏天者也.
하늘 뜻을 즐거워하는 자는 천하를 보존하고	樂天者保天下
하늘 뜻을 두려워하는 자는 자기 나라를 보존합니다.	畏天者保其國.
『시경』에 이르기를 '하늘의 위엄을 두려워하나니	詩云 畏天之威
때를 따라 보우해주시네'라고 한 것은 이를 말한 것입니다."	于時保之.

성호는 우리가 천하에 가장 약한 나라이므로 사대를 해야 살아갈 수 있다고 강조한다. 그러므로 당시 서인 정권의 슬로건이었던 반청 정책과 북벌론의 허구성을 비판한다. 그에 따르며 당시 서인 정권이 강대한 청나라를 반대하고 약소한 명나라를 섬긴 것은 실리 사대가 아니었다. 이러한 존명사소尊明事小의 근거는 이른바 재조지은再造之恩이지만, 이는 의리 때문에 국익을 잃고 심지어 멸망의 위험을 감수하겠다는 위험한 길이다. 성호도 도무지 고구려의 기상은 인정하지 않고 신라에 매여 있다는 일부의 비판을 수긍하지 않을 수 없다. 그렇다 해도 그의 현실론은 우리로서는 슬프게도 인정하지 않을 수 없다.

실학사상

성호사설星湖僿說/권21/경사문經事門/이소사대以小事大

고려 예종 십이 년(1117)에 금나라에서 후한 폐백을 가지고 와서	睿宗十二年 金國卑辭厚禮
공손한 말로 오래도록 형제처럼 지내자고 요청했다.	乞爲兄弟 以成無窮之好.
그러나 조정의 대신들은 불가하다고 말했다.	大臣極言不可.
이에 김부철은 상소하여 간했다.	金富轍上疏曰.
"금나라는 최근 대요大遼를 격파하고	金人新破大遼
우리에게는 사신을 파견하여 형제처럼 지내자고 요청했습니다.	遣使於我請爲兄弟.
대국 송나라도 천자의 존엄을 무릅쓰고	大宋以天子之尊
머리를 숙여 거란을 섬기고 있으며	屈事契丹
옛날 성종 때는 변방 계책이 잘못되어	昔成宗之歲 御邊失策
요遼나라의 침략을 재촉한 것을 거울로 삼아야 할 것입니다."	以速遼寇 誠爲可鑑.
그러나 재상과 대신들은 모두 비웃고 배척하지 않은 이가 없었다.	宰樞無不笑且排之.

성호사설星湖僿說/권26/경사문經事門/동국내지東國內地

우리나라는 천하에 가장 약한 나라다.	我國天下之最弱者也.
다만 땅이 편벽되고 백성이 가난한 것뿐 아니라,	不但地偏民貧
기자가 봉국을 일으킨 이래 문화와 교화는 끊이지 않아	自箕封以後 文敎不絶
너도나도 예의의 나라라고 일컫고 있지만,	共稱禮義之邦
문교가 행해지면 무비는 소홀한 것이 역시 추세다.	文敎行則武備歇[138] 亦其勢也.
그래서 지키는 것을 좋아하고 정벌을 싫어했으며	樂守成而厭征討
사대에 힘쓰고 천명을 두려워했으니	勤事大而畏天命
상하 삼천 년간을 오직 이러한 기풍이었다.	上下三千歲間 惟此規模而已.
만약 혹시라도 이것을 넘으려고 하면	苟或違越
죽고 무너지지 않을 수 없을 것이다.	無不殘毁.
모두가 거울로 삼아야 할 것이다.	皆可鑑也.

성호사설유선星湖僿說類選/권9/하下/화이지변華夷之辨

이웃 나라에 대한 도리는	隣國之道
작고 약한 나라가 크고 강한 나라에 적대하지 않는 것이다.	小弱不可以敵大强.
옛 등滕나라는 제나라와 초나라 사이에 있었으므로	故滕間於齊楚
그들을 섬기기를 게을리하지 않았다.	而事之惟勤.
또한 침탈을 모면할 수 없으면 피하여 멀리 가는 것이다.	又不得免焉 則避而遠之.
주 태왕이 북적에게 땅을 양보하고 멀리 피한 것은 옳았다.	若太王之於狄人可也.
그러나 가야 할 땅도 없이 떠나는 것은 멸망을 좇는 것이다.	無地可去者 待亡而已.
그러므로 멸망에 이르기 전에 할 수 있는 것은	然未亡之前 所可爲者
오로지 가죽과 비단, 개와 말을 주어 그들을 섬겨	惟皮幣犬馬而事之
다행히 침탈을 모면하는 것 외에는 다른 방책이 없었다.	冀或倖免 外此無策也.
우리나라는 병력이 가장 열세다.	我國兵力崔劣.
그런데도 눈앞의 안일을 탐하는 것을 상책으로 여기고	偸[139]安爲上計
고려 때부터는 북벌이라는 망녕된 고담준론이 나타났다.	自麗時始 必妄出高論.

---

138) 歇(헐)=休息. 竭.

139) 偸(투)=薄也. 苟且也. 竊取也.

그러면서도 외침이 있으면 부질없이 대국의 힘을 빌리거나

아니면 형세가 궁해지면 자비를 구걸하는 것뿐이다.

지금에 이르러서는 형편이 또 다르다.

스스로 명나라를 대국으로 섬기며

청나라와 원나라를 배척한 이후에는

'화이론'이 더욱 중시되고

강약의 세력 균형은 무시되었다.

묘당에서 계산은 안을 다스리는 것은 생각지도 않고

밖을 침탈하자고 팔을 흔들면서도 무사들을 천대하고

변고가 있을 때는 쓰이기를 기대한다.

잘못됨이 이 지경에 이른 실정이다.

왕이 벼슬을 내리면서 말하여 이르기를

무사는 오랑캐 땅에서 안녕을 구하고

관새의 수익에 의지해 살아가라고 한다.

그러니 문관들은 구멍 속에서 싸움 구경이나 하고

전쟁의 공로를 다투며 논쟁한다.

용맹을 파는 자들은 변경에 있지 않고 조정에 있는 셈이다.

외적을 갑주와 병사가 아니라 글과 먹으로 막으려 한다.

이것이야말로 이 시대의 병통이 틀림이 없을 것이다.

凡有外寇 徒藉大國之力

不然 勢窮而乞憐而已.

在今光景又異.

自大明掃

清胡元之後

華夷之辨益重

而強弱之勢有不與數也.

廟算不思內修

而揚臂於外攘[140] 待武弁極賤

而將待有變需用.

其謬戾如此也.

王錫爵之言曰

武官在釁[141]下求安

專藉款[142]塞之利.

文臣在隙中觀鬪

爭談出塞之功.

賈勇不在邊境 而在朝廷.

禦寇不以甲兵以文墨

可謂切中[143]時病矣..

화이론

화이론華夷論이란 화하華夏 문화를 존숭하고 동이東夷를 천시하는 공자와 유가들의 춘추대의春秋大義를 말한다. '하夏'란 『주례』가 시행되는 지역을 뜻하고, '화華'란 문명이 높은 민족을 뜻한다. 그리고 화하족華夏族 이외의 민족을 만蠻, 이夷, 융戎, 적狄이라 불렀다. 『설문해자說文解字』에서는 "남

---

140) 攘(양)=侵奪也.
141) 釁(찬)=아궁이. 釁蠻.
142) 款(관)=塞也.
143) 切中(절중)=딱 들어맞다.

방의 만족蠻族은 충虫(벌레)에서 나왔고, 북방의 적족狄族은 견犬(개)에서 나왔고, 동방의 맥족貊族은 치豸(발 없는 벌레)에서 나왔고, 서방의 강족羌族은 양羊에서 나왔으니 이것들은 다른 종족이다"라고 풀이했다.

논어論語/헌문憲問 14

공자께서 말씀하셨다. "관중은 환공의 재상이 되어	子曰 管仲相桓公
천하를 통일하고 바로잡았으므로,	一匡天下
백성들은 아직까지도 그의 은혜를 입고 있다.	民到于今受其賜.
관중이 아니었다면 내가 머리를 풀어헤치고,	微管仲 吾其被髮[144]
옷깃을 왼쪽으로 여미는 오랑캐가 되었을 것이다."	左衽[145] 矣.

맹자孟子/등공문滕文公/상上

나는 하夏 문화로 이夷의 풍속을 변화시켰다는 말은 들었어도,	吾聞用夏變夷者
이夷의 풍속으로 하夏가 변화되었다는 말은 들은 적이 없다.	未聞變於夷者也.

주자어류朱子語類/권4/제11 조목

사람에게는 기氣의 혼탁으로 가리고 막힘이 있어도	曰 然在人則蔽塞
통할 수 있는 이理가 있습니다.	有可通之理.
금수에 이르면 성性이 있지만 다만	至於禽獸亦是此性
그것이 형체에 구애되어,	只彼他形體所拘
날 때부터 가리고 막힘이 심하여 통할 수 없습니다.	生得蔽隔之甚 無可通處.
비유하면 조그만 틈새의 햇빛과 같습니다.	譬如一隙之光.
오랑캐의 경우는	到得夷狄
사람과 짐승 중간이라서 끝내 고치기 어렵습니다.	便在人與禽獸之間所以終難改.

성호는 평화주의자였으므로 교조주의에 얽매이지 않고 다양성을 존중하는 실용주의자였다. 그러므로 화이론도 현실적으로 해석한다. 그는 화이론을 인의仁義의 우열에 따른 구분이 아니라 서로 다른 풍속과 문화를 이루고 살아야만 서로를 탐내어 침략하지 않는다는 필요에서 구분한

---

144) 夷族은 縱髮 左衽, 華族은 束髮 右衽이다. 주자는 被髮左衽 夷狄之俗也이라 했다.
145) 衽(임)=袵의 同字. 옷깃. 옷섶.

것뿐이라고 말한다. 그러므로 그의 사대주의는 화이론에서 나온 것이 아니라 세력 관계를 중시한 국제 외교라고 본다. 주나라의 시조 태왕 단보가 오랑캐인 견융에게 사대한 것이 그 유래다. 중화도 세력이 열세하면 강성한 오랑캐에 사대하는 것이 관례였다.

성호사설유선星湖僿說類選/권8/하下/화이華夷

옛부터 화華와 이夷는 성품과 기질이 특별히 같지 않아서가 아니라	古者華與夷 不但性氣不同
스스로 구별되기를 원했다.	願欲自別.
우유와 털옷을 편안하게 여겼으므로	安於潼酪[146]旃裘[147]
중국의 음식과 비단이 마음 내키지 않았던 것이다.	而不以中國之食物絮繒[148]爲意.
옛날에는 간혹 침략도 있었지만	故時或侵寇
자기 거주지에 머물러 서로 간섭하지 않았다.	而居止不相干[149]也.
이런 까닭으로 진나라 이후부터	是以自晋以後
양자강(양쯔 강)과 한수(한수이)를 경계로 삼아	江漢爲界
그 반쪽을 화하라 했다.	猶是半幅華夏.
그러나 원나라 이후부터 남북은 혼동되어 하나가 되었고	自元以後南北混一
다시는 진시황의 옛 기업基業이 회복되지 못했다.	非復皇王[150]舊基.
오히려 명나라 사람들이 그것을 갈라놓았는데	猶是明人間之
아마도 이후부터 저들이 반대로 주인이 되었다.	抑恐自此 彼反爲主.
그러나 역시 한족이 대를 잇기는 불가능할 것이다.	而亦不能迭[151]代也.
대저 호족의 풍속은 정치가 간단하고 백성이 편안했으니,	盖胡俗政簡而民安
의관의 예禮를 다시 원하지 않았다.	不願衣冠之禮.
소민들은 즐거이 따랐고 한족의 후손들도 점차 경험해갔다.	小民樂從 後來者將驗之.
능히 남북이 뿔을 세우고 이욕을 다투는	能絶去 南北互角利欲
싸움터가 되는 우환을 단절할 수 있었다.	成場[152]之患.

---

146) 潼酪(동락)=우유 제품.
147) 旃裘(전구)=모직 옷.
148) 絮繒(서증)=솜과 비단.
149) 干(간)=犯也. 與也.
150) 皇王(황왕)=秦始皇.
151) 迭(질)=更迭也. 遞也.
152) 場(장)=싸움터.

이처럼 하늘 아래는 아무리 넓어도 두루 한 지역일 뿐이니,　　普天之下 惟此一域而已
역시 신기한 일이다.　　亦奇矣.

성호사설星湖僿說/권14/인사문人事門/화이華夷

듣건대 인도와 서역 밖에도 다른 세계가 있어　　吾聞印度身毒[153]之外別開區宇
사람들의 풍속이 크게 동일하고　　人風大同
마음이 밝고 욕심이 적어 쟁탈이 일어나지 않고　　淸心寡慾 爭奪不起
고금이 변함이 없다 하니　　古今不變
비록 그 학문이 다르고 교리가 괴상하지만　　雖其士學殊塗 說理弔[154]詭[155]
어진 것을 좋아하고 죽임을 미워하며　　而好仁惡殺
폐단을 제거하고 착함을 숭상하는 것은　　钃[156]弊崇善
대도大道를 통하는 데 방해됨이 없을 것이다.　　則不害爲大道之旁通也.

성호사설星湖僿說/권14/인사문人事門/이단異端

공자의 말에 이단에 빠지면 해롭다고 했는데　　子曰 攻乎異端斯害也已
비록 빠지는 것은 금지했으나 엄중히 배척하지는 않았으니　　雖禁其專治. 而未嘗排去甚嚴
오히려 "소도小道라도 볼만한 것이 있다"는 범주 안에 있는 것이다.　　猶在小道可觀之內也.
그러나 맹자는 양주, 묵적을 배척하기를 홍수와 맹수로 비유하여　　至孟子距楊墨 則比之洪水猛獸
홍수는 사람을 빠뜨리고　　驅除乃已.
맹수는 사람을 해치므로 기필코 몰아내려고 했다.
정자와 주자가 불교와 도교를 배척한 것은　　又至程朱斥佛老
기름이 옷을 더럽히는 것처럼　　則惟懼如脂膏之汚人
이치는 근사하여 크게 어지럽힐 것을 두려워한 때문이다.　　爲其彌近理而大亂.
진실로 성군이 나오지 않고 치세가 부흥되지 못하여　　眞 聖王不作 世治不復
백성의 곤궁이 극도에 달했다.　　斯民之窮厄極矣.
인인仁人과 군자라면 구제할 방책을 강구하는 것이　　仁人君子思所拯救是
목하의 급선무로 삼아야 할 것이다.　　爲目下之急務.

---

153) 身毒(신독)=天竺. 西域國의 總名.
154) 弔(조)=愍也.
155) 詭(궤)=詐也. 違也. 怪也.
156) 钃(견)=반딧불. 明也. 除也.

그 원인을 추구해보면 이단의 폐단만은 아닌 듯하다.   究厥由來 恐非異端之爲妨也.

성호사설유선星湖僿說類選/권8/하下/피발좌임被髮左衽

공자는 관중이 아니었다면	子曰 微管仲
피발좌임하는 이적이 되었을 것이라고 말했다.	吾其被髮[157]左衽.
이것은 사실에 기초하여 그렇게 말한 것이다.	此必有事實而云然也.
천하의 정세는 남북을 가운데로 나누어	天下之勢南北中分
한쪽은 화華요 한쪽은 이夷로 경계를 접해 있다.	一華一夷 壤界接近.
문물과 교화는 남南이 성하고 무력은 북北이 우세하다.	文敎盛於南 武力勝於北.
남화南華인 주나라가 날로 쇠해질 때	周日衰弱
제나라 환공이 오패의 우두머리가 되자,	齊桓公爲五霸之首
주나라를 높이고 이夷를 배척 침탈했을 뿐,	尊周攘[158]夷
인의의 여부를 따진 것이 아니었다.	無論假仁與否.
춘추 장공 삼십 년에 제나라 관중이 산융을 정벌했고	春秋莊公三十年 齊人伐山戎
민공 원년에 형邢나라를 구원했는데	閔元年齊人救邢
이것이 그러한 실제 사례다.	此是實事也.
산융은 고죽국孤竹國의 외곽인데	盖山戎在孤竹[159]之外也
훗날 요나라 금나라의 종족으로 발전한다.	山戎卽後來遼金諸種也.
숙신이 강해진 것은 주나라 말부터 시작되었는데	肅愼之强 已自周末始也
관중은 그 기미를 미리 방비한 것이다.	而管仲先防其微.
주나라가 열국을 봉하면서 소공을 연나라에,	周封列國 召公居燕
태공을 제나라에, 주공을 노나라에 봉해서	太公居齊 周公居魯
태산을 둘러쌓는 한 띠를 만들었던 것은	環泰山一帶
귀척과 대신들이 모두 산융의 침략을 걱정해서였던 것이다.	莫非貴戚大臣 則山戎之慮.
진실로 화華는 이夷에 대한 대비를 부지런히 힘썼던 것이다.	固已密勿[160]矣.[161]

157) 被髮(피발)=論語/憲問18/朱注: 們被髮左衽 夷狄之俗也. 被를 披로 고쳐 읽고 縱髮로 해함. 准南子/原道의 九嶷之南 陸事寡 而水事衆 於是人民被髮文身 以像鱗蟲에서 被는 披의 뜻 임(漢族은 束髮).

158) 攘(양)=排除也. 侵奪也.

159) 孤竹(고죽)=주나라 무왕이 멸망한 은나라 왕족 箕子를 봉했던 곳. 고구려의 뿌리.

160) 密勿(밀물)=부지런히 힘쓰다. 主要政事.

161) 만리장성이 그 살아 있는 증거다.

이익의 화이론은 또 다른 보수적인 모습으로 안정복에게로 전승된다. 안정복은 이익의 문하로 성학聖學을 고수한 보수파다. 그는 스승인 이익의『이자수어』와『성호사설유선』을 편집했으며 저서로는『동사강목東史綱目』,『도통도道統圖』가 있다.

특히『동사강목』은 주자의 화이론과 정통론正統論을 기초로 하여 동국의 역사를 정리한 것이다. '강목綱目'이란 명칭도 주자의『자치통감강목資治通鑑綱目』에서 따온 것이다. 주자가 '강목'을 지어 사마광司馬光, 1019~1086이 지은『자치통감自治統監』을 의리론義理論으로 재해석한 것처럼, 안정복의『동사강목』은 그 시대에 이미 공적으로 편찬된『삼국사기三國史記』,『고려사高麗史』,『동국통감東國通鑑』등을 의리론으로 재해석한 것이다. 그가 우리 역사에 관심을 두고『동사강목』을 편찬한 것은 의미 있는 작업이지만 그것은 반청反淸 존명尊明의 모화 사대주의 사관의 산물이었다. 다만 그는 청나라의 지배를 천하의 추세로서 인정함으로 현실적 괴리를 봉합한다.

그에 따르면 이夷는 사람과 짐승의 중간이므로 고쳐지지 않는다. 그러므로 요遼, 금金, 원元, 청淸은 이적夷狄에 불과하므로 천명을 받은 성인의 나라로서의 정통성을 가질 수 없다는 것이다. 다만 그는 중국에서 태어나지 않았다고 무조건 이夷가 되는 것은 아니라고 생각한다. 도적을 물리치고 구업을 회복하면 주인의 종통宗統을 계승하는 것처럼, 조선은 비록 이夷였지만 오랫동안 중화 문화 전통을 공유해왔으며 도적인 청나라를 물리치고 명나라를 계승했으므로 중화의 정통을 계승했다고 보았다. 그는 한반도의 정통을 단군 조선 → 기자 조선 → 마한(기준箕準이 익산 금마에 도읍한 이후) → (삼국은 비정통) → 신라(문무왕 9년 이후) → 고려(태조 19년 이후) → 대조선大朝鮮으로 이어졌다고 보았다.[162]

이러한 그의 정통론의 특징은 기자를 단군의 계승자로 부각함으로써 은나라의 정통을 주나라와 조선이 공유했음을 강조하고, 나아가 명나라가 멸망한 이후에는 조선만이 기자의 홍범과 정전의 도통을 계승한 유일한 국가임을 과시하고자 했던 것이다. 같은 맥락으로 익산 금마金馬에 도읍한 기준의 마한을 정통으로 인정한 것도 기자 조선의 계승자임을 고취하려는 것이다. 마한 정통론은 또한 이익의 견해를 계승한 것이다. [163]

안정복安鼎福

순암집順菴集/**권2**/**상성호선생서**上星湖先生書

예로부터 유가에서는 매사에 화이를 엄격히 구분해왔다.	自古儒者 每嚴華夷之分.
그래서 중국 땅에서 태어나지 않으면 모두 이夷라고 불렀다.	若不生於中土 則盡謂之夷.

---

162)『東史綱目』凡例 統系 東國歷代傳授之圖.

163)『星湖全集』권47 雜著 三韓正統論.

이것은 사리에 밝지 못한 주장이다.

하늘이 어찌 경계를 나누려고 했겠는가?

此不通之論也.

天意何嘗有界限.

동사강목東史綱目/권1/범례凡例/통계統系

기준이 비록 나라를 잃고 남쪽으로 도망하였지만

마한을 공략하여 나라를 재건했으며,

기자의 제사를 폐하지 않았으므로

정통이 있다 하겠다.

이는 주자의 『자치통감강목』에서

조조의 위나라를 버리고 유비의 촉나라를 한나라의 정통으로

인정한 사례를 따른 것이다.

箕準雖失國南奔

而攻破馬韓 再造邦國

使太師之祀不替

則是亦正統之所歸.

如綱目

蜀漢例書之.

순암집順菴集/권12/상헌수필橡軒隨筆/상上/화이정통華夷正統

하늘이 사물을 지음에 중화의 인물이 머리가 되고,

이적이 다음이고 금수가 다음이다.

이적이 반인반수의 중간에 있음은 천리다.

이리는 지선至善이 있는 곳으로 나아가며

하늘의 마음은 미상불 지선하고자 하지만

기화의 운행은 순하고 탁하여 가지런하지 않으니

치란이 상이하고 화華와 이夷의 물려준 허물은 세勢다.

세가 있는 곳은 하늘도 어찌할 수 없다.

夫天之生物 中夏人物爲首

夷狄次之 禽獸次之.

夷狄在反人反獸之間 天理也.

理卽至善之所在也

天之爲心未嘗不欲其至善

而氣化運行 醇醨不齊

則治亂相異 而華夷失嬗[164]勢也.

勢之所在 天莫奈何矣.

봉건적인
담론

명분론

이익은 오늘날 기준으로 보면 보수적인 봉건주의자였다. 그는 인간은 선천적 등급이 있다는 성
삼품설性三品說을 인정했고, 신분의 차별에 따른 분수를 지켜야 한다는 명분론名分論을 옹호했으

---

164) 嬗(선)=물려주다.

며, 통치자의 세습을 인정하는 봉건제를 지지했다. 그러나 당시 17~18세기는 서양의 선각자들도 군주제를 당연한 것으로 인정하던 시대였으며 민주 제도는 아직 발명되지 않은 시대였다.

생각하면 인간의 실존은 상지와 하우가 있기 마련이다. 또한 신분 차별은 인정할 수 없으나 지금 21세기에도 사실상 신분 또는 계급이 엄존하고 있으며 통치자의 신분 세습은 구시대의 유물이지만 지금도 부와 명예의 세습은 이루어지고 있다.

다만 성호는 봉건제를 지지했으나 계몽적이었다. 그는 중간 계급의 신분 이동을 역설했고, 관리 임용의 실적주의를 주장했고, 민중을 얻어야 통치자가 될 수 있다는 확고한 입장을 견지했던 것이다. 특히 봉건제의 소국 주권 분권주의는 오늘날 근대 국가의 부국강병과 대국주의에 비해 공동체적이고 이상적인 것이다. 공자, 묵자, 노자 등 인류의 선각자들은 모두 소국 공동체 연합주의, 즉 공산주의를 이상향으로 소망했다는 점을 기억해야 할 것이다.

성호사설유선星湖僿說類選/권2/상上/선악부정善惡不定

상지와 하우는 신분이 이동될 수 없다.	上智與下愚不移.
이러한 이 품 이외에 중품은 모두 점차로 이동될 수 있다.	非此二品 皆可以漸移也.
매양 사람들을 경험해보면	每驗之於人
중품의 사람들은 바탕이 정해진 것이 아니라	中人之性 非有以素定
이익과 명예에 이끌려 빠져들어가는 것이다.	率因利與名 而駸駸[165]入也.

성호사설유선星湖僿說類選/권4/하下/솔예정명率禮定名

법法은 예禮를 근본으로 하므로 예를 좇아 제정한다.	法者本乎禮 率禮而定制.
어기면 벌을 주는 것을 법이라 한다.	違則有刑 是謂之法.
그러므로 예에 근본하지 않으면 법은 헛 만든 것이다.	不本其禮 法爲虛設.
예는 명분을 바르게 하는 정명을 위주로 한다.	禮者正名[166]爲主也.
내가 보기에 패가 망국은	吾見亡國敗家
무엇보다 먼저 예를 훼손하고 비롯됨을 가린 데서 비롯된다.	莫不由先毁禮防[167]始.

제2부 락고개제의 경세치용파

---

165) 駸駸(침침)=馬行疾皃.

166) 名(명)=名分.

167) 防(방)=蔽也.

봉건론(분권주의)

성호사설星湖僿說/권26/경사문經史門/봉건封建

민중을 얻으면 나라를 얻고, 민중을 잃으면 나라를 잃는 것은	得衆則得國 失衆則失國
천자나 제후나 마찬가지다.	天子諸侯一也.
주나라가 일어날 때 칠십이 개 나라를 세웠는데	周之興 立國七十二
천자와 동성同姓이 오십이 개국이었다.	姬姓獨居五十二.
그들은 광폭하고 어리석은 자가 아니면	苟不狂惑
모두 유명한 제후가 아닌 자가 없었다.	莫不爲顯諸侯.
천하를 분할하여 봉국함으로써 공신과 공유하는	然分封天下 與有功者共之
이른바 봉건제는 사私 중에서 공公이며,	私中之公也
모두 군현으로 만들고 천하가 한 사람을 받들어야 하는	悉爲州郡 以天下奉一人
이른바 군현제는 사 중에서 더욱 공인 것이다.	私而益私.
단연코 그것이 천리의 당연이라고 말할 수는 없다.	斷[168]非天理之當然.
세월이 지나 후인들은 봉건제의 득실을 논하지만,	後人論其得失
(봉건제의 경우) 만약 봉국이 작다면 비록 세습된다 해도	若封國小則 雖傳世
반란이 일어나지 않을 것이며,	不得有叛亂也
(군현제의 경우) 만약 임무에 오래 종사하면	若久於其任則
비록 임명된 목민관일지라도	雖牧守
반드시 백성을 자애하고 도적을 막을 것이다.	必能子民而禦敵矣.
내 생각을 말한다면	余則曰
만약 봉건제에 임명제 목민관의 의의를 실행한다면	苟因封建之制 而行牧守之義
두 제도의 폐단을 구제할 수 있을 것이다.	可以兩捄[169]其獘.
옛날에는 작위의 종류는 다섯 가지요, 봉토의 분배는 세 가지였다.	古者列爵惟五 分土惟三.
나라를 봉하는 기준은 공작의 경우에도 백 리에 불과했고,	封國之制 公不過百里
후작과 백작은 칠십 리, 자작과 남작은 오십 리였다.	侯伯七十里 子男五十里.
후세에 혹 천 리를 넘게 차지한 경우도 있었으나	後世或跨居千里之遠

---

168) 斷(단)=絶也. 齊也. 是而行之謂之斷.

169) 捄(구)=同捄也. 止也.

그것은 예禮가 아니다.

임관의 기준은 삼 년 동안 실적을 고과하되

폐출과 승진, 어리석고 명철함을 세 기관에서 고과한 후

유임이 적당한가 경질이 마땅한가를 비교한다.

非禮也.

任官之制 三載考積

三考黜陟[170]幽明

比適久速[171]之宜也.

지역주의

성호가 봉건적인 도덕규범인 오륜을 옹호한 것은 당대 학자들 모두에 해당되는 시대적 한계라 할 것이다. 특히 성호의 영남 양반 찬양론은 그의 일족이며 후학인 이중환李重煥의 『택리지擇里志』로 이어지고 여기에서 지역의 산세에 따른 인심을 논함으로써 호남 비하론의 시비를 불러일으키는 오해를 낳기도 했다.

성호사설星湖僿說/권13/인사문人事門/영남오륜嶺南五倫

오늘날은 풍속의 피폐함이 극심하다.

사람이 금수와 다른 것은 오륜이 있기 때문이다.

경기 지방의 풍속은 겨우 삼륜만 남았고 이륜은 없다.

장유 붕우의 지극한 것은 어지러워 모두 없어졌는데

그 까닭은 무엇인가?

부자는 천륜이니 떨어질 수 없고,

군신은 녹祿과 작爵으로 얽매어 있으며,

부부는 애정이 있는 한 배반하지 않는다.

그런데 어린아이가 과거에만 오르면

온 나라 사람이 흠앙하고 어른과 늙은이도 굽실거린다.

세도와 사리를 따라 야합하여

아침에 잠시 소매를 잡았다가 저녁에는 헤어진다.

今之俗弊極矣.

人之異於禽獸者 以其有五倫也.

畿甸風習 僅存者三 而闕其二.

至長幼朋友 則梏[172]喪盡矣

其故何也.

父子天屬 離不得

君臣縻[173]於祿位

夫婦情好 未能悖背.

幼穉登科

國人仰欽 長老爲之屈下.

勢利乍合

朝執袪[174]而暮寋[175]袪.

---

170) 陟(척)=登也. 高進也.

171) 速(속)=疾去也. 召也.

172) 梏(곡)=수갑. 亂也.

173) 縻(미)=繫也.

174) 袪(거)=소매.

175) 寋(잠)=速也.

그것은 세력을 좇아 그러는 것이다.

오직 영남에는 아직도 군자의 남긴 교화를 지켜서

어른을 섬기는데 절하고, 꿇어앉고, 들고 나는데

예절을 감히 어기지 않는다.

친척이 친척의 도리를 잃지 않고

친구가 친구의 도리를 잃지 않는다.

지금 나라 안에

오륜이 구비된 고을을 찾으려면

오직 이 지역뿐이다.

그 까닭은 무엇인가?

산천의 풍토와 기후로써 징험할 수 있다.

무릇 영남의 큰 물은 낙동강이다.

사방 모든 냇물이 크고 작건

일제히 합류하여 한 점이라도 밖으로 새는 것이 없다.

그 물이 이와 같으니 그 산도 알 수 있다.

때문에 여러 사람의 마음도 함께 모여서

창도하는 자가 있으면 반드시 화답하며

일을 당하면 힘을 아울러 보탠다.

어진 유사들이 대를 이어 일어나서

절로 성인의 가르침이 이루어져 대물려 변하지 않는 것이다.

그러므로 삼국이 다툴 때 신라가 끝내 통일했다.

그리하여 천 년을 내려왔으니

어찌 인심이 찬란하지 않겠는가?

유독 그것만이 아니다.

선비를 논하는 데 관직의 위계로 하지 않는다.

其勢然也.

惟嶺之南 尙守君子之餘化

事長之禮 拜跪進退

莫敢違越.

親也不失其爲親

故[176]也不失其爲故.

在今環域[177]之中

求五倫備具之郷

惟此一區是也.

其故何也.

山川風氣可驗.

凡嶺南之大水曰洛東.

四圍群川 鉅流徵[178]淙[179]

一齊合同 無一點外泄.

其水如此 其山可知

此爲衆情牽聚

有倡必和

當事則倂力加之.

儒賢代興

自爲聖教 不可以嬗[180]變也.

是以三國之際 惟羅卒能統三.

傳歲一千

豈非人心之不煥耶.

不獨此也.

論士不以官位.

---

176) 故(고)=舊也.

177) 環域(환역)=조선.

178) 徵(징)=召也. 成也.

179) 淙(종)=적시다.

180) 嬗(선)=傳位也.

진실로 고을에서 명망이 없으면

몸은 비록 공경이 되더라도 더불어 헤아리지 않는다.

선현을 매우 좋아하고 사모하여

퇴계 이황, 남명 조식

서애 유성용, 한강 정구, 우복 정경세, 여헌 장현광 등

여러 선생의 문하에 출입한 자의 자손들은

모두 우족右族이라 일컬으며

조부가 관작이 없더라도 나쁘게 말하지 않는다.

그러므로 선비들은 힘써 행동거지를 조심한다.

벼슬길에 들어간 이후에도

백의로 영嶺을 넘는 것을 치욕으로 여기며

시론에 야합하기를 좋아하는 것을 천하게 여긴다.

그리하여 우리나라의 문벌 숭상의 나쁜 습속도

오직 이 지역에서만은 유행하지 않는다.

苟非郡望

雖身取靑紫 不與數焉.

悅慕先賢之甚

故其出入退溪南冥

西厓寒岡愚伏旅軒

諸先生門者 其綿世子孫

皆稱右族

祖禰之無爵 不屑[181]道也.

是以士懋[182]行檢.

入仕以後

以白衣踰嶺爲辱

以投合時好爲賤.

東邦尙閥之陋習

惟此一區不得售[183]焉..

---

181) 屑(설)=潔也. 輕覗也. 不好也.

182) 懋(무)=勉也. 美也.

183) 售(수)=팔리다. 유행하다.

인仁과 부리富利

　　유교적 가치관은 재물을 천시하는 경향이 강하다. 성호가 활동할 당시는 18세기로 이러한 성리학적 가치론은 그 실효성을 잃어가고 있는 시대였다. 지배 계급인 대부분의 사대부들은 입으로는 인의仁義를 최고의 가치라고 말하지만 실제로는 이利를 위해 인仁을 버릴 수 있는 부패한 무리들이었다. 성호는 이利와 부富가 곧 반인의反仁義는 아니라고 말함으로써 실제적인 생활을 중시했다. 그는 재물이 생산되는 도리와 백성이 부해지는 방법을 제시했다. 그는 유가였고 성리학자였지만 이 점에서 경세치용의 실학자임을 알 수 있다.

　　원래 인仁은 공公이다. 그러므로 신분 차별 사회에서는 귀족과 관료가 독점한 공公은 이利를 생산하는 민民의 사私와 대립할 수밖에 없었다. 그러나 공公과 사私의 주체가 모두 민民이라고 보는 민본주의 입장에서는 공사를 조화시키는 문제만 있을 뿐 서로 대립하지 않는다. 그러므로 2,400년 전 묵자는 "이利 곧 의義"라고 선언했던 것이다.

성호사설유선星湖僿說類選**/권2/상**上**/이해인부**利害仁富

공자는 이利를 말하는 일이 드물었다고 한다.	孔子罕言利.
앞선 유가들은 이르기를	先儒謂
자기에게 이로운 것은 반드시 남에게는 해로운 것이라고 한다.	苟利於己 必害於人.
그러나 밭을 갈아먹고, 길쌈을 해서 입는 것은	夫耕稼而食. 蠶績而衣
나에게 이롭지만 남에게 해를 끼치지 않는다.	在我爲利. 而害不及人.
반드시 해롭다고 말하는 것은 너무 지나친 것 같다.	謂之必害 則疑若過矣.
맹자는 양호에 대해서 말하면서	孟子引陽虎之語曰
인仁을 하면 부富하지 못하고, 부하면 인하지 못하다고 말했다.	爲仁不富 爲富不仁矣.
그러나 땅을 개간하고 힘써 농사를 지으면 재화가 축적되고	墾土力作 財貨有積
학문이 우수하여 현달한 벼슬아치가 되면	優學顯仕
후한 녹을 받아 부자가 될 수 있다.	厚祿至富.
그런즉 부리富利가 어찌 인의仁義에 방해가 되겠는가?	則固有之 何礙于仁哉.

재물이 생기는 도리는 네 가지에 불과하다.	生財之道不過曰.
생산자는 많게, 소비자는 적게,	生衆 食寡
생산은 빠르게, 소비는 느리게 하는 것이 그것이다.	爲疾 用徐而已.
생산자를 많게 한다는 말은 무엇인가?	所謂生衆何也.
우리나라는 놀고먹는 자가 너무 많다.	我國之遊而食者亦太多.
가난하고 비천한 가문과 재주와 덕도 없으면서	貧門卑戶非才非德
노동을 하지 않으려고	而不勤四體
사대부가 되려는 자가 열에 네댓이 된다.	與士大夫幷者 十居四五.
이것은 천백 년 고질병이 되어버려	此則已成千百年痼疾
졸지에 개혁하기란 불가능할 것이다.	不可卒革.
그러나 관로의 길을 줄이고, 노비법을 개정하고,	然裁減入仕之路 裁定奴婢之法
음직蔭職을 내리는 것을 점점 멀게 하고,	使垂蔭漸遠
일꾼을 부리는 것이 쉽지 않게 하면	役屬不贍
저절로 농사꾼으로 돌아갈 것이다.	自歸緣畝之氓[184]矣.
기타 중들과 배우들도 정치에 해로운 존재임을 알아야 한다.	其他僧徒唱優尤覺害政.
먹는 자를 적게 한다는 것은 무엇인가?	所謂食寡何也.
그것은 음식량을 줄인다는 것이 아니라	非謂口食者少也
일 없이 먹는 자들을 제거하는 것이다.	卽除無事而但食也.
그러므로 일 없는 관직을 없애	故汰冗官
먹는 자를 적게 하는 것이 긴요하다.	爲食寡之要也.
생산을 빠르게 한다는 것은 무엇인가?	所謂爲疾何也.
이것은 농사와 때를 빼앗지 않는 것일 뿐이다.	此不奪農時而已.
나라 안의 놀고먹는 일손들을 모아	集國中遊食之手
농기구를 주어 개간을 일으켜 밭을 만들면	資其器械墾起爲田
저절로 촌락이 이루어질 것이며	而自成村閭

---

184) 氓(맹)=野人.

이 땅을 개간자들의 영업전永業田으로 삼게 하고	以爲永業
십분의 일 공조만 내게 한다.	惟責十一之貢.
이것을 권장하는 방책이 있으니	其勸課有術
이에 대한 공적이 두드러진 자에게	功能最著者
한나라 때의 역전과力田科처럼 녹을 주어 포상하면	依漢力田之科 畀之祿秩以褒之
십 년이 못 되어 황무지들이	則不十年 而蕪穢之坪
곡식을 생산하는 옥토로 변할 것이다.	可變爲生穀之土矣.
소비를 천천히 한다는 것은 무엇인가?	所謂用徐者何也.
검약을 숭상하는 것을 말한다.	尙儉之謂也.
검약의 반대는 사치다.	儉之反爲奢侈.
그런즉 지금 주화를 사용하는 것은 검약하는 데는 해롭고	然則今之行錢 常害於儉
사치하는 데는 이로울 뿐이다.	而益于奢者也.
또한 오늘날은 군의 장터가 점점 많아지고 있다.	今之州郡墟市 稍稍增多
이삼 리 사이에 중첩되는 장터는	其重疊於二三十里間者
모두 없애야 한다.	悉皆鏟祛.

전제 개혁
(영업전제)

'영업전제永業田制'란 나라에서 집집마다 살림에 알맞게 영구히 소유할 토지의 일정한 수량을 정해주고 그 정해진 일정량의 영업전은 매매를 금지하고 그 수량을 초과한 농토는 매매를 자유롭게 한다는 것이다. 다만 매매는 관청에 신고하여 매매 증서를 작성하게 하여 통제한다. 그리하여 영업전을 사고파는 자는 모두 벌하고 몰수하여 원상회복시킨다. 이런 제도를 오랫동안 시행하면 누구나 영업전을 확보할 수 있는 기회가 주어져 점진적으로 균전均田이 될 수 있다는 것이다.

영업전제는 이스라엘 공동체의 기업전基業田 제도와 비슷하나 급진적이다. 영업전제는 기업전을 사고팔 수 없지만, 율법은 기업전도 사고팔 수 있다. 다만 율법에서는 사고판 기업전이라도 50년이 지난 후에는 무상으로 원상회복해야 한다. 이것이 희년禧年 제도다.

무릇 천하의 토지는 모두 임금의 땅이다(사유제 반대).　凡天下之田 莫非王土.

백성이 토지를 자기 것이라 함은　黎庶之各名其田

임금의 땅을 일시 점유한 것에 불과한 것이니,　不過就王土中 一時强占

소유권을 가진 원주인이 아니다.　原非本主.

한漢 평제를 시해하고 15년간 찬탈한 왕망의 뜻은 컸다.　王莽之事 志則大矣.

그는 천하의 토지는 왕의 소유임을 밝히고　遂名天下田爲王田

사물私物이 아님을 분명히 했다.　盖欲先明其非私物.

부자의 땅을 빼앗아 가난한 자들에게 나누어주려 한 것이다.　然後將奪其富 而與其貧.

만약 그의 뜻이 이루어졌더라면　若使其志果成

성인이 끼친 은택에 못지않았을 것이다.　亦不害爲聖人之遺也.

그러나 권세가와 호족들이 그것을 수긍하고 견디어내려 하겠는가?　然鉅室豪族其肯堪之也.

민중의 마음은 이利를 쫓고 해害를 피하는 것이라　民情大抵趨利而避害

천하가 소란했고 왕망은 인의를 고수하다가 패하여 죽었다.　於是天下騷然 莽亦敗死.

정전제는 이미 회복할 수 없다.　井制旣不可復.

그러므로 정치도 끝내 옛날과 같지 않다.　故治終不古若也.

횡거 선생은 이 법이 시행되면 좋아할 자가 많을 것이라 말했지만　張子曰 玆法之行悅者衆

그렇지도 않은 것 같다.　是則恐不然.

좋아하는 자가 백 명이고 싫어하는 자가 한 명이라도　悅者百而不悅者一

그 한 사람의 힘이 충분히 백 사람의 입을 막아버릴 수 있으니　一之力 足以鉗百之口

이런 상황에서 어찌 시행될 수 있겠는가?　如何得行也.

부자의 땅은 종횡으로 이어졌지만　富者田連阡陌

가난한 자는 송곳 꽂을 땅도 없다.　而貧無立錐之土.

그러므로 부익부 빈익빈이 된다.　故富益富 而貧益貧矣.

우리나라의 경우 고려 원종과 조선 태조가　我東高麗元宗 及我太祖大王

'수전법'을 만들어 시행한 바 있다.　定爲規制 行受田法.

그러나 전지가 많은 자는 세력도 커서　然多田者必多力

자기 소유에 손해되는 것을 공손히 기다리겠는가?　夫豈恭俟損其有哉.

역시 끝내 그 혜택을 펴지 못하고 말았다.　　　　　　亦不終厥惠也.

한漢 말엽에 '한민명전법'이 있었는데　　　　　　　　漢末有限民名田法

정전법에 비교하면 좀 쉬울 듯했으나　　　　　　　　較諸井地 此似易行

역시 권세 있는 자에게 눌려 중지되었다.　　　　　　亦梏於權貴 而止焉.

성호전집星湖全集/권45/잡저雜著/논균전論均田

영업전제永業田制

내가 일찍이 깊이 생각하여 한 방책을 얻었는데　　　　余嘗窮思得一術

그것은 어떻게든 고르게 한다는 점에 불과하다.　　　　不過平平耳.

국가는 마땅히 한 집이　　　　　　　　　　　　　國家宜稱量一家之産

경작할 땅의 한도를 산정하여　　　　　　　　　　限田幾負[185]

한 호구의 영업전로 하고　　　　　　　　　　　　爲一戶永業田

당나라처럼 조세 제도를 시행하는 것이다.　　　　　如唐之租制.

영업전을 초과한 자도 줄여 빼앗지 않고　　　　　　過者不減奪

못 미치는 자에게도 더 보태 주지 않으며,　　　　　不及者不加授

돈을 주고 매입하고자 하는 자에게는　　　　　　　有價欲買者

비록 천 결이나 백 결이라도 모두 허용하고　　　　　雖千百結皆許

땅이 많아 팔고 싶은 자에게는　　　　　　　　　　田多欲賣者

단지 일정량의 영업전 이외에는 허용한다.　　　　　只永業幾負外亦許.

영업전을 초과해도 팔기를 원하지 않으면 강제하지 않고　過而不願賣者不强

부족해도 매입하기를 원하지 않으면 독촉하지 않는다.　不及而不能買者不促.

오직 일정량의 영업전에 한해서는　　　　　　　　惟永業幾負之內

매매하는 자는 모조리 소재를 파악하여　　　　　　有賣買者所在覺察

사들인 자는 남의 영업전을 탈취한 죄로 다스리고　　買者治其奪人永業之罪

매도한 자도 역시 몰래 판 죄로 다스려　　　　　　賣者亦治匿賣

사들인 것은 값을 논하지 않고 되돌려 준다.　　　　而買者不論價還之.

또한 땅 주인으로 하여금 스스로 관에 신고하면　　　亦使田主自告官

죄를 면해주고 추적하여 반환하도록 한다.　　　　　免罪而推還已.

무릇 전지의 매매는 반드시 관청에 신고한 후 이루어지도록 하며　田凡賣買必使告官 而後成

---

185) 負(부)=面積單位.

관은 전지 매매를 검토 조사하여

영업전이 아닌 경우 매매 증서를 작성 교부한다.

官亦考驗田案

而後作券以付之.

성호전집星湖全集/권45/잡저雜著/논괄전論括田

임훈林勳의 본정서本政書

정전제는 비록 회복할 수 없으나

반드시 제한은 있어야 한다.

그러므로 내가 「균전론」을 지은 바 있다.

또 『장씨도서편章氏圖書編』을 열람하다가

송나라의 건염 연간에 임훈이란 사람이

「본정서本政書」를 올린 것을 보았는데 나의 뜻과 합치했다.

그 법에 의하면

한 농부가 오십 무 이상을 소유하면 양농이라 하고

오십 무가 못 되는 농부를 차농이라 하고

농토가 없거나 놀고 게을러 농사를 짓지 못하는 자들은

모두 예농에 편입시킨다.

오십 무 이상의 농가의 경우 오십 무는 정전이고

그 이상의 농지를 선전이라 했다.

정전은 반드시 자신이 경작해야 한다.

오십 무가 넘는 선전은 팔 수는 있어도 살 수는 없다.

오십 무가 못 되는 차농과 예농은

양전의 선전을 빌려 경작하되

정전만큼만 경작할 수 있다.

이때 양전에게 지대로 주는 도조는 그 전의 속례대로 한다.

만약 양농이 선전을 팔지 않을 경우에도

그의 자손이 장성하면 나누어주도록 하고

관청에서 강제로 빼앗지 않는다.

아! 이것은 천고의 탁견이다.

후세의 사십일 무가 옛날의 백 무와 같으므로

한 농부가 오십 무만 있으면 충분하다.

且井地雖不可復

亦須有限制.

故余昔有均田論.

更閱章氏圖書編

宋建炎中有林勳者

上本政書 亦與吾意合.

其法

使一夫占田五十畝以上者爲良農

不足五十畝者爲次農

其無田與遊惰未作者

皆驅之使爲隸農.

良農五十畝爲正田

其餘爲羨田.

必躬耕正田.

而羨田之家 無得買田 惟得賣田.

凡次農隸農

皆使分耕羨田

各如其夫之數.

而歲入其租於良農 如其俗之.

故若良農之不願賣羨田者

悉宜俟其子孫之長而分之

官無苛奪.

噫此千古卓見也.

後世四十一畝準古百畝

則一夫五十畝斯亦足矣.

상업 억제 (중농주의)

이익은 중농주의重農主義자였다. 그러므로 상업을 억제하야 한다고 생각했다. 이러한 숭본억말崇本抑末의 정책은 당시 일반적인 공론이기도 했다. 그것은 앞에서도 언급한 바와 같이 생산자를 많게 하고 소비자를 적게 하려는 정책이었다. 다만 그는 상업과 시장의 기능을 부정하는 것은 아니었다. 상업은 필요한 부분 이외에는 최대한 억제하려 했다.

당시는 두 차례의 왜란과 두 차례의 호란을 겪은 직후여서 농지의 절반가량이 황폐해졌고 인구도 절반가량이 줄었다. 당장 헐벗음과 굶주림을 면하기 위해서는 농지의 복구가 급선무였다. 이를 위해서는 농업 생산을 늘리는 것 외에는 방법이 없었다. 농지를 떠나 유랑하는 유민을 토지에 안착시키는 일이 급선무였다. 그의 상업 억제 정책과 주화 사용 반대는 이런 배경에서 나온 것이다.

성호사설星湖僿說/**권14**/**인사문**人事門/**유민환집**流民還集

맹자가 가르쳐준 왕도는 보민保民 한 구절에 지나지 않는다.	孟子之諭王道 不過保民一句.
'보민'이란 백성이 좋아하는 것을 주어 모여들게 하고	所謂保民者 卽所好與之聚之
싫어하는 것을 베풀지 않는 것뿐이다.	所惡不施而耳.
날마다 집에 찾아가서 보태주는 것은 아니다.	非家至而日增之也.

곽우록藿憂錄/**국용**國用

국부國富

나라의 힘은 민民의 힘에서 나오고	國力出於民力
민의 힘은 인도함에 달려 있다.	民力繫乎所導.
이로써 현명한 임금은 민의 항산을 마련하여	是以明王制民之産
재화를 늘려 씀씀이를 풍족하게 하고	俾[186]有足用
그다음에야 조세를 거두어 나라의 자용으로 삼았다.	然後取以資國.
백성이 부족하다면 군주는 누구에게서 풍족할 수 있겠는가?	百姓不足 君誰與足.
나라의 씀씀이는 곡식과 포목에 불과한데	國之用 不過曰粟與布也
지금 부세는 결코 적다고 말할 수 없다.	今之賦斂不可謂不薄.
그런데 재물이 관청에도 사가에도 비축되지 못하는	然其財不藏於公 亦不藏於私

---

186) 俾(비)=益也. 從也. 職也.

이유는 무엇 때문인가? 何也.
백성의 힘이 꺾여 떨쳐 일어나지 못하고 民力窘而不能軫[187]也
장사치, 중, 광대 등 말업에 종사하거나 놀고먹는 자가 많아 末技遊食多
비용이 나올 데가 없기 때문이다. 而費出無稽也.

향읍의 시장 교역은 없어서는 안 된다. 鄕邑市易 亦不可闕.
그러나 말업인 상업을 억제하지 않으면 然末業不抑
그 피해가 본업인 농업에 돌아온다. 則害歸于本.
지금 주와 군에는 장터가 점점 많아짐으로써 今之州郡墟[188]市 稍稍增多
농사꾼이 호미를 버리고 장사치의 전대를 차고 民或舍鋤帶鏹[189]
항아리의 쌀은 쉽게 탕진되며 瓶粟易糜[190]
어리석은 백성의 풍속이 속임수로 변하고 있으니 氓俗變詐
그 폐단을 가히 알 수 있을 것이다. 其弊斷可知也.

성호사설유선星湖僿說類選/**권4/하**下/**허시**墟市
도시의 가게는 본래 없어서는 안 되는 것이다. 市廛[191]本不可闕.
그런데 지금 시골의 군현에도 장터가 점점 많아지고 있다. 今之郡縣 墟市漸夥[192].
시전은 반드시 한 달에 여섯 번 열고, 市必一月六設
이삼십 리 사이에 다섯 개소를 열면 凡三二十里之間五市
하루 길로 멀지 않을 것이다. 則無一日曠[193]矣.
임시 장터는 반드시 같은 날에 열어 墟市必須同日
앞뒤로 나누는 일이 없도록 함으로써 無得有先後之別
한 달에 육 일 외에는 백성들이 경작에 전념하도록 해야 한다. 則一月六日之外 民可以專于耕作.
그리하면 낭비를 줄이고 而稍損糜費
또한 물자가 체류되어 운반되지 못하는 걱정이 없을 것이다. 且免物滯 不運之患.

---

187) 軫(진)=乘輿多盛貌. 사물이 무성한 모양.
188) 墟(허)=임시 시장.
189) 鏹(강)=돈꿰미.
190) 糜(미)=싸라기.
191) 廛(전)=가게.
192) 夥(과)=많다.
193) 曠(광)=明也. 遠也.

이익은 법정 통화通貨를 반대했다. 그러나 시장을 반대하고 포목이나 금은보화를 교환 수단으로 사용하는 것을 반대한 것은 아니다. 그것은 자연스러운 현상이므로 반대할 여지나 이유가 없었던 것이다. 그의 어록을 꼼꼼히 살펴보면 그는 실질 가치가 없는 법화法貨가 교환 수단을 넘어서 재물로 둔갑하는 이른바 가치의 저장 수단이나 증식 수단으로 되는 것을 반대한 것으로 보인다.

농업 사회는 생산의 탄력성이 없으므로 이를 유지하기 위해서는 절검을 최고의 미덕으로 삼을 수밖에 없다. 특히 조선은 왜란과 호란 양란 이전에도 농지 80만 결에서 인구 800만 명이 먹고살아야 했다. 그러므로 절약과 균분이 없이는 굶주릴 수밖에 없는 절대적 식량 부족 국가였다. 더구나 당시는 양란 이후 국토가 절반 이상이 황폐화되어 있었다. 농업 생산을 증가시키는 방법 이외에는 다른 보민保民의 방도가 없었던 것이다. 이런 상황에서 이익은 법화가 주조되어 화폐 경제로 가면 농업 인구가 감소하고 사치를 방조하여 빈부 격차가 더욱 심해질 것으로 생각했다. 또한 중농주의를 버리고 중상주의로 가면 중국에서 식량을 사들여야 하는 지경이 되어 독립 자존이 어려워질 것으로 생각한 것 같다.

사실 화폐 유통은 돈 있는 자본가나 상인에게는 유리하지만 빈천한 농민에게는 불리하다. 돈이란 유통하는 것이므로 자연히 한곳으로 몰리게 마련이다. 그러므로 화폐 유통은 자본이 한곳으로 모여 거대한 공장을 세우는 데는 긴요하지만 농업을 위주로 하는 농업 국가에서는 사치와 퇴폐를 조장하여 농민만 피해를 보는 것이다.

곽우록藿憂錄/전론錢論

천하는 지극히 넓고 재화와 물산도 각각 다르며	天下至廣 而財産各異
형세에 따라서는 옮겨 유통하지 않을 수 없으므로	其勢不能不轉移流通
돈이 만들어지게 된 것이다.	此錢所以作.
돈 자체는 쓸데없는 물건이지만	錢無用之器
물건을 저울질하여 알맞게 함으로써	特權而宜之
재물을 잘 이용하고자 함이다.	欲財之盡乎用也.

성호사설星湖僿說/권11/인사문人事門/전해錢害

공자는 "백성이 많아진 후에는 그들을 부하게 하라"고 했다.	民庶則富之.
백성을 부하게 하는 방책은	富民之術

위에서 재물을 내어 그들을 보태주는 것이 아니다.　　　　非必上出財而益之也.

그 요체는 세 가지가 있는데　　　　其要有三

'무농務農', '상검尚儉', '금탈禁奪'이 그것이다.　　　　務農也 尙儉也 禁奪也.

농사를 힘쓰게 하는 방책은 상업을 억제하는 것이다.　　　　務農存乎抑末.

상업이 이익을 얻는 것은 법화, 즉 동전의 유통에 관계가 있다.　　　　末之利繫乎輕貨移轉.

곡식과 베는 교환 수단으로 은전의 편리만 못하고,　　　　故粟布不若銀錢之便

은전은 귀하고 동전은 천하므로　　　　銀貴而錢賤

은전은 동전의 편리만 못하다.　　　　故銀又不若錢之尤便也.

그러므로 저절로 동전이 유통된다.　　　　自錢[194]之行.

백성들은 아무튼 이익을 쫓는 것이므로　　　　民倖一切之利

쟁기를 버리고 시장으로 몰려들 것이며　　　　或多捨耒[195]遊市

농업은 피폐해지기 마련이다.　　　　農受其獘矣.

검약 儉約

검약을 숭상하게 하려면 사치를 금해야 한다.　　　　尙儉存乎禁侈.

무릇 의복과 기호품을 원근에서 공급하는 데는　　　　凡服飾嗜好之具 遠近細大之供

동전보다 편리한 것이 없고　　　　亦莫若錢之便

욕심껏 취하려고 보는 대로 본받고 서로 경쟁하여　　　　隨意任聚 觀效而相高

지혜를 다하고 힘을 다하며, 얻지 못하면 부끄러워한다.　　　　竭智盡力 不得者爲恥

동전이 있으면 술이고 국물이고　　　　其有錢者 盞[196]酒豆羹[197].

손이 닿는 대로 소비한다.　　　　逐手耗散.[198]

그러므로 돈은 요물이라고 말하는 것이니　　　　故人之言曰 錢爲妖物

재물을 허비하고도 깨닫지 못하는 것이다.　　　　爲其虛費而不覺也.

재물을 허비하므로 백성은 가난하고 궁핍해진다.　　　　財之虛費 民所以貧乏也.

---

194) 錢(전)=有孔銅貨.

195) 耒(뢰)=쟁기.

196) 盞(잔)=잔.

197) 羹(갱)=국.

198) 수요가 공급을 결정하는 것이 아니라 공급이 수요를 결정한다는 뜻을 발견한 것 같다.

금탈禁奪

약탈을 막는 방법은 '자본가의 횡포(豪橫)'를 막는 것이다.	禁奪莫如防制豪橫.
횡포한 자본가가 간계를 꾸미는 것은	豪橫之作奸
돈을 축적하여 모리를 하는 것보다 좋은 것이 없다.	亦莫如畜錢牟利.
농업의 이익은 배에 불과한 것이며	農利不過於倍
또한 그것도 흉풍에 따라 같지 않다.	而有豊凶之不同.
상업의 이익은 비록 많지만	商利雖多
환난이 겹치면 손해를 감수할 것을 계산해야 한다.	屢患折[199]閱[200].
다만 이 모두는 은전을 사고파는	都不及斂散子母
돈놀이에는 미치지 못한다.	不勤力而坐致厚利.
봄에 돈을 빌리면 곡식의 수확이 많지 않아도	春而貸錢 得米不多
가을이면 이자를 붙여 상환해야 한다.	而秋而償息[201].
곡식을 팔아도 쓸 곳이 많아서	賣穀費廣
빚은 점점 늘어나 집을 팔고 전답을 내놓아야 한다.	駸駸滋長 賣宅輸田.
백성의 가정이 파괴되는 팔구 할은	故民戶之破落八九
이처럼 고리대금 때문에 그렇게 된 것이다.	是息錢爲之也.

성호전집星湖全集**/권46/잡저**雜著**/논전화**論錢貨

주화 반대

모두 말하기를 돈을 주조하지 않으면	莫不曰 錢不鑄則
쌀값이 싸져 농가에 해롭다고 한다.	米賤傷農.
이러한 학설은 옛날부터 있었으나	此說自古有之
나는 아무리 연구해도 이해할 수가 없다.	余求之不得.
대저 민民의 수요는 의식衣食뿐이다.	夫民所需者衣食而已.
쌀이 없으면 보리를 먹고	無稻食麥
보리가 없으면 콩을 먹으면 배고픔을 면할 수 있다.	無麥食菽 可以免飢.
명주가 없으면 무명을 입고	無帛衣綿
무명이 없으면 가죽을 입으면 추위를 면할 수 있다.	無綿衣皮 可以免寒.

---

199) 折(절)=損也.

200) 閱(열)=計算也.

201) 息(식)=利也.

지금 제주에서는 개가죽을 입고

북도에서는 삼베를 입고도 살아간다.

그 지방의 토산물로 그 지방의 사람들이 살 수 있다.

그러므로 밭을 갈아먹고 베를 짜서 입으면 충분한데

하필 곡식으로 먼 지방의 재화를 바꾸어야 옳단 말인가?

그렇게 하려는 자는 사치를 힘쓰는 사람들뿐이다.

나의 견해로는 통화를 사용한 뒤부터 운수는 편리해졌지만

소박한 풍속이 날로 손상되었다.

유행을 좇는 자들을 좌우에서 유행을 본받아

재력이 없는 자도 덩달아 사치를 하지 않을 수 없게 되었다.

그러므로 사치를 막으려면 돈을 없애야 한다는 것이다.

국가에서 세금을 징수하는 데도

각각 그 지방의 산물로 받는다면

이른바 농민을 해치는 일은 나타나지 않을 것이다.

돈이 비록 유통되어도 그 돈은 농민에게서 나오지 않는다.

곡식으로 돈을 바꾸니 농민이 해를 입는 것이 더욱 심하다.

이로써 통화설은 부하고 귀한 자를 위한 것일 뿐

하층 서민을 위한 계책이 아니라는 것을 알 수 있다.

서민은 빈천하므로 불가불 유통해야 할 것은

소금과 철 같은 종류일 뿐이니

어찌 먼 지방의 재화를 기다리겠는가?

如今濟州衣狗

北路衣麻 亦可以爲生.

以其土之産 可以養其土之人.

故耕而食 織而衣足矣

何必以粟易遠物 而後可也.

必貿易不休者 務侈之人是也.

余見行錢之後 運輸極便

而朴素之風日喪.

滔滔[202]者左右觀效

不計財力 而不得已用奢.

故曰 禁奢莫如廢錢.

至於國家徵斂

各以其土之物力 可以辦者

則未見所謂傷農者也.

錢雖流行 錢亦不出於民.

以粟易錢 農之受傷殆甚.

是知通貨之說 因富貴設

非爲下民計者也.

下民貧賤也 所不可不通者

惟塩鐵之類是也

何待於遠貨哉.

오늘날 돈이 신처럼 행세하는 세상에서 통화 반대는 무지몽매한 생각이라고 생각할 수도 있다. 그러나 마르크스Karl Marx, 1818~1883의 『자본론Das Kapital』에서도 다음과 같이 고리대금업을 경계하고 있다.

아시아적 형태의 고리대금업은 경제상의 퇴폐와 정치상의 부패 이외에 상업 활동의 독립과 원시적 자본 축적으로 전화 등 아무런 성과도 낳지 않고 오랫동안 존속된다. 자본주의적 생산 방법의 다른 조건들이

---

202) 滔(도)=물이 넘치다.

존재하는 곳이라야만 비로소 고리대금업은 봉건 영주와 소생산을 파괴하고 노동 조건을 자본에 집중시
킴으로써 새로운 생산 방법을 형성하는 수단의 하나로 나타난다.

마르크스가 말한 고리대금업이란 요즘의 금융 기관을 말하는 것이다. 요즘 돈이 많은 자는 신
용이란 것을 창출할 수 있다. 이른바 어음, 증권 등 그 종류와 수량이 엄청나게 늘어나서 법화를
훨씬 능가하고 있는 실정이다. 그러므로 법정 화폐가 아니라도 민간인들도 신용이라는 돈을 발
행할 수 있다는 것이다. 그래서 돈이란 스스로 돈을 창조할 수 있는 신적 능력을 갖게 된다는 것
이다. 이른바 이를 전신錢神이라 부른다.

그리고 그 돈은 상품 거래에서 지불 수단으로 쓰여 교환을 원활하게 한다는 본래의 목적을 넘
어 저축 수단으로 쓰이고 나아가 자본화된다. 곡식과 옷감과 가축은 저축하려면 엄청난 시설과
비용이 필요하며 부패하거나 마모되는 불편이 있으나 돈과 신용으로 저축하면 엄청난 양이라도
쉽고 안전하게 저축할 수 있다. 그래서 부는 한쪽으로 쏠려 거대화될 수 있다. 그리고 그 거대한
축적이 거대한 공장이 되어 자본화된다. 그래서 수공업은 몰락하고 거대한 공장제 공업이 번성
하게 되는 것이다.

그래서 공산주의는 화폐를 없애기로 한 것이다. 물론 거래 수단으로써의 화폐는 존재했으나
그것은 자본화될 수 없는 지도 증권에 불과한 것이었다. 그러나 화폐를 없앤 공산 경제, 즉 이른
바 계획 경제는 실패했다. 그러므로 여기서 알 수 있듯이 화폐를 반대한 것이 미개했기 때문이라
고 단정할 수는 없다. 그렇다고 성호가 화폐를 반대한 것이 공산주의였기 때문이라거나 선진적
이었기 때문이라고 말하는 것은 아니다. 다만 화폐가 인류의 위대한 발명품인 것은 분명하지만
그것이 변형되고 발전하여 인간을 지배하는 신이 되었다면 다시 화폐에 대한 반성이 있어야 한
다는 것이다.

오늘날 후기 산업 사회는 신용이란 것이 거래 수단이나 축적 수단으로 머물지 않고 스스로 하
나의 상품이 되었다. 그리고 그 상품은 형체가 없는 것이므로 무한히 확대되어간다. 이제 오늘
의 세계는 물질적 상품보다도 몇 배가 많은 금융 상품이 범람하고 있다. 이제 지구는 대량 생산
으로 물질 상품을 더 이상 생산 저장할 수 있는 공간이 부족할 정도가 되었고, 그 대신 보이지도
않는 금융 상품이란 것이 엄청나게 번성하여 지구를 몇 겹으로 옭아매고 있는 실정이다. 이제 국
내 시장이나 국제 시장에서 물자의 거래량보다 신용 거래량이 세 배 내지 네 배가 넘을 것이라고
한다. 그러므로 세계는 이른바 금융 자본주의 시대를 열어가고 있는 것이다. 그 결과 인류는 모
두가 장사치가 되거나 투기꾼이 되어야 한다. 금융 자본주의는 그것을 요구하고 있다. 그 요구를
거부하면 소외를 면치 못하고 심하면 정신 병원에 감금되어야 할지도 모른다.

이것이 화폐의 진보 발전된 모습이라면 과연 우리는 화폐를 위대한 발명품이라고 찬양만 할 수 있을까? 화폐의 발전이 우리를 더욱 물신의 노예로 몰아넣는다면 이제 그것을 반성하지 않을 수 없을 것이다. 나는 가끔 이제 인류는 중공업주의나 중상주의에서 벗어나 중농주의로 복귀해야 한다고 생각하지만 그 길을 어디서 찾을 것인가를 고민하고 있다. 다만 사농공상의 사민四民 중에서 사민士民은 중도주의를 표방하고 농민, 공민, 상민 어느 편에도 서지 않아야 하며, 노사勞使에 대해서도 중도를 표방하고 중재하는 입장으로 복귀해야 하며, 스스로 현대 문명을 지양하고 이를 대신할 새로운 문명과 새로운 세계를 고민해야 할 때라고 생각한다.

지동설

성호는 명나라 말 청나라 초부터 중국에 들어온 서양 선교사들의 저서를 통하여 천문, 수학, 지리, 생리학 등에 대하여 연구하였다. 그는 탕약망의 『주제군징主制群徵』, 양마락陽瑪諾, Emmanuel Diaz Junior, 1574~1659의 『대문락大問畧』, 애유락艾儒畧, Giulio Aleni, 1582~1649의 『직방외기職方外紀』, 웅삼발熊三拔, Sabbathino de Ursis, 1575~1620의 『태서수법泰西水法』 등의 책을 읽고 일구日球, 월구月球, 지구地球에 대한 학설과 은하성광설銀河星光說, 종동천宗動天, 지심地心, 공기空氣, 지진地震에 대한 여러 학설에 찬동했으며 종래의 천원지방天圓地方 대지 중심설을 믿지 않았다. 그의 이 같은 자연 과학적 태도는 그 당시 낡은 전통과 보수적인 체제를 부수고 새로운 세계관을 준비하는 데 중요한 요소가 되었다.

성호사설星湖僿說/권3/천지문天地門/천행건天行健

하늘이 움직이고	天其運乎
지구가 고정되어 있다는 것에 의심이 간다.	地其處乎 亦疑及此也.
지구가 움직이는 것을 어떻게 알 수 있는가?	地運於內.
움직이는 지구 안에서 보면 해와 달과 별이 선회하는 것 같은데,	則三光方旋回.
이것은 마치 배를 탄 것 같아서	如乘舟而舟回
배가 움직이지만 단지 해안선이 움직이는 것 같고	只見岸回
자신의 몸이 움직이는 것은 느끼지 못하는 것과 같다.	而不覺其身旋也.

성호사설星湖僿說/권3/천지문天地門/역상曆象

한나라가 일어난 이후 사백 년 동안 다섯 번 달력을 개정했고,	自漢興四百年 五改曆
위나라로부터 수나라에 이르기까지 열세 번 개정했고,	由魏迄隋十三改
당나라로부터 주나라까지는 총 열여섯 번 개정했다.	由唐至周十六改.
송나라 삼백여 년간 열여덟 번 개정하기에 이르렀고,	宋三百餘年 至十八改
금나라 희종에서 원나라까지 세 번 개정했다.	由金熙宗迄元三改.
명나라가 일어나 유기가 상주하여 '대통력大統曆'을 시행했다.	明興 劉基奏行大統曆.
조선 초에 '원통력元統曆'으로 정한 바 있는데	乃國初監正元統所定

그것은 실로

원나라 태사 곽수경이 만든 '수시력授時曆'이다.

지금 시행되고 있는 '시헌력時憲曆'은

서양 사람 탕약망이 만든 것인데

여기에 이르러 역력의 도리가 극치에 도달한 것이다.

일월의 교체와 일식 월식이 오차와 오류가 없다.

성인이 다시 태어나도 반드시 이 역을 따를 것이다.

其實

元太史郭守敬所造授時曆也.

今行時憲曆

卽西洋人湯若望所造

於是乎曆道之極矣.

日月交蝕 未有差謬.

聖人復生 必從之矣.

성호사설星湖僿說/**권1**/**천지문**天地門/**시헌력**時憲曆

지금 음양가들이 길흉을 점칠 때는

독일 탕약망의 시헌력을 쓰지 않고

오히려 대통력을 고수한다.

곽 태사의 수시력은 원 세조 때 나온 것으로

거의 크게 성공한 것이나

역술가들은 음양소장陰陽消長의

법을 쓰지 않은 것을 흠결로 생각한다.

대통력은 명나라 태조 때 원통이 만든 것인데

수시력 이후 백여 년이 못 되었고

순치 때에 이르러 탕약망이 또 개정하지 않을 수 없었다.

또 개정했다고 하는 시헌력은 하늘의 운행 도수는 계산하지 않고

눈으로 하는 관찰에만 의지했으니

이는 인간의 역서요, 하늘의 역서는 아니다.

달과 날짜로써 운명을 추리하려면 간지를 부여해야 한다.

그러므로 음양가들은 모두 대통력을 따른다.

또 대통력도 역시 차이가 없을 수 없는 것을 어찌겠는가?

종전의 역법이 오래되면 반드시 고쳐왔는데

시헌력이 나오고 나서는 아무도 이를 이해하려는 사람이 없고

다만 대통력에서 정해준 법에만 의거하여

일 년을 이십사 절기로 평균 분할하여 추측하고 있으니

그것도 오래되어 달과 해의 운행에 차이가 나면

今陰陽家推尋吉凶

不用湯若望時憲曆

猶守大統曆.

夫郭太史授時曆 出於元世祖時

幾於大成

曆家猶以

不用消長爲欠.

大統曆者明太祖時 元統之所造

距授時不過百年

至順治 湯若望又不用不改也.

且時憲不計天行度分

只憑人目所見

此人曆也非天曆也.

與月日推命何干.

故陰陽之術皆遵大統.

又無如大統之不能無差何也.

從前曆法久則必改

時憲之出 而更無人理會

只據大統之成法

一年之間平分二十四氣而推之

久至日月之差

또 어찌할 것인가?　　　　　　　　　　　　　　　又將奈何.

대체 운명을 추측한다는 것이　　　　　　　　　凡推命

본래부터 믿을 만한 근거가 없는 것이니　　　　元無準信

그 근본을 연구해본들 어디를 시발점으로 숫자를 시작할 것인가?　　究極其本 更何處揍泊起數乎.

변법창신의
이용후생파

1장
실 학 사 상
조선의 과학자
홍대용

◆

 1절. 담헌은 누구인가?

이력

홍대용洪大容, 1731~1783의 자字는 덕보德保, 호號는 담헌湛軒이다. 노론계老論系인 사간원 대사간을 지낸 남양南陽 홍씨 용조龍祚, 1686~1741의 손자이며, 나주 목사 홍역洪櫟, 1708~1767의 아들이다. 천원군 수신면 장산리 수촌 마을에서 출생했고, 12세에 남양주 석실서원石室書院 김원행金元行, 1702~1772의 문하에서 수학하다가, 29세에 부친을 따라 나주로 내려갔다.

그는 조선에서는 최초로 과학에 남다른 관심을 보였으며, 산수 교과서를 집필한 과학자였다. 29세 때인 1759년에 거금을 들여 화순和順 물염정勿染亭 아래에 사는 석당石塘 나경적羅景績, 1690~1762과 함께 3년 만에 통천의通天儀, 혼상의渾象儀, 측관의測管儀와 구고의勾股儀를 만들었는데, 그것은 당시 서구에서 사용되던 것을 참고하여 제작한 천문 관측과 측량 기구였다. 그리고 이것들을 천원 고향 마을에 농수각籠水閣[1]을 짓고 거기에 보관했다. 이때는 영국에서 와트James watt, 1736~1819가 증기 기관을 발명하여(1765) 산업 혁명을 예고하고 있던 시대였다. 만약 그가 서양으로 유학을 다녀왔다면 조선에서도 서구의 산업 혁명에 버금가는 근대화가 앞당겨졌을지도 모

---

1) 籠水閣(농수각)=堂号. 杜甫의 시 "日月籠中鳥 乾坤水上萍"이란 구절에서 빌려온 것이다.

"은하는 여러 세계가 모여 이루어진 세계이며 우주를 둥글게 돌면서 큰 고리를 이룬다. 그 고리에는 많은 세계가 있어 그 수가 수천만 개이며, 해와 지구는 이러한 여러 세계 가운데 하나일 뿐이다."

홍대용
洪大容, 1731~1783
과학에 남다른 관심을 보였으며, 산수 교과서를 집필한 과학자였다.

를 일이다.

그는 1765년(35세)에 북학파로서는 최초로 연경(베이징)을 다녀왔다. 그때 중국의 흠천감欽天鑑을 맡고 있던 독일인과 교류하여 과학 정보를 수집했다. 그리고 이러한 자신의 과학적 학문을 스스로 '실학'이라 천명했다. 그러므로 근대적인 의미에서 실학자임을 자처한 것은 그가 최초라 할 것이다.

1774년(44세) 음사蔭仕로 선공감역繕工監役을 맡았고 이를 시작으로 태인泰仁 현감과 영주榮州 군수를 지냈다. 저서로는 연경 견문록인『담헌연기湛軒燕記』와 한글본『을병연행록』, 인류 국가 계급의 기원과 법률 제도를 논한『의산문답毉山問答』과『임하경륜林下經綸』, 태자 시절의 정조에게 강의하고 문답한 것으로 토지의 무상 분배를 주장한『계방일기桂坊日記』, 산수 교과서인『주해수용籌解需用』등이 있다. 1936년에『담헌서湛軒書』로 묶어 출간되었다.

특히 그는 유사로 출발했으나 유학을 뛰어넘어 당시 이단으로 치부하여 금기시되던 묵자와 노장은 물론 양명까지 포용했고 나아가 서양 학문까지 수용한 개방적인 지식인이었다. 그리하여 그의 가장 친한 벗이었던 여섯 살 연하의 연암 박지원에게 많은 영향을 끼쳤다.

그는 젊어서 과거에 응시했으나 낙방하자 이를 포기하고 공명에 뜻을 두지 않기로 작심했으므로 실학에 전념하며 공명정대할 수 있었다. 당시 선비 사회에서 정학으로 인정되지 않는 실학을 한다는 것은 출세를 포기하는 것이었다. 이처럼 그는 세속에 연연하지 않았고 스스로 외로움을 각오했으므로 묵자, 노장, 양명은 물론 불교와 양학에도 관대했다.

담헌은 연경에 가서 유리창琉璃廠[2] 거리를 둘러보다가 우연히 과거 응시차 연경에 머물고 있던 항주杭州의 젊은 선비 엄성嚴誠과 육비陸飛와 반정균潘庭筠을 만난다. 곧바로 의기투합하여 벗이 되어 호형호제하게 되었다. 연경 체류 두 달 남짓한 기간에 만난 것은 일곱 차례뿐이었으나 그 우정은 평생 이어졌고 그 후손들에게까지 미쳐 삼대를 이어 갔다. 그리고 박지원과 그의 제자들까지 넓혀져 이른바 북학파를 이루는 인연이 되었다. 실로 우연한 사귐이 평생을 결정한 교우론交友論의 전범이 아닐 수 없다.

담헌서湛軒書/외집外集/권1/항전척독杭傳尺牘/여철교서與鐵橋書

대용이 아룁니다.	大容白.
벌써 이슬과 서리가 내려 가을 날씨가 제법 쌀쌀해졌습니다.	霜露旣降 秋氣日凉.
사모하는 마음이 해가 갈수록 깊어집니다.	願言之悔 與歲俱深想.
작별한 이래 생각하지 않는 날이 없고	奉別以來 蓋靡日而不思
생각할수록 창자가 끊이는 듯합니다.	其思之未嘗不 心摧而腸結.
이 어찌 아녀자의	焉此其故
한갓 구구한 정사와 같다 하겠습니까?	豈徒如區區兒女之情思而已耶.
그대가 만약 재덕이 없는 평범한 속물이라면	使子而無才無德 庸庸一俗夫
원래부터 사모할 수 없었을 것이며,	則固不可思也
과거에 몰두하여 벼슬을 생명처럼 여겼다면	使子而埋頭學業 以科宦爲性命
역시 당연히 사모하지 않았을 것이며,	則亦不當思也.
탈속 고도古道를 좋아하여	使子而不能脫然好古
성현과 호걸을 지향하지 않았다면	以聖賢豪傑自期待
역시 흡족히 사모하지 않았을 것이며,	則亦不足思也.
또 그대가 재주를 믿고 남을 업신여겨	使子而恃才傲人
나를 멀리하며 겉만 같고 속이 달랐다면	視我邁邁 貌同而心異焉
역시 기어코 사모하지 않았을 것입니다.	則亦不必思也.
그대의 재주는 세상을 덮으면서도 겸손하여 스스로 낮추고,	今子才蓋一世 而謙謙自卑
마음은 만인을 능가하면서도 온화하여 스스로 겸허하며,	心雄萬夫 溫溫自虛

2) 연경의 유명한 고서점.

고원한 성정과 고결한 지조는	性情高遠 志操高潔
시속에 따라 과거에 응시했으나 참으로 즐기지 못하고,	從俗應擧 非眞所樂
능히 남을 사랑하고 묻기를 좋아하며	又能愛人好問
성의로 일관함이 금석 같고	誠貫金石
분수에 임하여 수작할 때는 신의가 밝았습니다.	臨分酬酢 信義皦如
내가 연행록을 정리하며 작별할 때	至使我於 修錄之際
길게 주고받던 말을 생각하니	及念六長別之語
이제 눈으로 볼 수 없고 손으로 쓸 수 없어	乃目不忍視 手不忍書
책을 덮고 붓을 놓고 하늘을 우러러 길이 탄식합니다.	掩券閣筆 仰天而長吁焉

박지원朴趾源

담헌서湛軒書/외집外集/권1/서序/회우록서會友錄序

덕보(홍대용)가 어느 날 아침 말에 올라	洪君德保 嘗一朝踔一騎
사신을 따라 중국에 이르러 시가지를 서성거리다가	從使者而至中國 彷徨乎街市之間
항주 출신의 선비 세 사람을 사귀게 되었다.	乃得抗州之遊士三人焉.
그들이 우리를 볼 때 화이의 차별 의식과	彼三人者之視吾 亦豈無華夷之別
우리의 거동과 신분을 싫어함이 어찌 없었겠는가?	而形跡等威之嫌乎
그런데도 번거로운 수식도 집어치우고	然而破去繁文
각박한 예의범절도 떨어버리고	滌除苛節
진정을 토로하고 간담을 피력했으니	披情露眞 吐瀝肝膽
그 품격의 광대함이	其規模之廣大
어찌 명성과 세력과 이익이라면 악착같이 매달리는	夫豈規規齷齪
얼빠진 자들과 같겠는가?	於聲名勢利之道者乎.

이에 그는 그 세 선비와 이야기한 내용을	迺出其所與三士譚者
세 권의 책으로 꾸며	彙爲三券
나에게 보이면서 나에게 서문을 써주기를 부탁했다.	以示余曰 子其序之.
나는 한번 그것을 읽고 나서 감탄했다.	余旣讀畢 而歎曰
덕보는 벗을 사귐에 통달하였구나!	達矣哉 洪君之爲友也
나는 벗 사귀는 도道를 이제야 알게 되었다.	吾乃今得友之道矣.

나는 앞으로 그가 벗으로 삼는 바를 보고,	觀其所友
그가 벗이 되는 바를 보고,	觀其所爲友
그가 벗으로 삼지 않는 바를 보아서	亦觀其所不友
나의 벗 사귀는 방법으로 삼을 것이다.	吾之所以友也.

다음 글은 21세 때 노론 가문 출신인 담헌이 우암尤庵 송시열과 윤증尹拯, 1629~1714 간에 노론
소론으로 분당한 데 대해 윤증을 변호하고 우암을 비난하자 스승인 김원행이 나무라는 글이다.
이 사건은 그의 정의감을 엿볼 수 있는 대목이다.

담헌서湛軒書/내집內集/권1/기문記聞/미상기문渼上記聞

우암 선생의 일은 설혹 좀 지나쳤다 치더라도	尤翁之事 設或過中
그것은 다만 주자의 이른바	只是朱子所謂
태양증세太陽症勢의 발로에 불과한 것이다.	太陽症發者也.
만약 그대의 말대로라면 우암은 더없는 못된 소인이니	若如君說則 雖無狀惡小人
이보다 더할 수 없는 일로 나로서는 할 말이 없네.	不是過也 更有何說.
설사 그렇다 쳐도 그대는 너무 지나치네.	且子過矣
그대의 조부께서는 평생 우암을 신복하여,	王考丈平生信服尤翁
종묘 배향을 청원한 바 있고,	至疏請廟廷之配
노소론이 분당한 신묘申卯 임진壬辰년의 일로 말한다면	雖以辛壬事言之則
그 때문에 두 분 모두 출척당하여	同被斥逐
다 같이 거친 지방에 은둔하여	遜于荒裔
불측의 환난을 당할 뻔하셨으며,	幾陷不測
비록 경중의 차이가 있고 사생의 길이 같지 않으나,	雖輕重之有間 死生之不同
서로는 기미가 상통하고 영욕이 상관하였는데,	而氣味相通 榮辱相關
그대는 가정 사이에 조상이 하신 일을 믿지 않고	君於家庭之間 尙不能篤信
세덕이 이와 같은데도 함부로 의혹을 가지니,	世德乃如是 妄生疑惑
이는 결코 나의 생각으로는 상상할 수도 없고	此決非吾智力之所及
대꾸할 말도 없네.	言語之所辨.
그대는 그대 생각대로 하게나!	君其任爲之.

다음 연행기의 글은 산해관에 당도하여 강씨姜氏 정녀묘貞女廟에 들려 기둥에 새겨진 송나라 애국 시인 문천상文天祥, 1236~1282의 글을 보고 감회를 말한 것이다. 여기서 그는 만리장성 공사장에 끌려갔다 죽은 인부의 아낙으로 망부석이 된 이름 없는 한 여인의 정절을 진시황의 영화보다도 높이 칭송했다. 이러한 비판 정신이야말로 인간 중심의 문명 비판이라 할 만하다.

그런데 주목되는 것은 정녀묘의 망부석 바위에 새겨진 '망부석'이란 글자와 칠언 율시는 청나라의 건륭 황제의 글과 글씨라고 소개하고 있다는 점이다. 이는 조선 사대부들이 오랑캐라고 적대시하다가 건륭 황제에게도 인문적 정신이 있었다는 것을 은근히 암시함으로써 간접적으로 변명하고 있는 것이다.

한글연행록/산해관에서 정녀묘를 보다

문천상의 시

진시황의 영화는 지금 어디 갔는가?	秦皇安在哉.
만리장성이 원한을 쌓았을 뿐이구나!	萬里長城築怨.
망부석이 된 그녀 강 씨는 죽지 않았도다.	姜女不死也.
한 조각돌에 천년의 정절이 머물러 있네!	千年片石留貞.

담헌의 소감

진시황이 천자의 높은 자리에 앉아 천하의 풍요를 누려
부귀영화는 평생 욕망을 다했으나,
더러운 이름을 무릅쓰고 죽어 착한 사적을 남기지 못했으니
이것을 "진시황은 어디 있는가?(秦皇安在哉)"라고 읊은 것이다.
강 씨는 하잘것없는 한낱 여자의 몸으로, 평생 괴로운 운명을 만나 한없는 설움을 안고
젊은 나이에 독수공방에 버려졌고 끝내 백골이 변방의 진토에 버려졌다.
그러나 죽어서는 높은 절의와 아름다운 이름이 만세에 흐르고 후세에 미치어
일신의 혈육은 사라졌으나 방촌의 외로운 마음이 지금도 사람의 이목을 감동시킨다.
이것을 "그녀 강 씨는 죽지 않았다(姜女不死也)"라고 읊은 것이다.

문호 개방과
민족자주
문학론

18세기의 조선 실학은 봉건 체제의 해체를 대비해 새로운 시대를 준비하는

고민의 결과물이었다. 그중에서 가장 중요한 척결 대상은 존명尊明 사대주의였다. 담헌은 조선에서 공개적이며 학술적으로 주자의 화이론華夷論, 즉 존화양이尊華攘夷 사상을 비판한다. 즉 하늘이 보면 화華와 이夷는 같은 것이요, 내외가 있을 수 없다는 것이다 . 다만 중화中華의 입장에서 보면 중화는 안이요, 동이東夷는 밖이며, 동이의 입장에서 보면 동이는 안이요, 중화는 밖이다. 그러므로 공자는 주나라 사람이어서 주나라를 높였지만, 만일 공자가 조선 사람이었다면 조선을 높이는 『춘추春秋』를 썼을 것이라고 말한다. 그런 뜻의 연장으로 당대 조선의 학자로서 삼연三淵 김창흡金昌翕, 1653~1722을 공맹의 도통을 이은 한유에 못지않은 유가라고 칭송했다.

담헌서湛軒書/내집內集/권4/보유補遺/의산문답醫山問答

오랑캐가 강토를 침범하면 중국은 이를 외적(寇)이라 하고	四夷侵疆中國 謂之寇
중국이 무력을 휘둘러 공벌하면 오랑캐는 이를 도적(賊)이라 한다.	中國瀆武四夷 謂之賊.
서로 구寇라 하고, 서로 적賊이라 하지만 그 뜻은 한가지다.	相寇相賊其義一也.
공자는 주나라 사람이다.	孔子周人也.
주나라의 종실이 날로 추락하고 그 제후들조차 쇠약해지니,	王室日卑 諸侯衰弱
오나라와 초나라가 중화를 어지럽혀 도적들이 그칠 날이 없었다.	吳楚滑3)夏 寇賊無厭.
『춘추』는 주나라 역사책이다.	春秋者周書也.
그러니 공자가 『춘추』에서	內外之嚴
내외를 엄격히 한 것은 당연하지 않은가?	不亦宜乎.
공자는 바다에 배를 타고 구이九夷에 가서 살고자 소원했다.	雖然使孔子浮于海 居九夷.
만일 그랬다면 주나라 문화를 동이에 건설하려 했을 것이니,	用夏變夷 興周道於域外
주나라를 밖으로, 동이를 안으로 존양하는 뜻으로	則內外之分 尊攘之義
동이춘추東夷春秋를 지었을 것이다.	自當有域外春秋.
이것이 우리가 공자를 성인으로 삼는 까닭인 것이다.	此孔子之所以爲聖人也.

담헌서湛軒書/외집外集/권3/항전척독杭傳尺牘/건정동필담乾淨衕筆談

나에게 말하라면 순임금은 동쪽 오랑캐요,	余曰 舜東夷之人也
주 문왕은 서쪽 오랑캐이니	文王西夷之人也
왕후 장상의 씨가 어찌 따로 있겠는가?	王侯將相 寧有種乎
진실로 천시를 받들어 이 백성을 편안하게 했다면	苟可以奉天時 而安斯民

---

3) 滑(골)=亂也.

이는 천하의 의로운 군주가 아니겠는가?　　　　　　　此天下之義主也.

청나라가 관중에 들어온 이후 도적 떼를 평정하고　　　本朝入關以後 削平流賊

지금까지 백여 년 동안 생민이 안도하니　　　　　　　到今百有餘年 生民安堵

그 치도가 가히 훌륭하다고 할 것이다.　　　　　　　其治道可謂盛矣.

담헌서湛軒書/**외집**外集/**권3**/**항전척독**杭傳尺牘/**건정록후어**乾淨錄後語

우리 유학자들이 주자를 떠받드는 것은　　　　　　　東儒之崇奉朱子

실로 중국도 따라올 수 없을 정도다.　　　　　　　　實非中國之所及.

그러나 오직 떠받는 것만 귀한 줄 알고,　　　　　　雖然惟知崇奉之爲貴

그 경전의 뜻에 대한 의문점과 논점에 관해서는　　　而其於經義之可疑可議

건성으로 부화뇌동하여 한결같이 옹호하며　　　　　望風雷同 一味掩護

세상 사람의 입에 재갈을 물릴 것만 생각한다.　　　思以鉗一世之口焉.

이는 시골 속물들의 마음으로 주자를 바라보는 것이다.　是以鄕原之心 望朱子也.

나는 일찍부터 남몰래 병통으로 생각했는데,　　　　余竊嘗病之

절강 친구들의 논평을 들으니 역시 과한 것은 과했지만,　及聞浙人之論 亦其過則過矣

우리 학자들의 비루한 습속을 한꺼번에 씻어버리니　　惟一洗東人之陋習

사람의 가슴을 시원하게 했다.　　　　　　　　　　則令人胸次灑然也.

담헌서湛軒書/**외집**外集/**권1**/**항전척독**杭傳尺牘/**여추루서**與秋庫書

동방의 풍속이 유학을 숭상하고 저술이 다양하지만　　東俗崇信儒學 著述多門

다만 선비들이 평생 종사하는 것이　　　　　　　　但士子沒齒從事

오로지 중국의 문헌에만 매달려　　　　　　　　　惟矻[4]矻於中華文獻

동방의 역사와 전고는 제쳐두고 강론하지 않으니　　而東史典故 多闕不講

이는 먼 것만 바라보고 가까운 것은 소홀함이니　　鶩[5]遠忽近

참으로 천박한 일입니다.　　　　　　　　　　　殊爲詑[6]趚[7].

그래서 신라와 고려 시대는 고증할 만한 전적이 없고,　以是羅麗之際 典籍無徵

조선 사백 년 동안에도 좋은 법과 정치,　　　　　有本國四百年間 良法美政

---

4) 矻(골)=부지런한 모양.

5) 鶩(무)=달리다.

6) 詑(이)=속이다. (탁)=천박할. 자랑할.

7) 趚(이)=異, 已.

이름난 신하와 선비가 대대로 이어졌으나,　　　名臣鉅儒 代不乏人

서적이 매우 적어 고증하기가 어렵습니다.　　　而書籍甚寡 有難考證.

형께서 조선의 문견을 넓히려고 한다면,　　　兄欲一見 以廣異聞

아우가 수집해서 보여드리겠습니다.　　　弟當傍求登覽也.

담헌서湛軒書/**내집**內集/**권3**/**서**書/**여인서이수**與人書二首

이에 삼연 김창흡은 웃으면서 시를 지어 이르기를　　　是以金三淵猶然笑之曰

"유학이 이제 예론을 강론하는 가문으로 돌아가니　　　儒學今歸講禮家

고증만 조금 뛰어나면 서로 자랑하는구나!"　　　差能考證便相誇.

또 이르기를　　　又曰

"오가는 편지마다 의식 절차만 상의하면서도　　　聯翩書牘商儀節

곧 이것으로 성심이 밝아지고 덕업이 온전하다네!　　　便是誠明德業完.

대장 깃발 위엄 있게 휘날리며 고관대작의 집에 모여 앉아　　　儼然左纛[8]居黃屋

서로 유가의 종통이라 자칭하며 스스로 호걸인 체하네!"　　　喚作儒宗亦自豪.

대체로 선생은 예의 폐단에 울분이 극심하여　　　蓋其憤嫉之極

어투가 중후하지는 못했지만　　　語欠長厚然

세 수의 시로 속유들의　　　其三鼓斬關剖破

구속된 법문을 부셔버리고　　　世儒拘曲法門

거짓 소굴을 타파했으니　　　打訛[9]窩窟

가히 그의 공로가 도통을 이은 한유보다 못하지 않다.　　　則可謂功不在昌黎[10]下矣.

그러나 그는 편협한 국수주의자이거나 소중화주의에 자만한 몽매하고 편협한 학자가 아니라 진정한 인문인人文人이었다. 그는 당시 조선에서 가장 서양 문물에 밝은 과학자였으며 문호를 개방하여 세계 문물을 받아들여야 한다고 주장한 국제적 지식인이었다. 그리고 그의 문학론은 이지의 동심론童心論으로 촉발된 이른바 격투格套에 얽매이지 않고 천진天眞을 표현하려고 하는 중국 공안파의 영향을 받은 것으로 보인다.

---

8) 纛(독)=꿩 깃털로 장식한 기치.

9) 訛(와)=謬也.

10) 昌黎(창려)=韓愈의 호.

을병연행론/경성을 떠나다

장자는 이르기를 여름 벌레와 더불어 얼음을 말할 수 없으며
거스르고 편벽된 선비와는 더불어 도를 논하지 못한다고 말했다.
그러므로 동국의 문물이 비록 소중화로 일컬어지고 있으나,
백 리의 열린 들이 없고 천 리의 강이 없으니
강토는 작고 산천이 막혀 중국의 한 고을에도 미치지 못한다.
더구나 이런 곳에 살면서도 눈을 부릅뜨고 영리를 도모하고
거만하게 팔을 걷어붙이면서 사소한 득실을 다툰다.
그러면서 스스로 자만하며 악착스러운 말과 글뿐,
세상 밖에 큰 일이 있는 줄 모르고 천하에 큰 땅이 있는 줄 모르니
어찌 가련하지 않겠는가?

담헌서湛軒書/내집內集/권3/서序/대동풍요서大東風謠序

노래란 그 정情을 말하는 것이다.	歌者言其情也.
정이 말을 움직이고, 말이 글을 이루면 이것을 노래라고 한다.	情動於言 言成於文 謂之歌.
교졸을 버리고 선악을 잊고	舍巧拙 忘善惡
자연을 따라 천기를 발로한다면	依乎自然 發乎天機
그 노래는 좋은 것이다.	歌之善也.
『시경』의 이른바 풍風이란	詩之所謂風者
본래 민요로 세속의 일상적인 담화다.	固是謠 俗之恒談.
그런즉 당시에 들은 것이	則當時之聽之者
지금 사람들이 듣는 노래보다 못한지	安知 不如以今人而聽今
어찌 알겠는가?	人之歌耶.
그것이 입을 따라 이루어진 곡조이지만 마음을 표현했다면	惟其信口 成腔11) 而言出衷
곡조에 맞지 않는다 해도 천진을 드러낸 것이다.	曲不容按排 而天眞露呈.
그런즉 나무꾼의 노래와 농부의 민요는	則樵歌農謳
역시 자연을 표출한 것이므로	亦出於自然者
도리어 시대부의 자구를 다듬은 것보다	反復勝於士大夫之

---

11) 腔(강)=창자. 歌曲調也.

나을 것이다.

언사가 옛것을 본받으면

천진을 깎아버리기에 알맞을 뿐이다.

삼가 고금에 전해오던 것을 뽑아서 두 책을 만들고

이를 『대동풍요』라 이름 지었는데 무려 천 수가 넘는다.

또 별곡으로 수십 편을 끝에 붙여

훗날 태사가 채택할 만한 것을 구비했으니

임금과 조정에서 풍속을 살피는 정사에 도움이 될 것이다.

만약 희롱하고 음탕한 말을 조절하는 것이라면

공자께서 정나라 위나라의 시를 버리지 않았던 취지와

주자께서 이른 것처럼 생각은 스스로 반성하여

권선징악이 있게 하라 했으니,

더욱이 윗사람들은

이를 몰라서는 안 될 것이다.

點竄[12]敲推.

言則古昔

而適足以斲[13]喪其天機也.

謹採古今所傳 集成二冊

名以大東風謠[14] 凡千有餘篇.

又得別曲數十首 以附其後

備太史之採

庶有補於聖朝觀風之政.

若[15]其調戲淫藝之辭

亦夫子不去鄭衛詩之意

晦翁所謂 思所以自反

而有以勸懲之者

尤[16]在上者之所

不可不知也云爾.

개혁적 학문관

학자들은 특정한 사상적 경향성을 갖고 이에 따른 일정한 학문관을 정립한
연후에 이론을 전개하는 경우가 많다. 그러나 개중에는 이러한 경향성을 배
제하고 객관적으로 학문에 접근하는 학자도 있다. 그러나 후자의 경우에도 의식적이든 무의식적
이든 특정한 학문관이 이루어진다. 담헌의 경우 기존의 학문을 만족스럽지 않게 생각했으므로
미리 학문관을 정립한다. 그러므로 담헌의 학문관을 살피는 것은 그의 사상을 이해하는 지름길
이 될 것이다.

담헌은 학문을 의리학義理學, 경제학經濟學, 사장학詞章學 세 가지로 구분했고, 의리학을 기초로,
경제학을 목적으로, 사장학은 그 수단으로 생각했다. 이는 공자가 정사를 족병足兵, 족식足食, 족

---

12) 點竄(점찬)=뭉개고 파냄.

13) 斲(착)=削.

14) 『大東風謠』의 본문은 일실되고 서문만 전한다.

15) 若(약)=만약 …한다면.

16) 尤(우)=더욱. 그중에서도.

신足信으로 나누고 그 우선순위를 신信 → 식食 → 병兵의 순서로 말한 것과 대조된다.

　특히 그는 옛것을 묵수하는 것을 반대했고 이용후생의 경제학이 학문의 목적이라고 생각했다. 따라서 그는 공자의 기본 테제요, 유교의 핵심인 복례復禮, 즉 주나라의 제도를 부흥하는 것을 분명하고 단호하게 반대했다. 공자 당시에는 그것들이 시의에 알맞은 실학이었으나 현재의 실학이 아니라고 보았기 때문이다.

담헌서湛軒書/**내집**內集/**권4**/**보유**補遺/**의산문답**毉山問答

허자가 말했다.	虛子曰.
"주공과 공자의 서책을 높이고	崇周孔之業[17]
정자와 주자의 말을 익혀서	習程朱之言
정학을 붙잡고 사설을 물리치며	扶正學斥邪說
인仁으로 세상을 구제하고,	仁以救世
명철함으로써 몸을 보전하는 자가	哲以保身
유문의 현자입니다."	此儒門所謂賢者也.
실옹이 말했다.	實翁曰.
"나는 진실로 네가 도술에 의혹되어 있음을 알겠다.	吾固知爾有道術之惑.
아! 슬프다. 도술은 없어진 지 오래구나!	嗚呼哀哉 道術之亡久矣.
공자가 죽은 후에 제자들이 어지럽혔고	孔子之喪 諸子亂之
주자의 문인들이 또 그것을 혼란시켰다.	朱門之末諸儒汩之.
서책은 높이면서 그 진리는 잊고,	崇其業而忘其眞
말은 익히면서 그 본의는 잃어버렸다.	習其言而失其意.
정학을 붙들고 있음은 실은 자랑하려는 마음 때문이요,	正學之扶 實由矜心
사설을 물리친다 함은 실은 이기려는 마음 때문이니,	邪說之斥 實由勝心
세상을 구제한다는 인도 실은 권력을 유지하기 위함이요,	救世之仁 實由權心
몸을 명철하게 보전한다는 것도 실은 이익을 위함이다.	保身之哲 實由利心.
이 네 가지 마음이 서로 이끌어 참뜻은 날로 없어지고	四心相仍[18] 眞意日亡
온 천하는 도도히 날로 허망으로 치닫고 있다."	天下滔滔日趨[19]於虛.

제3부 변법창신의 이용후생파

287

17) 業(업)=書冊之版也.

18) 仍(잉)=因也, 從也.

19) 趨(추)=移徙也.

담헌서湛軒書/외집外集/권7/연기燕記/오팽문답吳彭問答

학문은 세 가지로 나눌 수 있으니,	學有三等
의리학, 경제학,	有義理之學 有經濟之學
사장학이 이것이다.	有詞章之學.
이런 구분은 세속 유자들의 비루한 소견이라 하겠지만,	學分三等 世儒之陋見
의리를 빼면 경제는 공리로 혼란해질 것이며,	舍義理 則經濟淪[20]於功利
문장은 부박하여 음탕해질 것이니	而詞章淫於浮藻[21]
어찌 학문이라 할 수 있겠는가?	何足以言學.
또한 경제가 없다면 의리는 펼 수 없고,	且無經濟 則義理無所措[22]
말과 문장이 없으면 의리는 드러낼 수 없다.	無詞章 則義理無所見.
요컨대 세 가지 중에서 한 가지라도 빠지면	要之三者舍一
학문이라 하기에는 부족할 것이다.	不足以言學.
그러니 의리가 학문의 기본이 아니겠는가?	而義理非其本乎.

담헌서湛軒書/외집外集/권1/항전척독杭傳尺牘/답주랑재문조서答朱郞齋文藻書

근세의 도학의 법도는 실로 심히 혐오스럽다.	近世道學矩[23]度 誠甚可厭.
오직 실한 마음과 실한 일을 하되,	惟其實心實事
날마다 실제 형편을 조사 증험해야 한다.	日踏[24]實地[25].
이러한 진실한 본령이 있은 연후에야	先有此眞實本領然後
주경主敬, 치지致知, 수기修己, 치인治人의 말씀이	凡主敬致知修己治人之說
바야흐로 조치할 바를 얻어,	方有所措置
헛된 그림자로 귀착되지 않을 것이다.	而不歸於虛影.

담헌서湛軒書/내집內集/권3/서序/향약서鄕約序

오호라!	嗚呼.
흉년과 굶주림에 백성들이 농토를 떠나 유랑한 지 오래구나!	凶年饑歲 民散久矣.

20) 淪(륜)=沒也, 沈也.
21) 藻(조)=飾也, 文采, 文辭.
22) 措(조)=布施也.
23) 矩(구)=曲尺.
24) 踏(답)=勘驗也, 踏査也.
25) 地(지)=형편. 的也.

이들에게 농토를 분배해주고	不能施分田
항산恒産²⁶⁾을 마련해주는 정치를 하지 못하면서	制産之政
법도와 예의의 교화를 앞세우는 자들,	而先之以法度禮義之教者
어느 누가 그들의 우원함을 비웃지 않을 것인가?	人孰不笑其迂哉.

담헌서湛軒書/**외집**外集/**권1/항전척독**杭傳尺牘/**여철교서**與鐵橋書

천하에 영재가 적다고 할 수는 없다.	天下之英才 不爲少矣.
다만 과거 시험과 관로의 질곡에 빠져	惟科宦以梏之
물욕에 가려지고, 안락에 젖어들었다.	物慾以蔽之 宴安以毒之.
이런 해독으로부터 벗어나	由是而能脫然
옛 성인들의 경세치용의 고학古學에 종사하는 자는 드물다.	從事於古學者鮮矣.
또는 시가와 장구에 기울고	詞章以靡之
글씨와 암송을 자랑하고 훈고에 구속됨으로써	記誦以夸之 訓詁以拘之
세상사의 이용후생에는 우매해져	由是而能闇然
실학에 힘쓰는 자는 드물어졌다.	用力於實學²⁷⁾者鮮矣.
또 공리주의로 인해 실학도 잡스러워졌고,	功利以雜其術
노자와 부처로 인해 마음이 미혹되고,	老佛以淫其心
육상산과 왕양명으로 진실이 어지러우니	陸王以亂其眞
이 때문에 탁월하게	由是而能卓然
정학正學을 우뚝 정립한 자는 더욱 드물다.	壁立於正學²⁸⁾者尤鮮矣.

담헌서湛軒書/**내집**內集/**권3/서**書/**여인서이수**與人書二首

생각해보면 『주역』은 때에 알맞음(時宜)을 귀히 여기고,	竊意 易貴時宜
공자는 주나라 법도(周禮)를 숭상하고 따랐다.	聖稱從周.
그러나 고금은 그 마땅함이 다르고,	古今異宜
하·은·주 삼대의 예禮는 같지 않았으니,	三王不同禮
지금 세상에 살면서 옛 도道로 돌아가려 한다면	居今之世 欲反古之道
역시 곤란할 것이다.	不亦難乎.

---

26) 恒産(항산)=항구적인 생산 수단.
27) 實學(실학)=이용후생의 학.
28) 正學(정학)=고학과 실학을 겸한 학문.

죽을 때까지 대를 이어가며 실을 쪼개고 털을 나누는 학문은	窮年累世 縷析毫分
마음과 몸의 치란과	而實無關於身心之治亂
가문과 나라의 흥망성쇠와는 무관하며,	家國之興衰
쟁송과 비난만을 가져오기에 알맞을 뿐이다.	而適足以來聚訟之譏.
장차 율력과 산수, 돈과 곡식,	則殆²⁹⁾不若律曆筭數³⁰⁾錢穀
갑병이야말로	甲兵之
가히 쓸모가 있으며 세상이 필요로 하는 것이 아닐까?	可以適用而需世.
오히려 가라지를 키우는 과오는 없어야 할 것이다.	猶不失爲稊稗³¹⁾之熟也.
마음을 바르게 하고 뜻을 성실히 하는 '정심성의'가	正心誠意
진실로 학문과 궁행의 본체라고 한다면,	固學與行之體也
사물을 통달하고 이루기를 힘쓰는 '개물성무'는	開物成務
학문과 궁행의 실용이 아니겠는가?	非學與行之用乎.
읍하고 사양하고 오르고 내리는 것이	揖讓昇降
진실로 개물성무의 긴요한 임무라면,	固開物成務之急務
천문, 산수, 화폐, 곡식, 군사는	律曆算數 錢穀甲兵
어찌 개물성무의 큰 단서가 아니겠는가?	豈非開物成務之大端乎.

또한 주자에 대해서도 주자 당시로는 공맹의 정통으로 유가, 불가, 선가를 종합하려 한 것은 공정하고 시의에 맞는 것이었겠으나 그것이 도리어 경제학을 약화시킨 결과를 가져와 지금은 시의에 맞지 않다고 보았다. 그러므로 그는 옛것을 묵수하는 잘못을 혁파하고 시의에 맞도록 변통하려고 했다.

담헌이 연경에서 만난 항주의 벗들은 대체로 주자에 비판적이었으나 오히려 담헌은 주자를 옹호하는 듯했다. 당시 조선과 청나라 조정은 모두 정주학을 지배 이념으로 삼은 것은 같았으나 대체로 조선의 학자들은 정주를 사수하려 했고 청나라의 학자들은 지양하려 했던 당시의 학풍의 영향 때문일 것이다. 그러나 담헌은 정주를 고수한 것이 아니라 법고창신法古創新의 정신으로 지양하려 했다는 점에서 항주 벗들과 기본은 같았다고 보아야 할 것이다.

---

29) 殆(태)=幾也, 將也.

30) 筭數(산수)=算數.

31) 稊稗(제패)=가라지와 돌피.

(담헌이 말했다.)

"고요한 물과 맑은 거울은 본체에 표준을 세움이요,　　　　　止水明鑑 體之立也

사물을 통달하여 사업을 이룸은 실용의 달통입니다.　　　　開物成務 用之達也.

본체만 전념하는 것은 불가의 공허로 달아남이요,　　　　　專於體者 佛氏之逃空也

실용만 전념하는 것은 속유의 명리名利를 뒤쫓는 일입니다.　專於用者 俗儒之趨利也.

주자는 공자의 뒤를 이었습니다.　　　　　　　　　　　　　朱子後孔子也.

그러므로 공자가 아니면 내가 누구에게 돌아가겠습니까?　微夫子吾誰與歸.

다만 모방만 하고 구차히 동조함은 아첨이요,　　　　　　雖然依樣苟同者佞也

일부러 달리하려는 것은 도적입니다."　　　　　　　　　強意立異者賊也.

역암이 말했다.　　　　　　　　　　　　　　　　　　　　力闇曰.

"이른바 '소서小序'는 절대로 폐할 수 없습니다.　　　　　小序[32]決不可廢.

도리어 주자의 『시경』 주석은 어긋나는 점이 많아　　　　朱子於詩注實多踳駁

동의할 수도 따를 수도 없습니다."　　　　　　　　　　不敢從同也.

난공이 말했다.　　　　　　　　　　　　　　　　　　　蘭公曰.

"주자가 소서를 폐한 것은 송나라 때 통지通志를 쓴　　　朱子廢小序

어중漁仲 정초鄭樵에 근거한 것이 많습니다."　　　　　多本鄭漁仲.

담헌이 말했다.　　　　　　　　　　　　　　　　　　　余曰.

"저는 소서에 대해　　　　　　　　　　　　　　　　　弟則於小序

앞사람의 말을 답습하지도 않거니와　　　　　　　　　非敢踏襲前言

주자를 엄호하지도 않습니다만　　　　　　　　　　　非敢掩護朱子

그 말에 근거가 있는 듯하니　　　　　　　　　　　　看其言儘無據

형께서 깨우쳐주시기 바랍니다."　　　　　　　　　　幸兄詳示以破.

기잠이 말했다.　　　　　　　　　　　　　　　　　　起潛曰.

"아우께서 주자를 존숭함은 지극히 옳으나　　　　　老弟宗朱極是

소서를 폐한 것을 억지로 변론할 것은 없습니다."　　然廢小序必不能強解也.

역암이 말했다.　　　　　　　　　　　　　　　　　　力闇曰.

제3부 변법창신의 이용후생파

---

32) 小序(소서)=漢代에 경전의 편마다 머리에 붙인 서문.

"이는 결국 주자를 위해 문인이 쓴 것이거나　　　　　此結爲朱子門人手筆

혹은 주자 만년에 확정되지 않은 책일 것입니다.　　　或晩年未定之本.

『중용』, 『논어』, 『맹자』에서 배운　　　　　　　　　非如學庸語孟之爲鐵板

정론 '주소注疏'와도 같지 않습니다.　　　　　　　　注疏也.

주자가 만든 것이라고 해서　　　　　　　　　　　必以其爲朱子

반드시 수족이 두목을 보호하듯　　　　　　　　　而如手足之護頭目

한마디 말도 감히 논평하지 못한다면 지나친 것입니다.　遂無一語之敢議 亦過矣.

명나라로부터 지금까지 대유들이 번갈아 일어났지만　　自明迄今大儒代有

모두가 한나라는 고대와 멀지 않았으므로　　　　　皆以爲漢人去古未遠

모두 '소서'를 존중했는데　　　　　　　　　　　皆尊小序

주자 한 사람만이 용납하지 못하고 폐하여버렸습니다.　不容朱子一人起而廢之.

정나라와 위나라의 시에 속한 것이면　　　　　　　凡屬鄭衛之詩

모두 음탕한 시라고 규정해버렸지만　　　　　　　槪指爲淫奔之詩

정나라와 위나라의 음악이 음란하다고 한 것은　　　而不知鄭衛之淫者

음성에 있을 뿐, 시에 있지 않음을 알지 못한 것입니다.　而其音也而非詩也.

이에 대한 변론은 수없이 많지만 다 기억하지 못하겠으니　此類辨甚多 一時不能記憶

형께서는 자세히 살펴보시기 바랍니다."　　　　　惟高明詳察.

(담헌이 말했다.)

"주자의 주해는 한마디도 감히 평론할 수 없다고　　　無一語之敢議

말하는 것은 향원(시골의 속물)의 도道요,　　　　云云此鄕愿[33]之道也

도리어 주자를 해치는 도적입니다.　　　　　　　朱子之賊也.

형께서 잘못이라고 평가한 것은 오히려 너그러운 것입니다.　過矣二字 亦其大恕矣.

다만 옛사람이 말하기를　　　　　　　　　　　但古人云

'감히 자신이 없거든 스승을 믿으라!'라고 했으니,　　不敢自信 而信其師

자기 의견을 철판처럼 변통할 수 없는 것이라 속단하고,　亦不可遽[34] 以己意作爲鐵板

주자의 설을 배척하여　　　　　　　　　　　　而擯斥其說

조금도 고려하지 않는 것 또한 취할 수 없습니다."　　不少顧籍也.

---

33) 愿(원)=鄕原德之賊也(論語/陽貨).

34) 遽(거)=急也, 趣也.

(담헌이 말했다.)

"주자가 구설을 그른 것이라 한 것은   朱子旣以舊說爲非

다만 스스로 일설을 만들어 세상을 깨우치고   則只自成一說 思以喩世

후세에 전하려고 생각했을 뿐,   而傳後而已

구설을 불살라 찢어버리고,   則其舊說亦未嘗焚之裂之

자기 설만을 세상에 유행시켜 팔려고 하지 않았다면   以售己說之行乎世

믿을 만한 것도 전하고 의문되는 것도 전하려는 의도인데 則傳信傳疑之義

그것이 주자가 무엇을 훼손한 것이 있겠습니까?   於朱子有何所損乎.

그러나 경전에 붙인 '소서'를 얻어 읽어보니   及其得小序而讀之

견강부회하여 천착했을 뿐,   則適見其附會穿鑿

전혀 의의가 없는 것이었습니다.   全沒意義.

도리어 주자의 『시경』 공부가   然後乃以爲朱子之功於詩

가장 훌륭한 것이라 생각됩니다.   最大也.

또한 노래가 음란한 것이지 시가 음란한 것이 아니란 말은 聲淫非詩淫

고인이 그렇게 분별하는 것을 일찍이 들어보지 못했습니다. 昔人之辨 亦未曾見.

오히려 그 풍속이 음란하면 노래도 음란하고,   但其俗淫則其聲淫

노래가 음란하면 그 시 또한 음란할 것인즉   其聲淫則其詩亦淫矣

이는 필연의 이치입니다.   此必然之理也.

더구나 옛 시는 노래의 가사였으니   況古所謂詩者 皆詞曲也

관현에 올려 합주하여 제창했던 것입니다.   彼之管絃合奏而齊唱.

그런즉 노래와 시로 나누어 둘로 갈라놓은 것은   則聲與詩之分二之

타당하지 않다고 사료됩니다."   恐亦未安.

기잠이 말했다.   起潛曰.

"주자와 육자가 '존덕성尊德性'과 '도문학道問學'으로 나뉜 것은, 朱陸分尊德性道問學

원래는 주자의 후인들이 힘써 주자를 높이다 보니   原本朱子後人務尊朱

육자를 공박한 것이므로 치우치고 부당하다.   而攻陸偏否.

아호사 모임 당일에는 이러한 파당적인 견해는 결코 없었다." 當日朱陸必無如此門戶見解.

담헌이 말했다.   余曰.

"다만 아우는 육상산의 문집은 아직 보지 못했으므로 愚未見陸集

그 학문의 얕고 깊음을 함부로 논평할 수는 없으나

다만 주자의 학문에 대한 제 생각으로는

중정 무편하여 진실로 공맹의 정통 혈맥이라고 봅니다.

육상산이 참으로 차이가 있다면

후학의 공론이 그를 배척한 것은 괴이한 일도 아닐 것입니다.

다만 주자를 종주로 삼는다는 명분으로

'도문학'에 편중하여

마침내 훈고의 말단의 학문으로 귀착되는 폐단이 많았고,

도리어 상산을 종주로 삼는 학파들은 마음 공부에 주력하여

오히려 소득이 있었습니다. 이것이 가장 두려울 뿐입니다."

未知其學之淺深 不敢妄論

惟朱子之學 則竊³⁵⁾以爲

中正無偏 眞是孔孟正脉.

子靜如眞有差異

則後學之公論 無怪其擯斥.

但名爲宗朱子

多偏於問學

終歸於訓詁末學

反不如 宗陸之用功於內

猶有所得也. 此最可畏耳.

35) 竊(절)=竊의 俗字.

과학 이론

앞에서 설명했듯이 그는 서양 과학을 수입하여 실학에 큰 영향을 미친 조선의 대표적인 과학자라고 말할 수 있다. 그가 처음으로 연경을 방문했던 1765년은 공교롭게도 영국에서 와트가 증기 기관을 발명한 해였다. 증기 기관 발명은 산업 혁명의 시작을 알리는 신호라는 점에서 중대한 사건이다. 담헌 이전에도 과학 기술에 관심을 가진 사람이 있었다고는 해도 어디까지나 기술자에 불과했다. 그러나 그는 과학자였다. 특히 천문학적 지식의 보급은 당시 지식인 계급의 의식 구조에 혁명적인 변화와 충격을 주었다.

특기할 것은 그가 과감하게 16세기에 코페르니쿠스Nicolaus Copernicus, 1473~1543가 발견한 지동설을 주장했다는 점이다. 그런데 연암은 담헌의 지동설에 대해 서양이 몰랐던 것을 처음 발견했다고 말하고 있다. 담헌 자신의 독창적인 발견인지 아니면 연경을 통한 수입인지는 아직 알 수 없으나 지동설을 말한 것 자체만으로도 획기적인 사건이다.[36]

코페르니쿠스는 1530년에 저술한 『천체의 회전에 관하여De revolutionibus orbium coelestium』에서 지전설을 주장했으나, 박해가 두려워 비밀로 했다가 임종 직전에 공표했다. 그러나 곧 금령이 발동되어 전파되지 못하다가 18세기 말엽에서야 금령이 해제되었다. 이때 선교사들에 의해 중국에 소개되었으나 여전히 지동설은 이단이었으며, 지구가 우주의 중심이라는 지구천중론地球天中論이 정론이었다.

이러한 실정에서 1760년경 담헌이 지동설을 주장한다는 것은 탄압을 각오해야 하는 용단이었다. 그 후 약 1세기 후인 1840년 중국 고증학의 대가인 완원阮元, 1764~1849조차 지동설을 이단 사설이라고 비판했다. 급기야 1859년 이선란李善蘭, 1810~1882이 지은 『담천談天』이 나온 이후부터 진리로 인정받게 되었다. 이렇듯 중국에서도 지동설은 전파된 이후 약 1세기 만에 수용되었다는 사실을 알 수 있다. 이처럼 지동설은 기존의 사고 체계에 엄청난 변화를 요구하는 이단적인 사상이었다.

담헌서湛軒書/**내집**內集/**권4**/**보유**補遺/**의산문답**醫山問答

실옹이 말했다.

"사람의 눈이란 진실로 한계가 있는 것이다.

實翁曰.

人視固有限也.

---

36) 연암은 「洪德保墓碑銘」에서 지전설이 담헌의 발견이라고 말한다(始秦西人 謚地球 而不言地轉 德保嘗論 一轉爲一日 其說渺微玄奧).

바다를 운행할 때면

해와 달이 바다에서 나왔다가 바다로 들어가고,

들에서 바라보면

해와 달은 들에서 나왔다가 들로 들어가는 것 같다.

하늘이 바다와 들에 맞닿아 있어 아무런 장애가 없으므로

보이는 것이 한계라고 주장하는 것은 통하지 않는다.

세상 사람들은 일상화된 옛 습관에 안주하여

자세히 관찰하려 하지 않는다.

이치가 눈앞에 있으나 연구하여 찾으려 하지 않는 까닭에

일평생 하늘을 이고 땅을 밟고 살아가면서도

그 실정과 현상에는 캄캄하다.

오직 서양의 어떤 지역은 지혜와 기술이 정밀 소상하며,

측량 기법이 해박하고 자세하여

땅이 둥글다는 학설은 다시 의심할 여지가 없다.

하늘에 가득한 별자리들은 저마다의 세계를 이루고 있다.

성계에서 보면 지계도 한 개의 별이고,

무수한 세계가 우주(空界)에 흩어져 있으니.

오직 지계만이 교묘히 그 중앙에 있다는 주장은

있을 수 없다.

은하는 여러 세계가 모여 이루어진 세계이며

우주를 둥글게 돌면서 큰 고리를 이룬다.

그 고리에는 많은 세계가 있어 그 수가 수천만 개이며,

해와 지구는 이러한 여러 세계 가운데 하나일 뿐이다.

이것은 태허라는 한 개의 큰 세계라 할 수 있다.

다만 그것은 땅에서 보아 이와 같을 뿐,

땅에서 본 것 이외의 은하계는

몇천만억 개인지 알 수 없다.

雖然 海行則

日月出於海 而入於海

野望則

日月出於野 而入於野.

天接於海野 無所障碍

視限之說 不可行也.

世之人安於故常習

而不察.

理在目前 不曾推索

終身戴履

昧其情狀.

惟西洋一域 慧術精祥

測量該悉

地球之說 更無餘疑.

滿天星宿 無非界也.

自星界觀之 地界亦星也

無量之界 散處空界

惟此地界巧居正中

無有是理.

銀河者 叢衆界以爲界

旋規於空界 成一太環.

環中多界 千萬其數

日地諸界 居其一爾.

是爲太虛之一大界也.

雖然地觀如是

地觀之外如河界者

不知爲幾千萬億.

나의 아득하여 가물가물한 눈만을 믿고	不可憑我渺³⁷⁾眼
황급히 은하가 제일 큰 세계라고 함은 잘못이다.	遽³⁸⁾以河爲第一大界也.

달이 해를 가릴 때는 일식이 되는데 　　　　　月掩日 而蝕於日
가려지는 모양은 반드시 둥글다. 　　　　　　蝕體必圓.
달의 형체가 둥글기 때문이다. 　　　　　　　月體之圓也.
땅이 해를 가릴 때는 월식이 되는데 　　　　　地掩日 而蝕於月
일그러진 모양이 둥근 것은 땅이 둥글다는 것을 말해준다. 　蝕體亦圓 地體之圓也.
그런즉 월식이란 땅이 거울에 비친 것이다. 　　　然則月蝕者 地之鑒也.
월식을 보고서도 땅이 둥글다고 말하지 않는다면, 　見月蝕 而不識地圓
이것은 마치 거울에 자기를 비추어보고 　　　　是猶引鑒自照
자기 얼굴을 분별하지 못하는 것과 같으니 　　　　而不辨其面目也
이 또한 어리석지 않은가? 　　　　　　　　不亦愚乎.

땅이 밑으로 떨어지지 않는 것은 누구나 괴이하게 여기면서, 　且人莫不怪 夫地之不墜
해와 달과 별이 떨어지지 않는 것을 　　　　　夫日月星之不墜
유독 이상하게 생각하지 않는 것은 왜인가? 　　　獨不怪何也.
대저 해와 달과 별이 하늘로 올라가도 오르는 것이 아니며 　夫日月星昇天而不登
땅으로 떨어져도 내려오는 것이 아니라, 　　　　降地而不崩
언제나 허공에 매달려 머물고 있을 뿐이다. 　　　懸空而長留.
하늘이 상하가 없는 사실은 그 자취가 너무도 현저하기에 　太虛之無上下 其迹甚著
세상 사람들은 일상 소견에 젖어 그 까닭을 찾아보지 않는다. 　世人習於常見 不求其故.
진실로 그 까닭을 찾아보면 　　　　　　　苟求其故
땅이 떨어지지 않는 것을 의심할 수 없을 것이다. 　　地之不墜 不足疑也.

대저 땅덩어리는 굴러 도는 데 하루 한 바퀴 돈다. 　　夫地壞旋轉一日一周.
땅의 원둘레는 구만 리요 하루는 열두 시간이다. 　　地圓九萬里 一日十二時.³⁹⁾
구만 리의 넓은 둘레를 열두 시간에 달려야하므로 　　以九萬之闊 趨十二之限

---

37) 渺(묘)=아득하다.
38) 遽(거)=황급히, 서둘러.
39) 지구의 둘레=40,000km(1 리≒0.4km 90,000리=36,000km)

그 달리는 속도가 번개와 같아서   其行之疾 亟[40]于震電

포탄보다도 빠르다.   急於砲丸.

땅이 빠르게 돌며 공허한 기氣가 갑자기 엷어져   地既疾轉 虛氣激薄

허공에 닫히고 땅에 흘러 모이게 되니   閡[41]於空而湊於地

이때 오르고 내리는 힘이 생기게 되는데   於是有上下之勢

이것이 지면의 인력이다.   此地面之勢也.

그러나 땅에서 멀어지면 인력이 없어질 것이다.   遠於地則無是勢也.

또한 자석이 철을 끌어당기고   且磁石吸鐵

호박이 먼지를 끌어당기는 것처럼   琥珀引芥[42]

본래 같은 것끼리 서로 감응하는 것이 물질의 이치다. 本類相感 物之理也.

이로써 불꽃이 위로 올라가는 것은 해에 근본한 때문이요, 是以火之上炎 本於日也

호수의 물이 넘쳐 솟는 것(潮水)은   湖之上湧

본래 달에 근거한 때문이며,   本於月也

만물이 아래로 추락하는 것은 땅에 근거한 때문이다. 萬物之下墜 本於地也.

무지개는 물 기운(水氣)이며   虹[43]者水氣也

아침에는 동쪽에서 저녁에는 서쪽에서 해를 빌려 이루어진다. 朝東夕西 借日以成.

햇빛이 비켜 방사됨으로 반드시 반원을 이룬다.   日之斜射 必成半規.

한낮에 무지개가 없는 것은 수기가 두텁지 않기 때문이다. 日午無虹 水氣不厚也.

햇무리와 달무리도 무지개의 종류인데   日月之暈[44] 虹之類[45]也

허공에 생기는 까닭에 반드시 원 모양을 이룬다.   成於空故 必成全規.

이처럼 무지개와 햇무리가 원을 이루는 까닭은   虹暈之成規

해와 달이 둥글기 때문이다."   日月之圓也.

허자가 말했다. "옛말에 '상전벽해'라 했는데   虛子曰 古云 桑海之變

---

40) 亟(극)=빠르다.
41) 閡(애)=外閉也, 阻滯也.
42) 芥(개)=겨자.
43) 虹(홍)=무지개, (항)무너지다.
44) 暈(훈)=햇무리, 달무리.
45) 類(류)=比也, 肖似也, 分也.

역시 그런 이치가 있습니까?"

亦有其理乎.

실옹이 말했다. "내가 지구의 세계를 보건대

實翁曰. 余觀地界

인간은 백 년밖에 살지 못하기 때문에

人壽不過百年

나라의 역사서는 그 실적을 전하지 못했다.

國史未傳實蹟.

땅과 물의 변화는 수만 년 동안 점차로 변화할 뿐

地水之變漸

갑자기 이루어지는 것이 아니므로,

而不驟[46]

인간은 능히 그것을 깨닫지 못한다.

人不能覺也.

그러나 조개 껍데기와 조약돌이

蚌蛤[47]之殼 水磨之石

높은 산 위에 있거나,

或在高山

바닷가의 산에 대체로 흰 모래가 많은 것을 보면,

海傍之山 類多白沙

이는 바닷물이 서로 들고 난 흔적임을 분명히 알 수 있다."

此其互相進退 其蹟甚著.

실옹이 말했다. "사람과 물질이 생동함은

實翁曰. 人物之生動

태양의 불에 근본한 것이다.

本於日火.

만약 하루아침에 해가 없어진다면

使一朝無日

온 세계는 얼어붙고 만물은 녹아 없어질 것이다.

冷界凌[48]極 萬品融消.

그러므로 땅은 만물의 어미요,

故曰 地者萬物之母

해는 만물의 아비이며,

日者萬物之父

하늘은 만물의 조상이라고 말하는 것이다."

天者萬物之祖也.

자연 질서로서의 천도

성리학의 목표는 천인합일天人合一이다. 천天의 생명을 낳고 기르는 마음(生生之心)을 내 마음으로 하는 것이다. 동중서가 창립한 당초의 유교는 천인감응설天人感應說을 기초로 한다. 그러나 성리학은 천天을 인격을 가진 천제天帝로 보지 않는 대신, 내 마음속에 들어와 있는 천리天理를 모든 가치의 기준으로 삼는다. 그런데 담헌은 천지를 자연 과학적으로 볼 뿐이다. 그러므로 하늘은 허공일 뿐이다.

옛사람들은 미개하여 허공에서 바람과 구름이 나오는 것을 보고 신기하여 이를 도道라고 했다

---

46) 驟(취)=빨리 달리다.

47) 蚌蛤(방합)=큰 조개.

48) 凌(능)=침범하다.

는 것이다. 노자의 『도덕경道德經』에서 풀무에서 바람이 나오는 것을 도라고 비유한 것도 마찬가지다. 담헌은 바람이 생기는 원인을 지구의 자전 때문으로 보았다. 만약 이처럼 하늘을 부정한다면 유교나 성리학의 기본이 무너지는 것이다.

　그러나 담헌이 천天을 부정한 것은 종교적인 천제(하느님) 개념이나 신비주의적인 천명天命 개념을 부인한 것일 뿐 자연법칙으로서의 천리를 부정한 것은 아니다. 그런데 담헌은 여기서 여전히 존재와 당위, 사실과 가치는 구분하지 않는다. 그러므로 그는 인간의 도리를 천제의 뜻이거나 운명이 아니라 자연법칙의 일부라고 보는 것이다. 이 점에서 결국 범신론적인 노장과 맥을 같이 한다.

담헌서湛軒書/**내집**內集/**권4**/**보유**補遺/**의산문답**毉山問答

허공이란 하늘이다.	虛者 天也.
그러므로 우물 속의 공기도 병 속의 공기도	是以井坎之空 瓶罌[49]之空
역시 하늘이다.	亦天也.
무릇 바람과 구름이 모두 허공에서 나오기 때문에	凡風雲之屬 皆出於虛
그 허공을 도道라고 말했던 것이다.	故謂之道.
그렇지만 그 실實은 지기地氣의 증발로 생긴 것이지,	其實 地氣之蒸成
하늘에 전속된 천도天道만은 아니다.	不專於天也.
바람은 지각에서 생긴다.	風者 生於地角.
지구는 자전하므로 요동치지 않을 수 없기 때문이다.	地之轉也 不能無掀[50]搖.
산맥이 높을수록 골짜기가 깊을수록	山嶺之高 隱壑之深
격동하지 않을 수 없다.	不能無激盪.
그러므로 공기가 키질하듯 파도치듯	故虛氣簸[51]漾
사방으로 나와 바람이 된다.	四出而爲風.
이처럼 바람은 모두 지면에서 나오는 것이므로	皆出於地面
지구에서 수백 리 떨어진 공중에는	是以離地數百里
일찍이 바람이 없다.	未嘗有風焉.

---

49) 瓶罌(병앵)=물 항아리와 병.

50) 掀(흔)=치켜들다.

51) 簸(파)=까불다.

구름은 산천의 기운이 올라가 응결하여 형체를 이룬 것이다. 　　雲者 山川之氣 騰結而成形.

그 색깔은 본래 담백한 것이지만 　　其色本淡 借日光而成雜采

햇빛을 받아 색깔이 섞인 것이다. 　　借日光而成雜采.

정오에 더 밝은 것은 똑바로 빛을 받기 때문이며, 　　日午多白 正受光也

구름이 검은 것은 두텁게 쌓여 그늘진 것이다. 　　其黑者 積厚而陰也.

아침저녁으로 더 붉어지는 것은 　　朝夕多紅紫

지기地氣가 해를 씻어내기 때문이다. 　　地氣之盪日也.

비는 시루에 이슬이 맺히는 것과 같은 현상인데, 　　雨者 甑[52]露之勢也

공중으로 증발된 물과 땅의 기운이 　　水土之氣 蒸騰于空

조밀한 구름에 눌려, 　　鬱于密雲

새어나가지 못하여 응결하여 형성된 것이다. 　　無所泄而凝成.

그러므로 증기는 있어도 구름이 빽빽하지 않으면 　　氣蒸而雲不密

비가 오지 않고, 　　則不成雨

구름은 빽빽해도 증기가 없으면 비가 오지 않는다. 　　雲密而氣不蒸 則不成雨.

천둥이란 꼭 갇혀 있던 증기가 서로 부딪쳐 발화한 것으로 　　雷者 蒸氣隔鬱 相撞發火

번개는 그 빛이요, 천둥은 그 소리다. 　　電者其光也 雷者其聲也.

천둥 없이 번개만 치는 것은 백 리 이상 먼 것이며, 　　不雷而電者 百里以遠也

번개 없이 천둥만 울리는 것은 　　不電而雷者

구름이 쌓여 빛이 막혔기 때문이다. 　　積雲之隔也.

만물을 스승으로

　　담헌의 과학 사상은 의리론義理論에도 변화를 가져온다. 그는 하늘을 부정함으로써 그 대신 자연법칙을 가치의 기준으로 삼는다. 그러므로 그는 "성인은 만물을 스승으로 삼는다"라고 말한다. 이러한 생각은 최한기에게 계승되어 "성인은 대기 운화를 스승으로 삼는다"라고 말하게 된다.

　　담헌은 인간의 의리도 자연에서 배웠다고 말한다. 그러므로 그는 성인을 배우라고 말하지 않

---

52) 甑(증)=시루.

고 자연을 배우라고 요구한다. 또한 사람으로 사물을 보지 말고 자연으로 사물을 보라고 말한다. 이것은 '예禮는 천리天理'라는 말과 비슷하지만 전혀 다른 말이다. 천리론은 공자의 예학이 절대적이라는 말이지만, 담헌이 말하는 것은 기존의 지배 이데올로기의 권위를 부정하는 것이다.

담헌서湛軒書/**내집**內集/**권4**/**보유**補遺/**의산문답**醫山問答

이처럼 고인은 백성을 윤택하도록 세상을 다스림에	是以古人之澤民御世
미상불 만물을 이용하고 본받았다.	未嘗不資[53]法於物.
군신의 의리는 벌에서 취했고,	君臣之儀 盖取諸蜂
병사의 진지는 개미에게서 취했으며,	兵陳之法盖取諸蟻
예절은 벌과 쥐가 저장했다가 나누어 먹는 것을 취한 것이고,	禮節之制 盖取諸拱[54]鼠[55]
그물을 만든 것은 거미에게서 취한 것이다.	網罟之設 盖取諸蜘蛛.
그러므로 이르기를	故曰
"성인은 만물을 스승으로 삼는다"라고 말하는 것이다.	聖人師萬物
그런데 지금 그대는 어찌하여 자연으로 사물을 보지 않고	今爾曷不以天視物
사람으로 만물을 보려는가?	而猶以人視物也.

풍수설 비판

담헌은 풍수설 등 미신을 통박했고, 호화 장례도 비판했다. 그는 후장厚葬이란 지배 계급이 인민을 억누르고 얽매어 어리석게 만들기 위한 도구로 만들어낸 것이라고 말했다. 이것은 묵자의 박장론薄葬論과 일치한다. 또 까다롭고 번거로운 예문禮文은 지배 계급 자신들이 정권과 권위를 쟁탈하는 구실로 이용하는 것에 불과하다고 논단했다.[56]

담헌서湛軒書/**내집**內集/**권4**/**보유**補遺/**의산문답**醫山問答

허자가 말했다.	虛子曰.
"무덤의 길흉과 자손의 화복이	宅兆有吉凶 子姓有禍福
하나의 기氣로 감응한다고 하는데 그런 이치가 있습니까?"	一氣感應 亦有其理乎.

---

53) 資(자)=利用.
54) 拱(공)=歛手. 무엇을 달라고 빌다.
55) 鼠(서)=穴虫之總名.
56) 최익한, 『실학파와 정다산』, 서해문집, 2011, 상편 5장 홍대용, 박지원, 박제가 일파의 실학사상 참고.

실옹이 말했다. "옥에 갇힌 중죄인이 떼굴떼굴 구르며
고통이 감당할 수 없는 지경에 이르러도
그 중죄인의 자식까지
몸에 나쁜 병이 걸렸다는 말은 듣지 못했다.
하물며 죽은 자의
몸과 혼백이 어찌 자식의 몸에 영향을 미치겠는가?
비록 풍수의 기술은 허망하여 그러한 이치가 없지만
전해져 믿어온 지가 오래되어
대중의 마음이 영험함을 합쳐 없는 것을 있다고 상상한다.
하지만 가끔 맞는 경우가 있는 것은
사람의 기교를 하늘이 따라준 것이다.
입이 여럿이면 쇠도 녹고 비방이 쌓이면 뼈도 녹는다는 속담은
스스로 이치가 있는 것이다."

實翁曰 重囚在獄宛轉
楚[57]毒至不堪也
未聞重囚之子
身發惡疾.
況於死之
體魄乎.
雖然技術之妄 實無其理
傳信之久
衆心合靈 想無成有.
往往有中
人之技巧 天亦隨之.
鑠金銷骨
自有其理.

---

57) 楚(초)=휘추리.

3절. 철학 사상

존재론

유물적 기일원론

담헌의 유명한 논문 『의산문답』은 가설적 인물인 동해東海 허자虛子와 의산毉山 실용實翁 두 사람의 문답 형식으로 되어 있는데 허자는 공담空談과 미신에 얽매인 구체제를 상징하고, 실용은 개혁적인 실학자를 상징한다. 담헌은 이 문답을 통하여 기존 개념 체계와 이를 이론적 기초로 하는 구체제의 허구성을 실증 과학으로 공박했다. 여기서 그는 지동설 등 천문학적 신지식을 설명하고, 이를 기초로 기일원론氣一元論과 인물동성론人物同性論을 주장했으며, 기존의 음양설을 비판하고 술수가들이 만들어낸 오행설과 하도낙서설河圖洛書說이 기괴한 망발임을 논증한다.

그는 기氣의 존재와 주재主宰를 인정할 뿐, 이理는 기의 법칙일 뿐임으로 별도의 존재성을 부정한다. 주목되는 것은 담헌이 "듣지도 보지도 못하는 것은 존재하지 않는다"라고 하는 묵자의 존재론을 계승했다는 점이다. 그러므로 그가 말하는 기는 들을 수 있고 볼 수도 있는 물질적 에너지를 의미한다. 그의 이러한 유물론적인 기론은 유가의 죄인 왕충王充, 27~100?의 유물론을 계승한 것이고 이것은 다시 혜강 최한기로 계승된다. 따라서 종래 이기론자들처럼 기를 신비화하거나, 이기론理氣論과 의리론義理論을 연관하는 것을 반대한다. 그러므로 그는 동중서 이래 유가들의 지론이었던 이理=선善, 기氣=악惡, 양陽=존尊, 음陰=비卑 사상을 인정하지 않는다. 이것은 성리학의 기본 구조를 허물어버리는 것이다. 그의 작업은 선언적인 것으로 그쳤지만 혜강에 의해 비로소 완성된다.

담헌서湛軒書**/내집**內集**/권4/보유**補遺**/의산문답**毉山問答

태허는 횅하니 비었고 가득 찬 것은 기氣다.	太虛廖[58]廓[59] 充塞者氣也.
안도 없고 밖도 없으며 시작도 없고 끝도 없다.	無內無外 無始無終.
기氣가 쌓여 왕성하게 움직이며 모이고 엉켜 재질을 이루며	積氣汪洋 凝聚成質
허공에 두루 퍼져 돌기도 하고 멈추기도 하는데,	周布虛空 旋轉停住

---

58) 廖(료)=공허하다.

59) 廓(곽)=횅할. (확)크다.

이른바 지구, 태양, 달, 별들이 이것이다.

대저 지구는 그 질료가 물과 흙이며

그 모양은 둥근데 쉬지 않고 돌지만

우주(空界)에 떠서 머물러 있다.

만물은 그 표면에 붙어서 살아가고 있는 것이다.

所謂地日月星辰是也.

夫地者水土之質也

其體正圓 旋轉不休

淳[60]浮空界.

萬物得以依附於其面也.

담헌서湛軒書/**내집**內集/**권1**/**문의**問疑/**심성문**心性問

천지에 가득한 것은 단지 기氣일 뿐이며

이理는 기 속에 있다.

기의 근본을 논하면 맑고 한결같으며 공허하여,

본래부터 청탁이 있다고는 말할 수 없다.

그러나 승강 비양하면서 불탄 재처럼 찌꺼기가 있어

고르지 않게 되는 것이다.

이에 맑은 기를 받아 변화한 것이 사람이며,

탁한 기를 받아 변화한 것이 만물이다.

그 가운데서 지극히 정미하고 순수하여

측량할 수 없이 신묘한 것이 마음이며

모든 이理를 갖추고 있어 만물을 주재 제어한다.

그러므로 사람과 만물은 하나인 것이다.

充塞於天地者 只是氣而已

而理在其中.

論氣之本 則澹一沖虛

無有淸濁之可言.

及其昇降飛揚 糟粕煨燼

乃有不齊.

於是得淸之氣 而化者爲人

得濁之氣 而化者爲物.

就其中 至精至粹

神妙不測者 爲心

所以妙具衆理 而宰制萬物.

是則人與物一也.

물질은 같다고 하면 모두 같고, 다르다고 하면 모두 다르다.

그러므로 이理는 천하가 다 같지만

기氣는 천하가 다 다르다.

심心이란 물건은 자취가 있고 작용이 있으니

이理라고도 할 수 없고,

볼 수도 없고 들을 수도 없으니,

기라고 말할 수도 없다.

凡物同則皆同 異則皆異.

是故理者 天下之所同也

氣者 天下之所異也.

今夫心之爲物 有迹有用

不可謂之理也

不見不聞

不可謂之氣也.

담헌은 이기론을 본격적으로 논하지는 않는다. 이는 실학자들, 특히 북학파의 일반적인 특징

---

60) 淳(정)=水滯也.

이기도 하다. 이기론이나 심성학은 그 자체로 목적이 아니라 실학을 위한 자기 수양론이기 때문이다. 그러나 그의 짧은 논문인 「심성문心性問」에서는 주리론主理論을 날카롭게 비판한다.

담헌서湛軒書/**내집**內集/**권1**/**문의**問疑/**심성문**心性問

이理를 말하는 자들은 반드시 말한다.	凡言理者 必曰.
형체는 없으나 이理는 있다고 한다.	無形而有理.
형체가 없다고 말한다면 있다는 것은 무슨 물건인가?	既曰無形則 有者是何物.
이미 이理가 있다고 말한다면 어찌 형체가 없겠으며	既曰 有理則 豈有無形
또 형체가 없는 것을 있다고 말할 수 있겠는가?	而謂之有者乎.
대저 소리가 있으면 존재한다고 말하고,	盖有聲則謂之有
색이 있으면 존재한다고 말하고,	有色則謂之有
냄새와 맛이 있으면 존재한다고 말한다.	有臭與味則謂之有.
이미 이러한 네 가지가 없다면	既無是四者
이것은 형체도 장소도 없는 것인데,	則是無形體無方所
이른바 있다고 말한 것은 어떤 물건인가?	所謂有者是何物耶.
또 이르기를 소리도 냄새도 없지만	且曰 無聲無臭
조화의 추뉴요,	而爲造化之樞紐[61]
만물의 근저라고 말한다.	品彙之根柢.
그러나 이미 작위할 곳이 없는데	則既無所作爲
무엇으로 추뉴와	何以見其爲樞紐
근저가 됨을 볼 수 있겠는가?	品彙之根柢耶.
또한 이른바 이理는 기氣가 선善하면 선하고	且所謂理者 氣善則亦善
기가 악惡하면 이理도 악하다고 한다.	氣惡則亦惡.
이것은 이理는 주재하는 것이 없고	是理無所主宰
다만 기가 하는 바를 따를 뿐이라는 말이 된다.	而隨氣之所爲而已.
이理는 본래 선하지만	如言 理本善
그것이 악하게 되는 것이 기질에 구속된 때문이라면	而其惡也 爲氣質所拘
이理는 본체가 아니라는 말과 같다.	而非本體.

---

61) 樞紐(추뉴)=운동의 중심.

이理가 이미 만화의 근본이라면,

어찌 기氣를 순선하게 만들지 못하고

이처럼 더럽고 어긋난 기를 만들어

천하를 어지럽게 하겠는가?

이처럼 이미 이理는 선善의 근본도 되고

또 악惡의 근본도 되는 것이니

사물의 변천에 따를 뿐 전혀 주재함이 없는 것이다.

그렇다면 왜 옛날부터 성현들은

이理라는 글자를 극구 말하려 했을까?

노자의 허무와 부처의 적멸도

여기에서 갈라진 것이다.

초목의 이理는 곧 금수의 이理요,

금수의 이理는 곧 사람의 이理이며,

사람의 이理는 곧 하늘의 이理다.

이理라는 것은 인仁과 의義일 뿐이다.

호랑이의 인과 벌이나 개미의 의는

그것이 어디서 발현되는가에 따라 말한 것이다.

그 성품으로 말하면 호랑이가 어찌 인에 머물기만 하겠으며

벌과 개미가 어찌 의에 머물기만 하겠는가?

호랑이의 부자는 인하고

그 인을 행하는 까닭은 의며

벌과 개미의 군신 사이는 의롭고

그 의를 발현하는 까닭은 인이다.

대저 같은 것은 이理이고, 같지 않은 것은 기다.

주옥은 지극히 보배요,

똥은 지극히 천하니 이것은 기 때문이다.

주옥을 보배로 여기는 까닭과

똥을 천하게 여기는 까닭은

此理既爲萬化之本矣

何不使氣爲純善

而生此駁濁乖戾之氣

以亂天下乎.

既爲善之本

又爲惡之本

是因物遷變 全沒主宰.

從古聖賢何故

而極口說一理字.

老氏之虛無 佛氏之寂滅

於是乎分.

草木之理 卽禽獸之理

禽獸之理 卽人之理

人之理 卽天之理.

理也者 仁與義而已矣.

虎狼之仁 蜂蟻之義

從其發見處處言也.

言其性則 虎狼豈止於仁

蜂蟻狼豈止於義乎.

虎狼之父子仁也

而所以行此仁者義也

蜂蟻之君臣義也

而所以發此義者仁也.

夫同者理也 不同者氣也

珠玉至寶也.

糞壤至賤也 此氣也.

珠玉之所以寶

糞壤之所以賤

인의仁義이니 이것이 곧 이理다.

그러므로 주옥의 이理는 곧 똥오줌의 이理이며

똥오줌의 이理는 곧 주옥의 이理인 것이다.

仁義也 此理也.

故曰 珠玉之理 卽糞壤之理

糞壤之理 卽珠玉之理也.

음양론 비판

담헌은 기존의 음양陰陽 개념을 전면 부정하지는 않는다. 다만 음양은 형이상학적 개념이 아니라 해와 땅이라는 물질의 성질을 말하는 것이다. 즉, 음양이란 것이 따로 존재하는 것이 아니라 화火의 근원인 태양의 원근遠近 직사直斜에 불과하다는 것이다. 이것은 실제로는 기존의 음양론을 부정하는 것이다. 또한, 음양론에서 한 발짝도 벗어나지 못하는 유가들의 고루한 인식의 틀에서 해방되는 돌파구를 열어준 것이다.

원래 음양이란 개념은 양지와 음지라는 개념에서 발전된 것인데 천지天地라는 개념이 더해지면서 점점 관념화되었다. 천天이란 글자는 꼭대기 높은 것이란 뜻으로 해와 달과 별의 형상을 표현한 것인데 이것이 천체 전체를 포괄하는 개념으로 내포와 외연이 확대되고 나아가 천제天帝라는 의미로 발전하면서 형이상학적 개념이 되었다.

그런데 담헌은 음양을 다시 해와 땅이라는 물건 이름으로 복원했다. 이것은 존재론적 형이상학을 해체하고 이 임무를 자연 과학에 맡기는 것이므로 중대한 의미를 갖는다.

담헌서湛軒書**/내집**內集**/권4/보유**補遺**/의산문답**毉山問答

허자가 말했다.

"일식이란 음陰이 양陽을 항거하는 것이요,

월식은 양이 음을 항거하는 것입니다.

지극히 태평한 세상에는

때가 되어도 일식과 월식이 없다는데

과연 그런 이치가 있습니까?"

실옹이 말했다.

"음양론에 얽매이고 의리론에 매몰되어

천도를 살피지 못하는 것이 앞선 유가들의 허물이다.

대저 달이 해를 가리면 일식이 되고,

虛子曰.

日蝕者 陰抗陽也

月蝕者 陽抗陰也.

至治之世

當食而不食

果有其理歟.

實翁曰.

拘於陰陽 泥於理義

不察天道 先儒之過也.

月掩日 而日爲之蝕

지구가 달을 가리면 월식이 된다.

경도와 위도가 같고 해와 달과 지구가 일직선에 놓이면,

서로 가려서 침식이 생기는 것이니,

천체 운행의 상도일 뿐

지구 세계의 치란과는 관계가 없는 것이다."

실옹이 말했다.

"차가움은 지구계의 본래의 기운이고,

따스함은 햇볕의 쪼임 때문이다.

대개 해는 황도를 따라 적도를 드나드는데,

그 내외의 기울어짐이 각각 이십삼 도다.

지역이 적도에 가까운 지대는 햇빛이 직사하여

기후가 극도로 더운 것이고

적도에서 조금 먼 데는 햇빛을 비스듬히 쐬므로

그 기후가 약간 따뜻한 것이다.

적도에서 아주 먼 데는 햇빛을 비껴 쐬므로

그 기후가 몹시 차갑다.

이처럼 지구가 따뜻한 것은 햇빛을 받기 때문이며,

온도가 춥고 더운 것은

햇빛을 쐬는 각도에 달려 있는 것이다."

허자가 말했다.

"해가 동지 때 남南(회귀선)에 이르면 한 번 양陽을 낳고,

해가 하지 때 북北(회귀선)에 이르면 음陰을 낳습니다.

음과 양이 교차하여 봄여름이 되고,

천지가 닫히면 가을 겨울이 됩니다.

남은 양이고 북은 음인 것은 지세의 정해진 국량이고,

여름은 따뜻하고 겨울은 차가운 것은 음양의 교폐交閉입니다.

地掩月 而月爲之蝕.

夫經緯同度 三界參直

互掩爲蝕

其行之常也

不係於地界之治亂.

實翁曰.

冷者地界之本氣也

溫者日火之熏[62]灸[63]也.

盖日由黃道 出入於赤道

內外各二十三度.

地界之近赤道 而日光直射者

其氣極溫

稍遠於赤道 而日光斜射者

其氣微溫.

絶遠於赤道 而日光橫射者

其氣極冷.

是以地之有溫 受於日也

溫有微極

日之斜直也.

虛子曰.

日南至而一陽生

日北至而一陰生.

陰陽交而爲春夏

天地閉而爲秋冬.

南陽而北陰 地勢之定局也

夏溫而冬冷 陰陽之交閉也.

제 3 부 변법창신의 이용후생파

---

62) 熏(훈)=그을리다.

63) 灸(구)=뜸질하다.

지금 선생께서 음양의 정해진 국량을 버리고	今夫子舍陰陽之定局
교폐의 참된 기틀을 버리고,	去交閉之眞機
햇볕이 멀고 가까움, 비끼고 곧은 것으로 헤아리는 것은	率$^{64)}$之以日火之遠近斜直
불가한 것이 아닙니까?"	無乃不可乎.
실옹이 말했다.	實翁曰.
"그렇다. 옳은 말이다.	然 有是言也.
그러나 비록 양陽의 종류가 아무리 많다 해도	雖然 陽之類有萬
모두 불을 근본으로 하며,	而皆本於火
음陰의 종류가 아무리 많다 해도 모두 땅을 근본으로 한다.	陰之類有萬 而皆本於地.
고인은 이것을 알았으므로	古之人有見於此
음양론을 말한 것이다.	而有陰陽之說.
만물이 봄여름에 화생하므로 그것을 교交라 말하고	萬物化生於春夏 則謂之交
만물이 겨울에 수장되므로 그것을 폐閉라 말한 것이다.	萬物收藏於秋冬 則謂之閉.
고인의 입론이 각각 의미가 있으나	古人立言 各有爲也
그 근본을 궁구해보면,	究其本則
실제로는 해와 불의 얕고 깊음에 불과한 것이며,	實屬於日火之淺深
천지간에 별도로 음양 두 기氣가 있어	非謂天地之間 別有陰陽二氣
때를 따라 나타났다 숨었다 조화를 부리는 것이 아니다.	隨時生伏 主張造化.
이것은 후인의 주장일 뿐이다."	如後人之說也.

오행론 비판

원래 오행五行은 『서경』에서 기자가 말한 홍범구주洪範九疇의 첫 번째 범주다. 여기서 말한 금목수화토는 형이상학 또는 논리적 개념이 아니라 인류의 원시생활에서 가장 필수적 사물을 열거한 것에 불과하다. 즉, 나무에 불을 놓아 화전을 일구고, 흙에 물을 대고, 쇠로 짐승을 잡는 생활 수단을 의미한 것이다. 그러므로 오행은 음양 조화의 결과를 모두 포괄하는 범주가 아니다. 논리적으로도 오행은 나란히 열거할 수 있는 범주들이 아니다. 더구나 오덕(仁義禮智信)과 관련짓는 것

---

64) 率(솔)=計也.

은 아무런 근거가 없는 것이다.[65]

이러한 비판은 오늘날 과학으로 생각하면 당연한 것이나 당시로는 유가들의 의식 구조와 가치 체계를 부정하는 혁명적인 주장이었다.

담헌서湛軒書/**내집**內集/**권4**/**보유**補遺/**의산문답**醫山問答

허자가 말했다.	虛子曰.
"하늘은 오행의 기氣요,	天者五行之氣也
땅은 오행의 질質입니다.	地者五行之質也.
하늘이 기氣를, 땅이 질質을 갖추어주므로	天有其氣 地有其質
만물이 생성되며	物之生成
그것으로 충분한데 어찌 태양에 전속시키려 합니까?"	自有其具 豈其專屬於日乎.
실옹이 말했다. "순임금 우임금 때는	實翁曰. 虞夏言六府
수화금목토곡을 육부六府라 말했고,	水火金木土穀是也
『주역』에서는	易言八象
천지수화뇌풍산택을 팔상八象이라 말했고,	天地水火雷風山澤是也
『서경』의 홍범구주에서는	洪範言
수화금목토를 오행五行이라 말했고,	五行 水火金木土 是也
불씨는 지수화풍을 사대四大라 말했다.	佛氏言四大 地水火風是也.
이처럼 고인들은 때에 알맞게 말하고자	古人隨時立言
만물의 총명을 지어냈으나,	以作萬物之總名
여기에 한 개라도 덜고 줄일 수 없다고 말한 것은 아니다.	非謂不可加一 不可減一.
다만 천지 만물이 이러한 수數에 짝하는 점이 있을 뿐이다.	天地萬物適有此數也.
그러므로 오행의 수數는 원래 정론이 아니다.	故五行之數 原非定論.
그런데 술가는 이를 조종으로 삼아,	術家祖之
하도와 낙서로 견강부회하고,	河洛以附會之
『주역』의 상수로 천착하고, 생극이니 비복이니 하여	易象以穿鑿之 生剋飛伏
이리저리 돌리고 얽어 장황하게 술수를 부리지만	支離繚繞 張皇衆技
궁극적으로 그런 이치는 없다.	卒無其理.

311

65) 졸저 『성리학개론(상)』, 바이북스, 2007, 제1부 2장 우주론 참조

대저 화火는 태양이요, 수토水土는 땅이다.	夫火者日也 水土者地也.
목木과 금金은 해와 땅의 기氣로 생성되는 것이니,	若木金者日地之所生成
이것들을 병립하여 오행이라 말하는 것은 부당하다.	不當與三者竝立爲行也.
이로써 알 수 있듯이 천天은 기일 뿐이며, 태양은 화일 뿐이며,	是知天者氣而已 日者火而已
땅은 수토일 뿐이며,	地者水土而已
만물은 기의 찌꺼기요,	萬物者氣之糟粕
화의 주물이요, 땅의 군살일 뿐이다."	火之陶鎔 地之疣贅[66].

우주 유기체론

담헌은 지구를 하나의 생명체로 보았다. 이것은 플라톤이 우주를 하나의 동물로 본 것과 비슷하다. 그러나 플라톤은 우주와 인간을 신의 창조물로 보았으나 담헌은 인간을 지구의 이와 벼룩으로 보았다. 이는 유교와 성리학에 정면으로 배치된다. 유교에서는 인간을 하느님으로부터 쪼개어져 나온 분신으로 보고(天人相副說), 하늘을 아비라 하고 땅을 어미라 하며 효도함으로써 천인합일天人合—을 지향한다. 성리학에서도 인간은 하늘의 이理와 땅의 기氣를 받아 태어났다고 설명하는 것이 다를 뿐 하느님과 인간은 하나라는 이른바 '천인일야天人一也' 사상은 변함이 없었다.

그러나 담헌은 인간을 이와 벼룩처럼 하늘의 아들이 아니라 흙의 아들이며 하나의 물질로 규정한다. 이는 인간을 식물과 곤충처럼 우주 생명체의 일부분으로 규정하는 것이므로, 유가들의 인간 중심설을 여지없이 파괴하는 혁명적인 발상이다.

그런데도 담헌은 유교의 우주 일가론을 빌려, 과학 사상과 성리학의 천인합일 사상을 결합하여 여전히 천지를 만물의 시조이며 어미로 존숭하도록 요구한다. 결국 그는 새로운 과학적 천天 사상을 도입함으로써 성리학을 해체했으나 민간의 하늘 숭배 사상을 존중하여 가치 중심을 혼란에 빠뜨리는 우려를 불식했다.

담헌서湛軒書/**내집**內集/**권4**/**보유**補遺/**의산문답**毉山問答

대저 지구란 공허한 우주계의 살아 있는 물건이다.	夫地者 虛界之活物也.
흙은 지구의 피부이며, 물은 지구의 정혈精血이며,	土者其膚肉也 水者其精血也
비와 이슬은 눈물과 땀이며	雨露者 其涕汗也

---

66) 疣贅(우췌)=사마귀와 혹.

바람과 불은 그 영혼의 생기다.

이로써 물과 흙은 안에서 빚어내고

해와 불은 밖에서 따뜻이 달구면

원기가 자꾸 고여 온갖 만물을 낳고 기른다.

초목은 지구의 모발이고

사람과 짐승은 지구의 이와 벼룩이다.

칼날로 부싯돌을 두드리듯 불꽃이 땅에 퍼질 때,

젖은 것은 피하고 반드시 마른 것으로 나아감은

불은 젖은 것을 두려워하고

마른 것을 탐하기 때문이다.

우레는 그 성질이 굳세고 그 기운이 맹렬하여

정직한 것을 피하고 사악한 데로 나아간다.

대체로 우레는 정직한 것을 두려워하고

사악한 것을 탐하기 때문이다.

대저 사람의 영각은 한 몸의 불의 정기요,

우레는 천지의 정의로운 불이라,

강렬하고 사나워 살리기를 좋아하고 악惡을 미워한다.

삽시간에 벼락을 때리는데 그 영각이 귀신과 같다.

무릇 사람이나 물체가 벼락을 맞을 때는

기이한 일이 나타나고 그 기미를 완곡하게 나타내 보여준다.

이것은 우레의 마음에도 정情이 있기 때문이다.

불의 정기와 영각은 실로 인심과 같은 것이다.

風火者 其魂魄榮衛[67]也.

是以水土釀於內

日火熏於外

元氣湊集 滋生衆物.

草木者地之毛髮也

人獸者地之蚤蝨也.

鐵鎌[68]扣[69]石 火鈴[70]布地

違避堅濕 必就燥絨

蓋堅濕者火之所畏

燥絨[71]者火之所嗜.

夫雷者 其性剛烈 其氣奮猛

違避正直 必就邪滲[72].

蓋正直者雷之所畏

邪滲者雷之所嗜.

夫人之靈覺 乃一身之火精

況雷者天地之正火

剛烈奮猛 好生嫉惡

霎[73]時暴霆 靈覺如神.

凡人物被震時

顯奇跡 曲施機巧.

是雷神之有情也.

火精靈覺實同人心.

---

67) 榮衛(영위)=榮血과 衛氣(水穀之悍氣也), 생명의 기운.

68) 鎌(겸)=낫, 모서리.

69) 扣(구)=두드리다.

70) 鈴(령)=방울.

71) 絨(융)=모직물.

72) 滲(려)=妖氣, 물이 잘 빠지지 않는 곳.

73) 霎(삽)=가랑비, 잠시.

천天은 만물의 시조이며,	蓋天者萬物之祖
태양은 만물의 아비이며,	日者萬物之父
땅은 만물의 어미이며,	地者萬物之母
별과 달은 만물의 숙부다.	星月者萬物之諸父也.
천지 기운을 품어 만물을 낳고 기르니,	絪縕[74]孕毓[75]
그 은혜가 더없이 크며,	恩莫大焉
만물을 숨 쉬게 하고 물을 주어 함육하니	呴濡涵育
그 은택이 더없이 두텁다.	澤莫厚焉.
이에 인간은 종신토록 하늘을 이고 땅을 밟고 살면서도	乃終身戴履
천지의 몸과 형상을 알지 못한다.	而不識天地之體狀.
이는 마치 종신토록 부모에 의탁하여 살면서도	是猶終身怙[76]恃[77]
부모의 나이도 모습도 모르는 것과 같으니	而不識父母之年貌
어찌 이것이 옳다 하겠는가?	豈可乎哉.

인간론

인물성동론

인물성동론人物同性論이란 사람과 만물의 성품이 동일하다는 주장으로 이른바 낙호 논쟁에서 낙파洛派의 주장이다. 성리학에서는 만물 일체 사상을 말하지만 당시 집권파인 노론의 학자들은 대체로 인人과 물物의 성품이 다르다는 호파湖派가 주류를 이루었다. 그러나 담헌은 단호하게 사람과 만물은 성품에 있어 하나라고 주장한다. 이에 따르면 인의예지라는 것도 자연의 존재 법칙 또는 생명 원리라는 결론에 이른다.[78]

---

74) 絪縕(인온)=氤氳.

75) 毓(육)=育也.

76) 怙(호)=믿고 의지하다.

77) 恃(시)=信也.

78) 졸저 『성리학개론(하)』, 바이북스, 2007, 제6부 3장 「낙호 논쟁」 참조.

담헌서湛軒書/내집內集/권1/문의問疑/심성문心性問

초목이라고 전혀 지각이 없다고 말할 수 없다.

비와 이슬이 내리면 새싹이 트는 것은

측은한 마음이며,

서리와 눈이 내리면 낙엽을 떨구는 것은

수오의 마음이다.

인仁은 곧 의義이며, 의는 곧 인이다.

다 같이 이理라는 점에서 하나인 것이다.

사람도 역시 멍텅구리와 망나니가 있다.

동물도 역시 밝게 통하여 민첩하게 깨닫는 것이 있다.

땅강아지와 개미는 비가 올 것을 미리 알고,

기린은 풀을 밟지 않는 것처럼,

그 마음의 신령함이 도리어 사람보다 현명한 것도 있다.

어찌 그것들이 멍텅구리나 망나니만 못하다고 하겠는가?

담헌서湛軒書/내집內集/권4/보유補遺/의산문답毉山問答

허자가 말했다.

"그 질료로 말하면

머리가 둥근 것은 하늘이요, 발이 모난 것은 땅이요

살과 머리털은 산과 숲이요, 피는 하해요 ,

양쪽 눈은 해와 달이요,

호흡은 바람과 구름입니다.

그러므로 사람의 몸을 일러 작은 천지라고 합니다."

실옹이 말했다.

"오! 그대의 말과 같다면

인人과 물物은 다름 점이 거의 없다.

草木不可謂全無知覺.

雨露旣零[79] 萌芽發生者

惻隱之心也

霜雪旣降 枝葉搖落者

羞惡之心也.

仁卽義 義卽仁.

理也者一而已矣.

人亦有癡騃[80]魍魎[81].

物亦有通明敏悟者.

如螻蟻先知雨

麒麟不踐草

其心之靈 反有賢於人者.

何渠[82]不若彼癡騃魍魎者耶.

虛子曰.

語其質則

頭圓者天也 足方者地也

膚髮者山林也 精血者河海也

雙眼者日月也

呼吸者風雲也.

故曰 人身小天地也.

實翁曰.

噫 如爾之言

人之所以異於物者幾希.

제3부 변법창신의 이용후생파

---

79) 零(령)=조용히 내리는 비, 내리다.

80) 騃(애)=못생기다.

81) 魍魎(망량)=도깨비.

82) 渠(거)=도랑. 豈也.

대저 털과 살로 된 체질과 정액의 교감은

초목이나 사람이 다 같거늘

하물며 금수와 사람은 더욱 같지 않겠는가?"

夫髮膚之質 精血之感

草木與人同

況於禽獸乎.

허자가 말했다.

"천지의 생물 중에서 오직 사람만이 고귀합니다.

초목은 지혜와 지각이 없고,

금수는 예법과 의리가 없으므로,

사람은 금수보다 귀하고, 초목은 금수보다 천한 것입니다."

실옹이 머리를 들고 웃으며 말했다. "당신은 참으로 대인답구려!

오륜과 오사는 사람의 예의이며,

무리 짓고 으르렁거리고 먹는 것은 짐승의 예의이며,

떨기로 자라며 가지로 햇살을 받는 것은 초목의 예의다.

사람으로 만물을 보면 사람은 귀하고 만물은 천하며,

만물로 사람을 보면 만물은 귀하고 사람은 천하지만,

하늘로부터 사물을 보면 사람과 만물은 균등한 것이다.

대도大道를 해치는 것은 자만심보다 더한 것이 없다.

사람만 귀하게 보고 사물을 천하게 보는 것은

인간의 자만심의 뿌리다."

虛子曰.

天地之生 惟人爲貴.

夫禽獸也草木也 無慧無覺

無禮無義

人貴於禽獸 草木賤於禽獸.

實翁仰首而笑曰. 爾誠人也.

五倫五事[83] 人之禮義也.

群行哅[84]哺[85] 禽獸之禮義也

叢苞條暢[86] 草木之禮義也.

以人視物 人貴而物賤

以物視人 物貴而人賤

自天而視之 人與物均也.

夫大道之害 莫甚於矜心.

人之所以貴人而賤物

矜心之本也.

담헌서湛軒書/내집內集/권1/문의問疑/심성문心性問

호랑이가 자식을 사랑하는 마음은

저절로 생기고

벌과 개미가 왕 벌과 왕 개미에게 공경하는 마음은

저절로 생기나니

이로써 그 마음이 선한 것은

虎狼之於子也 慈愛之心

油[87]然而生

蜂蟻之於君也 敬畏之心

自然而生

此可見其心之本善

---

83) 五事(오사)=五行과 같다.

84) 哅(구)=吐沫也.

85) 哺(포)=哺乳類.

86) 暢(창)=通也, 申也.

87) 油(유)=피어오르는 모습.

사람과 같은 것임을 알 수 있다.	與人同也.
그렇다면 식물과 동물도 마음을 바로하면	然則 物亦可以正其心
수신제가 치국평천하를 할 수 있는가?	而爲修齊治平之事耶.
이것은 이른바 형체에 국한된 것이지만,	曰是則局於形也
만약 능히 더러운 찌꺼기를 씻어버리고 순순함에 복귀하면	若能滌盡滓[88]穢 復其純粹
비록 식물과 동물이라 하여	則雖物亦何可不爲
어찌 수신제가를 하지 못한다고 하겠는가?	修齊之業也.

인성 평등론

유가들의 봉건성을 단적으로 보여주는 것이 이른바 성삼품설性三品說이다. 즉, 사람의 성품은 태어날 때부터 상품, 중품, 하품이 있어 이것은 서로 이동할 수 없다는 것이다. 이것이 바로 신분 차별의 이론적 기초가 되어 수천 년을 억압 기제로 작용했으며 그 연원은 공자의 『논어』였다. 이에 담헌은 그 병근病根인 공자의 말을 직접적으로 통박하고 있다. 연암은 어리석고 현명한 것으로 사람을 차별해서는 안 된다는 것이다. 그 예로 개미나 땅강아지도 사람보다 영리한 면이 있다는 점을 든다.

요컨대 이理와 질質은 변할 수 없으나 후천적으로 기氣를 변화시키면 인의예지를 알 수 있다고 생각한 것이다. 다만 형체에 구속되어 사람과 동식물은 차이가 불가피할 뿐이다. 이것은 맹자의 성선설을 인정하면서도 결과적으로는 묵자의 인성 학습설에 동조한 것이라고 보아야 한다.

담헌서湛軒書/**내집**內集/**권1**/**문의**問疑/**심성문**心性問

공자는 "백성은 따르게 할 수는 있으나	孔子曰 民可使由之
알게 할 수는 없다"라고 말했다.	不可使知之.
대저 백성의 마음은 본래부터 텅 비어 신령스럽고 밝으며,	夫民之心 本自虛靈洞澈
만 가지 이치가 다 구비되어 있는데,	萬理咸備
성인이 백성으로 하여금 지혜롭지 못하게 하여,	聖人之不使知之
끝내 요순처럼 총명하고 지혜로운 자가	而終不可爲
되지 못하게 했으니,	堯舜之聰明叡智者

---

88) 滓(재)=앙금.

어찌된 영문인가?   何也.

이는 역시 기氣의 국량 때문이라는 것이다.   是亦局於氣也.

만약 그렇다면 결국 공자의 생각은   若以此 而遂以爲

사람의 마음과 성인의 마음이 다른 것이 되어버린다.   衆人之心 與聖人之心不同.

어리석은 나로서는 도무지 무슨 말인지 알 수 없다.   則愚不知其何說也.

하나가 두 길로 나누어지는 것이 명지로써   一兩路明智

이것이 만물의 같고 다름을 천양지차로 갈라놓는다고 한다.   周萬物同異之懸判 以天壤.

다만 알 수 없는 것은   但未知

하나를 둘로 갈라놓는 명지는   一兩路明者

하늘에서 품부한 것인가?   其所禀於天者然耶.

아니면 품부된 것은 온전한데   抑所禀者全

기氣에 구속되었단 말인가?   而拘於氣者然耶.

만약 사람은 온전한 것을 얻고,   若曰 人得其全

사물은 치우친 것을 얻었다면,   而物得其偏

그 마음이라는 물건은 큰 영혼과   則是心之爲物 有大虛靈

작은 영혼이 있고,   有小虛靈

통하는 영혼이 있고, 막힌 영혼이 있어,   有通虛靈 有塞虛靈

한 사물 내에서도 그처럼 들고 나고 파손됨이 심하다면   離滯破碎 其同於一物甚矣

어찌 그런 불완전한 것이   何足以爲

온갖 조화의 주인이 될 수 있단 말인가?   萬化之主歟.

담헌서湛軒書/**내집**內集/**권4**/**보유**補遺/**의산문답**毉山問答

하늘이 낳고 땅이 길렀으며   天之所生 地之所養

무릇 혈기가 있다면,   凡有血氣

평등한 것이 인간이다.   均是人也.

무리를 뛰어나 발탁된 자가 한 지방을 다스린다면   出類拔萃 制治一方

균등한 것이 군왕이다.   均是君王也.

문을 거듭 만들고 해자를 깊이 파서 강토를 삼가 지킨다면,   重門深濠 謹守封疆

균등한 것이 나라다.   均是邦國也.

은나라 갓이든 주나라 갓이든,

몸과 머리에 무늬를 새기든,

균등한 것이 풍속이다.

하늘에서 본다면 어찌 안과 밖의 구분이 있겠는가?

章甫委貌[89]

文身雕[90]題[91]

均是習俗也.

自天視之 豈有內外之分哉.

성선설 부정

그는 성선설을 부정한다. 이는 성리학의 성性=이理=선善이라는 기본 구조를 허물어버리는 중대한 의미를 가진다.

인간의 본성은 본래 선악이 없는데 다만 구체적인 현실 생활 과정에서 경험적 감성적 축적에 의해 선악이 생긴다는 것이다. 그러므로 인성을 악한 방향으로 끌고 가는 물욕과 명예욕을 힘써 제거하고 사물의 법칙성을 준수하는 데서 인성을 착하게 수양할 수 있다는 것이다. 즉, 선을 행함은 성선性善 때문이 아니라 지행知行 때문이라는 것이다.

이러한 인성론은 묵자의 백지설白紙說 및 학습설學習說과 일치한다. 다만 묵자의 학습설과 순자의 성악설은 결론에 가서는 법도法道와 지행知行이라는 점에서 맞닿는다.

담헌서湛軒書/내집內集/권1/문의問疑/심성문心性問

지금 학자들은 입만 열면 성선설을 설파한다.

이른바 성性이 선善하다는 것을 어떻게 알 수 있는가?

어린이가 우물에 빠지려는 것을 본 순간

측은한 마음이 일어나는 것은

진실로 본심이라 말할 수 있을 것이다.

그러나 좋은 장난감을 보는 순간 이욕의 마음이 생겨

구름이 일 듯이 곧바로 행동하여 간여할 틈도 없었다면

어찌 본심이 아니라고 하겠는가?

今學者開口便說性善.

所謂性者 何以見其善乎.

見孺子入井

有惻隱之心

則固可謂之本心.

若見玩好 而利心生

油然直遂 不暇安排[92]

則何得謂之非本心乎.

---

89) 委貌(위모)=주나라 갓.

90) 雕(조)=세기다.

91) 題(제)=이마, 앞머리.

92) 安排(안배)=按排. 적당히 처리함.

또한 성性이란 일신의 이理이며,	且性者一身之理
이理는 소리도 없고 냄새고 없다.	而理無聲臭矣.
그렇다면 선악이란 두 글자가 어디에 붙을 수 있겠는가?	善惡二字 將何以着得耶.

담헌서湛軒書/**내집**內集/**권3/서**序/**증주도이서**贈周道以序

오늘날 학자들은 입만 열면 성선을 설파하고,	今之學者 開口便說性善
말만 하면 정자와 주자를 찬양하며,	恒言必稱程朱
위로는 훈고에 골몰하고	而高者汨於訓詁
아래로는 명리에 빠진다.	下者陷於名利.
오호라! 누가 성인이 좋은 것을 모를까마는	嗚呼 孰不知聖人之可好
세상에는 진실한 사람이 없고,	而世無其人
누가 아랫사람들의 나쁜 것을 모를까마는	孰不知下流之可惡
모두가 그리로 돌아가는구나!	而衆皆歸之.
그것은 다른 것이 아니라 실행이 없는 잘못이다.	無他不行之過也.
사람이 능히 자기가 아는 것을 행한다면	人能行其所知
어찌 고인에 미치지 못하겠는가?	何古人之不可及哉.

인식론

객관적 인식론

담헌은 유가들의 선험론을 거부한다. 더욱이 왕양명의 주관주의도 당연히 반대한다. 그의 경험론적 인식론은 북학파 전체에 영향을 주었다. 그것은 유가들의 선험적 가치론의 근거를 비판하는 것이 되기 때문이다. 그는 유가의 선험론에 회의를 느낀 나머지 장자의 직관주의를 선호하기도 했고, 묵자의 경험론적 인식론에 경도되었다고도 고백한다. 그러나 유가의 가치론을 완전히 떨쳐버리지는 못한다.

그는 기존의 선입견을 버리고 사물에 입각하여 사물의 이치를 궁리하라고 당부한다. 그의 "마음을 믿지 말라"라고 하는 이른바 '명심론冥心論'은 객관주의적이다. 또한 그의 "눈을 믿지 말라"

라고 하는 '맹목론盲目論'은 실험주의를 말한 것이지만 철저하지 못하고 여전히 주관주의로 경도되는 경향이 있다. 연암의 주관주의도 그런 맥락이다. 이러한 딜레마를 완전히 종합한 것이 최한기의 신기神氣 추측론이다.

이처럼 담헌은 수학자이기도 하지만 그의 인식론은 논리적이지도 철학적이지도 않다. 그와 연암의 '맹목론'은 마음의 선입견도 버리고, 이목구비의 착각도 경계하여 객관적으로 이치를 살펴야 한다는 뜻이며, 이것은 종래의 도문학道問學 내지 격물치지格物致知의 궁리론窮理論을 철저하게 강조한 것으로 보아야 할 것이다.

담헌서湛軒書/**외집**外集/**권6/주해수용외편하**籌解需用外編下

천지의 본체와 현상을 알려면 마음으로는 궁구할 수 없고,	故欲識天地之體狀 不可意究
이理로 탐색할 수도 없다.	不可以理索.
오직 실험 기구를 제작하여 관찰하고	唯製器以窺之
수數로 계량하여 추리해야 한다.	籌數以推之.
실험 기구는 많이 만들어졌으나 모진 것과 원을 벗어나지 않으며,	窺器多製 而不出於方圓
추산의 방법은 많으나 삼각 함수보다 중요한 것은 없다.	推數多術 而莫要於勾股[93].

담헌서湛軒書/**외집**外集/**권1/항전척독**杭傳尺牘/**여조흠서**與趙欽書

왕양명과 주자가 다른 것은	陽明之背朱子大要
대체로 격물치지에 있다.	在於格物致知.
주자는 이르기를 인심은 신령하여	朱子謂人心之靈
지知를 가지지 않음이 없고,	莫不有知
천하의 사물은 이理가 있지 않음이 없으니,	而天下之物 莫不有理
사람으로 하여금 사물에 나아가	使人卽物
이理를 궁구하여 마음의 지를 다하게 한다고 했다.	窮理以致其知.
양명은 생각하기를	陽明則以爲
"이理는 내 마음에 있는 것이어서 밖에서 구할 것이 아니니,	理在吾心 不可外索
오직 양지를 다하는 것을 위주로 삼아야 한다"라고 했다.	惟以致良知爲主.
대저 양지란 맹자의 말이다.	夫良知者 孟子之說也.

---

93) 勾股(구고)=九章算法之一 以三角形有 直角者爲股 橫者爲勾 斜者爲弦. 勾(구)=鉤也 股(고)=髀也.

진실로 양지를 다한 대인의 마음은   苟其致之大人之心

곧 적자赤子의 마음일 것이니,   乃赤子之心也

대저 누가 옳지 않다고 하겠는가?   夫誰曰不可.

그러나 그것을 이루는 방법에 대해 말하면   然其所以致之者

궁리의 공부를 선행하지 않는다면   不先之以窮理之功

동東을 가리켜 서西라 하고,   其不至於指東爲西

도둑을 자식으로 오인할 수 있지 않겠는가?   認賊爲子乎.

양명의 의견으로 말한다면,   今陽明之意若曰

오직 밝음은 눈에서만 구해야 할 것이며,   惟求明於目

눈은 이미 밝으니   目旣明則

천하의 색을 보는 데 어렵지 않다는 것이다.   天下之色不難見也.

또한 총명은 오직 귀에서만 구해야 할 것이며,   惟求聰於耳

귀는 이미 밝으니   耳旣聰則

천하의 소리를 듣는 데 어렵지 않다는것이다.   天下之聲不難聽也.

그러나 이것이 비록 공부하기에 간절하여,   此其用功雖若簡切

효과가 빠르다 할지라도,   責效雖若巧速

색을 버려두고 눈에서 밝음을 구한다면   惟捨其色 而求明於目

오색의 변화를 잘 볼 수 없을 것이며,   五色之變不可勝見也

소리를 버려두고 귀에서 총기를 구한다면   惟捨其聲 而求聰於耳

오성의 변화를 잘 들을 수 없을 것이다.   五聲之變不可勝聽也.

이처럼 눈은 비록 볼 수는 있지만   是以目雖有見

보통 사람은 이루처럼 눈이 밝지 못하고,   而常人之明 不如離婁[94]

귀는 비록 들을 수 있어도   耳雖有聽

보통 사람은 사광처럼 귀가 밝지 못하다.   而常人之聰 不如師曠[95].

이것은 선각자들만이 할 수 있는 것이므로,   是乃先覺之所獨得

사람들이 (양지보다) 궁리를 귀하게 여기는 까닭이다.   而窮理之所以貴也.

---

94) 離婁(이루)=전설의 인물.

95) 師曠(사광)=고대 전설의 인물.

실
학
사
상

이제 만약 강학을 버리고	今若姑捨講學
고요히 앉아 눈을 감고	靜坐瞑目
본심의 양지에 뜻을 모은다면,	專意於本心良知之間
비록 한때 집중하는 힘으로	則雖一時 凝定之力
맑게 깨닫는 효과가 조금 있을지라도,	稍有澄化 悟解之功
사물이 변하여 어지럽고 아득해지면	而事變紛杳[96]
갑자기 혼란에 빠질 것이다.	卒已汩亂.

독서론

담헌은 옛 책을 그대로 묵수하는 것을 반대한다. 책을 읽는 것은 내가 저자의 마음이 되어 같이 고민하는 것이라고 한다. 즉, 저자의 옛 방책을 그대로 따르기 위한 것이 아니라 주장 속에서 저자의 시대적 고민을 읽어내야 한다는 것이다. 그러므로 담헌은 독서란 '저자의 마음과 내 마음이 하나가 되어(會心) 대상을 내 마음으로 체험하는(體物) 것'이라고 말한다. 이러한 회심會心 체험론體驗論은 연암과 공유한다.

담헌서湛軒書/내집內集/권3/서書/여인서與人書

옛 학자들은 책이 없는 것을 걱정했고,	是以古之學者 患在於無書
지금의 학자들은 책이 많아서 걱정한다.	今之學者 患在於多書.
책이 없는 옛날에는 영걸과 현사가 배출되었으나,	在古無書 而英賢輩出
책이 많은 지금은 날로 줄어드니,	在今多書 而人才日下
어째서 이렇게 운세의 기운이 서로 다를까?	豈惟運氣之相懸[97]哉.
우리들이 진실로 묻고 배우는 것은	惟吾輩眞實問學
옛 서책에 있는 것이 아니다.	不專在於故紙.
일을 따라 살피고 추궁하여 본원을 닦고	隨事省克[98] 修滌本原
자기만의 입각점이 있어야 한다.	自有立脚之地.

---

96) 杳(묘)=아득할.
97) 懸(현)=매달다, 멀다.
98) 克(극)=責也.

세세한 문장을 고증하고 옛 겉모습만 모방하는 것은 | 盖考證微文 雍容依樣[99]
이로써 당세에 헛된 명예를 키우고 | 聊[100]以博虛譽於當世
유가의 문중에 영원히 기생하려는 것이다. | 寄不朽於儒門.
나는 실로 그것을 부끄럽게 여기므로 | 某實恥之
기꺼이 같이할 수가 없다. | 不甘與同歸.

담헌서湛軒書/**외집**外集/**권1**/**항전척독**杭傳尺牘/**여매헌서**與梅軒書

나는 일찍이 맹자가 말한 바 있는 | 余嘗以孟子
"내 마음으로 저자의 뜻을 맞이한다"라고 하는 이른바 | '以意逆[101]志'四字
'이의역지以意逆志'를 독서의 비결로 삼아왔다. | 爲讀書符訣.
고인이 책을 지을 때는 | 古人作書
의리와 사건과 공적뿐 아니라 차례와 시작과 끝맺음 | 不惟義理事功 雖篇法起結
그리고 문장의 세심한 부분까지 | 文辭之末技
각각 뜻을 가지고 있지 않은 것이 없다. | 莫不各有其志.
이에 내 마음으로 고인의 뜻을 맞이함으로써 | 今以吾之意逆古人之志
조그만 간격도 없이 융합하고 서로를 기쁘게 이해한다. | 融合無間 相悅以解.
이로써 고인의 정신이 | 是古人之精神見識
내 마음에 침투하여 합해진 것이다. | 透接我心.

비유하자면 점을 칠 때처럼 | 譬如乩[102]
무꾸리 신이 내려 신령스러운 무당에게 붙어서 | 神降附靈巫
분수 외에 초인적으로 깨닫지만 | 分外超悟
어디에서 왔는지도 모르는 것과 같다. | 不知自何以來能.
그처럼 장구에 매달리고 | 如是不待依樣章句
옛사람의 발자취를 답습하는 것이 아니라, | 踏襲陳[103]迹.
만 가지 변화에 응대하고 자유롭게 근원을 만나 | 而酬酢萬變 左右[104]逢原

---

99) 依樣(의양)=옷 치수. 옛것 모방.
100) 聊(료)=賴也.
101) 逆(역)=迎也.
102) 乩(계)=점치다.
103) 陳(진)=列也, 久也.
104) 左右(좌우)=近臣, 자유롭게 하다.

나 역시 고인이 되는 것뿐이다.

이처럼 독서를 해야

타고난 재주를 다할 수 있는 것이다.

我亦古人而已矣.

如是讀書

然後可以奪[105]天巧.

---

105) 奪(탈)=去也, 取也.

인의예지

'인물성동론人物性同論'은 인간만이 가진 성품인 인의예지仁義禮智를 어떻게 자리매김할 것인가라는 난관에 봉착한다. 담헌은 동론同論이므로 주저 없이 인의예지는 모든 사물에 공통된 생명 원리라고 말한다. 유교에서는 인심人心이 곧 천심天心이며, 하늘의 생생生生의 이理가 원형이정元亨利貞이고 그것이 사람에 품부되면 인의예지라고 말한다. 그러므로 담헌은 하늘의 생생지심生生之心은 만물에 고루 품부되었으므로 초목이나 동물에도 인의예지가 있다고 주장한다.

이처럼 그는 과학자이며 우주 유기체론자이므로 그의 도덕론은 옛 경학에 매어 있지 않았다. 그의 『담헌서』에는 「사서문변四書問辨」과 왕자들과의 문답인 「계방일기桂坊日記」가 실려 있지만 본격적인 경학 강론은 아니다. 그는 경학에 대해 골몰하지 않았다. 특히 그는 인욕人欲에 대해 관대했지만 직접적으로 유교의 극기克己나 멸인욕滅人欲을 반대하지는 않았다.

담헌서湛軒書/내집內集/권1/문의問疑/심성문心性問

하늘에 있으면 '이理'라 말하고,	在天曰理
인물人物에 있으면 '성性'이라 말한다.	在物[106]曰性.
하늘에 있으면 '원형이정'이라 말하고,	在天曰元亨利貞
인물에 있으면 '인의예지'라 말한다.	在物曰仁義禮智.
그 실체는 하나다.	其實一也.

담헌서湛軒書/내집內集/권4/보유補遺/의산문답毉山問答

이욕利慾 조절

정욕의 감정은 금할 수 없으니,	情欲之感 旣不可禁
혼인의 예禮로써 부부의 짝을 정해주고,	則婚姻之禮 夫婦定偶
다만 음탕한 것을 금할 뿐이다.	禁其淫而已.
궁실에 살고픈 마음은 금할 수 없으니,	宮室之居 旣不可禁

---

106) 物(물)=萬物. 사람, 동물, 식물을 포괄한다. 사람에 대한 인의예지가 있다는 湖派와는 다르다.

집을 명아주와 쑥대로 이엉을 덮게 하되
닳고 끊어지지 않도록 하여
그 화려한 것을 금할 뿐이다.
물고기와 고기를 먹고 싶은 마음은 금할 수 없으니,
낚시는 하되 그물을 사용하지 못하게 하는 것처럼
산과 못이 피폐함을 금하여 그 남획을 방지할 뿐이다.
베와 비단옷을 입고 싶은 마음은 금할 수 없으니,
노소가 다르게 짓게 하고, 높고 낮은 무늬가 있게 하여
그 사치를 금할 뿐이다.

則蔀屋篷簹[107]
不罿不斱[108]
禁其華而已.
魚肉之食 旣不可禁
則釣而不網
厲[109]禁山澤 禁其濫而已.
布帛之服 旣不可禁
則老少異制 上下有章
禁其侈而已.

담헌서湛軒書/**내집**內集/**권2**/**일기**日記/**계방일기**桂坊日記

(영조 오십 년 십이월 일 일.) 상번이 말했다.
"『중용』 서문의 형기의 사사로움의 사私와
그 아래의 인욕의 사사로움의 사는
뜻이 같은가, 다른가?"
담헌이 말했다. "신은 글을 읽은 지 오래되어
갑자기 기억할 수 없으나,
다만 두 사 자는 일관되어
달리 볼 필요가 없을 듯합니다."
동궁이 말했다. "대저 '형기지사'의 사는
굶주리면 먹고 싶고, 추우면 입고 싶은 것처럼
남은 그렇지 않은데 나만 그렇다는 뜻이라고 말할 수 없으며,
'인욕지사'의 사는
욕심에서 우러나오는 사사로운 생각인 바,
사람마다의 마음이니 없앨 수 없다고 말할 수는 없을 것이오.
어찌 생각하시오?"
담헌이 말했다. "마땅히 다시 상고하여

上番曰.
中庸序中 形氣之私之私
與下人欲之私之私
兩私字同乎異乎.
臣對曰 臣讀之年久
倉卒未能記
但兩私字一串貫來
或不必異看乎.
曰 蓋形氣之私之私
如飢而欲食 寒而欲衣
非謂[110]人不然而我獨然之意
若人欲之私之私
是流於慾之私
非謂人人心之不可無者.
如何.
臣曰. 當更爲考思

---

107) 蓬藋(봉조)=쑥대와 명아주 줄기.
108) 罿斱(농착)=닳고 끊어지다.
109) 厲(려)=磨也, 嚴也, 賴也.
110) 뜻이 통하지 않아 필자가 삽입함.

후일 하문하신다면 우러러 아뢰겠습니다.　　　　　　　後對如有下問 當仰陳.

(십이월 십이 일.) 동궁이 말했다.　　　　　　　　　　曰.

"지난번에 읽은 『중용』 서문의 뜻을　　　　　　　　　向來中庸序文義

그대는 다시 생각해 보았습니까?"　　　　　　　　　　桂坊更思之如何.

담헌이 말했다. "신은 그때 물러간 즉시 상고해보았으나,　臣對曰. 臣出卽考見

그 후 다시 하문하시지 않아　　　　　　　　　　　　伊後不復下詢

오늘까지 감히 아뢰지 못했습니다.　　　　　　　　　故不敢僭陳 以至於此矣.

두 사私 자의 뜻이 같지 않다는　　　　　　　　　　　兩私字之不同

전하의 가르침이 지극히 타당하시어　　　　　　　　睿敎極當

다시 의심할 여지가 없었습니다."　　　　　　　　　更無餘疑.

이단 포용론

담헌은 결코 유자의 길을 벗어나지 않는다. 그러나 이데올로기에 개방적이고 다원주의적이었다. 물론 그는 옛 유학자가 아니라 실학적 유학자다. 그의 명저 『의산문답』에서는 가상적인 인물인 허자虛子와 실자實子가 문답하는데 허자는 성리학과 노장을 상징하고, 실자는 실학을 상징한다. 여기서 실자는 허자의 오류를 깨우쳐주고 있으나 허자를 배척하지는 않는다. 그는 어느 학문이건 그것의 말단적인 유폐를 들어 그 학문 자체를 이단시하거나 배척하는 것은 잘못이라고 생각했다. 그는 스스로 한때 장자와 양명과 묵자에 경도되었음을 실토한다. 그리고 그 외에 노자, 불교 등 여러 이단의 장점을 포용할 것을 주장하고, 이러한 다양성과 관용이야말로 대동大同을 이룰 수 있는 길이라고 생각했다.

그는 사람이란 각각 서로 다르게 태어나는 것이므로 그것을 인정해야 하며, 다만 자기만을 위하는 사사로움을 없애고 풍속을 교화하면 대동을 이룰 수 있다고 말한다. 이처럼 담헌은 제가의 학문에 대해 그 장단점을 고찰할 뿐이었으며 관용은 강조했다.

담헌서湛軒書/내집內集/권1/문의問疑/심성문心性問

천하의 의리는 무궁하다.　　　　　　　　　　　天下之義理無窮.

어찌 자기의 의견은 옳고　　　　　　　　　　　豈可自是己見

남을 망령되다 비난할 수 있는가?　　　　　　　而妄非他人乎.

요순 같은 성인도 자기를 버리고 남을 따랐는데,　堯舜之聖 舍己從人

지금 사람들은 망령되게 자기주장만 자랑하며 보여주니   今人之妄 自主張多見

참으로 천박하다.   其淺淺矣.

담헌서湛軒書**/내집**內集**/권4/보유**補遺**/의산문답**毉山問答

허자 선생은 숨어살면서 독서한 지 삼십 년에   子虛子隱居讀書三十年

천지의 조화와 성명의 은미함을 궁구하고   窮天地之化 究性命之微

오행의 근원과 유불선 삼교의 진리를 통달하여,   極五行之根 達三敎之蘊

인도人道를 날줄과 씨줄로 삼고, 물리를 깨달아 통할 수 있었다.   經緯人道 會通物理.

이처럼 심오한 진리를 탐구해 근원과 가지를 다 꿰뚫고   鉤深測奧 洞悉源委

세상에 나가 말했으나   然後出而語人

듣는 이마다 비웃을 뿐이었다.   聞者莫不笑之.

이에 중국과 조선의 접경인 의무려산에 올라   乃登躋巫閭之山

남으로 창해에 이르고 북으로 대사막을 바라보며   南臨滄海 北望大漠

눈물을 줄줄 흘리면서 말했다.   泫[111]然流涕曰.

노자는 호수에 들고 싶어 했고,   老聃入于湖

공자는 동해로 떠나고 싶어 했다는데   仲尼浮于海

나는 어이할꼬? 어이할꼬?   烏可已乎 烏可已乎.

드디어 세상을 은둔하기로 결심하게 되었다.   遂有遁世之志.

수십 리쯤 가다가 석문에 당도했다.   行數十里 有石門當道.

문에는 '실거지문實居之門'이라고 쓰여 있었다.   題曰 實居之門.

허자는 속으로 말했다.   虛子曰

'내가 허虛로 아호를 지은 뜻은   我號以虛

장차 천하의 실實을 이르고자 한 때문인데,   將以稽[112]天下之實

저분께서 호를 실이라 한 것은   彼號以實

장차 천하의 허를 타파하고자 한 때문일 것이다.   將以破天下之虛.

허는 허대로 실은 실대로 하는 것이 참된 묘도妙道일 것이니,   虛虛實實妙道之眞

내 찾아가 그의 말을 들어보리라!'   吾將聞其說.

제3부 변법창신의 이용후생파

---

111) 泫(현)=눈물 흘리는 모양.

112) 稽(계)=留止也, 貯滯也, 考也, 至也.

맹자는 양주와 묵적을 배척했고,	孟子距楊墨
한유는 불교와 노장을 배척했으며,	韓子排佛老
주자는 진량과 육자를 물리쳤으니	朱子闢[113]陳陸
유자들은 이단에 대해 이처럼 엄격했다.	儒者之於異端如此其嚴也.
그러나 공자는 노담을 스승으로 삼았고,	乃孔子師老氏
원양과 광간을 벗으로 삼았다.	友原壤與狂簡.
다만 "이단을 전공하면 해롭다"라고 말했을 뿐이다.	只云攻乎異端斯害也已.
또 이르기를 "후세에 조술할 자가 있겠지만	又曰後世有述焉
나는 하지 않겠다"라고 말했다.	吾不爲之矣.
이처럼 공자의 말씀은 제자들에 비해 원만했으니,	此其語比諸子不啻[114]緩矣.
이를 어떻게 설명할 것인가?	此將何說.
양주의 위아주의는 소부, 허유, 장저, 걸익의 취향이니,	楊氏爲我 巢許沮溺之流也
세속을 끊는 청고는 완악한 자를 족히 염치 있게 할 것이며,	淸高絶俗足以廉頑
묵자의 겸애, 근면, 절용은 세상의 위급한 상황에 대비하고,	墨氏兼愛勤儉節用 備世之急
위로는 시속을 교화하고	上可以敎俗
아래로는 사사로움을 없게 할 수 있으니	下可以忘私
역시 남들보다 훨씬 현명한 것이다.	亦賢於人遠矣.
다만 양주와 묵자의 도道가 너무 지나치면	且二氏之道 爲之太過
개인주의와 노동주의로 빠질 수 있어,	或獨行或勞形
사람들이 이를 감내하지 못할 것이지만,	人必不堪
그것이 천하를 변혁할 걱정은 없다 할 것이니	無慮其易天下也
이를 금수라고 공격하며 배척한 것은	禽獸之斥
혹시 지나친 것이 아닐까?	無乃或過耶.
노자의 조박함으로 문경의 치세를 이루었고	老氏糟粕 足爲文景[115]之治
선가의 대승大乘을 숭상함이	禪家上乘

---

113) 闢(벽)=열다, 물리치다.
114) 不啻(부시)=뿐만 아니라, 뿐이다.
115) 文景(문경)=漢 文帝와 景帝의 치세.

왕육의 고원함을 방해하지 않았다.　　　　　　不害王陸之高.

다스림이 문경과 같으면 쇠란을 물리침이 깊고　　治如文景 去衰亂遠矣

고원함이 왕육과 같으면 유속을 물리침이 깊을 것이니　高如王陸 去流俗遠矣

이단의 학문이 행해진들 세상에 손해될 것이 무엇인가?　異學之行 固何損於世乎.

강서학(陽明)의 돈오와 영강학(陳亮)의 사공이　　江西頓悟 永康事功

이단인 것은 사실이지만　　　　　　　　　　異端則然矣

의리의 분별을 밝힌 것은 세상을 맑게 할 만하고,　惟明義理之辨 足以淑世

마음을 꾸짖어 회복하려는 계책은　　　　　　懷討復之策

족히 어지러운 시각을 바로잡을 만하다.　　　足以撥[116]亂視.

세상의 유자들이 자칭 정학이라고 큰소리치지만　世儒號爲正學

그저 옛 자취만 모방하고　　　　　　　　　依樣塗轍

아무런 실용이 없는 것에 비교한다면,　　　　而竟無實用者

익지 않은 곡식은 돌피만도 못한 것과 무엇이 다르겠는가?　五穀之不熟 何如稊稗也.

담헌서湛軒書/내집內集/권3/서書/여인서인수與人書二首

오! 공자의 칠십 제자가 죽고 대의가 무너지자,　鳴呼七十子喪 而大義乖

장자는 세상을 통분해 '양생'과 '제물'을 말했고,　莊周憤世 養生齊物

주자의 말학들이 스승의 말씀에 골몰하자,　朱門末學汨其師說

왕양명은 속된 유가를 미워하여 '치양지'를 말했다.　陽明嫉俗乃致良知.

이들 두 현자를 생각할 때　　　　　　　　顧二者賢

어찌 도학을 분열시키고　　　　　　　　豈故[117]爲分門

이단에 빠졌다고 탓할 수만 있겠는가?　　　甘歸於異端哉.

역시 그들은 통분과 미워함이 지극하여,　　亦其憤嫉之極

잘못을 바로잡는 데 지나치게 곧았을 뿐이다.　矯枉而過直耳.

나처럼 용렬하고 비루한 자는 말할 것도 없지만,　如某庸陋 雖無足言

타고난 성품이 광기에 어리석어　　　　　賦性狂戇[118]

---

116) 撥(발)=다스리다. 없애다.

117) 故(고)=怨也, 辜也.

118) 戇(당)=愚直也.

세상에 아첨하면서 옛것만 좇는 것은 참을 수 없다.　　　　不堪媚世將[119]古.

더구나 오늘날은 통분과 미움이 더욱 커서　　　　　　　況今時有憤嫉

망령되게 장자와 양명의 잘못된 논의가 내 마음을 빼앗고　妄以爲二者橫議 實獲我心

돌아보면 슬프게도 나는 한때나마　　　　　　　　　　怵[120]然環顧

유가를 버리고 묵가에 입문하고자 했다.　　　　　　　幾欲逃儒而入墨.

담헌서湛軒書/**외집**外集/**권1**/**항전척독**杭傳尺牘/**여철교서**與鐵僑書

우리의 유가와 함께 노자와 불가를 삼교라고 호칭한다.　　吾儒與老佛 號稱三敎.

중세 고대 이래 고명하고 빼어난 선비들이　　　　　　而中古以降 高明俊傑之士

이것 아니면 저것으로 들고 나니,　　　　　　　　　　出於此 則入乎彼

선현들께서는 이에 가까워지려다가　　　　　　　　　　先賢至以 爲彌[121]近理

도리어 참을 크게 어지럽힌다고 개탄하기에 이르렀다.　　而大亂眞.

유가는 "태극이 양의를 생한다"라고 했고,　　　　　　儒者曰 太極生兩儀

노자는 "어떤 물건이 혼돈으로 이루어져　　　　　　　老氏曰 有物混成

천지에 앞서 생겼다"라고 말했고,　　　　　　　　　　先天地生

석가는 "어떤 물건이 천지에 앞서 있으니　　　　　　　佛氏曰 有物先天地

무형한 본체가 고요하다"라고 말했다.　　　　　　　　無形本寂廖.

이처럼 그들이 말하는 근원은 이미 서로 가깝다.　　　　其說出源頭 旣其相近.

유가들은 "천성을 다하라"라고 하고,　　　　　　　　儒者之盡性

노자는 "혼을 싣는다"라고 하고,　　　　　　　　　老氏之載[122]魂

석가는 "마음을 본다"라고 했다.　　　　　　　　　佛氏之見心.

이처럼 안으로 마음 씀은 현격하게 다르지 않다.　　　其用心於內者 亦不懸殊.

공자는 '일이관지'라고 했고,　　　　　　　　　　曰一以貫之

노자는 '성인포일'이라고 했고, 석가는 '만법귀일'이라고 했다.　曰聖人抱一 曰萬法歸一.

이처럼 지키고 제약하려 한 본뜻은 다른 것이 없다.　　其守約之旨則無異.

유가는 "몸을 닦아 백성을 편안하게 한다"라고 했고,　　曰修己以安百姓

---

119) 將(장)=奉承也.

120) 怵(출)=悽愴也, 恐也.

121) 彌(미)=두루. 娓의 或字. 中路嬰兒失其母焉.

122) 載(재)=타다, 싣다.

도가는 "내가 무위하면 백성이 저절로 교화된다"라고 했으며,　　　　曰我無爲而民自化

불가는 "자비로 중생을 구제한다"라고 말했다.　　　　　　　　　曰慈悲以度衆生.

이처럼 만물을 구제한다는 마음은 대략 같은 것이다.　　　　　其濟物之心 則略同.

후현들의 논의를 살펴보면,　　　　　　　　　　　　　　　　以後賢之論而言則

강절 소옹邵雍은 "노씨는 역易의 본체를 얻었다"라고 칭찬했고,　邵子稱 老氏得易之體

이천 정이程頤는　　　　　　　　　　　　　　　　　　　　　伊川稱

"장자가 도道를 형용한 것은 심히 좋다"라고 칭찬했으며,　　　莊子形容道體甚好

문중자 왕통王通은 "불씨는 성인"이라고 말했으며,　　　　　文中子謂佛爲聖人

화정 윤순尹焞은 "관음보살은 현인"이라고 말했다.　　　　　和靖謂觀音爲賢者

이들 제공은 도학이 정대했으면서도,　　　　　　　　　　以諸公道學之正

이처럼 도리어 칭송하고 허용했으니 어찌된 일인가?　　　　而反有所稱許何也.

상체 사양좌謝良佐는 정자의 문하에서 배웠는데도　　　　　上蔡親灸[123]程門

노자와 부처에 빠졌고,　　　　　　　　　　　　　　　　而淫於老佛

상산 육구연陸九淵은 걸핏하면 맹자를 인용하면서도　　　　象山動引孟子

선종의 뜻에 가까웠다.　　　　　　　　　　　　　　　　而近於禪旨.

이들은 평생 논변이 정대했으면서도　　　　　　　　　　以平生論辨之正

결국 감염되지 않을 수 없었으니 어찌 된 것인가?　　　　　終不免浸染者 何歟.

자방 장양張良은 온전히 황노의 술을 썼는데도　　　　　　張子房純用黃老

남헌 장식張軾은 '유자의 기상'이라고 평가했고,　　　　　　而南軒謂有孺者氣像

자첨 소식蘇軾은 동파거사라 칭하고 가는 곳마다 참선을 했으나　蘇子瞻到處參禪

회옹 주자는 '근세의 현명한 공경'이라 했다.　　　　　　　　而晦翁謂以近世明卿.

이 두 분 현자는 이단을 엄격히 배척했으나　　　　　　　　兩賢之嚴於排闢

논평은 이처럼 후하니 무슨 까닭인가?　　　　　　　　　　而評品若此者 何歟.

담헌서湛軒書/**외집**外集/**권1**/**항전척독**杭傳尺牘/**여엄구봉서**與嚴九峰書

지난해 추루의 서신에서 말하기를　　　　　　　　　　　前歲見秋庫[124]書云

―――――――――

123) 灸(구)=뜸질하다.

124) 庫(루)=草室也.

구봉께서는 불교에 마음을 두고 계시다 들었습니다.

대저 유교와 불교의 논쟁은 예로부터 분분하오나,

각각 자기 좋아하는 것을 따르는 것이 좋을 것입니다.

요컨대 마음을 맑게 하여 세상을 구제함으로 귀결되므로

유교, 불교를 가릴 것 없이

모두 어진 군자가 되는 데 해로울 것이 없고,

다만 인륜을 끊고 공적으로 도피함에 이르지 않는다면

역시 성인을 따르는 무리일 것입니다.

그러나 심心과 성性을 말하는 석씨의 깨달음은

유가의 책에도 부족한 것이 없으니

궁리하여 시행하면 진리를 정진함에 장애가 없을 것입니다.

九峰棲心大乘定靜止觀.

夫儒釋之爭 自來紛紛

蓋各從所好.

要歸於澄心而求世

則勿論儒釋

俱不害爲賢豪君子

惟不至於絶倫逃空

則是亦聖人之徒也.

但說心說性 釋氏妙悟

在儒書固自不乏

玩繹服用 精蘊無厓.

5절. 정치 경제 사상

도가적 무위 정치 찬양

담헌의 정치사상은 가늠하기 어려운 점이 있다. 그것은 그가 지향하는 사회 구성체에 대해 명확하게 규정하지 않았기 때문이다. 『의산문답』에서는 원시 공산 사회를 지향한 노장의 도가적인 기풍을 보여주지만, 『임하경륜』에서는 엄형주의를 말하는 등 법가적인 왕도와 패도의 병용을 주장하기 때문이다.

이처럼 담헌의 정치사상은 대동 사회를 이상으로 지향하면서도 법치주의적인 엄형주의를 요구한 것이므로 앞뒤가 맞지 않는다. 억지로 정리한다면 그는 실사구시實事求是의 실학자였으므로 이상은 좌左로 하고 실천은 우右로 하는 현실주의자라고 말할 수밖에 없을 것이다.

담헌서湛軒書/내집內集/권4/보유補遺/의산문답醫山問答

실옹이 말했다.

"풀잎을 먹고 물을 마시는 것으로는 박하다고 여겨

함부로 사냥을 하고 물고기를 잡으니

조수와 물고기들이 제대로 살 수 없게 되었고,

둥우리와 움집이 누추하다고 여겨 좋은 저택을 짓게 되니

초목과 금석이 형체를 보전할 수 없게 되었다.

고량진미로 입맛을 맞추니 장부가 약해졌고,

베와 비단으로 몸을 감싸니 팔다리 마디가 풀어졌으며,

동산을 만들어 정자를 짓고, 못을 파서 해자를 만들자

땅의 힘이 줄어들었으며,

성냄 원망 저주하는 탁기가 오르자

하늘의 재앙이 나타나게 되었다.

이에 용맹하고 지혜롭고 욕심 많은 자가 나서서

뜻을 같이하는 무리를 몰아

각각 우두머리 노릇을 하게 되었다.

이에 약한 자는 수고롭고 억센 자는 이로움을 누렸다.

實翁曰.

水草之薄

而濫佃漁

鳥獸魚鼈不得遂其生矣

巢穴之陋 而侈以棟宇

草木金石 不得保其體矣.

膏粱適其口 而臟腑脆矣

布帛暖其體 而支節解矣

園囿臺榭陂塘之役作

而地力損矣

忿怒怨詛淫穢之氣昇

而天災現矣.

是勇智多欲者 生於其間

驅率同心

各占雄長.

弱者服其勞 强者享其利.

각각 점령한 영토를 빼앗으려고 눈을 부릅뜨고 주먹을 휘두르니 백성은 편안히 살 수 없게 되었다. 割裂疆界 瞻盰兼幷 治兵格鬪 民始喪其生矣.

재주 있는 자가 기술을 부려 살기를 도발하고, 쇠를 녹이고 나무를 쪼개어 흉기를 만들었다. 巧者運技 挑發殺氣 鍊金剞木 凶器作矣.

날카로운 창과 칼, 독한 활과 화살로 성을 빼앗고 땅을 다투니 쓰러져 죽은 시체가 산과 들을 메웠다. 刀戈之銳 弧矢之毒 爭城爭地 伏尸原野蓋.

생민의 재앙이 이에 이르러 극에 달했다. 生民之禍 至此而極矣.

주나라 이후 왕도는 사라지고 패도가 횡행하여, 自周以來 王道日喪 覇術橫行

인仁을 빌린 자가 황제가 되고 병력이 강한 자가 왕이 되었으며, 假仁者帝 兵彊者王

지략을 쓰는 자가 귀하게 되고, 아첨을 잘하는 자가 영화롭게 되었다. 用智者貴 善媚者榮.

임금이 신하를 부림에는 총애와 녹으로 꾀이고, 신하가 임금을 섬기는 데는 권모로 꾀어냈다. 君之御臣 啗以寵祿 臣之事君 餂以權謀.

아! 슬픈지고. 嗟乎 咄哉.

천하가 번잡하게 된 것은 이욕으로 대하기 때문이었다. 天下穰穰 悔利以相接.

혼돈의 자연이 뚫어짐에 자연의 소박함이 사라졌고 문치가 승해지자 무력이 쇠했으며 混沌[125]鑿 而大樸散 文治勝 武力衰

처사가 정사를 전횡하니 주나라 도道는 날로 쭈그러들었다. 處士橫議 周道日蹙.

진시황이 서적을 불사르니 한나라 왕업이 소강했고, 석거에 분쟁이 일어나니 신나라 왕망이 왕위를 찬탈했으며, 秦皇焚書 漢業小康 石渠分爭 新莽篡位

정현과 마융이 경서를 주석함에 삼국이 분열되었으며 진나라 사마씨가 청담을 일삼으니 신주가 멸망했다." 鄭馬演經 三國分裂 晉氏淸談 神州陸沈.

---

125) 混沌(혼돈)=自然. 『莊子』七竅 참조

담헌은 성선설을 부정한다. 그러므로 예론에 있어 서로 성악설을 주장하는 순자의 법론과 비슷한 경향으로 흐른다. 순자에게 예禮와 법法은 절대적인 천리天理가 아니라 인간의 지나친 욕구를 금지하는 수단에 불과한 것이다. 그러므로 예와 법은 시속의 변화에 따라 변해야 하는 것이다. 담헌은 성악설을 주장하지는 않지만 독립자존의 평등한 세상과 이용후생을 위해 주나라 제도를 기본으로 하는 혈연 공동체적인 옛 법의 고수를 반대했다. 이 점에서 그는 연암과 같이 변법창신파變法創新派로 분류되고, 옛 법을 새롭게 해석하여 제도를 개혁하려는 유형원이나 다산의 탁고개제파託故改制派와 다르다.

담헌서湛軒書/**내집**內集/**권4**/**보유**補遺/**의산문답**毉山問答

실옹이 말했다. "중국은 서양과	實翁曰. 中國之於西洋
경도 차이가 일백팔십 도에 이른다.	經度之差至于一百八十.
중국 사람들은 중국을 정계로 보고,	中國之人 以中國爲正界
서양을 도계로 보지만,	以西洋爲倒界
서양 사람들은 서양을 정계로 보고	西洋之人 以西洋爲正界
중국을 도계로 본다.	以中國爲倒界.
사실 하늘을 이고 땅을 밟고 있는 것은	其實戴天履地
모두 자기 경계를 따라 그런 것이다.	隨界皆然
가로 누운 것도 없고 뒤집어진 것도 없으니 모두 정계다."	無橫無倒 均是正界.

실옹이 말했다.	實翁曰.
"요나라와 금나라가 주인을 바꾸다가 몽고족에게 통합되었고,	遼金迭主 合於松漠
명나라의 주원장이 통할권을 잃자 천하는 호족의 것이 되었다.	朱氏失統 天下薙髮.
대저 남풍이 강성하지 못하면 호족이 날로 장성하는 것은	夫南風之不競 胡運之日長
인사가 천시의 필연에 감응한 것이다."	乃人事之感召 天時之必然也.

허자가 말했다. "공자가 『춘추』를 지은 이후로는	虛子曰 孔子作春秋
중국을 안으로 삼고 오랑캐는 밖으로 삼았습니다.	內中國而外四夷.
이처럼 화이의 구분이 엄격한데,	夫華夷之分 如是其嚴
선생께서는 이를 인사의 감응이요, 천시의 필연으로 귀결시키니	今夫子歸之於人事之感召必然

이는 옳지 않은가 합니다."

無乃不可乎.

실옹이 말했다. "하늘이 생명을 주고 땅이 길러준 것으로
무릇 혈기를 가진 것은 모두 같은 사람이다.
하늘에서 본다면 어찌 안과 밖의 구별이 있겠는가?
각자 제 나라 사람을 친하고 제 임금을 높이며,
제 나라를 지키고, 제 풍속을 좋게 여기는 것은
중국이나 오랑캐나 매한가지다."

實翁曰. 天之所生 地之所養
凡有血氣 均是人也.
自天視之 豈有內外之分哉.
是以各親其人 各尊其君
各守其國 各安其俗
華夷一也.

담헌서湛軒書/**내집**內集/**권3**/**서**書/**여인서이수**與人書二首

주공의 제도는 주나라의 편의에 따른 것이고,
주자의 예禮는 송나라의 풍속에 따른 것이다.
그러므로 편의를 따르고 풍속에 맞추어
줄이기도 하고 늘리기도 하는 것일 뿐 정해진 법이 없는 것이다.
그 때문에 행하거나
행하지 않거나 무방한 것이
열에 두세 가지는 되지 않을까?
그런데 이런 경미한 것까지 아울러
악착같이 불변의 대전大典으로 만들고
조금도 의심하거나 어기지 못하도록 예로 삼는다면
얽매어 융통성이 없을 것이니
나는 혹 임방에게 비웃음을 면하지 못할까 걱정이다.

周公之制 因周之宜也
朱子之禮 因宋之俗也.
因宜因俗
損益無定法.
是以行之無甚
是以不行無甚[126)]
非者十居二三.
今就其二三之輕且小者
幷作不易之大典 齷齪焉
無或少違 則以此爲禮
吾恐其纏繞拘泥
或不免見笑於林放[127)]矣.

담헌서湛軒書/**내집**內集/**권4**/**보유**補遺/**의산문답**毉山問答

시대의 변화에 따라 습속에 순응하는 것이
성인의 권도요, 제도와 다스림의 방법인 것이다.
태초의 화목하고 순박한 요순 시대를
성인이 원하지 않는 것이 아니라,

因時順俗
聖人之權 制治之術也.
夫太和純厖[128)]
聖人非不願也

---

126) 甚(심)=什. 무슨, …랑.

127) 林放(임방)=『論語』八佾에 보이는 人名.

128) 厖(방)=厚也. 尨(龍)과 통용.

338

실
학
사
상

시대가 변하고 풍속이 이루어져 옛 금령이 시행되지 않고　時移俗成 禁防不行
거꾸로 다스림을 가로막고 있으니 더욱 어지러워진 것이다.　逆而遏之 其亂滋甚.
그런즉 성인의 힘으로도 어쩔 수 없는 지경이 된 것이다.　則聖人之力 實有不逮也.
그러므로 지금 세대에 살면서 옛날의 법으로 돌아가면　故曰居今之世 欲反古之道
재앙이 자기 몸에 미칠 것이라고 말하는 것이다.　災及其身.

　　그는 또한 『의산문답』에서 요순을 찬양하고 하은주夏殷周 삼대를 비판하는데, 우임금에 대해서
는 아들에게 왕위를 세습한 것을 비난했고, 탕왕과 무왕에 대해서는 정권 탈취를 위한 무력 사용
을 비난했다. 이것은 중대한 의미를 갖는다. 그것은 유가들이 성인으로 추앙하는 우왕, 탕왕, 무
왕을 인정하지 않는 것이며 주례周禮의 부흥을 주장한 공자와도 상치되는 것이기 때문이다. 다시
말하면 담헌은 실옹의 입을 빌려 간접적으로 공자가 지향했던 주나라의 정치를 반대한 것으로
읽어야 하기 때문이다.

담헌서湛軒書/**내집**內集/**권4**/**보유**補遺/**의산문답**毉山問答
기주는 사방이 천 리로 중국이라 일컬었다.　冀方千里 號稱中國.
산을 등지고 바다에 임하여 바람과 물이 넉넉하고,　負山臨海 風水渾厚
해와 달이 밝게 비추어 추위와 더위가 알맞으며,　日月淸照 寒暑適宜
산하가 영기를 모으니 선량한 사람이 많았다.　河嶽鐘[129]靈 篤生善良.
복희씨, 신농씨, 헌원씨와 요堯와 순舜이 일어나　伏義神農黃帝堯舜氏作
자신은 초가집에 살면서 몸소 검소한 덕을 닦아　而茅茨土階 身先儉德
백성의 항산恒産을 마련해주었으며,　以制民產
문文을 공경하고 공손 겸양으로 몸소 밝은 덕을 실천하여　欽文恭讓 躬行明德
백성의 도리를 바로잡았으며,　以敷民彝
문명한 교화가 차고 넘쳐 천하가 화락했다.　文敎洋溢 天下熙皞.
이것이 중국에서 이른바 성인의 공업과 교화인　此中國所謂聖人之功化
태평성세라 하는 것이다.　至治之世也.

하나라 우 임금이 천자의 자리를 아들에게 전하게 되자　夏后傳子
백성들이 제 가문의 이익만 꾀하기 시작했고,　而民始私其家

129) 鐘(종)=聚也.

탕왕과 무왕이 임금을 내쫓고 죽이자	湯武放殺
백성들이 윗사람을 범하기 시작했다.	而民始犯其上.
그러나 이것은 몇몇 임금의 허물이 아니다.	非數君之過也.
잘 다스려진 끝에 점점 쇠하여 어지러워진 것은	至治之餘 衰亂之漸
시대와 형세가 그러했던 것이다.	時勢然也.
하나라 우禹는 충심이었고, 상나라 탕湯은 질박했으나	夏忠商質
당요唐堯 우순虞舜에 비하면 이미 꾸민 것이요,	比唐虞則已文矣
성왕 주공의 제도는 오로지 사치하고 화려했으며	成周之制 專尙夸華
소왕 목왕부터는 임금의 벼리가 이미 쇠퇴하여	昭穆君綱已替
정사가 제후에게 있었고,	政在列侯
한갓 허울뿐인 이름만으로 제위에 붙어 있었을 뿐이니	徒擁虛器 寄生於上
유왕 여왕이 천하를 망치기 전에	不待幽厲之喪
천하에 주나라는 없어진 지 오래였던 것이다.	而天下之無周久矣.
무왕이 어진 미자와 기자를 버려두고,	且捨微箕
폭왕 주紂의 아들 무경을 은나라의 후계자로 세움으로써	而立武庚
은나라의 도道가 다시 일어나지 못하도록 했으니,	殷道不復興
주나라의 속셈을 어찌 숨길 수 있겠는가?	之微意焉可諱[130]也.
또한 성왕이 즉위하자마자	及成王初立
관숙과 채숙이 반란을 일으켜 형제의 난이 일어나자	管蔡鬩[131]墻
주공이 삼 년 동안이나 동쪽으로 정벌을 나서,	三年東征 缺戟破斧
창과 도끼가 다 없어지도록 전쟁을 했고	缺戟破斧
여덟 번이나 매방 사람들에게 고유했으나,	八誥妹邦
완고한 백성들이 대항하고 따르지 않았던 것은	頑民梗[132]化
주나라가 은나라를 정벌하고 대신했으나	周之代殷
그가 천하의 인심을 이롭게 함이 없었기 때문이다.	其能無利天下之心乎.
공자는 순임금의 덕을 칭송하여 '성인'이라 했으나	孔子贊舜 以德爲聖人

---

130) 諱(휘)=꺼리다, 숨기다.
131) 鬩(혁)=다투다.
132) 梗(경)=느릅나무, 塞也, 흔들다, 헤치다.

무왕에 대해서는

"천하의 좋은 이름을 잃지 않았다"라고만 했고,

문왕의 형 태백을 칭송하여 "지극한 덕"이라고 했으나,

무왕에 대해 말할 때는 "다 착하지는 못했다"라고 했으니,

공자의 뜻이 큼을 알 수 있을 것이다.

及武王則

曰不失天下之令[133]名

稱泰伯以至德

語武則 曰未盡善也

孔子之意大可見也.

왕패병용

공맹 이래 성리학에 이르기까지 유가들은 왕도주의를 지향하며 패도주의를 한사코 비난했고 이를 자기들의 정체성으로 간주했다. 그런데 담헌은 패도주의를 시의에 따른 부득이한 선택으로 인정하고 비난하지 않는다. 이러한 왕패병용론王覇竝用論은 일찍이 주자의 논적인 진량陳良이 주장한 바 있으며, 유가들도 실제로는 패도주의자들의 부국강병론을 수용하여 실천하고 있었던 것이다.

담헌서湛軒書/내집內集/권4/보유補遺/임하경륜林下經綸

왕도 패도 병용

남을 다스리려 하는 자는 먼저 자신을 다스려야 하고

자신을 다스리려 하는 자는 먼저 자기 마음을 다스려야 한다.

이것이 선왕의 대도이며

육경의 요지다.

이른바 의리가 마음에 쌓여

인애가 만물에 미친 자는 삼왕이 있었으니,

은택이 만세토록 미쳤기 때문이다.

지모가 자기보다 우월하면

권력을 남에게 더해준 자는 오패가 있었으니,

위엄으로 한 시대를 평정했기 때문이다.

뿌리가 튼튼한 나무는 그 열매가 번성하고,

근원이 깊은 물은 그 흐름이 장구하며,

인자하고 의로운 사람은 그 공이 빛나는 것이다.

治人者先治其身

治身者先治其心.

此先王之大道

而六經之要旨也.

是以理義積於中

而仁愛及於物者三王

所以澤及萬世也.

智謀優於己

而權力加於人者五覇

所以威定一時也.

根之茂者其實繁

源之深者其流長

仁義之人 其功煥然也.

---

133) 令(령)=善也.

법가의 엄형주의

사람이 여덟 8살이 되면 곧 이름을 팔뚝에 새긴다면	人生八歲 卽沮[134]其名於臂
호패를 사용하지 않아도	不用戶牌
간사한 백성이 자기 이름을 숨길 수 없을 것이다.	而奸民無所逃其名矣.
무릇 도둑을 다스리는 데는 죄질이 죽을죄가 아니면	凡治盜 情罪不至於死
그 이름을 왼쪽 뺨에 자자刺字하는 묵형墨刑을 한 후 석방하고,	則黥[135]其名於左頰 而放之
그 후에도 고치지 않는다면 오른쪽 뺨마저 자자하며,	猶不悛則復黥於右
두 뺨에 자자한 후에도 고치지 않는다면 죽인다.	三不悛而誅之.

무력 반대

한 무제는 천하의 군사를 징발해	漢武帝奮天下兵
천리의 땅을 개척했으며,	拓千里地
흉노 백 명을 죽이는 데 군사 과반이 죽었고,	殺匈奴百 而兵死者過半
소와 염소 천 마리를 얻는 데 창고의 곡식이 탕진되었으니,	得牛羊千 而太倉粟渴
이는 함부로 무력을 사용한 과오다.	是黷[136]武之過也.
그러므로 군사는 싸우지 않는 것보다 더 좋은 것이 없고,	是以兵莫善於不戰
싸움을 좋아하는 것보다 더 흉한 것은 없다.	莫凶於好兵.

평등사상

특히 그는 평등사상을 고취했다. 그는 양반 제도와 신분 등급제의 폐지를 주장했고 신분 등급 구별 없는 '초등 교육 의무제'와 언로의 개방을 주장했다. 이러한 진보적인 견해는 당시로는 너무도 혁명적인 주장이었다.

담헌서湛軒書/**내집**內集/**권4**/**보유**補遺/**임하경륜**林下經綸

신분 이동

사농공상에 관계없이 놀고먹는 자에 대해서는	不係四民 而遊衣遊食者[137]

---

134) 沮(저)=注의 착간. 注는 啄과 통용.
135) 黥(경)=墨刑.
136) 黷(독)=汗也, 狎也.
137) 湛軒書/桂坊日記: 놀고먹는 자가 요행히 지위를 얻으면 나라를 좀먹고 백성을 병들게 한다(所謂遊民倖位 耗國病民).

관에서 벌칙을 마련하여 세상에서 큰 치욕을 주어야 한다.　官有常刑 爲世大戮.

재주 있고 배움이 있는 자는 농사꾼 장사치의 자제라도　有才有學 則農賈之子

묘당에 앉아야 하고 이것을 참월하다 하면 안 되며,　坐於廊廟 而不以爲僭

재주 없고 배움이 없는 자는 공경의 자제라도　無才無學 則公卿之子

수레를 끄는 하인이 되어야 하며, 이를 한탄할 것이 아니다.　歸於輿儓[138] 而不以爲恨.

위아래가 힘을 다해 자기 직분을 다하되　上下戮力 共修其職

부지런하고 게으름에 따라 상벌을 시행해야 한다.　考其勤慢 明施賞罰.

언론

후세의 간관 제도는 좋지 않은 것은 아니나　後世諫官之法 非不好矣

십여 사람의 보고 듣는 것만으로는 두루 알기가 어렵다.　但辨十數人之聞見 理難遍.

관리와 목민하는 수령은 직접 목격한 것을　及郞吏牧守 雖有目擊

강개하여 말하고 싶지만 월권하는 것을 두려워하여　慷慨欲言 而畏於越俎[139]

감히 지위를 벗어나지 못하는 실정이니,　不敢出位

이처럼 간관의 관직을 설치한 뜻은 비록 좋으나　此其設官之意 雖好

간언의 길이 좁아진다는 것이다.　而來諫之道狹矣.

마땅히 양사를 개혁하여　當革兩司[140]

위로는 공경에서 아래로는 서예에 이르기까지　上自公卿 下至胥隷

가까이는 관리의 일에서 멀리는 농사일에 이르기까지　近自宦寺[141]遠至農畝

각자의 기예와 사업을 집행함에 있어　各執藝事

소회가 있으면 반드시 아뢰도록 해야 한다.　有悔必陳.

교육 평등권

안으로 왕도와 구부,　內而王都九府

밖으로 도道에서 면面에 이르기까지　外而道以至於面

모두 학교를 설치하고 각 학교마다 교관을 둔다.　皆設學校 各置敎官.

---

138) 관직의 십 등급은 다음과 같다. 左傳/昭公七年: 王, 公, 大夫, 士, 皁(무사), 輿(수레 담당), 隷(노예 관리), 僚(공역 담당), 僕(마부), 臺(도망한 노예 체포 담당).

139) 俎(조)=도마, 祭器, 几(안석)也.

140) 兩司(양사)=사헌부와 사간원.

141) 寺(사)=官廳.

관내의 자제 중 여덟 살 이상은	而中子弟八世以上
모두 모아 가르치되,	咸聚而敎之
효孝 제悌 충忠 신信의 도를 이루게 하고,	申¹⁴²⁾之以孝悌忠信之道
사射 어御 서書 수數의 기예를 익히도록 한다.	習之以射御書數之藝.
그중에 재주와 행실이 뛰어나	其有茂才卓行
가히 쓸 만한 인재는 사司로 보내고,	可以需時適用者 貢之於司
사司의 교관은 그들을 모아 가르쳐 우수한 자를 천거하여	司之敎官 聚而敎之 擧其最
그들을 승차시켜 대학으로 보낸다.	而以次升之 至于大學.
대학에서는 사도가 관장하되	大學之敎司徒掌之
언행과 행실을 관찰하고	聽其言而觀其行
학업을 고과하여 그 재주를 시험한 후,	考其講而試其才
매년 연초에 현능한 자를 조정에 추천함으로써	每於歲首 擧其賢能於朝
관직을 제수하여 책무를 맡긴다.	授之以職 而責其任.

지역 공통체론

담헌의 경제 공동체주의는 노자의 이른바 모든 백성은 지역 공동체 단위인 속屬¹⁴³⁾에 살 수 있어야 한다는 '영유소속令有所屬(道德經 19장)'과 비슷하다. 훗날 토지를 마을 공동 소유로 하고 모든 백성은 자기 마을에서 생활을 보장하는 다산의 '여전제閭田制'도 담헌의 이러한 정신을 계승한 것이다. 즉, 모든 백성이 토지를 받아 생활을 영유할 수 있도록 마을 공동체에서 책임지고 보장해야 한다는 것이다. 그러므로 이주를 원하는 경우 다른 마을에서 땅을 받을 수 있도록 주선된 경우에만 마을 공동체를 떠날 수 있게 허가하도록 한다.

담헌서湛軒書/내집內集/권4/보유補遺/임하경륜林下經綸

영유소속令有所屬

백성은 자기 농토를 분배받은 마을을 지켜서	凡民各守田里
죽거나 이사하거나 고을을 벗어남이 없도록 한다.	死徙無出鄕.
만약 부득이한 사정이 있을 때는	若有不得已

---

142) 申(신)=致也.

143) 三鄕爲屬 혹은 十縣爲屬.

관청에 보고하여 인가장을 받아 그 본적을 없앤 후,	則告官受狀 割其本籍
이사 간 곳에서도 즉시 관에 보고하여	至于所居 亦卽告官
입적시키고 농토를 받게 한다.	入籍受田.
관에 보고하지 않고 멋대로 이사한 자는	不告擅移者刑之
벌을 준 다음 자기 마을로 돌려보낸다.	而復其居.
관의 인가장도 없이 이사 온 자를 받아 거주하게 하면	無官狀而許其居者
면의 책임자에게 벌을 준다.	罰其面任.
무릇 도로에는 모두 정원을 설치하여	凡道路皆設亭院
길 가는 나그네를 대접한다.	而待行旅.
또 원장을 두어 간사하고 포악한 짓을 사찰하도록 한다.	亦有其長 以譏[144]奸暴.

이러한 지역 공동체를 이루기 위해서는 첫 번째 조건으로 균전이 요구된다. 그러므로 전국의 토지를 골고루 나누어 결혼한 남자는 각각 2결의 토지를 받게 하고 죽은 후에는 3년 뒤에 딴 사람에게 옮겨줄 것이며, 세액은 토지 수확물의 10분의 1로 할 것을 주장했다.

두 번째 조건으로 낭비와 놀고먹는 자가 없어야 한다. 무위도식자는 남의 노동으로 저만은 안일에 젖어 좋은 것을 입고 먹기 때문이다. 그러므로 주민개로住民皆勞와 절용節用은 공동체 존립의 필수조건이 되는 것이다.

담헌서湛軒書/내집內集/권4/보유補遺/임하경륜林下經綸

정전제 대안

정전제를 실행하기 어렵다는 것은 선배들이 이미 말했다.	井田之難行 先輩固已言之.
그러나 토지를 분배하여 인민의 항산을 마련하지 않고	雖然 無分田制産之法
나라를 잘 다스린다는 것은 구차한 말일 뿐이다.	而能治其國者 皆苟而已.
오늘날 옛 제도를 완전히 회복할 수는 없을지라도	居今之也 雖不能盡反古道
나라를 위한 훌륭한 정책가라면	而善謀國者
반드시 정전제를 변통한 새로운 대안이 있어야 한다.	必有通變之制矣.

균전

| 구도九道의 전답을 고루 나누고, 십분의 일의 세금을 거둔다. | 均九道之田 什而取一. |

---

144) 譏(기)=非也,諫也,呵察也.

아내가 있는 남자에게 각각 이 결을 받도록 하되,	男子有室以上 各受二結
자신이 죽을 때까지로 한정하며	限其身死
그 팔 년 후에는 다른 사람에게 옮겨준다.	其三年之後 移授他人.
전원 울타리 밑에는 반드시 뽕나무와 삼을 심도록 하며,	園圃墻下 樹以桑麻
심지 않는 자는 베를 벌금으로 받는 것을 상례로 한다.	不毛者罰以布常征.

절용

가정과 국가에 흉측한 것은 사치함보다 더한 것이 없다.	家國之凶 毋過於奢侈.
무릇 저택과 기물은 오직 튼튼하고 치밀하게 하여	凡第宅器用 敦朴精緻
적의한 용도가 되도록 힘써,	惟務適用
재물을 소비하되 무익하게 사용되는 것은	其惟財之費 而無益於用者
일체 금지해야 한다.	一切禁之.

특히 담헌은 만민개로萬民皆勞의 노동주의를 주장했다. 이는 담헌이 존숭했던 묵자의 '완전 고용'을 계승 발전시킨 것이다. 사농공상은 물론 소경, 벙어리, 앉은뱅이, 절름발이 등 모든 사람은 누구나 생산 직업을 가져야 하고, 놀고먹는 자는 반상을 가릴 것 없이 국가의 형벌과 사회의 제재를 받아야 한다고 주장했다.

담헌서湛軒書/내집內集/권4/보유補遺/임하경륜林下經綸

각유소사各有所事(완전 고용)

대저 인품에는 고하가 있고 재능은 장단이 있다.	凡人之品有高下 才有長短.
그러나 고하에 따라 단점을 버리고 장점을 쓴다면,	因其高下 而舍短而用長
천하에 버릴 재주는 없는 것이다.	則天下無全棄之才.
가르치는 가운데 뜻이 높고 재주가 많은 자는	而中之敎 其志高而才多者
위로 올려 조정에서 쓰게 하고,	升之於上 而用於朝
자질이 둔하고 용렬한 자는	其質鈍而庸鄙者
아래로 돌려 농사에 쓰도록 하며,	歸之於下 而用於野
생각을 잘하고 솜씨가 재빠른 자는 공업으로 돌리고,	其巧思而敏手者 歸之於工
이利에 밝고 재물을 좋아하는 자는 장사치로 돌리고,	其通利而好貨者 歸之於賈
꾀를 좋아하고 용맹스러운 자는 무반으로 돌리며,	其好謀而有勇者 歸之於武

소경은 점치는 데로 돌리고, 궁형당한 자는 문지기로 돌리며,
심지어 벙어리, 귀머거리, 절름발이, 앉은뱅이까지도
모두 일자리를 갖도록 해야 한다.
놀고먹으며 일하지 않는 자는
나라에서 벌주고 향당에서도 축출해야 한다.

瞽者以卜 宮者以閽
以至於暗聾跛[145]躄[146]
莫不各有所事.
其遊衣遊食 不事行業者
君長罰之 鄕黨棄之.

유사 하방

우리나라는 본래 명분을 중시하여
양반들은 비록 굶주리고 의지할 데 없어도,
팔짱을 끼고 편안히 앉아 쟁기를 잡지 않는다.
혹 실제 사업에 힘써 몸소 비천한 일을 하는 이가 있으면
모두 조롱하고 비웃으며 노예처럼 대한다.
노는 백성이 많고 생산자는 적으니
재물이 어찌 궁핍하지 않으며
백성이 어찌 가난하지 않을 수 있겠는가?

我國素[147]重名分
兩班之屬 雖顚[148]連窮餓
拱手安坐 不執未耟[149].
或有務實勸業 躬甘卑賤者
群譏衆笑 視若奴隸.
遊民多 而生之者少矣
財安得不窮
而民安得不貧也.

347

---

145) 跛(파)=절름발이.
146) 躄(벽)=앉은뱅이.
147) 素(소)=空也, 本也.
148) 顚(전)=이마.
149) 未耟(뇌거)=쟁기와 따비.

2장
실 학 사 상

문체창신의 박지원

◆

 1절. 연암은 누구인가?

> **이력**

박지원의 자字는 중미仲美, 호號는 연암燕巖이다. 서울 서소문 밖 반송방盤松坊 야동冶洞에서 출생했다. 32세가 되던 1768년에 백탑 부근의 안국방安國坊으로 이사했고 오늘날 인사동 부근에서 벗들과 교류했다. 그의 가문은 명문 족벌로 조부는 지돈령부사知敦寧府事 박필균朴弼均, 1685~1760이며, 삼종형은 영조의 부마인 금성위錦城尉 박명원朴明源, 1725~1790이었다. 그는 정통 노론 가문이지만 집안이 청빈하여 15세까지 별다른 공부를 하지 못했다. 16세 때부터 홍문관 교리를 지낸 처숙 영목당榮木堂 이양천李亮天, 1716~1755에게서 배웠다. 그의 장인 이보천李輔天, 1714~1777이 김창흡의 문인인 기원杞園 어유봉魚有鳳, 1672~1744의 수제자였으므로 그는 노론 낙학파洛學派의 맥을 이은 셈이다. 그는 3년 동안 문밖을 나가지 않고 독서에 열중했다. 3년이 지난 19세 때는 이미 장안 문단에 두각을 나타내게 되었다. 그는 백가의 서적을 널리 읽고 경제, 농업, 전폐, 조세, 군사 등 경세학과 천문, 지리, 음악에까지 정통했다. 그는 지우 홍대용에게 영향을 받아 과학에도 관심이 많았다.

박지원은 문학 방면에서 후세에 많은 영향을 끼쳤다. 특히 그의 개방적인 사상과 제자인 박제가朴齊家, 1750~1805 등의 이른바 북학파들의 사상이 영수로 갑신정변을 계획했던 개화 독립당에게 계몽적 역할을 한 것은, 정약용이 갑오농민전쟁을 예견하고 사상적 영향을 준 것이나, 프랑스 혁명에 디드로, 볼테르Voltaire, 1694~1778, 루소Jean Jacques Rousseau, 1712~1778 등이 미친 영향과 비교될 수 있을 것이다.

36세 때에는 전의감동典醫監洞의 우사에서 혼자 지내며 뒷날 북학파의 사가四家라고 칭송되던 이덕무李德懋, 1741~1793, 유득공柳得恭, 1749~1807, 박제가, 이서구李書九, 1754~1825 등과 상종하며 강론講論했다. 이때 상종하던 이들은 그를 경모하여 스승으로 대했다. 박지원은 성격이 호방하여 기탄없는 문담시화文談詩話로 유명하다. 한번은 종갓집 술자리에서 휴대했던 자기 문고를 소리 높여 읽자 종손이 집안을 망칠 것이라며 문고를 빼앗아 화로에 넣었다. 이에 놀란 연암이 급히 꺼내면서 "하마터면 조선의 금구목설金口木舌(부처님 말씀)이 숯검정을 삼키고 벙어리가 될 뻔했구나! 너는 백 년이 못 되어 뒷사람에게 분서갱유焚書坑儒를 단행한 진시황의 악명을 들을 뻔했다!" 라면서 큰 소리로 허허 웃으며 집으로 돌아갔다고 전한다.

그는 44세가 되던 해인 1780년에 박명원의 수행원으로 연경(베이징)에 다녀왔다. 그 기행문인 『열하일기熱河日記』는 당시 조선 선비들에게 커다란 파문을 일으켰으며, 오늘날까지도 필독서가 된 명저다.

그는 명예와 잇속과 세도를 멀리한 초야의 선비였다. 그러나 가난을 견디다 못해 50세가 되어서 벼슬길에 나가게 되었는데 홍대용이 맡았던 자리인 선공감繕工監 감역監役(정9품)을 시작으로, 의금부 도사(종5품) 한성부 판관을 거쳐 경상도 안의 현감, 충청도 면천 군수, 64세에 양양 부사를 끝으로 사직하고 69세에 졸했다.

연암집燕巖集/권3/공작관문고孔雀館文稿/답홍덕보서答洪德保書 2

젊어서는 뜬 명예를 과감하게 연모하여	年少果慕浮名
옛사람의 글줄을 훔쳐 칭찬과 영예를 빌렸으나,	剽飾詞華 借藉獎譽
명예는 겨우 송곳 끝이요,	所得名字 僅如錐末
비방은 산을 이루었습니다.	而積謗如山.
밤중이면 스스로 단속하여 스스로 단절하고자 겨를이 없는데	每中夜自檢 自削之不暇
왜 다시 가까이 하려고 하겠습니까?	而況敢復近耶.
명예를 위한 친구는 내 눈앞에서 사라진 지 오랩니다.	名之友已去 吾目之中久矣
또한 이른바 잇속이나 세도의 길도 좀 간섭해보았지만	所謂利與勢 亦嘗涉此塗
모두 남의 것을 빼앗아 제가 차지할 궁리뿐이요,	而蓋人皆思取諸人 而歸諸己
제 것을 덜어서 남에게 보태는 사람은 보지 못했습니다.	未嘗見損諸己 而益於人.

박지원
朴趾源, 1737~1805

명예와 잇속과 제도를
멀리한 초야의 선비였다.
그의 글은 천상과 선계를
왕래할지라도 끝내는
생민으로 되돌아온다.

"아침 연꽃이 향기를
멀리까지 풍기는 것을
보거든 덕화를 바람처럼
멀리 퍼지게 하며,
새벽 댓잎에서
방울진 이슬이 고르게
적셔주는 것을 보거든
은택을 이슬처럼
두루 입게 하라!"

또한 내가 일찍이 형에게서 훈계를 들은 적도 있는 터에,

이러한 출세의 길에서 비켜선 지 벌써 십 년이나 됩니다.

내가 이미 명예, 잇속, 세도의 벗을 버린 다음에는

비로소 눈을 크게 뜨고 진정한 벗을 찾아보았으나

한 사람도 없었습니다.

도리를 다 갖추자면 벗 삼기란 본래 어렵겠지요.

그렇다고 어찌 진실한 벗이 한 사람도 없겠습니까?

일에 당해서 선하게 바로잡아준다면,

비록 돼지 치는 종놈일지라도 진실로 나의 어진 벗이요,

의리를 드러내 충고해준다면

비록 나무하는 머슴일지라도 역시 나의 좋은 친구입니다.

이렇게 생각하면

나는 세상에서 친구와 벗에 가난한 것은 아닙니다.

그러나 돼지 치는 벗이

시서를 논하는 자리에 참여하기 어렵고,

나무하는 머슴이 예의범절을 차리는 자리에 나올 수 없으니

고금을 살펴보면

왜 답답한 마음이 없겠습니까.

산속으로 들어온 이후에는 그런 생각조차 끊어버렸지만,

맹양 제갈량을 추천한 사마휘를 그리워할 때면

방통의 집에 가서 기장밥을 지으라고 채근하는,

아름다운 정취의 한가로운 모습과

장저와 걸익이 나란히 밭 갈던 때의

참된 즐거움의 평온한 모습을 생각하면서

산에 오르고 물가에 나갈 때마다

그런 우리의 모습을 그리워하지 않은 적이 없습니다.

亦嘗受戒於吾兄

避此兩塗者 亦已十年之久.

吾旣去此三友

始乃明目求見所謂友者

蓋無一人焉.

欲盡其道 友固難矣.

亦豈眞果無一人耶.

當事善規則

雖牧猪之奴 固我之良朋

見義忠告則

雖采薪之僮 亦吾之勝友.

以此思之

吾果不乏友朋於世矣.

然而牧猪之朋

難與參詩書之席

而采薪之僮 非可實揖讓之列

則俛仰古今

安得不鬱鬱於心耶.

入山以來 亦絶此念

而每思德操[1]

趣[2]黍

佳趣悠[3]然

沮溺[4]耦耕

眞樂依[5]依

登山臨水

未嘗不髣髴懷想也.

---

1) 德操(덕조)=司馬徽의 字. 三國志/권37/蜀書/龐統傳 참조.

2) 趣(취)=意向, (촉)=催促也.

3) 悠(유)=憂也 長也 從風貌 閑暇貌.

4) 沮溺(저익)=長沮桀溺 耦而耕(論語/微子).

5) 依(의)=愛也 安也.

연암은 대문호였으며 그의 작품들은 하나같이 생민을 걱정하지 않은 글이 없다고 말할 수 있을 정도로 우국 애민의 참여 작가였다. 그의 글은 천상과 선계를 왕래할지라도 끝내는 반드시 이 땅의 생민으로 되돌아온다. 다음은 평생의 지기知己 담헌 홍대용에게 보낸 편지와 안의 현감으로 있을 때 지은 '하풍죽로당荷風竹露堂'의 기문記文 및 함양의 '학사루學士樓'에 대한 기문으로 그의 고민과 심사를 엿볼 수 있는 글이다.

연암집燕嚴集/권3/공작관문고孔雀館文稿/답홍덕보서答洪德保書

성인의 천 마디 말씀은	聖人千語
사람들로 하여금 객기를 없애라는 것입니다.	使人消除客氣.
객기와 정기는 소인과 군자의 쇠하고 성함과 같습니다.	客氣與正氣 如陰陽[6]消長.
이 아우는 평생 객기를 병통으로 삼고 있습니다.	弟之平生 常以客氣爲病.
이 병통을 이기고 다스리는 방법은 공부입니다만	所以克治之工
이미 '구용九容'의 호위도	旣無九容[7]之閑衛
'사물四勿'의 갑옷도 없어졌습니다.	四勿[8]之兵甲.
이목구비는	則耳目口鼻
뭇 도둑의 보금자리가 되었고	無非群盜之淵藪[9]
의지와 언동은 모두 객기의 성터가 되었습니다.	志意言動 俱是客氣之城社.
그런데 몇 년 사이 평생의 병근인 객기의 병세가 싹 가셨는데	比年以來 平生病源不攻自除
아울러 정기까지도 함께 남김 없이 사라졌습니다.	倂與所謂正氣 而消落無餘.
생각도 일도 도리어 객기를 병통으로 여길 때만도 못하니	志業反不如客氣用事時
어떻게 수양하여 예禮로 돌아가야 할지 모르겠습니다.	不知如何涵養 乃得復禮.
상세한 회답을 주십시오!	幸賜詳覆.
또한 긴요한 말씀을 몇 마디 적어 보내서	且錄切着數語
나를 깨우치고 진작시켜 주십시오!	以爲開發振作之也.

연암집燕嚴集/권1/연상각선본煙湘閣選本/하풍죽로당기荷風竹露堂記

동헌의 서쪽에 곳간으로 쓰던 행랑이 황폐한 채 버려져,	正堂西廂廢庫荒頓

---

6) 陰陽(음양)=小人과 君子.

7) 九容(구용)=足容重 手容恭 目容端 口容止 聲容靜 頭容直 氣容肅 立容德 色容莊.

8) 四勿(사물)=非禮勿聽 勿視 勿言 勿動.

9) 藪(수)=늪, 덤불.

마구간과 목욕간에 맞닿아 있었다.

그로부터 두어 걸음 밖으로는 쓰레기와 재를 버려

썩은 흙이 언덕을 이루고

산처럼 쌓여 처마보다 높이 솟아올랐으니

이 관아에서 가장 외진 구석이라서

모든 오물이 다 몰려드는 곳이다.

봄이 되어 눈이 녹고 바람이 훈훈해지자

악취에 더욱 견디기 어려웠다.

이에 날마다 하인들을 시켜 삼태기로 퍼 나른 지 열흘 만에

훤한 공터를 만들 수 있었다.

그런 다음 반을 갈라서 남쪽으로는 연못을 팠고

북쪽으로는 헌 곳간의 재목을 이용해서 집을 지었다.

이 집은 대문을 나서지 않아도 사철의 경치를 구경할 수 있다.

후원을 거닐 때 만 줄기 대나무에서 구슬이 떨어지면

그것은 맑은 이슬이 내리는 새벽이요,

난간에 의지했을 때 천 줄기 연꽃이 향기를 풍기면

그것은 바람이 신선하게 부는 아침이요,

가슴이 답답해 생각이 어지럽고

망건이 늘어지고 속눈썹이 무거울 때는

파초 소리를 들으면 정신이 깨고 심사가 맑아지는데

그것은 시원한 비가 지나가는 한낮이며,

아름다운 손님이 누각에 오르자

옥 같은 나무들이 깨끗함을 다투면

그것은 비온 뒤에 달이 돋은 저녁이요,

주인이 휘장을 내리었을 때 매화가 수척해 보이면,

그것은 엷은 눈이 내린 밤이다.

이것은 계절의 변화와 주변의 물상에 따라

하루 동안에도 저마다 뽐내는 경관이지만

그 어느 것 하나도 저 백성들과는 아무런 관계도 없는 일이다.

廐湢相連.

數步之外 委溷棄灰

朽壤堆阜

積高山簷

蓋一衙之奧區

而衆穢之所歸也.

方春雪消風薰

尤所不堪.

遂乃日課僮隸 畚擔刮剔

匝旬而成曠墟.

於是中分其地 南位南池

因廢庫之材 北爲北堂.

不出斯堂 而四時之賞備矣.

若夫涉園 而萬竹綴珠者

淸露之晨也

凭欄而千荷送香者

光風之朝也

襟煩鬱而慮亂

巾篸墊而睫重

聽于芭蕉 而神思頓淸者

快雨之晝也

嘉客登樓

玉樹爭潔者

霽月之夕也

主人下帷 與梅同癯者

殘雪之宵也.

此又隨時寓物

各擅其勝 於一日之中

而彼百姓者無與焉.

이것이 어찌 한 고을의 원으로서 이 집을 지은 본의이겠는가?	則是豈太守作堂之意也哉.
오! 다음날 이 집에 와서 거처하는 사람은	噫 後之居斯堂者
아침 연꽃이	觀乎 荷之朝敷
향기를 멀리까지 풍기는 것을 보거든	而所被者遠則
덕화를 바람처럼 멀리 펴지게 하며	如風之惠焉
새벽 댓잎에서	觀乎 竹之曉潤
방울진 이슬이 고르게 적셔주는 것을 보거든	而所沾者均則
은택을 이슬처럼 두루 입게 하라!	則如露之溥焉.
이것이 내가 이 집을 '하풍죽로당'이라 이름 지은 연유인 바	此吾所以名其堂
이로써 뒤에 오는 사람을 기다리고 있노라!	而以待夫後來者.

연암집燕巖集**/권1/연상각선본**煙湘閣選本**/함양군학사루기**咸陽郡學士樓記

함양은 신라 때는 천령군이었다.	咸陽新羅時 爲天嶺郡.
최치원은 고려 때 문창후文昌侯라는 시호를 내렸고	文昌侯崔致遠
자字를 고운孤雲이라 하며,	字孤雲
신라 때 천령의 태수가 되어 이 누대를 지었는데	嘗爲守天嶺 而置樓者
천 년이 지났다.	蓋已千年矣.
그런데도 천령의 민중은 문창후의 끼친 은혜를 생각하고,	天嶺民懷侯遺惠
오늘날까지도 이 누대 이름을 학사라고 부른다.	至今號其樓曰學士者.
이는 그의 행적과 뜻을 기리기 위한 것이리라!	稱其所履而志之也.
속설은 고운이 중이 되어	世遂以孤雲
도道를 깨달아 신선이 되었다고 하지만	得道爲神仙
이는 고운을 알지 못한 자들의 소리에 지나지 않는다.	此非知孤雲也.
고운은 시국책을 올려 임금을 간했으나	孤雲嘗上十事諫其主
채용되지 않았을 뿐이다.	主不能用.
아하! 고운이 중국에서 벼슬할 때는	嗟乎 孤雲立身天子之朝
당나라가 어지러웠고,	而唐室方亂
고국에 돌아올 때도 신라의 운수가 다해가고 있었다.	歛跡父母之邦 而羅朝將訖.
천하를 돌아보아도 몸 붙일 곳이 없어,	還顧天下 身無係著
마치 하늘가에 한가로이 떠도는 구름처럼	如天末閒雲

이리저리 떠돌며 무심히 책이나 펴보는 신세였으니,	倦住孤征 卷舒無心
스스로를 '외로운 구름(孤雲)'이라고 부른 까닭이리라!	則孤雲所以自命其字.
당시 그에게 벼슬살이의 영화는	而當時軒冕之榮
썩은 쥐나 헌신짝 같았을 것인데,	而屬腐鼠弊履矣
후인들이 오히려 그를 학사란 직함에 연연하는 것은	乃後人猶戀其學士之啣
고운의 뜻을 더럽히고 이 누각을 욕되게 하는 것이 아닐까?	不幾乎病孤雲 而累斯樓哉.
그런데도 군민들이 고운을 그리워한 나머지	然而郡人之慕孤雲者
문창후라 부르지 않고 반드시 학사라 부르며,	不曰崔侯 而必號學士
외로운 구름(孤雲)이라 부르지 않고 꼭 그의 직함을 부르며,	不曰孤雲 而必稱其官
돌에 새겨 기리지도 않고	不頌于石
오직 누각의 이름으로 삼고 있는 것은,	而惟樓是名焉
산택에 숨어 도를 닦아 신선이 되었다는 속설을 믿지 않고,	不信其遺蛻林澤之間
상상이라도 이 누각에서 다시 만날 것을 기대했을 것이다.	而彷佛相遻于是樓之中.
달빛이 높은 오동나무에 가리어 사면의 창문에 어리면,	若夫月隱高桐 八窓玲瓏
마치 학사께서 굽은 난간을 거니는 듯하고,	則依然學士之步曲欄也
바람이 마른 대를 흔들고	風動脩竹
한 마리 학이 빈 하늘을 울며 날아가면,	一鶴寥廓
마치 학사께서 황홀하게 가을 시를 읊고 계신 듯했으리라!	則怳然學士之咏高秋也.
누각의 이름을 학사라고 한 내력이	樓之所以名學士
이처럼 심원하구나!	其所由來者遠矣夫.

연암이 활동하던 18세기는 서구에서 몽테스키외Charles Louis-de Secondat Montesquieu, 1689~1755 외 볼테르, 루소, 디드로 등 계몽주의자들이 활동하던 시대였다. 프랑스에서는 세계 최초로 백과전서가 편집되던 때였고(1752~1772), 루소는 『사회 계약론Du Contract Social』(1762)을 발표하고 공화제를 주장하던 때였다. 연암은 이들과 비교하여 손색이 없는 계몽주의자였으며 천재적인 소설가였다.

그의 작품 연보는 대충 다음과 같다. 그중 「역학대도전易學大盜傳」, 「봉산학자전鳳山學者傳」은 일실되었고 「사략불가독론史略不可讀論」, 「통감불가독론通鑑不可讀論」 등 많은 논문이 있었다 하나 전해지지 않는다.

◆ 연암의 작품 연보

연대	작품과 활동
1754년 18세	「이충무공전李忠武公傳」
1755년 19세	「광문전廣文傳」
1756년 20세	「마장전馬駔傳」, 「예덕선생전穢德先生傳」
1757년 21세	「민옹전閔翁傳」
1759년 23세	「대은암大隱巖 창수시서唱酬詩序」
1764년 28세	「양반전兩班傳」, 「광문전廣文傳 후서後書」
1765년 29세	「김신선전金神仙傳」
1766년 30세	「역학대도전易學大盜傳」, 「봉산학자전鳳山學者傳」
1767년 31세	조부 상을 당함.
1772년 36세	식구들을 광릉 처가로 보내고 전의감동에서 혼자 거처하면서 홍대용, 정철조, 이서구, 이덕무, 박제가, 유득공 등과 강론하며 지냄.
1778년 42세	친구 유언호 권유로 홍국영의 박해를 피해 황해도 금천 연암협에 은거.
1780년 44세	중국 연경을 다녀옴. 「열하일기熱河日記」 집필 시작. 「호질虎叱」, 「허생전許生傳」
1783년 47세	「열하일기」 완성. 덕보 홍대용의 「묘비명墓碑銘」
1786년 50세	유언호의 천거로 선공감 감역에 임용되면서 벼슬살이 시작.
1787년 51세	부인 졸. 이후 독신으로 여생을 지냄.
1791년 55세	한성 판관.
1792년 56세	안의 현감.
1793년 57세	「열녀함양박씨전烈女咸陽朴氏傳」,
1794년 58세	「학사루기學士樓記」
1795년 59세	「해인사海印寺 창수시서唱酬詩序」
1796년 60세	안의 현감의 임기 마치고 귀경. 계산동에 벽돌집 「총계서숙叢桂書塾」을 지음.
1797년 61세	면천 군수.
1799년 63세	「과농소초課農小抄」, 「한민명전의限民名田議」
1800년 64세	양양 부사.
1801년 65세	벼슬을 사임하고 연암에 들어가 휴식 요양.
1805년 69세	가회방 재동 자택에서 졸. 장단 송서면 대세현 선산에 안장.
1910년	8월 19일. 좌찬성으로 추증되었고, 문도文度라는 시호를 받음.

🐦 2절. 법고창신

유가뿐만 아니라 동양 사상의 특색은 옛것을 숭상하고 거기에서 진리를 찾으려 하는 상고주의尙古主義에 있다 할 것이다. 특히 유가들은 주공, 공자, 맹자, 주자 등 옛것에서 벗어나면 이단이라 배척했다. 그러나 연암은 '법고창신法古創新', 즉 옛것에서 새로움을 창조해야 한다고 생각했다. 이 점에서는 홍대용과 마찬가지로 공자의 '술이부작述而不作'을 반대한 묵자의 진보주의 편에 선 것이다.

특히 연암은 노론 출신이지만 상고주의를 반대한다. 물론 상고주의를 반대한다고 해서 옛것을 다 버리자는 것은 아니지만 옛것에 묶이는 것을 대단히 싫어했다. 실학자들의 공통적인 특색은 현실에 충실하자는 것이지만 연암은 법고法古[10]하여 창신創新[11]할 것을 주장한다.

연암집燕巖集/**권1**/**연상각선본**煙湘閣選本/**초정집서**楚亭集序

박 씨 자제 제운은 올해 나이 이십삼 세인데 문장이 능하고	朴氏子齊雲年二十三 能文章
호는 초정이라 하는데 내게 배운 지가 몇 년이 되었다.	號曰楚亭 從余學有年矣.
그의 글쓰기는 『시경』, 『초사楚辭』 등 선진·양한의 시풍을 흠모하지만	其爲文慕先秦兩漢之作
거기에 머물지 않는다.	而不泥於跡.
그래서 진부한 말을 힘써 없애려다	然陳言之務祛[12]
간혹 계고가 없는 실수를 하거나,	則或失于無稽
입론이 너무 높아 간혹 경계가 아닌 데로 가까워지기도 하며,	立論之過高 則或近乎不經
제가를 밝히려다 법고와 창신을	此有明諸家 於法古創新
서로 헐뜯어, 다 함께 정도를 얻지 못하고	互相訾警[13] 而俱不得其正
말세의 사소한 변론으로 떨어져,	同之並墮于季世之瑣屑
도를 지키는 데 도움이 안 되고	無裨乎翼[14]道
부질없이 병든 세속으로 귀착되니	而徒歸于病俗

---

10) 옛것을 본으로 삼다.
11) 새로운 것을 창조함.
12) 祛(거)=제거.
13) 訾警(비오)=헐뜯다.
14) 翼(익)=衛也.

결국 교화를 해치는 데 이르고 만다.　　　　　　　　　而傷化也.

나는 이 점을 우려한다.　　　　　　　　　　　　　　吾是之懼焉.

새것을 창안하려다 기교에 빠지기보다는　　　　　　　與其剏新而巧也

차라리 옛것을 본받다가 고루한 편이 낫지 않을까?　　無寧法古而陋也.

연암집燕巖集/**권3/공작관문고**孔雀館文稿/**회성원집발**繪聲園集跋

옛사람이 벗을 말할 때는　　　　　　　　　　　　　古之言朋友者

혹은 '제이의 나'라고 칭하기도 하고,　　　　　　　或稱第二吾

자기 일처럼 돌보아준다는 뜻으로 '주선인'이라 칭하기도 했다.　或稱周旋人.

이런고로 글자를 처음 만든 사람이　　　　　　　　是故造字者

우羽 자를 겹쳐서 붕朋 자를 만들었고,　　　　　　羽借爲朋

수手 자와 우又 자를 합해 우友 자를 만들었다.　　手又爲友.

이는 새는 양 날개가 있어야 날아갈 수 있고,　　　言若鳥之兩羽

사람은 두 손이 있어 일을 할 수 있음을 말한 것이다.　而人之有兩手也.

그런데도 벗을 말하는 이는 천년의 옛사람을 벗한다 했는데　然而說者曰 尙友千古

이는 얼마나 답답한 말인가?　　　　　　　　　　鬱胸哉 是言也.

천고의 사람은　　　　　　　　　　　　　　　　千古之人

이미 죽어 떠도는 티끌이나 싸늘한 바람일 터인데,　已化爲飄塵冷風

장차 누가 내 분신이 되고　　　　　　　　　　則其將誰爲吾第二

누가 내 주선인이 될 수 있단 말인가?　　　　　誰爲吾周旋耶.

양웅은　　　　　　　　　　　　　　　　　　　楊子雲[15]

당세에 지기를 얻을 수 없어,　　　　　　　　　旣不得當世之知己

탄식하며 천년 후의 양웅을 기다리겠다고 했다.　則憤然 欲俟千歲之子雲.

이에 조선의 조구명趙龜命은 그를 비웃으며 말하기를,　吾邦之趙龜命汝嗤之曰

"내가 그가 지은 『태현경』을 읽으니 눈으로 보면　吾讀太玄 而目視之

내 눈은 양웅의 것이고,　　　　　　　　　　　目爲子雲

귀로 들으면 내 귀는 양웅의 귀가 되었으며,　　耳聆之 耳爲子雲

손과 발로 춤을 추니 각각 양웅과 하나가 되었으니,　手舞足蹈 各一字雲

---

15) 子雲(자운)=揚雄의 字.

어찌 천년 후를 기다릴 것인가?"라고 했다.

나 또한 안타까운 마음에 미칠 것 같다.

이에 대해 말하여 이르기를,

눈과 귀는 때로는 보지도 듣지도 못할 때가 있으니

이른바 춤을 추는 자운은 (이미 죽은 양웅에게는 보여줄 수 없으니)

장차 누구에게 듣게 하고 보게 할 것인가?

오! 이목과 수족은 내가 태어날 때 같이 생겨

가장 가까운 것이거늘,

오히려 이처럼 기대할 수 없는데

누가 답답하게 천년 전으로 거슬러 올라가 친구를 할 것이며,

어리석게 천년 후를 기다려 친구할 것인가?

이로 본다면

벗은 반드시 현재 지금 세상에서 구해야 하는 것이

명백하다.

오! 나는 『회성원집繪聲園集』을 읽고,

나도 모르게 마음과 뼈가 들끓고 눈물이 줄줄 흘렀다.

이르기를 나는 봉규씨와

이 세상에 같이 태어났고,

이른바 연배도 서로 같고 도道도 서로 비슷한 것 같다.

그런데 어찌 서로 벗이 될 수 없단 말인가?

진실로 장차 벗이 되려고 하면

어찌 서로 볼 수 없겠는가?

두 지역이 만 리 떨어졌으니

멀어서 그런가?

그렇지 않다.

아아!

이미 서로 만나본 적이 없으니

何必待千歲之遠哉.

吾復鬱陶焉 直欲發狂.

於斯言曰

目有時而不覩 耳有時而不聞

則所謂舞蹈之子雲

其將孰令聆之 孰令視之.

嗟乎 耳目手足之生幷一身

莫近於吾

而猶將不可恃者如此

則孰能鬱鬱然 上遡千古之前

昧昧乎 遲待千歲之後哉.

由是觀之

友之必求於現在之當世也

明矣.

嗟乎 吾讀繪聲園集[16]

不覺 心骨沸熱涕泗橫流.

曰吾與封圭[17]氏生

旣幷斯世矣

所謂年相若也 道相似也.

獨不可以相友乎.

固將友矣

獨不可得以相見乎.

地之相距也萬理

則爲其地之遠歟.

曰非然也

嗟乎嗟乎.

旣不可得以相見乎

제3부 변법창신의 이용후생파

---

16) 繪聲園集(회성원집)＝중국 郭執桓의 詩集.

17) 封圭(봉규)＝郭執桓의 字. 號는 繪聲園, 또는 東山.

벗이 될 수 없단 말인가?

나는 봉규씨가 키가 몇 자인지 모르고,

수염과 눈썹이 어떻게 생겼는지 알지 못한다.

용모를 모르면 한세상에 같이 산다 한들 무슨 대수이겠는가?

그렇다면 나는 장차 어찌해야 할 것인가?

나는 장차 천고의 옛사람을 벗 삼는 법을 따라야 하는가?

봉규씨의 시는 성대하다.

장시는 순임금의 소韶와 탕임금의 호護를 발현한 듯하고,

짧은 시는 옥이 부딪치는 듯 맑게 울린다.

시가 차분하고 기품이 있으며, 따뜻하고 우아함은

낙수의 놀란 기러기를 보는 듯하고,

깊은 물가 소슬함은

동정호에 낙엽 지는 소리를 듣는 듯하다.

그러나 나는 이 시를 지은이가 자운인지

읽는 이가 자운인지 모르겠다.

오! 언어는 서로 달라도 글 쓰는 법도는 같아서,

기뻐서 웃고 슬퍼서 우는 것은 통변이 없어도 통한다.

왜 그런가?

정情을 겉으로 꾸미지 않고,

노래는 충심에서만 표출하기 때문이다.

나는『회성원집』을 지은 봉규씨와 더불어

똑같이 후세의 양웅을 비웃고,

똑같이 천년 옛사람과 벗 삼는 것을 슬퍼한다.

則順可謂之友乎哉.

吾不知封圭氏之身長幾尺

鬚眉何如不可知.

則吾其於幷世之人何哉.

然則吾將奈何.

吾將以尙友之法友之乎.

封圭之詩盛矣哉.

其大篇發韶護

短章鳴瓊珩.

其窈窕溫雅也

如見洛水之驚鴻

泓渟蕭瑟也

如聞洞庭之落水.

吾又不知其作之者子雲歟

讀之者子雲歟.

嗟乎 言語雖殊 書軌攸同

惟其歡笑悲啼 不譯而通.

何則.

情不外假

聲[18]出由衷.

吾將與封圭氏一以笑

後世之子雲

一以弔千古之尙友.

법고창신

연암은 혁명적이었다. 그는 조선 사회가 이대로는 안 되고 혁명적으로 바꿔어야 한다고 생각했다. 내부적으로 임란과 호란 이후 전란에 대한 철저한 반

---

18) 聲(성)=樂律.

성 없이 승전국인 양 전란 이전의 모습을 자화자찬하고 더욱 강화하는 것으로 나아가는 것은 잘못이라고 생각했다. 그리고 이러한 생각을 공유하는 이른바 북학파의 영수로서 새로운 길에 대한 모색이 요구되었다. 이에 그는 창신을 주장하게 된 것이다.

연암집燕巖集 **/권12/열하일기**熱河日記**/관내정사**關內程史 **8월 1일**

문자가 생긴 이래 이십일 대 삼천 년 동안	自有書契以來 二十一代三千餘年
천하를 다스린 술법은 무엇이었던가?	治天下將以何術也.
어찌 유정유일惟精惟一 윤집궐중允執厥中의 심법이 아니겠는가?	豈非所謂惟精惟一之心法乎.
그러므로 나는 천하를 다스림에는 요순이 있었음을 알겠고,	故治天下者 吾知其有堯舜氏
홍수를 다스림에는 하우씨가 있었음을 알겠고,	治水吾知其有夏禹氏
정전을 시행한 것은 주공이 있었음을 알겠고,	井田吾知其有周公[19]氏
학문을 전파한 것은 공자가 있었음을 알겠고,	學問吾知其有孔子氏
제정과 부세를 골고루 한 것은 관중이 있었음을 알겠다.	財賦吾知其有管仲氏.
그러나 나는 그 밖에는 잘 알지 못한다.	吾未知復有.
또 얼마나 많은 성인이 마음을 다하고 머리를 짜냈는지?	幾聖人竭其心思焉.
또 얼마나 많은 성인이 눈과 귀로	幾聖人竭其目力焉
총기를 다했는지?	幾聖人竭其耳力焉.
또 얼마나 많은 성인이 다시 새로 창조했는지?	幾聖人屮[20]創之.
또 얼마나 많은 성인이 다시 윤색하고 수정했는지?	幾聖人潤色之 幾聖人修飾之.

연암집燕巖集**/권13/열하일기**熱河日記**/망양록**忘羊錄

혹정이 웃으며 말했다.	鵠汀笑曰.
"선생은 옛 성인의 도道를 너무 좋아 하는군요!	先生亶[21]好泥古之論[22]也.
그러나 성인도 어쩔 수 없는 것이 운화運化입니다.	聖人之所未可能者 運也.
차면 이지러지고, 쇠하면 성하는 것이 하늘의 운화이며,	盈虧消長者 天之運也
고허하다가도 왕성히 초목을 심는 것이 땅의 운화입니다.	孤虛旺相[23]者 地之運也.

19) 周公(주공)=箕子의 착오인 듯.

20) 屮(철)=草木初生也. 艸의 古字. 論衡: 初生爲屮(철), 二屮爲艸(초), 三屮爲芔(훼), 四屮爲茻(망).

21) 亶(단)=진실로 도탑다.

22) 論(논)=先聖格言.

23) 相(상)=枱의 착간인 듯. 枱는 揷也 耜也의 뜻.

오래되면 변화를 원하고, 낡으면 새로운 것을 좋아하며,　久則思變 舊則思[24]新

궁하면 통하는 것이 운화의 계기인 것입니다.　窮則思通 此運之際也.

비록 노래를 잘 부르는 자라도, 항상 같은 곡조를 부르면　雖有善唱 一曲恒歌則

듣던 관중은 모두 자리를 뜰 것입니다.　座者皆起.

묵은 법은 폐단이 생기기 마련인데,　法久弊生

이것을 고칠 줄 모르는 것을　不知更張者

교주고슬膠柱鼓瑟이라 합니다.　謂之膠柱鼓瑟[25].

이것은 인정이 다 같은 이치입니다.　此乃人情之所同然.

그러므로 다스림이 요순이 아니면　故治非堯舜則

비록 요순의 소무를 춘다 해도,　雖有韶舞

어떤 몸짓도 신과 인간이 화합하기는 어려울 것입니다.　向背之間 神人難和.

이것이 바로 성인도　此聖人無奈乎

세상 운수의 순환은 어찌 할 수 없다는 것입니다."　運之循環也.

실
학
사
상

이덕무李德懋著

청장관전서靑莊館全書/**권28**/**사소절**士小節/**사전**士典

옛것을 배우되 거기에 빠지면 참다운 옛것이 아니다.　學古而泥 非眞古也.

옛것의 장점을 취하여 지금을 이롭게 하는 것이야말로　酌[26]古斟今

오늘의 참다운 옛것이다.　今眞古也.

연암집燕巖集/**권16**/**과농소초**課農小抄/**제가총론**諸家總論

생생生生하면 화化하고, 성취하면 변한다.　生則化 成[27]則變.

그러니 반드시 성취 이후에 생이 있다.　然必成而後有生.

양陽은 음陰을 뿌리로 하나니, 생 이후에 성취가 있다.　陽根陰也 生而後有成.

음은 양을 뿌리로 하나니 성취는 변화를 말하는 것이며,　陰根陽也 成者謂之變

그 본 뿌리를 이탈하고 옛 몸을 바꾸는 것이다.　脫其本根 易其故體.

---

24) 思(사)=願也.

25) 膠柱鼓瑟(교주고슬)=소리 낼 수 없는 모형 악기.

26) 酌(작)=擇善而取也.

27) 成(성)=畢也, 終也.

생명은 운화運化라고 말하는 것이며,　　　　　　生者謂之化

진액을 길러 그 시초의 단서를 통창하여 번성하게 하는 것이다.　　融液所畜 暢茂其緒.

그러므로 동지 이후에는 생명 의지가 모두 감추어 있고,　　故冬至之後 生意皆含[28]

하지 이후에는 생명의 기색이 모두 통창한다.　　夏至之後 生色皆達[29].

감추는 것은 변화의 기틀이고, 통창함은 변화가 점진함이다.　　含者化之機 達者變之漸

그러므로 음과 양은 서로의 뿌리가 되는 것이다.　　陰陽互爲其根.

양생가들은 먼저 천기天氣를 구하려 하는데,　　養生家欲求先天之氣

마땅히 화化 속에서 한 번 변變을 생각해야 하나니,　　當思化裏一變

화가 아니면 변할 수 없고, 변이 아니면　　非化不能變 非變則

화는 화에서 끝날 것이다.　　化者終於化矣.

이를 사물의 이치에 미루어보더라도 역시 그렇다.　　推之事理 亦然.

무릇 일이 이루어질 때 그 시작은 매우 미약하지만,　　凡事之立 其始甚幾微

채워지고 넓어져 반드시 무성해지게 된다.　　充廣必盛.

크게 성대했다가 반드시 쇠해지고, 쇠해지면 반드시 해지고,　　大盛必衰 衰必斁

해지면 반드시 변하게 된다.　　斁則變.

변하지 않으면 허물어지고, 허물어지면 멸망하게 된다.　　不變則毀 毀則息.

이는 도道를 아는 사람이 깊이 생각해야 할 일이다.　　此知道者之所深憂乎.

좋은 변화를 도모해서 허물어지지 않으려면　　圖善變而不毀者

농사에서 본받아야 한다.　　其諸取法於農.

연암집燕巖集/**권7**/**종북소선**鍾北小選/**관재기**觀齋記

너는 순순히 받아들이고 순순히 보내라.　　汝順受而遣之.

내가 세상을 보아온 지가 육십 년이지만,　　我觀世六十年

만물에 남는 것은 없고 모두가 도도히 흘러갔다.　　物無遺者 滔滔皆往.

일월까지도 가고 제자리에 머물러 있지 않았다.　　日月其逝 不停其輪.

내일의 해는 오늘의 해가 아니다.　　明日之日 非今日也.

그러므로 맞이하려 함은 거역이요, 끌어당기려 함은 억지이며,　　故迎者逆也 挽者勉也

---

28) 含(함)=懷也, 藏也.

29) 達(달)=通也, 暢也.

떠나보내는 것이 순리다.　　　　　　　　　　　　　　遣者順也.

　　여기까지 이른 데는 여러 요인이 작용하고 있으며 현실적으로 극복 지양해야 하는 여러 문제에 봉착한다. 우선 연암은 자기 소속 당파인 집권 서인 세력의 현실을 무시한 친명親明 반청反淸 반일反日의 대외 정책에 반기를 들어야 했다. 그가 『열하일기』를 쓴 1780년은 명나라가 망한 지 136년이 지난 청나라 건륭 45년이었다.[30] 그런데도 조선의 지식인들은 명나라 연호를 계속 쓰기를 강요했다. 그러나 연암은 『열하일기』에서 명나라 마지막 임금인 의종의 연호 숭정崇禎을 쓰지 않았다. 그래서 수구파의 거센 비난을 받아야 했다.

　　그의 창신은 성리학을 새롭게 해석하는 것으로 만족하지 못했다. 그의 고민의 폭과 깊이는 그보다 넓고 깊었다. 그는 청나라와 일본이 이미 적극적으로 받아들이고 있던 서양 문물에 대해 개방적이었다. 그러므로 그는 집권 세력인 서인의 반청 정책과 대립하는 모험과 수난을 감수했다. 또한 당시 청나라는 고증학이 일어나 성리학을 비판하고 기철학氣哲學이 이를 능가하는 대세를 이루고 있었다. 이러한 국제적인 경향과 율곡의 주기론主氣論적 성리학과의 괴리를 고심해야 했다. 그러므로 그는 조선의 수구적인 성리학에 동조하지 않음으로써 야기되는 현실적인 문제를 극복해야 했다.

　　또 한편으로 개혁파의 이용후생 일변도의 급진파의 도전을 조율해야 하는 고민이 있었다. 개인적으로 절친한 벗이요, 선배 과학자인 홍대용으로부터 서구 과학적 학문을 접하고 이의 수용을 적극 동조했으나 그들의 경험론적 인식론에 무조건 승복할 수 없었고, 이를 선험론과 종합하려 했다. 홍대용은 장자, 묵자, 불교 등 이단 학문에 경도되어 있었는데 연암은 장자를 글쓰기의 전범으로 삼았지만 장자를 묵수하지 않고 도교와 불교를 비판했다. 그의 제자인 박제가 등 청나라의 문물에 경도되어 있는 급진파들을 자주적이고 주체적으로 지향하도록 설득해야 하는 문제를 고심해야 했다. 이러한 고심 끝에 나온 것이 이른바 '법고창신法古創新'이었다고 말할 수 있을 것이다.

　　그러나 그는 이 모두를 철학적으로 성리학과 대립되는 새로운 담론 체계로 구성하려 하지는 않았다. 그러한 시도는 당시 축적된 사유 체계로는 불가능했다고 볼 수도 있으며 또한 그의 문학적 개성 때문에 그것에 골몰하고 있을 수 없었는지도 모른다. 오히려 그것은 훗날 다산과 혜강에 의해 완성된다. 그러나 그는 문예를 통해 그것을 함축적으로 제시했다. 그는 문체의 창신創新을 이루었고 그 속에는 새로운 사상 혁명의 씨앗이 숨어 싹트고 있었던 것이다. 이처럼 북학파들은 정학正學에 동조할 수 없었으므로 벼슬길을 포기하고 고난한 길을 택했던 것이다.

---

30) 1644년에 명나라 멸망.

유월 어느 날 낙서洛瑞가 밤에 나를 방문하고　　　　　　六月某日 洛瑞夜訪不佞[31]

돌아가서 지은 기문에서 이르기를　　　　　　　　　　　歸而有記云

"내가 연암을 방문했더니 노인은 삼 일을 굶었으며,　　　余訪燕巖丈人 丈人不食三朝

탈건 맨발로 창문에 발을 올려놓고　　　　　　　　　　脫巾跣足 加股房櫳

행랑채 마루에 누워,　　　　　　　　　　　　　　　　臥與廊曲

천한 종들과 서로 문답하고 있었다"라고 했다.　　　　　賤隸相問答.

연암이란 호號는 곧 내가 김천 골짜기에 살았으므로　　所謂燕巖者 卽不佞金川峽居

사람들이 그렇게 부르게 된 것이다.　　　　　　　　　而人因以號之也.

나와 권속들이 광주 광릉에 있은 적이 있었는데　　　不佞眷屬 時在廣陵

나는 할 일 없이 살만 쪄 더위에 고통스러웠고,　　　不佞素肥苦暑

또 초목이 우거져 여름밤에는 모기와 파리를 걱정해야 했고　且患草樹蒸鬱 夏夜蚊蠅

논에서는 개구리가 밤낮을 가리지 않고 울어대니　　　水田蛙鳴晝夜不息

늘 여름만 되면 항상 서울 집에서 피서를 한다.　　　以故每當夏月 常避暑京舍.

서울 집은 몹시 습하고 협소하지만　　　　　　　　京舍雖甚湫[32]隘

그러한 고초는 없기 때문이다.　　　　　　　　　　而無蚊蛙 草樹之苦.

다만 계집종 하나가 집을 지켜주고 있었는데,　　　獨有一婢守舍

갑자기 눈병을 앓다가 광기를 불러 주인을 버리고 나가버렸다.　忽病眼狂呼棄主去.

식모가 없어져 부득이 행랑채에 기식하자니,　　　無供飯者 遂寄食廊曲

자연히 스스럼없이 친해졌고　　　　　　　　　　自然款狎

저들 역시 거리낌 없이 내 노비처럼 심부름을 해주었다.　彼亦不憚 使役如奴婢.

아무 생각 없이 편안하게 살며 어쩌다 시골 편지를 받지만,　靜居無一念 在意時得鄕書

단지 그들이 평안하다는 글자만 훑어본다.　　　　但閱其平安字.

점점 소루하고 나태함만 익숙해져 경조사 참석도 폐해버렸다.　益習疎懶 廢絶慶弔.

간혹 수 일씩 세수도 안 하고 혹 한 열흘을 망건도 쓰지 않았다.　或數日不洗面 或一旬不裹巾.

객이 와도 말없이 조용히 앉아 있기도 하지만　　　客至或黙然淸坐

혹 나무장수와 참외장수가 지나가면 불러들여서　　或販薪賣瓜者過呼

더불어 효제, 충신, 예의, 염치 등을 담화하되,　　與語孝悌忠信禮義廉恥

제3부 변법창신의 이용후생파

---

31) 不佞(불녕)=自稱不才曰. 佞은 侫의 속자.

32) 湫(추)=늪, 땅이 낮음.

충실하게 수백 번 반복해서 말해준다.　　　　款款語屢數百言.

남들은 우활하고　　　　人或譏其迂闊

온당하지 않고 지리하다고 나무라지만,　　　　無當支離可厭

나는 종시 그칠 줄을 모른다.　　　　而亦不知止也.

혹은 집이 있으면서 객지살이요　　　　又有譏 其在家爲客

처가 있으면서 중 같다고 나무라지만　　　　有妻如僧者

더욱 안일해져 금방 할 일 없는 것만을 만족스러워한다.　　　　益晏然 方以無一事爲自得.

까치 한 마리가 부러진 다리로 절뚝거리는 것이 우스워서,　　　　有雛鵲折一脚蹣跚可笑

밥을 던져주니 길이 들어 날마다 찾아와 친해졌다.　　　　投飯粒益馴 日來相親.

그래서 내가 우스개로 이르기를　　　　遂與之戲曰

돈(맹상군)은 한 푼 없어도,　　　　全無孟嘗君[33]

손님(평원군)은 있구나!　　　　獨有平原客.

우리는 돈의 단위를 문文이라 하므로　　　　東方俗謂錢爲文

전문田文의 별호가 맹상군이어서 그를 돈이라 말하는 것이다.　　　　故稱孟嘗君.

졸다가 깨서 책을 보고, 보다가 또 존다.　　　　睡餘看書 看書又睡.

졸아도 아무도 깨울 사람이 없어,　　　　無人醒覺

어떤 때는 하루 종일 푹 자기도 한다.　　　　或熟睡盡日.

때때로 글을 지어 내 생각을 표현하기도 하고,　　　　時或著書見意

피로를 느끼면 갓 배운 양금을　　　　新學鐵絃小琴

두어 가락 뜯기도 한다.　　　　倦至爲弄數操[34].

간혹 친구가 술을 보내주면　　　　或故人有餉[35]酒者

문득 흔연히 퍼마셨다.　　　　輒欣然命酌.

취한 뒤에는 스스로 나를 예찬했다.　　　　旣醉乃自贊曰.

내가 내 몸만 아끼는 것은 양주와 같고,　　　　吾爲我似楊氏

모든 사람을 평등하게 사랑하기는 묵자와 같고,　　　　兼愛似墨氏

자주 쌀독이 비는 것은 안연과 같고,　　　　屢空似顔氏

실학사상

---

33) 孟嘗君(맹상군)=田文의 별호. 돈의 명칭. 齊의 孟嘗君, 趙의 平原君, 魏의 信陵君, 楚의 春申君을 戰國 시대 四公子라 하는데 이들은 수천 명의 유사를 식객으로 거느린 대부호로 정치가다.

34) 操(조)=曲調.

35) 餉(향)=軍糧, 보내온 음식.

주검처럼 살기로는 노자와 같고,　　　　　　尸居似老氏

천의무봉 구애받지 않기는 장자와 같고,　　曠達似莊氏

참선을 하기는 석가모니와 같고,　　　　　參禪似釋氏

높은 놈에게 공손하지 않은 것은 유하혜와 같고,　不恭似柳下惠

술을 퍼마시기는 죽림칠현의 유령과 같고,　飮酒似劉怜

남에게 밥을 얻어먹기는 한신과 같고,　　　寄食似韓信

낮잠을 잘 자기는 진박과 같고,　　　　　　善睡似陳搏

거문고를 잘 타기는 자상호와 같고,　　　　鼓琴似子桑戶

책을 저술하기는 양웅과 같고,　　　　　　著述似揚雄

스스로　남과 견주어보는 것은 제갈량과 같으니,　自比似孔明

나는 아마도 거의 성인에 가까운 것인가?　吾殆其聖矣乎.

다만 크기로는 조교에 못 미치고,　　　　　但長遜曹交

삼 일 굶어도 염치를 찾기는 능중자陵仲子에 양보해야 하니,　廉讓於陵

부끄럽고 부끄럽구나!　　　　　　　　　　慙愧慙愧.

혼자 스스로를 한바탕 웃었다.　　　　　　因獨自大笑.

그때 나는 정말 사흘째 끼니를 잇지 못하고 있었는데,　時余果不食三朝

행랑 사람이 남의 지붕을 이어주고　　　　廊隷爲人蓋屋

품삯을 받아와서 겨우 저녁밥을 지었다.　得雇直時夜炊.

고개를 쳐들고 보니 은하수가 지붕 위에 드리웠고,　而仰視天河垂屋

별똥이 서쪽으로 흘러가면서 하늘에 흰 금을 그어놓았다.　飛星西流 委白痕空.

나도 기문 한 편을 지어 낙서의 기문에 대답하노라.　玆爲之記以酬.

이덕무李德懋

청장관전서靑莊館全書/**간본아정유고**刊本雅亭遺稿/**권6**

내 집에 남은 귀중한 물건은 『맹자』 일곱 권뿐인데,　家中藏物 只孟子七篇

오랜 굶주림을 견디다 못해 이백 전에 팔아　不堪長飢 賣得二百錢

밥을 잔득 해 먹고,　　　　　　　　　　　爲飯健[36]啖

희희낙락하며 영재(유득공)에게 달려가 자랑했답니다.　嬉嬉然赴泠齋大夸之.

그런데 영재의 굶주림도 이미 오래된 터이라 내 말을 듣더니,　泠齋之飢亦已多時 聞余言

─────────

36) 健(건)=貪也.

선걸음으로 『좌씨전左氏傳』을 팔아 立賣左氏傳

남은 돈으로 술을 사서 나를 대접했습니다. 以餘錢沽酒以飮我.

이는 맹가가 손수 밥을 지어 나를 먹게 한 것이고, 是何異 子輿氏親炊飯以食我

좌구명이 손수 술을 부어 권한 것과 어찌 다르겠습니다. 左氏生手斟酒以勸我.

그래서 맹씨와 좌씨를 침이 닳도록 칭송하였습니다. 於是 頌讚孟左千千萬萬.

만약 우리들이 죽도록 이 책들을 읽었다손 치더라도, 然吾輩若終年讀此二書

어찌 일찍이 한 푼이라도 굶주림을 구제할 수 있었겠습니까? 何嘗救一分飢乎.

이제야 알겠습니다. 是知.

책을 읽어 부귀를 구함은 어림없는 요행수요, 讀書求富貴 皆僥倖之術

당장 책을 팔아먹는 것을 도모해 不如置賣喫圖

한 번이라도 배부르고 취하는 것이 一醉飽之

보다 소박 진솔하여 꾸밈이 없는 것임을……. 爲樸實而不文飾也.

참으로 서글픕니다. 귀하는 어찌 생각하십니까? 嗟夫嗟夫. 足下以爲如何.

청장관전서靑莊館全書/**권4**/**영처문고이**嬰處文稿二/**서골계전후**書滑稽傳後

나 이덕무는 홀로 순우곤, 우맹, 우전의 괴로운 심정을 슬퍼한다. 余獨悲淳于髡優孟優旃之苦心.

그들은 매양 입을 가리고 웃을 자리에서 탄식하고, 每當胡盧[37]爲咨嗟[38].

배를 잡고 웃을 자리에선 흐느껴 울었다. 反嗢噱[39]爲噓唏[40].

그들이 살던 제, 초, 진나라는 당시 치세가 없었기 때문이다. 夫齊楚秦非治世也.

이들 세 사람을 아는 자들에게는 是知三者

그들이 어리석은 것 같고 어질지 않은 것 같았으나 似愚非賢

진실로 어질었지만 어리석은 척했던 것이다. 眞賢假愚.

그들은 골계를 의탁해 목숨을 보전했던 것이다. 托此滑稽 以全其身.

남공철南公轍 [41]

금릉집金陵集/**권17**/**묘지**墓誌/**박산여묘지명**朴山如墓誌銘

---

37) 胡盧(호노)=입을 가리고 웃음.

38) 咨嗟(자차)=탄식함.

39) 嗢噱(올각)=눈물날 정도로 우습다.

40) 噓唏(허희)=흐느낀다.

41) 남공철의 자는 元平, 호는 金陵, 시호는 文獻, 山淸 任實 현감, 영의정, 당대 최고의 문장가였다.

내가 연암을 따라

산여(朴南壽)의 벽오동관에 모였을 때

산여가 연암에게 이르기를

"선생의 문장은 비록 정미하지만 패관의 기서를 좋아하여

고문이 일어나지 못할까 걱정됩니다."

연암이 취중에

"네가 무엇을 안다고 그러느냐?"라고 핀잔을 주었다.

그리고는 다시 계속 책을 읽어 내려갔다.

연암이 술이 깨자 홀연 옷을 정제하고

무릎을 꿇고 앉아 말했다.

"산여 군! 이리 오게!

내가 세상살이에 곤궁한 지 오래다.

문장을 빌려

꼭두각시처럼 불평한 심기를 표출하며

방자하게 유희하는 것이 어찌 좋아서 그렇겠는가?

산여와 원평(남공철)은 모두 젊고 자질이 뛰어나니

문장을 하는 데 신중하여 나를 배우지 말고,

정학을 일으키는 것을 자기의 소임으로 삼고,

훗날 왕조의 신하가 되어주게나!"

余嘗從燕巖朴仲美

會山如碧梧桐亭館

山如謂燕巖曰

先生文章雖工 好稗官奇書

恐古文不興.

燕巖醉曰

汝何知.

復讀如故.

燕巖旣醒 忽整衣

坐.曰

山如來前.

吾窮於世久矣.

欲借文章

一瀉出傀儡不平之氣

恣其游戱爾 豈樂爲哉.

山如元平俱少年美資質

爲文愼勿學吾

以起正學己任

爲他日王朝之臣也.

새 선비론

연암과 그 벗들과 제자들은 이처럼 도학군자의 길보다는 실용 실사의 선비를 지향했다. 그의 제자들은 정학을 하는 이도 있었으나 그중에서도 서얼들은 출세를 포기했기 때문에 실용학을 하되 한 가지 전문 분야를 설정하고 그것에 매진한 듯하다. 특히 연암은 기예를 위해서 목숨까지 바치는 이들을 격려하면서 필요하다면 도덕적 수양까지도 잊으라고 말한다. 이것은 거의 근대적인 면모를 보여주고 있다는 점에서 주목된다 하겠다.

연암집燕巖集/**권10/엄화계수일**罨畫溪蒐逸/**원사**原士

독서를 잘한다는 것이   善讀書者

어찌 훈고를 밝히는 것으로 그칠 것인가? 豈訓詁明而已哉.

소위 선비란 자가 어찌 오경을 통달하는 것으로 그칠 것인가? 所謂士者 豈五經通而已哉.

대저 성인의 글을 읽는 자가 夫讀聖人之書

성인의 고심을 아는 자는 드물다. 能得其苦心者鮮矣.

대저 독서란 장차 무엇을 위한 것인가? 夫讀書者 將以何爲也.

장차 글 쓰는 재주를 풍부하게 하려는 것인가? 將以富文術也.

독서를 한다면서 실용을 모른다면 讀書而不知實用者

강학이 아니다. 非講學也.

강학을 귀하게 여기는 것은 진실로 실용을 위한 것이다. 所貴乎講學者 爲其實用也.

연암집燕巖集/**권7**/**종북소선**鍾北小選/**북학의서**北學議序

학문의 길은 다른 것이 없다. 學問之道無他.

모르는 것이 있으면 길 가는 사람이라도 有不識 執塗之人

붙잡고 물어야 한다. 而問之可也.

비록 몸종일지라도 나보다 한 글자라도 많이 알면 僮僕多識我一字

그에게 배워야 한다. 姑[42]學汝.

자기를 부끄럽게 하는 것은 남보다 못한 것이 아니라, 恥己之不若人

자기보다 나은 사람에게 묻지 않는 것이다. 而不問勝己.

이는 곧 평생 스스로를 고루하고 미개한 데 則是終身自錮

가두어버리는 것이다. 於固陋無術之地也.

순임금은 밭 갈고 그릇 굽고 물고기 잡다가 舜自耕稼陶漁

임금이 되었으므로 以至爲帝

남이 잘하는 것을 취하지 않은 것이 없었다. 無非取諸人.

공자는 "나는 젊었을 때 천했으므로 孔子曰 吾少也賤

비천한 일에 능하다"라고 말했다. 多能鄙事.

이는 밭 갈고 그릇 굽고 고기 잡는 일과 같은 것이다. 亦耕稼陶漁之類是也.

그러므로 순임금과 공자가 성인이 된 것은 故舜與孔子之爲聖

남에게 묻기를 좋아하고 不過好問於人

---

42) 姑(고)=잠시.

잘 배운 것에 불과한 것이다.

그而善學之者也.

연암집燕嚴集/권7/종북소선鍾北小選/형언도필첩서炯言桃筆帖序

비록 조그만 기예라도 다른 것을 잊은 연후에야 성공한다.
그러니 황차 큰 도道를 이룸에야 말해 무엇하랴?
월곡月谷 최흥효는 온 나라에 서예가로 이름난 사람이다.
젊을 때 과거를 보러가서 하나의 왕희지류를 얻은지라,
온종일 들여다보다가 차마 그 글씨를 바칠 수가 없어
가슴에 품고 돌아와버렸다.
이쯤 되면
이해득실을 마음에 두지 않은 경지라고 말할 수 있다.
허주虛舟 이징은 어려서 다락에 올라 그림을 익히는데,
집에서는 그를 찾아 헤매다 삼 일 만에 찾았다.
아비가 성내며 매질하자 울면서 눈물로 새를 그리고 있었다.
이쯤 되면 그림을 위해 영욕조차 잊은 경지일 것이다.
학산수는 온 나라에 노래 잘 부르기로 이름난 사람이다.
입산 수련할 때 매일 한 곡조마다 모래를 주워 신에 던졌고
신발에 모래가 가득해야만 하산했다고 한다.
한번은 도적을 만나 죽게 되었는데도
바람을 따라 노래를 불렀다.
그러자 도적들도 감격하여 울지 않는 자가 없었다 한다.
이야말로 사생도 마음에 들어오지 않는 경지라 할 것이다.

내가 처음 그들의 소문을 듣고 탄복하며 말했다.
"대저 대도大道는 잃어버린 지 오랜 일이다.
나는 여색보다 어짊을 좋아하는 자를 본 적이 없다.
그런데 저들은 기예를 위해 생명조차 가볍게 보았다.
오! 아침에 도道를 듣고 저녁에 죽어도 좋다는 것이리라!"

雖小技 有所忘然後能成.
而況大道乎.
崔興孝通國之善書者也.
嘗赴擧書卷得一字類王羲之
坐視終日 忍不能捨
懷卷而歸.
是可謂
得失不存於心耳.
李澄幼登樓而習畵
家失其所在 三日乃得.
父怒而笞之 泣引淚而成鳥.
此可謂忘榮辱於畵也.
鶴山守通國之善歌者也.
入山肄[43] 每日闋[44]拾沙投履
滿履乃歸.
嘗遇盜將殺之
倚風而歌.
群盜莫不感激泣下者.
此所謂死生不入於心.

吾始聞之歎曰
夫大道散久矣.
吾未見好賢如好色者也.
彼以爲技足以易其生.
噫 朝聞道夕死可也.

43) 肄(이)=익히다.
44) 闋(결)=마치다.

도은의 글씨와 형암의 말씀을 모아 　　　　挑隱書炯菴叢言

열세 첩 한 권을 만들어 　　　　　　　　凡十三 則爲一卷

나에게 서문을 써달라고 한다. 　　　　　屬余序之.

대저 두 분은 오로지 내적 수양에 마음 쓰는 이들일까? 　　夫二子專用心於內者歟.

아니면 두 분께서는 오로지 예술에 노니는 이들일까? 　　夫二子遊於藝者歟.

두 분은 사생과 영욕의 갈림을 잊고 　　　將二者忘死生榮辱之分

이런 경지에 이르렀으니, 　　　　　　　而至此

그들의 공부를 어찌 지나침이라고 비난할 수 있겠는가? 　其工也豈非過歟.

만약 두 분이 잊을 수만 있다면 　　　　若二者能有忘

원컨대 도덕까지도 서로 잊으시기를! 　　願相忘於道德也.

연암집燕巖集**/권8/방경각외전**放璚閣外傳**/자서**自序

선비는 곧 하늘의 벼슬이니, 　　　　　士迺天爵

선비의 마음은 곧 지志(士+心)가 된다. 　　士心爲志.

그 선비의 마음가짐(志)은 어떻게 해야 하는가? 　　其志如何.

권세와 이익을 도모하지 않고, 　　　　不謀勢利

현달해도 선비를 떠나지 않고, 　　　　達不離士

곤궁해도 선비의 지조를 잃지 않는다. 　　窮不失士.

명예와 절개를 닦지 않으면서 부질없이 가문을 재화로 여겨, 　　不飭名節 徒貨門地

선대의 덕을 판다면 장사치와 무엇이 다르랴? 　　酤鬻世德 商賈何異.

후세로 갈수록 말세로 쇠퇴하여 　　　世降衰季

꾸밈을 숭상하고 인위를 헛되다 여기며, 　　崇飾虛僞

시를 외우며 남의 무덤을 파는 　　　詩發含珠[45]

향원의 도적들이 정덕을 어지럽히며, 　　愿賊亂紫[46]

산림에 깃들어 옛것을 따르는 것을 추하게 여긴다. 　遯棲終南 從古以醜.

이에 「역학대도전」을 짓는다. 　　　　於是述易學大盜.

---

45) 莊子/外物: 儒以詩禮發冢, 生不佈施 死何含珠.

46) 論語/陽貨 17: 惡紫之奪朱也 惡鄭聲之亂雅樂也.

대저 선비란 아래로는 농공에 끼고, 위로는 왕공을 벗하므로,	夫士下列農工 上友王公
지위로 말하면 등급이 없고, 덕으로 말하면 고아한 직업이니,	以位則無等也 以德則雅事也
한 선비의 독서는 사해에 은택이 미치고	一士讀書澤及四海
공적은 만세에 미친다.	功垂萬世.
『주역』에 이르기를 용이 밭에 나타나니 천하가 문명이라 함은	易曰 見龍在田 天下文明
진실로 독서하는 선비를 이른 것이리라!	其謂讀書之士乎.
그러므로 천자는 원사인 것이다.	故天子者 原⁴⁷⁾士也.
원사란 사람을 살리는 근본이니,	原士者 生人之本也
벼슬은 천자요, 몸은 선비인 것이다.	其爵則天子也 身則士也.
그러므로 벼슬은 고하가 있으나 몸은 변하지 않으며,	故爵有高下 身非變化也
지위는 귀천이 있으나, 선비임은 변하지 않는다.	位有貴賤 士非轉徙也.
그러므로 선비에게 작위가 주어져도	故爵位加於士
선비를 바꾸는 작위는 아니다.	非士遷而爵位也.

무릇 대부를 사대부라 함은 그를 높이는 것이요,	大夫曰士大夫 尊之也
관장인 군자를 사군자라 함은 그를 어질다 함이요,	君子曰士君子 賢之也
군졸을 군사라 함은 그들을 많게 함이니,	軍卒曰士 衆之也
사람마다 선비임을 밝히려는 까닭이다.	所以明人人而士也.
법을 집행하는 자를 사士라 함은, 그를 독립 자주하게 함이니,	執法曰士 獨之也
천하를 공정하게 함을 보여주려는 까닭이다.	所以示公於天下也.
그러므로 천하에 공론을 사론이라 하며,	故天下之公言 曰士論
당세에 제일류를 사류라 하며,	當世之第一流 曰士流
천하에 의로운 소리로 외치는 것을 사기라 하며,	鼓四海之義聲 曰士氣
군자가 죄 없이 죽는 것을 사화라 하며,	君子無罪而死 曰士禍
학문을 강론하고 도道를 논하는 곳을 사림이라 한다.	講學論道 曰士林.

373

---

47) 原(원)=本也, 元也.

유교는 한나라 동중서가 공자의 경학經學에 참위설讖緯說을 붙여 종교로 만든 것이다. 경학의 기본은 '극기복례克己復禮'이며 참위설의 기본은 '천인감응설天人感應說'이다. 그런데 천인감응설의 철학적 기초는 '음양오행설陰陽五行說' 내지 '오덕종시설五德終始說'이다.[48] 담헌과 연암은 이러한 철학적 기초를 무너뜨려버린 것이다.[49]

이것은 한나라 이래의 미신 유학과 송나라 이래의 성리학을 버리는 것이며, 나아가 공자 이전으로 돌아가 기자의 '홍범구주'의 원시 유학으로 돌아가 이용후생학을 부흥시키자는 학문의 혁명을 위한 기본적 터 닦기였다.

연암집燕巖集/권12/열하일기熱河日記/관내정사關內程史/호질虎叱

음양이란 하나의 기운이 줄어들고 늘어나는 것인데,	陰陽者一氣之消息也
그것을 둘로 갈라놓았으니 그 고기 맛이 잡될 것이다.	而兩之 其肉雜也.
오행도 바른 자리가 있어 애초부터 상생하는 것이 아닌데,	五行正位未始相生
이제 그것을 억지로 자식과 어미라 하고,	乃今强爲子母
짠맛과 신맛으로 분배하였으니	配醎酸
그 맛이 순수하지 못할 것이다.	其味未純也.
육기六氣도 스스로 운행하는 것이어서 선도할 것이 없는데,	六氣自行 不待宣導
이제 망령되게 재성보상財成輔相이라 하면서	乃今妄稱財相[50]
사사롭게 자기의 공을 드러내려 하니,	私顯己功
그런 고기를 먹다가는 너무 딱딱해서 체하고	其爲食也 無其硬强 滯逆
배탈이 날 것이 아닌가?	而不純化乎.

연암집燕巖集/권1/연상각선본煙湘閣選本/홍범우익서洪範羽翼序

내가 약관 시절에 동내 서당에서 『서경』을 배우는데	余弱冠時 受商書里塾
「홍범」 편을 이해하기 어려워 선생에게 물어보았다.	苦洪範難讀 請于塾師.
선생은 말했다. "이것은 어려운 글이 아니다.	曰此非難讀之書也.
이해하기 어렵게 된 까닭은	所以難讀者有之

---

48) 五行이란 숲에 불을 놓아 밭을 만들고(木生火 火生土), 밭을 쇠스랑으로 갈아 씨를 뿌리고(土生金), 물을 주어 곡식을 가꾸는 것을 말한다(金生水).

49) 담헌의 오행설 비판은 제3부 1장 3절 철학 사상 참조.

50) 財相(재상)=財成輔相.

선비들이 그것을 어지럽혔기 때문이다.

무릇 오행이란 하늘이 부여하고

땅이 기른 것을

사람이 얻어 쓰는 것이다.

우임금이 차례 지우고

무왕과 기자가 문답한 것도

그 사업은

사물의 덕을 바르게 하고 이용후생을 구비함에 불과하며

그 용처는 사람마다 중정 화목함으로써

천지가 바르게 자리하여 만물을 기르는 공을 벗어나지 않는다.

동중서 등 한나라 유사들이 길흉화복의 미신을 믿어

어떤 일은 반드시 다른 일의 징조가 된다고 생각했으므로

오행을 분배하고 추측하여 허황한 소리를 하였던 것이다.

그것이 유행하여 음양복서와

점성술로 둔갑하여

참위 유학의 학설로 미신화되었다.

그래서 세 성인의 본뜻과는

크게 괴리되었는데,

추연의 오행 상생설은 그 괴리의 극에 달한 것이다.

(土生金이라 하지만) 만물은 토土에서 나오지 않은 것이 없으니

어찌 금金의 모체만 되겠는가?

(金生水라 하지만) 강과 바다가 잠기고

하늘에서 적셔주는 물이

모두 금의 진액이 모인 것이겠는가?

世儒亂之也.

夫五行者 天之所賦

地之所蓄

而人得以資[51]焉.

大禹之所第次[52]

武王箕子之所問答

其事則

不過正德利用厚生之具

其用則 不出乎中和

位育[53]之功而已矣.

漢儒篤信休咎[54]

乃以某事必爲某事之徵

分配推演 樂其誕妄.

流而爲陰陽卜筮之學

遁而爲星曆[55]

讖緯之書.

遂與三聖[56]之旨

大相乖謬

至於五行相生之說 而極矣.

萬物莫不出於土

何獨母於金乎.

江海之沈

河漢之潤

皆金之所滋乎.

---

51) 資(자)=利用也.

52) 次(차)=第也. 列也.

53) 位育(위육)=天地位焉 萬物育焉(中庸).

54) 休咎(휴구)=길흉화복.

55) 星曆(성역)=점성술.

56) 三聖(삼성)=우왕, 무왕, 기자.

(水生木이라 하지만) 생물은 진액이 없으면 말라죽는다.　萬物無津⁵⁷⁾則枯.

어찌 나무만이 물에 의해 잉태되겠는가?　奚獨於木而水所孕乎.

(木生火라 하지만) 쇠와 돌이 부딪치면 불이 생기고,　金石相撲能生火

번개가 쳐서 태우기도 하는데　雷電而燒

어찌 불은 나무에 의해서만 생기겠는가?　火之不專出於木 亦明矣.

(火生土라 하지만) 만물이 땅으로 돌아가도　萬物歸土

땅은 두터워지지 않고,　地不增厚

천지가 결합하여 만물을 화육한다.　乾坤配體 化育萬物.

어찌 아궁이의 재로　曾謂一竈⁵⁸⁾之薪

큰 땅덩이를 비대하게 하였겠는가?　能肥大壤乎.

고로 오행 상생의 본뜻은 서로 어미 자식이라는 뜻이 아니라　故相生者非相子母也

서로 의지하고 이용해야 살아갈 수 있다는 뜻이다.　相資焉以生也.

물질이 아닌 것이 어디 있으랴만　何莫非物也

유독 오행이라고 말한 것은　獨以行言者

그것으로 만물을 통괄하여 그 덕행을 지칭한 것뿐이다."　統萬物而稱其德行也.

나는 또 물었다. "우리 동방은　余問曰 吾東方

무왕에게 홍범구주를 가르친 기자가 다스리던 곳이니,　乃箕子所莅⁵⁹⁾之邦

바로 홍범이 나온 나라입니다.　而洪範之所自出.

그러므로 의당 집집마다 효유하고 암송해야 하거늘　宜其家喩⁶⁰⁾而戶誦也

그런데도 아득히 수천 년 동안　然而 漠然數千年之間

홍범에 관한 학문으로 이름난 학자를 들어보지 못했습니다.　未聞以範學名世者.

어찌된 일일까요?"　何也.

글방 선생이 대답했다.　塾師曰.

"아아! 도리를 세우려면　噫嘻 夫建極⁶¹⁾者

---

57) 津(진)=液也, 水渡處, 溢也.

58) 竈(조)=부엌 아궁이.

59) 莅(리)=臨也.

60) 喩(유)=曉喩하다.

61) 極(극)=正本也.

반드시 매사에 합당함에 이르고	必至其所當
합당함에 이르면 도리에 적중되기를 기약한다.	至而期中於理也.
그렇지만 후세의 학자들은 그렇지 않았다.	後之學者不然.
명백하고 알기 쉬운 윤리나 정사의 일을 버리고	舍其明白易知之彝倫政事
반대로 희미하고 고원한 태극도를 가지고	而必就依稀微高遠之圖象
논설 쟁변하며, 견강부회하여	論說之爭辨之 牽合傳[62]會
먼저 홍범의 학문부터 어지럽혔다.	先自汩[63]陳此其學
그리하여 공부하면 할수록 진실은 더욱 잃어버렸다."	彌工而彌失也.

서양 과학 수용

연암은 일찍이 연경을 드나들었던 벗 홍대용을 통해서 서양 과학을 접하고 많은 영향을 받았다. 그리고 지구가 둥글고 자전한다는 것을 믿었다. 이것은 당시 조선 사대부들의 지식 체계를 완전히 뒤집는 것이었다.

연암집燕巖集**/권14/열하일기**熱河日記**/혹정필담**鵠汀[64]筆談

"소생은 비록 서양인의 저술은 보지 못했으나,	鄙人雖未見西人著說
일찍이 지구가 둥글다는 것을 의심하지 않았습니다.	嘗謂地球無疑.
대저 지구의 모습은 둥글고 그 덕德은 방정합니다.	大抵其形則圓 其德則方.
일의 공적은 활동에 있고, 성정은 고요함에 있는 것입니다.	事功則動 性情則靜.
만약 태초의 공허인 태극이 지구를 정착시켜,	若使太空安厝[65]
운동도 구름도 없이 허공에 매달린 흙덩이라면	此地不動不轉 塊然懸空
물은 썩고 흙은 죽어	則乃腐水死土
부서져 흩어져버렸을 것이 분명하니,	立見其朽爛潰散
어찌 오랫동안 사람이 살 수 있고 온갖 물건을 싣고	亦安能久久停住 許多負載
강물과 은하를 담고 있으면서도 새지 않게 할 수 있겠습니까?	振河漢而不洩哉.

---

62) 傅(부)=附와 通用.
63) 汩(골)=亂也.
64) 鵠汀(혹정)=청나라 선비 王民皡의 호.
65) 厝(조)=置也, 葬也.

서양인들은 이미 지구가 구球임을 인정했으나　　　　　　西人旣定地爲球

그 구가 회전한다는 것은 말하지 않았습니다.　　　　　　而獨不言球轉.

이는 땅이 둥근지는 알면서도　　　　　　　　　　　　是知地之能圓

둥근 것이란 반드시 구른다는 것을 알지 못한 것입니다.　而不知圓者之必轉也.

제 생각으로는　　　　　　　　　　　　　　　　　　　故鄙人妄意

지구가 한 번 구르면 하루가 되고,　　　　　　　　　以爲地一轉爲一日

달이 한 번 지구를 두르면 한 달이 되며,　　　　　　月一匝地爲一朔

해가 한 번 지구를 두르면 한 해가 된다고 생각합니다.　日一匝地爲一歲.

저는 지금 근세 조선의 김석문이 처음으로 주장한　　余日吾東近世先輩 有金錫文

해와 달과 지구라는 세 개의 큰 공이 공중에 떠 있다는 학설과　爲三大丸浮空之說

저의 벗 홍대용이 창안한 지동설을 말하는 것입니다."　敝友洪大容又刱地轉之論.

지정이 물었다.　　　　　　　　　　　　　　　　志亭日.

"세 개의 큰 방울과　　　　　　　　　　　　　　　如何是三大丸

한 개의 작은 별이란 어떤 것입니까?"　　　　　　　如何是一小星.

나는 대답했다. "공중에 뜬 둥근 방울이란 해와 지구와 달입니다.　余日 浮空三丸者 日地月也.

주창자인 김석문 선생에 따르면　　　　　　　　　今夫說者日

별은 해보다 크고, 해는 땅보다 크고,　　　　　　　星大於日 日大於地

땅은 달보다 크다고 했는데　　　　　　　　　　　地大於月

이 말은 믿을 만합니다.　　　　　　　　　　　　信斯言也.

저 하늘의 무수한 별은　　　　　　　　　　　　惟彼滿天星宿

지구와는 직접 관계는 없지만　　　　　　　　　都不與此地相于獨

이 세 둥근 방울은 서로 이웃입니다.　　　　　　此三丸自相隣.

다만 땅을 중심으로 하여 사사롭게 해와 달이라고 부르고,　比爲地 所私立號日月

해를 빙자하여 양陽을 삼고,　　　　　　　　　　資日爲陽

달을 빙자하여 음陰을 삼았을 뿐입니다.　　　　資月爲陰.

저 하늘의 가득한 별에서 세 개의 방울인 해, 지구, 달을 본다면　自彼滿天星宿 此三丸

대우주에 떠 있는 점 모양의　　　　　　　　　其羅點太空

아주 작은 별로밖에 안 보일 것입니다.　　　　　自不免瑣瑣小星.

오늘 우리 인간들은 한 덩어리 물과 흙에 앉아 있으므로　今吾人者 坐在一團水土之際

시야가 넓지 못하고 마음의 헤아림도 한계가 있습니다. | 眼界不曠 情量有限.

그래서 망령되게 우주의 뭇 별들을 | 則乃復妄把列宿

중국의 구주로 쪼개어 나누고 있지만, | 分配九州

구주란 것이 사해의 안에 있는 것이니 | 今夫九州之在四海之內者

어찌 얼굴에 찍힌 한 점의 작은 사마귀와 다르겠습니까. | 何異黑子點面.

이른바 '큰 못 속에 뚫린 작은 구멍'이란 이런 것이겠지요. | 所謂大澤蟊空者是也.

그러니 성좌들이 좁은 땅을 분담했다는 설이 | 星紀分野之說

얼마나 의혹투성이겠습니까?" | 豈非惑哉.

연암집燕巖集/권12/열하일기熱河日記/태학유관록太學留館錄

이날은 달이 더욱 밝아 나는 기풍액奇豊額[66]과 함께 | 是夜月益明 余携奇公

명륜당으로 나가 | 出明倫堂

난간 아래를 거닐면서 달을 가리키며 물었다. | 步月欄干下 余指月而問曰.

"만약 땅이 모난 것이라고 말한다면 | 若謂地方

월식할 때 달을 먹어 들어가는 그림자 변두리가 | 彼月蝕時 闇虛邊影

왜 활 모양으로 둥글게 보이겠는가? | 胡成弧乎.

땅이 모난 것이라고 말하는 자는 | 謂地方者

의리義理를 논하여 물체를 이해하는 것이고, | 論義認體

땅이 둥글다는 지구설을 말하는 자는 | 說地毬者

보이는 형체를 신뢰하고 의리를 잊어버리는 것이다. | 信形遺義.

대지는 그 형체는 둥글고 | 意者大地其體則圖

의리로 보면 모난 것이 아닐까? | 義則方乎.

저들 지구가 돈다고 지전설을 의심하는 자들은 말한다. | 彼其惑者謂

지구가 돈다면 땅에 실린 것들은 | 地轉時 凡載地者

넘어지고 굴러 떨어질 것이며 | 莫不顚倒傾覆墮落

만일 그렇다면 그것은 어느 땅으로 떨어진단 말인가? | 如其墮落歸何地乎.

반면 지전설을 믿는 쪽은 말하리라. | 信若是也則.

저 허공에 붙은 일월성신과 은하는 기운을 따라 회전하는데 | 彼麗空星辰河漢 隨氣轉者

---

66) 奇豊額(기풍액)=조선인으로 청나라의 과거 시험에 장원하여 貴州 按察使로 있었다.

어째서 넘어지고 추락하지 않는가?　何不顚倒墮落乎.

또 움직이지도 돌지도 않는 흙덩이라면 죽은 물건일 터인데　有不動轉塊然死物

어찌 썩지도 무너지지도 흩어지지도 않고　安得不且腐壞潰散

항상 머물러 있을 수 있는가?　而常住乎.

땅의 껍질에 생물이 붙어 사는 것은　地之皮殼 生物傳[67]焉

둥근 물체에 발을 붙이고　緣毬合武

하늘을 머리에 이지 않는 것이 없는데　莫不載天

이는 벌과 개미가 벽을 기어가고　譬諸蜂蟻 或有緣行

혹은 천장에 깃을 치는 것과 같으니　或有仰棲

누가 옆으로 누워서 기고 넘어져 거꾸로 서 있다고 하는가?　誰爲橫縱與堅倒乎.

우리가 밟고 있는 지구 밑에도 응당 바다가 있을 터인데　此地底應亦有海

만약 지구에 붙어 있는 생물이 넘어지고 떨어질까 의심한다면　若疑生物傾覆墮落

저 지구 밑의 바다는 누가 제방을 쌓아　彼地底海 誰爲堤防

항상 물이 가득 차 있는가?　而常盈乎.

저 하늘에 총총한 별들은 크기가 얼마나 될까?　彼列星者其大如許.

역시 겉껍데기는 지구와 다름이 없지 않을까?　亦有皮殼如地毬乎.

별에도 껍데기가 있다면 생물이 붙어 살며 전해올 터인데　旣有皮殼其傳生物

만약 그렇다면 그 생물들도 따로　亦若是乎 其有生物

한 세상을 열어놓고　各開世界

새끼들을 낳고 기르면서 살고 있는 것이 아닐까?　相子牧乎.

지구는 둥글어 원래 그늘지고 햇볕 드는 음양이 없을 터인데　地毬團圓本無陰陽

붉은 해에서 불을 받고 달 거울에서 물을 얻었으니　珠日而火 鏡月而水

살림꾼이　猶彼家生

동쪽 이웃에서 불을 빌리고 서쪽 이웃에서 물을 빌린 것처럼　求火東隣資水西舍

한쪽은 불이요, 다른 한쪽은 물인지라 음양이 아닐까?　一火一水爲陰陽乎.

억지로 오행이라는 이름을 붙이고　强名五行

이것이 상생상극한다고 말하는 것은　相生相剋

바다에 큰 풍랑이 일 때 불꽃 연기가 오름은　大海風浪 炎火煽煽瀹

---

67) 傳(부)=麗著也.

무슨 까닭일까?"

기풍액은 크게 웃으며 이르기를
"기이한 이론이요! 기이한 학설이요!
땅이 둥글다는 말은 서양인이 처음 말했지만
지구가 돈다는 말은 하지 않았는데, 선생의 이 학설은
자득한 것인가요? 그렇지 않으면 어느 선생을 계승했나요?"
나는 대답했다. "친구 담헌 홍대용은
학문을 좋아하고 옛것에 머물지 않아,
일찍이 나와 달구경을 하면서 농담으로 이런 말을 했답니다."
기풍액은 웃으며 말했다.
"남의 꿈속 길을 동행할 수야 없지요.
귀하의 벗 담헌 선생의 저서는 몇 권이나 됩니까?"
내가 대답하길 "아직 저서는 없습니다.
선배 되시는 대곡大谷 김석문 선생이 있어,
일찍이 해, 달, 지구가 구슬처럼 공중에 떠돈다고 말했는데
제 친구가 부연한 것입니다.
나 역시 오늘밤 달구경을 하다가 문득 친구 생각이 나서
한바탕 늘어놓고 나니 친구를 만나본 듯합니다."
기공이 나를 끌고 자기 처소로 들어가니,
방 안에는 촛불 네 자루를 켜놓고
큰 교자상을 성대하게 차려놓았다.
이윽고 상을 물리고는
다시 채소와 과일만 각 두 접시씩 차리고
소주 한 주전자로 천천히 따르면서 은밀한 이야기를 나누었다.
닭이 두 홰나 울어 자리를 파하고 숙소에 돌아와
뒤척이며 잠을 이루지 못하는데
하인들이 벌써 잠을 깨웠다.

其何故乎.

奇公大笑曰
奇論奇論.
地毬之說 泰西人始言之
而不言地轉 先生是說
自理會歟 抑有師承否.
吾友洪大容號湛軒
學問好不局滯
嘗與我對月戲作此語.
奇公大笑曰.
他人夢中不可去走一遭.
貴友湛軒先生有著書幾卷.
余曰 敝友未嘗著書.
先輩金錫文
先有三丸浮空之說
敝友特演說.
吾亦於是刻 對月偶思吾友
特又演說一番 如見吾友.
奇公携余入其炕
張四枝燭
大卓設饌甚盛.
久盡撤去
復設蔬菓各二器
燒酒一注子細酌隱話.
鷄已二唱 乃罷還寓
輾轉不能寢
而下隸已請起寢矣.

연암은 불교를 배척했지만 기독교도 반대했다. 다만 서양 기독교가 과학과 기술 발전을 발전시킨 것이 아니라 오히려 억압했는데도 그는 기독교와 과학을 양립하는 것으로 오인하고 기독교가 물질과 기술을 발전시킨 것으로 생각했다. 그러나 천당과 지옥설에 대한 비판의 논지는 웅장한 것이었다.

연암집燕巖集/**권14/열하일기**熱河日記/**혹정필담**鵠汀筆談

(연암이 말했다.)

"홍무 사 년(1371)에 날고륜이 대진국(로마 제국)으로부터	洪武四年 捏古倫 自大秦國
중국에 들어와 명나라 주원장을 알현했는데	入中國 謁高皇帝
야소교(예수교)에 대해서는 말하지 않았으니 무슨 까닭이었을까?	而不言耶蘇之敎何耶.
대진국도 애초에는 야소교가 없었는데,	大秦國 未始有所謂耶蘇之敎
이마두(마테오 리치)가 처음으로 천신天神에 의탁하여	利瑪竇始託天神
중국을 의혹시킨 것인지요?	以惑中國耶.
그는 윤회설을 독실하게 믿고 천당과 지옥설을 만들어,	篤信輪回 爲天堂地獄之說
같은 윤회설인 불교를 비난 배척하며 원수처럼 공격하니	而詆[68]排佛氏 攻擊如仇讐
어인 일입니까?	何也.
『시경』은 '하늘이 백성을 낳으니	詩云 天生蒸民
사물이 있고 법칙이 있다네!'라고 했는데,	有物有則
불씨의 학문은 형기를 환망한 것으로 생각했습니다.	佛氏之學 以形器爲幻妄.
이는 곧 백성에게 사물과 법칙이 없다고 오인하게 한 것입니다.	則是蒸民無物無則也.
지금 야소교의 교리는 이理를 기氣의 이치라고 하지만	今耶蘇之敎 以理爲氣數
『시경』에서는 또 '하늘은 만물을 실어주며	詩云 上天之載
소리도 없고 냄새도 없다'라고 했는데,	無聲無臭
지금 이를 견강부회하여	今乃按排布置
소리도 냄새도 있는 것으로 오인케 합니다.	爲有聲有臭.
이 두 종교 중 어느 것이 장점이 있습니까?"	這二敎孰優也.
혹정이 말했다. "서학이 어찌 불교를 나무랄 수 있겠습니까?	鵠汀曰 西學安得詆釋氏.

68) 詆(저)=誹謗.

불교는 모두 높고 교묘하지만	釋氏儘爲高妙
비유가 많아 귀착점이 없어,	但許多譬說 終無歸宿
겨우 깨달았다고 할 때는 환幻이라는 글자 하나뿐입니다.	纔得悟時 竟是一幻字.
저들 야소교는 어렴풋이 들은 불교의 찌꺼기를 의지할 뿐입니다.	彼耶蘇敎本依俙得釋氏糟粕.
그들은 중국에 들어와서 중국 문헌을 배워	旣入中國 學中國文書
중국이 불교를 배척하는 것을 보고	始見中國斥佛
이를 본받아 불교를 배척하는 것입니다.	乃反效中國斥佛
그리고 중국 문헌 속에서	於中國文書中討出
상제上帝 주재主宰 등의 용어를 추출하여	上帝主宰等語
이로써 스스로 유교에 빌붙었던 것입니다.	以自附吾儒.
그런즉 그 본령은 원래 명물 도수에서 벗어나지 않으나,	然其本領元不出名物[69]度數
이미 유교의 제이의 의미로 떨어져 있습니다.	已落在吾儒第二義.
저들도 이에 대한 소견이 없는 것은 아니지만,	彼亦不無所見於理者
이理는 기氣를 이기지 못한다는 것이 오래된 정설입니다.	理不勝氣者久矣.
요임금 때의 홍수도 탕임금 때의 가뭄도	以堯霖湯旱
기의 법칙으로 그런 것입니다."	爲氣數使然.

연암집燕巖集/**권15**/**열하일기**熱河日記/**황도기략**黃圖紀略 **풍금**風琴

서양의 천주는	天主者
천황씨나 반고씨의 호칭과 비슷한 말이다.	猶言天皇氏盤古氏之稱也.
그들은 달력(曆)를 잘 꾸미고, 자기들 제도로	但其人善治曆 以其國之制
집을 짓고 사는데,	造屋以居
그들의 학술은 사치와 거짓을 버리고 성실을 귀하게 여겨,	其術絶浮僞貴誠信
하느님을 밝게 섬기는 것을 으뜸으로 여기며,	昭事上帝爲宗旨
힘써 충효 자애를 공부로 삼고,	忠孝慈愛爲工務
회개와 선행을 입문으로 삼으며,	遷善改過爲入門
사생死生의 대사를 준비하고	生死大事有備
근심을 없애는 것을 궁극의 목적으로 삼는다.	無患爲究竟.

---

69) 名物(명물)=사물을 이름지어 분별하고 이치를 헤아리는 것.

저들은 근원을 궁구하고 근본을 영접한다고 말하지만   自謂窮原遡[70]本之學

뜻이 너무 고원하고 이론이 치우치고 기교하여,   然立志過高 爲說偏巧

도리어 부지중에 하늘을 빙자하여   不知返歸於矯天

사람을 속이는 죄를 범하고,   誣人之科而

스스로 의리를 배반하고 윤상을 해치는 허물에 빠진다.   自陷于悖義傷倫之曰[71]也.

연암집燕巖集/권2/연상각선본煙湘閣選本/답순사서答巡使書

지금 이른바 서양의 학문은   今所謂西洋之學

양자, 묵자, 노자, 부처를 비난하지만,   非楊非墨非老非佛

한결같이 의리가 없는 요사한 패설이다.   直一無義理妖邪悖說.

그 말류에 이르지 않더라도 그 폐단은 화근이 되며,   不待至於末流 而其弊之爲禍

뿐만 아니라 홍수와 맹수보다 심하다.   不啻[72] 甚於洪水猛獸而已矣.

그들의 불과 물의 심판설이나   蓋其火氣水土之說

죽으면 영혼이 천제 곁에 있다는 설은   靈魂帝旁之說

불교의 조잡한 것 중에서 조잡한 것에 불과한 것이다.   不過是佛氏糟粕之糟粕也.

또 내 들은바 그들의 법은 인륜과 기강을 패하고   吾且聞之其法 斁[73]敗倫綱

명분과 교화를 돌보지 않고, 남녀가 섞이며,   不顧名教 男女混處

상하가 분별이 없고, 생명을 가벼이 하고 죽음을 즐거워한다.   上下無別 而輕生樂死.

---

70) 遡(소)=迎也.

71) 曰(구)=春也. 通咎.

72) 啻(시)=過多也, 餘也. …뿐.

73) 斁(두)=패할. (역)=싫을.

3절. 철학 사상

존재론

유물론적 기일원론

연암은 서양 과학을 접하면서 우주는 티끌 같은 물질이 쌓여 생성되었음을 알았다. 그러므로 천제天帝를 부인했고, 기일원론氣—元論에 더욱 경도되었다. 그는 이기理氣의 불멸성을 인정하지만 이理는 기氣의 운동 법칙으로 간주한다. 우주뿐 아니라 역사도 물질세계처럼 변증법적인 운동이라고 믿게 되었다. 이 점에서는 율곡의 주기론과 다를 바 없다. 그러나 연암은 기를 형이상학적이고 추상적인 것으로 보지 않고 티끌처럼 구체적인 물질의 최소 단위로 보았고, 음양의 두 기에서 정신이 나온다고 보았다는 점에서 유물론적이다. 이러한 유물론은 혜강에 의해 체계화되고 정설로 제기된다.

연암집燕巖集**/권2/연상각선본**煙湘閣選本**/답임형오논원도서**答任亨五論原道書

물物이 형체를 이룸에는 반드시 그 성질이 있는데	大凡物之成形也 必有其質
형체는 비록 부서져도 성질은 오히려 남아 있다.	形雖毀矣 質猶存焉.
나무가 타고, 쇠가 녹고, 물이 흐르고, 흙이 무너져도	木燒金鑠[74] 水流土潰[75]
그 성질은 없어지지 않는다.	而其質未嘗無也.
지금 불이 탈 때는 빛이 있으나	今夫火也 燃時有光
꺼지면 자취도 없듯이,	息時無迹
더듬어도 걸림이 없고 잡아도 잡히는 것이 없지만	摸[76]之而不碍 執之而無獲
원래 그 근본은 천지에 가득하다.	原其本則 盈天地間矣.
이것은 마치 성性이 기氣를 기다려	此似乎性之待氣
형체를 이루는 것과 같다.	而後形焉者也.

74) 鑠(삭)=쇠 녹일.
75) 潰(궤)=무너질.
76) 摸(모)=더듬어 찾다.

만물의 생성은 어느 것이나 기氣 아님이 없다. | 萬物之生 何莫非氣也.
천지는 큰 그릇으로 거기에 가득 차 있는 것은 기며, | 天地大器也 所盈者氣
그것이 충만한 까닭은 이理다. | 則所以充之者理也.
음양이 서로 움직이는데 이理가 그 가운데 있고, | 陰陽相盪[77] 理在其中
기로써 그것을 둘러싼다. | 氣而包之.
마치 복숭아가 씨를 품은 것 같다. | 如桃懷核.

불이란 금석을 서로 쳐서 성실히 하면 얻을 수 있으나, | 今夫火也 金石相撲誠則得之
물을 끼얹어 불길을 끄면 보이지 않는다. | 投水求焚 非所見也.
그 물질은 태양太陽에서 정미함을 기르고, | 其爲物也 養精于太陽
태음太陰에서 신묘함을 지켜, | 守神于太陰
비록 한여름에도 더 뜨겁지 않고, | 雖盛夏不加其熱
한겨울에도 빛이 줄지 않는다. | 雖大冬不損其光.
부귀한 자도 넘치게 하지 않고, | 富貴者不爲有餘
가난한 자도 모자라게 하지 않는다. | 貧賤者不爲不足.
그러나 백성들은 날마다 이용하면서도 알지 못한다. | 百姓日用而不知.
그러므로 섶을 바꾸어도 불의 성품은 바뀌지 않음을 모르고, | 故易薪不易火性也
오행을 기氣의 덕이라고 칭할 줄 모른다. | 稱行不稱氣德也.

연암집燕巖集/**권14**/**열하일기**熱河日記/**혹정필담**鵠汀筆談

혹정이 말했다. "달에도 한 세계가 있다면 | 鵠汀曰. 月中有世界
그 모습은 어떨까요?" | 世界如何.
내가 대답하길 "월궁을 구경한 적이 없으니 | 余笑曰 旣未及月宮一走
어찌 알겠습니까만, | 則安能知何樣開界
다만 우리 티끌 세계에서 저 달 세계를 상상해보면, | 以吾等塵界 想彼月世
달도 역시 어떤 물질이 쌓여 응결되어 이루어진 것이니, | 則亦當有物 積聚凝成
마치 대지가 한 점 작은 티끌이 모인 것과 마찬가지일 것입니다. | 如今大地 一點微塵之積也.
티끌과 티끌이 서로 의지하고 티끌이 응결하여 흙이 되고, | 塵塵相依 塵凝爲土
티끌이 거친 것은 모래가 되고, 단단한 것은 돌이 되고, | 塵麤爲沙 塵堅爲石

---

77) 盪(탕)=滌也, 動也, 推也.

티끌의 진액은 물이 되고, 따스한 것은 불이 되고,　塵津爲水 塵煖爲火

티끌의 결정은 쇠가 되고, 티끌이 번영하면 나무가 되고,　塵結爲金 塵榮爲木

티끌이 움직이면 바람이 되었을 것이며,　塵動爲風

티끌이 증발하여 기氣가 무성하면 벌레로 변했을 것입니다.　塵蒸氣鬱 乃化諸蟲.

대저 우리 인간은　今夫吾人者

이들 벌레의 한 족속인 것입니다.”　乃諸蟲之一種族也.

천제 부인

이처럼 연암은 기일원론을 주장했으므로 당연히 천제를 부인한다. 그는 천天을 기氣의 이理, 즉 자연법칙으로 이해하는 것 같다.

연암집燕巖集/권1/연상각선본煙湘閣選本/담연정기澹然亭記

어떤 성급한 사람이 있어,　有躁人焉

한 가지 착한 일을 하고서 하늘에 보답을 바라고,　今日行一善事 而責命于天

내일 착한 말을 하나 하고서　明日出一善言

반드시 물질의 보상을 받으려 한다면　而取必於物

하늘은 그 같은 수고와 번거로움을 이겨내지 못할 것이며,　則天將不勝其勞擾

또한 선한 일을 하는 자도　而爲善者

역시 싫증을 내고 그만둘 것이다.　固亦將惓然退沮矣.

하늘은 진실로 공허하여 아무런 조짐이 없고 자연에 맡긴다.　天固沖潢無朕 任其自然.

사계절은 그것을 받들어 질서를 잃지 않고　四時奉之而不失其序

만물은 그것을 받아 분수를 어기지 않을 뿐이다.　萬物受之 而不違其分而已.

연암집燕巖集/권14/열하일기熱河日記/산장잡기山莊雜記

오! 세간 사물은 아무리 작은 털끝 하나라도　噫 世間事物之微 僅若毫末

하늘이 내지 않는 것이 없다고 하지만,　莫非稱天

어찌 하늘이 일일이 명령해서 냈을까?　天何嘗一一命之哉.

하늘은 형체로 말하면 천天이요, 성정으로 말하면 건乾이요,　以形體謂之天 以性情謂之乾

주재하는 것으로 말하면 상제上帝요,　以主宰謂之帝

묘용으로 말하면 신神이라 하여
以妙用謂之神

그 이름도 여러 가지로 지었다.
號名多方.

함부로 말하면 결국 이기理氣를 화로와 풀무로 삼고,
稱謂太褻 而乃 以理氣爲爐鞴

파종과 품부를 조물로 삼는다는 것이니,
播賦爲造物

이는 하늘을 마치 재주 있는 장인으로 보고,
是視天爲巧工

망치, 도끼, 끌, 칼 같은 것으로 쉬지 않고 일한다는 것이다.
椎鑿斧斤不少間歇也.

그러므로 『역경』에 이르기를 하늘이 '초매'를 지었다고 했다.
故易曰 天造草昧.

초매란 빛이 어둡고 안개가 긴 듯한 것으로
草昧者其色皂 而其形也霾

마치 동틀 무렵 같아서 사람과 물건을 분간할 수 없다고 한다.
譬如將曉未曉之時人物莫辨.

나는 도무지 알 수 없다.
吾未知.

하늘이 어둠 컴컴한 곳에서
天於皂霾之中

만들어낸 것이 과연 무엇일까?
所造者何汤耶.

맷돌은 밀을 갈 때 작거나 크거나 가늘거나 굵은 것을 가리지 않고
麵家磨麥 細大精粗

뒤섞여 바닥에 떨어지니 맷돌의 작용은 도는 것일 뿐,
雜然撒地 夫磨之功轉而已

처음부터 어찌 가루의 굵고 가는 것에 마음을 썼겠는가?
初何嘗有意於精粗哉.

코끼리는 범을 만나면 코로 때려눕히니,
象遇虎則 鼻擊而斃之

그의 코야말로 천하에 당할 자 없으나
其鼻也天下無敵

쥐를 만나면 코를 가지고도 쓸모가 없어
遇鼠則 置鼻無地

하늘만 쳐다보고 서 있다.
仰天而立.

그러나 쥐가 범보다 무섭다고 하면
將謂鼠嚴於虎則

이치에 맞지 않을 것이다.
非向所謂理也.

코끼리는 눈으로 보이는 것인데도
夫象猶目見

이처럼 그 이치를 모르거늘,
而其理之不可知者 如此則

하물며 천하 사물은 코끼리보다
又況天下之物

만 배나 복잡할 것이리라!
萬培於象者乎.

그러므로 성인이 그 모습을 취하여 『역경』을 지어
故聖人作易取象

그것을 드러낸 것은
而著之者

만물의 변화를 궁리하려는 수단이었을 뿐이다.
所以窮萬物之變也歟.

연암은 만물은 다 같이 기氣의 변화일 뿐이니, 사람과 물질의 성품이 같은 것으로 보았다. 원래 인성과 물성이 같은가, 다른가에 대한 이른바 인물성 동이 논쟁은 우암의 제자인 권상하權尙夏, 1641~1721 문하에서 일어났는데, 농암農岩 김창협金昌協, 1651~1708의 인왕산 아래 청운동 집에 모여들었던 그의 제자들이 대거 동론同論에 참여함으로써 이들은 낙파洛派라고 불리게 되었으며, 이를 계승한 것이 북학파다.[78]

담헌은 농암의 아우인 삼연三淵 김창흡을 유교의 도통인 한유에 못지않은 현자라고 칭송했다. 담헌과 연암은 이들 낙파의 동론에서 한 걸음 더 나아가 티끌이 모여 벌레가 되고 사람은 그 벌레의 한 종류라고 주장한 것이다. 이것은 당시 성리학의 인간 중심적 사고를 여지없이 파괴하는 혁명적인 주장이다.

연암집燕巖集/권2/연상각선본煙湘閣選本/답임형오론원도서答任亨五論原道書

마음을 곧바로 지적하면 기氣가 성盛하여	心直指 則氣之盛
질료가 있게 된 것이다.	而有質者也.
성性만을 말하면 이理가 온전하되	性專言 則理之全
형체가 없는 것이다.	而無形者也.
그러므로 심心이 아니면 성性은 공간이 없고,	故非心則性無所宇
기가 아니면 이理는 살 곳이 없다.	非氣則理無所活.
이것은 성이 심에 머무는 것이	此似乎性次於心
이理가 기를 따르는 것과 같다.	而理聽於氣.
그러나 성이 없으면 마음은 빈집이고,	然無性則心爲空舍
이理가 없으면 기는 떠도는 나그네일 것이다.	無理則氣是過客.
만물은 다 같이 기화氣化의 존재이니	萬物同在氣化之中
어느 것도 천명이 아닌 것이 없다.	何莫非天命.
진실로 천명의 본연을 궁구하면	苟究天命之本然
어찌 홀로 '성선性善'이겠는가? 기氣도 역시 선하다.	則奚獨性善. 氣亦善也.
어찌 기만 선하겠는가?	奚獨氣善.
생명을 가진 만물은 선하지 않은 것이 없다.	萬物之含生者 莫不善也.

---

78) 졸저 『성리학개론(하)』, 바이북스, 2007, 제6부 3장 낙호 논쟁 참조.

대저 천하의 이理는 하나이니,

범의 성품이 악하다면 사람의 성품도 악할 것이다.

사람의 성품이 선하다면 범의 성품도 선할 것이다.

너희 인간들은 수천수만의 말로 떠들기를

인간은 오상五常을 떠나지 않고 경계하고 권면하여

항상 예의염치禮義廉恥에 머문다고 말한다.

그러나 고을마다 코가 베이고 발꿈치가 잘리고

얼굴에 먹물을 뜬 자들이 득실거리는 것은

모두 오륜을 따르지 않은 자들이 아닌가?

너희 인간들은 이理를 담론하고 성性을 논하며

걸핏하면 하늘을 들먹인다.

너희 말대로 천명으로 본다면,

범이나 사람이나 모두 만물의 하나일 뿐이다.

하늘과 땅이 만물을 낳아 기르는 인仁으로써 본다면,

범, 메뚜기, 누에, 벌, 개미와 사람이 모두 함께 길러졌으므로

서로 도리를 거스를 수 없는 것이다.

夫天下之理一也

虎性惡也 人性亦惡也.

人性善則虎之性亦善也.

汝千語萬言

不離五常[79] 戒之勸之

恒在四綱.

然都邑之間 無鼻[80]無趾[81]

文面[82]而行者

皆不遜五品之人也.[83]

汝談理論性

動[84]輒[85]稱天.

自天所命而視之

則虎與人乃物之一也.

自天地生物之仁而論之

則虎與蝗蚕[86]蜂蟻 與人竝畜

而不可相悖也.

---

79) 五常(오상)=父義, 母慈, 子孝, 兄友, 弟恭.

80) 無鼻(무비)=劓刑者.

81) 無趾(무지)=刖刑者.

82) 文面(문면)=墨刑을 받은 자.

83) 周禮/秋官司寇/36: 司刑掌五刑之法. 以麗萬民之罪. 墨罪五百, 劓罪五百, 宮罪五百, 刖罪五百, 殺罪五百.

84) 動(동)=걸핏하면. 종종.

85) 輒(첩)=문득. 번번이.

86) 蚕(천)=지렁이. (잠)=누에.

언어와 인식론

성리학의 이기론은 존재론, 즉 형이상학이다. 그런데 연암은 존재의 문제를 인식론적 측면에서 접근한다. 인간은 과연 존재를 인식할 수 있는가? 있다면 세계를 어떻게 인식하는가? 그에 의하면 태극太極, 이理, 성性이란 기氣를 통해서만 인식될 수 있다. 그러므로 기 이외에는 태극이나 이理나 성이 존재한다는 것을 단정할 수 없다는 것이다. 그러므로 그는 관념론을 배격한다. 그러나 한편 지각에만 의지하는 것도 찬성하지 않는다. 이로써 그가 직관주의자였음을 알 수 있다.

또한 세계를 존재 질서의 법칙인 이理의 입장에서 이해하느냐, 현상계의 모습인 기의 입장에서 이해하느냐에 따라 언어가 대상으로 하는 것이 달라진다. 이理의 입장에 서면 문장이 관념적 추상적이고, 기의 입장에 서면 자연 운행을 대상으로 하기 때문에 문장이 직접적 사실적이 된다. 연암은 주기론 내지 기일원론자다. 그러므로 기를 강조한다. 더구나 기개氣介 중에서도 정기가 아니라 객기 속에서 살았다. 그에게 문文이란 정기正氣의 관념적 사유가 아니라, 객기客氣의 경험적 사유를 담아야 한다. 심중心中의 생각이 아니라 혈기血氣인 지각 기관의 색色과 성聲을 담아야 한다고 생각했다. 이것은 성리학적 정학正學을 버렸다는 폭탄선언으로 보아야 할 것이다.

복희의 역易은 천지 현상을 그린 것이며, 창힐의 문자는 감정과 형체를 표현한 것이다. 그러므로 문文은 선험적 도리를 담아낸 것이 아니라 현상과 감정과 형체를 담아내는 것이 본령이라는 것이다. 결론적으로 연암은 정학의 독재를 반대하는 문체창신 운동의 중심이 되기를 자처했다. 그가 글쓰기의 소재를 일상생활에서 찾은 것은 이미 근대성을 실천한 것이다.

연암집燕巖集/**권2/연상각선본**煙湘閣選本/**답임향오론원도서**答任享五論原道書

비유하자면 마음은 종鐘이고,	心譬則鐘也.
성품은 소리와 같고, 사물은 종 치는 막대와 같다.	性譬則聲也 物譬則莛[87]也.
그러므로 종이 진동하지 않으면 소리가 어디 있겠으며,	故鐘之不動 聲在何處
막대기로 치지 않으면	莛之不擊
오음과 육율이 어찌 분별되겠는가?	五音何辨 六律何分[88].

---

87) 莛(정)=줄기. 대들보

88) 五聲은 宮, 商, 角, 徵, 羽를 말하고, 十二律은 六律과 六呂로 나뉜다. 六律은 黃鐘(11월), 太簇(1월), 姑洗(3월), 蕤賓(5월), 夷則(7월),

하늘이 하늘 노릇을 할 수 있는 까닭은 이기理氣 때문이며,　天之所以爲天者 理氣也

언어란 이기의 형용과 소리다.　言語者 理氣之容聲也.

즉 하늘이 이미 소리 없이 보여준 것을　天旣黙而示之

사람이 받아 그 모양을 소리로 체현하여 나타낸 것이다.　則人得以體[89]其容聲而發之.

언어는 사물을 지시하고 비교하여 이름을 세워 뜻을 알려준다.　言語指事比[90]物 立名喩義.

동동動과 정靜이 서로 뿌리가 되고, 체體와 용用이 서로 밑받침이 되며,　動靜互根 體用相資

허虛와 실實이 있어 그 진위를 드러내고,　有虛有實 以見其眞僞

선先과 후後가 있어 그 시종을 분별한다.　或先或後 以辨其終始.

천하만민의 뜻을 통하고　所以通天下之故[91]

만물의 정情을 다하는 도구가　而盡萬物之情者

바로 언어다.　言語也.

언어란 분별이다.　言語者分別也.

분별하고자 하면 형용하지 않을 수 없고,　欲其分別 則不得不形容

형용하고자 하면 저것을 끌어다가 이것을 증험해야 한다.　欲其形容則 援彼證此.

이것이 언어의 실정이다.　此言語之情實也.

성性에 이르면 그 몸이 근본부터 비어 있으니　至於性也 其體本虛

비유로 형용을 알려줄 수 없다.　無可以譬喩形容.

조잡한 것으로 말하면 기氣(숨소리)로 빠져들고,　粗言則涉[92]氣

정미한 것으로 말하면 공허하다는 혐의를 받는다.　精言則嫌[93]虛.

말을 하지 않자니 실질을 가지고 있고,　不言則情實有在

말을 하자니 멈출 곳이 없다.　欲語則頓[94]泊無所.

그래서 신묘함이 모여 현현하다고 말하지만　謂之衆妙玄玄

이름 짓고 형상할 수 있는 것이 아니다.　則非可名狀.

無射(9월)이고, 六呂은 大呂(12월), 夾鐘(2월), 仲呂(4월), 林鍾(6월), 南呂(8월), 應鍾(10월)이다. 八音은 쇠(金), 돌(石), 실(絲), 대(竹), 박(匏), 흙(土), 가죽(革), 나무(木)이다.

89) 體(체)=成形也.

90) 比(비)=校也.

91) 故(고)=事也, 指義.

92) 涉(섭)=入也, 간섭하다.

93) 嫌(혐)=近也, 憎也.

94) 頓(돈)=止也, 舍也.

성이 이루어져 있다고 하면 이미 기질이 응결된 것이다.

그러므로 옛날부터 성을 말하는 자는

기를 인정하지 않을 수 없었던 것이다.

謂之性成存 則已凝氣質.

故古來言性者

莫不認氣.

명심론과 명목론

문학하는 사람은 저마다 스스로의 인식론적 입장이 있다. 즉 '사물을 어떤 태도로 보아야 진면목을 볼 수 있는가?'라는 작가 나름대로의 인식관이 있다는 것이다. 특히 연암은 기존의 봉건적 가치 체계를 불신하고 타파하려고 했다. 그 방법으로 기존 질서의 실효성을 따지는 것 외에 그 가치 체계의 기초가 되는 인식 틀이 잘못되었음을 인식론적으로 증명하려 한다. 그래서 그는 기존의 선입견을 없애야 한다는 이른바 '명심론冥心論'을 강조한다. 단도직입적으로 말하면 연암의 진면목은 선험론을 거부하고 객관적이고 경험적인 인식 태도를 제시함으로써 성리학적 질서를 거부했다는 것에 있다 할 것이다.

그러나 경험론적인 명심론에도 불구하고 경험론만으로 만족하지 않는다. 그는 감각 기관에 의존하는 것을 불안하게 생각했고 그래서 이른바 '맹목론盲目論'을 강조한다. 즉, 감각 기관에만 의존하면 올바른 인식을 할 수 없다고 생각했다. 이처럼 마음을 중시하는 측면은 주관적이고 선험론적이다. 그러나 명심론과 명목론冥目論은 서로 모순이다. 그러므로 그를 경험론자라고 단정할 수도 없고 관념론자라고 단정해서도 안 된다.

한편 연암은 인간이 만든 개념 틀로 자연을 분별 짓는 것은 어쩔 수 없는 일이지만 한계가 있음을 깨달았다. 그는 자연을 인위적인 관념으로 재단하고 규정하려 들지 말고 있는 그대로 보라고 한다. 그리고 거기서 깨달음을 얻으려 했다. 이 점에서 보면 연암은 장자와 유사한 직관주의자인지도 모른다. 그의 명목론과 명심론은 장자의 우화에서 "일곱 구멍[95]을 뚫으니 자연이 죽어버렸다"라고 하는 직관주의를 닮았다. 그러나 연암은 장자와는 달리 회의주의자는 아니다. 이렇게 볼 때 우리는 그를 철학적인 개념으로 규정해서는 안 될 것이다. 그는 철학자가 아니라 대문호였던 것이다.

---

95) 七竅. 이목구비와 성기, 항문, 마음 구멍.

연암집燕巖集/**권5**/**영대정잉묵**映帶亭賸墨/**답창애**答倉厓 **2**

화담께서 외출을 하다가	花潭出遇
집을 잃고 길에서 우는 청년을 만났다.	失家而泣於道者.
"그대는 왜 우는가?"	曰 爾奚泣.
"저는 다섯 살 때부터 장님이 되어	對曰 我五歲而瞽
지금 이십 년입니다.	今二十年矣.
아침에 외출을 나갔는데	朝日出往
홀연 천지 만물이 청명하게 보였습니다.	忽見天地萬物淸明.
기뻐서 집으로 돌아가려는데	喜而欲歸
길이 동서남북 여러 갈래로 나누어졌고,	阡陌多岐
대문도 서로 같고 집을 찾을 수가 없어	門戶相同 不辨我家
울고 있습니다."	是以泣耳.
선생이 이르기를 "내가 그대에게 돌아가도록 알려주겠다.	先生曰 我誨若歸還.
네 눈을 다시 감으면 쉽게 네 집을 찾을 수 있을 것이다."	閉汝眼卽便爾家.
이에 눈을 감고 두드리면서 발길에 맡겼더니	於是閉眼 扣相信步
이내 집에 닿았다.	卽到.
이것은 다름이 아니라 색상이 전도되고	此無他 色相顚倒
희비가 작용하여 생각을 망령되게 한 것이다.	悲喜爲用 是爲妄想.
지팡이 소리를 따라 발길대로 맡김으로써	扣相⁹⁶⁾信步
나에게 분별을 지켜 잘 살필 수 있게 했던 것이다.	乃爲吾輩 守分之詮⁹⁷⁾諦⁹⁸⁾.
이것이 집으로 돌아가는 것을 담보한 것이다.	歸家之證印⁹⁹⁾.

연암집燕巖集/**권14**/**열하일기**熱河日記/**환희기**幻戲記

이로 논하면	由是論之
눈은 그것이 밝다고 믿을 것이 못 된다.	目之不可恃其明也.
이처럼 요술을 본 것은	如此 今日觀幻

---

96) 相(상)=隨也, 助也.
97) 詮(전)=就也.
98) 諦(체)=審也.
99) 印(인)=도장, 끝, 信也.

실학사상

요술쟁이가 관람자를 현혹한 것이 아니라,　非幻者能眩之

실은 관람자 스스로가 현혹된 것이다.　實觀者自眩爾.

연암집燕巖集/권1/연상각선본煙湘閣選本/공작관기孔雀館[100]記

대저 색은 빛에서 생기고, 빛은 번쩍임에서 생기고,　夫色生光 光生輝

번쩍임은 빛살에서 생긴다. 그런 연후에야 비치는 것이다.　輝生耀. 然後照.

비침이란 광휘가 색에서 떠올라　照者光輝之泛於色

눈에 넘치는 것이다.　而溢於目者也.

그러므로 글을 짓는 것도 종이와 먹에서 벗어나지 않으면　故爲文 而不離於紙墨者

아름다운 말이 아니며,　非雅言也

색을 논하면서 마음과 눈으로 미리 정해버리면　論色 而先定於心目者

바르게 보는 것이 아니다.　非正見也.

눈이 색에 대해서는 같은 것을 얻지만,　目之於色同得也

빛과 번쩍임과 빛살에 이르면　至於 光也輝也耀也

보기는 하되 목도하지 못하기도 하고,　有視之而不能覩者

목도하기는 하되 찰찰하지 못하기도 하며,　有覩之而不能察者

찰찰하기는 하되 형상을 짓지 못하기도 한다.　有察之而不能形.

구멍으로서 눈이 같지 않아서가 아니라,　諸口者非目之不同也

심령이 통하고 막히는 차이가 있기 때문이다.　心靈有通塞焉故也.

연암집燕巖集/권7/종북소선鍾北小選/능양시집서菱洋詩集序

견문이 적은 사람은 백로를 기준으로 까마귀를 비웃고,　所見小者 以鷺嗤[101]烏

오리를 기준으로 학을 위태롭다고 생각한다.　以鳧危鶴.

만물은 스스로 괴이함이 없는데 내가 공연히 성을 내고,　物自無怪 己迺[102]生嗔

한 가지라도 같지 않으면 만물을 환상이라고 모함한다.　一事不同 都誣萬物.

아! 저 까마귀를 보라! 더없이 검은 깃털이　噫瞻彼烏矣 莫黑其羽

---

100) 孔雀館(공작관)=연암이 안의현 현감으로 있을 때 改修한 '百尺梧桐閣'의 남쪽 마루방의 이름.

101) 嗤(치)=笑貌.

102) 迺(내)=至也.

갑자기 젖색과 황금색으로 물들고 다시 녹색으로 반짝이며, 忽暈[103]乳金 復燿石綠

햇빛이 비치자 자주색으로 변했다가 日映之而騰紫

눈이 부시면서 비취색으로 바뀐다. 目閃閃而轉翠.

그런즉 내가 푸른 까마귀라 말해도 무방하고, 然則吾雖謂之蒼烏可也

다시 붉은 까마귀라 해도 무방할 것이다. 復謂之赤烏亦可也.

저들은 본래 정해진 색이 없는데 彼旣本無定色

우리가 눈으로 먼저 정해버린다. 而我乃以目先定.

어찌 눈으로 특정해버리거나 奚特定於其目

보지도 않고 먼저 마음으로 정해버리는가? 不睹而先定於其心.

아! 까마귀를 검은색에 가두어버리는 것은 그렇다 쳐도, 噫 錮烏於黑足矣

까마귀로 천하의 색을 가두어버리는구나! 迺復以烏錮天下之衆色.

까마귀는 과연 검은색이지만, 烏果黑矣

푸르고 붉은색이 誰復知 所謂蒼赤

그 속에 비치고 있음을 누가 알랴? 乃色中之光耶.

검은색을 어둡다고만 말하는 자는 謂黑爲闇者

비단 까마귀만 모르는 것이 아니라 검은색도 모르는 사람이다. 非但不識烏 幷黑而不知也.

어째서 그러한가? 何則.

물은 검기 때문에 비출 수 있고, 水玄故能照

옻칠은 까맣기 때문에 비추어 볼 수 있다. 漆黑故能鑑.

그러므로 색깔 있는 것은 광채가 없는 것이 없고, 是故有色者 莫不有光

형체 있는 것은 자태가 없는 것이 없다. 有形者 莫不有態.

명심론冥心論

연암집燕巖集/**권14**/**열하일기**熱河日記/**산장잡기**山莊雜記

혹자는 말한다. 或曰.

"여기는 옛 전쟁터이므로 강물이 우는 거야." 此古戰場 故河鳴然.

그러나 이는 그런 것이 아니다. 此非爲其然也.

강물 소리는 듣는 사람 여하에 달린 것이다. 河聲在聽之如何爾.

나는 일찍이 문을 닫고 누워서 같은 소리를 비교해보았다. 余嘗閉戶而臥 比類而聽之.

---

103) 暈(훈)=햇무리. 渲染.

깊은 소나무가 퉁소처럼 들리는 것은　　　　　深松發籟

듣는 내 마음이 청아한 탓이요,　　　　　　此聽雅也

산이 찢어지고 언덕이 무너지는 듯 들리는 것은　裂山崩崖

듣는 내 마음이 흥분한 탓이요,　　　　　　此聽奮也

개구리가 다투며 우는 듯 들리는 것은　　　群蛙爭吹

듣는 내 마음이 교만한 탓이요,　　　　　　此聽驕也

비파 소리가 빠르게 들리는 것은 내 마음이 성난 탓이요,　萬筑[104]迭響 此聽怒也

천둥 우레처럼 들리는 것은 듣는 내 마음이 놀란 탓이요,　飛霆急雷 此聽驚也

차가 끓는 것이 춤을 추듯 들리는 것은　　茶沸文武

듣는 내 마음이 촉박하기 때문이며,　　　此聽趣[105]也

거문고가 오음五音을 희롱하듯　　　　　琴諧宮羽[106]

들리는 것은 듣는 내 마음이 슬픈 탓이요,　此聽哀也

종이 창문에 바람이 우는 듯 들리는 것은　紙牕風鳴

듣는 내 마음이 의심하는 탓이다.　　　　此聽疑也.

모두 바르게 듣지 못하는 것은　　　　　皆聽不得其正

단지 흉중에 품은 뜻대로　　　　　　　特胸中所意設

귀가 만들어낸 소리일 뿐이다.　　　　　而耳爲之聲焉爾.

물을 건너갈 때 사람들은 모두 머리를 들고 하늘을 본다.　渡水之際 人皆仰首視天.

그것은 하늘에 기도함이 아니라　　　　　其仰首者非禱天也

물을 피해 보지 않으려는 것이다.　　　　乃避水不見爾.

위험을 느끼고 이렇게 함으로써　　　　　其危如此

물소리를 듣지 않으려는 것이다.　　　　　而不聞河聲.

모두 말한다. "요동 벌판이 넓기 때문에　　皆曰遼野平廣

물이 성내어 울지 않는 것이야!"　　　　　故水不怒鳴.

그러나 그것은 강물을 알지 못한 것이다.　此非知河也.

요하가 일찍이 울지 않은 적이 없었다.　　遼河未嘗不鳴.

밤에 건너지 않고　　　　　　　　　　　特未夜渡爾

──────────────
104) 筑(축)=비파.
105) 趣(축)=促也.
106) 宮羽(궁우)=五音 가운데 몸과 宮과 羽의 소리.

낮에 강을 건널 때는 눈으로 물을 볼 수 있으므로	晝能視水故
위험은 오로지 보는 것에 있다.	目專於危.
그래서 벌벌 떨면서 눈에 보이는 것을 걱정하느라	方惴惴[107]焉 反憂其有目
어찌 다시 물소리가 들릴 것인가?	復安有所聽乎.
지금은 내가 밤중에 물을 건너는지라	今吾夜中渡河
눈으로는 위험을 볼 수 없으므로	目不視危
오로지 위험은 듣는 것에 있다.	則危專於聽.
귀는 벌벌 떨며 무서워 걱정을 이기지 못하는 것이다.	而耳方惴惴焉 不勝其憂.
나는 이제 도道를 알았다.	吾乃今知夫道矣.
마음이 무지한 자는 이목에 구속되지 않으며,	冥[108]心者 耳目不爲之累
이목을 너무 믿는 자는	信耳目者
보고 듣는 것에 열중하여 오히려 병통이 된다.	視聽彌[109]審 而彌爲之病焉.
소리와 색깔은 나의 밖에 있다.	聲與色外物也.
이 외물이 항상 이목을 구속하니	外物常爲累於耳目
사람들로 하여금 보고 듣는 것을 바르게 하지 못하게 한다.	令人失視聽之正.
나는 산중으로 돌아가	吾且歸吾之山中
다시 앞 냇물 소리를 들으며 시험해보고,	復聽前溪而驗之
기교로 처신하거나	且以警巧於濟身
스스로 총명함을 믿는 것을 경계하겠다.	而自信其聰明者.

연암집燕巖集/권5/영대정잉묵映帶亭賸墨/답모答某

만약 형체의 대소를 비교하여	若復較其形之大小
대상물의 원근을 비교한다면	辨所見之遠近
귀하와 나는 모두 망령에 빠질 것이다.	足下與僕皆妄也.
사슴은 과연 파리보다 크지만 코끼리만은 못하다.	麋果大於蠅矣 不有象乎.
파리는 사슴보다는 작지만	蠅果小於麋矣
개미에게 파리는 사슴에게 코끼리 같을 것이다.	若視諸蟻 則象之於麋矣.

---

107) 惴(췌)=두려워 떨다.
108) 冥(명)=無知.
109) 彌(미)=滿也, 極也, 深也.

개미가 두 눈을 부릅떠도 코끼리를 볼 수 없다.　　　　蟻瞋[110]雙眼 而不見象.

보는 대상이 멀기 때문이다.　　　　何也 所見自遠故耳.

코끼리가 한 눈을 찌푸려도 개미를 볼 수 없다.　　　象矉[111]一目 而不見蟻.

이는 다른 이유가 없고 보는 대상이 가깝기 때문이다.　此無他 所見者近故耳.

회심 체물론

연암은 글자는 죽은 물건이므로 그 글자가 지칭하는 사물을 관찰하라고 말한다. 지식은 글자 속에 있는 것이 아니라 사물 속에 있기 때문이다. 그리고 내 마음속으로 뜻을 깨닫고 사물을 체득하는 이른바 회심會心 체물體物이 참된 앎의 방법이라고 주장한다. 그러므로 독서의 목적은 지식을 자랑하기 위한 것이 아니라 성인의 고심을 이해하고 또 그것을 실천하는 실용에 있다고 강조한다.

　다만 그의 회심은 주관주의이며 선험론적이다. 회심의 회會는 모은다는 뜻과 이해한다는 뜻으로 불가와 성리학에서 말하는 마음공부, 즉 정심正心에 가까운 것이다. 이처럼 주관적인 회심에 객관적으로 사물을 체험한다는 체물을 결합했지만 그 체물은 제2차적인 것이므로 여전히 선험적이다. 이 점에서 연암은 홍대용 등의 체물로부터 회심하는 경험론적인 실학자들과는 다른 관점을 가지고 있었다. 아마 그는 철학자이거나 경세가이거나 과학자가 아니라 주관을 중시하는 문인이었기 때문일 것이다.

연암집燕巖集/**권3**/**공작관문고**孔雀館文稿/**소완정기**素玩亭記

또 내가 자네에게 가르쳐줄 것은　　　　　　又吾敎子以

눈으로 볼 수 없는 것이라도　　　　　　　　不以目視之

마음으로 비추면 볼 수 있다는 것일세!　　以心照之可乎.

저 해는 태양인데 사해를 덮어주고　　　　夫日者太陽也 衣被四海

만물을 길러주며,　　　　　　　　　　　　化育萬物

젖은 데를 쪼이면 말라버리고　　　　　　濕照之而成燥

어두운 데를 비치면 밝음이 생긴다.　　　闇受之而生明.

그러나 나무를 사르거나 쇠를 녹이지 못하는 것은　然而不能爇木而鎔金者

---

110) 瞋(진)=눈 부릅뜰. 성낼.

111) 矉(빈)=찡그리다. 노려보다.

무슨 까닭인가?	何也.
빛이 퍼져서 그 정기가 흩어지기 때문이라네.	光遍而精散故爾.
만약 수만 리에 두루 비친 빛을	若夫數萬里之遍照
조그만 틈으로 모아 담아,	聚片隙之容光
둥근 유리구슬로 받아서 정미하게 만들어 콩알처럼 되면,	承玻璃之圓珠 規精光以如豆
맨 처음에는 냄새가 나면서 붉어지다가 갑자기 불이 댕기어,	初亨毒而晶晶 倏騰焰
훨훨 타버리는 것은 무슨 까닭인가?	而熊熊者 何也.
빛이 흩어지지 않고	光專而不散
정기로 뭉쳐 한 덩어리가 되었기 때문이라네.	精聚而爲一故爾.

대저 천지간에 흩어져 있는 것은	夫散在天地之間者
모두 이 글의 정기精氣이니,	皆此書之精
굳이 눈앞을 가로막는 것만 보아서는 안 되고,	則固非逼礙之觀
방 안 있는 것에서만 찾아서도 안 된다.	而所可求之於一室之中也.
그러므로 복희씨는 문장을 보는 것에 대해 이르기를,	故犧氏之觀文也 曰
"우러러 하늘을 관찰하고 굽어 땅을 관찰하라"라고 했다.	仰而觀乎天 俯而察乎地.
공자는 문장 읽기를 넓게 하였으되,	孔子大其觀文
가까운 것에서 그 언사를 완상玩賞하라고 했다.	而係之曰 居[112]則玩其辭.
대저 완상이란 어찌 눈으로 보고 살피는 것뿐이겠는가?	夫玩者 豈目視而審之哉.
입으로 맛을 보아야만 그 맛을 알고,	口以味之 則得其旨矣
귀로 들어야만 그 소리를 알며,	耳以聽之 則得其音矣
마음으로 이해해야만 그 정기를 얻을 수 있다.	心以會[113]之 則得其精矣.

연암집燕巖集/**권2**/**연상각선본**煙湘閣選本/**답임형오론원도서**答任亨五論原道書

나로부터 사물을 보면 기氣를 고르게 받았으므로	以我視彼 則勻[114]受是氣
하나도 헛되고 거짓된 것이 없다.	無一虛假.
어찌 천리天理가 지극히 공평하지 않다고 하겠는가?	豈非天理之至公乎.
물物로써 나를 보면	卽物而視我

---

112) 居(거)=近也, 淸淨無爲也.
113) 會(회)=聚也, 鑑別也, 畵也. 會心=得意.
114) 勻(균)=小也, 均也, 齊也.

나 역시 物의 하나일 뿐이다.	則我亦物之一也.
그러므로 내가 物을 체현하여 돌이켜 나에게 구하면	故體物而反求諸己
만물이 모두 나에게 구비되어 있으니,	則萬物皆備於我
내 성품을 다하는 것이	盡我之性
만물의 성품을 다할 수 있는 방법이다.	所以能盡物之性也.

이덕무李德懋

청장관전서靑莊館全書**/권63/천애지기서**天涯知己書**/선귤당농소**蟬橘堂濃笑

바다 조수를 그린 소폭의 그림을 걸어놓고	展畵海潮小幅
오래 보고 있노라니,	注目久之
날아오르는 파도를 타고 있는 것처럼	翻瀾處如
만 가지 고기 비늘이 뛰어오르고,	萬鱗掀動
부서지는 물결에 앉아 있는 것처럼	激沫處如
천 개의 손이 당기고 미는 것 같다.	千手挐攫.
몸과 마음이 합쳐지는 사이에	悠翕之間
몸도 따라서 붕 떠오르고 가라앉는 것이	身俯仰作
빈 배가 출렁이는 것 같다.	虛舟出沒狀.
급히 그림을 치우니 이내 진정되었다.	急捲之乃止.

이러한 연암의 회심체물會心體物은 『대학』의 격물치지格物致知에 대한 자기 나름의 깨달음이었지만 퇴계와 고봉의 격물 논쟁이나 율곡의 인식론과 맥을 같이한다. 즉 '회심'은 내가 사물을 격格하는 격물格物이요, '체물'은 사물이 나에게 격하는 '물격物格'이다. 그러나 그 중심은 회심이므로 이학理學의 선험적인 격물에 가깝고, 기학氣學의 경험론적인 물격은 이차적이다. 즉 그의 인식론은 이학파인 소옹邵雍, 1011~1077과 정자程子[115]의 '이물관물以物觀物'에 가깝고, 심학파인 양명의 주관주의에 객관적인 경험을 가미한 것으로 볼 수 있다. 어찌 되었던 소옹의 이물관물론은 공자의 '시삼백사무사詩三百思無邪' 혹은 대학의 '격물론'을 해석한 것에 그쳤지만, 연암의 회심체물론은 한층 심오하게 발전된 것으로 평가할 만하다.

---

115) 송나라 유학자 程顥(鄭明道)와 程頤(程伊川) 형제.

황극경세서皇極經世書/**관물내편지십**觀物內篇之十/**성리대전**性理大全 **권10/202쪽**

대저 이른바 관물이란	夫所以謂之觀物者
눈으로 보는 것이 아니다.	非以目觀之也.
눈으로 보는 것이 아니라 마음으로 보는 것이다.	非觀之以目 而觀之以心也.
마음으로 보는 것이 아니라 도리로 보는 것이다.	非觀之以心 而觀之以理也.
눈으로 보는 것은 사물의 형상을 볼 수 있고,	以目觀汋 見物之形
마음으로 보는 것은 사물의 정情을 볼 수 있고,	以心觀汋 見物之情
이理로 보는 것은 사물의 성性을 볼 수 있다.	以理觀汋 盡物之性.

천하에 사물은 이理를 갖지 않는 것이 없으며,	天下之物 莫不有理焉
성性이 없는 것이 없으며, 천명의 품부가 없는 것이 없다.	莫不有性焉 莫不有命焉.
이理로 본다고 말한 것은	所以謂之理者
이理를 궁리한 연후에 알 수 있다는 것이고,	窮之而後可知也
성으로 본다고 말한 것은	所以謂之性者
성으로 극진히 한 연후에 알 수 있다는 것이고,	盡之而後可知也
명命으로 본다고 말한 것은	所以謂之命者
명에 이른 후에야 알 수 있다는 것이다.	至之而後可知也.
이 세 가지 앎이야말로 천하의 참된 앎이다.	此三知者天下之眞知也.

거울이 밝다 함은	夫鑑之所以能爲明者
능히 만물의 형상을 숨길 수 없음을 말한다.	謂其能不隱萬物之形也.
그러나 거울이 능히 만물의 형상을 숨기지 않을지라도	雖然鑑之能不隱萬物之形
고요한 물이 만물의 형상을 전일하게 하는 것보다는 못하다.	未若水之能一萬物之形也.
그러나 물이 능히 만물의 형상을 전일하게 할지라도	雖然水之能一萬物之形
성인이 만물의 실정을 전일하게 하는 것만 못하다.	又未若聖人能一萬物之情也.
성인이 능히 만물의 실정을 전일하게 할 수 있는 것은	聖人所以能一萬物之情者
성인은 능히 스스로의 관찰을 반성할 수 있음(反觀)을 말한다.	謂其聖人之能反觀也.
이른바 반관이란	所以謂之反觀者
나로써 사물을 보지 않는 것이다.	不以我觀物也.

나로 사물을 보지 않는 것은   不以我觀物者

사물로 사물을 보는 것을 말한다.   以物觀物之謂也.

사물로 사물을 볼 수 있다면   旣能以物觀物

어찌 그 사이에 내가 있겠는가?   安有我於其間哉.

황극경세서皇極經世書**/관물내편지십**觀物內篇之十**/성리대전**性理大全**/권12/222쪽**

사물로 사물을 보는 것은 성性이요,   以物觀物 性也

나로써 사물을 보는 것은 정情이다.   以我觀物 情也.

성은 공정하고 밝지만, 정은 치우치고 어둡다.   性公而明 情偏而暗.

정이천程伊川**의 이물관물**以物觀物

격양집擊壤集**/서**序

성性은 도道의 형체이니,   性者道之形體也

성이 상하면 도 역시 따라 상하고,   性傷則道亦從之矣

심心은 성의 성곽이니,   心者性之郛郭也

심이 상하면 성 역시 따라 상하며,   心傷則性亦從之矣

몸은 심의 거처이니,   身者心之區宇也

몸이 상하면 심 역시 따라 상하며,   身傷則心亦從之矣

물질은 몸의 배와 수레이니,   物者身之舟車也

물질이 상하면 몸도 따라 상한다.   物傷則身亦從之矣.

이로써 알 수 있는 것은, 도道로 성을 보고, 성으로 심을 보고,   是知以道觀性 以性觀心

심으로 몸을 보고, 몸으로 사물을 보는 것처럼   以心觀身 以身觀物

바르게 하면 바르겠지만,   治則治矣

오히려 폐해를 떨쳐버리지 못한 것 같다.   然猶未離乎害者也.

이는 도道로 도를 보고, 성으로 성을 보고,   不若以道觀道 以性觀性

심으로 심을 보고,   以心觀心

몸으로 몸을 보고, 물物로 물을 보는 것만 못할 것이다.   以身觀身 以物觀物.

지봉집芝峰集/**권24**/**채신잡록**采新雜錄

이물관물은	以物觀物
사물에 부림을 당하지 않으므로,	而不役於物
읊는 것이 사물에 있을 뿐 나에게 있지 않을 것이니,	則吟詠在物 而不在我
공자가 생각에 삿됨이 없다고 한 것이리라.	所謂思無邪者也.
소강절 선생은 사물을 보는 것은	邵子曰 觀物者
눈으로 보지 않고 마음으로 보아야 하며,	非觀之以目 而觀之以心
마음으로 보지 않고 이理로 보아야 한다고 말했다.	非觀之以心 而觀之以理.
내 생각으로는	愚謂
성인의 마음은 본래 만물을 헤아리지만	聖人之心 本備[116]萬物
한 가지 사물도 없는 것이니,	而無一物
무릇 마음에 사물이 없어야 사물을 볼 수 있는 것이다.	夫惟無物乃能見物.
대체로 사물을 쫓는 자는 사물에 가려지고,	盖逐物者蔽於物
마음이 비어 있는 자만이 능히 사물을 밝힐 수 있기 때문이다.	而虛心者足以燭物故也.

양허론

연암은 기존의 모든 지식 체계와 의식 구조를 불신하고 새로운 창안을 주장한 사람이다. 그는 모든 사물을 보고 판단함에 있어 선입견을 버리고 자기를 비우라고 말한다(養虛論). 그러므로 그는 모든 묵은 것을 떨쳐버리고 동심이 되어야 한다고 강조한다(童心論). 동심론에 관해서는 문학론에서 따로 상론한다.

연암집燕巖集/**권12**/**열하일기**熱河日記/**관내정사**關內程史

아! 사람의 정情은 자기를 알려고 하지만	噫 人情常欲自視
이를 알지 못한다.	而不可得.
때때로 커다란 바보나 미치광이가 되어	則有時乎爲大痴猖狂
'나 아닌 남'이 되어 나를 보아야만	乃以非我觀我

---

116) 備(비)=其也, 究也, 調度.

비로소 내가 다른 사물과 다를 바 없음을 알 수 있을 것이다.　　而我遂於萬物無異.

몸을 허허로운 경지에 노닐게 해야만　　其於遊身恢恢乎

깨달음의 여유가 있을 것이다.　　有餘地矣.

성인은 이 도道를 알았으므로 세상을 버리고도　　聖人用是道焉

아무런 고민이 없었으며,　　遯世而無悶

외로이 서 있어도 아무런 두려움이 없었던 것이다.　　獨立而不懼.

연암집燕巖集/**권3**/**공작관문고**孔雀館文稿/**소완정기**素玩亭記

그대는 물건 찾는 사람을 보지 못했는가?　　子未見夫索物者乎.

앞을 보면 뒤를 잃고, 왼쪽을 돌아보면 오른쪽을 놓친다.　　瞻前則失後 顧左則遺右.

왜냐하면 방 안에 앉아 있으면,　　何則 坐在室中

몸과 사물이 서로 가리고,　　身與物相掩

눈과 공간이 서로를 핍박하기 때문이다.　　眼與空相逼.

그러므로 그대는 방 밖에 몸을 두고　　故爾莫若身處室外

창 구멍으로 들여다보면서,　　穴牖而窺之

한 눈으로 방 안의 사물을 일거에 보는 것만 못할 것이다.　　一目之專盡 擧室中之物矣.

지금 그대가 창 구멍을 뚫고 눈으로 방 안을 훑어보고,　　今子穴牖而專之於目

수정 구슬을 받들어 마음으로 깨달으려고 했다고 하세.　　承珠而悟之於心矣.

그러나 방과 바라지가 비어 있지 않으면 밝음을 받을 수 없고,　　室牖非虛 則不能受明

수정구슬이 비어 있지 않으면 정기를 모을 수 없다.　　晶珠非虛 則不能聚精

대저 뜻을 밝게 하는 길은 마음을 비워 사물을 받아들이고　　夫明志之道 固在於虛而受物

마음을 맑게 해서 사사로운 생각이 없게 하는 것에 달려 있네.　　心澹而無私.

이것이 바로 이른바 소완素玩하는 방법이라네!　　此其所以素[117]玩也哉.

연암집燕巖集/**권7**/**종북소선**鍾北小選/**관재기**觀齋記

너는 순순히 받아들이고 순순히 놓아주어라!　　汝順受而遣之.

내가 세상을 보아온 지가 육십 년이지만,　　我觀世六十年

만물에 남는 것은 없고 모두가 도도히 흘러갔다.　　物無遺者 滔滔皆往.

117) 素(소)=空也.

일월까지도 가고 제자리에 머물러 있지 않았다.	日月其逝 不停其輪.
내일의 해는 오늘의 해가 아니다.	明日之日 非今日也.
그러므로 맞이하려 함은 거역이요, 끌어당기려 함은 억지이며,	故迎者逆也 挽者勉也
놓아 떠나보내는 것이 순리다.	遣者順也.
너는 마음에 머무름이 없게 하고, 기氣가 막히지 않게 하라!	汝無心留 汝無氣滯.
따르는 것은 천명이니,	順之以命
천명으로써 나를 보라!	命以觀我.
놓아주는 것은 천리이니,	遣之以理
천리로써 사물을 보라!	理以觀物.
흐르는 물은 가리키는 데 있고, 흰 구름은 절로 일어난다.	流水在指 白雲起矣.

연암집燕巖集/권7/종북소선鍾北小選/능양시집서菱洋詩集序

통달한 선비는 괴이한 것이 없고, 속인은 의심하는 것이 많다.	達士無所怪 俗人多所疑.
이를 일러 소견이 적으면 의심이 많다는 것이다.	所謂少所見 多所怪也.
대저 어째서 통달한 선비는 사물을 좇아 눈으로 보는가?	夫豈達士者 逐物而目覩哉.
하나를 듣고도 눈으로는 열 개를 형상하고,	聞一則形十於目
열 개를 보면 마음으로는 백 개를 진설하며,	見十則設百於心
천만 가지 괴기함을 사물에 되돌려줄 뿐	千怪萬奇 還寄於物而已
편들지 않으므로,	無與焉
마음이 한가롭고 여유로워 응수하는 것이 무궁한 때문이다.	故心閒有餘 應酬無窮.

🐦 4절 . 정치사상

관리론

연암은 관리로 나가 입신출세를 바라지도 않았고 또한 정치학자도 경제학자도 아니었고 어디까지나 대문호였다. 그렇다고 정치 현실에 무관심한 것은 결코 아니었다. 그의 글쓰기는 장자를 모델로 삼았을 정도이니 사회 비평이 그 핵심을 이루고 있다고 할 수 있다. 하지만 그것은 인간의 실존적인 측면을 다루고 있을 뿐 구체적인 정책 대안이나 제도의 개혁을 말한 것이 아니었다. 이 점에서 그들 북학파를 이용후생학파라 부르고 정치 제도의 개혁을 열망했던 경세학파와 구별한 것은 적절한 호칭이라고 할 수 있다. 이 점은 다산을 읽으면 더욱 분명해질 것이다. 다산이 『목민심서牧民心書』를 지어 현 제도의 틀 안에서도 할 수 있는 목민관의 구체적인 민생 정책을 제시했으며, 한편으로는 『경세유표經世遺表』를 지어 제도의 개혁을 주장했음을 유의한다면 연암의 경우는 정치에 대해서는 거의 언급하지 않았다고 말해도 지나치지 않을 것이다.

예컨대 서얼을 등용하라는 내용의 「의청소통소擬請疏通疏」는 정책에 대한 진정서라 할 수 있으며, 사노비 문제를 거론한 「하삼종질종악배상賀三從姪宗岳拜相 인논사노서因論寺奴書」는 조카에게 정책을 조언한 글이지만 구체적인 대안을 제시한 것은 아니며, 아전 문제를 거론한 「거창현오신사기居昌縣五愼祠記」와, 과부의 재가 문제를 거론한 「열녀함양박씨전烈女咸陽朴氏傳」 등은 정책이 아니고 문학 작품이다.

연암도 반계 유형원이나 성호 이익을 읽었을 것이며 그들의 관심 사항이었던 반상을 차별하는 신분 문제, 노비 문제, 서얼 문제, 남녀 차별 문제에 지대한 관심을 표명했다. 그러나 그는 어디까지나 문학을 통해 비인간적인 실상을 부각했을 뿐, 구체적인 제도 개혁을 말한 것은 아니었다. 그러므로 연암의 정치론이라 할 만한 새로운 것은 전혀 없다. 여기서는 넓은 의미의 정치적인 소신을 밝힌 글을 모았다.

신분 차별이 극심했던 당시의 반농노 사회에서 선배학자들이 이미 거론했다지만 이처럼 대담하게 사회 모순을 폭로하는 작품을 썼다는 것은 출세를 포기하는 것일 뿐만 아니라, 탄압을 받을 각오가 되어 있지 않으면 할 수 없는 일이다. 물론 고대와 중세에도 민民을 하늘처럼 섬기라는 말은 있었다. 그러나 그것은 지배자의 동정과 아량일 뿐 민을 인간으로서 평등하게 대하라는 말은 아니었다.

이와 달리 연암 이전부터 실학자들에게는 제도 개혁론으로까지 미치지는 못했지만 인간 평등

사상이 널리 퍼져 있었다. 연암이 '천자도 말단 관리도 모두 민을 보살피는 관리'일 뿐이라고 선언한 것은 과히 혁명적인 인간 평등 사상이라고 할 수 있다. 그러므로 이들이 전통적인 인의仁義 도덕을 말했다 할지라도 그것은 이미 혈연적이고 신분 차별적인 중세적 신민臣民 도덕률인 공자의 인仁이나 성리학적 인 개념이 아니라 인간적이고 평등한 이웃 사랑을 말한 것임을 유념해야 한다.

연암집燕巖集/**권1**/**연상각선본**煙湘閣選本/**거창현오신사기**居昌縣五愼祠記

대저 관리官吏의 이吏는 치治 또는 이理를 말하는 것이다.	夫吏[118]之爲言理也.
또 천리天吏, 명리命吏,	有天吏者 有命吏者
장리長吏, 연리椽吏라고도 하는데,	有長吏者 有椽吏者
하늘을 대신해 사물을 다스리는 것을 천리라 하고,	代天理物之謂天吏
무리를 받들어 교화를 베푸는 것을 명리라 하고,	承流宣化之謂命吏
후사를 보좌하고 민民을 기르는 것을 장리라 한다.	輔世長民之謂長吏.
연리란 옛날 부사를 따라온 종복으로	椽吏者 古之府使胥徒
장리를 도와 장부와 창고를 관리하는 자다.	佐長吏治簿書管府庫.
이른바 서인으로 관리가 된 자는	所謂庶人而在官者也
사람들이 '미직'이라 비하하고,	人微職卑
천자로부터 임명되지 못하고 왕신이 되기에는 부족하지만,	不命於天子 不足爲王臣
선왕의 제도는	然先王之制
오히려 하사와 똑같은 녹을 주었다.	猶得與下士同祿.
그러므로 천자에서 말단 관리까지	故自天子達於胥史
비록 다스림의 대소는 있어도	雖所理有大小
그 직책은 모두 이吏 아닌 자가 없다.	其職則無非吏也.
사람들은 항용 이르기를,	人有恒言曰
섶을 적셔주듯 온정으로 단속하면	如束濕[119]薪
저들이 그대를 단속할 것이라고 말한다.	彼其束之也.
"과연 예의염치로는 어찌하겠는가?"라고 말하면서	果以禮義廉恥則幾何.

---

118) 吏(이)=治也, 理也. 吏 是爲長理. 注: 主理其縣內也(漢書百官公卿表).
119) 濕(습)=雨露.

실학사상

조정에 승차시켜 더불어 함께할 수 없다면,

차라리 오랏줄로 묶고 수갑을 채우는 것이 낫다고들 한다.

그래서 항상 모욕적인 욕지거리를 해대면서 이르기를

나는 서리들을 잘 단속했다고 말한다.

그러나 이는 서리를 우마로 보고 도적으로 다스리는 것이니,

사람이 우마나 도적에게

절의와 충신으로 독책할 수 없는 것이 분명하지 않은가?

저들 아전들이 힘써 받들고 섬기는 것을

나는 일찍이 본 바 있다.

그런데도 무릎걸음으로 숨을 헐떡이지 않으면 게으르다 하고,

어쩌다 실수로 눈을 치떠 허리 위를 보면

완악한 놈이라고 하고,

호령마다 이치에 맞지 않는 것이 분명하지만,

"지당하십니다!"라고 응대하지 않거나,

간혹 감히 옳다 그르다 토를 달면,

얼굴색이 변하여

"네가 감히, 네 이놈!" 하고 꾸짖지 않는 사람이 있었던가?

그러므로 나아가고 물러남에 머리를 박고 땅바닥을 기어야만,

그때에야 공손하다고 한다.

그러니 만약 한 가지라도 이에 어긋남이 있으면,

아전이 참람하고 교활하다는 벌을 받고 쫓겨날 뿐만 아니라,

그의 영감도 온정으로 단속하지 못했다는 이유로

왕왕 낮은 고과를 받아 퇴출되기 일쑤다.

其不可與 並升於朝也

如以縲絏[120]已也 桁楊已也.

常置之僇辱之地 而曰

我善束吏也.

則是牛馬視 而盜賊治也

人之於馬牛盜賊

非可責之以節義忠信也明矣.

彼其奔趨承事者

我嘗見之也.

膝行不及喘者 謂之慢

失視上於帶者

謂之其頑

一號一令 明有不合於理

而不應聲對至當

而或敢曰可乎 曰不可乎

則其有不慼氣

呵曰 爾惡敢乃爾者乎.

故其進退抑首跪伏泥塗

曾是以爲恭.

而一有違於是者

非但莫逭於濫猾之誅

爲其令長者 以不能束濕

往往被下考去.

존주 화이론 비판

연암은 주자의 화이론華夷論에 대해 직접적으로 반론을 제기하지는 않는다. 하지만 동이족인 백
이숙제를 부각해 인인仁人으로 추존함으로써 '화이론'의 허구성을 폭로한다. 더 나아가 공자와

---

120) 縲絏(누설)=포승으로 묶다.

맹자의 백이숙제에 대한 역사 왜곡을 비판함으로써 그의 권위를 상대화했으며, 주나라 무왕과 아울러 그의 무력 혁명을 반대한 은나라의 백이숙제를 동시에 추존함으로써 공자의 존주尊周에 대한 절대성을 부정했다. 아울러 무왕의 무력 통일을 반대한 백이숙제가 동이족임을 고증하고, 주자의 화이론에 대해 근원적으로 비판했다.

당시 조선의 지식인들은 수양산에서 고사리를 캐 먹다가 굶주려 죽은 백이숙제의 고사를 춘추 절의론春秋節義論과 존주론尊周論으로 이해하고 있었다. 백이숙제가 무왕의 말고삐를 잡고 직간했다(叩馬而諫)는 가설을 전제로 은나라와 주나라에 다 같이 절의를 지켰다고 해석한 것이다. 그러나 연암은 반대로 해석한다. 그는 겉으로는 존주론을 비난하지 않으면서도 이른바 백이의 고마이간叩馬而諫을 부인함으로써 백이가 무왕의 이폭역폭以暴易暴을 거부하고 주나라에 저항했다는 저항론도 인정하는 양시론을 펴고 있는 것이다. 그러나 유교에서 성인으로 추앙하는 무왕을 폭력자로 비난하는 동이족 나라의 백이를 인인仁人으로 추앙한다는 것은 주자의 화이론과는 정반대로 조선(夷)이 주나라(華)보다 문화 민족이었다고 주장하는 존이론尊夷論이므로 놀라운 반역이라고 할 만하다.

연암집燕巖集/**권3/공작관문고**孔雀館文稿/**백이론하**伯夷論下

공자는 옛 어진 사람을 칭송했는데	孔子稱古之仁人
기자, 미자, 비간이 이들이다.	箕子微子比干是也.
이들 삼인三仁의 행함은 각각 다르지만	三仁者之行各不同
인인仁人의 명성은 잃지 않았다.	猶不失乎仁之名.
맹자는 옛 성인을 칭송했는데	孟子稱古之聖人
이윤, 유하혜, 백이가 이들이다.	伊尹柳下惠伯夷是也.
삼인의 행함은 각각 다르지만	三仁者之行各不同
성인의 칭호는 떨어지지 않았다.	猶不離乎聖之號.
대저 태공은 옛 위대한 노현인으로 불리었는데,	夫太公者 古所謂大老賢人
그의 행함은 백이와 같고	則爲其行同伯夷
그의 도道는 이윤과 비슷하다.	而道似伊尹也.
그런데도 공자는	然而孔子不稱
태공을 삼인에 배열하여 호칭하지 않았고,	其仁以列之三仁
맹자는	孟子不稱
그 성인을 삼성三聖에 배열하지 않았으니 무엇 때문인가?	其聖以列之三聖 何也.

오! 내 생각으로는 은나라에는
다섯 인자仁者가 있었다고 본다.
오인五仁은 누구인가? 백이와 태공을 포함한 이들이다.

이들 다섯 인자仁者는 행한 것은 각각 같지 않지만
모두가 정녕 측은지심을 가졌을 것이다.
그러니 서로에게 기대하며 인仁을 행한 것이다.
서로에게 기대하지 못했다면 인을 행하지 못했을 것이다.

기자는 은나라 유민으로서 마음먹기를,
"이제 은나라는 천륜을 잃었으니
내가 도道를 전하지 않으면
누가 도를 전하겠는가?"라고 말하고
미친 척하고 노비가 되었다.
기자는 서로 기대하는 자가 없는 것 같지만,
그러나 인인仁人의 마음은
하루라도 천하를 잊을 수 없었으니,
마음속으로 태공이 백성을 구해주기를 바랐을 것이다.

태공은
스스로 은나라 유민으로서 마음먹기를
"이제 은나라는 천륜을 잃었고,
미자는 떠나고, 비간은 죽었고, 기자도 갇혔으니,
내가 백성을 구원하지 않으면
장차 천하가 어찌 되겠는가?"라고 말하고
드디어 주紂를 토벌하는 데 앞장섰다.
태공도 역시 서로 기대하는 자가 없는 것 같지만,

嗚呼 以余觀乎殷
其有五仁乎.
何謂五仁 伯夷太公是也.

夫五仁者 所行亦各不同
皆有丁寧惻怛[121]之志.
然而相須[122]則爲仁.
不相須則爲不仁矣.

箕子之爲心也 曰
殷其淪[123]喪
我不傳道
誰傳道也
遂陽[124]狂爲奴.
箕子若無所相須者也
雖然仁人之心
未嘗一日而忘天下
則是箕子須拯民於太公耳.

太公之爲心也
自以殷之遺民也 曰
殷其淪喪
小師行 王子死 太師囚
我不拯其民
將天下何哉
遂伐紂.
太公亦若無所相須者也

---

121) 怛(달)=驚也, 悲慘.
122) 須(수)=需也, 資也, 待也.
123) 淪(륜)=沒也, 氣未分也.
124) 陽(양)=佯也.

그러나 인인仁人의 마음은

하루라도 후세를 잊을 수 없는 것이니

마음속으로 백이가 의리를 밝혀주기를 바랐을 것이다.

백이는

은나라 유민으로서 마음먹기를,

"이제 은나라는 천륜을 잃어

미자는 떠나고 비간은 죽었고 기자는 갇혔으니,

내가 의義를 밝히지 않으면

장차 후세에 어찌되겠는가?"라고 말하고

끝내 주나라를 따르지 않았을 것이다.

雖然仁人之心

未嘗一日而忘後世

則是太公須明義於伯夷.

伯夷之爲心也

自以殷之遺民也 曰

殷其淪喪

小師行 王子死 太師囚

我不明其義

將後世何哉

遂不從周.

연암집燕巖集/**권12**/**열하일기**熱河日記/**관내정사**關內程史 **이제묘기**夷齊廟記

난하 기슭에 자그마한 언덕을 수양산이라 하고,

그 산 북쪽에 조그만 성이 있어 고죽성이라 한다.

성문에는 '현인구리'라고 써 붙였고,

문 오른쪽 비석에는 '효자충신'이라 썼으며,

왼쪽 비석에는

'지금칭성'이라고 썼으며,

묘문 앞 비석에는

'천지강상'이라고 썼고,

문 남쪽 비에는 '고금사표'라고 썼으며,

문 위에는

'상고일민'이라는 간판이 걸렸다.

문 안에 비석 셋, 뜰 가운데 둘,

섬돌 좌우에 넷이 있는데

이 모두가 명나라 청나라 때에 임금들이 만든 것이다.

灤河之上 有小阜曰首陽山

山之北有小郭曰 孤竹城.

城門之題曰 賢人舊里 [125]

門之右碑曰 孝子忠臣

左碑曰

至今稱聖 [126]

廟門有碑曰

天地綱常 [127]

門之南 有碑曰 古今師表

門上有扁曰

上古逸民 [128].

門內有三碑 庭中有二碑

階上左右四碑

皆明淸御製也.

125) 賢人舊里(현인구리)=현인의 옛 마을.
126) 至今稱聖(지금칭성)=지금도 성인이라 칭송한다.
127) 天地綱常(천지강상)=천지의 벼리요 상도.
128) 上古逸民(상고일민)=상고의 은거인 덕인.

뜰에는 고송 수십 그루가 서 있고,	庭有古松數十株
섬돌 가에는 흰 돌로 난간을 둘렀다.	繚階白石欄.
가운데 큰 전각이 있어 이름을 '고현인전古賢人殿'이라고 하고,	中有大殿曰 古賢人殿
전각 안에 곤룡포와 면류관을 갖추고 홀을 들고 서 있는 것이	殿中袞冕 正圭而立者
백이숙제의 조상이다.	伯夷叔齊也.
전문에는 '백세지사'라 써 붙였고,	殿門題曰 百世之師
전 안의 '만세표준'이란 큰 글씨는	殿內大書 萬世標準者
강희 황제의 글씨이고	康熙帝筆也
또 '윤상사범'이란 글씨는	又曰 倫常師範者
옹정 황제의 글씨다.	雍正帝筆也.
그 주련에는 다음과 같이 쓰여 있었다.	柱聯曰
"인仁을 찾아 인을 행했으니 만고에 청풍은 고죽국이요,	求仁得仁 萬古淸風孤竹國
폭력으로 폭력을 바꾸었을 때, 천추에 고절은 수양산이로다."	以暴易暴 千秋孤節首陽山.

여기서 주목할 것은 백이숙제에 대한 『사기史記』와 『장자』의 평가는 공자와 맹자의 평가와 정반대라는 점이다. 이는 공자와 맹자의 기록이 백이숙제가 무왕의 폭력 전쟁을 반대하고 저항하다가 굶주려 죽었다는 사실을 은폐하고 있다고 폭로한 것이 된다. 왜 『사기』는 『논어』와 『맹자』의 기록을 무시하고 다른 말을 할까? 『사기』의 저자가 역사가로서 『논어』의 기록이 사건의 본질을 변질시켰고, 『맹자』의 기록이 사실을 왜곡했다고 확신하지 않았다면 어찌 감히 공맹의 기록을 무시할 수 있었겠는가?

연암이 백이론을 저술하고 여러 곳에서 백이숙제를 언급한 것도 이처럼 백이를 반대하는 공자와 맹자의 판단과 백이를 긍정하는 『장자』와 『사기』의 판단이 상반되는 틈새를 노린 것이다. 그리고 나아가 백이가 고구려의 뿌리인 고죽국의 왕자였다는 사실을 부각하기 위함이었을 것이다. 다만 연암은 백이숙제가 폭력 혁명을 반대하고 순절한 것이 바로 인仁의 실천이라고 평가함으로써 양쪽을 양시론으로 봉합한다. 이로써 공맹을 부정하지 않으면서도 『장자』와 『사기』의 진실성에 손을 들어준다. 그러므로 결국 연암의 평가는 백이숙제가 무왕의 폭력 혁명을 반대해 순절했다는 사실을 은폐한 공자와 맹자를 비판한 것이다.

논어論語/술이述而 14

자공이 말했다. "백이와 숙제는 어떤 사람입니까?"	子貢入曰 伯夷叔齊 何人也.

공자께서 말씀하셨다. "옛 현인이었다."　　　　　　　　　　　　曰 古之賢人也.

자공이 물었다. "원한이 많았겠지요?"　　　　　　　　　　　　　曰 怨乎.

공자께서 말씀하시길　　　　　　　　　　　　　　　　　　　　曰

"인仁을 추구해 인을 실천했으니 무슨 원한이 있겠느냐?"　　　求仁而得仁 又何怨.

논어論語/공야장公冶長 22

공자께서 말씀하셨다. "백이와 숙제는 과거의 악을 괘념하지 않았다.　子曰 伯夷叔齊 不念舊惡.

그래서 원망하는 자가 드물었다."　　　　　　　　　　　　　　怨是用希.

맹자孟子/이루離婁/상上

맹자께서 말씀하셨다. "백이는 폭군 주왕을 피해　　　　　　　孟子曰 伯夷辟紂

북해의 바닷가에 살다가,　　　　　　　　　　　　　　　　　居北海之濱

주나라 문왕이 일어났다는 소문을 듣고,　　　　　　　　　　聞文王作興

'어찌 찾아가지 않겠는가?'라고 말했다."　　　　　　　　　　曰 盍[129]歸乎來.[130]

장자莊子/양왕讓王

주나라가 일어날 때 진정한 두 선비가 있었는데　　　　　　　昔周之興 有士二人

은나라의 작은 봉국 고죽국의 두 왕자로서　　　　　　　　　處於孤竹 曰

이름은 백이와 숙제라 했다.　　　　　　　　　　　　　　　伯夷叔齊.

두 형제는 서로 돌아보며 말하기를　　　　　　　　　　　　二人相謂 曰

지금 주나라는 은나라의 어지러움을 들어내　　　　　　　　今周見殷之亂

두렵게 함으로써 정사를 다스리고,　　　　　　　　　　　　以遽[131]爲政

위에서는 꾀로 하고, 아래서는 뇌물로 하며,　　　　　　　　上謀而下行貨

병력을 의지하여 위엄을 보존하고,　　　　　　　　　　　　阻[132]兵而保威

희생을 갈라 피로써 맹약함으로써 믿게 하고,　　　　　　　割牲而盟以爲信

노래를 선양하여 대중을 달래고,　　　　　　　　　　　　　揚行[133]以說衆

---

129) 盍(합)=何不也.

130) 이는 백이숙제가 자기 종주국인 은나라를 배반하고 주나라를 따랐다는 것이므로『장자』와『사기』의 기록과는 정반대임을 유의해야 한다.

131) 遽(거)=懼也.

132) 阻(조)=依也.

133) 行(행)=詩歌.

죽임과 정벌로 이익을 챙긴다.　　　　　　　　　殺伐以要利.

이것은 어지러움을 밀어내고 폭력으로 바꾼 것에 불과하다.　　是推亂以易暴也.

사기史記/권61/백이열전伯夷列傳

전기傳記에 의하면 백이와 숙제는　　　　　　　其傳曰 伯夷叔齊

고죽군의 두 아들이라고 한다.　　　　　　　　孤竹君之二子也.

무왕이 은나라를 평정하자　　　　　　　　　武王已平殷亂

천하는 모두 주나라를 종주로 받들었으나　　　天下宗周

오직 백이와 숙제는 그것을 부끄럽게 생각했다.　而伯夷叔齊恥之.

의리상 주나라의 곡식을 먹지 않으려고　　　　義不食周粟

수양산에 숨어 고사리를 캐 먹고 살았다.　　　隱於首陽山 采薇而食之.

굶주려 죽을 지경에 이르자　　　　　　　　　及餓且死

다음과 같이 노래를 지어 불렀다.　　　　　　作歌其辭曰

"저 서산에 올라가 고사리를 캐자꾸나!　　　　登彼西山兮 采其薇矣.

폭력으로 폭력을 바꾸었는데 그 잘못을 모르는구나!　以暴易暴兮 不知其非矣.

신농씨 순임금 우임금도 이미 죽었으니　　　　神農虞夏忽焉沒兮

나는 어디로 돌아간단 말인가?　　　　　　　我安適歸矣.

오호! 죽음뿐이구나! 운명이 쇠잔한 것을!"　　于嗟徂[134]兮 命之衰矣.

급기야 그들은 수양산에서 굶어 죽었다.　　　遂餓死於首陽山.

이로 볼 때 그들을 원망할 것인가, 비난할 것인가?　由此觀之 怨邪非邪.

『관자管子』「소광小匡」편에 의하면 고죽국孤竹國은 관자에 의해 제나라 환공桓公, ?~BC 643이 패자가 된 기원전 651년경에 멸망했다. 이 기록이 맞으면, 백이숙제가 항거했던 무왕의 은나라 정벌은 기원전 1046년경이었으므로 그 후 400여 년 동안에도 고죽국은 명맥을 이어왔다고 보아야 할 것이다. 원래 고죽국은 은나라 탕왕 때부터 동이족의 제후국이었으며 그 위치는 지금의 북경 근처라고 한다. 한편 박지원은 『열하일기』에서 고죽국이 고려高麗로 계승되었다는 『당서』의 기록을 소개하고 있다. 만약 이 기록이 사실이라면 백이숙제와 묵자는 고려 사람이 분명하다.

---

134) 徂(조)=往也, 殂死.

관자管子/소광小匡

제후들의 침략과 반란이 허다했고 천자에 복종하지 않았다.	諸侯多沈亂 不服於天子.
이에 제나라 환공은 북으로 산융을 정벌했다.	於是乎桓公[135] 北伐山戎.
이를 위해 먼저 영지를 제압했으며 고죽국의 군주를 베었다.	制令支 斬孤竹[136].
이에 아홉 오랑캐들도 말을 잘 듣기 시작했고,	而九夷始聽
바닷가 제후들도 복속하지 않는 자가 없었다.	海濱諸侯莫不來服.

연암집燕巖集/권11/열하일기熱河日記/도강록渡江錄 6월 28일

『당서』「배구전裴矩傳」에 의하면	唐書裴矩傳言
"고려는 본시 고죽국인데, 주나라가 이곳에 기자를 봉했고,	高麗本)孤竹國 周以封箕子
한나라 때에 이르러 사군으로 나뉘었으며,	漢分四郡
고죽국의 영지는 지금의 영평부에 있었다"라고 한다.	所謂孤竹地 在今永平府.
광녕현에는 예부터 기자 묘와	又廣寧縣 舊有箕子廟
후관을 쓴 기자의 소상이 있었으며,	戴冔冠塑像
명나라 가정 연간에 병화로 불타버렸다고 하는데	明皇嘉靖時 燬於兵火
사람들은 광영현廣寧縣을 평양이라 부른다.	廣寧人或稱平壤.

주서周書/홍범洪範

홍범구주洪範九疇

즉위 십삼 주기에	惟十有三祀
무왕은 동방의 기자箕子를 찾아가 말했다.	王訪于箕子 王乃言曰.
"기자여! 하늘은 하민을 덮어주어 안식하게 하니,	箕子 惟天陰[137] 騭[138]下民
돕고 협력하여 살아갈 수 있습니다.	相協厥居[139].
그러나 나는 그 도리와 인륜을 펼 줄 모릅니다."	我不知其彝倫攸敍.
기자가 말했다. "제가 듣건대	箕子乃言曰. 我聞
옛날에 곤이 홍수를 막아	在昔鯀陻[140]洪水

---

135) 桓公(환공)=685~643년 재위. BC 651년에 패자가 됨.
136) 史記/注: 孤竹國 殷湯三月所封. 姓墨胎氏.
137) 陰(음)=黙也. 覆也.
138) 騭(즐)=定也.
139) 居(거)=畜也. 生者也.
140) 陻(인)=塞.

오행의 질서를 어지럽히니 汨[141]陳其五行

하느님이 진노하여 천도인 홍범구주를 내려주지 않아 帝乃震怒 不畀[142] 洪範九疇

인륜이 끊어지고 곤은 귀양 가서 죽었습니다. 彝[143]倫攸斁 鯀則殛死.

우禹가 일어나니 禹乃嗣興

하느님께서 그에게 홍범구주를 내리시어, 天乃錫禹洪範九疇

인륜이 베풀어지게 되었습니다." 彝倫攸敍.

맹자孟子/이루離婁

순임금은 동이東夷

순임금은 제풍에서 나고 부하로 이사했고, 舜生於諸馮 遷於負夏

명조에서 죽었으니 동이 사람이다. 卒於鳴條 東夷之人也.

포박자抱朴子/내편內篇/지진地眞

삼황내문三皇內文

옛적에 황제 헌원씨가 동쪽으로 청구에 이르러 昔黃帝東到靑丘

풍산을 지나, 過風山

자부 선생을 찾아뵙고 삼황내문을 받아 見紫府先生 受三皇內文

만신을 마음대로 부리게 되었다. 以劾[144]召萬神.

삼국유사三國遺事/고조선古朝鮮

당나라 「배구전」에 의하면 고려의 뿌리는 고죽국孤竹國이며, 唐裵矩傳云 高麗本孤竹國

주나라가 기자를 봉하고 조선이라 하였으며 周以封箕子爲朝鮮

한나라가 일어나 이를 나누어 삼군三郡을 설치하고 漢分置三郡

현토玄菟, 낙랑樂浪, 대방帶方이라 불렀다. 謂玄菟樂浪帶方.

당나라 두우杜佑가 저술한 『통전通典』도 通典

또한 이같이 말했다. 亦同此說.[145]

---

141) 汨(골)=亂.

142) 畀(비)=與.

143) 彝(이)=常.

144) 劾(핵)=覈. 驗也.

145) BC 195년 망명해온 燕의 衛滿을 박사에 임명하고 서쪽을 지키게 함. BC 194년 위만이 왕검성을 공격하여 準王을 몰아내고 위만 조선을 세움. 箕準王은 남쪽으로 달아나 韓王이 됨. BC 190년 위만은 眞蕃 臨屯을 복속시켜 영토를 확장함.

연암집燕巖集/**권12**/**열하일기**熱河日記/**관내정사**關內程史 **이제묘기**夷齊廟記

중국에서 수양산은 다섯 곳이 있다.	中國之稱首陽山 有五處.
『맹자』에서는 "백이가 주왕을 피해	而孟子曰 伯夷避紂
북해로 가서 살았다"라고 했다.	居北海之濱.
우리나라 해주에도 수양산이 있어	我國海州 亦有首陽山
백이숙제를 제사 지내고 있으니,	而祠夷齊
천하 사람들은 정확히 알 수 없는 일이다.	而天下之所不識也.
나는 생각해본다. 기자가 동으로 조선에 온 것은	余謂 箕子東出朝鮮者
오로지 주나라 땅에 살기 싫었기 때문이니	不欲居周五服之內
백이도 주나라의 곡식을 먹을 수 없었다면,	而伯夷義不食周粟則
혹 기자를 따라와서	或隨箕子而來
기자는 평양에 도읍하고, 백이는 해주에 살지 않았을까?	箕子都平壤 夷齊居海州歟.

이처럼 존주尊周를 내건 공자는 반주反周를 내건 백이와 숙제를 마지못해 인자 현자로 추앙하면서도 그 대항마로 태백을 내세워 선전했다. 그것은 백이숙제나 태백이나 똑같이 왕자의 자리를 사양했다는 점을 부각시킴으로써 백이숙제의 반주反周 반전反戰 이미지를 희석하려는 고도한 심리 전술이라고도 말할 수 있을 것이다. 그런데 연암은 혹정의 말을 빌려 이러한 공자 기도를 거짓이라고 공박한다.

논어論語/**태백**泰伯 1

공자께서 말씀하셨다. "주나라 문왕의 큰아버지 태백은	子曰 泰伯[146]
진실로 지극한 덕인이라고 함이 옳을 것이다.	其可謂至德也已矣.
세 번이나 천하를 사양하고 멀리 떠나버렸으니	三以天下讓
(백이숙제와 비교될 만하거늘) 민중은 칭찬할 줄 모르는구나!"	民無得而稱焉.

연암집燕巖集/**권14**/**열하일기**熱河日記/**혹정필담**鵠汀筆談

(혹정이 말했다.)

"공자는 태백이 세 번이나 천하를 양보했으니 장하다고 했으나	孔子曰 泰伯三以天下讓
은나라 주왕은 태백 시대에는	商辛之於泰伯之時

---

146) 泰伯(태백)=周太王之長子.

아직 배 속에 들지도 않을 때였고 　未及胞胎養生

당시 고공단보도 제후가 못 되고 　古公之於諸侯之國

변방의 부용국에 불과한 처지인데 　不過要荒附庸

당시 양보한 천하는 어느 가문의 것인지 모를 일이요, 　未知當時天下竟是誰家

태백이 누구에게 세 번씩이나 천하를 양보했는지 모를 일입니다. 　未知泰伯三讓果向何人.

주자는 말하기를 　朱子言

태양의 셋째 아들 계력이 낳은 아들 창(문왕)이 　季歷生子昌

거룩한 덕이 있어 　有聖德

태왕은 은나라를 멸망시킬 뜻을 가지게 되었다고 하지만 　太王因有翦商之志

이는 잘못된 말입니다. 말하자면 너무 이른 계획입니다. 　此謬也. 果謂太早計.

자기 집안의 융성을 꾀한다는 것은 있을 수 있지만 　克昌吾家則有之

어찌 될 수도 없는 망령된 희망을 합당하다 하겠습니까?" 　豈合因此妄希非望.

연암이 말했다. "공자는 태백을 지극한 덕인이라고 칭찬했고, 　孔子稱太伯爲至德

주자는 태왕을 지극히 공평한 인물이라 칭찬했는데 　朱子稱太王爲至公

주나라를 반대한 백이와 달리 주나라를 따랐던 태공은 　非如伯夷太公之

서로를 패륜이라고 할 수는 없습니다. 　不相悖也.

그러나 태백의 입장에서 본다면 자기를 배척한 태왕에 대해 　由太伯而論則太王

지극히 공평했다는 평가에 동의하지 않을 것이며, 　不應爲至公

태왕의 입장에서 본다면 자기가 내친 태백에 대해 　由太王而論則 太伯

지극한 덕인이라는 평가에 동의하지 않을 것입니다. 　不應爲至德.

성현들이 말씀하신 지극히 모호하고 정미한 뜻을 　聖賢至微至精之旨

우리 같이 겉만 핥는 얕은 지식으로는 　有非膚學淺見

도무지 추측조차 할 수 없겠지만 　所可窺測

이 사실에 대해서만은 아무래도 역시 의심이 없지 않습니다." 　而鄙人亦不能無疑於此也.

이상과 같이 연암은 「이제묘기夷齊廟記」와 「백이론伯夷論」을 지어 백이숙제를 집중 부각시켰다. 이것은 민족주의나 반전反戰 사상의 고취 외에도 공자의 춘추대의를 무력화시킴으로써 당시 조선의 질곡이었던 존주尊周 존명尊明 사대주의의 기초인 화이론華夷論의 허구성을 폭로하려는 의도적인 도전이었던 것이다.[147]

147) 백이숙제에 관한 상세한 기록은 졸저 『묵자』, 바이북스, 2009, 1장 「묵자는 누구인가?」 참조.

연암은 중국 역사서의 왜곡을 비판하고 당시 필독서였던 중국 사서史書를 읽지 말 것을 주장했다. 아울러 김부식金富軾, 1075~1151이 지은 『삼국사기』에 대해서도 사대주의적 역사 왜곡을 비판했다. 그래서 그는 「사략史略 불가독론不可讀論」과 「통감通鑑 불가독론不可讀論」을 지었으나 지금은 일실되었다.

연암집燕巖集/권11/열하일기熱河日記/도강록渡江錄 6월 28일

마침 '봉황성'을 신축하고 있었는데	方新築鳳凰城
혹은 이를 '안시성'이라고 부른다.	或曰此則安市城也.
고구려 방언으로는 큰 새를 '안시'라고 부른다.	高句麗方言 稱大鳥曰安市.
지금도 시골말로는 봉황을 안시라고 부르고	今鄙語往往 有訓鳳凰曰安市
뱀을 배암이라 부른다고 한다.	又稱蛇曰白巖.
수나라 당나라 때는 우리말을 따라 봉황성을	隋唐時就國語以鳳凰城爲
안시성이라 했고,	安市城.
사성을 배암성이라 했다고 하니	以蛇城爲白巖城
그 말이 자못 이치에 맞는 것도 같다.	其說頗似有理.
또한 예로부터 전해지기를	又世傳
안시성 성주 양만춘이 당 태종의 눈을 쏘아 맞추자,	安市城主楊萬春 射帝中目
태종은 성 아래 열병하여 양만춘에게 명주 백 필을 하사하며,	帝耀兵城下 賜絹百匹
자기 군주를 위해서 성을 굳게 지킨 것을 가상했다고 한다.	以賞其爲主堅守.
삼연 김창흡은	三淵金公昌翕
아우 노가재 창업의 연경행을 송별하면서	送其弟老稼齋昌業入燕
다음과 같이 시를 지었다.	詩曰
천추에 위대한 담력 양만춘 장군이	千秋大膽楊萬春
용 수염과 범 눈동자를 활로 쏘았네!	箭射蚪髥[148]眸子.
일찍이 목은 이색도	牧隱李公穡
「정관음貞觀吟」이란 시에서 다음과 같이 읊었다.	貞觀吟曰
고려쯤이야 주머니 속의 물건이라 큰소리치더니	爲是囊中一物爾

---

148) 蚪髥(규염)=小龍의 수염.

어찌 알았으랴! 검은 꽃이 흰 깃털에 떨어질 줄을!　　　那知玄花落白羽.

검은 꽃은 눈동자를 말하고, 희 깃털은 화살을 말한 것이다.　　玄花言其目 白羽言其箭.

두 노사께서 읊은 것은　　　二老所咏

당시 오랫동안 조선에서 유전되어온 말을 표현한 것이다.　　當出於吾東流傳之舊.

그런데 김부식은 사초가 일실된 것을 안타까워했을 뿐이다.　　金富軾只惜 其史失姓名.

대개 김부식『삼국사기』를 쓰기 위해　　蓋富軾爲三國史

단지 중국의 사서를 베끼는 것을 제일로 삼았고　　只就中國史書 抄謄[149]一番

그것을 사실처럼 조작했을 뿐이다.　　以作事實.

유공권의 작은 글만 인용했어도　　至引柳公權小說

당 태종이 포위되었다는 사실을 증거할 수 있었는데도,　　以證駐驛[150]之被圍

『당서』나 사마광의 『자치통감』에서　　而唐書及司馬通鑑

모두 기록이 보이지 않는 것은　　皆不見錄

중국을 위해 그것을 꺼렸기 때문일 것이다.　　則疑其爲中國諱之.

그러나 김부식이 조선의 오랜 전문傳聞에 대해서조차　　然至若本土舊聞

한 구절도 간략하게나마 기재하지 않은 것은　　不敢略載一句

그 소문을 믿었든 안 믿었든 의도적으로 빼버린 것이다.　　傳信傳疑之間 蓋闕如[151]也.

나는 당 태종이 안시성에서 눈을 잃었는지는　　余曰 唐太宗 失目於安市

상고할 수 없으나　　雖不可攷

봉황성을 안시성이라고 하는 것은　　蓋以此城爲安市

잘못이라고 생각한다.　　愚以爲非也.

『당서』의 기록에 의하면　　按唐書

안시성은 평양에서 오백 리에 떨어져 있고　　安市城 去平壤五百里

봉황성을 ‘왕검성’이라고도 부른다고 했다.　　鳳凰城亦稱王儉城.

『지지地志』는 봉황성을 평양이라고도 했으며,　　地志 又以鳳凰城稱平壤

옛 안시성은　　古安市城

개평현에서 동북쪽 칠십 리 되는 곳에 있다고 했다.　　在蓋平縣東北七十里.

---

149) 謄(등)=베끼다.
150) 駐驛(주필)=왕 행차의 머뭄.
151) 闕如(궐여)=결여되다.

만약 봉황성을 옛 평양이라 한다면

『당서』에서 말한 오백 리와 부합된다.

그런데 우리 선비들은 다만 지금의 평양만 알고 있으므로,

"기자가 평양에 도읍했다"라고 하면 믿고,

"평양에 정전이 있다"라고 하면 믿고,

"평양에 기자묘가 있다"라고 하면 믿으면서도,

다시 "봉황성이 바로 평양이다"라고 말하면 크게 놀라고,

"요동에 또 하나의 평양이 있다"라고 하면

해괴한 말이라고 나무란다.

유독 그들만이 요동이 본시 조선의 옛 땅임을 알지 못하고,

숙신, 예맥 등 동이의 여러 나라가

모두 위만 조선에 예속되었음을 모르고 있다.

또한 오라, 영고탑, 후춘 등

그 일대의 땅이

본시 고구려의 강토임을 모르고 있다.

아! 후세 선비들은 이러한 경계를 밝히지 않고

망령되게 한사군을

모두 압록강 안으로 파악하고

억지로 사실을 왜곡하면서 구구하게 꿰맞춘다.

그래서 그들은 패수를 압록강 안에서 찾으니,

혹자는 압록강을 패수라 하고,

혹자는 청천강을 패수라 하고,

혹자는 대동강을 패수라고 우긴다.

이리하여 조선의 강토는 싸우지도 않고 저절로 오그라들었다.

발해의 무왕 태무예가

일본의 성무왕에게 보낸 편지에서,

"고구려의 옛 터를 회복하고,

若以此爲古平壤

則與唐書所稱五百里相合.

然吾東之士 只知今平壤

言箕子都平壤則信

言平壤有井田則信

言平壤有箕子墓則信

若復言鳳凰城爲平壤 則大驚

若曰 遼東復有平壤

則叱爲怪駭.

獨不知遼東本朝鮮故地

肅愼濊貊 東彞[152]諸國

盡服屬衛滿朝鮮.

又不知烏剌 寧古塔 後春

等地

本高句麗疆.

嗟乎 後世不詳地界

則妄把漢四郡地

盡局之於鴨綠江內

牽合事實 區區分排.

乃復覓浿水於其中

或指鴨綠江爲浿水

或指淸川江爲浿水

或指大同江爲浿水.

是朝鮮舊疆 不戰自蹙矣.

按渤海武王太武藝

答日本聖武王書

曰復高麗之舊居

---

152) 東彞(동이)=東夷는 비하의 뜻이 있으므로 이를 거부하고자 이렇게 썼다.

부여의 옛 풍속을 물려받았다"고 했다.

이로 미루어본다면 한사군의

절반은 요동에 있고,

절반은 여진에 있어 양쪽에 걸쳐 앉아 포옹했으니,

본시 우리나라의 일원이었던 것이 더욱 분명하다.

그러므로 고조선과 고구려의 옛 강역을 알려면,

우선 먼저 여진을 우리 국경 안으로 통합하고

다음으로 패수를 요동에서 찾아야 한다.

그런즉 봉황성이 과연 평양인가 묻는다면

이곳이 기씨, 위씨,

고씨가 도읍한 곳이니,

하나의 평양이라고 해야 할 것이다.

『금사金史』와 『문헌통고文獻通考』에는

광녕 함평이 모두 기자가 봉해졌던 땅이라고 했으니,

이로 미루어본다면

영평과 광녕 사이가 또 하나의 평양일 것이다.

『요사遼史』에 의하면 발해의 현덕부는

본시 조선의 땅으로 기자를 봉했던 평양성이었는데,

요나라가 발해를 쳐부수고 동경이라 고쳤는데

바로 지금의 요양현이 이곳이다.

이로 미루어본다면

요양현도 또 하나의 평양일 것이다.

성호사설星湖僿說/**권2**/**천지문**天地門/**고죽안시**孤竹安市

우리나라 해주에는 수양산이 있다.

『수서』「배구전」에 의하면

고려는 본시 고죽국이라 했다.

이첨李詹은 수양산은 지금의 해주라고 하였는데,

有扶餘之遺俗.

以此推之 漢之四郡

半在遼東

半在女眞 跨踞包絡

本我幅員 益可驗矣.

故欲知古朝鮮高句麗舊域

先合女眞於境內

次尋浿水於遼東.

然則 鳳凰城果爲平壤乎

曰 此亦或箕氏 衛氏

高氏所都

則爲一平壤也.

金史及文獻通考

俱言廣寧咸平 皆箕子封地

以此推之

永平廣寧之間 爲一平壤也.

遼史 渤海顯德府

本朝鮮地 箕子所封平壤城

遼破渤海 改爲東京

卽今之遼陽縣是也.

以此推之

遼陽縣爲一平壤也.

我國海州有首陽山.

隋裴矩傳云

高麗本孤竹國.

李詹云 首陽山今海州

「배구전」을 잘못 해석한 잘못이다.　此因裵傳而誤也.

고죽국은 영평부에 있다.　孤竹國在永平府.

고죽국의 세 임금의 무덤과　孤竹三君之墓

백이숙제의 사당이 그곳에 있다.　及夷齊廟亦在焉.

아마 요동은 본시 고구려 땅이며,　意者遼東本高麗之地

고죽국의 땅도 이때 고구려에 포함되었으므로,　孤竹之地時爲高麗所幷

「배구전」에서 혼동해서 말한 것이다.　故矩傳混以稱焉.

고려사에 의하면 성종 십이 년에　按麗史成宗十二年

글안의 소손녕이 침략했을 때,　契丹蕭遜寧來侵

서희가 국서를 가지고 글안 진영에 갔다.　徐熙奉國書裵往丹營.

소손녕은 고려가 자기네 영역을 침범했다고 문책했다.　遜寧責其侵蝕.

서희는 이르기를 "만일 국경을 따진다면,　熙曰 若論地界則

귀국의 동경東京도 모두 우리 영토이며,　上國之東京皆我境

압록강 안팎이 모두 우리 영토인데　且鴨綠江內外 亦我境內

어째서 우리가 침범했다고 말하는가?"　何謂侵蝕乎.

이에 소손녕은 대답을 못 했다고 한다.　遜寧不能答.

또 살피건대 안시성은 지금의 봉황성이다.　又按 安市城今鳳凰城也.

봉황을 우리는 '아시새'라고 부른다.　鳳凰東俗謂阿市鳥.

'아시'와 '안시'가 음이 비슷하여 명칭이 붙여진 것이다.　阿市與安市音近 故名之也.

사기史記/**백이열전**伯夷列傳/**정의**正義

『지지』에 의하면 고죽이라는 옛 성은　括地志云 孤竹古城

노룡현 남쪽 십이 리에 있는데,　在盧龍縣 南十二里

은나라 때 제후인 고죽국이라 한다.　殷時諸侯 孤竹國也.

사기史記/**하본기**夏本紀/**기주조색은**冀州條索隱

갈석산은 북평 여성현 서남에 있다.　碣石山 在北平驪城縣西南.

『태강지리지太康地理志』에 이르기를　太康地理志云

낙랑 수성현에 갈석산이 있으며　樂浪遂城縣 有碣石山

| 만리장성이 시작되는 곳이다. | 長城所起.[153] |

대명일통지大明一統誌**/영평부**永平府

군 명칭인 고죽은 옛날에는 북평이라 불렸고,	郡名孤竹 爲古名北平
진나라 때는 북연의 평주 또는 낙랑군이라 불렸고,	爲秦名北燕平州及樂浪郡
북위는 낙랑군을 바꾸어 북평군이라 했다.	北魏改樂浪爲北平郡.[154]

**반청
북벌론비판**

당시 조선은 송시열 등 서인의 장기 집권 시대였다. 이들 집권자들의 기치는 명나라는 단군 다음으로 재조再造의 은인이므로 아비로 섬겨야 한다는 존명尊明 반청反淸 정책이었으며, 아비인 명나라를 멸망시킨 청나라를 박멸하기 위해 북벌을 해야 한다는 북벌론北伐論이었다. 연암 자신도 서인 노론 출신이다. 다만 그는 서인 적통인 권상하를 필두로 하는 호파湖派와 경쟁 관계에 있던 낙파洛派에 속해 있었다. 그러나 그는 서인들의 집권 명분이며 국시로 내걸었던 반청 북벌 정책을 반대했다.

『열하일기』는 도입부에서부터 청나라에 대한 편견을 버리고 이 글을 읽을 것을 요구하고 있다. 그는 아울러 당시 조선의 집권 세력인 서인 정권의 반청 정책을 '무식한 종놈의 어리석은 생각'이라고 비판하고 편견에 사로잡힌 기존의 선입견을 버리고 부처의 평등한 눈으로 바라볼 것을 촉구한다.

그러나 『열하일기』에서 명나라의 연호를 쓰지 않고 청나라의 연호를 사용했다고 선비들의 비판이 쏟아졌다. 당시 조선은 멸망한 명나라 의종의 연호인 '숭정崇禎'을 150여 년간 사용해오고 있었기 때문이다. 이 얼마나 부끄럽고 슬픈 일인가?

연암집燕巖集**/권2/연상각선본**煙湘閣選本**/답이중존서**答李仲存書 **3**

| 만약 중국이 오랑캐 땅이 되었으므로 수치로 여겨 | 如恥其虜[155]地 |
| 그 이름으로 책도 지을 수 없다면 더욱 이해할 수 없습니다. | 而不可以名篇 則尤[156]感也. |

---

153) 遼城縣은 지금의 昌黎縣 지역이다. 遼城縣의 속현인 新昌縣이 수나라 문제 때 盧龍縣으로 바뀌었고, 당나라 때는 昌黎縣으로 바뀌었다. 이병도는 "遼城縣은 자세하지 않지만 황해도 북단에 있는 遼安에 비정하고 싶다"고 왜곡했다. 그러나 遼安은 高麗 초에 고친 이름이므로 날조가 너무 심하다.

154) 연나라 왕이 명나라 成祖로 즉위하자 그 이듬해인 1403년 北平을 北京이라 칭함.

155) 虜(로)=捕虜, 華外地域.

156) 尤(우)=甚也, 怨也.

불행히도 중국이 오랑캐에게 점령된 것은　　　　不幸而陷於胡虜者

비단 오늘만이 아닙니다. 그때마다　　　　　非獨於今日. 而爲然也

모두 오랑캐 땅이니 그 지명을 쓰지 말아야 합니까?　舉將夷之而不名耶.

순임금은 동쪽 오랑캐에서 나온 인물이고,　　　舜東夷之人也

문왕은 서쪽 오랑캐에서 나온 인물입니다.　　　文王西夷之人也.

지금의 춘추의리를 따르면　　　　　　　由今之爲春秋者

그들의 출생지도 숨겨야 한단 말입니까?　　　曲諱其所生地耶.

『춘추』란 본래 중국을 존중하고 오랑캐를 배척하는 책입니다.　春秋固尊華攘夷之書也.

그러나 그 저자인 공자도 구이에서 살고 싶다고 말했습니다.　然夫子嘗欲居九夷.

지금 저들의 도리를 따른다면,　　　　　　由今之道者

성인이 어찌 자기가 배척하는 땅에서 살려고 했겠습니까?　聖人何爲欲居其所攘之地乎.

남들처럼 춘추의리를 위하려면,　　　　　若人而爲春秋者

오랑캐에 대해서는 말도 말고 연구도 폐해야 할 것입니다.　其將廢胡傳而不講也.

연암은 반주反周 반전反戰의 열사인 백이숙제를 존주尊周 의리론으로 왜곡시켜 송시열의 존명尊明 의리론을 옹호하는 기막힌 역설과 병든 조선 사회를 비판한다. 그는 충청도 청주 화양동에 명나라 마지막 황제의 위패를 모신 '만동묘萬東廟'를 세우고 명나라의 원수를 대신 갚기 위해 북벌을 주장하는 대표적 반청 북벌론자인 송시열을 늙은 시골 선생에 비유하고, 반대로 '명나라는 청나라의 입장에서 보면 역적'이라고 말하는 선입견 없는 어린 학동에 자신을 비유하며 북벌론의 허구성을 신랄하게 공격한다.

연암집燕巖集/권12/**열하일기**熱河日記/**관내정사**關內程史 **호질후지**虎叱後識

사람이 사는 곳으로 보면　　　　　　故自人所處 而視之則

화이의 구별이 뚜렷하겠지만　　　　　華夏夷狄誠有分焉

하늘이 명한 것으로 본다면　　　　　自天所命 而視之則

은나라의 후관冔冠이나 주나라의 면류관冕旒冠도　殷冔周冕

각각 시대에 맞게 만들어진 것이니　　　各從時制

어찌 청인이 쓰는 홍모만을 괴이하다 무시할 것인가?　何必獨疑[157]於淸人之紅帽哉.

157) 疑(의)=怪也.

책문 안을 들여다보았다.	望見柵內.
수많은 민가들은 다섯 개의 대들보가 높이 솟아 있고,	閭閻皆高起五樑
띠풀 이엉을 덮었는데 등성마루가 하늘로 치솟고,	苦草覆蓋 而屋脊穹崇
문호가 가지런하고 도로는 평탄하고 곧아서	門戶整齊 街術平直
먹줄을 친 듯했고,	若引繩然
담은 모두 벽돌로 쌓았다.	墻垣甎築.
사람이 탄 수레와 화물차들이 도로를 종횡으로 내달리며,	乘車及載車縱橫道中
벌여놓은 기명들은 모두 그림을 그린 자기들이다.	擺列器皿皆畫瓷.
어디를 보나 그 제도들이 촌티라고는 조금도 없고,	已見其制度 絶無村野氣
일찍이 벗 홍덕보가 말한 대로	往者洪友德保嘗言
규모는 크고 심법心法은 세밀했다.	大規模細心法.
책문은 중국의 동쪽 변두리임에도	柵門天下之東盡頭
오히려 이러하거늘	而猶尙如此
앞으로 유람 길을 생각하니 갑자기 한풀 꺾이고	前道遊覽 忽然意沮
여기서 그만 발길을 돌릴까 하는 생각도 들며	直欲自此徑還
나도 모르게 속이 부글부글 끓었다.	不覺腹背沸[158]烘[159].
나는 화급히 깨달았다.	余猛省曰.
이는 시기하는 마음이고	此妬心也
견문이 좁은 탓이라고 반성했다.	此直所見者小故耳.
만일 여래의 밝은 눈으로 시방 세계를 바라보면	若以如來慧眼 遍觀十方世界
평등하지 않은 것이 없을 것이다.	無非平等.
만사가 평등하면 저절로 질투와 부러움이 사라질 것이다.	萬事平等 自無妬羨.
행랑살이 장복을 돌아보며 물었다.	顧謂張福 曰
"네가 만일 중국에 다시 태어난다면 어떻겠느냐?"	使與往生中國如何.
그는 서슴없이 대답했다.	對曰.
"중국은 되놈의 나라이니 소인은 싫습니다."	中國胡也 小人不願.
때마침 한 소경이 어깨에 비단 주머니를 걸고	俄有一盲人 肩掛錦囊

158) 沸(비)=끓다, (불)=물이 용솟음치다.
159) 烘(홍)=불에 쪼여 말리다.

427

손으로는 월금을 뜯으며 지나간다.

나는 크게 깨달았다.

"저 소경은 어찌 평등한 안목이 아니겠는가?"

手彈月琴而行.

余大悟曰

彼豈非平等眼耶.

연암집燕巖集/권12/열하일기熱河日記/사호석기射虎石記

내가 백문(서대문)에 살 때는

숭정 일백삼십칠 년으로

세 번째 돌아온(三周) 갑신년이었다.

삼월 십구 일은

명나라 의종 황제가 자살한 백이십 주년 기념일이다.

시골 선생이 같은 마을 아이 수십 명을 인솔하고,

우암 송시열이 빌려 살던 옛집에 가서

영정에 참배하고

북벌 때 추위를 막으라고 효종이 하사한 담비 갖옷을 만지며

강개하여 눈물을 흘리던 아이가 성 아래에 당도하자,

서쪽을 향해 "되놈들아!"라고 소리치며 주먹질을 했다.

시골 선생은 음복을 하라고 고사리나물을 차렸다.

마침 금주령이 내려 술잔에 꿀물을 마시게 했다.

술잔 속에는 대명大明 성화년에 만든 것이라고 쓰여 있었다.

음복하는 사람이 반드시 머리를 숙여 그 글자를 보고

춘추대의를 잊지 않도록 하려는 것이다.

드디어 서로 시를 짓는데 한 동자가 시를 읊었다.

만약 무왕이 주왕에게 패하여 죽었다면,

주나라는 천 년 동안 주왕의 역적이 되었을 것이다.

태공망은 무왕을 반대한 백이를 구원해주었는데

어찌 역적을 옹호했다는 비난을 받지 않는가?

오늘날 춘추의 대의란 것도,

되놈이 보면 되놈의 역적이 될 것이다.

고사리를 캐먹는 것은 배부른 것이 아니어서

백이숙제는 마침내 굶어 죽었지만

余居白門時

爲崇禎一百三十七年

三周甲申也.

三月十九日

乃毅宗烈皇帝殉社之日.

鄕先生與同閈冠童數十人

詣城西宋氏之僦屋

拜尤菴宋先生之遺像

出貂裘撫之

慷慨有流涕者 還至城下

搤腕向西 而呼曰胡.

鄕先生爲旅酬 設薇蕨之菜.

時禁酒 以蜜水代酒.

盆之款識曰 大明成化年製.

旅酬者必俯首盆中

爲不忘春秋之義也.

遂相與賦詩 一童子題之 曰.

武王若敗崩

千載爲紂賊.

望乃扶夷去

何不爲護逆.

今日春秋義

胡看爲胡賊.

採薇不眞飽

伯夷終餓死

꿀물은 술보다 더 단 것이니,　　　　　　　　　　蜜水甘過酒

고사리도 아닌 이것을 마시고 죽는다면 원통할 것이다.　飲此亡則冤.

개방 계몽주의

　　　　　　　　　　　연암은 쇄국을 반대하고 나라의 문호를 개방할 것을 주장했다. 그는 오늘날
　　　　　　　　　　　중국이 천하를 진동시킬 문물을 갖춘 것은 동서양의 오랑캐도 포용하는 문
화개방주의에 있다는 것을 깨달았다. 더구나 중국도 그렇거니와 하물며 우리나라는 작은 나라이
므로 세계에 문호를 개방하고 진출하는 것만이 살길이라고 생각한 것이다.

　당시 조선은 망해버린 명나라 황제인 신종과 의종의 위패를 모시고 명나라를 조상의 나라로
숭배하며 명나라를 대신하여 청나라를 치고 원수를 갚겠다는 의리론義理論을 주장하는 서인 정권
의 북벌론北伐論이 국시나 다름없었다. 겉으로는 조공을 바치고 있으면서 150여 년 동안 중국을
지배한 청나라를 배척하고 쇄국 정책을 고수하고 있었던 것이다. 그 결과 세계 문물을 접할 수
있는 유일한 창구가 막힘으로써 400여 년간 우물 안 개구리로 살아온 셈이다. 그러므로 이들 계
몽적인 신진 서인西人들이 국시인 북벌론을 반대하고 대신 북학론北學論을 주장하며 고루한 원로
서인들의 쇄국주의를 반대한 것은 자기를 버린 의거라 할 것이다.

연암집燕巖集**/권12/열하일기**熱河日記**/관내정사**關內程史 **8월 1일**

후세의 군주들도 하늘이 세운 군주를 이었으니　　　　然後世繼天立極之君

학문은 반드시 성인보다 낫지 않았지만　　　　　　　未必其學問勝於聖人

한결같이 조빙 통교通交하고 능한 이를 채용하여 궁행한 것은　而一朝[160]能擧而行之

어찌 중화의 한족만이 그러했겠는가?　　　　　　　　亦奚特中華之族如此哉.

중원을 점령한 오랑캐의 왕들도　　　　　　　　　　夷狄之主函夏者

이러한 중화의 도리를 답습하지 않은 적이 없었다.　　未嘗不襲其道而有之矣.

위험할 때의 심술이나　　　　　　　　　　　　　　論其心術於危微之際

사업의 공사 분별로 말한다면　　　　　　　　　　　辨其事業於工事之間

저들이 유정유일惟精惟一[161]의 법술을 알았다고는 할 수 없으나,　則精一之法 非彼知謂也

공리가 형통할 수 있다면　　　　　　　　　　　　　然若其功利之享

---

160) 朝(조)=朝聘也.

161) 書經/大禹謨: 惟精惟一 允執厥中(道心을 정미하게, 人心을 하나로, 中을 잡아라).

그 법이 오랑캐로부터 나왔을지라도	雖其法之出乎夷狄
그 모든 장점을 모아	集其衆長
유정유일을 본받지 않음이 없었다.	莫不以精一爲師也.
그러므로 이른바 개방주의로 지혜와 역량을	故向所謂 才智力量
천지에 진작한 것이	震天動地者
오늘의 대중국을 이루었으며	所以成中國之大
이십일 대 삼천 년 동안	而二十一代三千餘年之間
법제를 이루어 남길 수 있었던 까닭임을	成法遺制
이에서 가히 상고할 수 있을 것이다.	可得以考焉.

연암집燕巖集/**권12**/**열하일기**熱河日記/**일신수필**馹汛隨筆 **7월 15일**

연경을 여행한 사람을 만나면 사람들은	我東人士 初逢自燕還者
반드시 물어본다.	必問.
"자네 이번 걸음에서 제일의 장관은 무엇이던가?"	曰君行第一壯觀何物也.
그러면 그들은 저마다 말한다.	人則各以所見率口而對.
"요동 천 리의 드넓은 들판이 장관이요!"	曰遼東千里大野壯觀.
"옛 요동의 백탑이 장관이요!"	曰舊遼東白塔壯觀.
"만리장성의 산해관이 장관이요!"	曰山海關壯觀.
"유리창이 장관이요!"	曰琉璃廠壯觀.
"통주의 배들이 장관이요!"	曰通州舟楫壯觀.
"동악묘가 장관이요!"	曰東岳廟壯觀.
"북진묘가 장관이요!"	曰北鎭廟壯觀.
저마다 제멋대로 대답하여 이루 헤아릴 수 없다.	紛紛然指不可勝屈.
그러나 상사上士는 섭섭한 표정으로 얼굴빛을 바꾸며 말한다.	上士則愀然變色易容而言.
"도무지 볼 것이 없더라!	曰都無可觀.
황제란 자가 머리를 깎았으니	皇帝也薙髮[162]
장군, 재상, 대신, 관원들이 모두 머리를 깎았고	將相大臣百執事也薙髮
선비와 서민들까지도 모두 그러하니	士庶人也薙髮

---

162) 薙髮(치발)=청족의 머리, 東夷의 머리는 縱髮, 中華의 머리는 束髮.

아무리 공덕이 은주殷周와 같고 부강함이 진한秦漢보다 더한다 한들   雖功德侔殷周 富强過秦漢
한번 머리를 깎으면 되놈이지요.   一薙髮則胡虜也.
되놈이면 곧 짐승이니   胡虜則犬羊也
그들에게 무엇이 볼 게 있단 말이요?"   吾於犬羊也何觀焉.
이는 의리를 제일로 치는 높은 선비의 말이다.   此乃一等義理也.

중사中士는 이렇게 말한다.   中士曰
"그들의 성곽은 만리장성의 옛 제도를 물려받은 것이요,   城郭長城之餘也
건물은 아방궁의 법을 본뜬 것이지만,   宮室阿房之遺也
신주神州가 더럽혀져   神州陸沈
그 산천이 노린내 나는 고장으로 변했습니다.   則山川變作腥羶之鄉.
성인들이 끼친 자취가 묻히자   聖緖湮晦
언어조차 야만을 따르게 되었으니   則言語化爲侏儒之俗
무엇 하나 볼만한 것이 있겠습니까?   何足觀也.
참으로 십만 명의 군사를 얻을 수만 있다면   誠得十萬之衆
급히 산해관으로 쳐들어가서 중원 땅을 소탕하겠습니다."   將驅入關掃淸.
이는 『춘추』를 잘 읽은 선비의 말이다.   此善讀春秋者也.

『춘추』는 중화를 높이고 오랑캐를 배척하는 글이다.   一部春秋乃尊華攘夷之書.
우리나라는 명나라를 섬긴 지 이백여 년 동안   我東服事皇明二百餘年
한결같이 충성하여 비록 이름은 속국이지만   忠誠劘摯 雖稱屬國
명나라 내의 제후국이었다.   無異內服.
그러나 존주尊周는 자기들의 존주이며,   然而尊周自尊周也
이적夷狄은 자기들에게 이적일 뿐이다.   夷狄自夷狄也.

중국의 성곽, 궁실, 인민은   中華之城郭宮室人民
그대로 남아 있고,   固自在也
정덕 이용후생이 온전한 것도 본래대로 남아 있고,   正德利用厚生之具 固自如也
주렴계, 장횡거, 정이천, 주희의 학문도 사라지지 않았고,   周張程朱之學問 固未泯也
삼대 이래의 성제 명왕들과   三代以降 聖帝明王

한, 당, 송, 명의 좋은 법과 제도는
조금도 변함이 없다.
청나라는 되놈(胡虜)이라고 불리지만
진실로 중국에 이롭다고 생각하면,
기어코 빼앗아 시행하며 본래 있었던 것처럼 여긴다.
중화인들도 천하를 위하는 자라면,
인민에게 이롭고 나라에 도움이 되는 것이라면,
그것이 비록 오랑캐에게서 나온 것이라도
취하여 본받는다.

漢唐宋明之良法美制
固不變也.
彼胡虜者
誠知中國之可利
則至於奪而據之 若固有之.
爲天下者
苟利於民而厚於國
雖其法之或出於夷狄
固將取而則之.

그러므로 지금 우리가 정말로 이적夷狄을 물리치려면
제일 좋은 방법은 중화가 끼친 법을 모두 배워서
우선 우리의 유치한 풍속부터 바꾸어야 한다.
밭 갈기, 누에치기, 그릇 굽기, 쇠 풀무질에서부터,
공업, 상업에 이르기까지 배우지 않는 것이 없어야 하며,
남이 열을 하면 우리는 백을 하여,
먼저 인민을 이롭게 한 다음
인민에게 몽둥이를 들게 하면,
저들의 견고한 갑옷과 무기를 족히 매질할 수 있을 것이다.
그런 연후 "중국에는 볼만한 것이 없다"라고 말해야 옳다.

故今之人誠欲攘夷也
莫如盡學中華之遺法
先變我俗之椎魯[163].
自耕蠶陶冶
而至通工惠商 莫不學焉
人十己百
先利吾民
使吾民制梃
而足以撻彼之堅甲利兵
然後謂中國無可觀可也.

연암집燕巖集/권7/종북소선鍾北小選/북학의서北學議序

우리나라 사람은 편협한 기질을 타고나서
한편의 외진 곳으로 만족해 한다.
우물 안 개구리와 밭두렁의 두더지처럼 자기 땅뿐이라 믿고
'예禮는 차라리 소박한 것'이란 공자의 말을 오인하여
누추한 것이 검소한 것이라고 착각한다.
이른바 사농공상이라는 사민四民도 명목만 있을 뿐 차별함으로써
그들의 공로인 이용후생의 수단은

吾東之士得偏氣
於一隅之土足.
蛙井蚡田獨信其地
謂禮寧野
認陋爲儉.
所謂四民僅存名目
而至於利用厚生之具

---

163) 椎魯(추노)=어리석고 둔함.

날로 궁핍해지고 있다.

그 까닭은 묻고 배울 줄을 모르기 때문이다.

만약 배우고 물으려면 중국을 버리고 어떻게 할 수 있으랴?

그러나 우리는

지금 중국을 다스리는 자들을 오랑캐라고 비난하며

저들에게 배우기를 부끄럽게 여기고

중국의 오랜 문화까지도 야만스럽게 생각한다.

그러나 저들에 비교하면 우리는 한 치도 나을 것이 없다.

그런데도 오직 한 줌의 상투만 붙들고 있는 것으로써

천하에 어질다고 뽐내고 있다.

日趨困窮.

此無他不知學問之過也.

如將學問 舍中國而何然.

其言曰

今之主中國者夷狄也

恥學焉

幷與中國之故常 而鄙夷之.

以我較彼 固無寸長.

而獨以一撮之結

賢於天下.

그렇다고 연암이 호족의 풍습을 받아들이자고 말한 것은 아니다. 그의 개방 정책은 중국 문물이든 호족 문물이든 좋은 것을 주체적으로 받아들이자는 것으로 이해해야 할 것이다.

연암집燕巖集/권3/공작관문고孔雀館文稿/자소집서自笑集序

아! 예禮를 잃으면 시골에서 찾으라는 말은

진실이었구나!

사신 행차를 따라갔던 사람이 연경에 들어가

오나라 사람과 말을 나누는데, 그가 말하기를

자기 시골에 되놈처럼 머리를 깎아주는 집이 있는데,

밖의 간판에

'태평성대의 즐거운 일'이라고 써 붙였다는 것이다.

서로 마주 보고 크게 웃었으나,

속으로는 눈물이 그렁그렁했다.

나는 그 말을 듣고 슬퍼하며 그에게 말해주었다.

"습관이 오래 지나면 천성처럼 되며

못된 습관이 풍속으로 굳어졌으니 어찌 변화시킬 수 있으랴?"

嗟乎 禮失而求諸野

其信矣乎.

歲价[164]之人入燕也

與吳人語 吳人曰

吾鄉有剃頭店

榜之曰

盛世樂事.

因相視大噱已

而潛然欲涕云.

吾聞而悲之 曰.

習久則成性

俗之習矣 其可變乎哉.

우리나라 아낙네의 바르지 못한 옷도

東方婦人之服頗

---

164) 价(개)=사신. 대신.

이와 아주 비슷하다.	與此事相類.
옛 의복 제도는 띠가 있었고 소매가 넓고 치마도 길었다.	舊制有帶 而皆闊袖長裙.
고려 말에	及勝國末
원나라 공주의 궁중 복식을 숭상한 결과	多尙元公主宮中髻[165]服
세속에서도 모두 몽고복과 호복으로 바뀌었다고 한다.	皆蒙古胡制.
그러자 사대부들도 다투어 궁중의 의복을 본떴으므로	于時士大夫爭慕宮樣
드디어 풍속이 되어	遂以成風
삼사백 년 동안 그 제도가 바뀌지 않고 있다.	至今三四百載 不變其制.
적삼은 겨우 어깨를 덮고 소매는 새끼처럼 바짝 좁아져서	衫纔覆肩 袖窄如纏
요망스럽고 방정맞아 창피한 품이 한심한 지경인데	妖佻猖披 足爲寒心
도리어 각 고을 기생들의 옷차림은	而列邑妓服
옛 고아한 제도를 보존하고 있어,	反存雅制
쪽 찐 머리에 비녀를 꽂고, 원삼에 원색 비단 선을 둘렀다.	束釵爲髻圓衫有純.
지금 보아도 넓은 소매와 긴 띠를 두른 모습은	今觀其廣袖容 與長紳委蛇
화려하고 좋다.	褻然可喜.
비록 옛 예법을 아는 가문이 있어	今雖有知禮之家
그 요망스럽고 방정맞은 습관을 고쳐	欲變其妖佻之習
옛 제도를 회복하려 해도,	以復其舊制
세상은 못된 습관에 젖은 지 오래고,	而俗習久矣
또 넓은 소매와 긴 띠가 기생의 옷인 것처럼 되어버렸으니,	廣袖長紳爲其似妓服也
옷을 찢어 던지면서	則其有不決裂
남편을 욕하지 않을 아낙네가 있겠는가?	而罵其夫子也.

⊙ 지금은 서양 복식이 굳어져 머리를 깎고, 목에 자살 끈을 매달고, 양복을 입는다. 어찌 崇美 事大主義가 아니겠는가?

이홍 재군은 약관에	李君弘載自其弱冠
내게 글을 배우다가	學於不佞[166]
장성한 후에는 중국어를 배우러 갔다.	及其長肄[167]漢譯.
그 집안이 대대로 역관이었기에	乃其家世舌官

---

165) 髻(계)=상투. (결)=조왕신.
166) 不佞(불녕)=자기 겸칭.
167) 肄(이)=배워 익힘.

나도 문학 공부를 더 권하지 못했다.

하루는 이 군이 자기의 글을 모은 책의 제목을

『자소집自笑集』이라고 했다며 내게 보여주었다.

논論, 변辨, 서序, 기記, 서書, 설說 등 모두 백여 편이었다.

내용이 해박하고 논리가 활달하여 나름대로 일가를 이루었다.

아아! 예법을 잃으면 시골에 가서 찾아야 한다.

중국의 옛 복식을 찾으려면

연극배우에게서 찾아야 한다.

여인의 옛 아름다운 옷을 찾으려면

고을의 기생들을 보아야 한다.

문장의 성대함을 알고자 하면

나는 실로 역관처럼 천한 선비들에게 부끄러워야 한다.

余不復勉其文學.

一日李君 稱其所自爲者

而題之曰 自笑集 以示余.

論辨若序記書說凡百餘篇.

皆宏博辯肆 勒[168]成一家.

嗟乎 禮失而求諸野.

欲觀中原之遺制

當於戲子而求之矣.

欲求女服之古雅

當於邑妓而觀之矣.

欲知文章之盛

則吾實慚於鞮象[169]之

435
제3부 변법창신의 이용후생파

전쟁 문명 비판

연암은 사람과 사람이 서로 죽이는 전쟁이 제도화된 인간 문명을 고발했다. 그는 직접적으로 전쟁을 의론하지는 않았지만, 작품 「호질」에서 호랑이의 입을 통해 인간만이 자기 동류를 잡아먹는 가장 악독한 동물이라고 질타한다. 이 점에서 연암은 백이와 묵자의 반전론反戰論과 맥을 같이한다. 또한 연암은 묵자가 동이족인 백이숙제의 후손이라는 사실을 염두에 두었을 것이다.

더 나아가 그는 짐승의 입을 빌려 당시의 이기론, 음양론 등 인간의 학문과 문화를 비평하는 데까지 나아간다. 전쟁과 살육 그리고 그것을 합리화하는 인간의 문명을 비판하고 불신한다는 것은 유사들로서는 할 수 없는 모험이다.

우리는 흔히 문명 비판은 노장의 전유물인 것으로 알고 있다. 그러나 노장의 문명 거부에 앞서 묵자도 문명 비판가였다. 묵자는 일찍이 인류학적인 자료를 제시하며 전쟁과 후장厚葬을 정의롭게 여기는 것은 습속을 정치로 물들인 것에 불과하다고 고발한 바 있다.[170] 연암의 사상도 이러한 묵자의 반전 평화 사상에서 촉발된 것으로 추측된다. 연암의 가장 절친한 동료였던 담헌이 유가

168) 勒(륵)=굴레.

169) 象(상)=역관.

170) 『墨子』魯問篇 참조.

를 버리고 묵자에 경도되었다고 고백한 것으로 보아 연암이 묵자를 모를 리 없기 때문이다.

묵자墨子/노문魯問

묵자께서 말씀하셨다.

"전쟁이란 아비를 죽여 자식이 상을 타는 제도인데,

아비가 자식을 잡아먹고 임금에게 바치고 상을 타는

식인종의 풍습과 무엇이 다르겠는가?

아비를 먹는 전쟁도 인의를 저버린 것인데

자식을 먹는 식인종만을 어찌 비난할 수 있겠는가?"

墨子曰.

殺其父以償其子

食其子而償其父哉

何以異.

苟不用仁義

何以非夷人之食其子也.

묵자墨子/절장節葬

후한 장례와 오랜 상례를 고집하는 자들은 반박한다.

묵자처럼 후한 장례와 오랜 복상이 성왕의 도道가 아니라면

왜 중국의 군자들은 그런 비도의 제도를 그치지 않고 있으며,

붙잡고 버리지 못하는가?

묵자께서 말씀하셨다. "그것은 이른바 습관을 편리하게 생각하고

풍속을 의롭다고 생각하는 것뿐이다."

今執厚葬久喪者言曰.

厚葬久喪果非聖王之道

夫胡說中國之君子 爲而不已

操而不擇[171]哉.

子墨子曰 此所謂便其習

而義其俗者也.

옛 월나라 동쪽에 해술이라는 나라가 있는데

그들은 첫아들을 낳으면 쪼개 먹으면서,

다음 태어날 동생을 위한 의식이라고 말한다.

할아버지가 죽으면 할머니를 짊어지고 가서 산에 버리면서

귀신의 처와 같이 사는 것은 도리가 아니라고 말한다.

昔者越之東 有輆沐之國者

其長子生則 解而食之

謂之宜弟.

其大父死 負其大母而棄之

曰 鬼妻不可與居處.

또 초나라 남쪽에는 담인국이 있는데

그들은 부모나 친척이 죽으면

살을 발라내어 버리고 뼈만 묻는다.

그들은 그래야만 효자의 도리라고 생각한다.

楚之南有 啖人之國者

其親戚死 朽其肉而棄之

然後埋其骨.

乃成爲孝子.

---

171) 擇(택)=畢沅 孫詒讓 등은 釋과 同義로 보았다.

실
학
사
상

또 진나라 서쪽에는 의거국이 있는데,　　　　秦之西有儀渠之國者

그들은 부모나 친척이 죽으면 장작불로 태워 화장을 하는데　　其親戚死 聚柴薪而焚之燻上

연기가 올라가는 것을 하늘나라에 오른다고 말한다.　　謂之登遐.

그래야만 효자가 될 수 있다고 생각했다.　　然後成爲孝子.

윗사람들은 이러한 의식을 정치로 이용하고　　此上以爲政

아랫사람에게는 습속이 되어 끊임없이 행해지다 보니,　　下以爲俗 爲而不已

이제는 붙잡고 놓을 수 없게 된 것이다.　　操而不擇[172].

그런즉 이것을 어찌 인의의 도리라고 할 수 있겠는가?　　則此豈實仁義之道哉.

그것은 습속을 편리하고　　此所謂便其習

의로운 것이라고 생각하는 것뿐이다.　　而義其俗者也.

연암집燕巖集/권12/열하일기熱河日記/관내정사關內程史 호질虎叱

너희 인간들은　　然而徽[173]墨斧鉅[174]

날마다 온갖 고문과 형벌을 가하면서　　日不暇給

악행을 그치지 못한다.　　莫能止其惡焉.

그러나 범의 가문에는 본래 그런 형벌이란 제도가 없으니,　　而虎之家 自無是刑

이로 본다면　　由是觀之

범의 성품은 사람보다 착한 것이 아니겠느냐?　　虎之性不亦賢於人乎.

범은 초목을 먹지 않고 벌레와 물고기를 먹지 않으며　　虎不食草木 不食蟲魚

술과 차 같은 패란한 물건을 좋아하지 않고,　　不嗜麴[175]蘗[176]悖亂之物

알을 품거나 임신을 했거나 미약한 것은 차마 먹지 않는다.　　不忍字[177]伏[178]細瑣之物.

산에 들어가면 사슴을 사냥하고 들에서는 우마를 사냥하지만　　入山獵麛[179]鹿 在野畋馬牛

입맛과 배부름에 매이거나 음식으로 인한 송사가 없으니　　未嘗爲口腹之累 飲食之訟

---

172) 擇(택)=釋으로 읽는다.

173) 徽(휘)=束也.

174) 鉅(거)=鉤也.

175) 麴(국)=술.

176) 蘗(얼)=움.

177) 字(자)=姙娠.

178) 伏(복)=禽覆卵也.

179) 麛(사)=사향노루.

범의 도道가 어찌 광명정대한 것이 아니겠느냐?   虎之道 豈不光明正大矣乎.

또 너희는 범이 노루와 사슴을 먹는 것은 미워하지 않으면서   虎之食麋鹿 而汝不疾虎
말이나 소를 먹으면 원수로 여기는데   虎之食馬牛 而人爲之讎焉
이는 노루와 사슴은 사람에게 은혜가 없지만,   豈非麋鹿之無恩於人
우마는 너희에게 공이 있기 때문이 아니겠느냐?   而馬牛之有功於汝乎.
그러면 태워주고 일해준 공로와   然而 不有其乘服之勞
따르고 받든 충성이 없어서   戀效之誠
날마다 푸줏간과 부엌이 미어지도록 도살하고,   日充庖廚
뿔과 갈기마저 남기지 않고 먹어치운단 말인가?   角鬣[180]不遺.
그리고 다시 우리의 양식인 노루와 사슴까지 토색질하여   而乃復侵我之麋鹿
산과 들에 먹을 것이 없어 우리를 굶주리게 하니,   使我乏食於山 缺餉於野
하늘로 하여금 정사를 공평하게 처리하게 한다면,   使天而平其政
너를 잡아먹으라고 하겠느냐, 놓아주라고 판정하겠느냐?   汝在所食乎 所捨乎.

무릇 제 것이 아닌 것을 취하는 것을 도둑이라 하고   夫非其有取之 謂之盜
살아 있는 것을 괴롭히고 물건을 해치는 것을 도적이라 한다.   殘生而害物者 謂之賊.
너희는 밤낮으로 쏘다니며 팔을 휘두르며 눈을 부릅뜨고   汝之所以日夜遑遑 揚臂怒目
함부로 남의 것을 빼앗고 훔쳐도 부끄러운 줄 모르며,   拏攫[181]而不恥
심한 자는 엽전을 형님이라 부르고   甚者 呼錢爲兄
장수가 되기 위해 처자를 죽이니,   求將殺妻
이러고도 다시 인류의 도리를 논할 수 있겠는가?   則不可復論於倫常之道矣.
또 너는 누리에게서 밥을 빼앗고 누에한테서 옷을 빼앗으며,   乃復攘[182]食於蝗 奪衣於蠶
꿀벌을 가로막고 단 것을 빼앗아 먹는다.   禦蜂而剽[183]甘.
심지어 개미 알로 젓을 담가서   甚者 醢[184]蟻之子
자기 조상 제사를 지내니,   以羞其祖考

---

180) 鬣(엽)=갈기, 지느러미.
181) 拏攫(나확)=낚아채고 빼앗다.
182) 攘(양)=侵奪也.
183) 剽(표)=剝也. 표독하다.
184) 醢(해)=젓 담그다.

438

그 잔인하고 박덕함이 너희 인간보다 심한 것이 있겠느냐?	其殘忍薄行 孰甚於汝乎.

인간은 인간을 잡아먹는다

또한 선악으로 따진다면,	自其善惡而辨之則
공공연히 벌과 개미의 집을 표독스럽게 겁탈하는	公行剽劫於蜂蟻之室者
너희 인간들이야말로 어찌 천지의 거대한 도적이 아니겠는가?	獨[185]不爲天地之巨盜乎.
예사롭게 메뚜기와 누에의 물건을 훔치는	肆[186]然攘竊於蝗蚕之資者
인간이야말로 인의의 큰 도적이 아닌가?	獨不爲仁義之大賊乎.
우리 범이 일찍이 표범을 잡아먹지 않는 것은	虎未嘗食豹者
실로 동류끼리 차마 할 수 없는 인仁이 있기 때문이다.	誠爲不忍於其類也.
그리고 범이 노루나 사슴을 잡아먹는 것을 계산해보면	然而計虎之食麕[187]鹿
너희 사람이 잡아먹는 것보다 많지 않을 것이며	不若人之食麕鹿之多也
우리 범이 말과 소를 잡아먹는 것을 비교해도	計虎之食馬牛
사람이 잡아먹는 것보다는 적을 것이다.	不若人之食馬牛之多也.
특히 범이 사람을 잡아먹는 것은 드문 일이어서,	計虎之食人
사람이 사람을 잡아먹는 것처럼 많지 않을 것이다.	不若人之相食之多也.
지난해 관중에 큰 가뭄이 들어	去年關中大旱
백성들이 서로 잡아먹은 것이 수만 명이었고,	民之相食者數萬
재작년에 산동 지방에 큰 홍수가 나서	往歲山東大水
백성들이 서로 잡아먹은 것이 수만 명이었다.	民之相食者數萬.
그렇지만 서로 잡아먹는 것이	雖然其相食之多
어찌 춘추 시대보다 많겠는가?	又何如春秋之世也.
춘추 시대는 명색이 덕德을 수립하겠다는 전쟁이 열일곱 번이요,	春秋之世 樹德之兵十七
원수를 갚는다는 전쟁이 서른 번이었는데,	報仇之兵三十
유혈이 천 리요, 시체가 백만이었다.	流血千里伏屍百萬.

그러나 연암이 노장이나 묵자를 묵수한 것만은 아니다. 예컨대 그의 소설 「호질」에서 호랑이가 인간이

---

185) 獨(독)=孰也, 豈也.
186) 肆(사)=방자하다.
187) 麕(균)=고라니.

돈을 가형家兄이라고 부르며 신처럼 추앙하는 것을 비판했으나 이것은 문명 일반에 대한 반성일 뿐 연암이 화폐 반대론자임을 말하는 것은 아니다. 오히려 그를 필두로 하는 북학파는 상업을 중시했다. 상업과 화폐의 유행을 부정적으로 본 것은 성호 이익이었다.

이러한 화폐 반대론은 오랜 전통이 있다. 이 전통은 자연으로 돌아가라고 말하는 노장사상과 그리스의 견유학파로부터 시작되었다. 디오게네스Diogenes, BC 412?~323?는 아버지가 환금업자이면서도 화폐를 파괴한 죄로 감옥살이를 했으며, 그의 꿈은 모든 화폐를 없애는 것이었다. 그러나 돈을 신물神物이라 말한 전신론錢神論은 중국의 노포魯褒가 처음일 것이다. 그리고 2,000년 후에는 마르크스의 화폐 부정과 물신론物神論으로 발전되었다.

실학사상

진서晉書/노포전魯褒傳 /호전위형呼錢爲兄

원강 연간 이후 기강이 무너지자,	元康之後 綱紀大壞
노나라 포褒는 시절의 탐욕과 비루함을 슬퍼하여 성명을 숨기고	褒傷時之貪鄙 乃隱姓名
「전신론錢神論」을 지어 그 같은 세태를 풍자했다.	而著 錢神論以諷之.
서울의 부호와 고관대작들이	說 洛中朱衣
돈을 '가형'이라 부르니	呼錢爲愛我家兄
모두가 따르며 그치지 않게 되었다고 한다.	皆無已已.
돈이 있으면 위태로운 것을 편안하게 하고	錢之所在 危可使安
죽은 자를 살려내는데,	死可使活
돈이 없으면 귀인도 천하게 되고	錢之所去 貴可使賤
산 자도 죽게 된다.	生可使殺.
벼슬이 높아지고 이름이 드날리는 것도 돈이면 다 된다.	官尊名顯 皆錢所致.
돈이 있으면 귀신도 부릴 판이니	有錢可使鬼
사람이야 어찌 부리지 못하겠는가?	而況于人乎.
이로 볼 때 돈이야말로 가히 '물신物神'이라 할 것이다.	由視論之 錢可謂神物.

유토피아

연암의 유토피아는 노장의 원시 공산 사회를 그리고 있다. 이는 그의 벗 홍대용과 궤를 같이하고 있다. 그는 당시 조선 사회의 답답한 현실을 어머니의 태중의 구속과 억압으로 비유하고 태아의 울음을 해방의 외침으로 형상화한다. 그의 사상은 문학적인 우언으로 되어 있지만 혁명적 경향이 뚜렷이 나타난다.

「허생전」의 허 생은 무인도에 도둑 떼를 몰고 가서 이상 사회를 건설하는데 거기에는 돈도 없고 글도 없으며, 법이라고는 오른손으로 밥 먹는 것과 어른을 공경하는 것 두 가지뿐이었다. 이것은 바로 노장의 이상 사회인 원시 공산 사회의 실현이라고 볼 수 있다. 노장의 이상 사회도 화폐와 법이 없으며 글을 모르는 무지無知의 원시 공산 사회였다. 한나라 초에 황노黃老의 청정무위淸靜無爲를 좋아한 두태후竇太后, ?~BC 135가 진나라 시대의 모든 법을 폐하고 약법삼장略法三章으로 통치하여 이른바 문경文景 시대의 번영을 구가한 것도 노장사상의 영향이었다. 또한 「홍길동전」을 쓴 허균과 화폐 주조를 반대한 성호 이익도 도가 사상의 영향을 받았다.

특히 담헌과 연암은 노장뿐 아니라 묵가 사상에도 영향을 받았다. 당시 지배 세력이 연암의 이른바 '문체창신'을 공격한 것은 문장의 형식뿐 아니라 그 속에 담긴 혁명성을 두려워한 것이다. 패관잡기를 힐책하는 이상황李相璜, 1763~1841의 상소문에서 "문학에 패사稗史 소품小品이 생긴 것은 마치 유가에 묵가가 숨어 있는 것과 같으므로 이단과 사학을 막는 자세로 임해야 한다"라고 주장한 것이 바로 이것을 말해주고 있다. 정조가 연암의 패관소설의 반성리학적 경향에 대해 "서학西學과 마찬가지로 사람을 금수로 떨어지게 하는 사학邪學으로 떨어질 위험이 있다"라고 경고한 것도 반유가적인 묵자 노장을 경계한 것이다.[188]

연암집燕巖集/권14/열하일기熱河日記/옥갑야화玉匣夜話 허생전許生傳

이에 섬의 남녀 이천 명을 모두 불러 모아놓고	於是悉召男女二千人
영令을 내렸다.	令之曰.
내가 처음 너희들과 이 섬에 들어올 때는	吾始與汝等入此島
우선 부하게 한 연후에 따로 문자를 만들고	先富之然後別造文字
의관을 창제하려 했는데	刱製衣冠
땅이 협소하고 내 덕이 부족하여	地小德薄
나는 이제 이곳을 떠나려 한다.	吾今去矣.
아이를 낳으면 숟가락을 오른손으로 잡도록 가르치고	兒生執匙敎以右手
하루 어른이라도 먼저 먹도록 사양하라.	一日之長 讓之先食.
그리고 타고 나갈 배 한 척만 남기고 다른 배들을 모두	悉焚他船
불태우며 말했다.	曰.
"가지 않으면 오는 사람도 없겠지!"	莫往則莫來.

188) 『弘濟全書』 권164 참조.

또한 은전 오십만 냥을 바닷속에 던지며 말했다.   投銀五十萬於海中 曰.

"바다가 마르면 얻는 자가 있겠지!   海枯有得者

백만 냥이면 나라에서도 쓸 곳이 없는데   百萬無所用於國中

황차 이 작은 섬에서 무엇에 쓰랴?"   況小島乎.

마지막으로 그들 중에 글을 아는 사람을   有知書者

불러내 배에 태우고 함께 떠나면서   載與俱出

"이 섬에 화근을 없애 버렸구나!"라고 말했다.   曰 爲絶禍於此島.[189]

---

189) 老壯의 이상 사회인 원시 공동체의 無知와 童心을 연상하게 한다.

🐦 5절. 경제사상

경제 중시

　　연암은 「허생전」에서 허 생의 입을 통해 가정과 사회와 국가의 안녕과 평화는 경제적 번영에 달려 있다고 주장한다. 「허생전」의 주인공 허 생이 도적 떼를 이끌고 무인도로 가서 유토피아를 건설하며 맨 먼저 한 일도 그들을 부하게 하는 것이었고, 그들의 생활이 넉넉해진 후에 문자와 의관을 만들려 했으나 이것이 차별과 권력을 가져올까 염려하고 이를 포기한다. 그는 오늘날 백성과 나라가 가난하게 된 까닭이 유가들이 백성의 이용후생을 위한 실학을 하지 않았기 때문이라고 진단했다. 이것은 유가들의 전통인 이른바 경리주의輕利主義를 거부하는 것으로 계몽주의의 전형이다.

　　『연암집』 제16권에는 토지 제도, 농기구, 개간, 시비, 곡식의 종류와 파종법, 수확, 수리水利, 양우養牛에 관한 글들이 실려 있다. 이는 대체로 제자인 초정 박제가의 『북학의北學議』의 논조와 같다. 그러므로 여기서는 일부만 소개하기로 한다.

연암집燕巖集/**권7**/**종북소선**鍾北小選/**북학의서**北學議序

내가 연경에서 돌아오자 초정이 보여준 것은	余自燕還 在先爲示
그가 지은 『북학의』 내외 두 편이었다.	其北學議內外二篇.
초정은 나보다 먼저 연경을 다녀온 사람이다.	盖在先[190]先余入燕者也.
농잠, 목축, 성곽, 궁실, 배와 수레,	自農蠶 畜牧 城郭 宮室 舟車
기와, 죽물, 붓, 도량형의 제도에 이르기까지	以至瓦簟筆尺之制
스스로 눈으로 헤아리고 마음으로 비교하지 않은 것이 없었다.	莫不目數而心較.
눈으로 미치지 않은 것은 반드시 물었고,	目有所未至 則必問焉
마음으로 헤아리지 못한 것은 반드시 남에게 배웠다.	心有所未諦 則必學焉.
한번 책을 훑어보니 나의 '일기'와	試一開卷 與余日錄
어긋난 것이 없었다.	無所齟齬[191].
이는 마치 한 사람 손으로 쓴 것 같았다.	如出一手.
이것이 진실로 기꺼이 나에게 보여준 까닭이기도 하다.	此固所以樂而示余.

---

190) 在先(재선)=楚亭 朴齊家의 字.

191) 齟齬(저어)=어긋나다.

나는 혼연히 그것을 삼 일 동안 읽었으나
싫증 나지 않았다.
아! 어찌 우리 두 사람이
목격한 때문만이었겠는가?
일찍이 비 새는 집과 눈 날리는 처마 밑에서 연구하고
술에 취해 등잔불 심지를 돋우며 손뼉을 친 것을
다시 눈으로 확인하고 징험했기 때문이다.

而余之所欣然讀之三日而
不厭者也.
噫 此豈徒吾二人者 得之於
目擊而然後哉.
固嘗研究於雨屋雪簷之
抵[192]掌於酒爛燈炧[193]之際
而乃一驗之於目爾.

연암집燕巖集/권12/열하일기熱河日記/태학유관록太學留館錄 8월 14일

내가 은거지로 연암 산골을 택한 것은
일찍이 목축에 뜻이 있었기 때문이다.
자리 잡은 연암골의 지세는
첩첩산중에 양쪽이 평평한 골짜기라
물과 풀이 매우 좋아
말, 소, 오리, 나귀 등 몇백 마리쯤 치기에는 넉넉했다.
나는 일찍부터 목축에 대해 논한 바가 있다.
우리가 가난한 것은
대체로 목축의 도道를 알지 못하기 때문이다.
우리나라에서 목장이라야 제일 큰 것이 탐라 한 곳뿐이다.
그곳의 말들은 원래 원 세조 홀필렬(쿠빌라이)이 방목한 종자인데,
사오백 년을 내려오면서 종자를 한 번도 바꾸지 못하여
애초의 섬서의 용마가
마침내 조랑말이 되었으니
당연한 이치다.
그래서 대궐의 말부터 무장의 말까지

盖余之所取乎燕巖者
嘗有意於牧畜也.
燕巖之爲區
在萬山中 左右荒谷
水草最善
足以養馬牛羸[194]驢數百.
嘗試論之.
國俗所以貧者
盖由牧畜未得其道耳.
我東牧場 唯耽羅最大.
而馬皆元世祖所放之種也
四五百年之間 不易其種
則龍媒[195]渥洼[196]之産
末乃爲果下款段[197]
理所必然.
自內廐[198]所養 至武將所騎

---

192) 抵(지)=擊也.
193) 炧(사)=불똥.
194) 羸(라)=강 오리.
195) 龍媒(용매)=駿馬. 天馬徠龍馬媒의 준말.
196) 渥洼(악와)=陝西의 水名.
197) 款段(관단)=小馬.
198) 廐(구)=마구간.

실
학
사
상

토산 말은 하나도 없고	無土産
모두 요동, 심양 등지로부터 사들인 말들인데,	皆遼瀋間所購
그것도 한 해에 네다섯 필에 지나지 않는 형편이다.	一歲中所出者不過四五匹.
옛날에는 백 리에 불과한 천승(수레 천 대)의 제후국에서도	古百里之國
대부는 수레 열 대쯤은 가지는 법이다.	其大夫已備十乘.
우리나라는 몇천 리나 되는 나라로서	則環東土數千里[199]之國
경상쯤 되면 수레 백 대쯤은 갖추어야 하거늘	其卿相可備百乘
지금 우리 대부의 집에서는	今吾東大夫之家
한두 대인들 어디서 나올 것인가?	雖數乘安從出乎.
이는 다름이 아니라 말을 다루는 솜씨가 틀렸고	此無他職 由牧御乖方
먹이고 기르는 방법이 옳지 못하고,	喂[200]養失宜
좋지 못한 종마를 기르며,	産非佳種
말을 맡은 관리가 목축에 무식하기 때문이다.	官昧攻[201]駒[202].

　　그러므로 그는 이용후생이 없는 공허한 청담과 부화한 문장에 열중하는 당시 선비 사회의 풍토를 비판하고 실학에 관심을 갖고 실학에 도움이 되는 글을 써야 한다고 생각했다.

연암집燕巖集/**권16**/**농과소초**農課少抄/**제가총론**諸家摠論

공자께서는 일찍이 말씀하셨다.	夫子嘗自言.
"내가 어릴 적에 빈천했기에	吾少賤
여러 가지 비천한 일에 능하다."	多能鄙事.
또한 일찍이 승전이 되어서는 회계가 합당했고	又嘗爲乘田 而會計當矣
위리가 되어서는 소와 양이 쑥쑥 자랐다.	爲委吏牛羊茁[203]長.
만약 공자께서 농사를 담당하는 권농관이 되었다면	若使夫子爲司稼勸農之官
밭일을 잘 다스리고	則其疇有不易[204]
벼를 잘 키우지 않았겠는가?	而其苗有不碩者哉.

---

199) 千里(천리)=조선은 1里를 10里라 한다.
200) 喂(위)=먹이다.
201) 攻(공)=治也.
202) 駒(구)=망아지.
203) 茁(줄)=죽순이 삐쭉삐쭉 나오다.
204) 易(이)=治也.

후세에 농부와 직공과 상인이 자기 직업을 잃은 것은
선비들이 실학을 하지 않은 잘못이라고 생각한다.

臣竊以爲 後世農工賈之失業
卽士無實學之過也.

연암집燕巖集**/권1/연상각선본**煙湘閣選本**/함양군흥학재기**咸陽郡興學齋記

농업, 부역, 호구 중에서
무엇이 급한가요?
공자는 염유에게 세 가지 다스림을 말했는데
호구가 많아지면 부하게 하고, 부해지면 선하게 교화하는 것이다.
대저 농업이 번성하지 않으면 교육을 향상시킬 수 없고
부역이 고르지 않으면 호구가 늘어나지 않고
호구가 늘어나지 않으면 군정을 정비할 수 없다.
진실로 농업이 번성하고 부역이 고르게 된다면,
유랑민이 농업으로 돌아와서 호구가 절로 증가할 것이니
어찌 군정이 정비되지 않음을 걱정할 것인가?

農桑也賦役也戶口也
曷爲急乎.
三經[205]曰
旣庶富之 旣富方穀[206]
夫農桑不盛 無以興學校
賦役不均 無以增戶口
戶口不增 無以修軍政.
苟能盛其農桑 勻其賦役
則流亡還業 戶口自增
寧憂軍政之不修乎.

자유子遊가 공자에게 들은 바로는
군자가 도道를 배우면 사람을 사랑하고
소인이 도를 배우면 부리기 쉽다고 했다.
그런데 후세들이 학교를 말하는 것은
시서詩書의 글을 헛된 담론으로 읽고
육예의 과목을 부질없이 들먹일 뿐,
이목과 수족이 익혀야 할 것과
심지와 기혈이 유통하는 것에 대해서는
요즘 군자들은
캄캄하여 평생을 모르고 산다.
그러니 더구나 소인들이야 어찌 자기 소임을 잘 알 것인가?

聞之夫子[207]
君子學道則愛人
小人學道則易使也.
後世之言學校者
空談詩[208]書[209]之文
徒數六藝之目
而其於耳目手足之所閑習
心志氣血之所流通
今之所謂君子固漠然
所昧於平生.
而況於小人乎.

---

205) 經(경)=治也. 『論語』子路 참조.
206) 穀(곡)=善也養也.
207) 『論語』陽貨를 참조.
208) 詩(시)=詩傳.
209) 書(서)=書傳.

오!

옛날에는 향음, 향사, 양노, 노농, 교예 등등

송사를 가리는 정사와

헌수 의례와 죄수를 신문하는 일 등을 맡아 이루는 일까지

어느 한 가지도 학문에서 나오지 않는 것이 없었다.

무릇 이러한 일곱 가지 일은

비록 과목이 나뉘고 다른 것 같지만

학교에서 날마다 강구하는 것이 아닌 것이 없다.

자유의 정사도 역시 어찌 가가호호 효유하겠는가?

'사람을 사랑하고 부림을 쉽게 하는 것'을.

噫.

古者鄕飮鄕射養老勞農巧藝

選訟之政

與夫獻酬訊囚 受成之事

無一不出於學則.

凡此七事

雖若分科異目

無非學校之所日講也.

子游之爲政 亦安能家諭戶說.

以愛人易使之道哉.

연암집燕巖集/권5/영대정잉묵映帶亭賸墨/답중옥答仲玉 **4**

말세에 사람을 사귀는 데는 마땅히 살펴야 한다.

언사가 간명한데 기백은 가라앉고,

성품은 무딘데 뜻이 미쁜 사람은 있지 않다.

마음으로 계산하는 사람은 사귈 것이 못 된다.

뜻이 허장성세한 사람은 사귈 것이 못 된다.

요즘 세상에서 이른바 쓸 만한 사람은

필시 무용한 사람이다.

세상에서 말하는 무용한 사람이야말로

필시 쓸 만한 사람이다.

천하가 안락하고 마을을 무고하게 하는 것이

진짜 쓸 만한 것이다.

어찌 옳다하겠는가? 재기를 자랑하고

정신을 털어버리고

가볍게 남에게 과시하는 자들을!

저들은 갑옷을 입고 말을 타면 용감한 것 같지만

노회한 사람의 인습적인 관례일 뿐이며,

末世交人當看.

言簡而氣沈

性拙而志約者 絶有.

心計之人 不可交.

志意廣張 不可交.

世所謂可用之人

是必無用之人.

世所謂無用之人

是必有用之人.

天下安樂 鄕井無故

眞若可用.

亦安肯 披露才氣

抖擻[210]精神

輕示於人耶.

彼被甲上馬 似勇

而老人例習

447

제3부 변법창신의 이용후생파

---

210) 抖擻(두수)=범어 dhuta의 음역. 털어버림. 승려.

굳이 육십 명의 춤꾼을 부르면 위협적인 듯하지만   固請六十萬[211] 似劫[212]

꾀 많은 선비의 깊은 계략일 뿐이다.   而乃智士深謀.

이용후생과 초과 소비론

연암은 학문이란 국가와 인민에게 이익을 주어야 한다고 생각했다. 이용과 후생이 있어야 정도를 이룰 수 있다는 것이다. 그래서 성리론의 공허한 논쟁을 기피했다. 이 점은 "의식이 족해야 예절을 안다"고 강조한 관자와, "하늘의 뜻과 의義는 인민의 이익이다"라고 주장한 묵자와 일치한다.

연암집燕巖集/권11/열하일기熱河日記/도강록渡江錄 6월 27일

재화를 이롭게 한 이후에야, 가히 생활을 후하게 할 수 있고,   利用然後 可以厚生

생활을 후하게 한 연후에야 그들의 덕을 바르게 할 수 있다.   厚生然後 正其德矣.

재화를 이롭게 할 수 없으면 생활을 후하게 하기는   不能利其用 而能厚其生

불가능하다.   鮮矣.

생활이 이미 스스로 후하기에 부족하다면   生旣不足 以自厚則

역시 어찌 덕을 바르게 할 수 있겠는가?   亦惡能正其德乎.

연암집燕巖集/권12/열하일기熱河日記/일신수필馹汛隨筆 7월 15일

나와 같은 하급 선비에게 연행 길을 묻는다면   余下士也

장관은 기와 조각과   曰壯觀在瓦礫

똥 부스러기에 있다고 대답하겠다.   曰壯觀在糞壤.

깨진 기와 조각은 천하에 버려지는 물건이다.   夫斷瓦天下之棄物也.

그렇지만 민간에서 담을 쌓을 때 높이를 어깨까지 높이되,   然而民舍繚垣 肩以上

버려진 기와 조각을 둘씩 포개어   更以斷瓦兩兩相配

물결 무늬를 만든다든지,   爲波濤之文

넷을 모아서 둥근 고리 모양을 만든다든지,   四合而成連環之形

또는 넷을 등 지워서 어둔한 돈의 모양은 만든다면,   四背而成古魯錢

---

211) 萬(만)=舞名. 州名.

212) 劫(겁)=强取也. 脅也. 道也.

깊숙한 구멍이 영롱하고 안팎이 어리어
깨진 기와 조각이
천하의 무늬가 될 것이다.

똥은 아주 더러운 물건이다.
하지만 밭에 거름으로 쓰이면 황금처럼 아까운 것이다.
똥을 줍는 자가 삼태기를 들고 말꽁무니를 따르므로
길가에 버려진 똥이 없다.
똥을 주어 모아 네모반듯하게 쌓는데
여섯 모 혹은 여덟 모로
누각이나 돈대 모양으로 만든다.
똥 무더기만 보아도
모든 제도가 정립되었음을 알 수 있다.
그래서 나는 이렇게 말하고 싶다.
기와 조각이나 똥 무더기가 모두 장관이라고······.
성터 호수, 궁실 누대와
시장 점포, 절 여관, 목축과
광막한 들판, 안개 어린 숲 등의 기이한 모습만이
장관이라 하겠는가?

嵌[213]空玲瓏 外內交映
不棄斷瓦而天下之文章
斯在矣.

糞溷至穢之物也.
爲其糞田也 則惜之如金.
拾馬矢者奉畚[214]而尾隨
道無遺灰.
積庤[215]方正
或八角或六楞[216]
或爲樓臺之形.
觀乎糞壤
而天下之制度斯立矣.
故曰.
瓦礫糞壤都是壯觀.
不必城池宮室樓臺
市舖寺觀[217]牧畜
原野之廣漠 煙樹之奇幻
然後爲壯觀也.

연암집燕巖集/**권7**/**종북소선**鍾北小選/**순패서**旬稗序
그대는 '강정'이라는 약과를 먹어본 적이 없는가?
쌀가루를 술로 반죽하여 재었다가 누에 크기만큼씩 잘라서
따뜻한 온돌에서 말렸다가 끓는 기름에 튀겨 부풀려지면
그 모습이 꼭 누에고치 같다네.
불결한 것도 아니고 또 맛있지만 속이 텅 비어 있어서

子獨不見 食之有粔籹乎.
粉米漬酒 截以蠶大
煖堗焙之 煮油漲之
其形如繭.
非不潔且美也 其中空空

---

214) 畚(분)=삼태기 목도.
215) 庤(치)=쌓다.
216) 楞(릉)=모.
217) 觀(관)=樓也. 館과 통용.

아무리 먹어도 배부르게 하기는 어렵지.	唉而難飽.
그 성질이 부서지기 쉬워 불면 눈처럼 날린다네.	其質易碎 吹則雪飛.
그래서 사물이 겉으로는 아름다워도 속이 빈 것을 일러	故凡物之外美 而中空者
'속빈 강정'이라고 말한다네.	謂之粗粃.
지금 개암, 밤, 맵쌀은 사람들에게 천시되지만	今夫榛栗稻秫 卽人所賤
실은 맛있고 배부르게 해주니,	然實美而眞飽
하느님을 섬길 수도 있고	則可以事上帝
손님에게 폐백으로 쓸 수도 있다.	亦可以贄盛賓.
대저 문장의 도道라는 것도 이와 같아서,	夫文章之道 亦如是
사람들이 개암, 밤, 맵쌀을 천덕꾸러기 취급하는 것과 같으니,	而人以其榛栗稻秫 而鄙夷之
그대는 어찌 나를 위해 변호해주지 않는가?	則子盍爲我辨之.

특히 연암은 묵자의 '초과 소비론'을 수용한 듯하다. 중국 사상사에서 이용후생利用厚生을 찾으려면 그 정점에는 묵자가 있다. 묵자는 '의義는 곧 이利'라고 설파하고 인민의 이용후생에 도움이 되는 것만이 진리라고 주장했다. 그리고 문화의 기초는 물자의 소비 형식에 있음을 발견하고, 전쟁戰爭 후장厚葬 호화로운 예악禮樂 등을 물자의 '초과 소비'로 단정하고 이를 반대하는 운동을 전개한 것이다. 그런데 연암이 말한 '오행五行의 남용'은 바로 묵자의 '초과 소비론'을 옮겨놓은 듯하다. 이는 한때 유가를 버리고 묵가로 전향하려 했던 홍대용의 영향인 것 같다.

연암집燕巖集/권1/연상각선본煙湘閣選本/홍범우익서洪範羽翼序

옛날 하우씨는 오행을 잘 이용했다.	昔者夏禹氏 善用其五行.
산을 살펴 나무를 베었으니 굽고 곧음의 용도를 얻은 셈이다.	隨山刊木 曲直之用得矣.
대규모 토지 정돈 사업을 했으니	荒[218]度土功
농사의 방책을 얻은 셈이다.	稼穡之方得矣.
금, 은, 동 세 가지 금속을 다루었으니	惟[219]金三品
변혁을 따르는 성품을 얻은 셈이다.	從革之性得矣.
산림과 천택에 불을 놓아 개척했으니	烈山焚澤
불의 타오르는 덕을 얻은 셈이다.	炎上之德得矣.

---

218) 荒(황)=巟, 大.
219) 惟(유)=爲也.

아래로 흐르도록 물길을 냈으니

낮은 것을 적셔주는 공덕을 얻은 셈이다.

疏下導水

潤下之功得矣.

초과 소비

그런데 후세 이르러 오행이 잘못 사용되기 시작했다.

물을 이용하는 전문가는 성을 함락시키는 데 초과 소비하고,

불을 이용하는 전문가는 공격하고 싸우는 데 초과 소비하고,

쇠를 이용하는 전문가는 뇌물을 주고받는 데 초과 소비하고,

나무를 다루는 목수는 궁실을 짓는 데 초과 소비하고,

흙을 이용하는 전문가는 자기 논밭을 넓히는 데 초과 소비했다.

이로써 세상은 홍범구주의 학문이 끊어지고 말았던 것이다.

後世

用水之家淫[220]於灌城

用火之家淫於攻戰

用金之家淫於貨賂

用木之家淫於宮室

用土之家淫於阡陌.

由是而世絶九疇之學矣.

이제 내가 먼저 오행의 이용에 대해 말해주겠다.

그러면 홍범구주의 이치가 분명해질 것이다.

왜냐하면 이용 연후에 후생할 수 있고,

후생 연후에 덕을 바르게 할 수 있는 것이기 때문이다.

今吾先言五行之用.

而九疇之理可得而明矣.

何則 利用然後 可以厚生

厚生然後 德可以正矣.

이제 물을 가두고 빼는 것을 시절에 알맞게 조치하되,

가뭄을 당했을 때는 수차로 논에 물을 대고,

갑문을 만들어 물길 운송(水運)을 연다면

물을 다 쓸 수 없을 정도다.

지금 그대가 물을 가졌으나 이용할 줄 모른다면

이것은 물이 없는 것과 매한가지다.

今夫水蓄渫 以時值[221]

歲旱乾 漑田以車

通漕[222]以閘

則水不可勝用矣.

今子有其水 而不知用焉

是猶無水也.

불도 계절에 따라 기후가 다르고

세고 약한 정도에 따라 공효도 다르니

그릇을 굽거나 쇠를 달구거나 풀을 매는 등

今夫火 四時異候[223]

剛柔殊功

陶冶耕耨

---

220) 淫(음)=過蕩也, 過奢侈也.

221) 值(치)=持, 當, 措置.

222) 漕(조)=漕運, 航船.

223) 候(후)=伺也, 節也.

마땅하게 이용한다면 불을 다 이용할 수 없을 정도다.

지금 그대가 불을 가졌으나 이용할 줄 모른다면

이것은 불이 없는 것과 매한가지다.

우리나라는

백 리 되는 고을이 삼백육십 곳이지만,

높은 산과 험준한 고개가 열에 일고여덟이요,

명칭이야 백 리라고 하지만

사실 평야는 삼십 리도 못 되니,

백성이 가난한 원인이다.

높고 험한 산들의

면적을 헤아려보면

평야보다 몇 배나 넓은 것을 알 수 있다.

거기서 금, 은, 구리쇠가 많이 나오니,

만약 채광법을 알고 제련 기술을 발전시킨다면

천하에 제일 부유한 나라가 될 것이다.

나무도 역시 마찬가지다.

궁실, 관곽, 수레, 농기구 등

그 용도에 따라 소용되는 목재가 다르니

산림의 관리를 때에 알맞게 하여 잘 가꾸면

국내 수용에 충분할 것이다.

아아! 토질에 따라 비옥함이 다르고

곡식에 따라 심는 방법이 다르다.

그런데도 농사 지식을 밝히는 일을

어리석은 농부에게만 맡겨두니,

그 땅을 잘 이용하는 방법을 알지 못한다.

各適其宜 則火不可勝用矣.

今子有其火 而不知用焉

是猶無火也.

至於我國

百里之邑三百有六十

高山峻嶺十居七八

名雖百里

其實平疇不過三十里

民之所以貧也.

彼崒[224]然而高大者

四面而度之

可得數倍之地.

金銀銅鐵 往往而出

若採鑛有法 鼓鍊有術

則可以富甲[225]於天下矣.

至於木也亦然.

宮室棺槨 車輿耒耜

各異其材

虞衡[226]以時養其條枲[227]

則足用於國中矣.

噫 五土異糞

五穀殊種.

而明農之智

寄在愚夫

任地之功不識何事.

---

224) 崒(줄)=험하다.
225) 甲(갑)=第一也.
226) 虞衡(우형)=산림 관리.
227) 條枲(조이)=나뭇가지.

그러니 백성이 굶주리지 않을 수 있겠는가?	則民安得不饑也.
그래서 이르기를	故曰
"먼저 부유하게 한 후에 선을 행한다"라고 했으니,	既富方穀[228]
먼저 일상생활부터 밝혀나가면	先明其日用常行之事
부유하고 선하게 될 것이다.	則富且穀.
홍범구주의 이치도 여기서 벗어나지 않는 것이니,	而九疇之理不出乎此矣
어찌하여 홍범을 읽어내기가 어렵겠느냐?	夫何難讀之有哉.

연암의 정치 경제 사상을 직접 다룬 글은 없다. 다만 그의 소설에 나타난 정치사상은 반봉건적이며 민중주의적이었다. 허균의 「홍길동전」이나 연암의 「허생전」의 정치적 이상은 대동 사회라는 점에서 일치한다.

그는 신분 차별을 반대하고 권문세가를 도둑처럼 미워하고 고루한 유생과 소위 도학자들을 경멸하고 천민들과 교제하고 담론하기를 좋아했다. 그의 소싯적 작품으로 유명한 「방경각외전放璚閣外傳」의 주인공은 민중이었다. 즉, 빈궁한 거지로 유명한 광문廣文, 우도友道에 밝은 소거간꾼 마장馬駔, 마음이 깨끗한 똥 장수 예덕穢德 선생, 세상을 풍자하는 골계가 민閔 옹, 돈으로 양반을 샀으나 양반이 도둑놈인 것을 알고 내던져버린 정선군의 상놈 부자(兩班傳), 불우한 은자隱者 전신선全神仙, 중인中人의 소년 재사才士 이우상李虞裳, 상업으로 번 거액으로 전라도 변산 지방의 군도 2,000여 명을 데리고 무인도에 평화로운 농민의 나라를 건설한 허 생許生 등은 모두 한결같이 상민이었다.

특히 허 생의 입을 빌려 그는 권력자들과 공담 허례의 사대부들을 폭로 조소하고, 문벌 타파, 큰 갓·긴 소매·상투 폐지, 해외 유학생 파견, 국제 통상 등을 주장한다. 주목되는 것은 허 생의 이상 사회인 농민 평화 나라의 모습이다. 거기에는 군주, 관리, 학자, 계급, 문벌, 노예, 지주, 조세, 화폐, 귀신, 문자, 법률, 제사, 예문 등 일체의 제도가 폐지되고 오직 밭갈이 하는 법, 숟가락 잡는 법, 어른에게 양보하는 법만이 있었다. 이것은 원시 공산 사회의 모습이며 노자의 이상 사회인 소규모 공동체와 유사한 것이다.

농병 개혁

연암은 일정한 수량 이상의 토지를 취득하지 못하도록 하는 '한전법限田法'을

228) 穀(곡)=養也, 善也.

제안했다. 이것은 연암이 63세 때인 1799년 충청도 면천沔川 군수로 재직할 때 왕에게 바친 정책안이다.[229]

연암집燕巖集/권16/의議/한민명전의限民名田議

신이 지금 맡고 있는 면천군은 남북 오십 리요	臣今所守郡 南北五十里
동서 삼십 리로	東西三十里
원래 장부상으로 전지의 총량은	元帳田總
오천팔백구십육 결이다.	五千八百九十六結四負三束.
이것이 면천군 경내의 농지의 총량이다.	此境內 元隰[230]量地之都數也.
가구는 사천일백삼십구 호에	有戶 四千一百三十九
인구는 일만 삼천오백팔 명으로	總口一万三千五百有八口
이것이 면천군 경내의 총가구 수다.	此其境內戶口入籍之都數也.
그러므로 가구마다 똑같이 분배한다면 한 호는	故每戶以結分排 則一戶所
밭 사십이 부 다섯 속,	得旱田四十二負五束
논 육십 부 세 속으로	水田六十負三束
한 농부가 경작할 수 있는 농지의 합계는 평균	一夫所耕合田不過
일 결 이 부 여덟 속이다.	一結二負八束.
한 농부가 경작할 수 있는 농지 수확량은	一夫一日所耕
밭에 이십팔 말 두 되를 파종하여	旱田二十八斗二升 下種 而得穀
열 석 두 말 다섯 되를 얻고,	十石二斗五升
논에 이십일 말 다섯 되를	水田 秧苗二十一斗五升
이앙하여 이십구 석 열두 말 다섯 되를 수확할 수 있다.	而收稻二十九石十二斗五升.
한 집 수확 합계는	一戶所收合穀
삼십구 석 열두 말 다섯 되이므로	三十九石十二斗五升
부세 칠십이 말과	賦租爲七十二斗除
종자 사십구 말 일곱 되를 제하면,	置各穀種子四十九斗七升
실질 소득은 삼십삼 석 열 말 여덟 되다.	實餘三十三石十斗八升.

---

229) 結負法과 頃畝法은 제2부 1장 실학 창시자 유형원 참조.

230) 隰(습)=新發田也.

이것으로 한 집 다섯 식구가 일 년을 먹는다.

농민들의 속담에 이르기를

"힘써 한해 농사를 지어도 소금 값도 안 된다"라고 한다.

더구나 현황을 보면 민호 가운데 농지 소유자는

열에 한둘뿐이며,

관에 바치는 공적인 부세는 십일조이지만

사적 세금인 도조로 절반을 빼앗기니

거의 십분의 육을 빼앗긴다.

아무리 농민들이 농사법에 밝고

게으름 피우지 않고 부지런하게

일 결 이 부의 땅을 경작하도록 한다 해도

실제 자기 몫은

소출 삼십삼 석의 거의 절반도 못 된다.

이것으로 어찌 부모를 섬기고 처자식을 기를 수 있으며,

끝내 유랑하다가 굶어 죽지 않을 수 있겠는가?

그래서 뜻있는 선비들의 천고의 한은

미상불 먼저 부호들의 토지 겸병이라고 말한다.

진실로 농지를 제한하는 법을 만들고 공포하십시오.

모년 모월 이후부터 제한된 면적을 초과한 자는

토지를 더 이상 취득하지 못한다.

이 법령 이전부터 소유한 것은

비록 초과한 농토라 할지라도 불문에 붙인다.

그리고 그들 자손과 서손에게

나누어주는 것은 허락한다.

혹시 숨기고 사실대로 고하지 않거나

此其一戶五口 一年之食也.[231]

故農人諺云

終年勤作不騰鹽價.

而況見戶之中 有田自耕者

十無一二

而公賦什一

私稅分半 並計公私

則已爲十六.

雖使斯民者 深曉農理

勤而不惰

盡治其一結二負之田

其所實餘自食

又減太半於三十三石之數額.

何以仰事俯育

不終底於流離 轉殍[232]乎

此千古志士之恨

未嘗不先在於豪富兼並也.

誠立爲限田制 曰

自某年某月以後 多此限者

無得有加.

其在令前者

雖連阡[233]跨陌[234]不問也.

其子孫有支庶

而分之者廳其.

或隱不以實

---

231) 계산이 약간 맞지 않는다. 오탈자가 있는 것 같다. 이처럼 한 가구마다 1결의 농지를 분배하려면 부자와 가난뱅이가 똑같이 균등하게
    나누는 경우를 가정한 것이다.

232) 殍(표)=굶어 죽다.

233) 阡(천)=남북 밭둑.

234) 陌(맥)=동서간 밭둑.

이 명령 이후 농토를 더해 한도를 초과한 자에 대해서는   及令後加占過限者

백성이 적발하면 그 토지를 그 백성에게 주고,   民發之與民

관이 적발하면 관에서 몰수한다.   官發之沒官.

이렇게 한다면 수십 년이 지나지 않아서   如此不數十年

전국의 토지는 균등하게 될 것이다.   而國中之田可均.

아하! 천하의 온갖 폐단과 고질은 군사 문제에 있으나   噫 天下之百弊痼疾在於兵

그 근본을 따지면 병사가 농사에 맡겨지지 않은 때문이다.   而究其本則 兵不寓農故耳.

그런데도 군주가 군대를 아낌은   然而有國之愛兵

항상 백성보다 높여 더해주고   恒加於赤子之上

그리고 또한 위에서는 그들을 두려워하기를   而亦其之上 而亦其畏之也

도리어 독사나 맹수보다 심하여   反有甚於毒虺猛獸

천하의 절반을 기울여 받든다.   則傾天下之半以奉之.

그러면서 농토를 잃고 의지할 데 없는 백성에 대해서는   若此之於失土無賴之民

치지도외 까마득히 망각함은 어찌된 일인가?   置之度外漠然 若忘者何也.

대개 농토를 잃고 유랑하는 백성이 천하의 절반인데   蓋其身離罷畝類 半天下

이처럼 유랑민이 많아지는 위험을 깨닫지 못하고 있다.   而又不覺若是其多也.

이것은 쉽게 알 수 있다.   此易知耳.

한나라의 황건·적미, 당나라의 방훈·황소의 무리가   漢之黃巾赤尾 唐之龐勛黃巢

모두 농토를 가진 토착민이라면   使其徒果皆土着專業之民

어찌 하루아침에   則亦惡能一朝

백만 명의 무리를 모을 수 있었겠는가?   嘯聚其百萬之衆耶.

실학파들은 모두가 경제 부분에서의 선비의 역할을 강조한다. 실학은 이런 점에서 근대적이다. 그러나 연암은 반계나 초정처럼 선비 계급의 농민, 공민, 상민으로의 하방下方을 주장하지는 않는다. 다만 선비의 학문에 농·공·상에 대한 학문을 포함해야 한다고 주장한다. 즉, 선비들이 시문과 도덕학에 매달릴 것이 아니라 농업과 공업과 상업의 이론을 연구해야 한다는 것이다.

456

실
학
사
상

신이 살펴본 바에 의하면	臣謹按
옛날부터 민民은 사민四民이었으니 사농공상이 그것이다.	古之爲民者 四曰士農工賈.
그런데 요즘에는 사士의 직업만을 숭상한다.	士之爲業尙矣.
농·공·상의 일도 그 비롯됨은	農工商賈之事 其始
역시 성인의 견문과 마음에서 나왔으며,	亦出於聖人之耳目心思
대대로 계승하고 익혀 각자 그들의 학문 체계가 있었던 것이다.	繼世傳習 莫不各有其學.
『주례』의 「동관冬官」과	如周禮冬官
『사기』의 「화식열전貨殖列傳」을 보면	及太史遷所著貨殖一篇
공업과 상업의 실정을 대강 알 수 있으며,	槪見工賈之情
『한서』「예문지藝文志」에 실린	而漢藝文志所載
구가의 백십사 편의 글은	九家百十四篇
곧 농가들의 기예와 학술서다.	卽農家之藝術也.
이처럼 선비의 학문에는 실로	然而士之學
농업 공업 상업의 이치가 포함되어 있으므로	實兼包農工賈之理
농·공·상의 업무는	而三者之業
반드시 선비의 연구를 의지해야 성공할 수 있다.	必皆待士而後成.
대저 농업을 밝히고	夫所謂明農也
상업을 통하고 공업을 은혜롭게 한다고 말하지만,	通商而惠工也
그 밝히고 통하고 은혜롭게 하는 방법은	其所以明之通之惠之者
선비가 아니면 누가 하겠는가?	非士而誰也.
그러므로 내 생각으로는	故臣竊以爲
후세에 농·공·상이 실패한 까닭은	後世農工賈之失業
선비가 실학을 하지 않은 과오에 있었던 것이다.	卽士無實學之過也.
애석하도다! 옛날 칭송받던 농가들의 서적은	惜乎 古所稱農家者流
지금은 모두 일실되어 전해지지 않는다.	今皆方失不傳.

연암집燕巖集/**권12**/**열하일기**熱河日記/**일신수필**馹汛隨筆 **차제**車制

무릇 수레는 천리天理로 만들어져 땅 위를 다니는 것으로	大凡車者 出乎天而行于地
물을 다니는 배요, 움직이는 집이다.	用旱之舟 而能行之屋也.
나라에서 크게 필요한 것은 수레만 한 것이 없다.	有國之大用莫如車.
그러므로 『주례』에서는 제후의 부富를 물으면	故周禮問國君之富
수레의 수로 대답했다.	數車以對.
수레는 다만 싣고 타는 것만으로 그치지 않는다.	車非獨載且乘也.
수레 중에는 전차, 역차, 수차, 포차 등	有戎車 役車 水車 砲車
수천 가지 제도가 있음으로	千百其制
창졸간에 이루 다 말할 수 없을 지경이다.	而今不可倉卒俱悉.
그중에서 승용차나 화물차는 인민의 생활에 중요한 것이니	然至於乘車載車 尤係生民
먼저 힘써 화급히 강구하지 않으면 안 될 것이다.	先務不可不急講也.
내 일찍이 덕보(홍대용)	吾嘗與洪湛軒德保
성재(이광려)와 수레의 제도를 의논한 바	李參奉聖載 講車制
수레의 제도는 무엇보다 궤도를 표준화하는 것이다.	車制莫先於同軌.
궤도의 표준화란	所謂同軌者何
수레바퀴 축의 간격을 표준화하는 것이다.	軸之距兩輪之間也.
두 바퀴 사이가 통일된 표준에 어긋나지 않으면	兩輪之間 不違恒式
모든 수레의 발자취가 한결같을 것이다.	則萬車一轍.
이른바 『중용』과 『좌씨전』에서 말하는 '차동궤'란 이것이다.	所謂車同軌者是也.
그러나 사람들은 항용 말하기를	然而人有恒言曰
우리나라는 고을이 험해서 수레를 쓸 수 없다고 한다.	我東嚴邑 不可用車.
이것은 무엇을 말하는 것인가?	是何言也.
나라에서 수레를 쓰지 않으니 도로가 닦여지지 않았을 뿐	國不用車 故道不治耳
수레가 다니면 도로는 저절로 닦여질 것인데,	車行則 道自治
어찌하여 마을 길의 협소함과	何患乎 街巷之狹隘

산길의 험준함을 걱정하랴?

서북 사람은 감과 귤을 구분하지 못하고
연해 지방에서는 정어리를 밭 거름으로 사용하지만
만일 서울에 가져오면 한 국자에 한 문을 받을 것이다.
그렇게 비싸지는 것은 무슨 까닭인가?
이제 육진의 삼베,
관서의 명주, 양남의 닥종이,
해서의 솜과 쇠, 내포의 생선과 소금 등은 모두
인민의 살림살이에 없어서는 안 될 물건들이다.
청산 보은은 대추,
황주 봉산은 배,
흥양 남해는 귤과 유자,
임천 한산은 모시와 삼,
관동은 벌꿀이 많이 생산되는데
이것들은 민생에 날마다 사용되는지라
서로 수송 공급하면 상생이 되지 않는 것이 없다.
그런데도 이곳에서 천한 물건이 저곳에서는 귀하며,
이름만 들을 뿐 실물을 볼 수 없는 것은 무엇 때문인가?
그것은 장사치들이 멀리 운반할 힘이 없기 때문이다.
사방 수천 리의 나라인데도
인민이 산업에 어둡고 이토록 가난한 것은
한마디로 나라 안에 수레가 다니지 못하는 까닭이라 하겠다.
그 까닭은 무엇 때문인가?
이 역시 한마디로 말해서

嶺阨之險峻哉.

西北之人 不辨柿柑[235]
沿海之地 以鯷鰌[236]糞田
而一或至京 一掬一文.
又何其貴也.
今夫六鎭之麻布
關西之明紬[237] 兩南之楮紙
海西之綿鐵 內浦之魚鹽
俱民生日用 而不可闕者也.
靑山報恩之間千樹棗
黃州鳳山之間千樹梨
興陽南海之間千樹橘柚[238]
林川寒山千畦苧枲[239]
關東之千筒蜂蜜
爲民生日用
而莫不欲相資[240]而相生也.
然而此賤而彼貴
聞名而不見者何也.
職[241]由無力而致之耳.
方數千里之國
民萌産業 若是其貧
一言而蔽之 曰車不行域中.
請問其故
一言以蔽之曰

---

235) 柿柑(시감)=감과 귤.
236) 鯷鰌(이추)=정어리.
237) 紬(주)=명주.
238) 橘柚(귤유)=귤과 유자.
239) 苧枲(저시)=모시와 삼.
240) 資(자)=給也, 送也.
241) 職(직)=業也.

사대부의 잘못이다.

士大夫之過也.

그들은 평생을 책을 읽으며

平生讀書 則曰

『주례』는 성인의 글이라고 말하면서도

周禮聖人之作也

바퀴 기술자, 가마 기술자, 수레꾼,

曰輪人 曰輿人 曰車人

뱃사람의 명분만 따질 뿐,

曰輈人

그것을 만드는 법이 어떠한지 강구하지 않고

然竟不講造之之法如何

그것을 운행하는 기술이 어떠한지 강구하지 않는다.

行之之術如何.

이야말로 이른바 헛공부이니 학문에 무슨 도움이 있겠는가?

是所謂徒讀 何補於學哉.

아! 한스럽구나!

嗚乎唏[242]噫[243].

황제가 수레를 만들었으므로 헌원씨라 불러온 이래,

自黃帝造車 而稱軒轅氏

수천 년 동안 많은 성인이

經千百世幾[244]聖人

심사, 목력, 수기를 다했고

竭其心思目力手技

또 상앙, 이사가 제도의 통일을 했으며,

又經商鞅李斯一制度

이들 유명한 관리의 학술을 따라

信縣官之學術

발전시킨 자들도 수백 명일 것이다.

將幾百輩也.

그들이 강구한 바를 익히고 실행하는 것이 당연한 것이거늘

其講之熟而行之要[245]

어찌 이를 공연한 짓이라 하겠는가?

豈徒然哉.

진실로 이로써 민생의 살림에 이익이 된다면

誠以利生民之日用

나라를 부강하게 하는 큰 도구가 아니겠는가?

而有[246]國之大器也.

관개용 수레는 용미차, 용골차,

灌田曰 龍尾車 龍骨車

항승차, 옥형차 등이 있고

恒升車 玉衡車

불을 끄는 것으로는 홍흡, 학음 등의 제도가 있으며

救火虹[247]吸[248]鶴飮之制

전쟁에 쓰는 수레로는 포차, 충차, 화차 등이 있는데

戰車有砲車衝車火車

---

242) 唏(희)=歡聲, 和樂之貌. 悲恨之聲.
243) 噫(희)=不平聲, 恨辭.
244) 幾(기)=庶也.
245) 要(요)=當也.
246) 有(유)=富也, 爲也.
247) 虹(홍)=무지개.
248) 吸(흡)=飮也, 震動貌.

이것들은 모두 서양인 등옥함鄧玉函[249]이 지은 『기기도奇器圖』와   俱載泰西奇器圖

강희제가 지은 『경직도耕織圖』에 도면이 실려 있고,   康熙帝所造耕織圖

글로 설명된 것은 『천공개물天工開物』과   其文則天工開物[250]

『농정전서農政全書』가 있으니,   農政全書

뜻있는 자가 그 제도를 취하여 기술을 세밀히 한다면,   有心人 可取而細[251]攷焉

우리 백성의 병통인 극도의 가난도   則吾東生民之貧瘁[252]欲死

얼마쯤은 치유될 수 있을 것이다.   庶幾有癒耳.

화폐 유통과 물가

연암집燕巖集/**권2**/**연상각선본**煙湘閣選本/**하김우상이소서**賀金右相履素書 **별지**別紙

오늘날 민民의 걱정거리와 나라의 계책은 온통 재부에 있습니다.   顧今民憂國計 專在財富.

그런데도 관청과 백성들의 창고는 모두 비었고,   然而公私匱[253]竭

상하가 모두 곤궁하게 되었으니 어찌된 일입니까?   上下俱困者何也.

이는 재부를 다스리는 방법이 도道를 얻지 못했기 때문입니다.   理財之術 不得其道故也.

돈값이 올라가면 물건값이 떨어지고,   夫幣重則物輕

돈값이 떨어지면 물건값이 올라가기 마련입니다.   幣輕則物重.

물건값이 올라가면 백성과 나라가 함께 고통스럽고   物重則 民國俱病

물건값이 떨어지면 농민과 장사꾼이 함께 해를 입습니다.   物輕則 農賈共傷矣.

아! 돈의 명칭을 '상평'이라 한 것은   噫 錢號常平者

돈이 언제나 물건과 공평하기를 바랐기 때문입니다.   常欲與物俱平也.

백성이 쇠돈을 사용한 지도 오래여서 눈과 손에 익숙해져   民之用錢旣久 則目熟手慣

다른 화폐를 알아주지 않고 은전까지도 쓰지 않으려 합니다.   不識他幣 並與銀貨 而不用.

---

249) Joannes Terrenz. 독일에서 태어나 1611년 예수회에 들어간 후, 1621년 중국으로 건너갔다.

250) 天工開物(천공개물)=宋應星의 著書.

251) 細(세)=密也.

252) 瘁(췌)=병들다. 여위다.

253) 匱(궤)=匣. 竭乏也.

돈이 날로 많아지면 물건값도 나날이 올라갑니다.
錢日益多 而物日益貴.

무릇 거래는 돈이 아니면 안 되는데,
凡所貿遷 非錢莫可

돈은 흐르는 물 같아서 기울어지는 데로 쏟아지기 마련입니다.
泉[254]貨所流 就傾而瀉.

물가가 올랐으니 돈이 어찌 기울어지지 않겠습니까?
物旣重矣 錢安得不卿哉.

그래서 예전에는 일이 문이면 살 수 있었던 물건을
故昔之以一二文 而可得者

지금은 삼사 문으로도 부족하게 되었습니다.
或有至三四文而不足.

이제 돈을 물건값에 형평하게 하려면
今以錢平物

몇 배 과다한 것이 아닙니다.
不啻[255]數倍.

어찌 돈이 천해지고 값이 떨어진 증거가 아니겠습니까?
則斯豈非錢賤幣輕之明驗歟.

그런데도 온 나라 재부를 말하는 사람들이 모두 이르기를
然而 通國之說財富者 咸曰

돈이 귀해지니까 물건값도 따라서 올라간다고 하는데
錢貴故物隨而貴

어찌 생각이 미치지 못함이 이다지도 심합니까?
何其不思之甚也.

요즘 들으니 나라에서 중국 당전을 유통하기로 하고
竊聞國中將通用唐錢

올해 동지 사행부터 당전의 수입을 허락하기로 한다는데
自今冬至使行 始許貿來云

이는 좋은 계책이 아닙니다.
此非計之得也.

지금 중국 산해관 밖에서는 문은 한 냥이면
中國關外 以紋銀一兩

그들의 당전 칠 초를 바꿀 수 있으므로
易錢七鈔[256]

만약 우리 돈으로 환산하면
若以我錢爲準則

대강 십일 양 사 전 일 문의
大率得錢十一兩四錢一文

많은 돈을 얻는 셈이니,
之多

당전을 수입하면 열 배의 폭리를 취하게 됩니다.
將爲十培之利.

나라에서는 오히려 화폐의 값이 떨어져
國中 錢幣之輕

모든 물가가 오르는데
而猶令百物踴貴

어째서 외국의 넘쳐나는 악화를 사들여옴으로써
奈何益之以方外濫惡之鈔

스스로 우리의 화폐 제도를 어지럽히려 합니까?
自淆其貨泉哉.

당면한 계책으로 가장 중요한 것은
今之計 莫如

---

254) 泉(천)=錢也.
255) 啻(시)=過多也.
256) 1鈔는 163文.

먼저 돈의 불법 유통 경로를 맑게 하고,

은화가 중국으로 빠져나가는 문을 닫아버리는 것입니다.

先淸錢路姑[257]

閉銀貨入北之門.

---

257) 姑(고)=邪道所出也.

문체창신과
동심론

노자의 동심론

동심童心이란 모든 기존 가치의 부재를 의미한다. 노자와 장자의 동심설童心說은 기존의 모든 가치 체계를 전면 부정하는 반문명적이며 혁명적인 담론이다. 또한 노장의 동심설은 원시 공산 사회의 인간상을 말하는 것이기도 하다. '절학絕學과 무지無知'는 동심이 되는 방법을 말한 것이다. 즉, 문명과 지배 이데올로기로 물들면 새로운 사회인 공산 사회의 주인공이 될 수 없다는 뜻이다. 성경에서 천국에 들어가려면 반드시 어린이가 되어야 한다고 말한 것도 같은 맥락이다.

노자老子/28장

수컷을 알면서 암컷을 지키면 천하의 냇물이 되겠지!	知其雄 守其雌 爲天下溪.
천하의 골짜기가 되면 상도를 잃지 않아	爲天下谿 上德不離
어린아이로 돌아가겠지!	復歸於嬰兒.

노자老子/55장

덕을 품어 돈후하면 갓난아기와 비슷하다.	含德之厚 比於赤子.

노자老子/49장

무위자연의 성인은 전법典法이 될 마음이 없고	聖人無常心
백성의 마음을 자기 마음으로 삼는다.	以百姓之心爲心.
무위자연의 성인이 천하 인민과 더불어 살며,	聖人在天下
시비선악이 없는 무심한 마음이 됨으로써	歙歙[258]焉
천하로 하여금 시비가 없는 혼돈의 마음을 갖도록 한다.	爲天下渾其心.
백성들은 모두가 그의 이목을 주시하며,	百姓皆注其耳目

---

258) 歙(흡)=潝(물 흐르는 소리)과 통용.

성인은 모두를 어린아이처럼 만든다.　　　　　　　　　　聖人皆孩之.

마태복음 18장/3절

진실로 너희에게 이르노니
너희가 돌이켜 어린아이와 같이 되지 아니하면
결단코 천국에 들어가지 못하리라.

공맹에 도전한 이지의 동심론

이처럼 불온한 노장의 동심론이 노자 이후 2,000년 만에 문학적 담론으로 다시 부활하여 세간의
주목을 받게 된 것은 탁오卓吾 이지로 연유된 것이다. 이지는 천주泉州 진강晉江(今福建省) 출신
으로 호는 탁오, 굉보宏甫이며, 별호別號는 온능거사溫陵居士라 불렀다. 그는 본래 성이 임林씨였
으나 조부 대에 반란에 가담한 이후 성을 이李씨로 바꾸었으며 대대로 이어온 회교도 상인 가문
출신이라는 점에서 특이하다. 그는 운남雲南 요안姚安의 지부知府를 끝으로 벼슬을 그만두고 강
학과 저술 활동을 했다. 만년에 북경 극락사에 거주했으며, 1602년 76세 나이로 이단 교리와 혹
세무민의 죄로 체포되어 옥중에서 자살했다.

　　이지는 육경, 『논어』, 『맹자』 등 유가 경전의 권위를 부인하고, 공자를 가치 판단의 기준으로
삼는 것을 반대했다. 그는 유가 경전은 단지 사관들이 지나치게 칭송한 말이거나 어리석은 제자
들이 선생의 말을 기록한 것일 뿐 만세의 지론至論이 될 수 없다고 말한다.

　　양명陽明의 제자이며 양명 좌파를 세운 심재心齋 왕간王艮, 1483~1541의 아들 동애東崖 왕벽王襞,
1511~1587에게서 배웠으며 심재와 그의 제자 하심은何心隱, 1517~1579²⁵⁹⁾을 영웅으로 존경했다. 심
재는 소금 장수 출신으로 그의 제자들은 나무꾼, 옹기 장수, 농부 등 천민들이었으며, 하심은은 묵
자의 겸애兼愛 사상과 장재의 민포民胞 사상을 수용하여 이욕利慾을 긍정하고 명교名敎를 비판한 반
체제적 진보주의자였다. 이들의 영향을 받은 탁오는 한 걸음 더 나아가 양명학까지도 뛰어넘는
독창적인 사상을 보이며 그에 걸맞는 삶을 살았다.

　　양명학은 앞에서 지적한 것처럼 이학理學을 세속화한 것일 뿐 유가의 예교 사상을 버린 것이 아
니다. 그러나 양명 좌파들은 양명을 뛰어넘어 선학禪學으로 치닫거나, 명교를 전면 부정하고 공맹
을 이탈하는 극단으로 치달았다. 탁오는 후자의 대표적인 사례에 해당될 것이다. 특히 탁오는 정

---

259) 본명은 梁汝元. 정적의 보복을 피해 도피 중 改名. 뒤에 名敎의 죄인으로 체포되어 장살됨.

주程朱의 도학道學을 극도로 미워했다. 그는 공맹을 비난하고 양자楊子, BC 440?~360?와 묵자를 숭배했다.

속분서續焚書/권2/삼교귀유설三敎歸儒說

부끄러움도 없는 도학의 못된 폐습이 지금에 이르러서는	無怪其流弊 至於今日
양陽으로는 도학을 하고, 음陰으로는 부귀를 탐하니	陽爲道學 陰爲富貴
옷 입는 것은 단아한 유가의 모습이나 행실은 개돼지와 같다.	被服儒雅 行若狗彘然也.

분서焚書/권1/답경중승答耿中丞

하늘이 어느 한 사람을 태어나게 한 것은	夫天生一人
그의 쓰임이 있기 때문이다.	自有一人之用.
공자에게서 공급받은 이후에만	不待取給于孔子
사람으로서 충족된다고 말할 수는 없다.	而後足也.
만약 그렇다고 가정한다면	若必待取足于孔子
공자 이전의 할아버지들은	則千古以前無孔子
사람 노릇도 하지 못했단 말인가?	終不得爲人乎.

속분서續焚書/권4/제공자상어지불원題孔子像於芝佛院

사람들이 모두 공자를 대성이라 하므로	人皆以孔子爲大聖
나 역시 그렇게 생각하고	吾亦以爲大聖
모두 노불을 이단이라 하므로	皆以老佛爲異端
나도 그렇게 생각할 뿐이다.	吾亦以爲異端.
사람들은 참으로 대성과 이단을 아는 것이 아니라	人人非眞知大聖與異端也
아비와 스승의 가르침을 듣고 익숙해진 것뿐이다.	以所聞於父師之敎者熟也.
사부도 역시 참으로 대성과 이단을 아는 것이 아니라	父師非眞知大聖與異端也
선유들의 가르침을 듣고 익숙해진 것뿐이다.	以所聞於儒先之敎者熟也.
선유들 역시 참으로 대성과 이단을 아는 것이 아니라	儒先亦非眞知大聖與異端也
공자가 그렇게 말을 했기 때문이다.	以孔子有是言也.

초횡은 경정향을 사사하고 이지를 벗했는데,	焦竑 師耿定向 而友李贄
특히 이지로부터 그의 학풍에 감염됨이 깊었다.	於贄之習氣沾染尤甚.
두 사람은 서로 손을 잡고	二人相率
열렬한 선의 신봉자(狂禪人)가 되었다.	而爲狂禪.
이지는 심지어 공자를 비난하고,	贄至於詆孔子
초횡은 양자와 묵자를 지극히 숭배하여	而竑亦至尊崇楊墨
양묵을 비난한 맹자를 용납하기 어렵다고 했다.	與孟子爲難.
비록 천지가 넓어 별의별 사람이 다 있지만	雖天地之大 無所不有
이는 용납할 수 없다.	然不應.
그들의 망령되고 거짓됨이 이 지경에 이른 것이다.	妄誕至此也.

이지의 동심설도 노자의 무지를 숭상하는 동심설에서 연원된 것으로, 순진하고 가식이 없는 어린아이의 마음으로 돌아가자는 것이다. 무지는 양허養虛 또는 허무염담虛無恬淡을 말함이요, 동심은 지식을 끊어버린 순진이며 최초 일심一心의 본심이다. 그는 동심을 잃어버리면 곧 진심眞心을 잃어버리는 것이요, 진심을 잃어버리면 진인眞人을 잃어버리는 것이라고 말한다. 그러므로 진인이 되기 위해서는 문견聞見과 도리道理가 내 마음의 주인이 되어서는 안 된다는 것이다.

이온릉집李溫陵集**/권9/동심설**童心說

동심은 진심이다.	夫童心者眞心也.
만일 동심이 옳지 않다면	若以童心爲不可
진심이 옳지 않다고 말하는 것이다.	是以眞心爲不可也.
동심은 가식을 버린 순진이요	夫童心者 絶假純眞
최초의 일념인 본심이다.	最初一念之本心也.
만일 동심을 잃으면 곧 진심을 잃는 것이며,	若失却童心 便失却眞心
진심을 잃으면 곧 진인을 잃는 것이다.	失却眞心 便失却眞人.
그러면 동심은 어찌 갑자기 상실되는가?	然童心胡然而遽失也.
대개 시초에	盖方其始也
문견이 이목을 타고 들어와서	有聞見從耳目而入

내심內心의 주인이 되면	而以爲主于其內
동심이 상실된다.	而童心失也.
장성하면 도리가 문견을 따라 들어와	其長也 有道理從聞見而入
내심의 주인이 되므로 동심이 상실된다.	而以爲主于其內 而童心失.
세월이 갈수록 도리와 문견이 날로 더 많아지고,	其久也 道理聞見日以益多
아는 것과 깨달은 것이 날로 더 넓어지면,	則所知所覺 日以益廣
이에 비례하여 명성이 좋은 것을 알게 되고,	於是焉又知美名之可好也
힘써 드날리려는 욕심이 생겨 동심을 잃는다.	而務欲以揚之 而童心失.
아름답지 않은 명성은 추한 것임을 알고	知不美之名之可醜也
그것을 감추려고 힘쓰다 보면 동심을 잃는다.	而務欲以掩之 而童心失.

그러므로 동심설이 지향하는 목표는 가식을 모두 버리고 순진純眞을 회복한 절가絕假 순진이다. 이를 위해서는 사람들을 물들인 기존의 모든 묵은 학설을 떨쳐버려야 한다. 이것은 장자의 '원시반목原始反本' 또는 '복초復初'와 비슷한 말이다. 장자가 말한 복초는 문견을 없애고 글자도 없는 원시 자연으로 돌아가는 것이다.

그러나 탁오의 동심은 노장의 자연 회귀의 동심과는 달리 선험적으로 간직한 생지生知의 복원이다. 생지란 태어날 때부터 자연으로부터 품부받은 성인의 지각이다. 그가 말한 성인은 불가의 부처요, 도가의 진인眞人이기도 하다. 그러므로 생지의 발현은 부처가 되는 것이요, 성인이 되는 것이요, 진인이 되는 것이다. 또한 생지를 억압하는 모든 것을 전복시켜야 한다. 이는 견문을 통해 들어오는 관습과 이데올로기를 제거하고 개별적인 주체의 회복을 요구한다. 이 점이 노장의 자연 회귀의 동심과 다른 점이다.

분서焚書/권1/답주서암答周書巖

천하에 생지生知를 갖지 않은 사람은 없고,	天下無一人不生知[260]
한 물건도 생지 아닌 것이 없으며,	無一物不生知
일각도 생지 아님이 없다.	亦無一刻不生知者.
생지자는 곧 부처다.	生知者便是佛.
다만 스스로 깨닫지 못할 뿐,	但自不知耳
깨닫게 할 수 없는 사람은 없다.	然又未嘗不可使之知也.

---

260) 生知(생지)=태생적 良知.

분서焚書/권3/동심설童心說

옛 성인도 어찌 독서하지 않았겠는가?	古之聖人 曷嘗不讀書哉.
다만 많은 독서에도 불구하고	然縱多讀書
본래의 동심을 수호하여	亦以護此童心
상실하지 않게 했던 것이다.	而使之勿失焉耳.
학자들이 많은 독서로써 의리義理를 안 것이	非若學者 反以多讀書識義理
도리어 장애가 되는 것과는 반대다.	而反障之也.
그러나 요즘 학자들은 독서를 많이 해서 도리를 알면	夫學者旣以多讀書識義理
도리어 동심에 장애가 되는 것이 상례다.	障其童心矣.
문견과 도리를 마음으로 삼았다면	夫旣以聞見道理爲心矣
말하는 것은 모두 문견과 도리의 말이며,	則所有言皆聞見道理之言
동심에서 저절로 나온 말이 아니다.	非童心自出之言也.
말은 비록 교묘하나 나와 무슨 상관이 있겠는가?	言雖工 于我何與.
가인假人이 가언假言을 말하니,	豈非以假人言假言
일마다 가사假事요 문장도 가문假文이 아니겠는가?	而事假事 文假文乎.
대저 그 사람이 가假이면 가假 아닌 것이 없을 것이다.	蓋其人旣假 則無所不假矣.

이온릉집李溫陵集/권2/시문후서時文後書

지금의 과거문은 관리를 선발하는 문장이지	時文者 今時取士之文也
고문古文이 아니다.	非古也.
그러니 오늘에 옛것을 보면 옛것은 원래 오늘의 것이 아니다.	然以今視古 古固非今.
훗날 오늘을 보면 오늘은 옛날이 될 것이다.	由後觀今 今復爲古.
오늘의 근체시는 당시唐詩를 고문으로 생각하지만,	今之近體 旣以唐爲古
만세 후대는	則知萬世而下
다시 우리 시대를 당대唐代로 생각할 것이 틀림없다.	當復以我爲唐 無疑也.

이처럼 이지의 생지설生知說과 동심설童心說은 양명학의 영향이며 유심주의라 할 것이다. 그렇지만 그의 동심설은 육陸·왕王의 양지설良知說을 극단적으로 발전시킨 것으로, 성인들의 기존의 모든 담론의 권위를 부정해버리는 혁명성이 노장의 동심설에 필적할 만했다.

육경과 『논어』, 『맹자』는	夫六經語孟
사관이 지나치게 숭상한 말이 아니면	非其史官過爲褒崇之詞
그들의 제자들이 극도로 찬미한 말일 것이다.	則其臣子極爲贊美之語.
또 그도 아니면 우활한 문도와	又不然則 其迂闊門徒
어리석은 제자들이 스승의 말씀을 기억한 것으로	懵懂弟子 記憶師說
머리만 있고 꼬리는 없으며	有頭無尾
뒤의 말을 들었으나 앞의 말을 잊어버리고	得後遺前
스승의 말을 기억나는 대로 소견에 따라	隨其所見
책에 기록했을 것이다.	筆之於書.
그런데도 후학들은 살피지 못하고	後學不察
성인의 입에서 나온 것으로 믿고	便爲出自聖人之口也
결정한 항목을 경전으로 만들어버린 것이니,	決定目之爲經矣
그 태반이 성인의 말이 아니라는 것을 누가 알 수 있겠는가?	孰知其太牛非聖人之言乎.
설사 그것이 성인에게서 나온 것이라 할지라도	縱出自聖人
그 발휘한 요점은	要亦有爲而發
병증에 따라 약을 쓴 수시 처방에 불과하며	不過因病發藥 隋時處方
이로써 이들 어리석은 제자들과	以捄[261]此一等懵懂弟子
우활한 문도들을 바로잡기 위해 말한 것일 뿐이다.	迂闊門徒云耳.
의사와 약사가 병에 따라 처방함에는	藥醫假病
정해진 것만 고집하기 어려운 것이니,	方難定執
이것을 어찌 만세의 지론으로 삼아	是豈可遽[262]以爲萬世之
따를 수 있단 말인가?	至論乎.

이온릉집李溫陵集/권2/우여초말능又與焦秣陵

오늘날 이른바 성인들은	今之所謂聖人者
산인과 한가지다.	其與今之所謂山人者 一也.
오직 행불행의 차이가 있을 뿐이다.	特有幸不幸之異耳.

261) 捄(구)=敎의 古字.
262) 遽(거)=遂也.

동어 반복인 선문답으로	展轉²⁶³⁾反覆
모두 세상을 속이고 이름을 도적질하는 자들이니	皆欺世盜名者
이름만 산인일 뿐 마음은 장사꾼과 한가지다.	名爲山人 而心同商賈.
입으로는 도덕을 말하지만	口談道德
뜻은 남의 담장을 뚫고 창문을 넘는다.	而志在穿窬²⁶⁴⁾.
대저 이름만 산인이지 장사치 마음이니	夫名山人而心同商賈
가히 천한 자들이다.	旣可鄙也.

탁오의 동심론을 기초로 하는 문예론은 후세에 많은 영향을 미쳤다. 그는 자연적인 정감의 표출이야 말로 진정한 예술이라고 보았다. 특히 그는 각자의 분노와 감정의 표출이야말로 진정한 글이며『수호지水滸誌』가 그 대표적인 사례라고 찬양했다. 그는 경전과 공맹을 만세萬世의 지문至文으로 인정하지 않는 대신 오히려 당시 천시하던 『수호지』를 지문이라 칭찬한다.

분서焚書/권3/독률부설讀律膚說

음악과 미술의 유래는 성정의 발현이요	蓋聲色之來 發乎情性
자연을 따른 것이다.	由乎自然.
이것을 어찌 억지로 합하고 교정하여 이룰 수 있겠는가?	是可以牽合矯²⁶⁵⁾强而致乎.
자연은 성정에서 발현되고	故自然發于情性
성정은 예의에서 바로잡는 것이니,	則情性止于禮義
성정 밖에	非情性之外
따로 예의가 있어 바로잡을 수 있는 것이 아니다.	復有禮義可止也.
사람이란 저마다 성性과 정情이 없을 수 없는 것이니,	莫不有情 莫不有性
어찌 일률적으로 구할 수 있겠는가?	而可一律求之哉.

분서焚書/권1/여우인논문與友人論文

사람은 각자의 일이 있고	各人有各人之事
각각 관심 분야도 같지 않다.	各人題目不同.
사람마다 각각의 취향과 관심에서	各人之趣題目裏

---

263) 轉(전)=還也. 轉輪=佛家禪語.

264) 窬(유)=踰也.

265) 矯(교)=揉箭箝也.

샘솟듯이 우러나오는 대로 표출하면 　　　　　　滾出去

오묘하지 않은 것이 없을 것이다. 　　　　　　無不妙者.

이온릉집李溫陵集/권9/동심설童心說

그러므로 나는 이런 까닭으로 　　　　　　　　故吾因是

동심에서 느낀 것이 저절로 문장이므로 　　　　而有感于童心者之自文也

어찌 다시 육경을 말하고 　　　　　　　　　更說甚麼六經

『논어』, 『맹자』를 말할 것인가? 　　　　　　　更說甚麼[266]語孟乎.

만약 동심이 보존되어 있지 않다면, 　　　　　苟無童心常存

도리도 행해지지 못하고 문견도 들어오지 못할 것이다. 　則道理不行 聞見不入.

어느 시대건 어느 사람이건 문文이 없을 수 없다. 　無時不文 無人不文.

하지만 하나라도 체격과 문자를 창제함이 없다면 　無一樣創制體格文字

문이 아니다. 　　　　　　　　　　　　　而非文者.

분서焚書/권3/충의수호전서忠義水滸傳序

태사공께서는 　　　　　　　　　　　　太史公曰

『한비자韓非子』의 「세난說難」, 「고분孤憤」편의 글에 대해 　說難孤憤

성현이 분통을 터트린 저작이라고 말했다. 　　　賢聖發憤之所作也.

이로 볼 때 옛 성현들은 　　　　　　　　由此觀之 古之賢聖

분노하지 않으면 짓지 않았던 것이다. 　　　　不憤則不作矣.

분노하지 않고 짓는 것은 마치 춥지도 않은데 떨고 　不憤而作 譬如不寒而顫[267]

아프지도 않은데 신음하는 것과 마찬가지다. 　　不病而呻吟也.

설사 책을 지었다고 한들 어찌 볼만한 것이 있겠는가? 　雖作何觀乎.

『수호전』은 분통을 터트려 지은 것이다. 　　　水滸傳者 發憤之所作也.

송나라는 멸망하기 전부터 관리들을 거꾸로 임명했다. 　蓋自宋室不竟[268] 官履倒施.

어진 자는 낮고 못난 자는 높았으며, 　　　　大賢處下 不肖處上

오랑캐에 길들여진 자는 높고 중국인은 낮았으며, 　馴致夷狄處上 中原處下

한때 재상을 지낸 자들이 마치 처마 밑의 제비와 까마귀처럼 　一時君相 猶然處堂燕鵲

266) 甚麼(심마)=왜. 무엇.

267) 顫(전)=떨다.

268) 竟(경)=終也.

예물을 바치고 신하라 칭하며	納幣稱臣
흔쾌히 개, 염소에게 무릎을 꿇었다.	甘心屈膝于犬羊已矣.
시내암施耐庵과 나관중羅貫中은	施羅二公
몸은 원나라에 있었으나 마음은 송나라에 있었으니,	身在元心在宋
비록 원나라의 해를 보고 살았지만	雖生元日
실은 송나라 일을 분개한 것이다.	實憤宋事.
감히 묻노니 이것을 분노한 자는 누구인가?	敢問泄[269]憤者誰乎.
그들은 전날 울부짖으며 모여들었던	則前日嘯[270]聚
수호의 장사들이다.	水滸之强人也.
그들을 충의라고 말하지 않으려 함은 옳지 않다.	欲不謂之忠義不可也.

이온릉집李溫陵集/**권9**/**동심설**童心說

시는 하필 고선이어야 하고,	詩何必古選
문文은 하필 선진의 문이어야 하는가?	文何必先秦.
세월이 흘러 육조가 되었고, 변하여 근체가 되었고,	降而爲六朝[271] 變而爲近體
또 변하여 전기가 되었고,	又變而爲傳奇
원대 잡극이 되었고, 『서상곡西廂曲』이 되었고,	變而爲院[272]本 爲西廂曲[273]
『수호전』이 되었고, 지금의 과거 보는 글이 되었다.	爲水滸傳 爲今之科子業.
모두 옛 지극한 글이니	皆古之至文
시대의 선후로 논할 것이 못 된다.	不可得而時勢先後論也.

공안파와
북학파

　　　이러한 탁오 이지의 문예론은 조선의 학자들에게 큰 영향을 미쳤다. 허균은 1614년 사신의 일원으로 명나라에 갔을 때 4,000여 권의 책을 구입했고, 돌아와서 『한정록』 열일곱 권을 저술했는데 그 전거 서목書目에 탁오의 『분서』 여섯 권이 들어 있다.

269) 泄(설)=漏也, 發散也.

270) 嘯(소)=吹聲, 叱也.

271) 六朝(육조)=吳, 東晉, 宋, 齊, 梁, 陳 등 六國. 이 시대는 화려한 기교와 부염한 내용의 駢文이 유행했다.

272) 院(원)=娼妓所居, 浮屠所居.

273) 西廂記는 戱曲名稱. 元代 王實甫 作. 北曲의 祖.

『분서』는 1590년에 초간된 것이므로 24년 후에 허균이 읽은 것이다. 또한 『한정록』 부록의 「병화사」와 「상정」은 모두 원굉도의 저서를 그대로 필사해놓은 것이다. 원굉도는 탁오의 동심설童心說에 촉발된 공안파의 대표이며 이들은 당시의 진한秦漢 성당盛唐을 모방하는 풍조에 반기를 들고 전통적 형식을 넘어서(不拘格套) 성령을 직접 표현하여(直寫性靈) 자유롭고 천진한 글쓰기(情眞語直)를 주장했는데 이는 천의무봉天衣無縫한 장자의 글쓰기와 유사하다. 허균뿐만 아니라 연암 등 북학파의 혁명적 문체는 장자와 공안파에 영향을 받았다는 것이 정설이다.

　　1780년에 간행된 『열하일기』 「도강록」 7월 3일 자에 의하면 연암이 책을 구입하고자 서목을 보다가 탁오의 『분서』 6책, 『장서藏書』 18책 『속장서續藏書』 9책을 발견하고 말하기를 "우리나라에도 있다"라고 한 것을 보면 연암도 탁오의 책을 읽었을 것으로 추정된다. 또한 연암은 『열하일기』 「관내정사」 7월 30일 자 글에서 탁오의 영향을 받은 공안파의 원굉도를 읽었다고 술회하고 있다.

연암집燕巖集/권12/열하일기熱河日記/관내정사關內程史 7월 30일

계주는 옛날 어양이다. 그 북쪽에 반산이 있는데,	薊州古漁陽 北有盤山
위태로이 솟은 봉우리가 깎아 세운 듯하고	危峰削立
봉우리마다 위가 퍼지고 아래가 가늘어서	上豊下纖
그 모습이 소반과 같으므로	類盤形
반산이란 이름을 얻었고, 일명 오룡산이라고도 한다.	故名盤山 一名五龍山.
내가 앞서 원중랑의 반산기를 읽고,	嘗讀袁中郎[274]盤山記
빼어난 절경이 많음을 알았으니,	多奇勝
기어코 한번 올라가보고 싶지만,	必欲一登
동행할 사람이 없으니 하는 수 없구나!	而無伴遊者 勢無奈何.

원굉도집전교袁宏道集箋校/서죽림집敍竹林集

시를 잘 짓는 자는 삼라만상을 스승으로 삼고	善爲詩者 師森羅萬象
선배를 스승으로 삼지 않는다.	不師先輩.
이백과 당시唐詩를 본받는 것만이	法李唐者
어찌 그 기격機格과 자구字句라고 하겠는가?	豈謂其機格與字句哉.
한위 육조를 따르지 않은 그 마음을 본받을 뿐이다.	法其不爲漢魏六朝之爲心而已.

---

274) 中郞(중랑)=袁宏道의 字.

이것이야말로 참다운 본받음이다.　　　　　　　　　　是眞法也.

원굉도집전교袁宏道集箋校/구장유丘長儒

당나라는 자기의 시를 가졌을 뿐　　　　　　　　　唐自有詩也
반드시 고선古選의 문체가 아니다.　　　　　　　　不必選體也.
초당, 성당, 중당, 만당이 각기 저마다의 시체를 가졌으므로　　初盛中晚自有詩也
반드시 초당, 성당만을 따를 필요가 없다.　　　　　不必初盛也.
오늘날 군자들은　　　　　　　　　　　　　　　今之君子
온 세상을 당체로 헤아리려 하고,　　　　　　　　乃欲槪[275]天下以唐之
게다가 당체가 아니라고 송시를 병통이 있는 것처럼 여긴다.　又且以不唐病宋.
그렇다면 어째서 당시는 고선과 다른데 비난하지 않는가?　　夫何不以不選病唐.

원굉도집전교袁宏道集箋校/서소수시敍小修詩

그러므로 나는 말한다.　　　　　　　　　　　　故吾謂.
오늘의 시문은 전해지지 않을 것이다.　　　　　　今之詩文不傳矣.
만일 전해진다면　　　　　　　　　　　　　　其萬一傳者
혹시 여염집 부인과 어린이가 부른,　　　　　　　或今閭閻婦人孺子所唱
「벽파옥擘破玉」「타초간打草竿」 같은 민요일 것이다.　　擘破玉打草竿之類.
이것들은 무명의 무식한 진인眞人이 지은 것이라　　猶是無聞無識眞人所作
참소리가 많다.　　　　　　　　　　　　　　　故多眞聲.

원굉도집전교袁宏道集箋校/병화재집瓶花齋集 7 졸효전拙效傳

석공께서 이르기를　　　　　　　　　　　　　石公曰
"천하에 교활하게 달아나는 토끼도　　　　　　　天下之狡于趨避者兎也
사냥꾼에게 잡힌다.　　　　　　　　　　　　　而獵者得之.
오징어는 먹물을 품어 숨지만　　　　　　　　　烏賊魚吐墨以自蔽
그 먹물이 도리어 죽음의 단초가 된다.　　　　　乃爲殺身之梯.
그러니 기교가 무슨 소용이 있는가?"　　　　　　巧何用哉.
대저 몸을 숨기는 계책으로는 공작이 제비만 못하고,　　夫藏身之計 雀不如燕

---

275) 槪(개)=平斗斛, 度量, 操也.

생을 도모하는 기술로는 학이 비둘기만 못하다 함은 　　　　謀生之術 鶴不如鳩

예부터 기록되었으니 나는 이에 「졸효전拙效傳」을 짓는다. 　　　古記之矣 作拙效傳.

집안에 네 명의 미련한 종이 있는데 　　　　　　　　　　家有四鈍僕

이름이 한 놈은 동冬, 한 놈은 동東, 한 놈은 척戚, 　　　　一名冬 一名東 一名戚

한 놈은 규奎다. 　　　　　　　　　　　　　　　　　一名奎.

그중에서 동東이란 놈은 　　　　　　　　　　　　　　東貌亦古

제법 고아한 데가 있었고 익살스러웠다. 　　　　　　　然稍有詼氣.

그 녀석이 어릴 때 백수의 심부름꾼으로 있었는데, 　　　少役于伯修

백수가 계실을 맞고자 장에 가서 떡을 사오라고 시켰다. 伯修聘繼室時 令至城市餠.

그런데 그놈이 다녀와서 고하기를 　　　　　　　　　東曰

"어제 장터에 나갔더니 꿀값이 싸서 그것을 사왔습니다. 昨至城 偶見蜜價賤 遂市之.

그리고 떡은 값이 비싸서 사오지 않았습니다." 　　　　餠價貴 未可市也.

그래서 다음날 거행하기로 한 납례를 끝내 거행하지 못했다. 時約以明納禮 竟不得行.

우리 집안의 경우 교활한 종들은 왕왕 지나침이 있었으나, 然余家狡獪之僕 往往得過

우둔한 종들은 자못 법도를 지킬 줄 알았다. 　　　　　獨四拙頗能守法.

결국 교활한 자들은 줄줄이 쫓겨나 　　　　　　　　其狡獪者 相繼逐去

몸을 지탱할 대책이 없어, 　　　　　　　　　　　資身無策

다분히 일이 년이 지나지 않아 　　　　　　　　　　多不過一二年

추위와 굶주림을 면할 길이 없었다. 　　　　　　　　不免冬餒.

그러나 네 명의 우둔한 종은 지나침이 없어 　　　　　而四拙以無過

가만히 앉아서 입고 먹었다. 　　　　　　　　　　　坐而衣食.

주인도 그들이 별다른 것이 없는 자들인 것을 알면서도 主者諒其無他

식구를 계산하여 곡식을 내려주고 　　　　　　　　計口而受之粟

거처를 잃을까 걱정해준다. 　　　　　　　　　　　唯恐其失所也.

아! 역시 여기서도 우둔한 것의 효용을 알 수 있구나! 噫 亦足以見 拙者之效矣.

이지의 『분서』「독률분서讀律膚說」에서 전개한 그의 문예론과 『수호전』 해설은 허균의 『홍길동전』에 직접적 영향을 주었으며, 하심은과 이탁오는 홍대용, 박지원 등 북학파의 글쓰기에도 큰 영향을 주었다. 이덕무의 「영처고」와 연암의 서문은 탁오의 '동심설童心說'이 그들의 글쓰기에 결정적 영향을 주었음을 말해주고 있다. '영처嬰處'란 영아와 처녀를 말한 것이다. 이들 북학파들 외에 다산 정약용도 탁오를 인용하고 있는 것으로 보아 당시 선비들 사이에 탁오는 널리 읽힌 것 같다.[276)]

연암집燕巖集/권10/엄화계수일罨畫溪蒐逸/원사原士

내가 말하는 아름다운 선비란	吾所謂雅士者
뜻이 영아와 같고 모습은 처녀와 같으며,	志如嬰兒 貌若處子
죽을 때까지 문을 닫고 책을 읽는 사람이다.	終年閉其戶而讀書也.
영아는 비록 연약하지만 그 생각이 전일하고	嬰兒雖弱 其慕專也
처녀는 비록 미숙하지만 절조를 지킴이 확고하다.	處子雖拙 其守確也.
위로 하늘에 부끄럽지 않고, 아래로 사람에게 부끄럽지 않으며	仰不愧天 俯不怍[277)]人
오로지 문을 닫고 책을 읽을 뿐이다.	其惟閉戶而讀書乎.

연암집燕巖集/권5/영대정잉묵映帶亭賸墨/답창애答蒼厓 3

마을에 학동이 천자문을 읽다가	里中儒子 爲授千字文
책 읽기가 싫어지자 깔깔 웃으며 말했다.	呵其厭讀 曰.
"하늘을 보면 푸른데 '천天' 자는 푸르지 않으니	視天蒼蒼 天字不碧
그래서 싫다."	是以厭耳.
이 아이의 총명이 문자를 만든 창힐을 굶어 죽게 하겠구나!	此兒聰明餒煞蒼頡[278)].

연암집燕巖集/권11/열하일기熱河日記/도강록渡江錄 7월 8일

내 말하노니 갓난아이에게 물어보라!	余曰 問之赤子.
갓난아이가 처음 태어났을 때 느끼는 감정은 어떠할까?	赤子初生所感何情.
아이가 태중에 있을 때 어둡고 막힌 곳에서	兒胞居胎處 蒙冥沌[279)]塞
묶여 있다가,	纏紏逼窄
하루아침에 텅 빈 넓은 곳으로 나와	一朝迸出寥廓
손발을 펴 움직이고 마음은 시원하게 넓어지니	展手伸脚 心意空豁
어찌 참된 목소리를 내어	如何不發出眞聲

---

276) 與猶堂全書/二集經集/15권/論語古今註 참조.

277) 怍(작)=부끄러워하다.

278) 蒼頡(창힐)=전설상의 인명.

279) 沌(돈)=不通也.

감정을 토설치 않으리오.　　　　　　　盡情一洩哉.

의당 영아의 꾸밈없는 목소리를 본받으면　故當法嬰兒聲

가짜를 지어내지는 않을 것이다.　　　　無假做.

연암집燕巖集/권7/종북소선鍾北小選/영처고서嬰處稿序

남산 서편 우사단 아래 도동 물가 골목길의　雩祀壇之下 桃渚之衕

푸른 기와집 사당에는　　　　　　　　　靑甍而廟

시뻘건 얼굴에 수염이 뻗쳐 있는 조상이 있는데　貌之渥丹而鬚儼

영락없는 관운장이다.　　　　　　　　　然關公也.

남자나 여자나 학질을 앓을 때 그 좌상 밑에 들이밀어 놓으면　士女患瘧 納其牀下

당장 질겁하고　　　　　　　　　　　　愯[280]神褫[281]魄

오한의 증세가 없어진다고 하여 숭앙된다.　遁[282]寒祟[283]也.

그렇지만 아이들은 무엄하게도 존엄한 상을 모독하며　孺子不嚴 瀆冒威尊

그 눈망울을 굴려보지만 껌벅거리지도 않고　爬瞳[284]不瞬

콧구멍을 쑤셔보지만 재채기도 하지 않는다.　觸鼻不嚏.

어린아이에게 그것은 진흙으로 빚은 소상에 불과했던 것이다.　塊然泥塑也.

이로 볼 때　　　　　　　　　　　　　由是觀之

수박을 겉으로 핥고 후추를 통째로 삼키는 무리와는　外舐水匏[285] 全呑胡椒者

맛을 이야기할 수 없고,　　　　　　　不可與語味也.

이웃의 담비 갖옷이 부러워　　　　　　羨隣人之貂裘[286]

여름에 빌려 입는 자와는　　　　　　　借衣於盛夏者

시절을 이야기할 수 없다.　　　　　　　不可與語時也.

소상에 아무리 그럴듯하게 의관을 입혀놓아도,　假像衣冠

어린아이들의 진솔함을 속이지는 못한다.　不足而欺 孺子之眞率矣.

---

280) 愯(확)=놀래다.
281) 褫(치)=벗다, 넋 잃다.
282) 遁(둔)=逃也.
283) 祟(수)=神禍也.
284) 爬瞳(파동)=눈알을 긁다.
285) 水匏(수포)=수박.
286) 貂裘(초구)=담비 가죽옷.

청장관전서 靑莊館全書/**권3**/영처문고 嬰處文稿/**영처고자서** 嬰處稿自序

원고 제목을 '영처'라 했으니	藁曰 嬰處[287]
원고의 주인인 형암炯庵 이덕무가 영아이고 처녀인가?	藁之人其嬰處乎.
대저 영아의 즐겁게 노는 맑은 모습이 하늘이다.	夫嬰兒之娛弄 藹[288]然天也.
처녀는 수줍어 감추는데 그 순수함이 천진天眞이다.	處女之羞藏 純然眞也.
어찌 억지로 힘써서 되는 일인가?	玆豈勉强 而爲之哉.

북학파의 동심론은 글쓰기의 자주성을 강조하는 모습으로 나타나지만 이것은 그것으로 그치지 않는다. 이것은 무엇보다 중국 모방으로부터 벗어나는 것이며, 둘째로 유학으로부터 벗어나는 것이요, 셋째, 기존의 모든 지식으로부터 벗어나 무지로 돌아가는 것이요, 넷째, 자신의 개성과 정체성을 찾아가는 것이다.

담헌서 湛軒書/**내집** 內集/**권4**/보유 補遺/**의산문답** 醫山問答

실질을 좋아하는 늙은이가 말했다.	實翁曰.
"옛 문견에 묶인 자와는 더불어 도道를 말할 수 없고,	膠舊聞者 不可與語
습성이 이기려는 마음을 가진 자와는 더불어 토론할 수 없다.	狃[289]勝心者 不可與爭口.
네가 도를 듣고자 한다면 너의 옛 문견을 깨끗이 버려라!	爾欲聞道 濯爾舊聞.
너의 이기려는 마음을 떨쳐버리고 네 마음을 비워라!	祛[290]爾勝心 虛爾中.
네 입이 신실하다면 나도 진실로 숨김이 있겠는가?"	懿爾口 我其有隱乎哉.

담헌서 湛軒書/**내집** 內集/**권3**/서 書/**여인서이수** 與人書二首

어려서 배우고 커서는 행하는 것이	幼而學壯而行
유자儒者의 본심이 아니겠는가?	非儒者之本心乎.
행하지 않고 밝지 않으면	及其不行不明
만세의 우환이니	而有萬世之憂患

---

287) 嬰處(영처)=영아와 처녀.
288) 藹(애)=우거지다.
289) 狃(뉴)=犬性, 習也.
290) 祛(거)=開散也, 털어버리다.

책을 지어 후세를 인도하는 것이다.

그것은 부득이한 것일 뿐,

어찌 박학을 자랑하고

무익한 공담을 하겠는가?

그러나 오늘날 영달한 학자들이 근본은 버리고 말절만 좇아

껍데기만 흉내 내어 겹겹이 각주를 붙여

어지럽게 책상에 쌓기만 극심해질 뿐

공자와 주자가 오늘의 공자와 주자가 된 까닭은

책에 있지 않고 도道에 있다는 것을 모른다.

그러므로 옛 학자는 책이 없어서 걱정이었고,

오늘의 학자는 책이 많아서 걱정이다.

삼연 김창흡 선생은

법문에 구속된 속유들의 거짓의 소굴을 타파하셨으니

가히 그의 공은 한퇴지보다 못하지 않을 것이다.

則著書牖²⁹¹⁾後.

及其所不得已

而亦何嘗務勝夸博

而爲無益之空言乎.

搢紳先生 捨本趨末

摹畵皮毛 層生註脚

紛然疊床殊²⁹²⁾

不知孔朱之所以爲孔朱

在道而不在書也.

是以古之學者 患在於無書

今之學者 患在於多書.

金三淵

破世儒拘曲法門 打訛窩窟

則可謂功不在昌黎下矣.

연암집燕巖集/**권1**/**연상각선본**煙湘閣選本/**소단적치인**騷壇赤幟引

만약 그것이 이치에 맞는 것이라면

집안 사람의 일상의 담론도 오히려 관학과 나란히 배열하고,

아이들의 동요와 마을의 속담도 『이아爾雅』에 넣어야 한다.

苟得其理

則家人常談 猶列學官

而童謳里諺 亦屬爾雅矣.

이처럼 북학파는 이지의 동심설에 지대한 영향을 받았다. 그러나 그들은 겉으로 양명학을 논하거나 이지를 거론하지 않았다. 홍대용은 양명의 양지설에 대해 이것이 맹자의 양지양능설良志良能說에서 나온 것임을 환기시키고 이를 적자赤子의 마음으로 해설한다. 이는 양명에게 이단의 굴레를 벗겨주는 것이 된다. 그렇다면 겉으로 표현하지는 못했지만 속으로는 양명학을 지지했는가? 그렇지는 않다. 담헌과 연암 등이 양명학에 영향을 받았다고 말하면 옳지만 결코 양명학파는아니다. 그들은 주자학이든 양명학이든 비판적으로 받아들일 수 있는 성숙함이 있었던 것이다.담헌은 인식론에 있어 경험론적이어서 양명의 유심주의와는 전혀 다르다.

---

291) 牖(유)=壁窓, 開明, 導也.

292) 殊(수)=死也, 異也, 甚也, 大也.

'양지'는 맹자의 학설이다.   夫良知者 孟子之說也.

진실로 양지를 이룬다면 대인의 마음도   苟其致知 大人之心

어린아이의 마음이다.   乃赤子之心也.

오! 공자의 칠십 제가가 죽고 대의가 무너지자   嗚呼 七十子喪 而大義乖

장자는 세상을 통분해 양생養生 제물齊物을 말했고,   莊周憤世 養生齊物

주자의 말학들이 스승의 말씀에 골몰하자   朱門末學汩其師說

양명은 속유를 미워하여 치양지致良知를 말했을 것이다.   陽明嫉俗乃致良知.

이 두 현자를 생각할 때,   顧二者賢

어찌 도학을 분열시키고 이단에 빠졌다고   豈故[293]爲分門

탓할 수만 있겠는가?   甘歸於異端哉.

역시 그들은 통분과 미워함이 지극하여   亦其憤嫉之極

잘못을 바로잡는 데 지나치게 곧았을 뿐이다.   矯枉而過直耳.

나처럼 용렬하고 비루한 자는 말할 것도 없지만   如某庸陋 雖無足言

타고난 성품이 급하고 어리석어   賦性狂戇[294]

세상에 아첨하면서 옛것만 숭상하는 것을 참을 수 없다.   不堪媚世將古.

더구나 오늘날은 통분과 미움이 더욱 커서   況今時有憤嫉

망령되게 장자와 양명의 잘못된 논의가 내 마음을 빼앗고   妄以爲二者橫議 實獲我心

슬프게도 돌아보면 한때 유가를 버리고   怵然環顧

묵가에 입문하고자 했다.   幾欲逃儒而入墨.

눈은 천하의 색깔을 볼 수는 있으나,   竊嘗論之 目足以見天下之色

홍색과 자색이 정색正色을 어지럽히면   而紅紫或亂正色

눈의 밝음을 잃는다.   則已失其明矣.

귀는 천하의 소리를 들을 수는 있으나,   耳足以聽天下之聲

---

293) 故(고)=恐也, 辜也.

294) 戇(당)=외고집.

속악俗樂이 정악正樂을 어지럽히면	而鄭聲[295]或亂雅樂[296]
귀의 들음을 잃는다.	則已失其聽矣.
입은 천하의 맛을 맛볼 수는 있으나,	口足以嘗天下之味
삿된 맛이 국물을 어지럽히면	而邪味或亂大羹
맛의 분별을 잃는다.	則已失其辨矣.
비록 절개가 한결같은 선비라도	雖其一節之士
못 미치는 생각이 있지만,	或有不思而得者
배우고 행하기를 힘쓴다면	而學知勉行之類
선각자의 어짊을 성취하지 못할 바 없으니,	不能不就於先覺之賢
궁리가 없어서는 안 되는 이유다.	而窮理之所以不可闕者也.
그러나 양명의 생각은 이와 달라 달리 말하는 것 같다.	今陽明之意 若曰.
그는 색을 버리고 눈에서 밝음을 구하니	惟捨其色 而求明於目
오색의 변화를 볼 수 없다.	五色之變不可勝見也.
소리를 버리고 귀에서 듣기를 구하니	捨其聲 而求聰於耳
오성의 변화를 들을 수 없다.	五聲之變 不可勝聽也.
맛을 버리고 입에서 맛을 구하니	捨其味 而求辨於口
오미의 변화를 맛볼 수 없을 것이다.	五味之變 不可勝嘗也.

문체창신과 패관소설

연암의 문학은 사대부들의 사상이 없는 음풍농월과는 전혀 달랐다. 또한 '과거 문체'와도 전혀 다른 것이었다. 그것은 생민生民의 안위에 봉사하는 문학이어야 한다는 것이다.

연암집燕巖集/권1/연상각선본煙湘閣選本/해인사창수시서海印寺唱酬詩序

내가 해마다 관찰사를 영접하려 이 절에 들어오기를 세 번째다.	趾源歲迎轓軒 入此寺 已三.
심한 비바람을 마다하지 않고 절간 문에 들어서니	不敢避甚風疾雨 每入寺門
약속도 없이 모인 고을 수령이 항상 예닐곱 명은 되었다.	不期而會者 常七八邑.

---

295) 鄭聲(정성)=정나라의 음란한 음악.

296) 雅樂(아악)=高雅한 음악.

절간은 술집 같고 중들은 기생 같으며	梵宇如傳舍 緇徒如館妓
마당에 들어서니 시를 독촉함은 장기를 빨리 두라는 독촉 같고	臨場責詩 如催博進
차일은 구름을 드리운 듯 퉁소와 북소리가 시끌벅적하다.	供帳如雲 簫鼓咽轟.
비록 국화와 단풍이 서로 비추고, 산과 물이 절경을 다툰다 한들	雖楓菊交映 流峙競奇
역시 생민의 생활에 무슨 도움이 되랴?	亦何補於生民之休戚[297]哉.
이 누대에 오를 때마다 옷깃을 바로잡지 않을 수 없으니	每一登樓 未嘗不愀[298]然
비 오는 날에 삿갓 쓴 옛 현인의 모습이 그리워지기 때문이다.	遐想于昔賢之雨蓑也.[299]

특히 연암은 정학正學을 해서 과거 시험을 보고 출세하는 것을 포기하고 민중적인 민간의 속담俗談, 야설野說, 이언俚諺을 귀하게 여겼다. 그의 소설에 등장하는 주인공들은 모두 천민이고 평민이다. 그러므로 그의 문학적 경향은 비판적이고 사실주의적이었다. 그렇다고 그가 음란한 명나라 청나라의 패관 소품을 좋아한 것은 아니었다.

연암의 문학을 폄하하는 선비들은 패관 소품이라고 비난한다. 그러나 그의 소설은 패관 소품이 아니라 그러한 소재를 문학적으로 승화한 명문이요, 걸작이다. 그의 소설은 하나같이 양반이라는 지배 계급의 허구성을 비판하고 다양한 계층의 서민들의 진솔한 삶에 애정을 보낸다. 지배 계급들은 연암의 소설을 저항적이고 반체제적인 것으로 위험시했으므로 패관 소품이라고 비하하고, "문풍을 병들게 하고 세상의 도리를 해친다"라고 공격했다. 연암은 문예 혁명을 빌어 사회 혁명을 고무했기 때문이다.

유가 문학의 전범인 『시경』의 정신은 국풍國風의 민중성이었다. 그것을 구현한 두보杜甫, 715~770는 일찍이 민중의 질고를 대변하는 것만이 시라고 규정했다. 다만 유가들의 민중성은 지배 계급인 선비의 인자한 마음으로 민중의 질고를 어루만지는 것으로 맹자의 이른바 '적자赤子에 대한 온정'에 국한되는 것이었지만, 반면 연암의 민중성은 민중의 마음으로 민중의 목소리를 대신 토출하는 것이었다. 그러므로 선비 문학에서는 민중이 소외되었으나 연암의 문학에서는 민중이 주인공이다. 그래서 선비들은 연암의 문체창신文體創新 운동을 패관 소품으로 규정하고 이에 대항하여 '문체반정文體反正 운동'을 전개한 것이다.

패관 소품이란 무엇인가? 그 연원은 『시경』의 중심을 이루는 '국풍'이다. '풍風'이란 형식의 시는 항간의 민중이 부르던 노래를 관청에서 수집 정리한 것이다. 그 후 '악부樂府'라는 관청을 두고

297) 休戚(휴척)=안식과 근심. 기쁨과 슬픔.

298) 愀(초)=正色.

299) 南冥 曹植과 東洲 成悌元이 비를 맞고 해인사에서 만나 밤새워 백성의 생활 문제를 담화했다는 고사를 회상한 것이다.

시를 채집하는 관리인 채시관採詩官을 두어 민중의 노래를 수집했다. 이로부터 생긴 것이 '악부시樂府詩'다. 중국 중당中唐 시기에 안사의 난으로 나라가 어지럽고 민중의 고통이 극심하던 때에 문학계에서는 반성 운동이 일어났는데, 산문 분야에서는 한유, 유종원柳宗元, 773~819 등이 주축이 된 '고문古文 운동'이 그것이며, 시 분야에서는 백거이白居易, 772~846를 중심으로 한 '신악부新樂府 운동'이 그것이다. 이러한 문학 운동들은 당시 민중의 고통을 외면했던 문학계의 반성으로, 그 요지는 『시경』의 풍과 악부시의 정신을 되살리자는 것이었다.

또한 패관稗官이란 이러한 악부의 전통을 이은 것으로, 임금이 민풍과 정사를 살피기 위하여 민중의 풍설과 소문을 수집 정리하여 기록하던 관리를 말한다. 여기에다 패관의 윤색과 창의성이 더해져 문학 형식이 된 것을 패관 소설 또는 패관 소품이라고 말한다. 우리나라에서는 고려 말 이제현李齊賢, 1287~1367의 『역옹패설櫟翁稗說』이 대표적인 패관 소설이다. 그러므로 패관 문학이란 원래부터 민중적인 것이었다.

그런데 이처럼 민중적이고 반체제적이기까지 한 북학파들이 말단이지만 어떻게 벼슬을 하고 살아남을 수 있었던가? 그것은 그들이 집권 세력인 서인 계통이었으며 개혁 군주인 정조의 비호를 받았기 때문이다. 정조는 그들의 패관 소품을 '외로운 신하와 서자들의 슬픈 목소리'라고 동정하며 감싸 안으려 했다. 또한 그들 스스로 자신들의 체제 저항을 해학으로 위장하여 몸을 보전했기 때문이다.

연암의 18세기 말 신문학 운동은 동시대 프랑스의 볼테르 등의 계몽주의 운동과 19세기 말 중국의 황준헌黃遵憲, 1848~1905과 량치차오梁啓超, 1873~1929의 신파시新派詩 운동 및 시계혁명詩界革命 운동과 견줄 만한 역사적인 것이었다.

연암집燕巖集/**권1/연상각선본**煙湘閣選本/**소단적치인**騷壇赤幟引

만약 그것이 이치에 맞는 것이면	苟得其理
집사람의 평상의 담론도 관학과 동렬로 배치하고,	則家人常談 猶列學官
아이들의 동요와 마을의 속담도 『이아』에 넣어야 한다.	而童謠里諺 亦屬爾雅矣.
그러므로 글이 잘되지 못한 것은 문자의 죄가 아니다.	故文之不工非字之罪也.
저들처럼 글자와 문구의 고아함과 비속함을 비평하고	彼評字句之雅俗
시편 구절의 높고 낮음을 논하는 것은	論篇章之高下者
모두 합하고 변하는 기미와	皆不識合變之機
제약하고 성대하게 하는 권도를 모르는 자들이다.	而制勝之權者也.

연암집燕巖集/권3/공작관문고孔雀館文稿/여인與人

평소 문학을 함에 있어 비평 소품을 좋게 보면	平日於文學 好看批評小品
탐색하는 것은 교묘하고 지혜로운 해석이요,	探索者 惟是妙慧之解
깊이 음미하는 것은 뾰쪽하고 새큼한 말이 아닌 것이 없다.	深味者 無非尖酸之語.
이것들은 소년 시절에 한때 좋아하는 것일 뿐이며,	此等雖年少一時之嗜好
점차 나이가 들고 실해지면 저절로 떨어져나갈 것이니	漸到老實 則自然刊落
깊이 말할 필요가 없다.	不必深言.
이 같은 문체는 전범이 없고	而大抵此等文體 全無典刑
매우 바르지 못한 것이니.	不甚爾雅
명나라 말기 무늬를 실질보다 앞세우는 폐단이 극심하던 시절에	明末文勝質弊之時
오나라 초나라 지방에 재덕이 작고 얄팍한 자들이	吳楚間 小才薄德之士
감상이나 궤변을 만들기에 힘썼으니	務爲弔[300]詭
일단의 풍치와 몇 글자의 새로운 말이 없는 것은 아니지만	非無一段風致 隻字新語
빈약하고 자질구레하여 원기를 깎고 소멸시킨다.	瘦貧破碎 元氣消削.
고래로 강남의 비천한 자들의 기형적이고 궁색한 자취는	則古來 吳儈楚儂[301]之畸蹤窮跡
추잡하고 음란하니 어찌 본받을 만한 떳떳한 길이겠는가?	龘唾淫咳[302] 何足步武哉.

정조의 문체반정文體反正

홍재전서弘齋全書/권163/일득록삼日得錄三/문학文學

패관 소설의 글은 크게 인심을 해친다.	稗官小品之書 最害人心術.
더구나 그것들은 유창하지 못하고 낮으며 뾰쪽하고 얄다.	況其噍殺[303]尖薄.
외로운 신민과 서얼들이 슬프고 괴롭고 수심에 차서,	孤臣孽子悲苦愁
답답한 소리를 편집한 것이니 얼마나 괴로우면 그것을 지었겠는가?	揖悒之聲 何苦爲此.

홍재전서弘齋全書/권164/일득록사日得錄四/문학文學

연소하여 식견이 천박하고 재주만 있는 자들은	年少識淺薄 有才藝者
일상에 염증을 느끼고 새로운 것을 좋아하니	厭常喜新

---

300) 弔(조)=傷也.
301) 吳儈超儂(오창초농)=오나라와 초나라 사람을 비하하는 천칭.
302) 咳(해)=기침. 小兒笑. 非常術.
303) 噍殺(초살)=가락이 유창하지 못함.

다투어 서로 모방하며 점점 빠져들기를 마치 　　爭相模倣 駸駸[304]然

음란한 소리와 사악한 여색이 인심을 좀먹게 하는 방술처럼, 　　如淫聲邪色之蠱人心術

그 폐단이 드디어 성인을 비난하고 　　其弊至於非聖

경전을 반대하는 지경에 이르렀으니, 　　反經

인륜을 멸시하고 의리를 무너뜨린 다음에야 그칠 것이다. 　　蔑倫悖義而後已.

더욱이 소품의 한 종류인 명물名物 고증考證의 학문은 　　況小品一種 卽名物考證之學

한번 굴러 넘어지면 사학邪學에 빠져들게 된다. 　　一轉而入於邪學.

내가 그래서 이르기를 사학을 제거하고자 하면 　　予故曰 欲祛邪學

마땅히 먼저 소품을 없애야 한다고 한 것이다. 　　宜先祛小品.

연암집燕巖集/권2/연상각선본煙湘閣選本/답남직각공철서부荅南直閣公轍書附

어제 경연 중에 저에게 하교하여 이르시기를 　　昨日筵中 下敎于賤臣 曰

"근일 문풍文風이 이렇게 된 것은 　　近日文風之如此

그 근본을 따져보면 박지원의 죄가 아닌 것이 없다. 　　原其本 則莫非朴謀之罪也.

내가 『열하일기』를 자세히 읽어보았으니 어찌 감히 속이겠느냐? 　　熱河日記予旣熟覽 焉敢欺隱.

이는 법망에 빠진 큰 죄다. 　　此是漏網之大者.

『열하일기』가 세상에 나온 후에 문체가 이같이 되었으니 　　熱河記行于世後 文體如此

스스로 마땅히 결자해지해야 할 것이다." 　　自當使結者解之.

이에 저에게 명하시어 이런 뜻을 편지로 전하라 했습니다. 　　乃命賤臣 以此意作書執事.

속히 한 통의 순정문醇正文을 지어 즉시 성상께 올리십시오! 　　斯速著一部純正之文 卽卽上送.

이로써 『열하일기』의 죄를 속죄한다면 　　以贖熱河記之罪

음사로 대제학大提學을 제수하실 것이니 어찌 애석함이 있겠습니까? 　　則雖南行文任 豈有可惜者乎.

그렇지 않으면 마땅히 중벌을 내릴 것입니다. 　　不然則當有重罪.

과정록過庭錄[305]/권2/21장

임금의 하교는 실로 다시없는 은혜다. 　　上之此敎 固曠絕恩眷也.

신하된 처지에서 임금께서 죄를 묻는다면 응당 죄를 뉘우침이 옳다. 　　其在臣分 惟當受而爲罪可也.

어찌 죄를 지어 꾸지람을 받은 몸으로서 문자를 지어 　　安有荷譴之蹤 作爲文字

---

304) 駸(침)=馬行疾兒.

305) 過庭錄(과정록)=燕巖의 次子 朴宗采 지음.

스스로 순정함을 변명하며 허물을 가리려 한단 말인가?	自許純正 要掩前愆.
황차 '문임文任' 두 글자는 새로운 길을 열어주신다는 말씀이신데	此況以文任二字 開其自新之路
이에 의기양양하여 반성문을 지어 올린다면	若因此揚揚 著作進呈
이는 분에 넘치는 것을 바라는 희기希覬다.	則此希覬也.
희기는 신하로서 큰 죄이니	希覬 人臣之大罪也
다시 글을 지어 올리지 않기로 했다.	不復以著進爲計.
다만 옛날 지은 몇 편과 '남중'이 지은 몇 편을 뽑아서	略選舊作若干篇 幷南中所著幾篇
책으로 만들어놓았다가 만약 재차 조사하라는 하교가 있으면	作數券冊子 若更有俯索之敎,
가슴으로 받들어 신하된 직분을 거칠게나마 신원할 뿐이다.	將以黽[306]勉承膺 粗伸臣分而已.

연암은 성인聖人이나 고풍古風보다도 자연을 숭상하고 순진무구함을 추구하는 동심설과 이에 촉발된 공안파의 불구격투不拘格套 직사성령直寫性靈 정진어직情眞語直의 글쓰기 운동에 영향을 받고 이를 창조적으로 발전시켜 법고창신法古創新을 기본으로 문체창신 운동을 일으켜 일세를 풍미했다.

연암집燕巖集/권1/연상각선본煙湘閣選本/공작관기孔雀舘記

흑백을 분별하지 못하는 자는 소경이며,	有不辨黑白者瞽者也
흑백을 분별하지만	辨黑白而
문자로 쓸 줄 모르는 자는 영아요,	不知其爲文字者 嬰兒也
문자를 쓸 줄 알지만	知其爲文字
소리 내어 읽을 수 없는 것은 노예다.	而不能聲讀者 奴隸也.
겨우 읽을 줄은 알지만 반신반의하는 것은	菫能聲讀 而半信反不信者
시골 선생이다.	村坊學究也.
입을 따라 한 번 읽으면 금방 암기하지만	順口一讀 如誦夙記
고요히 뜻을 생각하지 않는 자는	而恬然不以爲意者
과장의 수재들이다.	場屋秀才也.
이들은 문자는 눈 같은 흰 종이에 쓰고 옥갑에 넣어	此文宜書之雪牋 點以乳碧
낡고 좀먹은 광주리 속에 저장하거나,	藏之老蠹篋中
그렇지 않으면 정녕 깃발을 펄럭이듯 천편일률의 말로	不然寧可繙說一遍

---

306) 黽(민)=勉也.

흑백도 분간하지 못하는 자들을 따르게 하겠지만	使不辨黑白者聽之
결코 하나의 경륜은 되지 못할 것이다.	切不可一經.
이들의 입과 눈, 이들의 익숙한 견해는	此輩口眼此輩熟見
배우의 삿갓 위에 비취를 꽂고 돈을 첩첩히 쌓을지언정,	優人笠上 攢翠疊錢
그 기상은 도리어	氣像却不知
녹병 쇄창의 풍악과 운율을 알지 못한다.	綠瓶[307]瑣窓中風韻.

연암집燕巖集/**권1**/**연상각선본**煙湘閣選本/**초정집서**楚亭集序

천지는 비록 오래되었으나 끊임없이 생명을 낳고,	天地雖久 不斷生生
일월은 비록 오래되었으나 빛이 나날이 새롭고,	日月雖久 光輝日新
서적은 비록 방대하나 뜻이 각각 다르다.	載籍雖博 旨意各殊.
그러므로 날짐승 물짐승 들짐승 들은	故飛潛走躍
혹 이름을 드러내지 않은 것도 있고,	或未著名
산천초목은 반드시 신비한 영험이 있을 것이다.	山川草木必有秘靈.
흙이 썩어 영지가 돋아나고 풀이 썩어 반딧불이 된다.	朽壞蒸芝 腐草化螢.
예禮에도 다툼이 있고 악樂에도 의의가 있으며	禮有訟 樂有議
책도 말을 다한 것이 아니고, 그림도 뜻을 다하지 못한다.	書不盡言 圖不盡意.
그러나 인자仁者는 그것을 보고 인仁이라 말할 것이고,	仁者見之 謂之仁
지자智者는 그것을 보고 지智라고 말할 것이다.	智者見之 謂之智.
그러므로 백세 후 성인을 기다려도 의심받지 않아야	故俟百世聖人而不惑者
앞선 성인의 뜻이고,	前聖志也
순임금과 우임금이 다시 살아온다 해도 바뀌지 않을 것이라야	舜禹復起不易吾言者
후세의 현자의 조술이다.	後賢述也.
우임금과 후직, 후세의 안회는 그 법도가 하나인 것이다.	禹稷顏回其揆[308]一也.
옛 성인에 구애되는 것도, 공손하지 못한 것도	隘與不恭
군자는 따르지 않는다.	君子不由也.
문장을 어떻게 쓸 것인가?	爲文章如之何

---

307) 瓶(병)=항아리.
308) 揆(규)=法度.

논자들은 옛것을 본받아야 한다고 말한다.

세인들이 흉내와 모방을 일삼으면서도

부끄러운 줄 모르니

이것은 왕망의 주관周官을 흉내 내면서

진짜 예악을 제정한 줄 알고,

양화의 외모를 만세의 스승인 공자로 착각하는 꼴이니,

옛것을 본받음을 어찌 옳다고 하겠는가?

그렇다면 새것을 창안함이 옳은가?

세인들은 괴벽과 속임수를 일삼으면서도 두려운 줄 모르고,

짧은 곤장을 빗장과 저울대보다 현명하다 하고,

새해 장수를 비는 노래를

종묘 제례악보다 낫다고 하는 꼴이니,

어찌 새것을 창안하는 것이 옳다고 하겠는가?

대저 법고도 창신도 아니라면 어찌해야 옳은가?

아! 옛것을 모방함은 옛 발자국에 빠져버리는 것이 병통이고,

새것을 창시하는 것은 경륜이 없는 것이 걱정이다.

진실로 옛것을 본받으면서도 변화를 알고,

새롭게 창시하면서도 법도를 지킬 줄 안다면

오늘의 문장도 옛 문장과 같을 것이다.

論者曰 必法古.

世遂有儗模[309]倣像

而不知恥者

是王莽之周官

足以制禮樂

陽貨之貌 類可爲萬世師耳

法古寧可爲也.

然則刱新可乎.

世遂有怪誕淫僻 而不知懼者

是三丈之木 賢於闕[310]石[311]

而延年之聲

可登淸廟矣

刱新寧可爲也.

夫然則如之何其可也.

噫 法古者病泥跡

刱新者患不經[312].

苟能法古而知變

刱新而能典

今之文 猶古之文也.

연암집燕巖集/**권5**/**영대정잉묵**映帶亭賸墨/**답경지**答京之 2

저 허공을 날아가는 새 울음소리는 얼마나 생기 넘치는가?

그런데 적막하게도 새 조鳥 한 글자로 뭉개버리니

새들의 빛나는 색깔을 말살하고,

그 모습과 소리를 놓쳐버리니

마실 가는 시골 노인의

彼空裡飛鳴 何等生意.

而寂寞以一鳥字抹摋[313]

沒却彩色

遺落容聲

奚異乎 赴社邨[314]翁

---

309) 模(모)=摹寫.
310) 闕(관)=衡也.
311) 石(석)=衡名也.
312) 經(경)=道也, 制分界也.
313) 摋(반)=운반.
314) 邨(촌)=村.

지팡이 머리 모양과 무엇이 다르랴?

혹 일상적인 표현이 싫어서 산뜻하게 변화해보려는 생각으로

새 금禽 자로 바꾼다면

이는 책을 읽고 글을 짓는 사람의 잘못이다.

아침에 일어나니 푸른 나무는 정원에 그늘을 드리우고

시절을 만난 새들은 다투어 울어댄다.

부채를 들어 탁자를 두드리니

나비와 종달새가 이렇게 읊었다.

이처럼 날아오고 날아가는(飛來飛去) 것은 글자이고

서로 울며 화답하는(相鳴相和) 것은 글이며

다섯 가지 색채는 우리들의 문장(禮樂制度)이라오!

오늘 나는 진짜 독서를 했다.

杜頭之物耶.

或復嫌其道常 思變輕淸

換箇禽字

此讀書作文者之過也.

朝起 綠樹蔭庭

時鳥鳴嚶[315].

擧扇拍案

胡[316]叫[317]曰

是吾飛去飛來之字

相鳴相和之書

五采之謂文章.

今日僕[318]讀書矣.

연암집燕巖集/**권3**/**공작관문고**孔雀館文稿/**소완정기**素玩亭記

물고기는 물에서 놀지만 물을 보지 못한다.

무슨 까닭인가?

보이는 것이 모두 물이므로 물이 없는 것 같기 때문이다.

지금 그대는 책이 집 안에 가득하고 시렁을 꽉 채워

전후좌우를 보아도 책 아닌 것이 없으니,

물고기가 물에서 노닐면서 물을 모르는 것과 같다네.

비록 독서삼매에 삼 년을 두문불출했다는 동중서를 본받고,

무엇이나 기록했다는 장화에게 기록을 돕게 하며,

암송을 잘하던 동방삭의 암송 실력을 빌린다 해도,

아마도 스스로 깨우치지는 못할 것이네!

그것이 과연 옳은 것인가?

夫魚游水中 目不見水者.

何也.

所見者皆水 則猶無水也.

今洛瑞之書 盈棟而充架

前後左右無非書也

猶魚之游水.

雖效專於董生

助記於張君

借誦於東方

將無以自得矣.

其可乎.

315) 嚶(앵)=꾀꼬리 소리.
316) 胡(호)=何也, 胡蝶.
317) 叫(규)=鳴也, 종달새.
318) 僕(복)=自謙辭.

글을 잘 짓는 자는 진실로 병사를 안다.

글자는 군졸에 비유되고, 뜻은 장수에 비교될 수 있다.

글 제목은 적국이요,

고사古事를 다룸은 전장의 보루다.

글자를 묶어 구를 만들고, 구를 모아 문장을 이룸은

대오를 지어 행진하는 것과 같다.

성운으로 소리를 내고, 가사로 빛나게 하는 것은

군대의 북, 꽹과리, 깃발과 같다.

조응은 봉화요,

비유는 유격전이요,

억양 반복은

육박전으로 사살함이요,

첫 구절의 시작과 결론으로 묶는 것은

적진에 먼저 뛰어들어 적을 생포하는 것이며,

함축을 귀히 여김은

적의 노병과 패잔병을 사로잡지 않는 것이며,

여운이 있게 함은 군사의 사기를 떨쳐 개선하는 것과 같다.

그러므로 군사를 잘 다스리는 장수는 버릴 군졸이 없고,

글을 잘 짓는 사람은 글자를 가리지 않는다.

진실로 훌륭한 장수를 만나면

호미와 고무래, 창과 자루가 사나운 무기로 변할 수 있고,

헝겊을 찢어 장대에 매달아도 훌륭한 깃발이 될 것이다.

진실로 올바른 문장의 이치를 깨달으면

집사람의 예사말도 근엄한 학관에 펼 수 있으며,

아이들 노래와 마을의 속언도 고전에 넣을 수 있다.

善爲文者 其知兵乎.

字譬則士也 意譬則將也.

題目者敵國也

掌故者戰場墟壘也.

束字爲句 團句成章

猶隊伍行陣也.

韻以聲之 詞[319]以耀[320]之

猶金鼓旌旗也.

照應者烽埈[321]也

譬喩者遊騎也

抑揚反復者

鏖[322]戰撕[323]殺也

破題而結束者

先登而擒敵也

貴含蓄者

不禽二毛也

有餘音者 振旅而凱旋也.

故善爲兵者 無可棄之卒

善爲文者 無可擇之字.

苟得其將則

鉏耰棘矜 盡化勁悍

而裂幅揭竿 頓新精彩矣.

苟得其理則

家人常談 猶列學官

童謳里諺 亦屬爾雅矣.

491

제 3 부 변법창신의 이용후생파

319) 詞(사)=가사. 三百篇變而古詩, 古詩變而近體, 近體變而詞, 詞變而曲.
320) 耀(요)=빛나다.
321) 埈(준)=높이 솟다.
322) 鏖(오)=무찌르다.
323) 撕(시)=찢다.

그러므로 글이 정교하지 못한 것은 글자의 죄가 아니다.

나의 벗 이중존이 고금의 과거 문체로 지은 우리 글을 모아,

열 권의 책을 만들고 그 이름을 『소단적치騷壇赤幟』라고 했다.

오! 여기 수록된 글은

몇백 번 싸워 승리를 거둔 병사들이구나!

비록 체體와 격格이 같지 않고

정미한 것과 조잡한 것이 섞여 있으나,

각각 승산을 가지고 있어

함락시키지 못할 적진은 없을 것이다.

그 날카로운 창끝과 예리한 칼날은 무기고처럼 삼엄하여,

시의를 쫓아 적을 제압함은 매양 군사의 기미에 부합했다.

이를 쫓아 글을 짓는 것도 이러한 도道를 따르는 것이다,

그렇지만 방관의 전차 군영은

고인을 모방했으나 화공으로 패했고,

우허가 밥 짓는 부엌을 늘린 것은

고법과는 반대였으나 승전했다.

그런즉 옛것에 부합시키느냐 새롭게 변화시키느냐의 권도는

시의에 달려 있지 법에 달려 있는 것이 아니다.

故文之不工 非字之罪也.

友人李仲存 集東人古今科體

彙爲十卷 名之曰騷壇赤幟.

嗚呼 此皆得勝之兵

而百戰之餘也.

雖其體格不同

精粗雜進

而各有勝籌

攻無堅城.

其銛鋒利刃 森如武庫

趨時制敵 動合兵機.

繼此而爲文者 率此道也.

雖然 房琯之車戰

效跡於前人而敗

虞詡之增竈

反機於古法而勝.

則所以合變之權

其又在時 而不在法也.

연암집燕巖集/**권7**/**종북소선**鐘北小選/**순패서**旬稗序

소천암이

국내의 가요, 민속, 방언, 기예 등을 모두 기록했다.

내가 다 읽고 나서 그에게 다시 이르기를,

"장자가 나비로 되었다는 말은 믿지 않을 수 없지만,

이광의 화살이 돌을 뚫었다는 말은 끝내 의심이 간다네.

왜냐하면 꿈속의 일은 드러내기 어렵지만

눈앞의 일은 쉽게 증험되기 때문이네.

그대는 일상의 비속한 말과

옆집 천민의 일들을 주워 모았으니,

小川菴雜記

域內風謠民彝方言俗技.

余旣卒業 而復之曰

莊周之化蝶 不得不信

李廣之射石 終涉[324]可疑.

何則 夢寐難見

卽事易驗也.

今吾子 察言於鄙邇

摭事於側陋

---

324) 涉(섭)=涉獵.

어리석은 부부의 얕은 웃음과 일상의 다반사처럼

눈앞에 마주치는 일이니 눈이 시고 귀가 물린 것들이다.

성안의 일꾼도 조정의 노비도 한결같이 그럴 것이다.

비록 그렇더라도 묵은 장도 그릇을 바꾸면

입맛이 새로워질 것이며,

일상의 정감도 환경이 달라지면

마음 씀과 보는 눈이 변할 것이네.

그러므로 이 책의 독자들이

소천암이 어떤 인물인지 묻지 않고,

가요와 풍속이 어느 지방 것인가를

금방 알아차리도록 해야 하네!

거기다가 운율을 붙여 읽으면

시처럼 성정을 이야기할 수 있고,

악보를 그림으로 만들면

수염과 눈썹도 찾아낼 수 있어야 하네.

일찍이 면래 도인이 말하기를

석양에 쪽배가 갈대밭에 숨으락 말락 할 때는

뱃사공과 어부가 비록 몽당수염에 맨머리일지라도,

물가를 따라 산보하는 사람이 바라보면,

육노망 선생과 같은 덕이 높은 선비인 줄 의심한다고 했네.

오! 이 도인이 먼저 알아버렸으니,

자네는 그 도인을 스승으로 삼게나. 어서 가서 찾아보게!"

愚夫愚婦 淺笑常茶

無非卽事 則目酸耳飫.

城朝庸奴 固其然也.

雖然 熟醬換器

口齒生新

恒情殊境

心目俱遷.

覽斯卷者

不必問小川菴之爲何人

風謠之何方

方可以得之於是焉.

聯讀成韻

則性情可論

按譜[325]爲畫

則鬚眉可徵.

眄睞[326]道人嘗論

夕陽片帆 乍隱蘆葦

舟人漁子 雖皆拳鬚突鬢

遵渚而望

甚疑其高士陸魯望[327]先生.

嗟乎 道人先獲矣

子於道人師之也 往徵也哉.

493

제3부 변법창신의 이용후생파

---

325) 譜(보)=악보. 牒也.

326) 眄睞(면래)=사팔뜨기. 원문은 睟로 되어있지만 字典에 없으므로 睞으로 읽었음.

327) 陸魯望(육노망)=陸龜蒙의 字. 입신출세를 버리고 강호를 방랑한 당나라의 김삿갓.

7절. 문학론

해체와 주체 발견

기존 가치의 해체

당시 조선은 주자학을 이데올로기로 하여 한 글자라도 주자를 벗어나면 사문난적이라 지탄을 받고 심지어는 목숨을 잃는 경우도 많았다. 다시 말하면 그때까지 학문이란 성리학적 도덕론 또는 가치론을 의미했다. 그러나 연암은 집권 세력인 노론 출신이었지만 그것들을 눈먼 소경의 놀이로 비웃을 정도로 개방적이었다. 그는 박제가 된 이데올로기를 스승으로 삼을 것이 아니라 만물을 스승으로 삼아야 한다고 주장했다. 이는 가치 상대주의 내지 해체주의라 할 만한 것으로서 장자의 조삼모사朝三暮四의 상대주의를 닮았다. 그러므로 이들 실학자들은 이단에 대해서까지도 포용하려 했으므로 그들은 국정 철학인 성리학을 초탈하고 있었다.

연암은 인물성 동이 논쟁에서 동론同論인 낙파洛派에 속했다. 그에게 인간은 하나의 벌레일 뿐이었다. 이로써 집권 서인 세력의 주류에서 일탈했다. 이는 파스칼의 "생각하는 하나의 연약한 갈대"보다 더 허무주의적이다. 또한 그는 근대 서양의 과학 이론을 수용했다. 특히 그의 글쓰기는 장자에 결정적으로 영향을 받았다. 그러므로 당시 지배 이념이었던 성리학에 안주하지 못했다. 연암은 기존 도덕률과 이데올로기를 해체했던 것이다.

494
실학사상

연암집燕巖集/**권7**/**종북소선**鍾北小選/**낭환집서**蜋丸集序

자무와 자혜가 밖에서 노닐다가
비단옷을 입은 소경을 보고 자혜가 한숨을 쉬며 말했다.
"오! (세상 사람들은)
제 몸에 입은 옷도 제 눈으로 보지 못하는구나!"
자무가 말했다.
"수놓은 옷을 입고 밤길을 걷는 자와 비교하면 누가 나을까?"
드디어 그들은 청허 선생을 찾아가서 판단을 청했더니,
선생은 손을 내저으면서 "나는 모른다"라고 하더라.

子務子惠出游
見瞽者衣錦 子惠喟然歎 曰.
嗟乎
有諸己而莫之見也.
子務曰.
夫何與衣繡而夜行者.
遂相與辨之於聽虛先生
先生搖手曰 吾不知 吾不知.

임백호가 말을 타려하자 마부가 말했다.

"선생은 취했습니다. 짚신과 갓신을 짝짝이로 신었습니다."

임재가 꾸짖어 말했다.

"길 오른편에서 보는 사람은 짚신을 신었다 말할 것이요,

왼편 사람들은 갓신을 신었다고 할 것이니,

그렇다고 나에게 무슨 병통이 있단 말인가?"

쇠똥구리는 쇠똥 굴리기를 스스로 좋아하고

용의 여의주를 부러워하지 않는다.

용 또한 여의주를 가졌다고 쇠똥구리를 비웃지 않는다.

자패는 이를 듣고 기뻐하면서 이르기를

이야말로 내 시의 이름이 될 만하다고 하면서

그의 시집을 '낭환'이라 하고 나에게 서문을 부탁했다.

나는 자패에게 일러 말했다.

"옛날 정령위가 신선이 되었다가

학으로 변해 고향으로 돌아왔는데

사람들은 그를 몰라보았다고 하니,

이는 어찌 수놓은 옷을 입고 밤길 걷는 것이 아니겠는가?

태현경은 크게 유행했으나

저자인 양자운은 그것을 보지 못했으니

이는 어찌 소경이 비단옷을 입은 것이 아니겠는가?

이 시집을 열람하고 용의 구슬이라 했다면

그는 그대의 가죽신을 본 것이요,

만약 쇠똥구리라고 했다면 그대의 짚신을 본 것일세.

사람들이 알아보지 못했더라도

林白湖將乘馬 僕夫進曰.

夫子醉矣 雙履鞾鞋[328].

白湖[329]叱曰.

由道而右者 謂我履鞾

由道而左者 謂我履鞋

我何病哉.

蜣[330]蜋[331]自愛滾[332]丸

不羨驪[333]龍之珠.

驪龍亦不以其珠 笑彼蜋丸.

子珮[334]聞而喜之曰

是可以名吾詩

遂名其集曰蜋丸 屬余序之.

余謂子珮曰

昔丁令威

化鶴而歸

人無知者

斯豈非衣繡而夜行乎.

太玄大行

子雲不見

斯豈非瞽者之衣錦乎.

覽斯集 一以爲龍珠

則見子之鞋矣

一以爲蜋丸 則見子之鞾矣.

人不知

---

328) 鞾鞋(화혜)=長靴와 短靴. 갓신과 짚신.

329) 白湖(백호)=名은 悌.

330) 蜣(강)=쇠똥구리.

331) 蜋(낭)=사마귀.

332) 滾(곤)=流貌.

333) 驪(려)=黑馬. 驪珠=如意珠.

334) 子珮(자패)=嬰處稿序의 子佩와 同一人인 듯. 연암의 문체를 반대한 子佩李薇인 듯.

지금도 역시 정령위의 깃털은 그대로요	猶爲令威之羽毛
자기 스스로 보지 못했더라도	不自見
지금도 양자운의 태현경은 그대로일 것이네.	猶爲子雲之太玄.
용의 구슬인지 쇠똥구리인지 분별은	珠丸之辨
오직 청허 선생에 달려 있으니	唯聽虛先生在
내가 무엇이라고 말하겠는가?”	吾何云乎.

연암집燕巖集**/권1/연상각선본**煙湘閣選本**/발승암기**髮僧菴記

까마귀는 모든 새가 자기처럼 검은 줄 알고,	烏信百鳥黑
백로는 다른 새가 희지 않음을 의아해한다.	鷺訝他不白.
백과 흑이 각자 서로 옳다고 하면	白黑各自是
하늘은 그런 다툼을 싫어할 것이다.	天應厭訟獄.
사람은 모두 두 눈을 가졌지만	人皆兩目具
한 개를 찌푸려도 볼 수 있다.	矉一目亦覩.
하필 눈이 두 개라야 밝겠는가?	何必雙後明.
외눈박이 나라도 있다 하거늘	亦有一目國
두 눈을 가지고도 적다고 싫어하여	兩眼猶嫌小
이마에 눈 하나를 다시 붙이고도	還有眼添額
다시 관세음보살 부처는	復有觀音佛
형색이 천변만화라 눈도 천 쌍이다.	變相目千雙.
천 개의 눈이 왜 다시 있어야 하는가?	千目更何有.
봉사도 역시 검은 먹물을 알 수 있거늘	瞽者亦觀墨
중생은 각자의 득이 있으니	衆生各者得
서로를 배우라고 강요할 필요가 없다.	不必强相學.
크고 깊은 그대는 이미 대중과 다르니	大深旣異衆
그것 때문에 세속의 의혹을 받는구나!	以玆相訝惑.

주체의 소외(나는 누구인가?)

연암은 『열하일기』 서문에서 스스로 밝혔듯이 장자에 심취했다. 장자는 인간을 우주 자연의 미물로 본다. 그래서 대붕이 구만리 창공을 날아가는 초월의 소요유逍遙遊를 꿈꾼다. 그러나 그것은 언제나 꿈속의 환상일 뿐 땅에 곤두박질치고 만다. 꿈속에서 나비가 되어 자유롭게 훨훨 날았으나 꿈을 깨보니 도로 장주였다. 도무지 꿈속의 나비가 진짜 나인지 현실의 장주가 바로 나인지 모르겠다는 식이다. 연암도 나 아닌 것으로 나를 보아야 진짜 나를 볼 수 있다고 믿었다. 방 안에서 방 안을 보면 다 볼 수 없고 방 밖에서 방 안을 보아야만 방 안의 물건을 다 볼 수 있다는 것이다. 어쩌면 연암의 글쓰기는 주체를 소외시켰다가 다시 주체로 돌아오는 험난한 귀향이었는지도 모른다. 그는 감각도 마음도 믿지 못했다. 명목론冥目論과 명심론冥心論이 바로 그것을 말하고 있다. 또한 그것은 장자의 특징이기도 하다.

또한 연암은 가장 절친한 외우 홍대용으로부터 지전설 등 우주 과학에 대해 새로운 정보를 접하고 과학적인 우주 자연과 현실적인 세계에 눈을 돌린다. 여기서 그의 명목론은 다시 체물론體物論으로 발전한다. 연암은 유심주의이지만 민중적인 양명 좌파인 이지와 공안파公安派의 동심론童心論에도 영향을 받는다. 여기서 그의 명심론은 다시 회심론會心論으로 반전한다. 이처럼 그는 끊임없이 주체의 발견을 위해 방황한다.

담헌湛軒 홍덕보洪德保 뢰誄

마땅히 웃으며 춤을 추고 노래를 불러야지,	宜笑舞歌呼[335]
혼이 되어 나비처럼 날아갔으니 모름지기 아니 기쁘랴?	魂去不須愉.
서양 문물의 호수에서 서로 만났으니,	相逢西子[336]湖
그대를 알게 되어 나를 부끄럽지 않게 했소.	知君不羞吾.
풍습을 어기며 입에 구슬을 머금지 않았으니,	口中不含珠
시를 읊으며 도굴을 하는 유사들을 공연히 슬프게 하리!	空悲詠麥儒[337].

연암집燕巖集/권12/열하일기熱河日記/관내정사關內程史 8월 4일

| 이제 내가 유리창 속에 홀로 서 있으니, | 吾獨立於琉璃廠中 |

---

335) 장자는 부인이 죽었는데 노래를 불렀다고 한다.

336) 西子(서자)=湖水 명칭으로 되었으나, 西洋先生으로 풀이했다.

337) 詠麥儒(영맥유)=『장자』에 나오는 '시경을 읊으며 도굴을 하는 위선적인 유사'를 지칭한 것. 공자는 儒士를 王道主義의 君子儒와 覇道主義의 小人儒로 나누고 정치 투쟁을 벌였으나, 담헌은 이들을 모두 詠麥儒로 야유했다는 뜻이다. 다만 金智勇 교수는 '詠麥儒'를 영천에 낙향한 담헌을 표현한 것으로 해석했다(김지용, 『연암 박지원의 이상과 그 문학』, 2005, 명문당, 137쪽).

그 옷도 관도 천하가 알아보지 못할 것이요,

그 수염도 눈썹도 천하에 처음 보는 것이요,

반남 박씨는 천하에 일찍이 들어보지 못한 성일지니

나는 여기서 성聖도 불佛도 현賢도 호豪도 되었고,

그 미친 짓은 기자나 접여와 같으니,

누구와 더불어 이 지극한 즐거움을 의논하겠는가?

而其衣笠 天下所不識也

其鬚[338]眉 天下所初覩也

潘南之朴 天下之所未聞也

吾於是 爲聖爲佛爲賢爲豪

其狂如箕子接輿

而將誰與論其至樂乎.

장자莊子/외물外物

유가들은 도굴을 하되 풍류와 예禮로써 한다.

대유大儒가 소유小儒에게 훈계하여 전하기를

"동방이 밝아온다. 일은 어떻게 되어가는고?"

"치마와 저고리는 다 벗기지 못했으나

입에는 구슬이 있습니다."

대유가 말하길 "『시경』에 진실로 이런 시가 있느니라.

파릇파릇한 보리는 저 언덕에 자라건만

살아서 보시도 못 한 놈이 어찌 죽어서 구슬을 입에 무는가?

귀밑머리를 움켜쥐고, 볼때기를 꽉 누르고,

쇠망치로 조심스럽게 턱을 두들겨, 서서히 아가리를 벌리고,

입속의 구슬이 다치지 않게 하라!"

儒以詩禮發冢.

大儒臚[339]傳曰

東方作矣 事之何若.

小儒曰 未解裙襦

口中有珠.

詩固有之 曰.

青青之麥 生於陵陂

生不布施 死何含珠.

爲接其鬢[340] 壓其顪[341]

儒以金椎控其頤 徐別其頰

無傷口中珠.

연암집燕巖集/권7/종북소선鍾北小選/염재기念齋記

계우는 성격이 소탈한 데다 술 마시고 노래하기를 좋아하여

스스로 주성이라 불렀다.

겉으로는 점잔을 빼면서도 속으로는 비굴한 속물들을 보면,

季雨[342]性疎宕[343] 嗜飮豪歌

自號酒聖.

視世之色莊 而內荏[344]者

---

338) 鬚(수)=수염.

339) 臚(려)=上傳於告下也.

340) 鬢(빈)=살쩍, 귀밑털.

341) 顪(훼)=뺨.

342) 季雨(계우)=未詳. 1709년에 진사에 합격한 柳潤之의 字가 季雨였으나 그를 말한 것인지 알 수 없다.

343) 宕(탕)=石工 放也.

344) 荏(임)=蘇也, 屈橈也.

마치 더러운 것을 삼킨 듯 구역질을 했다.

내가 그를 놀리며 말했다.

"술에 취해 성인을 자칭함은 미치광이를 꺼리기 때문이네.

만약 자네가 술에 취하지 않고 세속에 대한 애착을 버린다면

위대한 미치광이에 가까워질 수 있지 않을까?"

계우는 정색을 하며 수긍하고

자기 당호를 '염재'라 했다.

송욱이 취하여 자다가

아침에 해가 뜬 후에야 잠에서 깨어 일어났다.

잠자리에 누워서 들으니 솔개가 울고 까치가 지저귀고

마차 달리는 소리가 시끄럽고

울타리 밑에서는 절구 소리가 들리고

부엌에서는 그릇 씻는 소리가 들렸다.

아이들과 어른들의 웃고 떠드는 소리와

비복들의 욕지거리 기침 소리도 들렸다.

문밖의 일들은 모두 다 분별할 수 있는데,

오직 자기 목소리는 없었다.

정신이 흐릿해져 주위를 둘러보며 중얼거렸다.

"집안사람은 다들 있는데 왜 나만 없을까?"

저고리는 옷걸이에 걸려 있고, 바지는 횃대에 걸려 있고

삿갓은 벽에 걸려 있고 허리띠는 횃대 머리에 걸려 있었다.

책들은 책상 위에 있고 거문고와 비파는 벽에 기대어 있다.

거미줄은 들보에 얽혀 있고 파리는 들창에 붙어 있다.

若浼345)而哇346)之.

余戲之曰

醉而稱聖 諱347)狂也.

若乃不醉 而罔念

則不幾近於大狂乎.

季雨愀348)然曰 是也

遂名其堂曰念齋.

宋旭349)醉宿

朝日乃醒.

臥而聽之 鳶嘶350)鵲吠

車馬喧囂

杵鳴籬下

滌器廚中.

老幼叫笑

婢僕叱咳.

凡戶外之事 莫不辨之

獨無其聲.

乃語矇矓 周目而視 曰

家人俱在 我何獨無.

上衣在楎 下衣在桋351)

笠掛其壁 帶懸桋頭.

書帙在案 琴橫瑟立.

蛛絲縈樑352) 蒼蠅附牖.

345) 浼(매)=汚也.

346) 哇(와)=吐也.

347) 諱(휘)=꺼리다, 피하다.

348) 愀(초)=正色, 悄也.

349) 宋旭(송욱)=연암의 소설 「馬駔傳」에 나오는 賤人 志士.

350) 嘶(시)=울다.

351) 桋(이)=횃대.

352) 樑(양)=대들보.

방 안의 물건들은 모두 그대로 있는데	凡室中之物 莫不俱在
나만 보이지 않는다.	獨不自見.
급히 자리에서 일어나서 침상을 보니	急起而立 視其寢處
베개는 남쪽에 놓여 있고 이부자리는 속이 들여다보였다.	南枕而席衾 見其裡.
이는 필시 송욱이 발광하여 벌거벗은 채로 뛰쳐나간 것 같다.	於是 謂旭發狂 裸體而去.
몹시 슬프고 가련한 생각이 들었으나	甚悲憐之
또한 욕이 나오고 우습기도 했다.	且罵且笑.
드디어 옷이나 입혀주려고 그를 찾아 나섰다.	遂欲往衣之.
의관을 품에 안고 거리를 두루 헤맸으나	抱其衣冠 遍求諸道
송욱이란 놈은 보이지 않았다.	不見宋旭.

울고 싶어라

연암집燕巖集/**권11/열하일기**熱河日記/**도강록**渡江錄 **7월 8일**

7월 8일. 갑신. 맑음.	初八日 晴.
태복이 갑자기 땅에 엎드려 큰소리로 말했다.	泰卜忽伏地高聲曰.
"아룁니다! 백탑이 보입니다."	白塔現身謁矣.
빨리 말을 재촉하여 수십 보를 못 가서	趣鞭行不數十步
겨우 산모퉁이를 벗어나자	纔脫山脚
안광이 어른거리고	眼光勒勒
홀연 일단의 검은 공이 오르락내리락한다.	忽有一團黑毬七升八落.
나는 오늘 비로소 알았다.	吾今日 始知.
인생이란 본래 아무런 의지할 것 없이	人生 本無依附
다만 하늘을 이고 땅을 밟고 떠도는 존재인 것을!	只得頂天踏地而行矣.
말을 세우고 사방이 탁 트인 드넓은 요동 벌을 둘러보았다.	立馬四顧.
부지불식간에 이마에 손을 얹고 말했다.	不覺擧手加額 曰.
"좋은 울음 터로구나! 가히 한번 울 만하구나!"	好哭場 可以哭矣.
정 진사가 옆에 있다가 말했다.	鄭進士 曰.
"이처럼 천지간에 큰 장관을 보고	遇此天地間大眼界

홀연 울고 싶다니 어인 말씀이오?"

나는 말해주었다.

"천고의 영웅들은 잘 울었고, 미인들은 눈물이 많다오.

그러나 사람들은 다만 칠정七情 중에서

슬플 때만 울고

칠정이 모두 울 수 있다는 것을 모르는 모양이오.

기쁨이 사무치면 울고,

노여움이 사무치면 울고,

즐거움이 사무치면 울고,

사랑이 사무치면 울고,

미움이 사무치면 울고,

욕심이 사무치면 울게 되는 것이오.

억눌린 것을 풀어버리는 데는 소리보다 신속한 것이 없으니,

울음이란 천지간에 우레와도 같은 것이오."

정 진사가 화답했다.

"지금 울음 터가 이리도 넓으니

나 역시 당신 따라 한바탕 울어야겠는데

칠정의 어느 감정을 따라

울어야 할지 모르겠소."

연암이 말했다. "저 갓난아이에게 물어보시오.

그가 처음 태어날 때 느낀 것이 어떤 감정일까?

아이가 태중에 있을 때는

어둡고 막힌 곳에서 묶이고 눌려 있다가

하루아침에 휜히 넓은 곳으로 솟아 나와

손발을 펴 움직이고 마음은 시원하게 넓어지니

어찌 참된 목소리를 내어 토설치 않으리오?

忽復思哭何也.

余曰.

千古英雄善泣 美人多淚.

然人但知 七情之中

惟哀發哭

不知七情都可以哭.

喜極則可以哭矣

怒極則可以哭矣

樂極則可以哭矣

愛極則可以哭矣

惡極則可以哭矣

欲極則可以哭矣.

宣暢[353]一鬱 莫疾於聲

哭在天地可比雷霆.

鄭曰.

今此哭場 如彼其廣

吾亦當從君一慟

未知所哭求之

七情所感何居.

余曰 問之赤子

赤子初生 所感何情.

兒胞居胎處

蒙冥沌塞 纏[354]紏[355]逼窄

一朝迸[356]出寥廓

展手伸脚 心意空豁

如何不發出眞聲.

---

353) 暢(창)=達也, 通也.

354) 纏(전)=새끼.

355) 紏(규)=꼬다.

356) 迸(병)=솟아 나오다.

모든 감정을 한꺼번에 토설해버리시오!　　　　　　　　盡情一洩哉.

그래서 영아를 본받으면　　　　　　　　　　　　　故當法嬰兒

가짜로 지어내는 목소리가 없을 것이오!　　　　　　聲無假做[357].

비로봉 꼭대기에 올라 동해를 바라보며　　　　　　登毘盧絶頂 望見東海

한바탕 울 만하고,　　　　　　　　　　　　　　可作一場

황해도 장연 바닷가 금모래밭을 거닐면서 한바탕 울 만하고,　行長淵金沙 可作一場

지금 요동 벌판에 서서 산해관까지　　　　　　　今臨遼野 自此至山海關

일천이백 리　　　　　　　　　　　　　　　　一千二百里

사방에 한 점 산도 없이 하늘과 땅이 맞닿은 곳　　四面 都無一點山 乾端坤倪

오가는 비구름만 창창하니　　　　　　　　　　古雨今雲只是蒼蒼

가히 한바탕 울 만한 곳이구려!"　　　　　　　可作一場.

귀울림과 코골이

연암집燕巖集/**권3/공작관문고**孔雀館文稿/**자서**自序

문장이란 생각을 표현하면 그것으로 그칠 뿐이다.　　　文以寫意 則止而已矣.

제목을 따라 붓을 잡고 문득 옛 어구를 생각하고　　　彼臨題操毫 忽思古語

억지로 경전의 뜻을 찾아내 뜻을 근엄하게 꾸미고　　　強覓經旨 假意謹嚴

글자를 장엄하게 꾸미려 하는 것은　　　　　　　逐[358]字矜莊者

마치 화공을 불러 초상화를 그리면서　　　　　　譬如招工寫眞

용모를 꾸며 바꾸고 화가 앞에 나아가는 것과 같다.　　更容貌而前也.

보는 눈은 구르지 않고 옷은 바둑판처럼 주름이 없다면,　目視不轉 衣紋如拭[359]

평상시의 모습을 잃을 것이니　　　　　　　　　失其常度

아무리 훌륭한 화가라도 참모습을 그려낼 수 없을 것이다.　雖良畫史 難得其眞.

글을 짓는 것 또한 어찌 이와 다르랴?　　　　　　爲文者亦 何異於是哉.

말은 꼭 큰 도리여야 하는 것은 아니며　　　　　　語不必大道

---

357) 做(주)=造也.
358) 逐(축)=追也, 求也, 競也.
359) 拭(식)=점판, 바둑판.

아무리 작은 것이라도 도道가 될 수 있으니　　　　　　分豪釐所可道也
기와 조각이라도 어찌 버릴 것인가?　　　　　　　　瓦礫何棄.[360]
그러므로 '도올' 같은 악한 짐승을 초사의 명칭으로 삼았고,　故檮杌[361]惡獸 楚史取名
사마천과 반고는 사람을 죽여 묻어버리는　　　　　　椎埋劇盜
극악한 도둑의 사적을 옮겨 서술했다.　　　　　　　遷固是敍.
글을 쓴다는 것은 오직 진실뿐이다.　　　　　　　　爲文者 惟其眞而已矣.
이로 볼 때 글을 잘 쓰고 못 쓰는 것은 자기에게 달려 있고　以是觀之 得失在我
그것을 헐뜯고 칭찬하는 것은 남들에게 달려 있다.　　毀譽在人.

비유하자면 마치 귀울림과 코골이와 같은 것이다.　　譬如耳鳴而鼻鼾.
어린아이가 뜰에서 놀다가 홀연 귀가 윙윙 울렸다.　　小兒嬉庭 其耳忽鳴.
응? 좋아라 하며 이웃 아이에게 귓속말로 이르기를　　啞然而喜 潛謂隣兒曰
"너 이 소리 좀 들어봐라! 내 귀에 꾀꼬리 소리가 들린다.　爾聽此聲乎 我耳其嚶.
슬갑을 연주하는 듯, 생황을 부는 듯,　　　　　　　奏韠吹笙
별들이 합창하는 것 같아!"　　　　　　　　　　　其團如星.
이웃 아이가 귀를 기울여 맞대고 기다려도　　　　　隣兒傾耳相接
끝내 들리는 소리가 없다.　　　　　　　　　　　竟無所聽.
아이는 상심하여 소리쳐 울며　　　　　　　　　　閔然叫號
남이 알아주지 않는 것을 원망했다.　　　　　　　恨人之不知也.
언젠가 시골 사람과 자는데　　　　　　　　　　　嘗與鄕人宿
코 고는 소리가 어찌나 시끄러운지,　　　　　　　鼾息磊磊
숨이 막힌 듯, 퉁소를 부는 듯, 탄식하는 듯, 울부짖는 듯,　如哇如嘯 如嘆如噓
불을 부는 듯, 솥이 끓는 듯,　　　　　　　　　　如吹火如鼎之沸
빈 수레가 굴러가는 것 같았다.　　　　　　　　　如空車之頓轍.
숨을 마시면 톱을 켜고, 숨을 토하면 돼지가 꿀꿀거린다.　引者鋸吼 噴者豕豭句.
옆 사람이 일으켜 깨워주면 불끈 화를 내면서 말한다.　被人提醒 勃然而怒曰
"언제 내가 코를 골았단 말이오? 나는 그런 일 없다."　我無是矣.

---

360) 莊子/知北遊: 道는 똥에도 기왓장에도 있다.

361) 檮杌(도올)=완악한 짐승.

아하! 혼자만 알고 있는 자는 남이 몰라주는 것을 항상 걱정하고,   嗟乎 己所獨知者

常患人之不知

자기가 미처 깨닫지 못한 자는   己所未悟者

남이 먼저 깨우친 것을 싫어한다.   惡人先覺.

어찌 코와 귀에만 이런 병이 있겠는가?   豈獨鼻耳有是病哉.

문장에는 이보다 심한 바가 있다.   文章亦有甚焉耳.

귀울림은 병이므로 남이 알아주지 않는 것을 상심한다지만   耳鳴病也 悶³⁶²⁾人之不知

하물며 귀울림 병이 아닌 자는 오죽하겠는가?   況其不病者乎.

잠자리의 코골이는 병이 아니지만 남이 깨워주면 성낸다.   鼻鼾非病也 怒人之提醒.

하물며 코골이 병자는 오죽하겠는가?   況其病者乎.

그러므로 이 문고를 보는 이가 기와 조각을 버리지 않는다면   故覽斯卷者 不棄瓦礫

화가의 먹물에서   則畵史之渲墨

극악한 도둑의 험상궂은 구레나룻을 볼 것이다.   可得劇盜之突鬢.

이명耳鳴을 듣지 말고 나의 코골이를 깨우칠 수 있다면   毋聽耳鳴 醒我鼻鼾

작자의 의도는 거의 달성된 것이다.   則庶乎作者之意也.

우리다움

연암집燕巖集**/권7/종북소선**鍾北小選**/영처고서**嬰處稿序

자패라는 사람은 이덕무의 시를 비루하다고 말했다.   子佩曰 陋哉 懋官³⁶³⁾之爲詩也.

옛것을 배우긴 했을 터인데   學古人而

옛사람과 같은 점을 발견할 수 없고,   不見其似也

야인의 비속한 것들을 달가워하고,   安野人之鄙鄙

시시콜콜한 시속을 즐겨 다루고 있으니   樂時俗之瑣瑣

그의 시는 이 시대의 시일 뿐   乃今之詩也

옛 시대의 시는 아니라는 것이다.   非古之詩也.

나는 이 말을 전해 듣고 크게 기뻐하며   余聞而大喜 曰

'무관의 시는 볼만하겠구나'라고 생각했다.   此可以觀.

---

362) 悶(민)=傷心, 憂也.

363) 懋官(무관)=李德懋의 字.

504

실
학
사
상

옛사람이 요즘 사람을 보면 사실 비속할 것이다.　由古視今 今誠鄙矣.

고인 스스로 자기 시대를 고대라고 말하지 않았을 터이고,　古人自視 未必自古

당시 사람에게 그 시대는 역시 금세였을 뿐이다.　當時觀者 亦一今耳.

무관은 조선 사람이다.　今懋官朝鮮人也.

산천, 풍기 등 중국과 땅이 다르고,　山川風氣 地異中華

언어, 속요 등 세태는 한나라와 당나라가 아니다.　言語謠俗 世非漢唐.

만약 중국의 문법을 본받고 한나라와 당나라가 문체를 답습한다면　若乃效法於中華 襲體於漢唐

우리가 보기에는　則吾徒見

그 문법이 더욱 고상할수록 그 뜻은 실로 야비하고,　其法益高 而意實卑

문체가 더욱 같아질수록 언사는 더욱 거짓될 것이다.　體益似 而言益僞耳.

우리나라가 비록 구석져 있기는 하나 천승의 나라이며,　左海雖僻 國亦千乘

신라, 고려가 비록 검소했지만　羅麗雖儉

백성은 아름다운 풍속을 자랑스러워했다.　民多美俗.

그러므로 그 지방의 말을 문자로 옮겨놓고　則字其方言

그 민요에 운을 붙이면　韻其民謠

자연스럽게 문장이 이루어져 진기가 발현될 것이다.　自然成章 眞機發現.

옛 인습을 섬기지 않고 남의 것을 빌려 따르지 않고　不事沿襲 無相[364]假貸

현재를 있는 그대로 말하고 곧장 삼라만상에 복무해야 한다.　從容現在 卽事[365]森羅.

오직 이 시는 그것을 해냈다.　惟此詩爲然.

오호라! 『시경』 삼백 편이란 것도　嗚呼 三百之篇

조수와 수목의 이름이 아닌 것이 없고　無非鳥獸草木之名

시골 골목 남녀의 언어에 불과할 뿐이다.　不過閭巷男女之語.

만약 성인이 중국 땅에 나타나　若使聖人者 作於諸夏

여러 나라의 풍광을 보려고 한다면　而觀風於列國也

이 「영처고嬰處稿」를 보아야만　攷[366]諸嬰處之稿

삼한의 조수와 초목의 이름을　而三韓之鳥獸草木多識

---

364) 相(상)=省視也, 隨也.

365) 事(사)=職也, 奉也.

366) 攷(고)=考.

많이 알게 될 것이며,

예맥의 사내와 백제 여인의 성정을 가히 볼 수 있을 것이니

무관의 시는 조선의 '국풍國風'이라고 말해도 좋을 것이다.

其名矣

貊男濟婦之性情 可以觀矣

雖謂朝鮮之風可也.

모방은 거짓

연암집燕巖集/**권7/종북소선**鍾北小選/**녹천관집서** 綠天館集序

이씨 집 자제 낙서는 올해 십육 세인데	李氏子洛瑞[367] 年十六
나를 따라 배운 지가 여러 해 되었다.	從不佞[368]學有年矣.
심령이 일찍 열렸고 지혜가 영롱했다.	心靈夙開 蕙識如珠.
일찍이 그가 지은 『녹천관집綠天館集』 원고를 들고 내게 와서	嘗携其綠天之稿
질정을 요청하면서, 탄식하여 말했다.	質于不佞 曰嗟乎.
"제가 글을 지은 지는 겨우 두어 해 되었는데	余之爲文 纔數歲矣.
사람들의 노여움을 산 적이 많습니다.	其犯人之怒 多矣.
한 구절만 조금 새롭고 한 자만 특이하면	片言稍新 隻字涉[369]奇
번번이 옛글에 그것이 있는지 없는지를 따져 묻습니다.	則輒[370]問古有是否.
없다고 대답하면 성난 얼굴로	否則怫然于色
어찌 감히 그럴 수 있느냐고 힐난합니다.	曰安敢乃爾.
참으로 옛글에 있는 것이라면 제가 어찌 다시 쓰겠습니까?	噫 於古有之 我何更爲.
선생님께서 바로잡아주십시오!"	願夫子 有以定之也.
나는 손을 맞잡고 어깨를 안으며	不佞攢手加額
삼배하며 무릎을 꿇고 말했다.	三拜而跪曰.
"그 말은 심히 옳은 말이오. 끊어진 학문이 부흥될 것 같소.	此言甚正 可興絶學.
우리 공자께서는 젊으시니 사람들이 노여워하거든	吾子年少耳 逢人之怒
공손히 사죄하며	敬而謝之
소생은 '박학하지 못하여	曰不能博學

---

367) 洛瑞(낙서)=李書九의 字. 中宗의 7男인 德興大院君의 後孫. 贈領議政 遠의 子. 號는 惕齋, 薑山, 席帽山人. 시호는 文簡. 北學四家의 一人.
　　1774년 文科及第. 史官. 1789년 承旨. 1791년 全羅道觀察使. 1795년 天主敎 옹호로 유배 후 大司成. 1824년 右議政.

368) 不佞(불녕)=不佞(謙稱).

369) 涉(섭)=入也, 涉獵.

370) 輒(첩)=專也, 번번이.

미처 옛 글을 살피지 못했습니다'라고 말하세요.

그래도 묻기를 그치지 않고 노여움이 풀리지 않거든

분명하게 대답하세요.

'『은고殷誥』,『주아周雅』도 삼대 시절의 문장이요,

승상과 우군의 글씨도

진진 시대는 속된 글씨입니다'라고."

옛것을 모방하여 글을 쓰려면

거울에 비춘 형상과 같이 하면 근사할까?

좌우가 상반되니 어찌 같은 것을 얻을 수 있겠는가?

물에 비춘 형상과 같이 하면 근사할까?

본말이 거꾸로 보일 것이니 어찌 같을 수 있겠는가?

그림자의 따르는 형상과 같이 하면 근사할까?

한낮에는 난쟁이였다가

석양에는 키다리가 될 터이니

어찌 같은 것을 얻을 수 있겠는가?

화가가 모사한 형상과 같이 하면 근사할까?

걸어 다니는 것은 움직이지 않고 말하는 것은 소리가 없으니

어찌 같은 것을 얻을 수 있겠는가?

그렇다면 끝내 같게 할 수 없을까?

대저 무엇 때문에 같아지기를 추구한단 말인가?

같아지기를 추구하는 것은 참이 아니다.

사람들은 서로 같은 것은 반드시 너무 닮았다고 말하고

분간하기 어려운 것은 역시 거의 진짜에 가깝다고 말한다.

대저 이처럼 진짜라거나 닮았다고 말하는 경우는

未攷於古矣.

問猶不止 怒猶未解

曉曉然 答曰

殷誥[371]周雅[372] 三代之時文

丞相[373]右軍[374]

秦晋之俗筆.

倣古爲文

如鏡之照形 可謂似也歟.

曰左右相反 惡得而似也.

如水之寫形 可謂似也歟.

曰本末倒見 惡得而似也.

如影之隨形 可謂似也歟.

曰午陽則侏儒[375]焦僥

斜日則龍伯防風

惡得而似也.

如畫之描形 可謂似也歟.

曰行者不動 語者無聲.

惡得而似也.

曰然則終不可得而似歟.

曰夫何求乎似也.

求似者非眞也.

天下之所謂相同者 必稱酷肖

難辨者亦曰逼眞.

夫語眞語肖之際

---

371) 殷誥(은고)=書經(典=史蹟, 貢=治蹟, 誓=訓示, 訓=訓戒, 誥=釋明).

372) 周雅(주아)=詩經(風 160편, 小雅 74편, 大雅 31편, 頌 40편).

373) 丞相(승상)=秦의 승상 李斯로 大篆을 小篆으로 고쳐 만듦.

374) 右軍(우군)=王羲之. 東晉書法家로 江州刺史 右軍將軍을 지냄.

375) 侏儒(주유)=焦僥.

그 말 속에 이미 가짜이며 다른 것이 있음을 암시하는 것이다. 假與異在其中矣.

그러므로 천하에 난해한 것도 배울 수 있고 故天下有難解 而可學

다른 것을 끊어내면 서로 같아지며, 絶異而相似者

역관을 두어 통변을 붙이면 뜻을 통할 수 있으며, 鞮[376]象[377]寄譯 可以通意

대전, 소전, 예서, 해서 어느 글자든 모두 문장을 이룰 수 있다. 篆籀隸楷 皆能成文.

왜 그런가? 何則.

다른 것은 외형이요, 같은 것은 마음이기 때문이다. 所異者形 所同者心故耳.

이로써 본다면 繇是觀之

마음이 같음은 뜻과 의지요, 心似者志意也

형체가 같음은 털과 껍질이다. 形似者皮毛也.

연암집燕巖集/**권5**/**영대정잉묵**映帶亭賸墨/**답창애**答蒼厓 **1**

보내주신 글은 손을 씻고 양치질한 후 정중히 읽었습니다. 寄示文編 漱[378]口洗手 莊讀.

무릎을 꿇고 삼가 말씀하오니 문장이 내내 특이합니다. 以跪曰 文章儘[379]奇矣.

하오나 이름과 물건을 많이 차용했습니다만 然名物多借

인용한 근거를 적실하지 못한 것이 옥에 티입니다. 引據未襯[380] 是爲圭瑕.

하여 청하건대 노형을 위해 다시 말씀드립니다. 請爲老兄復之也.

문장에는 방도가 있는 것이니 文章有道

송사하는 사람이 증거를 제시하는 것과 같고, 如訟者之有證

행상이 상품의 이름을 외치는 것과 같습니다. 如販夫之唱貨.

비록 진술한 논리가 명쾌하고 정직하다 할지라도 雖辭理明直

만약 증거가 없다면 어찌 이길 수 있겠습니까? 若無他證 何以取勝.

그러므로 글 쓰는 이는 이것저것 경전을 인용하여 故文者 雜引經傳

자기 의사를 밝히는 것입니다. 以明己意.

또 관호와 지명은 서로 차용할 수 없는 것입니다. 官號地名 不可相借.

---

376) 鞮(제)=提와 통용.
377) 象(상)=驛也, 譯也.
378) 漱(수)=양치질하다.
379) 儘(진)=盡也. .
380) 襯(친)=接近, 施與.

땔나무 장수가 소금을 사라고 외친다면
종일 돌아다녀도 한 짐의 나무도 팔 수 없을 것입니다.
이것은 곧 진공의 자리 때문에 동명이인에게도 놀라고
서시의 눈썹 찌푸리는 습관을 본받는 것입니다.
그러므로 글 쓰는 이는 더러워도 그 이름을 피하지 않고
비속해도 사실을 묻어버리지 않는 것입니다.

擔[381]柴而唱鹽
雖終日行道 不販一薪.
是卽 驚座[382]之陳公[383]
效嚬[384]之西施[385].
故爲文者 濊不諱名
俚[386]不沒迹.

연암의 정경론情境論

글은 예부터 경치(境) 외에 마음(情)을 말한다. 경치를 보는 정감의 소통을 의미한다. 어차피 사람이 경치를 보는 데는 정감을 배제할 수 없다. 소옹의 말로 설명하면 이물관물以物觀物하기는 어렵고 이심관물以心觀物이 십상이라는 뜻이다. 그러나 이심관물의 정경情境은 사물을 내 마음으로 재단하는 독단이 진실을 가려버리는 폐단이 있다. 그래서 연암은 경境에 치우치지 않으려고 명목론瞑目論을 말했고, 정情에 치우치지 않으려고 명심론冥心論을 말했다. 그러므로 동양 미학의 요점은 정과 경을 어떻게 조화하느냐의 문제라고도 말할 수 있을 것이다.

위진 때 양나라 문학 이론가로 『문심조룡文心雕龍』을 지은 유협劉勰, 465~521은 문체를 다섯 가지 색채로 된 형문形文과 다섯 음률로 된 성문聲文과 다섯 가지의 성정으로 된 정문情文으로 나누었고,[387] 당나라 대의 시인 왕창령王昌齡, 698~755은 물경物境, 정경情境, 의경意境으로 나누었지만 정情과 의意는 구분하기 어려운 것이므로 지리할 뿐이다. 연암은 정과 경을 구분했는데 이는 적실한 것이지만 이것마저도 실제로는 모호한 것이다. 사람에게 정 없는 경이 있을 수 없고, 또한 경境 없이 정을 그려내기는 어렵기 때문이다. 그러므로 연암도 정과 경을 혼용하는 경우가 있었으니, 이는 그가 정과 경이 하나로 용해 일치되는 이물관심以物觀心 회심체물會心體物의 경지에 도달했기 때문일 것이다.

381) 擔(담)=짊어지다.

382) 座(좌)=地位, 姓也.

383) 陳公(진공)=陳遵은 漢의 名望家로 同名異人까지 尊敬을 받은 데서, 模倣主義를 비유함.

384) 嚬(빈)=찡그리다.

385) 西施(서시)=越王 勾踐이 美人計로 吳王 夫差에게 보낸 미인. 서시가 가슴앓이 병으로 눈썹 찡그리는 버릇을 여인들이 模倣함.

386) 俚(리)=鄙俗也.

387) 『文心雕龍』 創作論 31장 情采 참조.

연암 박지원의 국죽도菊竹圖,
"사람에게 이별이 없고 그림에 원대한 뜻이 없다면
더불어 문장의 정情과 경境을 논할 수 없다.
벌레의 수염과 꽃술을 조촐하게 여기지 않는 자는
도무지 문심文心이 없을 것이다. "

오! 포희씨가 죽은 후

그의 문장은 없어진 지 오래다.

그러나 벌레 수염, 꽃술, 돌이끼, 깃의 푸름 등

그 문심은 변하지 않았고,

솥 발, 항아리의 허리, 해의 둥근 고리, 달의 활시위 등

그 자체는 아직 온전하며,

바람과 구름, 우레와 번개, 비와 눈, 서리와 이슬과 더불어

날고 잠기고, 걷고 뛰고, 웃고 울고, 새소리 피리 소리 등

그 성색과 정경은 지금도 그대로다.

그러므로『주역』을 읽지 않으면 그림을 모르고,

그림을 모르면 문자를 모른다.

무엇 때문인가?

포희씨가『주역』을 만든 것은

우러러 하늘을 관찰하고 굽어 땅을 살핀 후에

홀수(양) 짝수(음)로 나누고 이를 배로 더한 것이다.

이와 같이 하여 그림이 된 것이다.

창힐씨가 글자를 만든 것도

역시 마음과 형체를 자세히 알리고자,

전주轉注, 가차假借, 상형象形, 회의會意한 것뿐이다.

이와 같이 하여 문자가 된 것이다.

글(文)에 소리가 있는가?

대신 이윤과 성왕의 숙부 주공의 말을

내가 직접 들어본 적은 없지만,

나는 그들의 음성을 상상하면 정성스러웠을 것으로 생각한다.

嗟乎 庖犧氏歿

其文章散久矣.

然而蟲鬚 花蘂 石苔 羽翠

其文心[388]不變

鼎足 壺腰 日環 月弦

字體[389]猶全

風雲 雷電 雨雪 霜露

與夫飛潛 走躍 笑啼 鳴嘯

其聲色情境至今自在.

故不讀易則不知畫

不知畫則不知文矣.

何則.

庖義氏作易

不過仰觀俯察

奇偶加倍.

如是而畫矣.

蒼頡氏造字

亦不過曲情盡形

轉借象義[390].

如是而文矣.

然則文有聲乎.

曰 伊尹之大臣 周公之叔父

吾未聞其語也

想其音則 款款耳.

---

388) 文心(문심)=문장의 마음.

389) 字體(자체)=글자의 모양.

390) 義(의)=意의 착간. 會意.

아비를 잃은 아들(伯奇), 남편(杞梁)을 잃은 과부의 모습을

내가 직접 본 적은 없지만

나는 그 목소리를 상상해보면 간절했을 것으로 생각한다.

(이것이 문文의 소리다.)

伯奇[391]之孤子 杞梁之寡妻[392]

吾未見其容也

思其聲則 懇懇耳.

문文에 색이 있는가?

『시경』에는 원래 색이 있었다.

비단 저고리를 입으면 모시 겉옷을 입고,

비단 치마를 입으면 모시 겉치마를 입으며

윤기 나는 기름진 머리는 구름 같으니

다리꼭지를 조촐하게 여기지 않는다.

(이것이 문文의 색色이다)

文有色乎.

曰詩固有之.

衣錦褧[393]衣

裳錦褧裳[394]

鬒[395]髮如雲

不屑[396]髢[397]也.

어찌하는 것이 정情인가?

새가 우짖으니 꽃이 피고,

물이 푸르니 산도 푸르다.

(이것이 문文의 정情이다)

何如是情.

曰鳥啼花開

水綠山青.

어찌하는 것이 경境인가?

멀리 보이는 물은 파도가 없고, 먼 산은 나무가 없으며,

먼 데 있는 사람은 눈이 없다.

사람의 말소리는 가리키는 손가락에 있고,

그 소리를 듣는 것은 팔짱을 낀 공수에 있다.

(이것이 문文의 경境이다)

何如是境.

曰遠水不波 遠山不樹

遠人不目.

其語在指

其聽在拱.

391) 伯奇(백기)=周나라 尹吉甫의 아들. 계모의 무고로 쫓겨나자 슬퍼하며 노래 「履霜操」를 지어 불렀고, 길보는 후회하고 후처를 죽이고 아들을 다시 불러들였다고 한다.

392) 杞梁의 아내의 이름은 孟姜이다. 기량이 전사하여 시신을 끌어안고 열흘을 통곡하자 듣는 이가 모두 슬퍼했고 이로써 적국의 성을 무너뜨렸다고 한다.

393) 褧(경)=홑옷.

394) 蓋先纊而後絲, 古衣錦尙絅, 歸眞反樸之意.

395) 鬒(진)=숱이 많음. 윤기 나는.

396) 屑(설)=조촐하다.

397) 髢(체)=다리.

그러므로 부모를 잃은

어린 군주에게 고한 제갈량의 「출사표出師表」와

과부의 사모하는 마음으로 임금을 그리워 한

굴원의 「이소」를 모르는 자와는

더불어 '소리(聲)'를 논할 수 없다.

꾸미기만 하고 시에 뜻이 없다면,

『시경』 국풍(나라마다 색다른 풍속)의 색깔을 알 수 없다.

사람에게 이별이 없고 그림에 원대한 뜻이 없다면,

더불어 문장의 정情과 경境을 논할 수 없다.

벌레의 수염과 꽃술을 조촐하게 여기지 않는 자는,

도무지 문심文心이 없을 것이다.

그러니 그릇과 재용의 형상에 어둡지 않다면,

비록 그것을 일컫는 글자를 몰라도 좋을 것이다.

故不識

老臣之告幼主孤子

寡婦之思慕者

不可與論聲矣.

文而無詩思[398]

不可與知乎 國風之色矣.

人無別離 畫無遠意

不可與論乎 文章之情境矣.

不屑於蟲鬚花藥者

都無文心矣.

不昧乎器用之象者

雖謂之不識一字可也.

513

연암집軟嚴集/**권15**/**열하일기**熱河日記/**황도기략**黃圖紀略 **양화** 洋畵

대저 그림을 그리는 사람이 외형만 그릴 뿐,

그 내면을 그릴 수 없는 것은 추세일 것이다.

사물에는 융감, 대소, 원근의 형세가 있다.

그러므로 그림을 잘 그리는 사람은

그 사이에 간결하게 붓을 몇 번 휘두르는 데 불과하니,

혹은 산에는 주름이 없고,

강물에는 파도가 없고, 나무에는 가지가 없다.

이것이 이른바 뜻을 그리는 화법이다.

두보의 시에

"마루 위에 단풍나무가 자라는 것은 합당치 않고

강과 뫼 아래서 연기 일어나니 괴이하다" 했는데,

'마루 위'는 나무가 날 곳이 아니니,

'합당치 않다'라고 한 것은 이치 밖의 일임을 말한 것이다.

凡爲畫圖者 畫外

而不能畫裡者 勢也.

物有隆坎細大遠近之勢.

而工畫者

不過略用數筆於其間

山或無皴[399]

水或無波 樹或無枝.

是所謂寫意之法也.

子美詩

堂上不合生楓樹

怪底江山起烟霧[400]

堂上 非生樹之地

不合者 理外之事也.

---

398) 論語/爲政: 詩三百思無邪.

399) 皴(준)=주름 잡히다. 皴法은 山石의 脈理로 李思訓의 北宗은 小斧斫皴, 王維의 南宗은 披麻皴을 쓴다.

400) 두보가 산수화 병풍을 보고 지은 시 「奉先劉少府新画山水障歌」의 첫 구절.

연기는 응당 강과 뫼에서 일어나는 것이지만　　　　　　　　烟霧當起於江山

만일 병풍에서 일어난다면 괴이한 일일 것이다.　　　　　　　而若於障子 則訝之甚者也.

연암집燕巖集/권5/영대정잉묵映帶亭膡墨/여석치與石癡 4

『시경』,『서경』에서 매화를 말할 때는　　　　　　　　　　　詩書言梅

열매만 논했지 꽃잎은 논하지 않는다.　　　　　　　　　　論實不論華.

지금 우리는 매화 시를 지으며 향기와 색깔을 비교 품평하고,　吾輩今作梅花詩 評香比色

꽃부리를 씹고 꽃잎을 음미하는 것으로도 부족하여　　　　　咀英嚃華之不足

더 나아가 신기를 전하려고 그림자까지 그려내니　　　　　又從而傳神寫影

화려하기 그지없지만,　　　　　　　　　　　　　　　　華之又華

진실과는 동떨어져 점점 더 멀어진다.　　　　　　　　　　去眞逾遠.

일찍이 공자가 말하지 않았는가?　　　　　　　　　　　曾謂

"태산의 신령이 예禮를 묻는 임방보다 못하겠는가?"라고.　　泰山不如林放乎.

　사실 정情과 경境을 분별하지만 그것이 따로 놓일 수 없는 것이다. 사람이라면 경境이 있으면 반드시 정情 움직이고. 정情이 움직이면 경境도 따라서 달리보이는 것이기 때문이다.

제발위홍대협시 題跋爲洪大協詩[401]

시를 품평하는 사람은 반드시 정情과 경境을 따로 논하지만,　品詩者 必論情與境

정과 경은 본래 두 가지 이치가 아니다.　　　　　　　　固非二道也.

"밭두둑에 꽃이 피었으니 쉬엄쉬엄 돌아간다"라고 한 것은　陌上花發 緩緩而歸

정의 표현이지만 경에 들어가지 않은 것이 아니다.　　　　此情也 而未嘗不入境.

"새가 울고 나니 꽃잎이 지며　　　　　　　　　　　　鳥啼花落

산이 푸르니 물도 푸르다"라고 한 것은,　　　　　　　　水綠山靑

경의 표현이지만 정이 생기지 않은 것이 아니다.　　　　此境也 而未嘗不生情.

이 두 가지는 본래 시가 아니지만　　　　　　　　　　是二者 固非詩也

천고에 객지 생활로 떠도는 길손이 갈림길에서 이별할 때,　千古遊人 臨岐惜別

말을 세우고 발길을 떼지 못하고 주저하는 것은　　　　　立馬躊躇

---

401) 洪大協은 홍대용의 사촌 동생으로 연암이 그의 시를 극찬했다고 한다. 김혈조, 『박지원의 산문문학』 성균관대학교출판부, 2002, 416쪽 참조.

미상불 그리움이니 이처럼 말하는 것이다.　　　　　　未嘗不思 此而語也.

연암집燕巖集/권7/종북소선鍾北小選/능양시집서菱洋詩集序

미인을 볼 줄 안다면 가히 시를 안다고 할 것이다.　　　　觀乎美人 可以知詩矣.
그녀의 고개를 숙인 모습에서 그녀의 부끄러움을 읽고,　　　彼低頭見其羞也
턱을 괸 모습에서 그녀의 원망을 읽어보고,　　　　　　　支頤見其恨也
홀로 서 있는 모습에서 그녀의 그리움을 읽어내고,　　　　獨立見其思也
눈썹을 찡그리는 모습에서 그녀의 수심을 읽어낸다.　　　　矉眉見其愁也.
기다리는 사람이 있는 여인이면　　　　　　　　　　　　有所待也
난간 아래 서 있는 모습을 볼 것이요,　　　　　　　　　　見其立欄干下
소망이 있는 여인이라면　　　　　　　　　　　　　　　　有所望也
파초 잎 아래 서 있는 보습을 볼 것이다.　　　　　　　　　見其立芭蕉下.
만약에 그녀에게 재계齋戒하는 모습으로 서 있지 않고,　　　若復責 其立不如齋
소상처럼 앉아 있지 않는다고 책망한다면　　　　　　　　坐不如塑[402]
그것은 양귀비에게 이를 앓는다고 꾸짖고　　　　　　　　則是罵楊妃之病齒
번희에게 쪽머리를 말라고 금하는 것이요,　　　　　　　　而禁樊姬之擁髻也
미인의 사뿐사뿐 걷는 걸음걸이를 요망스럽다고 흉보고,　　譏蓮步之妖妙
춤을 추는 여인을 경망스럽다고 꾸짖는 격이다.　　　　　　而叱掌舞之輕僄也.

연암집燕巖集/권11/열하일기熱河日記/도강록渡江錄 7월 10일

곧장 나가자 몇 리를 못가서 멀리 탑들이 간간히 보인다.　　卽行不數里 遙見數處浮圖.
분명하게 눈에 들어오는 것은　　　　　　　　　　　　　皓[403]然入望
심양이 점점 가까워짐을 알 수 있다.　　　　　　　　　　計是瀋陽漸近也.
이른바 "어부는 강을 가리키며 성이 가까워졌다고 하고,　　所謂 漁人爲指江城近
탑 그림자는 배 앞머리에서 점점 커져 보인다" 했으니　　　一塔船頭看漸長
그림을 모르는 자는 시도 모른다.　　　　　　　　　　　不知畵者不知詩.
화가에게는 농담의 기법이 있고 원근의 형세가 있다.　　　畵家有濃淡法 有遠近勢.
지금 탑 그림자를 보노라니　　　　　　　　　　　　　今看塔形

---

402) 塑(소)=土偶.
403) 皓(호)=밝다.

515

고인이 시를 지음에는	益覺古人作詩
반드시 화공의 의취가 있음을 더욱 깨달았다.	必須畫意.
성이 멀고 가까운 것은	盖城遠城近
단지 탑의 그림자가 길고 짧음을 보면 그뿐이다.	只看一搭短長.

다음의 예문들은 정情과 경境이 조화로움을 보여주는 작품이다. 첫 번째는 이별을 주제한 글이고, 두 번째는 기다림을 주제로 한 것이고, 세 번째는 그리움을 주제로 했고, 네 번째는 모진 추위를 주제로 했는데, 정감을 경으로 표현한 글들이다. 모두 정과 경이 조화하며 상승 작용을 하는 좋은 예문이다. 묘지명의 글은 연암이 죽은 누나의 상여를 떠나보내는 장면을 묘사한 것으로 애달픈 마음이 주변의 경관에 묻어나게 하는 걸작으로 알려져 있다.

연암집燕巖集/**권2**/**연상각선본**煙湘閣選本/**백자증정부인박씨묘지명**伯姊贈貞夫人朴氏墓誌銘

유인 아무개 반남 박씨의	孺人諱某潘南朴氏
동생 지원 중미가 묘지명을 씁니다.	其弟趾源仲美誌之. 曰
유인은 열여섯에 덕수 이씨 택모 백규에게 시집가서	孺人十六歸德水李宅摸伯揆
일녀 이남을 두었고,	有一女二男
신묘년 구월 일 일에 죽었으며 나이는 사십삼 세였다.	辛卯九月一日歿 得年四十三.
지아비 선산은 까마귀 골이며,	夫之先山 曰鴉谷
경좌의 묘지에 장사하려 한다.	將葬于庚坐之兆.
백규는 어진 아내를 잃고	伯揆旣喪其賢室
가난하여 살아갈 방도가 없어	貧無以爲生
어린 자식들과	挈其穉弱
계집종 하나와 솥 상자 등을 이끌고	婢指十鼎鎗[404]箱籠
배를 타고 산골짜기로 들어가는데 상여도 함께 발인했다.	浮江入峽 與喪俱發.
중미는 새벽에 두포에서 전송하며	仲美曉送之斗浦
배 안에서 통곡하고 돌아왔다.	舟中慟哭而返.
오! 누님이 시집가던 날 새벽 화장하던 모습이 엊그제 같구나!	嗟乎 姊氏新嫁曉粧 如昨日.
나는 그때 막 여덟 살이었다.	余時方八歲.

404) 鎗(쟁)=槍也, 火銃.

나는 어리광으로 누워 뒹굴며
말을 더듬거리는 정중한 말씨로 신랑 흉내를 내어 놀리자,
누나는 부끄러워 얼레빗을 내 이마에 던졌다.
내가 성내어 울며 분에 먹물을 뿌리고 거울에 침을 바르자,
누나는 옥 오리와 금 벌 등 노리개를 주며
울음을 그치게 했다.
이제 이십팔 년이 지난 옛일이다.
말을 세우고 강 위의 상여 배를 멀리 바라본다.
붉은 명정이 바람에 펄럭이고
물 위에 돛대 그림자가 구불구불 어른거리다가
기슭에 이르자 나무를 돌아 숨으니 다시는 볼 수 없다.
멀리 강물 위의 산들은
눈썹처럼 검푸르러 누님의 쪽찐 머리 같고,
강물 빛은 반짝여 거울 같고, 새벽달은 누님의 눈썹 같다.
울면서 생각하니 얼레빗을 던진 어릴 적 일이 역력하고
또 기쁘고 즐거웠던 때도 많았던 것 같으나,
오랜 세월 동안 간간히 있었던 괴로운 이별과 우환과 빈곤도
한순간의 꿈결 같구나!
형제를 위하는 오늘 해는 어찌 이리도 재촉하는고.

嬌臥馬騦[405]
效壻語口吃鄭重
姉氏羞墮梳觸額.
余怒啼 以墨和粉 以唾漫鏡
姉氏出玉鴨金蜂
賂我止啼.
至今二十八年矣.
立馬江上遙見.
丹旐[406]翩然
檣影透池
至岸轉樹隱 不可復見.
江上遙山
黛綠如鬟[407]
江光與鏡 曉月如眉.
泣念墮梳獨 幼時事歷歷
又多歡樂歲月
長中間苦離患憂貧困
忽忽如夢中.
爲兄弟之日 又何甚促也.

명사銘詞

떠나는 이는 거듭거듭 훗날을 기약하는 말을 남겨도
보내는 이는 오히려 더욱 눈물로 옷을 적시네.
일엽편주 이제 떠나면 언제 돌아오리오!
보내는 이는 부질없이 언덕 위로 돌아가네!

去者丁寧留後期
猶令送者淚沾衣.
扁舟從此何時還.
送者徒然岸上歸.

---

405) 騦 (전)=馬土浴也.
406) 旐(조)=喪車를 인도하는 旌旗, 龜蛇旗.
407) 鬟(환)=쪽찐 머리.

인연의 정情은 예禮를 극진히 하고 정경을 묘사해야 | 緣情爲至禮寫境
참다운 글이 된다. | 爲眞文.
어찌 일찍이 정해진 법이 있겠는가? | 何嘗有定法哉.
이 소품을 옛사람의 글로 읽으면 | 此篇以古人之文讀之
당연히 딴말이 없겠으나, | 則當無異辭
금인의 글로 읽는다면 | 以今人之文讀之
의심이 없을 수 없을 것이다. | 故不能無疑.
원컨대 수건이나 상자에 숨겨두십시오. | 願秘之巾衍.

연암집燕巖集/권5/영대정잉묵映帶亭媵墨/답창애答蒼厓 5

저녁녘에 용수산에 올라 기다렸으나 그대는 오지 않았소. | 暮登龍首山候足下 不至.
강물은 동쪽에서 흘러오는데 나는 흘러가는 것을 보지 않았소. | 江水東來 不見其去.
밤이 깊어 달이 중천에 떴을 때 돌아왔소이다. | 夜深泛月而歸.
정자 아래로 늙은 고목이 사람처럼 허옇게 서 있었는데, | 亭下老樹 白而人立
나는 그대가 먼저 와서 거기에 서 있는 줄 의심했소. | 又疑足下先在其間也.

연암집燕巖集/권4/영대정잉묵映帶亭媵墨/연암억선형燕巖憶先兄

돌아가신 우리 형님 누구를 닮았을까? | 我兄顏髮曾誰似.
돌아가신 아버님 생각이 날 때면 형님 얼굴 보았지! | 每憶先君看我兄.
오늘 형님 보고 싶은데 어디 가면 볼 수 있을까? | 今日思兄何處見.
의관을 정제하고 내 얼굴 비춰보러 시냇물로 가야겠네! | 自將巾袂⁴⁰⁹⁾影溪行.

연암집燕巖集/권4/영대정잉묵映帶亭媵墨/극한極寒

북악은 높아 깎아지른 듯 막아섰고 | 北岳高戌⁴¹⁰⁾削
남산은 소나무가 검은색이다. | 南山松黑色.
새매가 지나가니 숲은 고요하고 | 隼過林木肅
학의 울음소리에 하늘은 시퍼렇다. | 鶴鳴昊天碧.

---

408) 仲存(중존)=燕巖의 知己이자 妻男인 李在誠.
409) 袂(몌)=소매.
410) 戌(술)=犬也, 遏也, 破也, 西北方也.

열하일기

열하일기熱河日記/서序[411]

글을 써서 교훈을 진술한 것으로서	立言設[412]敎
신명의 뜻을 통하고	通神明之故[413]
사물의 법칙을 꿰뚫은 것으로는	窮事物之則者
『역경』과 『춘추』보다 더 나은 것이 없다.	莫尙乎易春秋.
『역경』은 은미하고 『춘추』는 현저하다.	易微而春秋顯.
은미함은 진리를 담론하는 것으로	微主談理
그것이 유행하여 우언이 되고,	流而爲寓言
현저함은 사건을 기록하는 것으로 그것이 변하여 외전이 된다.	顯主記事 變而爲外傳.
저서의 방법은 이러한 두 가지 길밖에 없다.	著書家有此二塗.
『역경』의 육십사 괘에서 말한 물건과 사람은	易之六十四掛所言事物
모두 실재라고 말할 수는 없을 것이다.	將謂有物耶 無之矣.
그러나 점대를 뽑아 괘를 만들어 형상을 나타내 보이면,	然而揲著有掛 其象立見
길흉과 회린이 북소리처럼 호응함은 무슨 까닭인가?	吉凶悔吝 應若桴鼓者 何也.
이는 은미한 것을 따라 현저한 경지로 나아가기 때문이니,	由微而之顯故也
우언을 쓰는 사람은 이러한 방법을 이용한다.	爲寓言之文者因之.
『춘추』에 기록된 이백사십이 년간의 사건들은	春秋二百四十二年之間
모두 실재인데도,	悉有其事矣
좌구명左丘明, 공양고公羊高, 곡량적穀梁赤,	然而左公穀
추덕부鄒德溥, 협씨夾氏가 쓴 전傳이	鄒夾之傳

---

411) 박영철 본『연암집』에는 이 글이 없다. 필사본의 하나인 『燕巖山房本』에만 유일하게 이 서문이 실려 있다. 최근 발견된 유득공의 문집 『冷齋書種』에 이 글이 실려 있다. 이로 볼 때 작자를 유득공으로 보는 학자들도 있다.

412) 設(설)=陳也.

413) 故(고)=意也, 謀也.

제각각 다르니 무슨 까닭인가?	各異何也.
이는 현저한 것으로부터 은미한 것을 지향하기 때문이니	由顯而入微故也
외전을 쓰는 사람은 이런 방법을 이용한다.	爲外傳之文者因之.
그러므로 이르기를 장자는 저서에 능하다고 한다.	是故曰 蒙[414]莊善著書.
다만 외전이라 해도 진실과 허구가 섞여 있고,	以爲外傳也 則眞假相混
우언이라 해도 은미함과 현저함이 갈마들며 변한다.	以爲寓言也 則微顯迭變.
사람들은 그 시말을 측량할 수 없으므로 궤변이라 한다.	人莫測其端倪 號爲弔詭.
그러나 끝내 그 허구와 우언을 폐기할 수 없었던 것은	而其說終不可廢者
진리를 잘 담론할 수 있기 때문이다.	善於談理故也.
가히 저술가의 영웅이라고 부를 만하다.	可謂著書家之雄也.
연암의 『열하일기』는	今夫燕巖氏之熱河日記
어떤 책이라고 평할지 모르겠다.	吾未知其爲何書也.
… 나는 이로부터 비로소 알게 되었다.	始知.
장자의 외전에는 진실과 허구가 섞여 있지만,	莊生之爲外傳 有眞有假
연암의 외전에는 진실만 있고 허구는 없으며,	燕巖氏之爲外傳 有眞無假
우언을 겸했으나	其所以兼乎寓言
진리의 담론으로 귀착하는 것은 동일하다.	而歸乎談理則同.
일체의 이용후생의 도道가	一切利用厚生之道
모두 그 가운데 들어 있으니	皆在其中
글을 써서 교훈을 남기려는 취지에 어긋나지 않으리라.	始不悖於立言設敎之旨矣.

연암집燕巖集/**권11**/**열하일기**熱河日記/**도강록**渡江錄

왜 이 글 첫머리에 '후삼경자後三庚子'라고 썼는가?	曷爲後三庚子.
왜 '후'라는 글자를 붙였는가 하면	曷稱後
명나라 의종의 연호인 '숭정' 기원 이후라는 뜻이다.	崇禎紀元後也.
왜 '삼경자'라고 했는가?	曷三庚子
숭정이란 연호가 시작된 뒤로 세 번째 경자년이라는 뜻이다.	崇禎紀元後三周庚子也.

---

414) 蒙(몽)=地名, 今河南商丘東北.

왜 '숭정'을 바로 쓰지 않았는가?	曷不稱崇禎.
장차 압록강을 건너야 하겠기에 피한 것이다.	將渡江故諱之也.
무엇 때문에 피한 것인가?	曷諱之.
압록강을 건너면 청나라 사람들이기 때문이다.	江以外淸人也.
천하가 모두 청나라 연호를 쓰므로	天下皆奉淸正朔
감히 숭정이라는 멸망한 왕의 연호로 칭할 수는 없었다.	故不敢稱崇禎也.
왜 우리나라는 자살한 의종의 연호인 '숭정'을 몰래 쓰는가?	曷邪稱崇禎.
명나라 황실은 중화이며	皇明中和也
조선이 처음으로 승인을 받은 상국이기 때문이다.	吾初受明之上國也.
의종이 숭정 십칠 년	崇禎十七年
사직이 망하자 순국함으로써	毅宗烈皇帝殉社稷
명나라 황실이 없어진 지 백삼십여 년이 지났는데,	明室亡于今百三十餘年
어찌 지금까지 명나라의 연호를 쓴단 말인가?	曷至今稱之.
청나라 사람이 중국의 주인이 됨으로써	淸人入主中國
선왕의 제도가 변하여 오랑캐가 되었지만	而先王之制度變而爲胡
우리 동쪽 수천 리는 강을 경계로 나라를 이루어	環東土數千里 畫江而爲國
홀로 선왕의 제도를 지켰으니,	獨守先王之制度
이는 명나라 황실이 아직도 압록강 동쪽에 존재함을 의미한다.	是明明室猶存於鴨水以東也.
비록 힘이 없어 오랑캐를 몰아내고	雖力不足 以攘除戎狄
중원을 숙청하여,	肅淸中原
선왕의 옛 모습을 광복할 수는 없어도	以光復先王之舊
사람마다 숭정이란 연호만이라도 받들어	然皆能尊崇禎
중국을 보존하려는 것이다.	以存中國也.
숭정 백오십육 년 계묘	崇禎百五十六年 癸卯
열상외사 씀.	洌上外史 題.

연암집燕巖集/**권2/연상각선본**煙湘閣選本/**답이중존서**答李仲存書 3

저들이 『열하일기』에 대해	彼所云
오랑캐의 연호를 쓴 글이라고 시비를 한다는데	虜號之稿
무엇을 가리키는 것인지 잘 모르겠습니다.	不識何所指也.

지금 사람들이 갑자기 그런 문제를 가지고 책망한다니 今忽有人焉爲若責

어진 선비로서는 좀 지나친 것 같습니다. 備於賢者則過矣.

지금 공사 간의 문서에는 至於公私文簿之間

청나라 연호를 쓰지 않을 수 없습니다. 有不能避焉.

그것은 부득이한 실정입니다. 盖不得已也.

논밭이나 집의 매매 문서에 故田宅其立券也

청나라의 연호를 쓰지 않으면 非具書當世之年號

매매가 성립되지 않습니다. 則賣買不成.

나는 알지 못합니다. 吾未知.

세상에 유독 『춘추』의 의리를 따지는 저들이니 世之獨嚴於春秋者

'오랑캐의 연호가 붙은 집이니 살지 않고 其將謂虜號之室 而不居也

오랑캐 연호가 붙은 논밭이니 亦將謂虜號之田

그 소출을 먹지 않겠다'는 말입니까? 而不食也歟.

그러므로 압록강을 건너가던 날 일기 첫머리에 故首爲起例于渡江之日

'후삼경자'라고 썼습니다. 曰後三庚子.

연호를 칭할 경우엔 其稱謂之際

종종 강희니 건륭이니 하여 시대를 구별했는데도 往往以康熙乾隆 別其時世

춘추필법으로 나를 책망하니 而乃反責之以史筆

어찌 유감이 아니겠습니까? 則豈非感歟.

이는 나의 원고를 읽지도 않고 是果未見其稿

억지로 말을 만들어낸 것입니다. 而强爲之說也.

순임금은 동쪽 오랑캐 사람이고, 舜東夷之人也

문왕은 서쪽 오랑캐 사람입니다. 文王西夷之人也.

지금의 『춘추』를 위하는 자들에 따르면 由今之爲春秋者

순임금과 문왕을 위해 其將爲舜文王

그들의 출생지를 감추고 기피해야 할까요? 曲諱其所生之地耶.

『춘추』라는 책은 본래 중국을 높이고 春秋固尊華攘

오랑캐를 배척하는 글입니다. 夷之書也.

그러나 공자는 일찍이 구이의 땅에서 살고 싶다고 했습니다. 然夫子嘗欲居九夷.

지금의 도리에 따르면 ／ 由今之道者

성인이 어찌 배척하는 땅에서 살고 싶다고 했겠습니까? ／ 聖人何爲欲居其所攘之地乎.

요즘 사람들처럼 『춘추』를 위한다면 ／ 若人而爲春秋者

흉노에 대해서는 전하지도 말하지도 말아야 합니까? ／ 其將廢胡傳而不講耶.

나를 죄주거나 알아주거나 간에 ／ 知我罪我之間

마땅히 그것을 분별하는 이들이 있어야 합니다. ／ 當有以辨之者矣.

마장전

연암집燕巖集/권8/방경각외전放璚閣外傳/자서自序

우도友道가 오륜의 맨 끝에 놓였지만 ／ 友居倫季

하찮거나 낮은 것은 아니다. ／ 匪厥疎卑.

이는 오행五行의 토土가 사시에 고루 작용하는 것과 같다. ／ 如土於行 寄王四時.

오륜의 친親 ,의義, 별別 ,서序가 신信이 아니면 될 수 있겠는가? ／ 親義別序 非信奚爲.

오상五常이 어긋나면 우友가 이를 바로잡아준다. ／ 常若不常 友乃正之.

우가 끝에 위치한 까닭은 뒤에서 이를 아우르려 함이다. ／ 所以居後 迺殿[415]統斯.

세 광인이 벗이 되어 속세를 등지고 유리하면서, ／ 三狂相友 遁世流離

속세의 참소와 아첨을 논하니 마치 장부를 만난 듯하다. ／ 論厥讒諂 若見鬢眉[416].

이에 말 거간꾼에 대해 기술한다. ／ 於是述馬駔.

연암집燕巖集/권8/방경각외전放璚閣外傳/마장전馬駔傳

옛날 심장병을 앓는 사람이 아내를 시켜 약을 달였다. ／ 昔者有病心 而使妻煎藥.

그런데 약이 많았다가 적었다가 그 양이 일정하지 않았다. ／ 多寡不適.

그는 노하여 다음에는 사랑하는 첩에게 약을 달이게 했다. ／ 怒而使妾.

그랬더니 그 약의 분량이 늘 한결같았다. ／ 多寡恒適.

그는 첩을 기특하게 여겨 창 구멍으로 첩을 엿보았다. ／ 甚宜其妾 穴窓窺之.

---

415) 殿(전)=後軍也, 大堂也.

416) 鬢眉(빈미)=살쩍의 미목.

첩은 약이 많으면 땅에 부어버리고, 적으면 물을 붓곤 했다.   多則損地 寡則添水.

그러므로 귓속말로 속삭임은 지극한 말이 아니며,   故附耳低聲 非至言也

비밀을 흘리지 말라고 당부하는 것은 깊은 사귐이 아니고,   戒囑勿洩 非深交也

정情의 깊고 얕음을 강조하는 자는 참다운 벗이 아니다.   訟情淺深 非盛友也.

송욱, 조탑타, 장덕홍 세 사람이   宋旭 趙闒拖 張德弘

광통교 위에서 벗 사귀는 방법을 토론했다.   相與論交 於廣通橋上.

탑타가 말했다.   闒拖曰.

"내가 아침 나절에 바가지를 두드리며 밥을 구걸하다가   吾朝日 鼓瓢行丐

어느 점포에 들르지 않았겠나.   入于市廛.

때마침 점포 이 층에 올라가 포목을 흥정하는 자가 있었네.   有登樓而貿布者.

그는 포목을 골라 혀로 핥아보고 공중에 비춰 보더군.   擇布而舐之 映空而視之.

그러면서도 값은 입에 담아두고 먼저 부르기를 사양하더군.   價則在口 讓其先呼.

얼마 안 되어서 그 두 사람은 포목에 대한 일은 잊어버린 듯,   旣而兩相忘布

점포 주인은 먼 산을 바라보며 흥얼거리는   布人忽然望遠山

노래가 구름 위에 솟고   謠其出雲

손님은 뒷짐을 지고 소요하며 벽에 걸린 그림을 보데그려!"   其人負手逍遙 壁上觀畵.

송욱이 말했다.   宋旭曰.

"벗을 사귐에는 다섯 가지 방술이 있으니,   故處交有術

그를 기리고자 하면 먼저 잘못을 들추어 책망할 것이며,   將欲譽之 莫如顯責

그를 기쁘게 하려면 먼저 노여움으로 깨우칠 것이며,   將欲示歡 怒而明之

그를 친절하게 하려면   將欲親之

먼저 뜻을 꼿꼿이 세우고 몸을 부끄러운 듯 돌아보고,   注意若植 回身若羞

남들이 나를 믿게 하려면 의문을 가지고 기다려야 할 것이네.   使人欲吾信也 設疑而待之.

무릇 열사는 슬픔이 많고, 미인은 눈물이 많은 것이므로,   夫烈士多悲 美人多淚

영웅이 잘 우는 것은 남의 마음을 움직이는 방법이라네.   故英雄善泣者 所以動人.

이 다섯 가지 방술은 군자의 은밀한 권도이며   夫此五術者 君子之微權

처세의 지극한 도道라네."   而處世之達道也.

탑타가 덕홍에게 말했다.

"대체 송 군이 하는 말의 진의는

사나운 개 이빨처럼 숨어 있는 말이어서

나는 그 뜻을 알 수가 없네."

덕홍이 말했다. "네가 어찌 그것을 알겠느냐?

그 선함을 드러내는 것도 책망하는 것은

기림을 드러내지 말라는 것이며,

또 노여움은 사랑에서 나고, 정情은 견책을 내는 것이므로

한집안 식구는 꾸중을 싫어하지 않는 법이지.

이미 친밀하게 대하는데도 더욱 소원해진다면

친밀함이 어찌 나아지겠으며,

이미 신임하려 하는데도 오히려 의심한다면

신임이 어찌 깊어지겠는가?

술은 다하고 밤은 깊어 다른 사람은 모두 쓰러져 자는데

말없이 마주 보며 취흥에 젖어

그리움에 젖어 있다면,

그 누가 처연히 감동하지 않겠는가?

서로 마음을 알아주는 것보다 더 귀한 것은 없고,

즐거움은 서로 마음이 통하는 것보다 지극한 것이 없다네.

성급한 자는 노여움을 풀어주고,

사나운 자는 원한을 가라앉히자면

울음보다 더 빠른 것이 없다네.

나도 남과 사귐에 울고 싶을 때가 없지 않았지만,

울어도 눈물이 나지 않았네.

이제 온 나라를 떠돈 지 서른한 해가 되었지만

아직 참된 친구가 한 사람도 없지 않은가?"

闥拖 問於德弘曰.

夫宋子之言陳義

獒[417]牙廋[418]辭也

吾不知也.

德弘曰 汝奚足以知之.

夫聲其善而責之

譽莫揚焉

夫怒生於愛 情出於譴

家人不厭時嗃嗃[419]也.

夫已親而逾疎

親孰踰之

已信而尙疑 信孰密焉

信孰密焉.

酒闌夜深 衆人皆睡

黙然相視 倚其餘醉

動其悲[420]思

未有不悽然而感者矣.

故交莫貴乎相知

樂莫極於相感.

狷者解其慍

悷者平其怨

莫疾乎泣.

吾與人交 未嘗不欲泣

泣而淚不下.

故行于國中 三十有一年矣

未有友焉.

---

417) 獒(오)=사나운 개.

418) 廋(수)=숨기다.

419) 嗃(학)=嚴酷貌, 多責讓狀也.

420) 悲(비)=顧念也.

탑타가 물었다.

"그렇다면 충심으로 처신하고 교제하며,

의義로서 벗을 사귀려면 어찌해야 하나?"

덕홍이 얼굴에 침을 튀기며 꾸짖어 말했다.

"이런 촌놈! 그것을 말이라고 하는가?

내 말을 잘 들어봐!

대저 가난뱅이는 소망이 많아서 끝없이 의義를 좇는다.

왜 그럴까?

막막한 하늘을 보고 비와 곡식을 빌고

남의 기침 소리만 들어도 목을 석 자나 늘려야 하기 때문이야.

그러나 재물을 모은 자는

인색하다는 악명을 부끄러워하지 않는다.

이는 남들이 나에게 소망하는 것을 끊어버리는 방법이야!

대저 천한 자는 아낄 것이 없으므로

충성스럽게 어려운 일도 불사한다.

왜 그럴까?

물을 건너는데 옷을 걷어 올리지 않는 것은

속옷이 헤졌기 때문이다.

수레를 타는 자는 구두 위에 털신을 신는다.

그것은 구두에 흙이 묻을까 염려한 때문이다.

이처럼 신발 밑창까지 아끼는데 황차 제 몸이야 어떻겠는가?

그러므로 충의란 가난하고 천한 자에겐 일상적인 일이지만

부하고 귀한 자들에게는 해당되는 일이 아니란 말일세."

탑타는 실망하여 풀이 죽은 듯 얼굴색을 바꾸고 말했다.

"나는 세상에 벗이 없을망정

군자의 교제는 할 수 없을 것 같다."

이윽고 이들 세 사람은 갓을 부수고 옷을 찢어버리고,

떼 묻은 얼굴과 쑥대 같은 머리를 하고,

허리에 새끼를 두르고 저잣거리를 쏘다니며 노래를 불렀다.

闔拖曰.

然則忠而處交

義而得友 何如.

德弘 唾面而罵之曰.

鄙鄙哉 爾之言之也.

此亦言乎哉 汝聽之.

夫貧者多所望 故慕義無窮.

何則.

視天寞寞 猶思其雨粟

聞人咳聲 延頸三尺.

夫積財者

不恥其吝名.

所以絕人之望我也.

夫賤者無所惜

故忠不辭難.

何則.

水涉不褰

衣弊袴也.

乘車者 靴加坌套.

猶恐沾泥.

履低尚愛 而況於身乎.

故忠義者 貧賤者之常事

而非論於富貴耳.

闔拖 愀然變乎色曰

吾寧無友於世

不能爲君子之交.

於是 相與毁冠裂衣

帶索而歌於市

帶索而歌於市.

이처럼 송욱과 탑타는 길에서 걸식을 했고,	而宋旭闒拖 乞食於道
덕홍은 저잣거리에서 미친 듯 노래를 불렀지만,	德弘狂歌於市
오히려 말 거간꾼처럼 술수를 부리지는 않았다.	猶不爲馬駔之術.
그런데 황차 글 읽는 선비가 술수를 부려서야 되겠는가?	而況君子而讀書者乎.

예덕선생전

연암집燕巖集/**권8**/**방경각외전**放璚閣外傳/**자서**自序

선비들은 입과 배에 구속되어	士累口腹
백 가지 행실이 굶주림을 면하는 것에 있다.	百行餒缺.
존귀함으로 먹고 존귀함으로 삶으면서,	鼎食鼎[421]烹
탐욕의 귀신이 된 것을 경계하지 않는다.	不誠饕餮[422]
엄 행수는 스스로 똥으로 먹고 사니	嚴自食糞
족적은 더럽지만 입은 깨끗하다.	跡穢口潔.
그래서 「예덕선생전」을 쓴다.	於是述穢德先生.

연암집燕巖集/**권8**/**방경각외전**放璚閣外傳/**예덕선생전**穢德先生傳

선귤자의 벗에 예덕 선생이란 사람이 있었다.	蟬橘子 有友曰 穢德先生.
그는 날마다 마을의 똥을 푸는 것을 업으로 삼았다.	日負里中糞 以爲業.
마을 사람들은 그를 엄 행수라 부른다.	里中皆稱嚴行首.
행수란 일꾼 중에서 늙은이를 칭하고	行首者 役夫老者之稱也
엄은 그의 성이다.	嚴其姓也.
어느 날 제자인 자목이 선귤자에게 말했다.	子牧問乎蟬橘子曰.
"요즘 세상의 이름난 사대부들이	世之名士大夫
선생님의 제자가 되기를 원하는 자가 많지만	願從足下多矣
선생님은 아무도 받아들이지 않았습니다.	夫子無所取焉.

527

---

421) 鼎(정)=牲器也, 귀족, 존귀함.

422) 饕餮(도철)=食人惡獸, 탐욕한 악인.

그런데 저 엄 행수란 자는 마을의 천한 자로서   夫嚴行首者 里中賤人

치욕스러운 일을 행하는 자인데   而恥辱之行也

선생은 자꾸만 그의 덕을 칭찬하고 선생이라 부르며   夫子亟稱其德曰先生

교제를 허락하고 벗으로 삼기를 청하니   若將納交 而請友焉

제자로서는 몹시 부끄럽게 생각되어   弟子甚羞之

이제 선생의 문하를 떠날까 합니다."   請辭於門.

선귤자가 말했다.   蟬橘子曰.

"그대가 부끄러워할 것은 자기에게 있지   子之所羞者果在此

남에게 있는 것이 아니라네.   而不在彼也.

대저 세속의 사귐은 이로움으로 하고,   夫市交以利

얼굴로 사귐은 아첨으로 하는 것이네.   面交以諂.

그러므로 비록 좋은 사이라도   故雖有至懽

세 번을 요구하면 소원해지지 않을 수 없고,   三求則無不疎

비록 오랜 원한이 있어도   雖有宿怨

세 번을 주면 친해지지 않을 수 없다.   三與則無不親.

그러므로 이익으로 사귐은 계속되기 어렵고,   故以利則難繼

아첨으로 사귐은 오래가지 않는 법이다.   以諂則不久.

오로지 마음으로 사귀고, 덕으로 벗할지니   但交之以心 而友之以德

이것이야말로 도의의 사귐이라 할 것이다.   是爲道義之交.

엄 행수는 일찍이 나에게 앎을 구하지는 않았으나, 彼嚴行首者 未嘗求知於吾

나는 늘 그를 기리고 싶고 도무지 싫지가 않다네. 吾常欲譽之而不厭也.

그의 먹는 것은 곤궁하고 걸음걸이는 두려운 듯하고, 其飯也頓頓 其行也伈伈

잠잘 때는 죽은 듯하고, 웃을 때는 껄껄댄다네. 其睡也昏昏 其笑也呵呵.

거처는 바보처럼 흙으로 쌓고 풀로 이엉을 덮었으며, 其居也若愚 築土覆槀

담장에 조그만 구멍을 내고,   而圭⁴²³⁾其竇

들어갈 때는 새우등처럼 굽히고, 잠잘 때는 개처럼 입을 벌린다. 入則蝦脊 眠則狗喙.

아침이 되면 부스스 일어나   朝日熙熙然起

423) 圭(규)=穿牆狀如圭也.

삼태기를 들고 마을에 들어가 뒷간을 친다.

날씨가 추워져 구월에 비 서리 내리고

시월에는 엷은 얼음이 얼면

뒷간에 남은 찌꺼기와 말똥 쇠똥,

홰 아래의 닭똥, 개똥, 거위 똥,

입희령, 좌반룡,

완월사, 백정향을

취하는데 마치 주옥처럼 귀중하게 여겼으나

그의 청렴에는 아무런 손상이 없다.

똥의 이익을 독차지했으나 그 어떤 의리도 해치지 않으며,

아무리 똥을 탐내도 남들이 사양하지 않는다고 책하지 않는다.

대저 부귀란 남들이 다 바라는 것이지만

그는 원하지도 않으려니와 얻었어도 부러워하지도 않았다.

남들이 칭찬해도 영광스럽게 여기지 않고,

헐뜯어도 욕되게 여기지 않는다.

엄 행수야말로 자기의 덕행을 더러운 똥 속에 숨긴

이 속세의 큰 은사가 아니겠는가?

그는

똥지게를 지고 거름을 치며 스스로 먹을 것을 마련하므로

지극히 불결하다고 말할 수도 있을 것이다.

그러나 그가 밥벌이하는 방법은 지극히 향기로운 것이다.

그의 몸이 처한 곳은 지극히 비루하고 더럽지만

그가 의義를 지킴은 지극히 높다.

그 뜻으로 따진다면 비록 만종의 녹으로도 사귈 만하다.

이로써 볼 때 겉으로 깨끗한 자가 도리어 불결하고

荷畚入里中除溷.

歲九月天雨霜

十月薄氷

圂入餘乾皁馬通 閑牛下

塒落 鷄狗鵝矢

笠豨苓[424] 左盤龍[425]

翫月沙[426] 白丁香[427]

取之如珠玉

不傷於廉.

獨專其利 而不害於義

貪多而務得 人不謂其不讓.

夫富貴者 人之所同願也

非慕而可得故不羨也.

譽之而不加榮

毀之而不可辱.

如嚴行首者 豈非所謂穢其德

而大隱於世者耶.

夫嚴行首

負糞擔溷而自食

可謂至不潔矣.

然而其所以取食者 至馨香.

其處身也至鄙汚

而其守義也至抗高.

推其志也 雖萬鐘[428]可知也.

繇[429]是觀之 潔者有不潔

---

424) 笠豨苓(입희령)=돼지 똥.

425) 左盤龍(좌반룡)=사람 똥.

426) 翫月沙(완월사)=새똥.

427) 白丁香(백정향)=도살장의 똥.

428) 種(종)=6石4斗.

429) 繇(요)=隨也.

더러운 자가 도리어 더럽지 않은 것이다."

而穢者不穢耳.

민옹전

연암집燕巖集/**권8**/**방경각외전**放璚閣外傳/**민옹전**閔翁傳

민 영감님은 남양인이다.

어릴 때부터 매우 영리하고 총명하여 말을 잘했다.

특히 옛사람의 기특한 절개나 거룩한 역사를 그리워하고

의기에 복받쳐 분노를 폭발하기도 했다.

그들의 전기를 읽을 때마다

탄식하고 눈물짓지 않는 때가 거의 없었다.

어떤 사람이 말했다. "민 영감은 기이한 사람입니다!

노래도 잘하고 이야기와 변론도 잘합니다.

그의 이야기는 참으로 활달하고 괴이하고 걸쭉하여,

듣는 사람마다 마음이 상쾌하게 뚫리지 않는 이가 없답니다."

나는 그 말을 듣고 몹시 기뻐서 놀러 오라고 초청했다.

그리하여 민 영감은 나를 찾게 되었다.

나는 때마침 친구들과 함께 음악을 감상하고 있었다.

민 영감은 인사도 나누기 전에

퉁소 부는 자를 가만히 들여다보더니

별안간 그의 뺨을 갈기며 크게 꾸짖었다.

"이 녀석! 주인은 즐거워하는데 너는 어째서 성내고 있느냐?"

나는 크게 껄껄 웃었다.

영감은 또 말했다. "비단 퉁소만 그런 게 아니오.

閔翁者 南陽人也.

翁幼警悟聰給[430].

獨慕古人奇節偉跡

慷慨發憤.

每讀其一傳

未嘗不歎息泣下也.

有言 閔翁奇士.

工歌曲 善譚辯.

俶[431]怪譎恢[432]

聽者人無不爽 然意豁也.

余聞甚喜 請與俱至.

翁來.

而余方與人樂.

翁不爲禮

熟視管者

批其頰 大罵曰.

主人懽 汝何怒也.

余大笑.

翁曰. 豈獨管者怒也.

---

430) 給(급)=敏言也.

431) 俶(숙)=善也, 整也.

432) 恢(회)=大也, 備也.

저 피리 부는 놈은 얼굴을 해반닥 돌리고 우는 듯하고,
장구재비는 눈살을 찌푸리고 걱정을 하는 듯하지 않소?
그러니까 온 좌석이 입을 다물고 크게 두려운 듯 앉아 있고
아이와 종들까지 꺼리어 웃지도 못하고 말도 못 하고 있으니
이런 음악이 어찌 즐거울 수 있겠소?"

손님이 물었다. "영감님은 신선을 보았습니까?"
민 옹이 대답했다. "보았지."
"신선은 어디 있습니까?"
민 옹이 대답했다. "집이 가난한 자가 곧 신선이라오.
부자는 항상 세상사에 연연하지만
가난한 자는 항상 세상을 싫어합니다.
속세를 싫어하는 것이 신선이 아니고 무엇이겠소?"

"그럼 영감님은 장수한 사람도 보았겠군요?"
민 옹이 대답했다. "보았고말고.
오늘 우연히 아침에 숲 속에 들어갔는데,
두꺼비와 토끼가 서로 어른이라고 다투고 있더군요.
토끼가 말하길, '나는 옛 전욱의 현손인 팽조와 동갑이니까
너는 후생이야!'
두꺼비는 말없이 머리 숙여 훌쩍훌쩍 울면서 말하길
'나는 동쪽 마을의 이웃 어린이와 동갑인데
겨우 다섯 살에 벌써 글을 읽을 줄 알아서,
아득한 옛날 천지가 시작된 때 사람인 천황씨로부터
한나라 당나라를 열람하고 아침에는 송나라,
저녁엔 명나라이니,
아무리 나이 많은 자도 저 어린이에 비할 수 없을 것이오.
그런데 팽조는 겨우 팔백 살밖에 못 살고 요절하며

笛者反面若啼
缶者嚬若愁.
坐黙然若大恐
僮僕忌諱笑語
樂不可爲懽也.

又問 翁見仙乎.
曰見之.
仙何在
曰家貧者仙耳.
富者常戀世
貧者常厭世.
厭世者非仙耶.

翁能見長年者乎.
曰. 見之.
朝日入林中
蟾與兎爭長.
兎曰 吾與彭祖同年者
乃晩生也.
蟾俛首而泣 曰
吾與東家孺子同年
孺子五歲乃知讀書
生于木德[433] 肇紀攝提[434]
歷漢閲唐
暮朝宋明
長年者乃莫如孺子.
而彭祖乃八百歲夭夭

433) 木德(목덕)=東方.
434) 攝提(섭제)=星名, 歲名(太歲).

세상을 본 것도 많지 않고 경험도 오래지 못했으니, 閱世不多 更事未久

나는 그를 슬퍼한다네!' 吾是以悲耳.

이에 토끼는 재배하며 말했소. 兎乃再拜曰.

'당신은 나의 할아버지 항렬이십니다.' 若乃大父行也.

이로 본다면 由是觀之

글 많이 읽은 자가 장수한 사람이 아니겠소?" 讀書多者崔壽耳.

"그러나 영감님도 불사약은 보지 못했을 것입니다." 然不死藥翁必不見也.

민 옹은 웃으면서 말했다. 翁笑曰.

"그것이야 내가 아침저녁으로 늘 먹는 것인데 어찌 모르겠소? 此吾朝夕常餌者 惡得而不知

내 일찍이 천 년 된 복령과 신라의 인삼과 茯靈 蔘伯

천 년 된 구기자를 먹고, 千歲枸杞 吾嘗餌之

백 일 동안 음식을 안 먹었더니 不復飲食者盖百日

숨을 헐떡이며 죽을 지경에 이르렀소. 喘喘然將死.

이웃집 할머니가 와서 보고 탄식하며 이르기를 隣嫗來視歎曰

'그대의 병은 굶주림인데, 子病饑也

병을 치료하는 것은 약이요, 주림을 치료하는 것은 밥이니, 夫效疾爲藥 療饑爲食

이 병은 오곡이 아니고는 치료하기 어렵다'고 말합디다. 非五穀將不治.

그래서 기름진 쌀밥을 지어 먹고 나서야 죽음을 면했소. 遂飯稻粱而餌之 得而不死.

이로 보면 불사약은 밥만 한 것이 없습니다. 不死藥莫如飯.

아침에 한 그릇, 저녁에 한 그릇 먹었더니 吾朝一盂 夕一盂

이제 이미 일흔 살을 넘겼습니다." 今已七十餘年矣.

손님들은 질문이 막혀서 더 이상 힐문할 수 없게 되었다. 客素問 無以復詰.

그러자 한 손님이 성난 듯 말했다. 乃忿然曰.

"영감님은 역시 무서운 것도 보았겠죠?" 翁亦見畏乎.

민 영감은 한동안 말이 없다가 별안간 거친 소리로 말했다. 翁黙然良久 忽厲聲曰.

"무서운 것은 나 자신보다 더한 것이 없다오! 可畏者 莫吾若也.

내 오른쪽 눈은 용이요. 왼쪽 눈은 범이라오. 吾右目爲龍 左目爲虎.

혀 밑엔 도끼를 숨겼고, 舌下藏斧

내 구부러진 팔은 활처럼 생기지 않았소?

내 마음을 잘 간직하면 어린아이처럼 착할 것이고,

까딱 잘못하면 오랑캐도 될 수 있으며,

삼가지 못하면

스스로 물어뜯고 죽일 것이오!

그래서 성인께서도 '극기복례'와

'한사존성'을 말했을 것이오.

그들도 일찍이 두려운 마음이 없었던 것은 아닌 것 같소."

어떤 손님이 전했다. "요즘 해서 지방에 누리가 나타나

관청에서 백성을 독려해 잡고 있다고 합니다."

민 옹은 말했다. "누리를 잡아서 무엇하겠소?

이런 조그만 벌레야 무슨 걱정이겠소?

내 보기엔 종로 네 거리를 가득 메운 것들이

모두 누리가 아니겠소?"

그다음 해에 민 영감은 세상을 떠났다.

영감은 비록 너무 넓고 기이하고 얽매이지 않고 호탕했지만

성격이 개결하고 곧고 평화롭고 어질었다.

『주역』에도 밝았고 노자의 글을 좋아했으며

엿보지 않은 서책이 없었다고 한다.

올가을부터 나의 병이 더해갔으며

민 영감님도 다시는 만나볼 수 없으니

나는 그와 더불어 나눈 은어, 해학, 풍자 등을 모아

책을 만들고 이를 민옹전이라 했다.

彎臂如弓.

念則赤子

差爲夷戎

不戒則將自噉[435]自齧

自戕[436]自伐.

是以聖人克己復禮

閑邪存性.

嘗無不自畏也.

或言海西蝗

官督民捕之.

翁問 捕蝗何爲.

此小蟲不足憂.

吾見鐘樓塡道者

皆蝗耳.

明年翁死.

翁雖恢奇俶蕩

性介直樂善.

明於易 好老子之言

於書蓋無所不窺.

今年秋 余又益病

而閔翁不可見

遂著其與余爲隱俳恢言談

譏諷 爲閔翁傳.

---

435) 噉(담)=啖也.

436) 戕(장)=殘也, 殺也.

연암집燕巖集/**권8**/**방경각외전**放璚閣外傳/**양반전**兩班傳

양반이란 사족을 높여 부르는 말이다.	兩班者士族之尊稱也.
강원도 정선 고을에 한 양반이 살고 있었다.	旌善之郡有一兩班.
그는 성품이 무척 어질고, 글 읽기를 매우 좋아했다.	賢而好讀書.
이 고을에 군수가 새로 부임해 오면	每郡守新至
반드시 이 양반을 먼저 찾아뵙고,	必親造其廬
예의를 표하는 것이 관례가 되어 있었다.	而禮之.
그러나 워낙 가난하여 여러 해 동안 꾸어 먹은 관곡이	然家貧歲食郡糴
누적되어 이제는 천 석이나 되었다.	積歲之千石.
어느 날 관찰사가 이 고을을 순행하게 되었다.	觀察使巡行郡邑.
관곡을 조사해본 그는 몹시 노해	閱糴糴大怒曰
그 양반을 잡아 가두라고 명했다.	命囚其兩班.
명령을 받은 군수는 그 양반을 불쌍히 여겨	郡守意哀其兩班
차마 가두지는 못했으나	不忍囚之
일은 매우 딱하게 되었다.	亦無可奈何.
이 지경에 이른 양반은 밤낮으로 울기만 할 뿐	兩班日夜泣
아무런 대책이 없었다.	計不知所出.
그 아내는 남편에게 푸념을 했다.	其妻罵曰.
"평생을 앉아서 글만 읽더니	生平子好讀書
이제 관곡을 갚는 데는 아무 쓸모가 없구려!	無益縣官糴咄.
양반 타령 하더니 한 푼 값어치도 안 되는구려!"	兩班兩班不直一錢.
그 마을에는 부자 한 사람이 살고 있었다.	其里之富人.
곤경에 처한 소식을 듣고 집안에 의론이 벌어졌다.	私相議曰.
"양반이란 아무리 가난해도 항상 존귀하고 영광스럽지만,	兩班雖貧 常尊榮
나는 아무리 돈이 많아도 항상 비천한 꼴을 면하지 못한다.	我雖富相卑賤.

말을 한번 타보지도 못하고, 양반을 만나면 쩔쩔매야 하고,
벌벌 기어 뜰에서 절을 하며 코를 끌고 무릎걸음을 해야 하니
나는 항상 이처럼 치욕스럽단 말이야!
지금 양반이 가난하여 관곡을 갚지 못해 크게 군색하니
내가 그 양반을 사서 행세를 해야겠다."
이 소식을 들은 군수는 감탄하며 말했다.
"군자로구나! 그 부자는 진짜 양반이구나!
부유해도 인색하지 않으니 의롭고,
남의 어려움을 구해주니 인자하고,
비천한 것을 싫어하고 존귀한 것을 사모하니 지자로다.
이것이 진짜 양반이다."

그래서 군수는 마침내 그 고을 양반을 모두 초청하고,
농사꾼, 대장장이, 장사치까지 모두 뜰에 모이라고 명했다.
양반을 산 부자는 높은 자리에 앉히고,
그것을 판 양반은 뜰아래에 세웠다.
그리고 증서를 만들어 읽었다.
"건륭 십 년 구월 구 일에
이 증서를 만드노라.
그대는 양반을 사고 대신 관곡을 갚았으니
그 값은 천 석이니라.
무반은 서쪽에 서고 문반은 동쪽에 선다.
이제 그대는 마음대로 골라 설 수 있다.
절대로 비천한 노동은 하지 말아야 하고,
옛사람을 본받고 숭상해야 한다.
새벽 오경이면 일어나 촛불을 밝히고 앉아서
눈으로 코끝을 내려다보며 무릎을 꿇고
발꿈치는 엉덩이를 받친다.
『동래박의東萊博議』를 마치 얼음 위에 박을 굴리듯 술술 외워야 한다.

不敢騎馬 兩班則踧踖
屛營匍匐 拜庭曳鼻膝行
我常如此其儌辱也.
今兩班貧不能償糴方大窘
我且買而有之.
郡守歎曰.
君子哉 富人也.
富而不吝 義也
急人之亂 仁也
惡卑而慕貴 智也.
此眞兩班.

於是郡守悉召郡中之士族
及農工商賈悉至于庭.
富人坐鄕所之右
兩班立於公兄之下.
乃爲立券曰.
乾隆[437]十年九月九日
右明文段
持賣兩班 爲償官穀
其直千斛.
武階列西 文秩敍東
任爾所從.
絶棄鄙事
希古尙志.
五更常起 點硫燃脂
目視鼻端
會踵支尻.
東萊博議 誦如氷瓢.

---

437) 乾隆(건륭)=청나라 高宗의 연호.

배가 고파도 참고, 추워도 견디며 　　　　忍饑耐寒

가난하다는 말을 하지 않는다. 　　　　口不說貧.

손을 씻을 때는 주먹으로 문지르지 말고, 　　盥無擦拳

양치질은 소리 내지 않게 해야 한다. 　　　漱口無過.

긴 목소리로 종을 부르며, 느린 걸음으로 신을 끌어야 한다. 　長聲喚婢 緩步曳履.

『고문진보古文眞寶』나 당시를 베껴야 하며 　　古文眞寶唐詩品彙

깨알처럼 한 줄에 백 자씩 써야 한다. 　　　鈔寫如荏一行百字.

손으로 돈을 만지지 말고, 쌀값을 묻지 말아야 한다. 　手毋執錢 不問米價.

아무리 더워도 버선을 벗지 말며, 맨상투로 밥을 먹지 않는다. 　暑毋跣襪 飯毋徒髻.

국부터 마시지 말고 씹는 소리를 내지 말아야 한다. 　食毋先羹 歠毋流聲.

젓가락을 자주 놀리지 말고 생파를 먹지 말아야 한다. 　下箸毋舂 毋餌生蔥.

술을 마시되 수염을 빨지 말고, 　　　　飮醪毋嘬鬚

담배를 피우되 연기를 둥글게 내지 말고, 　　吸煙毋輔窳

아무리 화가 나도 아내를 때리지 말고, 　　忿毋搏妻

노여워도 그릇을 차지 말아야 한다. 　　　怒毋踢器.

등등 백 가지 행동이 양반과 어긋날 때는 　　凡此百行 有違兩班

이 문서를 관에서 법에 따라 다시 고칠 것이다." 　特此文記 卞正于官.

이렇게 쓰고 정선 군수가 수결을 하고 　　旌善郡守押

좌수와 별감도 모두 서명을 했다. 　　　座首別監證.

부자는 좋지 않은 안색으로 한참 생각하더니 말했다. 　富人悵然久之曰.

"양반이란 겨우 이런 것뿐입니까? 　　　兩班只此而已耶.

내가 듣기로 양반은 신선과 같다던데 　　吾聞兩班如神仙

별로 신통한 맛이 없군요. 　　　　審如是太乾沒.

더 좋은 일이 있도록 고쳐주십시오!" 　　願改爲可利.

이에 군수는 문서를 고쳐 다시 썼다. 　　於是乃更作券曰

"하늘이 민民을 낼 때 그 민을 넷으로 벼리를 지었다. 　維天生民 其民維四[438].

사민四民 중에서 가장 귀한 것은 선비인데, 　　四民之中 崔貴者士

양반이라 칭하게 되며 그 이로움이 막대하다. 　　稱以兩班 利莫大矣.

---

438) 四(사)=四民(士農工商).

농사도 짓지 않고 장사도 하지 않으며,　　　　　　不耕不商

문장과 역사를 조금 섭렵하면　　　　　　　　　　粗涉文史

크게는 문과로 나아가고 작아도 진사는 된다.　　　大決文科 小成進士.

문과에 급제하여 홍패를 받으면　　　　　　　　　文科紅牌

그것이 크기는 두 자도 못 되지만,　　　　　　　不過二尺

거기에는 백 가지 물건이 비치되어 있으니 돈 자루와 같다.　百物備具 維錢之橐.

진사는 나이 서른에 처음 벼슬을 해도 이름이 나고,　進士三十 乃筮初仕猶爲名

귀밑머리는 일산 바람에 희어지고,　　　　　　　耳白傘風

종놈들의 '예이!' 하는 소리에 배가 부르다.　　　腹皤鈴諾.

방에는 귀걸이 장식한 기생이요. 뜰에는 나무에 학을 친다.　室珥冶妓 庭穀鳴鶴.

설사 궁한 시골 선비로 살아도 자기 마음대로 할 수 있으니,　窮士居鄕 猶能武斷

이웃집 소를 끌어가 자기 밭을 먼저 갈고,　　　先耕隣牛

마을 사람을 불러다가 내 밭을 먼저 김매게 할 수 있다.　借耘里氓.

이렇게 해도 어느 누구도 욕하지 못한다.　　　　孰敢漫我.

잡아다가 코에 잿물을 들이붓고　　　　　　　　灰灌汝鼻

상투를 끌어 잡고 따귀를 쳐도,　　　　　　　　暈髻汰鬚

아무도 원망하거나 따지지 못할 것이다."　　　　無敢怨容.

양반 부자는 증서를 읽는 도중에 혀를 휘두르며 말했다.　富人中其券 而吐舌曰.

"제발 그만 하시오! 맹랑하구나.　　　　　　　已之已之 孟浪哉.

나에게 도둑놈이 되라는 말인가!"　　　　　　　將使我爲盜耶.

부자는 머리를 흔들며 달아나버렸다.　　　　　　掉頭而去.

그리고 죽을 때까지 양반의 일은 입 밖에도 내지 않았다.　終身不復言兩班之事

김신선전

연암집燕巖集/**권8**/**방경각외전**放璚閣外傳/**김신선전**金神仙傳

김 신선의 본 이름은 홍기다.	金神仙名弘基.
열여섯에 장가를 들어 한 번 잠자리로 아들을 얻은 후는	年十六娶妻 一歡而生子
다시는 가까이 하지 않았다.	遂不復近.
곡기를 끊고 면벽 수년에 홀연 몸이 가벼워졌다.	辟穀面壁坐數歲 身忽輕.
그리하여 국내 명산을 두루 돌아다녔다.	遍遊國內名山.
항상 수백 리를 여행하고 나서야	常行數百里
날이 이른지 저물었는지 돌아보았다.	方視日早晏.
그는 밥을 먹지 않았으므로	不食
사람들은 그를 손님으로 맞기를 싫어하지 않았다.	故人不厭其來客.
겨울에도 솜옷을 입지 않고 여름에도 부채질을 하지 않았다.	冬不絮 夏不扇.
드디어 그는 신선이란 이름을 얻게 되었다.	遂以神仙名.
어떤 사람은 신선이란 산에 사는 사람이라 한다.	或曰 仙者山人也.
또는 세상을 등지고 산에 들어가면 신선이 된다고 한다.	又曰 入山爲仙也.
또한 '선僊'이란 춤을 추듯 가볍게 거동한다는 뜻이라지만	又僊者 僊僊然輕擧之意也.
곡기를 피하는 것이 신선은 아닐 테고	辟穀者未必仙也.
불평이 많아 뜻을 얻지 못한 사람이 신선일 것이다.	其鬱鬱不得志者也.

광문자전

연암집燕巖集/**권8**/**방경각외전**放璚閣外傳/**광문자전**廣文者傳

광문이란 사람이 있었는데 그는 거지였다.	廣文者 丐者也.
어려서부터 종로 거리를 오가면서	嘗行乞鍾樓市
오랫동안 밥을 빌어먹은 덕택에	道中群丐兒

나이가 들자 거지들이 그를 왕초로 뽑아 소굴을 지키게 했다.

사람들이 장가를 들라 권하면 사양하며 말한다.

"무릇 미색이란 모든 사람이 다 좋아하는 법이다.

이건 남자만 그런 것이 아니라 여자도 마찬가지다.

그러니 나 같은 못생긴 주제에 어떻게 장가를 들겠나?"

그렇게 말하면서 스스로 태연했다.

혹시 집을 장만해줄라치면 사양하며 말했다.

"나는 부모, 형제, 처자도 없는데

집은 가져 무엇을 하겠나?

게다가 아침 나절이면 노래를 흥얼거리며 저자로 나갔다가

날이 저물면 부잣집 문간에서 자는데

한양의 팔만 호를

매일 한 집씩 거친다 해도

죽을 때까지 다 들르지 못할 거야!"

장안의 명기치고

얼굴이 예쁘지 않고 노래 못하는 기생이 없지만,

광문이 그녀를 인정해주지 않으면

한 푼의 값에도 팔리지 못했다.

한번은 근위 무사를 앞세우고

별감과 부마도위의 행차가 시종들을 거느리고

운심雲心이란 기생집에 들었다.

운심은 가희로 이름난 명기였다.

당상에 술자리를 벌이고 비파를 뜯으며

운심이 춤추기를 재촉했다.

推文⁴³⁹⁾作牌頭 使守窠.

人勸之妻則曰.

夫美色衆所嗜也.

然非男所獨也 唯女亦然也.

故吾陋而不能.

自爲容⁴⁴⁰⁾也.

人勸之家則辭曰.

吾無父母兄弟妻子

何以家爲.

且吾朝而歌 呼入市中

莫⁴⁴¹⁾而宿富貴家門下

漢陽戶八萬爾

吾逐日而易其處

不能盡吾之年數矣.

漢陽名妓

窈窕都雅

然非廣文聲之

不能直一錢.

初⁴⁴²⁾羽林⁴⁴³⁾兒

各殿別監駙馬都尉傔⁴⁴⁴⁾從

垂袂⁴⁴⁵⁾過雲心.

心名姬也.

堂上置酒鼓瑟

屬雲心舞.

439) 文(문)=廣文者를 칭함.
440) 容(용)=從容也(자연스럽고 태연한 모양).
441) 莫(막)=暮와 通用.
442) 初(초)=前也.
443) 羽林(우림)=근위병.
444) 傔(겸)=小吏, 시중꾼.
445) 袂(몌)=袖也.

그러나 운심은 시간을 끌며 좀처럼 응하려 하지 않았다.	心故遲不肯舞也.
이때 광문이 밤에 이곳에 들러	文夜往
당하를 지나다가 이 광경을 보고	彷徨堂下
다짜고짜 술자리로 들어가 상좌에 넙죽 앉아버렸다.	遂入坐 自坐上坐.
광문은 비록 옷이 떨어져 남루했고 몰골이 추했지만	文雖弊衣袴
그 거동은 앞을 가리지 않고 마음은 자신만만했다.	擧止無前 意自得也.
좌중은 놀라 그를 아니꼽게 노려보고 내쫓으려고 했다.	一座愕然 瞬文欲歐之.
그러나 광문은 더욱 다가앉으며,	文益前坐
무릎을 치며 곡조를 맞추어 콧노래를 불렀다.	拊膝度曲 鼻吟高低.
그제야 운심이 몸을 일으켜 옷을 갈아입고	心卽起更衣
광문을 위해 검무를 추기 시작했다.	爲文劍舞.
좌중은 모두 즐거워하며	一座盡歡
다시 광문과 서로 친구가 되어 흩어졌다.	一座盡歡 更結友而去.

실
학
사
상

우상전

연암집燕巖集/**권8**/**방경각외전**放璚閣外傳/**우상전**虞裳傳

일본의 풍신수길(도요토미 히데요시)이 관백이 되어	日本關白
새로 정권을 잡은 때였다.	新立.
조정은 문신 중 삼품 이하를 골라	朝廷極選文臣三品以下
삼사를 갖추어 파송했다.	備三价送之,
삼사를 보좌할 수행원들도 굉사 박식이었다.	其幕佐賓客 皆宏辭博識
천문, 지리, 산수, 복서와	自天文地理算數卜筮
의술, 관상, 무술은 물론이거니와	醫相武力之士
퉁소, 거문고, 희극, 만담에서부터	以至吹竹彈絲 謔浪戲笑
음악, 음주, 장기바둑, 말타기, 활쏘기에 이르기까지	歌呼飲酒 博奕騎射
나라에서 명성 있는 자들을 모두 따르게 했다.	以一藝名國者 悉從行.

그러나 일본에서는 시문과 서화를 가장 중하게 여겼다.

조선 사람의 글을 한 자라도 얻는다면

양식이 없어도 천 리를 갈 수 있었다.

우상은 한어 통역관으로 수행했는데

그만이 홀로 문장으로 일본에 크게 알려졌으니,

일본의 이름 높은 승려나 귀족은 모두 그를 칭찬하기를

"운아 선생은 둘도 없는 국사다"라고 했다.

우상은 힘으로는 부드러운 깃털도 이길 수 없었으나,

그가 붓에 정기를 불어넣어 혼신을 다하니

섬나라 만 리 도읍에 나무가 마르고 냇물이 고갈되었다.

누군가 붓으로 산하를 옮긴다 했는데 그 말이 옳다.

우상의 이름은 상조였다.

그는 일찍이 자기의 화상에 다음과 같이 썼다.

시선 이백과 박학 업후와 선인 철괴를 합하니

나 창기가 되었도다!

그리고 보니 이들 시인, 선인, 산인 들 모두가 이씨다.

이李는 그의 성이고 창기는 그의 별호다.

而最重詞章書畵.

得朝鮮一字

不得齎糧而適千里.

虞裳以漢語通官隨行

獨以文章 大鳴日本中

其名釋貴人皆稱

雲我先生 國土無雙也.

虞裳力不能勝柔毫

然吮精噀華[446]

使水國萬里之都 木枯川渴.

雖謂之筆拔山河可也.

虞裳名湘藻.

嘗自題其畵像曰.

供奉白[447]鄴侯[448]泌 合鐵拐[449]

爲滄起.

古詩人古仙人古山人 皆姓李.

李其姓也. 滄起其號也.

541

제 3 부 변법창신의 이용후생파

열녀함양박씨전

연암집燕巖集/**권1**/**연상각선본**煙湘閣選本/**열녀함양박씨전**烈女咸陽朴氏傳

제나라 속담에 이르기를

齊人有言曰

---

446) 吮精噀華(연정최화)=정기를 빨고 꽃을 물어뜯다.

447) 白(백)=唐 詩人 李白.

448) 鄴侯(업후)=唐의 李承休. 이만 권의 장서를 가진 학자.

449) 鐵拐(철괴)=화산으로 노자를 찾아갔다가 돌아보니 친구가 자기 몸을 화장해버렸다. 이에 굶어 죽은 시체에 영혼을 의탁했다. 그래서 절름발이에 추한 얼굴로 살아간 仙人이다.

"열녀는 두 지아비를 두지 않는다" 했는데,　　　　烈女不更二夫

이는 『시경』 「백주柏舟」의 시와 같은 말이다.　　如詩之柏舟是也.

그런데 우리 조선의 『경국대전』에서는　　　　然而國典

"개가한 여자의 자손은 관직을 주지 말라"라고 했으니　改嫁子孫勿敍正職

이런 것을 어찌 백성과 서민을 위한 법이라 하겠는가?　此豈爲庶姓黎甿而設哉.

그런데도 우리나라 사백 년 이래　　　　　　乃國朝四百年來

백성은 오랜 교화에 젖어,　　　　　　　　百姓旣沐久道之化

여자들은 반상과 귀천을 막론하고　　　　　則女無貴賤族無微顯

과부의 절개를 지켜왔다.　　　　　　　　莫不守寡.

결국 이것이 풍속을 이루어　　　　　　　遂而成俗

옛날에 칭찬받던 열녀는　　　　　　　　古之所稱烈女

오늘에는 과부가 되었다.　　　　　　　　今之所在寡婦也.

옛날 어떤 과부 아들 형제가 높은 벼슬자리에 있으면서　昔有昆弟名宦

어떤 사람의 벼슬길을 막으려고 과부 어미에게 의논했다.　將枳人淸路 議于母前.

어머니가 말했다. "무슨 허물이 있어 해치려 하느냐?"　母問奚累而枳[450].

아들이 말했다. "그 사람의 선조에 과부가 있어 말들이 많습니다."　對曰 其先有寡婦 外議頗喧.

과부 어미는 깜짝 놀라며 말했다.　　　　　母愕然曰.

"규방의 일을 어떻게 알았단 말이냐? "　　　事在閨房 安從而知之.

아들이 말했다. "풍문이 그렇습니다."　　　對曰 風聞也.

어머니가 말했다. "바람은 소리는 있으되 형체가 없고,　母曰 風者有聲而無形也

눈으로 보려고 해도 볼 수 없고　　　　　目視之而無覩也

손으로 잡으려 해도 잡히지 않는다.　　　手執之而無獲也.

허공에서 일어나 만물을 들뜨게 하는 것이다.　從空而起 能使萬物浮動.

어찌하여 무형의 일을　　　　　　　　　奈何以無形之事

뜬소문으로 사람을 논단하려 하느냐?　　　論人於浮動之中乎.

더구나 너희도 과부의 아들인데 어찌　　　尙能論寡婦也

과부 아들을 헐뜯는단 말이냐?　　　　　且若乃寡婦之子.

잠깐 기다려라! 내 너희에게 보여줄 것이 있다."　居吾有以示若.

---

450) 枳(지)=탱자. 害也.

어미는 품속에 간직했던 동전 한 닢을 꺼내 보이며 말했다.   出悔中銅錢一枚曰.
"이 돈에 윤곽이 있느냐?"   此有輪郭乎.
아들이 말했다. "없습니다.   曰無矣.
"그럼 여기에 글자가 보이느냐?"   此有文字乎.
아들이 말했다. "보이지 않습니다."   曰無矣.
어미는 눈물을 주루룩 흘리며 말을 이었다.   母垂淚曰.
"이것이 바로 네 어미가 죽음을 참을 수 있었던 부적이다.   此汝母 忍死符也.
내 이것을 십 년 동안이나 손으로 더듬어 다 닳았구나!   十年手摸 磨之盡矣.

무릇 사람의 혈기는 음양에 뿌리박고,   大抵人之血氣 根於陰陽
정욕은 혈기에서 싹트며,   情欲種於血氣
그리움은 고독에서 나오고,   思想生於幽獨
슬픔은 그리움에서 생기는 법이다.   傷悲因於思想.
특히 과부는 고독 속에 살아야 하니   寡婦者幽獨之處
슬픔이 지극한 것이다.   而傷悲之至也.
혈기는 때가 되면 절로 왕성한 법인데   血氣有時而旺
어찌 과부라고 정욕이 없겠느냐?   則寧或寡婦 而無情哉.
가물가물 등잔불 외로운 그림자를 위로 삼아   殘燈弔影
긴긴 밤을 홀로 지새우고,   獨夜難曉
거기다 또 처마 끝에 빗방울 소리 처량하고,   若復簷雨淋鈴
창가에 흰 달빛이 비추면,   窓月流素
오동잎 하나 뜰에 떨어지고,   一葉飄庭
짝 잃은 외기러기 먼 하늘에 울고 날아가면,   隻雁叫天
먼 마을에 닭 우는 소리 그치고, 어린 종년은 코를 고는데,   遠鷄無響 穉婢牢鼾
가물가물 잠 못 이루는 깊은 밤,   耿耿不寐
누구에게 이 괴로운 마음을 하소연할꼬.   訴誰苦衷.
내 그럴 때 이 동전을 꺼내 굴렸지.   吾出此錢而轉之.
밤마다 대여섯 번씩 굴리고 나면 먼동이 트더구나!   夜常五六轉 天亦曙矣.
십 년 동안 굴렸는데 세월이 갈수록 그 횟수가 줄어들더라."   十年之間 歲減其數.
말을 마치고 모자는 서로 껴안고 울었다.   遂子母相持而泣.

543

연암집燕巖集**/권14/열하일기**熱河日記**/옥갑야화**玉匣夜話 **허생전**許生傳

허 생은 묵적동에 살았다.	許生居墨積洞.
남산 골짜기로 곧장 가면 우물이 있고,	直抵南山下井
그 위로 해묵은 은행나무가 하늘을 가리고 있다.	上有古杏樹柴.
허 생의 집 사립문은 은행나무를 향해 언제나 열려 있었다.	屏向樹而開.
집이라야 두어 칸 되는 초가집으로 쓰러져가는 오막살이다.	草屋數間.
허 생은 비바람에 집이 새는 것은 아랑곳하지 않고	不蔽風雨
언제나 글 읽기만 좋아하여 가난하기 짝이 없었다.	然許生好讀書.
그 아내가 삯바느질을 해서 겨우 입에 풀칠을 할 수 있었다.	妻爲 人縫刺以糊口.
어느 날 아내는 배고픔을 참다못해 눈물을 흘리며 푸념했다.	一日妻甚饑泣曰.
"당신은 한평생 과거도 보러 가지 않으면서 어쩌자고	子平生不赴擧
글만 읽고 있소?"	讀書何爲.
허 생은 태연자약 껄껄 웃으면서 말했다.	許生笑曰.
"내 아직 글이 서툴러서 그렇다네."	吾讀書未熟.
"그렇다면 공장 직공 노릇도 못 한단 말입니까?"	妻曰 不有工乎.
"공장 일은 평소에 배우지 않았으니 어쩌오?"	生曰 工未素學奈何.
"그렇다면 하다못해 장사라도 해야지요!"	妻曰 不有商乎.
"장사를 하려 해도 밑천이 없으니 어쩌오?	生曰 商無本錢奈何.
아내는 드디어 역정을 냈다.	其妻恚且罵曰.
"당신은 밤낮없이 글만 읽더니	晝夜讀書
겨우 '어쩌오?' 하는 말만 배웠수?	只學奈何.
공장 일도 장사도 못 한다면 그럼 도적질은 어떻수?"	不工不商 何不盜賊.
허 생은 이 말에 책장을 덮고 벌떡 일어났다.	許生掩卷起曰.
"애석하도다!"	惜乎.
내 십 년을 작정하고 글을 읽으려 했더니 이제 칠 년이구나!	吾讀書本期十年 今七年矣.

그 길로 허 생은 문밖으로 나갔으나 아는 사람이 없었다.

그는 종로 거리를 헤매며 길 가는 사람을 붙잡고 물었다.

"한양에서 제일가는 부자가 누구요?"

사람들은 이구동성으로 장안 제일 갑부는 변 씨라고 말했다.

허 생은 그 집을 찾아가

주인에게 길게 읍을 한 후 단도직입으로 말했다.

"내 집이 가난하여 장사 밑천이 없구려!

무엇을 좀 해보고 싶으니 돈 만 냥만 빌려주시오!"

변 씨는 대뜸 승낙하고 선 자리에서 만 냥을 내주었다.

허 생은 고맙다는 사례도 없이 받아 가지고 나왔다.

자제들과 문객들의 눈에는 허 생이 영락없는 거지였다.

선비랍시고 허리끈은 매었지만 술이 다 빠졌고,

가죽신이라고 하지만 뒤꿈치가 한쪽으로 다 닳아빠졌다.

다 낡아빠진 망건이며, 땟국이 줄줄 흐르는 두루마기며,

거기다 맑은 콧물까지 훌쩍거리는 품이 거지 중에 상거지다.

"하루아침에 얼굴도 모르는 사람에게

만 냥을 내버리시다니.

더구나 이름도 묻지 않으시고 어쩌려고 그러십니까?"

변 씨는 정색을 하고 말했다.

이건 그대들이 알 바가 아닐세.

무릇 남에게 돈을 빌리러 오는 사람은

자기 계획을 이것저것 길게 늘어놓기 마련이야.

약속은 꼭 지킨다느니, 염려 말라느니 하고 말일세.

그러면서 얼굴빛은 어딘가 구겨져 보이고,

한 말을 되뇌고는 하지.

그런데 이 사람은 옷과 신발이 비록 모두 떨어지기는 했어도

말이 짤막하고 손님을 거리낌 없이 대하듯

조금도 부끄러워하는 기색이 없었고,

재물엔 관심이 없고 스스로 만족하는 사람이었네.

出門而去 無相識者.

直之雲鍾街 問市中人曰.

漢陽中誰崔富.

有道卞氏者.

遂訪其家

許生長揖曰.

吾家貧 欲有所試.

願從君借萬金.

卞氏曰 諾. 立與萬金.

客竟不謝而去.

子弟賓客視許生丐者也.

絲條穗拔.

革履跟顚.

笠挫袍煤.

鼻流清涕.

今一朝浪空擲萬金

於平所不知 何人.

而不問其姓名 何也.

卞氏曰.

此非爾所知.

凡有求於人者

必廣張志意.

先耀信義然.

顔色媿屈.

言 辭重複.

彼客衣屨雖弊

辭簡而視傲客

無怍色

不待物而自足者也.

그가 해보고 싶다는 장사도 적은 일이 아닐 터이고　　　　彼其所試術不小
나 또한 그 사람을 한번 시험해보고 싶었다네.　　　　　　吾亦有所試於客.
게다가 주지 않으면 모르되　　　　　　　　　　　　　　不與則已 旣與之萬金
준다면 이름을 물어 무얼 하겠나?"　　　　　　　　　　問姓名何爲.

허 생은 만 냥을 얻자 곧장 집으로 가지 않고　　　　　於是許生旣得萬金 不復還家
안성이 경기도와 충청도의 교차점이요, 삼남의 어귀이므로　　以爲 安城畿湖之交 三南之綰口
마침내 머물러 살기로 생각했다.　　　　　　　　　　　遂止居焉.
그리고 대추, 밤, 감, 배, 감귤, 석류, 유자 등　　　　　棗栗柹梨柑橘榴柚之屬
과일을 두 배 값으로 사들여 저장했다.　　　　　　　　皆以倍直居之.
허 생이 과일을 독점하자　　　　　　　　　　　　　　許生榷菓
온 나라 잔치와 제사를 치르지 못하게 되었다.　　　　　而國中無以讌祠.
얼마 후에 허 생에게 두 배로 팔았던 상인들이　　　　　居頃之 諸賈之獲倍直於許生者.
도리어 열 배로 되사갔다.　　　　　　　　　　　　　　反輸十倍.
허 생이 "허어!" 탄식하며 말했다.　　　　　　　　　　許生喟然嘆曰.
"겨우 만 냥으로 나라 경제를 기울게 했으니,　　　　　以萬金傾之
이 나라의 얕고 깊음을 짐작할 수 있겠구나! "　　　　　知國淺深矣.
다시 칼, 호미, 베, 명주, 솜 등을 사서　　　　　　　　以刀鏄布帛綿
제주도에 들어가서 말총을 모두 사들였다.　　　　　　　入濟州 悉收馬鬛鬉.
허 생이 말하길 "몇 해만 있으면　　　　　　　　　　　曰居數年
온 나라 백성이 갓을 쓰지 못할 거야!"　　　　　　　　國人不裹頭矣.
얼마 후 망건값이 열 배나 올라 엄청난 돈을 모았다.　　居頃之七網巾價至十倍.

이무렵 변산 지방에 수천 명의 도둑이 나타났다.　　　　是時邊山群盜數千.
이에 주군에서 포졸을 풀었으나 잡지 못하고 있었다.　　　州郡發卒逐捕不能得.
그러니 군도들도 감히 노략질을 할 수 없어　　　　　　然群盜亦不敢出剽掠
굶주리고 있는 형편이었다.　　　　　　　　　　　　　方饑困.
허 생은 도둑의 소굴을 찾아들어가 괴수를 만나 설득했다.　許生入賊中 說魁帥曰.
"천 사람이 금 천 냥을 노략질한들 나누면 얼마나 되겠소?"　千人掠千金所分幾何.
"한 사람에 한 냥뿐이지요."　　　　　　　　　　　　曰人一兩耳.

"너희들은 처도 있고 농토도 있소?"

도둑들은 웃으며 말했다.

"전답과 처자가 있다면 어찌 도둑질을 하겠소?"

허 생도 웃으며 말했다.

"너희는 도둑질을 하면서 어찌 돈 없는 것을 근심한단 말이냐?

나는 너희에게 돈을 마련해줄 수 있다.

내일 바다에 나가면 붉은 기를 단 배들이 보일 것이다.

그 배는 모두 돈을 가득 실은 배이니

갖고 싶은 대로 가져가거라!"

도둑들은 하도 말 같지 않아서 모두 미친놈이라고 웃어댔다.

그러나 다음날 혹시나 해서 바닷가로 나가보니,

이미 삼십 만 냥의 돈을 배에 싣고 기다리고 있지 않은가?

도둑들은 크게 놀라 줄을 지어 절하며 말했다.

"그저 장군님의 분부대로 따르겠습니다."

"그렇다면 너희가 질 수 있는 대로 가지고 가거라!"

허 생의 말이 떨어지자 도둑들은

앞을 다투어 돈 자루에 달려들었다.

그러나 욕심뿐이지 기운깨나 쓰는 자도 백 냥에 불과했다.

"백 냥도 들지 못하는 너희가

무슨 도적이 된단 말이냐?

너희는 이제 돈이 생겼으므로 평민으로 돌아가고 싶겠으나,

이름이 도둑의 명부에 올라 있으니 달리 갈 곳도 없지 않은가?

내가 여기서 기다리고 있을 터이니,

각자 백 냥씩 가지고 가서

계집과 소 한 마리씩을 구해 오너라."

도둑들은 "예!" 대답하고

저마다 돈 자루를 짊어지고 뿔뿔이 흩어졌다.

허 생은 그동안 이천 명의 일 년 치 양식을 장만해서

도둑들이 오기를 기다렸다.

許生曰 爾有妻有田乎.
群盜笑曰.
有田有妻何若爲盜.
許生笑曰.
爾 爲盜何患無錢.
吾能爲汝辦之.
明日視海上 風旗紅者.
皆錢船也
恣汝取去.
群盜皆笑其狂.
及明日至海
上許生載錢三十萬.
皆大驚羅拜曰.
唯將軍令.
許生曰 惟力負去.
於是群盜
爭負錢.
人不過百金.
許生 曰 爾等力不足以擧
百金 何能爲盜.
今爾等雖欲爲平民
名在賊簿 無可往矣.
吾在此俟
汝各持百金而 去
人一婦一牛來.
群盜曰 諾
皆散去.
許生自具二千人一歲之食
以待之.

도둑들이 도착하자 이들을 모두 싣고 무인도에 들어갔다.

허 생이 이처럼 도둑들을 싹 쓸어가자 나라 안은 조용해졌다.

섬에 상륙하자 곧 나무를 찍어 집을 짓고

대나무를 엮어 울타리를 세우니 순식간에 큰 마을이 생겼다.

그런 다음 다시 밭을 일구었다. 토질이 기름져서

백곡이 무겁게 여물었다.

식량이 남아돌자 삼 년 동안 먹을 양식을 저장하고,

나머지는 배에 싣고 일본 장기로 가서 팔아

은전 백만 냥을 받았다.

허 생은 탄식하며 말했다. "이제야 뭘 좀 해본 것 같구나!"

섬에 사는 주민 남녀 이천 명을 모두 불러 모아놓고

영을 내렸다.

"내가 처음 너희와 이 섬에 들어올 때는

우선 먼저 너희를 부하게 한 연후에

따로 문자를 만들고 의관을 창제하려 했는데,

땅이 협소하고 내 덕이 부족하여

나는 이제 이곳을 떠나려 한다.

아이가 태어나면 숟가락을 오른손으로 잡도록 가르치고,

하루라도 어른이면 먼저 먹도록 사양하라."

그리고 타고 나갈 배 한 척 외에는 배를 모두 불태우며 중얼거렸다.

"가지 않으면 오는 사람도 없겠지!"

또한 은전 오십만 냥을 바닷속에 던지며 중얼거렸다.

"바다가 마르면 얻는 자가 있겠지!

나라에서도 백만 냥을 쓸 곳이 없는데

황차 이 작은 섬에서랴?"

그들 중 글을 아는 자를 불러내 배에 태우고 떠나면서 말했다.

"이 섬에 화근을 없애버렸구나!"

及群盜至 遂俱載入其空島.

許生榷盜 而國中無警矣.

於是伐樹爲屋

編竹爲籬.

地氣旣全

百穀碩 茂.

留三年之儲

餘悉舟載 往糶長崎島

獲銀百萬.

許生歎曰 今吾已小試矣.

於是悉召男女二千人

令之曰.

吾始與汝等入此島

先富之然後

別造文字 刱製衣冠

地小德薄

吾今 去矣.

兒生執匙敎以右手

一日之長 讓之先食.

悉焚他船 曰.

莫往則莫來.

投銀五十萬於海中 曰

海枯 有得者.

百萬無所用於國中

況小島乎.

有知書者載與俱出 曰.

爲絶禍於此島.[451]

---

451) 老莊의 이상 사회인 원시 공동체의 無知와 童心을 연상하게 한다.

이후 허 생은 온 나라를 돌아다니며

가난하고 의지할 곳 없는 사람들을 구제했다.

그러고도 십만 냥이나 남았다.

허 생은 실로 오랜만에 변 씨를 찾아갔다.

변 씨는 놀라며 말했다.

"그대의 모습은 조금도 나아지지 않았군요!

만금을 몽땅 날린 모양이구려!"

허 생은 웃으며 말했다.

"재물로 인해서 얼굴이 좋아지는 것은

그대들에게나 있는 일이오.

만금이 어찌 도道를 살찌게 하겠소!"

그리고 십만 냥의 어음을 변 씨에게 주면서 말했다.

"내 하루아침의 굶주림을 견디지 못하여 공부를 끝내지 못했소.

그대의 만금이란 돈이 나를 부끄럽게 했소."

이튿날 변 씨는 은전을 다 가지고 가서 그에게 바쳤다.

허 생이 사양하며 말했다.

"내 일찍이 부자가 되기를 바랐다면

어찌 백만 냥을 버리고 십만 냥만 취했겠는가?

나는 이제부터 그대를 의지해 살아갈 터이니

그대가 자주 와서 나를 돌봐주게나!

식구를 헤아려 분수에 맞게 식량을 보내고

몸을 재어서 베를 마련해준다면 평생 이것으로 만족할 것이니

그 이상의 재물로 내 마음을 괴롭히는 것을 원치 않네."

어느날 변 씨는 조용히 물었다.

"다섯 해 동안에 어떻게 백만 냥을 벌었나요?"

허 생이 말했다. "그것은 가장 알기 쉬운 일일세!

조선은 배로 외국과 무역하지 않고 수레가 다니지 않으므로

모든 재화가 역내에서 생산 소비될 뿐이다.

於是遍行國中

賑施與貧無告者.

銀尙餘十萬.

往見卞氏.

卞氏驚曰.

子之容色不小瘳得無.

敗萬金乎.

許生笑曰

以財粹面

君輩事耳.

萬金何肥於道哉.

於是以銀十萬付卞氏曰.

吾不耐一朝之饑.

未竟讀書 慙君萬金.

明日悉持其銀 往遺之.

許生辭曰.

我欲富也.

棄百萬而取十萬乎.

吾從今 得君而活矣

君數視我.

計口送糧

度身授布 一生如此足矣

孰肯以財勞神.

嘗從容言.

五歲中 何以致百萬.

許生曰 此易知耳.

朝鮮舟不通外國 車不行域中

故百物生于其中 消于其中.

무릇 천 냥이면 적은 돈이라서 물건을 모조리 살 수는 없더라도

열 개로 쪼개면 백 냥이 열 개가 될 것이니,

이것으로 열 가지 작은 물건은 살 수 있다.

물건이 가벼우면 굴리기 쉽듯이

한 가지 물건이 굽히면 아홉 가지는 펴는 것이니,

소상인들이 항상 이익을 남기는 방법이지.

그러나 만 냥을 가지면 한 가지 물건을 모조리 살 수 있으니,

저인망으로 물건을 모조리 훑어 모으듯

한 물건이 모조리 저장되면

그것을 팔던 모든 장사치가 말라버린다.

이는 백성을 해치는 방법이지.

훗날 위정자 중에 행여 나의 방법을 쓰는 자가 있다면

반드시 나라를 병들게 하고 말 것이오."

夫千金小財也 未足以盡物

然析而十 百金十

亦足以致十物.

物輕則易轉

故一貨雖絀 九貨伸之

此常利之道 小人之賈也.

夫萬金 足以盡物

如罔之有罟括物

一貨潛停

百賈皆涸.

此賊民之道也.

後世有司者 如有用我道

必病其國.

변 씨가 말했다. "요즘 사대부들이 병자호란 때

남한산성 아래서 항복한 치욕을 씻고자,

이들 지사들이 약한 마음을 누르고 지혜를 분발하고 있는데

당신 같은 재주를 가지고

어찌 괴롭게 어둠에 숨어 생을 마치려 하시오?"

허 생이 말했다. "허어! 예로부터 어둠에 숨은 사람이 얼마나 많았소?

졸수재拙修齋 조성기는 적국에 보낼 만한 사신감이지만

평생 독서만 하다가 베잠방이로 늙어 죽었고

반계磻溪 거사居士 유형원은 족히 군량을 맡을 만한데

부안 해곡에서 소요하고 있지 않았던가?

그러니 지금 나라를 맡은 자들을 가히 알 만하지 않겠소!

나는 장사를 잘하는 자이니 돈으로

아홉 나라 왕의 머리를 살 수 없는 것은 아니로되,

그러나 그런 돈을 바닷속에 던져버리고 온 것은

유익하게 쓸 곳이 없었기 때문이오."

卞氏曰 方今士大夫

欲雪南漢之恥

此志士 扼脆奮智之秋也

以子之才

何自苦沉冥 以沒世耶.

許生曰 古來沉冥者何限.

趙聖期可使敵國

而老死布褐

柳馨遠足繼軍食

而逍遙海曲.

今之謀國政者 可知已.

吾善賈者也 其銀

足以市九王之頭

然投之海中而來者

無所可用故耳.

변 씨는 일찍이 정승 이완李浣과 친했다.

다행히도 마침 이 공이 어영대장에 취임했다.

이 공은 변 씨와 이야기하다가 물었다.

"시골이나 여염집에도 역시 기재가 있는 법이니

대사를 같이할 만한 자가 있겠지요?"

변 씨는 그제서야 허 생에 대해서 말해주었다.

이완이 크게 놀라며 말했다. "이름이 무엇이오?"

변 씨가 말했다.

"소인이 사귄 지 삼 년이지만 아직 이름을 몰랐소."

이 공이 말했다. "보통 사람은 아니야. 자네와 함께 찾아가 보세!"

변 씨는 이 공을 문밖에 새워두고

혼자 먼저 들어가 허 생을 알현하고

이 공과 함께 찾아온 사연을 자세히 말했다.

허생은 들은 체 만 체 말했다.

"자네가 차고 온 술병이나 빨리 내놓게!"

그리하여 서로 더불어 즐겁게 마셨다.

변 씨는 이 공이 오랫동안 밖에 서 있음을 딱하게 여겨

여러 번 말했으나 허 생은 아랑곳하지 않았다.

어느덧 밤이 깊어서야

허 생은 손님을 불러도 좋다고 했다.

이 공은 몸 둘 바를 모르면서 황급하게

나라에서 어진이를 구한다는 뜻을 진술했다.

허생은 손을 내저으면서 말했다.

"밤은 짧고 말은 길어지니 몹시 지루하네.

도대체 지금 당신은 무슨 벼슬인가?"

이 공이 대답했다. "예! 어영대장입니다."

허 생이 말했다. "그렇다면 당신은 나라의 신임하는 신하로군!

내가 와룡 선생을 천거할 터이니 그대가 조정에 아뢰어

卞氏本與李政丞浣.

善李公時爲御營大將.

嘗與言.

委巷閭閻之中 亦有奇才

可與共大事者乎.

卞氏爲言許生.

李公 大驚曰 其名云何.

卞氏曰.

小人與居三年 意不識其名.

李公曰 此異人 與君俱往.

卞氏止 公立門外

獨先入見許生

具道李公所以來者.

許生若不聞者曰.

輒解君所佩壺.

相與歡飲.

卞氏悶公 久露立

數言之 許生不應.

旣夜深

許生曰 可召客.

李公無所措躬

乃敍述國家所以求賢之意.

許生揮手曰.

夜短語長 聽之太遲.

汝今何官.

曰大將.

許生曰 然則 汝乃國之信臣.

我當薦臥龍先生 汝能請于朝

삼고초려를 하게 할 수 있겠구먼?"

이 공은 머리를 숙이고 한참 있다가 말했다.

"그것은 어렵사오니 그다음을 듣고자 합니다."

허 생이 어영대장 이완에게 말했다.

"멸망한 명나라 장수와 병사들이 옛날 조선에 은혜 베푼

공적이 있다 하여,

그 자손들이 탈출하여 조선에 들어와

홀아비로 유리하니,

그대가 조정에 청하여 종실의 여자들을

그들에게 시집보내고,

명나라를 섬기는 훈구 대신과

귀족 권신들의 재산을 빼앗아,

그들의 거처를 마련해줄 수 있겠소?"

이 공은 머리를 숙이고 한참 생각하다가 어렵겠다고 대답했다.

허 생이 말했다. "이것도 저것도 어렵다면,

할 수 있는 일은 무엇인가?

그럼 그대에게 아주 쉬운 일을 일러주겠으니 실행하겠는가?"

이완이 말하길 "원컨대 듣고자 합니다."

허 생이 대답했다.

"무릇 대의를 천하에 펴고자 한다면

먼저 천하의 호걸들과 교제를 맺지 않고서는

될 수 없는 일이네.

또 남의 나라를 치고자 한다면

먼저 첩자를 쓰지 않고는 성공한 사례가 없네.

지금 만주족은 갑자기 천하의 주인이 되었지만

스스로 중국인과는 친하지 못한 것을 잘 알고 있다네.

조선은 이미 솔선해서 다른 나라보다 먼저 항복했으니

저들은 조선을 가장 신임할 것일세.

三顧草廬乎.

公低頭良久曰.

難矣 願得其次.

許生曰.

明將士以朝鮮

有舊恩

其子孫多脫身東來

遊離惸鰥

汝能請于朝 出宗室女

遍嫁之.

奪勳戚

權貴家

以處之乎.

公低頭良久 曰難矣.

許生曰 此亦難 彼亦難

何事可能.

有最易者 汝能之乎.

李公曰 願聞之.

許生曰.

夫欲聲大義於天下

而不先交結天下之豪傑者

未之有也.

欲伐人之國

而不先用諜 未有能成者也.

今滿洲遽而主天下

自以 不親於中國.

而朝鮮率先他國而服

彼所信也.

그러므로 당나라 원나라에서 조선인도 과거에 참여하게 했던

빈공과賓貢科의 사례처럼

청나라에 자제들을 파견하여 학문을 배우고 벼슬도 하게 하며,

상인들도 내왕할 수 있도록 간절히 요청한다면

그들은 우리의 친밀감을 기뻐하며 허락할 것일세.

나라의 자제들을 선발하여

머리를 깎고 호복을 입혀 들여보내고,

그중 군자들은 빈공과를 준비하게 하고,

소인들은 멀리 강남에까지 장사를 하면서

그들의 허실을 염탐하고 그곳의 호걸들과 친분을 맺게 하시오.

그리하여 때가 되어 천하 대사를 꾀한다면

청나라에 항복한 삼전도의 치욕을 씻을 수가 있을 것이네."

어영대장은 얼이 빠진 듯 멍하니 있다가 겨우 입을 열었다.

"사대부들은 몸을 삼가고 예법을 지키려 하므로

누가 자제들에게 머리를 깎고

호복을 입혀 유학을 보내겠습니까?"

허 생이 크게 화를 내며 꾸짖어 말했다.

"소위 사대부란 도대체 어떤 자들이냐?

동쪽 오랑캐 땅에서 태어나

자칭 사대부라 칭하니 어리석지 않은가?

바지저고리를 온통 흰 것으로 입는 것은 상복이며,

머리를 묶어 상투를 트는 방망이 머리는

남만의 풍속일 뿐인데

그러면서 어찌 예법을 안다고 입을 놀리는가?

옛날 진나라의 번어기는 원수를 갚기 위해

誠能請

遣子弟入學遊宦

如唐元古事

商賈出入不禁

彼 必喜其見親而許之妙.

選國中子弟

薙髮[452]胡服

其君子往赴賓擧

其小人遠商江南

覘[453]其虛實 結其豪傑.

天下可圖

而國恥可雪.

李公撫然曰.

士大夫皆謹守禮法

誰肯薙髮

胡服乎.

許生大叱曰.

所謂士大夫 是何等也.

産於彝貊[454]之地

自稱曰士大夫 豈非駭[455]乎.

衣袴[456]純素 是有喪之服.

會撮[457]如錐

是南蠻之椎結也.

何謂禮法.

樊於期欲 報私怨

---

452) 薙髮(치발)=청족의 辮髮.
453) 覘(점)=엿보다.
454) 彝貊(이맥)=夷貊.
455) 駭(애)=어리석음.
456) 袴(고)=바지.
457) 撮(촬)=影也, 總取.

(진시황이 의심하지 않도록)

자기 목을 아끼지 않았고 而不惜其頭

조나라 무령왕은 나라의 부강을 위해 武靈王欲强其國

호복을 입는 것을 수치로 여기지 않았다. 而不恥胡服.

지금 명나라의 원수를 갚기 위해 북벌을 주장하는 자들이 乃今欲爲大明復讐

그까짓 상투 하나를 아낀단 말이냐? 而猶惜其一髮.

그뿐 아니다. 너희는 장차 말 타고, 칼로 치고 창으로 찌르고, 乃今將馳馬 擊釖 刺槍

활을 당기며, 돌팔매질을 해야 하거늘 弰[458]弓飛石

그 넓은 소매를 고칠 생각조차 않고 而不變其廣袖

예법만 찾는단 말이냐? 自以爲禮法乎.

내가 세 가지를 말했으나 吾始三言

너는 한 가지도 할 수 있는 것이 없으면서, 汝無一可得而能者

스스로 신실한 신하라고 말하고 있다. 自謂信臣

신실한 신하라는 것이 정녕 그대와 같다는 말인가? 信臣固如是乎.

이런 놈들은 참수해야 옳을 것이다.” 是可斬也.

호질

연암집燕巖集/권12/**열하일기**熱河日記/**관내정사**關內程史 **호질**虎叱

정鄭이라는 고을에 벼슬을 욕심내지 않는 선비가 있었는데, 鄭之邑有不屑宦之士

그 이름을 북곽 선생이라 불렀다. 曰北郭[459]先生.

나이 마흔에 손수 교서한 것이 일만 권이요, 行年四十 手自校書者萬券

구경九經의 뜻을 부연하여 敷衍九經之義

다시 지은 책이 일만 오천 권이었다. 更著書一萬五千券.

이에 천자가 그 뜻을 가상히 여기고 天子嘉其義

제후들이 그 이름을 사모했다. 諸侯慕其名.

---

458) 弰(오)=활 당기다.

459) 北郭(북곽)=『莊子』知北遊에 나오는 東郭子를 변형시킨 虛名.

고을 동쪽에는 일찍이 과부가 된 아름다운 여인이 있었는데, | 邑之東有美而早寡者
그 이름을 동리자라고 불렀다. | 曰東里子.
천자가 그 절개를 가상히 여기고 | 天子嘉其節
제후들이 그 어짊을 모사하여 | 諸侯慕其賢
그 고을 둘레 수리를 봉하여 | 環其邑數里 而封之曰
'동리과부지려'라고 했다. | 東里寡婦之閭.
그런데 동리자가 수절을 했다고 하나, | 東里子善守寡
아들이 다섯이나 되었고 각각 성이 달랐다. | 然有子五人 各有其姓.
어느 날 그들은 서로 바라보며 말했다. | 五子相謂曰.
"강북에서는 닭이 울고 강남에서는 별이 밝으며 | 水北鷄鳴 水南明星
과부 안방에서 사내 목소리가 들리는데, | 室中有聲
북곽 선생과 똑같으니 어찌된 일인가?" | 何其甚似北廓先生也.
다섯 아들은 번갈아 창틈으로 동정을 엿보았다. | 兄弟五人迭窺戶隙.
과부 동리자가 북곽 선생에게 청하며 말했다. | 東里子請於北郭先生 曰.
"오랫동안 선생의 덕을 모사해왔습니다. | 久慕先生之德.
오늘 밤에는 원컨대 선생의 글 읽는 소리를 듣고 싶습니다." | 今夜願聞先生讀書之聲.
북곽 선생은 옷깃을 여미고 무릎을 꿇고 앉아 | 北郭先生整襟危坐
시를 지어 읊었다." | 而爲詩曰.
"원앙새는 병풍에 있는데 반딧불은 밝기도 해라! | 鴛鴦在屛 耿耿流螢.
시루와 세발솥은 무엇을 본떠 만들었는가? | 維鬵[460]維錡 云誰之型.
이 시는 바로 흥興입니다." | 興也.
다섯 아들은 말했다. | 五子相謂曰.
"예법에 의하면 과부의 문에는 들어가지 않는 법이며 | 禮不入寡婦之門
북곽 선생은 어진 사람인데 이럴 수가 있는가? | 北郭先生賢者也.
이는 필시 천 년 묵은 여우가 | 狐老千年能幻
북곽 선생으로 변신한 것이 틀림없다." | 是其像北郭先生乎.
이에 이 여우를 죽여 | 相與謀曰 何不
서로 나누어 갖기로 모의하고, | 殺是虎而分之
다섯 아들이 다 같이 포위하고 들이쳤다. | 於是五子共圍而擊之.

460) 鬵(심)=鼎大上小下若甑.

북곽 선생은 크게 놀라 도망치다가
똥구덩이에 빠졌다.
겨우 기어 나와 머리를 들고 쳐다보니
범이 바로 앞에 서 있었다.

北郭先生大驚遁逃
乃陷於野窖穢滿其中.
攀援出首
而望有虎.

북곽 선생은 범에게 머리를 조아리고 엉금엉금 기어
세 번 절하고 무릎을 꿇고 올려다보며 말했다.
"범님의 덕은 지극합니다.
대인은 그 변하는 것을 본받고,
제왕은 그 걸음걸이를 본받고,
사람들은 그 효성을 본받고, 장수는 그 위엄을 본받습니다.
그래서 이름을 신령과 나란히 하여
풍종호風從虎 운종룡雲從龍이라 하니,
천하 백성이 감히 그 바람 아래에 있습니다."
범이 꾸짖어 말했다. "앞으로 가까이 오지 마라!
내 들으니 선비는 아첨을 잘한다더니 정말 그렇구나!"

北郭先生頓首 而匍匐.
而前三拜而蜓 仰首而言曰.
虎之德其至矣乎.
大人效其變
帝王學其步
人子法其孝 將帥取其威.
名並神龍
一風一雲
下土賤臣 在下風.
虎叱曰 無近前.
曩也吾聞之儒者諛也 果然.

범은 사람보다 착하다

"너는 평시에 천하의 악명을 모두 모아
나에게 붙여 욕하더니,
지금 다급해지자 눈앞에서 아첨을 떨지만
누가 너를 믿겠느냐?
대저 천하의 이理는 하나이니
범의 성품이 악하거든 사람의 성품 또한 악할 것이며
사람의 성품이 선하다면 범의 성품 또한 선할 것이다.
너의 천 가지 만 가지 말은 오상五常을 잃지 않고,
경계하고 권면해서 항상 사강四綱에 머문다고 하지만.
도읍에는 코를 베이고 발꿈치를 잘리고
얼굴에 먹물을 뜬 자가 길에 가득하니
이는 모두 불손하여 오형을 받은 자들이니,

汝平居集天下之惡名
妄加諸我
今也急而面諛
將誰信之耶.
夫天下之理一也
虎性惡也 人性亦惡也
人性善則 虎之性亦善也.
汝千語萬言 不離五常
戒之勸之 恒在四綱
然都邑之間 無鼻無趾
文面而行者
皆不遜五品之人也

너희 인간은 날마다 온갖 형벌을 가해도
악행을 그치지 않는다.
그러나 범의 가문에는 본래 그런 형벌의 제도가 없으니
이로 본다면
범의 성품은 사람보다 착한 것이 아니겠느냐?"

然而 微墨斧鋸日不暇給
莫能止其惡焉.
而虎之家自無是刑
由是觀之
虎之性不亦賢於人乎.

범의 도는 광명정대하다

"범은 초목을 먹지 않고 벌레와 물고기를 먹지 않으며,
술과 차 같은 패란悖亂의 기호품을 좋아하지 않고,
임신한 것이나 알을 품은 것,
자질구레한 물건은 차마 먹지 않는다.
산에 들어가면 노루와 사슴을 사냥하고
들에서는 우마를 사냥하지만,
입맛과 배부름에 매이거나 음식으로 인한 송사가 없으니,
범의 도道가 어찌 광명정대한 것이 아니겠느냐?"

虎不食草木 不食蟲魚
不嗜麴蘗 悖亂之物
不忍字伏
細瑣之物.
入山獵麞鹿
在野畋馬牛.
未嘗爲 口腹之累 飮食之訟
虎之道 豈不光明正大矣.

인간은 화폐를 형님이라 부른다

"무릇 제 것이 아닌 것을 취하는 것을 도둑이라 하고,
생명을 괴롭히고 물건을 해치는 것을 도적이라 한다.
너희는 밤낮으로 쏘다니며 팔을 휘두르며
눈을 부릅뜨고,
함부로 남의 것을 빼앗고 훔쳐도 부끄러운 줄 모르며,
심한 자는 화폐를 형님이라 부르고,
출세를 위해서는 처자까지 죽이니
이러고도 다시 인류의 도리를 논할 수 있겠는가?
또 너는 누리에게서 밥을 빼앗고 누에한테서 옷을 벗겨가고,
벌에게서 단 것을 빼앗아 먹는다.
심지어 개미 알젓을 담가 자기 조상 제사를 지내니

夫非其有而取之 謂之盜
殘生而害物者 謂之賊.
汝之所以 日夜遑遑
揚臂努目
拏攫而不恥
甚者 呼錢爲兄 [461]
求將 [462]殺妻
則不可復論於倫常之道矣.
乃復攘食於蝗 奪衣於蚕
禦蜂而剽甘.
甚者醢蟻之子 以羞其祖考

---

461) 晉書/魯褒傳 참조.
462) 將(장)=長大也, 欲也.

그 잔인하고 박덕함이 | 其殘忍薄行
너희 인간보다 심한 것이 어디 있겠느냐?" | 孰甚於汝乎.

인간은 인간을 잡아먹는다

"또한 선악으로 따진다면 | 自其善惡而辨之
공공연히 벌과 개미의 집을 표독스럽게 겁탈하는 인간을 | 則公行剽劫於蜂蟻之室者
어찌 천지의 큰 도적이라고 하지 않는가? | 獨不爲天地之巨盜乎.
방자하게 누리와 누에의 물건을 훔치는 인간을 | 肆然攘竊於蝗蚕之資者
어찌 인의의 큰 도적이라고 말하지 않는가? | 獨不爲仁義之大賊乎.
우리 범이 일찍이 표범을 잡아먹지 않는 것은 | 虎未嘗食豹者
실로 동류끼리 차마 할 수 없는 인仁이 있기 때문이다. | 誠爲不忍於其類也.
그리고 범이 노루나 사슴을 잡아먹는 것을 계산해보면 | 然而計虎之食麞鹿
너희 사람이 잡아먹는 것보다 많지 않을 것이며, | 不若人之食麞鹿之多也.
범이 말과 소를 잡아먹는 것과 비교해도 | 計虎之 食馬牛
너희 사람이 잡아먹는 것보다는 많지 않을 것이다. | 不若人之食馬牛之多也.
특히 범이 사람을 잡아먹는 것은 드문 일이지만, | 計虎之食人
사람이 사람을 잡아먹는 것보다는 많지 않을 것이다." | 不若人之相食之多也.

유혈이 천리요, 시체가 백만이었다

"거년 관중에 큰 가뭄이 들었을 때는 | 去年 關中大旱
사람들이 서로 잡아먹은 것이 수만 명이었고, | 民之相食者數萬
재작년에 산동 지방에 큰 홍수가 났을 때는 | 往歲 山東大水
사람들이 서로 잡아먹은 것이 수만 명이었다. | 民之相食者數萬.
그러나 사람이 서로 잡아먹은 것이 많기로는 | 雖然 其相食之多
어찌 춘추 시대와 비교되겠는가? | 又何如春秋之世也.
춘추 시대는 명색이 덕을 세운다는 전쟁이 칠십 번이요, | 春秋之世 樹德之兵十七
원수를 갚는다는 전쟁이 삼십 번이었는데 | 報仇之兵三十
유혈이 천리요, 시체가 백만이었다. | 流血千里 伏屍百萬.

또 화포란 것은 터뜨리면 소리가 산을 무너뜨릴 듯 | 有砲發焉 聲隤華嶽

그 불기운이 음양을 누설하여 우레보다 더 무섭다.

너희 선비들은 그것도 모자라 포악함을 들어내

보드라운 털을 핥아 붓이란 날카로운 칼을 만들어

오징어 먹물을 묻혀 종횡으로 치고 찌르니

굽히면 세모창이요, 날카롭기는 칼이요,

갈라지면 가지창이요, 곧으면 화살이요,

당기면 활 같아서,

이 병기를 한번 움직이면 온갖 귀신이 밤중에 곡할 지경이다.

너희는 끊임없이 이것으로 서로를 잡아먹으니,

그 잔혹함이 너희보다 더한 자가 누구란 말이야?"

북곽 선생은 엎드려 뒷걸음치면서

두 번 절하고 몇 번이고 머리를 조아리며 말했다.

"『맹자』, 「이루離婁」 편에 이르기를 비록 악한 사람이라도

목욕재계하면 가히 상제님을 섬길 수 있다고 했사오니

저처럼 하토下土의 천한 백성은

감히 범 님의 감화 아래에 있기를 소원합니다."

한동안 숨을 죽이고 있는데

오랫동안 삼가 명하는 말이 없었다.

진실로 황공한 마음으로 손을 비비고 머리를 조아리며

우러러 바라보니,

동방이 밝았고 범은 이미 가버리고 없었다.

이때 마침 농부가 김을 매러 아침 일찍 나왔다가 물었다.

"선생은 어찌 이른 새벽에 들에서 절을 하십니까?"

북곽 선생은 점잖게 말했다. "내 들은 바 있느니라!

'하늘의 덮어줌이 높으니 감히 엎드리지 않을 수 없으며,

땅의 덮어줌이 두터우니 기지 않을 수 없다'라고 했느니라!"

후지 後識

이 글은 지은이의 성명은 알 수 없으나

火洩陰陽 暴於震霆.

是猶不足以逞其虐焉則

乃吮柔毫合膠爲鋒.

淬以烏賊之 沫 縱橫擊刺.

曲者如矛 銛者如刀

岐者如戟 直者如矢

彀者如弓

此兵一動 百鬼夜哭.

其相食之酷孰

甚於汝乎.

北郭先生 離席俯伏逡巡

再拜 頓首頓首 曰.

傳有之雖有惡人

齋戒沐浴則 可以事上帝.

下土賤臣

敢在下風.

屛息潛聽

久無所命.

誠惶誠恐拜手稽首

仰而視之

東方明矣 虎則已去.

農夫有朝菑者問.

先生何早敬於野.

北郭先生曰 吾聞之

謂天蓋高 不敢不踞

謂地蓋厚 不敢不蹐.

篇雖無作者姓名

아마 근세 중국인이 비분하여 지었을 것이다.	而盖近世華人 悲憤之作也.
오늘날 암흑의 세상을 만나	世運入於長夜
오랑캐의 재앙이 사나운 짐승보다 심하며	而夷狄之禍⁴⁶³⁾ 甚於猛獸.
부끄러움을 모르는 선비들은	士之無恥者
글귀나 주어 모아서 여우처럼 세속에 아첨한다.	掇拾章句 以狐媚當世.
어찌 무덤을 도굴하는 선비는 더러워서	豈非發塚之儒
승냥이나 범도 더러워 잡아먹지 않는다고 하지 않겠는가?	而豺狼之所不食者乎.

진서晉書/노포전魯褒傳/호전가형呼錢家兄

전신론錢神論

원강原康 연간 이후 기강이 무너지자,	元康之後 綱紀大壞
노나라 포褒는 시절의 탐욕과 비루함을 슬퍼하여 성명을 숨기고	褒傷時之貪鄙 乃隱姓名
「전신론錢神論」을 지어 그 같은 세태를 풍자했다.	而著錢神論以諷之.
서울의 부호와 고관대작들이 돈을 '가형家兄'이라 부르니	說洛中朱衣 呼錢爲愛我家兄
모두 따르며 그치지 않게 되었다고 한다.	皆無已已.
돈이 있으면 위태로운 것을 편안하게 하고 죽은 자를 살려내는데,	錢之所在 危可使安 死可使活
돈이 없으면 귀인도 천하게 되고 산 자도 죽게 된다.	錢之所去 貴可使賤 生可使殺.
벼슬이 높아지고 이름이 드날리는 것도 돈이면 다 된다.	官尊名顯 皆錢所致.
돈이 있으면 귀신도 부릴 판이니	有錢可使鬼
사람이야 어찌 부리지 못하겠는가?	而況于人乎.
이로 볼 때 돈이야말로 가히 '신물神物'라 할 것이다.	由視論之 錢可謂神物.

---

463) 호족의 중국 지배를 가리킴.

3장
실 학 사 상

북학을 제창한 박제가

◆

1절. 초정은 누구인가?

이력

박제가는 서울 출생으로 승지 박평朴坪, 1700~1760의 서자庶子다. 11세 때 부친이 죽자 모친과 누이와 함께 가출하여 묵동, 필동을 전전하다가 김포 통진에 자리를 잡았다. 자字는 차수次修, 재선在先이고 호號는 어려서부터 초사楚辭를 즐겨했으므로 초정楚亭이라 했다. 만년에는 정유貞蕤, 위항도인葦杭道人으로 불렸다. 18세에 연암의 제자가 되었고, 서얼 출신인 이덕무, 유득공, 서이수徐理修, 1749~1802 등과 함께 유명한 '사검서四檢書'의 일인이었으며, '북학사가北學四家' 및 '시문사대가詩文四大家(이덕무, 유득공, 이서구 등)'의 일인으로 불렸던 재사였다. 그들 사가의 시는 중국에서 칭찬을 받았고 『한객건연韓客巾衍』이란 이름으로 출간되었다. 고증학과 서예의 대가인 추사 김정희는 그의 제자다.

29세였던 1778년에 1차로 연경을 다녀와서 『북학의』를 탈고했다. 1779(30세)년 규장각 검서관이 되었고, 1790년 2차로 연경을 다녀온 이후 1792(43세)년에 부여 현감이 되었다. 정조가 농서를 구하는 교서를 발표하자 「진북학의소進北學議疏」를 올리는데, 이때(1799) 연암도 최초로 『과농소초課農小抄』, 『한민명전의限民名田議』 등 시무에 관한 저술을 했다. 50세에 무과武科 별시別試에 장원 급제했으며, 1801년에 4차로 연경을 다녀왔다. 그해 연경에서 『정유고략貞蕤稿略』이 간행되었다. 다산과 교분이 두터웠고 종두 연구와 실험을 위해 자주 상종했던 관계로 다산과 연루되어 함경도 경성鏡城으로 유배되었다. 1804(55세)에 귀향하여 1805년에 연암을 문병한 후 소식이 끊겼다. 아마 자살한 것으로 추정된다.

'북학北學'이란 개화라는 의미와 동일한 것으로, 당시 철천지원수라고 생각하는 청나라와 서양 오랑캐를 배우자는 것이므로 당시의 국시였던 북벌北伐, 존명尊明주의와 정면으로 대립되는 위험한 주장이었다. 이것은 훗날의 위정척사파爲正斥邪派의 척양척외斥洋斥倭 운동과도 상충된다. 북벌론의 논지는 중화의 정통인 명나라가 멸망하였고 명나라의 적자인 조선이 이를 계승하여 소중화小中華가 되었으므로 명나라의 원수인 청나라를 정벌하는 것은 적자의 의무라는 것이다. 당시 북벌론은 국시가 되었으며 자주론自主論으로 포장되어 사대부들의 자긍심을 고취하기도 했다. 그러나 이는 자신들이 독점한 정주학적 해석을 이용하여 정적을 이단으로 몰아 배척하기 위한 정략이었을 뿐 실제로는 북벌을 위해 아무것도 준비하지 않았다.

이처럼 기만적인 북벌론은 동이東夷를 반半 짐승으로 취급하는 주희의 화이론華夷論을 정면으로 반박하지 못하고, 주인인 중화를 지극정성으로 섬기는 것만이 짐승에서 벗어날 수 있다는 사대부들이 가진 노예근성의 발로에 불과하다. 또한 이는 스스로 정통성인 이夷를 벗어던지고 중화인 명나라의 정통성을 계승해야 한다는 것이므로 반자주론이 분명한데도 이것만이 자존의 길이라고 생각했다. 그러므로 북벌론은 자기 조상을 버리고 명나라를 섬기는 사대 모화주의에 불과하며 스스로를 명나라의 적자로 생각하는 자기기만의 헛된 구호였다. 그러기에 뜻있는 선비들이 국시인 북벌론을 버리고 이와 반대인 북학론을 들고나온 것은 죽음을 각오한 의거라고 말할 수 있다. 그러함에도 불구하고 일부 학자와 문중에서 다시 들추고 싶지도 않은 치욕인 기만적 북벌론을 대단한 애국인 양 찬양하고 기리고 있으니 한심한 일이 아닐 수 없다.

당시 18세기 말기는 서양에서 산업 혁명이 일어난 중요한 시대였다. 1765년에 와트가 증기 기관을 발명했고, 1758년에는 케네François Quesnay, 1694~1774의『경제표Tableau Économiqne』가, 1776년에는 애덤 스미스Adam Smith, 1723~1790의『국부론The wealth of Nations』이 발표되어 산업 혁명과 시민 혁명이 무르익어가고 있었다. 이러한 때 반청 북벌론으로 청나라와 서양 문물을 배우지 못한 것이 곧 나라가 피폐한 원인이라고 생각하고 적극적인 문호 개방을 주장한 것이다.

초정의『북학의』는 이러한 북학론을 피력한 것으로 29세 때 지은 것이다. 이 외에 37세에는 「병오소회丙午所懷」, 49세에는 「진북학의소」를 저술했다. 특히 「병오소회」는 30세에 검서관이 되고 7년 후에 아침 조회 때 기회를 얻어 왕 앞에서 직접 토로한 내용인데 이를 보면 구체제를 혁파하고자 하는 청년 박제가의 피맺힌 소원과 열정을 알 수 있다.

그의 개방주의와 사회 혁명 사상은 선구적이었으나 그것이 너무 지나쳐 조선의 문화 전통을 비하하는 면이 있었다. 이것은 서얼 출신이라는 울분과 연경이라는 창문을 통해 서양 문물을 알게 된 한계 때문일 것이다. 그래서 스승인 연암조차 '입론이 너무 높아 간혹 경계가 없는 데로 가까워지는 것'을 우려한 바 있다.[1]

정유각집貞蕤閣集/정유각문집貞蕤閣文集/권1/북학의자서北學議自序

대저 이용과 후생의 하나라도 갖추지 못함이 있으면,	夫利用厚生 一有不修[2].
윗사람으로서 정덕正德을 그릇되게 행사하는 것입니다.	則上侵[3]於正德.
공자는 "백성의 살림이 넉넉한 연후에는 교화한다"고 했고,	故子曰 旣庶矣而敎之
관자는 "의식이 족해야 예절을 안다"고 했습니다.	管仲曰 衣食足而知禮節.
지금 민생은 날로 곤궁하고 나라 제정은 갈수록 궁핍한데,	今民生日困 財用日窮
사대부들은 수수방관하며 구제하지 않을 것입니까?	士大夫其將袖手 而不之救歟.
아니면 옛 법만 따르며 안일하여	抑因循故常 晏安
그 방법을 모르는 것입니까?	而莫之知歟.

정유각집貞蕤閣集/정유각문집貞蕤閣文集/권3/전傳

병오정월이십이일조참시丙午正月二十二日朝參時. 전설서별제박제가소회典設署別提朴齊家所懷

신이 듣기로는 명자明者는 스스로를 속이지 않고,	臣聞明者不自欺
지자智者는 스스로 잘못되지 않는다고 합니다.	智者不自弊.
나라의 인재는 적어지는데	夫人才渺然
배양할 생각은 하지 않고,	而不思所以培之
나라의 재물은 나날이 고갈되는데 융통할 생각은 하지 않고,	財用日竭 而不思通之
세속이 피폐하여 백성이 가난하다고 말하는 것은	曰世降[4]而民貧.
나라가 스스로를 속이는 것입니다.	此國之自欺也.
지위가 높을수록 사리가 더욱 간결해야 하거늘	位愈高而視事愈簡
안일에 젖어 관무를 아랫것들에게 위임하고	居官委下屬
서리들에게 맡겨놓고 임지를 이탈하며	出疆委衆胥
좌우의 부축을 받으며	左擁右扶

---

1) 박지원의 『楚亭集序』 참조.
2) 修(수)=治也, 備也.
3) 侵(침)=枉法行事也.
4) 降(강)=貶也, 罷退也.

563

제3부 변법창신의 이용후생파

体貌不可屑越也

此士大夫之自欺也.

체통은 조금도 잃을 수 없다고 말하는 것은
사대부가 스스로를 속이는 것입니다.
뜻 모를 글귀의 숲에 묶이고
문체를 꾸미느라 소일하면서
천하의 서책을 묶어놓고 볼만한 것이 없다고 하는 것은
과거 제도가 스스로를 속이는 것입니다.

曰體貌不可屑越也
此士大夫之自欺也.
桎梏於疑義[5]之林
消磨[6]於騈儷[7]之途
束天下之書 而不足觀也
此功令[8]之自欺也.

아버지를 아버지라 부르지 못하는 자가 있으며,
형을 형이라 부르지 못하는 자가 있습니다.
같은 집의 친척을 종으로 대하는 자가 있으며,
등이 굽은 백발노인인데도
어린 동자의 아랫자리에 앉아야 하는 자가 있습니다.
할아버지, 아버지 항렬에게 인사도 하지 않고,
손자 조카뻘이 어른을 꾸짖고 있습니다.
점점 천하에 교만을 떨며
오랑캐가 스스로 예의요, 중화라고 생각합니다.
이러한 습속은 스스로를 속이는 것입니다.

父不呼父者有之
兄不呼兄者有之.
同堂之親而相奴者有之
黃髮鮐背[9]
而席於童卝[10]之下者有之矣.
祖行父行而不拜
則其孫與姪誚長者有之矣.
猶沾沾然驕天下
而夷之 自以爲禮義也中華也.
此習俗之自欺也.

무릇 사대부란 나라에서 만든 것입니다.
그런데 사대부에게는 국법을 시행하지 않으니
이는 스스로 가리는 것이 아닙니까?
과거란 사람을 얻는 수단입니다.
그런데 사람을 얻는다는 과거로
사람을 물리치고 있으니
이는 스스로 가리는 것이 아닙니까?

夫士大夫國之所造也.
然而國法不行於士大夫
非自弊乎.
科擧者所以取人也.
取人由科
而攘
則非自弊乎.

---

5) 疑義(의의)=의심되는 글귀.
6) 消磨(소마)=소모.
7) 騈儷(병려)=형식을 중시하는 문체.
8) 功令(공령)=科擧文.
9) 鮐背(태배)=등이 굽은 노인.
10) 卝(관)=두 갈래 상투. 총각.

564
실학사상

서원과 제사를 올리는 것은 선비를 숭상하자는 것입니다.

그런데 병역을 기피하고 금하는 술을 빚고 있으니,

이는 스스로 가리는 것이 아닙니까?

나라에서 이러한 속임수와 폐단을 추국하여

저촉되는 것은 펴고

굽은 곳은 도려내 어리석음을 깨우친다면

나라를 다스리는 사업의 절반은 된 것입니다.

왕의 답변

개진한 여러 조목을 보니

그대의 인식과 취지가 볼만하다.

書院而俎豆[11]者所以崇儒也.

而逋丁禁釀依焉

非自弊乎.

國家誠能推四欺三弊之說

而觸[12]類而伸之

剔瘼[13]而牖迷[14]

則治國之事過半矣.

答曰 觀此諸條所陳

爾之識趣 亦可見矣.

---

11) 俎豆(조두)=祭器.

12) 觸(촉)=느끼다, 범하다.

13) 剔瘼(척막)=병증을 도려냄.

14) 牖迷(유미)=미혹한 자에게 창을 뚫어줌.

존주
반청 반대

초정은 당시의 지배 이념이었던 유학이나 성리학에 대해서는 일체 입을 열지 않았다. 그의 글을 읽으면 행간마다 거대 담론이 나올 법한 곳에서도 논의를 실용으로 제한하는 절제를 느낄 수 있다. 그것은 서출이라는 한계와 제약도 있었겠지만 자기의 목표가 실학에 있었기 때문에 실학에 반대하는 세력에게 빌미를 주지 않으려는 배려로 보아야 할 것이다. 즉, 자기의 투쟁 전선을 공리공담 대 이용후생으로 한정함으로써 투쟁 전선을 확대하지 않으려는 고심에서 그랬을 것으로 추측할 수 있다. 그러나 그가 존주尊周를 거부한 것은 유학을 거부한 것이나 마찬가지다. 또한 그가 '북학'을 주장한 것은 '청나라를 배우자'는 것으로 그치는 것이 아니라 내심 더 나아가 '유학'의 대안을 제시하려 했던 것으로 읽어도 무방하다.

그는 당시 이미 멸망한 명나라를 위해 청나라를 쳐 원수를 갚겠다는 북벌론의 허구성을 비판하고 청나라의 문물을 배워야 한다고 주장한다. 그러므로 북학에 반대하는 반청 쇄국주의에 대해서는 단호하게 비판한다. 그는 『북학의』 서문에서 신라의 최치원崔致遠, 857~?과 임진왜란 때 의병장이었던 조헌趙憲, 1544~1592을 사모했다고 말한다. 이들은 모두 연경에 다녀와서 중국의 문물을 배워 나라를 개혁하여 부강하게 하려던 사람들이다.

진북학의進北學議/**존주론**尊周論

존주尊周는 자기들의 존주이며,	尊周自尊周也
이적夷狄은 자기들만의 이적이다.	夷狄自夷狄也.
주나라는 반드시 오랑캐와는 구분되어야 한다.	夫周之與夷 必有分焉.
다만 오랑캐가 하나라를 소란스럽게 하였으나,	則未聞以夷之猾[15]夏
주나라와 오랫동안 공존했으며	而並與周之久
이들을 배척했다는 말을 들어보지 못했다.	而攘之也.
우리나라는 신하의 도리로 명나라를 섬긴 지 이백여 년이다.	我國臣事明朝二百餘年.
급기야 임진왜란 때 사직을 파천하는 지경에 이르러	及夫壬辰之亂 社稷播遷
명나라 신종 황제가 천병을 동원하여	神宗皇帝動天下之兵
왜놈을 국경 밖으로 몰아냈다.	驅倭奴而出之境.

---

15) 猾(활)=狡也, 亂也.

조선 백성들은 머리카락 하나까지
'다시 태어난 은혜', 즉 재조지은再造之恩이 아닌 것이 없다.
그런데 불행히 명나라가 망하여
하늘이 무너지고 땅이 꺼지는 때를 만나
천하 사람들이 머리를 깎고 호복을 입게 되었다.
이에 우리 사대부들 사이에는 『춘추』에서 말한 대로
주나라를 높이고 이적을 물리치는 논지를 말하면
공명정대한 선비로 명망을 얻었다.
그때 풍조의 남은 열기가 오히려 지금까지 남아 있으니
어찌 훌륭하다 하지 않겠는가?

그러나 청나라가 천하를 차지한 지 백여 년이 되었으며,
그 땅에는 주나라 사람의 자녀와 옥과 비단이 나오고,
주나라의 궁실, 주차, 농사 등의 법도와
명나라 사대부들의 씨족이 그대로 남아 있다.
그 사람들마저 덮어놓고 오랑캐라 하며
그 법도마저 함께 버리는 것은 크게 옳지 못한 일이다.
진실로 백성에게 이로우면
비록 그 법이 혹시 오랑캐에서 나왔다 할지라도
성인이라면 반드시 취할 것이다.
그런데 하물며 중국의 옛 법이야 말해 무엇하겠는가!

지금 청나라는 분명히 호족이다.
그 호족들조차 중국이 이롭다는 것을 알았고
그러므로 중국을 빼앗아 차지한 것이다.
우리나라는 중국을 빼앗은 것이 호족이라는 것만 알 뿐,
그들이 중국에서 빼앗아 간 것은 알지 못한다.
그러므로 스스로 나라를 지키기에도 힘이 부족했으니

東民之一毛一髮
罔非再造之恩.
不幸而值[16]
天地崩坼之時
薙[17]天下之髮 而盡胡服焉.
則士大夫之爲春秋
尊攘之論者
磊落[18]相望.
其遺風餘烈 只今猶有存者
可謂盛矣.

然而淸旣有天下百餘年
其子女玉帛之所出
宮室舟車耕種之法
士大夫之氏族自在也.
冒其人而夷之
並其法而棄之 則大不可也.
苟利於民
雖其法之或出於夷
聖人將取之,
而況中國之故哉.

今淸固胡矣.
胡知中國之可利
故至於奪而有之.
我國知其奪之胡也
而不知所奪之於中國.
故自守而不足

---

16) 値(치)=遇也, 當也.
17) 薙(치)=깎다.
18) 磊落 (뇌락)=깨끗하다.

이것은 이미 역사가 증명하는 바다.　　　　　　　　　　此其已然之明驗也.

전해진 바로는 정축년 남한산성 아래서 굴욕의 맹약을 할 때,　世傳丁丑之盟

청나라 황제가 조선인에게 호복을 입도록 명하려 하자,　清汗欲令東人胡服

구왕九王이 이르기를　　　　　　　　　　　　　　　九王諫曰

"조선은 요동과 심양에 있어서는 폐부와 같으니,　朝鮮之於遼瀋肺腑也

만약 그들의 의복을 혼합해 들고 나며 소통하게 하면　今若混其衣服

천하를 아직 평정하지 못한 이때　　　　　　　　　通其出入天下未平

사세를 알 수 없으므로　　　　　　　　　　　　　事未可知也

그대로 두는 것만 못할 것이다"라고 간했다.　不如仍[19]舊.

이것이 바로 이른바 구속하지 않고 가두어두는 방책이다.　是不拘而囚之也.

칸이 이 말을 옳게 여겨 중지했다고 한다.　　　　　汗曰善 遂止.

우리로서는 다행이라면 다행이지만 그들의 계책은　自我論之 幸則幸矣

우리로 하여금 중국과 통하지 못하게 하는 것이　而由彼之計

자기들에게 이롭다고 생각한 것에 불과하다.　不過利我之不通中國也.

지금의 중국 법이 배울 만한 것이라고 말하면　今也以中國之法 而曰可學也

여러 사람이 들고 일어나서 비웃는다.　　　　　則群起而笑之.

필부도 원수를 갚으려면　　　　　　　　　　匹夫欲報其讐

원수가 차고 있는 예리한 칼을　　　　　　　見其讐之佩利刃也

빼앗으려고 생각한다.　　　　　　　　　　　則思所以奪之.

당당한 천승의 나라로서　　　　　　　　　　今也 以堂堂千乘之國

대의를 천하에 펴고자 했으나,　　　　　　　欲伸大義於天下

중국 법을 한 가지도 배우지 않고　　　　　而不學中國之一法

중국 선비를 한 사람도 사귀지 않음으로써　不交中國之一士

우리 백성만 수고롭고 고통스러웠을 뿐 아무 공도 없었으며,　使吾民勞苦 而無功

이제 곤궁과 기아로 스스로 그 뜻을 포기한 셈이다.　窮餓而自廢.

백 배의 이로움을 버리고 실행하지 않으니　棄百倍之利 而莫之行

나는 중국의 오랑캐를 몰아낼 겨를이 없음을 걱정하기보다는　吾恐中國之夷未暇攘

---

19) 仍(잉)=그대로, 因也, 거듭.

| 우리 자신의 오랑캐 풍속을 | 而東國之夷 |
| 문명으로 바꾸지 못한 것을 걱정한다. | 未盡變也. |

그러므로 지금 우리가 오랑캐를 물리치고자 한다면	故今之人欲攘夷也
먼저 누가 오랑캐인가를 알아야 하며,	莫如先知夷之爲誰
중국을 숭상하려면 먼저 그들이 남긴 법을 행하는 것이	欲尊中國也
그들을 한층 더 숭상하는 것이 될 것이다.	莫如盡行其法之爲逾尊也.
대저 멸망한 명나라의 원수를 갚고 치욕을 씻으려면	若夫爲前明復讐雪恥之事
이십여 년을 힘써 중국을 배운 뒤에	力學中國二十年後
의논해도 늦지 않을 것이다.	共議之未晩也.

유사의 하방 도태

　　초정은 백성이 살고 나라가 안정되려면 농민을 착취하며 놀고먹는 유사들을 도태해야 한다고 주장했다. 그 방법으로 유사들을 운수업, 상업, 무역업 등에 종사하도록 하는 방안을 제시했다. 지금까지 유사들을 농촌으로 하방下放할 것을 주장한 바는 있으나 장사치로 삼을 것을 주장한 사람은 초정이 처음일 것이다. 이것은 당시 지배 계급인 양반에 대한 중대한 도전이 아닐 수 없는 과감한 발언이다.

진북학의進北學議/응지진북학의소應旨進北學議疏

신은 지난 십이월	伏以臣 伏奉去年十二月
농정을 권장하고 농업 정책을 구하는 왕명을 받았습니다.	勸農政 求農書綸音頒下者.
이제 농정에 힘쓰고자 하시면	今欲務農
반드시 농정을 해치는 것들을	必先去其害農者而後
먼저 없앤 다음에라야 다른 일을 말할 수 있을 것입니다.	其他 可得而言矣.

| 첫째는 유생들을 도태하는 것입니다. | 一曰 汰儒. |
| 지금 해마다 시행되는 정규 시험을 계산하면 | 計今大比[20]之歲 |

---

20) 大比(대비)=鄕試(年一回 지방에서 실시하는 과거 예비 시험).

대과나 소과에 응시하는 자가　　　　　　　　　　　大小科場赴闈[21]者

거의 십만 명이 넘습니다.　　　　　　　　　　　　殆半十萬.

이들뿐 아니라 이들의 부자 형제도　　　　　　　　非特十萬 此輩之父母兄弟

비록 과장에는 나오지 않는다 해도　　　　　　　　雖有不赴擧亦

모두 농업에 종사하지 않는 자들이며,　　　　　　皆不事農者也

뿐만 아니라　　　　　　　　　　　　　　　　　　非特不農

모두 농민을 부려먹는 사람들입니다.　　　　　　　皆能役使農民者也.

할 수 없이 농사를 짓는 자들은　　　　　　　　　則不得不農者

극히 어리석은 고용인들뿐입니다.　　　　　　　　下愚人役而已.

이에 그들의 처와 여식들까지 들일을 해야 하는 실정이라,　於是驅其妻女從事于野

황폐한 농촌과 소읍에서는 다듬이 소리가 끊어져　則荒村小邑砧[22]聲絶少

온 나라가 옷으로 몸을 가릴 수 없는 지경이 되었습니다.　而擧國之衣 不能蔽體矣.

삼가 상고하건대 당시唐詩에　　　　　　　　　　謹按唐詩人

「밭가는 여자의 노래」가 있습니다만,　　　　　　有女耕田行

그것은 난리를 겪은 뒤의 참담한 농촌 실정을 탄식한 것입니다.　蓋歎亂離之後也.

지금 우리나라는 백여 년 동안 태평한데도　　　　今也昇平百年

부녀자가 밭을 갈고 있다는 사실은　　　　　　　而婦女耕田

진실로 이웃 나라에 소문이 나서는 안 될 수치입니다.　誠不可使聞於隣國.

유생이 어찌 농사를 방해하는 것으로 그치겠습니까?　此豈可但以害農言哉.

실상은 농민을 도둑질하는 몹쓸 자들입니다.　　　　其實賊農之甚者.

이런 무리가 나라의 반을 차지한 지　　　　　　　此輩之恰[23]過半國

백여 년이 되었습니다.　　　　　　　　　　　　百年于玆矣.

이제 날이 갈수록 무거워지는 저들을 도태하지 않고,　今不汰其日重者

부질없이 날이 갈수록 가벼워지는 농사꾼들만 책망하며　而徒責其日輕者

어찌 너희는 노력을 다하지 않느냐고 탓합니다.　　曰盍[24]盡爾力 云爾.

---

21) 闈(위)=과거 시험장.
22) 砧(침)=다듬잇돌.
23) 恰(흡)=꼭, 흡사.
24) 盍(합)=어찌 … 않는가.

그런즉 비록 조정은 날마다 천 장의 공문을 발송하고,　　則雖使廟堂 日發千關[25]

현령은 날마다 만 가지 말로 경계하지만,　　縣官日飭[26]萬言

이것은 한 잔의 물로 수레에 가득한 섶의 불을 끄려는　　盃水車薪

어리석은 도로徒勞일 뿐 도움이 없을 것입니다.　　勞亦無補矣.

정유각집貞蕤閣集/정유각문집貞蕤閣文集/권3/전傳

병오정월이십이일조참시丙午正月二十二日朝參時. **전설서별제박제가가소회**典設署別提朴齊家所懷

대저 놀고먹는 자는 나라의 커다란 좀입니다.　　夫游食者 國之大蠹也.

놀고먹는 자가 나날이 불어나는 것은　　遊食之日滋

사족이 나날이 성해지는 때문입니다.　　士族之日繁也.

이들 무위도식하는 자들이 온 나라에 두루 퍼져 있어　　此其爲徒殆遍國中

한 줄기 과거와 벼슬자리로는　　非一條科宦

이들을 다 묶어 견제할 수 없습니다.　　所盡羈[27]縻[28]也.

반드시 이들을 조처할 수 있는 방도를 마련한 뒤에야　　必有所以處之之術 然後

부박한 언론이 일어나지 않고　　浮言不作

국법이 시행될 수 있을 것입니다.　　國法可行.

신이 청컨대 무릇 이들 사족들에게 수륙 운수업과　　臣請 凡水陸交通

판매 무역 사업을 허가하여　　販貿之事

호부에 입적시키고,　　悉許士族入籍

혹은 자본과 장비를 빌려주어　　或資 裝以假[29]之

점포를 개설하여 거기서 살도록 하고,　　設廛而居之

성과가 현저한 자는 발탁함으로써 그들을 권장하십시오.　　顯擢而勸之.

그들에게 날로 이익을 추구하도록 함으로써　　使之日趨於利

놀고먹는 추세를 점점 감소하고　　以漸殺其遊食之勢

사업을 즐거워하는 마음을 열리게 하고　　開其樂業之心

권세가들의 횡포한 형세를 사라지게 할 것입니다.　　而消其豪强之權.

571

제 3 부 변법창신의 이용후생파

---

25) 關(관)=빗장, 通也, 驛也, 機關.

26) 飭(칙)=신칙하다. 경계하다.

27) 羈(기)=재갈.

28) 縻(미)=고삐, 얽어매다.

29) 假(가)=借也.

이것은 또한 풍속을 변화시키는 데도 도움이 될 것입니다.　　　　　此又轉移之一助也.

풍수설 반대

북학의北學議/**외편**外篇/**장론**葬論

우리나라는 정주학을 조종으로 배우므로　　　　　我國學宗程朱

절과 중은 있으나 도교의 도관은 없다.　　　　　有僧寺而無道觀.

바른 도道가 성행하여 거의 이단은 없는데　　　　　彬彬30)乎幾無異端矣

오직 풍수지리설이 부처와 노자보다 심하여　　　　　惟風水地理說甚於佛老

사대부들까지 퍼져 풍습이 되었으니,　　　　　士大夫靡然成風

무덤을 옮기는 것을 효도로 생각하고　　　　　以改葬爲孝

산소 가꾸는 것을 사업으로 생각함으로써,　　　　　治山爲事

서민들도 흠모하고 본받게 되었다.　　　　　小民慕效.

대저 이미 해골이 된 어버이를 가지고　　　　　夫以旣骨之親

자기의 길흉을 점치려 하는 것은　　　　　卜自己之休咎

그 심보가 어질지 못하다.　　　　　其心已不仁矣.

대저 화장火葬, 수장水葬, 조장鳥葬, 현장懸葬을 하는 나라도　　　　　夫火葬水葬鳥葬懸葬之國

역시 같은 사람이며 군주와 신하가 있다.　　　　　亦有人類焉 有君臣焉.

그러므로 요절과 장수, 영달과 곤궁, 부귀 흥망은　　　　　故夭壽窮達興亡貧富者

천도의 자연이며　　　　　天道之自然

사람의 일로 반드시 이루어지는 것도 없지 않지만　　　　　而人事之所必不無者

그것은 장지로 논할 수는 없는 것이다.　　　　　非所論於葬地.

다만 폐할 수 없는 것은　　　　　所不廢者

오직 정자의 오환지설五患之說 정도가 있을 뿐이다.　　　　　惟程氏五患31)之說耳.

─────────────
30) 彬彬(빈빈)=文質을 갖춘 훌륭한 모습.
31) 五患(오환)=도로, 성곽, 도랑과 연못, 전답, 세도가에게 빼앗길 곳.

혹자는 억지로 천문의 학설을 끌어다가
풍수지리에 붙이지만,
옛사람이 풍수지리에 대해 말했는지는 아는 바 없고,
다만 경관이 뛰어난 것을 말했을 뿐 화복을 말한 것은 아니다.
풍수지리설이 징험이 없다는 것은
고금의 유명한 학자들이 이미 상세히 논했으니
『예통고禮通考』「장고葬考」편을 읽어보기 바라며
여기서 다시 반복하지 않겠다.

或者强引天文之說
以配於地理
不知古之言地理
皆形勝而非禍福.
若夫風水之無徵
古今名儒之論已詳
俱見讀禮通考葬考
玆不復云.

🐧 3절. 경제론

근대적 경제 이론

이용후생의 학문론

그는 성리학에 대해 거의 언급하지 않았고, 경학에 대해서도 별로 언급하지 않았다.『대학』의 '격물格勿'에 대해서도 '지어지선止於至善'은 명명덕明明德과 신민新民을 말하는 것이며 그 이외의 형이상학적 인식론을 말한 것이 아니라고 주장한다. 즉, 일에 임하여 성의와 실천만이 학문의 바른 목표라고 본 것이다. 학문이란 이용후생의 학學이 되어야 한다는 것이다.

그리고 그는 오행五行을 신묘한 음양론으로 파악하는 것이 아니라, 일상생활에서 사용하는 다섯 가지 중요한 물건으로 파악한다. 이것은 오행이라는 말이 처음 사용되던 때로 복원하는 것이다. 그러므로 그는 재물을 다스리는 '이재理財'만이 진정한 학문이라고 보았다.

진북학의進北學議/**오행골진지의**五行汩陳之義

기자가 지은 「홍범」에	箕子之洪範曰
"오행을 잃어버렸다"라고 하는 말이 있습니다.	汩[32]陳其五行.
오행이란 백성이 생生을 영위하는 물자이므로	五行者 民所資以爲生
날마다 사용함에 없어서는 안 되는 물건입니다.	日用而不可闕者.
그러므로 오행과 곡식을 담당하는 부서를	故水火金木土穀
합해 육부라고 합니다.	曰六府.
오행을 잃어버렸다 함은	五行之汩陳
육부를 다스리지 못한 것입니다.	卽六府之不修也.
골汩은 잃음을 뜻하고 진陳은 버려진다는 뜻입니다.	汩猶汩喪也 陳[33]猶陳棄也.
따라서 물이 물 구실을 못 하고, 불이 불 구실을 못 하며,	水不能水 火不能火
쇠가 쇠 구실을 못 하고, 나무가 나무 구실을 못 하고,	金不能金 木不能木

---

32) 汩(골)=亂也.
33) 陳(진)=施也.

흙이 흙 구실을 못 한 것입니다.　　　　　　　　　土不能土是也.[34]

지금 천 리 되는 긴 강이 있으나 갑문을 만들어　　今有千里之長江

곡식을 찧는 방앗간이 한 곳도 없으니　　　　　而無一閘以磨穀

수리水利가 없는 것입니다.　　　　　　　　　則水利廢矣.

또 석탄을 태워 주물 도가니를 만들지 못하여　　石炭之鋼鑪[35]不能制

영해 지방의 구리를 녹이지 못하니　　　　　　寧海之銅 鑄不得鎔

쇠가 쇠 구실을 못 하고 불이 불 구실을 못 한 것입니다.　則火非火而金不金矣.

또한 통행하는 데 수레가 없고, 집 짓는데 벽돌이 없으니,　行無車而屋無甓

목공의 기술이 쇠퇴했고 미장이의 기술이 퇴보했습니다.　則木工衰而土德虧矣.

그러므로 오행이 없어지고　　　　　　　　　此所以爲汨喪

육부를 잃어버렸다는 것입니다.　　　　　　　與陳廢之道也.

진북학의進北學議/재부론財富論

재물을 잘 다스리는 자는 위로 하늘을 잃지 않으며,　善理財者 上不失天

아래로 땅을 잃지 않으며,　　　　　　　　　下不失地

가운데로 사람을 잃지 않습니다.　　　　　　中不失人.

기계의 사용이 편리하지 못하여 남들에게는 하루치 일을　器用之不利 人可以一日

우리는 한두 달이 걸린다면　　　　　　　　而我或至於一月二月

천시를 잃은 것이며,　　　　　　　　　　是失天也

밭 갈고 씨 뿌리는 일에 법도가 없어　　　　耕種之無法

비용은 많이 들고 수확은 적다면 땅을 잃은 것이며,　費多而收小 是失地也

상업이 유통되지 않고 놀고먹는 자가 많다면　商賈不通 遊食日衆

사람을 잃은 것입니다.　　　　　　　　　　是失人也.

세 가지 모두를 잃은 것은 중국을 배우지 않은 탓입니다.　三者俱失 不學中國之過也.

정유각집貞蕤閣集/정유각문집貞蕤閣文集/권1/ 북학의자서北學議自序

나는 어린 시절부터　　　　　　　　　　余幼時

---

34) 제3부 1장 3절 존재론 참조.

35) 鋼鑪 (강로)=철강로.

최치원과 조헌을 사모했다.	慕崔孤雲 趙重峰之爲人.
압록강 동쪽 한 모퉁이를 구차하게 차지하고	鴨水以東
천여 년 동안 내려오면서	千有餘年之間 有以區區一隅
나라를 일신하여 중국 문물에 이르고자 한 분은	欲一變而至中國者
오직 이 두 분뿐이다.	惟此兩人而已.
대저 '이용후생'은 한 가지라도 갖추지 못하면	夫利用厚生 一有不修
위로 바른 덕을 침해하는 것이다.	則上侵於正德.
그러므로 공자는	故子曰
"인구가 많아지면 부하게 한 다음 가르치라"라고 했고,	旣庶矣而富之敎之.
관중은 "의식이 족해야 예절을 안다"라고 했던 것이다.	管仲曰 衣食足而知禮節.
오늘날 민생은 날로 곤궁해지고,	今民生日困
재용은 날로 궁핍해지는데,	財用日窮
사대부들은 수수방관하고	士大夫其將袖手
그들을 구제하지 않을 것인가?	而不之救歟.

진북학의進北學議/농잠총론農蠶總論

그러므로 『서경』에서 이르기를	故書曰
"덕을 바르게, 재용을 이롭게, 생활을 윤택하게 하는 것을	正德利用厚生
오로지 갖추어야 한다"고 했습니다.	唯修.
『대학』의 전傳에서 이르기를	大學傳曰
"재화를 생산하는 대도大道는	生財有大道
생산자가 열심히 하는 것"이라고 했습니다.	爲之者疾.
열심히 하라는 말은 재화를 이롭게 하는 것을 말한 것이고,	疾之者云 用之利也
생활이 윤택하다는 것은 의식이 풍족한 것을 말한 것입니다.	生之厚者 衣食足也.

절용론 반대

공맹을 받드는 유가들은 전통적으로 경리輕利, 균분均分, 절약節約을 표방한다. 이것은 분배와 소비
에 중점을 둔 것이다. 생산을 사농공상의 철저한 분업에 따른 자연적인 성취로 간주했기 때문이

다. 이러한 유가들의 전통적 경제관은 춘추 전국 시대를 거치면서 법가 또는 패도주의자들의 부국강병 정책에 참담한 패배를 당했다.

그러므로 후세의 유가들은 강력한 중앙 집권으로 농토를 개간하고 생산을 증대하는 법가들의 부국강병 정책을 수용할 수밖에 없었다. 즉, 공맹의 균분과 절약 정책을 버리고, 순자의 차등 분배 생산 증대, 소비 장려를 기본으로 하는 부국강병 정책을 수용한 것이다.

그러나 공맹의 균분과 절약을 깊이 살펴보면 민民에게만 적용되는 정책이었다. 공맹의 예악은 사실상 지배 계급의 전쟁과 착취에 의한 차등 분배였으며, 화려한 의식과 음악은 과시 소비였던 것이다. 그러므로 후기 유가들이 부국강병 정책을 받아들인 것은 현실을 인정한 것에 불과하다.

원래 절용 권장과 소비 권장은 묵가와 법가의 논쟁이었다. 묵자는 궁궐, 음악, 전쟁을 초과 소비로 규정하고 이를 노동 착취로 간주했으며 따라서 철저한 균분과 절용을 주장했다. 이와 반대로 순자는 차등 배분과 생산 장려를 위해 소비를 권장했다.

민중주의자였던 묵자는 유가들의 계급 차별적인 이중적 태도를 비난했다. 즉, 묵자는 전쟁과 화려한 궁궐과 예식, 전쟁과 음악을 지배 계급의 우월성을 과시하려는 과시 소비라고 규정하고 비판한 것이다. 과시 소비란 재화의 본래 목적을 초과하여 지배자들의 우월성을 과시하기 위한 부당한 소비라는 뜻이다.

초정이 소비를 찬양한 것은 소비가 있어야 생산이 발전한다는 순자의 이론을 계승한 것이지만, 아울러 양반들은 과도하게 소비해도 좋고 백성들은 절약해야 한다는 위선을 폭로한 것이다.

정유각집貞蕤閣集/**정유각문집**貞蕤閣文集/**권3/전**傳

병오정월이십이일조참시丙午正月二十二日朝參時. **전설서별제박제가소회**典設署別提朴齊家所懷

오늘날 의론은	今之議者
"사치가 날로 심하다"라고 말하지 않는 이가 없습니다.	莫不曰奢日甚.
그러나 신이 보기에는 근본을 모르는 자의 말입니다.	以臣視之 非知本者也.
대저 중국은 사치 때문에 망하기도 하였으나	夫他國固以奢而亡
우리나라는 검소했기 때문에 쇠해졌습니다.	吾邦必以儉而衰.
왜냐하면 무늬 있는 비단을 입지 않음으로	何則 不服文繡
비단 짜는 기계가 없고	而國無織綿之機
여공도 쇠퇴했으며,	則女紅[36]廢矣.

---

36) 紅(홍)=赤白色, 女工.

풍악을 숭상하지 않음으로 　　　　　　　　　　不尙聲樂

오음과 육률이 조화롭지 못합니다. 　　　　而五音六律不叶³⁷⁾矣.

물이 새는 배를 타고, 씻기지 않은 말을 타며, 　乘虧漏之船 騎不浴之馬

깨진 그릇에 밥을 먹고, 　　　　　　　　　食窳³⁸⁾器之食

먼지투성이 방에서 거처하는 것을 개의치 않음으로 　處塵土之室

공장과 목축과 질그릇 장수의 사업이 끊어졌습니다. 　而工匠牧畜陶冶之事 絕矣.

따라서 농사일도 거칠어져 농사 기술이 없어졌고, 　以至農荒而失其法

장사도 이利가 박하여 사업을 잃었습니다. 　商薄而失其業.

사민四民이 다 같이 곤궁하니 　　　　　　四民俱困

서로 도울 수도 없습니다. 　　　　　　　不能相濟.

대저 가난한 사람들은 날마다 채찍질을 하며 　彼貧人者 雖日撻³⁹⁾

사치하라고 다그쳐도 할 수 없을 것입니다. 　而求其奢也. 將不可得矣.

지금 대궐 뜰에서 예禮를 거행할 때는 　　　今殿庭行禮之地

거적을 펴고, 　　　　　　　　　　　　布其棲苴⁴⁰⁾

동서 궐문을 지키는 위병은 　　　　　　東西闕守門之衛士

무명옷에 새끼줄을 두르고 서 있습니다. 　衣木棉帶藁索而立.

신이 보기에 진실로 부끄럽습니다. 　　　臣實恥之.

그러면서 이 같은 근본에 대한 일은 요량도 않으면서, 　不此之計

도리어 여염집에 조금만 높은 문간이 있으면 허물어버리고, 　而乃反毀閭巷之高門

가죽신을 신은 장사치를 잡아들이며, 　　捉⁴¹⁾市井之鞋衫⁴²⁾

말몰이꾼의 귀마개를 걱정하니 　　　　　憂馬卒之耳衣

이것이 말단이 아니고 무엇이겠습니까? 　不亦末乎.

날마다 이용하는 일에 대해서는 폐기하고 강구하지 않습니다. 　日用之事 廢而不講.

중국의 궁실, 마차, 단청, 비단 등의 　　　中國之宮室車馬丹靑錦繡

실
학
사
상

---

37) 叶(협)＝和也.

38) 窳(유)＝이지러지다.

39) 撻(달)＝매질하다.

40) 棲苴(서저)＝물풀과 두엄 풀.

41) 捉(착)＝逋也.

42) 鞋衫(혜삼)＝가죽신과 적삼.

성대함을 보고는 사치가 심하다고 말합니다.

대저 중국은 진실로 사치하다가 망했습니다.

그런데 조선이 검소하다가 쇠해진 것은 어찌된 연유입니까?

물자가 있어도 낭비하지 않는 것을 검소하다고 말합니다.

자기에게 없어 굶주리는 것을 말하는 것이 아닙니다.

지금 나라에는 구슬을 채굴하는 집안이 없고

시장에는 산호 같은 값진 물건이 없습니다.

또한 금과 은을 가지고 가게에 들어가도

떡을 살 수 없습니다.

어찌 그 풍속이 참으로 검소한 것을 좋아해서

그렇게 된 것입니까?

이것은 단지 금과 은을 이용하는 기술에 무지하기 때문입니다.

그것을 이용할 줄 모르니

그것을 생산할 줄 모르고

생산할 줄 모르니 백성은 나날이 궁핍해지는 것입니다.

비유하면 재물은 우물과 같습니다.

퍼 쓸수록 가득해지고 이용하지 않으면 말라버리는 것입니다.

그러므로 비단을 입지 않으면 나라에 비단 짜는 사람이 없고

따라서 여공이 쇠해집니다.

깨진 그릇을 싫어하지 않으니 기술 발전에 힘쓰지 않습니다.

그래서 나라에 건축, 가구, 질그릇, 대장간이 없어지고

또한 기술도 없어졌습니다.

이로 말미암아 농토는 황폐해지고 농사 기술도 퇴보하고,

장사도 이利가 박하여 상업이 없어졌습니다.

그 결과 사민四民이 모두 곤궁해지니

서로 도울 길이 없어졌습니다.

之盛 則奢侈已甚.

夫中國固以奢而亡.

吾邦必以儉而衰 何也.

夫有其物 而不費之謂儉.

非無諸己 而自絶[43]之謂也.

今國無採珠之戶

市無珊瑚之價.

持金銀而入店

不可以買餠餌.

豈其俗之眞能好儉

而然歟.

特不知所以用之之術耳.

不知所以用之

則不知所以生之.

不知所以生之 則民日窮.

夫財譬則井也.

汲則滿 廢則渴.

故不服錦繡 而國無織錦之人

則女紅衰矣.

不嫌窳器 不事機巧.

而國無工匠陶冶之事

則技藝亡矣.

以至農荒而失其法

商薄而失其業.

四民俱困

不能相濟.

---

43) 絶(절)=斷糧食也, 渴也.

기술과 국토 이용

서구의 산업 혁명은 1765년 와트의 증기 기관의 발명이 그 단초를 열었다. 이처럼 근대란 다른 것이 아니라 일상생활을 위한 기술이 중요시되는 사회를 말한다. 형이상학이나 도덕론보다도 기술과 경제학을 중시하는 것을 '근대성'이라 말한다. 초정이 1778년에 쓴 『북학의』는 1776년 출판된 애덤 스미스의 『국부론』에 필적할 만한 '동양의 국부론'이라고 말할 수 있다. 이런 점에서 초정은 실로 선각자적이었다.

초정은 기술의 발달은 작은 국토를 넓게 사용하는 것이며, 기술이 낙후되면 작은 국토를 더 작게 사용하는 것이라고 말한다. 즉, 기술의 진보만이 나라가 잘사는 길임을 역설한다. 이것은 우리나라 최초의 소비에 대한 경제 이론이다. 오늘날은 근대화와 산업화가 지나쳐 물신物神의 정글 사회로 치달아 인간을 파괴한다는 반성이 일고 있는 시대이지만, 소비에 대한 이론은 당시 우리에게 너무도 절실한 것이었다. 만약 초정의 시무책이 실행되었다면 조선은 서양과 동시대에 산업화를 시작할 수 있었을 것이다.

진북학의進北學議/**재부론**財富論

예전에 신라는 경상도 한 개의 도만으로	昔新羅以慶尙一道
북쪽의 고구려와 맞서고 서쪽으로 백제를 공격했습니다.	北拒句麗 西伐百濟.
이때는 또 당나라 군사 십만 명이	唐以十萬之師 來留於境
몇 달 몇 해를 나라 안에 머물러 있었습니다.	上者歲月也. 當是時也.
이때 호궤와 접대에서 하나라도 실수했다든가,	一有犒[44]饋接待之失禮
말꼴과 군량이 떨어진 적이 한 번이라도 있었다면	飛芻輓粟[45]之告竭
신라는 나라가 없어질 형편이었습니다.	則新羅之爲國 未可知也.
그러나 마침내 좌우로 이리저리 둘러대어	然而卒能枝梧[46]
공을 이루고 남음이 있었습니다.	成功而有餘.

---

44) 犒(호)=餉軍.

45) 飛芻輓粟(비추만속)= 뜻밖의 말꼴과 군량 운반.

46) 枝梧(지오)=枝는 小柱, 梧는 斜柱, 버티다.

지금은 경상도만 한 땅이 여덟 군데나 되는데

평시에 한 사람에게 나누어주는 녹봉이

곡식 한 섬에 불과하고,

중국 칙사라도 한번 다녀가면 경비가 바닥납니다.

나라가 태평한 지 백여 년인데

위로 조정에서는 정벌이나 순유 한번 한 일이 없고,

아래로 백성들은 호화롭거나 사치한 풍속이 없었습니다.

그럼에도 나라가 더욱 가난해지는 까닭은 무엇일까요?

그 까닭은 이렇게 말할 수 있습니다.

남들은 곡식 세 줄을 심는 면적에 우리는 두 줄을 심으니

사방 천 리의 땅을

육백 리로 이용하는 셈입니다.

또 남들은 하루갈이 면적에서

곡식 오십 내지 육십 섬을 수확하는데

우리는 이십 섬밖에 수확하지 못하니

사방 육백 리 면적이 이백 리로 줄어든 셈입니다.

또한 남들은 곡식을 백분의 오를 뿌리는데

우리는 백분의 십을 뿌리니

한 해 뿌릴 곡식을 잃는 셈입니다.

또한 남들과 달리

배, 수레, 기구, 목축에 관한 기술을

폐하고 강구하지 않으니

온 나라에

백 배의 이익을 잃는 셈입니다.

이처럼 천시天時와 지리地利와 인사人事를 잃었으니

사방 천 리의 땅이 백 리로 줄어든 셈입니다.

그러므로 신라의 생활이 우리보다 백 배나 윤택했던 것은

당연한 결과입니다.

今我國 如慶尚者八

而平時頒祿

人不過斛[47]

勅使一去 經費蕩然.

昇平百餘年

上不見有 征伐巡遊之事

下不見有 繁華奢侈之俗.

而國之貧也滋甚 何也.

其故可得而言矣.

人種穀三行 而我二行

則是以方千里

而爲方六百餘里也.

人耕一日

得穀五 六十斛

而我得二十斛

則是方六百餘里而爲方二百里也.

人播穀五分

而我十分

則是又失一年之種也.

如此而又

有舟車畜牧宮室器用之法

廢而不講

則是失全國之內

百倍之利也.

失天失地失人

雖地方千里 而實不過百里.

無怪乎

新羅之百勝於我也.

---

47) 斛(곡)= 10斗(後에 5斗)

과학 기술 인력 양성

진북학의進北學議**/재부론**財富論

이제 시급한 것은 경륜 있고 재주 있는 기술자를 뽑아	今急選經綸才技之士
해마다 중국에 사신을 보낼 때 열 사람씩	歲十人雜於使行
패관과 통역관으로 끼워 넣고 한 사람이 영솔하도록 합니다.	稗[48]譯之中 以一人領之.
옛 질정관의 사례처럼 그들을 중국에 들여보내	如古質正官之例
그들의 법제를 배워오도록 해야 합니다.	以入于中國 往學其法.
혹은 기구를 사오게 하고, 혹은 그들의 기술을 전수받아	或買其器 或傳其藝
그 법제를 우리나라에 반포하도록 합니다.	使頒其法于國中.
그리고 관청을 설립하여 물자와 인력을 지원하여	設局以敎之
그것을 실험해야 합니다.	出力以試之.
신이 듣기로는 중국 천문대에서	臣聞中國欽天監
역서를 만드는 서양인들은	造曆西人等
모두 기하학에 밝고,	皆明於幾何
이용후생의 방면에 정통하다고 합니다.	精通利用厚生之方.
국가에서는 관상감의 비용으로	國家誠以觀象一監之費
그들을 초빙하여 관상대에 두고	聘其人 而處之
우리의 자제에게	使國中子弟
천문과 성좌에 관한 이론,	學其天文躔次[49]
도량형의 법도, 농사·양잠·의약 기술,	鐘律儀器之度數 農桑醫藥
한재·수재·건조·누습의 처리법,	旱澇[50]燥濕之宜
벽돌을 만들어	與夫造瓴甓[51]
궁실·성곽·교량을 쌓는 법,	築宮室城郭橋梁
구리와 옥을 채굴하는 법,	掘坑銅 取卝[52]玉

---

48) 稗(패)=패관.
49) 躔次(전차)=星座.
50) 旱澇(한로)=가뭄과 농작물 침수.
51) 瓴甓(영벽)=기와 타일.
52) 卝(관)=쌍상투. (광)=礦.

유리 굽는 법, 화포 설치법,

관개 수리법, 수레·선박 건조법,

벌목과 돌 운반법, 무거운 것을 굴려 멀리 운반하는 기술을

가르쳐야 할 것입니다.

그렇게만 한다면 불과 수년 안에

세상을 경영하는 데 유용한 인재로 자랄 것입니다.

燔琉璃 設守禦火礮[53]

灌漑水法 行車裝船

伐木運石轉重致遠之工.

不數年

蔚[54]然爲經世適用之材矣.

정유각집貞蕤閣集/정유각문집貞蕤閣文集/권3/전傳

병오정월이십이일조참시丙午正月二十二日朝參時, **전설서별제박제가가소회**典設署別提朴齊家所懷

저들의 종교가 천당과 지옥을 독실하게 믿는 것은

불교와 다름없습니다.

그러나 저들이 가진 후생에 필요한 도구는

불교에는 없는 것입니다.

저들의 열 가지 도구를 취하고 종교 한 가지를 금지하면

계책으로는 득의한 것입니다.

다만 걱정되는 것은

대우가 적절치 않으면 불러도 오지 않을 것입니다.

雖其爲敎篤信堂獄

與佛無間.

然其厚生之具

則又佛之所無也.

取其十而禁其一

計之得者也.

但恐待之失宜

招之不來耳.

农업 개혁

비참한 서민 생활

진북학의進北學議/**농잠총론**農蠶總論

우리나라 서민의 생활은

모두 조석 끼니가 없습니다.

我國小民之生

皆無朝夕之資.

---

53) 礮(포)=砲. 돌 쇠뇌.

54) 蔚(울)=지명. (위)=초목 무성할.

열 집이 사는 마을에서 하루 두 끼 먹는 사람은
몇 집에 불과합니다.
이른바 어려운 때를 대비하고 종자로 아껴둔 것은
옥수수 몇 자루와
고추 수십 개가
거적 집
연기 속에 걸려 있을 뿐입니다.
중국 백성은
모두 비단옷을 입고
털 담요를 깔고 침상에서 자며 탁자도 있습니다.
농부들도 옷을 벗지 않고
가죽신에 행전을 치고 밭을 갑니다.
우리나라 시골 백성은
일 년에 무명옷 한 벌 얻어 입지 못하고
남녀가 태어나서 침구를 구경하지 못합니다.
거적자리로 이불을 대신하고 그 속에서 자손을 키웁니다.
아이들은 열 살 전후까지 겨울 여름 할 것 없이
벌거숭이로 다닙니다.
또한 천지간에
신과 버선 신는 법을 알지 못합니다.
모두가 이런 실정입니다.

十室之邑 日再食者
不能數人.
其所謂陰雨之備者
不過蜀黍[55]數
柄蕃椒[56]數十
懸之于葍[57]屋
烟煤之中而已.
中國之民
率皆服綿繡
寢氍毹[58] 有牀有榻[59].
耕夫亦不脫衣
皮鞋束脛 叱牛於田.
我國村野之民
歲不得木綿一衣
男女生不見寢具.
藁席代衾 養子孫於其中.
十歲前後 無冬無夏
裸體而行.
更不知天地之間
有鞋襪[60]之制焉者.
皆是也.

---

55) 蜀黍(촉서)=옥수수.
56) 蕃椒(번초)=고추.
57) 葍(부)=풀 이름, 거적.
58) 氍毹(구유)=담요와 방석.
59) 榻(탑)=걸상.
60) 鞋襪(혜말)=가죽신과 버선.

똥

진북학의 進北學議/**분오칙** 糞五則

중국에서는 똥을 금같이 여기고 길에 재를 버리는 일이 없습니다.	中國惜糞如金 道無遺灰.
말이 지나가면 삼태기를 들고 말꽁무니를 따라다니며	馬走則擧畚[61] 而隨其尾
말똥을 줍습니다.	以收其矢[62].
밭농사를 하는 집은	種田之家
문전 길에 수수깡과 잡초를 깔아놓고	多鋪蜀稭[63]雜草於門前
소와 말이 밟게 하고 수레를 굴리고	牛馬之所踐 車輪之所輾
눈비를 맞게 하였다가 쌓아 썩힙니다.	雨雪之所沉 積而腐之.
이것이 끈끈하고 시커멓게 되면	其色膩[64]黑
흙과 같이 뒤섞여 층층이 똥을 끼얹는데	與土同體 又麷覆之而成糞焉
쌓아놓은 것이 반듯하여 세모 또는 여섯 모로	積之皆方正 或三稜或六稜
마치 큰 부도 같았습다.	如大浮圖.
또한 그 밑을 준설하여 항아리를 묻고 거름물을 모읍니다.	而浚其下埋甕 以收其瀝[65].
큰 독을 사용하여 인분을 탄 다음	或用大甕
작대기로 휘저어서	和黃糞以杖攪之
덩어리가 없이 풀어 묽은 죽같이 만들었다가	以盡解無壞爲 度如稀粥
여름 한낮에 긴 자루가 달린 바가지로 퍼서	夏日用長柄瓢
모래밭에 덮어씌웁니다.	舀[66]而覆之于沙場.
모래 열기에 곧 말려지는데 둥글납작한 것이 개떡 같으며	沙熱卽乾 團圓如茜[67]餠
저울로 단 듯 가지런합니다.	銖兩不差.
이것을 부수어 가루로 만들었다가 채소밭에 쓰는 것입니다.	碎爲末 用之菜田者也.
물질이 현저한 효과를 내는 것은	物之有顯效者
밭에 거름을 주는 것과 같은 것이 없습니다.	莫如糞之於田.

---

61) 畚(분)=가래.
62) 矢(시)=화살, 똥.
63) 蜀稭(촉개)=자귀밥과 짚홰기.
64) 膩(이)=미끄러울.
65) 瀝(력)=거르다.
66) 舀(요)=절구에서 긁어낼.
67) 茜(천)=꼭두서니.

제3부 변법창신의 이용후생파

그러나 서울의 수만 집의 더러운 변소는

수레가 없으므로 똥을 반출할 수가 없습니다.

짚과 검불은 엉성하여

흙에 들어가도 밀착하지 않으며,

덜 썩은 거름은 조화되지 않음으로

씨앗이 움트는 데 도리어 해롭습니다.

거름을 거두지 않고, 재는 오로지 길거리에 버려

바람이 조금만 불어도 눈을 뜰 수 없고

이리저리 흩날려서

장안의 집집이 술과 음식을 불결하게 합니다.

진나라 법에 재를 버린 자는 죽였다는데,

이것은 비록 상앙이 만든 가혹한 벌이지만,

그 의도는 농사에 힘쓰는 데 있다 할 것입니다.

백 무의 땅을 경작하려면 소 두 마리는 길러야 하고

소 두 마리면 수레 한 채는 갖추어야 합니다.

또 수레에는 반드시 상자가 있어야 합니다.

상자는 강 버들로 큰 광주리를 엮고

안쪽에 종이를 바르고 유회를 먹여

물이 새지 않게 만든 것입니다.

무릇 똥오줌을 싣는 것도

술과 기름을 싣는 것도 모두 이 그릇입니다.

대략 한 사람이 하루에 배설하는 똥과 오줌은

하루 먹을 곡식을 넉넉하게 생산하는 것이니

백만 섬의 똥을 버리는 것은

어찌 백만 석의 곡식을 버리는 것이 아니겠습니까?

而都城萬家之圊溷[68]

以其無車也 莫能出之.

藁荄[69]性本疏鬆[70]

入土不能密貼[71]

生糞又不和勻

著種反爲毒損.

糞旣不收 灰則專棄於道

風稍起 目不敢開

輾轉飄搖

以至萬家之酒食不潔.

秦法棄灰者死

此雖商君之酷

要亦力農之意.

百畝之耕 當畜二牛

二牛當具役車一乘.

車必有箱.

箱以河柳 結爲大筐

內塗以紙 傅以油灰

令水不漏.

盛溲溺[72]而載之

凡載油酒皆此器也.

大約人一日之糞

足生一日之穀

棄百萬斛糞者

豈非棄百萬斛[73]穀者歟.

---

68) 圊溷(청혼)=뒷간.
69) 荄(해)=풀뿌리.
70) 鬆(송)=더부룩할.
71) 貼(첩)=붙다.
72) 溲溺(수뇨)=오줌.
73) 斛(곡)=十斗 들이.

목축

요동 이십 리 좌우에는 닭 소리, 개 소리가 서로 들리고   遼左遼右二十里間 鳴吠相聞

가축이 떼 지어 노는 것을 볼 수 있었다.   畜牧成群.

조금 부잣집이면   稍富之戶

가축이 십여 종에 백여 마리에 이른다.   禽畜合至十餘種 凡婁百頭.

말, 노새, 나귀, 소가 각각 십여 필이고   馬騾[74]驢牛各十餘匹也

돼지, 양이 각각 수십 필이며,   豬[75]羊各數十匹也

개 몇 마리에   狗數頭也

낙타 한두 마리를 먹이고,   或橐駝[76]一二匹也

닭, 거위, 오리가 각각 수십 마리나 된다.   鷄鵝鴨各數十頭也.

기타 목장에서는 수천 마리씩 들판에 방목하는데   其他數千爲隊 皆放之

눈 오는 날에도 마시고 뜯는 대로 놓아두었다.   于野 雖雪天任其飮齕.

목축은 나라의 큰 정사다.   牧畜者 國之大政也.

농사는 소를 기르는 데 달려 있고,   農在養牛

군사는 말을 조련하는 데 달려 있으며,   兵在練馬

부엌의 사업은 돼지, 양, 거위, 오리를 치는 데 달려 있는데도   庖廚之事在豬羊鵝鴨

오늘날 사람들은 도무지 이것을 강구하지 않는다.   今人都不講此.

먹는 것은 반드시 쇠고기요,   食必牛肉蓄

말은 반드시 수레를 끌고, 양은 사육을 하지 않는다.   馬必有牽 羊無私.

목축 정책을 갖추지 못하면   御獸之道窮

나라는 부강해지지 않는다.   而國遂以不富强矣.

황성 안에 돼지 푸줏간은 칠십이 개소였고   皇城之內 豬舖七十二所

양고기 푸줏간은 칠십 개소였다.   羊舖七十所.

대체로 한 푸줏간에서 매일 양과 돼지 각 삼백 두를 판다.   凡一舖日賣豬三百頭羊亦然.

---

74) 騾(루)=노새.

75) 豬(저)=豚.

76) 橐駝(탁타)=낙타.

이처럼 돼지고기와 양고기를 많이 먹으므로	食肉如此
쇠고기 푸줏간은 이 개소뿐이었다.	而牛肉舖惟二所.
그러나 우리나라는 매일 소를 오백 마리 정도씩 잡는다.	而計我國日殺牛半千.
그러므로 소 한 마리를 가진 농부는 극소수여서	故農夫之自備一牛者絶少
항상 일을 해주는 조건으로 이웃집 소를 빌려	恒借牛於隣 以日計備
논밭갈이를 해야 하므로 농사에 때를 그르친다.	故耕必後時.
만약 일절 소의 도살을 못 하게 한다면	宜一切 不殺牛
수년 내에 농부들이 때를 놓쳐서 한탄하는 일은 없을 것이다.	數年之內 農無後時之歎.
율곡 선생은 평생 쇠고기를 먹지 않고	栗谷平生不食牛
"나는 이미 소의 힘을 먹었는데	曰旣食其力
또다시 그 고기까지 먹을 수 있겠는가?"라고 말했다.	又食其肉可乎.
이 이치는 참으로 마땅하다.	此理甚當.

중상주의

유통 시장

전통적으로 우리나라는 중농주의 정책을 시행했다. 따라서 근본인 농업을 보호하기 위해서는 말단인 공업과 상업을 억제해야 한다고 생각했다. 그것은 상공업이 발달하면 농업 인구가 감소할 것이라고 생각했기 때문이다. 초정은 우리나라에서 처음으로 공업과 상업의 발달만이 농업을 발전시킬 수 있다고 생각한 선각자다.

사실 중국은 수천 년 동안 공맹의 경리輕利 사상과 묵자의 중리重利 사상이 대립했으나 경리는 주류였고 중리는 비도덕적이며 야비한 것으로 매도되었다. 그러면서도 경리를 말하는 지배 계급은 이利를 독점했고 피지배 계급은 이利에서 배제되고 경리를 강요당해왔다. 묵자 이래 북송의 이구李覯, 1009~1059, 왕안석을 비롯한 개혁파들은 중리를 주장했으나 언제나 좌절했다.

우리나라도 마찬가지로 불교와 유교 모두 경리를 주장하고 이를 강요했다. 특히 우리의 성리학적 전통은 극기克己를 멸인욕滅人欲으로 해석하는 금욕주의적인 경리주의였다. 그러므로 실학파들이 경제생활을 중시한 것은 혁명적이었다.

우리는 중국 시장의 융성함을 처음 보고는	我人 創見中國市肆之盛
"오로지 말단인 이利만 숭상한다"고 비판한다.	而曰專尙末利.
하지만 이것은 하나만 알고 둘은 모르는 소리다.	此知其一 未知其二者矣.
대저 상업이란 사민 중에 한 계급의 위치를 차지하지만,	夫商處四民之一
그 하나인 상업은	以其一而
나머지 사·농·공 셋을 소통시키는 중요한 위치에 있다.	通於三.
그러므로 십분의 삼이 되지 않으면 안 되는 것이다.	則非十之三不可.
지금 사람들은 쌀밥을 먹고 비단옷을 입으면	今夫人 食稻而衣錦
그 밖에는 모두 무용지물이라고 생각한다.	則其餘皆爲無用之物矣.
그러나 무용지물로 유용지물을	然而不有無用之用
돕지 않으면	以濟其有用
유용한 것이	則所謂有用者
모두 한편에 정체되어 유통되지 않고	擧將偏滯而不流
일방으로만 소통함으로 상품 공급이 모자라기 쉽다.	單行而易匱也.
그러므로 옛 성왕이 주옥과 화폐 등을 만들어	故昔聖王 爲之珠玉泉幣之等
가벼운 것으로 무거운 것을 서로 맞먹게 하고,	以輕而敵重
무無로 유有를 제공하도록 했으며,	以無而資有
또한 배와 수레를 만들어 막히고 험한 곳을 통하게 하면서도,	復爲之舟車 以通其險阻
오히려 천리만리 먼 곳에	猶恐千里萬里之遠
이르지 못할까 걱정했다.	有不能至者焉.
시장의 널리 베풂이 이와 같았던 것이다.	其博施也如此.
우리나라도 지방은 수천 리나 되고	我國 方數千里
백성도 적은 편이 아니며	民戶非不多也
물자도 구비되어 있건만	土産非不備也
산과 못에서 생산되는 물자마저도 다 이용하지 못하는 것은	山澤之利不盡出
이와 같은 경제 이론을 모두 잘 모르기 때문이다.	經濟之道未盡善也.

무역

진북학의進北學議/**통강남절강상박의**通江南浙江商舶議

우리나라는 작고 백성은 가난합니다.	我國國小而民貧.
지금 농민은 밭을 경작함에 게으르지 않고,	今耕田疾作
어진 인재를 기용하고,	用其賢才
상업이 유통되고, 공업이 혜택을 내려서	通商惠工
나라 안에서 얻을 수 있는 이익을 총동원한다 해도	盡國中之利
부족을 걱정해야 할 형편입니다.	猶患不足.
그러므로 반드시 먼 지방의 물자를 유통한 연후에야	又必通遠方之物
재화가 증식되고 온갖 이용이 생겨납니다.	而後貨財殖焉 百用生焉.
무릇 수레 백 대에 실을 수 있는 양은 배 한 척에 못 미치고,	夫百車之載 不及一船
육로 천 리는	陸行千里
뱃길 수만 리 편리함에 미치지 못합니다.	不如舟行萬里之爲便利也.
그러므로 통상하는 자는 반드시 수로를 귀중하게 여깁니다.	故通商者 又必以水路爲貴.
그러나 조선 사백 년 동안	然而 國朝四百年
외국 배가 한 척도 오지 않았습니다.	不通異國之一船.
그러므로 우리나라 사람들이 변화를 두려워하고 의심이 많고,	故我國易恐而多嫌
기풍이 우매하고 견식이 미개한 것은	風氣之貿貿[77]才識之不開
여기에 그 까닭이 있습니다.	職由[78]於此.
지난날 왜국이 중국과 무역하기 전에는	向者 倭之未通中國也
우리에게 교섭하여 연경의 실을 사 갔으므로	款[79]我而貿絲于燕
우리는 거간으로 이익을 보았는데	我人得以謀其利
왜국이 불리함을 알고 직접 중국과 통상하게 된 것이며,	倭之其不甚利也 直通中國
이후 왜국은 그 밖에도	而後 已異國之交市者
삼십여 국가와 무역을 합니다.	至於三十餘國
계미년에 통신사가 일본에 들어갔을 때	癸未信使之入日本也

77) 貿貿(무무)=無識之貌, 亂也.
78) 職由(직유)=근거. 職(직)=때문에.
79) 款(관)=이르다, 두드리다.

온종일 가는 길에 붉은 융단을 깔아놓았는데

다음 날도 계속 이와 같이 하였습니다.

그들의 과시와 자긍심이 이와 같았던 것입니다.

이제 왜국과 선박으로 통상하려고 해도

그들은 간사하여

항상 이웃 나라를 넘보고

안남(베트남), 유구, 대만 등지는 모두 험하고 멀어서

통할 수 없으니

마땅한 것은 중국뿐입니다.

제가 그들의 기예를 배우고

그들의 풍속을 탐방하여 사람들의 이목을 넓혀줌으로써,

천하가 큰 줄 알고

우물 안 개구리가 부끄러운 줄 알게 한다면

세상의 도리를 위함이

어찌 교역의 이익만으로 그치겠습니까?

토정 이지함이 일찍이 외국 상선 몇 척과 통상해서

전라도의 가난을 구제하고자 하였으니

그 높은 식견은 따를 자가 없을 것입니다.

강소江蘇 절강浙江과 통하지 못한다면

먼저 요양遼陽 상선과 통해도 좋을 것입니다.

요양은 압록강에서 철산 부리를 사이에 두고 있으므로

전라도에서 경상도까지의 거리에 불과합니다.

이는 모재 김안국이 연경 대학에 입학 할 수 없다면

요동 학궁에 입학하려 한 뜻과 같은 것입니다.

또한 오직 중국 배만 통상하게 하고

해외 다른 나라와는 통상하지 않는다는 것은

又終日行 盡鋪紅毹[80]於道

明日復如之.

其誇矜如此.

今欲通商船也

倭奴黠[81]

而常欲窺覦[82]隣國

安南琉球臺灣之屬 又險又遠

皆不可通

其惟中國 而已乎.

我乃學其技藝

訪其風俗 使國人廣其耳目

知天下之爲大

井䵷[83]之可恥

則其爲世道地

又豈特 交易之利而已哉.

土亭嘗欲 通異國商船數隻

以救全羅之貧

其見卓乎 其不可及也.

不通江浙

先通遼陽船亦可.

蓋遼陽之於鴨綠 隔一鐵山嘴

不過全羅之於慶尙.

亦有慕齋不得入燕京大學

願入 遼東學之意也.

只通中國船

不通海外諸國

---

80) 毹(유)=담요.

81) 黠(힐)=약다.

82) 覦(유)=넘겨다보다.

83) 䵷(와)=개구리.

일시적인 방책일 뿐 정론은 아닙니다.

국가의 힘이 조금 강해지고 백성의 생업이 안정되면

차례차례로 통상하는 것이 마땅할 것입니다.

亦一時權宜之策 非定論.

至國力稍强 民業已定

當次 第通之.

정유각집貞蕤閣集**/정유각문집**貞蕤閣文集**/권3/전**傳

병오정월이십이일조참시丙午正月二十二日朝參時. **전설서별제박제가소회**典設署別提朴齊家所懷

오늘날 나라의 큰 병폐는 가난이라고 합니다.

어떻게 가난을 구제하겠습니까?

대답은 중국과 통상하는 길뿐입니다.

지금 우리 조정은 중국 예부에

다음과 같은 신임장을 들려 사신을 보내야 합니다.

"유무를 교역하는 것은 천하에 통용되는 도리입니다.

일본, 유구, 안남, 서양의 여러 나라가 모두 귀국의

민중, 절강, 교주, 황주와 교역하고 있으니,

우리나라도 여러 외국과 나란히

물길로 통상하기를 원합니다."

우리가 아침에 청하면 저들은 저녁에 허락할 것입니다.

當今國之大弊曰貧.

何以捄[84]貧.

曰通中國而已矣.

今朝廷馳一个[85]之使

咨於中國之禮部.

曰貿遷 有無 天下之通義也.

日本琉球安南 西洋之屬

皆得交市於閩浙交廣之間

願得以水路通商賈

比諸外國焉.

彼必朝請 而夕許之矣.

교역이 성사되면 우리 영남 지방의 목면, 호남 지방의 모시,

서북 지방의 명주실과 삼베는

중국의 비단 담요와 교역될 것이며

전대, 백추, 이리 꼬리,

다시마, 복어는

금, 은, 물소 뿔,

병기, 약재로 바꿀 수 있을 것입니다.

뿐만 아니라 선박, 수레, 건축, 집기 등에 관한

則嶺之綿 湖之苧

西北之絲麻

可化爲綾羅織罽[86]

而竹箭白硾[87]狼尾

昆布[88]䲙魚之産

可以爲金銀犀兕[89]

兵甲藥餌之用矣.

舟楫車輿宮室器什之利

---

84) 捄(구)=그치다.

85) 个(개)=介. 한개, 절개, 仲介.

86) 罽(계)=그물, 융단.

87) 白硾(백추)=희게 찧다, 未詳.

88) 昆布(곤포)=다시마.

89) 犀兕(서시)=물소 뿔.

실
학
사
상

기술을 배울 수 있고,	可學矣
천하의 도서를 들여오면	天下之圖書可致
구습에 얽매인 선비들의	而拘儒俗士
편벽되고 고루하고 좁은 소견은	偏塞固滯纖[90]之見
비난하지 않아도 저절로 타파될 것입니다.	可不攻 而自破矣.

자동차 산업

실학자들은 모두 수레의 중요성을 강조한다. 이는 요즘 우리나라가 자동차 산업을 중시하는 것과 마찬가지다. 어쩐 일인지 우리 조선의 고관대작들은 말이 모는 수레를 이용할 줄 모르고 노비들의 등을 이용하는 가마타기를 좋아했다. 수레야말로 광업과 공업뿐 아니라 농업을 획기적으로 발전시킬 수 있는 원동력이었으니 실학파가 구상한 개화의 가장 핵심이었던 것이다.

진북학의進北學議/**차구칙**車九則

둘째는 수레를 운행하는 일입니다.	二曰 行車.
옛 정승 김육이 평생 고심한 것은	故相臣金堉平生苦心
오직 수레와 돈에 대한 시책입니다.	惟車錢兩策.
대체로 비유하자면 농사는 사람의 젖줄이요,	蓋農譬則水穀[91]也
수레는 혈맥입니다.	車譬則血脈也.
혈맥이 통하지 못하면 사람이 윤택할 수 없는 이치입니다.	血脈不通則 人無肥澤之理.
우리의 경우 쓸모없는 유사들은	至於我國 無用之儒
옛날에는 없었으나 오늘은 있고,	古無而今有
유용한 수레는 옛날에는 있었으나 오늘은 없습니다.	有用之車 古有而今無.
먼저 요양에 가서 각종 농기구를 사다가	先貿遼陽 農器各種

---

90) 纖(섬)=細也.
91) 穀(곡)=곡식. (구)=젖.

서울 군영에 대장간을 개설하고	開鐵冶于京師
그 제도를 참조하여 두들겨 만들게 할 것입니다.	照式打造.
먼 지방의 철이 산출되는 곳에는	遠州産鐵處
관리를 보내 분소를 두어 제철하도록 함으로써	遣屬分造
이익을 거둬들이도록 하는 제도를 널리 반포하는 것입니다.	以收其利 以頒其制.

수레는 하늘을 본떠서 나온 것으로 땅에서 운행합니다.	車出於天 而行於地.
만물을 실어 나르는 이로움이 너무 큽니다.	萬物以載 利莫大焉.
그런데 우리나라에서 이것을 이용하지 않는 까닭은 무엇입니까?	而我國獨不行 何也.
차량을 운행하기에는 산천이 험하고 막힌 때문이라고 합니다.	輒[92]也山川險阻.
그러나 신라와 고려 이전에도	夫羅麗以前
수레를 사용하지 않았을 리가 없습니다.	無不用車之理.
유거달이	柳車達[93]
전차로 고려 태조를 도왔다는 것이 그 증거입니다.	助高麗太祖戰車者是也.

594
실
학
사
상

주택 산업

북학의北學議/**내편**內篇/**궁실**宮室

대저 서민들은 대개 초가집인데	夫小民蓋茅屋矣
십 년 이내에 그 비용이 기와보다 비싸게 든다.	十年之內 費多於瓦.
초가지붕은 십사오 년에 한 번씩 짚으로 갈아 덮는다.	草屋率十四五歲 而一蓋.
방법은 검불을 버리고	其法 用藁去粗皮
뿌리를 가지런히 잘라 간추린 다음	斬根齊 整訖[94]
한 움큼 가량을 쥐어 처마 끝에 벌여놓는 것이다.	把一握許[95] 列于簷端.
뿌리 쪽을 아래로 이삭 쪽을 위로 가게 하며	根下穗上
한 줌을 펴고 진흙 한 덩이를 눌러서 벼를 거꾸로 심듯이 한다.	凡一握壓泥一塊 如倒種禾.

---

92) 輒(첩)=문득, 쉽게, 번번이, 車兩 倚也.
93) 柳車達(유거달)=文化柳氏의 始祖.
94) 訖(흘)=이르기까지.
95) 許(허)=정도, 쯤.

두껍게 쌓아서 두 자 이상이 되면

방망이로 두들겨서 아주 굳게 붙도록 한다.

점점 올라가면서 비늘같이 배열하는데

비늘 사이는 매우 짧다.

짚은 우리 것에 비하면 오륙 배나 되는데

대체로 요동에는 논이 없는 까닭에 모두 조짚을 이용한다.

그러나 남방에서는 물론 볏짚을 이용한다.

우리의 지붕은

빗질한 머리와 솔질한 털과 같다.

이것이 중국과 우리 지붕을 덮는 방법의 차이인 것이다.

중국 집은 비록 엉성하며 넓기만 하고 꺾임이 없으나

몇 가지 이로움 점이 있다.

첫째, 삼면으로 긴요하지 않은 처마가 없다.

둘째, 벽돌로 쌓았으므로 기울어지지 않는다.

셋째, 벽이 두꺼워서 춥지 않다.

넷째, 한 개의 문을 닫으면 광문, 궤문, 부엌문

방문이 모두 닫힌다.

우리나라는 천 호나 되는 고을에도

반듯하고 살 만한 집이 한 채도 없다.

깎지 않은 재목을 평평하지 않은 터에 세운다.

재목을 새끼줄로 얽고는 기울었는지 바른지도 살피지 않고,

진흙을 쇠손도 찾지 않고 맨손으로 바른다.

법도가 없음이 이와 같으니

백성이 태어나서 눈으로는 반듯한 것을 보지 못했고

然厚積二尺以上

用槌槌[96]之 令極 堅貼.

漸上而鱗次[97]之

一鱗之間至端.

藁比我國可五六倍

蓋遼無水田 故皆粟秸[98].

南方則當用稻藁.

我國之屋

如梳頭[99]而刷[100]髮.

此中國我國蓋屋之分也.

彼中之屋 雖疎闊無曲折

而大約 爲利者有數焉.

一曰 三面無冗[101]簷.

二曰 壁築以甓 所以不傾.

三曰 壁厚不寒.

四曰 一閉門則庫門櫃門廚門

房門 皆鎖焉.

我國千戶之鄉

無一方正 可居之屋.

立不削之木 於不平之址.

以索縛之 不問斜整

以手泥之 不求巧鏝[102].

其絕無法也 如此

民生而 目不見方正

---

96) 槌(퇴)=망치로 치다.

97) 次(차)=列也.

98) 秸(갈)=짚홰기.

99) 梳頭(소두)=머리 빗다.

100) 刷(쇄)=털다.

101) 冗(용)=宂과 同字, 무익한.

102) 鏝(만)=흙손, 쇠손.

손으로는 정교함을 익히지 못했다.

만사에 거칠고 조잡함이 서로 물들어버렸다.

그러면 장차 어떻게 할 것인가?

중국을 본받는 것보다 더 나은 길은 없다.

지금 우리 도성 안에도 더러 화려한 저택이 있기는 하나

그 대청과 온돌방에는 바둑판 하나 반듯하게 놓을 수가 없어

다리 한편을 바둑돌로 괴어야 한다.

여염의 작은 집은 일어설 때 머리를 바로 들지 못하고,

누울 때는 다리를 펼 수가 없다.

또 수챗물이 통하지 못해서

측간과 똥항아리는 항상 물이 가득하고,

비가 조금만 와도 부엌에 물이 괴며,

냇가 집은 개울물이 넘칠까 봐

여름비만 원망한다.

왜 그럴까? 중국처럼 도랑을 파고

둑을 쌓지 않기 때문이다.

일본 집은 구리 기와 또는 나무 기와 등의 차이는 있으나

한 칸의 넓이와 창호의 척수는

임금 관백과

서민에 이르기까지 다름이 없다.

가령 문이 한 짝 없으면 저자에 나가 사오는데

집을 그대로 옮긴 것처럼 꼭 맞고

칸막이와 상탁 등도 부절이 맞는 것 같다.

생각하지 못한 일이지만

手不習精巧.

則萬事荒陋 遞相傳染.

然則 將若之何.

不過曰 學中國而已.

今都城第[103]宅 往往奢侈

而其廳堗[104] 無平置棋局者

必用碁子 庋[105]其一脚.

閭閻小屋 入不能平其頭

臥不能舒其足.

又溝水不通

廁溷[106]恒滿

小雨則水入於竈

川邊之家 率患潦水氾濫

暑雨怨咨者何也.

不能如中國之鑿溝洫[107]

築堤堰.

日本宮室 有銅瓦木瓦之等

而其一間之闊狹 窓戶之尺數

上自倭皇關伯

下至小民無異.

假如 一戶有闕

則人皆貿之於市 如移家

屛障床卓之屬 若合符節.

不意周官一部

---

103) 第(제)=次也, 宅也.

104) 堗(돌)=굴뚝, 溫堗.

105) 庋(기)=시렁.

106) 廁溷(측혼)=측간.

107) 洫(혁)=해자.

주나라 제도의 일부가 도리어 섬나라에 있었던 것이다.

却在海島中也.

벽돌 산업

북학의北學議/**내편**內篇/**벽**甓

국가는 만세의 기업을 건설하는 것인데

國家建萬世之業

벽돌의 수고는 영원하므로 이익이 말할 수 없이 크다.

甓勞而永遠 利莫大矣.

지금 중국에는 땅 위로 오륙 길은 벽돌이요,

今天下 出地五六丈

땅속으로 오륙 길은 모두 벽돌이다.

入地五六丈皆甓也.

높은 것은 누대, 성곽, 원장이 있고,

高則爲樓臺城郭垣墙.

깊은 것은 교량,

深則爲橋梁

분묘, 구거, 제방 등이 있다.

墳墓溝渠堤堰之屬.

온 나라를 벽돌로 옷을 입혀

衣被萬國

백성들로 하여금 물과 불, 도둑, 부패, 습기는 물론이거니와

使民無水火盜賊朽濕

도괴의 염려를 없앤 것이 벽돌이다.

傾圮[108] 之患者 皆甓也.

벽돌의 효용이 이러한데 우리 동방 수천 리에는

其功如此 而東方數千里之內

이것을 폐하고 강구하지 않으니 실책이 크다 하겠다.

獨廢而不講 失策大矣.

들은 바에 의하면 서양에는 집을 벽돌로 지어서

聞極西造屋 以甓燒成

천 년 동안 보수하지 않아도 그대로 유지된다고 한다.

有千年不修改者.

이 얼마나 지극한 절약이라 하지 않겠는가?

何謂省費之極.

만약 그렇게 했더라면 중국의 장대와 아방궁도

若然 中國之章華阿房

지금까지 남아 있었을 것이고,

至今可存.

후세의 제왕이 다시 궁궐 때문에

而後世帝王

백성의 힘을 혹사하지 않았을 것이다.

更無以宮室役民力者矣.

제 3 부 변법창신의 이용후생파

---

108) 圮(비)=무너지다.

제4부
실 학 사 상

종합과 철학적
정초

1장

실 학 사 상

정약용의
경학과 철학

◆

🦋 1절. 다산은 누구인가?

정약용은 경기도 광주 마현馬峴의 중류 양반 출신으로 아버지, 정재원丁載遠, 1730~1792은 진주 목사를 지냈다. 자字는 귀농歸農, 미용美庸, 송보頌甫이며, 호號는 사암俟菴, 태수籉搜, 문암일인門巖逸人, 철마산초鐵馬山樵, 열초烈樵, 다산茶山이다. 당호堂號는 여유당與猶堂이다.[1]

정약용은 9세에 시집 『삼미집三眉集』을 냈을 정도로 천재 소년이었다. 22세에 생원시 합격, 28세에 문과 급제 후, 29세에 예문관 검열을 시작으로 관로에 들어섰다. 30세에 사헌부 지평, 31세에 홍문관 수찬과 경기도 암행어사를 했고 「수원성제水原城制」를 작성했다. 34세에 사간원 동부승지, 35세에 병조 참지와 승정원 좌부승지을 거치고, 36세에 곡산 부사가 되었으며, 「응지논농정소應旨論農政疏」, 『마과회통麻科會通』 열두 권을 저술했다. 37세에 『사기찬주史記纂注』를 저술했고, 39세에 정조가 승하하자 귀향하여 형제들과 날마다 강학을 열고 이를 정리하여 『문헌비고간오文獻備考刊誤』를 저술했다. 이때 '여유與猶'라는 당호를 걸었다. 그리고 40세에 투옥되었다.

---

1) 정약용의 당호인 與猶堂의 與猶의 본뜻은 의심하여 주저한다는 것이다(禮記/曲禮: 卜筮者 所以 決嫌疑 定猶與也). 그러나 뜻을 같이하는 사람끼리 모인다는 숨은 뜻도 있다.

이처럼 그는 10여 년 동안의 짧은 관료 생활을 했으나 나라를 개혁하고 민생을 위해 탁월한 능력을 발휘했다. 그래서 공직자들과 관료학자들이 애써 선전함으로써 그의 이미지는 청렴한 공무원의 표상으로 굳어지게 되었고, 요즘에는 수원 화성이 세계 유산으로 지정된 데 힘입어 훌륭한 건축 기술자로 인식하는 경향도 곁들여지게 되었다. 그러나 그의 진면목은 40세부터 75세로 졸하기까지 35년간 학자로서의 업적에 있다고 보아야 공평한 평가일 것이다.

그의 학문은 몇몇 학자로는 섭렵하기 어려울 정도로 너무나 방대하다. 개혁 군주인 정조가 죽고 그 이듬해인 1801년(40세) 신유사옥이 일어나고 경상도 장기로 유배되자, 거기서 『이아술爾雅述』 여섯 권을 저술했다. 전라도 강진으로 유배지가 옮겨진 후인 42세에 『단궁잠오檀弓箴誤』와 『예전상의광禮箋喪儀匡』를 저술했으며, 44세 때는 『정체전중변正體傳重辨』, 『승암문답僧庵問答』, 『기해방례변己亥邦禮辨』을 저술했고, 49세에 『시경제의보詩經諸議補』 『소학주관小學珠串』을 저술했고, 50세 때는 『아방강역고我邦疆域考』 열 권을 저술했고, 51세 때는 『민보의民堡議』와 『춘추고증春秋考證』 열두 권을 저술했으며, 52세에 『논어고금주論語古今注』 40권, 53세에는 『맹자요의孟子要義』 아홉 권, 『대학공의大學公義』 세 권, 『중용자잠中庸自箴』 세 권, 『대동수경大東水經』 두 권을 저술했고, 54세에 『심경밀험心經密驗』과 『소학지언小學枝言』을 저술했고, 55세에 『악서고존樂書孤存』 열두 권을 저술했고, 56세 때는 『방례초본邦禮草本』[2] 49권, 57세(1818)에는 『목민심서牧民心書』 48권을 저술했다.

58세 때 노론 벽파가 실각하고 시파 김조순金祖淳, 1765~1832이 정권을 장악하자[3] 석방되어 18년간의 유배 생활을 끝내고 고향으로 돌아왔다. 그 후 고향에서 『흠흠신서欽欽新書』 30권, 『아언각비雅言覺非』 세 권을 저술했고, 73세 때 『매씨서평梅氏書評』 열 권을 저술했다. 마현 자택에서 1836년 향년 75세로 졸했다.

국권 피탈 한 달 전인 1910년 7월 18일, 다산은 선진 인사들의 건의에 따라 개화 운동의 선각자로 인정되어 정헌대부正憲大夫 규장각奎章閣 제학提學을 증직받았고 문도文度라는 시호를 받았다. 이는 실학을 국정 학문으로 공식 인정했다는 의미를 부여할 수 있지만 나라가 멸망하는 순간에야 단행되었으니 안타깝게도 만시지탄을 금할 길 없다.

이상 소개한 저서는 일부에 불과하고 그의 「자찬묘지명自撰墓誌銘」에 열거한 저서만도 499권이며 『열수전서列水全書』에 열거된 것은 503권에 이른다. 이는 놀라운 것이다. 30대부터 저술을 시작했다면 75세에 졸했으므로 40년간 한 달도 빠짐없이 매월 한 권 이상의 책을 저술한 셈이다.

이 같은 방대한 저술은 그의 학문이 넓고 깊음을 보여준다. 그야말로 그의 학문은 다방면의 온축을 지녀 어느 한 부분으로 규정할 수 없는 대양과도 같았다. 또한 이러한 업적은 그의 삶이 얼

제4부 종합과 철학적 정초

---

2) 후에 『경세유표』으로 개제했고 현재 43권이 전해지며 여섯 권은 일실되었다.

3) 안동 김씨 세도 정치가 시작됨.

정약용
丁若鏞, 1762~1836

평생 500여 권의 책을 저술했다.
이 같은 방대한 저술은 그의 학문
이 넓고 깊음을 보여준다.
또한 그의 삶이 얼마나 성실하고
치열했는지를 말해준다.

"나에게는 평생 큰 병통이 있다.
무릇 생각하는 바가 있으면 글로
쓰지 않을 수 없고, 글을 쓰고
나서는 남에게 보이지
않을 수 없다."

마나 성실하고 치열했는지를 말해준다. 그런데도 그는 퇴계를 사숙하는 글에서 스스로의 경박함을 다음과 같이 반성하고 있다. 읽는 이로 하여금 숙연하게 한다.

여유당전서與猶堂全書/**일집시문집**一集詩文集/**22권**/**도산사숙록**陶山私淑錄

퇴계 선생께서는 이중구에게 답하는 편지에서	答李仲久書曰
"저의 「도산기陶山記」와 「도산잡영陶山雜詠」이	拙記與詩
그대에게까지 알려졌다니 심히 송구스럽습니다.	聞徹几[4]間 深爲汗悚.
우스개로 한 말이라 반드시 다 이치에 맞지 않을 것입니다.	戱出之言 未必中理.
가벼운 짓을 한 허물이 후회막급입니다"라고 겸양하셨다.	輕淺之咎 噬臍[5]莫及.
그러나 나에게는 평생 큰 병통이 있다.	余平生有大病.
무릇 생각하는 바가 있으면 글로 쓰지 않을 수 없고,	凡有所思想 不能無述作
글을 쓰고 나서는 남에게 보이지 않을 수 없다.	有述作不能不示人.
생각이 떠오르면	方其意之所到
붓을 잡고 종이를 펴서 잠시도 머뭇거리지 않는다.	援筆展紙 未或暫留晷刻.
글을 짓고 나면 스스로 아끼고 기뻐하며	旣而自愛自悅
문자를 아는 사람을 만나면	卽遇稍解文字之人
멀고 가까움을 따지지 않고	未暇與其人之親疎
내 말이 온전한지 편벽된지 묻지도 않고	商量吾說之完偏
급히 전하여 보이려 한다.	急欲傳宣.
그래서 사람들과 한바탕 말하고 나서야	故與人語一場
배 속과 마음속에	覺吾肚皮間 與箱篋中
한 물건도 남은 것이 없음을 깨닫고는 한다.	都無一物留守者.
그 때문에 정신과 기혈이 다 흩어지고 새어 나가	因之精神氣血 皆若消散發洩
쌓고 기른 본뜻이 모두 없어져버린다.	全無蘊蓄亭毒底意.
이러고 어찌 성령을 함양하고	如此而 安能涵養性靈
몸과 명예를 보전할 수 있겠는가?	保嗇身名乎.

---

4) 几(궤)=几下. 편지 겉봉에 상대를 존칭하여 이름 밑에 쓰는 경칭.

5) 噬臍(서제)=사향노루가 사향 때문에 사냥꾼에게 쫓기므로 사향이 나는 자기 배꼽을 물어 뜯으라는 뜻.

요즘에야 점검해보니 모두가 '경천輕淺' 두 글자가	近漸點檢 都是輕淺二字
만들어낸 재앙이다.	爲之崇也
이는 덕德을 감추고 수양을 기르는 공부에	此不但於韜晦壽養之工夫
크게 해로울 뿐 아니라	大有害也.
언론과 문체도 어지럽고	雖其言論文采狼藉
되바라진 것이 점점 천하고 비루해져	離披⁶⁾漸漸淺陋
남에게 존중받을 수 없게 된 것이다.	不足取重於人也.
이제 선생의 말씀을 읽고 나서야 더욱 느끼는 바 있다.	今觀先生之言 益有感焉.

특히 그는 동학 혁명(1894)에 사상적 영향을 끼친 것으로 유명하다. 프랑스 혁명(1789)의 교과서가 루소의 『사회 계약론』(1762)이라 한다면, 106년 뒤에 일어난 동학 혁명의 교과서는 다산의 『경세유표』(1817)였던 것이다. '유표遺表'란 신하가 죽음에 임하여 임금에게 올리는 글이라는 뜻이다.

다산이 유배지에서 고향으로 돌아가기 직전에 『방례초본』을 밀실에서 저작하여 그의 문하생 이청李晴과 시우詩友인 의순意恂, 1786~1866에게 주면서 비밀히 보관하여 전포할 것을 부탁했다. 그들로부터 남상교南尙敎, 1783~1866와 남종삼南鐘三, 1817~1866 부자 및 홍봉주洪鳳周, ?~1866 일파에 전해졌으며⁷⁾ 또 그들로부터 강진의 윤세환尹世煥, 윤세현尹世顯, 김병태金炳泰, 강운백姜雲伯 등과 해남의 주정호朱挺浩, 김도일金道一 등을 통하여 갑오년에 기병한 전봉준全捧準, 1855~1895, 김개남金介南, 1853~1895 일파의 수중에 들어갔다.

동학 혁명이 끝나면서 관군은 '정다산의 비결이 녹두 일파의 비적을 선동했다'는 혐의로 다산 유배지 부근의 민가와 고성사高聲寺, 백련사白蓮寺, 대둔사大芚寺 등의 사찰을 수색했다.⁸⁾ 조선과 일본의 조정은 다산의 사상이 민중적이고 개혁적임을 누구보다 잘 알고 있었기 때문이다. 그의 사서 육경에 대한 새로운 주해는 지식인들에게 애민愛民 사상을 고취하여 의식화하는 수기修己학이었고, 『목민심서』와 『흠흠신서』는 각각 구제도를 인정하면서도 현 상황에서 민생고를 해결하고 민중의 생명을 보호하기 위한 것이므로, 보민保民에는 관심 없고 폭압과 착취를 일삼는 관리들에 대한 민중 의식을 자각시키고 불평을 고취하는 불온서적이었다. 『경세유표』는 현 제도를 민생 중심으로 개혁한 새로운 제도와 이상 사회의 구상을 보여주는 신아구방新我舊邦을 표방한 것이므로,

---

6) 離披(이피)=開花貌.
7) 다산 학파이며 개화주의자인 이들은 대원군의 서교 박해로 처형됨.
8) 『康津邑誌』名僧 草衣傳 참조.

혁명 교본이라고 할 수 있다. 그래서인지 『방례초본』 총 49권 중에서 여섯 권이 중간에 유실되었고 현제 43권만이 『경세유표』로 전해지고 있다.

다산은 제자들에게 '나의 모습과 재분才分은 외증조부 공재恭齋 윤두서尹斗緒, 1668~1715를 닮았다고 하는데 실학의 경향도 역시 공재의 영향을 받았다'고 술회한 바 있다. 공재는 고산孤山 윤선도尹善道, 1587~1671의 증손으로 인물화의 달인이며, 산수가인 현재玄齋 심사정沈師貞, 1707~1769과 절벽고송絶壁古松으로 유명한 겸재謙齋 정선鄭歚, 1676~1759과 함께 조선의 삼재三齋로 칭송되는 화가다. 또한 경제 실용에 관한 많은 도서를 소장한 박학가이기도 했다. 한편 일찍이 다산은 자형이었던 이승훈 신부의 영향으로 천주교에 호의를 가졌다. 이처럼 그는 광박했지만 어디까지나 성호 이익과 반계 유형원을 계승한 실학자로 자리매김해야 할 것이다.

여유당전서與猶堂全書/**일집시문집**一集詩文集/**16권/자찬묘지명집중본**自撰墓地銘集中本

나는 십오 세에 결혼했는데 마침 부친께서	十五而娶 適先考復仕
호조 좌랑이 되어	爲戶曹佐郎
경성에 거주하게 되어 나도 따라서 경성에 머물게 되었다.	僑9)居京內.
이때	時
이가환은 문학으로 일세를 떨쳤고,	李公家煥以文學聲振一世
자부인 이승훈도 몸을 닦고 뜻을 가다듬어,	姊夫李承薰又飭10)躬勵志
모두가 성호 이익 선생의 학문을 조술해주었으므로,	皆祖述星湖李先生之學
나도 성호 선생의 유집을 읽고	鏞得見其遺書
학문에 뜻을 두었다.	欣然以學問爲意.

여유당전서與猶堂全書/**일집시문집**一集詩文集/**1권/과섬촌이선생구택**過剡村李先生舊宅

도학의 맥이 늦게야 동방에서 설총이 먼저 문을 열었고,	道脉晚始東 薛聰啓其先
그 흐름은 포은圃隱 목은牧隱에 이르러,	傳流逮圃牧
충의로써 동방을 제도濟度했고,	忠義濟孤偏
퇴계는 주자의 심오한 뜻을 발흥하여, 천년 종통을 전승했으니,	退翁發閩11)奧 千載得宗傳
육경에 다른 해석이 없었고, 백가가 함께 현자로 추대했다.	六經無異訓 百家共推賢.

---

9) 僑(교)=旅寓也.

10) 飭(칙)=修治也, 勤也.

11) 閩(민)=주자학.

이러한 맑은 기운이 성호에 계승되어 문운을 빛내니,　　淑氣聚潼關[12] 昭文耀剡川[13]

가르치는 의취는 공맹에 가까웠고,　　指趣近鄒阜[14]

뜻풀이는 동한東漢의 마융馬融과 정현鄭玄에 근접했다.　　箋[15]釋接融玄[16].

어리석고 미천하지만 한 줄기라도 소통하고자,　　蒙蔀[17]谿一線

빗장쇠를 벗기고 깊고 견고함을 뽑아내리라!　　扃鐍[18]抽[19]深堅

지극한 뜻 나는 가늠할 수 없으나, 그 운동 은미하고 깊구나!　　至意愚莫測 運動[20]微且淵.

여유당전서與猶堂全書/일집시문집─集詩文集/2권/고시이십사수古詩二十四首

노심초사 경세의 뜻, 홀로 보여주신 반계 선생님!　　拳拳經世志 獨見磻溪翁.

초야에 묻혀 이윤伊尹과 관중을 사모했으나,　　深居慕伊管

명성이 왕궁까지 미치지 못했도다!　　名聞遠王宮.

큰 줄기는 균전에 있으니 만사가 숲처럼 상통했고,　　大綱在均田 萬目森相通

정밀한 생각은 물이 새는 항아리를 깁고,　　精思補罅[21]漏

쇳물을 녹이고 망치질을 하듯 대장간의 수고를 마다하지 않았도다!　　爐錘累苦工.

빛나도다! 왕을 보좌해야 할 인재가 산림 중에 늙었으니,　　曄[22]曄王佐才 老死山林中

남긴 책은 세상에 가득하나,　　遺書雖滿世

백성을 윤택하게 하는 공업을 이루지 못했구나!　　未有澤民功.

---

12) 潼關(동관)=洛陽에서 長安으로 들어오는 요충 관문. 여기서는 星湖의 태생지 평안도 雲山을 지칭.

13) 剡川(섬천)=星湖의 고향인 廣州.

14) 鄒阜(추부)=鄒나라의 孟子와 曲阜의 공자.

15) 箋(전)=書也, 註也.

16) 融玄(융현)=漢代의 馬融과 鄭玄.

17) 蒙蔀(몽부)=어리석은.

18) 鐍(큘)=金也 免奄也.

19) 抽(추)=拔也, 引也.

20) 運動(운동)=周旋. 移徙.

21) 罅(하)=裂也 孔隙.

22) 曄(엽)=燁也 盛貌.

2절. 새로운 경학

**경학의 혁신과
신아구방**新我口邦

지금까지 다산은 유학자로 인식되기보다 시무時務에 밝은 정치가 내지 경세가로 더 부각되어 그의 철학 사상은 묻혀 있었다. 사실 다산을 일컬어 흔히 실학을 집대성한 학자라 평가하는 것은 옳다. 그가 반계, 성호 등의 경세치용 중심의 실학과 담헌, 연암, 초정 등의 이른바 북학파들의 이용후생 중심의 실학을 종합했기 때문이다. 다산을 평가할 때 이러한 시무의 측면도 중요하지만, 다산이 공자가 계승한 요순의 성학聖學을 산정 재해석함으로써 성리학을 개혁하여 새로운 경학經學을 정립하려 했던 혁명적이고 탁월한 사상가라는 점은 더욱 중요한 관점이 되어야 한다. 그는 성리학은 물론 심지어 서학까지 모든 사상을 묵수하지도 배타하지도 않았고 취사선택하려 했다. 다산이야말로 우리 현실에 적용할 새로운 철학 체계를 세우려고 고심 분투한 사상가라 말할 수 있다.

여유당전서與猶堂全書/**이집경집**二集經集/**16권**/**논어고금주**論語古今注/**권10**/**논어대책**論語對策

신이 듣기로는 만물 가운데 사람보다 신령한 것이 없고,	臣聞 物莫靈於人
사람 가운데 성인보다 존귀한 이는 없으며,	人莫尊於聖
성인 가운데 공자보다 더 훌륭한 분은 없다고 한다.	聖莫盛於孔子.
그런즉 공자의 한마디 말과 한 글자는,	則孔子之片言隻字
실로 백성을 살리는 모범이 되고	實足爲生 民之模範
세상을 유지하는 강령이 되기에 족하다.	持世之維綱.

여유당전서與猶堂全書/**이집경집**二集經集/**12권**/**논어고금주**論語古今注/**권6**/**안연**顏淵

살피건대 맹자가 죽은 이후 도통의 맥이 끊어졌다.	案孟子之歿 道脉遂絶.
전국 시대에는 전란으로 전적이 멸실되었고,	籍滅于戰國
진시황과 항우 때는 경전이 불살라졌다.	經焚于秦項.
한유들이 경을 해설했으나	漢儒說經
모두가 문자의 훈고에 몰두했으므로	皆就文字上 曰詁曰訓
요순의 인심, 도심과	其於人心道心之分
맹자의 소체, 대체의 분별에 대해서는	小體大體之別

607

제4부 종합과 철학적 정초

어찌하면 인성이라하고 어찌하면 천도라 하지만	如何而爲人性 如何而爲天道
모두 막연한 의혹이었을 뿐	皆漠然聽瑩[23]
천년 성인들이 전해오던 법이	而千聖相傳之法
요원해지고 말았다.	已遙遙遠矣.
맹자는 본심을 산의 나무에 비유하고	孟子 以本心譬之於山木
사욕을 도끼에 비유했는데	以私欲譬之於斧斤
대저 도끼는 나무에게	夫斧斤之於山木
원수가 되는 것이 태반이다.	其爲敵讎也大矣.
자기로써 자기를 극복하라는 것은 모든 성왕들이	以己克己 是千聖百王
마음으로 전하고 은밀하게 당부한 오묘한 뜻이며 긴요한 말이니,	單傳[24]密付之妙旨要言
이에 밝으면 성현이 되고	明乎此則可聖可賢
이에 어두우면 금수가 된다.	昧乎此則乃獸乃禽.

주자가 우리 도학의 중흥조가 된 까닭은	朱子之爲吾道中興之祖者
다른 데 있는 것이 아니라	亦非他故
그가 『중용』 서문을 지어	其作中庸之序
이런 이치를 밝게 열어주었기 때문이다.	能發明此理故也.
그런데 근세 학자들은	近世之學者
송나라와 원나라의 유자들의 이기론을 평설하고	欲矯宋元諸儒 評氣說理
안으로는 불선이요, 밖으로는 유자가 되는 병폐를 교정한다면서,	內禪外儒之弊
경전을 담론 해설하는 방법으로	其所以談經解經者
오로지 한나라와 진나라의 학설을 따른다.	欲一遵漢晉之說.
그래서 의리론이 송유들에게서 나왔다는 이유로	凡義理之出於宋儒者
불문곡직 일률적으로 힘써 반대한다.	無問曲直 欲一反之爲務.
그것은 한두 사람의 심술의 병폐를 잠시 버리게 하는 것일 뿐	其爲一二人心術之病姑舍
이는 천하의 모든 사람에게	是將使擧天下之人
근근이 획득한 것을 잃게 하고	失其所僅獲
근근이 밝힌 것을 어둡게 하여	昧其所僅明

---

23) 瑩은 熒의 착간인 듯. 疑惑也.

24) 單傳(단전)=以心傳心.

금수와 목석이 되게 할 것이니   滔滔乎爲禽爲獸 爲木爲石
작은 재앙이 아니다.   非細故²⁵⁾也.

여유당전서與猶堂全書/**일집시문집**一集詩文集/**11권**/**오학론이**五學論二

오늘날 학자들도 한나라 대의 주해를 고구하여 그 훈고를 구하고,   今之學者 考漢注以求其詁訓
주자의 집전을 가지고 그 의리를 구하며,   執朱傳以求其義理
그 시비 득실을   而其是非得失
반드시 경전에서 결정하면   又必決之於經典
육경과 사서의 원의와 본지가   則六經四書 其原義本旨
서로 따르며 개발됨이 있을 것이다.   有可以相因相發者.
처음에는 의심스러운 것 같다가 끝내는 참됨에 적중하고,   始於疑似 而終於眞的
처음에는 방황하다가 끝내는 바르게 도달한다.   始於彷徨 而終於直達.
그런 연후에 체득한 것을 행하고, 행한 것을 증험하면,   夫然後體而行之 行而驗之
아래로는 수신제가 치국평천하를 할 수 있고,   下之可以修身齊家
위로는 천덕을 달성하고 천명으로 돌아갈 수 있을 것이다.   上之可以達天德 以反天命.
이것을 일러 배움이라 말하는 것이다.   斯之謂學也.

이처럼 다산은 유교와 성리학적 전통을 부인하거나 버리지 않는다. 그렇지만 옛 법과 제도를 혁파하여 새롭게 하고자 했다. 그래서 그는 "나라는 옛 나라이나 우리의 학문과 사고는 새로운 것이어야 한다"라는 이른바 '신아구방新我舊邦'을 표방했던 것이다.

여유당전서與猶堂全書/**일집시문집**一集詩文集/**16권**/**자찬묘지명집중본**自撰墓誌銘集中本

경세란 무엇인가?   經世者何也.
관료 제도, 군현 제도, 토지 제도, 조세와 공역 제도,   官制 郡縣之制 田制 賦役
공산품과 시상 제도, 물자 비축과 대여 제도,   貢市 倉儲²⁶⁾
국방과 병역 제도, 과거 제도,   軍制 科制
해산물 세제, 상업 세제, 말과 수레 제도,   海稅 商稅 馬政
배를 만드는 법 등 나라를 경영하는 모든 제도를   船法 營國之制

---

25) 故(고)=災患喪病也.
26) 儲(저)=쌓다.

현행 제도에 얽매이지 않고 법도를 세우고 기강를 베풀어   不拘時用 立經陳紀

우리의 묵은 나라를 새롭게 만들고자 하는 것이다.   思²⁷⁾以新我之舊邦也.

여유당전서與猶堂全書/**오집정법집**五集政法集/**1권**/**경세유표**經世遺表/**권1**/**인**引

곰곰이 생각해보니 털끝 하나까지   竊嘗思之 蓋一毛一髮

병들지 않은 것이 없다.   無非病耳.

지금 개혁하지 않으면,   及今不改

반드시 나라를 망친 후에야 그 병통이 그칠 것이다.   其必亡國而後已斯.

충신열사라면 어찌   豈忠臣志士

수수방관할 수 있겠는가?   所能袖手而傍觀者哉.

하나라 우임금의 예禮는   夏侯氏之禮

우임금 독단으로 제정한 것이 아니다.   非夏侯氏之獨制也.

요·순·우·직·설·익·고요 등이   卽堯舜禹稷契益皐陶之等

정성을 모으고 마음을 모아 정성과 지혜를 다해   所聚精會神 竭誠殫²⁸⁾智

만세를 위하여 법을 만든 것이다.   爲萬世立法程²⁹⁾者也.

그러니 한 조목 한 조례인들   其一條一例

아무나 함부로 바꿀 수 있겠는가?   豈人之所能易哉.

그러나 은나라 왕이 하나라를 잇자 가감이 없을 수 없었고,   然殷人代夏 不能不有所損益

주나라 왕이 은나라를 잇자 가감이 없을 수 없었다.   周人代殷 不能不有所損益.

왜냐하면 세상의 도리는 마치 강하가 흘러가는 것 같아서,   何則 世道如江河之推移

한 번 정하면 만세토록 변동하지 않는 경우는   一定而萬世不動

이치가 그럴 수 없기 때문이다.   非理之所能然也.

이와 같이 한 사람은 누구인가?   若是者何也.

은나라 왕과 주나라 왕은 명철하고 슬기롭고 성스러워서   殷周之人哲謀睿聖

능히 그의 재주와 식견이 미칠 수 있었으므로,   其才識所及

비록 순임금과 우임금이 만든 것일지라도   雖舜禹之所作爲

능히 가감하여 시대의 형편에 알맞도록 할 수 있었다.   能損益而合宜.

---

27) 思(사)=語氣辭, 뜻이 없다.

28) 殫(탄)=極盡也.

29) 程(정)=法式也.

오늘날 일을 저지하려는 자들은
걸핏하면 조종의 법은 논의할 수 없다고 말한다.
그러나 조종의 법은
대부분 국가 창건 초기에 만든 것이다.
그때는 천명이 아직 밝은 지혜에 미치지 못했고
인심도 크게 안정되지 못했을 때다.
그러므로 성군과 현신이
조정에서 면밀히 모사를 해도,
좌우를 돌아보고 앞뒤에 걸려서
끝내 무위에 그치고 만다.
대체로 무위에 그치면 옛 법대로 따르기 마련이다.
옛것을 따르는 것이 원망을 줄이는 방도이며
합당하지 못해도 내 책임은 아니기 때문이다.
그래서 창건 초기는 법을 고치지 못하고
말세의 풍속을 답습하는 것을 경국의 법도로 삼는다.
이것이 예나 지금이나 공통된 근심거리다.

세속에서 요순의 정치를 말하는 자들은 이르기를
"요순은 공손히 팔짱을 끼고 말없이 없는 듯
띠집에 단정히 앉아 있어도
그 덕화의 감화가
훈풍이 사람을 감싸는 것 같다"고 말한다.
한비와 상앙의 법술에 대해 이르기를
세심 정미하고 깊어 실로 말세의 풍속을 다스릴 만하지만
요순은 어질있고 진시황은 악독했던 탓으로,
소루하고 느슨한 것은 옳다고 하고,
정밀하고 급한 것은 그르다고 말하게 되었다.

今之沮事者
輒曰 祖宗之法未可議.
然祖宗之法
多作於創業之初.
當此之時 天命有未及灼[30]知
人心有未及大定.
是故聖王賢臣
密[31]謀於帷幄之中
而左瞻右顧 前拘後掣
終於無爲而後已.
夫無爲則因其故[32].
因其故者 寡怨之道也
雖有未當 非我爲也.
故凡創業之初 不能改法
因循末俗 以爲經法.
此古今之通患也.

世俗言唐虞之治者曰
堯舜皆拱手恭已 玄然黙然
以端坐於茅茨之屋
而其德化之所漸被
若薰風之襲人.
謂韓非商鞅之術
刻覈精深 實可以平治末俗
特以堯舜賢 而嬴[33]秦惡故
不得不以疎而緩者爲是
密而急者爲非 云爾.

---

30) 灼(작)=사르다, 밝다.
31) 密(밀)=細也.
32) 故(고)=舊也.
33) 嬴(영)=진나라 군주의 성씨.

그러나 내 보기에는

분발하고 진작하여 천하 만민으로 하여금

노심초사 노력하도록 하여,

잠시도 안일을 꾀하지 못하도록 했던 분이

요순이며,

또한 정밀하고 엄혹하여

천하 만민으로 하여금

계신戒愼 공구恐懼하도록 하여

감히 털 올 하나라도 거짓으로 꾸미지 못하게 한 분도

요순이다.

이처럼 천하에 요순보다 근면한 사람이 없건만

무위했었다고 속이고,

천하에 요순보다 정밀한 사람이 없건만

소루 우활했다고 속이고 있다.

『주례』에서는 청묘법과 보갑법을 일찍이 말한 바 없는데,

왕안석이 그것을 시행하면서

『주례』에 근거한 것이라고 속였으니,

이후 왕안석을 은나라 걸주의 귀감으로 여기게 되었다.

그래서 무릇 법을 조금만 변경하려 하면

떼로 일어나 공격하면서 그들을 왕안석이라 지목하며,

스스로 한기나 사마광이 된 것처럼 으스대고 있으니

이야말로 천하의 큰 병폐가 아닐 수 없다.

그러나 법을 고치고 관직을 바꾸는 것은

정론인 춘추에서도 귀하게 여겼으니

왕안석을 빌미로 법과 관직을 바꾸는 것을 비난하는 것은

용렬한 자들의 속된 말이므로

현명한 군주가 괘념할 일이 아니다.

以余觀之

奮發興作 使天下之人

騷騷擾擾 努勞役役

曾不能謀一息之安者

堯舜是已

以余觀之 綜密嚴酷

使天下之人

夔夔遬遬瞿瞿悚悚

曾敢飾一毫之詐者

堯舜是已.

天下莫勤於堯舜

誣之以無爲

天下莫密於堯舜

誣之以疎迂.

周禮何嘗言靑苗保甲

以靑苗保甲

誣周禮

以王安石 作殷鑑.

凡言法可以小變者

群起而力擊之 目之爲王安石

而自居乎韓琦司馬光

斯則天下之巨病也.

改法修官

春秋貴之

其必以王安石 已叱之者

庸夫之俗言

非明主之所宜恤[34]也.

---

34) 恤(휼)=憂也, 賑也.

이를 위해서는 당시 지배 이념인 성리학을 혁신 또는 지양해야 했다. 그 방법은 주공周公 시대의 경세치학을 새롭게 부흥시켜 이를 기반으로 실학의 기초를 세우는 새로운 경학經學을 정립하는 것이었다. 즉 공맹학의 기초인 주공의『주례』를 연구하여 공맹을 새롭게 해석함으로써 실학의 철학적 토대가 될 수 있도록 유교를 혁신하여 신경의학新經義學을 수립하려 한 것이다.

다시 말하면 당시의 지배 이념이었던 성리학을 비판 혁신하여 공자의 테제였던 주나라의『주례』를 부흥시키는 '복례復禮'를 기본으로 공자 본래의 경세의리학經世義理學으로 돌아가게 하는 것이다. 그래서 다산은 도통의 맥락이 요순을 근원으로 하나라와 은나라를 거쳐 주공에 이어지고 이것이 공자에 의해 완결되었다고 보았다. 그러므로『중용』,『대학』까지만 경전으로 인정하고 그 이후 한나라와 당나라의 훈고학과 송나라와 명나라의 이학理學은 경전이 아니며 다만 경전을 자기 나름으로 해설한 것뿐이므로 보조 자료에 불과하다고 생각했다.

요약하면 다산의 신경의학의 목표는 공자의 유학을 새롭게 조명하여 민본적 경세학經世學으로 복원하고, 성리학을 인간학으로 재해석하여 수기修己의 의리학義理學으로 역할을 다하게 하며, 여기에 민생을 위한 이용후생학을 더하여 새로운 나라로 개혁하는 것이었다. 그러므로 그에게 실학이란 고대 유학과 중세 유학을 모두 버리고 이를 대체하려는 학문이 아니고 다만 그것을 새롭게 해석하여 재정비하되 거기에 없거나 새롭게 발전한 물류학, 경제학, 관리학, 천문 수리학, 농공상학 등 근대적인 이용후생의 잡학을 보강하려는 것이었다. 그러므로 실학이 유학을 반대했다거나 혹은 유학에 연원했다거나 또는 유학을 대체하는 새로운 학문이라는 등의 논의는 너무도 피상적이다. 실학은 17세기부터 조선에서 일어난 선진적인 유생들의 학문적 경향일 뿐 결코 새롭게 개장한 우주와 인간에 대한 완결된 체계로서의 새로운 철학이 아니기 때문이다.

특히 다산은 이를 위해 주자보다 더 권위 있는 공자를 앞세울 필요가 있었으며, 공자가 기본으로 삼았던 주공의『주례』를 연구하여 노불老佛에 의해 변질된 공자학을 새로운 경의학經義學으로 재건하기 위해 방대한 경서들을 모두 재해석해야 했다. 그러므로 다산이 공자로 돌아가자고 말한 것은 복고주의가 아니라 공자의 '경학'을 국부와 민생을 위한 실학에 조응하도록 새롭게 해석 부흥시키는 르네상스였던 것이다.

그는 송유宋儒들이 신유학이라고 내세운 성리학은 유학을 노장老莊 불선佛禪으로 변질시킴으로써 번쇄한 논리적 유희에 떨어져 이제 더 이상 공자의 경세학적 유학을 계승할 수 없다고 판단했다. 그러나 그는 성리학을 버리자는 것이 아니라 이를 다시 산정하고 재해석하여 수기修己를 위한 '실학적 인문학'으로 개편하려 했다.

구체적인 사례를 보면 다산은 일본이 강성해진 것이 과거학科擧學이 없었기 때문이라고 진단했다. 그래서 성리학, 훈고학, 문장학, 과거학, 술수학(풍수 도참) 등 오학의 비현실적이고 반공리적인 기풍과 해독은 장차 나라를 망칠 것이라고 비판했다.[35] 이것은 성호 이익의 수제자인 녹암 권철신의 반정주학적反程朱學的 견해에 많은 영향을 받은 것으로 알려지고 있다.

여유당전서與猶堂全書/오집정법집五集政法集/10권/경세유표經世遺表/권10/지관수제부공제이地官修制賦貢制二

내가 살핀 바로는 폐법과 학정이 일어난 것은	臣謹案 弊法虐政之作
모두 경전의 본뜻을 밝히지 못한 데서 연유되었다.	皆由於經旨不明.
그러므로 내가 말하는 치국의 요체는	臣故曰 治國之要
경전을 밝히는 것보다 우선될 것이 없다.	莫先於明經也.

여유당전서與猶堂全書/일집시문집一集詩文集/21권/기이아寄二兒

반드시 먼저 경학으로 기초를 세우고, 다음은	必先以經學立着基址 然後
앞선 역사를 섭렵하여	涉獵前史
그 득실과 치란의 근원을 알아야 한다.	知其得失理亂之源.
또한 모름지기 실용의 학문에 마음을 써	又雖留心實用之學
고인의 경제에 대한 글을 살펴야 한다.	樂觀古人經濟文字.
이로써 만민을 윤택하게 하고 만물을 발육시키는 뜻을 가져야 한다.	此心常存 澤萬民育萬物.
그런 연후에야 진정한 독서인이요, 군자라 할 것이다.	然後 方做得讀書君子.

여유당전서與猶堂全書/일집시문집一集詩文集/17권/위반산정수칠증언爲盤山丁修七贈言

공자의 도道는 수기하여 치인하는 것뿐이다.	孔子之道 修己治人而已.
그런데 지금의 학자들이 조석으로 강학 연마하는 것은	今之爲學者 朝夕講劘
다만 이기理氣 사칠변四七辯이나	只是理氣四七之辯
하도낙서河圖洛書의 수리와	河圖洛書之數
태극원회太極元會의 학설뿐이다.	太極元會之說而已.
이 이치라는 것이 수기에 해당 되는지,	不知此數者於修己當乎
치인에 해당되는지 모르겠다.	於治人當乎.
공자께서 자로, 염구 등과 말할 때는	孔子於子路冉求之等
늘 정사를 논평했고,	每從政事上論品
안자가 도를 물을 때는 나라를 다스리는 것으로 대답했고,	顔子問道 必以爲邦

---

35) 『與猶堂全書』 一集詩文集 11권 五學論 참조.

각자의 뜻을 말하게 할 때도 역시 정사에 대한 답을 구했다.   令各言志 亦從政事上求對.

이로 볼 때 공자의 도는 경세에 쓰이기 위함이었음을 알 수 있다.   可見孔子之道 其用經世也.

무릇 글귀에 얽매어 은거와 안일을 자칭하며   凡繳[36]繞章句 自稱隱逸

사업과 실질적인 분야에 진력하지 않는 것은   不肯於事功上著力[37]者

모두 공자의 도가 아니다.   皆非孔子之道也.

경전의 뜻이 밝은 뒤에야 도道의 본체가 드러나고,   經旨明而後 道體顯

그 도를 얻은 후에야 비로소 심술이 바르게 되며   得其道而後 心術始正

심술이 발라야 덕을 이룰 수 있다.   心術正而後 可以成德.

그러므로 경학에 힘쓰지 않으면 안 된다.   故經學不可不力.

그런데 혹자는 선유의 학설을 빙자하여   有或據先儒之說

뜻이 같으면 두둔하고 뜻이 다르면 공벌해서   黨同伐異

감히 의론조차 없애려 한다.   令無敢議者.

이는 모두 서적을 빙자하여 이익을 도모하는 무리일 뿐,   是皆凭籍 圖利之輩

진심으로 선을 지향하는 자들이 아니다.   非眞心向善者也.

여유당전서與猶堂全書**/일집시문집**一集詩文集**/8권/십삼경책**十三經策

송나라 대에 이르자 여러 군자가 나타나   逮乎有宋 諸君子出

유도儒道를 일변시켰으니,   又可以一變其道

주자에 이르러 그것들을 집대성하고 종합하였다.   至朱夫子 集大成而會通之.

크게 하나로 통합하고 다시 창신하여   大一統而重創之

장차 천고의 수레가 되고 만물의 규범이 되기를 바랐다.   將以駕軼千古 範圍八紘.

그러나 공자는 연대가 멀고 사실이 명징하지 않으므로   然其年代寢遠 事實無徵

비록 고학에 박학한 주자였지만   雖以朱子之博古

자기가 믿는 것은 남기고 자기에게 어긋난 것은 빠뜨렸으며,   猶未免存信而闕疑

시작은 갑이었으나 끝에는 을이라고 하는 오류를 면할 수 없었다.   始甲而終乙.

명나라가 세상을 다스릴 때는   及夫大明御世

---

36) 繳(격)=얽다.

37) 著力(저력)=盡力.

문명이 더욱 멀어져 | 文明[38]邈越

주자만을 존경하고 믿어 주자와 다른 학설을 금하기에 이르렀다. | 則又尊信朱子 禁止異說.

그리하여 그 유폐는 거짓되고 굽히는 잘못이 없지 않았고, | 然其流弊 不無矯枉之過

후세의 몽매한 선비들은 더욱 노둔하고 거칠어졌으며, | 末流蒙士 闒茸[39]荒蕪

처음부터 동설 이설의 논쟁이 있고, | 初不知異同有訟

신구 학설에도 뿌리가 있음을 모르고, | 新舊有本

기존의 학설만 준수하며 속된 학문을 숭상하여 | 唯成說是遵 唯俗學是尙

그것을 하늘이 만든 줄 오인하고 스스로 총명함을 막아버렸다. | 認爲天造 自塞聰明.

여유당전서與猶堂全書/일집시문집一集詩文集/20권/답중씨答仲氏

송나라 이후 칠백 년 동안 천하의 학자들이 | 自宋以後七百餘年 天下之人

총명을 다하여 | 竭其聰明

사서의 뜻을 연구했으므로 | 以究四書之義

빠뜨린 뜻이 거의 없습니다. | 故四書殆無遺義.

저는 혹 사서의 새로운 뜻을 발견하고 | 鏞於四書 或得新義

날뛰며 신기하게 여겼으나 | 踊躍叫奇

그 뒤 여러 학자들의 경설에 이미 발표되었음을 알게 되었습니다. | 其後見諸家經說 發已久矣.

다만 선善을 밝힌 뒤에 선을 선택할 수 있는 법이라, | 但明善而後可以擇善

매양 선배들을 보면 선유의 학설에서 | 每觀前人於先儒之說

반드시 잘못된 뜻을 취하고 있으니, | 必誤執謬義

집해와 집주만으로는 스스로 바꿀 수 없음을 알았습니다. | 是知集解集注亦自不易.

이에 『논어』를 선택하여 집해와 집주에 있는 | 方欲取論語 依集解集注之例

옛 주석들을 모아서 | 集千古

그것들의 장점을 취하여 억지로 한 권의 책을 만들었습니다. | 而取其所長 勒[40]成一部.

이는 비록 육경의 역할이 | 而此雖與六經之役

절로 의리를 발하게 하는 것에는 | 自發義理者

난이의 차이가 있겠지만 마음과 정력의 소비가 | 不無難易 其費精用心

적지 않았습니다. | 亦自不小.

---

38) 文明(문명)=제도의 개명.

39) 闒茸(탑용)=용렬함.

40) 勒(륵)=굴레, 재갈. 억지로

요즘 기력이 쇠약해져서 몇 달 사이에

이가 세 개나 빠졌습니다.

글쓰기를 중단하기로 마음먹고 며칠 동안 편안하게 소요했으나,

매양 머리를 돌려 다시 작업을 하니 한탄스러운 일입니다.

顧今氣力漸衰 數月之間

齒落者三.

決意謝絶文墨 優遊度日

每回頭爲之悵然耳.

여유당전서與猶堂全書/**일집시문집**一集詩文集/**16권**/**자찬묘지명집중본**自撰墓誌銘集中本

육경 사서의 주해는 자기를 수양하는 것이고,

일표와 이서는 천하 국가를 다스리는 것이니

본말을 갖춘 셈이다.

그러나 알아주는 자는 적고 나무라는 자는 많을 것이니,

만약 천명이 허락하지 않는다면

한꺼번에 불태워버려도 좋으리라.

六經四書 以之修己

一表二書[41] 以之爲天下國家

所以備本末也.

然知者旣寡 嗔者以衆

若天命不允

雖一炬以焚之可也.

다산의 이러한 실사구시實事求是의 자세는 그의 경전 연구와 해석에서 여실히 드러난다. 대체로 경전을 읽으면 옛것으로 현실을 재단하며 옛것을 오늘에 적용하려드는 상고주의자가 되기 일쑤다. 특히 보수주의자들이 빠지는 큰 병통이다. 다산은 이런 병폐를 경계하여 "옛것은 옛날로 돌리고 지금 것은 지금으로 돌리라"라고 말한다. 이것은 흘러가는 뱃전에 금을 그어놓고 그 밑에서 떨어뜨린 칼을 찾거나[42] 토끼가 어쩌다가 나무뿌리에 목이 걸린 것을 보고는 농사를 내팽개치고 나무 등걸만 지키는[43] 어리석은 자가 되지 않겠다는 것이다.

여유당전서與猶堂全書/**일집시문집**一集詩文集/**19권**/**답정산**答鼎山

무릇 글을 읽고 해석할 때는

옛것은 옛것으로 돌리고, 지금 것은 지금 것으로 돌려야 합니다.

옛것을 끌어다가 지금 것을 애써 변호하거나

지금 것에 연연하여 옛것을 무함하지 않는 것이 좋습니다.

"높은 시렁에 묶어두었다가 주공이 환생하기를 기다리라"는

주신 편지에서 상례에 대한 가르침은 거듭 지당합니다.

凡讀書解書

以古還古 以今還今.

勿牽古以護今

勿戀牽今以誣古 斯可矣.

束之高閣 以俟周公之出

來喩切當切當.

---

41) 攟攟斅眞(일표이서)=『경세유표』와 『목민심서』와 『흠흠신서』.

42) 刻舟求劍.

43) 守株待兎.

그러나 어지러운 속인이 남의 문자를 보고	淆[44]俗看人文字
본의는 따져보지 않고, 금세에 살면서	不願其本意 每謂斯人生乎今
고도를 돌아보면	而反古道
반드시 재앙이 미칠 것이라고 말한다면 어찌 왜곡이 아니겠습니까?	災必逮身 豈不枉哉.
정녕 행하지 않는 것이 좋다고 생각되면	寧適[45]不行
고법의 진면목을	古法眞面
먼저 고찰하지 않으면 안 됩니다.	不可不洗[46]而觀之也.
권세나 힘도 없는 우리 몇 사람이	吾輩寂廖數人
비록 세상을 이끌고 풍속을 감화시킬 수는 없지만,	雖不足以輓世化俗
각자 깨달은 것을 기록하여 책장 속에 남긴다면,	各記所悟 書留巾衍
어찌 없다고 하겠습니까? 마침 예를 좋아하는 사람이	安知無[47] 好禮之人
고관이 되어 그중에서 한두 가지라도 채용할지.	適得高位 採用其一二耶.

여유당전서與猶堂全書/**일집시문집**一集詩文集/**12권**/**상례사전서**喪禮四箋序

예禮란 천지의 마음이다.	禮者天地之情.
다만 성인이 이것을 가지고 절제하고 문화로 꾸몄을 뿐이다.	聖人特於是 爲之節文焉.
그러므로 학문이 천박한 후생으로서는	必非後生末學
이를 변경하고 어지럽히며	所得移易而變亂之
자기의 조그만 지혜를 함부로 펼 수 있는 것이 아니다.	以逞[48]其私智小慧者.
그러나 마음에 옳다고 여기는 것은 옳다 하겠지만	然心之所是是之
마음에 옳다고 느껴지지 않는 경우에는	苟心不悟其是
역시 힘써 따르게 하겠는가?	將亦勉從之與.
다행히도『예기』의 글들은	幸而有禮記諸篇
실로 상례를 이해하는 데 도움이 되고,	寔爲士喪禮之翼
이 외에도 모든 경서와 선진 고문이	傳外此諸經及一切先秦古文
모두 상례에 관한 일을 논한 것이 있어서	有論死喪之事者

---

44) 淆(효)=濁水, 亂也.
45) 適(적)=從也, 親也, 우연히.
46) 洗(세)=新也, 先也.
47) 無(무)=衍文인 듯.
48) 逞(령)=不檢束也, 解也.

모두 족히 서로 의거하고 고증할 수 있으니,　皆足以交據 而互徵之

나는 비록 늦은 세대이지만 의거함은 앞 세대에 있어서　則我之生雖晩 其所據依在蚤

해롭지 않으리라 생각했다.　無傷也.

나는 이에 「사상례士喪禮」 세 편과　余於是 遂取士喪禮三篇

「상복喪服」 한 편을 그 주석까지 가져다가　及喪服一篇 並其註釋

침식을 잊고 정밀히 연구하고 조사하였다.　硏精究索 忘寢與食.

그중에서 마음에 합당하지 않는 것은 옛 서적을 널리 상고하여　其有不當於心者 博考古籍

경서로 경서를 고증해서 성인의 뜻을 얻으려고 했다.　以經證經 期得聖人之旨.

때로는 저것과 이것을 대비하여　時或彼此比對

두 가지 내용이 서로 밝혀지게 하였다.　兩相映發.

그러나 그른 것을 밝히지 않으면 옳은 것이 정립되지 않는지라　然彼非不章 此是不立

제가의 학설에서　故其于諸家之說

경서의 본뜻을 어지럽힐 수 있는 것과　凡足以亂經旨者

경서의 본뜻을 발명할 수 있는 것을　與足以發經旨者

둘 다 드러내어 서로 비교함으로써　皆兩著而交顯之

후세의 군자로 하여금 공정한 마음으로 듣고 보게 하여　使後之君子公聽竝觀

오직 옳은 것만 구하도록 하자는 것이 내 뜻이었다.　而唯是是求 亦余志也.

민중적 경세학정립

다산은 누구보다 민중주의적이었다. 그의 생각과 글은 모두 민생과 보민保民에 있었다. 사서와 육경의 새로운 해석도 애민愛民 보민 사상을 위주로 한 것이고, 『목민심서』는 목민관의 민생을 위한 것이고, 『흠흠신서』는 민중의 생령을 보호하려는 보민을 위한 것이고, 『경세유표』는 민생 보민을 위한 제도의 혁신을 고찰한 것이었다.

여유당전서與猶堂全書/**일집시문집**一集詩文集/**12권**/**송부령도호이종영부임서**送富寧都護李鍾英赴任序

목민관에게는 네 가지 두려운 것이 있다.　牧民者有四畏.

아래로 백성이요, 위로는 대간과　下畏民 上畏臺省

조정이요,

또 그 위로는 하늘이다.

그러나 목민관들이 두려워하는 것은 항상 대간과 조정뿐이고

백성과 하늘은 때때로 두려워하지 않는다.

그러나 대간과 조정은 가깝기도 하지만 멀기도 하다.

먼 경우는 수천 리나 되니

이목으로 살핌이 두루 상세할 수 없는 경우가 많다.

그러나 백성과 하늘은 뜰에서 보고,

마음으로 감찰하고,

팔다리로 옷깃을 스치고 더불어 호흡하고 있으니,

가까이 밀착되어 있어 잠시도 떨쳐버릴 수 없다.

무릇 도道를 안다면 어찌 백성과 하늘을 두려워하지 않겠는가?

又上而畏朝廷

又上而畏天.

然牧之所畏 恒在乎臺省朝廷

而民與天有時乎勿畏.

然臺省朝廷或邇或遠.

遠者數千里上

其耳目所察或不能周祥.

惟民與天 瞻之在庭

臨⁴⁹⁾之在心

領⁵⁰⁾之在肘腋⁵¹⁾ 與之在呼吸

其密邇而不能須臾離.

凡知道者 曷不畏矣.

여유당전서與猶堂全書/**오집정법집**五集政法集/**18권**/**목민심서**牧民心書/**권3**/**봉공육조**奉公六條/**문보**文報

천하에 가장 천하고 하소연할 데 없는 것이 서민이요,

천하에 가장 높고

무겁기가 산과 같은 것이 또한 서민이다.

상관이 아무리 높아도

민民을 머리에 이고 싸우면 굴복하지 않는 자가 드물 것이다.

天下至賤 無告者小民也

天下至隆

重如山者亦小民也.

故上司雖尊

戴民以爭 鮮不屈焉.

여유당전서與猶堂全書/**일집시문집**一集詩文集/**16권**/**자찬묘지명집중본**自撰墓誌銘集中本

『목민심서』는 무엇인가?

지금의 법제를 그대로 따르되 민民을 보호하려는 것이다.

율기, 봉공, 애민을 세 가지 벼리로 삼고,

이전吏典, 호전戶典, 예전禮典, 병전兵典, 형전刑典, 공전工典을

여섯 가지 법전으로 삼았으며,

마지막 편은 흉년에 구휼하는 것으로 하였다.

각 편마다 여섯 조목을 포섭하였으니 부임赴任과 해관解官을 합하면

牧民者何也.

因今之法而牧吾民也.

律己奉公愛民爲三紀.

吏戶禮兵刑工

爲六典

終之以賑荒.

一目各攝六條.

---

49) 臨(임)=監也.

50) 領(영)=옷깃.

51) 肘腋(주액)=팔꿈치와 겨드랑이.

총 칠십이 조목이다.

조목별로 고금의 자료를 찾아 망라하였고,　搜羅古今

간교 허위의 적폐를 낱낱이 파헤쳐 폭로하였으니,　剔發奸僞

이 내용을 받아 목민을 한다면　以授民牧

한 명의 민民이라도 은택을 입지 않을까?　庶幾一民有被其澤者.

이것이 진실로 내 마음이다.　鏞之心也.

여유당전서與猶堂全書/**오집정법집**五集政法集/**30권**/**흠흠신서**欽欽新書/**서**序

오직 하느님만이 사람을 살릴 수 있고 또 그들을 죽일 수 있다.　惟天生人 而又死之人.

이처럼 인명은 하늘에 달려 있는 것이니,　命繫乎天

목민관은 그 사이에서　迺司牧又以其間

선한 자를 편안히 보살펴 살리고,　安其善良而生之

악을 행한 자를 붙잡아 죽이기도 하지만　執有辜者而死之

이는 하느님의 권한을 드러내어 보여주는 것일 뿐이다.　是顯見天權耳.

　　그러나 조선 후기 성리학은 번다한 예론과 공리공론에 매달려 권력과 지배자들의 치장물로 전락해 있었다. 민생과 아무 상관없는 번다한 이론에 매달리는 것은 공자의 알기 쉬운 경세치학을 무슨 뜻인지도 모르는 번대한 현학으로 만들어 자신들만의 우월성을 과시하려는 것이다. 이러한 현학은 학문을 독점한 지식인들이 성인의 경전을 민중이 알 수 없도록 어렵게 만들어 권력을 정당화하려는 술수다. 이에 다산은 학문이 민생을 위한 것이 되어야 한다고 생각했다. 그의 작업이 완전한 철학적 체계를 갖추었다고는 볼 수 없지만 기존의 모든 학문을 혁파하고 새로운 학문을 정립하려 한 것만은 분명하다.

여유당전서與猶堂全書/**일집시문집**一集詩文集/**11권**/**역론**易論

옛날 소순은 다음과 같이 말했다.　昔者 蘇洵[52]氏之言曰.

"성인의 도道가 없어지지 않은 것은　聖人之道 所以不廢者

예禮로써 밝혀주고, 『주역』으로 심오하게 했기 때문이다.　禮爲之明 而易爲之幽也.

귀족이 존승받은 이유는　人之所以獲尊者

그의 내면으로 엿볼 수 없는 부분이 있기 때문이다.　以其中有所不可窺者也.

---

52) 蘇洵(소순)=北宋 시대 문인. 아들 蘇軾(兄), 蘇轍(弟, 唐宋八大家)와 함께 三蘇로 불렸다.

그래서 『주역』을 지어

세인들에게 신비로움을 느끼게 하자,

마침내 그 도가 존숭되게 되었던 것이다.

이것이 성인께서 기략과 권도로

천하의 마음을 붙잡는 방법이다."

애석하다! 소 씨는 이 대목에서는 실언했다.

성인을 성인이라 하는 까닭은

사물을 대함이 지극히 성실하며

행동하고 말하는 것이 명쾌하여

해와 달이 하늘에서 빛나는 것 같기 때문이며,

가는 털끝도 숨기거나 은폐함이 없으므로

의심하는 자들에게도 족히 신망을 얻었기 때문이다.

또한 성인이라면

오르고 내리고 읍하고 사양하는 예절을 만들어

이로써 대중을 공경하도록 민民을 교화하고,

제사를 올리는 예절을 만들어

이로써 조상에 보답하도록 민을 교화하고,

장사 지내는 예법을 만들어

이로써 죽은 이를 인애하도록 민을 교화할 것이다.

그런데 그것만으로는 의구심이 생겨 이르기를,

"내가 민民을 가르쳐 그렇게 하게 한 것은

모두 민도 쉽게 알 수 있는 것이어서,

저들이 장차 나의 감추어진 뜻을 모두 알아버린다면,

於是因而作易

以神天下之耳目

而其道遂尊.

此聖人用機權

以持天下之心.

噫蘇氏 於是乎失言矣.

夫聖人之所以爲聖人者

以其能至誠以待物

使其所爲與所言昭乎

若日月之耀乎天

而無纖毫幽翳[53]

有足以望[54]而疑之者也.

有聖人焉

爲之登降揖讓

以敎民敬衆

爲之獻酬醋[55]餕[56]

以敎民報本

爲之衰痲[57]哭泣之紀

以敎民仁死.

旣又爲之瞿[58]然 內恐于心曰

我之所敎于民 使之然者

皆民之所易測易知者

彼將盡窺 吾之奧與蘊

53) 翳(예)=日傘, 隱蔽.
54) 望(망)=瞻也, 名望也, 怨也, 責也.
55) 醋(초)=식초, (작)=술 권할.
56) 餕(준)=祭餘也.
57) 衰痲(최마)=상복.
58) 瞿(구)=疑懼也.

나는 존경받지 못할 것을 걱정하게 되었다.

이에 지혜와 꾀를 짜내어

민중이 알 수 없는 것을 만들어,

황홀하여 나타났다가 없어지듯 괴기하고 요사스러워,

시작도 끝도 없으며 실체를 환술로 느끼도록 한다.

그것을 어리석은 민중 앞에 미끼로 던져주어,

그들이 놀라고 두렵고 당황하여 접근하지 못하게 만들고,

천하의 이목을 신비롭게 만든다.

그래서 몸을 굽히고 땅에 엎드려 주기를 바라고,

손을 비비고 백배하며 자기를 존숭하기를 바랐다."

성인이 진실로 이와 같이 하겠는가?

이들은 부도를 쌓는 불가의 무리나,

후세에 들어와서 용렬하고 노망하여

하도낙서의 그림을 만들어 벽에 붙이고

명성을 도둑질하는 무리들이 하는 짓이다.

而吾不尊矣.

於是運智發謀

設爲民所不可知之事

恍惚閃倏59) 瑰怪60)譎詭

無端無倪 變幻其體.

投而抵61)之于愚夫愚婦之前

使其駭愕惶汗 逡巡62)退麛

以之神天下之耳目.

冀欲 其屈躬伏地

攢手百拜以尊我.

聖人固如是乎.

是唯浮屠釋氏之徒

及後世 庸鈍老醜

河圖洛書之圖 附之壁

以盜名者爲之耳.

인외설

다산은 철저하게 인외설仁外說을 지지한다. 공자는 인仁을 극기복례克己復禮로 설명했다. 그런데 극기를 중심으로 보느냐, 복례를 중심으로 보느냐에 따라 해석이 갈린다. 전자는 맹자의 견해이고, 후자는 순자의 입장이다. 대체로 인외설은 순자에 가깝고 인내설仁內說은 맹자에 가깝다. 다산은 기己를 사私로 예禮를 공公으로 해석하고, 극기복례란 사私(己)를 극복함으로써 공公(禮)을 회복하는 것이라고 해석한다. 이는 극기는 수단이고 복례가 목적이 되는 것이므로 인외설이다.

다산은 이러한 자기 해석이 공자와 주자의 본래 취지와 같다고 말한다. 다시 말하면 '극복해야 할 기己'는 『서경』에서 말한 인심人心이고, 맹자가 말한 소체小體이며, 주자가 말한 사욕私慾을 의미하고, '부흥해야 할 예禮'는 『서경』의 도심道心이고, 『중용』의 중화中和이며, 『맹자』의 대체大體를 의

---

59) 倏(숙)=忽也.

60) 瑰怪(괴괴)=奇異, 譎, 詭也.

61) 抵(저)=擲也.

62) 逡巡(준순)=뒤로 물러남.

미한다는 것이다. 즉, 두 개의 내가 있는데 하나는 사적인 아我이며 하나는 공적인 아다. 그러므로 '극기克己'는 하나의 내가 다른 하나의 나를 이기는 것을 의미한다는 것이다. 다시 말하면 도심인 공심公心이, 인심인 사심私心을 이기는 것을 말한다.

여유당전서與猶堂全書/일집시문집一集詩文集/19권/담이여홍答李汝弘

대저 자구의 훈고는 소소한 차이가 있을 수 있으므로	大抵小小字句訓詁
이것이 옳다 하고, 저것이 옳다 할 수 있으니,	有如是看者 有如彼看者
의견이 같으면 기쁘지만 달라도 해로울 것이 없다.	同故欣然 異亦無傷.
그러나 인仁이란 글자의 의미는	至於仁字之義
성도와 성학에 관련된 대강령이며,	此是聖道聖學 大關係大綱領
치심治心 양성養性의 근본이요, 행기行己 수신修身의 뿌리이므로	治心養性之本 行己修身之根
호리라도 착오가 있으면	毫髮差錯
그 결과는 천리만리로 멀어질 것이다.	其究竟相距千里萬里.

여유당전서與猶堂全書/이집경집二集經集/12권/논어고금주論語古今註/권6/안연顏淵

유현이 말하길 극克은 이긴다는 뜻이며, 기己는 몸을 말한다.	劉炫[63]曰 克勝也 己謂身也.
몸은 기욕이 있으니 의당 예로 다스려야 한다.	身有嗜慾 當以禮義齊之.
기욕과 예의가 다툴 때	嗜慾與禮義戰
예의가 이기게 하면	使禮義勝其嗜慾
몸이 예의로 복귀한다.	身得歸復於禮.
이와 같이 하는 것을 인仁이 되었다고 하는 것이다.	如是乃爲仁也.
주자는 기를 신身의 사욕이라 말한다.	朱子曰 己謂身之私欲也.
내 의견을 보충해서 말하면 기는 나를 말한다.	補曰 己者我也.
나는 대체大體와 소체小體가 있고,	我有二體
또한 인심人心과 도심道心이 있다.	亦有二心.
도심이 인심을 이기면	道心克人心
곧 대체가 소체를 이긴 것이다.	則大體克小體也.
예禮가 아닌 것을 보려는 욕심이 있으므로	非禮欲視

---

63) 劉炫(유현)=隨나라 경학자.

공자께서 예가 아니면 보지 말라고 말한 것이다.	故曰 非禮勿視.
예가 아닌데 들으려는 욕심이 있으므로	非禮欲聽
공자께서 예가 아니면 듣지 말라고 말한 것이다.	故曰 非禮勿聽.
예가 아닌데 말하고 싶은 욕심이 있으므로	非禮欲言
공자께서 예가 아니면 말하지 말라고 말한 것이다.	故曰 非禮勿言.
예가 아닌데 행하려는 욕심이 있으므로	非禮欲動
공자께서 예가 아니면 행하지 말라고 말한 것이다.	故曰 非禮勿動.
처음부터 욕심이 없다면 어찌 하지 말라고 했겠는가?	初若不欲 何謂之勿.
욕심내는 것은 인심이 욕망한 것이다.	欲也者 人心欲之也.
하지 말라는 것은 도심이 하지 말라고 하는 것이다.	勿也者 道心勿之也.
하나의 나는 하려고 하고 또 하나의 나는 말라고 다툴 때	彼欲此勿兩相交戰
말리는 내가 이기는 것을 곧 '극기'라고 말하는 것이다.	勿者克之 則謂之克己.

여유당전서與猶堂全書/**이집경집**二集經集/**12권/논어고금주**論語古今註/**권1/위정제이**爲政弟二

도심이 주인이 되어 인심이 명령을 따른다면	道心爲之主 而人心聽命
공자의 말처럼 '종심소욕'이 도심의 하고자 함을 따르므로	則從心所欲 爲從道心之所欲
"불유구"라고 한 것이다.	故不踰矩[64]也.
만약 중인이 '종심소욕'하면,	若衆人從心所欲
인심이 하고자 함을 따르므로	則爲從人心之所欲
악에 빠지게 되는 것이다.	故陷於惡也.

여유당전서與猶堂全書/**이집경집**二集經集/**6권/맹자요의**孟子要義/**진심제십칠**制盡心第十七

맹자께서 평생 살핀 것은	孟子一生所察
도심의 보존과 망실의 문제였으니,	卽道心之存亡也
욕심이 적으면 도심의 망실도 적어지고,	寡慾則 道心亡者亦寡
욕심이 많으면 도심의 망실도 많다고 생각했다.	慾多則 道心亡者亦多.
군자가 엄히 살필 것은	君子之所嚴省者
오직 도심의 보존과 망실의 문제다.	只這存亡已.

---

64) 不踰矩(불유구)=예를 범하지 않음.

무릇 하나의 생각이 발동하면	凡有一念之發
나는 삼가 맹렬히 반성하고 이르기를,	卽己惕然猛省曰
"이것은 천리의 공公에 발한 것인가?	是念發於天理之公乎.
인욕의 사私에서 발한 것인가?	發於人欲之私乎.
이것은 도심인가? 이것은 인심인가?"	是道心乎. 是人心乎.
세밀하고 절실하게 궁구하여,	密切究推
이것이 과연 천리의 공이면	是果天理之公 則培之養之
배양 확충하고	擴而充之
혹 인욕의 사에서 발한 것이면	而或出於人欲之私
막고 꺾어 극복한다.	則遏之折之 克而復之.

이처럼 다산의 인외설은 인仁을 '심지덕心之德 애지리愛之理'라고 해석하는 주자의 성리학적 인내설과 대립적이다. 다산에 의하면 인은 객관적이고 구체적인 것이므로 심리와 같은 공허한 개념으로 설명할 수 없다. 불가의 치심治心 방법은 치심 자체를 사업으로 하지만 유가의 치심 방법은 일상생활을 사업으로 하는 것이다. 그는 부모에게 효도하는 것, 형에게 공경하는 것, 국가에 충성하는 것, 벗에게 신의 있는 것, 인민을 애양하는 것 등 공동체의 성원으로서 행동하는 것을 인이라고 생각했다. 이것은 심정 윤리에서 행사行事를 중시하는 실천 윤리로 바꾸고자 하는 열망의 반영이기도 했다.

『논어』에 대한 저술에서는 남들과 다른 견해가 많다.	其爲論語 則異義益夥[65].
이르기를 "효제는 곧 인仁이다."	曰 孝弟卽仁.
인이란 총합한 이름이고 효제는 나눈 항목이다.	仁者總名也 孝弟者分目也.
인은 효제로부터 시작된다.	仁自孝弟始.
그러므로 효제는 인의 근본인 것이다.	故曰爲仁之本也.

공자의 도道는 효제일 뿐이다.	孔子之道 孝悌而已.

---

65) 夥(과)=多也, 朋友也.

효제로 덕을 이루는 것을 인이라 하고,　　　　　　　以此成德 斯謂之仁

효제을 헤아려 인을 구하는 것을 서恕라 한다.　　忖以求仁 斯謂之恕.

공자의 도道는 이처럼 하는 것으로 끝나는 것이다.　孔子之道如斯而已.

효孝를 바탕으로 삼으면 군주를 섬길 수 있고,　　　資於孝 可以事君

효를 미루어 하면 아이에게 자애로울 수 있으며,　推於孝 可以慈幼

제弟를 바탕으로 삼으면 어른을 섬길 수 있게 된다.　資於弟 可以事長.

그러므로 사람마다 부모를 부모답게 어른을 어른답게 섬기면　故曰 人人親其親 長其長

천하가 태평하다고 말하는 것이다.　　　　　　　　而天下平.

여유당전서與猶堂全書/**이집경집**二集經集/**7권**/**논어고금주**論語古今註/**권1**/**학이제일**學而第一

맹자는 "인의예지의 뿌리는 마음이"라고 말했다.　　孟子曰 仁義禮智根於心.

즉 비유하자면 인의예지 사덕은 꽃과 열매와 같으며,　仁義禮智譬則花實

그 뿌리는 마음에 있다는 뜻이다.　　　　　　　　惟其根本在心也.

그러나 측은 수오의 마음은 안에서 발현되지만,　　惻隱羞惡之心發於內

그 열매인 인仁과 의義는 밖에서 이루어진다.　　　而仁義成於外.

사양 시비의 마음은 안에서 발현되지만,　　　　　辭讓是非之心發於內

그 열매인 예禮와 지智는 밖에서 이루어진다.　　　而禮智成於外.

오늘날 유가들은　　　　　　　　　　　　　　今之儒者

인의예지라는 알맹이가　　　　　　　　　　　認之爲仁義禮智四顆

사람의 배 속에 있는 오장과 같으며　　　　　　在人腹中 如五臟然

사단이 모두 거기서 나온다고 하지만　　　　　　而四端者皆從此出

이는 잘못이다.　　　　　　　　　　　　　　　此則誤矣.

효제 또한 덕을 닦은 명칭이며　　　　　　　　然孝悌亦修德之名

밖에서 이루어지는 것이다.　　　　　　　　　其成在外.

어찌 효제의 알맹이가 배 속의　　　　　　　　又豈有孝悌二顆 在人腹中

폐와 간과 같겠는가?　　　　　　　　　　　如肝肺然哉.

정자도 이르기를 "인성 가운데　　　　　　　　程子云 人性中

어찌 효제가 있다고 하겠는가?"라고 말했는데　　曷嘗有孝悌來

그 뜻도 효제는 밖에서 이루어진다는 것을 말한 것뿐이며,　其意亦謂 孝悌成於外而已

인성 속에	非謂人性之中
효제할 수 있는 이치가 없다고 말한 것은 아니다.	無可孝可弟之理也.
소산蕭山 모기령毛奇齡이 오로지 정자의 학설에 반대하고자	蕭山欲一反其說
굳이 효제를 내면적 물건으로 만들었으니	堅以孝悌作裏面物
그의 주장 또한 치우침이 있다.	其說又偏矣.

그러므로『대학』의 명덕明德에 대해서도 허령불매虛靈不昧한 선천적 본체 또는 천륜이 아니라 역시 효孝·제悌·공恭·충忠·자慈 등 후천적인 행위의 명칭인 인륜으로 보았다. 성의誠意 정심靜心은 명명덕明明德[66]이 아니라 효제를 행하는 공부일 뿐이라는 것이다. 원래『예기』의「대학」편은 '대인大人의 학문' 즉, 군자의 학문이라는 뜻이다. 대인이란 대위자大位者이며 대덕자大德者인 공경대부를 지칭하는 말이다. 그런데 주자는『대학』을 관례를 마친 성인成人의 수양 공부의 교재로 삼았고, 어린이 학문인『소학』과 대비했다.

이는 미묘한 의미의 차이를 나타낸다. 공경대부의 학문이라고 하면『대학』은 민民을 다스리는 정치학을 의미하고, 성인의 학문이라고 하면 어른들의 마음공부인 수양서를 의미하게 된다. 따라서『대학』의 목표인 '명덕'의 해석도 달라진다. 공경대부에게 명덕은 인정仁政이어야 하고, 성인에게 명덕은 마음 수양이 되어야 한다.

그런데 다산은 인정을 행하는 것은 효제를 행하는 데서 시작되고, 마음공부도 효제를 행하기 위한 공부라고 한다. 다시 말하면 정치도 효제를 펴는 데 있으며 수양도 효제를 위한 공부라는 것이다. 이는 '인의 근본은 곧 효제'라는 인외설에 따른 해석인 것이다.

논어論語/학이學而 2

유자께서 이르기를	有子曰
"효제야말로 인仁의 근본이 아니겠는가?"	孝悌也者 其爲仁之本與[67].

여유당전서與猶堂全書/이집경집二集經集/1권/대학공의大學公義/구본대학舊本大學

원래 선왕의 사람 가르치는 방법으로는	原來先王教人之法
세 가지 조목이 있었는데	厥有三大目
덕德, 행行, 예藝다.	一曰德 二曰行 三曰藝.

---

66) 밝은 덕을 밝힘.

67) 與(여)=歟.

대사도가 향사의 삼물三物로 열거 제시한
육덕, 육행, 육예가 그 세목이다.
대사악이 대인들의 자제를 가르칠 때도
이같은 삼물을 썼을 뿐이다.
거기서는 충화를 덕德으로 삼고 효제를 행行으로 삼았으니,
대사악이 통틀어 말한 덕이란
덕과 행을 병칭한 것으로 보아야 한다.
시詩, 서書, 예禮, 악樂과 현弦, 송誦, 무舞, 도蹈와
사射, 어御, 서書, 수數를 모두 예藝라고 말한다.
비록 그들이 항시 익히는 것이 육예에 있다 할지라도
그 기본적인 가르침은 효제일 뿐이다.
그러므로 『대학』에서 말한 명덕도 효제가 아니겠는가?
허령불매, 심통성정,
이理, 기氣, 명明, 혼昏은
비록 군자의 마음 쓰는 바이지만,
결단코
옛날 태학의 사람 가르치는 주제와 강목이 아니다.
편안하지 못한 것은 오로지 이것을 합병한 데 있다.
이른바 성의 정심이란 것도
효제하기 위한 묘리와 방략에 그칠 뿐
가르침의 제목이 아니다.
가르침의 주제와 강목은 효孝, 제悌, 자慈일 뿐이다.

주자가 『대학장구大學章句』의 서문을 지어
『대학』을 태학의 교인敎人의 법으로 삼았으나
사실은 옛날 태학의 교인법은
『예기』, 『악기』, 『시경』, 『서경』, 악기와 노래
무용, 중화, 효제뿐이었다.

大司徒鄉三物 所列
六德六行六藝 其細目也.
大司樂敎冑子
亦只此三物而已.
彼以忠和爲德 孝友爲行
而大司樂 通謂之德者
德行可互稱[68]也.
詩書禮樂 弦誦舞蹈
射御書數 皆藝也.
雖其恒業之所肄習 在於諸藝
而其本敎 則孝悌而已.
明德非孝悌乎.
虛靈不昧 心統性情
曰理曰氣 曰明曰昏
雖亦君子之所致意
而斷斷
非古者太學[69]敎人之題目.
不寧惟是幷.
其所謂誠意正心
亦其所以爲孝悌之妙理方略而已
非設敎之題目也.
設敎題目孝悌慈而已.

朱子作序
雖以大學之書 爲太學敎人之法
而其實 古者太學敎人之法
敎以禮樂 詩書 絃誦
舞蹈 中和 孝悌.

629
제 4 부 종합과 철학적 정초

---

68) 稱(칭)=呼也 各當其宜也.
69) 太學(태학)=국립 학교.

이는 『주례』와 『예기』의 「왕제王制」편과　　　　　　　　見於周禮 見於王制

「제의祭義」편과 「문왕세자文王世子」편에 나타나 있고,　　見於祭義 見於文王世子

『대대례大戴禮』의 「보전保傳」편을 보아도 알 수 있다.　　大戴禮保傳 等篇.

그러나 이른바 '명심복성', '격물궁리',　　　　　　　　而所謂明心復性[70] 格物窮理[71]

'치지주경' 등의 제목은　　　　　　　　　　　　　　致知主敬[72] 等題目

고경에는 전혀 흔적이 없다.　　　　　　　　　　　　其在古經 絶無影響.

아울러 뜻을 성실히 하여 마음을 바르게 한다는　　　並其所謂誠意正心

이른바 '성의정심'의 명문도 고경에는 없다.　　　　　亦無明文.

다만 이것들도 학교의 조례가 될 수 있다고 생각해서　可以爲學校條例者

주자께서 『예기』의 한 편을 서명을 바꾸고 '대학'이라 했다.　朱子於此 遂改書名 曰大學.

그리고 '대학'을 '대인의 학문'이라고 풀이함으로써　讀之如字訓之 曰 大人之學

'어린이의 학문'과 대소로 구분하여　　　　　　　　與童子之學 大小相對

천하인의 공통된 학문으로 삼았던 것이다.　　　　　以爲天下人之通學.

주자는 대인大人이란　　　　　　　　　　　　　　所謂大人者

관례를 마친 성인을 지칭한 것으로 보았다.　　　　　冠而成人之稱也.

그러나 옛사람들은 성인을　　　　　　　　　　　　然冠而成人者

대인이라 칭하지 않았다.　　　　　　　　　　　　古者不稱大人.

내가 고증한 바로는 대인에 대한 호칭은 다음 네 가지 경우가 있다.　余考大人之稱 其別有四.

하나는 지위가 높은 자를 대인이라 했고,　　　　　其一 以位大者爲大人

두 번째는 덕이 높은 자를 대인이라 했고,　　　　　其二 以德大者爲大人

세 번째로 (한고조는) 아버지를 대인이라 했고,　　　其三 以嚴父爲大人

네 번째로 (『산해경』에서는) 몸이 큰 자를 대인이라 했다.　其四 以體大者爲大人.

이 네 가지 외에는 대인이라 부르지 않았다.　　　　除此以外無大人也.

『주역』에서는 "대인을 보면 이롭다"라고 말했고,　　易曰 利見大人

『맹자』에서는　　　　　　　　　　　　　　　　孟子曰

---

70) 明心復性(명심복성)=마음을 밝혀 본성을 회복하는 것.

71) 格物窮理(격물궁리)=사물에 나아가 이치를 궁리하는 것.

72) 致知主敬(치지주경)=앎을 이루고 공경함을 위주로 하는 것.

"대인을 기쁘게 하려하면 도리어 얕잡아 본다"라고 말했고, 　　說大人則藐[73]之

또한 "대인의 일이 있고, 소인의 일이 있다"라고 했다. 　　有大人之事 有小人之事.

이러한 용례는 모두 지위가 높은 자를 칭한 것이다. 　　若是者 位大者也.

옛날에는 천자와 제후를 대인이라 칭했으며, 　　古惟天子諸侯有斯稱也

좌전 양공 삼십 년 조에서는 　　左傳襄三十年

경대부도 대인이라 칭했다. 　　卿大夫亦稱大人.

『주역』에서는 "대인은 천지와 더불어 덕을 합한다"라고 말했고 　　易曰 大人者 與天地合其德

또한 "대인은 범처럼 변한다"라고 말했으며 　　易曰 大人虎變

『맹자』에서는 "대체를 기르는 자를 대인이라 한다"라고 말했고 　　孟子曰 養其大體者爲大人

또한 "대인은 적자의 마음을 잃지 않는다"라고 말했으며, 　　大人者不失其赤子之心

또한 "대인만이 군자의 그릇된 마음을 바로잡을 수 있다"라고 했다. 　　惟大人能格君心之非.

이와 같은 용례는 모두 '대덕大德'을 대인이라고 지칭한 것이다. 　　若是者德大者也.

인仁을 두 사람의 관계로 보는 인외설에서는 인과 덕德을 마음이 아니라 너와 나 사이의 관계에서의 실천으로 본다. 즉, 다산에게 인仁은 천리天理가 아니며 오직 사람에 관계된 인덕人德일 뿐이다. 그러므로 본연의 성性이 곧 이理이며 인仁이라고 말하는 성리학의 기본 강령을 믿지 않는다.

맹자孟子/고자告子/상上

인내의외설仁內義外說

인仁은 사람의 마음이요, 의義는 사람의 길이다. 　　仁人心也 義人路也.

여유당전서與猶堂全書/이집경집二集經集/6권/맹자요의孟子要義/고자제육告子第六

인외설仁外說

주자의 집주에서는 "인仁이란 마음의 덕德"이라고 말했다. 　　集曰 仁者 心之德.

정자가 말한 대로 마음이 종자의 배젖과 같다면 　　程子所謂 心如穀種仁

그것은 태생적인 성품이다. 　　則其生之性是也.

그러나 내 의견은 다르다. 　　鏞案.

'인仁은 곧 인심'이란 말을 주자의 주석처럼 　　仁人心也 註之曰

73) 藐(묘)=輕視也. (막)=邈也, 美也.

'인은 심지덕心之德'으로 해석한다면,　　　　　　仁者心之德

'의義는 곧 사람의 길'이라는 말도　　　　　　　則義人路也 註之曰

'의는 길의 덕'으로 해석해야 할 것이다.　　　　義者路之德.

그런 연후에야 논리상 두 사례가 공평하기 때문이다.　然後其例均正.

만약 의를 '길의 덕'이라고 말할 수 없다면,　　　若云 義不是路之德

인을 마음의 덕이라고 말할 수 없을 것이다.　　則便知仁亦非心之德.

나는　　　　　　　　　　　　　　　　　　余謂

'심心은 사람의 신명이 사는 집'이라고 말했다.　　心者吾人神明之所宅也.

이렇게 말할 수 있다면,　　　　　　　　　　此云

'인은 인심'이라 한 말은 '인은 사람의 집'이라는 뜻이 된다.　仁人心也者 猶言仁人宅也.

즉 인仁은 인人의 편안한 집이요,　　　　　　仁者人之安宅

의는 사람의 바른 길이라는 것이　　　　　　義者人之正路

맹자가 말한 본래의 취지다.　　　　　　　　固亦孟子之所言.

맹자의 두 문장을 어찌 다르게 해석할 수 있겠는가?　此章彼章 豈得異解乎.

마음에 있는 이치가 어찌 인仁이 될 수 있겠는가?　在心之理 安得爲仁乎.

덕德도 마찬가지여서 곧은 마음으로 행하는 것을　唯德亦然 直心所行

덕이라 한다.　　　　　　　　　　　　　　斯謂之德.

그래서 『대학』에서는 효孝, 제悌, 자慈를 '명덕'이라 했고,　故大學以孝悌慈爲明德

『논어』에서는 '나라를 사양하는 것'을 '지극한 덕'이라 했다.　論語以讓國爲至德.

실행하여 드러난 뒤에야 덕이라 일컬을 수 있으니,　實行旣著 乃稱爲德

마음의 몸체는 담박하고 허명한 것인데　　　　心體之湛然虛明者

어찌 유덕하다 하겠는가?　　　　　　　　安有德乎.

마음에는 본래 덕이 없는데 하물며 인이 있겠는가?　心本無德 況於仁乎.

내 생각에 『맹자』에서 사덕四德은　　　　　鏞案

밖에서 나에게 비춰주는 것이 아니라고 한 것은　非由外鑠我者

내 안에 있는 사단四端의 마음을 권장하여　　謂推我在內之四心

나 밖의 사덕을 이룬다는 말이며,　　　　　以成在外之四德

마음 밖의 사덕을 끌어당겨　　　　　　　非挽在外之四德

안의 사단의 마음을 발하게 한다는 것은 아니다.

만약 인의예지란 명칭이

반드시 일을 행한 뒤에 이루어지는 것이라면,

사단의 마음은

인성에 고유한 것이고,

사덕은 사심이 확충된 것임을 알 수 있다.

즉 확충하지 못하면

인의예지라는 이름은 끝내 성립할 수 없다는 뜻이다.

비록 그렇다 할지라도

인의예지는 행사 뒤에 이루어지는 것이므로,

만약 마음속의 이理라고 말한다면 맹자의 본뜻이 아니다.

以發在內之四心也.

若其仁義禮智之名

必成於行事之後

是知四心者

人性之所固有也

四德者 四心之所擴充也.

未及擴充則

仁義禮智之名 終不可立矣.

雖然

仁義禮智竟成於行事之後

若以爲在心之理 則非本旨.

여유당전서與猶堂全書/**이집경집**二集經集/**5권/맹자요의**孟子要義/**공손축제이**公孫丑第二

이처럼 인의예지의 명칭은

행사 뒤에 이루어지는 것이다.

그러므로 사람을 사랑한 뒤에 그것을 인仁이라고 하며,

애인愛人 이전에는 인이란 명칭이 성립되지 않는다.

나를 착하게 한 뒤에 그것을 의義라고 하며,

그 이전에는 의라는 명칭이 성립되지 않는다.

손님과 주인이 읍하고 절한 뒤에 예禮의 명칭이 성립되며,

사물을 명료하게 분변한 뒤에 지智라는 명칭이 성립된다.

어찌 인의예지라는 네 개의 알맹이가 알알이

복숭아씨 살구씨처럼

사람의 마음속에 잠복해 있겠는가?

안연이 인을 물었을 때

공자는 "극기복례해야 인을 행한 것"이라 말했으니,

인이란 사람의 노력으로 이루어지는 물건임을 밝혀주었다.

그러므로 태어날 때 하늘이 인이라는 한 알맹이를 만들어,

그 인의 덩어리를 사람의 마음속에 집어넣어준 것이 아니다.

자기의 사욕을 극복하고 예로 돌아가려고 할 때는,

仁義禮智之名

成於行事之後.

故愛人而後 謂之仁

愛人之先 仁之名未立也.

善我而後 謂之義

善我之先 義之名未立也.

賓主拜揖而後 禮之名立焉

事物辨明而後 智之名立焉.

豈有仁義禮智四顆 磊磊落落

如桃仁杏仁

伏於人心之中者乎.

顔淵問仁

子曰 克己復禮爲仁

明仁之爲物 成於人功.

非賦生之初 天造一顆

仁塊揷于人心也.

克己復禮之時

어찌 많은 노력이 들지 않겠는가?　　　　　　　　　　豈不費許多人力乎.

　　이러한 다산의 인외설은 인의예지를 이기론으로 설명하는 정주학과 대립된다. 이는 정주학이 국시가 되어 있는 당시로는 중대한 문제가 아닐 수 없다. 그래서 그는 주위의 반론에 대해 온갖 경전을 빌어 인仁을 이理로 설명한 적이 없음을 애써 변호했다.

여유당전서與猶堂全書/**일집시문집**一集詩文集/**19권**/**답이여홍**答李汝弘/**재의**載毅

인仁이란 두 사람의 선한 관계입니다.	仁者二人也.
고전에서는 인仁 자를 인人과 인人이 겹친 모양으로 쓰는데	古篆作人人之疊文
이는 손孫 자를 자子와 자子를 겹쳐 쓴 것과 같습니다.	如篆文孫字爲子子之疊文也.
아비를 효성으로 섬기는 것이 인仁이니 아들과 아비 두 사람이고,	事父孝爲仁 子與父二人也
임금을 충성으로 섬기는 것이 인仁이니 신하와 임금 두 사람이며,	事君忠爲仁 臣與君二人也
벗을 믿음으로 사귀는 것이 인仁이니 벗과 벗 두 사람이며,	與友信爲仁 友與友二人也
목사牧使가 민民을 자애하는 것이 인仁이니	牧民慈爲仁
목사와 민民 두 사람입니다.	牧與民二人也.
이처럼 사람이 각기 분수를 다하는 것을 인仁이라 하였으므로	凡人與人盡其分 斯謂之仁
옛 성인들이	故先聖訓仁字
모두 "인仁은 인人이다"라고 훈고했던 것입니다.	皆曰仁人也.
『중용』에서도 "인仁은 인人이다"라고 하였고,	中庸曰 仁者人也[74]
『맹자』에서도 "인仁은 인人이다"라고 하였고,	孟子曰 仁者人也[75]
『예기』에서도 "인仁은 인人이다"라고 하였습니다.	表記曰 仁者人也[76].
인仁을 인人이라 한 것은	仁者人也者
인仁이란 물건이	謂仁之爲物
인人과 인人 사이에서 생긴다는 뜻입니다.	生於人與人之間也.
임금을 사랑하고 민民을 기르는 것이 인仁 아닌 것이 없지만,	愛君牧民無非仁也
모든 인仁 가운데 어버이를 사랑함(親親)이 가장 크다는 뜻입니다.	而諸仁之中 親親爲大也.
그러므로 유자께서	故有子曰
"효제는 인仁을 행하는 근본이다"라고 말한 것입니다.	孝悌也者 其爲仁之本.

74) 『中庸』 20장.
75) 『孟子』 盡心下.
76) 『禮記』 表記.

이 글에서도 동생을 사랑함을 인仁이라 했고,	本章以愛弟爲仁
어른을 공경함을 의義라고 하였으니	以長長爲義
인과 의 모두 행사의 명칭임이	仁義之爲行事之名
분명하게 밝혀진 것입니다.	昭若發矇.
또 맹자가 "인의 실질은 어버이 섬김이고,	孟子曰 仁之實事親是也
의의 실질은 형을 따름"이라 한 것이	義之實從兄是也
바로 이 장을 서로 증명해주고 있습니다.	正與此章 互相發明.
그런데 누가 인의를 마음속의 이理라고 한 적이 있습니까?	何嘗以仁義爲在心之理乎.
이른바 인의를 내외로 구분한 것은	其所以爲內外之辨者
고자의 고집일 뿐이며,	告子之執拗
그가 어버이 사랑의 마음이 안으로부터 나온다는 것만 알고,	惟知愛親之心 由中而發
어른 공경의 예禮도 밖에서 오는 것이 아님을 몰랐기 때문에	不知敬長之禮 亦非外襲
맹자가 그것을 분별해준 것뿐입니다.	故孟子辨之耳.
인의의 덕은 행사 이후에 이루어지고,	仁義之德 皆成於行事之後
인의의 단서는 심성에서 나오는 것이므로,	仁義之端 皆發於此心之性
맹자가 분명히 하고자 한 것도 바로 이것이었습니다.	孟子所辨 亶[77]在於此.
그런데 의까지도 밖에서 온 것이 아님을 안다면	豈得以義不外襲
어찌 사덕이	而遂云四德
마음속의 선험적인 것이라고 말할 수 있겠습니까?	先伏於心體之裏面乎.
동생을 사랑한 것이 인이고, 어른을 공경하는 것이 의라면	愛弟爲仁 敬長爲義
본래 이理는 인의가 되기에는 부족한 것입니다.	則本理不足以爲仁義也.

예치주의

그는 유교의 예치주의禮治主義를 계승 발전시키려 한다. 다만 다산이 말하는 예禮는 개인과 가정의 예의범절이라는 심정 윤리로서 예가 아니라 통치 제도로서의 예를 의미한다. 그러므로 예가 곧 법이라고 본 것이다. 그렇다고 덕치를 버리자는 것은 아니다. 이 점에서 다산의 '예치'는 덕치, 법치를 아울러 강조하는 예법가禮法家로 일컬어지는 순자에

---

77) 亶(단)=但也.

매우 가깝고, 법을 권력의 강제로 보는 한비자의 법치주의와는 다른 것으로 이해된다.

순자荀子/예론禮論

예禮에는 세 가지 근본이 있으니	禮有三本
천지는 생生의 근본이요,	天地者生之本也
선조는 인류의 근본이며,	先祖者類之本也
군주와 스승은 치도治道의 근본이다.	君師者治之本也
그러므로 위로 하늘을 섬기고, 아래로 땅을 섬기며,	故禮上事天 下事地.
가운데로 선조를 존숭하고 군주와 스승을 높이는 것이니	尊先祖 而隆君師
이것을 예의 삼본이라고 말한다.	是禮之三本也.

순자荀子/천론天論

물을 건너는 사람은 깊은 웅덩이에 표지를 세워둔다.	水行者表深.
그 표지가 분명하지 않으면 물에 빠질 위험이 있다.	表不明則陷.
민民을 다스리는 자는 도道의 표지를 세워둔다.	治民者表道.
그 표지가 분명하지 않으면 어지럽다.	表不明則亂.
이처럼 예禮는 표지다.	禮者表也.
예가 아니면 세상이 어두워지고 어두운 세상은 크게 어지럽다.	非禮昏世也 昏世大亂也.
그러므로 도가 밝지 않음이 없으니,	故道無不明
관혼과 조빙의 표지가 다르며, 숨고 나타남이 상도가 있어,	外內[78]異表 隱顯有常
민이 잘못된 함정에 빠지지 않게 되는 것이다.	民陷乃去.

순자荀子/예론禮論

예禮는 어째서 생겼는가?	禮起於何也.
이르기를, 사람이 살아가려면 욕망이 있기 마련이며,	曰人生而有欲
욕망을 채우지 못하면 추구하지 않을 수 없으며,	欲而不得 則不能無求
추구하는 데 도량과 분계가 없으면	求而無度量分界
싸우지 않을 수 없다.	則不能不爭.
싸우면 어지럽고 어지러우면 궁해진다.	爭則亂 亂則窮.

---

78) 外內(인내)=冠婚과 朝聘.

성인은 어지러움을 싫어하여	先王惡其亂也
예의를 마련하여 그것을 분별함으로써,	故制禮義以分之
사람의 욕망을 기르고 사람의 추구하는 바를 공급했다.	以養人之欲 給人之求.
욕망이 반드시 물자를 궁하지 않게 하고,	使欲必不窮乎物
물자가 반드시 욕망을 고갈시키지 않게 하여	物必不屈[79]於欲
두 가지가 서로 북돋고 커지도록 하는 것이	兩者相待而長
예가 만들어진 목적이다.	是禮之所起也.
그러므로 예는 입과 눈과 귀와 몸을 기르는 것이다.	故禮者 養[80]也.
또한 군자는 이미 그 부양을 얻게 했으면	君子旣得其養
그것을 차별하기를 좋아한다.	又好其別.
무엇을 차별이라 하는가?	曷謂別.
이르기를 귀천의 신분에 등급이 있고, 장유의 차별이 있고,	曰貴賤有等 長幼有差
가난하면 가볍게 하고, 부하면 무겁게 함으로써	貧富輕[81]重[82]
모두가 각각 마땅함을 얻게 하고자 함이다.	皆有稱[83]者也.

여유당전서與猶堂全書/**오집정법집**五集政法集/**1권**/**경세유표**經世遺表/**권1**/인引

여기서 논의하는 것은 법이다.	妓所論者法也.
법인데 예禮라고 이름 붙인 것은 무엇 때문인가?	法而名之曰禮 何也.
선왕은 예로써 나라를 다스렸고	先王以禮而爲國
예로써 인민을 인도했으나	以禮而道民
예가 쇠퇴함에 이르러 법이라는 명칭이 생겨났다.	至禮之衰 而法之名起焉.
그러나 법은 나라를 다스릴 방도도	法非所以爲國
백성을 인도할 방도도 아니다.	非所以道民也.
천리로 헤아려보아도 부합하고	揆諸天理而合
인정에 섞어도 조화로운 것을 예라 하고,	錯諸人情而協者 謂之禮
두려운 것으로 위협하고 비참한 것으로 협박함으로써	威之以所恐 迫之以所悲

---

79) 屈(굴)=竭也.
80) 養(양)=養口, 養目, 養耳, 養體.
81) 輕(경)=小, 賤, 無勢也.
82) 重(중)=多, 貴, 尙也.
83) 稱(칭)=各當其宜.

백성이 전전긍긍하여	使斯民兢兢然
감히 범하지 못하도록 강제하는 것이 법이다.	莫之敢干者 謂之法.
선왕은 예로써 법을 삼고,	先王以禮而爲法
후왕은 법으로써 법을 삼았으니	後王以法而爲法
이것이 같지 않은 점이다.	斯其所不同也.
주공이 주나라를 다스리면서 낙읍에 계실 때	周公營周 居于洛邑
여섯 편의 법을 제정하시고 이름을 예라고 이름 붙였다.	制法六篇 名之曰禮.
예가 아닌 것을 주공이 어찌 예라고 하였겠는가?	豈其非禮 而周公謂之禮哉.

여유당전서與猶堂全書/**이집경집**二集經集/**7권**/**논어고금주**論語古今註/**권1/팔일**八佾

예禮는 무엇을 다스리고자 만들었는가?	禮本何爲而作也.
백성은 태어나면서부터 욕구를 가지고 있으므로	民生有欲
예로써 절제하지 않으면 사치하여 법도를 잃어버릴 것이다.	不以禮節之 則奢侈亡度.
그래서 사치와 검소를 헤아려 중정中正하도록 하는 것이 예다.	故權於奢儉 之[84]中爲之禮.
사특하고 어지러운 자는 아침에 죽으면 저녁에 잊어버릴 것이다.	邪淫之人 朝死而夕忘之.
그래서 평안과 슬픔을 헤아려 중정하도록 하는 것이 상례다.	故權於易戚 之中爲之喪禮.

　　다산은 예법의 기원을 천제天帝에 대한 제례 의식에서 찾는다. 이것은 역사적 사실문제이므로 가치 판단의 문제는 아니지만 예禮를 제도로 보는 관점을 부각시키는 데 의미가 있다. 이 점은 순자의 학풍을 계승한 일본의 오규 소라이荻生徂來, 1666~1728도 지적한 바 있다. 물론 순자는 천인분이설天人分異說을 주장했고 이를 근거로 무위無爲를 버리고 위僞를 선善의 기초로 보았으며 타율적인 예법을 강조했다. 그러나 다산은 순자와는 달리 천天의 인격성과 주재성住宰性을 인정하고 자율적인 덕성을 여전히 중시했다. 또한 다산이 오규 소라이의 영향을 받았다는 증거는 발견할 수 없다. 하지만 천제의 주재성을 인정하는 다산이 왕권의 근거를 천명天命이 아니라 민民의 추대로 보는 후대론候戴論을 주장했고 예의 천리성天理性을 제거하고 왕의 통치 의식성을 부각시킨다는 점에서 보면 순자학파인 오규 소라이와 유사성이 많은 것 같다.

여유당전서與猶堂全書/**일집시문집**一集詩文集/**19권**/**답이여홍**答李汝弘/**재의**載毅

예禮란 제례다.	禮者祭禮也.

---

84) 之(지)=是也. 比也.

'시示'는 신을 뜻하고, '곡曲'은 죽기를 뜻하고,

'두豆'는 목기를 뜻한다.

그러므로『서경』「요전堯典」에서

"백이여! 짐의 삼례를 집전하라!"라고 했는데, 이때 그 삼례는

천신, 지신, 인귀에 대한 제례를 의미한 것이니,

예를 제례라고 말한 그 원뜻이 아니겠는가?

示其神也 曲者竹器也

豆者木器也.

故堯典曰

典朕三禮 三禮者

天神地示[85]人鬼之祭禮也

祭禮之謂之禮 非其原義乎.

석개 石介

조래집徂來集/권17/근세유가집성近世儒家集成/3권/사의대책귀신일도私擬對策鬼神一道

성왕이 아직 일어나기 전에는

백성은 흩어져 통일된 다스림이 없었다.

어미가 있는 것은 알았지만 아비가 있는지는 알지 못했고,

자손이 사방으로 흩어져

그 살아가는 땅을 묻지도 않았으며,

땅에서 나는 물건을 향유할 뿐 그것을 재배할 줄도 몰랐으며,

죽으면 장례도 없었으니 망자에게 제사도 없었으며,

조수와 무리 지어 죽고

초목과 더불어 소멸했다.

백성은 이에 대해 복을 비는 일도 없었으니,

이것은 사람들의 중앙이 결성되지 못했기 때문이다.

그러므로 성왕이 귀신을 만들어 이로써 백성을 통일시키고,

종묘를 세워 모시고

사계절의 제사 제도를 만들어 제향했으며,

자손의 성씨들과 백관들을 이끌어 이를 섬기도록 했다.

예악과 형정이 이로 말미암아 나타나게 되었으니,

성왕의 교화가 극진하게 되었다.

方聖人之未興起也

其民散爲無統.

知有母而不知有父

子孫之適四方

而不問居其土

享其物而莫識其所基[86]

死無葬而亡無祭

群鳥獸而殂落

俱草木以消歇.

民是以無福

蓋人極之不凝也.

故聖人之制鬼 以統一其民

建宗廟以居之

作烝嘗以享之

率其子姓百官以事之.

禮樂刑政由是而出

聖人之敎之極也.

『여유당전서與猶堂全書』의 구성을 보면 제1집이 시문집詩文集이고 제2집은 경집經集이고, 제3집

---

85) 示(시)=옛 祇字. 地神也.
86) 基(기)=器也. 所基는 경작의 뜻. 孟子/公孫丑: 雖有鎡基 , 不如待時.

과 제4집은 예집禮集이고 제5집이 정법집政法集인데 이로써 시학詩學, 시무時務, 경전經典, 정법政法 못지않게 예禮를 중시했음을 알 수 있다. 예집의 경우「상례사전喪禮四箋」열여섯 권,「상례외편喪禮外篇」네 권,「상의절요喪儀節要」두 권을 비롯하여「제례고정祭禮考定」,「가례작의嘉禮酌儀」,「예의문답禮疑問答」,「풍수집의風水集議」등이 각 한 권이어서 총 스물여섯 권으로 그 규모가 실로 방대하다.

이는 예송禮訟으로 피비린내 나는 정권 투쟁을 하던 당시 실정에 대처하려는 측면도 있겠으나, 관혼상제의 예禮를 국가 경리經理의 중요한 제도로 보았기 때문이다. 다산의 대표작인 『경세유표』가 당초에는 제목이 '방례초본'이었음도 말해주고 있다. 또한 그가 공자로 다시 돌아가자는 문예 부흥을 주장했으므로 공자의 깃발인 '복례復禮'에 충실하려는 의도도 있었을 것이다. 공자가 말한 예禮는 통치 제도로서의 주례周禮를 지칭한 것이며, 이것이 맹자에 의해 개인 수양의 도덕 철학으로 해석됨으로써 실천 윤리가 심정 윤리로 바뀌었던 것이다. 그러나 다산은 공자가 말한 본래 예법의 정신으로 돌아가자는 것이었다.

그러므로 다산의 예는 실용적이었다. 예란 천리天理와 인정人情의 발현이라는 것을 부인하지 않지만 예는 경세經世를 위한 것이므로 공적과 덕성을 기리고 장려하는 것을 중요한 목적으로 해야 한다는 것이다. 이는 중대한 변화다. 공덕을 앞세운다면 공덕이 없는 선조는 제사를 올리지 말아야 하기 때문이다.

여유당전서與猶堂全書/**이집경집**二集經集/**22권**/

상서고훈尙書古訓/**권1/요전**堯典/**정월상일소종우문조**正月上日受終于文祖

제사의 예법은 본래 제천 의식에서 비롯된 것이다.	祭祀之禮 本起於祭天.
그러므로 조종의 제사는 배천을 가장 중요한 일로 여긴다.	祖宗之祭 首繇[87]於配天.
배천을 하지 않으면 조종의 제사가 아니다.	不配天則不祖宗.
대저 오제는 천하를 맡은 관명이다.	蓋五帝官天下.
전욱, 제곡, 당요, 우순은 비록 모두 황제 헌원씨의 자손이지만	顓嚳堯舜雖皆黃帝之孫
소중한 것은 도道와 공功과 덕德에 있는 것이지	所重在道在功在德
혈통이 아니다.	非在血脈也.
공이 있고 덕이 있어야 능히 배천할 수 있고,	有功有德 乃能配天
배천할 수 있어야 종사를 올리는 것이다.	配天而後 乃躋[88]宗祀.

87) 繇(요)=役也.
88) 躋(제)=登也.

여유당전서與猶堂全書/**이집경집**二集經集/**23권**/

상서고훈尙書古訓/**권2**/**요전**堯典/**월정원일수격우문조**月正元日受格于文祖

옛 제사의 법도는 공덕을 기리는 것이었다.	古之祭法 以德以功.
덕성이 상제의 성실함에 짝하고 공로가 만백성에게 끼친	德配上帝 功被下民
연후에야	然後
하늘 제사인 교제와 체제에 배식했던 것이다.	配食於郊禘.
이는 모든 제사의 근원이고 뿌리다.	此百祭之源本也.
이는 사람과 가문이 받은 은택의 사사로운 보답이 아니다.	此非一人一家之所得私報者.

　이처럼 다산은 예치를 중시했으나 그것은 법치를 거부하는 것이 아니라 오히려 이를 보강하려는 것이었다. 범법자를 처벌하기에 앞서 인간의 욕구를 예禮로 절제하게 하여 사치와 범법을 예방해야 한다는 것이다. 이 점에서는 맹자의 인정仁政보다는 순자의 예법주의에 근접한 것으로 보인다. 당시에는 예법의 문란이 큰 사회 문제였으므로 이를 감독 단속할 제례감齊禮監의 설치를 건의한 것으로 보아도 그가 예에 대해 얼마나 고심했는가를 알 수 있다.

여유당전서與猶堂全書/**오집정법집**五集政法集/**16권**/**목민심서**牧民心書/**권1**/**상관**上官

제사와 잔치는 더욱 삼가야 할 것이다.	祭祀 燕享 尤所致愼.
그 명칭과 기물을 더하거나 줄이는 것은 옳지 않다.	其名與器 不可加減.
예禮를 가볍게 버리는 자는 법마저 가볍게 범할 것이다.	輕棄其禮者 必輕犯其法.
그래서 군자는 예를 중하게 여긴다.	故君子重禮.

여유당전서與猶堂全書/**오집정법집**五集政法集/**1권**/**경세유표**經世遺表/**권1**/**춘관예조제삼**春官禮曹第三

덕德으로 인도하고, 예禮로 다스림은	導之以德 齊之以禮
선왕들이 만민을 부리는 방도다.	先王之所以馭萬民也.
지금 예법의 문란을 감안하여	今擬[89]別立一司
별도로 제례감을 설치하여	名之曰齊禮監
관혼상제를 예법대로 하지 않은 자를	凡冠婚喪祭 有不以禮者
잡아 다스려야 한다.	執而治之.
개중에는 서인들이 선비의 예를 하거나,	其或庶人用士禮

---

89) 擬(의)=度也.

혹은 선비가 대부의 예를 행하면 잡아 다스리고,	三士用大夫禮 亦執而治之
혹은 대부가 왕후의 예를 하는 경우	其或大夫用王侯之禮
이를 헌부에 보고하여	報于憲府
탄핵하여 치죄할 것을 요청하는 것도 중요한 임무다.	請其覈⁹⁰⁾治. 亦至要之官也.

다산의 이러한 인외설과 예치주의는 공자의 원시 유학으로의 복귀를 반영한다. 공자도 당시 무너져가는 왕도 정치를 회복하기 위해서는 마음의 회심을 기다리기보다는 객관적이고 실제적인 질서의 회복이 급선무라고 생각했다. 다산의 심정도 공자의 심정과 마찬가지였을 것이다. 무너져가는 왕도 질서를 새로운 질서로 만들기 위해서도 우선은 민생을 살리는 것이 필요하다고 생각했다. 공자의 테제는 인仁인데도 인에 대해서는 드물게 말하고 예禮를 더욱 강조한 것은 이런 사정이 있었다. 다산도 이처럼 마음보다 형식을 우선시한 것은 인을 형이상학적으로 해석함으로써 당시 형해화된 인에 대한 질質의 복원에 앞서 우선 문文을 바로 세움으로써 결국 질을 보존하려는 현실주의적 고심이었을 것이다.

논어論語/자한子罕 1
공자께서는 이로움과 천명과 인仁을 말하는 일이 드물었다.	子罕言利與命與仁.

여유당전서與猶堂全書/이집경집二集經集/11권/논어고금주論語古今註/권5/선진先進
문文은 비록 질質이 있음으로 빛을 발할 수 있지만,	文雖待質以成章
질 또한 문이 있어야 근본을 보존할 수 있다.	質亦待文以存本.
어찌하는 것이 질이라 하는가?	何則質也者.
일조일석에 이루어지지 않는 효제충신이다.	孝悌忠信也.
문이 무너져 삼강이 어지럽고 모든 법이 무너졌다면	文之既亡 三綱淪而九法斁⁹¹⁾
질이 어찌 홀로 보존될 수 있겠는가?	質安得獨存乎.
지금 급선무는 문을 다스리는 데 있으니	今之急務 在乎修文
문을 닦고 나면 질도 회복할 수 있을 것이다.	文修而後質可復也.

---

90) 覈(핵)=考事得失 慘刻.

91) 斁(도)=敗也. (역)=解也.

논어論語/선진先進 1

공자께서 말씀하셨다.

"선인들은 예악에 있어 질박한 대인大人이었다면,

후인들은 예악에 있어 관료적인 관장官長이라 할 것이다.

만일 선택하라고 한다면 나는 선진의 질박함을 따를 것이다."

子曰

先進於禮樂野人[92]也

後進於禮樂君子也[93]君子.

如用之則吾從先進.[94]

논어論語/옹야雍也 16

공자께서 말씀하셨다.

"질質(품성)이 문文(꾸밈)을 이기면 조야하고,

문이 질을 이기면 관리일 뿐이다.

문과 질을 다 갖춘 연후에야 군자라 할 것이다."

子曰

質[95]勝文[96]則野

文勝質則史[97].

文質彬彬[98] 然後君子.

주서경학

다산은 당시 성리학의 두 갈래 주류인 퇴계의 주경主敬과 율곡의 주성主誠을 종합하는 이른바 주서경학主恕經學을 주창했다. 경敬과 성誠은 주로 마음을 말한 것이고, 서恕는 나와 타자와의 관계를 말한 것이다. 공자는 증자曾子, BC 506~436가 도道를 물었을 때 '서恕 일관一貫'이라 말했고, 자공子貢, BC 520?~456?이 도를 물었을 때도 '서恕 일언一言'으로 가르쳤다. 그러므로 다산은 경례經禮 삼백 곡례曲禮 삼천이 모두 서恕로써 관통되었다고 말한다. 이는 경敬과 성誠을 버린 것이 아니고 성경誠敬의 목표가 서라는 것이다.

그런데 전통적으로 공자학을 인학仁學이라고 하는 데는 아무도 이의를 말한 학자가 없었다. 그렇다면 서恕와 인仁은 어떤 관계인가? 인은 인류의 성덕成德이고 서는 인을 이루는 방법이다. 앞에서 설명한 대로 인에 대한 해석에 있어서는 인내설과 인외설로 갈린다. 인내설은 성리학자들의 견해로 인을 '애지리愛之理' 또는 '선성善性의 회복'으로 해석한 것이고, 인외설은 원시 유학으로 돌아가자는 경학자들의 견해로 인의 근본을 효제라고 해석한다. 그러므로 인외설은 인을 정

---

92) 野人(야인)=朱子의 注 '郊外之民'.

93) 君子(군자)=朱子謂 賢士大夫.

94) 論語集註: 程子曰 先進於禮樂 文質得宜. 今反謂之質朴 而以爲野人. 後進於禮樂 文過其質. 今反謂之彬彬 而以爲君子.

95) 質(질)=性也. 本也.

96) 文(문)=六藝.

97) 史(사)=六官之佐屬也 記事者也. 筮人也.

98) 彬(빈)=文采明也. 文質備也.

명正名과 같은 것으로 본다. 하지만 다산은 인외설이지만 인을 정명에 국한시키지 않는다. 즉, 군신, 부자, 부부 등 신분적 명칭에 따른 분수를 바르게 해야 한다는 정명론은 너무도 봉건적이므로 이를 '인간과 인간의 관계'로 확장한다. 그러나 그렇게 확장하면 인은 '인간관계를 선하게 한다'는 것이 되므로 구체성이 결여된다. 선하게 하는 방법이 무엇이냐는 것이다. 그 대답은 역지사지하여 상대를 배려하라는 것이 바로 서다. 이 지점에서 서의 의미는 바로 관계론적 인의 중심 개념으로 중요시된다. 즉 인은 서를 통해 이루어진다는 것이다. 다시 말하면 다산은 퇴계의 주경主敬, 율곡의 주성主誠을 종합하여 주서主恕로 발전시킨 것이다. 더 구체적으로 말하면 인내설에서는 천리天理를 품은 심성心性을 보존 함양하는 데서 인을 구했으므로 인학仁學은 경학敬學 또는 성학誠學이 되어야 했으나 다산은 거기서 그치지 않고 경敬하고 성誠하면 반드시 행동으로 서가 실현되어야 한다는 것이다. 그러므로 필자는 다산의 경학을 '주서경학'이라고 말하는 것이다. 이를 요약하면 다음과 같이 도식화할 수 있다.

실학사상

논어論語/위령공衛靈公 24

자공이 물었다.
"한마디 말로 종신토록 행할 만한 것이 있습니까?"
공자께서 말씀하셨다. "그것은 서恕라는 글자다.
내가 바라지 않는 것이면 남에게도 베풀지 말라!"

子貢問曰
有一言而可以終身行之者乎.
子曰 其恕乎.
己所不欲 勿施於人.

논어論語/이인里仁 15

공자께서 말씀하셨다.
"증참아!
나의 도道는 하나로 일관되어 있다."
증자가 말했다. "예! 알겠습니다."
공자께서 나가신 후 문인들이 무슨 말이냐고 물었다.

子曰
參乎
吾道一以貫之.
曾子曰 唯.
子出 門人問曰 何謂也.

증자가 답했다. "선생님의 도는 | 曾子曰 夫子之道
충서忠恕일 뿐이란 뜻입니다." | 忠恕[99]而已矣.

여유당전서與猶堂全書**/이집경집**二集經集**/8권/논어고금주**論語古今注**/권2/공야장제오**公冶長第五

인仁이란 인륜이 이룬 덕德이고, | 仁者人倫之成德
서恕란 인을 이루는 방법이다. | 恕者所以成仁之法.
죽순이 대가 되고 | 如筍之爲竹
연꽃 봉오리가 부용이 되는 것처럼 | 菡萏[100]之爲芙蕖也.
잘 익은 것은 인이고, 덜 익은 것은 서라는 것이 아니다. | 不是已熟爲仁 未熟爲恕.
자기에게 베푸는 것을 원하지 않거든 남에게도 베풀지 말라는 | 施諸己而不願 亦勿施於人
경전의 말씀은 털끝만큼도 틀림이 없다. | 與[101]此經所言 毫髮不差.

여유당전서與猶堂全書**/이집경집**二集經集**/8권/논어고금주**論語古今注**/권2/이인제사**里仁第四

"공자의 도道는 충서일 뿐이다"라는 | 曾子曰 夫子之道
증자의 말을 보충 설명하면 | 忠恕而已矣 補曰
도道는 인도요, 일一은 추서이며, 관貫은 뚫림이며, | 道人道也 一者恕也 貫穿也
충서란 서恕를 행하되 충심으로 하라는 뜻이다. | 忠恕者 行恕以忠.
『주례』의 소疏에 이르기를 충忠은 '충심中心'이요 | 周禮疏云 中心爲忠
서는 '여심如心'이라 했다. | 如心爲恕.
대체로 마음속으로 남을 섬기는 것을 충이라 말하고, | 蓋中心事人謂之忠
남의 마음 헤아리기를 내 마음같이 하는 것을 서라 말한다. | 忖他心如我心 謂之恕也.

덧붙이면, 나의 도道는 인륜을 벗어나지 않는다. | 補曰 吾道不外乎人倫.
무릇 인륜에 처하는 방도는 | 凡所以處人倫者
오교 구경과 더불어 | 若[102]五敎九經
경례 삼백과 곡례 삼천에 이르기까지 | 以至經禮三百曲禮三千
모두가 '서恕' 한 글자를 실행하는 것이다. | 皆行之以一恕字.

99) 忠恕(충서)=衷心으로 推恕함.
100) 菡萏(함담)=연꽃 봉오리.
101) 與(여)=於也, …에 대하여.
102) 若(약)=比也. 與也.

한 줄 낚싯줄로 천백의 돈을 꿰는 것 같으니　　如以一緡[103]貫千百之錢
이것을 일러 '일관'이라 한다.　　此之謂一貫也.

여유당전서與猶堂全書/이집경집二集經集/3권/중용자잠中庸自箴
서恕는 하나로 만 가지를 꿰뚫은 것이다.　　恕者以一而貫萬者也.
그것을 충서라고 말한 것은 "충심으로 서를 행하라"는 뜻이다.　　謂之忠恕者 以中心行恕也.
만약 자기를 반드시 다하는 것을 충忠이라 하고,　　若必盡己之謂忠
자기를 미루어 남을 생각하는 것을 서라고 한다면,　　推己之謂恕
충서를 중첩한 두 개의 물건으로 읽는 것이니 잘못이다.　　則忠恕仍是二物 恐不可也.

여유당전서與猶堂全書/이집경집二集經集/2권/심성총의心性總意
지금 사람들이 증자가 말한 충서에 대해　　今人讀忠恕
"충忠으로 수기하고, 서恕로 치인한다"고 읽는 것은　　皆欲忠以修己 恕以治人
큰 잘못이다.　　大誤大誤.
서로 수기하되, 오직 충심(진실한 마음)으로 행하는 것을　　恕以修己 惟實心行恕者
충서라고 말한 것이다.　　謂之忠恕.

여유당전서與猶堂全書/이집경집二集經集/2권/대학강의大學講義
주자의 『사서집주四書集注』를 보았더니 "진기盡己는 충忠이요,　　案盡己之謂忠
추기推己는 서恕"라고 했는데,　　推己之謂恕
이것은 지금에 편리한 대로 지어낸 말일 뿐이다.　　於今便成鐵鑄語.
『이아』, 『설문해자』로부터 공자, 증자, 맹자까지 그 어디에도　　然從來爾雅說文 三倉之家
이와 같은 훈고는 없다.　　無此訓詁.
이른바 '충서'란　　所謂忠恕者
진실한 마음으로 서를 행하라는 뜻에 불과하다.　　不過曰實心以行恕耳.
만약 진기와 추기 두 가지로 공부한다면　　若盡己推己必當兩下工夫
공자의 도道는 일이관지一以貫之가 아니라　　則是夫子之道 二以貫之
이이관지二以貫之가 될 것이다.　　非一貫也之.

---

103) 緡(민)=낚싯줄.

공자가 "나의 도道는 하나로 관통되어 있다"고 말한 것은 　古之謂一貫者

서恕 한 글자로써 육친과 오륜을 꿰뚫고, 　以一恕字 貫六親 貫五倫

경례 삼백과 곡례 삼천을 꿰뚫고 있어, 　貫經禮三百 貫曲禮三千

그 말은 간략하나 넓고 그 뜻은 종요로우나 원대하다. 　其言約而博 其志要而遠.

서로써 아비를 섬기면 효孝요, 서로써 임금을 섬기면 충忠이며, 　以恕事父則孝 以恕事君則忠

서로써 백성을 기르면 자慈이니, 　以恕牧民則慈

서는 이른바 인仁의 방도인 것이다. 　所謂仁之方也.

오늘날 '일관'이란 뜻을 말한 것을 보면 　今之所謂一貫者

천지 음양의 조화로 　天地陰陽之化

만물을 낳는 것을 말한다. 　草木禽獸之生.

착잡하고 분분한 것들이 모두 하나의 이理로 시작되었다가, 　紛紛錯雜者 始於一理

중간에 만 가지로 흩어졌다가, 　中散爲萬殊

다시 하나의 이理로 합친다는 뜻이라고 한다. 　末復合於一理也.

노자는 "천天은 하나를 얻어 맑고, 　老子曰 天得一以淸

땅은 하나를 얻어 안녕하며, 　地得一以寧

성인은 하나를 얻어 천하의 신탁이 된다"고 말했다. 　聖人抱一爲天下式.

부처는 "만법이 하나로 돌아간다"고 말했다. 　佛氏曰 萬法歸一.

그곳은 어디인가? 요즘 사람들은 낙원이라 한다. 　一歸何處 今人樂園.

이러한 학설은 우리 유도가 협소하다고 부끄럽게 여겨, 　此說 恥吾道狹小

이에 '일관'이라는 문구를 억지로 붙잡아, 　於是 强把一貫之句

노불과 더불어 한 모퉁이에 붙어 삼각을 이루고자 했다. 　以與老佛倚角爲三.

이것은 유가들의 큰 거적 집이 되었으니, 　此儒門之大蔀也

이러한 오두막으로는 근본 취지인 지름길을 분별하지 못한다. 　草廬不辨本旨徑.

이로써 과장되고 거짓되며 실없는 말이 되었으니 　以是爲夸誕無實之話

또한 잘못이 아닌가? 　不亦謬乎.

　다산은 서恕를 추서推恕와 용서容恕로 구분하고 공자가 말한 서는 추서라고 해석했다. 추推라는 글자는 배排와 진進의 뜻 외에 나의 소유를 남에게 주는 양여讓予의 뜻으로도 쓰인다. 혜강 최한기는 서를 인식론적으로 설명하고 추측推測으로 해석했다. 그러나 추서란 요즘 말로는 배려로 해석될 수 있을 것이다.

여유당전서與猶堂全書/**이집경집**二集經集/**1권**/**대학공의**大學公議/**구본대학**舊本大學

서恕에는 두 종류가 있는데,	鋪案恕有二種
하나는 추서요, 하나는 용서다.	一是推恕一是容恕.
옛 경전에는 추서만 있을 뿐,	其在古經 只有推恕
용서는 본래 없다.	本無容恕.
그러나 주자가 말한 것은 대체로 용서다.	朱子所言者蓋容恕也.
『중용』에는	中庸曰
"자기가 원하지 않는 것은 남에게도 하지 말라"라고 했으니,	施諸己而不願 亦勿施於人
이것이 추서다.	此推恕也.
자공이 이르기를 "남이 나를 업신여기는 것을 원하지 않거든,	子貢曰 我不欲人之加諸我也
나도 또한 남을 업신여기지 말라"라고 했는데	吾亦欲無加諸人
이것이 추서다.	此推恕也.[104]
『대학』에서는 "위에서 싫은 것을 아래에 시키지 말고,	此經曰 所惡於上 毋以使下
아래에서 싫은 것으로 위를 섬기지 말라"라고 했는데,	所惡於下 毋以事上
이것이 추서다.	此推恕也.
공자께서 이르기를	孔子曰
"내가 원하지 않는 것을 남에게 하지 말라"라고 했는데,	己所不欲 勿施於人
이것이 추서다.	此推恕也.
추서 스스로 수양하는 것을 위주로 하는 말이며,	推恕者 主於自修
내가 선을 행하는 방도다.	所以行己之善也.
용서란 남을 다스리는 것을 위주로 하는 말이며	容恕者 主於治人
남의 악을 관용하는 방도다.	所以寬人之惡也.

앞서 언급한 대로 퇴계의 주경主敬 및 율곡의 주성主誠은 개인의 마음 수양에 주안점을 둔 것이고 다산의 주서主恕는 공동체적인 관계에 주안점을 둔 것이다. 경敬과 성誠은 인내설에 조응하는 것이고 서恕는 인외설과 조응하는 것이다.

여유당전서與猶堂全書/**이집경집**二集經集/**6권**/**맹자요의**孟子要義/**고자제육**告子弟六

인仁이란 글자는 두 사람의 관계를 상징하여 만든 글자다.	仁者二人也.

---

104) 『論語』 公冶長 11 참조.

부모를 섬기는 데는 효도가 인이 되니, 아들과 아비 두 사람이다.	事親 孝爲仁 子與父二人也.
임금을 섬기는 데는 충성이 인이 되니, 임금과 신하 두 사람이다.	事君 忠爲仁 臣與君二人也.
목민함에는 자애가 인이 되니, 목牧과 민民 두 사람이다.	牧民 慈爲仁 牧與民二人也.
이처럼 사람과 사람이 그 분수를 다해야 인을 얻는 것이다.	人與人盡其分 乃得爲仁.
그러므로 맹자는 "서恕를 힘써 행하는 것이	故曰强恕而行
인을 구하는 첩경"이라고 했다.	求仁莫近焉.

인간은 관계의 그물을 벗어날 수 없다. 그러므로 그 관계를 복되게 하려는 도덕률이 인仁이라고 말하는 것이 다산의 인외설이다. 그리고 그 관계론적 인仁을 달성하는 관건이 서恕라는 것이다. 퇴계와 율곡이 기대한 것처럼 개개인이 다 같이 하늘의 생생生生(생명 살림)의 마음을 존양하는 경敬과 성誠으로 수양한다면 관계를 복되게 하여 공동체를 이룰 수 있을 것이다. 그러나 이는 너무도 이상적이고 우원하다. 그래서 다산은 다 같이 성경誠敬을 수양한 군자가 못 되더라도 서로서로 '남의 마음을 내 마음같이 헤아리는' 서를 실천하면 공동체를 유지할 수 있을 것으로 기대한 것이다. 이것이 바로 주서경학主恕經學이다.

여유당전서與猶堂全書/**이집경집**二集經集/**13권**/**논어고금주**論語古今註/**권7**/**위령공제십오**衛靈公第十五

원래 사람이란 세상에 태어나면	原夫人生斯世
땅에 떨어진 그날부터 관 뚜껑이 덮이는 날까지	自落地初以[105] 至盖棺之日
(내가 벗어날 수 없는) 주어진 처지가 있기 마련이다.	其所與處者 人而已.
가깝게는 부자 형제요,	其近者曰父子兄弟
멀리는 붕우 이웃이 그것이고,	其遠者曰朋友鄕人
아래로는 신하와 종들과 자식들이 그것이요,	其卑者曰臣僕幼穉
위로는 임금과 스승과 노인들이 그것이다.	其尊者曰君師者[106]老.
무릇 우리와 똑같이 둥근 머리와 네모난 발을 가지고,	凡與我同圓顱而方趾
하늘을 이고 땅을 밟고 사는 것들은	戴天而履地者
모두 나와 더불어 서로 의지하고 돕고 교제하고 부대끼며	皆與我相須[107]相資相交相接
다 함께 돕고 구제해야 할 생령들이다.	胥匡[108]以生者也.

---

105) 以(이)=已也, 시간을 표현.

106) 耆(기)=60세, 耄(모)=70세, 耋(질)=80세.

107) 須(수)=待, 求, 需也.

108) 匡(광)=輔助, 救也.

'나와 너' 두 사람 간에는   我一人彼一人兩人之間

관계의 얽힘이 생긴다.   則生交際.

그 관계를 착하게 하면   善於際則

효제, 우자, 충신,   爲孝弟 爲友慈 爲忠信

목인되고   爲睦姻[109]

그 관계가 불선하면   不善於際則

패역, 완은, 간특,   爲悖逆爲頑嚚[110]爲奸慝

원악, 대대가 된다.   爲元惡爲大憝.[111]

우리가 인仁이라고 말하는 도리는 무엇을 하는 것인가?   吾道何爲者也.

그 관계를 착하게 하는 것일 뿐이다.   不過爲善於其際已.

여기에서 예와 법을 만들게 되었으며,   於是作爲禮法

이것으로 관계가 선하도록 인도하고   以道其善

관계가 악하게 되는 것을 막는 것이다.   以遏其惡.

『시경』, 『서경』, 『주역』의 천언만어   詩書易春秋 旣千言萬語

경례 삼백과 곡례 삼천 등등   而經禮三百曲禮三千

가지와 잎사귀, 단락과 조각의   枝枝葉葉 段段片片

무수히 많은 글을 다 궁구하고 배울 수는 없지만   浩浩漫漫 不可究學

그 귀착되는 요점은 관계를 선하게 하라는 것에 불과한 것이다.   要其歸不過曰 善於際也.

관계를 선하게 하는 것이란 무엇을 말하는가?   善於際何謂也.

윗사람이 싫어하는 것으로 아랫사람을 부리지 말고,   所惡於上 毋以使下

아랫사람이 싫어하는 것으로 윗사람을 섬기지 말며,   所惡於下 毋以事上

앞사람이 싫어하는 것으로 뒷사람을 인도하지 말고,   所惡於前 毋以先後

뒷사람이 싫어하는 것으로 앞사람을 따르지 말며,   所惡於後 毋以從前

오른쪽이 싫어하는 것으로 왼쪽과 교제하지 말고,   所惡於右 毋以交於左

왼쪽이 싫어하는 것으로 오른쪽에게 교제하지 말라!   所惡於左 毋以交於右.

이것들을 일러 관계를 선하게 하는 것이라 한다.   斯之謂善於際也.

그것을 한 글자로 포괄한 것이 곧 서恕가 아니겠는가?   括之以一字 非卽爲恕乎.

---

109) 姻(인)=혼인, 인연.

110) 嚚(은)=爭訟, 言不忠信.

111) 憝(대)=憝(원)也.

우리는 여기서 말하는 '서恕'라는 것이 "너희가 대접을 받고자 하는 대로 너희도 남을 대접하라"[112] 또 "너희는 남에게 바라는 대로 남에게 해주어라"[113]등의 성경 말씀과 너무도 닮았음을 알 수 있다. 그러나 다산의 본의는 다르다. 다산이 말한 서는 생명 살림의 '천심天心이 곧 내 마음'이라는 성리학을 전제로 하는 천명天命의 실천을 표현한 것이다. '인간은 죄인'이라는 원죄설을 전제로 하는 율법의 정신으로써 너와 나의 관계를 말한 성경 말씀과는 그 철학적 기초가 다르다. 또한 혹자는 하버마스Jürgen Habermas, 1929~가 말한 생활 세계의 간주관성間主觀性, 혹은 상호 주관성Intersubjektivität과 같은 맥락이라고 읽을 수도 있다. 그러나 실제 결과는 같을지 몰라도 서恕는 '인간의 신성'을 전제로 하는 것이므로 생활 세계에서 형성된 공동선共同善과는 차이가 있음을 유의해야 한다.

한편 김일성대학의 최익한崔益翰, 1897~?은 다산과 동시대 인물인 벤담Jeremy Bentham, 1748~1832을 비교하고, "도덕과 법의 목적은 최대 다수의 행복이다"라고 주장한 벤담의 공리주의를 다산의 실학과 일치한다고 보았다. 그러나 이는 전통적인 덕치주의를 현학적인 무위無爲가 아니라 유위有爲를 강조하는 사공주의事功主義로 바꾸려 했다는 점을 설명하기에는 유효한 비교라고 할 수 있겠으나, 다산의 주서경학을 설명하기에는 부적절하다고 생각다. 벤담은 철저한 에피쿠로스의 쾌락주의를 계승한 행복주의자인 반면 다산은 천명을 따르는 경건한 도덕주의자이기 때문이다.

천제론

다산은 천제天帝를 인정한다. 『주역』이나 퇴계 등 성리학에서 말하는 태극이라는 절대 이성, 즉 이신론理神論적인 신神이 아니라 인격신으로서 하느님을 인정한 것이다. 본래 원시 유교에서는 천제를 인격신으로 인정해왔다. 물론 공자도 천제를 인정했다. 그러므로 다산이 천제를 인정한 것은 새로운 것이 아니고 공자 본래의 경학經學으로 돌아가자는 것이다. 즉 천제天帝 → 천명天命 → 천리天理 → 천제天帝로 되돌아가자는 것이다.

다만 그는 천제를 창조주로 믿은 것은 아닌 것 같다. 그는 존재의 근원을 기氣로 보기 때문이다. 따라서 그가 하느님이 실제로 존재한다고 생각했는지는 정확하지 않다. 그는 다음과 같이 말한다. "인간은 기질지성氣質之性을 가졌으나 귀신은 기질氣質을 갖지 않았다. 『주역』에 말하는 이른바 음양불측지위신陰陽不測之爲神과 일음일양지위도一陰一陽之謂道는 괘卦의 강유剛柔를 표현하는 말이고 귀신과 천도를 말한 것이 아니다. 그러므로 음양을 귀신이라 말할 수 없고, 귀신은 이기理

112) 「마태복음」7장 12절.
113) 「누가복음」6장 31절.

氣로써 말할 수 없다." 따라서 원형이정元亨利貞을 천도天道로 보지 않고 인사人事로 보았으며 사단四端과의 연계도 반대한다.

다만 다산이 천天을 창조주로 인정하지 않았다 해도 그는 천을 모든 가치의 근원으로 인정한 것은 분명하다. 이것은 독일의 칸트가 신에 대해 순수 이성의 인식론적 측면에서는 인정하지 않았으나 실천 이성의 요청으로 인정한 것처럼, 다산도 신을 인간의 필요에 의한 인간의 피조물로 보았던 듯하다.

이 점에서 다산은 분명히 묵자의 신관과 비슷한 점이 있다. 묵자는 경험론적이면서도 천제를 인정했으며, 지배 계급의 독점물이 되어버린 신을 해방하여 겸애兼愛 교리交利의 민중의 신으로 복원하고, 인민의 평등을 담보하려 했던 점에서 다산과 공통점이 있기 때문이다.

그러나 묵자와는 다른 점이 발견된다. 다산은 천제를 외재적 인격신으로 인정하고 인외설을 주장했으나 인간학에서는 "인심人心이 곧 천심天心이다"라는 천리天理의 내재화라는 성리학적 테제를 완전히 버린 것 같지는 않기 때문이다.

외재적 초월적 신관

여유당전서與猶堂全書/**이집경집**二集經集/**4권**/**중용강의**中庸講義

요즘 사람들은 천天을 이理라 하고,	今人 以天爲理
귀신을 공용이라 하고,	以鬼神爲功用
조화의 자취를 음양 이기의 양능이라 하니	以造化之跡 爲二氣之良能
마음으로 천제를 알기를	心之知之
캄캄하고 아득한 어둠처럼 지각이 없는 것으로 안다.	杳杳冥冥 一似無知覺者.
그러니 어두운 방에서 마음을 속이고 방자하여 기탄이 없다.	然暗室欺心 肆無忌憚.
그러므로 종신토록 도道를 배운들	終身學道
요순의 경지에 들어가지 못한다.	而不可與入堯舜之域.
이는 모두 귀신에 대해	皆於鬼神之說
밝게 알지 못한 때문이다.	有所不明故也.

여유당전서與猶堂全書/**일집시문집**一集詩文集/**11권**/**오학론**五學論

그러나 옛 학자들은 성性이 천제에 뿌리를 두고 있음을 알았고,	然古之爲學者知 性之本於天

이理가 천제로부터 나온 것임을 알았고,　知理之出乎天

인륜은 천도를 통창하기 위한 것임을 알았고,　知人倫之爲達道

효제충신은 천天을 섬기기 위한 근본임을 알았다.　以孝悌忠信 爲事天之本.

예악 형정은 치인을 위한 도구이며,　以禮樂刑政 爲治人之具

성의 정심은 천인일체天人一體를 위한 추뉴다.　以誠意正心 爲天人之樞紐.

그 명칭을 인仁이라 하고, 그것을 실행하는 방도를 서恕라 하고,　其名 曰仁 其所以行之 曰恕

그것을 펴는 방도를 경敬이라 하고,　其所以施之 曰敬

그것을 스스로 붙잡는 방도를 중화의 용庸이라 한다.　其所以自秉 曰中和之庸.

이것으로 그쳤을 뿐 많은 말이 없었다.　如斯而已 無多言也.

비록 후에 말이 많았으나 이것은 중언부언일 뿐　雖多言是重言復言

다른 뜻이 없다.　無異言也.

여유당전서與猶堂全書/**이집경집**二集經集/**3권**/**중용자잠**中庸自箴

상제의 영명함은 사람의 마음까지도 꿰뚫어 본다.　天之靈明直通人心.

사람이 아무리 숨기려 해도 살피지 못함이 없고,　無隱不察

아무리 모르게 하려 해도 밝혀낸다.　無微不燭.

방 안을 환히 비추고 사람들을 날마다 감시하는데,　照臨此室 日監在玆人

이것을 안다면 아무리 대담한 자도　苟知此有大膽者

경계하고 삼가며 두려워할 것이다.　不能不戒愼恐懼矣.

여유당전서與猶堂全書/**이집경집**二集經集/**15권**/**논어고금주**論語古今註/**권9**/**양화**陽貨

하늘은 행사하고 있으나 말이 없다.　天有行而無言.

일월성신을 운행하게 하여 사계절이 뒤바뀌지 않고,　日月星辰之運 而四時不錯

바람과 우레, 비와 서리를 내려 만물이 우거진다.　風雷雨露之施 而百物以蕃.

이는 하느님이 말없이 주재한 것일 뿐이다.　亦黙自主宰而已.

만약 이것을 이理의 발현으로 설명하려고 한다면,　若但以理之發見而言之

이理는 본래 지각이 없으니 아무리 설명하려 해도 가능하겠는가?　則理本無知 雖欲言語 得乎.

천天은 상제가 아니다

여유당전서與猶堂全書/**이집경집**二集經集/**36권/춘추고징사**春秋考徵四

내가 살핀 바로는 고금의 큰 병폐는	鏞案 古今大病
전적으로 천연과 천제를 구분하지 못하고 오인한 데 있다.	全在乎認天爲帝.
그리고 요순, 주공, 공자를 잘못 안 것이 아닌가 한다.	而堯舜周孔不如是錯認.
그러므로 지금의 눈으로 옛 경전을 해석하면	故以今眼釋古經
한결같이 오류를 범하는 것이 바로 이 점이다.	一往多誤凡以是也.
상제란 누구인가?	上帝者何是.
이는 천지 신인의 밖에서	於天地神人之外
천지 신인과 만물을 조화하고	造化天地神人萬物之類
주재하고 기르는 자다.	而宰制安養之者也.
상제를 천天이라 부르는 것은 왕을 나라라고 말하는 것과 같다.	謂帝爲天 猶謂王爲國.
(인격이 없는) 유형의 푸른 하늘을 가리켜	非以彼蒼蒼有形之天
상제라고 부를 수는 없다.	指之爲上帝也.

여유당전서與猶堂全書/**이집경집**二集經集/**6권/맹자요의**孟子要義/**진심제칠**盡心第七

내 생각으로는 하늘의 주재자는 상제다.	鏞案 天之主宰爲上帝.
상제를 천天이라 말하는 것은 마치 국군을 국가라 칭하는 것과 같다.	其謂之天者 猶國君之稱國.
저 푸르고 푸른 유형의 하늘은	彼蒼蒼有形之天
인간에게는 지붕처럼 덮고 있는 휘장에 불과하고,	在吾人不過爲屋宇帡幪[114]
땅과 물과 불과 똑같은	其品級不過與土地水火
자연에 지나지 않으니,	平爲一等
어찌 인간의 성性과 도道의 근본이 되겠는가?	豈吾人性道之本乎.
태극도의 둥근 동그라미는 육경에는 보이지 않는다.	太極圖上一圓圈 不見六經.
이것이 과연 영靈이 있는 물건인가?	是有靈之物乎.
아니면 지각도 없는 물건인가?	抑無知之物乎.
텅 비어 있는 불가사의한 것인가?	將[115]空空蕩蕩 不可思議乎.

---

114) 帡幪(병몽)=차일.

115) 將(장)=어찌, 오히려, 대략, 거의.

무릇 천하에 영이 없는 물건은

주재자가 될 수 없다.

하물며 공허한 태허의 이理를

만물을 주재하는 근본으로 삼는다면,

천지 사이에 만사를 제도할 수 있겠는가?

凡天下無靈之物

不能爲主宰.

況以空蕩之太虛一理

爲天地萬物主宰根本

天地間事 其有濟[116]乎.

여유당전서與猶堂全書/**일집시문집**一集詩文集/**8권**/**중용책**中庸策

『중용』에서 무성무취라 함은 무극과 같은 뜻인데,

내 생각으로 무성무취는 상천을 형용한 것일 뿐,

활동이 없이도 공功을 이루는 조화를 말한 것이 아닐 것이다.

무극과 태극은 일단의 원기에 불과하며,

물질이 없는 데서 엉켜 이루는 것을 말한다.

無聲無臭之同於無極者

臣以爲無聲無臭是形容上天

不言不動之功化也.

無極太極不過一團元氣

從無物中凝成之謂也.

여유당전서與猶堂全書/**이집경집**二集經集/**46권**/**역학서언**易學緒言/**권2**/**한강백현담고**韓康伯玄談考

한 번 음陰하고 한 번 양陽하는 것을 도道라 함은,

하늘은 만물을 생육하는 원인이며, 조화의 생성 작용이라는 뜻이다.

일음일양은 위로 주재하는 인격신 천제를 밝힌 것인데,

이제 일음일양을 도체道體의

근본이라 한다면 과연 옳은가?

一陰一陽之謂道者

天之所以生育萬物 其神化妙用.

一陰一陽之上明有宰制之天

而今遂以一陰一陽爲

道體之本可乎.

성리학은 소사지학昭事之學

여유당전서與猶堂全書/**이집경집**二集經集/**4권**/**중용강의**中庸講義

대저 귀신은 이理도 아니고 기氣도 아니다.

하필 이기理氣 두 글자를

견강부회하는가?

『주역』에서는 "음양은 헤아릴 수 없으니 신이라 말한다"고 했고,

그리고 "한 번 음지고 한 번 양지인 것을 도道라고 한다"고 말했다.

그러나 이는 모두 점괘로 풀어낸 괘의 강유를 뜻할 뿐,

大抵鬼神非理非氣.

何必以理氣二字

左牽右引乎.

易曰 陰陽不測之謂神

又曰 一陰一陽之謂道.

此皆著卦剛柔之義

---

116) 濟(제)=救也, 事遂, 濟度.

어찌 귀신을 설명하고 豈所以說鬼神

천도를 말할 수 있는 방도이겠는가? 豈所以言天道乎.

귀신을 이기론으로 말하는 것은 옳지 않다. 鬼神不可以理氣言也.

나에게 말하라고 한다면, 臣謂

천지 귀신을 밝게 비추고 포열하였으니 天地鬼神昭布森列

지극히 존귀하고 지극히 큰 것은 하느님이다. 而其至尊至大者 上帝是已.

문왕이 소심하여 삼가고 공경하여 하느님을 높이 섬긴 것이니 文王小心翼翼 昭[117]事上帝.

『중용』에서 "삼가 경계하며 두렵고 송구함"이라 한 것이 中庸之戒愼恐懼

어찌 하느님을 섬기는 학문이 아니겠는가? 豈非昭事之學乎.

여유당전서與猶堂全書/**일집시문집**一集詩文集/**16권**/**자찬묘지명집중본**自撰墓誌銘集中本

계신 공구하며 상제님을 밝히고 섬기면 恐懼戒愼 昭事上帝

가히 인仁을 행하지 않을 수 없을 것이다. 則可以爲仁.

태극을 헛되이 존숭하고 이理를 하늘로 삼는 것은 虛尊太極 以理爲天

인이라고 할 수 없다. 則不可以爲仁.

돌아갈 곳은 하늘을 섬기는 것뿐이다. 歸事天而已.

여유당전서與猶堂全書/**이집경집**二集經集/**3권**/**중용자잠**中庸自箴

천명을 도참에서 구하는 것은 求天命於圖籙者

이단의 거짓된 학술이요, 異端荒誕之術也

천명을 본심에서 구하는 것은 求天命於本心者

성인의 천제를 섬기는 학문이다. 聖人昭事之學也.

여유당전서與猶堂全書/**이집경집**二集經集/**3권**/**중용자잠**中庸自箴

군자가 어두운 방에 있어도 君子處暗室之中

두려워하며 감히 악한 짓을 하지 못하는 것은 戰戰栗栗 不敢爲惡

하느님이 자기에게 강림한다는 것을 알기 때문이다. 知其有上帝臨女也.

지금 성性, 명命, 도道, 교敎가 모두 하나의 이理에 돌아간다면, 今以命性道敎 悉歸於一理

이理는 본래 무지하고 또한 위세가 없을 것이니, 則理本無知 亦無威能

117) 昭(소)=顯也, 照의 省文.

무엇으로 그들을 경계하고 삼가게 할 수 있으며,
무엇으로 걱정하고 두렵게 할 수 있겠는가?
강림하여 감시한다는 것을 믿지 않는 자는
반드시 혼자 있을 때는 삼가지 않을 것이다.

何所戒而愼之
何所恐而懼之乎.
不信降監者
必無以愼其獨矣.

여유당전서與猶堂全書/**일집시문집**—集詩文集/**11권**/**역론**易論

『주역』은 무엇을 하고자 만들었는가?
성인이 하늘의 명령을 물어보고
그 뜻에 따르고자 한 것이다.
다만 성인이 간절히 물어볼 수는 있지만,
하늘은 알아듣도록 명령을 전할 수는 없다.
성인은 이 점이 안타까워 아침저녁으로 고심하였는데,
위로 하늘을 관찰하고 아래로 땅을 살펴,
하늘의 밝음을 잇고
그 명命을 물어볼 방법을 연구하였다.
이에 손으로 땅을 그려
기우와 강유의 형상을 만들었다.
그리고 천지 수화의 변화를
만물을 생성하는 상象이라 말했으니
이것이 팔괘다.

易何爲而作也.
聖人所以請天之命
而順其旨者也.
雖然 聖人能切切然請之
天不能諄諄然命之.
聖人是憫 蚤[118]夜以思
仰而觀乎天 頻[119]而察乎地
思有以紹天之明
而請其命者.
於是以手畫地
爲奇偶剛柔之形.
曰此天地水火變化
生物之象也.
此八卦.

기독교의 야훼 하느님인가?

다산은 "천제를 섬기는 것은 인륜을 다하는 것이다"라고 말하는 등 기독교와 사상이 유사한 점이 있으나 그것은 수천 년 동안 계승된 우리의 하느님 신앙을 말한 것이지 기독교 교리에서 나온 것이 아니다.

---

118) 蚤(조)=早也.
119) 頻(부)=俯也.

여유당전서與猶堂全書/**이집경집**二集經集/**3권**/**중용자잠**中庸自箴

하늘이 사람의 선악을 감찰하는 까닭은	天之所以察人善惡
항상 인륜에 있다.	恒在人倫.
인륜을 선하게 했다면 가히 천天을 섬긴 것이다.	善於人倫則 可以事天矣.
그러므로 사람이 몸을 닦고 하늘을 섬기는 목적은	故人之所以修身事天
역시 인륜을 힘써 이루는 데 있다.	亦以人倫致力.
잠언에서는 하늘을 아는 것이 수신의 근본이며,	箴曰 知天爲修身之本者
하늘을 알아야만 능히 성실해진다고 했다.	知天而後能誠也.
『대학』에서는	大學
뜻을 성실히 하는 것을 수신의 근본으로 삼아야 한다고 했고	以誠意爲修身之本
『중용』에서는 하늘을 아는 것을	中庸 以知天
수신의 근본으로 삼아야 한다고 했으나	爲修身之本
그 뜻은 하나다.	其義一也.

일부 학자들은 다산이 천제를 인정한 것은 기독교의 영향 때문이라고 말하지만 이것은 전적으로 옳지 않다. 물론 다산이 기독교의 영향을 받았다고는 하나, 그가 말한 천제는 공자와 묵자가 말한 동양 고래의 하느님을 말한 것이고 서양 기독교의 야훼 하느님을 말한 것은 아니다.

여유당전서與猶堂全書/**일집시문집**一集詩文集/**15권**/**녹암권철신묘지명**鹿庵權哲身墓誌銘

공은 병진년에 나서 신유년에 돌아가시니	公生於丙辰 死於辛酉
향년 육십육 세였다.	六十六歲也.
저서는 『시칭詩稱』 두 권 『대학설大學說』 한 권이 있고,	所著有詩稱二卷 大學說一卷
나머지는 산질되어 남아 있는 것이 없다.	餘皆散帙無存.
무릇 그의 학설은 비록 주자의 소론과	凡此諸說 雖與朱子所論
이동이 없지 않았으나	不無異同
평생 주자를 애모하여	生平愛慕朱子
그의 글을 외고 그 뜻을 조술하기를 즐겨하여,	誦其文述其義.
나만큼 주자를 마음으로 사모하는 사람은 없을 것이다"라고 말했다.	嘗曰 眞心慕朱子者 莫我若也.
가형 약전이 공을 스승으로 섬겼다.	先兄若銓 執贄以事公.

지난 기해년(1779) 겨울	昔在己亥冬
천진암 주어사에서 강학이 있었는데	講學于天眞庵走魚寺
눈 속에 이벽이 밤에 도착하여 촛불을 밝히고 경전을 담론했다.	雪中李蘗[120]夜至 張燭談經.
그 후 칠 년이 지나 비방이 생겼으니	其後七年而謗生
이런 경우를 일러 좋은 강연은 재차 듣기 어렵다고 하는 것 같다.	此所謂盛筵難再也.

여유당전서與猶堂全書/**일집시문집**一集詩文集/**15권**/**선중씨묘지명**先仲氏墓誌銘

갑진년(1784) 겨울에 주어사에서 거처하면서 강학을 받았는데	嘗於冬月 寓居走魚寺講學
그때 모인 사람은 김원성, 권상학, 이총억 등	會者金源星 權相學 李寵億
여러 사람이었다.	等數人.
녹암 선생께서 직접 규정을 정하여	鹿庵自授規程
새벽에 일어나 찬물로 세수하고	令晨起 掬[121]氷泉盥漱
「숙야잠夙夜箴」을 외우고,	誦夙夜箴
해가 뜨면 「경재잠敬齋箴」을 외우고,	日出誦敬齋箴
정오에는 「사물잠四勿箴」을 외우고	正午誦四勿箴
해가 지면 「서명西銘」을 외우도록 하였는데	日入誦西銘
장엄하고 공경하여 법도에 어김이 없었다.	莊嚴恪恭 不失規度.
이때 이승훈도	當此時 李承薰
자신을 힘써 갈고닦았으니,	亦淬[122]礪自强
함께 서교로 나가 심유를 빈賓으로 삼고 향사례를 행하니	就西郊行鄉射禮 沈溦爲賓
모인 사람이 백여 명이었는데 모두 말하기를	會者百餘人 日
삼대의 예의와 문풍이 찬연히 다시 밝아졌다고 칭찬했다.	三代儀文桀[123]然復明.
또한 소문을 듣고 뜻을 같이하고자 찾아오는 사람이 많았다.	而聞風嚮義者 蔚然而衆.

이해 사월 십오 일	甲辰四月之望
맏형수의 기제를 지내고	旣祭丘嫂[124]之忌

---

120) 李蘗(이벽)=字는 德操, 號는 曠庵.
121) 掬(국)=움키다.
122) 淬(쉬)=칼 담금질, 물들이다.
123) 桀(걸)=걸출하다.
124) 丘嫂(구수)=맏형수.

우리 형제는 이덕조와 더불어 배를 함께 타고	余兄弟與李德操 同舟順流
돌아오는 배 안에서	舟中聞
천지조화의 시작과	天地造化之始
육신과 영혼, 생사의 이치에 대해 들었다.	形神生死之理.
창황히 놀랍고 의심스러워 은하가 끝이 없는 듯하였다.	惝[125]怳警疑 若河漢之無極.
서울에 돌아와 또 이벽을 따라	入京又從德祚
『천주실의』와 『칠극』 등 여러 권의 서적을 받아보고	見實義七克等數券
비로소 흔연히 마음이 기울게 되었다.	始欣然傾嚮.
그러나 이때는 제사를 폐한다는 말은 없었다.	而此時無廢祭之說.
신해년 겨울부터 나라에서 서교를 더욱 엄금하자	自辛亥冬以後 邦禁益嚴
이에 경계를 분명히 하고 서교와 결별하게 되었다.	而畦畛[126]遂別.
그러나 맺은 것은 풀기가 어려운 이치라	唯其縮結之難理也
칡덩굴처럼 재앙이 닥칠 것을 분명히 알았으나	如藤如葛 明知禍患之來
역시 그것을 막을 수 없었다.	而亦莫之爲矣.
오호라!	嗚呼
골육을 희생하여 자신의 출신과 이름을 보존하는 것이	與其骨肉相殘 以保其身名
어찌 파멸을 순순히 받아들여	曷若順受顚覆
천륜에 부끄럽지 않은 것만 하겠는가?	而無愧乎天倫.
훗날 반드시 그 마음을 알아줄 사람이 있을 것이다.	後世必有知其心者矣.

음양오행설 비판

음양오행설을 부정한다는 것은 유교를 혁파하겠다는 뜻과 다름없다. 이 점은 연암의 철학 사상에서도 이미 지적한 바 있다. 음양이란 원래 그늘진 음지와 햇빛 드는 양지를 내타내는 개념에서 발전하여, 천지를 상징하는 개념으로 발전한 것이다. 정확하게 말하면 원초적 기氣인 태극이 자기 운동으로 하늘과 땅을 낳았고 그것을 음양으로 상징화했다는 것이다. 또한 '사상四象'은 '천지 음양'의 사기四氣를 상징하고, '팔괘'는 천지天地, 수화水火, 뇌풍雷風, 산택山澤의 팔물八物을 상징한 것뿐이다. 또한 오행五行도 담헌 홍대용과 초정 박제가

---

125) 惝(창)=失意不悅貌.
126) 畦畛(휴진)=밭두둑, 경계.

등이 이미 언급했듯이 고대 인간 생활에서 일용하는 것 중에서 중요한 나무, 불, 흙, 물, 쇠 등 다섯 가지 물건을 말한 것에 불과하다는 것이다.

여유당전서與猶堂全書/이집경집二集經集/4권/중용강의보中庸講義補

음양의 명칭은	今案陰陽之名
일광의 비춤과 가림에서 나온 것이므로	起於日光之照掩
해가 가리면 음陰이요, 비추면 양陰일 뿐,	日所隱曰陰 日所映曰陽
본래 체질이 없다.	本無體質.
이처럼 음양이란 명明과 암闇의 두 상象일 뿐이니,	只有明闇
원래 이것은 만물의 부모로 삼을 수는 없다.	原不可以爲萬物之父母.
다만 북극에서 남극까지	特以北自北極 南至南極
천하 만국이	天下萬國
혹은 동東이라 하고 혹은 서西라 하며,	或東或西
해의 출입 시각이 만 가지로 각각 같지 않으나,	其日出入時刻 有萬不同
조엄照掩 음양의 이치는	而其所得陰陽之數
만국이 조금도 다르지 않다.	萬國皆同 毫髮不殊.
그러므로 성인이 『주역』을 지음에 있어,	故聖人作易
음양의 대립과 의존을 천도와	以陰陽對待 爲天道
역도로 삼았을 뿐이요,	爲易道而已
음양이 어찌 만물의 부모가 될 만한 체질이 있겠는가?	陰陽曷嘗有體質哉.
왕이 묻기를	御問曰
"하늘은 음양오행으로써 만물을 화생하고,	天以陰陽五行化生萬物
기氣는 형체를 이루고 이理 또한 부여되었다고 했다.	氣以成形 理亦賦焉.
만약 그렇게 말한다면,	旣曰
성性 자에는 당연히 기질을 겸한다고 보아야 하지 않겠는가?"	此性字當兼氣質看耶.
나는 대답했다.	臣對曰.
"천도는 넓고 크며 물리는 은미하여	天道浩大 物理眇隱
쉽게 추측할 수 없는 것입니다.	未易推測.
오행이란 만물 중에 다섯 가지 물건일 뿐인데,	況五行不過萬物中五物

이것이 만물을 낳는다고 하기에는 어렵지 않겠습니까?"   而以五生萬物 不亦難乎.

여유당전서與猶堂全書/**이집경집**二集經集/**6권**/**맹자요의**孟子要義/**진심제칠**盡心第七

한 번 그늘지고 한 번 볕드는 것을 도道라고 말하는 것은   若云一陰一陽之謂道
『주역』을 해설한 역전에 근원한 것으로,   本之易傳
천도를 말하는 것일 뿐, 인도는 아니며,   則是言天道 不是人道
역점을 치는 도道를 말한 것일 뿐, 천도는 아니다.   是言易道 不是天道.
어찌 『중용』에서 갈파한 인도人道인 '솔성의 도'를   豈可以吾人率性之道
역도易道인 '일음일양의 도'에 귀속시킬 것인가?   歸之於一陰一陽乎.

성리학은 경세치학이 아니다

다산은 당시 성리학은 상수학과 노장을 끌어들여 형이상학적인 도학道學이 됨으로써 이제 통치 철학으로서의 역할이 다한 실효된 학문임을 통감했다. 그러므로 이를 해체하고 새로운 경세의리학經世義理學을 정립하려 했다. 원래 공자의 학문을 유학이라 말하는 것은 유사儒士 계급의 학문이란 뜻이다. 유사의 임무는 수기修己하여 대부나 귀족의 수하가 되어 치인治人함으로써 군주의 평천하平天下를 돕는 것이다. 그러므로 유학 본연은 당연히 경세치학經世治學이 되어야 하는 것이다. 그러나 당시 조선의 성리학자들은 치인의 본분을 팽개치고 산림처사를 자처하며 마음을 수양한답시고 번다한 이론에 매달리고 있었다.

여유당전서與猶堂全書/**일집시문집**一集詩文集/**22권**/**유곡산향교**諭谷山鄕校 **권효문**勸孝文

근세 학자는 겨우 학문을 한다는 이름만 얻으면   近世學者 纔名爲學
문득 스스로 자만하여 무게를 잡고   便自矜重
천리를 담론하며 음陰이다 양陽이다 하면서   談天說理 曰陰曰陽
태극 팔괘와 하도낙서를   壁上圖畵 太極八卦
그려 벽에 걸고   河圖洛書之屬

자칭 깊은 이치를 찾는다며 우매한 민중을 속인다.	自稱玩[127]索 以欺愚蒙.
그러면서 부모가 기한을 호소하고	而其父母方且呼寒忍飢
병들어 죽게 되어도	疾病疴癢[128]
게을러서 보살피지 않고, 태평하게 노동을 하려하지 않는다.	乃慢不省察 恬不勞動.
그런즉 열심히 완색할수록	卽其玩索彌勤
참다운 학문과는 멀어진다.	而彌與學遠矣.
진실로 부모에게 효도할 수 있는 자라면	苟於父母能孝者
비록 문자를 몰라도 나는 그를 배운 사람이라 말할 것이다.	雖曰不學 吾必謂之學矣.

여유당전서與猶堂全書/**일집시문집**—集詩文集/**12권**/**속유론**俗儒論

진정한 유학자의 학문은 본래 나라와 인민을 편안하게 하고	眞儒之學 本欲治國安民
오랑캐를 물리치고 재정을 넉넉하게 하며	攘夷狄 裕財用
능문 능무하여 무엇이든지 담당할 수 있도록 하는 것이다.	能文能武 無所不當.
어찌 글귀를 찾아내거나 벌레와 물고기를 주석하는 것만을 일삼으며	豈尋章摘句 注蟲釋魚
봉의를 입고 절하며 읍하는 것을 익히는 것으로 그칠 것인가?	衣縫掖 習拜揖而已哉.

후세 유자들은 이러한 성현의 뜻을 알지 못하고	後儒不達聖賢之旨
인의 이기설 이외에 한마디라도 더하면	凡仁義理氣之外 一言發口
이를 법가인 신불해申不害 한비韓非나, 병가兵家인 손무孫武	則指之
오기吳起의 잡학이라 비판한다.	爲雜學.
그리하여 높은 이름과 도학의 정통을 꿈꾸는 자는	由是 務名高 窺道統者
오히려 썩어빠진 논설만 힘쓰며 자기를 어리석게 하면서도	寧爲腐論陋說 以自愚
이 한계를 한 발짝도 넘지 않으려 하니	不欲踰此閾[129]一步
유도는 멸망의 지경에 이르렀고	於是儒之道盡亡
군주들은 날이 갈수록 더욱 유가를 천시한다.	而時君世主 日以賤儒者矣.

여유당전서與猶堂全書/**일집시문집**—集詩文集/**11권**/**오학론일**五學論一

| 지금 성리학이라 하는 것은 | 今之爲性理之學者 |

---

127) 玩(완)=戲弄也, 貪也, 精熟也.
128) 疴癢(아양)=搔病.
129) 閾(역)=문지방, 한계를 정하다.

이기론과 성정론을 말하고,　　　　　　　　　　日理 日氣 日性 日情

본체와 작용, 본연의 성性과 기질의 성性을 논하며,　日體 日用, 日本然氣質

이발과 기발, 미발과 이발을 따지며,　　　　　　　理發氣發 已發未發

하나만 가리킨 것이냐? 아울러 가리킨 것이냐?　　單指兼指

이理는 같으나 기氣가 다른가? 기氣는 같은데 이理만 다른가?　理同氣異 氣同理異

마음에는 선악이 없는가? 선악이 있는가? 등등을 말한다.　心善無惡 心善有惡.

줄기와 가지와 잎을 논하면서 수천수만으로 갈라진다.　三幹五椏[130]千條萬葉.

이렇게 터럭 끝을 나누고 실을 갈라내면서　　　　　毫分縷析

서로 성내고 서로 큰소리치며 남의 주장을 배척하는가 하면　交嗔[131]互嚷[132]

세상에 입을 다물고 서예에만 몰두하기도 한다.　　冥心墨硏.

혹은 목에 핏대를 세우고 기세가 등등하여　　　　盛氣赤頸

자기만이 천하에 교묘한 이치를 터득한 양 떠들기도 한다.　自以爲極天下之高妙.

그러나 동에서는 떨치지만 서에서는 저촉되고　　　而東振西觸

꼬리를 잡으면 머리가 벗어난다.　　　　　　　　捉尾脫頭.

그런데도 문마다 기치를 세우고 집집이 보루를 구축하니　門立一幟 家築一壘

한 세대가 끝나도록 시비를 판별할 수 없고,　　　畢世而不能決其訟

대를 물려가며 서로 원망을 풀 수가 없다.　　　　傳世而不能解其怨.

자기 파당에 들어오는 자는 상전이요, 나간 자는 노비라 하며,　入者主之 出者奴之

같이하면 받들고 달리하면 공격한다.　　　　　　同者戴之 殊者伐之.

이러면서 자기 생각과 주장만이 절대로 옳다고 생각하니　竊自以爲所據者極正

이 어찌 모자라는 짓이 아니겠는가?　　　　　　豈不疎哉.

옛날에는 도道를 배우는 사람을 '사士'라 하고　古者學道之人 名之曰士

사士는 사仕의 뜻이다.　　　　　　　　　　　　士也者仕[133]也.

위로는 공경을 섬기고　　　　　　　　　　　　上焉者事於公

아래로는 대부를 섬기며,　　　　　　　　　　　下焉者事於大夫

---

130) 椏(아)=나뭇가지의 가장귀.
131) 嗔(진)=성내다.
132) 嚷(양)=큰소리치다.
133) 仕(사)=벼슬아이.

이로써 임금을 섬기고 백성에게 은택을 베풀면서 　以之事君 以之澤民
천하와 국가를 위하는 사람을 '사士'라고 했던 것이다. 　以之爲天下國家者 謂之士.
지금은 성리학을 하는 학자들 스스로 은자라고 자칭한다. 　今爲性理之學者 自命曰隱.
이처럼 성리학을 한다는 사람은 산으로 들어가므로 　爲此學則入山
그들을 '산림'이라고 칭하게 되었다. 　故名之曰山林.
그들이 벼슬한다 해도 　其爲官也
경연의 강설관이나 　唯經筵講說
세자의 교사직에만 천거된다. 　及春坊輔導之職.
이들은 해석하고 흉내만 내는 의고주의자일 뿐이므로 　是注是擬[134]
만약 이들에게 돈과 곡식, 병사, 소송과 감옥, 　若責之以錢穀 甲兵 訟獄
사신 접대 등의 일을 맡기면 　擯相之事
떼를 지어 들고일어나서 성토하며, 　則群起而病之
유현의 대우를 이렇게 해서는 안 된다고 떠들어댄다. 　以爲待儒賢不然.
이런 논리라면 　推是義也
주공은 태재가 되어서는 안 되고, 　將周公不得爲太宰
공자는 사구가 되어서는 안 될 것이다. 　孔子不得爲司寇.

주자는 육경을 깊이 연구하여 진위를 판별하였고 　朱子硏磨六經 辨別眞僞
사서를 표장하여 깊은 뜻을 열어 보였다. 　表章四書 開示蘊奧.
그리고 조정에 들어가 관각의 벼슬에 임명되어서는 　入而爲館閣
엄정한 말과 격렬한 논쟁으로 생사를 돌보지 않았으며, 　則危[135]言激論 不顧死生
임금의 숨겨진 과실을 공격하고 　以攻人主之隱過
권신들이 꺼리는 것을 범하였으며, 　犯權臣之忌諱
천하대세와 　談天下之大勢
군사상 기미에 대해서도 거침없이 담론하였으며 　滔滔乎軍旅之機
특히 북방의 금나라에 복수하여 부끄러움을 씻음으로써 　而復讎雪恥
대의를 천추에 펴려고 노력하였다. 　要[136]以伸大義於千秋.

---

134) 擬(의)=비교하다, 흉내 내다.
135) 危(위)=厲也, 正也.
136) 要(요)=추구하다.

제4부 종합과 철학적 정초

그리고 주군의 장관이 되어서는

인자한 규범을 세우고 낮은 백성의 고통을 살펴

부역을 공평하게 하고 흉년과 역병을 구제하였다.

주자가 어찌 오늘날 선비들과 같았겠는가?

出而爲州郡

則仁規慈範 察隱察微

以之平賦徭 以之振凶[137]札

朱子何嘗然哉.

그러므로 지금 시속에 빠져 있으면서도

주자를 끌어들여 자신을 정당화하려는 자들은

모두가 주자를 무함하는 자들이다.

주자가 어찌 그들같이 했겠는가?

이들이 외모를 꾸미고 행실을 혹독하게 제재하는 것은

방종하고 음란한 자보다는 나은 점이 있기는 하다.

그러나 배 속은 비었고 마음만 고고하여 오만을 떨며

스스로 옳고 하니

끝내 손잡고

요순, 주공, 공자의 문하로 돌아갈 수 없다.

이것이 오늘날의 성리학이다.

沈淪乎今俗之學

而援朱子 以自衛者

皆誣朱子也.

朱子何嘗然哉.

其修飾邊幅[138] 制行辛苦

有勝乎樂放縱邪淫者.

而空腹高心

傲然自是

終不可以攜手

同歸於堯舜周孔之門者.

今之性理之學也.

성리학은 자기 발견과 실현을 위한 심리학

다산은 주자와 퇴계, 율곡 등의 성리학 자체를 전면 부정하는 저돌적 모험을 하지는 않았다. 다만 그는 성리학적 기본 개념들을 전혀 새롭게 해석함으로써 성리학 자체의 기본 구조를 허물어버린다. 그리하여 실질적으로 형이상학적 성리학을 전면 개혁하여 수기修己를 위한 순수한 의리학義理學으로 재정립하려 한다. 그 대표적인 사례로 그가 주장하는 '성기호설性嗜好說'은 성리설性理說을 부정하는 것이다. 즉 성性은 한낱 기호嗜好일 뿐이며 이理는 죽은 물건으로 간주하고 그 대신 공자 시대의 천제天帝로 복원해버린다. 이에 대해서 다음 제3절에서 다시 상론할 것이다.

여유당전서與猶堂全書/**일집시문집**─集詩文集/**11권**/**오학론일**五學論論─

성리에 대한 학문은 도道를 알고 자기를 발견하여

性理之學 所以知道認己

---

137) 札(찰)=돌림병으로 죽다.

138) 幅(폭)=外飾也.

스스로 힘써 자기 몸의 의미를 실천하는 방도다.

『주역대전』의 "이理를 궁구하고 성품을 다하여

천명을 이룬다"라거나,

『중용』의 "자기 성품을 다하여

남의 성품을 다하고 사물의 성품을 다한다"라거나,

『맹자』의 "마음을 다하면 성품을 알고

성품을 알면 하늘을 안다"라는 것 등은

성리의 학문이 본분으로 삼는 것이다.

이처럼 옛 학인은 성性이 하늘에 뿌리를 두고 있음을 알았고,

이理가 천제에서 나오는 것을 알았고,

인륜은 도를 소통하기 위한 것임을 알았다.

以自勉其所以踐[139]形之義也.

易大傳曰 窮理盡性

以至於命

中庸曰 能盡己之性

能盡人之性 能盡物之性.

孟子曰 盡其心者知其性

知其性則知天矣

性理之學有所本也.

然古之爲學者 知性之本乎天

知理之出乎天

知人倫之爲達道.

여유당전서與猶堂全書/**이집경집**二集經集/**6권**/**맹자요의**孟子要義/**진심제칠**盡心第七

그런데 정자는

"마음, 성품, 하늘을 하나의 이理"라고 말했다.

즉 이理로 말하면 천天이라 하고,

품수로 말하면 성품이라 하고,

사람에게 보존된 것으로 말하면 마음이라 한 것이다.

내가 살펴본 바로는 후세의 학문은

천지 만물을 모두 한꺼번에 움켜잡아,

무형자와 유형자, 영명한 것과 완준한 것 구별 없이,

모두 하나의 이理로 귀일시키는 것이어서

대소와 주객이 없다.

이른바 하나의 이理로 시작하여

중간에 흩어져 만 가지로 달라졌다가,

종말에는 다시 하나의 이理로 합친다고 하니,

이것은 당대 조주 화상의 만법 귀일의 설과

조금도 다름이 없다.

程子曰

心也性也天也一理也.

理而言謂之天

自稟受而言謂之性

自存諸人而言謂之心.

鏞案 後世之學

都把天地萬物

無形者有形者 靈明者頑蠢者

並歸之於一理

無復大小主客.

所謂始於一理

中散爲萬殊

末復合於一理也

此與趙州萬法歸一之說

毫髮不差.

---

139) 踐(천)=履居之也, 履(이)=禮也.

대체로 송나라 대의 여러 선생들은

초년에 선학에 빠져들었으며

다시 돌아온 후에도 오히려 성리의 학설에 있어서는

선학을 따르는 경향이 없지 않았다.

만 가지 다른 것이 하나로 귀일했다가 다시 혼돈을 이룬다면,

무릇 천하의 일을 생각할 수도

분별할 수도 없어,

오직 마음을 어둡고 막막한 곳에 쉬게 하는,

이른바 '적연부동'을 무상의 묘법으로 삼는 것일 뿐이니,

이것이 어찌 공맹학의 본래의 관점이겠는가?

盖有宋諸先生

初年多溺於禪學

及其回來之後 猶於性理之說

不無因循.

束萬殊而歸一 復成混沌

則凡天下之事 不可思議

不可分別

惟有棲心冥漠

寂然不動 爲無上妙法而已

斯豈洙泗之舊觀哉.

이기론 부정

결론부터 말하면 다산은 인성을 이기론으로 설명하는 것을 반대한다. 형이상학으로서 이기론은 일단 수긍하지만 그것은 인성과는 아무 상관이 없다는 것이다.

민중적 천제天帝의 복원을 근거로 문화 혁명을 주장한 묵자를 예외로 한다면 대체로 개혁론자들은 절대 권력의 담론을 반대하기 때문에 유물론적이다. 그런데 혁명적 개혁론자인 다산은 유물론자가 아니라 천제를 인정하는 유신론자다. 그러므로 그에게 이理와 기氣는 우주의 창조자이거나 본원이 아니다. 또한 자연의 물질 관계인 이기론은 인간의 역사에는 직접적인 관련이 없다. 그러므로 기존의 '이선理善 기악氣惡'의 테제는 부정되며 이기理氣에는 선도 없고 악도 없다. 이처럼 그가 말하는 기발일도설氣發一途說은 당위적 인륜을 말한 것이 아니고 존재적 물리만을 말하는 것이므로 퇴계, 고봉, 율곡의 사칠론과는 전혀 다른 것임을 유의해야 한다.

그는 이理를 초물질적 존재나 영혼으로 보지 않고 유형 세계의 운동 원리로 볼 뿐이다. 이점에서 성리학의 이른바 '성즉리性卽理'는 부정된다. 그는 기발일도설을 말하지만 기일원론을 말하는 것이 아니므로 청나라 대 성기학性氣學의 이른바 '성즉기性卽氣'도 인정하지 않는다. 이처럼 다산은 성리학의 기본 구조를 부정하고 이기론을 새롭게 재구성함으로써 새로운 철학 체계를 세우려 했다.

첫째, 이理는 주재자도 아니며 가치의 근원도 아니다. 이理는 영명한 지적 능력을 가지고 있지 않으므로 만물을 주재할 수 없고, 주재성과 능동성이 없으므로 인간의 행위를 이끌어가는 도덕 원리의 근원도 될 수 없다는 것이다. 이理는 다만 기의 속성인 조리를 말할 뿐이다. 즉 이理는 실체가 아니라 기의 무늬와 결이라는 것이다. 그러므로 기발이승氣發理乘만이 기본이고 이발기수理發氣隨는 편의상 설명일 뿐이다.

둘째, 태극은 이理가 아니라 기의 원초적 형태를 말한다.

셋째, 원초적 기인 태극이 자기 분화를 통하여 천天과 지地의 이기二氣를 산출하고. 천지가 상호 관계하여 만물을 생성한다.

넷째, 이일분수理一分殊를 부인한다. 존재의 근원을 기로 보기 때문이다. 그는 전통적인 이동기수理同氣殊를 거부하고 기동이수氣同理殊라고 말한다. 만수萬殊의 원인은 기질氣質은 같은데 이理(무늬와 결)가 각각 다르기 때문이라는 설명이다.

이理는 무늬와 다스림의 뜻

여유당전서與猶堂全書/**이집경집**二集經集/**6권**/**맹자요의**孟子要義/**고자제육**告子第六

이理란 본래 옥석의 결이니	理者本是 玉石之脈理
옥을 다듬는 자는 그 결을 살핀다.	治玉者察其脈理.
그러므로 다시 가차하여 치治를 이理라고 말하게 된 것이다.	故遂復假借 以治爲理.
『중용』에 "문리를 정밀하게 살핀다"라고 하였고,	中庸云 文理密察
『예기』「악기樂記」에 "악樂은 윤리에 통한다"라고 하였고,	樂記云 樂通倫理
『역전』에 "아래로 지리를 살핀다"라고 하였고,	易傳云 俯察地理
『맹자』에 "조리로 시작하여 조리로 마친다"라고 하였으니,	孟子云 始條理 終條理
이것은 역시 맥리의 뜻이다.	乃亦脈理之義也.
『시경』「대아大雅」에 "농토를 구획하고 다스린다"라고 하였고,	大雅云 乃疆乃理
『좌전』 성공成公 이 년에 "천하를 구획하여 다스린다"라고 하였고,	左傳云(成二年) 疆理天下
『역전』에 "도덕에 화순하여 의義로 다스린다"라고 하였고,	易傳云 和順道德 而理於義
『한서』「순리전循吏傳」에	漢書云(丙吉傳)
"정사가 공평하여 송사가 잘 다스려진다"라고 하였으니,	政平訟理
이는 모두 치리治理의 이理다.	此皆治理之理也.
치리治理는 옥사만 한 것이 없으므로	治理者莫如獄
옥관을 이관理官이라 한다.	故獄官謂之理.
『예기』「월령月令」에	月令云
"이관理官에게 명하여 다친 상처를 살피게 한다"라고 하였고,	命理察創
'씨 족보'에 "고요가 대리관大理官이 되었다"라고 하였고,	氏族譜云 皐陶爲大理
『한서』「순리전」에	循吏傳云
"이리가 진문공의 이관理官이 되었다"라고 하였으니,	李離爲晉文公之理
이 경우의 이理는 모두 옥관을 지칭한 것이다.	皆獄官也.
누가 일찍이 형체가 없는 것을 이理라 하고,	曷[140]嘗以無形者爲理
형질이 있는 것을 기氣라 하며,	有質者爲氣

---

140) 曷(갈)=何也.

천명의 성性을 이理라 하고,　　　　　　　　　　　　天命之性爲理

칠정이 발한 것을 기라 한 적이 있었는가?　　　　　七情之發爲氣乎.

『주역』에 이르기를　　　　　　　　　　　　　　　　易曰

"건곤의 도道는 쉽고 간단하여 천하의 이理를 얻는다"라고 했고,　易簡而天下之理得矣

『예기』에 이르기를 "천리가 민멸되었다"라고 하였고,　　樂記云 天理滅矣

『주역』에 이르기를　　　　　　　　　　　　　　　　易曰

"이理를 궁구하고 성품을 다하여 천명에 이른다"라고 하였고,　窮理盡性以至於命

또한 "성명性命의 이理에 순응한다"라고 하였으니,　易曰 順命之理(說卦)

조용히 글자의 뜻을 궁구해보면,　　　　　　　　　靜究字義

모두 맥리, 치리, 법리의 뜻을 가차해서　　　　　　皆脈理治理法理之假借

만든 글자였다.　　　　　　　　　　　　　　　　　爲文字.

곧바로 "성을 이理라고 한다"라는 근거가 과연 고전에 있는가?　直以性爲理 有古據乎.

여유당전서與猶堂全書/**이집경집**二集經集/**6권**/**맹자요의**孟子要義/**진심제칠**盡心第七

대저 이理는 어떤 물건인가?　　　　　　　　　　　夫理者何物.

이理는 애증도 없고 희로도 없어서,　　　　　　　　理無愛憎 理無喜怒

공허하고 막막할 뿐 몸도 이름도 없는 것이니,　　　空空漠漠 無名無體

우리 인간이 이것을 품부받아 성性으로 삼았다고 말한다면,　而謂吾人稟於此而受性

그것은 도道라고 하기에는 곤란할 것이다.　　　　　亦難乎其爲道矣.

기발일도설

여유당전서與猶堂全書/**이집경집**二集經集/**4권**/**중용강의보**中庸講義補

기氣는 스스로 존재하는 물질이며　　　　　　　　　盖氣是自有之物

이理는 기에 의부하는 품성이다.　　　　　　　　　理是依附之品.

'의부'란 반드시 스스로 존재하는 것에 의지한다는 뜻이다.　而依附者 必依於自有者.

그러므로 기가 발동하는 순간 곧 이理가 있게 된다.　故繞有氣發 便有是理然.

그러므로 기가 발하면 이理가 탄다는 말은 옳지만　　則謂之氣發而理乘之可

이理가 발하면 기가 따른다는 말은 옳지 않다.　　　謂之理發而氣隨之不可.

왜냐하면 이理는 스스로 존립할 수 없으므로	何者 理非自植[141]者
먼저 발현할 수 없기 때문이다.	故無先發之道也.
율곡이 말한 것처럼 발하는 것은 기氣며,	東儒所云 發之者氣也
발하는 원인은 이理다.	所以發者理也.
이 말은 진실 적확한 것이므로	之說 眞眞確確
아무도 고칠 수 없을 것이다.	誰得以易之乎.
나의 사단 칠정에 대한 소견은	臣妄以謂 四端七情
일언이폐지하여	一言以蔽之曰
기가 발하여 이理가 탄 것이며,	氣發而理乘之
이발 기발로 나눌 필요가 없다는 것이다.	不必分屬於理氣也.
사단 칠정뿐만 아니라	不但四七
초목 하나하나가 번창하고	卽一草一木之榮悴
조수 하나하나가 달아나는 것도	一鳥一獸之飛走
모두 이른바 '기발이승氣發理乘'이 아닌 것이 없다.	莫非氣發而理乘之也.

성리설 부정

성기호설

성리학이란 『중용』의 천명설天命說과 맹자의 성선설 및 전래의 이기론을 결합해 '인성人性은 곧 천리天理'라는 강령을 기본으로 하는 철학 체계다. 그런데 다산은 성性이란 기호嗜好일 뿐 이理가 아니라고 말한다. 이는 성리학의 기본 테제인 '성즉리性卽理'를 부정하는 혁명적인 주장이다.

여유당전서與猶堂全書/**이집경집**二集經集/**3권**/**중용자잠**中庸自箴

성性이란 글자의 본뜻으로 말하면	據性字本義而言之

---

141) 植(직)=立也.

마음이 기호하는 것이다.

『서경』「소고召誥」편의 "성을 절제하여 날마다 매진한다"는 글과

맹자가 말한 "마음을 감동시켜 성을 바로잡는다"라는 글과

『예기』「왕제王制」편의

"육례를 닦아 민民의 성을 절제한다"는 글도,

모두 기호를 성이라 한 것이다.

『중용』의 천명의 성도 역시 기호로 설명할 수 있다.

대체로 사람이 배태가 이루어지면,

하늘이 영명한 무형의 성체性體를 부여하는 것이므로,

인간의 됨됨이는 선을 좋아하고 악을 미워하며,

덕을 좋아하고 더러움을 부끄러워한다.

이것을 성이라 하며, 이것을 성선이라 하는 것이다.

사람들이 항상 사용하는 말에 이르기를,

"내 성질은 회와 구이를 좋아하고,

쉬고 썩은 음식은 싫어한다.

내 성질은 악기 소리를 좋아하고,

개구리 소리는 싫어한다"고 한다.

이처럼 사람은 원래부터 기호를 성性이라 한 것이다.

그러므로 맹자도 성선설을 주장하면서

늘 기호로써 설명했다.

공자도 도道를 지키고 덕德을 좋아하는 시詩로

인성을 증거했다.

기호를 버리고 성을 말하는 것은

옛 공맹의 학문이 아니다.

則性者心之所嗜好也.

召誥云 節性唯日邁

孟子曰 動心忍[142]性

王制云

修六禮以節民性

皆以嗜好爲性也.

天命之性 亦可以嗜好言.

盖人之胚胎旣成

天則賦之 以靈明無形之體[143]

而其爲物也 樂善而惡惡

好德而恥汚.

斯之謂性也 斯之謂性善也.

人有恒言 曰

我性嗜膾炙

曰我性惡餲[144]敗.

曰我性嗜絲竹

曰我性惡蛙聲.

人固以嗜好爲性也.

故孟子論性善之理

輒以嗜好明之.

孔子引秉彝[145]好德之詩

以證人性.

舍嗜好而言性者

非洙泗之舊也.

---

142) 忍(인)=矯揉也. 荀子/儒效: 志忍私然後能公 行忍情性然後能脩.

143) 體(체)=身也. 性也.

144) 餲(의)=쉬다.

145) 彝(이)=道理也.

선유들의 성性에 대한 언급은 크게 혼란스럽다.	先儒言性大渾融.
따라서 요즘 사람도 착오가 많다.	今人又或差誤.
살았을 때는 성이라 하고, 죽으면 혼魂이라 하지만,	生則曰性 死則曰魂
사실인즉 성은 혼과 다른 것이다.	其實性與魂異.
성이란 인간의 대체에 대한 온전한 명칭이 아니다.	性非吾人大體之全名也.
내가 성을 기호를 위주로 말하는 것도 이 때문이다.	余謂性者 主於嗜好而言.
어떤 이는 성품이 산수를 좋아하고,	或性好山水
어떤 이는 성품이 서화를 좋아한다고 말하는 것은	或性好書畫
모두 기호를 성이라 한 것이다.	皆以嗜好爲性.
성性이란 글자의 뜻이 본래 이와 같은지라,	性之字義本如是也
맹자도 성을 논함에 있어 반드시 기호로 말한다.	故孟子論性 必以嗜好言之.
그가 말하기를 "입은 맛있는 것을 다 같이 좋아하고,	其言曰 口之於味同所嗜
귀는 음악을 다 같이 좋아하고,	耳之於聲同所好
눈은 색깔을 다 같이 좋아한다"는 것이다.	目之於色同所悅.
이 모두가 성품은 선善을	皆所以明性之於善
다 같이 좋아함을 밝힌 것이니,	同所好也
성품의 본뜻이 기호에 있지 않는가?	性之本義 非在嗜好乎.
『시경』에서 이르기를 "민民은 도道를 지키기 좋아한다"고 했다.	詩云 民之秉彝好.
이는 아름다운 덕성을 말한 것이다.	是懿德性之謂.
도를 지키면 반드시 덕德을 좋아한다는 것을 설명한 것이니,	秉彝而必以好德爲說
성性이란 글자의 뜻이 기호에 있지 않은가?	性之字義 其不在於嗜好乎.
인간의 성이 반드시 선행을 좋아하는 것은	人性之必好爲善
물의 성이 아래로 내려가는 것을 좋아하고,	如水性之必好就下
불의 성이 위로 올라가는 것을 좋아하는 것과 같다.	火性之必好就上.

사람의 성性은 선善을 기호하고 즐거워한다.	人性嗜善樂善.

그 증거는 두 가지다.

하나는 겉으로 드러나는 징험이요,

다른 하나는 결과의 공적으로 확인하는 방법이다.

도적은 악행에 젖어 있지만

모르는 사람이

청렴결백하다고 칭찬하면 기뻐한다.

그의 성이 선을 좋아하기 때문이다.

창기도 악행에 젖어 있지만

음란하고 더럽다고 간곡히 나무라면

부끄러워한다.

그의 성이 악惡을 미워하기 때문이다.

이런 것들은 모두 겉으로 드러나는 징험이다.

배추의 성질은 오줌을 좋아하고,

마늘은 닭똥을 좋아한다.

벼는 물을 좋아하고, 기장은 마른 땅을 좋아한다.

무릇 자기가 좋아하는 것을 얻으면 싹이 트고

번성하고 고와진다.

사람들은 이를 보고

그것들의 기호를 알게 된다.

이로써 경험 많은 농부는 성이 기호임을 스스로 믿은 것이다.

厥證有二.

其一即 見在之徵驗

其一即 畢竟之功效也.

盜賊陷溺而爲惡

人有不知者

譽之以廉潔則悅.

其性之樂善如是也.

娼妓陷溺而爲惡

人有切責者

罵之以淫穢則愧.

其性之惡惡如是也.

諸如此類 是見在之徵驗也.

菘之性嗜溲尿

蒜[146]之性嗜鷄糞.

稻性嗜水 黍性嗜燥.

凡得其所嗜者 乃苗乃茂

乃蕃乃鮮.

人見其苗[147]茂蕃鮮

以知其嗜好.

此老圃老農之所以自信也.

성性은 심心의 성질이다

성性은 심心의 성질을 말한 것이다. 그러므로 심은 실체이지만 성은 실체가 아니다. 심은 심장이라는 기관이며 혈류를 주관하면서 허령한 정신을 담지한다. 심의 정신은 사후에 육체를 떠나면 영혼이라 부른다. 그러므로 심이란 신神과 형形이 잘 조화된 추뉴다.

___

146) 蒜(산)=마늘.
147) 苗(줄)=싹이 트다.

고경에서 허령한 본체를 말할 때는	古經以虛靈之本體 而言之則
대체大體라고 했고,	謂之大體
대체가 발한 것을 말할 때는	以大體之所發 而言之則
도심道心이라고 했으며,	謂之道心
대체의 호오를 말할 때는	以大體之所好惡 而言之則
성性이라고 했다.	謂之性.
"하늘이 명한 것을 성이라 한다"고 말한 것은	天命之謂性者
하늘이 사람을 처음 지을 때,	謂天於生人之初
덕德을 좋아하고 악惡을 부끄러워하는 성품을 주었다는 뜻이다.	賦之以好德恥惡之性.
허령한 본체의 심心은 성이라 하지 않고	於虛靈本體之中 非謂性
본체라 해야 옳을 것이다.	可以名本體也.
이처럼 성이란 좋아하고 싫어하는 것을 이름 붙인 것이다.	性也者以嗜好厭惡以立名.

정신과 육체가 오묘하게 합하여 만들어진 것이 사람이다.	鏞案 神形妙合乃成爲人.
정신은 형체가 없으므로 또한 이름도 없다.	神則無形 亦尙無名.
그것이 형체가 없으므로 이름을 빌려 신神이라 한 것이다.	以其無形故 借名曰神.
심心은 피를 관장하는 기관이며 신과 형形을 조화하는 추뉴다.	心爲血府 爲妙合之樞紐.
그래서 중심이라는 이름을 빌려 심이라 했고,	故借名曰心
죽어서 형체를 떠나면 혼魂이라 부른다.	死而離形乃名曰魂.
맹자는 대체라 했고 불가에서는 법신이라 하는데,	孟子謂之大體 佛家謂之法身
문자로는 정해진 명칭이 없다.	其在文字無專名也.

『맹자장구孟子章句』를 지은 조기趙岐는 이르기를,	趙曰
"대체大體는 마음으로 예의를 사모하고,	大體心思禮義
소체小體는 방종하여 정욕을 생각한다"고 했다.	小體縱志情慾.
주자는 이르기를 "대체는 심心이요	集曰 大體心也
소체는 이목 등 감각 기관"이라 했다.	小體耳目之類也.

내 소견으로는　　　　　　　　　　　　　　　　　　　　　鏞案

대체란 무형의 영명함이요,　　　　　　　　　　　　　　大體者無形之靈明也

소체란 유형의 육체다.　　　　　　　　　　　　　　　　小體者有形之軀殼也.

대체를 따르는 것은 천성을 따르는 것이요,　　　　　　從其大體者率性者也

소체를 따르는 것은 욕망을 따르는 것이다.　　　　　　從其小體者循欲者也.

도심은 항상 대체를 기르려고 하고,　　　　　　　　　　道心常欲養大

인심은 항상 소체를 기르려고 한다.　　　　　　　　　　而人心常欲養小.

천명을 알고 즐거워함은 도심을 배양하고,　　　　　　樂天知命 則培養道心矣

나를 극복하여 예禮로 돌아감은 인심을 제어하는 것이다.　克己復禮 則制伏人心矣.

이것이 선악의 갈림길이다.　　　　　　　　　　　　　　此善惡之判也.

신체의 기호, 영지의 기호

여유당전서與猶堂全書/**일집시문집**一集詩文集/**16권**/**자찬묘지명집중본**自撰墓誌銘集中本

성性이란 기호다.　　　　　　　　　　　　　　　　　　性者嗜好也.

신체의 기호와 영지의 기호를　　　　　　　　　　　　有形軀之嗜 有靈知之嗜

다 같이 성이라 한다.　　　　　　　　　　　　　　　　均謂之性.

『서경』「소고」편은 성품을 절제하라 말했고,　　　　　故召誥曰 節性

『예기』「왕제」편은 민民의 성품을 절제시킨다고 말했고,　王制曰 節民性

맹자는 "마음을 감동시켜 성을 바로 잡는다"라고 했고　孟子曰 動心忍性

또 "이목 구체의 기호를 성이라 한다"라고 말했는데,　又以耳目口體之嗜爲性

이것은 신체의 기호를 말한 것이다.　　　　　　　　　此形軀之嗜好也.

『중용』에서 "천명의 성", "성과 천도",　　　　　　　　天命之性 性與天道

"성은 선하다", "성을 다한다"라고 할 때의 성은　　　　性善 盡性之性

모두 영지의 기호를 말한 것이다.　　　　　　　　　　此靈知之嗜好也.

여유당전서與猶堂全書/**이집경집**二集經集/**2권**/**대학강의**大學講義

기호에는 두 가지 단서가 있으니　　　　　　　　　　嗜好有兩端

그 하나는 눈앞의 즐거움을 탐하는 것을 기호라 한다.　一以目下之耽樂爲嗜好.

꿩의 성품은 산을 좋아하고, 사슴의 성품은 들을 좋아하며,　如云 雉性好山 鹿性好野

원숭이의 성품은 술을 좋아한다고 말하는 것처럼,	猩猩之性好酒醴
이것은 하나의 기호다.	此一嗜好也.
또 하나는 태어날 때부터 생성된 것을 기호라 한다.	一以畢竟之生成爲嗜好.
벼의 성질은 물을 좋아하고, 기장의 성질은 건조한 것을 좋아하고,	如云 稻性好水 黍性好燥
파와 마늘의 성질은 닭똥을 좋아한다고 말하는 것처럼	蔥蒜之性好鷄糞
이것이 또 하나의 기호다.	此一嗜好也.

호굉의 성호오설에 대한 비판

이처럼 성기호설性嗜好說은 성즉리性卽理를 기본으로 하는 성리학에 반하는 것이다. 주자가 이미 비판한 것처럼 성기호설은 이정二程의 2대 제자인 호굉胡宏, 1105?~1155?이 주장한 바 있다.

호굉胡宏

오봉집五峰集/**지언**知言/**권5**

천天이란 도道의 총명이다.	天者 道之總名也.

오봉집五峰集/**지언**知言/**권1**

도道란 천天의 체體와 용用의 총명이다.	道者 體用之總名.
인仁은 도의 체요, 의義는 도의 작용이다.	仁其體 義其用.
몸체와 작용을 합하여 이를 도라고 말하는 것뿐이다.	合體與用 斯謂道矣.

오봉집五峰集/**지언**知言/**권1**

도道가 사물에 있는 것은	道之有物
마치 바람에 운동이 있고, 물에 흐름이 있는 것과 같다.	猶風之有動 猶水之有流也.

오봉집五峰集/**지언**知言/**권2**

만물의 흐름과 형체를 보면 그 성性은 다르지만,	觀萬物之流形 其性則異
만물의 본성을 보면 그 근원은 하나다.	察萬物之本性 其源則一.

회암晦庵

주자대전/73-6/호자지언의의 胡子知言疑義

호굉은 「지언知言」에 호오를 성性이라 했다.	知言曰 好惡性也.
소인은 이기심으로 호오하고, 군자는 도道로써 호오한다.	小人好惡以己 君子好惡以道.
이것을 알면 천리와 인욕을 알 수 있다는 것이다.	察乎此則 天理人欲可知.
주자는 비판한다. 이 글은 성은 선악이 없다는 뜻인데	熹按此章 卽性無善惡之意
만약 그렇다면 성은 단지 호오만 있을 뿐	若果如此則 性但有好惡
선악이 없으니,	而無善惡
그에 따르면 군자는 도로써 호오한다는 말은	之則矣 君子好惡以道
성 밖에 도가 있다는 뜻이다.	是性外有道也.
이를 살펴보면 천리와 인욕을 알 수 있으니,	察乎此則 天理人欲可知
이는 천리와 인욕은 동시 병존할 수 있으며,	是天理人慾同時竝有
선후와 빈주의 구별을 없애버린다.	無先後賓主之別也.
그러면 『시경』에서 이른바	然則所謂
하늘이 민民을 낳으매 물도 있고 법도 있어,	天生蒸民有物有則
민들이 인륜을 지키고 아름다운 덕을 좋아한다는 말은	民之秉彝 好是懿德者
과연 무엇을 말하는 것인가?	果何謂乎.

주자대전/32-4/답장경부 答張敬夫

다만 선악을 기호라는 하나의 뜻으로 명명함은 옳지 않다.	但不可以善惡名此一義.
내가 그것을 의심하는 것은	熹終疑之
선善이란 악惡이 없는 것의 명칭이기 때문이다.	蓋善者無惡之名.
대저 호오가 있는 까닭은	夫其所以有好有惡者
사람의 마음이 본래 선을 좋아하고 악을 싫어하기 때문이다.	特以好善而惡惡耳.
그러므로 마음이 어찌 처음부터 선하지 않음이 있겠는가?	初安有不善哉.
그런즉 그것을 선이라고 칭해도	然則名之以善
또 어찌 불가하겠는가?	又何不可之有.
그런데 호굉은 호오의 작용을 성性이라 추측하고,	今推有好有惡者爲性
좋아하고 미워하는 것이 이理에 맞으면 선이라고 말한다.	而以好惡以理者爲善.
그런즉 성 밖에 이理가 따로 있게 되니,	則是性外有理

이처럼 갈라놓는 것은 찬성할 수 없다.　　　　　　　　而疑[148]於二矣.

　　다산은 호굉의 성기호설性嗜好說과 천天이 곧 도道이라는 학설에 영향을 받은 것으로 보아 호굉의 『지언知言』을 읽은 것으로 추측된다. 그러나 다산은 호굉의 성무선악설性無善惡說과 인물성동론人物性同論에 비판적이었지만 이理와 성性을 다른 것으로 보았다는 점에서는 일치한다.

여유당전서與猶堂全書/**이집경집**二集經集/**6권**/**맹자요의**孟子要義/**고자제육**告子第六

주자는 『맹자집주孟子集註』에서 이르기를,	集曰
"근세 동파東坡 (蘇軾),	近世 蘇氏
문정文定 (胡安國), 오봉五峰 (胡宏)의 학설은	胡氏之說
고자의 성무선악과 대체로 같다"고 말했다.	盖如此.
내 생각으로는 소동파의 설은 잘못이다.	鏞案 蘇說非矣.
요순은 '진실로 중中을 잡으라'라고 했고,	堯舜曰 允執厥中
『중용』은	中庸曰
희로애락이 발하지 않은 것을 중이라고 말했다.	喜怒哀樂之未發謂之中.
하나는 성인이 힘써 잡아 지키는 것이고,	一則聖人用力以執持也
하나는 군자가 힘써 추측하여 이루는 것이다.	一則君子用力以推致也.
어찌 인성의 이름을 중이라 한 적이 있었던가?	曷嘗以人性名之曰中乎.
희로애락이 발한 뒤에야	喜怒哀樂既發
절도에 맞거나 맞지 않는 일이 생긴다.	有中節有不中節.
절도에 맞으면 선善이요,	其中節者歸於善
맞지 않으면 악惡으로 돌아간다.	其不中節者歸於惡.
그러므로 아직 발하지 않은 때는	方其未發也
원래 선이라고 말할 수 없다.	固不可謂之善矣.
선을 좋아하고 악을 부끄러워함은 이미 발현한 것이지만	樂善恥惡既發
중절하지 못함이 없다.	無不中節者.
그러므로 도둑이 손으로는 남의 협문을 뚫지만	故手方穿窬
그의 마음으로는 악을 부끄러워하지 않음이 없을 것이며,	而其心未嘗不恥惡.
입으로는 남을 꾸짖고 욕을 하지만	口方詬罵

---

148) 疑(의)=惑也, 難也, 戾也.

그의 마음만은 선을 좋아하지 않음이 없을 것이다. 　　而其心未嘗不樂善.

어찌 순수함이 선이라고 말하지 않을 수 있겠는가? 　　惡得不謂之純善乎.

정情은 사람을 따라서 움직이므로 선할 수도 악할 수도 있다. 　　情動由乎人 故可善可惡.

성性이 좋아하는 것은 하늘에서 받은 것이므로 　　性好受於天

선은 있지만 악은 없다. 　　故有善無惡.

호안국胡安國의 설說도 잘못이다. 　　胡文正之說亦非矣.

선善과 악惡을 반드시 대대待對 관계로 병치시키면 　　善惡必對則

천지간에 순수한 선은 없을 것이다. 　　天地間無純善之物乎.

요임금은 선하다고 말하면서 　　謂堯善則

요임금은 악도 겸했다고 말할 수 있겠는가? 　　堯其兼有惡乎.

눈이 희다고 말하면서 　　謂雪白則

어찌 검은색을 겸했다고 말할 수 있겠는가? 　　雪其兼有黑乎.

호굉의 설說도 잘못이다. 　　胡五峰之說 亦非也.

순수한 천지의 마음은 도의가 온전히 갖추어진 것이지만, 　　粹然天地之心 道義全具

내가 말하는 성性은 아니다. 　　非吾所謂性也.

성은 심心이 좋아하는 것이다. 　　性者心所好也.

그러므로 『시경』에서 민民은 도리를 지켜 　　故曰 民之秉彝

아름다운 덕德을 좋아한다 했으니, 　　好是懿德

성을 논하는 자는 마땅히 호오로써 말해야 한다. 　　論性者宜以好惡言.

성선설 성악설 비판

사람의 영체靈體는 보는 관점에 따라 세 가지 이치로 설명될 수 있는데, '기호嗜好'로 말하면 낙선치악樂善恥惡이니 맹자의 성선설이 이것이며, '권형權衡(저울)'로 말하면 가선가악可善可惡이니 고자의 단수湍水의 성性과 양웅楊雄, BC 53~AD 18의 선악 혼재설이 이것이며, '행사行事'로 말하면 선하기는 어렵고 악하기는 쉬우니 순자의 성악설이 이것이다. 이처럼 성기호설性嗜好說에 따르면 성선설, 성악설, 선악 혼재설 모두 성의 일면만을 말한 것이 되므로 불완전한 것이 된다.

이를 종합하면 인간의 영체 안에는 세 가지 이치가 있다.	總之靈體之內厥有三理.
성性으로 말한다면 선善을 좋아하고 악惡을 부끄러워한다.	言乎其性 則樂善而恥惡.
이것이 맹자가 말한 성선설이다.	此孟子所謂性善也.
자유 의지(權衡)로 말하면 선할 수도 있고 악할 수도 있다.	言乎其權衡 則可善而可惡.
이것이 여울물처럼 터주는 대로 흐른다는 고자의 학습설과,	此告子湍水之喩
양웅의 선악 혼합설이 나온 근거다.	楊雄善惡渾之說 所由作也.
행위론(行事)으로 말하면	言乎其行事
선을 행하기는 어렵고 악에 빠지기는 쉽다.	則難善而易惡.
이것이 순자의 성악설이 나온 근거다.	此荀卿性惡之說 所由作也.
순자와 양웅은 '성' 자를 오인했으므로	荀與楊也 認性字本誤
그 학설이 어긋났을 뿐,	其說以差
인간의 영체에	非吾人靈體之內
그들이 말한 세 가지 이치가 본래 없다는 것은 아니다.	本無此三理也.

성性을 말하려면 반드시 기호를 위주로 말해야	言性者 必主嗜好而言
그 뜻이 선다.	其義乃立.
만약 이것을 허령 무형한 물건이라 말하면,	若謂此虛靈無形之物
그 본체가 혼연 지선至善하니 조금도 악惡이 없을 것이다.	其體渾然至善 一毫無惡.
그러나 아기가 갓 태어나면	則赤子始生
울고 젖을 찾고 안아주기만 바라는데,	但知啼哭索乳求抱
어찌 순수한 선善뿐이라고 말할 수 있겠는가?	安得硬謂之純善乎.
만약 자주적 권능이라고 말한다면,	若以其自主之權能而言之
그 형세에 따라 선도 행할 수 있고,	則其勢可以爲善
악도 행할 수 있다.	亦可以爲惡.
양웅은 이것을 성이라 여겼기에	楊雄以此爲性
선악 혼재설을 주장한 것이다.	故命之曰善惡渾.
만약 형기의 사욕으로 말한다면,	若以其形氣之私慾而言之

양웅처럼 선할 수도 있고 악할 수도 있다고 말할 수 없으며,

오히려 선하기는 어렵고 악하기는 쉽다고 말해야 한다.

선善을 따르기는 오르는 것 같고,

악惡을 따르기는 무너지는 것 같다는 말이

잘못된 말이 아닐 것이다.

순자는 이것을 성性이라 여겼기에

성악설을 말한 것이다.

양웅의 선악 혼재설이나 순자의 성악설도

역시 없는 것을 있다고 하거나 백을 흑이라고 속인 것은 아니다.

그들이 가리켜 말한 관점이

맹자와 같지 않을 뿐이다.

불가에서 이름 붙인 명심明心과 견성見性에 대한

천언만어도

모두 성性을 찬미하는 것이지만

그 본의는 맹자의 성선설과는

전혀 다른 것이다.

저들이 말하는 것은

본체의 허령하고 기묘한 점을 지적한 것이고,

맹자의 말은 선善을 좋아하고 악惡을 부끄러워함이

물이 아래로 내려가는 것과 같다는 말이다.

어찌 같은 취지의 말이겠는가?

정호程顥가 "성性은 본래 선한 것이지만

악 또한 성"이라고 말했다.

내 생각으로 성에는 선善도 있고 악惡도 있는데,

맹자가 오로지 성선만을 말했다면,

맹자는 성을 알지 못한 것이 된다.

맹자가 성을 알지 못했는데

다시 성을 안 사람이 있다는 것인가?

則不惟可善而可惡

抑亦難善而易惡.

從善如登

從惡如崩

非過語也.

荀卿以此爲性

故命之曰性惡.

彼荀與楊之言

亦未嘗 指無爲有 誣白爲黑.

則必其所指點者

與孟子不同耳.

佛家號爲明心見性

其千言萬語

皆所以贊美此物

然其本意 與孟子性善之說

相去萬里.

彼所言者

本體之虛靈奇妙也

此所言者 謂其能樂善恥惡

如水之就下也.

豈同趣之言乎.

明道曰 性固善也

然惡亦不可不謂之性.

鏞案 性有善有惡

而孟子單言性善

則孟子不知性矣.

孟子不知性

而復有知性者乎.

그렇다 치고 말해보자. 據[149]云.
의리지성은 선을 주관하고, 義理之性主乎善
기질지성은 악을 주관한다면, 氣質之性主乎惡
이 두 성이 합해져야 온전한 성이 될 것이므로, 二性相合乃爲全性
선악이 혼재한다는 양웅의 주장이 則楊子雲[150]善惡渾之說
정론이 되어야 한다. 爲正論也.[151]
반면 오로지 기질의 성만을 말하면 單言氣質之性
순자의 성악설이 則荀卿子性惡之說
정론이 되어야 한다. 爲正論也.
그렇다면 공자와 자사의 도통은 然則孔子子思之統
마땅히 순자와 양자에 있어야 하는데, 當在荀楊
어째서 맹자를 도통으로 삼은 것인가? 豈得復以孟氏爲宗乎.

자유 의지

다산의 성기호설性嗜好說에 의하면 성性은 기호일 뿐이며 이理도 기氣도 아니다. 따라서 성에는 선악이 존재하지 않는다. 즉, 선악은 천성에 달려 있는 것이 아니라 자신의 선택에 있다는 것이다. 이는 인간에게는 자유 의지가 있다는 것을 전제로 하는 주장이다.

여유당전서與猶堂全書**/이집경집**二集經集**/15권/논어고금주**論語古今註**/권9/양화**陽貨

맹자는 성性을 착하다고 했는데 그렇다면 어찌 차등이 생기는가? 孟子之謂善性 豈有差乎.
만약 부득불 착하지 않을 수 없었다면 사람은 공이 없을 것이다. 但不得不善 人則無功.
이에 또 선할 수도 있고 악할 수도 있는 권능을 품부받았다면, 於是又賦之 以可善可惡之權
그 자주성에 따라 선善을 지향하려고 하면 선성을 따르고 聽其自主 欲向善則聽
악惡으로 달려가려 하면 악성을 따를 것이다. 欲趨惡則聽.
이것이 공과 죄를 논할 수 있는 원인이 제기되는 것이다. 此功罪之所以起也.
하늘이 이미 덕德을 좋아하고 天旣賦之 以好德

---

149) 據(거)=依託.

150) 子雲(자운)=楊雄. 西漢의 經學家. 子雲은 字.

151) 楊雄의 善惡混在說은 다음과 같다. 法言/修身:人之性也 善惡混. 修其善則爲善人 修其惡則爲惡人.

악惡을 부끄러워하는 성품을 품부했으므로	恥惡之性
선을 행하거나 아니면 악을 행하거나	而若行善行惡
결정해주지 않고 그 행위를 위임한 것이다.	令可游移[152] 任其所爲.
이처럼 신의 권능과 신묘한 뜻이 냉엄하다.	此其神權妙旨之凜[153]
그러니 가히 두려운 것이다.	然可畏者也.
왜냐하면 덕을 좋아하고	何則 好德
악을 부끄러워함의 나눔이 밝기 때문이다.	恥惡之其分明矣.
이로 볼 때 선을 지향하면 너의 공이고	自此以往 其向善汝功也
악으로 달려가면 너의 죄가 되는 것이니 두렵지 않겠는가?	其趨惡汝罪也 不可畏乎.

여유당전서與猶堂全書/**이집경집**二集經集/**6권**/**맹자요의**孟子要義/**고자제육**告子第六

인간은 선악을 스스로 만들고	人之於善惡 皆能自作
행위를 스스로 주관할 수 있다.	以其爲自主張也.
그러나 금수의 경우는 스스로 만들 수 없으며,	禽獸之於善惡 不能自作
그 행위는 부득불 그러한 것이다.	以其爲不得不然也.

여유당전서與猶堂全書/**이집경집**二集經集/**5권**/**맹자요의**孟子要義/**등문공제삼**滕文公第三

하늘은 사람에게는	故天之於人
자주할 수 있는 권능을 주었다.	予之以自主之權.
선善을 하려고 하면 선을 하고,	使其欲善則爲善
악惡을 하려고 하면 악을 행하여,	欲惡則爲惡
향방이 고정되지 않아 그 권능이 자신한테 있으니,	游移不定 其權在己
금수가 고정된 마음을 갖고 있는 것과는 같지 않다.	不似禽獸之有定心.
그래서 선행은 자신의 공이요,	故爲善則實爲己功
악행은 자신의 죄가 되는 것이다.	爲惡則實爲己罪.
이는 심心의 권능이지 이른바 성性이 아니다.	此心之權也 非所謂性也.
양웅이 이를 성으로 잘못 알고	楊雄誤以爲性
선악 혼재설을 말한 것이다.	故乃謂之善惡渾.

---

152) 游移(유이)=흐리멍텅하며 맺고 끊음이 없음.

153) 凜(름)=寒也.

식색과 안일의 욕심은 형기로 말미암지만,	食色安逸之欲 皆由形氣
교만하고 스스로 높이는 죄는	而凡驕傲自尊之罪
허령한 것에서 나오니,	是從虛靈邊出來
허령한 본체는 악을 행할 리 없다고 말하는 것은	不可曰
옳지 않다.	虛靈之體無可惡之理也.
무릇 허령한 본체는 순수한 선이므로,	凡以虛靈之體 謂純善
악할 수 없다는 주장은 불가의 말일 뿐이다.	無可惡之理者 佛氏之論也.

이처럼 인간의 자유 의지는 성기호설의 논리적 귀결이었지만, 자유 의지설은 본연지성을 부인하게 되고 나아가 경전 해석에 중요한 변화를 가져온다. 예컨대 『중용』에서 말한 '미발未發의 중中'은 종전의 해석처럼 인간 본성이 선천적으로 가지고 있는 청정함이 아니라 노력과 공부로 얻어지는 중정中正한 마음일 뿐이다. 마찬가지로 요순이 말한 '윤집궐중允執厥中'도 중덕中德은 노력을 통해 붙잡고 지속하는 것을 의미한다. 이때의 중中이란 글자는 선험적인 평정심이나 또는 시중時中이나 중도中途가 아니라 '중앙황극中央皇極의 불편불의不偏不倚 무과불급無過不及의 덕德'을 의미한다. 이로써 '미발의 중'과 '윤집궐중'은 모순되지 않고 조화롭게 이해할 수 있게 될 뿐만 아니라, 나아가 선악과 신분도 모두 선험적인 본성의 우열이 아니라 행사行事와 노력의 결과로 재해석된다.

여유당전서與猶堂全書/**이집경집**二集經集/**6권**/**맹자요의**孟子要義/**고자제육**告子第六

요순은 "진실로 중中을 잡으라"라고 했고,	堯舜曰 允執厥中
『중용』에서는	中庸曰
희로애락이 아직 발하지 않는 것을 중이라 했다.	喜怒哀樂之未發謂之中.
하나는 성인이 힘써 잡아 지키는 것이고,	一則 聖人用力以執持也
하나는 군자가 힘써 추측하여 이루는 것이다.	一則君子用力推致之也.
누가 일찍이 인간의 본성을 중이라고 명명한 적이 있었던가?	曷嘗以人性名之曰中乎

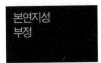
〈복성설復性說에 근거한 존심存心의 마음공부 비판〉

성리학에서는 '성性은 곧 이理'라고 생각하므로 성선설을 근간으로 한다. 그러면 악惡은 어디에서 나오는가? 이를 설명하기 위해서 인성人性을 둘로 나누고, 본연本然의 성은 선하지만 기질氣質의 성은 후박 청탁이 있어 선하기도 하고 악하기도 하다고 설명한다. 즉, 이理는 선하고 기氣는 악하다는 것이다. 이를 기질악론氣質惡論이라고 말한다. 그러나 다산은 성을 기호로 보고, 본성을 부인하고 기질을 천품으로 보았으므로 기질도 선한 것으로 본다. 그러므로 기질악론을 인정하지 않는다. 이처럼 다산의 성기호설性嗜好說은 성리학의 기본을 무너뜨리는 폭발성을 함의하고 있다. 이는 성리학의 기본인 복성설復性說을 부정하는 것이기 때문이다. 복성설이란 본성을 회복하는 것만이 선善을 이루는 유일한 방법이라는 것이다.

심心은 선험적으로 만리萬理를 갖추고 있는가? 『대학』에서 말한 명덕明德은 사람이 천天으로부터 품부받은 허령불매하여 중리衆理를 갖춘 마음, 즉 선험적 이성이다. 그래서 만법귀심萬法歸心이라고 말한다. 그렇다면 향벽관심向壁觀心이 우주 만물의 진리 체득의 최선의 방법이 될 것이다. 이것이 불교의 심론心論이다.

성리학의 성론性論은 이러한 불교의 심론을 받아들이면서도 맹자의 성선설에 근거를 찾는다. 그리고 기질로 인하여 먼지가 끼어 어두워진 본연지성을 되찾기(復性說) 위해서는 극기복례克己復禮가 필요하다고 설명한다. 이것은 에덴동산의 선악과 비유와 비슷한 선험론적 성선설이다.

그러나 다산이 지적한 것처럼 본연지성 이론은 불교에서 나온 것이다. 즉 능엄경楞嚴經에서 여래如來의 성性은 본래 청정淸淨이라 말했고, 반야경般若經과 기신론起信論에서는 본연지성이 새로운 향기(新薰)에 소염所染되어 진여본체眞如本體를 잃어버렸다고 말했다. 그런데 송유宋儒들이 이것을 빌려 유가 경전을 해설했으나 유가 경전 어디에도 '본연'이란 두 글자는 없다.

또한 불서佛書에서 말하는 본연지성은 연원이 없는 무시無始이며 천지 사이에 항상 있다가 윤회할 때마다 다른 형태로 나타나는 불멸자재不滅自在의 존재이지만, 유가가 말하는 천명지성天命之性은 하늘이 비로소 명命한 성품이므로 무시가 아니다. 즉 불가의 성性은 본원적 존재인 불심이나 유가의 성은 본원이 아니다. 유가에서 본원적 존재는 천제天帝이다. 그러므로 불교의 성은 무신론적이고 유교의 성은 유신론적이다.

이른바 본연의 성性 이론은 원래 불서에서 나왔으며,	曰 本然之性 原出佛書
유가의 천명의 성과는	與吾儒天命之性
얼음과 불 같아서 어긋나 서로 통하지 않는다.	相爲氷炭 不可通也.

본연지설은 본래 불가의 글에서 나왔다.	本然之說本出佛書.
능엄경에 이르기를	楞嚴經曰
"여래가 간직한 성性은 청정한 본연"이라 했다.	如來藏性淸淨本然.
능기경에 이르기를 "섞이지 않는 것을 본연이라 칭하며,"	楞器經曰 非和合者稱本然
또 이르기를 "맑은 물에 비유하여 청결 본연"이라 했다.	又曰 譬如淸水 淸潔本然.
이처럼 본연지성은 부처의 말이 분명한데,	本然之性明是佛語
어찌 이것으로 공맹의 말을 해석할 수 있겠는가?	豈可以此解孔孟之言乎.

살피건대 본연의 성과 기질의 성 이론은	案本然氣質之說
심체를 곧바로 가리켜 은미한 것을 발명함으로써,	直指心體發明隱微
우리로 하여금 자기 자신을 발견하게 하는 데 큰 공로가 있었다.	使吾人得以認己 其功大矣.
그러나 천명을 본연이라고 말한 것은	然其命之曰本然
실제 이치와 어긋난다.	恐與實理有差.
잘 생각해보면 하늘이 마음을 내려준 것은	竊嘗思之天之降衷
반드시 몸의 형체가 배태한 후인데,	必在身形胚胎之後
어찌 본연이라고 말할 수 있겠는가?	何得謂之本然乎.
불가에서 말하는 '청정한 법신'이란	佛家謂淸淨法身[154]
시작이 없이 본래부터 스스로 존재하는 것이다.	自無始時本來自在.
하늘의 조화를 받지 않았으므로 시작도 없고 끝도 없다.	不受天造 無始無終.
그러므로 명칭을 본연이라 했으며, 본래의 자연을 일컫는 말이다.	故名曰本然 謂本來自然也.
그러나 형체와 몸은 부모부터 받았으므로	然形軀受之父母
무시無始라 할 수 없고,	不可曰無始也
성령은 천명을 받은 것이니	性靈受之天命

---

154) 法身(법신)=佛心.

무시라고 할 수 없다.

그런즉 본연이라 말하는 것은 잘못이다.

이 점이 바로 의심하지 않을 수 없는 까닭이다.

여유당전서與猶堂全書/**이집경집**二集經集/**2권**/**심성총의**心性總義

지금 사람들은 심心, 성性 두 글자를 큰 송사거리로 삼고 있다.

혹자는 심은 크고 성은 작다고 말하고,

혹자는 반대로 성은 크고 심은 작다고 말한다.

심이 성性과 정情을 통합한다고 말하는 자는 심을 크다고 하고,

성은 이理요, 심은 기氣라고 말하는 자는

성이 크다고 한다.

심대설心大說을 주장하는 자들은

정신과 형체를 주관하고 오묘하게 결합하는 것은

단지 하나의 심이 있어 그렇다고 말한다.

성대설性大說은 주장하는 자들은

성이란 글자를 대체로 보고,

법신의 전일한 칭호라고 말한다.

그러나 만약 하나의 글자를 빌려

대체의 전일한 명칭으로 삼으려 한다면

심이 오히려 근사하며 성이라 함은 불가하다.

성이란 글자는 마땅히

꿩의 성질, 사슴의 성질, 풀의 성질, 나무의 성질처럼,

본래 기호를 이름 붙인 것으로 읽어야 하며,

고원 광대한 것으로 지어내 설명함은 불가하다.

오늘날 사람들은 성性이란 글자를 높이 받들고,

마치 하늘인 양 위대한 것으로 만들었다.

그리고 그것을 태극 음양설로 혼합하고,

본연지성과 기질지성으로 나누어 복잡하게 했다.

아득하고 유원하여 알 듯 모를 듯 과장하고 속이며,

不可曰無始也.

則不可曰本然.

此其所以不能無疑者也.

今人 以心性二字 作爲大訟.

或云 心大而性小

或云 性大而心小.

謂心統性情 則心爲大

謂性是理而心是氣

則性爲大.

以心爲大者

主神形妙合

只有一心而言之也.

以性爲大者

把此性字以爲大體

法身之專稱也.

然若必欲假借一字

以爲大體之專名

則心猶近之 性則不可.

性之爲字 當讀之

如雉性鹿性草性木性

本以嗜好立名

不可作高遠廣大說也.

今人推尊性字

奉之爲天樣大物.

混之以太極陰陽之說

雜之以本然氣質之論.

眇茫幽遠 恍惚夸誕

스스로 머리카락을 나누고 실을 쪼개는 것을	自以爲毫分縷析
아무도 모르는 하늘과 사람의 비밀을 궁리했다고 생각한다.	窮天人不發之秘.
그러나 그 결과는 일용 생활에 도움이 없으니,	而卒之無補於日用常行之
이 또한 무슨 유익함이 있겠는가?	則亦何益之有矣.

따라서 다산에 의하면 묵자, 맹자, 순자의 인성론은 모두 그것의 한 측면만을 말한 것이어서 일면의 진실이 있을 뿐이다. 그러므로 다산은 이를 공자의 극기복례로 종합하려 한다. 즉, 공자는 인성의 여러 측면을 살폈기 때문에 극기복례하지 않으면 괴패壞敗 사곡邪曲을 면치 못한다고 가르친 것이다. 그러므로 다산은 불가와 유가의 본성을 종합한 주자의 성즉리性卽理를 반대하고 공자로 다시 돌아갈 것을 요구한 것이다.

맹자孟子/이루離婁/하下

맹자는 이르기를	孟子曰
"사람이 금수와 다른 것은 별로 없으며,	人之所以異於禽獸者幾希
서민은 그것(仁義)을 버리고	庶民去之
"여래가 간직한 성性은 청정한 본연"	
군자는 그것을 보존할 뿐"이라고 말한다.	君子存之[155].

여유당전서與猶堂全書/이집경집二集經集/5권/맹자요의孟子要義/이루제사離婁第四

성리학자들은 매양 "성性은 곧 이理"라고 한다.	性理家每以性爲理.
그러므로 주자는 『맹자집주』에서 이르기를,	故集注謂
"인물이 생길 때	人物之生
똑같이 천지의 이理를 받아서 성으로 삼았다"고 한다.	同得天地之理以爲性.
이것이 이른바 본연지성이다.	此所謂本然之性也.
본연지성은	本然之性
대소 존비의 차등이 없고,	無有大小尊卑之差等
다만 품수된 형질에 따라서	特因所稟形質
청탁 편정이 있다고 한다.	有淸有濁有偏有正.
그러므로 이理가 기氣에 붙을 때	故理寓於氣

---

155) 성리학에서는 性 혹은 四端을 보존하라고 말한다. 이것이 바로 復性存性이다.

기를 따라서 부득불 서로 같지 않게 된다는 뜻이다.	不得不隨而不同.
이 주장을 잘 살펴보면,	亦此說也審如是也
인간이 금수와 다른 것은	人之所以異於禽獸者
형기의 차이에 있을 뿐 성령의 차이가 아니라는 뜻이다.	在於形氣 不在於性靈.
(그렇다면 맹자의 말은)	
서민은 형기를 버리고 군자만이 형기를 보존한다는 뜻이 된다.	庶民去形氣 君子存形氣.
이것이 어찌 맹자의 본뜻이겠는가?	豈孟子之本旨乎.
송나라 원나라 선생들이 말한 본연지성은	宋元諸先生所言本然之性
역시 불교에서 말하는 무시자재無始自在의 뜻이다.	亦無始自在之義.
이것은 고금 성인聖人의 도道와 관련된 중대한 문제이니	此係古今聖道之大關
감히 분별하지 않을 수 없다.	不敢不辨.

이처럼 다산은 '본연의 성性'을 부인하므로 『맹자』「진심盡心」편의 이른바 '만물개비어아萬物皆備於我'에 대한 주자의 선험론적 해석을 비판 거부한다. 맹자의 입론은 이理는 만물에 공통된 것이므로 내 안에 있는 선험적인 이理가 곧 만물의 이理라는 뜻이다. 그의 결론은 이동기수理同氣殊를 전제로 한 것이다. 이에 반해 다산은 기氣는 만물이 다 같지만 이理는 만물이 각각 다르다고 하는 기동이수氣同理殊를 주장한다. 다산의 이 주장은 이理를 기의 무늬로 보고 성을 기호로 보는 데서 오는 당연한 결론이다.

또한 본연지성 이론에 따라 본성을 회복하는 것을 수양의 요점으로 삼는 이른바 '복성설復性說'은 속세를 떠난 불자의 수양법일 뿐 치국평천하를 목표로 하는 선비의 수양에는 아무 도움이 되지 않는다고 비판한다.

여유당전서與猶堂全書/**이집경집**二集經集/**6권**/**맹자요의**孟子要義/**진심제칠**盡心第七

주자가 말했다. "이것은 이理의 본연을 말한 것이다."	集曰 此言理之本然也.
코고 작고 간에 당연의 이理는	大小當然之理
성性의 분별심 안에 구비되지 않은 것은 하나도 없다는 뜻이다.	無一不具於性分之內.
내 생각으로 천지 만물의 이理는	鏞案 天地萬物之理
만물 각자의 몸에 있을 뿐,	各在萬物身上
어찌 모두 나에게 구비되었다고 하겠는가?	安得皆備於我.

개는 개의 이理가 있고, 소는 소의 이理가 있으니	犬有犬之理 牛有牛之理
이것은 분명히 나에게는 없는 것이다.	此明明我之所無者.
이 글(皆備於我)은 곧 충서로 일관되었음을 설파한 것이다.	此章 乃一貫忠恕之說.
이것은 이른바 공자의 서일관설恕一貫說이며,	此孔子所謂一貫
만물이 얽혀 있어도	謂萬物紛錯
나의 뜻은 서恕 자 하나로 관통한다는 뜻이다.	我以一恕字貫之也.
공맹의 학문은 이처럼 진실 절실하고 비근한 것인데도,	孔孟之學 其眞切卑近如此
선유들은 말이 너무 넓고	而先儒 皆言之太廣
해석이 너무 멀어서	釋之太闊
천지 만물의 이치가	通天地萬物之理
모두 내 마음속에 갖추어져 있다고 한다.	無一不具於方寸之中.
그들의 말은 너무 넓고 끝이 없어서	浩浩蕩蕩 未有涯岸
후학들은 망연하여	使後學茫然
들어가고 착수할 곳을 알지 못하니,	不知入頭着手之處
이 어찌 한스러운 일이 아니겠는가?	豈不恨哉.

여유당전서與猶堂全書/**이집경집**二集經集/**2권/심성총의**心性總義

정자의 학문은	伊川之學
마음을 맑게 하여 사물이 없는 것을 요점으로 삼는다.	專要心中澂澈無物.
그러므로 죄도 뉘우침도 가슴속에 남아 있지 않기를 바란다.	故並與罪悔 欲不留胸中.
그러나 지난 잘못을 눈물로 후회하고 일생 동안 잊지 않는다면,	然能泣悔往愆 一生不忘
반드시 새로운 허물을 저지르지 않을 것이다.	則必不再作新愆.
마음을 맑게 하는 것이 이보다 더한 것이 있겠는가?	心之澂澈 有踰於是者乎.
『주역』에서는 오로지 회悔와 린吝을 말했다.	周易專觀悔吝.
후회(悔)는 능히 과오를 고치는 것이요,	悔者能改過也
탐심(吝)은 과오를 고치지 않는 것이다.	吝者不改過也.
후회하는 자는 길하고 탐욕한 자는 흉하다는 것이다.	悔則終吉 吝則終凶.
이것이 성인의 경계함이다.	聖人之戒也
행동에 불선이 있으면 도심은 그것을 후회한다.	行有不善 道心悔之.

이것은 회한의 발로이니 천명을 충실히 따르는 것이다.　　　悔恨之發 諄諄乎天命也.

여유당전서興猶堂全書/이집경집二集經集/1권/대학공의大學公議/구본대학舊本大學

뜻을 성실히 하고 마음을 바르게 함은 우리가 잘하는 공부인데,　　誠意正心 乃吾人之善功

어째서 밝은 덕德이 아니라고 말하는가?　　　何以謂之非明德也.

불가의 치심법은 치심을 사업으로 삼고,　　　佛氏治心之法 以治心爲事業

유가의 치심법은　　　而吾家治心之法

사업을 치심으로 삼는다.　　　以事業爲治心.

성의 정심은 학생의 지극한 공부이지만,　　　誠意正心 雖是學者之極工

매양 일을 하는 것으로 성실하고 바르게 되어야지,　　每因事而誠之 因事而正之

벽을 향하여 마음을 보는 것에 있지 않다.　　　未有向壁觀心.

오직 뜻을 성실히 하는 방법은 모두 실천과 사업에 있다.　　其所以誠其意者 皆在行事.

부질없는 생각만으로는 성실하다고 말할 수 없고.　　徒意不可以言誠

부질없는 마음만으로는 바르다고 말할 수 없다.　　徒心不可以言正.

고인들의 정심正心은 일에 대응하고 사물을 접하는 데 있고,　古人所謂正心 在於應事接物

고요함과 침묵에 있지 않았다.　　　不在乎主靜凝[156]黙.

『주역』은 경敬으로 안을 곧게 하고　　　易曰 敬以直內

의義로 밖을 바르게 한다고 말했다.　　　義以方外.

사물을 접한 이후에 경이란 명칭이 생기고,　　接物而後敬之名生焉.

일을 대응한 이후에 의라는 명칭이 세워진 것이다.　　應事而後義之名立.

접하지 않고 응하지 않고는 공경하다거나 의롭다 할 수 없다.　不接不應無以爲敬義也.

의와 심心과 신身을 어찌 명덕이라 말할 수 있으며,　　意心身 豈可曰明德

성의 정심 수신만으로　　　誠意正心修身

어찌 명덕을 밝혔다고 말할 수 있겠는가?　　　豈可曰明明德.

성현들의 마음과 성품을 다스림은　　　先聖之治心繕性

매양 행함과 사업에 있었다.　　　每在於行事.

행함과 사업 밖에 인륜이 따로 있는 것이 아니다.　　行事不外於人倫.

---

156) 凝(응)=熱中, 定也, 嚴整.

성의 정심은 매양 행사와 인륜에 의부하는 것이다.	誠正每依於行事.
부질없이 뜻만으로는 성실할 수 있는 이치가 없으며,	徒意無可誠之理
부질없이 마음만으로는 바르게 할 수 있는 방법이 없다.	徒心無可正之術.
행사와 인륜을 제외하고	除行事去人倫
마음이 지극한 선善에 머물기를 추구하는 것은	而求心之止於至善
성인의 본래 법이 아니다.	非先聖之本法也.

기질악론 부정
(욕망의 긍정)

이처럼 다산은 인성에 대해 본연의 성性은 허구에 불과하고 오직 기질의 성만이 존재하며, 그 기질은 청탁 후박이 있을 수 있지만 천품이므로 기본적으로 동일하다고 본다. 그러므로 인간은 우열의 차이는 있을 수 있지만, 기질의 청탁이 선악의 원인은 아니라고 본다. 다시 말하면 사람의 선악은 기질에 달려 있는 것이 아니고 후천적인 선택과 실행에 달려 있다는 것이다. 이러한 다산의 주장은 묵자의 인성 학습설과 맥을 같이하는 것이다. 따라서 성리학과 불교의 수양 방법인 무심론無心論이나 심징론心澄論을 찬성하지 않는다.

예컨대 왕망과 조조曹操, 155~220는 기질은 청淸했지만 불선했으며, 주발周勃, BC 240?~160과 석분石奮, ?~BC 124은 기질은 탁했으나 선인善人이었다. 총명 재식才識한 자는 윤리 실천이 허술하고 우둔 질박한 촌부는 효행이 독실하며, 변혜辯慧 기경機警하고 청가淸歌 묘무妙舞한 여인은 음란하기 쉽고, 황수黃首 흑면黑面의 우부愚婦는 열녀의 절조가 있는 것은 바로 선악이 기질에 달린 것이 아니라는 것을 증명한다는 것이다.

이러한 주장은 호굉과 주희의 논쟁에서 호굉을 택한 것이다. 호굉은 천리와 인욕은 같은 본체이며 다만 그 용用이 다를 뿐이라고 주장한다. 이는 그의 스승 정호程顥, 1032~1085가 성性은 타고난 기氣이므로 선善도 악惡도 성이라고 말한 것을 계승한 것이다. 즉 정호, 호굉, 다산은 다 같이 욕망을 본성으로 인정한 것이다.

주희는 욕망을 어느 정도 인정하지만 그것을 본성으로 인정하지는 않는다. 이는 장재와 정이程頤, 1033~1107를 계승하여 도덕성만이 본성이며 욕망은 '본연의 성性'이 아닌 감정, 즉 '기질의 성'이라고 말한다.

이를 요즘 개념으로 설명하자면 본연의 성性을 강조하는 것은 이성을 강조하는 합리주의이고, 기질의 성을 강조하는 것은 감성을 중시하는 낭만주의라고 말할 수도 있다. 또한 다산처럼 인성은 기질의 성만이 존재한다고 주장하면 욕망은 천품天稟이므로 욕망을 악惡으로 규정할 수 없다.

허령 본체를 맹자는 대체大體라 했으나	虛靈本體 孟子謂之大體
이는 바른 명칭이라고 할 수 없다.	斯其不爲正名也.
대체란 어떻게 생긴 것인가?	大體何如者也.
무릇 천하에 나고 죽는 물건은	凡天下有生有死之物
세 등급이 있다 하겠다.	止有三等.
초목은 생명이 있으나 지각이 없고,	草木有生而無知
금수는 지각이 있으나 영혼이 없고,	禽獸有知而無靈
사람의 대체는 생명도 지각도 있으며	人之大體 旣生旣知
거기에다 다시 영명 신묘한 작용도 있다.	復有靈明神妙之用.
이 점에서 금수와는 현격하게 차별된다.	此其迥別禽獸者也.
다만 그 산천, 기풍, 부모, 정혈을 받아	但其山川風氣父母精血受之
기질이 되었으므로,	爲氣質
청탁 후박의 차이가 없을 수 없다.	不能無淸濁厚薄之差.
그러므로 대체가 이 기질에 구애되는 정도에 따라	故大體之囿於是者
지혜롭고 둔하고 통하고 막히는 다름이 있게 된다.	隨之有慧鈍通塞之異.
또한 기氣가 짧은 것은 말수가 적고,	且氣短者寡語
피가 뜨거운 것은 쉽게 노하며,	血熱者易怒
부끄러우면 땀이 나오고 슬프면 눈물을 흘린다.	愧則汗出 哀則淚落.
이처럼 모든 대체와 소체小體는	皆大體小體
서로 기다리고 관여하며 신묘하게 결합되어 있어,	相須相關妙合
떨어질 수 없는 것을 명확히 경험할 수 있다.	而不能離之明驗也.
그런즉 그것을 본연지성과	則名之曰 本然之性
기질지성으로 이름 붙이고,	氣質之性
명확하게 둘로 나누는 것은	磊磊落落確分二體
아마도 어긋남이 있는 것 같다.	恐亦有差舛者.
금수는 본래	禽獸之性本
덕德을 좋아하고 악惡을 부끄러워하는 것이 불가능하다.	不能好德恥惡.
그러므로 선해도 공로라 하지 않고 악해도 죄라고 하지 않는다.	故善不爲功 惡不爲罪.

이것은 중대한 의미를 갖는 경험이다.　　　　　　　斯大驗也.

만약 인성이 부득불 선한 것이라면,　　　　　　　　苟使人性不得不善

거미원숭이처럼 부득불 효도하고,　　　　　　　　　如蜼[157]之不得不孝

벌처럼 부득불 충성하며,　　　　　　　　　　　　　如蜂之不得不忠

원앙이 부득불 지조를 지키는 것과 같다면　　　　　如鴛鴦之不得不烈

천하에 진실로 선한 사람을 칭찬할 것이 뭐가 있겠는가?　天下其復有善人乎.

그러나 이러한 기질의 성性은　　　　　　　　　　　然此氣質之性

요순이라고 모두 청명한 것만 받은 것이 아니고,　　堯舜非嘗偏受其淸明

걸주라고 하여 모두 더러운 것만 받은 것은 아니다.　桀紂非嘗偏受其濁穢.

진실로 본성은 선악과는 무관한 것이다.　　　　　其于本性之善惡了無關焉.

선유들이 매양 기질의 청탁이　　　　　　　　　　先儒每以氣質淸濁

선악의 근본이라고 주장하는 것은　　　　　　　　爲善惡之本

아마 어긋남이 없지 않은 것 같다.　　　　　　　　恐不無差舛也.

주자는 다음과 같이 말한다.　　　　　　　　　　　朱子曰.

"공자가 말한 '성상근性相近'은 기질의 성性을 지칭한 것이다.　性相近 是氣質之性.

만약 본연의 성이라면　　　　　　　　　　　　　　若本然之性

모두 같으므로 가깝다고 말하지 않았을 것이다.　　則一般 無相近.

또한 『중용』에서처럼 천명을 성이라고 한다면　　　又曰 天命之謂性

천하를 통틀어 하나의 성이 있을 뿐이니,　　　　　則通天下一性而

어찌 서로 가깝다고 말했겠는가?　　　　　　　　　何相近之有言.

그러므로 서로 가까운 것은 기질의 성을 지칭한 것이 분명하다.　相近者 是指氣質之性而言.

맹자가 개와 소와 사람의 성이 다르다고 한 것도,　孟子所謂犬牛人性之殊者

역시 기질의 성을 가리켜 말한 것이다."　　　　　亦指此而言也.

그러나 내 생각으로는 경전에서 서로 가깝다고 한 것은　案 經云相近

본시 현불초가 가깝다는 뜻이지　　　　　　　　　本是賢不肖之相近

성품이 같다는 뜻이 아니다.　　　　　　　　　　　不是性品之相近.

설사 본연지성에서는 사람과 짐승이 같다고 할지라도,　若云本然之性 人獸一般

---

157) 蜼(유)=거미원숭이.

이는 또한 분별되지 않는 것이 아니다.

한 나라의 군명君命은 같을지라도

경卿과 사士가 있고 여輿, 대儓, 조皂, 예隸도 있어,

그 녹봉에 차등이 있고 품계로 나뉘는 것과 같다.

어찌 유독 천명天命의 성性만을 하나같이 같다고 하겠는가?

하물며 기질과 형체는 유독 하늘이 만들지 않았단 말인가?

깃, 털, 비늘, 껍질 등

천변만화하는 모든 것도

비천한 품성에서 나오지 않았다.

하늘이 이미 부여한 형체는 귀천 미오가 있지만,

그 부여한 성은 통틀어 하나같이 같다는 것이

이치에 맞지 않겠는가?

한 개의 사물이 각각 한 개의 성을 가졌다면,

한 개의 사물 속에 두개의 성을 품을 이치는 없을 것이다.

그러나 만약 성性을 꼭 나눈다면

네 등급으로 나눔이 타당할 것이다.

순자는 이르기를 "물과 불은 기氣는 있으나 생명이 없고,

초목은 생명은 있으나 지각이 없고,

금수는 지각은 있으나 의리가 없고,

사람은 기, 생명, 지각, 의리가 모두 있다"고 말했다.

이것이야말로 이치에 부합하는 말이다.

그런즉 '기질의 성'은 인人과 물物이 다 같이 받은 것이다.

다시 말하면 도의의 성은 오직 사람만이 있고,

금수 이하는 받지 않았다는 것이다.

오늘날 선배들의 정론은 반대로 생각한다.

본연지성은 인과 물이 모두 같으나,

기질지성은 사람과 개가 같지 않다는 것이다.

생각할수록 어찌 의혹이 없겠는가?

則是又不可以不辨.

同一國君之命

而有卿有士 有輿僚有皁隸[158]

其祿有差其品以別.

奚獨天命之性通用一等乎.

況其氣質成形獨非天造乎.

或羽毛 或鱗介

千變萬化而總之

不出於賤品.

天旣賦形 有貴賤美惡

而其所賦之性 通用一等

有是理乎.

一物各具一性

竝無一物之內 函有二性者.

然苟欲甚分

當分四等.

荀子曰 水火有氣而無生

草木有生而無知

禽獸有知而無義

人有氣有生有知有義.

此合理之言也.

然則 氣質之性人物所同得.

若所云 道義之性唯人有之

禽獸以下所不能得.

今先正之言 反以爲.

本然之性人物皆同

氣質之性人與犬不同.

顧安得無惑哉.

158) 左傳/昭公七年 : 天有十日 人有十等 下所以事上 上所以共神也. 故王臣公 公臣大夫 大夫臣士 士臣皁. 皁臣輿 輿臣隸 隸臣僚 僚臣僕 僕臣臺.

정자는 말한다.	程子曰
"기품이 맑으면 어질고, 탁하면 어리석게 된다."	稟之淸者爲賢 稟之濁者爲愚.
내 생각은 다르다.	鏞案
사람의 선악은 기품의 청탁과는 관계가 없다.	人之善惡 不係氣稟之淸濁.
지금 여항의 미천한 백성 중에는	今閭巷卑微之民
소처럼 노둔하지만	椎[159]鹵[160]如牛
효자의 덕행을 이룬 자가	而能成孝子之行者
셀 수 없이 많다.	不可勝數.
부인 중에 노래와 춤을 잘하고 재치 있고 기민한 여자치고	婦人淸歌妙舞 慧機驚者
음란하지 않은 사람이 드물지만	鮮不爲淫
누런 머리에 검은 얼굴의 어리석고 비루한 여자 중에도	而黃首黑面佝瞀陋劣者
열녀의 절개를 갖춘 사람은 많다.	多辦烈女之節.

**성삼품설
부정**

성기호설性嗜好說에서는 본연 기질의 성性을 인정하지 않으므로 인성에 선천적 등급이 있을 수 없다. 더구나 다산은 인외설을 주장하여 선악은 후천적인 실천으로 보았으므로 도덕성에 선천적인 차별이 있을 수 없다고 본다. 그러므로 그는 『논어』의 성삼품설性三品說을 송유宋儒처럼 선천적 성품으로 보지 않고 후천적 습성의 구분으로 해석함으로써, 상지上知만이 아니라 중인中人 하우下愚들도 성자가 될 수 있는 진로를 열어 신분의 이동을 보장하려고 했다. 신분 이동은 선배인 반계 이후 실학자들의 관심 사항이기도 했다. 그러나 다산 이외에 누구도 유교의 천형과도 같은 성삼품설을 철학적으로 접근한 바는 없는 것으로 안다.

정신과 육체는 신묘하게 결합되어 있어 서로 떨어질 수 없다.	神形妙合 不能相離.
그러므로 육체의 모든 욕망도 이런 성품 속에서 발현된다.	故形軀諸欲 亦由此性中發.
여기서 예부터 이른바 인심과 기질의 학설이	此古之所謂人心 而氣質之說

---

159) 椎(추)=樸鈍也.

160) 鹵(로)=鹵莽也.

제기된 것이다. | 所由興也.

그러나 기질의 성性은 | 然此氣質之性

요순도 청명한 것만 받은 것이 아니고 | 堯舜未嘗偏受其淸明

걸주도 탁예한 것만 받은 것이 아니다. | 桀紂未嘗偏受其濁穢.

기질의 청탁은 본성의 선악과는 아무런 관계가 없다. | 其于本性之善惡 了無關焉.

옛 유가들은 매양 기질의 청탁이 | 先儒每以氣質淸濁

선악의 뿌리라고 말하지만 | 爲善惡之本

이런 기질악론氣質惡論은 어긋남이 없지 않은 듯하다. | 恐不無差舛也.

만약 기질에 의해 선악이 나누어진다면 | 苟以氣質之故 善惡以分

요순은 저절로 선했으니 우리가 사모할 이유가 없고, | 則堯舜自善 吾不足慕

걸주는 저절로 악했으니 우리가 경계할 필요도 없을 것이다. | 桀紂自惡 吾不足戒.

이로 볼 때 천하 사람은 | 由是觀之 天下之人

그 성품이 본래 다 동급이며, | 其性品本皆同級.

중급의 사람만이 성품이 서로 가깝다고 말한 것이 아니다. | 非惟中級之人 性相近也.

여유당전서與猶堂全書/**이집경집**二集經集/**6권**/**자찬묘지명집중본**自撰墓誌銘集中本

『논어』에서의 상지와 하우는 | 曰上智下愚

천성적인 성품을 말한 것이 아니다. | 非性品之名.

선善을 지키는 자는 비록 악한 사람과 서로 친해지더라도, | 守善者 雖與惡相押習

바꾸지 않으므로 상지라고 말한 것이며, | 不爲所移 故名曰上智

악惡을 편안히 여기는 자는 선한 사람과 서로 친해지더라도, | 安惡者 雖與善相押習

바뀌지 않으므로 하우라고 말한 것뿐이다. | 不爲所移 故名曰下愚.

만약 인성이 바뀌지 않는 자질이라고 한다면, | 若云人性原有不移之品

주공께서 "성인이라도 정념에 묶이면 광인이 되고, | 則周公曰 唯聖罔念作狂

광인이라도 정념을 극복하면 성인이 될 수 있다"라고 한 말은 | 唯狂克念作聖

성性을 모르는 어리석은 자의 말이 되어버린다. | 爲不知性者也.

여유당전서與猶堂全書/**이집경집**二集經集/**6권**/**맹자요의**孟子要義/**고자제육**告子第六

태어날 때부터 상지는 선하고 하우는 악하다는 | 上智生而善 下愚生而惡

이러한 성삼품설은 천하에 독이요, | 此其說有足以毒天下

만세의 재앙이니,

비단 홍수와 맹수에 그치지 않는다.

총명하게 태어난 자는 스스로 오만하여 성인이라 자만하고,

죄악에 빠지는 것을 두려워하지 않을 것이며,

노둔하게 태어난 자는 자포자기할 것이므로

개과천선을 힘쓰지 않을 것이기 때문이다.

여유당전서與猶堂全書/**이집경집**二集經集/**2권**/**심성총의**心性總義

하늘은 사람에게 선할 수도 악할 수도 있는 선택권을 주었으므로,

이에 아래로 타락하여 악한 사람이 되기도 하며,

또한 선하기는 어렵고 악하기는 쉬운 그릇을 주었기에,

그 위로 나아가려고 노력하는 것이다.

또한 선善을 좋아하고 악惡을 싫어하는 성품을 주었기에 망정이지,

이런 성품이 없었다면 우리 인간은 고래로,

사소하고 작은 선조차 행하는 자가 한 사람도 없었을 것이다.

그러므로 성性을 다스리라고 말하고

덕성을 높이라고 말하는 것이다.

성인이 성을 보배로 삼고

감히 잃지 않은 것은 이 때문이다.

而禍萬世

不但爲洪水猛獸而已.

生而聰慧者 將自傲自聖

不懼其陷於罪惡

生而魯鈍者 將自暴自棄

不思其勉於遷改.

天旣予人以可善可惡之權衡

於是就其下面

又予之以難善易惡之具

就其上面.

又予之以樂善恥惡之性

若無此性 吾人從古以來

無一人能作些微之小善者也.

故日 率性

故日 尊德性.

聖人以性爲實

罔敢墜失者以此.

**인물성동론
반대**

사람과 물질의 품성은 같은가, 다른가? 같다고 주장하는 것은 동론同論으로 진화론에 가깝고, 다르다고 주장하는 것은 이론異論으로 창조설에 가깝다. 이에 대한 토론을 '낙호洛湖 논쟁' 또는 '호락 논쟁'이라 한다. 호락 논쟁이라 하는 것은 1773년 노론老論의 호서湖西(충청도) 출신 한원진韓元震, 1682~1751이 인물성이론人物性異論을 주장한 데 대해 같은 당파인 낙양洛陽(한성)의 이간李柬, 1677~1737이 이를 반대하고 인물성동론人物性同論을 주장하자 서울학파들이 동조한 데서 이름 붙여진 것이다. 담헌 홍대용, 연암 박지원 등 서울의 진보적 지식인들이 모두 동론을 지지했으나 이와 달리 다산은 반대했다. 그러나 중화만이 온전한 사람이고 오랑캐는 사람과 짐승의 중간이라는 주자의 화이론華夷論을 반대하고, 인성 평등론을

주장한 점에서는 일치한다.

다산은 인간이 만물의 영장이라는 확고한 신념이 있었다. 인간만이 영명성靈明性과 자주성自主性을 부여받아 만물을 부릴 수 있는 주인이라는 것이다. 그러므로 인성人性과 물성物性은 결코 같을 수 없다고 생각했다.

또한 다산이 내면보다 행실을 중시하는 인외설을 주장한 점을 주목해야 한다. 그에 의하면 인의예지는 실천(行事) 뒤에 얻은 이름이지 마음에 내재한 선험적인 것이 아니다. 따라서 인성과 물성이 선천적으로 모두 인仁하다는 주장을 수긍할 수 없었다. 또한 그는 이일분수理一分殊를 기본으로 하는 성리학의 이기론을 부정한다. 그에게 이理는 기氣의 무늬와 결에 불과한 것이다. 그러므로 이동기수理同氣殊는 틀린 말이다. 그는 반대로 인간과 동식물의 기질은 같은데 이理는 다르다고 보았다. 따라서 인물성동론과는 맞지 않는다.

이처럼 다산은 사람과 물질이 다 같은 본연지성을 품부받았다는 주자의 인물성동론을 반대한다. 그는 본연의 성性이 선하다는 선험론 자체를 반대하기 때문이다. 그는 인人과 물物 공히 품수稟受 천명天命했다는 의미에서 일원一原 또는 기동氣同이라 함은 옳지만, 인과 물의 성품이 동일하다는 인물성동론은 부당하다고 한다. 이것은 성기호설의 당연한 결론이기도 하다. 동물의 종류마다 기호, 즉 성이 다르기 때문에 성이 같다는 동론은 성립될 수 없기 때문이다.

여유당전서與猶堂全書/**이집경집**二集經集/**15권**/**논어고금주**論語古今註/**권9**/**양화**陽貨

공자가 말한 "성性은 서로 가깝다"라는 것은	孔子曰 性相近也者
(사람마다 또는 사람과 동물의 성이 서로 같다는 뜻이 아니라)	
덕德을 좋아하고 악惡을 부끄러워하는 성질은	謂其好德恥惡之性
성인과 범인이 모두 같다는 뜻이다.	聖凡皆同.
이런 까닭으로	以此之故
성인과 범인의 현불초는 본래는 서로 가까운 것이다.	兩人之賢不肖本相近也.
선인이 학습하면	習[161]於善人
도야 연마되어 나날이 덕이 진보하고,	則薰陶漸磨日進其德
악인이 학습하면	習於惡人
더러운 것을 가까이하여 날로 사특함이 더한다.	則狎昵濡染日增其慝.
무릇 천하에 삶과 죽음이 있는 물건은	凡天下有生有死之物

---
161) 習(습)=學也.

다만 세 등급이 있다.

止有三等.

초목은 생명은 있으나 지각이 없고,

草木有生而無知

금수는 지각은 있으나 영혼이 없다.

禽獸有知而無靈.

사람의 대체는 생명도 있고 지각도 있으며,

人之大體 旣生旣知

다시 영명 영성의 밝음과 신묘한 작용을 가지고 있다.

復有靈明神妙之用.

그러므로 만물을 머금어 세지 않고,

故含萬物而不漏

만리를 추측하여 모두 깨우치며,

推萬理而盡悟.

덕德을 좋아하고 악惡을 부끄러워하는 양지가 나온다.

好德恥惡出於良知

이것이 금수와 전혀 다른 점이다.

此其迥別於禽獸者也.

부처는 이에 대해 말하기를 "이理는 본래 대소가 없으며,

佛氏之言此 理本無大小

또한 어리석음도 지혜로움도 없다"고 한다.

亦無癡慧.

사람에게 머물면 사람이 되고, 소에게 머물면 소가 되며,

寓於人則爲人 寓於牛則爲牛

불나방에 머물면 불나방이 된다는 것이다.

寓於焦螟則爲焦螟.

같은 물이라도 둥근 그릇에 담으면 둥글고,

如同一水體 盛於圓器則圓

모난 그릇에 담으면 모난 것과 같으며,

盛於方器則方

같은 달빛이라도 둥근 물에 비추면 둥글고,

如同一月色 照於員水則員

모난 물에 비추면 모난 것과 같다는 것이다.

照於方水則方.

그러므로 그의 말에 의하면 사람이 죽으면 소가 되고,

故其言曰 人死以爲牛

소가 죽으면 벌레가 되고, 벌레가 다시 사람으로 태어나,

牛死以爲焦螟 焦螟復化爲人

이승 저승을 돌아가며 낳고 낳으니 윤회가 끝이 없다는 것이다.

世世生生輪轉不窮.

이것이 이른바

此所謂

본연의 성性은 인人과 물物이 같다는 학설이다.

本然之性人物皆同者也.

오호라! 하늘을 우러러 바라보니

嗟呼. 仰觀乎天則

일월성신이 숲처럼 저기에 있고,

日月星辰森然在彼

땅을 굽어 살펴보니

俯察乎地

초목금수가 노적처럼 여기에 있는데,

則草木禽獸秩[162]然在此

이 모두가 사람을 비추고 사람을 덥히고

無非所以照人煖人

---

162) 秩(질)=積貌.

사람을 기르고 사람을 섬기지 않는 것이 없으니,	養人事人者
이 세상의 주인 된 자는 사람이 아니면 누구인가?	主此世者非人而誰.
하늘은 세상을 집안으로 삼고,	天以世爲家
사람에게 선善을 행하도록 했으며,	令人行善
일월성신 초목 조수는	而日月星辰草木鳥獸
이 집안을 위한 공봉供奉으로 삼았다.	爲是家之供奉.
이제 초목 조수를 주인으로 삼는다면	今欲與草木鳥獸遞作主人
어찌 이치에 맞겠는가?	豈中於理乎.
아무리 생각해도 인물성동론人物性同論은	左右商度 人物之同此性
받아들일 수 없다.	不敢聞命.

여유당전서與猶堂全書/이집경집二集經集/4권/중용강의보中庸講義補

성품에는 삼품이 있어,	性有三品
초목의 성품과 금수의 성품과 인간의 성품이 그것이니,	草木之性 禽獸之性吾人之性
이러한 상중하 세 등급은 결코 같지 않다.	上中下三級 截然不同.
어찌 말과 소와 양과 돼지로 하여금	烏能使馬牛羊豕
어버이를 사랑하고 어른을 공경하도록 하여,	愛親敬長
각각 사람을 만드는 일이 있을 수 있겠는가?	各做人底事乎.
주자가 이른바 인물의 성性이 같다고 말한 것은	朱子所謂 人物性皆同者
하늘에서 받은 근본이 다 같다고 말한 것뿐이다.	謂其所受之本於天皆同也.
어찌 금수를 가르쳐 사람을 만들 수 있다고 말했겠는가?	何嘗云教禽獸可以做人哉.
초목과 금수는 하늘이 처음 지음에	草木禽獸 天於化生之初
낳고 살리는 이理를 품부하여,	賦以生生之理.
종種으로 종을 전하여 각각 천성을 온전히 하도록 했을 뿐이다.	以種傳種 各全性命而已.
그러나 사람은 그렇지 않다.	人則不然.
천하 만민이 각각 처음 배태했을 때,	天下萬民 各於胚胎之初
이 같은 영명을 품부하여 만물을 초월하도록 했던 것이다.	賦此靈明 超越萬類.

여유당전서與猶堂全書/이집경집二集經集/6권/맹자요의孟子要義/고자제육告者第六

임금께서 질문한 뜻은 대충 다음과 같다.	御問之意盖云.

주자가 원래 본연의 성性에 대해 이르기를　　　　　朱子原謂本然之性
"곧 사람과 금수가 다 같이 얻은 것"이라 했다.　　卽人與禽獸之所同得.
만약 이를 본연지성으로 논한다면　　　　　　　若論本然之性則
개와 소와 사람이 털끝만큼도 차이가 없다는 뜻이다.　犬牛人之性 實無毫髮差殊.
그러나 맹자가 고자를 반박한 것은　　　　　　而孟子駁告子
개와 소와 사람의 기질의 성은 서로 같을 수 없다는 것이었다.　謂犬牛人之性 不可相猶.

엎드려 말씀 올리건대,　　　　　　　　　　伏惟
본연과 기질의 학설은 육경에도 사서에도　　　本然氣質之說 不見六經
보이지 않는다.　　　　　　　　　　　　　不見四書.
신은 주자의 생각과는 반대로　　　　　　　然臣獨以爲
본연의 성性은 원래 각각 같지 않다고 본다.　　本然之性原各不同.
사람은 선善을 좋아하고 악惡을 부끄러워하여,　人則樂善耻惡
몸을 닦고 도道를 지향함이 본연이며,　　　　修身向道 其本然也.
개는 밤을 지키며 도둑을 보면 짖고　　　　　犬則守夜吠盜
똥을 먹으며 새를 쫓는 것이 본연이며,　　　　食穢蹤禽 其本然也
소는 멍에를 차고 짐을 나르며　　　　　　　牛則服軛任重
풀을 먹고 새김질하고 뿔로 떠받는 것이 본연이다.　食芻齝觸 其本然也.
각각 천명을 받은 것이어서 바꿀 수 없다.　　各受天命 不能移易.

인심이란 기질이 발한 것이고,　　　　　　　人心者 氣質之所發也
도심이란 도의가 발한 것이다.　　　　　　　道心者 道義之所發也.
사람은 인심과 도심의 두 마음을 가질 수 있지만,　人則可有此二心
금수가 본래 품부받은 것은　　　　　　　　若禽獸本所受者
기질의 성性일 뿐이다.　　　　　　　　　　氣質之性而已.
그런즉 맹자가 같지 않다고 말한 것은 도의의 성이고,　然則孟子所言者 道義之性也
고자가 같다고 말한 것은 기질의 성이니,　　　告子所言者 氣質之性也
주자의 말은　　　　　　　　　　　　　　朱子之言
저절로 맹자의 말과 합치되지 않는다.　　　　自與孟子不合而已.

🐦 4절. 인식론

격물론

동양의 지식인은 공부론 내지 수양론을 중시했으나 본격적인 인식론을 말하하지는 않았다. 그 대표적인 사례는 주자와 육자[163]가 아호사鵝湖寺에서 만나 존덕성尊德性이냐, 도문학道問學이냐로 토론한 이른바 '아호사 논쟁'이다. 이후 선비들은 하나같이 존덕성과 도문학을 보완적으로 공히 중시했으며 다산도 예외는 아니다. 조선의 선비들은 퇴계와 고봉의 '격물格物 논쟁' 이후 인식론에 대한 관심이 고조되었고 하의상달인 물격物格이 우선이냐, 상의하달인 격물格物이 우선이냐를 고민했으나 대체로 종합 절충적인 입장이었다. 다산도 이런 흐름에서 벗어나지 않았으며 이런 점에서 인식론에 관한 한 여전히 중세적인 한계를 벗어나지 못한다. 천天이니 도道니 인륜이니 하는 존재와 가치의 근원에 대해 인간이 인식 가능한가에 대한 실증적인 고찰에 이르지 못하고 성왕들이 만든 문자와 개념에 매달리거나 자기 나름의 시적인 영감에 호소하고 있기 때문이다.

우리는 보통 동양의 봉건적인 지식인에게 서양의 근대 학문인 인식론을 요구하는 것은 너무 지나친 억지이고 서로 비교하는 것은 더더욱 견강부회라고 생각하기 쉽다. 그러나 2,500년 전 묵자의 경험론적인 인식론은 탁월했으며,[164] 2,400년 전 전국 시대의 명가名家들이 헬레니즘 시대의 소피스트와 닮았다는 점을 상기하면 그런 선입견은 한참 잘못된 것임을 알 수 있다.[165] 또한 16세기에 퇴계와 고봉간의 인식론 논쟁인 격물 논쟁은 근세 인식론의 단초를 연 영국의 로크보다 100여 년 앞선다는 점을 상기해야 한다.[166] 우선 격물 논쟁을 도식화한다면 기고봉은 '격물格物'을 내 마음으로 사물에 이르러 궁리한다는 뜻으로 읽고 관념론적으로 해석하며, '물격物格'을 사물이 내 마음에 이르러 궁리를 일으킨다는 뜻으로 읽고 경험론적으로 해석한다. 반면 이퇴계는 물격을 격물의 결과를 말한 것으로 읽고 모두 관념론적으로 해석한다. 관념론과 경험론이란 것도 학자와 시대에 따라 저마다 색깔이 서로 다르지만 여기서는 우리가 상식적으로 말하는 이른바 데카르트의 '나는 생각한다. 고로 나는 존재한다(Cogito ergo sum)'라는 명제를 관념론으로, 로크의 '마음은 백지(Tabula rasa)'라는 명제를 경험론으로 이해하면 충분할 것이다. 다음은 2,500년 전 묵자의 인식론에 대한 간략한 어록이다.

---

163) 陸九淵. 字는 子靜, 號는 象山. 중국 남송의 사상가.
164) 졸저 『묵자』, 바이북스, 2009, 4장 철학사상 참조
165) 졸저 『노자 강의』, 바이북스, 2008, 제9부 인식론 참조
166) 졸저 『성리학개론(하)』, 바이북스, 2007, 제6부 2장 격물 논쟁 참조

묵자墨子/소취小取

대저 변론은 시비의 명분을 밝히고,	夫辯者 將以明是非之分
치란의 벼리를 살피고, 동이의 분별을 밝히고	審治亂之紀 明異同之處[167]
명실의 조리를 찾고, 이해를 분별 결정하고,	察名實之理 處利害
혐의를 해결하는 것이다.	決嫌疑.

묵자墨子/대취大取

대저 명제는 원인, 이유, 근거 등 조건(故)으로써 생기고,	夫辭[168] 以故[169]生
반드시 표준이 되는 법리(理)로써 자라고,	以理長
시비, 진위, 동이를 구별하는 유추(類)로써 행하는 것이다.	以類行者也.
이 세 가지 물건이 갖춰진 연후에야 명제가 성립될 수 있다.	三物必具 然後足以生.

명제를 세워 판단하는 데 있어	立辭而
그것이 생성된 조건을 분명히 하지 못하면 망령된 것이다.	不明於其所生妄也.
사람은 길이 없으면 다닐 수 없다.	今人非道無所行.
아무리 튼튼한 팔다리를 가지고 있다 해도 길이 어두우면	雖有强股肱 而不明於道
곤란하다.	其困也.
법리를 세우고 기다려야 한다.	可立而待也.
대저 명제는 유추로써 행해지는 것이므로	夫辭以類行者也
유類가 밝지 못하면	立辭而不明於其類
반드시 어지럽다.	則必困也.

묵자墨子/소취小取

그래서 만물의 실상을 모사한 후,	焉摹略萬物之然
여러 언술을 비교 논구한다.	論求群言之比.
명사로 사실을 드러내고, 명제로 뜻을 표현하고,	以名[170]擧實 以辭抒意

---

167) 處(처)=定也, 制也, 分別也.
168) 辭(사)=範疇, 命題.
169) 故(고)=承上起下之辭, 本然之辭, 必也.
170) 名(명)=名辭.

변론으로 조건을 밝혀내고, 유추로 귀납하고 연역한다.　　　　以說[171]出故 以類取[172]以類予[173].

묵자墨子/경설經說/상上

조건 (故)은 그것이 꼭 있어야만 이루어지는 것을 말한다.	故 所得而後成也 故.
소고小故는 그것이 있어도 반드시 성립되는 것은 아니지만	小故 有之不必然
없으면 반드시 성립되지 않는 것을 말한다(필요조건).	無之必不然.
대고大故는 그것이 있으면 반드시 성립하고	大故 有之必然
그것이 없으면 반드시 성립되지 않는 것을 말한다(충분조건).	無之必不然.
어떤 것이 나타나면 그것이 반드시 나타나는 것과 같다.	若見之成見也.

　　반면 불가의 인식론은 더욱 신비주의적이다. 불가에서는 깨달음을 얻기 위해 세상과 사람을 피하여 되도록 깊은 산속으로 들어가야 하고 거기에서조차 사물은 고사하고 서책까지도 멀리하고 면벽십년面壁十年, 장좌불와長坐不臥의 수행법을 득도의 최선의 방법으로 숭상하고 있다.

　　불가의 깨달음의 법은 환상적이다. 만상은 공空이요, 무無요, 진아眞我만이 도道이므로 내 마음을 찾아 성불하는 것, 즉 견성성불見性成佛이 목적이기 때문이다. 그러나 먹고 입을 것을 스스로 마련해야 하고 아들딸 낳고 길러야 하며 나라님과 스님들과 선비님들까지 먹여 살려야 하는 민중으로서는 어떻게 깊은 산속 바위굴에 들어앉아 면벽십년을 할 수 있겠는가? 그런데도 대덕 고승들은 자기는 깨달음을 얻기 위해 수십 년을 수양했으면서 자기보다 못한 민중에게는 단박에 깨달음을 얻을 수 있다고 선전하니 얼마나 속이 훤히 들여다보이는 거짓말인가?

　　이처럼 우리의 일반적인 인식론에 대한 태도는 너무도 반실증적이다. 그런데 실학자들이 불가들과 반대로 세상과 사람 속으로 되도록 다가가야 깨달음을 얻을 수 있다고 생각한 것은 획기적인 반전이 아닐 수 없다. 그들은 현상과 사실을 중시하는 현상학적이고 실증주의적인 태도로 다가가는 측면이 있었기 때문이다. 그렇지만 당시 가장 근대적이라고 할 수 있는 다산의 학문 방법도 고전과 문자에서 증거를 찾는 고증학적인 방법에 머물렀을 뿐 멀리는 묵자의 실증적이고 실천적인 삼표론三表論과 삼물론三物論에도 이르지 못했고, 가까이는 퇴계와 고봉 간의 격물 논쟁의 깊은 고심까지도 상도하지 못한 것 같다.

---

171) 說(설)=辯論.
172) 類取(유취)=歸納法.
173) 類予(유여)=演繹法.

비費란 드러나고 크다는 뜻이고,

은隱은 감추어지고 미세하다는 뜻이며,

군자지도는 곧 천도를 말한다.

그것이 드러난 것으로 보면

이치는 현저한 것이므로,

어리석은 지아비도 다 알고 어리석은 지어미도 다 행할 수 있다.

유심하다는 관점에서 말하면

그 진리가 미묘하므로,

비록 성인이라도 알지 못하고 행하지 못한 바가 있다.

이것이 천도이니,

천도가 드러난 것으로 보면

지극히 넓고 커서, 천하에 싣지 못할 것이 없고,

그 은미한 것으로 말하면

망초처럼 홀연히 사라지니 천하에 파괴할 수 없다.

費者散[174]而大也

隱者閟[175]而微也

君子之道卽天道也.

自其布散處而觀之

則其理著顯

故愚夫皆知愚婦能行.

自其幽閟處而言之則

其奧微妙故

雖聖人亦有所不知不能.

此天道也

自其見顯處而觀之

則至廣至大 天下莫能載焉

自其隱微處而言之

則如芒如忽[176] 天下莫能破焉.

『시경』에 솔개는 하늘 높이 날고

물고기는 연못에서 뛰논다고 한 것은

하느님의 조화가 신묘함을 비유하여,

문왕께서 사람의 성대함을 노래한 것이다.

천도는 지극히 은미하여 반드시 위아래를 살펴보고,

그 은미함을 살핀 연후에야 그 조화의 현묘함이

드러날 것이다.

솔개가 날고 물고기가 뛰노는 것이 이런 것이다.

솔개가 하늘을 날고 물고기가 연못에 뛰노는 것을 살펴야만,

천지조화의 자취가 밝게 드러난다는 뜻이다.

箴言鳶飛戾天

魚躍于淵者

引上天造物之妙喩[177]

文王作人之盛也.

天道至隱至微 必上下審視

察其隱微然後 其造化之妙

乃見乃顯

若鳶飛魚躍之類是也.

察鳶之天飛 察魚之淵躍

則造化之跡 昭其顯矣.

---

174) 散(산)=宣發也, 布也, 放也.

175) 閟(비)=閉門也, 幽深也.

176) 忽(홀)=돌연 사라지다.

177) 喩(유)=告也, 曉諭也, 譬也.

대체로 문자를 가르치는 방법은	大凡文字之學
맑은 것으로 흐린 것을 깨우치고, 가까운 것으로 먼 것을 깨우치며,	淸以喩濁 近以喩遠
가벼운 것으로 무거운 것을 깨우치고,	輕以喩重
얕은 것으로 깊은 것을 깨우친다.	淺以喩深.
둘을 함께 거론하여 서로를 드러내면 두 가지 뜻이 더불어 통한다.	雙擧以胥發之 則兩義俱通.
그러나 하나만 주장하며 그것을 치우치게 말하면,	單說而偏言之
두 가지 뜻이 함께 막힌다.	則兩義俱塞.

다산은 성리학의 천리天理를 버리고 선왕 시대의 천제天帝를 인정함으로써 복고주의적이다. 그는 '사칠四七 논쟁'에 대해서는 퇴계의 주리론主理論보다 율곡의 주기론主氣論을 택하는 반면에 인성물성人性物性의 문제에 대해서는 연암 등의 주기主氣 좌파들의 동론同論을 배격하고 주리主理 우파의 이론異論을 강력히 지지한다. 다산의 이러한 복고적인 경향과는 달리 그의 전반적인 글쓰기는 경험론적이고 귀납주의적인 경향으로 나타난다. 하지만 인식론으로 발전하지 못하고 고증학에 머물고 있어 여전히 복고적이다.

맹자孟子/이루離婁/하下

맹자께서 말씀하셨다. "천하에서 본성을 말하는 것은	孟子曰 天下之言性也
지나간 과거의 일을 모범으로 삼을 뿐이다.	則[178]故而已矣.
지나간 과거의 일은 자기에게 좋은 것을 기본으로 한다.	故者 以利[179]爲本.
지혜 있는 자를 미워함은 후벼 파기 때문이다.	所惡於智者 爲其鑿也.
만약 지자智者가 우임금이 물길 트는 것처럼 한다면,	如智者若禹之行水也
지혜를 미워하는 일이 없을 것이다.	則無惡於智矣.
우임금이 물길을 낸 것은	禹之行水也
장애물이 없는 데로 텄다.	行其所無事[180]也.
지혜도 장애물이 없는 데로 행하면	如智者亦行其所無事
역시 커질 것이다.	則智亦大矣.
하늘은 높고 별들은 멀지만	天之高也 星辰之遠也

---

178) 則(칙)=法也, 模範也.
179) 利(이)=便好也.
180) 事(사)=剚, 倳와 통용. 置也.

지난 행적을 안다면,　　　　　　　　　　　　苟求其故

천 년 후에 이를 일도 앉아서 알 수 있을 것이다."　千歲之日至[181] 可坐而致也.

여유당전서與猶堂全書/이집경집二集經集/6권/맹자요의孟子要義/이루離婁

사람과 사물의 성性을 알려고 하면서　　　　　　欲知人物之性

편리함을 따르는 것을 기본으로 하지 않고,　　　而不以順利[182]爲本

반드시 천착하고 견강부회하기 일쑤인데,　　　必欲穿鑿堅强

이는 고자의 방법이며 군자는 그것을 싫어한다.　如告子之爲 則君子惡之.

정말 인간과 사물의 속성을 알고자 하는 자는　　欲知人物之性者

단지 이미 드러나 있는 자취(所然)를 붙잡아　　但執已然之跡

그것들끼리 서로 차이가 있는지 없는지를 증험해야 한다.　以驗其差與不差.

그런 사람만이 성에 대해 논할 자격이 있다.　　則斯可以論性矣.

천체와 별들은 높고 멀리 있는 물건이지만　　　天與星辰高遠之物也

그 자취를 붙잡아 그것의 차이점을 증험하면,　　以執其跡而驗其差

천년의 별자리도 밝게 알 수 있을 것이다.　　　千歲之躔[183]次昭然.

황차 인물의 성이야 지극히 비근한 것이므로,　　況人物之性 至卑至邇

그 자취를 잡아 그 차이점을 증험한다면,　　　執其跡而驗其差

어찌 알지 못한 것을 걱정할 것인가?　　　　　何患不知.

내가 살핀 바로는 이利는 통리 순리라는 뜻이다.　鏞案 利者 通利也, 順利也.

고故란 교巧를 의미한다.　　　　　　　　　故[184]者 巧[185]也.

대체로 이미 드러난 자취를 고라 한다.　　　　凡已然之跡謂之故.

그러므로 『주역』에서는 "어둡고 밝음의 고를 안다"라고 했으며　故易曰 知幽明之故

또한 "교감하면 천하의 고를 통한다"라고 말한 것이다.　又曰 感而遂通天下之故.

또한 한나라 때는 한 관리를 두어　　　　　　而漢時專設一官

그로 하여금 고를 관장하게 했으며　　　　　使之掌故

---

181) 日至(일지)=冬至로 해하기도 한다.
182) 利(이)=便好也. (다산에게 性과 理는 상관이 없다).
183) 躔(전)=일월성신의 길.
184) 故(고)=使爲之也.
185) 巧(교)=技能, 利於人也, 醫能治一病也.

숙손통은 재상이 되어 모두 '진나라의 고'를 이어갔다고 했는데, 　　叔孫通¹⁸⁶⁾皆襲秦故

이때의 고는 모두 이미 드러난 자취를 말한 것이다. 　　皆已然之跡也.

즉 드러난 자취를 가지고 그렇게 된 까닭(所以然)를 꿰뚫는 것이다. 　　執已然之跡 以達其所以然.

그러므로 이미 그러한 것(所然)을 고라 하며 　　故已然曰故

그렇게 된 까닭(所以然) 또한 고라 한다. 　　所以然亦曰故.

소연과 소이연은 그 의미가 상통할 수 있기 때문이다. 　　其義得相通也.

여유당전서與猶堂全書/**이집경집**二集經集/**48권**/**역학서언** 易學緒言/**권4**/**현산역간**兹山易柬

약전若銓 형은 『주역』을 하나의 떼로 보면 모두 상象이라고 말했다. 　　仲氏曰 一部¹⁸⁷⁾易都是象也.

성인은 어째서 곧바로 근본적인 이理를 가르쳐주지 않고, 　　聖人何不直指本理

구차하게 비슷한 상을 빌려 　　而苟借依俙之象

후세를 가르치려 했을까? 　　而詔後世也.

인심은 무형이므로 인심이 지각하는 수단은 　　人心無形 而人心之所以知覺

반드시 유형의 이목구비를 기다려야 한다. 　　必待有形之耳目口鼻.

만일 이목구비가 나루와 다리가 되어주지 않으면, 　　苟非耳目口鼻之爲之津梁

인심은 한낱 장님이나 귀머거리일 뿐이다. 　　人心直一聾瞽耳.

이理는 본래 형상이 없지만 상은 형상이 있다. 　　理本無形 而象則有形

이 유형의 상으로 이목에 접하지 않는다면, 　　非此有形之接於耳目

무슨 수로 무형의 이理를 알 수 있겠는가? 　　何以知無形之理.

이것이 첫 번째 이유다. 　　此一也.

또한 괘와 문자는 　　又卦與文字

모두 만물의 표지다. 　　皆萬物之標識也.

그러나 한낱 괘와 문장만으로는 　　一卦一文之中

그 많은 이치를 포괄할 수 없다. 　　旣不得包其衆理.

비슷한 상을 의지하여 잠시 표시하지 않는다면, 　　則不以依俙之象姑¹⁸⁸⁾識

그것이 각각 무슨 사물인지 　　其爲某物某事

장차 무엇으로 인식할 수 있겠는가? 　　而將何以識之耶.

이것이 두 번째 이유다. 　　此二也.

---

186) 叔孫通(숙손통)=秦의 博士. 항우에게 속했다가 후에 제자들과 함께 유방에게 유술을 유세함.

187) 部(부)=總也. 軍之部伍也.

188) 姑(고)=夫母也, 且也.

주자는 격물치지를 궁지窮至 사물지리事物之理하여 추극推極 오지지식吾之知識으로 해한다. 이는 인식을 인식 주관인 오성悟性과 인식 대상인 물리物理의 관계로 본 것이다. 반면 양명은 격물은 정사물正事物로, 치지致知는 지소지知所止로 읽는다. 이는 격물을 인식론으로 읽지 않고 도덕론으로 읽은 것이다. 정작 인식에 대한 양명의 말을 보면 대체로 인식을 심心의 선험적인 작용으로만 보는 극단적인 주관주의적 경향이 드러난다.

다산은 격格을 여탁慮度으로 지知를 지소지知所止로 읽었다. 즉, 다산은 격물을 경험과 순수 이성의 접촉으로 파악하고, 치지를 양명과 마찬가지로 실천 이성의 작용으로 이해한 것 같다. 이처럼 그는 격물론을 존재론적인 순수 인식의 문제로 읽지 않고 도덕론적이며 당위론적인 측면으로 해석한다. 이런 경향은 그가 비판하는 양명학의 격물론과 너무도 비슷하며 오히려 주자와 퇴계의 격물론보다도 더 주관주의적이다.

여유당전서與猶堂全書/**이집경집**二集經集/**6권**/**맹자요의**孟子要義/**진심제칠**盡心第七

『대학』의 격물치지에 있어서	至於大學之格物致知
격格하는 물物은 물유본말物有本末의 물이고,	所格者 物有本末之物.
이루는 것은 지소선후知所先後의 지知다.	所致者 知所先後之知.
수신의 신身과, 격물의 물物이 본말이 되며,	身與物爲本末
수신의 수修와 치국의 치治가 선후다.	修與治爲先後.
궁리窮理는 지성知性 지천知天의 논의와는	此與知性知天之論
원래 무관한 것이다.	原不相干.
이른바 '지성'이란	且所謂知性者
나의 성性이 능히 선善을 즐거워하고	欲知吾性之能樂善
악惡을 부끄러워하는 것을 지각하고,	恥惡
생각이 싹틀 때마다 그것의 선악을 살펴서	一念之萌 察其善惡
성을 따르고 닦아서 천덕에 이르고자 함이다.	以率以修 以達天德也.
만약 이理를 성이라 하고, 궁리를 지성이라 여긴다면,	若以理爲性 以窮理爲知性
지리知理가 나오는 곳을 지천知天으로 여기고	以知理之所從出 爲知天
지천이 나오는 곳을 진심盡心이라 여길 것인즉(마음공부),	以知天之所從出 爲盡心
우리 일생의 사업은	則吾人一生事業
오직 궁리 한 가지로 그칠 것이니,	惟有窮理一事而已

그 궁리를 어디다 쓸 것인가?	窮理將何用矣.
대저 (불행히도) 이理를 성性으로 여긴다면,	夫以理爲性則
천하 만물의 수水, 화火, 토土, 석石	凡天下之物 水火土石
초목금수의 이理도 모두 성일 것이니,	草木禽獸之理 皆性也
필생토록 이 이理를 궁리하여야 성을 알 것이다.	畢生窮此理 而知此性.
그러면 사친, 경장, 충군, 목민,	仍以事親敬長忠君牧民
예악, 형정, 군사, 재부 등등,	禮樂刑政軍旅財賦
실천과 실용의 학문은	實踐實用之學
할 틈이 없는 흠결이 발생할 것이니,	不無多少缺欠
지성知性과 지천知天은 고원함에 빠져	知性知天 無或近於高遠
알맹이가 없게 될 것이다.	而無實乎.
옛 성인의 학문은 결단코 그렇지 않았을 것이다.	先聖之學 斷不如此.

다산의 격물치지에 대한 견해를 종합해보기로 하겠다.

첫째, 다산은 격물格物의 '물物'을 사유본말事有本末과 사유종시物有終始의 사물事物로 이해한다. 즉 자립성상自立成象의 물物과 유소작위有所作爲의 사事를 아울러 말한다. 구체적으로 말하면 여기서 사물이란 자연으로서의 물자체物自體가 아니라 성의誠意 정심正心 수신修身 제가齊家 치국治國 평천하平天下를 의미한다.

둘째, 격물의 '격格'을 여탁慮度으로 이해한다. 즉, 격물이란 사물의 본말과 종시를 헤아린다는 뜻으로 해석한다.

셋째, 치지致知의 '지知'를 지소선후知所先後의 도덕적인 지혜로 읽는다.

넷째, 격물과 치지를 같은 것으로 보지 않고 단계적인 것으로 본다. 격물은 순수 이성적인 여탁으로 이해하고, 반면 치지는 실천 이성적인 지소선후知所先後의 도덕 판단으로 이해하는 것이다.

다섯째, 따라서 격물에는 경험적인 사실적 지식 외에 순수 이성에 의한 상징적 인식을 포함시킨다. 그 대표적인 사례가 『주역』을 인식의 수단으로 중시한 점이다.

여유당전서與猶堂全書/**이집경집**二集經集/**1권**/**대학공의**大學公議/**구본대학**舊本大學

옛날부터 이르기를, 요순과 삼왕 때부터	古謂 堯舜三王時

치致는 이른다는 뜻이고, 격格은 헤아려 잰다는 뜻이었다.
수신修身과 치국治國의 선후를 극진히 아는 것이 치지요
사물의 본말을 헤아리는 것이 격물이다.

致至之也 格量度[189]也.
極知其所先後 則致知也
度物之有本末 則格物也.

남송 여립무의 『대학발미大學發微』에서 이르기를
"격물의 물物은 '물은 본말이 있다'라고 할 때의 사물이며,
치지의 지知는 '선후를 안다'라고 할 때의 그 지다"라고 했다.
모두 사물의 본말과 사업의 종시를 아울러 헤아려
사용하고 노력하는 선후일 뿐이다.
사물이 어찌 몸과 마음, 가문과 나라,
천하의 외부에서 나오겠는가?

宋 黎立武[190]大學發微 云
格物 卽物有本末之物
致知 卽知所先後之知.
盖通量物之本末 事之終始
而爲用力之先後耳.
夫物孰有出于心身家國
天下之外哉.

왕심재는 어록에서 이르기를
"격물은 '물유본말'의 물物을 헤아린다는 뜻이고,
치지는 '지소선후'의 지知를 이루는 것이다"라고 했다.
내가 연구한 바로는 심재의 학설이 명백하다.
여차하므로 세상은 오히려 왕수인의 요강학파를
공론으로 삼은 것을 그르다 한다.

王心齋[191]語錄曰
格物者 格其物有本末之物
致知者 致其知所先後之知.
鏞案心齋之說 明白.
如此世猶以姚江之學
而非之有公論乎.

장도림은 이르기를
"『대학』의 도道는 반드시 멈출 곳을 아는 것에 있으며,
그 공부는 격물에서 시작된다"고 했다.
격물이란 것은
몸, 가문, 나라, 천하가 혼융하여
하나의 물건임을 헤아려 아는 것이요,
몸이 근본이고
가문, 나라, 천하는 말단임을 헤아려 아는 것이요,

蔣道林[192]云
大學之道必先知止
而其功則始於格物.
格物也者
格知身家國天下之渾乎
一物也
格知身之爲本
而家國天下之爲末也

---

189) 度(탁)=程也.
190) 黎立武(여립무)=南宋, 臨江人. 字는 以常, 號는 元中子.
191) 王心齋(왕심재)=본명은 王艮. 王門을 이탈한 좌파인 泰州學派.
192) 蔣道林(장도림)=蔣信. 양명학 7파 중 楚中派의 대표.

천자로부터 서인에 이르기까지	格知自天子至庶人
모두 수신이 근본임을 헤아려 아는 것이다.	皆以修身爲本也.

담감천의 「시학」에서 이르기를	湛甘泉[193]視學云
"『대학』의 고본은 근본을 아는 것을 격물"이라고 했다.	大學古本卽 以知本爲格物.
근본을 안다는 것은 수신을 아는 것이다.	知本者 知修身也.
그런즉 격물은 역시	然則 格物亦
순서상 수신이 『대학』 공부의 요체임을 아는 것이다.	第知修身爲大學要功耳.
어찌 수신 밖에서 치지를 구할 수 있겠는가?	安有從修身外求致知者.

이상으로 다산의 인식론을 살펴보았다. 그러나 다산은 격물을 중시하여 이를 본격적인 인식론으로 읽거나 이를 따로 떼어내어 주제로 삼아 언급한 적이 없다. 이는 선배인 퇴계와 고봉이 인식론을 주목하고 격물 논쟁을 벌인 태도와는 사뭇 다르다. 이처럼 후배들은 퇴계와 고봉의 격물 논쟁을 중시하지 않은 듯하다. 다산이 사모했던 성호 이익도 퇴계와 고봉의 사칠 논쟁을 중시하여 『사칠신편』을 지었으나 격물 논쟁에 대해서는 주목하지 않았다. 왜 그랬을까?

우리는 여기서 담헌 홍대용처럼 당시 개혁적이고 진보적인 실학자들은 관념론을 공격하고 경험론으로 경도되는 경향이 있었으나 연암과 다산은 똑같이 이에 동조하지 않았다는 점에 주목할 필요가 있다. 아울러 연암은 경험론적 주기론인 율곡 계열인데도 오히려 반대로 관념론적이었고, 다산은 관념론적 주리론인 퇴계 계열인데도 이에 경도되지 않고 경험론적이었음을 상기할 필요가 있다. 더구나 연암은 대표적인 이용후생의 실학파요, 다산은 대표적인 경세치용의 실학파인데 이들은 똑같이 한편으로 경도되지 않고 절충적이었다. 이로 볼 때 인식론과 실학은 무관하다는 성급한 결론을 내릴 수도 있을 것이다. 그러나 그런 결론은 전적으로 옳지 않다.

우리는 여기서 연암과 다산보다 60~70년 뒤의 인물인 마르크스와 다산을 비교할 수 있다. 마르크스는 다산과 비슷한 시대의 인물인 생시몽Comte de Saint-Simon, 1760~1825, 오언Robert Owen, 1771~1858, 푸리에François Marie Charles Fourier, 1772~1837 등의 유토피아적인 사회주의에 영향을 받아 기독교 헤게모니를 전복하려 한 반체제적 사상가다. 마르크스는 그가 존경해마지않던 헤겔의 관념론과 이에 반발한 헤겔 좌파인 포이어바흐Ludwig Feuerbach, 1804~1872에게도 만족할 수 없다. 신성神性을 절대 이념으로 대체하려 하는 헤겔의 관념론은 그것이 세계에 작용하지 못한다는 데 결함이 있고, 헤겔의 이성학은 신성학의 합리적 분식에 지나지 않는다고 비판했다. 또한 영혼

---

193) 湛甘泉(담감천)=이름은 湛若水. 왕수인의 道友로 동시에 강학했으나, 분립 문호.

◆ **다산의 격치도** 格致圖

致知所

後　　　　先
國家身心意　　欲欲欲欲
治齊修正誠　　平齊修正
而而而而而　　者者者者
後後後後後　　先先先先
天國家身心　　治修正誠
下治齊修正　　國身心意
平

物格而後知至　　知所先後則近道　　誠意者先致治

此謂知之至

格物有

末　　　　本
天下國家　　身心意

事有

終　　　　始
平治齊　　修正議

而末治　　者否　　其本亂

修身爲本　　自天子

至庶人

此謂知本

불멸설을 부정한 포이어바흐의 생리적 유물론은 외물이 정신에 작용할 뿐 정신의 적극적인 측면을 간과한 단점이 있다고 지적했다. 그래서 마르크스는 "이제까지 철학자들은 단지 세계를 다양하게 해석했을 뿐이나 중요한 것은 세계를 변화시키는 것이다"라고 천명했다.194) 그리하여 마르크스는 생시몽 등의 유토피아와 헤겔의 유기적 역사 발전의 동력을 지양 결합하려 했다.

이런 관점은 연암이나 다산의 입장과 유사하다. 연암과 다산은 당시 지배 이념이었던 이신론理神論, deism적인 성리학을 지양하려한 개혁적 사상가다. 그들은 율곡의 주기론에도 퇴계의 주리론

194) Karl Marx, 「Theses on Feuerbach」 11(1845).

에도 만족하지 못했고, 관념론도 경험론도 충분하지 못하다는 것을 감지했다. 그들은 수리론의 도덕적 이상과 주기론의 변화와 역동성을 결합하려 했기 때문이다.

이처럼 연암과 다산도 마르크스와 마찬가지로 우주와 인간을 설명하는 것으로 만족하지 않고, 세상을 변화시키려 했다. 그러므로 이들은 모두 외물의 정신에 대한 작용뿐 아니라 정신의 외물에 대한 적극적인 작용을 동시에 요구했던 것이다. 이런 고민은 21세기를 사는 지금 우리의 고민으로 계속되고 있다.

양명학비판

우리는 흔히 주자학을 반대하면 무조건 양명학의 영향이라고 말한다. 그러나 그것은 편견이다. 중국에서는 이미 청나라 대에 와서 관학은 주자학을 지배 이념으로 삼았지만 재야 학자들은 대부분 정주의 이학理學과 양명의 심학心學을 모두 부정하는 기철학氣哲學으로 선회하고 있었다. 특히 다산은 기철학뿐만 아니라 공맹 이전의 요순과 공맹 이후 이학, 심학, 기학 등 철학 사조의 장단점을 취사선택했을 뿐 어느 학파에 묶이려 하지 않았다. 그런데도 혹자는 다산의 반정주학적 경향을 들어 다산이 양명학파라고 주장하기도 한다. 그러나 결코 그렇지 않다.

다산은 양명의 사구교四句教 중에서 두 번째는 자신의 자유 의지설과 배치되지 않고, 네 번째는 자신의 실천적 격물론과 부합되므로 인정했으나 첫 번째와 세 번째는 강력히 비판한다.

왕양명의 사구교四句教

전습록傳習錄/하下/황성증록黃省曾錄

선善도 없고 악惡도 없는 것이 심心의 본체요,	無善無惡 是心之體
선도 있고 악도 있는 것이 의식의 운동이요,	有善有惡 是意之動
선을 알고 악을 아는 것이 양지요,	知善知惡 是良志
선을 행하고 악을 버리는 것이 격물이다.	爲善去惡 是格物.

다산의 격물론은 주자의 주지주의와 부합하지만 이와는 다르게 실천성을 강조한 육구연陸九淵, 1139~1192과 왕양명에게도 일장이 있음을 인정한다. 다산은 주자와 양명을 불교의 교종과 선종에 비유했다. 그러나 그는 양명의 핵심적인 테제인 치양지설致良知說은 비판한다. 다산에 의하면

양良[195]은 자연이요, 치致[196]는 인위이니, 양이면 치가 될 수 없고, 치이면 양이 아니므로 치양지致良知는 있을 수 없다는 것이다. 그리고 양지良知란 맹자의 이른바 "갓난아기도 자기 어버이를 사랑할 줄 안다(孩提之童 莫不知愛其親)"를 말하는 것인즉 의식적 인위적으로 치致할 수 있는 일이 아니라는 것이다.

특히 그는 무릇 한마디 한 구절을 빌려 도학의 종지를 삼는 것은 정학正學이 아니고 이단이라고 단정한다. '존덕성尊德性'은 성인의 말이지만 육구연이 이 세 글자를 종지로 삼고난 후부터 부단한 정진을 조롱하는 폐단이 생겼으며, 불가에서 '돈오頓悟' 두 글자를 종지로 삼은 후부터 환멸에 빠지게 하는 폐단이 생겼으며, 양명의 '치양지' 또한 이와 같다는 것이다. 또한 선학禪學의 화두는 인간 생활에 필요한 실천적 학문이 아니라고 비판한다.

사실 '돈오'라는 명제는 공자를 우스개로 만드는 폭언이다. 『논어』 「위정爲政」 편에 의하면 공자는 15세에 학문에 뜻을 두어 30세에 뜻을 세우고, 40세에 불혹했으며, 50세에 천명을 알았고, 60세에 이순耳順했으며, 70세가 되어서야 마음 가는 대로 따르더라도(從心所欲) 법도를 넘지 않았다(不踰矩)고 술회하고 있으니 돈오와는 너무나 거리가 멀기 때문이다. 또한 『논어』의 첫머리를 "배우고 때때로 익힌다(學而時習之)"라고 시작하여, 「위령공衛靈公」 편에서는 "종일 먹지 않고 밤새 자지 않고 생각해도 유익한 것이 없으니 배우는 것만 못하다(吾嘗終日不食 終夜不寢 以思無益 不如學也)"라고 했고, 끝머리는 "주례를 모르면 입신하지 못한다(不知禮無以立也)"라고 했으니 공자는 분명히 박학파였던 것이다. 그래서 자장子張, BC 530~?은 "널리 배워 뜻을 돈독히 하고, 간절히 묻고 가까운 것을 생각하면 인仁은 그 가운데 있다(博學而篤志 切問而近思 仁在其中矣)"라고 말한 것이다. 다산은 공자에 충실한 박학파였을 뿐, 명상파가 아니었던 것이다. 그러므로 다산은 단박에 존덕성을 이루려는 육구연과 왕양명의 입장을 버리고 존덕성을 위해서도 도문학道問學이 먼저라는 주자의 입장을 취한다.

논어論語/헌문憲問 14

옛 학문은 자기를 다스리기 위한 '위기지학爲己之學'이었고,	古之學者爲己
오늘의 학문은 남을 다스리기 위한 '위인지학爲人之學'이다.	今之學者爲人.

중용中庸/27장

군자는 타고난 덕성을 높이고, 문고 배움으로 인도하며,	故君子 尊德性而道問學

---

195) 노력하여 이룬다.
196) 선천적으로 능하다.

넓고 크게 이르되 정미한 것까지 다한다.　　致廣大而盡精微.

여유당전서與猶堂全書/일집시문집一集詩文集/18권/위윤혜관증언爲尹惠冠贈言

육경과 여러 성현의 글을 읽어야 하며	六經諸聖書皆可讀
특히 『논어』만은 종신토록 읽어야 한다.	唯論語可以終身讀.
삼례三禮에 대해서는 잡복의 제도만 알면	三禮知雜服之制
명문의 후예라 할 것이며,	足爲名家佳胤.
『주역』을 읽어 추이 왕래의 자취를 살피고	讀周易 察推移往來之跡
소장 존망의 이치를 증험한다면	驗消長存亡之理.
천지를 아우르고 우주를 망라할 수 있는 것이다.	足以範圍天地 網羅宇宙.
여력이 있으면 『산경山經』, 『수지水志』도 읽어 견문을 넓히며,	餘力及山經水志 以廣耳目
혹 아내가 빚은 술을 권하고	或妻釀佳秫[197]勸之
흔연히 취하여	欣然一醉
『초사』를 읽으며 울적한 기분을 푼다면	讀離騷九歌 以暢幽鬱
명사라 칭할 만하다.	足稱名士也.
이처럼 독서 한 가지 일로	唯有讀書一事
위로는 성현을 좇아 짝할 수 있고,	上足以追配聖賢
아래로는 뭇 백성을 길이 일깨울 수 있으며,	下足以永詔[198]烝黎
귀신의 그윽한 정황을 알 수 있고,	幽達鬼神之情狀
왕도와 폐도의 계책을 밝게 인도할 수 있으며,	明贊[199]王霸之謨猷[200]
금수의 부류를 초월하여	超越禽蟲之類
우주의 위대함을 지탱할 수 있다.	撑[201]柱宇宙之大.
그러므로 독서야말로 우리 인간의 본분인 것이다.	此方是吾人本分.

여유당전서與猶堂全書/일집시문집一集詩文集/12권/치양지변致良知辨

왕양명은 '치양지致良知' 세 글자를	王陽明以致良知三字

197) 秫(출)=찰진 곡식.
198) 詔(조)=고하다, 가르치다.
199) 贊(찬)=佐也, 明也.
200) 猷(유)=謀也, 猶也.
201) 撑(탱)=持也, 撥也.

법문의 종지로 삼았다.

그것은 『대학』에서 말한 '치지'의 '치致'와,

『맹자』의 '불학이지지양지'에서 '양지'를 결합한 것이다.

그리고 중언부언하여 그칠 줄 모르며,

자기가 일생을 힘써 얻은 것은 단지 이 세 글자라고 말한다.

무릇 한 구절의 말을 세워 종지로 삼는 학문은

모두 이단이다.

'위기'는 군자의 학문임을

성인이 일찍이 말한 바 있다.

그런데 양씨가 이 두 글자를 세워 종지로 삼았으므로,

천하를 위해 털 한 올도 뽑지 않는 폐단이 되었으니

이단으로 떨어졌다.

'존덕성'도 군자의 학문임을

성인이 일찍이 말한 바 있다.

그런데 육구연이 이 세 글자를 세워 종지로 삼았으므로,

정신을 희롱하며 돈오라고 하는 폐단이 되었으니

이단으로 떨어졌다.

'양지'의 학문도 어찌 다른 것이겠는가?

다만 한스러운 것은 양명처럼 고문 달식이

치致와 양良은 서로 엮을 수 없는 것임을 모르고

천고에 없는 학설을 창안한 척

천하 만인에게 보이며 의심할 줄 몰랐으니

어찌 속임수가 이 지경에 이르렀는가?

맹자는 사람이 사려하지 않아도 아는 것을

양지라고 했으며,

정자는 양지란 천성에서 나오므로

인위에 매이지 않는다고 했다.

爲法門宗旨.

遂以大學之致知爲致

孟子所云 不學而知之良知.

重言復言而不知止

謂自家一生得力 只此三字.

凡立一句語 爲宗旨者

其學皆異端也.

爲己君子之學也

聖人嘗言之矣. 202)

楊氏立爲己二字 爲宗旨

則其敝爲髮一毛不爲

而成異端矣.

尊德性君子之學也

聖人嘗言之矣. 203)

陸氏立尊德性三字 爲宗旨

則其敝爲弄精神頓悟

而成異端矣.

良知之學 何以異是.

獨恨 夫以陽明之高文達識

曾不知致與良之不得相屬

而創千古所無之說

以示天下萬世之人 而不疑

何蔽204)之至是也

孟子曰 人之所不慮而知者

其良知也

程子曰 良知出於天

不繫於人.

202) 論語/憲問: 古之學者爲己 , 今之學者爲人.

203) 中庸/27장: 故君子 尊德性而道問學, 致廣大而盡精微.

204) 蔽(폐)=속이다.

즉 양지란 저절로 된다는 뜻이다.

그러므로 똥거름을 하지 않아도 비옥한 땅을 '양전'이라고 하고,

익히지 않더라도 잘 달리는 말을 '양마'라고 한다.

이처럼 양이란 근본이 좋은 것을 말한다.

이른바 치라는 것은 무엇을 말하는가?

그것은 저절로는 오지 않으므로

내가 불러 오게 하는 것을

치라고 말한다.

내 스스로 할 수 없으므로

저들의 도움을 받아 이루는 것을

치라고 말한다.

양지란 이미 저절로 지혜가 능한데

어찌 힘써 이르게 할 필요가 있겠는가?

그러므로 나는 말한다.

양良이라면 치致가 필요 없고, 치해야 한다면 양이 아니다.

이미 양한데 다시 치한다 함은

천하에 이런 일이 없는 것이다.

양명 본인은 본래 자질이 좋아서

그것으로 좋게 되었지만,

타인들은 자질이 맑지 않아서

그것으로 나쁘게 된 자들이 많았다.

이로써 양명은 스스로 현자의 반열에 몸을 맡겼지만,

그의 무리는 도둑의 무리가 되고 말았다.

卽良知者自然之意也.

故不糞而肥 謂之良田

不駂[205]而馳 謂之良馬.

良也者 本善之謂也.

夫所謂致者 何謂也.

彼不自來

而我爲之說法 以來之

曰致也.

吾不可自得

而求彼以相助 使之至

曰致也.

良知者旣已良知

何爲致之.

余故曰.

良則不致 致則非良.

旣良而復致之

天下無此事也.

陽明資質本善

故以之爲善者多

他人資質不淸

故以之爲惡者衆.

此陽明之能自託於賢者

而其徒之爲群盜也.

다산이 양명을 반대한 결정적 요인은 따로 있다. 양명의 사구교四句敎의 첫 번째 가르침은 심心의 본체는 천명天命의 성性이므로 선善도 없고 악惡도 없다는 것이다. 이것은 요순이 말한 인심도심설과人心道心說 정면으로 배치되는 것이다. 다산은 이것을 결단코 수용할 수 없었다. 특히 다산은 공사公私와 선악의 구별을 인심도심설에서 찾았으므로 인심도심설이야말로 오제五帝 이래 전

205) 駂(보)=馬習步也.

승된 도결道訣이요, 심학心學의 만세의 종지로 중시했기 때문이다.

여유당전서與猶堂全書/**이집경집**二集經集/**32권**/**매씨서평**梅氏書評/**남뢰황종회서**南雷黃宗羲序

주공께서 이르기를 "광인이라도 생각을 잘하면 성스럽게 되고,	周公曰 唯狂克念作聖
성인이라도 생각이 없으면 광인이 된다"고 했다.	唯聖亡念作狂.
이것이 인심은 위태롭고	此非人心之危
도심은 은미함을 밝힌 것이 아니겠는가?	而道心之微旺乎.
공자께서는 성품은 서로 비슷하나 학습으로 서로 멀어진다고 했다.	孔子曰 性相近也 習相遠也.
성품이 비슷하다는 말은	性相近者
도심이 은미함은 지자도 우자도 같다는 뜻이며,	道心之微 智愚之所同也
학습으로 멀어진다는 말은	習相遠者
인심이 위태로워 성자와 광인으로 갈라져 변하게 된다는 뜻이다.	人心之危 聖狂之條變也.
맹자께서는	孟子曰
"사람과 금수의 차이는 거의 드문데	人之所以異於禽獸者幾希
소인은 그 차이를 버렸고 군자는 보존한다"고 말했다.	小人去之 君子存之.
사람은 육체를 가지고 있으므로	人有是形故
식색과 안일을 욕망한다는 점에서는 금수와 같다.	其食色安逸之欲 同於禽獸.
이것이 인심의 위태로움이라는 것이다.	此人心之危也.
천명인 성품은 선善을 좋아하고 악惡을 부끄러워하지만	天命之性 樂善恥惡
형체는 강하고 정신은 약하여 억지로 다스릴 수 없다.	而形强神弱 不能剛制.
이것이 도심은 은미하다는 것이다.	此道心之微也.
거의 드문 차이가 은미해서 보존할 수 없다면	幾希之微 而不能保存則
금수일 뿐이니	禽獸而已
어찌 위태롭지 않겠는가?	豈不危哉.
다만 이처럼 백 가지 천 가지 마음이 나누어짐을 자세히 살펴보면,	但此百千之心 靜察其分
인심 도심을 벗어나지 않으니,	不出乎人心道心
인심이 아니면 도심이고,	非人心則道心
도심이 아니면 인심이다.	非道心則人心.
공사가 나누어지는 곳이요, 선악이 갈라지는 곳이다.	公私之攸分 善惡之攸判.

공자, 안자, 증자, 자사, 맹자가 발견한 것이 여기에 있고,　孔顏曾思孟所察者在玆

요, 순, 우, 탕이 경계한 것이 여기에 있었던 것이다.　堯舜禹湯所戒者在玆.

황종희는 양명을 추종하여 그것을 섞어 하나로 만들려고 하니　黃氏欲混之爲一

어찌 잘못이 아니겠는가?　豈不疏哉.

여유당전서與猶堂全書/**이집경집**二集經集/**2권/심성총의**心性總義

그러나 인심은 위태롭고 도심은 은미하다는　然人心之危 道心之微

두 구절은　此二句

지극히 이치가 있고, 그 머무름이 더할 수 없이 정확하다.　乃是至理 所寓精確無比.

도가들의 말은　況道家之所言

다분히 복희, 신농, 황제의 유문에 연계하지만,　多係羲農黃帝之遺文

인심 도심이야말로　人心道心

역시 오제 이래 전해져 내려온 도결이므로　亦必是五帝以來相傳之道訣

후인들이 말할 수 있는 것이 아니다.　非後人之所能道也.

이제 이 두 구절을 만세 심학의 종지로 삼아야 할 것이다.　今此二句 爲萬世心學之宗.

어찌 순자가 『도경道經』에서 나온 것이라 말했다고 해서　豈可以 出於荀氏

높이고 신뢰하는 정성을 소홀히 할 수 있겠는가?　而少忽其尊信之誠哉.

　위 글에서 지적한 것처럼 순자는 도심인심설의 출처를 『도경』이라고 밝히고 있다. 그러나 현전하는 노자 『도덕경』에서는 이 내용을 찾을 수 없다. 이에 대해서는 후인의 탐구가 요망된다.

순자荀子/**해폐**解蔽

『도경道經』에 가로되　道經曰

인심은 위태롭고 도심은 은미하니,　人心之危 道心之微

위태롭고 은미함의 기미는　危微之幾

오직 밝은 군자만이 알 수 있다.　唯明君子 而後知之.

양주묵적 포용

다산이 태어난 해인 1762년에 서양에서는 루소가 『사회 계약론』을 발표하여 자연 회귀와 사회 계약설을 주장함으로써 프랑스 혁명의 성전이 되었다. 이에 비해 다산은 루소도, 프랑스 혁명도 몰랐겠지만 그에 못지않게 혁신적인 '왕 선출론'과 '민의회民議會'를 주장했다. 그는 왕정 제일책第一策으로 토지 균분을 주장했고, 물화의 유통과 교환을 촉진하여 지방 생산의 균등을 건의했으며, 정치적으로 강자와 약자의 세勢가 균등해야 한다고 주장했다. 그 밖에 근로의 균등과 인재의 균평을 주장함으로써[206] 동학 혁명의 성전이 되었다.

이러한 균등주의는 고금의 유가 사상을 뛰어넘는 독창적인 것이다. 굳이 그 근원을 거슬러 올라가자면 묵가 사상에 닿아 있다고 말할 수 있다. 다산은 양자의 개인주의와 묵자의 평등주의는 금수의 도道이므로 타도할 것을 주장한 맹자에 동조하지 않는다. 이미 지적한 것처럼 홍대용은 묵자에 경도되어 있었고 다산도 그의 저서에서 묵자를 자주 인용할 정도로 묵자와 친숙했으며, 또한 당시 실학적 풍토는 묵자와 노장까지도 폭넓게 포용하는 열린 사고를 하고 있었다.

여유당전서與猶堂全書/**이집경집**二集經集/**6권**/**맹자요의**孟子要義/**진심제십육**盡心第十六

내 생각으로는 천하를 위해 터럭 하나를 뽑지 않겠다는 양주와	鏞案 拔毛
천하를 위해 머리끝에서 발꿈치까지 닳았다는 묵자에 대한,	摩頂
『맹자』의 가혹한 평가는 가설로 형용한 말일 뿐이다.	皆是假設形容之辭.
학문이 얕은 자들이 이 문장을 잘못 읽어,	淺學誤讀此文
양주를 인색한 사람으로, 묵적을 광객으로 여기니	以楊朱爲吝人 以墨翟爲狂客
이는 크게 잘못된 것이다.	大謬也.
군자의 학문은 두 가지를 벗어나지 않는다.	君子之學 不出二者.
첫째는 수기요, 둘째는 치인이다.	一曰修己 二曰治人.
수기란 나를 착하게 하는 수단이요,	修己者 所以善我也.
치인은 남을 사랑하는 수단이다.	治人者 所以愛人也.
나를 착하게 하면 의義라 하고, 남을 사랑하면 인仁이라 한다.	善我爲義 愛人爲仁.
인과 의는 서로를 써야 하니 어느 한 쪽도 폐할 수 없다.	仁義相用 不可偏廢.

---

206) 『茶山詩文集』 권10 原政.

두 가지 중 어느 하나만을 고집하는 것은

변통을 알지 못함이니 이는 진실로 잘못이다.

양주의 도道는 우寓와 후직后稷의 시대에

안회를 지킨 것이고,

묵적의 도는 안회의 세대가

우와 후직을 행한 것이다.

그들의 죄라면 이처럼 당시에 맞지 않았을 뿐

어찌 다른 것이 있겠는가?

二者各執其一

不知變通 是其謬也.

楊朱之道 禹稷之時

而顏回之守也

墨子之道 顏回之世

而禹稷之行也.

其罪如斯而已

豈有他哉.

여유당전서與猶堂全書/**오집정법집**五集政法集/**1권**/**경세유표**經世遺表/**권1**/**인引 (1817년 미완 탈고)**

세속에서 요임금과 순임금의 다스림에 대해 말하기를,

"요순은 모두 팔짱을 끼고 스스로 공손하게 하여,

말없이 남면하여

움막에 단정히 앉아 있었으나,

그의 덕화를 입어

마치 훈풍처럼 사람들을 감화시켰다"는 것이다.

그러나 내 견해는 천하에 요순보다 근면한 사람이 없는데,

'무위'라고 거짓말을 한 것이다.

또한 천하에 요순보다 치밀한 사람이 없는데,

엉성하고 우원하다고 속였다.

그리하여 군주가 무엇을 하려고 할 때마다

요순을 기억하라며 매양 스스로 주저하도록 만들었다.

이것이 (권신이 발호하여) 천하가 날로 부패하고,

새로워질 수 없도록 만든 원인이다.

世俗言唐虞之治者曰

堯與舜皆拱手恭己

玄[207]然默然

以端坐於茅茨之屋

而其德化之所漸被

若薰風之襲人.

以余觀之 天下莫勤於堯舜

誣之以無爲.

天下莫密於堯舜

誣之以疏迂.

使人主每欲有爲

必憶堯舜以自沮.

此天下之所以日腐

而不能新也.

---

207) 玄(현)=北向也, 深隱也.

공자가 순임금을 '무위'라고 말했으나 그것은
'순임금은 어진 인재를 이십이 명이나 얻었으니,
또 무엇을 할 것인가?'라는 뜻으로 말한 것이다.
그 말에는 과장되게 누르고 높이는 것이 있으므로,
족히 말 밖에서 품격과 정신을 알아차려야 한다.
지금 사람들은 이 한마디에 집착하여,
순임금이 말없이 공수 단좌하고 손가락 하나 까딱하지 않았으나,
천하가 물이 흐르듯 감화되었다고 말한다.
이는 『서경』의 「요전堯典」과 「고요모皐陶謨」를
흘려버리듯이 잊고 있는 것이니,
어찌 답답할 일이 아닌가?

『주역』에서 말하기를 "하늘의 운행이 건실하고 밝듯이,
요순은 하늘처럼 건실하여,
일찍이 잠시도 쉰 적이 없다"고 했다.
아울러 우, 직, 설, 익, 고요 등 어진 신하들
또한 분발함이 신속 맹렬하여
임금의 팔다리와 이목이 되었다.
그런데 지금 대신의 자리에 있는 자들은

孔子謂舜無爲者[208]
謂舜得賢聖至二十二人
將又何爲.
其言洋溢抑揚
有足以得風神 於言外者.
今人專執此一言
謂舜拱黙端坐不一指不動
而天下油油然化之.
乃堯典皐陶謨
皆浩然忘之
豈不鬱哉.

易曰 天行健明明
堯舜與天同健
曾不能有須臾之息.
並其禹稷契益皐陶之等
亦奮迅猛烈
以作帝股肱耳目.
而今居大臣之位者

◆ 순임금의 어진 신하
• 백우伯禹 = 水土를 다스리는 司空. 夏의 국조.
• 후직后稷 = 百穀을 다스리는 后稷. 名=棄. 周의 국조.
• 설契 = 五敎를 가르치는 司徒. 商의 국조.
• 백익伯益 = 山澤을 다스리는 司虞.
• 고요皐陶 = 軍士와 刑獄을 다스리는 司寇.
• 수垂 = 百工을 다스리는 共工.
• 백이伯夷 = 삼례를 담당하는 秩宗.
• 기夔 = 음악을 담당하는 典樂.
• 용龍 = 왕명을 출납하는 納言.

208) 論語/衛靈公: 子曰 無爲而治者 其舜也與. 夫何爲哉 恭己正南面而已矣.

"덕성(大體)을 보전해야 한다"라는 세 글자만 알면　　　　　方且得持大體三字
천하만사가 다 된 것처럼 생각하니　　　　　　　　　　　　　欲以了天下之萬事
어찌 잘못이 아닌가?　　　　　　　　　　　　　　　　　　　　不亦過乎.

여유당전서與猶堂全書/**일집시문집**―集詩文集/**10권**/**원정**原政

정치란 바로잡는 것이다.　　　　　　　　　　　　　　　　　政也者正也.
우리 백성은 평등한데,　　　　　　　　　　　　　　　　　　均吾民也
누구는 땅의 이익을 겸병하여 부유하게 하고,　　　　　　　何使之 幷地之利 而富厚
누구는 땅의 혜택을 가로막아 가난하게 할 것인가?　　　　何使之 阻[209]地之澤而貧薄.
그것을 다스려 토지를 구획하고 백성에게 나누어주고　　為之計[210]地與民
균등하게 분배함으로써,　　　　　　　　　　　　　　　　　而均分焉
그러한 불평등을 바로잡는 것이 이른바 정치인 것이다.　　以正之謂之政.

우리 백성은 평등한데　　　　　　　　　　　　　　　　　　均吾民也
누구는 비옥한 땅이 많아　　　　　　　　　　　　　　　　何使之 積土之所豐
남아돌아 버리게 하고,　　　　　　　　　　　　　　　　　　而棄其餘
누구는 척박한 땅도 없어　　　　　　　　　　　　　　　　何使之 闕土之所嗇[211]
궁핍을 걱정하게 할것인가?　　　　　　　　　　　　　　　而憂其匱[212].
그들을 다스려 배와 수레를 만들고 도량형을 엄격히 하며,　為之作舟車 謹權量
화물을 유통해 유무를 상통하게 함으로써　　　　　　　　遷其貨 得通其有無
그러한 불평등을 바로잡는 것이 이른바 정치인 것이다.　　以正之 謂之政.

209) 阻(조)=沮.
210) 計(계)=畫也.
211) 嗇(색)=인색.
212) 匱(궤)=乏也.

우리 백성은 평등한데

누구는 강하여 제멋대로 삼켜 커지게 하고,

누구는 약하여 빼앗기고 멸망하게 할 것인가?

그들을 다스려 군대를 확장하고

죄를 성토하며,

망하는 자를 살리고, 대가 끊긴 자를 이어줌으로써

그러한 불평등을 바로잡는 것이 이른바 정치인 것이다.

均吾民也

何使之 强而恣其呑以大

何使之 弱而被其削以滅.

爲之 張皇[213]徒[214]旅[215]

聲罪致討

存亡繼絶

以正之 謂之政.

우리 백성은 평등한데

누구는 속이고 능멸하고 완악한데도

몸을 평안하게 하고,

누구는 공근하고 충선한데도

복이 미치지 못하게 할 것인가?

그것을 다스려 형벌로 징계하고 상으로 장려하여,

죄와 공을 분별함으로써,

그러한 불평등을 바로잡는 것이 이른바 정치인 것이다.

均吾民也

何使之 欺凌頑[216]惡

而安其四體

何使之 恭勤忠善

而福不可及.

爲之刑以懲 爲之賞以獎

別罪功

以正之 謂之政.

우리 백성은 평등한데,

누구는 어리석은데도 높은 자리에 앉아

악惡을 퍼뜨리게 하고,

누구는 어진데도 아랫자리로 내쫓겨

그 덕德을 가리게 할 것인가?

그것을 다스려 붕당을 없애고 공론을 넓혀,

어진 이를 등용하고 불초한 자를 물리침으로써,

그러한 불평등을 바로잡는 것이 이른바 정치인 것이다.

均吾民也

何使之 愚而處高位

以播其惡

何使之 賢而詘[217]於下

以翳[218]其德.

爲之祛朋黨恢公道

進賢退不肖

以正之 謂之政.

---

213) 皇(황)=大也.
214) 徒(도)=步卒也.
215) 旅(려)=軍士.
216) 頑(완)=愚鈍也, 貪也.
217) 詘(굴)=詰屈也.
218) 翳(예)=掩也.

중국에 생원이 있는 것처럼

우리에게는 양반이 있다.

고염무顧炎武 선생은 천하가 온통 생원이 되는 것을 우려했는데,

마찬가지로 나는 온 나라가 양반이 될까 걱정한다.

그런데 양반의 폐단이 더욱 심하다.

생원은 실제로 과거에 붙어야만 그 호칭을 얻지만,

양반은 문관도 무관도 아니면서 헛된 이름만 쓰고 있다.

또 생원은 당대에만 한정되지만 양반은 도무지 제한이 없다.

생원은 세대마다 옮기고 변하지만,

양반은 한번 얻으면 백대까지 버리지 않는다.

더구나 생원의 폐단은

양반도 두루 가지고 있다.

그렇지만 만일 내 소망이 이루진다면,

온 나라가 모조리 양반이 되게 하고 싶다.

그러면 온 나라에 양반이 없어질 것이기 때문이다.

만일 전체 민중이 모조리 존귀한 사람이 된다면,

곧 존귀한 신분이 없어져버릴 것이다.

中國之有生員

猶我邦之有兩班.

亭林憂 盡天下而爲生員

若余憂 通一國而爲兩班.

然兩班之弊 尤有甚焉.

生員實赴科擧 而得玆號

兩班幷非文武 而冒[219]虛名.

生員有定額 兩班都無限制.

生員世有遷變

兩班一獲 而百世不捨.

況生員之弊

兩班悉兼而有之哉.

雖然 若余所望則有之

使通一國 而爲兩班.

卽通一國 而無兩班矣.

苟其皆尊

卽無所爲尊也.

729

제4부 종합과 철학적 정초

국민 주권설

백성(民)은 목자를 위해 생긴 것인가? 아니다.

오히려 목자가 백성을 위해 존재하는 것이다.

먼 옛날 처음에는 백성뿐이었지 어찌 목자가 존재했겠는가?

백성이 무리지어 모여 살게 되었고,

民爲牧生乎 曰否.

牧爲民有也.

古之初民而已 豈有牧哉.

民于[220]于然聚居

219) 冒(모)=蔽也, 假稱也.
220) 于(우)=大也, 廣大皃.

한 사내가 이웃과 다툼이 생겼는데 해결이 나지 않자,　　　　有一夫與隣鬨²²¹⁾ 莫之決

한 노인이 공평한 말(公言)을 잘하여 그에게 가서 바로잡았다.　　有叟焉 善爲公言 就而正之.

사방 이웃들이 감복하여 함께 그를 추대하고 존경하며,　　　四隣咸服 推而共尊之

마을의 바름, 즉 '이정里正'이라 불렀다.　　　名曰里正.

이에 여러 마을의 백성들이　　　　　　　　　　　　於是數里之民

마을의 다툼을 해결하지 못하자,　　　　　　　　以其里鬨莫之決

한 노인이 빼어나고 박식하여 그에게 가서 바로잡았다.　　有叟焉俊而多識 就而正之.

여러 마을이 감복하여 함께 그를 존경하고 추대하여,　　數里咸服 推而共尊之

씨족의 바름, 즉 '당정黨正'이라 불렀다.　　　　　名曰黨²²²⁾正

또한 여러 당黨이 감복하여 한 사람을 추대하여　　　　數黨咸服

그를 '주장州長'이라 불렀다.　　　　　　　　　名之曰州長.

이에 여러 주장이 한 사람을 추대하여 우두머리로 삼고,　於是數州之長 推一人以爲長

'나라의 군주'라 부르게 되었다.　　　　　　　名之曰國君.

여러 나라의 군주들이 한 사람을 추대하여 우두머리로 삼고,　數國之君 推一人以爲長

그 이름을 '방백方伯'이라 불렀다.　　　　　　名之曰方伯.

사방의 방백들이 한 사람을 추대하여 우두머리로 삼고,　四方之伯 推一人以爲宗

그를 '황왕皇王'이라 부르게 되었다.　　　　　名之曰皇王.

이처럼 황제는 본래 이정에서 일어났고,　　　　皇王依本起於里正

목민관은 백성을 위해 존재하는 것이다.　　　　牧爲民有也.

이때에 촌장은 백성의 소망을 따라　　　　　　當是時 里正從民望

법을 제정하여,　　　　　　　　　　　　而制之法

그것을 향당의 당정에게 올리고,　　　　　　上之黨正

당정은 백성의 소망을 따라 법을 제정하고,　　黨正從民望 而制之法

그것을 주장에게 올리고,　　　　　　　　上之州長

주장은 그것을 국군에게 올리고, 국군을 황제에게 올렸다.　州上之國君 國君上之皇王.

그러므로 그 법은 모두 백성을 편하게 했다.　　故其法皆便民.

---

221) 鬨(홍)=爭也.

222) 黨(당)=향리 친척.

그러나 후세에는 한 사람이 스스로 황제가 되어,　　後世一人自立爲皇帝
자신의 아들과 동생에게 땅을 봉하거나,　　封其子若弟
심지어 자기 시종들을　　及其侍御僕從之人
제후로 삼았다.　　以爲諸侯.
그리고 제후는 자기 가신을 골라 주장으로 삼고,　　諸侯簡其私人 以爲州長
주장은 자기 가신을 천거하여　　州長薦其私人
당정과 이정으로 삼았다.　　以爲黨正里正.

이에 황제는 법을 자기 욕심대로 제정하여,　　於是皇帝循己欲 而制之法
그것을 제후에게 내려주고,　　以授之諸侯
또 제후는 제멋대로 법을 만들어　　諸侯循己欲 而制之法
주장에게 내려주었다.　　以授州長.
그러므로 그 법은 모두 왕을 높이고 백성을 낮추며,　　故其法皆尊王而卑民
아랫사람의 소유를 빼앗아 윗사람에게 붙여주니,　　刻下而附上
하나같이 백성은 목자를 위해 태어난 것처럼 되었다.　　壹似乎民爲牧生也.

민회의와 군주 선출

여유당전서與猶堂全書**/일집시문집**一集詩文集**/11권/탕론**湯論

탕왕이 걸을 추방한 것은 옳은 일인가?　　湯放桀可乎.
신하가 임금을 친 것이 옳은 일인가?　　臣伐君而可乎.
이것은 옛 도리이며, 탕왕이 창시한 일이 아니다.　　曰古之道也 非湯刱爲之也.
신농씨가 쇠해지자 제후들이 서로 공벌했다.　　神農氏世衰 諸侯相虐.
황제 헌원씨가 섭정을 맡아 자주 군사를 일으켜　　軒轅習用干戈
복종하지 않은 자들을 정벌하니,　　以征不享[223]
제후들이 모두 귀의했다.　　諸侯咸歸.

---

223) 享(향)=五官致貢曰享(禮記/曲禮). 관리들이 공과를 보고하는 것.

염제 신농씨와 판천의 들에서 전쟁을 했는데,

세 번 싸운 뒤에야 뜻을 얻어 신농씨의 대를 잇게 되었다.

이것이 신하가 군주를 정벌한 것이라면

황제가 처음 그렇게 한 것이다.

신하로서 임금을 치는 것이 죄라면

헌원씨가 악惡의 괴수이니,

탕왕에게 따질 일은 아니다.

무릇 천자는 무엇을 위해 존재하는가?

하늘에서 비처럼 내려와 세운 것인가?

아니면 땅에서 솟아나 천자가 되었는가?

다섯 가문이 인鄰이 되니

그들이 우두머리로 추대하여 인장鄰長이 되고,

다섯 인이 이里가 되니 그들이 우두머리로 추대하여

이장里長이 되고,

다섯 마을이 현縣이 되니 그들이 우두머리로 추대하여

현장縣長이 되고,

모든 현장들이 다 같이 우두머리로 추대하여 제후가 되고,

모든 제후가 다같이 추대하여 천자로 삼은 것이다.

이처럼 천자란 다수의 민중이 추대하여 이루어진 것이니,

대저 민중의 추대를 받지 않으면 될 수 없는 것이다.

오가五家가 찬동하지 않으면

오가들이 회의하여 인장을 개선하며,

오린五鄰이 찬동하지 않으면 이십오 가家 회의에서

이장을 개선하며,

뭇 제후와 방백이 찬동하지 않으면,

以與炎帝戰于阪泉之野[224]

三戰而得志以代神農.

則是臣伐君

而黃帝爲之.

將臣伐君 而罪之

黃帝爲首惡

而湯奚問焉.

夫天子何爲而有也.

將天雨天子 而立之乎.

抑涌出地 爲天子乎.

五家爲鄰

推長於五者爲鄰長

五鄰爲里 推長於五者

爲里長.

五鄙[225]爲縣 推長於五者

爲縣長.

諸縣長之所共推者 爲諸侯

諸侯之所共推者 爲天子.

天子者衆推之 而成者也

亦衆不推之而不成.

故五家不協

五家議之改鄰長

五鄰不協 二十五家議之

改里長

九侯八伯不協

---

224) 史記/五帝本紀: 蚩尤作亂 不用帝命. 於是黃帝 乃徵師諸侯 與蚩尤戰於涿鹿之野, 遂禽殺蚩尤. 而諸侯咸尊 軒轅爲天子 代神農氏.
　　唐張守節正義云: 龍魚河圖云 黃帝攝政, 有蚩尤兄弟八十一人, 並獸身人語, 銅頭鐵額 食沙 造五兵, 仗刀戟大弩, 威振天下 誅殺無道
　　萬民欽命.

225) 鄙(비)=五鄙爲鄙. 距國五百里. 鄭(찬)=四里爲鄭(百家爲鄭).

제후 방백 회의에서 의논하여 천자를 개선한다.　　九侯八伯議之改天子.

누가 이것을 신하가 군상을 정벌하는 것이라 할 것인가?　　誰肯[226]曰臣伐君哉.

다만 개선하는 것은　　又其改之也

다시 천자가 되지 못하게 할 뿐이요,　　使不得爲天子而已

다시 내려가 제후로 복귀하는 것은 허용한다.　　降而復于諸侯 則許之.

완전히 대를 끊어버려 제후로 복귀하지 못한 것은　　其絶之而不侯之

진나라가 주나라를 멸망시키고 난 후부터 생긴 일이다.　　自秦于[227]周始也.

그러나 한나라 이후부터는 천자가 제후를 세웠고,　　自漢以降 天子立諸侯

제후가 현장을, 현장이 이장을,　　諸侯立縣長 縣長立里長

이장이 인장을 세웠으므로,　　里長立鄰長

감히 공손하지 않는 짓을 하면 역리逆理라 말하게 된 것이다.　　有敢不恭 其名曰逆.

그것을 역逆이라 하는 것은 무슨 이유인가?　　其謂之逆者何.

옛날에는 정치 원리가 '하이상下而上'이므로　　古者下而上

'하이상'을 순리라 하였고,　　下而上者順也.

지금은 반대로 정치가 '상이하上而下'하므로　　今也上而下

'하이상'을 역리라 하는 것이다.　　下而上者逆也.

왕망, 조조, 사마의, 유유, 왕연은　　故莽曹懿裕衍之等

'상이하'했으나 역적이라 하고,　　逆也

반대로 황제, 무왕, 탕왕 등은　　武王湯黃帝之等王之

'상이하'하였으므로 성왕이라 한다.　　明帝之聖者也.

종래 유가들은 이러한 준칙의 변천을 이해하지 못하고　　不知其然

걸핏하면 탕왕과 무왕을 요순보다 낮게 평가하니　　輒欲貶湯武 以卑於堯舜

어찌 고금의 변천을 통달했다 하겠는가?　　豈所謂達古今之變者哉.

장자는 그래서 쓰르라미는 봄가을을 모른다고 말했다.　　莊子曰 蟪蛄[228]不知春秋.

여유당전서與猶堂全書/**이집경집**二集經集/**32권**/**매씨서평**梅氏書評/**일주서극은편변**逸周書克殷篇辨

요즘 사람이 진나라 이후의 눈으로　　今人以秦以後之眼

---

226) 肯(긍)=可也.

227) 于(우)=越也.

228) 蟪蛄(혜고)=쓰르라미.

진나라 이전의 하늘을 보면,

만사 만물이 거꾸로 보이지 않는 것이 없을 것이다.

사시斜視로 보는 제일 큰 피해자는 탕왕과 무왕일 것이다.

그와 같이 진나라 이후의 법은

하늘과 땅만큼이나 같지 않다.

그 단서는 두 가지가 있으니 하나는 제명이요,

하나는 제후를 추대하는 후대다.

상제의 명을 받는 것(帝命)이란 무슨 뜻인가?

옛사람은 하늘 섬김이 성신하고

경외하여,

후세에 제왕을 다투는 자들이

하늘을 빙자함과는 같지 않다.

경건한 마음으로 밝게 섬기는 자는 상제에 정성이 닿아,

능히 몸소 은밀한 가르침을 받고 천명을 밝게 깨닫는다.

제왕이 되려는 자는 이런 인재를 얻지 못하면

감히 나라를 다스리지 못하며,

조상의 유업을 있는 자는 이런 인재를 얻어야

치세의 중흥을 이룰 수 있다.

왕조 교체의 때를 만난 자도

이런 인재를 얻어야,

천명을 받아 새 왕조를 이룰 수 있다.

제후를 추대한다는 후대란 무슨 뜻인가?

민民이 모이면 우두머리를 찾게 되고,

우두머리들을 차례 지으려면 장수가 필요한데,

한 장수 세우고 그 이름을 제후라 했다.

제후 중에서 출중한 자가 있으면

仰視秦以前之天

其萬事萬物 無一非倒景.

斜光湯武其最大者也.

其與秦以後之法

天壤不侔[229]者.

厥有兩端 一曰帝命

一曰侯戴.

其云帝命者何.

古人事夭皆誠信

而忱[230]畏之

非如後世爭王之人

憑依假託而稱天也.

厥有虔心昭事之人 格于上帝

能躬承密訓灼知天命.

爲帝王者不得此人

不敢以爲.

承祖考之緒者 得此人然後

能致治以中興.

值[231]鼎革之際者

得此人然後

能受命而肇[232]業.

其云侯戴者何.

民聚而求其長

長列而求其帥

各立一帥名之曰侯.

侯之中有翹楚

---

229) 侔(모)＝齊等也.

230) 忱(침)＝誠也.

231) 値(치)＝持也, 當也.

232) 肇(조)＝擊也, 始也, 謀也.

서로 모여 상의하여 추대하고

그를 천자라 부르게 되었다.

천자의 아들이 자손으로서 불초하여

제후들이 받들지 않으면,

역시 그 뜻을 편안하게 받아들였으며,

물러난 옛 천자가 분발하여 중흥한 자가 있어,

제후들이 다시 찾아가 조회를 드린다면,

편안하게 이를 수락하였으며 지나간 일은 묻지 않았다.

만약 포악하고 주색에 빠져 만민을 해치는 자가 있다면,

서로 회의의 결정에 따라 물러나게 하고

또한 한 사람의 출중한 자를 추대하여 천자로 삼는다.

그 물러난 자는 종사를 끊거나

후사를 없애지 않고,

천자의 자리에서 물러나

원래의 제후 자리로 복귀시킬 뿐이다.

相與會議以戴之

名之曰天子.

天子之子 若孫不肖

諸侯莫之宗也

亦安而受之

有舊發以中興者

諸侯復往朝之

亦安而受之 不問其往事也.

有暴虐淫荒 以殘害萬民者

則相與會議以去之

又戴一翹楚[233]者以爲天子.

其去之者 亦未嘗殄其宗祀

滅其遺胤

不過退

而復其原初之侯位而已.

인재 균등론

여유당전서與猶堂全書/**이집경집**二集經集/**10권**/**논어고금주**論語古今註/**권4/태백**泰伯

공자는 친히 자기에 대해 말하여 이르기를,

"교육에는 종족과 파당이 없다"고 했다.

『주례』「대사도大司徒」편에 의하면

향교에서는 세 가지 물건으로

만민을 교화하여 공경하게 하고,

孔子親口 自言曰

有敎無類[234]

周禮大司徒

以鄕三物

敎萬民而賓[235]興[236]之

---

233) 翹楚(교초)=傑出者.

234) 類(유)=種也, 比也, 偏頗也.

235) 賓(빈)=敬也.服也.

236) 興(흥)=尊尙也.

여덟 가지 법으로 만민을 바르게 하며,　　　　以鄕八刑糾[237]萬民

다섯 가지 예禮로써 만민의 거짓을 예방하며,　　以五禮防萬民之僞

여섯 가지 음악으로 만민의 심정을 방비한다고 했다.　以六樂防萬民之情.

무릇 만민이 불복함을 교화하는 것은 선비의 책임이다.　凡萬民之不服 敎者歸于士.

이름을 만민이라 하였으니　　　　　　　　　名曰萬民

어찌 그 사이에 존비귀천이 있으랴!　　　　　豈復有尊卑貴賤 於其間乎.

성인의 마음은 지극히 공평하고 사사로움이 없다.　聖人之心至公無私.

그러므로 맹자는　　　　　　　　　　　　故孟子曰

"사람은 모두가 요순이 될 수 있다"고 말했다.　人皆可以爲堯舜.

어찌 차마 자기의 사욕으로　　　　　　　　豈忍以一己之私欲

어리석은 농부를 고루하게 하여,　　　　　　愚黔首以自固

요순이 되는 길을 가로막겠는가?　　　　　　阻人堯舜之路哉.

설사 고루하다 해도 마땅히 예로 교화하여,　　設欲自固 亦當敎民以禮義

윗사람을 친애하고 어른을 섬길 줄 알게 해야만　使知親上而事長

나라를 지킬 수 있다.　　　　　　　　　　然後其國可守.

진실로 어리석은 농부를 고루하게 버려둔다면,　眞若愚黔以自固

몇 돌이 지나지 않아 나라는 반드시 망할 것이다.　則不踰朞月 其國必亡.

진나라의 우민 정책이 바로 그 증거다.　　　　秦其驗也.

여유당전서與猶堂全書**/일집시문집**一集詩文集**/9권/통색의** 通塞議

아뢰옵건대　　　　　　　　　　　　　臣伏惟[238]

인재를 얻기 어려운 것이 오래입니다.　　　人才之難得也久矣.

나라의 영재를 다 발탁해도　　　　　　　盡一國之精英而拔擢之

오히려 부족할 터인데,　　　　　　　　　猶懼不足

하물며 열에 여덟아홉을 버리고 있습니다.　況棄其八九哉.

나라의 생령을 다 배양해도　　　　　　　盡一國之生靈而培養之

오히려 흥성하지 못할 터인데,　　　　　　猶懼不興

하물며 열에 여덟아홉을 버리고 있습니다.　況棄其八九哉.

---

237) 糾(규)=正也, 摘發人過也.

238) 惟(유)=陳也.

서민이 버림받고

중인이 버림받고,

관서(평안도)와 관북(함경도) 사람이 버림받고,

해서(황해도) 송경(개성) 심도(강화) 사람이 버림받은 자들입니다.

관동과 호남의 절반이 버림받고,

서얼이 버림받고,

북인과 남인도 버린 것과 다름없으니,

버림받지 않는 것은

오직 문벌 좋은 수십 가문에 불과합니다.

이 가운데도 정사政事로 인하여 버림받은 자가 많습니다.

무릇 버림받은 사람들은 스스로 포기하므로,

학문, 정사, 전곡,

갑병 등 무엇에도 뜻을 두려하지 않고,

오직 비분강개하여 술 마시고 방종하니,

인재가 일어날 리가 없는 것입니다.

오! 이것이 어찌 하늘의 뜻이겠습니까?

서얼들도 청직에 나갈 수 있게 하자는 논의는

때로 시행되다가 때로 그치도 했으나,

그것을 시행하는 것만으로는 서얼들이

기뻐하기에는 부족할 것입니다.

제일 좋은 방법은 동서남북에 구애됨이 없고,

멀고 가깝고 귀하고 천함을 가리지 않도록 제도화한

중국의 법처럼 하는 것이 옳을 것입니다.

小民其棄者也

中人[239] 其棄者也

西關北關其棄者也

海西松京沁都其棄者也.

關東湖南之半其棄者也

庶孼其棄者也

北人南人其不棄而猶棄者也

其不棄之者

唯閥閱數十家已矣.

而其中因事見棄者亦多.

凡一切見棄之族皆自廢

不肯留意於文學政事錢穀

甲兵之間

唯悲歌慷慨 飮酒而自放也.

故人才亦遂不興.

嗟乎 豈其天哉.

庶流通淸之議

或行或格[240]

然行之而庶流

不足喜也.

太上東西南北無所障碍

遐邇貴賤無所揀擇

如中國之法可也.

239) 中人(중인)=醫, 譯, 律, 曆, 書, 畵, 數.

240) 格(격)=止也, 拒也, 敵也.

균분

여유당전서與猶堂全書/**일집시문집**一集詩文集/**11권**/**전론일**田論一

한 사람이 있는데 농지는 십 경이며 아들은 열 사람이다.	有人焉 其田十頃 其子十人.
큰 자식은 삼 경을 주고. 둘째와 셋째는 이 경씩 주고,	其一人得三頃 二人得二頃
나머지 세 자식에게는 일 경씩 주고나면,	三人得一頃
네 자식에게는 주지 못한다.	其四人不得焉.
농지 없는 자식들이 울부짖으며 뒹굴다가	嘷號[241]宛轉[242]
길거리에서 굶어 죽었다면,	莩[243]於塗以死
이 사람은 사람의 부모로서 잘한 일인가?	則其人將善 爲人父母者乎.
하늘이 인민을 낼 때 우선 할 일은 농토를 마련하여,	天生斯民 先爲之置[244]田地
생령들로 하여금 거기서 먹고살도록 하는 것이며,	令生而就哺焉
그다음 할 일은 군주와 목민관을 세워	旣又爲之立君立牧
백성의 부모가 되게 하고,	令爲民父母
그 산물을 균등하게 분배하여 다 같이 살아가도록 하는 것이다.	得均制其産 而並活之.
그런데 군주와 목민관이 팔짱을 끼고 뻔히 바라볼 뿐	而爲君牧者 拱手孰[245]視
아들들이 서로 싸우며 빼앗고 병탄하는 것을	其諸子之相攻奪併呑
막지 않는다면,	而莫之禁也.
강자는 더 많이 차지하고	使强壯者益獲
약자는 떠밀려 죽음의 구렁텅이로 빠질 것인데,	而弱者受擠批[246]顚于地以死

241) 嘷號(호호)=울부짖다.
242) 宛轉(완전)=구르는 모양.
243) 莩(부)=갈대. (표)=餓死者.
244) 置(치)=設也.
245) 孰(숙)=精審也, 誰也, 熟也.
246) 擠批(제비)=밀어 떨어뜨리다.

군주와 목민관이

백성을 위해 자기 직분을 다했다고 하겠는가?

그러므로 산물을 고르게 나누어 더불어 살리는 자만이

군주요, 목자인 것이다.

則其爲君牧者

將善爲人君牧者乎.

故能均制其産 而並活之者

君牧者也.

지금 전국의 농토는 대략 팔십만 결이며,

인구는 대략 팔백만 명이다.

가령 열 명을 일 호로 치면

겨우 매 일 호에 전지 일 결을 분배받는 꼴이다.

그런 후에야 인민의 재산이 균평하게 된다.

그런데 문무 권신들과 시골의 부호들은

일 호에 수천 석의 곡식을 거두어들이는 자가 많으니,

그들의 농토는 매호 백 결을 밑돌지 않을 것이다.

이것은 구백구십 명의 생명을 희생해

일 호를 살찌게 하는 꼴이다.

今國中田地 大約爲八十萬結

人民大約爲八百萬口.

試以十口爲一戶

則每戶得田一結.

然後其産爲均也.

今文武貴臣及閭巷富人

一戶粟數千石者甚衆

計其田不下百結.

則是殘[247]九百九十人之命

以肥一戶者也.[248]

여전제

다산은 초기에는 정전제와 균전제를 시행 불가능한 것으로 생각했다. 균전제를 대신하는 방안으로 여전제閭田制를 주장한 것이다. 여전제란 토지를 마을 공동체의 공동 소유로 하여 공동 경작, 공동 분배를 원칙으로 하는 마을 공산제共産制였다. 그러나 만년의 저술인 「정전의井田議」에서는 화폐를 발행하여 유상 구매하는 방법으로 정전제를 시행하자는 주장을 폈다.

여유당전서與猶堂全書/**일집시문집**一集詩文集/**11권/전론이**田論二

장차 정전제를 시행해야 할 것인가?

아니다. 정전井田은 시행할 수 없다.

將爲井田乎.

曰否 井田不可行也.

---

247) 殘(잔)=凋傷也.

248) 이 글은 1798년(37세) 곡산부사 때의 「應旨論農政疏」이다. 만년의 소론과는 다른 점이 있다. 영조 기축년(1769)에 팔도의 수전은 34만 3,000결, 한전은 45만 7,800결이었다. 奸吏들의 漏田과 火田을 합하면 이보다 많을 것이다. 영조 계유년(1753)에 京外 인구는 730만 명이 조금 못 되나 누락자와 그동안의 출생자를 70만 명으로 계산하면 약 800만 명으로 추산할 수 있다.

정전할 수 있는 것은 한전인데,　　　　　　　　　井田者旱田也

이미 수리 공사를 해서 메벼와 찰벼를 심어 먹고 있으니,　水利旣興 秔稌[249]旣甘矣

어찌 수전을 버릴 수 있겠는가?　　　　　　　　　棄水田哉.

정전할 수 있는 것은 평전인데,　　　　　　　　　井田者平田也

이미 벌목에 힘써 산골짜기가 개간되었으니,　　　　劖[250]柞[251]旣力 山谿旣闢矣

개간지를 버릴 수 있겠는가?　　　　　　　　　　棄餘田哉.

장차 균전제를 시행해야 할 것인가?　　　　　　　將爲均田乎.

아니다. 균전均田은 시행할 수 없다.　　　　　　　曰否 均田不可行也.

균전이란 전지와 인구를 계산하여 고루 나누는 것인데,　均田者 計田與口 而均分之者也

호구는 늘고 줄며 달마다 해마다 변하는 것이며,　　戶口增損 月異而歲殊

비옥하고 척박한 구별이 있으니 면적으로 한도를 정할 수 없다.　饒瘠之別 頃畝莫限矣.

어찌 균등하게 할 수 있겠는가?　　　　　　　　豈均乎哉.

장차 한전제를 실시할 것인가?　　　　　　　　將爲限田乎.

아니다. 한전限田은 시행할 수 없다.　　　　　　曰否 限田不可行也.

한전이란 전지를 매입하되 일정한 면적 이상이 되면,　限田者 買田至幾畝

더 이상 매입하지 못하게 하고,　　　　　　　　而不得加

전지를 팔되 일정한 면적 이하로는　　　　　　　鬻[252]田至幾畝

팔지 못하게 하는 것이다.　　　　　　　　　　而不得減者也.

그러나 만일 내가 남의 이름을 빌려 사고팔면　　藉我以人之名 而加減之焉

누가 그것을 알 것인가?　　　　　　　　　　孰知之乎.

그러므로 한전제는 시행이 불가능하다.　　　　　故限田不可行也.

여유당전서與猶堂全書/**일집시문집**一集詩文集/**11권**/**전론삼**田論三

지금 농사를 짓는 사람이 농지를 갖도록 하고,　　今欲使農者得田

농사를 짓지 않는 사람은 농지를 갖지 못하게 하려면,　不爲農者不得之

---

249) 秔稌(갱도)=메벼와 찰벼.

250) 劖(영)=刊木也.

251) 柞(작)=베다.

252) 鬻(죽)=미음, (육)=팔, (국)=기를.

여전제를 실시해야 한다.

무엇을 여전이라 하는가?

산골짜기와 냇물과 언덕의 지세를 따라

구역을 획정하여 경계를 삼고,

그 경계 안의 구역을 여閭라 칭한다.

삼 여를 합하여 이里라 하고, 오 이里를 방坊이라 하고,

오 방을 읍邑이라 한다.

무릇 여에는 여장을 두고,

일 여의 전지는

그 여의 사람으로 하여금 공동으로 경작하게 하며,

농사일은 내 땅 네 땅의 경계 없이

여장의 명에 따르도록 한다.

여민閭民이 매양 하루 일을 하면 여장은 장부에 기록해두었다가,

추수가 끝나면 양곡을 배분한다.

먼저 공가公家의 세금을 공제하고,

다음에는 여장의 녹을 공제하고,

그 나머지를 장부에 기록된 노동량에 따라 배분한다.

노력을 많이 한 사람은 그만큼 배당량이 많고,

노력을 적게 한 사람은 그만큼 배당량이 적을 것이니,

어찌 힘을 다해 배당을 많이 받으려고 경쟁하지 않겠는가?

힘써 일하지 않는 자가 없다면

토지는 이로움을 다 발휘할 것이다.

則行閭田之法.

何謂閭田.

因山谿川原之勢

而劃之爲界

界之所函 名之曰閭[253]

閭三爲里 里五爲坊

坊五爲邑.

閭置閭長.[254]

凡一閭之田

令一閭之人咸治

厥事無此疆爾界

唯閭長之命是聽.

每役一日 閭長注於冊簿

秋其成 分其粮.

先輸之公家之稅

次輸之閭長之祿

以其餘配之 於日役之簿.

用力多者得粮高

用力寡者得粮廉[255]

其有不盡力以賭其高者乎.

人莫不盡其力

而地無不盡其利也.

제4부 종합과 철학적 정초

253) 閭(여)=周代 25家, 今 30家內外.

254) 鄕里長 世襲制 廢止.

255) 廉(렴)=청렴하다, 低廉하다.

여유당전서與猶堂全書/**일집시문집**一集詩文集/**11권/전론오**田論五

농민만이 농지를 갖고 농사를 짓지 않는 자는 농지를 갖지 못하고,	農者得田 不爲農者不得之
농사짓는 사람만이 곡식을 얻고,	農者得穀
농사 짓지 않는 자는 곡식을 얻지 못하게 한다.	不爲農者不得之.
공업인은 그들이 만든 기구로 곡식을 바꾸고,	工以其器易
상인은 그들의 화물로 곡식을 바꾸게 한다면 지장이 없다.	商以其貨易 無傷也.
무릇 선비는 어떤 사람인가?	夫士也何人.
선비는 어째서 손발을 놀리면서 남의 땅을 삼키고	士何爲游手游足 呑人之土
남의 노동을 먹는가?	食人力哉.
대저 선비가 놀기 때문에	夫其有士之游也
땅의 생산력이 다 개발되지 못하고 있다.	故地利不盡闢也.
노는 자는 곡식을 얻을 수 없음을 안다면,	知游之不可以得穀也
곧 사업을 바꾸어 땅과 인연을 맺을 것이다.	則亦將轉 而緣南畝矣.
선비가 사업을 바꾸어 땅과 인연을 맺으면,	士轉而緣南畝
지리가 열리고 풍속이 후해지고 난민이 그칠 것이다.	而地利闢 而風俗厚 而亂民息矣.
그러면 전업할 수 없는 자는	曰 有必不得轉而緣南畝者
어떻게 할 것인가?	將奈何.
공업과 상업으로 전업하는 자도 있을 것이며,	曰 有轉而爲工商者矣
아침에 나가 밭을 갈고	有朝出耕
밤에는 옛사람의 책을 읽는 이도 있을 것이며,	夜歸讀古人書者矣
부잣집 자제를 교수하여 살길을 찾는 자도 있을 것이다.	有敎授富民子弟 以求活者矣.
실제적인 이치를 연구하거나 토양을 변별하거나	有講究實理 辨土宜
수리를 일으키고 기구를 제작하여 노동력을 절감하거나	興水利 制器以省力
수예와 목축을 가르쳐서 농업을 도울 수도 있을 것이다.	敎之樹藝畜牧 以佐農者矣.
이들의 공적은	若是者其功

어찌 육체 노동에 비교할 수 있겠는가?　　　　　　　豈扡腕力作者所能比哉.

하루의 일을 열흘로 기록하고,　　　　　　　　　　一日之役注十日

열흘의 노력을 백 일로 기록하여,　　　　　　　　十日之役注百日

이에 따라 곡식을 분배받아야 할 것이다.　　　　　　以分其粮焉 可也.

선비가 어찌 직분이 없겠는가?　　　　　　　　　士何爲無分哉.

여유당전서與猶堂全書**/오집정법집**五集政法集**/19권/목민심서**牧民心書**/권4/이전**吏典

인민은 흙으로 농토를 삼는데, 관리는 인민을 농토로 삼아,　民以土爲田 吏以民爲田

살갗을 긁어내고 골수를 짜는 것으로 농사를 삼고,　　剝膚槌[256]髓以爲耕耨

머리를 굴려 재물을 가렴주구하는 것으로 추수를 삼는다.　頭會箕斂 以爲刈穫

여유당전서與猶堂全書**/오집정법집**五集政法集**/18권/목민심서**牧民心書**/권4/봉공**奉公

천하에 지극히 천하고 하소연할 데 없는 것이 소민이다.　天下之至賤 無告者小民也.

그러나 천하에 산처럼 높고 무거운 것이 또한 그들이다.　天下之隆重如山者亦小民也.

요순 이래 성인마다 경계한 요점은 소민을 보호하는 것이니,　自堯舜以來 聖聖相戒 要保小民.

책마다 실려 있어 사람들의 이목을 사로잡는다.　　載在方冊塗人耳目.

그러므로 윗사람이 비록 높으나 소민을 머리에 이고 투쟁하면,　故上司雖尊 戴民以爭

굴복시키지 못할 것이 없다.　　　　　　　　　鮮不屈焉

정전제

　　　　다산은 초기에는 정전제는 불가능하므로 여전제를 실시하자고 주장했다. 그러나 1817년(55세) 『방례초본』의 편집을 시작할 무렵에는 당초의 공유제인 여전제를 바꾸어 대안으로 사유제적인 정전제를 다시 주장했다. 국가가 화폐를 발행하여 토지를 매입하고 이를 농민에게 무상 분배하는 방식을 제안한 것이다.

논어論語**/태백**泰伯**22**

우 임금은 내 보기에는 나무랄 데 없구나.　　　　子曰 禹吾無間然矣.

_____

256) 槌(퇴)=擊也, 擲也.

식사는 간소했으나 귀신에게 효孝를 다하고,　　　　　　　菲[257]飮食 而致孝乎鬼神

의복은 검소했으나 예복은 이름다웠고,　　　　　　　　　惡衣服 而致美乎黻[258]冕.

궁실은 낮았으나 정전의 수로 건설에는 진력했다.[259]　　卑宮室 而盡力乎溝洫[260].

상서尚書/고요모皐陶謨

우임금이 말했다. 나는 아홉 냇물을 터서 바다에 이르게 했고,　禹曰 予決九川 距四海

밭도랑을 준설해서 냇물에 이르게 했다.　　　　　　　　　濬畎澮距川.

여유당전서與猶堂全書/이집경집二集經集/23권/상서고훈尚書古訓/권2/고요모皐陶謨

내가 밭 사이 수로에 대해 살펴본 바로는　　　　　　　鏞案 田間水道

수遂(넓이 이 척)가 견畎(넓이 일 척)보다 크고,　　　　遂大於畎(廣二尺)

구溝(넓이 사 척)가 수보다 크고,　　　　　　　　　　溝大於遂(廣四尺)

혁洫(넓이 팔 척)이 구보다 크고,　　　　　　　　　　洫大於溝(廣八尺)

회澮(넓이 십육 척)가 혁보다 크다.　　　　　　　　　澮大於洫(廣二尋).

『서경』에서는 견과 회 두 가지로 모두를 포괄해서 말한 것이다.　經云 畎澮擧兩端以包之也.

원래 견과 회의 제도는 정전을 구획했음을 말한 것으로　　原夫 畎澮之制 起於井地

겨우 물을 소통시켜 홍수의 피해를 막았다는 것만이 아니다.　非僅疏水以遠害也.

그런즉 우임금 스스로 견과 회를 준설했다고 말한 것은　　然則禹自言 濬畎澮距川者

바로 정전을 획정했다는 뜻이다.　　　　　　　　　　是井地之役.

여유당전서與猶堂全書/오집정법집五集政法集/11권/경세유표經世遺表/권11/지관수제부공제오地官修制賦貢制五

천하의 전지는 모두 왕의 것이며,　　　　　　　　　天下之田 皆王田也

천하의 재물은 모두 왕의 재물이며,　　　　　　　　天下之財 皆王財也.

천하의 산림 천택도　　　　　　　　　　　　　　　天下之山林川澤

모두 왕의 것이었다.　　　　　　　　　　　　　　皆王之山林川澤也.[261]

연후에 왕이 그 전지를 고루 나누어주었으며,　　　　夫然後王以其田敷錫厥庶民[262]

---

257) 菲(비)=芴也, 薄也, 喪服之屨也.

258) 黻(불)=亞字形 무늬, 祭服.

259) 朱注: 구혁은 밭 사이의 수로이며(溝洫田間水道) 이로써 정전의 경계로 삼고(以正疆界) 가뭄과 홍수에 대비했다(備旱潦者也).

260) 洫(혁)=渠也, 通溢也.

261) 公有制를 가리킨다.

262) 基業田制를 가리킨다.

재물을 민民에게 골고루 나누어주었으며,　王以其財敷錫厥庶民

산림과 천택의 소출을　王以其山林川澤之所出

민에게 골고루 나누어주었다.　敷錫厥庶民.

이것이 옛사람의 뜻이었다.　古之義也.

여유당전서與猶堂全書/**오집정법집**五集政法集/**7권/경세유표**經世遺表/**권7/지관수제전제구**地官修制田制九

정전은 농가의 기본 척도(황종)다.　井田者 田家之黃鐘.[263]

황종을 짓지 못하면 음악을 바르게 할 수 없으며,　黃鐘[264]不作 無以正樂音.

정전을 실시하지 않으면 전제를 정하지 못한다.　井田不作 無以定田制.

인정仁政이란 곧 정전이다.　仁政者井田也.

맹자가 말한 것처럼 비록 요순이라도 정전을 시행하지 않고는　孟子謂 雖堯舜不行井田

천하를 다스릴 방도가 없는 것이다.　則無以治天下.

정전은 규구, 율려와 같은 것이니,　井田如規矩[265]焉 如律呂[266]焉

황종에 비유한 것은　以譬黃鐘 非臣之言

내가 아니라 맹자의 말이다.　乃孟子之言也.

하늘이 방원의 이치를 만들었으니,　天造方圓之理

무릇 원이란 육으로써 일을 둘러싸는 것이고,　凡圓者以六而圍一

모난 것은 팔로써 일을 둘러싸는 것이다.　凡方者以八而圍一.

그러므로 성인은 그것을 본받아 직제와 관직을 마련했으니,　故聖人則之 職官之制

육 관官을 설치하여 일 왕王을 받들게 하고,　設爲六官 以奉一王

농지 제도는 팔 부夫로 일 정井을 만들어　田地之制 設爲八夫

일 공전을 경작하게 했다.　以治公田.

역시 직관은 위에 있으므로 그 이치로 둥근 것을 사용했고,　亦唯職官在上 故其數用圓

전지는 아래에 있으므로 그 이치로 모난 것을 사용한 것이다.　田地在下 故其數用方.

이는 천지 음양의 바른 이치요,　此天地陰陽之正理

---

263) 黃鐘尺은 周尺으로 6척 6리다.

264) 黃鐘(**황종**)=六律(陽)六呂(陰)의 基本音.

265) 規矩(**규구**)=도량형.

266) 律呂(**율려**)=음률의 음양.

신성한 제왕의 헌법이다.

그것을 어기는 것은 역리가 되며 그것을 배반하면 불법이 되므로,

사사로운 뜻으로 변통할 수 없는 것이다.

후세 사람들은 경전을 주해하여 다시 연구하지도 않고,

옛 법은 지금은 실시할 수 없다고 성급히 결론을 내린다.

그러나 성인이란 그 지혜가 가장 심원한데,

한때 마땅한 것은 만세에는 마땅치 않다는

이런 이치가 성립될 수 있는가?

봉건 제도는 아득한 고법이므로

지금은 결코 시행할 수 없다고 말하지만,

그러나 중국의 고염무는 「군현론郡縣論」에서,

군현제에 봉건의 법을 참고하여 이용하려 했다.

일본의 법은 군현제를 정통으로 하되 봉건제를 겸용하여,

수령을 세습하였으므로 나라가 다스려지고 안정되었다.

어찌 봉건제를 반드시 어지러움의 조짐이라 하겠는가?

봉건제도 오히려 그러하거늘

더구나 정전제야 말할 것이 있겠는가?

의당 한두 대신들과 더불어

전제에 대한 의논을 왕명으로 결정하고,

삼일 동안 재계하고 종묘에 들어가,

태조, 태종, 세종, 세조 등

열성조들에게 밝혀 고하기를,

"장차 경계를 다스려 위로는 왕도를 준수하고,

아래로는 민생을 안정시키며 만세를 위하여

경계를 세워 벼리를 실시한다"라고 고사告祀한 후,

몸소 돈화문에 나아가

문무백관과 육부 팔도의 인민을 소집해놓고

전제의 실시를 큰 소리로 포고하고 당부한다.

神聖帝王之大法.

違之者爲逆理 倍之者爲非法

不可以私意變通者也.

後世之人 以註解經 不復研究

遂謂先古之法不可以措今.

然聖人者其智慧最深

宜於一時 而不宜於萬世

有是理乎.

封建是蒼蒼之古法

今人所謂必不可行者也

然顧炎武郡縣論

欲於郡縣之制 參用封建之法.

日本之法 正以郡縣 兼之爲封建

守令世襲 國用治安.

何必封建爲亂兆乎.

封建尙然

況於井田乎.

宜與一二大臣

欽定厥議

三日齋戒 乃入太廟

昭告我太祖太宗世宗世祖

列聖先王

曰 將理經界 上遵王道

下安民生 爲萬世

立經陳紀

乃御敦化門

集文武百官 六府八道之民

布告大號.

"내가 너희들의 아픔을 없앨 것이니 두려워하지 말라!"

신은 엎드려 생각하건대 전제는

천지 중창의 대사이므로,

그 예禮를 이처럼 엄중하게 하지 않으면 안 될 것이다.

정전을 만들고자 하면 먼저 재용을 고려해야 하므로,

대신들을 소집하여 그 의논을 삼가 왕명으로 정해야 한다.

첫째, 나라 안팎의 창고에 남아 있는 돈 액수를 모두 실사하고,

둘째, 나라 안팎의 장신, 번신, 군신, 목신들의

봉록을 산정하고,

법과 비법의 조세를 숨김없이 사실대로 진술하고 조사한다.

그중 열에 두 가지만 존속시키되

공전을 공동 경작하는 조助만 남기고 일체 요역을 없앤다.

셋째, 각 지방의 금은 광산 중에서 이미 시추하여 징험된 곳은

모두 관리를 파견하여 채광과 주물을 감독하고

별도로 어사를 파견하여 간악함을 엄중히 사찰한다.

신이 생각하건대 경계에 대한 정책에는

별도로 번잡한 비용은 없고,

오직 공전 한 구역의 값을 관청에서 지급하는 것이다.

공전 한 구역은

대략 백 무, 즉 사십 두락이다.

비록 일 두락에 일 관貫이라 해도 한 구역 매입에는 사백 냥이 든다.

만약 일만 구역을 사려면 사백만 냥이다.

비록 나라의 재력을 다하여 몇 개 주의 공전을 사려 해도

오히려 돈을 대지 못할까 걱정인데

하물며 팔도 공전을 다 사려면 말할 것이 있겠는가?

曰 予罔汝恫 汝其無恐.

臣伏惟經界者

天地重刱之大事也

不可不嚴重其禮.

欲作井田 先慮財用

乃召大臣 欽定厥議.

一中外留庫之錢 悉算其額

一中外將臣藩臣帥臣牧臣

算其俸錢

法與非法 悉陳無諱.

存其什二

餘助斬役.

一諸路金銀鑛穴 已試有驗者

悉遣差官 監其採鑄

別遣御使 嚴察奸惡.

臣伏惟 經界之政

別無冗費

惟是公田一區 官給其價.

公田一區

大約百畝[267](約40斗落).

雖一斗一貫[268] 其錢已四百兩.

若買萬區四百萬兩也.

雖竭一國之力 以買數州之公田

猶患不給

而況於八道乎.

---

267) 畝(무)=六尺爲步 步百爲畝.

268) 一貫(일관)=10兩.

비록 그렇다 해도 우리나라는 강역이 아주 작아서,　　雖然我邦方域極小

나라 안의 백성은 주머니 속에 있는 것과 같다.　　國中之民 如在囊中.

임금이 재산을 뿌려도 멀리 달아나지 않고　　上雖散財 無以遠走

나라 안의 재산으로 나라 안에 그대로 남아 있다.　　國中之財 仍在國中.

관중은 강회에서 자라는 세 마디 띠를　　管子以江淮三脊之茅

국가의 화폐로 삼아,　　用之爲國幣

재용을 넉넉하게 만들었다.　　以贍其用.

재화를 잘 사용하는 자는 날마다 분산시켰다가 다시 모으기를　　善用財者 日散而還聚之

범려가 세 번 흩어졌다 세 번 모으는 것처럼 하고,　　如范蠡之三散三聚

제갈량이 일곱 번 놓아주었다 일곱 번 사로잡는 것처럼 한다.　　如武侯之七縱七禽.

옛 성인은 그런 이치를 잘 알기 때문에　　古之聖人知其然也

부富를 인민에게 저장해둔다고 말한다.　　故曰 藏富於民.

이로 말한다면 비록 조정에서 매일 천금을 소비한다 해도,　　由是言之 朝廷雖日費千金

필경 그 돈은 나라 안에 돌아와 있는 것이니　　畢竟千金還在國中

도道를 아는 사람은 걱정할 것이 없다.　　非知道者所宜憂也.

또한 토지가 많은 사족과 백성 중에는　　亦唯多田士民

반드시 감격하여 기쁘게 도우려고,　　必有感激欣勤[269]

토지를 납부하겠다고 자원하는 사람도 있을 것이다.　　自願納田者.

일찍이 도신, 목신을 지낸 사람 중에서　　須遣曾經道臣牧臣

사랑과 인자함으로 명성을 남긴 자를 파견하여,　　有遺愛仁聲者

전야를 순행하며 조정의 덕의를 설명하고　　巡行田野 曉喩朝廷德意

백성과 국가의 이해를 소상하게 진술하여　　詳陳民國利害

만일 듣고 따르는 사람이 있으면 그 토지를 모두 기록한다.　　如有聽從者 咸錄其田.

이에 별도로 한 기관을 설치하되　　於是別建一司

이름을 '경전사'라 하고 이 일을 전담 관장하게 한다.　　名之曰經田司 專掌是事.

그것을 총괄할 제조는 경대부 한 명을 두고,　　其提調卿一人

중대부 한 명, 하대부 두 명으로 부제조를 삼고,　　中大夫二人 下大夫二人

269) 勤(근)=勞也, 憂也, 助也.

부정으로 상사 한 명, 주사로 중사 네 명을 두되,
문리를 세밀히 살필 수 있는 선비를 엄선하여
경계를 정하도록 한다.

각 도에 칙령을 내려서
모든 평원과 비옥한 토지를 우선 정전으로 획정하여,
삼 리里가 일 정井이 되게 하거나
혹은 오 리가 일 정이 되게 한다.
현재 국내 토지는 사전 아닌 것이 없으니 어떻게 할 것인가?
장차 큰 정사를 펴는데 어찌 세세한 곡절을 따지겠는가?
정전을 만들 수 있는 모든 토지는 동의하든 않든
정전으로 구획하고, 그런 연후에 그 값을 따져야 한다.
공전 한 구역은 관에서 그 값을 내되 대략 후한 값에 따르고,
사전 여덟 구역은
그 당시 점유권자를 따져야 한다.
현재의 점유 상황을 엄격하게 선별하고
여덟 명의 농부가 여덟 구역을 나누어 받게 한다.
그리고 한 농부가 두 구역을 경작하지 못하게 하면
이것이 곧 정전인 것이다.
만약 여덟 구역의 땅이 본래 여러 사람이 점유하고 있을 경우
정전으로 구획할 당시에
혹 한 조각은 정전에 들어가고 한 조각은 모자라는 경우는,
그것을 팔도록 하여 바른 정전을 이루게 하고
혹은 그것을 사들여 온전한 한 구역으로 만들어야 한다.
사들이는 값은 공의에 따르되 대략 평상시의 값을 따른다.

副正 上士二人 主事 中士四人
極選文理密察之士
俾[270]正經界[271].

宜勅[272]諸道
凡平原衍沃之地 先劃井田
或三里一井
或五里一井.
今國中之田無非私田 將若之何.
將大有爲 奚顧細節
凡可井之地 不問其肯與不肯
劃之爲井 然後乃問其價.
其公田一區 官出其價 大約從厚
其私田八區
問其時占.[273]
但使時占嚴選
八夫分授八區.
毋使一夫得田二區
於是乎井田也.
若八區之田 本係多人所占
而其劃井之時
或一角入井 或一角有欠者
令賣之使成方
買之爲完區.
公議定價 大約從平.

제4부 종합과 철학적 정초

---

270) 俾(비)=使也, 益也.
271) 經界(경계)=토지의 구획 및 정비와 배정 사업.
272) 勅(래)=위로할. (칙)=勅과 같다.
273) 소유권은 왕에게 있다.

기술 총론

여유당전서與猶堂全書/**일집시문집**一集詩文集/**11권**/**기예론일**技藝論一

하늘은 금수에게는 발톱과 뿔을 주었고,	天之於禽獸也 予之爪 予之角
또 단단한 발굽과 날카로운 이빨과 독을 주어,	予之硬蹄利齒 予之毒
각각 욕구하는 것을 얻고, 환난을 방어하도록 했다.	使各得以獲其所欲 而禦其所患.
그러나 사람은 벌거숭이요, 유약하게 만들어	於人也則 倮然柔脆
생명을 구제할 수 없을 정도다.	若不可以濟其生者.
어찌 하늘은 천한 것에는 후하고	豈天厚於所賤之
귀한 것에는 박했을까?	而薄於所貴之哉.
그것은 바로 사람에게는 지혜와 교묘한 사려가 있음으로써	以其有知慮巧思
기예를 습득하여 자급해나가도록 한 것이다.	使之習爲技藝 以自給也.

그러나 지혜를 짜내는 것도 개인은 한계가 있으며,	而智慮之所推運有限
교묘한 생각을 연구하는 것도 점진적이다.	巧思之所穿鑿有漸.
그러므로 아무리 성인이라도	故雖聖人
천 사람 만 사람이 함께 의논한 것을 당할 수 없고,	不能當千萬人之所共議
아무리 성인이라도 하루아침에 발전된 기술을 이룰 수 없다.	雖聖人 不能一朝而盡其美.
그러므로 사람이 모여 협동하면 할수록 기예는 더욱 정치해지며,	故人彌聚則 其技藝彌精
그리고 새로운 시대로 내려올수록 기술은 더욱 발전하는 것이다.	世彌降則其技藝彌工.
이러한 추세는 부득불 그러할 수밖에 없는 이치다.	此勢之所不得不然者也.

우리 공업 기술은	我邦之有百工技藝
모두 옛날에 배워온 중국 방식인데,	皆舊所學中國之法
수백 년 이래 교류가 끊어져	數百年來截[274]然
다시 중국의 새 기술을 배워오지 못했다.	不復有往學中國之計.
중국은 새로운 방식과 교묘한 제도가 날로 발달하여,	而中國新式妙制 日增月衍[275].

---

274) 截(절)=絶也.

275) 衍(연)=水溢.

수백 년 전의 옛 중국이 아니다.

우리는 막연하게 서로 묻지도 않고 옛 방식에 안주하고 있으니,

어찌 그리도 게으르단 말인가?

非復數百年以前之中國.

我且漠然不相問 唯舊之是安

何其懶²⁷⁶⁾也.

여유당전서與猶堂全書/**일집시문집**一集詩文集/**11권/기예론삼**技藝論三

근세에 유구인들은 중국 태학에 가서,

십 년 동안 오로지 문물과 기술을 배웠고,

일본인들은 강소성과 절강성을 왕래하면서

오로지 온갖 정교한 기술을 이전해오기에 힘쓴 결과

유구와 일본은 바다 가운데 외로이 떨어져 있어도,

기술은 중국과 겨루게 되었다.

그 결과 백성은 부유하고 나라는 강성해져서

이웃 나라가 감히 넘보지 못하게 되었으니,

그 개선된 효과가 이와 같았던 것이다.

近世琉球人 處中國太學

十年專學 其文物技能²⁷⁷⁾

日本往來江浙

唯務移百工纖巧

故琉球日本 在海中絶域

而其技能 與中國抗²⁷⁸⁾.

民裕而兵强

隣國莫敢侵擾

其已²⁷⁹⁾然之效如是也.

상업 진흥책

여유당전서與猶堂全書/**오집정법집**五集政法集/**10권/경세유표**經世遺表/**권10/지관수제부공제사**地官修制賦貢制四

농사는 이익이 박하지만 안전한 일이며,

장사는 이익이 후하지만 위험한 길이다.

만약 똑같이 십분의 일의 세를 부과한다면,

상인이 없어져서 물화가 유통되지 못할 것이다.

農之利雖薄 此完術也.

商之利雖厚 此危道也.

若一冒²⁸⁰⁾之以什一之率.

則商賈絶 而貨物不通矣.

---

276) 懶(라)=懶怠.

277) 李睟光의 『芝峰集』 참조

278) 抗(항)=敵也.

279) 已(이)=畢也, 病愈也

280) 冒(모)=무릅쓰다.

이중 관세 방지

상인의 수레 안에는 그 본전과 이윤이 함께 실려 있으므로,	商車之中 本利並載
여기에 십분의 일의 세를 일률적으로 부과하면,	而征其什一
이는 십분의 일이 아니라 그 반을 탈취하는 셈이다.	則此非什一 直奪其半矣.
겨우 하나의 진津을 지나면 또 하나의 진을 만나고,	且纔過一津 又逢一津
겨우 하나의 관문을 지나면 또 하나의 관문을 만나게 되는데,	纔過一關 又逢一關
진마다 진세를 받고 관문마다 관세를 받으면,	若津津皆討[281] 關關不赦
천 리를 가는 동안에 남는 것이 얼마나 되겠는가?	則行及千里 貨其餘幾.
내 생각으로는 출발지나 처음 관문에서만	臣謂 自內出者 自首出關
백분의 일의 세를 받고,	征其百一
목적지를 물어 통관 증명서를 발급함으로써	問其所適 授以公文
연도와 끝 관문에서는	凡沿路所經 至于終關
세를 받지 않아야 한다.	皆使之譏[282]而不征.

여유당전서與猶堂全書/**오집정법집**五集政法集/**11권**/**경세유표**經世遺表/**권11**/**지관수제부공제오**地官修制賦貢制五

왕과 백성 사이를 가로막는 사람이 있어,	王與民之間 有物梗[283]之
왕의 조세 권한을 훔치고, 두루 나누어주는 은혜를 막는다면,	竊其斂時之權 阻其敷錫之恩
왕은 중앙을 세우지 못하며 백성은 고르게 받지 못한다.	則皇不能建極[284] 民不能均受.
탐관오리의 전횡과 부당한 징수와	若貪官汚吏之橫斂
거대한 상인과 교활한 장사치의 이익 독점이 그것이다.	豪商猾[285]賈之權[286]利者是也.
금, 은, 동, 철은 배가 고파도 먹을 수 없고,	金銀銅鐵 飢不可食
추워도 입을 수 없는 물건이다.	寒不可衣.
옛 성왕이 민간인에게 사사로이 채굴을 허가했을 리 없다.	古之聖王無許民私採之理.
이제 이에 대한 경전을 참고해보니	今案此經
관官에서 지키고 관에서 채굴했음이 분명하다.	其爲官守 而官採之明矣.

---

281) 討(토)=求也, 討價也.
282) 譏(기)=呵察也.
283) 梗(경)=塞也.
284) 極(극)=中央也.
285) 猾(활)=교활함.
286) 榷(각)=專賣也.

실
학
사
상

내 생각은 관의 소금 독점은 민民의 이익을 빼앗는 것이요, 민의 먹을거리를 방해하는 것이므로 다스림이라 할 수 없다. 오직 금, 은, 동, 철만은 반드시 관에서 채굴하고, 민에게 허가해서는 안 된다고 생각한다.

臣謹案 推[287]鹽者 奪民之利
妨民之食 不可爲也.
惟金銀銅鐵 必當官採
不可以許民也.

공업 진흥책

여유당전서與猶堂全書/**오집정법집**五集政法集/**2권/경세유표**經世遺表/**권2/이용감**利用監

삼가 소신이 『춘추』의 전傳을 보니 정덕 이용후생은
임금이 태평성세를 이루기 위한 대강령이 된다.
『중용』에는 보수를 일에 알맞게 주어 백공을 불렀다고 했다.
옛 임금들이 백공을 권장함이 이와 같았던 것이다.
농기구가 편리하면 노력을 적게 들이고 수확은 많을 것이며,
방적 기구가 편리하면 노력을 적게 들이고 옷감은 풍족할 것이며,
선박과 수레 만드는 설계가 편리하면,
힘을 적게 들이고 먼 지방의 물자가 정체되지 않을 것이며,
인중기와 기중기의 법이 편리하면
힘을 적게 들이고 누대와 정자와 제방이 견고할 것이니,
이것을 일러 백공이 모여들면 재화가 풍족해진다는 것이다.
그런데 백공의 기술은 모두 수리에 근본을 둔다.
반드시 삼각형의 세 변과 예각 둔각이
서로 맞고 틀리는 근본 원리를 밝혀야 하며,
그런 연후에야 그 법칙을 알 수 있는 것이다.

臣謹案春秋傳 正德利用厚生
爲王者致治之大目.
中庸曰 旣廩[288]稱事以來百工.
先王之勸百工 如是也.
農器便利則 用力少而穀粟多
織器便利則 用力少而布帛足
舟車之制便利
則用力少而遠物不滯
引重起重之法便利
則用力少而臺榭堤防堅
此所謂來百工則 財用足也.
然百工之巧 皆本之於數理.
必明於句股弦[289]銳鈍角
相入[290]相差之本理
然後乃可以得其法.

---

287) 推(각)=專也, 獨取利也.
288) 廩(름)=米倉, 給也.
289) 句股弦(구고현)=직삼각형의 大邊 小邊 斜邊.
290) 入(입)=합치하다, 맞다.

소신이 전조에 규장각 교서로서

수장된 도서를 수집하여,

『고공전考工典』 이백사십구 권을 만들었다.

이것은 기이한 기계의 도설을 모아 편집한 것이다.

그 뒤에 규장각 검서관

박제가의 『북학의』 여섯 권과

또 유신 박지원의

『열하일기』 이십 권을 보았다.

거기에 실려 있는 중국의 기계 제도는

사람의 생각으로는 측량할 수 없는 것이 많았다.

옛 무신 이경무가 나에게 말한 바에 의하면

지금은 병기와 화기가 모두 새로워져,

일본의 조총도 지금은 옛것이 되었다고 한다.

차후 남북에 전쟁이 일어나면,

옛날처럼 조총과 곤장을 다시 들고 오지는 않을 것이니,

오늘날 화급히 힘쓸 일은 중국을 배우는 북학에 있다고 했다.

진실로 시무를 아는 말이라고 생각한다.

생각건대

별도로 기관을 설치하되 그 이름을 '이용감'이라 하고,

오로지 북학을 직무로 삼도록 해야 한다.

제조와 첨정 두 명은 수학에 정통한 사람을

선택하여 파견하고,

별제 두 명은

눈썰미와 손재주가 있는 자로 뽑고,

학관 네 명은 사역원과 관상감에서

수학에 정통한 자와

중국 표준어에 익숙한 자를 엄선하여,

臣於先朝 校書奎瀛[291]府

內下圖書集

成考工典二百四十九卷.

卽奇器圖說 彙編者也.

其後又見 奎章閣檢書官

朴齊家所著 北學議六卷.

其後又見 古儒臣 朴趾源所著

熱河日記二十卷.

其載中國器用之制

多非人意之所能惻.

昔將臣李敬懋[292] 嘗謂臣 曰

今兵器火器 皆是新制

日本鳥銃 今爲古調.

此後南北有憂

不復以鳥銃鞭棍至矣

今之急務在於北學中原.

誠識務之言也.

臣謂

臣謂 別設一司 名之曰利用監

專以北學爲職.

提調及僉正二人

以精於數理者擇差

其別提二人

以有目巧手巧者爲之

其學官四人 就司譯院觀象監

極選其精於數理

嫺[293]於官話者

---

291) 瀛(영)=大海.

292) 李敬懋(이경무)=영정조 때 금위대장, 어영대장, 훈련대장, 형조 판서.

293) 嫺(한)=雅也, 習也.

각 두 명을 해마다 북경에 보내서

혹은 돈을 주고 그 법을 배우고,

혹은 많은 값을 후히 주고 그 기계를 구입해야 한다.

구들 놓기, 벽돌 굽기, 수레 제조, 그릇 만들기,

철의 제련, 동의 제련, 기와 굽기, 타일,

인중기, 기중기, 제재制材, 제석, 연마,

맷돌방아, 취수, 경운기,

풍차방아, 물레방아 등에 대한 기술,

무지개가 빨아들이고 학이 물을 마시듯 하는 펌프의 제도와

모든 농기구, 직조기, 병기,

화기, 풍선, 수총, 그리고 천문 역법과

이에 필요한 실험 기계와 측우기에 이르기까지,

실용에 관계되는 기계라면 모두 가리지 않고 배우고

귀국하여 이용감에 바치게 한다.

이용감에서는 정교한 기술자를 모아 그 방법에 따라 만들어보고,

그것이 성공하여 효용성이 있는 것은

제조와 공조 판서가 기술을 조사하여 취할 만하면,

목사, 찰방 혹은

현령, 군수의 관직을 준다.

또 그들 중에 큰 공을 세운 자는

남북 한부사를 시키고,

혹은 그 자손들에게 녹을 주어 등용한다.

各取二人 歲入北京

或行貨以購其法.

或厚價以購其器.

炕[294] 安燒造車造器

鍊鐵 鍊銅 燔瓦 塼瓷[295]

以至引重 起重 解木 解石 轉磨

轉碓[296] 取水 代耕

風磑[297] 輪激之法

虹吸[298]鶴飮之制

諸凡農器織器兵器

火器風扇水銃 以至天文曆法

所需儀器 測器

凡係實用之器 無不傳[299]學

歸而獻之於本監.

本監聚巧匠 按法試造

其有成效者

提調及工曹判書 考工課[300]取

或授以牧官察訪

或授以縣令郡守.

其有大功者陞[301]之

爲南北漢副使

或錄用其子孫.

294) 炕(항)=구들.

295) 塼瓷(전자)=벽돌과 옹기.

296) 碓(대)=디딜방아.

297) 磑(애)=맷돌.

298) 虹吸(홍흡)=펌프 기술인 듯.

299) 傳(부)=師也, 至也.

300) 課(과)=매기다.

301) 陞(승)=승진.

이렇게 하면 십 년이 지나지 않아 반드시 업적을 이루어,　則不出十年 必有成績

부국강병하여 다시는 천하의 비웃음을 당하지 않을 것이다.　而富國强兵 不復見笑於天下矣.

여유당전서與猶堂全書/**오집정법집**五集政法集/**2권**/**경세유표**經世遺表/**권2/전궤사**典軌司

우리나라는 삼면이 바다라 수운이 편리하다.　我邦三面環海 便於水運.

그러므로 옛날부터 수레가 없었다.　故自古無車.

그러나 배는 풍파에 침몰하기도 하여 안전한 운반이 어렵고,　然風濤覆沒 利涉極艱

물길이 험할 때는 오래 지체되어 비용이 많이 들고 이익이 적다.　險沮留滯 費多利小.

따라서 상업이 발달하지 못하고 물화가 유통되지 못한다.　商旅不興 食貨不通.

나라가 여위고 백성이 가난한 것은 모두 수레가 없기 때문이다.　國瘠民貧 皆無車之故也.

여유당전서與猶堂全書/**오집정법집**五集政法集/**2권**/**경세유표**經世遺表/**권2/전함사**典艦司

우리 배 만드는 것을 보니 척도를 쓰지 않고 눈어림으로 하고,　吾觀其造船 不用尺度 但用目力

또 재목이 일정하지 않아 재목에 따라 배의 모양이 달라졌다.　材又不均 故隨材而異其體樣.

바닥은 짧은데 뱃전은 길고, 바닥은 좁은데 들보는 넓으며,　或底短而舷長 或底狹而梁廣

몸체는 작은데 키는 크고,　或體小而柂大

혹은 몸체는 큰데 돛대는 짧다.　或體大而桅[302]短.

그래서 머리와 꼬리가 서로 감응하지 않고,　首尾不相感應

배와 등이 움직임에 따라 서로 당겨 방해하여,　腹背動有挈[303]礙.

키를 틀어도 머리가 돌아가지 않고,　或捩[304]柂[305]而頭不開

돛을 펼쳐도 뱃머리가 앞으로 나아가지 않는다.　或張帆而艫[306]不前.

혹 어쩌다가 한 배가 법도에 근접하여 잘 달리면,　其或一船偶近於法度 能走能勝

오히려 이것을 괴이하게 여겨 그것을 탓하며 이르기를,　則於是乎怪 而咎之曰

"저 배는 저와 같은데 이 배는 어찌 이 모양인가?"　彼船如彼 此船胡如此.

오! 배는 살아 있는 말이 아닌데　嗟乎 船非馬也

어찌 용맹하고 우둔하고, 건승하고 열등하겠는가?　惡能有勇有鈍 有健有劣哉.

---

302) 桅(외)=돛대.

303) 挈(설)=提也.

304) 捩(렬)=비틀다.

305) 柂(타)=배의 키.

306) 艫(로)=뱃머리, 고물.

또 이른바 귀선과 골선의 종류는

본래 별도의 법도라서,

표준 규격인 정규선(九等船)에 포함되지 않으므로,

그 사용이 불편하여

항상 수영 앞에 정박해 있었다.

장수가 친병을 영솔하여 매달 연습 조련을

간단없이 한다면, 연습 비용은

정규선에 대한 세수 중에서 쓸 것이니,

어찌 마땅하다 하겠는가?

又所謂龜船[307]鶻船[308]之類

本是別法

不可入九等之中

其使用亦應不便

斯則常泊水營之前.

令帥臣率其親兵 月月習操

不令間斷 其習操之費

取用於九等船收稅之中

抑所宜也.

화폐론

여유당전서與猶堂全書/**오집정법집**五集政法集/**2권**/**경세유표**經世遺表/**권2**/**전환서**典圜署

전환서는 돈을 만드는 곳이다.

옛날 '구부환법'이란 돈을 만드는 것을 말한다.

지금은 돈 만드는 것을 모두 영문에서 하는데,

그 제도가 만 가지로 같지 않다.

크고 작고, 두텁고 얇으며,

글자도 모호하여 분명하지 않다.

설령 어리석은 사람이 몰래 만들어도 분별할 수 없다.

더구나 규격품도 거칠고 약한 물질을 혼합하여

유통 과정에서 깨져버려 십 년도 가지 못한다.

이것 역시 이용감에서

중국의 주전법을 배워서

典圜署者 鑄錢所也.

古所謂九府圜法 皆鑄錢之謂也.

今鑄錢皆自營門爲之

其制有萬不同.

或大或小或厚或薄

其字書糢糊不明.

雖愚民盜鑄 無以辨覈[309].

況其範合雜以鬆脆[310]之物

隨手破碎不能十年.

此亦自利用監

學得中國鑄錢之法

---

307) 龜船(귀선)=거북선.

308) 鶻船(골선)=해골선.

309) 覈(핵)=果中實, 考事得失.

310) 鬆脆(송취)=거칠고 연약함.

모두 전환서에서 주조해야 한다.

그리고 환법은 본래 경중이 있다.

경중이란 가벼운 돈과 무거운 돈을 말한다.

지금 세계 만국에는 모두 은전과 금전이 있고,

금전과 은전에는 또 각각 대·중·소의 세 종이 있다.

동전 한 닢의 무게로

은전 한 닢을 만들어

동전 오십 닢과 같게 하고,

또 은전 한 닢의 무게로 금전 한 닢을 만들어

은전 오십 닢과 같게 한다.

또한 대·중·소의 세 종이 있고 금·은·동 세 종이 있으니

총합하면 아홉 종류의 돈이 되는 것이다.

참으로 '구부환법'이라 말할 수 있다.

우리나라는 해마다 수천만 냥의 금과 은을

중국에 보내

수놓은 비단과 명주를 사들인다.

이것은 유한한 것으로 무한정 나는 것을 얻는 것이다.

소신의 견해로는 금전과 은전을 나라 안에서 유통한다면,

연경으로 유입되는 금과 은이 감소할 것이며,

또한 비단과 명주 같은 물건을 사들이지 않고 근절될 것이다.

이용감에 명하여 중국의 명주와 비단 제조법을 배워

나라에 보급한다면 일거양득이 아니겠는가?

그것을 배울 수 없다면 차라리 옷이 해질지언정,

삼베 옷도 부끄럽지 않으니 금은의 중국 유입은 불가하다.

옛 제도는 오직 천자만이 음악과 음률을 만들 수 있으므로,

皆於典圜署鑄之.

而圜法本有輕重.

輕重者輕錢重錢也.

今天下萬國 皆有銀錢金錢

銀錢金錢之中 亦有大中小三層.

今擬以銅錢一葉之重

鑄銀錢一葉

以當銅錢五十

又以銀錢一葉之重 鑄金錢一葉

以當銀錢五十.

亦各有大中小三層 則三品之金

總爲九品之錢.

眞可謂九府圜法矣.

我國歲以金銀數千萬兩

入于中國

以易其綿[311]繡絹布.

此以有限搏[312]無限也.

臣謂 金銀之錢 行於國中

則其入燕者有減

又綿繡絹布之屬 絶勿往貿.

令利用監 傳學其法

而頒國中 則不亦兩利乎.

學之不能 寧衣敝

褞[313]不恥 而金銀不可入.

古制 唯天子作樂考[314]律

---

311) 綿(면)=絮, 精日絲, 麤日絮.

312) 搏(박)=취득하다.

313) 褞(온)=衣也, 褐衣也.

314) 考(고)=定也.

악기는 사적으로 제조할 수 없었다.

그러므로 병기와 악기까지 그렇게 하는 것은 불가할지라도

오직 동을 주조하는 물건들은 사사로이 만드는 것을 금해야 한다.

제나라 관자는 세 마디 띠를 화폐로 삼아

제후들의 권세를 모두 장악했다.

하물며 무기와 악기에 비교할 수 있겠는가?

樂器不可以私造也.

然戎器樂器不可盡然

唯銅鑄之物 禁其私造.

管子以三脊之茅

摠攬諸侯之權.

況³¹⁵⁾於戎器樂器乎.

---

315) 況(황)=譬也, 比也.

일체의 미신반대

여유당전서與猶堂全書**/오집정법집**五集政法集**/7권/경세유표**經世遺表**/권7/정전의일**井田議一

산림과 조정의 신하들이 책을 끼고 경연에 나가면,	山林經幄[316]之臣 挾冊登筵
오직 이기설과 심성론만을 논제로 아뢸 뿐,	惟理氣心性之說 是論是奏
일언반구도 재정에 대해서는 언급하지 않는다.	一字半句 未敢或及於財賦.
옛날부터 재화의 생산 축적은 관중만 한 사람이 없었으니,	自古生財聚貨 莫如管仲
그래서 공자도 늘 그의 공적을 칭찬했다.	而孔子常稱其功.
그런데 재화와 조세에 대한 것은 비루한 것으로 생각하고,	專以財賦爲汚穢之物
감히 입에 올리기조차 꺼리는 것은	不敢以登諸口吻
천하 국가를 다스리는 방도가 아니다.	非所以爲天下國家也.

여유당전서與猶堂全書**/일집시문집**一集詩文集**/17권/위반산정수칠증언**爲盤山丁修七贈言

과거 공부는 이단 중에 가장 심한 것이다.	科擧之學 異端之最酷者也.
양자와 묵자는 너무 옛날이고, 노자와 부처는 크게 우원하다.	楊墨已古 老佛大迂.
특히 과거 공부는 아무리 생각해보아도 그 해독이	至於科擧之學 靜思其毒
홍수와 맹수보다 더한 것 같다.	雖洪猛不足爲喩也.
과거 공부를 하는 사람 중에는 시부가 수천 수에 이르고,	詩賦至數千首
의의가 오천 수에 이르는 사람도 있는데,	疑義[317]至五千首者有之
만약 이런 공력으로 학문을 한다면 주자가 되었을 것이다.	苟能移此功於學問 朱子而已.

여유당전서與猶堂全書**/일집시문집**一集詩文集**/11권/갑을론일**甲乙論一

갑을의 십간과 자축의 십이지는	甲乙之類十 子丑之類十二

---

316) 幄(악)=휘장.

317) 疑義(의의)=의문나는 사연, 예상 문제.

고인들의 날짜를 기록하는 방법에 불과한 것이다.

그것이 후세에 방술, 잡술, 참위, 괴력의 무설誣說과,

태을, 구궁, 기문, 육임, 둔갑의 법술이 되어,

풍수, 택일, 잡서, 잡점,

수점, 산대점, 점성술과 더불어

생살의 기밀을 변별하고 혹은 길흉의 징조를 판정하며,

혹은 충범을 살피며 의기를 분별한다고 하여,

천년을 의혹하게 하고 만민을 속이니,

이것들은 한결같이 갑을 자축으로 근본을 삼는다.

古人所以紀日也.

後世方技雜術 讖緯怪力之說

若太乙九宮 奇門六任 遁甲之法

與夫風水 擇日 雜筮 雜占

推數筹[318]命 星曜斗數之等

其所以辨生殺之機 定吉凶之兆

察其衝[319]犯[320]別其宜忌[321]

以之惑千世 而誣兆民者

壹以是甲乙子丑爲之宗幹.

여유당전서與猶堂全書/**일집시문집**一集詩文集/**11권/갑을론이**甲乙論二

내가 생각하건대 헌원씨와 제곡씨 이래,

역법은 여러 번 변했다.

한나라 이전에도 물론이거니와,

한나라 무제가 만든 '태초력'

위나라 문제가 만든 '황초력'

진나라 우희가 정한 '세차법'

송나라 하승천이 만든 '원가력'

당나라 현종 때 일행이 만든 '대연력'

송나라 태종 때 오소소가 만든 '건원력'

원나라 세조 때 곽수경이 지은 '수시력' 등이 그 사례다.

이것들은 큰 것들이다.

그 이외에도 채옹이 만든 '사분력'

조조의 위나라 초의 '태화력'

위나라 명제 때의 '경초역'

진나라 무제 때의 '태시역'

余惟軒嚳[322]以來

曆法屢變.

自漢以上勿論

漢武帝作太初曆

魏文帝作黃初曆

晉虞喜立歲差法

宋何承天作元嘉曆

唐一行作大衍曆(玄宗時)

宋吳昭素作乾元曆(太宗時)

元郭守敬作授時曆(世祖時).

此其大者也.

四分曆(蔡邕作)

太和曆(曹魏初)

景初曆(魏明帝)

泰始曆(晉武帝)

---

318) 筹(산)=산수.

319) 衝(충)=돌파.

320) 犯(범)=침범.

321) 忌(기)=戒也.

322) 軒嚳(헌곡)=黃帝와 帝嚳.

주나라 무제 때의 '천화력'	天和曆(周武帝時)
수나라 문제 때의 '황극력'	皇極曆(隋文帝時)
당나라 숙종 때의 '지덕력'	至德曆(唐肅宗)
당나라 대종 때의 '오기력'	五紀曆(唐代宗時)
오대五代 때의 '흠천력'	欽天曆(五代時)
송나라 태조 때의 '응천력'	應天曆(宋太祖時)
금나라 때의 '지미력' 등,	知微曆(金時)
역서의 종류는 셀 수 없이 많다.	之類 又不可勝數.
이로 볼 때 무릇 앞선 역서에서 일월이라 말한 것이,	由是觀之 凡前史之稱正月者
혹은 이월이 될 수도 있고, 구월이 혹 팔월일 수도 있다.	或是二月 其稱九月者 或是八月.
만약 윤달의 차이를 감안한다면 세말의 경우는	若其置閏之差 或在歲末則
이 년이라 칭한 것이 삼 년이 될 수도 있고,	其稱二年者
팔 년은 칠 년이 될 수도 있다.	或是三年 其稱八年者 或是七年.

곽박은 모든 술법의 조상인데,	郭璞者諸術之祖也
그는 진나라 역법을 사용해 길흉을 점쳤고,	郭璞用晉曆 以定其吉凶
원천강과 이순풍은 당나라 역법을 사용해 길흉을 점쳤으니,	袁天綱 李淳風 用唐曆以定吉凶
이 역법을 오늘의 역법에 덮어씌운들 맞을 리가 있겠는가?	以此法而冒之於今曆 其有合邪.
그들의 말이 거짓되고 요망한 것은 이로써 분명하다.	其言之罔誕虛妄 於是乎著明矣.

여유당전서與猶堂全書/**일집시문집**一集詩文集/**11권**/**풍수론일**風水論一

어버이를 장사 지내려면 대개 풍수쟁이를 끌어들여,	葬親者 率延地師
길지를 가려 묏자리를 정한다.	相吉地以定其宅兆[323].
정 선생은 이르기를 "이것은 예禮가 아니"라고 했다.	丁子曰 非禮也.
할아버지와 아버지를 매장하고 복을 바라는 것은	薶[324]其親以徼[325]福
효자의 마음이 아니다.	非孝子之情也.
설령 이치가 있다는 사람도 있을 것이나,	雖然有此理
역시 반드시 그렇다는 것은 이치에 맞지 않다.	亦唯曰 無此理也.

---

323) 兆(조)=塋域也.
324) 薶(매)=埋也.
325) 徼(요)=求也.

영웅호걸이 그 총명과 위엄과 재능이

일세를 통솔하고 만민을 부리기에 충분할지라도,

그가 살아서 조정에 앉아 있을 때에도

오히려, 자손을 비호하지 못하여 혹은 죽고

혹은 폐질에 걸린다.

하물며 무덤 속의 해골이

산천의 좋은 땅을 차지해 돌아본다 한들

어떻게 자손에게 복록을 내릴 것인가?

곽박은 죄 없이 참형을 당한 뒤 시체는 물속에 던져졌으며,

도선과 무학은 중이 되어

종사가 끊어졌으며,

이의신과 담종은 일 점의 혈육도 없다.

지금도 그들을 따르는 풍수쟁이들은

모두가 일생토록 빌어먹고 자손들도 번창하지 못한다.

여유당전서與猶堂全書/**일집시문집**一集詩文集/**11권**/**상론**相論

사람의 관상은 습성에 따라 변하는 것이다.

그러므로 사세가 관상에 따라 이루어진다거나,

형국을 다스림이 해의 간지에 따라 흘러간다는 학설은 거짓이다.

갓난아이가 땅을 기어 다닐 때의 모습을 보면 아름다웠으나,

커가면서 직업이 달라지고 그에 따라 습성도 달라지며,

습성이 달라지면 관상도 그에 따라 달라지는 것이다.

글방 도령은 그 관상이 조아하고,

장터의 장사치는 그 관상이 검고,

목동은 그 관상이 산란하고,

노름꾼은 그 관상이 떠들썩하고 약삭빠르다.

英豪傑特之人 聰明威能

足以馭一世 而役萬民者

生而坐乎明堂之上

猶不能庇其子孫 或殤焉

或廢疾焉.

塚中枯骨

雖復據山河形勢之地顧

何以澤其遺胤哉.

郭璞 以非罪誅身埋水中

道詵無學之等 皆身爲髡[326]

覆其宗祀

李義信 湛宗無血胤.

今之滔滔者 皆終身丐[327]乞

而其子孫不昌.

相因習而變.

勢因相而成

其爲形局流年之說者妄也.

嬰穉之蒲服也 觀其貌夭夭已矣

曁[328]其長而徒分焉 徒分而習岐

習岐而相以之變.

塾之徒其相藻

市之徒其相漆

牧之徒其相蓬

江牌馬弔之徒 其相哮而偄.

---

326) 髡(곤)=머리 깎이는 형벌.

327) 丐(개)=빌다.

328) 曁(기)=及也.

대체로 익힘이 오래되면 그 성품도 날로 옮겨가며,
심중이 성실하면 겉모습도 통달하여 관상이 변하는 것인데
사람들은 관상이 변한 것만을 보고는 말하기를
"관상이 이렇게 생겼으므로 습성도 따라서 저와 같다"고 한다.
이것은 인과 관계를 거꾸로 말하는 망설일 뿐이다.

선비와 서민이 관상을 믿으면 직업을 잃을 것이며,
경대부가 관상을 믿으면 벗을 잃을 것이며,
군주가 관상을 믿으면 신하를 잃을 것이다.
공자는 "사람을 용모로 뽑았다면
어진 자우를 잃었을 것이다"라고 했다.
참으로 성인이다.

盖以其習日遠 而其性日遷
誠於其中 達於其外 而相以之變
人見其相之變也 而方且曰
其相如是也 故其習如彼也.
噫其舛[329]矣.

士庶人信相 則失其業
卿大夫信相 則失其友
國君信相 則失其臣.
孔子曰 以貌取人
失之子羽.
聖矣哉.

329) 舛(천)=선후가 뒤집힘.

오학론

다산은 때로는 그림을 그리고, 때로는 시를 읊은 예술가이기도 했다. 그러나 그는 어디까지나 도학자였다. 그는 문장에 도道를 실었고, 시로 지조(志)를 말했다. 그는 도와 지志가 없는 글은 무익하다고 보았다. 그는 오학론五學論을 쓰고 성리학과 훈고학을 비판했고, 문장학은 도의 큰 해악이며 과거학科擧學은 요순의 도가 아니라고 했고, 술수학術數學은 학문이 아니라 혹세무민이라고 혹평했다. 그러므로 내용이 없는 공허한 문장을 위해 평생을 바치며 문장을 업으로 하는 문장학은 무익한 것을 넘어 백성을 속이는 것이라고 말했다. 그러기에 그는 따로 문장론을 쓸 필요도 없었고 쓰지도 않았다.

여유당전서與猶堂全書/**일집시문집**一集詩文集/**11권/오학론삼**五學論三

문장학이란 선비의 도리에 큰 해독이다.	文章之學 吾道之鉅害也.
대체 문장이란 어떤 물건인가?	夫所謂文章者 何物.
문장이란 것이 어찌 허공에 걸어놓고 땅 위에 펴서	文章豈掛乎空布乎地
명망과 풍격을 달려가 붙잡는 수단인가?	可望風走而捉之者乎.
고인은 중화와 공용功用을 공경함으로써	古之人中和祇[330]庸[331]
안으로 덕德을 닦고,	以養其內德.
효제충신함으로써 밖으로 행실을 돈독히 하며,	孝悌忠信 以篤其外行
시서와 예악으로 기본을 배양하고,	詩書禮樂 以培其基本
『춘추』와 『주역』으로 사물의 변화를 꿰뚫어,	春秋易象 以達其事變
천지의 바른 도리를 통달하고,	通天地之正理
만물의 실정에 주밀했다.	周[332]萬物之衆情.
이처럼 지식이 마음에 쌓여 대지가 짊어지고 바다가 품은 듯,	其知識之積於中也 地負而海涵.
구름이 몰려들고 우레가 서리듯,	雲鬱而雷蟠[333]

---

330) 祇(지)=敬也, 祇(기)=地神, 安也.

331) 庸(용)=用也, 功也.

332) 周(주)=密也.

333) 蟠(반)=屈曲, 伏也.

끝내 덮어둘 수 없는 것이 있게 된다.

그런 연후에 뜻이 맞는 이가 있어 서로 만나면

혹 서로 용납하고, 혹 서로 부딪치며

휘어지기도 하고 격돌하기도 하는 것인즉

그것을 펴 보이고자 밖으로 발현하는 것이

샘이 솟고 물이 넘치듯,

태양이 빛나고 번개가 치듯,

가깝게는 사람을 감동시키고,

멀리는 천지와 귀신을 감동시키는 것이다.

이것을 진정한 문장이라 하는 것이다.

따라서 문장은 밖에서 구할 수 없는 것이다.

때문에 우주에 있는 문장 가운데

정미 교묘한 것은 『주역』이고,

온유하면서도 격정적이고 절실한 것은 『시경』이고,

전아하면서도 치밀한 것은 『서경』이고,

상세하여 혼란시킬 수 없는 것은 『예기』이고,

조목이 울울창창하지만 뒤섞을 수 없는 것은 『주례』이고,

내치고 허여함이 아름답고 신기하여 굽힘이 없는 것이

『춘추좌전』이고,

현명하고 성스러워 흠결이 없는 것이 『논어』이고,

본성과 도道의 본체를 알아서

경전을 분석 해설한 것이 『맹자』이고,

有不可而終閟[334]者.

然後有與[335]之相遻[336]者

或相入焉 或相觸焉

撓之焉 激之焉

則其宣之而發於外者

渤潏[337]汪[338]濊[339]

燦爛煜[340]霅[341]

邇之可以感人

遠之可以動天地 而格鬼神.

斯之謂文章.

文章不可以外求也.

故文章之在宇宙之間

其精微巧妙者易

溫柔激切者詩

典雅縝密者書

詳細而不可亂者禮

條鬱而不可糅者周禮

瓌奇吐欨而不可屈者

春秋左傳

睿聖無瑕疵論語

眞知性道之體

而劈[342]析枝經者孟子

334) 閟(비)=幽深, 閉也.

335) 與(여)=善也, 如也.

336) 遻(오)=遇也.

337) 潏(휼)=泉湧, (율)=水流貌.

338) 汪(왕)=深廣, 濁也.

339) 濊(예)=물이 넘치다, (회)=출렁이다.

340) 煜(욱)=화염.

341) 霅(삽)=비 올, (잡)=번개 칠.

342) 劈(벽)=쪼개다.

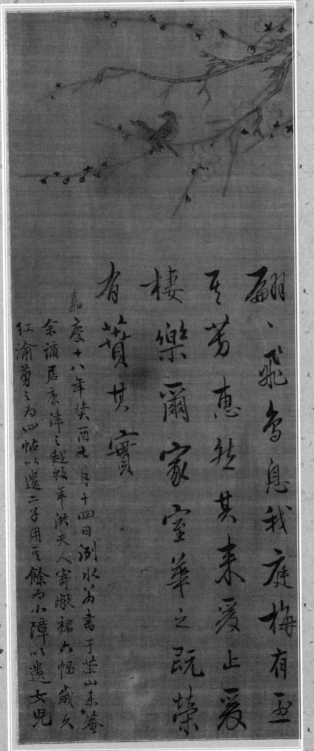

翩翩飛鳥 息我庭梅
有烈其芳 惠然其來
爰止爰棲 樂爾家室
華之旣榮 有蕡其實

훨훨 나는 저 새가
우리 집 매화나무에 쉬는구나

꽃다운 그 향기 짙기도 하여
즐거이 놀려고 찾아왔도다

여기에 올라 깃들어 지내며
우리 집안을 즐겁게 해주어라

꽃이 이제 다 되었으니
열매도 많이 달리겠네

내가 강진서 귀양산 지 여러 해가 지났다. 홍 부인이 낡은 치마 여섯 폭을 부쳐왔다. 세월이 오래되어, 붉은 빛이 바랬기에 이를 잘라 네 첩으로 만들어서 두 아들에게 주었다. 그 나머지를 이용해서 그림을 그려 딸에게 보낸다.

✳

정약용의 매화병제도
정약용이 강진에서 유배 생활을 한 지 13년이 되던 해에 그린 그림이다. 그림 아래에는 시 한 편과 그림을 그리게 된 사연이 적혀 있다. 정약용은 도학자였지만, 때로는 그림을 그리고 때로는 시를 읊는 예술가이기도 했다. 그는 문장에 도를 실었고, 시로 지조를 말했다.

핵심을 벗김이 깊고 그윽한 것이 『노자』이다.

이것들 외에는 진술한 것이 드문 것 같다.

사마천은 기이함을 좋아하고 의협을 숭상하여

예의를 외면하였고,

양웅은 도道를 몰랐고, 유향은 참위설에 빠졌고,

사마상여는 배우처럼 스스로 자랑하였다.

그 외에는 단편적인 아름다움이 있지만 비평할 만한 가치도 없다.

한유와 유종원은 문장의 중시조라 칭찬받았지만

근본을 망각했으니 어찌 중흥시킬 수 있었겠는가?

문장은 가슴 깊은 곳의 축적에서 발현되지 않으면,

결국 모두 외형만 답습하고는 스스로 걸출한 척한다.

이것이 어찌 고인이 말하는 문장이라 하겠는가?

당송 팔대가라고 칭송되는 한유, 유종원, 구양수, 소식 등의

이른바 서문, 기문 여러 글은

모두가 겉은 화려하지만 속은 실實이 없고,

신기하지만 바르지 못하여

어릴 때 읽으면 흔연히 좋게 여기지 않는 자가 없으나,

안으로는 수신 사친을 할 수 없고

밖으로는 보국 안민을 이룰 수 없으니,

이런 문장학은 우리 유도에 해독이 될 뿐이다.

아마 양주와 묵적이나 도교와 불교보다 더 심할 것이다.

왜 그런가?

양·묵·노·불은 그 주장이 우리와 서로 다르기는 해도,

요지는 사욕을 억제하여 선善을 행하고 악惡을 배제함에 있다.

그러나 한유, 유종원, 구양수, 소식 등이

刻[343]覈深窈者老子.

下此以往 醇者或寡矣.

太史遷好奇尙俠

而自外乎禮義

揚雄不知道 劉向溺於讖緯

司馬相如俳優以自衒[344].

下此以往 破碎綺[345]靡無譏焉.

韓愈柳宗元 雖稱中興之祖

而本之則亡 如之何其興之也.

文章不自內發

迺皆外襲以自雄.

斯豈古所謂文章者哉.

韓柳歐蘇

其所謂序記諸文

率皆華而無實

奇而不正

幼而讀之 非不欣然善矣

內之不可以修身而事親

外之不可以致君而牧民

此其爲吾道之蝥[346]賊也.

將有甚乎楊墨老佛.

何也.

楊墨老佛 雖其所秉有差

要之皆欲以克己斷慾 爲善去惡.

彼韓柳歐蘇

---

343) 刻(각)=새기다, 벗기다.

344) 衒(현)=팔다, 자기를 선전하다.

345) 綺(기)=綺羅.

346) 蝥(모)=해충.

사명으로 하는 것은 문장뿐이다.

문장만으로 어찌 안신입명할 수 있겠는가?

온 천하로 하여금 가무와 음주와 음탕한 열락에 빠져,

술 냄새 풍기며 말초적인 노래에 무리를 지어 함께 동화하여

망연히

성명의 근본과 민국의 사무를 잊게 하는 것이

문장학이니, 이것을 어찌 성인이 취하겠는가?

오늘날 문장학의 경향은

한유, 유종원, 구양수, 소식의 글이

너무 바르고 순박하여 무미건조하다고 탓하며,

나관중[347], 시내암施耐菴[348] 김성탄金聖歎[349],

곽청라郭菁螺를 조상으로 받든다.

또한 우동, 전겸익, 원매, 모신 등은

유학 같고 불학 같지만 그지없이 기괴하고 음란하여

온통 남의 눈을 현혹하는 것을 목적으로 삼는데도,

이들을 스승으로 받들어 숭배하고 있다.

이들의 시와 가사는

쓸쓸한 듯, 슬픈 듯, 그윽한 듯, 오열하는 듯,

어긋나고 비뚤어지고, 기암괴석의 바위산처럼,

한결같이 넋이 녹고 애간장을 끊어지게 한 다음에야 그친다.

그리고는 이것으로 만족하고 스스로 높이면서,

그것으로 늙어가는 줄도 모르고 있으니,

그들이 선비의 도道에 끼치는 폐해는

어찌 한유, 유종원, 구양수, 소식의 정도에 그치겠는가?

其所自命者文章已矣.

文章豈足以安身立命哉.

使天下之人 詠歌蹈舞 浸淫悅樂

醲薰膚奏 與之俱化

而邈然

忘其性命之本民國之務者

文章之學也 豈聖人之所取哉.

今之所謂文章之學

又以彼四子者

爲淳正而無味也

祖羅 祧施 郊麟

禰螺.

而尤伺錢謙益袁枚毛甡之等

似儒似佛 邪淫譎[350]怪

一切以求眩人之目者

是宗是師.

其爲詩若詞

又凄酸[351]幽咽

乖拗[352]犖硞[353]

壹是可以銷魂斷腸則止.

遂以是 自怡自尊

而不知老之將至

其爲吾道之害

又豈但韓柳歐蘇之流而已.

---

347) 『三國志演義』의 저자.

348) 『水滸誌』의 저자.

349) 『水滸誌』를 찬양한 명청 대 비평가.

350) 譎(휼)=詐也, 詭也.

351) 酸(산)=식초, 悲痛.

352) 拗(요)=꺾다, 비틀다.

353) 犖硞(낙학)=산 바위가 험한 모양.

입으로는 육경을 이야기하고,	口譚六經
손으로는 천고의 역사를 탐색한다지만,	手撮[354]千古
끝내 손잡고	而終不可以携手
요순의 문하에 같이 들어갈 수는 없는 것이	同歸於堯舜之門者
이들 문장학이다.	文章之學也.

문장론

이처럼 다산은 전형적인 진정한 유가요, 선비였다. 그가 그토록 성리학을 비판한 것도 요순과 주공과 공자의 선비 정신을 되찾자는 것이었다. 선비란 글을 읽는 학생이므로 남의 도움으로 먹고살아야 하며 도움을 주는 왕과 민民을 위해 봉사하는 자들이다. 이를 위해 그들은 민을 대변하여 왕의 치국평천하를 도와야 한다. 요컨대 민이 배부르고 등 따시고 편안하게 살아가는 태평성세를 이루기 위해 복무해야 하는 것이 선비의 의무다.

그래서 두보는 인민의 질고와 고통을 반영하는 것이 바로 시라고 주장하고 그대로 실천했다. 이후 선비들은 두보의 시론을 유가의 시론으로 받아들이고 그를 시성詩聖이라 부르게 된 것이다. 물론 이백李白, 701~762도 의기가 넘치고 민중을 사랑했고 혁명에도 가담했던 정렬적인 시인이었으나 유가들은 그를 시선詩仙이라 부를 뿐 시성詩聖이라 부르지 않는다. 다만 유교가 쇠퇴한 요즘에는 두보를 사실주의, 이백을 낭만주의로 구분할 뿐, 두 시인 모두를 시성이라 부르는 것이 보통이다.

그런데 다산은 두보를 꼭 빼닮았다. 다산의 시는 사실주의적으로 민중의 질고를 반영하는 것을 모토로 삼고 있기 때문이다. 이런 점에서 다산은 철저하고 출중했다는 것 말고는 다른 선비들과 특별히 다른 것이 없다. 억지로 비교하자면 조선의 이백은 연암이요, 조선의 두보는 다산이라고 말할 수도 있을 것이다. 연암과 다산 모두 민생 경제를 중시한 실학자요, 법고창신法古創新을 주장한 개혁가이지만 연암은 문체창신을 이룩한 문호文豪로, 다산은 신아구방新我舊邦의 경세經世 철학을 제시한 사상가로 그 특색을 구분할 수 있기 때문이다. 다음의 예문들은 후손들을 훈계하는 글이지만 다산의 문장론을 엿볼 수 있다.

여유당전서與猶堂全書/**일집시문집**一集詩文集/**13권**/**서원유고서**西園遺稿序

문文이란 도道를 싣는 것이며, 시는 뜻을 말하는 것이다.　　　　文所以載道 詩言志者也.

354) 撮(힐)=캐다.

그러므로 그의 도가 일세를 광정하고 구제하기에 부족하며,
혹은 뜻을 세우지도 못한 고목처럼 텅 빈 자는
비록 글의 기세가 요란하고 시사詩詞가 아름답다 해도
이는 마치 빈 수레가 요란한 것과 같으며,
광대가 풍월을 담론하는 것과 같을 것이다.
이런 것들이 어찌 전해질 가치가 있겠는가?

故其道不足以匡濟一世
而其志桺[355]然無所立者
雖其文嘲轟犇放 而詩藻[356]麗
是猶驅空車以作聲
而倡優談風月也.
何足傳哉.

여유당전서與猶堂全書/**일집시문집**一集詩文集/**21권**/**시양아**示兩兒

무릇 시를 짓는 것이 중요한 일은 아니지만
성정을 즐겨 읊는 것을 무익하다고만 할 수 없다.
그런데 창경 기굴 웅혼한 기상과
한원 유량 동탕한 기운은 마음 쓰지 않고,
단지 첨세 파쇄 현박 촉절한 소리만 힘쓰니,
역시 심히 개탄할 일이다.
율시만 짓는 것은 바로 우리나라의 비루한 습속이다.
그러므로 오언이나 칠언의 고시는 한 수도 볼 수 없으니
그 지취의 낮음과 기질의 짧음을
바로잡아야 할 것이다.
너희도 부디 『시경』의 풍風과 아雅의 근본을 깊이 궁구하고
도연명과 사령운의 정화를 모으고, 사언시를 짓도록 하여라.

詩非要務
然陶[357]詠性情 不爲無益.
而蒼勁 奇崛 雄渾
閒遠 嚠亮 動盪之氣 全不留意
只以尖細破碎僄薄促切之音
爲務亦足慨然.
只作律詩 卽東人陋習.
而五七言古詩 不見一首
其志趣之卑薄 氣質之短澁
宜有矯揉.
汝亦深究 風雅之本
下採陶謝之英 須作四言也.

무릇 시의 근본은
부자, 군신, 부부의 인륜에 있다.
혹 그에 대한 즐거운 마음을 선양하거나,
혹은 그에 대한 원망과 사모함을 호소하기도 한다.
두 번째는 세상을 근심하고 백성을 긍휼히 여기며,
언제나 힘없는 사람을 돕고 가난한 이를 구제하려 하고,

凡詩之本
在於父子君臣夫婦之倫.
或宣揚其樂意
或導達其怨慕
其次憂世恤民
常有欲拯無力 欲賙[358]無財

---

355) 桺(효)=內空也.
356) 藻(조)=마름, 글.
357) 陶(요)=화락할.
358) 賙(주)=賑恤也.

방황하고 안타깝고 절박한 이를 차마 버리지 못하는 마음을 가진 　　彷徨惻傷 不忍遽捨之意
연후에야 바야흐로 시를 할 수 있다. 　　然後方是詩也.
다만 자기의 이해에 매달리면 시라고 할 수 없다. 　　若只管自己利害 便不是詩.

여유당전서與猶堂全書/일집시문집一集詩文集/21권/기연아寄淵兒

후세의 시율이라면 마땅히 두보를 공자처럼 여겨야 한다. 　　後世詩律 當以杜工部爲孔子.
두보의 시가 백가의 으뜸인 까닭은 　　蓋其詩之所以冠冕百家者
『시경』의 뜻을 잘 계승했기 때문이다. 　　以得三百篇遺意也.
『시경』의 시는 모두 충신, 효자, 　　三百篇者皆忠臣孝子
열부, 양우, 측은, 충후의 발로다. 　　烈婦良友惻怛忠厚之發.
임금을 사랑하고 나라를 근심하지 않는 것은 시가 아니다. 　　不愛君憂國非詩也.
시대를 아파하고 세속을 통분해하지 않는 것은 시가 아니다. 　　不傷時憤俗非詩也.
옳은 것을 찬미하고 잘못을 풍자하며, 　　非有美刺[359]
선善을 권장하고 악惡을 징계하려는 뜻이 아니면 시가 아니다. 　　勸懲之義 非詩也.
그러므로 뜻이 확립되지 못하고, 배움이 순정하지 못하며, 　　故志不立 學不醇
대도를 듣지 못하고 임금을 바르게 인도하여, 　　不聞大道 不能有致君
백성에게 혜택을 베풀려는 마음이 없는 자는 시를 지을 수 없다. 　　澤民之心者 不能作詩.

이처럼 다산은 글쓰기에도 무실務實을 중시했으므로 조선 사람은 조선 사람에게 봉사하는 글을 써야 한다고 생각했다. 그러므로 전래의 고전은 물론이거니와 우리나라의 글을 읽고 인용해야 한다고 강조한다. 이러한 반사대주의는 배타적인 것도 국수주의적인 것도 쇄국주의도 아니며 오로지 주체 정신의 발로라고 할 수 있을 것이다.

여유당전서與猶堂全書/일집시문집一集詩文集/21권/기이아寄二兒

수십 년 이래 괴이한 것은 한 가지 논의가 무성하여, 　　數十年來 怪有一種議論盛
우리나라 문학을 배척해버린 것이다. 　　斥東方文學.
선현들의 문집은 거들떠보지도 않으려 하니 　　凡先獻文集至不欲寓目
이것은 큰 병통이다. 　　此大病痛.
우리나라 고사를 알지 못하고 선배들의 의론을 보지 않는다면, 　　不識國朝故事 不見先輩議論

---

359) 刺(자)=풍자, 찌를, 신문할, (척)=정탐할, 바느질, (라)=수라.

비록 그 학문이 고금을 꿰뚫었다 해도
저절로 조잡할 것이다.

여유당전서與猶堂全書/**일집시문집**一集詩文集/**21권**/**기연아**寄淵兒
아무쪼록 금년 겨울부터는 『상서』와 『좌전』을 읽어라!
여가에 『고려사』, 『반계수록』
『서애집』, 『징비록』
『성호사설』, 『문헌통고』 등의 책을 읽고,
그 요점을 초록하는 일도 그쳐서는 안 된다.
우리나라 사람들은 걸핏하면 중국 고사를 원용하지만,
이것은 역시 품격이 누추하다.
모름지기 『삼국사』, 『고려사』, 『국조보감』,
『여지승람』, 『징비록』, 『연려술』 및
그 외에 우리나라 글을 취하여
그 사실을 채용하고,
그 지방을 연구 인용하여 시를 지어야 한다.
그런 연후에야 세상에 이름을 얻고 후대에 전해질 것이다.
유득공의 십육국 회고시를
중국인이 출판한 것을 보아도,
이를 증명할 수 있을 것이다.

雖其學貫穿今古
自是鹵莽[360].

須自今冬 讀尙書左傳.
以其餘力 觀高麗史磻溪隨錄
西厓集 懲毖錄
星湖僿說 文獻通考 等書
鈔其要用 不可已也.
我邦之人 動用中國之事
亦是陋品.
須取三國史 高麗史 國朝寶鑑
輿地勝覽 懲毖錄 燃藜述[361]
及他東方文字
採其事實
考其地方 入於詩用.
然後方可以名世而傳後.
柳惠風十六國懷古詩
爲中國人所刻
此可驗也.

제4부 종합과 철학적 정초

연암의 문체창신 운동 반대

이처럼 다산은 민중적이고 비판적이었지만 어디까지나 도학자의 선비풍을 굳게 지켰으므로 그의 시문의 형식은 고아하지만 보수적이었다. 그는 문文이란 학식이 우러나오는 것으로 보았으므로 무식한 글을 혐오했다. 이것은 무지無知와 동심童心을 강조하는 공안파와는 정반대의 문장론이라고 할 수 있다. 그래서 연암이 공안파의 동심론에 동조하고 순진무구함을 찬양하며 패관 잡설을 옹호한 것과는 달리 다산은 이를 재앙으로 간주했

---

360) 鹵莽(로망)=개펄과 잡초.
361) 燃藜述(연려술)=燃藜室記述(李肯翊著).

다. 그래서 그는 정조의 문체반정에 호응하며 연암 일파의 문체창신을 반대했다.

여유당전서與猶堂全書/일집시문집—集詩文集/17권/위초의승의순증언爲草衣僧意洵贈言

시란 뜻을 말하는 것이니,	詩者言志也[362]
마음에 품은 뜻이 본디 낮고 비루하면,	志本卑汚
아무리 맑고 고상한 말을 억지로 만들어도 이치를 이루지 못하며,	雖强作淸高之言 不成理致
뜻이 본디 작고 고루하면	志本寡陋
아무리 억지로 통달한 말을 지어내도 사정에 절실할 수 없다.	雖强作曠達之言 不切事情.
시를 익히면서 그 바탕이 되는 뜻을 쌓지 않는 것은,	學詩而不稽其志
마치 더러운 땅에서 맑은 샘물을 구하고,	其猶瀝[363]淸泉於糞壤
냄새나는 가죽나무에서 기이한 향기를 구함과 같아서,	求奇芬於臭樗[364]
종신토록 애써도 이룰 수 없는 것이다.	畢世而不可得也.

여유당전서與猶堂全書/일집시문집—集詩文集/17권/위양덕인변지의증언爲陽德人邊知意贈言

사람에게 문장이란 나무에 꽃이 피는 것 같다.	人之有文章 猶草木之有榮華耳.
나무를 잘 심는 자의 나무를 심는 방법은	種樹之人 放其種之也
뿌리를 북돋우고 줄기를 편안히 해줄 뿐이다.	培其根 安其幹已矣
그래서 진액이 오르고 가지와 잎이 돋아나면	旣而行其津液 敷其條葉
꽃은 저절로 피어난다.	而榮華於是乎發焉.
꽃은 갑자기 얻으려 해서는 안 된다.	榮華不可以襲[365]取之也.
뜻을 성실히 하고 마음을 바로잡아 나무뿌리를 북돋우고,	誠意正心 以培其根
몸을 수양하고 행실을 돈독히 하여 줄기를 바로 세우고,	篤行修身 以安其幹
경전과 전례를 깊이 연구하여 진액을 운행시키고,	窮經硏禮 以行其津液
견문과 기예를 넓혀 가지와 잎이 무성하게 해야 한다.	博聞游藝 以敷其條葉.
이런 과정에서 그 깨달은 바를 쌓은 연후에,	於是類其所覺 以之爲蓄
그 쌓은 것을 표현하면 그것으로 글이 되는 것이니,	宣其所蓄 以之爲文
사람들이 그것을 보고 드러냄으로써 문장이 되는 것이다.	則人之見之者 以爲文章.

362) 書經/舜典: 詩言志 歌永言.

363) 瀝(력)=걸러내다.

364) 樗(저)= 가죽나무.

365) 襲(습)=엄습하다.

이야말로 진정한 문장이라 하는 것이다.

문장이란 갑자기 얻으려 해서는 안 된다.

그대가 이처럼 돌아가 구한다면 남아도는 것이 스승이다.

斯之謂文章.

文章不可以襲取之也.

子以是歸而求之 有餘師也.

여유당전서與猶堂全書/일집시문집—集詩文集/8권/문체책文體策

패관 소품은 크고 작은 사명에도 폐해가 되므로

신이 평소 몰래 개탄해오던 터라

이에 감히 숨기지 않겠습니다.

신의 생각으로는

살별과 흙비를 하늘의 재앙이라고 하고,

가뭄과 기갈, 장마와 산사태를 땅의 재앙이라고 하는데,

패관 잡서는 사람의 재앙 중에서도 가장 큰 것입니다.

음란한 노래와 추한 이야기는 사람의 심령을 방탕하게 하고,

사특한 정情과 귀신의 자취는 사람의 지식을 미혹시키고,

허탄하고 기괴한 이야기는 사람의 교만한 기운을 부추기고,

곱게 꾸미고 자질구레한 문장은

사람의 굳센 기운을 사그라지게 합니다.

자제가 이것을 수업하면 경사 공부를 쓰레기로 여기고.

재상이 이를 수업하면 묘당의 일을 변모로 여기고.

부녀가 이를 수업하면 길쌈하는 일을 폐지할 것이니,

천지간에 어느 재해가 이보다 심하겠습니까?

신은 지금이라도 국내에 유행하는 것을 모두 모아 불사르고,

연경에서 사들여 오는 자를 중벌로 다스린다면

사설들이 거의 뜸해지고

문체가 한번 진작될 것으로 생각합니다.

稗家小品之弊 大小司命之作

臣於平日 竊有所慨然者

玆不敢隱也.

臣以爲

其彗孛[366]紅霾[367] 謂之天灾

旱澇[368]崩渴 謂之地灾

稗官雜書 是人灾之大者也.

淫詞醜話 駘蕩[369]人之心靈

邪情魅跡 迷惑人之智識

荒誕怪詭[370]之談 以駘人之驕氣

靡曼[371]破碎之章

以消人之壯氣.

子弟業此 而苴籬經史之工

宰相業此 而弁髦廟堂之事

婦女業此 而織紝組紃之功 遂廢矣

天地間災害孰甚於此.

臣謂始自今國中所行 悉聚而焚之

燕市貿來者 斷以重律

則庶乎邪說少熄

而文體一振矣.

제 4부 종합과 철학적 정초

---

366) 彗孛(혜패)=살별, 혜성.

367) 霾(매)=흙비.

368) 澇(노)=大波.

369) 駘蕩(태탕)=방탕.

370) 詭(궤)=궤변.

371) 靡曼(미만)=고운 살결과 피부.

문장이란 어떤 것인가?	夫文章何物.
학식이 속에 쌓였다가	學識之積於中
문장을 빌려 밖으로 나타나는 것이다.	而文章之發於外也.
마치 기름진 음식을 먹으면	猶膏粱之飽於腸
피부에 윤택이 생기고,	而光澤發於膚革也.
술을 마시면	猶酒醪之灌於肚³⁷²⁾
안면에 홍조가 피는 것과 같은 것이다.	而紅潮發於顔面也.

마음을 수양하여 온화하고 중정한 덕인이 되고,	養心以和中之德
본성을 다스려서 효도와 우애를 실천하고,	繕性以孝友之行
경敬으로 천심天心을 지키며, 성誠으로 일관하며,	敬以持之 誠以貫之
떳떳함으로 불변하여,	庸³⁷³⁾以不變
힘써 도道를 향해 나아가야 한다.	勉勉望道.
사서四書로 나의 몸가짐을 갖추고,	以四書居吾之身
육경으로 나의 지식을 넓히며,	以六經廣吾之識
역대의 사서史書로 고금의 변화에 통달하고,	以諸史達古今之變
예악 형정이 갖추어지고, 전장법도가 고아하여,	禮樂刑政之具 典章法度之故³⁷⁴⁾
무성한 숲처럼 가슴에 머물렀을 때,	森羅胸次³⁷⁵⁾之中
외부의 사물에 접하여	而與物相遇 與事相値
시비 이해에 부딪히면,	與是非相觸 與利害相形
곧 내게 축적하고 마음속에 쌓인 것이	卽吾之所蓄積 壹鬱於中者
넘치고 용솟음쳐,	洋溢動盪
한번 세상에 나아가 천하 만세를 위해 보여주고자 한다.	思欲一出於世 爲天下萬世之觀.
이런 거센 힘은 무엇으로도 막을 수 없어서,	而其勢有不能以遏之
나는 한번 토로하지 않을 수 없으니,	則我不得不一吐
그 욕구가 분출되면 사람들이 이를 보고 서로 이르기를,	其所欲出 而人之見之者 相謂曰

---

372) 肚(두)=위, 배.

373) 庸(용)=和也.

374) 故(고)=옛것의 의취를 살려 본받다.

375) 次(차)=處也, 舍也, 居也.

"문장이다! 이런 것이 문장이다!"라고 말하는 것이다.

文章斯之謂文章.

세상의 이른바 문장학은
성인의 도道를 갉아먹는 해충이니,
결코 서로 용납할 수 없을 것이다.
지금 사람들은 나관중을 조상으로 삼고,
시내암과 김성탄을 다음 조상으로 받들어,
조잘거리는 원숭이와 앵무새의 혀를 이리저리 놀려대며,
음담패설과 기괴한 말들로 자랑스럽게 문체를 내고,
은근히 스스로 희롱하고 즐기는 것을
어찌 문장이라고 하겠는가?

世所謂文章之學
乃聖道之蟊蠈[376]
必不可相容.
今也 以羅貫中爲祧
以施耐菴 金聖歎爲昭穆
喋[377]喋猩鸚之舌 左翻右弄
以自文其淫媟[378] 機險之辭
而竊竊然 自娛自樂者
惡足以爲文章.

처량하고 음산하게 흐느끼는 시 구절은
온유 돈후했던 선인들이 남긴 가르침이 아니다.
그들은 음탕한 소굴에 마음을 서성대고,
비분한 장면에만 눈길을 두어,
혼을 녹이고 창자가 에이는 말들을 누에 실처럼 늘어놓고,
뼈를 깎고 골수를 저미는 구절들을
벌레 울음소리처럼 뽑아낸다.
그것을 읽으면 푸른 달이 서까래를 엿보는데,
산 귀신이 휘파람을 불고, 음산한 광풍에 촛불이 꺼지고
원한을 품은 계집이 흐느껴 우는 듯하다.
이런자들은 문장가라 할 수 없고

若夫凄酸[379]幽咽之詩句
非溫柔敦厚之遺敎.
栖[380]心於淫蕩之巢
游目於悲憤之場
銷[381]魂斷腸之語 引之如蠶絲
刻骨鐫[382]髓之詞
出之如蟲唫[383].
讀之如靑月窺椽
而山鬼吹嘯 陰飈[384]滅燭
而怨女啾[385]泣.
若是者

---

376) 蟊蠈(모적)=해충.
377) 喋(첩)=재잘대다.
378) 媟(설)=무람하다, 문란하다.
379) 酸(산)=식초, 비통할.
380) 栖(서)=棲, 싸다니다.
381) 銷(소)=녹이다.
382) 鐫(전)=끌, 새기다.
383) 唫(금)=말을 더듬거리다.
384) 飈(표)=狂風.
385) 啾(추)=웅얼거리다.

아니라 자색紫色과 음탕한 정성鄭聲이 될 뿐이다.

아니면 그 기상이 처참하고 심지가 각박하여,

위로는 하늘의 큰 축복을 받을 수 없고,

아래로는 사람의 비난을 면할 수 없을 것이다.

천명을 안다면 마땅히 크게 놀라 피하기에 겨를이 없을 텐데,

하물며 스스로 편승해 따르겠는가?

不唯[386]於文章家爲紫鄭.

抑其氣象慘悽 心地刻薄

上之不可以受天之胡福

下之不可以免世之機[387]辟.

知命者當大驚疾避之弗暇

矧[388]躬駕以隨之哉.

시와 시론

다산은 시는 두 가지 어려움이 있다고 한다. 첫째는 자연스러움이요, 둘째는 청량하고 울림이 있게 하는 것이다.

여유당전서與猶堂全書/**일집시문집**一集詩文集/**21권**/**기이아**寄二兒

반드시 먼저 경학으로 기초를 세운 다음,

앞선 역사를 섭렵하여

그 득실과 치란의 근원을 알아야 한다.

또한 모름지기 실용의 학문에 마음을 써,

고인의 경제에 대한 글을 즐겨 살피고,

이런 마음을 항상 보존하여

만민을 윤택하게 하고 만물을 길러야 한다.

그런 연후에야 진정한 독서 군자라 할 것이다.

그러한 다음 혹시 안개 낀 아침, 달 뜨는 저녁에,

짙은 녹음에 보슬비 내리는 때를 만나

문득 뜻이 촉발되고 표연히 생각이 떠오르면,

저절로 읊조리고 자연히 맑은 하늘소리가 이루어진다.

이것이 시인이 탄생되는 문이다.

必先以經學立着基址

然後涉獵前史

知其得失理亂之源.

又須留心實用之學

樂觀古人經濟文字

此心常存

澤萬民育萬物.

然後 方做得讀書君子.

如是然後 或遇煙朝月夕

濃陰小雨

勃然意觸 飄然思至

自然而詠 自然而成天籟瀏[389]然

此是詩家活潑門地.

---

386) 唯(유)=許也.

387) 機(기)=譏의 誤.

388) 矧(신)=하물며.

389) 瀏(유)=맑고 깊다.

여유당전서與猶堂全書/**일집시문집**一集詩文集/**13권/범재집서**泛齋集序

시를 짓는 데는 두 가지 어려움이 있다.	詩有二難.
글자를 나듬고 구설을 단련함에	非琢字鍊句之
정미하게 하는 것에 익숙해지는 것이 어려움이 아니다.	精熟之難.
사물을 체현하고 정감을 묘사함에 미묘하게 하는 어려움이 아니다.	非體物寫情之微妙之難.
오직 자연스러운 것이 첫째의 어려움이요,	唯自然一難也
청량하게 울림이 있는 것이 두 번째의 어려움이다.	瀏然其有餘韻二難也.

여유당전서與猶堂全書/**일집시문집**一集詩文集/**18권/우시이자가계**又示二子家誡

번옹 채제공께서는 시에 대해서는 유독 기상을 보았다.	樊翁於詩甚觀氣象.
선배의 말을 가볍게 들어서는 안 되지만	先輩之言 不宜輕聽
오로지 기상과 화려함만 추구하면 도리어 시격을 이룰 수 없다.	然全要氣象華麗 却不成詩.
대저 시는 정신과 기맥이 긴요하다.	大抵要有精神氣脈.
만약 산만하거나 소삭하기만 하고	若散漫蕭索[390]
결속과 관쇄의 묘미가 없는 시는	無結束關鎖[391]之妙者
궁달은 고사하고 수명도 길지 못하다.	窮達姑捨 年壽不長.
이 점은 내가 누차 시험한 것이다.	此余屢試者也.
『시경』 삼백 편은 모두 성현들이 뜻을 잃고 근심할 때의 작품이다.	詩三百篇 皆賢聖失意 憂時之作.
그러므로 시에는 감개무량함이 있어야 한다.	故詩要有感慨.
모름지기 은미하고 은근해야지 얄팍하게 드러나면 안 된다.	然極須微婉[392] 不可淺露.

다산은 2,500여 수가 넘는 많은 시를 남겼다. 그의 시 중에서 몇 수를 골라 소개하기로 하겠다.

붓 가는 대로

여유당전서與猶堂全書/**일집시문집**一集詩文集/**6권/노인일쾌사육수**老人一快事六首/**효향산체**效香山體/**기오**其五

늙은이의 한 가지 유쾌한 일은	老人一快事
붓 가는 대로 미친 노래를 쓰는 것일세.	縱筆寫狂詞

---

390) 索(삭)=새끼, 쓸쓸함. (색)=수색하다.

391) 鎖(쇄)=자물쇠.

392) 婉(완)=順也, 은근하다.

압운에 굳이 구애할 필요 없고,	競病[393])不必拘
다듬고 수정하느라 지체할 필요도 없다.	推敲不必遲
흥에 이르면 곧 뜻을 떠올리고,	興到卽運意
뜻에 이르면 곧 써내려간다.	意到卽寫之
나는 본시 조선 사람이라	我是朝鮮人
즐겨 조선의 시를 지을 뿐이네.	甘作朝鮮詩
경께서도 마땅히 경의 법을 쓰시오!	卿當用卿法
우언하다 탓하는 자 누구인가?	迂哉議者誰
그 구구한 시격이며 시율을	區區格與律
먼 곳 사람들이 어찌 알 수 있으랴?	遠人何得知

시골집

여유당전서與猶堂全書**/일집시문집**一集詩文集**/2권/봉지렴찰도적성촌사작**奉旨廉察到積城村舍作

시냇가 부서진 집은 뚝배기 같고,	臨溪破屋如瓷鉢[394])
북풍에 이엉 날아가 서까래만 앙상하네.	北風捲茅椽齾[395])
묵은 재에 눈이 덮여 부엌은 차고,	舊灰和雪竈口冷
체눈처럼 무너진 벽 틈으로 별빛이 스며든다.	壞壁透星篩[396])眼谿[397])
집 안에 있는 물건이란 너무 보잘것없어	室中所有太蕭條
모조리 내다 팔아도 칠팔 푼이 안 되겠네.	變賣不抵錢七八
개 꼬리 같은 조 이삭 세 줄기와	尨尾三條山粟穎[398])
닭 창자 같은 고추 한 꿰미가 맵구나!	雞心一串番椒辣
깨진 항아리는 헝겊으로 때웠고,	破甖布糊杜穿漏
내려앉은 선반은 새끼줄로 얽었구나!	庋[399])架[400])索縛防墜脫

---

393) 競病(경병)=險韻으로 作詩함. 去時兒女悲 歸來笳鼓競 借問行路人 何如霍去病 (梁. 曹景宗 作).

394) 瓷鉢(자발)=옹기그릇.

395) 齾(알)=이 빠지다.

396) 篩(사)=체로 치다.

397) 谿(계)=시내, 공허하다.

398) 穎(영)=이삭.

399) 庋(기)=시렁.

400) 架(가)=시렁, 횃대.

여유당전서與猶堂全書/**일집시문집**一集詩文集/**5권**/**산옹**山翁

산 늙은이 오늘 아침 산촌에 내려와서,	山翁今朝下山村
병을 진찰받고자 처마 밑에 앉았다.	直爲問疾坐簷端
가난한 남촌 아낙의 목소리는 지독히 사나워,	南村貧婦聲悍[401]毒
시어미와 다투며 울고 또 소리치네.	與姑勃[402]雞喧復哭
큰 아이는 절룩거리며 바가지 들고 서 있고,	大兒槃[403]散手一瓢
작은 아이는 누렇게 떠 안색이 초췌하다.	小兒蔫[404]黃顏色焦
우물가의 또 한 놈은 너무 야위어,	井上一兒特枯瘦
배가 성난 두꺼비 같고 볼기는 주름이 졌다.	腹如怒蟾臀[405]皮皺[406]
제 어미가 가니 아이는 주저앉아 울어대고,	母去兒啼盤坐地
온몸은 똥오줌과 눈물 콧물로 범벅이 되었다.	糞溺滿身鼻涕溜
엄마가 아이를 때리자 울음소리 더욱 급해지고,	母來擊兒啼益急
천지도 너무 참혹한 듯 구름 그늘 드리웠다.	天地慘裂雲色逗[407]

여유당전서與猶堂全書/**일집시문집**一集詩文集/**1권**/**맹화요신성언공주창곡위폐정**孟華堯臣盛言公州倉穀爲弊政

집 안에 남은 것이라곤 송아지 한 마리,	所餘唯短犢
쓸쓸한 귀뚜라미와 서로 조문을 한다.	相弔有寒蟀
텅 빈 집엔 여우와 토끼 뛰놀고,	白屋狐兼兎
대감님 집 안엔 용 같은 말이 뛰논다.	朱門馬以龍
백성들 뒤주엔 해 넘길 것이 없는데,	村粻[408]無卒歲
관가 창고에는 겨울 양식 넘쳐난다.	官廩利經冬
궁한 오두막 거적자리엔 바람 서리만 쌓이는데,	窮蔀[409]風霜重

---

401) 悍(한)=사납다.
402) 勃(발)=우쩍 일어나다, 성하다.
403) 槃(반)=쟁반, 머뭇거리다.
404) 蔫(언)=시들다, 쉬다.
405) 臀(둔)=볼기, 밑.
406) 皺(추)=주름, 마른 대추.
407) 逗(두)=머무르다.
408) 粻(장)=양식, 볕엿.
409) 蔀(부)=빈지문.

대감님 밥상에는 고기 생선 다 갖추었네!　　　　　　　珍盤水陸共

신분 차별

여유당전서與猶堂全書/**일집시문집**一集詩文集/**2권**/**고시기**古詩其 **14수**

하늘이 인재를 내릴 제,	皇天生材賢
문벌의 자식만 간택하지 않았을 터인데,	未必揀⁴¹⁰華胄
어찌 가난뱅이는 천하다고 여겨,	云胡蓽⁴¹¹鄙賤
뛰어난 인재가 많음을 보지 못하나!	未見有俊茂
아기가 태어나 두어 살 되면,	兒生在孩提
이목이 빼어나고 수려한데,	眉目正森秀
아이가 자라 글 배우기를 청하면,	兒長請學書
아비는 장차 콩이나 심으라 한다.	翁言且⁴¹²種斗
네가 글 배워 어디에 쓰겠느냐?	汝學書何用
좋은 벼슬도 너에겐 내려주지 않는단다.	好官不汝授
아이는 이 말 듣고부터 기가 꺾여서,	兒聞色沮喪
스스로 소외되고 비루함에 젖어버리는구나!	自玆安孤陋

집 없는 설움

여유당전서與猶堂全書/**일집시문집**一集詩文集/**4권**/**고시기**古詩其 **8수**

제비 한 마리 처음 날아와,	鷰子初來時
지지배배 그치지 않네!	喃喃語不休
말하는 뜻은 알 수 없지만,	語意雖未明
집 없는 서러움을 토로하는 듯,	似訴無家愁
묵은 느릅나무 홰나무엔 구멍도 많은데,	楡槐老多穴
왜 거기에는 깃들지 않니?	何不此淹⁴¹³留
제비는 다시 지지배배 지저귀며,	燕子復喃喃
사람에게 말을 걸어 수작하는 듯,	似與人語酬

---

410) 揀(간)=가려 뽑다, 구별하다.
411) 蓽(필)=콩, 가시.
412) 且(차)=將也.
413) 淹(엄)=머무르다.

느릅나무 구멍은 황새가 쪼고,　　　　　　　　楡穴鶴來啄

홰나무 구멍은 뱀이 뒤진다오!　　　　　　　　槐穴蛇來搜

스님의 울음

여유당전서與猶堂全書/**일집시문집**一集詩文集/**5권**/**승발송행**僧拔松行

백련사 서쪽 편 석름봉 위에　　　　　　　　　白蓮寺西石廩峰

이리저리 다니면서 송순을 뽑는 중이 있다.　　有僧彳[414]亍[415]行拔松

어린 솔잎 돋아나서 이제 겨우 두세 치　　　　稺松出地纔數寸

여린 줄기 연한 잎 무성히 자라는데　　　　　嫩[416]幹柔葉何丰茸[417]

갓난아기 기르듯 사랑하고 보살펴야　　　　　嬰孩直須深愛護

자라서 훌륭한 재목이 될 것이거늘　　　　　老大況復成虬龍

어이하여 보는 족족 뽑아버리니,　　　　　　胡爲觸目皆拔去

싹도 씨도 남기지 않고 없애려는가?　　　　絶其萌蘖湛[418]其宗

중 불러 앞에 이르자 그 까닭을 물었더니,　招僧至前問其意

목이 메어 말은 못하고 엉엉 울어버리네!　僧咽不語淚如霾[419]

살쾡이

여유당전서與猶堂全書/**일집시문집**一集詩文集/**5권**/**이노행**狸奴行

남산골 늙은이 살쾡이란 놈을 길렀는데,　　　南山村翁養狸奴

나이 들자 요망하고 흉악해져 늙은 여우를 배웠다　歲久妖兇學老狐

밤마다 초당의 고기를 훔치고,　　　　　　　夜夜草堂盜宿肉

항아리와 단지 술병까지 뒤진다.　　　　　　翻瓨覆瓿連觴壺

야음을 타고 간교한 짓을 다하다가　　　　　乘時陰黑逞狡獪

문을 열고 소리치면 흔적도 없다.　　　　　　推戶大喝形影無

등불을 밝히고 바라보니 더러운 발자국 널려 있고,　呼燈照見溓跡徧

먹다 남은 찌꺼기엔 이빨 자국 낭자하다.　　汁滓狼藉齒入膚

---

414) 彳(척)=조금 걷다.

415) 亍(촉)=멈춰 서다.

416) 嫩(눈)=여리다.

417) 丰茸(봉용)=초목이 우거져 무성함.

418) 湛(담)=탐닉할, (침)=빠질, (잠)=맑을.

419) 霾(롱)=우렛소리.

늙은이는 잠 못 이뤄 근력이 달리고,	老夫失睡筋力短
밤새워 백방으로 생각해도 부질없는 장탄식뿐	百慮皎皎徒長吁
그놈의 살쾡이 극악한 죄를 생각하면	念此狸奴罪惡極
당장에 칼을 뽑아 천벌을 내리고 싶다.	直欲奮劍行天誅
황천이 너를 낼 때 용처가 본래 무엇일까?	皇天生汝本何用
너에게 쥐를 잡아 백성의 괴롭힘을 없애라 했겠지?	令汝捕鼠除民痛
들쥐는 밭에 구멍을 파고 볏단을 물어다 쌓고	田鼠穴田畜穉穧
집쥐는 온갖 것을 훔치지 않는 것이 없다.	家鼠百物靡不偸
백성들은 쥐 등쌀에 나날이 초췌하여	民被鼠割日憔悴
고혈이 고갈되고 피골이 마른다.	膏焦血涸皮骨枯

그래서 너를 보내 쥐를 다스리는 대장으로 삼고	是以遣汝爲鼠帥
너에게 쥐를 맘대로 잡아먹도록 권력까지 주었다.	賜汝權力恣礫剟
황금처럼 반짝이는 두 눈동자를 주어	賜與一雙熒煌黃金眼
칠흑 같은 밤에도 올빼미처럼 벼룩도 잡는다.	漆夜撮蚤如梟雛
또 너에게 가을 매처럼 쇠 발톱을 주었고	賜汝鐵爪如秋隼
호랑이처럼 톱날 같은 이빨을 주었고,	賜汝鋸齒如於菟
뛰어올랐다가 내리치는 날쌘 용기까지 주었으니	賜汝飛騰搏擊驍勇氣
쥐가 한번 그대를 보기만 하면	鼠一見之
꼼짝없이 부복하여 공손히 몸을 바친다.	凌兢俯伏恭獻軀
날마다 백 마리 쥐를 죽인들 누가 막으랴!	日殺百鼠誰禁止
단지 보는 사람마다	但得觀者
특수한 네 모습을 시끄럽게 칭찬하고	嘖嘖稱汝毛骨殊
연말 사제에 팔신(八神)[420]으로 너를 숭배 보답하고자	所以八蜡之祭崇報汝
성대한 의관에 큰 술잔을 올려 제사를 올린다.	黃冠酹酒用大觚

그런데 너는 지금 쥐 한 마리 잡지 않고	汝今一鼠不曾捕
도리어 너 스스로 도적질을 한다.	顧乃自犯爲穿窬

---

420) 集說에 따르면 八神은 다음과 같다. 先嗇(神農氏), 司嗇(后稷), 農(田畯), 郵(田畯의 幕舍) 表(標識) 畷(農路), 猫(쥐를 잡는 고양이)
　　虎(멧돼지를 잡는 호랑이), 坊(堤防), 水庸(水路), 農害虫.

쥐야 본래 좀도둑이라 피해가 작지만	鼠本小盜其害小
너는 힘도 세고 세력도 높고 마음도 거칠어	汝今力雄勢高心計麤
쥐들이 못 하는 짓도 맘대로 하니	鼠所不能汝唯意
처마를 타고 뚜껑을 열고 지하 광을 허문다.	攀檐撤蓋頹墊塗
그래서 이제 쥐새끼들도 꺼릴 것 없이	自今群鼠無忌憚
구멍에서 나와 껄껄대며 수염을 추어올리고	出穴大笑掀其鬚
훔친 재물 모아 너에게 뇌물을 거듭 바치며	聚其盜物重賂汝
태연하게 너와 한패가 되어 함께 행동하겠지!	泰然與汝行相俱
호사인지 왕왕 너를 닮은 자도 있으니	好事往往亦貌汝
말을 몰듯이 쥐 떼들의 옹호를 받고	群鼠擁護如騶徒
소라 불고 북 치고 온갖 풍악을 잡히고	吹螺擊鼓爲法部
꿩의 깃 달린 큰 깃발 앞세우고	樹蠹立旗爲先驅
너는 큰 가마를 타고 거드름을 피우면서	汝乘大轎色夭矯
쥐 떼들이 다투어 굽실대는 것을 좋아한다.	但喜群鼠爭奔趨
내 지금 붉은활에 큰 화살을 메겨	我今彤弓大箭
손수 너를 쏘아 죽이고	手射汝
차라리 쥐를 잡는 일일랑 사냥개를 시키리라.	若鼠橫行寧喙盧

제4부 종합과 철학적 정초

참고: 팔신에 대해

예기禮記/교특생郊[421]特牲

천자는 팔신을 제사하는 대사제大蜡祭를 올린다.	天子大蜡八.
이기씨는 사씨蜡氏로부터 비롯되었고,	伊耆氏[422]始爲蜡[423]
사씨는 은나라 칠족 중에 일족인 색씨索氏다.	蜡也者索[424]也.
만물이 귀근복명歸根復命하는 폐장지월閉藏之月인 섣달에	歲十二月合聚萬物而索[425]
팔신의 공적과 귀근歸根을 송영하는 제사를 올린다.	饗之也.
사제蜡祭[426]란 신농씨神農氏를 주신으로 모시고	蜡之祭也 主先嗇

---

421) 郊(교)=祀天地也. 天子冬至祭天於南郊. 夏至祭地於北郊.

422) 周禮/秋官/序官: 官名. 注: 古王者號 始爲蜡以息老物.

423) 禮記注: 周官名 掌除骷, 字典: 蜡氏 周官名(周禮/秋官/序官) 注: 蜡 骨肉腐臭所蜡也(蠅蛆) 月令曰 掩骼埋骴 此官之職也.

424) 索(색)=大繩也, 搜也, 盡散也, 空也.

425) 左傳/定公四年/傳: 殷民七族有索氏.

426) 蜡祭(사제)=年終祭名. 夏曰淸祀. 殷曰嘉平. 周曰蜡. 秦於臘.

후직后稷에게을 제사하고
아울러 백곡의 신들에게 제사하여
농사의 공로를 보답하는 것이다.

而祭司嗇也
祭百種以
報嗇也.

제5부
실 학 사 상

유물론적 신학

1장

실 학 사 상

최한기의
근대적 기학

◆

1절. 혜강은 누구인가?

이력

　　　　　　　　　　　　혜강惠岡 최한기는 몰락한 양반 가문인 삭녕朔寧, 최씨 치현致鉉, 1786~1812과 청주 한씨 가문의 어머니 사이에 태어난 독자였으나 큰아버지 최광현催光鉉[1]의 양자로 들어갔다. 생부와 양부 모두 시고詩稿와 문집을 낼 정도의 식자층이었으므로 어려서부터 글을 배워 23세에 생원시에 합격했다. 그의 출생지는 개성으로 추정되지만 30대 시절은 서울 창동倉洞에서, 40대 후반에는 상동尚洞에서 살았고 만년에는 많은 서책의 구입 비용 때문에 형편이 어려워져 옛집을 팔고 도성 문밖으로 이사했다. 그는 평생을 벼슬도 없이 독서와 저작에 몰두하다가 75세에 졸했다. 묘지는 개성 동면東面 적전리籍田里 세곡細谷 선영에 안장되었다.[2]

　　혜강은 존왕尊王의 틀에 갇힌 사대부적인 기풍의 다른 학자들과는 달랐다. 그는 가문이 양반이라고는 하지만 중인층에 가까워 상인의 중상주의적인 기풍에 영향을 받았다. 또한 나라가 쇠락하여 풍전등화의 위기에 처하고 외래 문물에 고립되어 타율적인 개항이 강요되는 시대를 살았으

---

1) 무과 출신으로 昆陽郡守를 지냄
2) 『增補明南樓叢書』 解題.

므로 서구 문물에 지대한 관심을 가지고 세계주의적인 사고를 키웠을 것이라는 점에서 다른 학자들과는 대조되는 특이성을 보여준다. 사실 그의 기학氣學은 서양 과학에 영향을 받은 것이지만 그 이상으로 서양 과학을 동양 철학으로 흡수했다고 말할 수 있을 것이다. 어떻든 혜강의 철학은 동양 최초의 '과학 철학'이라고 말할 수 있다.

인정人政/권8/교인문敎人門/지체地體

명 대 이후부터 지구가 원구임을 알았고,	大明以後 方知地體之球
역법도 점점 실측에 의거하는 방향으로 나아갔다.	曆法漸就實測.
주야의 장단, 한서의 진퇴,	晝夜長短 寒暑進退
조석의 증감, 풍토의 다름,	潮汐增減 風土異同
만국의 역대 치란, 각 나라의 인물의 성쇠까지,	萬國歷代治亂 各邦人物盛殘
『지구전요地球典要』란 책에 상세히 실려 있으니,	詳載於地球典要
이것을 깊이 연구하고 깨우친다면,	潛究於斯 有得於斯
천지의 방향과 기화의 운행에 대해	凡於天地之方向 氣化之運行
발명이 적지 않을 것이다.	非特多小發明.[3]
고인이 알지 못했다고 해서, 금인이 아는 것을 비방한다면,	因古之不明 毀今之明者.
거론할 거리도 안 될 것이다.	不須[4]論也
세무世務에 뜻있는 자가 이 새로운 학설을 들어 익혀,	若有志于世務 自初習聞其說
옛 문견의 의혹을 깨뜨림이 많게 되면	至於古聞之罷疑多
새로운 지식을 얻는 기쁨이 깊을 것이다.	新得之悅樂深.
옛날에 나지 않고 금세에 사는 행복이 여기에 있는 것이다.	晩生之幸 惟在于此.

기학氣學/권2/28면

천문 관상학이 점점 밝아진 것은 기학의 방향이 되었고,	曆象之漸明 爲氣學之方向
지구의 자전과 공전은 기학의 입문이 되었고,	地球之兩轉 爲氣學之入門
도구와 기계의 활용은 기학의 경험이 되었다.	諸器之須用 爲氣學之經驗.

혜강은 외롭게 오로지 학문을 위해 일생을 바쳤으며 그 이외에는 아무것도 관심을 두지 않

---

3) 혜강은 55세에 『기학』을 저술하면서 『지구전요』를 함께 편찬했다.

4) 須(수)=資也 用也.

최한기
崔漢綺, 1803~1877

외롭게 오로지 학문을
위해 일생을 바쳤으며,
그 외에는 아무것에도
관심을 두지 않았다.
그의 철학은 동양 사상과
서양 과학 사상을 결합한
세계 일통의 학문이었다.

"천문 관상학이 점점
밝아진 것은 기학의
방향이 되었고, 지구의
자전과 공전운 기학의
입문이 되었고, 도구와
기계의 활용은 기학의
경험이 되었다."

은 듯했다. 그의 철학은 스스로 유불선의 동양 사상과 서양 과학 사상을 결합한 세계 일통一統의 학문임을 자처할 정도로 성리학과 실학을 뛰어넘은 신학新學이다. 특히 그는 다산처럼 경전을 새롭게 해석하는 방법이 아니라 경전을 근거로 내세우지 않고 전혀 새로운 개념을 정립하였다는 점에서 명실 공히 신학을 창립한 것이다.

그러나 안타깝게도 그의 독창성은 성리학에 젖은 당대의 사대부들이 신학임을 간파하지 못했으므로 정치적 탄압은 면할 수 있었지만 학계의 주목을 받지는 못했다. 그의 정치적 성향은 혜강보다 한 해 먼저 죽은 연암의 손자 박규수朴珪壽, 1807~1876와 그의 영향을 받은 김윤식金允植, 1835~1922, 김홍집金弘集, 1842~1896, 어윤중魚允中, 1848~1896 등의 '동도서기론東道西器論'에 근접해 있었던 것 같다. 그러나 정치계에도 영향을 주지는 못했다.

그에게 관심을 갖기 시작한 것은 그가 죽은 지 100여 년 후인 1960년대부터다. 1960년 초에 북한의 과학원 역사연구소에서 간행한 『조선철학사(상)』에서 정성철의 논문 「최한기의 유기론唯氣論」이 발표되었고, 우리나라에서는 박종홍이 1965년에 「최한기의 경험주의」라는 논문을 발표했다. 이후 여러 학자의 연구가 있었고 성균관대학교 대동문화연구원에서 혜강의 저술을 모아 1971년 『명남루총서明南樓叢書』를 영인 간행하기에 이르렀다.

김윤식金允植의 동도서기론東道西器論

속음청사續陰晴史/상上

안으로 정치와 교화를 닦고, 밖으로 외세와 도적을 물리치되,　　　　內修政化 外攘寇賊
만약 그들의 기계 기술과 농업 등의 서책들이　　　　　　　　　　　　而若其機器之藝農樹之書
진실로 이익이 된다면 반드시 택하여 시행해야 한다.　　　　　　　　苟可以利益 亦必擇而行之.
그 사람 때문에 그의 좋은 법을 함께 배척해서는 안 된다.　　　　　不必以其人 而幷斥其良法.

혜강의 학문을 대강 정리한다면 대체로 4단계로 구분할 수 있다.

첫째 단계는, 관습에 따라 유학을 공부하여 생원시에 합격하였으나 환로의 뜻을 포기하고 신학문에 매료되어 유학을 극복하려는 모색기다. 이때 그는 『농정회요農政會要』와 『육해법陸海法』을 편찬하고 「대동여지도大東輿地圖」로 유명한 고산자 김정호와 함께 「만국경위지구도萬國經緯地球圖」를 판각하면서 세계적인 안목과 실용 과학에 눈을 돌렸다.

둘째 단계로, 그는 철학적 주제를 공부론, 학문론 등 인식론으로 설정했다. 인식론이 철학의 중심 과제가 된 것은 근세 서양에서 나타난 학술사적 사건이었다. 1690년에 간행된 로크의 『인간오성론』과 1781년에 간행된 칸트의 『순수 이성 비판Kritik Der Reinenv Vernunft』이 그 대표적 저술이다. 이보다 앞서 동양에서 최초로 인식론을 학문의 주제로 부각시킨 것은 1569년에서 1570년 사이에 있었던 퇴계와 고봉의 이른바 격물 논쟁이다.[5] 그러나 후학들의 관심에서 멀어졌다가 혜강이 34세 때인 1836년에 발표한 『신기통神氣通』과 『추측록推測錄』으로 인식론이 다시 철학의 핵심 과제로 등장한 것이다. 이 두 책은 『기측체의氣測體義』라는 이름으로 합본되어 중국에서 출판되었다. 이것만으로도 그의 학문은 출발부터 국제적이고 근대적이었다.

셋째 단계로, 인식론적 주제가 유물론적 도덕 철학으로 발전했다. 중심적 담론은 신기神氣의 운동과 조화(運化)를 받들고 따라(承順) 치정治政 안민治安을 이룬다는 것으로, 중기 저작인 1857년의 『기학氣學』과 1860년의 『인정人政』의 주제였다.

넷째 단계로, 이러한 기철학적 도덕 철학이 실천 철학으로 발전했다. 중심 담론은 '행사성무行事成務'로 천기天氣 운화를 받들고 인정人情에 순응하여 일을 실행하고 업무를 성취하는 것이다. 후기 저작인 1867년의 『성기운화星氣運化』, 1868년의 『승순사무承順事務』, 1873년의 『재교財敎』의 주제였다. 마지막 저작인 『재교』는 실학의 목표를 부국강병으로 구체화한 것으로 알려지고 있으나 지금은 실전되고 전해지지 않는다.

생전에 부자지간을 넘어 학문으로 서로 소통했던 아들 최병대崔柄大, 1819~1888는 부친의 학문 역정을 다음과 같이 정리했다.

제문祭文/최병대崔柄大 초고草藁

삼대 이후 수천 년 동안	三代以後 數千年來
도술은 세대마다 가르침이 같지 않았고,	道學之術 世不同敎
성리의 설說은 사람마다 의론을 달리하였다.	性理之說 人各異議.
선생은 널리 경적을 참고하고 사물을 궁격하였으며,	先生博採經籍 窮格事物
기氣 자를 끄집어내어 만화의 근본을 보여주었으며,	拈出氣字 以見萬化之本
추측을 드러내 논구하여 성리의 본체를 밝혔다.	著論推測 以明性理之體.
사주 길흉의 논의를 물리치고	闢干支吉凶之論
방술 화복의 술術을 배척했으며,	斥方技禍福之術
앞사람이 밝히지 못한 것을 발명하여 후생의 미몽을 깨우쳤으니,	發前人之未達. 覺後生之迷夢
사문에 공이 맹자보다 못하지 않을 것이다.	有功斯門 不下孟子.

---

5) 졸저 『성리학개론(하)』, 바이북스, 2007, 제6부 2장 격물 논쟁 참조.

〈증보〉명남루총서明南樓叢書/5집/417면/최병대난필수록崔柄大亂筆隨錄

진리 탐구의 방법을 위해 『기측체의』를 저술했고,	資以窮格 著氣測體義
치평의 대책을 위해 『소모素謨』와 『우주책宇宙策』을 저술하였다.	謨之治平 著素謨宇宙策
대기의 운화를 밝히기 위해	闡大氣運化
『기학』, 『운화측험運化測驗』, 『성기운화』,	而著氣學 運化測驗 星氣運化
『신기천험身幾踐驗』을 저술했고,	身機踐驗
인도와 천도의 따름을 밝히기 위해 『승순사무』를 지었으며,	明人道順天 而著承順事務
인사와 교제를 윤택하게 하는	澤人事交際
『인정』, 『향약추인鄕約抽人』을 지었으며,	而著人政 鄕約抽人
묘당을 지키고 도량형을 바로잡기 위해	虞廟務矯捄
『계량론計量論』『어양론禦洋論』을 지었으며,	而著計量論禦洋論
성학을 밝히고 보도하기 위해 『강관론講館論』을 지었다.	贊聖學輔導 而著講官論.
세상의 교화와 식산을 돕기 위해 『재교』를 지었고,	爲世教扶植 而著財教
성서의 조리와 상도를 강론한	講經常於聖訓
『통경초通經抄』와 『인설仁說』을 편찬했고,	而纂通經抄 仁說
역대의 치란을 증험하여 『정사正史』를 편찬했다.	徵*治亂於歷代 而纂正史.
천체 운행의 도수와 규칙을 따라	因天道範圍
『의상리수儀象理數』를 편찬했고,	纂儀象理數
지구가 둥근 것을 증험하여 『지구전요』를 편찬했다.	證地體毬圓 纂地球典要.
인민의 생산을 마련하고자	制人民理産
『농정회요』, 『육해법』를 편찬했고,	而纂農政會要陸海法
수리의 깊은 뜻을 풀어내기 위해	詳數理蘊繹
『습산진벌習算津筏』을 저술했고,	述習算津筏
기氣와 수數의 준칙을 증험하여	驗氣數有準
『심기도설心器圖說』을 저술하였다.	而述心器圖說.
또 『기화당수집氣和堂隨輯』이 있어	又有氣和堂隨輯
사설과 방술을 물리쳤으니,	關邪說拒方術
역시 근본과 근원과 실무와 정도를 궁리 발명한 데서 나온 것이다.	亦出於窮本索源究實明道.

793

---

6) 徵(징)=徵驗也 求也.

| 이 모두가 생민을 위해 도道를 세워 | 儘是爲生民立道 |
| 후인들을 깨우치려는 지극한 뜻이었다. | 而覺後之至意也. |

금장태 교수는 혜강의 기학에 대해 그 가능성을 다음과 같이 지적했다. 금 교수의 지적은 정곡을 찌른 참으로 적실한 것으로 생각된다.

첫째, 철학적 기초의 내재적 접근이다.

경전의 해석에 기초를 두고 있는 전통적 입장이 아니라, 경전으로부터 벗어난 철학적 독립성이 외래 사상으로서가 아니라 우리의 철학적 전통에서 최초로 제기되었다는 점은 철학적 기능에서 매우 중요한 의미가 있다.

둘째, 기철학의 인도적 사회 사상이다.

우리 시대의 유물 철학이 공산주의라는 사회 체계로 제시되고 있는 것과 혜강의 기철학이 대조됨으로써 사회 사상의 새로운 가능성을 검토해볼 수 있다.

셋째, 철학과 과학의 조화다.

우리의 철학적 전통에서 그것이 근대 자연 과학과 근원적으로 상응할 수 있다는 점으로부터 그 현대적 발전 가능성을 엿볼 수 있다.

넷째, 전통과 근대의 연속성이다.

현재 우리의 전통 철학이 근대적 사유 체계에 적용하기 어려운 여건 속에 있다고 보았을 때, 이러한 문화적 단절감을 극복할 수 있는 연결 고리로 그의 철학이 역할을 할 수 있는 가능성이 있음을 인식할 필요가 있다.

◆ 혜강 연보 (이우성 교수의 해제 참조)

연대	활동
1803년 1세	최치현과 청주 한 씨 사이에서 독자로 출생.
1825년 23세	생원시 합격. 제가諸家의 음훈音訓과 대지大旨를 간명하게 설명한 『통경고通經考』 저술.
1829년 27세	전통적 문체인 서문序文 기문記文 제문祭文 설문說文 등을 모은 『횡결竑觖』 저술.
1834년 32세	『육해법陸海法』, 『농정회요農政會要』 10책 , 김정호의 『청구도靑邱圖』 서문 저술. 김정호와 함께 『만국경위지구도萬國經緯地球圖』 판각.
1835년 33세	『소모素謨』 저술.
1836년 34세	『강관론講官論』, 『추측록推測錄』, 『신기통神氣通』 저술. 10월 북경 인화당에서 『추측록』과 『신기통』을 묶어 『기측체의氣測體義』로 간행함.
1839년 37세	『의상리수儀象理數』 저술.
1842년 40세	『심기도설心器圖說』 저술.
1843년 41세	『소자류찬疏箚類纂』 저술.
1850년 48세	『습산진벌習算津筏』 저술.
1852년 50세	『우주책宇宙策』 저술.
1857년 55세	『지구전요地球典要』, 『기학氣學』 저술.
1860년 58세	『인정人政』, 『운화측험運化測驗』 저술.
1866년 64세	『신기천험身機踐驗』 저술.
1867년 65세	『성기운화星氣運化』 저술.
1868년 66세	『승순사무承順事務』 저술.
1870년 68세	『향약추인鄕約抽人』 저술.
1873년 71세	『재교財敎』 저술.
1877년 75세	6월 21일 서거. 개성開城 동면東面 적전리籍田里 세곡細谷에 안장됨.
1892년 (고종 29년)	가선대부嘉善大夫 사헌부司憲府 대사헌大司憲 겸 성균관成均館 제주祭酒로 추증됨.

🐦 2절. 근대적 신학

새로운 글쓰기와 개념

혜강의 학문은 기존의 유학과 성리학 등의 구학과는 전혀 다른 신학이다. 그러므로 기존의 개념들과는 전혀 다른 새로운 개념들이 등장한다. 이 개념들은 구학과 다를 뿐더러 서구의 개념들과도 다르다. 그는 이러한 글쓰기에 대해 스스로 이르기를 우주宇宙 운화, 인민人民 운화, 기용器用 운화의 삼기三氣를 종지로 삼았으며 이를 '우주인宇宙人의 글쓰기'라고 명명했다.

기학氣學/권1/50면

세상을 경륜하여 구제하고자 하는 사람은	經綸濟世之人
자기의 국량과 재지에 따라 각자 밝혀낸 것이 있으면,	隨其局量才智 各有所明
그것을 서적에 적어 사람들이 효험을 얻기를 바란다.	登諸簡策 以要世人得效然.
종지로 삼아야 할 바는 천하가 같이할 바를 들추어내,	以其宗旨 擧[7]天下之所同
앞사람이 아직 개발하지 못한 것을 발현하는 것이다.	發前人之未發.
또 세상 사람이 밝히고자 하는 바에 대해 창문을 열어주고,	宇內人所欲明 開牖[8]之
세상 사람이 의혹된 것이 있으면 풀어 해명해주며,	所疑惑解釋之
탐구할 수 없는 것은 보존해두고 논의하지 말며,	不可究索 存而勿論
노력하여 될 수 있는 것은 권하여 나아가게 하는 것이다.	用力可爲 勸而就之.
크게는 우주 운화의 기氣가 있으니,	大則有宇宙運化之氣
천문역수를 정리하여 그 대강을 제시하는 것이다.	理整歷數 以擧其槪.
다음으로 인민 운화의 기가 있으니,	次則 有人民運化之氣
정치와 교화를 닦고 밝혀서 통달하도록 인도하는 것이다.	修明政敎 以導其達.
다음으로 작게는 기용 운화의 기가 있으니,	小則 有器用運化之氣[9]
책을 지어 소장하게 하거나 기계와 도구를 제조하여,	修藏書冊 制造器皿
백성의 쓰임이를 넉넉하게 하는 것이다.	以贍民用.

---

7) 擧(거)=稱也, 起也, 拔也.
8) 牖(유)=바라지.
9) 器用運化란 기계와 재용의 운화를 말한다.

이것을 합하면 일기 운화가 되고
나누면 삼기 운화가 된다.
벼리를 들면 밧줄이 따르고, 밧줄을 묶으면 벼리를 이루니,
이것이 기학이다.

문자로 기록하는 것은
글자로 혀의 기氣를 이룰 수 없고,
문장으로 마음의 기를 다 이룰 수 없다.
운화의 활동이 없으면
사물의 형체가 아닌 그림자를 그리는 것 같다.
착오된 것을 교정하는 데는 우주의 대운화라는 목판이 있고,
빠진 것을 첨가 보충하는 데는 기용의 소운화라는 유집이 있다.
지난 과거의 운화는 옛사람의 서적에 이미 채록되었고,
앞으로 다가올 운화를 뒷사람과 함께 이루고자 하는 것이다.
우주 운화는 마땅히 우주인이 집성해야 하기 때문이다.

合則爲一氣運化
分則爲三氣運化.
提綱而維髓 緣維[10]而達綱[11]
是爲氣學.

縱以文字載錄
字不可以盡逐舌氣
文不可以盡成心氣.
無運化之活動
猶物形之畫影.
差誤校勘[12] 有大運化之木板
缺漏添補 有小運化之遺集.
旣往運化 已採古人書籍
將來運化 要與後人共成.
宇宙運化當從宇宙人集成.

이처럼 혜강은 기존 성리학의 범주들을 버리고 이를 다시 새로운 개념 틀로 수정 정리한다. 그가 처음으로 창안한 새로운 철학적 개념들은 대충 다음과 같다.

신기

혜강이 34세에 지은 『신기통神氣通』은 세 권으로 되어 있는데 1권은 체통體通, 2권은 목통目通, 이통耳通, 비통鼻通, 구통口通, 3권은 생통生通, 수통手通, 족통足通, 촉통觸通, 주통周通, 변통變通으로 구성 분류하고 있다. 여기서 '신기神氣'라는 개념이나 '통通'이라는 개념은 기존의 경학이나 성리학에서는 보이지 않는 생소한 말이며, 우리의 일상생활에서도 들어보지 못한 새로 만든 개념이다.

　전통적인 '기氣' 개념은 청 대 철학에서는 대체로 '원기元氣'로 바뀌었는데, 그는 이를 다시 '신

---

10) 維(유)=밧줄.

11) 綱(강)=벼리(그물을 버티는 줄).

12) 勘(감)=定也.

기'라는 새로운 개념으로 발전시켰다. 원기란『황제내경黃帝內徑』등 의학에서 사용하던 신기 개념을 철학적으로 변용한 것으로 '원동자原動者인 기'를 말하는 것이다. 그런데 혜강은 신비주의적인 의학 용어인 신기를 그대로 사용한다. 신기란 '신령한 기운' 또는 '영명靈明한 기운'이라는 개념으로 기의 물성物性이 곧 신성神性이라는 함의가 있는데, 혜강은 이런 의미와 함께 신명한 지력智力과 조화의 역행力行을 강조하고자 이 용어를 선택한 것 같다.

따라서 혜강의 기는 종래 이학理學에서처럼 청탁淸濁 수박粹粕이 있는 '이理의 질료'가 아니라 이제 '이理의 주인'이 되었으며, 반면 이理는 종래 기학에서처럼 이기불상잡理氣不相雜하는 '기의 조리條理'가 아니라 이제 '이理는 곧 기'가 되므로, 이理는 기에 흡수되고, 기는 시종始終이 없는 스스로 원인이 되는 원동자요, 유일자로 격상된다. 이는 형이상학에서는 천제天帝 →태극太極 →신神→기氣로 전환하여 기가 창조주가 되는 유물론에 이르렀고, 인식론에서는 물성이 곧 신성이 되어 '기는 곧 양지良知'가 되는 변증법적 유물론(변유론)에 근접하게 된 것으로 평가할 수 있다.

다만 그의 유물론적인 '신기' 개념은 여전히 모든 유물론이 태생적으로 가지고 있는 한계를 극복하지 못한다. 즉, 독립적인 무형의 이理를 소거해버림으로써 정의, 선악, 미추 등 인간적 가치는 자연적 에너지 운동으로 흡수되어버려, 인간을 물화物化한다는 비판을 받는다.

신기통神氣通/권1/체통體通/지각우열종신기이생知覺優劣從神氣而生

신神이란 기氣의 정화요,   神者 氣之精華

기란 신의 기질이다.   氣者 神之基質也.

기학氣學/권1/49면

기氣의 능함이 신神이다.   氣之能 曰神.

신은 기 운화의 능함을 지칭한 것이다.   神者 乃指氣運化之能.

그러므로 운화하는 기가 곧 신이다.   故運化之氣 卽是神也.

인정人政/권5/측인문測人門/신즉기神卽氣

신神이란 기氣의 신장伸張됨이니,   神者 氣之伸也

아울러 신기라고 말하면 신은 기 속에 포함되고, 幷言神氣 則神包氣中

신을 따로 말하면 기의 작용만을 두드러지게 나타낸 것이다. 單言神 則氣之功用顯著也.

그러므로 기는 곧 신이요, 신은 곧 기다.   氣卽神 神卽氣.

옛사람들은 대부분 기와 신을 둘로 갈라놓았으므로, 而古之人 多以氣神爲二

기만적인 신비주의에 쉽게 빠져들어,

후인들을 혼동시키고 어지럽게 하여 기준이 없게 만들었다.

易入于虛誕奇異

至使後人渾淆[13]無準.

인정人政/권11/교인문敎人門/심성정리心性情理

신기라는 명칭은 심心, 성性, 정情, 이理를 통괄하는 뜻이 있다.

신기가 몸을 주관하는 것은 심이라 말하고,

신기가 활동하여 운화하는 것은 성이라 말하고,

신기가 때를 만나 발용하는 것은 정이라 말하며,

신기가 추측하는 조리를 이理라고 말한다.

神氣之稱 有統括底義.

神氣之主於身 謂心也

神氣之活動運化 謂性也

神氣之隨遇發用 謂情也

神氣之推測條理 謂理也.

통通

'통通'이란 소통한다는 뜻으로 여기서는 천天의 신기와 인人의 신기와 사물의 신기가 서로 소통한다는 뜻이다. 그러므로 통은 인식의 1단계이며 또한 최종 단계이다. 혜강은 1단계의 통인 감각 또는 지각의 경험이 없이는 인식이 불가능하다고 본다. 2단계로 유행流行의 천기天氣에 통해야 하며 최종적으로 안민安民의 실용적인 것으로 검증되어야만 완전한 소통이 이루어지는 것으로 보았다.

신기통神氣通/권1/체통體通/통천하일체通天下一體

무릇 하늘의 신기는 본래 천하를 일체로 삼지만,

사람의 신기는 스스로 체질의 모양에 국한되어 있어,

소통하지 못하면 다만 자기 몸에 있는 것만 알거나,

혹은 몸에 있는 것조차 알지 못한다.

만일 그 소통을 얻어 미루어 넓힌다면,

바로 천하를 일체로 삼아,

자기 몸의 신기로 하늘의 신기에 통달하여,

남거나 부족한 것을 깨닫지 못한다.

蓋天之神氣 本來以天下爲一體

人之神氣 自局於軀質之肯形

未得其通 則或只知有其身

或不知有其身.

如[14]得其通而推擴

則以天下爲一體

在身之神氣 通達于在天之神氣.

不覺其有餘不足也.

---

13) 淆(효)=亂也, 雜也.

14) 如(여)=連詞로서, 若, 則과 통한다. 만일… 한다면.

신기통神氣通/권1/체통體通/제규통기諸竅通氣

또한 신체의 구멍들이 천지에 통달함은

잠시도 막히거나 끊어진 일이 없었다.

근본으로 돌아가 본원을 회복하는 공부는 비교적 쉽지만,

본성을 거슬러 달아나는 것은 익히기가 진실로 어렵다.

又有諸竅之通達天地

未嘗須臾隔絶.

返本還源之功差易

拂性背馳之習誠難矣.

승순사무承順事務/86면/신기추측병위승순神氣推測幷爲承順

신기통은 승순 사무를 위한 소통의 법이다.

체감으로 통하고, 눈과 귀로 통하고,

입과 코로 통하고, 생명으로 통하고,

손과 발로 통하고, 두루 통하고, 변화로 통함이 있다.

이는 하늘에서 품부받은 몸 안의 신기로써

밖으로 만물을 운전하는 신기에 통하는 것이다.

이것이 곧 지각을 얻는 원천이다.

又有神氣通 爲承順事務之通法.

體通 目通 耳通

口通 鼻通 生通

手通 足通 周通 變通.

以在身神氣稟受於天者

通在外萬物陶均[15]之神氣

卽知覺所得之源.

신기통神氣通/권1/체통體通/통유상응通有相應

통하게 하는 것은 기氣의 힘이고,

통하려는 대상은 막히고 가려진 사물이다.

먼저 취할 것을 천지의 신기에서 본받아

내 몸의 신기에 범주를 세우고,

연후에 좌우로 취하여 근원과 말단에 적용함으로써,

안을 길러 밖을 통하고, 앞을 들어 뒤를 통하기에 이르면

어느 것이나 마땅하지 않는 곳이 없게 된다.

盖能通之者 氣之力也

所欲通者 障蔽之事物也.

先取則於天地之神氣

以立在身之神氣範圍

然後左右取 用有源有委

至於將內而通外 擧前而通後

無處不當.

신기통神氣通/권1/체통體通/지각우열종신기이생知覺優劣從神氣而生

지각은 신명의 경험에 따라 생기고,

운행은 기력의 나아감에 따라 이루어진다.

행위는 지각으로 인해 촉발되고,

지각은 행위로 인해 세워지는 것이니,

知覺從神明之閱歷而生

運行從氣力之進就而成.

行由知而發

知由行而立

---

15) 陶均(도균)=질그릇 만드는 돌림대.

이 모두는 신기의 작용에서 벗어나지 않는다.	總不外乎神氣之須[16]用也.
신기가 감각 기관과 촉감에 통한 것을 따라	從神氣之通於諸竅諸觸
인정과 물리를 거두어 모으고,	而收聚人情物理
하나둘 우열을 비교하고,	一事二事比較優劣
두 번 세 번 성패를 시험하면,	再度三度試驗成敗
신기의 밝은 지혜가 점점 열리고 안에 습염된다.	神氣之明知漸開. 而習染于內者.
다만 이렇게 하면 우수하고 이렇게 하면 용렬하며,	只有 如是則優 如是則劣
이렇게 하면 선하고 이렇게 하면 악하며,	如是則善 如是則惡
이렇게 하면 이롭고 이렇게 하면 해로우며,	如是則利 如是則害
이렇게 하면 어렵고 이렇게 하면 쉽다는 것이 있을 뿐,	如是則難 如是則易
이외에 다시 다른 것은 터럭 하나라도 쌓이고 얽힌 것이 없다.	更無他一毫積累.[17]

추측

혜강은 동양의 근대적인 인식론을 최초로 정립했다. 그가 34세에 지은 『추측록』 여섯 권은 1권 『추측제강推測提綱[18]』, 2권 『추기측리推氣測理[19]』, 3권 『추정측성推情測性[20]』, 4권 『추동측정推動測靜[21]』, 5권 『추기측인推己測人[22]』, 6권 『추물측사推物測事[23]』로 구성 분류하고 있다. 그는 『추측록』 서문에서 추推는 성性을 따라 익히는 것이요, 측測은 추를 따라 마땅함을 헤아리는 것이라고 말한다.

원래 유가들은 『대학』의 격물格物 치지致知, 『중용』의 존덕성存德性 도문학道問學 등 수양론과 공부론, 학문론과 지식론은 말했지만 인식론은 말하지 않았다. 그런데 조선의 퇴계와 고봉 간의 '격물 논쟁'으로 인식론이 논의되었고, 청 대의 기철학에서는 경험론적 인식론이 주류를 이루었으나 이들 모두가 기존의 수양론인 '격물치지格物致知'의 개념 틀을 벗어나지 못했다. 그런 점에서 '신기통神氣通'과 '추측록推測錄'은 유물론적 인식론을 정립했다는 점에서 획기적인 발명이라 할 수

16) 須(수)=需也, 資也, 用也.
17) 이 글은 선험론을 전면 부정하는 내용이다.
18) 추측을 일으키는 벼리.
19) 氣를 미루어 理를 헤아림.
20) 情을 미루어 性을 헤아림.
21) 動을 미루어 靜을 헤아림
22) 자기를 미루어 남을 헤아림.
23) 物을 미루어 事를 헤아림.

있다.

　또한 혜강의 인식론에서 주목할 것은 인식의 기관이 심心에서 뇌腦로 바뀌었다는 점이다. 이것
은 존재 판단과 당위 판단, 순수 이성과 실천 이성을 분리한 것으로 볼 수 있다. 다만 그는 뇌의
이성을 중시한 나머지 심의 감성이나 직관 등 주관을 소거해버린다는 비판을 받는다.

추측록推測錄/권1/서序

하늘을 계승하여 이루는 것이 성性이요,	繼[24]天而成之爲性
성을 따라 익히는 것이 추推요,	率性而習之爲推
추를 따라 마땅함을 헤아리는 것이 측測이다.	因推而量宜爲測.
추측의 문門은	推測之門
예로부터 만민이 다 함께 좇는 대도다.	自古蒸民所共由之大道也.

신기천험身機踐驗/권1/17면/뇌위일신지주腦爲一身之主

소리, 냄새, 맛과 여러 촉각은	聲色臭味諸觸
일 차 이 차에서 삼 차 사 차에 걸쳐 뇌에 이르면	自初次再次 至於三四次 達於腦
뇌를 적시어 깊이 새겨지고,	漬於腦轉[25]深
일 차 뇌에 도달한 시각 내용을	以初次達腦之見
재차 뇌에 도달한 시각 내용과 비교하고,	較再次達腦之見
또 뇌에 도달한 청각의 내용을,	又以達腦所聞
뇌에 전달된 시각의 내용으로 증험하여 추측이 생겨난다.	驗達腦所見 推測生焉.

기학氣學/권2/2면

운화는 천인의 운행이요,	運化者 天人之行[26]也
추측은 인간의 앎이다.	推測者 人之知也.
천인 운화의 기氣를 따르지 않으면	不由天人運化之氣
장차 무엇으로 추측하겠는가?	將何以推測也.

---

24) 繼(계)=續也. 償也.
25) 轉(전)=傳送也.
26) 行(행)=通也. 道也.

추측록推測錄/권1/추측제강推測提綱/동작물추측動作物推測

모든 동물은	一切動作之物
환경과 학습에 따라 추측이 생긴다.	皆因所處所習 而推測生焉.
굴에 사는 놈은 비 올 것을 알고,	穴居者知雨
둥지에 사는 놈은 바람이 불 것을 알며,	巢居者知風
개는 늘 보던 사람에게는 짖지 않고,	狗不吠常見人
말은 늘 꼴을 주는 자를 알아본다.	馬能識常飼者.

기학氣學/권1/13면

(마음의) 추측의 이理가 (천기의) 운화의 이理와 합치되면,	推測之理 合於運化之理
말하는 것이 합당하고 선할 것이며,	所云得也善也.
합치되지 않으면	不合於運化之理
말하는 것이 그르며 불선할 것이다.	所云失也不善也.

그가 발명한 통通과 추측推測은 무엇인가? '통'이란 우주 만물이 똑같이 신기神氣의 조화이므로 상통한다는 것이며, 상통하므로 지각知覺이 가능하다는 것이다. 즉, 지각의 근원이 신기의 통함이다. 추측이란 사람의 뇌가 '지각한 것을 미루어, 지각하지 않은 것을 헤아린다'는 뜻이다. 추推도 측測도 모두 지知요, 탁度이지만, 추는 '미루어 안다'는 뜻이 강하고, 측은 계량하여 비교한다는 뜻이 강하다.

추측록推測錄/권1/추측제강推測提綱/성학급문자추측聖學及文字推測

『논어』의 충서는 추推이며, 묵식은 측側이다.	論語之忠恕推也 默識測也.
『대학』의 격물치지와 혈구는	大學之格物致知絜矩
추와 측을 아울러 말한 것이니,	幷言推測也
하나같이 헤아린다는 뜻임을 알 수 있다.	可見其義之一揆²⁷⁾也.
사부의 모든 도서의 문의와 관련된 글에서	四部諸書²⁸⁾ 文義連絡處
단지 글자의 뜻을 총괄해보면,	只以字義括之
인因, 이以, 유由, 수遂 등의 글자는 추의 뜻이요,	因字以字由字遂字 乃推之義也.

---

27) 揆(규)=商量也.

28) 諸書(제서)=모든 도서. 經, 史, 子, 集.

양量, 탁度, 지知, 이理 등의 글자는 측의 뜻이다.

그 이외에 의擬, 유類, 방倣, 사似 등의

추측에 관련된 글자를 일일이 거론하면 한이 없을 것이다.

量字度字知字理字 是測之義也.

其餘擬類倣似之字

不暇推擧.

승순사무承順事務/86면/신기추측병위승순神氣推測并爲承順

사물을 추측(미루어 헤아림)한다는 것은

천기를 받들어 承順 일을 행하고(行事)

업무를 이루는(成務) 단계다.

추推는 기왕의 사물에 대한 견문을 미루어 아는 것이요,

측側은 장차의 사물에 대한 조처와 실천을 헤아리는 것이다.

이처럼 인식을 쌓아가고 기르고 보존하여

이것과 저것을 통하고 알게 되면,

자연히 예와 지금이 이어지고 앞뒤에 간격이 없으리니,

하늘의 기氣를 받들어(承) 하민의 사업을 따르면(順)

어찌 상하가 멀어지겠는가?

저절로 상하 일체의 이용利用을 이룰 것이다.

推測事物

爲承順事務

之階級.

推已往之見聞事物

測方來之措行事物.

積累存養

通達彼此

自然古今相接 前後無隔

承帝上之氣 順下民之事

豈有上下之遠.

自成一體之用[29].

추측록推測錄/권1/추측제강推測提綱/추우측종測隅測終

한 모퉁이를 들어 세 모퉁이를 돌아본다면,

남이 지시한 것을 기다리지 않고도

비롯됨을 물어 끝남을 알 것이니,

어찌 거북점과 산대로 물어 추측하는 것이 어리석지 않겠는가?

擧一隅而三隅反

不待人之指示

問其始而知其終

何庸問于龜筮推.

운화

운화라는 개념은 『명남루수록』을 시작으로 『기학』, 『인정』, 『운화측험』 등 후기 저작에서 사용되었다. 종래 성리학에서 주리론자들은 이선理先 이동理動을 주장했고, 주기론자들은 기선氣先 기동氣動을 주장했으나, 청 대의 왕부지王夫之, 1619~1692, 대진戴震, 1724~1777 등 유물론적 기철학자들이 '원기불멸元氣不滅', '기화일신氣化日新'이라는 기일원론적 개념으로 발전시켰으며, 이것

---

29) 用(용)=利用, 通也.

을 혜강은 '운화運化'라는 새로운 개념으로 근대화한 것이다. 성리학에서는 주리론, 주기론을 막론하고 기氣의 '유행流行'을 말해왔으며 그 영향으로 우리는 일상으로 기氣를 '기운氣運'이라고 말해왔다. 이에 혜강은 운運(운동)을 강조하고 그 운의 공용功用인 화化(造化)를 붙여 '운화'라고 말함으로써 이것들을 종합하고 나아가 성리학과 차별화하고자 했다.

원래 '기氣'라는 글자는 '숨소리'라는 뜻이었다. 숨소리는 사람이 살아 있다는 생명의 징표다. 그것이 발전하여 산 위의 구름과 서늘한 기운은 산의 숨소리요, 들의 안개와 무지개는 들의 숨소리로 생각하게 되었고, 하늘의 별에게도 생명이 있는 것으로 상상함으로써 기는 '우주 생명의 숨소리'로 개념화된 것이다. 그리고 더 나아가 타버린 재와 돌과 흙에도 생명의 기운이 정靜의 형태로 잔존한다고 생각했다.

이러한 전통적인 기氣 개념은 바로 우주 유기체론의 핵심어인 것이다. 그런데 혜강은 지구가 자전과 공전을 하고 우주가 운행하고 있음을 알고 이것이 동양의 우주 유기체론을 증험한다고 믿었다. 즉, 우리 몸이라는 생명체에 붙어 있는 생명의 찌꺼기인 비듬처럼, 생명이 식은 돌과 흙도 우주 안에서 지구라는 생명체의 비듬처럼 지구의 일부로 운동하고 있음을 발견한다. 그리고 그 운동이 우주의 생명을 낳고 잠자게 한다는 것을 깨달은 것이다. '운화'라는 말은 이러한 의미를 모두 포괄하는 개념이다.

다시 말하면 '운運'이란 운동運動을 뜻하고, '화化'란 조화造化를 뜻하므로, '운화'라는 개념은 기氣가 우주에 충만하고 끊임없이 유행하며 만물을 창조한다는 뜻이다. 이처럼 운화는 '살아 움직인다'는 '활동活動'과 비슷한 말이나 그보다도 더 거시적이고 우주적인 함의가 있다. 즉 주체에 해당되는 일신一身 운화는 사회社會에 해당되는 통민通民 운화에 포섭되고, 다시 천지天地 운화에 포섭됨으로써 인간과 사회는 우주 질서의 일환이 된다.

곁들여서 이로써 화이론華夷論은 발붙일 곳이 없어지고 성리학의 사해일가론四海一家論과 흡사해진다. 그러나 성리학은 주체 안으로 천지를 내재화하지만 기학에서는 천지 속에 주체를 흡수해버린다. 그러므로 이것은 주체성의 상실이 초래된다는 비판을 면할 수 없다. 그가 만국어萬國語를 말하는 것도 이러한 개인과 민족의 주체성 상실의 표현이라고 볼 수 있다.[30]

기학氣學/권2/5~6면

활活 속에 동動하는 운화가 있고, 동 속에 활하는 운화가 있다.	活中有動運化 動中有活運化.
운運 속에 활동의 화化가 있고, 화 속에 활동하는 운이 있다.	運中有活動化 化中有活動運.
살아 있으므로 동할 수 있고, 동하므로 운행할 수 있다.	活故能動 動故能運.

---

30) 『神氣通』 권1 四海文字變通 참조.

운행하므로 조화造化할 수 있고, 조화하므로 활活(삶)이 있다.　　　　運故能化 化故能活.

기학氣學/권2/6면

활동 운화는 기학의 종지다.　　　　活動運化 氣學之宗旨.

우주를 가득 채운 기氣에 대해,　　　　充塞宇宙之氣

사람들이 활동 운화의 물건이 아니라고 말한다면　　　　天下人謂 非活動運化之物

기학은 거짓말이 될 것이다.　　　　則氣學爲妄言.

인간과 사물의 기에 대해,　　　　人物之氣

사람들이 활동 운화의 물건이 아니라고 말한다면,　　　　天下人謂 非活動運化之物

기학은 빈말이 될 것이다.　　　　則氣學爲虛言.

한 몸의 마음에 대해,　　　　一身之心

사람들이 활동 운화의 물건이 아니라고 말한다면,　　　　天下人謂 非活動運化之物

기학은 무용지물이 될 것이다.　　　　則氣學爲無用矣.

기학氣學/권2/21면

화化 자를 훈고하면 만물이 나고 죽는 것을 화라 했고,　　　　化字訓詁[31] 萬物生息曰化

덕으로 민民을 교화하는 것도 역시 화라 했다.　　　　以德化民 曰化.

화의 의미는 운運이 굴러감에 따라 수시로 조화造化하며,　　　　化之義 從其運轉 而隨時有化.

일시의 조화가 아니라 그침이 없다는 뜻이다.　　　　非一時化之而止之也.

기학氣學/권2/22면

운運은 끊임없이 돌고 돌아 두루 막힘이 없다는 뜻이다.　　　　運有旋轉不息 周遍無碍之義.

대기의 운동은 생명 활동의 성질로 말미암아,　　　　大氣之運 由於活動之性

쉬지 않고 유행하는 사이 스스로 큰 힘이 생겨난다.　　　　而旋轉不息之間 自生大力.

해는 비록 작지만 그처럼 힘을 내는데,　　　　飛輪[32]雖小 猶生其力

황차 대기의 운동은 어떠하겠는가?　　　　況大氣之運乎.

---

31) 詁(고)=註也.

32) 飛輪(비륜)=해의 별칭.

승순 사무

『승순사무』는 혜강이 66세에 지은 책의 제목이기도 하지만 그 이전부터 사용했던 개념이다. 승순承順은 승천기承天氣 순인정順人情의 준말로 천인天人 운화를 받들고 따른다는 뜻이다. 다시 말하면 천기天氣에 순응하여 천도天道를 받드는 일과 인정人情에 따라 인도人道에 순응하는 것을 말한다. 이 것은 뭇 별들이 서로 받들고 따르며 조화롭게 운행하는 우주 질서가 인간의 질서와 같은 것이라 는 깨달음에서 연유된 것이다. 그러므로 승순 사무는 세계 공통의 진리라고 주장한다.

사무事務는 행사성무行事成務의 준말로 승순함으로써 일을 실행하여, 각각의 직무를 이루는 것을 말한다. 이는 대기의 순환 변화로 계절과 주야를 틀림없이 이루는 것에서 깨달은 것이다. 다만 혜강의 승순은 보편성을 중시함으로써 개별성과 주체성이 소외될 수 있다는 비판을 받을 수 있다.

승순사무承順事務 /87면/신기추측병위승순神氣推測幷爲承順

밖의 사물에서 얻은 지각을 이용하여	爰[33]以得於外之事物知覺
안의 신기를 보존하고 기르며,	存養於內神氣[34]
이로써 사물을 추측하고 이를 무한히 단련함으로써	推測事物 無限鍛鍊
일을 행함에 밖의 사물에 발현 적용하며,	臨行事 而發用於在外事物
항상 천기를 받들고 인정을 따랐는가를 감찰하여,	常照察于承順
의문점이 있으면 본바탕으로 나아가고	有疑則就質
어긋남이 있으면 바로잡아야 한다.	有差則規正.
이것이 바로 체體와 용用이 완비한 승순이며,	是乃體用完備之承順
천天과 인人이 어긋나지 않는 승순이다.	天人無違之承順.

승순사무承順事務/86면/신기추측병위승순神氣推測幷爲承順

승순의 공부는 오직 추측에 달려 있으니,	承順工夫 惟在推測
상세한 것은 『추측록』에 기록되어 있다.	詳載推測錄.
추측을 이끄는 벼리로는	推測提[35]綱
기氣를 미루어 이理를 헤아리고, 동動을 미루어 정靜을 헤아리고,	推氣測理 推動測靜

---

33) 爰(원)=발어사. 於也 引也 換也.

34) 存養神氣는 『中庸』의 尊德性과는 다르다.

35) 提(제)=끌다. 제시하다.

정을 미루어 성性을 헤아리고, 나로 미루어 남을 헤아리고,
물物을 미루어 사事를 헤아린다.
이 모두가 승순의 요점이다.

승순사무承順事務/42면/중서통용기수도리中西通用氣數道理

천지 운화는 중국과 서양이 조금도 다름이 없으니,
중국과 서양의 인민이 승천承天 순인順人을 행함도
역시 다를 바 없다.
서양의 기수학(천문학과 수학)이 중국에 들어온 지도
이미 삼백여 년이 지났고,
기계와 실험도 다소 계몽 개발되었다.
수리가 밝아지면 기氣도 밝아지며,
기가 밝아지면 수數도 밝아진다.
기계를 발전시키려면 기(에너지)를 이용해야 하며,
기운을 이용하면 기계도 효과가 있다.

예로부터 전래되어온 중국의 천문 수리학설에 비교하면,
그들이 중국보다 상세한 까닭은
기계를 장려하고 기氣를 시험하여,
기와 형질을 나누는 가닥을 알아 이용할 수 있는 것은
기계의 변통에 달려 있다.
중국의 도리와 시비만을 거론한다면
중국의 법을 서양에 시행할 수 있으며,
그 도리를 그들의 정치와 교화의
대략적 범위로 삼을 수 있을 것이다.
역시 승천기承天氣 순인정順人情
행사行事 성무成務의 조례들은,
필경 중국과 서양이 서로의 좋은 법도를 취할 것이다.
물론 서양의 좋은 법이 중국에 시행되려면 가감이 있고,

推情測性 推己測人
推物測事.
皆是承順之要訣.

天地運化 無小異於中西
則中西民 隨行承順
亦無不同.
西方氣數之學 入於中國
已過三百餘年
器械驗試多少啓發.
數明而氣明
氣明而數明.
將³⁶⁾器而用氣
用氣而器驗.

比諸中國 自古流傳 氣數之說
其所詳於中國者
由於將器驗氣
得氣形質 分條致用
在器變通.
中國之但擧道理而是非者
中法之可行於西國者
道理爲政敎之
大略範圍.
亦承順
事務之條例也
畢竟中西相取善法.
西之善法行於中 而損益焉

---

36) 將(장)=養也.

중국의 좋은 법이 서양에 시행하려면 변통할 것이나,	中之善法行於西 而變通焉
이로써 세계의 승천承天 순인順人과	是爲統一 四海之承順
행사 성무가 통일될 것이다.	事務也.

명학에 대한 실학

혜강은 조선 실학의 철학적 토대를 공맹의 구학舊學으로부터 독립시켜 근대적인 신학新學으로 정립한 학자다. 일찍이 묵가와 노장은 공맹의 명분론名分論을 비판 경계한 바 있다. 기원전 5세기의 묵자는 이미 명名과 실實의 불일치를 폭로하고 명에 얽매이지 않는 무실務實을 강조했고, 노장은 명의 허구성을 폭로하는 무명론無名論을 주장한 바 있다. 그러나 유교는 완강하게 문자와 말씀과 경전을 숭배하는 귀명貴名주의에 매달렸다. 이런 풍토에서 혜강이 선험적 절대 지식이나 고루한 관념적 지식을 비판할 뿐만 아니라 나아가 무실의 철학적 기초를 제공한 것은 조선 지식인에게 혁명적인 것이었다. 또한 그의 신기神氣 추측推測은 사물에 적용하여 사용하기 위한 실천적 인식론이라는 점에서 마르크스의 실천적 인식론과 맥을 같이하고 있다 하겠다.

무실務實 또는 실사구시實事求是에 대해서는 명 말의 고증학이나 율곡, 이수광, 이익 등의 무실론務實論을 비롯하여 유형원, 홍대용, 박지원, 정약용 등 실학자들이 누누이 강조한 것이다. 이처럼 무명務名을 거부하고 무실을 강조한 근원을 올라가면 묵자의 명실론名實論과 삼표론三表論에서 찾아야 할 것이다. 이것은 또한 중세의 막을 내리게 한 이른바 '보편 논쟁'에서 개물個物만이 실재이고 신神 같은 보편 명사는 명목名目에 불과하다는 이른바 유명론唯名論에 맞닿아 있다고 말할 수도 있다.[37]

인정人政/**권13**/**교인문**敎人門/**무탈우명상**毋奪于名象

문자를 만들어 사물에 이름을 붙이는 일은 폐지할 수 없는 일이다.   造設文字 事物名目 所不可廢.

37) 唯名論 또는 名目論이란 플라톤 이래 철학의 주된 흐름인 實在論을 반대하는 反實在論을 총칭하는 말이다. 반실재론은 개별자만이 현실적인 존재이며, 보편적인 것은 이름뿐이라고 주장한다. 14세기 윌리엄 오컴과 피에르 아벨라르 등이 다시 唯名論을 부활시켜 13세기 토마스 아퀴나스의 實在論을 부인한다. 이것을 스콜라 철학의 '普遍論爭'이라 한다. 이 논쟁의 핵심은 普遍이 個物에 앞서서 존재하느냐? 아니면 보편은 個物의 뒤에서 인간이 만든 이름(唯名)에 지나지 않느냐의 논쟁이다. 이러한 唯名論은 베이컨의 확실한 인식은 경험과 관찰에 의해서만 얻어진다는 실험 과학주의에 영향을 받은 것으로, 중세의 신앙과 지식의 유대를 단절시킴으로써 스콜라 철학의 붕괴를 재촉했으며, 근세 초기의 영국 유물론의 선구가 되었다. 實在論은 정신적인 것이 근원적이라는 관념론과 물질이 일차적이라는 유물론으로 갈리며, 관념론은 서구의 合理主義의 뿌리가 되며 唯名論은 영국과 미국의 經驗主義의 모태가 된다.

그러나 만약 명名과 상商에 구속되어 어리석게 운화를 잊는다면,　　若泥着于名象 頓[38]忘運化

결국 성誠과 실實의 교학은 스스로 단절되고 말 것이다.　　乃自絶于誠實教學.

사람들이 명목을 만든 것은　　人所設之名目

사람과 사람의 소통을 위해 사물을 구별하기 위한 지시 기호일 뿐,　　但爲人與人 指別乎事物

실제 기질의 운행과 조화에는 상관없는 일이다.　　實無關於氣質之運化.

물이 습하고, 불이 건조한 것은,　　水之濕 火之燥

물과 불의 기질이며,　　在於水氣質火氣質

물과 불이라는 명칭에 달려 있는 것은 아니다.　　不在於水火之名.

만약 처음으로 명칭을 만들어 내려줄 때,　　自初錫名時

물을 화火 자로 쓰고, 조燥 자를 물에 관한 글자로 할 수 있었고,　　以水名火 燥在水矣

불을 수水 자로 쓰고, 습濕 자를 불에 관한 글자로 할 수도 있었다.　　以火名水 濕在火矣.

명칭은 바꿀 수 있지만 기질은 바꿀 수 없는 것이다.　　名可換而質不可換矣.

다른 명칭과 표상들도 다 이와 같지 않은 것이 없다.　　一切名象 莫不皆然.

그런데 후인들은 명칭과 표상에 마음을 빼앗겨,　　後人之奪於名象

명칭을 진실로 착각하여,　　以名象爲眞

습한 것을 수水 자에서 찾고, 건조한 것을 화火 자에서 찾으니,　　求濕於水字 求燥於火字

어찌 수水 자로 화재를 구하고,　　豈可以水字求火災

화火 자로 수해를 막을 수 있겠는가?　　以火字壓水災乎.

명칭과 표상의 학문이 사람의 이목을 가리고,　　名象學問 蔽人耳目

사람의 심지를 어지럽힌 지가 너무 오래고 심하다.　　渾人心志 愈久愈甚.

인정人政/권11/교인문敎人門/사무진학문事務眞學問

무릇 백 가지 행사行事 성무成務가 모두 진정 절실한 학문이다.　　凡百事務 皆是眞切學問.

행사 성무를 버리고 학문을 구하는 것은　　捨事務而求學問

허공에 매달린 학문일 뿐이다.　　乃懸空底學.

기학氣學/권1/16면

천하의 학문을 통틀어 시비를 논하고 우열을 정한다면,　　統天下學問 是非論定優劣

---

38) 頓(돈)=조아릴, (둔)=무딜.

천하의 민생에 실용되며   以天下民生所實用

사해의 정치가 반드시 따르며,   四海政治所必由

형체가 있어 잡을 수 있고, 사물에 조처하여 증험할 수 있다면,   有形可執 處物可驗

실학이라 할 것이다.   爲實學.

다만 무형의 귀신설과 무형의 이설理設은,   但無形鬼神之說 與無形理之說

이미 널리 전습되어 천하인의 이목을 물들였으나,   傳習已廣 染着於天下人之耳目

변통하거나 배척하는 이론이 최근 들어 점차 가열되고 있다. 變斥之論 從近漸熾.

그러나 특별히 후세를 기다리지 않아도 바로잡히게 될 것이다. 非特俟後世而得正

실로 이 두 학설은 증험할 수 없는 것으로 이루진 것이기 때문이다. 實由無證驗之所致.

인정人政/권9/교인문敎人門/학문조목學問條目

예로부터 교학을 말한 사람은 수없이 많으며,   自古言敎言學之人 不翅[39]萬千

그들이 각각 들고 나온 공부하는 긴요한 절목도 수없이 많다. 各擧工夫切要條目繁茂.

마음을 위주로 하는 학자가 열에 일고여덟이요,   主於心者 十之七八

사물을 위주로 하는 사람도 열에 한둘은 되지만,   主於物者 一二

마음과 사물을 겸하여 밝힌 자는 소수이고,   而心與物互明者少

천하의 마음과 사물을 통합한 자는 더욱 적으니,   統天下之心與物者尤少

자연히 스스로 구속되고 치우치고 막힌 자가 대부분이다.   自拘自束自偏滯多.

오직 이 신기 운화만이 사물과 나, 상上과 하下를 통달하여,   惟此神氣運化 通物我達上下

천변만화를 다 할 수 있는 범위에 들어갈 것이다.   千變萬化盡入範圍.

기학氣學/권1/48면

이 기氣를 잘못 인식하는 것은   錯認此氣

이목구비 등 감각 기관이 구습에 젖어 있어,   在於耳目口鼻染於舊習

유형한 것을 무형한 것으로 오해하고,   有形者認以無形

가득 차 있는 것을 허공이라 말하고,   滿者謂之虛空

평생 사용하면서도 그것이 진실임을 알지 못하고,   終身用之而不識其眞

심오하고 은밀한 것을 찾고자 심력을 낭비하기 때문이다.   探賾[40]索隱徒費心力.

---

39) 翅(시)=날개. 뿐만 아니라.

40) 賾(색)=심오한 도리.

이처럼 기로부터 벗어나는 것은 귀신을 숭상하고 믿기 때문이며, 違越此氣 在於崇信鬼神
또 욕심에 눈이 멀어 사세를 돌보지 않고, 又有熾欲 所使不顧事勢.
분수와 경계를 넘어 망령된 것을 지어내니, 犯分踰界 便作狂妄
이 모두가 신기 운화를 벗어난 것이다. 皆是化外也.

새로운 인식 방법

공자는 불혹不惑을 지나 지천명知天命과 이순耳順을 거쳐 종심소욕從心所欲 불유구不踰矩의 경지에 도달했다고 말했다. 그러므로 공자학의 목표는 '불유규구不踰規矩'에 있다 하겠다. 여기서 공자가 말한 '규구規矩'는 주공의 『주례』다. 그리고 그 『주례』는 천명을 받은 성인이 만들었으므로 천리天理라고 믿은 것이다. 이것이 성리학에 이르면 그 천리가 인성人性에 내재해 있다고 보았으므로 그들의 목표는 성誠과 경敬으로 구방심求放心 [41], 존덕성尊德性 [42], 존천리存天理하여 천인합일天人合一의 경지를 이루는 것이다. 이처럼 불학佛學이나 성리학이나 모두 명심학明心學인 셈이다. 이에 비해 혜강은 견문見聞→ 추측推測을 거듭하여 심신心神의 신기神氣를 다 발양하는 체인體認 신측神測의 경지를 학문의 목표로 삼는다. 이를 인식론적으로 보면 중고의 학문은 연역적이며 선험론이었으나, 혜강의 학문은 귀납적이며 경험론적이라고 말할 수 있을 것이다.

신기통神氣通/권1/서序

감각 기관과 촉각 기관으로 하여금, 從諸竅諸觸
인정과 물리를 거두어들여 신기에 습염시키고, 而收聚人情物理 習染[43]於神氣
그것을 발용할 때는 마음속에 쌓인 인정과 물리를 及其發用 積中之人情物理
감각 기관과 촉각 기관을 따라 시행하는 것이니, 從諸竅諸觸而施行
곧 맹자가 말한 천형을 다하는 대도다. 卽踐形[44]之大道也.

아무리 감각과 촉각이 있어도 雖有此諸竅諸觸

---

41) 잃어버린 마음을 찾음.
42) 덕성을 따름.
43) 習染(습염)=익힌 대로 물들임. 조절하여 물들임. 예컨대 감각을 색깔별로 이미지화하여 인상을 찍어 넣는 관념화를 표현한 것. 習(습)=數飛也. 調節也.
44) 踐形(천형)=형체의 기능을 실천함.

신기의 기억과 경험이 없다면,

평생 자주 대하는 사물이라도

매양 처음 보는 사물과 다름이 없을 것이다.

또 아무리 감각 기관과 기억과 경험하는 신기가 있다 해도,

나와 사물을 참작하여 임기응변하는 변통이 없다면,

옛 사례에 얽매여 권도가 없다는 비난을

어찌 면할 수 있겠는가?

또 감각 기관과

신기의 수취와 발용에 흠결이 없을지라도,

작용과 실체가 없어

지각하여 증험할 수 없다면

그 간극을 건너기엔 순일하지 못할 것이다.

若無神氣之記繹經驗

平生屢聞數見之事物

皆是每每初聞見之事物也.

雖有此諸竅諸觸 及神氣記繹

若無參酌物我 臨機變通

泥古之款[45] 無權之譏

烏得免[46]也.

雖得諸竅諸觸

及神氣之收聚發用 無有欠缺

若或以無用無實

不可知不可驗者

涉[47]於其間 非純一也.

추측록推測錄/권1/추측제강推測提綱/관숙추측慣熟推測

관례처럼 익숙해져 추推를 잊어버린

연후에 신측神測이 생기고, 현상에 따라 즉시 측測이 되는

연후에 변화에 응할 수 있다.

일의 전후에 추를 모르는 자는

우매한 사람의 짓이다.

약간 지혜로운 사람이라면 처음에는 사후에야 추를 깨닫지만,

점차로 익히면 일에 임하는 즉시 추를 생각한다.

또 관례처럼 익숙해지면 추를 생각할 사이도 없이

측이 곧 마땅한 방향이 정해진다.

이미 추에 마음 쓰지 않아도 측이 넓고 여유로워지면,

가히 신측에 나아갈 수 있는 것이다.

慣熟而忘推

然後可生神測[48] 隨現而輒測

然後可以應變.

在事前後 都不識推

乃昏愚者事也.

稍有明慧者 在初則事過覺推

漸習則臨事思推.

至於慣熟 則不暇思推

而測便有方[49].

旣不用心於推 則測亦恢有餘裕

可進於神測矣.

---

45) 款(관)=조목, 기록.

46) 免(면)=면하다. 脫避也. (문)=통건을 쓰다.

47) 涉(섭)=渡水也, 歷也, 連屬也.

48) 神測(신측)=神氣의 헤아림.

49) 方(방)=倂也 宜也 方向.

신기통神氣通/권1/체통體通/체인사물體認事物

사물에 대한 체인은 오랜 수양을 기다려 배양되며,	事物體認[50] 須待年久就養
형체가 있는 것은	使有形體者
형체가 신기 속에 완전한 모습을 드러내고,	形體完然於神氣之中
기능이 있는 것은 그 기능이 신기 속에 밝혀지게 해야만,	有機會者 機會皎然於神氣之中
바야흐로 체인했다고 말할 수 있을 것이다.	方可謂體認也.
초목의 씨앗을 심고 알맞게 배양하는 것처럼,	如種草木之核實 隨宜培養
잊지도 말고 돕지도 말고 그 성장을 기다려,	勿忘勿助待其成長
뿌리와 줄기와 가지와 잎에 꽃이 피고 열매를 맺으면,	根株枝葉 以至花實榮香
역력히 수로 셀 수 있게 되어 드러나지 않을 수 없게 된다.	歷歷可數 無不呈露.
이것을 어찌 씨앗 때부터 목도할 수 있겠는가?	是豈種核時 所可盡睹哉.
이러한 체인을 얻지 못하고,	未得體認
오직 셈법에만 의존하여 익히는 자는	而只依數法肄[51]習者
변통이 없고 어둡고 망령되기 쉽다.	無變通而易昏妄.
체인을 얻은 사람은 변통이 있고 학문을 개발하며	得其體認者 有變通而開來學
인정을 통달하는 경지에 이른다.	至於人情之通達.
일과 기계를 잘 다루는 것도 역시 체인의 공부에 달려 있다.	事機之參酌[52] 亦係體認之功.
한 부분의 앎이 네 부분의 앎으로 나아가고,	一隅之認 須進於四隅之認
또 그것이 전체의 앎으로 나아간다.	四隅之認 須進於全體之認.
이처럼 전체는 조그만 앎에 의거함으로써,	全體依稀之認
완전한 모습의 앎으로 나아가야 한다.	須進於完形之認.
만약 체인의 숙달이 아니면	若非體認之熟
어찌 추측이 적중한 것을 알겠는가?	何以識推測之準的.

추측록推測錄/권2/추기측리推氣測理/논기변기論氣變氣

입으로 기氣를 논하지만 눈으로 보기는 어렵고,	口雖論氣 目覩此氣難
눈으로 기를 보지만 그 기를 체인하기는 어렵고,	目雖覩氣 體認此氣難
몸으로 기를 인지하지만	體雖認氣

---

50) 體認(체인)=몸으로 인지.
51) 肄(이)=익히다. 노력하다.
52) 參酌(참작)=서로 비교 참고하여 알맞은 방법을 찾다.

기의 소통을 변화시켜 이용하기는 어렵다.

그러므로 만약 기를 이용하려면 먼저 체인해야 하고,

기를 체인하고자 하면 먼저 보아야 하고,

기를 보고자 하면 먼저 연구하여 상세히 밝혀야 한다.

기氣를 논하고 이理를 설명하는 것은

옛 학설을 암송하는 것에 불과하다.

기를 눈으로 보고 이理를 설명한다면 조금은 따를 만한 방식이다.

기를 체인하고 이理를 설명한다면

말하거나 침묵하거나 모두 본받을 만하지만,

이기를 소통 변화면서 이理를 설명한다면,

현명하거나 우둔하거나 깨우칠 수 있을 것이다.

通變此氣難.

夫欲通變[53]此氣 先須體認

欲體認此氣 先須覩氣

欲覩此氣 先須講究詳明.

論氣而說理

則不過習誦舊傳耳.

覩氣而說理 則稍有可循之方耳.

體認氣而說理

則語默皆可爲法也

通變此氣而說理

則賢愚皆可諭.

---

53) 通變(통변)=적의하게 일을 처리함.

교학의 혁신

조선의 실학과 중국의 기철학적 경향들이 드디어 결실을 맺어, 19세기 초에 이르러 구학舊學인 공자와 성리학적 토대를 버리고 신학新學으로서 유물론적 기일원론으로 종합 완성된 것이 혜강 최한기의 기학氣學이라 할 것이다. 그는 조선의 개항을 앞두고 혼란과 위기에 처한 한말의 유학자로서 동양 사상을 중심으로 세계 철학을 종합하는 새로운 철학 체계를 수립한 조선의 마지막 철학자였다. 그의 철학은 형이상학과 인식론의 혁명에서 그치는 것이 아니라 통치학과 도덕학의 혁명으로까지 확장되었다.

인정人政/권9/교인문敎人門/활법사법活法死法

무릇 가르치고 배움에 있어 살고 죽은 법을 분별하지 못하면	凡施敎與受學 不分生死之法
무엇으로 그 정당함을 얻을 것인가?	何以得其宜也.
기왕의 언문은 모두 죽은 법이요,	已往之言文 皆死法也
고금과 미래의 운화야말로 모두 산 법이다.	古今與方來之運化 皆活法也.
교학의 본뜻이	敎學之本義
어찌 죽은 법의 언문만 알고 정체함에 있겠는가?	豈在知死法之言文而泥哉.
반드시 운화의 활법을 채용하여 사물에 적용해야 한다.	必欲擧運化之活法 用於事物.
이것을 밝혀 발언하면 활법의 말이 되고	明此而發言 爲活法之言
글을 지으면 활법의 글이 될 것이다.	著文爲活法之文.
사람 역시 갖추고 있는 활동하는 기氣로써	人亦具以活動之氣
남에게 배움을 받고 남에게 가르침을 베풀면	受學於人 施敎於人
바야흐로 사람들의 공감을 일으키고 감정을 움직일 수 있다.	方可起人之聽 亦可動人之感.
나아가 이로써	以至於
운화의 활기를 드러내어 밝히며,	見運化之活氣 明運化之活氣
운화의 활기를 기르고 이용하는 경지에 이르면	養運化之活氣 用運化之活氣
경상의 불변함과 변통의 무궁함이	經常之不易 變通之無窮
모두 이 활법으로 말미암아 나타나는 것이다.	皆由此活法而著顯也.
다만 죽은 법 중에서 굽은 것은 바로잡고 마땅한 것은 취하되	死法中矯揉當取

그 자의字義, 구법句法, 문장文章, 사연辭緣을
언어 전달의 자료로 삼는다.
만약 이것을 알지 못하고 단지 죽은 법으로 교학을 삼는다면,
무엇으로 활법을 알 수 있겠는가?

其字義句法文章辭緣
以爲言語傳達之資.
若不識此 但以死法爲敎學
何以見得活法.

인정人政/권9/교인문敎人門/원유기학元有氣學

기학으로 천하의 보고 들음을 크게 뒤흔들어,
이목을 새롭게 하고
천하의 학문을 통일하여 물든 습속을 씻어버려야 한다.

以氣學 掀撼[54]天下之聽視
以新耳目
一統天下之學問 以湔[55]習染.

기학氣學/권2/43면

그러나 예부터 오늘까지
대기의 활동 운화의 성질을 알지도 못하고,
억측과 의혹된 학설과 외도 방술의 말들이,
백성을 여러 가지로 병들게 하고,
사람을 해치는 일이 적지 않았다.
이는 모두 천天, 이理, 신神 등 측량하기
어려운 단서와,
성현 달인이 상황에 따라 지어낸 말을 근거로 삼아,
그 설을 부연하고 그 방술을 거리낌 없이 행한 탓이다.
그래서 기학을 일으켜 세상의 병폐를 고치고자 한다.
공자께서 성性과 천도天道를 말하지 않은 것과는 다르지만,
이 시대를 고려한다면 스스로 마땅한 바가 있을 것이다.

然自古及今
不識大氣活動運化之性
揣[56]摩疑惑之說 外道方術之言
病民多端
害人不鮮.
皆是引據於天字理字神字
難測之端
聖人賢人達人 隨機有爲之言
附演其說 肆行其術.
故倡起氣學 要[57]醫世病.
須異於夫子不言性與天道
以時考之自有攸宜.

인정人政/권11/교인문敎人門/고금통불통古今通不通

옛것을 널리 익혀 지금을 통하는 것은 문학의 일이니,
그 통함이란 다분히 옛것에서 이끌어낸 것이다.

博古而通今 文學之事
其通多牽於古.

---

54) 掀撼(흔감)=번쩍 들어 흔들다.
55) 湔(전)=빨다.
56) 揣摩(췌마)=臆測. 揣. (췌)=量也, 忖度也.
57) 要(요)=求也, 必也, 欲也.

지금을 통하여 옛것을 증험하는 것은 기학의 일이니,　　通今而證古 氣學之事

그 통함이란 다분히 지금에 달려 있다.　　其通多在於今.

조치하고 시행하려는 뜻으로 학문을 하는 자는,　　措行之義爲學

당연히 먼저 지금을 통한 이후에 옛것을 증험하려 할 것이며,　　勢[58]將先通今 而後證古

문사를 넓게 하기 위하여 학문을 하는 자는　　文辭之博爲學

자연히 먼저 옛것을 널리 익힌 이후에 지금을 통하려 할 것이다.　　自然先博古而後通今.

만약 고금을 취사선택의 문제로 논한다면,　　若以古今取捨論之

내가 바탕을 기르고 의뢰할 곳은 지금에 있지 옛것에 있지 않으며,　　我之所資育所依賴 在今不在古

내가 소용되고 운행할 곳은 지금에 있지 옛것에 있지 않으므로,　　所須用所運行 在於今不在古

차라리 옛것을 버릴지언정 지금을 버릴 수는 없다.　　寧可捨古 而不可捨今.

기학氣學/권1/46면

만약 상고의 성현이 근세의 백성을 다스린다면,　　若使上古賢聖 治近世之民

마땅히 근세 백성의 운화를 따라서 정사와 교화를 펼 것이며,　　當因近世民之運化 而施政敎

결코 상고 백성의 운화를 좇아 정교를 펴지는 않을 것이다.　　不因上古民之運化 而施政敎.

그러므로 윤리와 기강, 경상 평상의 사무를 조처하는 데는　　至於措處倫綱經常之事務

마땅히 근세 천인 운화의 기미를 좇아　　當因 近世天人運化之機會

시행해야 한다.　　而施行焉.

기학氣學/서序

중고의 학문은　　中古之學

다분히 무형의 이理와 신神을 종지로 삼아야만　　多宗無形之理 無形之神

높은 신분의 고상한 품격이라고 여겼으며,　　以爲上乘[59]高致

만약 유형의 물체와 검증 가능한 사실을 종지로 삼으면,　　若宗有形之物 有證之事

아랫것들의 바보스러운 품격이라고 말한다.　　以謂下乘庸品.

그 이후로부터는　　自玆以降

혹은 유형의 사물을　　或將有形之事物

무형의 신리에 비유하거나,　　而譬喩無形之神理

---

58) 勢(세)=당연히

59) 乘(승)=駕也.

혹은 무형의 신리를

유형의 사물에 억지로 부합시키거나,

혹은 무형에 치우치고 미혹되어 황당무계한 곳으로 빠지며,

혹은 유형에 매몰되어 사소한 것을 다투게 되었다.

대체로 그 까닭은 여기에 있으니,

기氣는 본래 현저한 것임에도 이를 드러내어 알지 못하고,

근본은 현저해도 추측하여 활용할 수 없었기 때문이다.

又或以無形之神理

而牽合有形之事物

或偏惑於無形 而入于荒誕

或埋沒於有形 而爭于微細.

蓋由於此

氣之本著 而未及見得

本顯而未能推用也.

기학氣學/권1/13면

주리학은 운화의 기氣가 아직 밝혀지지 않았을 때 일어났는데,

오로지 마음의 이理만 숭상하고,

이로써 천지의 선후와 만물의 시종을 궁구하려 한다.

그리고 그것을 무형한 이理라고 말한다.

그런즉 유형의 기에 부합되는지

징험되는지는 따지지 않고,

반대로 기를 이理로 오인하였다.

불학을 헐뜯지만 심학도 어찌 기를 참되게 알았겠는가?

主理之學 起於運化氣未著之時

專尙心理

以窮天地之先後 萬物之始終.

謂之理無形.

則畢竟與有形之氣

合不合驗不驗姑捨

反以認氣爲理.

譏訕[60]佛學 心學亦豈眞認氣也.

기학氣學/권2/9면

학문은 하나만 있는 것이 아니므로,

허무, 성실, 대소, 광협의 것을 모두 학문이라 말할 수 있다.

그러나 오직 천인 운화의 기학만이

천하 사람이 보고 들은 것에 부합한 것으로 이목을 삼고,

천하 사람의 증험을 통섭한 것으로 법례를 삼아서,

천하 사람들에게서 얻은 것을

천하 사람들에게 전하는 것이다.

이는 천하의 공통 학문이며, 한 사람의 독단적인 학문이 아니다.

蓋學非一端

虛無誠實 大小廣狹 皆可謂之學.

然惟天人運化之氣學

合天下人之聞見 以爲耳目

統天下人之驗試 以爲法例.

得之於天下之人

而傳之于天下之人.

是與天下共學 非一人之獨學.

---

60) 訕(산)=헐뜯다.

오직 기학만이 천기天氣와 인기人氣의 상도를	惟此氣學 天人氣之所常
지도하여 가르치고,	指導敎誨也
일용 사물의 상도를 강마하여 익히게 하니,	日用事物之所常 講磨肄[61]習也.
탐구하면 조리가 있고, 사물을 접촉함에 방도가 있으며,	究解條理 觸物有方
상황에 따라 조처하고, 운행을 기다려 마땅함이 있게 한다.	隨機措處 俟運有宜.
일월성신의 순환도 기氣가 아니면 실어 운행할 수 없고.	日星循環 非此氣無以載運.
천하의 물체들도 기가 아니면 교접하고 물 댈 수 없다.	上下成體 非此氣無以接注[62].
천하 사물의 이루고 부서지며 날카롭고 둔한 것도,	凡天下事物之成毀利鈍
기에서 탐구하지 않으면 어디에 묻고 질정할 것인가?	不究於氣 更向何所 而叩[63]質焉.
지구와 일월성신의 질료를 궁구한다 해도,	究之于地月日星之質
오히려 한 단계 미달된 학문이 될 터인데,	猶爲未達一間之學
하물며 기가 아닌	況求之于非氣之
허墟와 공空과 귀신에게 구하고,	虛空非氣之鬼神
사람들이 믿지 않을까 염려하여	恐人之不信則
화복 이해의 설說을 덧붙이는가?	添付禍福利害之說乎.

경학의 변통

성리학을 버리고 공자의 경학으로 돌아가려는 부흥 운동의 경향은 실학자들의 공통적인 특징이다. 특히 다산은 공자의 경학을 복원하려고 했으나 민주적으로 재해석했다. 혜강도 마찬가지로 자신의 교학을 '운화교運化敎'라 지칭했지만 공자의 경세치학을 버리지는 않는다. 다만 그는 다산과는 정반대 방향에서 경학을 재해석함으로써 이를 빌려 자신의 운화교의 정당성을 입증하려 했다. 다산은 유신론인데 반해 혜강은 무신론이며, 다산은 고증학적인데 반해 혜강은 경험 과학적이기 때문이다. 즉 그의 운화교는 성인의 경전 위에 대기 운화의 천경天經을 올려놓은 셈이다. 그는 옛것을 버릴지언정 새로운 것을 취하려 한다. 그러므로 기존 의리학의 모든 개념을 새로운 기학적 개념으로 재해석하고 그 가치를 재점검한다.

---

61) 肄(이)=익히다. 살피다.
62) 注(주)=灌也.
63) 叩(고)=묻다.

유가의 학술은 통민 운화의 도道다.

두루 인도를 밝히고 인의를 강론하며,

기강을 세우고 충절을 숭상하며,

청렴과 사양을 귀히 여기고 쟁탈을 피하며,

탐욕과 인색을 천하게 여기고 치욕을 멀리하며,

정교를 열어 교화 인도하고, 생령을 중히 여겨 상벌을 시행하며,

왕들의 단점은 덜고 장점은 보태어 보수와 개혁을 관통하니,

세상은 성쇠가 있었으나 이 도는 오랜 세월 존속했다.

뭇 생령을 통합하여 일통으로 귀일하게 하려면

유가의 학술이 아니고는 무엇으로 이루겠는가?

儒術乃統民運化之道也.

周明人道而講人義

立紀綱而尙忠節

貴廉讓而避爭奪

賤貪鄙而遠恥辱

開政敎之導化 重生靈之襃貶

百王損益 統貫沿[64]革

世或汙[65]隆而斯道長存.

統群生歸一統

非此術何以成哉.

기측체의氣測體義/서序

주공과 공자가 백세의 스승이 되는 까닭은

그들이 성인이라는 존칭에 있는 것도 아니고,

또한 용모나 위의나 신비한 꾸밈에 있지도 않다.

황차 거처와 동작이나 의복과 궁실에 있겠는가?

진실로 기강을 세우고 인륜을 밝히며,

몸을 닦고 나라를 다스리는 방도에 대하여,

고금을 참작하고 문물 제도를 덜고 보태어,

그 도道를 밝히고 그 의宜를 바로잡아 후세를 가르침으로써

하늘 사람(天人)으로서 항상 행해야 할 떳떳함을 준수한 데 있다.

周公孔子 所以爲百世師者

不在於周公孔子之尊號

又不在於容儀神彩.

況復在於居處動作衣服宮室乎.

亶[66]在於立綱明倫

修身治國之道

參酌乎古今 損益乎文質

明其道 正其宜 以詔後世

遵守天人常行之宜.

후인들이 주공과 공자를 스승으로 삼는 것은

마땅히 그들이 참작하고 덜고 보탠 것에 있거늘,

어찌 그 밖의 거처와 동작과 문체만을 배운단 말인가?

더구나 나라의 제도와 풍속은 고금의 마땅함이 다르고,

역산과 물리는 후세로 내려갈수록 더욱 밝아지는 것이다.

後之師周孔者

惟當師 其參酌損益之所在

豈惟師其所不在也.

至於國制風俗 古今異宜

歷算物理 後來益明.

821

제5부 유물론적 신학

---

64) 沿(연)=循也.

65) 汙(오)=瀸也, 下也.

66) 亶(단)=多穀也, 誠信也.

그런즉 주공과 공자의 대도를 배우려는 자는　　　　　則師周孔之通達大道者

그들의 유적을 고집스럽게 지키며　　　　　　　　將膠守周孔之遺蹟

변통하지 말아야 하는가?　　　　　　　　　　　而無所變通耶.

아니면 장차 주공과 공자의 통달을 취하여 본받되　　抑將法取周孔之通達

지킬 것은 지키고 변혁해야 할 것은 변혁해야 옳은가?　而有所沿革耶.

기학氣學/권1/53면

옛 성현이 경전에서 하신 말씀을　　　　　　　　　古聖賢經傳之語

어찌 감히 나의 습염된 의사로 취하거나 버리겠는가?　豈敢只將我習染意思 而取捨也.

다만 나의 감각 기관이 경험한 것을 기준으로 삼아　　考準於耳目所驗之

부합하면 감복하여 수행할 것이며,　　　　　　　　合則感服修行

부합하지 않으면 일단 보존하여 뒷날을 기다릴 것이다.　不合則存而俟後.

비천한 사람의 말이라도 부합하면 취하고,　　　　　至於蒭蕘[67]之言 合於斯則取之

천인 운화에 부합하지 않으면 버리는 것이다.　　　　不合於斯則捨之.

추측록推測錄/권6/추물측사推物測事/성경본어천경聖經本於天經

천天은 대덕을 가졌으나 말이 없고,　　　　　　　　天有大德而無言

대신 그 행사行事를 경經으로 삼고,　　　　　　　　以行與事爲經

인人은 성덕을 가진 자가 입언한 윤상을 경으로 삼는다.　人有聖德而立言 以倫常爲經.

무언의 대덕을 잘 형용한 것이 천도요,　　　　　　善形容其無言者 天道也

물리의 적절함을 드러낸 것이 인도다.　　　　　　　著物理之剴[68]切者 人道也.

천인의 경은 바로 변하지 않는 상경常經이다.　　　　天人之經 卽不易之常經也.

시속에 나아가서는 권선징악하고,　　　　　　　　至若就時俗而勸懲

일의 기미에서는 분별을 판단하여　　　　　　　　在事機而辨別

변화에 따르는 것이 상경이다.　　　　　　　　　乃隨變之常經也.

후세에 경을 읽는 사람은　　　　　　　　　　　後之讀經者

무언의 경을 미루어 입언의 경을 헤아리고,　　　　　推無言之經 以測立言之經

변하지 않는 경을 미루어 변화에 따르는 경을 헤아려야 한다.　推庸[69]常之經 以測隨變之經.

---

67) 蒭蕘(추요)=꼴과 땔감.

68) 剴(개)=磑와 통용. 알맞다

69) 庸(용)=常也.

가히 능함이 같지 않고

고금의 마땅함이 다름을 알 수 있다.

이처럼 '성경'은 '천경天經'에서 뽑아 해석한 문서이므로,

만약 뽑아 풀어쓴 글에 계고할 것이 없으면

모름지기 천경에 온전함을 고증해야 하며,

성경과 천경에 모두 보이되 일치하지 않는 것이 있으면,

이는 사람의 추측이 잘못된 것이다.

만약 사람의 추측에 잘못이 없다면

유일하고 온전한 천경에 어찌 계고함이 없겠는가?

인정人政/권22/용인문用人門/경술사정經術邪正

경經과 전傳은 치안의 발자취이고,

현준은 치안의 그릇이다.

옛 현준들이 경전을 주석하여

각자 소견에 따라 옳고 그름을 후세에 남겼다.

이른바 경술이 거짓에서 나온 것이라면 판별할 필요도 없으나,

성정에서 나온 것도 치우치고 정체된 것이 많다.

'천경'을 표준으로 삼아

'성경'의 미진함을 보충하고,

시의時宜가 다른 점은 그 내력을 조사하여 바꾸어야 한다.

만약 경술의 옳고 그름을 분별하지 않고

하나같이 모두 다 존숭한다면,

문벌의 학파 간에 세력의 강약에 따라 승부가 나고

쓰고 버리는 것이 결정될 것이다.

이로써 치우치고 정체되고 비루한 선비가 세상에 현달하게 되고,

진정하고 통달한 선비는 초야로 물러나 숨게 될 것이다.

可以知所得[70]之不同

古今之異宜.

聖經 亦自斯經中 抽釋成篇

則無所稽[71]於抽釋之篇者

須考證於天經之全部

或俱見于兩經 而有所不同者

人之推測差異也.

如使人之推測 無差誤

惟一全部 何往無稽哉.

經傳治安之陳蹟

賢俊治安之器用[72].

古昔賢俊注釋經傳

各從所見之 誠僞邪正以遺後世.

所謂經術 出於邪僞 不須辨別

出於誠正者 亦多偏滯.

以天經爲準

而聖經之有所未盡 補益之

有所異宜 沿[73]革之.

若無分於經術之誠僞邪正

一例渾稱

門戶之學 以勢力强弱 爲勝負

而用捨以定.

偏滯汚陋之士 多顯於世

眞正通達之儒 退藏於野.

823

제5부 유물론적 신학

---

70) 得(득)=能也.

71) 稽(계)=考也, 當也.

72) 用(용)=器也.

73) 沿(연)=緣水而下, 循也 .

신기통神氣通/권2目通/목통/견통서적見通書籍

만물 중에 사람이 가장 귀한 것은	萬物之中 惟人最貴
오륜 삼강 때문만이 아니라,	非特有倫綱而已
역시 서적을 만들 수 있는 능력 때문이기도 하다.	亦出於書籍之功效也.
창고에 쌓인 수십만 권의 책을 통계해보면,	統計四庫書籍數十萬卷
실實을 숭상하는 책은 절반이 못 되고	尙實者未半
허虛를 종지로 삼는 책이 과반이니,	宗虛者過半.
이미 그 삼분의 이는 제거되어야 한다.	則已除其三分之二矣.
나머지 삼분의 일도 고금의 마땅함이 달라	就其一分 又除其古今異宜
현실과 맞지 않으니,	而不合于今者
제거할 것이 또 삼분의 이가 된다.	則又爲三分之二矣.
또 나머지 삼분의 일이 고인의 저술인지라,	又就其一分 而古人著述之
얕고 깊음, 치우치고 두루함을 살펴 취사선택해야 한다.	淺深周偏 參互取捨.
볼만한 것은 보존하고, 그렇지 않은 것을 제거하면	存其得見 而除其不得見
또 삼분의 이가 버려진다.	則又爲三分之二矣.
나머지 볼만한 서적에 대해 해석하고 연구한다면,	就其可得見之書籍 抽[74]繹[75]研究
천하만사를 두 눈으로 통달할 수 있고,	則天下萬事 可將雙眸而得通
천고 성인을 두 눈으로 대면할 수 있을 것이다.	千古聖賢 可將雙眸而求對.

신기통神氣通/권1體通/체통/천하교법취천인이질정天下教法就天人而質正

유도 중에서는 윤리, 강상, 인의를 취하고,	儒道中 取倫綱仁義
귀신 길흉화복에 관한 것은 골라내야 한다.	辨鬼神災祥.
서양 법도 중에는 달력, 산수, 기학은 취하고,	西法中 取曆算氣說
괴담과 화복설은 버려야 한다.	祛愧誕禍福.
불교 중에서는 허虛와 무無를 실實과 유有로 바꾸고,	佛敎中 以虛無換作實有
삼교를 화합하여 하나로 하되 옛것을 따라 새롭게 개혁하면,	和三歸一 沿舊革新
진실로 온 천하에 통용될 수 있는 가르침이 될 것이다.	亶爲通天下可行之敎.
그 나머지도 복식과 기용은 각자의 땅에서 나온 것이 적의하고,	其餘服飾器用 出自土宜

---

74) 抽(추)=뽑다.

75) 繹(역)=解也.

언어와 예절, 제도와 문식은 하나로 통일함이 불가하다.　　　　言語禮節 乃制度文飾 不可歸一.

인정人政/권8/교인문敎人門/인도人道

만약 먼저 흉중에 깨달음이 없이　　　　若無先見得於胸中

단지 옛 문적만으로 오륜과 정교를 말한다면,　　　　只將古文蹟 而談五倫說政敎

비록 기억과 암송을 잘하더라도 시종이 더욱 어리벙벙할 것이니,　　　　雖善記誦 終始悠泛[76]

어찌 처음 창시한 사람이　　　　何以見創起之人

아무것도 없는 가운데서 형체와 담론을 이끌었으며　　　　從無中 而提出形言

또 추후 그것을 밝힌 사람들이　　　　追明之人

그 미비점을 바로잡아 상세히 거론한 것을 알 수 있겠는가?　　　　嬌不備 而枚擧[77]詳細哉.

사람이 사려가 두루 넓어져 인도의 대체를 알게 된다면,　　　　人之思慮周遍 見得人道大體

비록 옛사람에게 없었던 것이라도 새로운 뜻을 일으킬 수 있는데,　　　　雖古人之所未有 可以義起

하물며 옛사람이 이미 헌장을 이루어놓았으니　　　　況古人之已有成憲

어찌 그것을 변통하여 사용할 수 없겠는가?　　　　豈無變通須用.

인정人政/권20/용인문用人門/경술용불용經術用不用

경전은 자신을 수양하여 세상을 다스린 경험적인 처방이다.　　　　經典 乃修己治世之經驗方也.

경전을 높이는 것은 오직 인민의 치안을 위한 것이어야 한다.　　　　尊尙經術 惟爲治安人民.

그러나 그것이 시행된 지 오래된 것이라면 폐단이 없을 수 없다.　　　　而行之已久 不無其弊.

그러므로 경술로써 사람을 채용하려면, 치안을 표준으로 삼아,　　　　以經術用人者 以治安爲準

후인들이 경술을 쓸 것인가 아닌가를 가려야 한다.　　　　擇後人經術可用與不可用.

간단하면서도 심오한 경전의 취지를 자신의 말로 부연 설명하고,　　　　簡奧經旨 以己言附演

천칙과 치안을 규명한 것이라면 써도 좋을 것이다.　　　　究明天則治安 可用也.

도리어 백성에 해를 끼치는 것이라면 써서는 안 될 것이다.　　　　反貽[78]生民戕害 不可用也.

성리학의 혁파

혜강은 의리학의 변통 이외에는 구학舊學을 일소해야 한다고 생각했다. 구학

---

76) 泛(범)=泛論也.

77) 擧(거)=揚也. 言也.

78) 貽(이)=끼치다.

중에서도 성리학은 기학氣學에 정면으로 위배된다. 그는 학문의 강목을 한 글자로 표현하면 '기氣'라고 말한다. 서론에서 언급한 대로 혜강의 기학은 유물론적인 인식론으로 출발하지만, 천기天氣의 운화와 인정人情을 받들고 따르며(承順) 치정 안민(治安)을 도모하는 기철학적 도덕 철학으로 발전하고, 더 나아가 일을 실행하고(行事) 업무를 성취(成務)하는 이른바 실천 학문로 발전되었다.

인정人政/권9/교인문敎人門/제패오곡稊稗五穀

운화를 모르면서 화두에 매달리는 것을 공경한 삶으로 생각하고,	不識運化 而操持念頭 以爲居敬
고문을 토론하는 것을 궁리라고 생각한다.	討論古文 以爲窮理.
이는 곡식이 아니고 돌피를 기르는 것이다.	是養稊稗[79]者也.
운화는 알지만, 섬기고 길러 사람에게 교화를 끼치지 못하면,	旣識運化 而不事充養 化及於人
이는 오곡이 익지 않은 쭉정이다.	是五穀不熟者也.

기학氣學/권1/28면

옛 성인은 인정과 일의 추세를 절실하고 가깝게 이용하는 것과	古聖人 以人情事勢 切近須用
지아비 지어미도 쉽게 알고 행하는 것을 교학으로 설정하고,	愚夫愚婦 易知易行者 設敎立學
관할 백성을 다스림이 지극하였다.	致理關轄之民.
당시는 비록 기화에 대한 학설이 없었지만,	當時雖無氣化之說
따르고 실천한 것은 순전히 기화의 일이었다.	所遵行純是氣化之事.
후대의 학술은 연구는 깊었으나 애매한 것을 탐구했으며,	後之學術 究之深 而探晦昧
그것을 새로움이라고 좋아했으나 허황한 데 빠지고 말았다.	喜其新而涉虛荒.
이에 부득불 적실하고 사실에 근거하며,	不得不擧其的實可據
의혹됨과 중단됨이 없는 기화의 도리를 내세워	無疑無虓[80]之氣化道理
반드시 천하의 뜻을 안정하고	要天下民志定
일용에 도움 되는 법도로 대동시키는 것이 요구되었고,	俾[81]日用軌轍同
중간에 방애되는 학문은	中間妨碍之學
전철의 경계로 삼을 수밖에 없다.	未嘗不前車之戒.

---

79) 稊稗(제패)=돌피와 피.

80) 虓(귀)=倦也.

81) 俾(비)=益也, 使也, 從也.

기학氣學/권1/32면

천만 가지 조화는 모두 유형의 대기가 하는 일이다.	萬千造化 皆是有形大氣所爲.
그런데 혹자는 이를 무형의 신神과 이理에서 찾고 있으나	而或求之于無形之神理
이는 대기 운화가 아니므로 잘못된 인식의 첫 번째다.	非大氣之運化 錯認一也.
혹자는 이 조화를 허령한 심기에서 찾고 있으나,	或求之于心氣虛靈
이는 대기 운화가 아니므로 인식의 두 번째 잘못이다.	非大氣之運化 錯認二也.
혹자는 이 조화를 문헌과 언행에서 찾고 있으나,	或求之于載籍言行
이는 대기 운화가 아니므로 인식의 세 번째 잘못이다.	非大氣之運化 錯認三也.
혹자는 이 조화를 방술에 억지로 맞추는데,	或求之于附會方術
이는 대기 운화가 아니므로 인식의 네 번째 잘못이다.	非大氣之運化 錯認四也.

기학氣學/권1/45면

고인의 책을 읽을 때는 모름지기 천인 기화를 표준으로	讀古人書 須將天人氣化準
시비와 우열을 헤아려야 한다.	測是非優劣.
무형의 신神에 대해서는 유형의 신으로 구명하여,	無形之神 以有形之神究之
유형한 것을 얻으면 취하고,	得其有形者取之
끝내 얻지 못하면 버린다.	從不得其有形者捨之.
무형의 이理에 대해서도 유형의 이理로 구명하여,	無形之理 以有形之理究之
유형한 것을 얻으면 취하고,	得其有形者取之
끝내 못 얻으면 버린다.	從不得其有形者捨之.
황당하고 괴상한 것은 진실과 실행으로 구명하여,	荒怪虛誕 以眞實措行究之
한 구석이라도 합치되는 것이 있으면 취하고,	有一隅之合則取之
끝내 조그만 부합도 없으면 버린다.	從不得其小合則捨之.

인정人政/권8/교인문教人門/고금언천언기古今言天言氣

주렴계는 "성인은 하느님을 우러러 본다"고 말했고,	周子曰 聖希[82]天
정자는 "성인의 학문은 하늘을 근본으로 한다"고 말했다.	程子曰 聖學本天.
고인은 기氣를 정확하게 알지 못했으므로	古者見氣未的
기라고 말하지 않고 천天이라 말했으나,	不言氣而惟言天

---

[82] 希(희)=仰也. 望也.

하늘이 하늘 된 까닭은 충만한 기로써,   天之所以爲天 由於充滿之氣

해와 별을 지탱해주고, 지구를 돌게 하며,   撐拄日月 轉鐶地球

사람과 만물을 창조하고 길러주는 데 있다.   造化人物 常所滋養.

만일 기氣를 버리고 다만 하늘을 궁구한다면,   若捨是氣 惟究於天

대체로 일월의 운행과 사물의 조화를 볼 수 있을 뿐,   大可見者 日月運行 物類造化而已

이미 충만한 힘의 국량과 교접하여 넣어주는 진액을 보지 못하니,   旣不見充滿力量 接注眞液

어찌 친숙한 신공神功이   何以知親切神功

오직 활동 운화하는 기인 것을 알겠는가?   惟是活動運化之氣也.

기학氣學/권1/18면

하늘을 공경하는 것은   敬天者

성실한 마음으로 기氣 운화를 어기지 않는 것이요.   誠心無違於此氣運化

하늘을 두려워하는 것은   畏天者

혹시 기 운화를 어기지 않을까 염려한 것이요.   或恐有違於此氣運化

하늘을 섬기는 것은 이 기 운화를 받들어 모신 것이요.   事天者 承奉此氣之運化

하늘을 따르는 것은 기 운화를 은혜롭게 이끌어나간 것이다.   順天者 惠迪[83]此氣之運化.

우주의 바른 가르침은 모두 이러한 도道를 좇는다.   宇宙政敎 率由此道.

기학氣學/권1/49면

천자가 하늘에 세사를 지내는 예禮는,   天子祀天之禮

만백성을 위하여 하늘의 은혜에 보답하고 사례하는 행사이니,   爲萬姓行報謝

역시 통민統民의 기화에서 나온 것이며,   亦出於統民之氣化.

제후가 경내의 산천에 제사하는 것도,   侯王之祭境內山川

역시 통민의 기화에서 나온 것이다.   亦出於統其民之氣化.

이처럼 선왕이 예를 제정한 것은 기화의 인정에서 나온 것일 뿐,   先王之制禮由於氣化人情

복을 구하기 위해 만든 것이 아니다.   非爲求福而設也.

한 변방의 비루한 습속은 오로지 복을 구하고,   一邊汚陋之習 專爲求福

신을 더럽히는 거짓된 제사로 벼리를 흐리게 하여,   瀆神淫祠 罔有紀極

말류의 폐단으로 점차 사리사욕을 추구하는 데로 나가니,   末流之弊 漸趨於自私自利.

---

83) 迪(적)=나아가다. 이끌다.

필경 그 본의는 사라지고 말았다.

竟使本義泯滅.

인정人政/권11/교인문敎人門/천인교天人敎

하늘은 곧 운화하는 기氣다.

운화기를 모르고 하늘을 스승으로 삼는다면,

그 섬김은 머물 곳을 모르고 집착에 빠진다.

하늘을 스승으로 삼는다는 이름은 비록 같을지라도

실제는 운화기를 아느냐 모르냐의 차이가 있기 때문이다.

상고 성인의 학문은

실제로 하늘을 스승으로 삼는 데서 연유했지만,

뒤의 현인은 하늘을 빙자한 성인을 스승으로 삼았으니,

하늘과 이미 한 칸 떨어졌고,

그 뒤의 현인은 앞의 현인을 스승으로 삼았으니,

하늘과 또 두 칸 떨어졌다.

심지어 사람과도 점점 멀어져 오직 마음만을 스승으로 삼았으니,

도道는 날로 위축되어 이 지경이 되었으며 더 위축될 것도 없다.

天卽運化氣也.

不識運化氣而師天

則所師無注泊沒執着.

師天之名雖同

其實有運化氣之知不知.

上古聖人之學

實由於師天

而後之賢人 以聖人爲師

則與天已隔一間

其後賢人 以前世賢人爲師

則與天又隔二間.

甚至於人漸遠 而惟師心

則道之日縮至斯 而更加無縮矣.

인정人政/권12/교인문敎人門/기세欺世

실제의 일로 세상을 속이면 사람들이 다 믿지 않지만,

허위의 일로 세상을 속이면

그것을 아는 자는 속지 않지만 모르는 자는 믿는다.

이처럼 성실의 학문은 세상을 속일 수 없으나,

허위의 학문은 세상의 어리석고 혼미한 자를 속일 수 있다.

어두워 헤아릴 수 없는 것을 혼자만 안다고 하며,

어렴풋하여 준적準的이 없는 것을 헛된 낙으로 삼으면,

일마다 고인을 인용하며, 지금 사람의 일은 살피지 않고,

말마다 옛글을 칭찬하며, 지금의 운화를 알지 못한다.

스스로 앞사람에게 속임을 당한 것으로

뒷사람을 속이게 되니,

헛된 뿌리는 뽑기 어렵고 헛된 근원은 막기 어려운 것이다.

以實事欺世 人皆不信

以虛事欺世

知之者不信 不知者信之.

誠實之學 不可以欺世

虛僞之學 惟可以欺世之愚迷.

晦昧難測 以爲獨知

慌忽無準 以爲虛樂

事必引古人 而不究方今人事

言必稱古文 而不識方今運化.

由於自見欺於前人

竟至於欺後人

虛根難拔 虛原難塞.

청명한 세계의	淸明世界
운화와 유행은 남음도 부족함도 없으나,	運化流行 無有餘無不足
사람이 스스로 교학을 어둡게 하여,	人自晦昧其敎學
천지 기화를 가려진 물건으로 만들어놓고,	天地氣化爲蔽遮之物
이목의 견문이 잘못되었다고 탄식한다.	耳目見聞 有錯誤之歎.
신기의 통함이 점차 가슴을 열고,	神氣通漸次 開豁胸中
쌓인 기氣가 마음속에 새로 들어옴에 따라,	所貯之氣 隨新入
지난날의 허접스러운 기를 녹여 쓸어버리면,	而銷除舊日虛雜之氣
드디어 진정한 이목이 열려 본원으로 돌아가게 된다.	方開眞正耳目 返本還源.
천지의 운화는 밝고 밝아서 만고에 한결같은데,	上天下地 運化昭昭 萬古如一
중간에 학문이 생령을 혼란시켜	而中間學問 靡爛生靈
아직도 활짝 개이지 못하고 있으니,	尙未開霽
인도人道 운화에	無奈人道運化
불행한 액운이 모여 있는 것이 아닌가?	亦有不幸之厄會歟.

혜강은 성리학으로 출발했으나 성리학을 공자의 도道가 아니라고 공격한다. 이에 대해서는 김만중과 정약용 등 조선의 선배 학자들도 성리학을 비판했다는 점에서, 그리고 성리학을 해체한 왕부지 등의 청 대 기철학의 맥을 잇고 있다는 점에서 새로운 것은 아니다. 다만 청 대 기철학은 정주를 비판한 것일 뿐 이기론의 기본 틀을 버린 것은 아니었으며, 다산도 성리학을 해체했지만 이기론과 인성론의 결합을 배제했을 뿐 천지자연에 대한 이기론의 효용은 인정했었다. 그러나 혜강의 기학氣學은 이기론 자체의 기본 구조를 벗어난 창안이며 신학新學이라고 할 만하다. 먼저 그는 형이상학적 접근 방법을 바꾸어 근대적인 인식론으로 접근했으며 새로운 개념을 창안하고 새로운 의미를 부여했다.

기측체의氣測體義/서序

주공과 공자의 학문은 실리를 좇아 지식을 확충하고,	周孔之學 從實理而擴其知
이로써 나라를 다스려 태평성세로 나아가기를 바랐다.	以冀進乎治平.
그런즉 기氣야말로 실리의 근본이며,	則氣爲實理之本
추측은 지식을 확충하는 요점이다.	推測爲擴知之要.

기에 연유하지 않은 연구는

모두 허망하고 거짓된 이理이며

추측에 연유하지 않는 지식은

모두 증거 없는 말 일뿐이다.

不緣於是氣則究

皆虛妄愧誕之理

不由於推測 則所知

皆無據沒證之言.

인정人政/권8/교인문教人門/무언유언無言有言

『논어』에서 이르기를 "하늘이 무슨 말을 하던가?

사시가 운행되고 만물이 자라니 나는 할 말이 없다"고 했다.

이는 곧 은연중에 운화를 이해한 것으로,

많은 말에 있지 않고 운화를 받들고 따를 뿐인데

어찌 말로 하겠는가?

공자는 당시 광대한 것을 체험하여

인도人道의 인仁을 밝히고,

천도天道를 받들어 표준을 세운 만세의 사표인 것이다.

論語曰 天何言哉

四時行焉 百物生焉 予欲無言.

是乃黙識運化

不在多言 承順運化

豈以言哉.

夫子當時體驗廣大

以明人道之仁.

繼天立極 萬世師表也.

이러한 초기의 탈성리학적 경향은 후기에는 한발 더 나아가 탈공자로까지 발전한다. 혜강은 자기의 철학을 만세에 전해질 유일한 학문이라고 주장했다. 그는 조선의 유학자로서 공맹과 주자로부터 시작했으나 오히려 공맹과 주자의 울타리를 뛰어넘고자 했던 유일한 학자임이 분명하다. 중국에서도 탈공자의 시도는 수천 년을 지나면서 간간히 있었지만 모두 실패했고, 20세기 쑨원孫文, 1866~1925이 중화민국을 건국함으로써 비로소 공자를 뛰어넘을 수 있었다.

묵자는 성인보다 천天을 스승으로 삼아야 한다고 주장했고, 노장은 성인과 그 지혜를 버리라고 말한 바 있다. 그러나 '이중구동異中求同'을 좇는 중국의 전통은 묵자와 노장 등 제자백가를 공자로 통합해버렸으므로 공자를 뛰어넘기가 지난한 일이었다. 북송 때 이구와 왕안석이 신학新學을 창도하려 했으나 실패했다. 명나라 말에 이지가 동심설童心說을 들고 나와 모든 지적 권위를 부정했으나 크게 성공하지 못했다.

조선에서는 연암과 다산이 성인과 공자를 뛰어넘으려는 강한 의지를 보였으나 신학이라고 내세우지는 못했다. 그러나 완성도에는 이견이 있을지라도 혜강이 세운 신학은 공자를 뛰어넘는 것임이 분명하다. 다만 실제로 적용하여 검증할 기회도 없이 조선은 멸망했고, 곧 이어 서학이 주인 자리를 차지했으므로 역사로만 남게 되었다.

기학을 높이 들어 천하가 보고 들음으로써

이목을 새롭게 하고 천하의 학문을 하나로 통일하여,

기존의 학습과 물듦을 씻어내야 한다.

以氣學掀撼[84] 天下之聽視

以新耳目 一統天下之學文

以湔[85]習染.

기학氣學/권1/31면

기학은

우주와 인간이 다 같이 따르고 행해야 할 것이다.

若夫氣學

乃宇宙人之所共由所共行.

기학氣學/권2/35면

문자가 생긴 이래 사오천 년 후에야,

기학이라는 이름이 처음으로 세상에 드러났다.

이처럼 현저하게 드러나는 기氣에 대해,

그 이전 사람들이 듣지 못했다는 것은 이상한 일이다.

구류의 제자백가와 그리고 제반 학문들이

이삼천 년 동안 일어나고 소멸했는데,

그것들을 통틀어본다면

기학을 위해 권장하고 징계하며

미루어 나타내고 수합하여 크게 이루어나간 오랜 역정이다.

이것이 어찌 나 혼자만의 발견이며 깨달음이었겠는가?

이는 우주인이 함께 징험하고 성취한 것이다.

이전에 활동 운화의 성性을 발견한 자가 있었는지

알 수 없으나,

이후에는

기학만이 천년만년 제한 없이 전파될 것이다.

造書契後四五千年

氣學之名始著.

以若顯著之氣

無聞於其前 亦是異事也.

九流百家 諸般學問

起滅於二三千載之間

統而觀之 未嘗不

爲氣學之勸懲

而推出收合而大成.

是豈我獨見而獨得.

乃宇宙人共驗而成就也.

以前則見其活動運化之性者

未知或有歟

以後則

氣學流傳 無有限於屢千萬載.

혜강의 기학氣學 일통一統 사상은 청나라 말의 갱생更生 강유위康有爲, 1858~1927가 지은 『대동서
大同書』에 나타난 기철학에도 영향을 주었을 것으로 추측된다. 물론 갱생은 왕부지 등의 기철학

---

84) 掀撼(흔감)=높이 들어 흔들다.

85) 湔(전)=씻다. 빨다.

을 계승했지만 그것은 완전한 철학 체계를 갖춘 혜강에는 미치지 못하는 것이었다. 혜강의 『신기통』, 『추측록』이 1836년에 간행되었고, 1857년에 『기학』, 1860년에 『인정』이 발표된 반면, 강유위의 『대동서』는 '인류공리人類公理'란 이름으로 1913년에 『불인不忍』이란 잡지에 발표되었으며, 단행본은 1919년에 '대동서大同書'란 이름으로 출간되었으므로 갱생이 혜강에게 영향을 받았을 것이라는 가정은 충분하다.

특히 『기학』에서 혜강은 자기의 학문이 세계인에게 공유되기를 강력히 피력한 것으로 보아 중국의 학자들에게 개인적으로 전달했을 가능성도 있다. 또 『기측체의』는 1836년에 중국에서 출판되었으므로 강유위와 같은 박학한 학자가 80년 전에 출판된 이 책을 읽지 않았을 리 없을 것이다.

다만 강유위 스스로 혜강에 대해 거론한 기사는 없다. 그러나 『대동서』에서 '신기神氣'라는 개념을 공자의 말로 인용했으나 공자는 그런 말을 한 적이 없으므로, 이것은 혜강의 '신기통神氣通'에서 인용한 것으로 추측해도 무방할 것이다.

기학氣學/서序

무릇 기氣의 성질은 본래 활동 운화하는 물건이다.	夫氣之性 元是活動運化之物.
이것이 우주 안에 가득 차서 털끝만큼도 빈틈이 없다.	充滿宇內 無絲毫之空隙.
천체를 밀고 구르게 하며, 만물을 창조함을 드러내 무궁하다.	推轉諸曜 顯造物之無窮.
그 밝고 맑은 형질을 보지 못한 자는 공空이라 하고 허虛라 하고,	不見其瀅澈之形質者 爲空爲虛
오직 그릇을 굽고 쇠를 주조하듯 변함없이 운행함을 깨달은 자는	惟覺其陶鑄之常行者
도道라 말하고 성性이라 말하며,	謂道謂性
그 까닭을 궁구하고자 하는 자는 이理라 하고 신神이라 말했다.	欲求其所以然者 曰理曰神.

강유위康有爲

대동서大同書/4면

호호한 원기가 천지를 만들었으니,	夫浩浩元氣 造起天地.
하늘은 한 개의 영혼 있는 물질이며,	天者一物之魂質也
사람 또한 한 개의 영혼 있는 물질이다.	人者亦一物之魂質也.
비록 형체는 크고 작음이 있으나	雖形有大小
태원에서 원기를 나누어 받았으니,	而其分浩氣於太元.
큰 바다에서 떠낸 한 방울의 물인 것은 다를 바 없다.	挹[86]涓滴於大海 無以異也.

---

86) 挹(읍)=뜨다.

공자는 이르기를   孔子曰

"땅은 신기를 실었는데 그 신기는 바람과 번개이며,   地載神氣 神氣風霆.

그 바람과 번개가 형체를 유행시켜 만물을 탄생시켰다"라고 했다.   風霆流形 庶物露生.

신神이란 지각이 있는 전기와 같다.   神者有知之電也.

빛과 전기가 전도되지 않는 데가 없듯이,   光電能無所不傳

신기도 감응하지 않는 곳이 없다.   神氣能無所不感.

조선 최초의 유물론

    혜강이 모든 학문을 통일하고자 창도한 기학氣學은 한마디로 하면 유물론적 기철학이다. 혜강은 인간과 천지는 하나의 기계이며 이 기계를 움직이는 것은 기氣라는 운동에너지라고 주장했다. 따라서 그는 일반적인 사물은 물론이거니와 재화를 중시했다. 그는 재물이 이산離散하면 인기人氣 운화도 따라서 이산한다고 보았다. 이는 동양 사상에서는 볼 수 없는 창의적인 발상이며 사적 유물론의 맹아라고 보아도 무방한 중대한 발언이다. 혜강이 1857년에 『기학』을 저술하여 재용財用 운화를 제시했고, 마르크스가 2년 뒤인 1859년에 『경제학 비판』을 저술하여 사적 유물론의 정식을 제시했으므로 혜강이야말로 유물 사관의 맹아라고 할 만하다. 상세한 것은 다음 4절의 유형의 기에서 다시 언급될 것이다.

기학氣學/권1/6면

천지기계설天地機械說

사람의 심기는 바로 천기와 통한다.   人心之氣 直通天氣.

코로 호흡하여 일신을 풀무질하면 혈기를 창달한다.   從鼻呼吸 橐籥一身 暢達榮衛[87]

그런즉 신체의 오장육부와 몸체는 하나의 기계다.   卽人身之臟腑軀殼器械也.

천기의 소통은 그 기계에 따라서 고동이 다르다.   天氣之通 隨其器械而鼓動有異.

그것은 물과 불을 이용한 기구들에서 증험할 수 있으며,   可驗於水火諸器.

또한 천지도 하나의 기계임을 미루어 알 수 있다.   亦可推達於天地之爲器.

---

87) 榮衛(영위)=榮血衛氣.

실학사상

▌재용운화財用運化(≒유물 사관)

재용이란 인기 운화를 위한 물건이다.	財用[88]爲人氣運化之物.
처음에는 사람마다 의식을 영위하기 위한 욕구에서 연유되었지만,	始緣人人營求衣食
끝내는 황금과 보석 등	人終致人人
효용 가치가 없는 것을 아끼고 사랑함에 이른다.	愛惜金玉.[89]
속인들이 바람에 쏠리듯 숭상하는 것과,	可驗 俗尙之風靡[90]
세상 인정을 무섭게 들끓게 하는 것으로 증험할 수 있다.	世情之波蕩矣.
왕의 정사는 부세를 거두어들여	王政斂賦稅
백성과 나라의 대사를 치루고,	以爲民國大事之營濟
사사로운 가문은	私家實府庫
창고를 채워 족당의 길흉사를 치러낸다.	以爲族黨吉凶之所費.
상을 크게 내리면 용감한 사내들이 사력을 다하고.	重賞之下 勇夫死力[91]
대역사로 비용을 쓰면 무리들이 다투어 몰려든다.	大役所費 衆徒争趨.
사업이 크면 운화도 크게 소비하고,	事鉅則運以大費 [92]
시업이 작으면 운화도 작게 소비한다.	事小則運以小費.
이처럼 물질이 없으면 이룰 수 없으니	無物不成
재물이 있어야 오막살이의 삶도 영위할 수 있다.	有財可營蔀屋生涯.
천하의 재용이 모이고 흩어지고 오가는 사이에,	天下財用聚散去來之際
인기 운화도 따라서 옮겨가며,	人氣運化亦從而轉移[93]
또한 인기 운화가 옮겨가는 사이에	且人氣運化轉移之間
천하 재용도 따라서 옮겨간다.	天下財用髓之而轉移.
이것이 재용 운화의 대세인 것이다.	是乃財用運化之大勢也.

제5부 유물론적 신학

---

88) 財用(재용)=일용을 위한 재화.

89) 이것은 '과시 소비론'이다. 베블런이 과시 소비를 말한 『유한계급론』을 1899년에 출간했으므로, 이는 혜강의 『기학』보다 42년 늦은 것이다.

90) 대량 소비 사회를 뜻함.

91) 物神을 뜻함.

92) 고용 창출을 뜻함.

93) 마르크스가 유물 사관을 말한 『자본론』 1권을 출간한 것이 1867년이고, 혜강의 『기학』은 이보다 10년 빠른 1857년에 출간되었으므로 마르크스와 혜강은 서로 몰랐을 것이다.

『황제내경』의 「소문」에서는	素問
열 개의 간지로 오행(금목수화토)을 나누고,	以十干分五運
십이 간지로 육기(陰陽風雨晦明)를 나누어,	以十二支分六氣
서로 짝을 맞추고 갈마들며 운행하게 하여,	相配迭運
육십 년간 천지를 주재할 간지를 만들어 널리 통하게 하였다.	旁通六十年之司天司地.
또 육십 년간의 주기主氣와 객기客氣를 분별하여,	分別六十年之主氣客氣.
춥고 덥고, 이르고 늦음을 이것에 물어보고,	寒暑早晚質94)之於斯
바람과 비의 많고 적음을 이것으로 점쳤던 것이다.	風雨多寡占之于此.
사람들은 명목을 만들어 점점 덧붙이고 부회하여,	以人之所設名目 漸加附會
이것으로 천지 운화의 기氣를 증명하려고 했다.	欲驗天地運化之氣.
그러나 이것은 천기로 하여금 인사를 따르도록 한 것일 뿐,	是使天氣要從人事
사람으로 하여금 천기에 승순하게 하려는 것이 아니었다.	非使人承順天氣也.
후인들은 증험되지 않음이 많았으므로 육십 간지를 버렸으나,	後人以其多不驗而棄之
원래부터 그 법이 실상이 없는 것으로 귀결 짓지는 못했다.	未嘗以源法之無實歸之也.
비단 이 한 가지 일뿐만이 아니었으니,	非獨此一事而已
한 무제가 만든 태초력은 종의 음률로 만든 것이었고,	太初歷以鐘律制之
당 현종 때 일행이 만든 대연력은『주역』의 수數로 만든 것이다.	大衍歷以易數制之.
고인의 지식이란 매양,	古人知識
인사를 위주로 법을 세워 천天을 헤아렸을 뿐,	每以人事爲主 而設法測天
기화를 표준으로 하여 인사를 변통할 줄은 몰랐다.	不以氣化爲標準 而變通人事.
이것이 옛날과 지금의 기학이 완연히 다른 이유다.	此所以古今氣說之判異也.

기氣의 본성인 '활동 운화'라는 네 글자는	活動運化四字
대기의 무궁한 이용을 통합하여 미치지 않는 데가 없고,	洽盡大氣無窮之用 而未有不達
뭇 별들의 느리고 빠른 회전을 두루 총괄함에 방해됨이 없으며,	兼總諸曜遲速之轉 而無所妨碍
사람과 만물의 시종과 윤상이 행해지는 조짐을 다 갖추고 있다.	人物始終倫常之行 兆朕咸備.
만물을 생양하려는 의도는 없지만	無意於生養萬物

---

94) 質(질)=保也, 問也.

만물은 운화를 따라 생양한다.　　　　　　　　萬物從運化而生養.

만물을 수장하려는 생각은 없지만　　　　　　無思於收藏萬物

만물은 운화를 따라 수장한다.　　　　　　　　萬物隨運化而收藏.

기학氣學/권2/4면

활동 운화를 총괄하여 살펴보면　　　　　　　活動運化 統而觀之

생명의 기운이 항상 움직이고, 두루 운행하여　生氣常動

크게 조화한다는 뜻이다.　　　　　　　　　　而周運大化也.

이것의 의미하는 바는 완전무결하다는 뜻이다.　斯義完全無缺.

만약 이것을 나누어서 생장 수장과 춘하추동과　若分而附會 生長收藏 春夏秋冬

인의예지와 원형이정에 억지로 갖다 붙인다면　仁義禮智 元亨利貞

그럴듯하지 않음이 없을 것이다.　　　　　　無不近似.

하지만 이것은 모두 네 가지로 나눈 말일 뿐이요,　然皆四分語也

활동 운화를 일관하여 말하는 의미는 아니다.　非活動運化一貫成語之義也.

기학氣學/권2/13면

운화라는 두 글자는 모든 선善을 꿰뚫어 통한다.　運化二字貫澈[95]萬善.

크게는 하늘과 땅을 돌게 하는 기氣를 승순하고,　大則承順天旋地轉之氣

작게는 일(事)에 대응하고 물物에 접촉하는 뜻을 다 종합한다.　小則儘合應事接物之義.

운화로써 정심 수신하면,　　　　　　　　　以運化正心修身

천지 인물을 운전 변화하는 기가 모두　　　　則天地人物運轉變化之氣

마음과 몸에 감응한다.　　　　　　　　　　皆應於身心.

운화로써 치국평천하하면,　　　　　　　　以運化治國平天下

천지 인물의 운전 변화의 기가　　　　　　　則天地人物 運轉變化之氣

나라와 천하에 풍족하다.　　　　　　　　　咸備於國天下.

운화로써 과거를 통창하여 미래를 살피면,　　以運化暢往察來

천지 인물의 운전 변화하는 기가　　　　　　則天地人物運轉變化之氣

앞뒤로 권선징악한다.　　　　　　　　　　勸懲於先後.

---

95) 澈(철)=澈과 同.

모든 유파의 학자들이 해오던 말과 비교하면

덕德 성聖 도道 중中 성性 천天 명命 성誠 선善 일一 등의 개념은

마음을 근원으로 하는 말이 많고,

기화를 근원한 말은 드물다.

마음을 위주로 하면

천지 만물을 마음속에서 결정해놓고,

밖에 있는 천지 만물을 증험하려 하니,

멋대로 달력을 만들어놓고

이에 천天을 징험하려는 것과 무엇이 다른가?

기화를 위주로 하면,

천지 만물의 기氣를

밖의 진실인 형체에서 얻어,

안에 저장하였다가 밖으로 사용하면 본말이 어긋나지 않는다.

이는 하늘을 측량하여 달력을 만들어,

삼가 백성에게 부여하여 때를 알맞게 하려는 것과 같은 것이다.

比諸流來之言

德聖道中性天命誠善一之類

以心爲源頭者多

以氣化爲源頭者少.

心爲主

則天地萬物排布於一心之中

以驗在外之天地萬物

何異於作歷

而驗天也.

以氣化爲主

天地萬物運化之氣

得之于在外之眞形

貯藏于內 用之于外 則本末無違.

是類測天造歷

敬授民時也.

🐦 4절. 유형의 기氣

유기론

혜강은 스스로 자신의 학문을 '기학氣學'이라고 명명했다. 그의 기학은 유물론적 기일원론이다. 천지 만물을 유일자인 기氣의 운행 조화로 보는 우주 일체론이다. 이로써 구학에서 말하는 무형의 신神, 도道, 성性, 이理를 통틀어 유형의 기氣로 통합했다. 그는 성리학에서 말하는 도와 이理는 다만 기 운동의 흔적이라고 말한다. 또한 성리학에서 말하는 기는 천지 활동 운화의 기가 아니라 형기形氣와 혈기血氣를 말한 것뿐이라고 비판한다.

여기서 혜강의 기론을 '유물론'이라고 말하면서도 굳이 '유기론唯氣論'이라고 구별하여 말하는 것은 동양의 '기'라는 개념이 서양의 물질 개념으로는 설명될 수 없는 독특한 것이기 때문이다. 또한 혜강의 기학은 서구의 유물론과 유사하지만 같은 맥락에서 나온 것은 아니라는 뜻이기도 하다.

유물론이라고 말하면 우리는 정신에 대한 물질의 근원성을 주장하는 18세기 서구의 반관념론反觀念論 반유신론反唯神論적인 유물론을 연상하기도 하고, 젊은이들은 19세기의 변증법적 관념론에 대항하는 변증법적 유물론을 연상하기도 한다. 어떻든 정신과 물질을 대립적으로 보는 것은 마찬가지다. 그러나 혜강은 정신과 물질을 대립적으로 보지 않거니와 정신보다 물질이 근원적이라고 말하지도 않는다. 혜강에게는 대립 모순의 개념이 없다는 뜻이다. 그러므로 혜강의 유기론은 유물 변증법과 꼭 같은 것은 아니다.

결론은 그의 유기론은 서구의 개념으로는 적실하게 설명될 수 없다. 다만 필자는 이러한 한계에도 불구하고 조심스럽지만 가능한 대로 서구 철학의 개념을 원용하여 설명할 것이다.

인정人政/권12/교인문教人門/학유일자목學有一字目

천지를 둘러싸고 만물을 조화함을 한마디로 총괄하며,   天地範圍萬物造化 以一言括之

정미하거나 거칠거나   無有欠闕遺漏

안팎을 다 포괄하는 글자는 기氣다.   曲盡精麤內外者氣也.

기氣의 유행을 도道라 하고, 기의 조리를 이理라 하고,   氣之流行謂之道 條理謂之理

기를 마음에 얻어 나타나는 것을 덕德이라 하고,   見得於心謂之德

기를 품부받아 형질을 갖춘 것을 성性이라 하고,   稟質所具謂之性

몸에 있는 신명한 기를 마음이라 한다.   在身神氣謂之心.

마음으로 명칭을 얻은 것은 가닥이 많다.　　　　心之名目多端.

인의예지, 희로애락, 경신계구,　　　　仁義禮智 喜怒哀樂 敬愼戒懼[96]

과불급, 중中, 공空, 무無, 허탄, 귀신, 영괴,　　　　過不及中 空無虛誕 鬼神靈怪

방술, 유망 등,　　　　方術幼妄之類

모두 마음에 관련해서 만들어진 말이다.　　　　皆從心而生.

그것을 잘 살펴보면　　　　究其所得

모두 사무를 겪으며 추측한 경험인데,　　　　由於閱歷事務 推測經驗

그것을 얻은 근본 원인을 잊어버리고　　　　忘其已得根緣

마음속에 천리가 있다고 말한다.　　　　謂有中心天理.

그것이 천지 만물에 비추어 헤아려서,　　　　其推度天地萬物

부합하는지 않는지를 증험하려는 생각은 조금도 없이,　　　　少無合不合 稽驗之慮

하늘이 정한 도리이니　　　　自許 天定道理

어찌 어긋난 마음이 있겠느냐며 단정해버린다.　　　　豈有違心.

인정人政/권10/교인문敎人門/도리무형道理無形

명나라 월천 조단曹端은 다음과 같이 말했다.　　　　明曹月川端曰.

"천지간에 무릇 형상形象, 성기聲氣, 방소方所가 있는 것들은　　　　天地間 凡有形象聲氣方所者

모두가 매우 큰 것은 아니다.　　　　皆不甚大.

오직 이理만이 형상이 없어도 볼 수 있고,　　　　惟理則 無形象之可見

소리가 없어도 들을 수 있고, 방소가 없어도 가리킬 수 있다.　　　　無聲氣之可聞 無方所之可指.

천지에 충만하고 고금을 관철하니,　　　　而實充塞天地 貫徹古今

크기로는 무엇이 더하겠는가?"　　　　大孰加焉.

그래서 주돈이는 '무극이태극'이라고 말한 것이다.　　　　故周子言無極而太極.

이에 따르면 천지에 충만한 것은　　　　若是則充塞天地者

이理이고 기氣가 아니다.　　　　理也非氣也.

또 혹자는 이르기를 "도道는 천지에 가득하며,　　　　又或謂 道盈天地

그 크기는 능히 천지를 용납한다"고 한다.　　　　而其大能容天地者.

이는 천지에 가득한 것은 도이며 기가 아니라는 것이다.　　　　是乃盈天地者 道也非氣也.

이처럼 이理와 도를 천지에 충만한 것이라 말하는 것은　　　　理與道謂之充塞天地者

---

96) 敬愼戒懼(경신계구)=공경 삼가하며 경계하고 두려워함.

기의 형질을 보지 못했기 때문이다.

단지 기가 유행 운화하는 자취를 추측하여

그것을 도라 이理라 말한 것이다.

由於不見氣之形質.

而但推測 氣之流化之迹

曰理 曰道.

인정人政/권10/교인문敎人門/고인형기혈기古人形氣血氣

고인이 말한 기氣는 대개 형기와 혈기를 지적했을 뿐,

천지간에 충만한 운화의 기를 정확하게 지적하지 못했다.

그러므로 이理를 말한 자는 많지만 기를 말한 자는 적다.

천지를 지탱하고 만물을 먹여주는

진액과 생명의 도는 방치해두고,

막막하고 조짐도 없는 이理로 삼라만상을 설명하려 한다.

부질없이 말만 많아져 어지럽게 시비를 다투지만,

무엇으로 그것을 증명할 수 있겠는가?

진실로 운화의 기를 터득했다면,

형기와 혈기는 기가 응취한 하나의 자취일 뿐이니,

어떻게 거기서 운화의 묘리를 알 수 있겠는가?

하늘 가득히 더디고 빠르게 중심을 돌고 있는 천체는

모두 이러한 기가 만들지 않은 것이 없고,

만물의 생장 노사도

이러한 기에 의지하는 것이다.

일신의 인의예지와 희로애락도

모두 신명한 기로 인한 발용이니,

어디 간들 이러한 기가 없으며 무엇인들 기가 아니겠는가?

古人所云氣 多指形氣血氣.

未嘗指的天地間充滿運化之氣.

故言理多而言氣少.

撑柱接湊之

眞液生道 存而勿論

冲漠無朕之 森羅萬象擧而詳明.

言說徒增 紛閱是非

何以明證.

苟能於運氣化氣 有所見得

形氣血氣特爲凝聚之跡

何足見運化無窮之妙.

滿天之遲速幹運

無非此氣之陶鑄

萬物之生長老死

皆是此氣之資賴.

一身之仁義禮智喜怒哀樂

俱由神氣而發用

何往而非氣 何擧而非氣也.

그가 말하는 기氣는 유형의 원동자原動子이며 유일한 창조자다. 이것은 천제天帝를 기의 공용으로 보는 것이므로 성리학으로 보면 주리학파의 '태극太極＝이理'를 버리고 '태극＝기'로 대체한 것이다. 대체로 서경덕徐敬德, 1489~1549과 같은 맥락이다. 다만 기를 창조주라고는 말하지 않는다. 그는 무신론자이기 때문이다. 이처럼 혜강은 만물을 기 운동의 파생물로 간주하므로 목적이 없는 존재로 만들어버린다. 여기서도 우리는 주체의 소외와 허무주의로 빠지는 함정을 경계해야 한다.

기학氣學/권1/47면

천天이란 기氣의 대체大體요,

기는 천에 가득 찬 형질이다.

통합하여 말하면, 천은 곧 기요, 기는 곧 천이다.

나누어 말하면,

사람과 만물의 형체에 적셔 있는 기를 천이라 할 수는 없지만,

그것을 인기人氣와 물기物氣라고 말할 수는 있을 것이다.

운화의 자취는 나뉘어 갈라진 기에서 드러나고,

운화의 근원은 기의 통일체인 천에 있다.

天者氣之大體

氣者天之充滿形質.

統而論之 天卽氣也 氣卽天也.

分而言之

人物形體所洽之氣 不可謂之天

可謂之人氣物氣矣.

運化之跡 見於分派之氣

運化之源 在於統體之天.

추측록推測錄/권2/추기측리推氣測理/일기이칭—氣異稱

기氣는 하나이지만 그 가리키는 바에 따라 각각 이름을 달리한다.

전체를 가리켜 말하면 천天이라 하고,

주재하는 것을 가리켜 말하면 제帝라 하고,

유행하는 것을 가리켜 말하면 도道라 하고,

인人과 물物에 부여한 것으로 말하면 명命이라 하고,

인과 물이 받은 자품으로 말하면 성性이라 하고,

몸을 주재하는 것으로 말하면 심心이라 한다.

氣卽一也. 指其所而 名各殊焉.

指其全體 謂之天

指其主宰 謂之帝

指其流行 謂之道

指其賦於人物 謂之命

指其人物稟受 謂之性

指其主於身 謂之心.

또한 기氣의 운동에 따라 각각 명칭이 있다.

기를 펴면 신神이라 하고, 굽히면 귀鬼라고 하며,

창달하면 양陽이라 하고, 움츠리면 음陰이라 하며,

가는 것은 동動이요, 오는 것은 정靜이라 한다.

又指其動 而各有稱焉.

伸爲神 屈爲鬼

暢爲陽 斂爲陰

往爲動 來爲靜.

인정人政/권9/교인문敎人門/도리즉기道理卽氣

그러므로 기氣의 운화를 도道라 하고,

기의 조리를 이理라고 말한다.

그러므로 기를 연유하지 않고 도리를 구하면

반드시 모형과 방향이 없어,

故曰 氣之運化爲道

氣之條理爲理.

道與理 不由氣而求之

必無模着⁹⁷⁾方向

---

97) 着(착)=붙다 著의 俗字. 著(저)=章也. (착)=置也.

지나치면 허무에 빠지고,

못 미치면 비쇄한 것으로 떨어진다.

過則入於虛無

不及則陷於卑瑣.

인정人政/권9/교인문教人門/문자도리文字道理

무릇 도리를 말한다면 모두 기氣의 도道요, 기의 이理인데,

기에서 발견하지 않으면

도와 이理는 허황된 것으로 빠지게 된다.

凡言道理 皆是氣之道 氣之理

而無見於氣

道與理皆沒着虛滉.

인정人政/권9/교인문教人門/성리개시기性理皆是氣

만사 만물은 모두 기氣요, 내 몸 또한 기다.

나의 신기로 만사 만물을 통하면,

만사 만물은 모두 나에게 갖추어진다.

옛날이나 지금이나 사람들이 평생 가르치고 배운 것은

실로 기氣를 통하기 위한 것이었다.

그러나 기의 형질이 통창되고 드러나기 이전에는

'성性' '이理'의 빈 두 글자는

기의 그림자와 메아리를 말하기 위해 만든 것인데

이로써 교학으로 삼은 것이다.

萬事萬物皆是氣也. 我身亦氣也.

以我神氣 通於萬事萬物

則萬事萬物皆備於我矣.

古今人平生敎與學

實爲通於氣.

而氣之形質 未暢露之前

以性字理字虛字

成言氣之影響

以爲學 以爲敎.

신기통神氣通/권1/체통體通/천인지기天人之氣

천지를 능히 채우고, 물체를 적시며, 모이고 흩어지는 것,

모이지도 않고 흩어지지도 않는 것, 모두 기氣 아닌 것이 없다.

내가 생기기 전에는 오직 천지의 기만 있었으나,

내가 생기기 시작하자 비로소 형체의 기가 있으며,

내가 죽은 후에는 다시 천지의 기로 돌아간다.

천지의 기는 위대하고 영원히 존재하지만,

형체의 기는 작고 잠시면 없어진다.

형체의 기는

천지의 기를 의지하여 나고 자라며,

감각 기관들을 매개로 음식과 소리와 빛을 소통하고,

克塞天地 漬洽物體 聚而散者

不聚而不散者 莫非氣也.

我生之前 惟有天地之氣

我生之始 方有形體之氣

我沒之後 還是天地之氣.

天地之氣 大而長存

形體之氣 小而暫滅.

然形體之氣

資賴乎天地之氣而生長

從諸竅而通飮食聲色

지체를 매개로 운동과 생활을 소통한다.　　　　　自肢體而通運用接濟[98]

신기통神氣通/권1/체통體通/천지통난이天地通難易

인격신人格神 부인否認

이른바 상제니 주재니 하는 것은,　　　　　所謂上帝云 主宰云者

다만 신기가 발용한 덕德을 가리키는 것일 뿐이다.　特指其神氣發用之德而已.

그 전체를 들어 주재라고 할 수는 없지만,　　非擧其全體有主宰

한 집안의 주인과 같고　　　　　　　　　如一家之內有主人

한 나라의 군주와 같다.　　　　　　　　一國之內有人君也.

인정人政/권10/교인문敎人門/미발지중未發之中

미발지중未發之中=신기神氣 운화

희로애락은 각각 대소 완급이 있는데,　　　喜怒哀樂 各有大小緩急

이것은 교접 운화의 대소 완급에서 발로된 것이다.　而發於交接運化之大小緩急也.

교접 이전에는 단지 신기 운화만 있고　　　未交接時 只有神氣運化

희로애락의 발로는 없으니,　　　　　　　而未有喜怒哀樂之發

이를 일러 미발의 중中이라고 말하는 것이다.　是謂未發之中.

'중'이란 편파함이 없는　　　　　　　　　中之義 無所偏倚

순수한 신기 운화라는 뜻일 뿐이므로,　　純然神氣運化而已

"발현하여 모두 절도에 맞다(中節)"라고 할 때의　與發皆中節之

그 중中과 다름이 없다.　　　　　　　　　中無異.

기학氣學/권2/1면

만물을 생육할 뜻이 없으나,　　　　　　無意於生養萬物

만물은 운화를 따라 생육한다.　　　　　萬物從運化而生養.

만물을 수장할 생각이 없으나,　　　　　無思於收藏萬物

만물은 운화에 따라 수장된다.　　　　　萬物隨運化而收藏.

어째서 운화를　　　　　　　　　　　　何以運化

본성을 따르는 활동이라고 하는가?　　　由於本性之活動也.

---

98) 接濟(접제)=살길을 찾음. 接(접)=交也. 濟(제)=救也. 事遂也.

만약 조화라거나   若謂之造化

조물주라고 말하면 제작의 뜻이 있게 되어,   謂之造物 則有制作之意

주재자나 신神이나 이理의 뜻으로 오해하기 때문이다.   而歸屬於主宰也神也理也.

(그러나 이것들은 기氣 운화와는 달리)

모두 형태도 형질도 없는 것들이다   是皆無形無質也.

이러한 무형의 것으로 유형의 사물을 창조한다는 것은   以無形之物 造有形之物

어느 누구도 그것이 사실인지 밝힐 수 없을 것이다.   誰能明其實然也[99].

이미 대기의 활동 운화가 있음은   旣有此大氣之活動運化

적실하고 증거가 있으므로,   的實可據

무無에서 창조한다는 조화니 조물의 조자는 결코 실상이 아니다.   則造化造物之造字 決非實象也.

**신神은 기氣의
영명한 성질**

특히 종전의 기氣와 혜강의 신기神氣는 다르다는 점을 유의해야 한다. 기존 이기론의 이기理氣는 무형의 형이상자였으나, 혜강이 말하는 기와 이理는 유형의 형이하자라는 점에서 현저하게 다르다. 또한 신神도 창조주가 아니라 기의 영명靈明함을 말하는 '신령神靈' 혹은 '신명神明'이라는 뜻이다. 따라서 신도 무형이 아니라 유형의 신을 말하는 것이다.

즉 그가 '신기'라고 말하는 것은 살아 움직이는(活動) 기氣이며, 천지를 유행하며 우주를 조화하는 운화의 기라는 뜻이다. 그러므로 신기에는 동動과 정靜이 다른 것이 아니다. 정은 동이 편안해진 것을 말할 뿐이다. 기존의 주정主靜 철학을 주동主動 철학으로 바꾼 것이다.

이러한 혜강의 기철학은 조선의 주기론主氣論과 청 대의 기철학의 맥을 잇는 것이지만, 그것의 의미와 설명하는 개념은 기존의 성리학 내지 성기학과는 다른 독창적인 것이다. 독창적이라는 말은 서구적이라는 의미도 포함된다. 나아가 혜강은 다산처럼 전통에 대한 애정과 연속성의 미련을 버리지 못한 불철저한 근대성을 극복하고 조선 실학에 근대 철학의 기초를 부여한다. 다만 근대적이라는 의미에서 오히려 21세기 탈근대적인 해체주의에서 보면 아직도 형이상학적이라는 비판을 면할 수 없을 것이다.

---

99) 貴無論 반대.

인정人政/권5/측인문測人門/신즉기神卽氣

신神이란 기氣가 신장된 것이다.

신과 기를 함께 말하면 신은 기 속에 포함되고,

신 하나만을 말하면 기의 공용을 드러낸 것이다.

기는 곧 신이요, 신은 곧 기이다.

神者氣之伸也.

幷言神氣 則神包氣中

單言神 則氣之功用顯著也.

氣卽神 神卽氣.

신기통神氣通/권1/체통體通/신통神通

신神이란 기氣의 정화精華다.

기의 옆에는 기운의 희미한 무리가 있으며,

기의 앞에는 선도하는 빛이 나타나기도 하며,

기의 뒤에는 여운의 수렴이 있기도 한다.

이처럼 신은 기의 통창으로부터 생기는 것이니,

기는 미치지 못하나 신은 미치고,

기는 통하지 못하나 신은 통하지만,

기에 한정되는 것이므로 기의 밖을 넘지 않는다.

또한 형체의 그림자 같고, 촛불의 빛과 같이

항상 기를 따라 발현될 뿐이니,

신은 기를 떠나서 홀로 존재할 수 없다.

所謂神者 乃氣之精華.

傍於氣而有氣之微暈

先於氣而有先導之光

後於氣而有餘韻之收.

斯神也 由於氣之通暢而生

氣所不及 神能及之

氣所不通 神能通之

限定不越乎其外.

又如影之於形 光之於燭

常隨氣而發

不能離氣而獨存.

신기통神氣通/권1/체통體通/기지공용氣之功用

기氣란 물건은 형체가 있는 곳마다 통철하지 않음이 없고,

물에 스며들지 않음이 없다.

빈틈을 만들려 해도 만들 수 없고,

박멸하려 해도 할 수 없다.

대체로 기는 하나의 둥근 덩어리로 살아 있는 물건이며.

저절로 있는 순결하고 맑은 질료다.

성색과 취미에 따라 수시로 변하지만

그 본성은 불변이다.

그 전체를 들어보면 무한한 공덕이며,

그것을 총괄하여 기라고 말한다.

氣之爲物 無體不透

無物不洽.

欲要有空隙 而不可得

欲使撲滅 而不可得.

大凡一團活物

自有純澹瑩澈之質.

縱有聲色臭味之隨變

其本性則不變.

擧其全體 無限功用之德.

總括之曰神.

우주에 부동의 물건이 없는 것은	宇內無不動之物
대기가 활동하기 때문이다.	由於大氣之活動也.
운동에는 네 가지가 있는데,	其動有四焉
하나는, 천계의 회전 운동으로	一曰 運轉諸天
가깝고 빠른 것, 멀고 느린 것이 있고,	有近速遠遲之動
둘은, 땅 기운의 훈증이 충발하여	二曰 衝發地氣薰蒸
올라가고 내려오는 운동이 있다.	有直上旋下之動.
셋은, 서로 밀어내는 것인데, 느리고 급하게 서로 쫓고,	三曰相驅 緩急相逐
덥고 추운 것이 서로 압박하는 어지러운 운동의 추세가 있다.	寒熱相迫 有亂動之勢.
넷은, 섞이려는 운동인데, 사람, 짐승, 물고기, 곤충이,	四曰 雜動人與禽獸魚鼈
사방으로 왕래하며 생기를 보존하는 것이다.	往來四方 爲保生氣也.
인체가 운동하면 눈썹도 털도 모두 따라서 움직이고,	人身之動 眉毛皆動
지구가 회전하면 흙과 돌도 모두 따라서 움직인다.	地體之運 土石皆動.
무릇 '정靜'이란 모두 그 '동動'이 편안한 것을 말하는 것이다.	凡所謂靜者 蓋謂安其動也.
고금의 동정動靜에 대한 의론은	古今動靜之論
각자 소견에 따라 가지각색이다.	各隨其人所見 大小周偏.
지동地動 지정地靜의 양설이 유행하였고,	地靜地動有兩說之流傳
양동陽動 음정陰靜의 유가들의 주장이 있었고,	陽動陰靜有儒者之講論
성정性靜 정동情動의 이기설의 분별이 있었다.	性靜情動有理氣之辨別.
급기야 한 번 동動하면 한 번 정靜한다는 태극도설에 이르렀으니,	至使一動一靜.
억지로 합하고 대립시키는 쓸데없는 주장을 남겼을 뿐이다.	牽合相對 徒留言說而已.
그 실상은 오직 천지 만물이 곧 '운동하는 기氣'인 것이다.	其實惟有天地萬物運動之氣.

기氣는 곧 에너지

혜강이 말하는 기학에서의 기氣는 오늘날 천문학과 물리학에서 말하는 에너지와 거의 동일하다. 성리학에서 기는 천리를 싣고 천리가 명하는 대로 따르는 종과 같았다면, 혜강의 기는 스스로 법칙성을 내장한 독립적이고 자주적인 주인이다. 그리고 그 기는 신비한 형이상의 공허한 것이 아니라 일상에서 이용하는 형이하의 실재하는 에너지며 물질이다. 또한 이러한 기론氣論은 근대 과학의 발전에서 확신을 얻었음을 밝히고 있다.

이러한 혜강의 '기氣＝역力'공식은 20세기 초에 독일의 오스트발트Friedrich Wilhelm Ostwald, 1853~1932 등의 물질의 객관적 실재를 부정하는 에너지 일원론과 비교될 수 있을 것이다. 그러나 혜강은 물질과 정신의 실체성을 부인하고 그 구별조차 반대하는 마하주의Machism와는 달리 물질의 객관적 실체를 부정하지 않고 원자原子를 인정하며, 질료가 곧 에너지라고 말한 것으로 보면 아인슈타인Albert Einstein, 1879~1955의 질량–에너지 등가 원리($E = MC^2$)에 더 근접한 것으로 보인다. 우리 과학자들의 관심을 촉구한다.

기학氣學/서序

근세 말에 지구가 운행하고 돈다는 것이 밝혀졌고,	晚近地球之運轉已顯
기구의 실험에 의해 완전한 이론임이 입증되었다.	諸器之試驗備盡.
이에 기氣의 체體와 용用은 누적된 실험으로 증험되었고,	於是氣之體用 由積累而得驗
기의 운동과 조화도 실천한 결과 적실함을 볼 수 있었다.	氣之運化 須實踐而的覩.
만단의 변화는 모두 기의 쌓인 기운으로 말미암은 것이며,	萬端變化 皆由氣之蘊蓄
서로 밀고 갈마들고 회전함은 기를 타는 활동이다.	相推迭旋 亦乘氣之活動.
이제 우주에는 기만 존재하고,	方信宇宙有此氣
그 외에 완비하여 흠결이 없는 것은 달리 없음을 믿게 되었다.	更無他完備無欠.

기학氣學/권2/45면

대저 천天은 곧 대기다.	夫天卽大氣也.
대기가 사람 몸속을 뚫고	大氣透澈人身之中
피부 사이에 스며들어	漬洽皮膚之間
한서 조습이 안팎으로 교감하며 생활을 이루니	寒暑燥濕 內外交感 以爲生
비록 잠시라도 막히고 끊어지면 살 수 없다.	雖須臾間隔絕不得生.
이에 기氣를 천명이라 생각했고 생명이라 생각하게 된 것이다.	是乃以氣爲命 以氣爲生.

기학/권1/6면

기氣는 형질의 기가 있고 운화의 기가 있다.	氣 有形質之氣 有運化之氣.
지구와 달, 해와 별, 만물의 신체와 껍질은 형질의 기이며,	地月日星萬物軀殼 形質之氣

비와 햇볕, 바람과 구름, 추위와 더위,　　　　　　雨暘風雲寒暑

건조와 습기는 운화의 기다.　　　　　　　　　　燥濕 運化之氣也.

형질의 기는 운화의 기로 말미암아 성취하며,　　形質之氣 由運化之氣而成就

크게는 장구하고, 작게는 곧 흩어지지만,　　　　大者長久 小者卽散

운화하는 기의 스스로 그러함이 아닌 것이 없다.　無非運化氣之自然也.

기학氣學/권1/12면

무릇 물체가 있으면 반드시 그 물체의 성능이 있으니,　凡有物必有所性所能

물체가 작으면 성능도 작고　　　　　　　　　　物小則有小性小能

물체가 크면 성능도 크다.　　　　　　　　　　物大則有大性大能.

기氣라는 물건 됨은 견줄 것이 없을 만큼 커서,　夫氣之爲 其大無比

기가 쌓이면 힘(力)이 생기고, 운화하면 신神이 생긴다.　積聚生力 運化生神.

추측록推測錄/권2/추기측리推氣測理/적점생력積漸生力

기氣가 쌓여 두꺼우면 힘이 생기고,　　　　　　氣積厚而生力

마음이 정미 독실하면 힘이 생기나니,　　　　　心[100]精篤而生力

힘이 아니면 무엇으로 무거운 짐을 지고 멀리 갈 수 있을까?　非力何以任重致遠.

신기통神氣通/권1/체통體通/명생어신明生於神 역생어기力生於氣

신기神氣란 다른 것이 아니라 능함이다.　　　　神氣無他能.

밝음은 신神에서 생기고, 힘(에너지)은 기氣에서 생기며,　而明生於神 力生於氣

밝음과 힘으로부터 무한한 생성 작용(妙用)이 나오는 것이다.　惟明與力 乃無限妙用所由出也.

사람이 처음 태어날 때 움직이며 우는 것은 힘이며,　人之始生 運動啼號力也

이 힘은 근골이 커지면서 점점 나아지며,　　　　力隨筋骨之壯而漸進

음식을 주면 가지들이 발달한다.　　　　　　　飮食之灌 而條達矣.

힘은 기에서 발현하므로 의지함이 없어도 바로 작용하지만,　力發於氣 無所待而須用

밝음은 신에서 생기므로　　　　　　　　　　明生於神

견문과 경험을 공급해야만 점점 발전된다.　　有待[101]於見聞閱歷而漸進.

---

100) 心(심)=氣=에너지=에르그(일)= 形質의 氣.

101) 待(대)=備也 給也.

추측록推測錄/**권2/추기측리**推氣測理/**조석생어지월상절**潮汐生於地月相切

모든 별의 운행이 어찌 제 마음대로 어지럽게 움직이겠는가?	諸曜之動 豈是各自亂動.
별들은 서로 연결하여 천체를 이루고,	聯綴成體
대소가 서로 의지하여 느리고 빠르게 서로 따르며,	大小相藉 遲速相須
중심을 돌며 쉬지 않는다.	運幹不息.
조석이 생기는 것은	潮汐之生
달과 지구가 서로 박근迫近하려는 기氣에서 생기고,	在於月與地 相切之氣
가감 영축되는 것은	至若加減盈縮
달의 높낮이와 위치에 달려 있다.	在於月之高低南北.

추측록推測錄/**권2/추기측리**推氣測理/**기열생풍**氣熱生風

기氣가 동하면 바람이 생긴다.	氣動而生風.
기가 운동하는 원인은	氣之所以動者
대지에 열기를 불어대기 때문이다.	以其地噓熱氣也.

기氣는 질료

혜강의 기氣는 물질과 정신을 포괄하는 유형의 에너지다. 따라서 형체와 질료는 기의 응취다. 또한 혜강은 형체와 질료가 기로 환원 가능하다고 믿은 것 같다. 특히 그가 정신을 기라고 말하는 것으로 보면, 역으로 형체가 정신을 낳는다고 본 것이다. 즉 혜강은 질료가 곧 에너지라고 말한 것이다. 그렇다면 그로부터 50여 년 뒤 아인슈타인이 질량-에너지 등가 원리을 발견하기 전에 혜강은 그것을 예견한 것으로 보아도 될 것이다.

추측록推測錄/**권2/추기측리**推氣測理/**적점생력**積漸生力

천하에 기氣 없는 공간이 없고,	天下無無氣之空隙
기器와 질질質은 기氣의 응취 아닌 것이 없다.	器質無非氣之凝聚.

인정人政/**권10/교인문**敎人門/**기지형질**氣之形質

충만한 기氣의 형질을 알아야만	見得充滿氣之形質
운화의 도리를 알 수 있다.	然後可以見運化之道.

주발을 물 위에 엎었을 때 물이 주발 속으로 들어가지 않는 것은,
그 주발 속에 기가 가득 차 있어 물이 들어가지 않는 것이다.
이것이 기에 형질이 있다는 하나의 증거다.
방 안에 동서로 창이 있을 때
동쪽 창을 급히 닫으면 서쪽 창이 열리는 것은,
기가 방 안에 충만해 있다가 풀무처럼 충동한 때문이다.
이것이 기에 형질이 있다는 두 번째 증거다.

以鉢覆於盆水之中 而水不入鉢中
以其鉢中氣滿 而水不入.
是氣有形質之一證也.
一室有東西牕
而急閉東窓 則西窓自開
以其氣滿室中 而橐籥衝動.
是氣有形質之二證也.

추측록推測錄/권2/추기측리推氣測理/기유응해氣有凝解

기氣가 엉키면 질質이 되고,
풀어 흩어지면 기로 환원한다.
기를 빗물에 비유한다면, 질은 얼음에 비유할 수 있다.
배태는 기가 응취하기 시작한 것이요,
죽음은 기가 점차 흩어진 것이다.

氣之堅凝爲質
質之解泐[102]還爲氣.
以氣譬於雨 而以質譬於氷.
胎者氣之始聚也
死者氣之漸散也.

신기통神氣通/권1/체통體通/기질각이氣質各異

만물이 만 가지로 다른 것은 기氣와 질질의 결합에 달려 있다.
처음에는 질이 기로 인하여 생겼으나,
다음에는 기가 질로 인하여 스스로 사물을 이루어,
각각 제 기능을 드러낸다.
기는 하나지만
사람에게 품부되면 자연히 사람의 신기가 되고,
물건에 품부되면 자연히 물건의 신기가 된다.
사람과 물건의 신기가 같지 않은 까닭은
질에 있지 기에 있지 않다.
또한 인물에
저절로 우열과 선악의 차이가 있는 것도
역시 이와 다를 것이 없다.

天下萬殊 在氣與質相合.
始則質由氣生
次則氣由質 而自成其物
各呈其能.
氣是一也
而賦於人 則自然爲人之神氣
而賦於物 則自然爲物之神氣.
人物神氣不同
在質而不在氣.
且於人類物類之中
自有優劣善惡
亦與此無異也.

---

102) 泐(륵)=갈라지다.

추측록推測錄/권2/추기측리推氣測理/기취생산사氣聚生散死

기氣는 정액이 있고, 땅은 열기로 데운다.	氣有精液 地有煦103)暖.
그러므로 인물이 태어남은	故人物之生
천기를 얻고 지질을 품부받은 것이다.	得天之氣 稟地之質.
질質은 기가 형체를 이룬 것이다.	質者氣之成形也.
생生은 기가 모인 것이요 죽음은 기가 흩어진 것이다.	生 氣之聚. 死 氣之散.

신기천험身機踐驗/권8/34면/수질론水質論

천하 만물의 원질은 오십육 개다.	天下之物 元質104)五十有六.
온갖 종류로 나뉘어 있으나 모두 원질로 말미암아 생긴 것이다.	萬類皆由之而生.

신기통神氣通/권3/생통生通/생재천사재인生在天事在人

사람의 생명이 처음 시작됨은	人命之自初始作
천기를 받아 형체를 이루고,	抽105)天氣而成形
생명이 다하면 천기로 돌아가며 형체도 따라 없어진다.	終末漸盡 還天氣而形化106).
천기의 조화는 형세에 따라 순순히 받아야 옳지만,	天氣之造化 可乘勢而順受
인간의 재지才智 작용은 기질의 이룸에 달려 있으며,	人事之須107)用 在於氣質成
경험이 넓어지고	而閱歷漸廣
신기가 통하면 추측이 멀리 미친다.	神氣通 而推測及遠.

기학氣學/권1/6면

기氣는 형질의 기가 있고, 운화의 기가 있다.	氣有形質之氣 有運化之氣.
형질의 기는 사람이 쉽게 볼 수 있지만,	形質之氣 人所易見
운화의 기는 사람이 보기가 어려운 것이다.	運化之氣 人所難見.
그러므로 고인은 유형과 무형으로	故古人 以有形無形
형질과 운화를 구분했다.	分別形質運化.

---

103) 煦(亭)=熱也, 烝也.
104) 原質(원질)=元素와 같다.
105) 抽(추)=拔也, 收也.
106) 化(화)=隨也, 變滅也.
107) 須(수)=有才智之稱.

노자의 무無와 부처의 공空은

모두 무형으로써 도학을 삼았고,

심학과 이학에서는 다 같이 무형의 이理를

마음속에 습염된 것에서 찾고자 연구하였다.

그러나 사실 운화의 기는 형질이 가장 큰 것이다.

이것이 우주 내에 충만하여 천지를 에워싸고 만물을 함양한다.

차가운 기와 뜨거운 기가 부딪치면 굉음과 불꽃이 일어나는데,

이것이 곧 운화의 기가 유형임을 분명히 말해주는 것이다.

老氏之無 佛氏之空

皆以無形爲道爲學

至於心學理學 俱以無形之理

潛究在心之習染.

然其實運化之氣 形質最大.

充塞宇內 範圍天地 涵養萬有.

相迫冷熱 則轟燁所發

是乃有形之明證也.

기학氣學/권1/48면

귀는 기氣의 소리를 듣고, 눈은 기의 색깔을 보고,

코는 기의 냄새를 맡고, 입은 기의 맛을 보고,

손은 기를 움켜쥐고, 발은 기를 밟고,

피부는 기를 접촉하고, 살결은 기를 통한다.

산골짜기는 정결하고 변소는 더러우나,

항상 기에서 떠나지 않는다.

마시고 먹고 앉고 누우며 희로애락도

역시 기에서 떠난 적이 없다.

그런즉 기를 경건히 섬기는 것은 받들고 따르며,

어기지 않고 삼가 행하여 게으르지 않음에 달려 있을 뿐,

촛불을 밝히고 향을 태우며 희생과 술을 올리는 데 있지 않다.

기를 시험하는 것은 사물의 변화와

기계 활용함에 있지,

진부한 문자와 횡설수설하는 언어에 있지 않다.

耳聞氣聲 目見氣色

鼻嗅氣臭 口含氣味

手掬氣 足踏氣

皮膚觸氣 腠理通氣.

山峽淨潔 溷則穢汚

常不離於氣.

飮食 坐臥 哀樂 喜怒

亦不離於氣.

則敬事此氣 在於承順

無違謹行不怠

不在於明燭焚香陳牲設酒.

驗試此氣 在於物類變化

器械張用

不在於文字陳腐 言語橫竪.

인정人政/**권10**/**교인문**敎人門/**유이무무**有而無無

유有와 무無 두 글자는	有無二字
고금의 학자들이 반복하여 논한 난제였다.	古今學問之反覆辨難.
혹자는 유는 있으나 무는 없다고 하고	或有有而無無.
혹자는 무 속에서 유를 찾고, 혹자는 유 속에서 무를 찾는다.	或無中求有 或有中求無.
이는 모두 기氣가 내외에 충만하여	皆出於不見氣之內外充塞
활동 운화함을 모르고,	活動運化
단지 허명한 마음을 따라	只從心之虛明
만물의 실상을 미루어 궁구했기 때문이다.	推究物之實象.
무라고 하자니 유를 포괄하기 어렵고,	言無則 難掩其有
유라고 하자니 마음은 본디 형체가 없다.	言有則 心本無形.
그러므로 유는 물物에 소속시키고, 무는 심心에 소속시켜,	有屬于物 無屬于心
마음을 사물과 비교하니 유무가 혼잡해지고,	以心較物 有無相雜
마침내 일정한 표준이 없게 된 것이다.	迄[108]無定準.
내 생각으로는 우주 사이에는	竊想宇宙間
한 점의 공空도 한 오라기의 무도 없다.	無一點空一毫無.
오직 충만한 기가 물체를 흠뻑 적시고 있어	惟有充塞之氣 漬洽物體
물체 속에는 한 점의 공허가 없이 기에 젖어 있는 것이다.	物體之中 無點空有漬氣.
운화기는 항상 유 가운데	運化氣常有之中
잠시 몸을 빌어 신기가 되었다가	暫借軀殼 以爲神氣
몸이 죽으면 다시 운화기 속으로 돌아가는 것이다.	及乎身歿 還歸于運化氣.
일신이 있다 없다 할 때의 무는 혹시 무라고 말할 수는 있으나	一身有無之無 或可言無
이는 하루살이가 있다가 없는 것과 같다.	而蜉蝣之有無也.
대기에는 증감이 없고 항상 유일 뿐 무란 없으니.	在於大氣無所增減 常有而無無
유와 무 두 글자는 기에 이르러 결정된다.	有無二字 至氣而定矣.

---

108) 迄(홀)=이르다, 마침내.

노자의 무無와 부처의 공空은,

대체로 형질과 막힘이 없는 특성만 보았을 뿐,

우주를 가득 채우고 만물을 재배하며,

스스로 존재의 원인인 기氣를 알지 못한 까닭에

처음 한 칸을 통달하지 못해서,

끝내는 공적과 허무의 함정에 빠지고 만 것이다.

노자가 유有는 무에서 생기고,

찰흙을 이겨 그릇을 만듦은 무의 이용이라고 말한 것에

무 자를 기 자로 바꾸면 그 뜻이 옳게 통할 것이다.

부처가 산하대지는 공허하고,

울고 웃는 인생살이는 빈 병의 빔이라 한 것이

공 자를 기 자로 바꾸어도 뜻이 불통하지 않는다.

처음의 실오라기 차이로 인하여

끝내는 천 리의 오류에 이르게 되어,

성실 진정한 기를 도리어 공적과 허무로 만들어버렸다.

老子之無 佛氏之空

蓋見無形質無窒礙

未見其充塞宇宙 裁和萬物

良有以[109]也.

始未達一間

終致空寂虛無之科[110].

老子所謂 有生於無

搏埴以爲器 而用其無 等語

以其無字 換作氣字 乃不害義也.

佛氏所謂 山河大地之虛空

嚬[111]哿[112]空瓶之空

皆以氣字換之 義亦無不可也.

始緣毫釐[113]之差

而終致千里之繆

以此誠實眞正 反作空寂虛無也.

인정人政/권11/교인문敎人門/공허空虛

기氣를 보지 않고 공空이라 여기고,

기를 망각하고 허虛라 여기지만,

공허 두 글자는 자기 마음을 말한 것일 뿐,

우주는 터럭만큼도 공허가 없다.

마음이 영명한 것을 허라 함은

기를 못 본 데서 나온 것이고,

몸이 귀화하는 것을 무無라 함은

기를 망각한 데서 나온 것이다.

不見氣爲空

忘是氣爲虛

空虛二字 從心發言而已

上下四方 實無一毫虛無.

以心之靈明爲虛者

出於不見氣也

以身之歸化爲無者

出於忘是氣也.

---

109) 以(이)=故也, 因也.
110) 科(과)=坎也, 法也.
111) 嚬(빈)=矉也.
112) 哿(가)=嘉也.
113) 釐(이)=털끝.

노자와 부처는 공과 허를 지극한 도道로 삼지만,		老佛以空虛爲至道

허에는 터럭 한 올의 실實도 더하기를 용납하지 않으며,		虛上不容加得一毫實

무에는 터럭 한 올의 유有도 더하기를 용납하지 않는다.		無上不容加得一毫有.

5절. 유형의 이理

**이理는 유형한
기氣의 일(에르그)**

이理에 대해서는 초기에는 '기氣의 조리條理'라 했고 후기에는 '기의 일(事務)' 이라고 했다. '조리'라고 하면 주기론으로 혼동하여 이理를 무형의 독립적인 존재로 오해할 수 있으므로 아예 '일'로 바꾸어 말한 것이다. 여기서 '일'이라고 말한 것은 이理는 기氣의 활동하는 일(사무)이며 또한 유형임을 말한 것이다. 또한 유형의 이理란 '신기神氣의 성性' 이므로 '경험적인 이理'이며 '검증 가능한 이理'다. 이는 19세기 물리학에서 말하는 에너지(힘)와 에르그(일)을 구분한 것과 유사하다.

기학氣學/권1/13면

운화의 기氣는 곧 유형의 신神이요 유형의 이理다.	運化之氣 卽有形之神 有形之理也.
신 자와 이理 자를 이처럼 명증하게 귀속됨이 있게 함으로써	神理二字 有此明證之歸屬
천고의 어지러움을 종식시키고	可以息千古之紛擾
후세의 의혹을 그치게 할 것이다.	罷後世之疑惑.
신과 이理는 결국 기가 운화하는 일(事)이니,	神與理 乃氣化中之事
마땅히 기의 운화 가운데서 구별될 뿐이므로,	當從氣化中區別
모두 일정한 의미가 주어져 간단하고 쉬워진다.	俱有注泊 簡且易焉.
신은 이미 유형이므로 드러내어 현저한 것이며,	神旣有形 所見顯著
있는지 없는지 알 수 없는 무형의 존재가 아니다.	非無形之有疑惑.
이理는 이미 유형이므로 드러내어 쓸 수 있는 것이며,	理旣有形 擧而措之
단지 무형의 혼돈에 불과한 것이 아니다.	非無形之多[114] 渾淪.

인정人政/권11/교인문敎人門/운화사무運化事務

신기는 사무로 격물을 하고,	神氣 以事務爲格物
사무로 치지를 하며,	以事務爲致知
사무로 존양하고, 사무로 단련하며,	以事務爲存養 以事務爲鍛鍊
사무로 성덕하며, 사무로 후세를 가르친다.	以事務爲成德 以事務敎後生.

---

114) 多(다)=過也, 다만.

사무가 아니라면 신기는 무엇으로 그 능함을 성취할 것인가?　若非事務 神氣何以成就其能.

추측록推測錄/권2/추기측리推氣測理/대상일기大象[115]—氣

기氣란 천지에 가득 차서 끊임없이 순환하나,	氣者充塞天地 循環無虧
모이고 흩어지는 것이 때에 알맞으니 그 조리를 이理라고 말한다.	聚散有時 而其條理謂之理也.
기가 퍼지면 곧 이理도 따라서 존재한다.	氣之所敷 理卽隨有.
전체를 들어 기가 하나라고 한다면	擧其全體 而謂之氣
이理 역시 하나이며,	一 則理亦是一也
분수를 들어 기가 만 개라고 하면	擧其分殊 而謂之氣萬
이理 역시 만 개가 된다.	則理亦是萬也.

인정人政/권9/교인문敎人門/이유허실理有虛實

기氣를 알지 못하면 이理를 알지 못하고,	不識氣則不識理
기를 보지 못하면 이理를 보지 못할 것이다.	不見氣則不見理.
기를 모르는 자는 성리를 중시하는 것으로 귀착되어,	不識氣者歸重於性理
단지 이理가 천하에 가득 찼음을 알 뿐이다.	而但知理滿天下矣.
기를 보지 못한 자는 오직 공허한 이理를 궁구하고,	不見氣者 惟究於虛理
단지 이理가 신령하다고 말할 뿐이다.	而語皆神靈之理也.
성리性理는 허리虛理일 뿐,	性理虛理
본래 운화의 기에서 얻어진 것이 아니므로,	素[116]不得來於運化之氣
그것을 기에 조치하고 시행하면 어긋남이 많다.	則其措施於氣者 多違戾.
사람은 기에서 태어났고 평생 사용하는 것은 기 아닌 것이 없다.	蓋人生於氣 平生須用 無非氣也.

기학氣學/권1/5면

대개 기氣의 밝은 것을 영령이라 하고,	蓋氣之明 曰靈
기의 능한 것을 신神이라 하고,	氣之能 曰神
기의 조리를 이理라 하고,	氣之條理 曰理
기의 경험을 지知라 하고,	氣之經驗 曰知

---

115) 大象(대상)=노자는 道를 大象이라 했다(『老子』14장 및 41장).

116) 素(소)=原來, 本也.

기의 순환 운동을 변화라 한다.   氣之循環 曰變化.

기학氣學/권1/13면

기氣의 조리를 이理라 하며, 조리는 곧 기다.   氣之條理爲理 條理卽氣也.

항상 기 안에 있으며, 항상 기의 운행을 따라 행한다.   常在氣中 常隨氣運而行.

그러므로 이것을 '천기 유행의 이理'라고 말하는 것이다.   是謂天氣流行之理也.

기학氣學/서序

중고의 학문은   中古之學

다분히 무형의 신神과 이理를 종주로 삼고,   多宗無形之理 無形之神

그것을 상류 사회의 고매함으로 여기고,   以爲上乘高致

만약 유형의 물체와 검증되는 일을 종주로 삼으면,   若宗有形之物 有證之事

그것을 하류 사회의 보잘것없는 것이라 말한다.   以謂下乘庸品.

기학은 이와 비교하면 무형의 신 대신 유형의 신이며,   稽之於無形之神 是乃有形之神.

무형의 이理 대신 유형의 이理다.   較之於無形之理 是乃有形之理.

천지 유형의 신리神理를   以天地有形之神理

천지 유형의 사물에 실험해보면,   驗天地有形之事物

충분히 증험할 수 있고, 서로를 밝게 발현할 것이니,   自足證援 互相發明

신리는 사물을 형상하고, 사물은 신리를 형상한다.   神理形事物 事物形神理.

천하에 무형의 사물은 없고,   天下無無形之事物

흉중에는 유형의 추측이 있을 뿐이다.   胸中有有形之推測.

기학氣學/권2/26면

유형의 이理를 말하는가? 무형의 이理를 말하는가에 따라,   理之有形無形

학문의 허虛와 실實, 사업의 이로움과 노둔함이 분별된다.   爲學問之虛實 事業之利鈍.

천인 운화의 이理는 유형의 이理이며,   天人運化之理 卽有形之理

마음속의 주관적 의사의 이理는 무형의 이理다.   中心意思之理 卽無形之理也.

이것을 모르면 옛 견문만 좇아,   若不識此 只從舊聞見

만사 만물을 모두 자신의 마음에서 구한다.   萬事萬物 皆求於心.

운화의 표준에 따르지 않고   旣不因運化之準的

오직 주관적 의사의 헛된 그림자에서 구하니,　　　　　惟求於意思虛影

이것이 곧 무형의 이理다.　　　　　　　　　　　　　是乃無形之理也.

유행의 이理
추측의 이理　　　자연의 유행流行하는 이理는 유형의 이理이며. 심心으로 추측推測하는 이理는
　　　　　　　　　　무형의 이理다. 추측의 이理는 유행의 이理로 검증되지 않는 한 '참된 이理' 즉
진리가 아니다. 그런데 성리학의 이理나 태극의 이理는 추측의 이理에 해당될 뿐, 그것 자체가 천
지자연의 유행의 이理는 아니다. 그러므로 유교의 덕목들은 최종적인 것이 아니며 천리天理에 부
합하는 한에서만 진리일 뿐이다.

추측록推測錄/권1/체통體通/이유기통理由氣通

나의 신기에는 추측의 이理가 있고,　　　　　　　　在我之神氣 有推測之理

물건의 기질에는 유행의 이理가 있다.　　　　　　　在物之氣質 有流行之理.

그것을 통하게 하는 것은 이목의 힘이다.　　　　　　所以通之者 耳目之力也.

이목으로 하여금 추측하게 하는 것은 신기의 작용이며,　使之推測者 神氣之用也

물리가 통하여 드러나는 것은 기질이 드러나는 것이다.　物理之通現者 氣質之著也.

추측록推測錄/권2/추기측리推氣測理/유행리추측리流行理推測理

이理는 기氣의 조리이므로,　　　　　　　　　　　理是氣之條理

기가 있으면 이理도 있고, 기가 없으면 이理도 없으며,　則有氣必有理 無氣必無理

기가 동동하면 이理도 동하고, 기가 정靜하면 이理도 정하며,　氣動而理亦動 氣靜而理亦靜

기가 흩어지면 이理도 흩어지고, 기가 모이면 이理도 모이니,　氣散而理亦散 氣聚而理亦聚.

이理는 기에 앞서거나 뒤진 적이 없다.　　　　　　理未嘗先於氣 亦理未嘗後於氣.

이것이 '천지의 유행의 이理'다.　　　　　　　　　是乃天地流行之理也.

인심은 스스로 추측의 능함이 있어,　　　　　　　人心自有推測之能

사후에 측량하거나 또는 미연에 측량할 수 있다.　　　而測量其已然 又能測量其未然.

이것이 곧 '인심의 추측의 이理'다.　　　　　　　是乃人心推測之理也.

유행의 이理는 천지의 도道요,　　　　　　　　　流行之理 天地之道也

추측의 이理는 인심의 공부다.　　　　　　　　　推測之理 人心之功也

먼저 공부로 도를 구하고, 다음으로 도로써 공부를 검증한다.　　先以功求道 次以道驗功.

추측록推測錄/**권2/추기측리**推氣測理/**추측여기유선후**推測與氣有先後

기氣의 조리를 이理라고 한 것은　　氣之條理爲理者

유행의 이理를 지칭한 것이다.　　指其流行之理也.

마음에 있는 사물을 이理라 함은 추측의 이理를 지칭한 것이다.　　心在物爲理者 指其測量之理也.

유행의 이理는 기氣와 어긋남이 없으나,　　流行之理 與氣無違

추측의 이理는 기氣와 어긋남이 많다.　　推測之理 與氣多違.

그러므로 기를 미루어 이理를 측량하면 자연과 인간이 일치한다.　　故推氣而測理 天人一致.

추측록推測錄/**권2/추기측리**推氣測理/**추측이유행리위준**推測以流行理爲準

천지 만물의 유행의 이理는　　天地萬物流行之理

건순 화육하는 속에 결부되어 있으므로,　　付諸健順化育之中

사람이 증감할 수 없다.　　非人之所能增減.

반면 추측의 이理는　　若夫推測之理.

나고 성숙함에 따라 득실이 나뉘며,　　自有生熟得失之分

마름질하고 변통할 수 있다.　　可以裁制變通.

이학의 이理, 태극의 이理 등　　理學之理 太極之理

이제껏 서적에서 말하는 이理는,　　凡載籍之論理者

모두 추측의 이理일 뿐이다.　　儘是推測之理也.

그러나 추측의 이理는 유행의 이理를 표준으로 삼아야 하고,　　推測之理 以流行之理爲準的

유행의 이理는 기질로써 분별된다　　流行之理 以氣質爲分別.

추측록推測錄/**권2/추기측리**推氣測理/**천인유분**天人有分

기질(형체)의 이理는 유행(運化)의 이理이며,　　氣質之理 流行之理也

추측(마음)의 이理는 스스로 깨달은 이理다.　　推測之理 自得之理也.

학습이 비롯되기 이전은 단지 유행의 이理일 뿐이며,　　未有習之初 只此流行之理

학습이 있은 이후에 비로소 추측의 이理가 있게 된다.　　旣有習之後 乃有推測之理.

만약 추측의 이理가 유행의 이理에서 나온다고 말하면 옳지만,　　若謂推測之理 出於流行之理則可

추측의 이理가　　若謂推測之理

곧 유행의 이理라고 말하면 옳지 않다.

即是流行之理則不可.

추측록推測錄/권6/추물측사推物測事/궁리불여추측窮理不如推測

유행의 이理는 마치 태양 광선이 만물에 비춰주는 것과 같고,

추측의 이理는 마치 대얏물이 빛을 반사하는 것처럼,

대아에 한정되는 것과 같은 이치다.

流行之理 如太陽放暉 萬物遍照

推測之理 如盤水飜光

惟在於盤.

**자연의 이理
당연의 이理**

성리학에서는 존재 법칙(Sein)과 당위 법칙(Sollen)을 구별하지 않고 하나로 통합한다. 하지만 혜강은 이를 엄격히 구분하고 있다. 즉 자연법칙 또는 존재 법칙은 유행지리流行之理이며, 그것을 마음으로 인식하고 경험하고 실험하는 것은 추측지리推測之理다. 또한 추측한 유행지리를 인간 생활에 적용한 것도 추측지리다. 그러나 인륜人倫의 이理는 추측지리 중에서도 당위적 명령이므로 자연의 이理와 일치한다는 보장이 없다. 그러므로 추측의 이理인 당위 법칙은 유행의 이理인 존재 법칙을 받들고 따라야만(承順) 선善이 된다고 말한다.

추측록推測錄/권2/추기측리推氣測理/천인유분天人有分

유행의 이理는 천도요,

추측의 이理는 인도다.

인도는 천도에서 나오고, 추측은 유행에서 나온다.

이렇게 해석한다면

천도와 인도의 분별이 없을 수 없고,

유행과 추측 또한 저절로 분별이 있게 된다.

만약 분별이 없이 인도를 천도라고 하거나,

추측을 유행이라고 한다면 착오가 많이 생긴다.

혹자는 '온갖 이치가 내 마음에 갖추어져 있다'고 생각하여,

사물의 이치를 오로지 마음에서 탐구하고,

사물을 추리하고 측량할 줄 모른다.

또 혹자는 기존의 잘못된 견해를 천리와 같은 것인 양 말하고,

사물마다 각각 특수한 천리를 고려하지 않는다.

流行之理 即天道也.

推測之理 即人道也.

人道出於天道 推測出於流行.

既有此飜譯

則天道人道不可無分別

流行推測 亦自有分別.

若無分別 以人道爲天道

以推測爲流行 則錯誤多端.

或以爲萬理皆具於我心

事物之理 惟窮究於心

不識推事物以測事物.

或以己見之誤得 謂天理之同然

而不顧物各殊之天理.

자연은 천지의 유행의 이理이며,	自然者 天地流行之理也
당연은 인심의 추측의 이理다.	當然者 人心推測之理也
학자는 자연을 표준으로 삼고,	學者 以自然爲標準
당연을 공부로 삼는다.	以當然爲功夫.
자연은 천天에 속하므로	自然者屬乎天
인력으로 늘리거나 줄일 수 없다.	非人力之所能增減.
당연은 사람에 속하므로	當然者屬乎人
그것을 기르는 것을 공부로 삼는다.	可將此而做工夫也.
요컨대 자연을 표준으로 삼는 것이	要以自然爲標準
공부의 정도다.	是乃功夫之正路也.
혼미함이 있는 경우는	或有昏迷者
전적으로 자연을 잘못 공부했기 때문이다.	專在自然上 錯用工夫.
이런 사람은 하늘을 바꾸려고 바쁘지만 무익한 도로일 뿐이다.	是謂替天忙 徒勞無益.
반대로 당연에 전혀 생각을 두지 않으면,	祛將當然 全不着意
이는 인간의 도리를 저버리는 것이니 필경 무엇을 성취할 것인가?	是謂棄人道 竟有何成哉.

심기론

혜강은 존재론에서 유물론적 유기론唯氣論을 말했으므로 인성론에서도 천天= 명命=성性=심心은 모두 기氣의 별명에 불과하다. 즉 천의 신기神氣와 인人의 신기는 같다는 것이다. 이는 청 대의 심기학心氣學을 그대로 수용한 것이다. 청 대의 기학이나 혜강의 기학은 모두 유교를 비판하면서도 인간과 사회와 자연의 기는 하나라는 유교의 인간 소우주론 내지 우주 일가론을 그대로 승인한다는 점에서 일치한다. 다만 주리론의 성즉리性卽理와는 물론 다르지만, 주기론의 심즉기心卽氣 또는 기철학의 심성합일론心性合一論과도 '기'와 '신기'의 개념 차이만큼 다르다. 혜강의 신기는 이理를 내재한 기, 정미한 기, 또는 신神 같은 기, 혹은 지각의 신통력을 가진 자연의 기라는 뜻이므로 무형의 기와 달리 유형의 기이며 증험할 수 있는 기, 활동 운화하는 기다.

그러므로 인간의 심心은 신기의 활동 운화다. 따라서 선악이란 것도 순기順氣와 역기逆氣의 차이일 뿐이다. 즉 유행의 기를 어기면 악惡이요, 승순承順하면 선善이다.

추측록推測錄/**권2/추기측리**推氣測理/**기생성색**氣生聲色

빛은 형체가 없다. 기의 번쩍거림을 빛이라 한다.

소리는 실체가 없다. 기가 부딪치는 것을 소리라 한다.

심心은 실체가 없다. 사리를 추측하는 것을 심이라 할 뿐이다.

光[117] 無體 以氣閃爲光.

聲無體 以氣擊爲聲.

心無體. 以推測事理爲心.

추측록推測錄/**권2/추기측리**推氣測理/**적점생력**積漸生力

귀로 듣고, 눈으로 보고, 말하고 움직이고, 생각하고 등등

소리 없이 운행하는 것은 모두 기氣 아닌 것이 없다.

심心이란 몸을 주관하는 기다.

추측이 정밀하고 실천이 독실하면 저절로 힘이 생겨,

사물에 의해 혼들리지 않고

강건한 경지에 들어간다.

耳聞 目見 言論 行動 潛思

黙運 無非氣也.

心乃一身之主氣也.

推測精明 操履篤實 自生其力

不爲物所擾奪

而得入剛健之域.

---

117) 당시엔 素粒子로서 光子가 발견되지 않았음.

기학氣學/권2/26면

마음의 기氣는 본시 운화하는 물건이며,

대기 운화에서 나누어 받은 것이므로,

그 기미가 서로 감응하는 것이 모자지간과 같다.

그래서 대기의 유형의 이理를 밖으로부터 익혀,

안으로부터 기를 감응하면,

저절로 흡수되어 안에서 형체를 이룬다.

또한 밖에 있는 유형의 이理와 비교 검증함으로써,

그 미진한 형체를 다할 것이다.

이처럼 심중의 이理를 쌓아나가면,

형체가 견실하게 될 뿐 아니라 밝음이 생길 것이니,

이것이 곧 운화하는 기의 이理인 것이다.

心氣本是運化之物

分得于大氣運化之中

其幾微之相應相感如子母.

然以有形之理 慣熟於外

自內感應氣

自有翕[118] 受成形于中.

又較驗于在外有形之理

以盡其未盡之形.

如是積蓄心中之理

非但有形至於堅 又生光明

乃是運化氣之理也.

인정人政/권9/교인문敎人門/선악허실생어교접善惡虛實生於交接

이른바 심心의 본체는 곧 신기다.

몸에서 운화하면 강약과 청탁이 있게 되고,

밖의 기氣와 교접하면 선악과 허실이 된다.

선善은 순기順氣이고 악惡은 역기逆氣이며,

허虛는 망실된 기이고 실實은 충만한 기다.

교접 운화로 인하여 선악과 허실의 이름이 생기는 것이니,

교접 운화가 있기 전에야

어찌 선악과 허실의 이름이 있겠는가?

세속의 의논은 지각을 얻게 된 원인은 궁구하지 않으면서,

단지 그 발용되는 끝만 보고,

처음부터 품부받아 구비되었다고 여긴다.

그래서 사물마다 그 마음을 찾아,

이른바 정해진 이理를 억지로 증험하려 한다.

이들은 신기 중에 먼저 선악 허실이 있다는 것이므로

故所謂心體卽神氣也.

運化於身 有强弱淸濁

交接於外氣 爲善惡虛實.

善者順氣也 惡者逆氣也

虛者忘[119] 氣也 實者充氣也.

由交接運化 而有善惡虛實之名

未有交接運化

何有善惡虛實之名.

世俗之論 不究其所以得

只見其發用之端

以爲自初稟賦所具.

乃索之於事事物物之中

强證其所謂定理者.

是神氣之中 先有善惡虛實也

---

118) 翕(흡)=화합하다.

119) 忘(망)=失也, 忽也.

귀는 소리를 듣기 전에 총명하고,　　　　　　　　　　耳未聽聲而以爲聰

눈은 색깔을 보기 전에 밝다고 여긴다.　　　　　　目未見色而以爲明.

이는 도리어 총명을 막아버려, 신기의 순담한 본체로 하여금,　反塞其聰明 至使神氣純澹之體

그 작용을 완전하지 못하게 한다.　　　　　　　　不能完全其用也.

인정人政/권11/교인문教人門/심성정리心性情理

신기가 일신을 주관하는 것을 심心이라 하고,　　　　神氣之主於一身 謂心也

신기가 활동 운화하는 것을 성性이라 하고,　　　　神氣之活動運化 謂性也

신기가 만남에 따라 발용하는 것을 정情이라 하고,　神氣之隨遇發用 謂情也

신기가 추측한 조리를 이理라고 한다.　　　　　　神氣之推測條理 謂理也

이처럼 심, 성, 정은 일정하게 가리키는 표적이 있다.　心性情有一定指的.

심학을 대체한 운화교

혜강은 성리학이나 불교에서처럼 마음을 스승으로 삼지 않는다. 성리학에서 이른바 진선眞善의 '미발未發의 중中'이란 신기神氣 운화일 뿐이라는 것이다. 앞에서 말한 것처럼 그에 의하면 심心의 본체는 곧 신기다. 따라서 선악이란 것도 순기順氣와 역기逆氣일 뿐이다. 그러므로 "성인보다 운화를 스승으로 삼아야 한다"라고 주장한다.

이것은 혁명적인 발언이다. 구학舊學의 근거는 주관적인 추측의 이理에 있었으나, 자신의 신학新學인 기학은 천지 운화를 근거로 했기 때문에 이에 부합하지 않는 것은 모두 변통해야 한다는 것이다.

그리고 그 새로운 변통을 기화인도교氣化人道教, 천인교天人教, 운화교運化教, 기학氣學 등으로 명명했다. 이것이 과연 새로운 종교인지 아니면 교화의 방도인지는 단정할 수 없으나 주목되는 점이다. 이것은 성인과 단절하고 지식을 버리라는 절성기지絶聖棄智 그리고 '무위자연無爲自然'을 말한 노장이나, "군주를 법도로 삼을 수 없고 하늘을 법도로 삼아야 한다"고 주장한 묵자와 비교해도 파격적인 것이며, 성인의 도덕 질서의 권위를 완전히 부정하고 새로운 도덕 질서를 제창한 것이므로 유학을 거부하는 혁명이라고 말할 수 있다.

인정人政/권8/교인문教人門/운화교運化教

가르치지 않아도 스스로 행할 수 있는 것이　　　　不教而能自行

천인天人 운화運化의 가르침이다.

한 몸의 생장 쇠로는

비록 늘리고 줄이려 해도 할 수 없고,

용모의 미추 귀천은

바꾸려 해도 방법이 없다.

봄에 곡식을 심고 가을에 거두며,

여름에 베옷 입고 겨울에 갖옷 입는 것은

스스로 계절의 질서를 받들고 따르는 것이며,

목마르면 물 마시고 배고프면 밥 먹으며,

좋으면 순順하고 싫으면 역逆하는 것은

누가 그 법칙을 어기고 초월할 수 있겠는가?

바람과 비로 윤택하게 하고 천둥과 번개로 고동치는 것이

어찌 생령을 가르치려는 의도였다고 할까마는

작게는 낮과 밤, 크게는 사시에 이르기까지

신기의 인도함이 아닌 것이 없다.

하늘은 비록 말이 없지만 민생이 어찌 따르지 않겠는가?

우주에 이러한 가르침을 외면할 수 있는 인물은 없으며,

격언과 지론도 모두 이 가르침의 단서를 모방한 것이다.

그러나 제왕이 조령을 내려 관할 안에 두루 시행하거나,

스승의 우두머리가 훈회하여 학자들을 감복시키는 것은

운화의 가르침에는 미치지 못함이 있다.

조령과 훈회가 운화를 대신하여 발언하면,

천하의 청중을 흥기시키고, 운화를 열어 지시하여,

천하의 행동을 유도한다면 교화하기 쉬울 뿐 아니라

역시 사람마다 모두 배울 수 있을 것이다.

天人運化之敎也.

一身之生長老衰

雖欲進退而不得

容貌之妍醜貴賤

雖欲變改而無術.

春耕秋穫

夏葛冬裘

自有承順節序

渴飮飢食

好順惡逆

誰能違越範圍.

潤以風雨 鼓以雷霆

豈有意於敎生靈

小而晝夜 大而四時

莫不神氣之指導.

天雖不言 民豈不循.

窮宙達宇 未有外此敎之人物

格言至論 皆是摹此敎之端緒.

帝王詔令 周旋於管轄之內

師長訓誨 服膺[120] 於提誘之類

乃是有間於運化之敎也.

詔令與訓誨 代運化而發言

起天下之聽 闡[21] 運化而指示

導天下之行. 奚但易爲敎也

亦可人皆學也.

120) 服膺(복응)=從受也.

121) 闡(천)=開也, 明也.

인정人政/권25/용인문用人門/사운화師運化

성인을 스승으로 삼는 것은 운화를 스승으로 삼는 것보다 못하다.	師聖人不如師運化.
성인은 원래 천지 운화를 스승으로 삼아,	元來師天地運化
도학을 이루어 백성에게 교화를 베풀고,	以成道學 敷教化於天民
치국안민을 할 수 있는 인재를 가려내고	擇其可治安者
그들을 등용하여 태평성대를 이룬다.	用之以隮[122] 郅[123] 隆.
그런데 성인을 배우는 후학들은	後之學聖人者
단지 성인의 동정과 시정施政만을 스승으로 삼는다.	只師聖人之動靜施爲.
운화의 승순을 스승으로 삼아	不師其運化承順
사람을 쓰고 편안하게 다스리는 근본으로 삼지 않고	爲用人治安之本源
경문 해석에 천착하고 고증을 찾는 데 지리해져서	穿鑿於經文解釋 支離於考證
그 말류의 폐단이 멀리 퍼졌고,	通訪末流之弊
천도를 해치고 성학에 어긋나는 데까지 이르렀다.	至於害天道 而違聖學.

인정人政/권9/교인문敎人門/성심成心

천인 운화를 터득하지 못하면,	未見得於天人運化
오직 마음만을 스승으로 삼기 마련이라,	勢將惟心是師
옛사람의 마음에 대한 글을 주워 모으고	掇拾古人論心之文
자기 마음의 고뇌를 파고들어, 정해진 마음에 이른다.	穿鑿自己用心之苦 至於成[124] 心.
정해진 마음을 한번 품으면 제거하기 어렵고 피해가 깊어진다.	一懷成心 去之難而害則深矣.

인정人政/권8/교인문敎人門/기화인도교氣化人道敎

우주인의 품성은	宇宙人禀
운화의 기氣를 받들어 생사와 시종으로 삼았고,	承運化之氣 以爲生死始終
수천 년 쌓아온 경험에서 얻은 것을	數千載積累經驗所得
인도와 경륜으로 삼았으며,	以爲人道經行
이 뜻을 총괄하여 가르침을 세웠으니	總括此義樹立敎
이름을 기화인도교 또는 천인교라 하였다.	名曰氣化人道敎 又曰天人敎.

---

122) 隮(제)=登也.

123) 郅(질)=至也.

124) 成(성)=定也. 熟也.

이것은 근원과 가지가 서로 준거하여 맥락이 통하고,

본말이 두루 갖추어져 기미가 감통하며,

운화를 추측하여 인도를 구명하고,

인도를 들어 운화에 질정質定한 것이니,

파벌끼리 서로 헐뜯는 습관으로

이 완전하고 성실한 가르침을 욕하고 헐뜯어서는 안 된다.

源委相準 而脈絡貫徹

本末兼備 而機微感通

推運化而究明人道

擧人道而就質[125] 運化

不可以門戶傾訐之習

訾毁此完備誠實之敎.

인정人政/권8/교인문敎人門/인위주기위주人爲主氣爲主

고인의 학문은

인사를 위주로 해서 천도를 추측함이 많았고,

운화기를 위주로 하여

승순함을 인도로 삼은 경우는 드물었다.

인사를 위주로 하면 내 몸이 있으면

천지 만물이 있고,

내 몸이 없으면 천지 만물도 없다고 생각할 뿐,

한 몸이 없어도

억조의 생명은 여전히 영속하며,

무궁한 운화를 따르고 있음을 알지 못한다.

우선 이것은 고사하고

견문을 추측 확장하여 운화의 기氣를 궁구하여 얻으면,

나머지는 모두 차례대로 따를 것이며,

인도는 스스로 드러나고 교법도 활짝 열릴 것이다.

古人之學

多以人事爲主 而推度天道

鮮能以運化氣爲主

而承順以爲人道.

以人爲主者 有吾身

則有天地萬物

無吾身 則無天地萬物

須不知 雖無一身

而億兆生靈自在承續

率循無窮之運化.

姑捨是

而推擴見聞 窮究運化氣

其餘皆循序

而人道自著 敎範洞開.

기학氣學/권1/49면

지금에 와서 대기 운화를 반복하여 밝히는 것이

백성이 살아가는 도리에 무슨 보탬이 될까?

대체로 본원이 어둡더라도

단지 행하고 쓰는 것은 가능하겠으나,

어찌 본말을 통찰하여 수시로 조처함만 같겠는가?

到今大氣運化反復推明

有何補於民生道理乎.

大體則 晦昧本源

但能行用

豈若統察源委 隨時措處.

---

125) 質(질)=正也, 成也, 驗也.

다음은 이미 준수해야 할 대도가 있으니,

이단 잡설에 흔들려 뜻을 빼앗기지 않게 된다.

다음은 도량이 넓고 허허로워 억지로 힘쓰지 않아도,

사해동포의 혈맥이 관통한다.

다음은 세계가 변화해나갈 전후의 일을 미리 헤아려,

사후의 사업을 생전에 이룰 수 있다.

다음은 일용 행사가 스스로 따라야 할 일정한 궤도를 이루어,

헛되이 힘을 낭비함이 없이 뒤의 학자에게 길을 열어주게 된다.

다음은 물과 불의 기계의 작동에 미묘한 기미를 즐거워하고,

의장을 제작하며 독창적인 취향으로 살게 된다.

이상 대강을 거론했으나 어찌 그 깊은 뜻을 다 말할 수 있으리오?

평생의 언행이 천인을 일관하여 어긋남이 없고,

조리가 있어 문란하지 않을 것이며,

이 학문을 넓게 펴 그 효험이 넓혀지면,

왕공이 그것을 얻어 인기人氣의 운화를 통일하게 되고,

스승이 그것을 얻어 인기의 운화를 인도할 것이다.

그리고 생업이 있는 자는 그 생업을 함에 보탬이 될 것이며,

일을 경영하는 자에게는 경영하는 일에 이로움이 있을 것이다.

인정人政/권12/교인문敎人門/구조효험九條效驗

운화교의 효험은 다음과 같다.

제일.

성실한 근거가 있어 안팎이 서로 증험하므로,

마음의 혼란과 흔들림이 없다.

제이.

허무에 빠지고 부질없이 입과 귀로만 익히거나,

서로 비방하고 배척하는 일이 없다.

제삼.

其次則 旣有當遵之大道

不爲異端雜說所撓奪.

其次則 度量恢廓 不待勉强

四海同胞血脈貫通.

其次則 輪轉世界先後豫度

身後事業生前做得.

其次則 日用常行自成軌轍

無枉費力 有開來學.

其次則 水火器用 悅微妙之機

意匠制作 寓創始之趣.

大綱繹擧 何能盡其蘊.

平生言行 貫天人而無違

有條理而不紊

使斯學廣布 其效廣

王公得之 爲統人氣之運化

師長得之 爲導人氣之運化.

有業者有所業之益

營事者有所事之益.

運化敎效驗.

弟一.

誠實有據 內外相證

無所擾[126] 奪矣.

弟二.

不陷虛無 徒習口耳

互相譏斥矣.

弟三.

---

126) 擾(요)=煩也, 亂雜也, 亂也.

신령은 곧 운화의 참 행적이 되므로,

시속의 귀신에 현혹되지 않는다.

제사.

간지는 가설의 명목이고,

부적과 주문은 궤변일 뿐,

운화와 전혀 관계가 없는 것이므로 방술보다 더 싫어한다.

제오.

인물의 생성은 운화의 차례가 있는지라,

억지로 진퇴하려 하지 않는다.

제육.

현재의 운화를 알고

선인의 서적을 고찰하여,

맞으면 선각자로 신복하고,

맞지 않으면 진부한 것으로 돌린다.

제칠.

사농공상의 생업은

운화의 이로운 형세에 따라 진퇴 조종하고,

매사에 절반으로 공은 갑절이 되며, 낭설에 의혹됨이 없다.

제팔.

사람마다 날마다 새로운 경험이

삼라만상의 사물에 편재하니,

항상 실행을 따라 깨달음이 있어

부합하는 즐거움이 무한하다.

제구

일신 운화, 통민 운화,

대기 운화가 서로 법도가 되므로,

준수할 규범과 대소의 분수와 등급이 있고,

은혜롭게 이끄는 잣대가 있어 차례를 넘지 않는다.

神靈卽是運化眞蹟

不惑於時俗之鬼神矣.

弟四.

干支乃假說之名目

符呪卽禳[127]禱之詭法

少無關於運化 疾之深於方術矣.

弟五.

人物生成 自有運化次序

不可以强力進退也.

弟六.

見得於方今運化

而攷察于前人文字

合則信服先得

不合則因作陳腐矣.

弟七.

士農工商之業

隨運化之利勢 而進退操縱

庶事半而功倍 無疑於浪說矣.

弟八.

人人日新之證驗

遍在於羅列之事物.

隨常行而有覺

符合之樂 無有限量矣.

弟九.

一身運化 統民運化

大氣運化 相爲效則

有導守之範圍 大小分等

有惠迪[128]之規矩 次序難越矣.

---

127) 禳(양)=祈也.

128) 迪(적)=進也, 至也, 開發也.

비판
(주체의소외)

유물론의 일반적인 단점과 한계는 주체의 소멸로 빠지는 데 있다. 혜강이 인人 위주를 기氣 위주로 전환한 것도 이런 비판에 자유롭지 못했다. 인간의 자연성과 의식성 중에서 자연성을 중시하고 강조하면 할수록 의식성은 축소된다. 혜강은 인간이 간여할 수 없는 천기 운화에 대한 승承과 인간이 더불어 살아가야 할 사회 질서인 통민 운화에 대한 순順을 말하고, 아울러 인간이 자주할 수 있는 범위인 일신 운화와 교접 운화에서의 변통과 추측을 말한다. 하지만 변통과 추측은 어디까지나 승순을 벗어나지 않아야 한다고 강조함으로써 인간의 자주 자유의지의 범위를 축소시킨다.

이처럼 유물론의 한계를 극복하기란 지난한 것이다. 북한의 주체사상이 유물론의 한계를 극복했다고 자찬하면서 인간의 자주성, 창조성, 의식성을 주체성이라고 강조하지만 사실은 '국가 유기체론'과 '단체 생명론' 및 이에 따른 '수령 뇌수론腦髓論'과 '인민 수족론'으로 도리어 인간을 소외시킨 점을 우리는 반면교사로 삼아야 할 것이다.

또한 유물론은 도덕론의 불신과 부재를 수반한다는 것이 일반적인 문제점이다. 특히 역사법칙주의나 혁명을 거론하면 대부분 인간성을 경시하고 잔혹해진다는 역사적 경험이 증언해주는 결함을 어떻게 극복하느냐의 문제가 나타난다.

추측록推測錄/**권6/추물측사**推物測事/**이인사승천도**以人事承天道

천도는 인사를 위하여 바뀌지 않는다.　　　　　　　　天道未嘗爲人事而變改矣.

인사는 다만 천도를 승순하여 시작되고 끝나는 것이다.　人事只是承天道 而始終者也.

그러므로 천도로써 인사를 다스린다면 옳지만,　　　　故以天道爲人事則可

인사로써 천도를 다스린다 함은 불가하다.　　　　　　故以人事爲天道則不可.

신기통神氣通/**권1/체통**體通/**형질추측이통**形質推測異通

형질의 통(감각)을 의지해서 추측의 통(心測)에 도달하려면,　因形質之通 而達之于推測之通

나를 주장하는 것을 가볍게 하고,　　　　　　　　　　主我者輕

사물을 주장하는 것을 깊게 해야만,　　　　　　　　　主物者深

천인이 통하여 잘못이 적을 것이다.　　　　　　　　　庶幾通天人而少差謬.

기학氣學/**권2/3면**

대개 하나의 마음을 만 가지 조화의 근원으로 생각하는 자는　盖以一心爲萬化之源者

범사를 마음에서 모두 먼저 구명하고 나서 사물을 계교한다. | 凡事皆先究於心 而後稽于事物.
여기서 나만을 앞세우는 주아의 병통이 비롯되는 것이다. | 主我之病 所由始也.
만약 사물의 운화를 | 曷若以事物運化
밖에서 깨달아 마음에 간직하고 | 得之于外 藏之于心
기미에 따라 밖으로 그것을 행하면, | 隨機而行之于外
주아의 병통이 없어지고 하늘을 따르는 효과가 있을 것이다. | 無主我之病 有順天之效.

명남루수록 明南樓隨錄/46면

대기는 활동 운화하는 성질로 인하여, | 大氣以活動運化之性
냉열, 건습, 풍양, 우로의 교화를 행하므로, | 行冷熱乾濕風暘雨露之敎
사람과 만물이 생장 수장하는 시종과 조리는 | 而人物之生長收藏 始終條理
그것을 조금도 어기지 못하고 다만 받들고 따를 뿐이다. | 不可毫末違戾 但當承順而已矣.
그러나 기화를 모르거나 오해하는 사람은 | 未達氣化之人 錯認氣化之人
활동 운화가 바로 신神이라는 사실을 모르고, | 不識活動運化之爲神
걸핏하면 천지에 신묘한 조화가 있다고 이름을 붙인다. | 而輒名天地有至神之造化.
이들은 기氣보다 먼저 신이 있는 것으로 착각하고, | 是氣之先有神也
기의 공덕이 곧 신이라고 말하면 이를 비난한다. | 非因氣之功德而稱厥神.
실은 기와 신은 서로 떨어지지 않고 늘 따라다니며 | 則其實氣與神不相離而常隨
운행하며 광채와 그림자와 울림을 | 行光彩影響
때로 발하고 때로 거두는 것이다. | 時發時斂矣.

제 5 부 유물론적 신학

873

신기천험 身機踐驗/권1/39면/기육절용 肌肉切用

사람의 몸에는 자주自主할 수 있는 것이 있으니 | 人身有能自主
수족과 오관이 그것이다. | 手足五官.
사람이 자주적으로 작용하여 외물에 맞추어 처리하는 것이다. | 人得自主而用 以應理外事者也.
또 자주할 수 없는 것이 있으니, | 又有不能自主者
심, 뇌, 폐, 위, 장 등 | 身內之心腦肺胃腸 等
경락이 그렇다. | 經[129] 是也.
그러나 원래는 사람이 천지의 활동 운화 기氣를 승순하여, | 蓋人承順天地活動運化氣

---

129) 經(경)=營也, 治也, 脈也.

몸의 골육과 혈맥 등에 저장하여 행하는 것이니,　　　行貯於身骨肉血脈等類

털끝 하나라도 활동 운화의 기가 아닌 것이 없다.　　無一毫非活動運化氣.

외부에 응접하고 인물에 대응하는 것도　　　　　　接於外及應於人物

모두 활동 운화의 기氣다.　　　　　　　　　　　皆是活動運化氣.

어찌 한 푼이라도 자주하는 것이 있겠는가?　　　　有何一分自主者也.

단지 마음에 얻은 지각이 기의 운화를 따르지 않고,　但心得知覺 不循氣化

만사 만물을 뜻대로 배열하고 편다면　　　　　　　萬事萬物惟意排布

혹시 자주라고 말할 수도 있다.　　　　　　　　　或可謂自主.

그러나 자주라는 이 두 글자는　　　　　　　　　然自主二字

후인들을 쉽게 계몽하여 큰 병통을 주었다.　　　　易啓後人大病痛.

의학에서는 오히려 피해가 심하지 않았으나　　　　在醫學害不至深

다른 여러 학문에서는 피해가 심하였다.　　　　　在諸學其病尤深.

진실로 신기 운화를 마음대로 주관할 수 있다면　　苟能專主神氣運化

만백성의 병을 치료할 수 있겠으나,　　　　　　　萬姓之病 可以調治

자주하는 마음으로 얻은 허망한 이치로　　　　　自主心得虛理

백성의 병을 낫게 하고자 하면 치료가 어려울 것이다.　欲解斯民之病 難醫哉.

7절 . 유물론적 인식론

경험론

혜강은 맹자의 "만리萬理가 다 내 마음에 갖추어져 있다"라는 선험론을 반대하고, 묵자의 소염론所染論을 계승한다. 묵자의 소염론이란 마음은 순백의 백지와 같으며 후천적인 학습으로 물들여진다고 보는 경험론이다. 혜강이 마음은 거울과 같다고 말한 것은 이러한 소염론과 같은 맥락이다. 직접적으로는 혜강의 인식론은 묵자의 소염론을 계승한 청 대의 왕부지, 대진 등 기철학자들의 경험론을 계승 종합하여 이를 근대 과학 이론에 부합하도록 정교하게 다듬었다고 말할 수 있을 것이다. 어쩌면 유물론적 인식론을 완성했다고 평가할 수도 있을 것이다. 1836년 발표한 그의 『신기통』과 『추측록』은 1690년에 발표된 존 로크의 『인간 오성론』 보다 약 150년 뒤늦은 것이지만 그의 이론은 현대에도 정합성을 가지는 정교한 것이다.

추측록推測錄/권1/추측제강推測提綱/만리추측萬理推測

마음이란 사물을 추측하는 거울이다.	心者 推測事物之鏡也.
그 본체를 말하면 순수하고 맑고 밝고 비어 있어	語其本體 純澹虛明
그 속에는 아무 물건도 없다.	無一物在中.
단 견문과 경험이 쌓여 학습을 이루면 추측이 생긴다.	但見聞閱歷 積久成習 推測生焉.
만약 경험이 쌓이지 않으면 어찌 추측이 생기겠는가?	若無積久之閱歷 推測縱何以生.
맹자는 "만물이 나에게 구비되었다"라고 했고,	孟子曰 萬物皆備於我矣
주자는 "모든 이理를 갖추어 만사에 호응한다"라고 했는데,	朱子曰 具衆理應萬事
이것은 모두 추측의 위대한 작용을 찬미한 것일 뿐,	此皆贊美推測之大用也
결코 만물의 이理가 처음부터 마음에 구비되었다는 말이 아니다.	決非萬物之理 素具於心也.
후인들이 혹 그것을 잘못 해석하여	後人或隱僻解之
모든 사물에는 선천적으로 이理가 구비되어 있다고 생각하고	以爲先天之理 無物不具
오직 기질로 인해 엄폐되는 것만을 탓했던 것이다.	惟責究於氣質之蔽.
이는 문자만을 미루어 잘못 헤아린 데서 나온 것이다.	此亦出於推文誤測.
이로써 학문의 길이 다르게 갈라진 것이다.	而門路判異.

추측록推測錄/권1/추측제강推測提綱/여경여수如鏡如水

거울이 물건을 비추면 먼지와 때로 가려진 경우가 아니면	鏡之照物 不爲塵垢所蔽
천하의 물건을 다 비추어도 그것을 나타내는 데 부족함이 없다.	則照盡天下物 未見其不足也.
이것을 어찌 만물의 상像이 거울 속에 갖추어져 있다고 하겠는가?	是豈萬物之像 具在鏡中耶.
마음이 사물을 비추어보는 것도 이와 똑같다.	心之於物 亦猶乎是.
다만 같은 종류의 사물을 끌어다가 비교 측정할 뿐,	但能引事類而測度
만물의 이理가 처음부터 마음에 구비된 것은 아니다.	非萬物之理 素[130]具于心也.

신기통神氣通/권1/체통體通/경험내지각經驗乃知覺

신기는 지각의 기본이며,	神氣者 知覺之根基也
지각은 신기의 경험이다.	知覺者 神氣之經驗也.
다만 신기가 곧 지각이라고 말할 수 없고,	不可以神氣謂知覺也
지각이 곧 신기라고 말할 수도 없다.	又不可以知覺謂神氣也.
경험이 없으면 공연한 신기일 뿐이지만,	無經驗 則徒有神氣而已
경험이 있으면 신기는 스스로 지각이 생긴다.	有經驗則 神氣自有知覺耳.
경험이 적으면 지각도 적고,	經驗小者 知覺亦小
경험이 많으면 지각도 많다.	經驗多者 知覺亦多.
만약 경험이 곧 지각임을 모르고,	若不以經驗爲知覺
지각이 발생하는 근원을 찾으려 한다면,	而欲求知覺之所由生
깊고 먼 곳을 탐구하게 될 것이 뻔하며,	勢不得不究之深而探之遠
혹은 신神의 밝음에서 찾거나	或求之於神之明
혹은 기氣의 신명에 찾을 것이니,	或求之于氣之神
근원을 밝히려는 노력은 도로에 그칠 것이다.	窮源之勞 徒費苦心.

신기통神氣通/권3/체통體通/촉대견문觸待見聞

침이나 송곳이 옆에 있으면 찔릴까 두려운 것은	針錐在傍 而畏刺者
전일에 보고 듣거나 찔린 경험이 있기 때문이다.	以有前日見聞閱歷也.
만약 전일에 보고 듣지도 못하고 경험이 없다면,	若無前日見聞閱歷
비록 옆에 있는 침이나 송곳을 보아도 처음 당하는 일이니	雖見在傍之針錐 初當而

---

130) 素(소)=元來也, 本也.

무슨 물건인지 무슨 용도인지 알지 못하고,
또한 피부에 찔리면 상처가 난다는 것도 알 수 없을 것이다.
그러나 한 번이라도 보고 듣거나 경험이 있다면
침과 송곳에 찔리는 것을 두려워할 뿐만 아니라,
또한 가시나 까끄라기 같은 물건에 대해서까지도
모두 알아서 삼가고 피할 것이다.

不知爲何物 而何所用
又不知刺膚有傷也.
一有見聞閱歷
則非惟畏針錐之見刺
亦能於荊棘芒刺之類
皆得謹避之矣.

인정人政/권10/교인문敎人門/유이무무有而無無

생각해보면 우주에는 한 점의 공空도 일호의 무無도 없으며,
오직 충만한 기氣가 물체를 흠뻑 적시고 있어,
물체 속에는 한 점의 공허도 없이 기에 젖어 있는 것이다.
사람의 신기는 물처럼 맑고 영혼처럼 투철하면서도,
형질이 있는 기운이며,
몸의 아홉 가지 감관(九竅)을 통하여
천지 만물의 유형의 기를 소통한다.
이처럼 유로써 유를 증험하여
부합됨을 얻는 것을 지각이라 한다.
지난 일을 추推(미루어)하여 뒷일을 측測(헤아림)하는 것도,
역시 전날의 기를 추하여 후일의 기를 측하는 것일 뿐,
무를 측하는 것이 아니다.

竊想宇宙間 無一點空一毫無
惟有充塞之氣 漬洽物體
物體之中 無點空有漬氣.
人之神氣 卽澄[131]明靈澈
有形之氣
從九竅而通達
天地萬物有形之氣.
以有驗有
得其符合 以爲知覺.
推前測後
亦是推前氣測後氣
非測其無也

신기통神氣通/권1/체통體通/지각추측개자득知覺推測皆自得

사람이 하늘에서 품부받은 것은 한 덩어리의 신기와
기氣가 통하는 몇 개의 구멍과 팔다리뿐이다.
사람에게 필요한 도구는 이것들뿐이며,
달리 더 받은 것이 없다.
어려서 어른이 될 때까지 얻은 지각과
사용되는 추측은
모두 스스로 얻은 것이요, 하늘이 내게 준 것이 아니다.

人之所稟於天者 乃一團神氣
與氣之諸竅四肢.
則須用之具如斯而已
更無他分得來者矣.
自孩嬰至壯盛 所得之知覺
所用之推測
皆自我得之 非天之授我也.

---

131) 澄(형)=水澄也.

제 5부 유물론적 신학

주희가 말한 '허령감통'은 모두 추측의 활동에서 나온 것이다.

의혹을 일으키는 것은 모두 추推만 있고 측測이 없기 때문이다.

虛靈感通 皆出於推測之活動.

成疑致惑 皆在於有推而無測.

추측록推測錄/권1/추측제강推測提綱/소지무기所知無幾

천하의 사물은 무궁하고 나의 추측推測은 유한하다.

내가 이미 안 것으로 추推하면

"마음 밖에 물건이 없다"라고 말할 수 있으나,

내가 미처 모르는 것을 측測하면 마음 밖에 수많은 사물이 있다.

이미 안 것 가운데도 아직 깨닫지 못한 깊은 것이 있을 것이다.

그런즉 아는 것은 실로 얼마 되지 않는 것이다.

天下之事物無窮. 我之推測有限.

推我所已知

則可謂心外無物[132]

測我未及知 則心外有幾許事物.

然已知之中 又有未及知之蘊.

則所知實無幾何.

소염론

혜강은 인식의 기관인 심心의 본체를 정천井泉에 비유하고, 인식은 샘물의 거울에 반영되는 물상物象에 염습된 경험이라고 말한다. 이러한 반영설反影說은 묵자의 '마음은 백지' 또는 '마음은 무지'라고 주장하는 인성 소염론所染論을 곧바로 계승한 것으로 주목되는 점이다.

추측록推測錄/권1/추측제강推測提綱/본체순담本體純澹

마음의 본체는 비유하자면 순수하고 맑고 고요한 샘물과 같다.

이 샘물에 먼저 청색을 풀고

다음에는 홍색과 황색을 더하고

잠시 후 관찰해보면 청색은 없어지고,

홍색도 점점 혼미해지다가 황색만 남는다.

그리고 남은 황색도 오래지 않아 없어진다.

여기서 알 수 있듯이 담백한 샘물은 오색을 받아들여 조화하되,

고요히 기다리면 본체로 환원되며,

오색이 담백한 본체를 빼앗을 수 없다.

心之本體 譬如純澹之井泉.

就井泉而先添青色

次添紅色 次添黃色

稍俟而觀之 青色泯滅

紅色漸迷 黃色尙存.

所存黃色 亦非久泯滅.

於此可識 純澹之井泉 受和五采

而俟靜還本

五色不能奪純澹之體.

---

132) 心外無物(심외무물)=불가와 양명의 인식론임을 기억할 것.

그런즉 순수 담백함은 샘물의 본체이며,

물들인 색깔은 샘물의 경험이다.

물들인 색깔이 없어지더라도 본체 속에 경험은 스스로 남는다.

그리고 그 경험이 누적되어 추측은 저절로 생긴다.

然則 純澹者井泉之本色也

添色者 井泉之經驗也.

添色雖泯 純澹之中 經驗自在.

至于積累 推測自生.

추측록推測錄/권1/추측제강推測提綱/애경출어추측愛敬出於推測

태어나 부모 형제 곁에서 자란 아이는

스스로 물들어 쌓인 견문이 있으므로

두세 살이 되면 부모를 사랑하게 되고,

커가면서 형을 공경하게 될 것이다.

만약 태어나면서 곧장 남에게 맡겨 기르며,

말과 표정으로 부모를 노출시키지 않았다면,

비록 십수 년이 지난다 해도,

이런 사람이 어찌 영감이 통하여 부모를 알아볼 수 있겠는가?

이른바 사랑과 공경이 양지양능에서 나온다고 말하는 것은

다만 '물들임과 학습' 이후를 말하는 것일 뿐,

염습 이전의 일을 말하는 것이 아니다.

生養於父兄之側者

自有漬染之見聞

至二三歲孩提時 愛其親

及其長也 敬其兄.

若使出胎時 即爲他人收養

不露言論氣色

雖至十數年

斯人何能靈通而識得.

所謂愛敬出於良知良能者

特擧其染習以後而言也

非謂染習以前之事也.

또한 혜강은 염染과 습習을 말하지만 염습의 울타리에 묶이는 것을 경계한다. 그러므로 그는 추측推測과 검증檢證을 강조한다. 이것은 묵자의 삼표론三表論과 학습설 및 송견의 별유론別囿論을 그대로 빼닮았다.

추측록推測錄/권1/추측제강推測提綱/습변習變

성性과 습習

유년 시절의 견문과 소년 시절의 물들임과 학습이

가장 중요한 관건이다.

흰 옷감에 처음 물들이는 것과 같아서 뒤에 씻어낸다 해도

다른 물감을 물들이면, 끝내 처음과 같지 않기 때문이다.

또한 옷감의 질이 변색되니 어찌 심히 경계하지 않겠는가?

학습한 것을 버린다 해도 추측은 상존하여

幼時聞見少年染習

最爲關重.

如素帛之初染 後來雖洗浣

而更染他色 終不若初染.

且帛質受蔽 豈非深戒耶.

所習雖去 推測尙存

평생 작용하는 것이니,	爲平生之須用
학습은 참으로 중대한 것이다.	大哉習也.
인간이란 학습이 없을 수 없으니,	天下之人莫不有習
선하든 악하든 모든 일은 학습이 있어 이루어지는 것이다.	善惡諸事 皆有習而做去.
『논어』에서는 '성性'은 서로 가깝고 '습習'은 서로 멀다고 했는데,	論語曰 性相近也 習相遠
성을 말하고 또 습을 말하여 비교한 것은	言性言習
그 포괄함이 참으로 크니 실로 만세의 표준이다.	包括甚大 實萬世之表準.

인정人政/권12/교인문敎人門/니착제거泥着除去

사람의 학습은 작게는 먼저 들어온 견문에 구속되고,	人之所習 小泥着於先入之見
크게는 살아가는 지역(환경)에 구속되기도 한다.	大泥着於所居之地.
만약 천하 대동의 표준을 모르고	若不知 有天下大同之準的
이러한 선입견에 구속되면,	泥着先入之見
그 죽은 법도로 살아 있는 운동의 기氣를 조처할 터이니,	以死法措置活動之氣
어찌 때를 따라 변통할 수 있겠는가?	何能隨時變通.
혹 지역에 구속되면,	又或泥着於所居之地
치우친 지방 습속으로 운화의 기를 재량할 것이니,	以偏方土風 料度運化之氣
어찌 능히 이르는 곳마다 효험을 얻을 수 있겠는가?	何能到處得驗.
구속된 사람은 스스로 자기의 구속을 모르고,	泥着之人 不自知其泥着
자기 소견만 믿고 관철하려 하고	自恃必篤
소이小異를 자랑함이 심할 것이다.	伐異亦深.
이것은 강압적인 힘으로 깨부술 수도 없는 것이니,	不可强力撲破
모름지기 새로운 견문 운화로 교화해야 한다.	須敎見聞運化.

격물일도설

그러므로 혜강은 『대학』의 격물格物과 물격物格을 모두 선험론적인 거경궁리 居敬窮理로 해석한 주자를 반대하고 모두 경험으로 해석한다. 퇴계와 고봉의 격물 논쟁으로 말한다면 혜강은 선험론적인 '격물'을 인정하지 않고 경험론적인 '물격일도설物格 一途說'로 통합한 것이다. 다시 말하면 그는 주기론으로 격물을 해석한다. 더 자세히 분석하면 격물치지格物致知나 물격지지物格知至나 능동적이냐 수동적이냐의 차이가 있을 뿐 모두 밖에서 얻는 지각과 경험으로 해석하고, 성의誠意 정심正心은 안에 간직하는 기억과 수양으로 해석하고, 수신제가修身齊家 치국평천하治國平天下는 밖으로 쓰는 도덕과 실천으로 해석한다.

신기통神氣通/권1/체통體通/형질추측이통形質推測異通

외물의 색色, 성聲,	色從目通 聲從耳通
취臭, 미味가 이목구비를 따라 통하는 것은	臭味從口鼻通
이는 '외물의 신기'가 이목구비를	是神氣俟於耳目口鼻
기다려 소통한 것이다.	而有所通也.[133]
이목구비가 외물의 색, 성, 취, 미를 소통하는 것은	目通諸色 耳通諸聲 口鼻通諸臭味
이는 밖에서 들어온 색, 성, 취, 미를	是聲色臭味 從外而來
'마음의 신기'가 소통한 것이다.	通於神氣也.[134]
이 모두 '형질의 통通'이라는 점에서는 같다.	皆形質之通.
다만 밖을 기다렸다가 통했느냐,	而但有俟於外而通者
밖에서 오는 것을 좇아 안에서 통했느냐의 구별이 있을 뿐	從外來而通之之別
모두 '형질의 통'이므로 사람마다 차이가 없고 모두 동일하다.	人人皆同矣.
이미 있는 '형질의 통通'을 좇아	旣因形質之通
이를 분개하고 상량하는 것은	而有所分開商量者
전일의 견문과 경험을 미루어	如非推前日之見聞閱歷
현재의 사물을 좇아,	卽因現在之物
이것으로 저것을 비교하고 그 우열과 득실을 헤아려,	以此較彼 測度其優劣得失
통달을 얻는 것과는 같지 않다.	有得通達者.
이것은 '추측의 통'이니 사람마다 각자 다르다.	是乃推測之通. 人人自有不同也.
그런즉 '형질의 통'을 이용해	然則因形質之通
'추측의 통'을 이루려면,	而達之于推測之通
나를 위주로 함은 가볍게 하고	主我者輕
사물을 위주로 하는 것을 깊게 해야만,	主物者深.

881

제5부 유물론적 신학

---

133) 이것은 이른바 대학의 '物格'에 해당된다.
134) 이것은 이른바 대학의 '格物'에 해당된다.

거의 천인天人을 통할 것이며 착오가 적을 것이다. 　　　庶幾通天人 而少差謬.

추측록推測錄/권2/추기측리推氣測理/주리주기主理主氣

주리론은 추측의 이리(주관)를 　　　主理者 以推測之理

유행의 이리(객관)에 혼잡시켜, 　　　渾雜於流行之理

혹은 유행의 천리天理를 　　　或以流行之天理

추측의 심리心理로 오인하고, 　　　認作推測之心理

혹은 추측의 심리를 유행의 천리와 동일시하는 오류를 범한다. 　　　或以推測之心理 視同流行天理.

그러나 주기론은 기氣를 미루어 이리를 헤아리므로, 　　　主氣者 推氣以測理

미루는 것(推)은 유행의 이리요, 　　　所推者流行之理

헤아리는 것(測)은 추측의 이리다. 　　　所測者推測之理也.

유행의 이리를 기준으로 삼으면 추측의 이리가 틀리지 않고 　　　以流行爲準 而推測要不違焉

추측의 이리를 본받게 되면 유행의 이리는 저절로 합치됨이 있다. 　　　以推測爲法 而流行自有合焉.

이것이 추측의 실천이다. 　　　是乃推測之實踐也.

추측록推測錄/권6/추물측사推物測事/궁리불여추측窮理不如推測

궁리와 추측은 제목부터가 이미 다르며, 입문도 역시 다르다. 　　　窮理推測之題目旣異 入門亦異.

궁리설을 반드시 폐할 필요는 없겠지만, 　　　不必毁窮理

궁리설의 폐해를 살펴보면 오로지 나를 위주로 한다는 점이다. 　　　而察窮理之弊 專主乎我.

『대학』에서 말한 격물은 　　　大學說格物

궁리가 그 뜻을 알 수 있다고 말한 것이 아니다. 　　　而不言窮理者 可見其義.

격물을 오로지 궁리라고 해석하면, 　　　惟言窮理

'이리'에는 '추측의 이리'와 '유행의 이리'의 분별이 없고, 　　　則理無分於推測流行

'궁窮'에는 종합적인 비교 검증의 기회가 없다. 　　　窮無際於湊[135] 泊[136] 比擬[137].

추측을 발명함으로써 　　　發明推測

'추推'에는 추측의 이리와 유행의 이리를 분별함이 있고, 　　　則推有分於推測流行

'측測'에는 권선징악의 가부를 검증함이 있게 되었다. 　　　測有驗于勸懲可否.

---

135) 湊(주)=聚也.
136) 泊(박)=止舟.
137) 擬(의)=度 疑也.

(주자의) '궁리학'은 일정한 본원이 있다고 생각하고,

나의 지혜가 미진함을 궁구한다.

(내가 말한) '추측학'은 조리를 찾아낼 수 있다고 생각하고,

취取와 사捨를 검증할 수 있는 활법이다.

'궁리'에 만 힘쓰는 자는

모든 이가 내 마음에 구비되었다고 생각하므로

오로지 나를 연구함이 미진했다고만 걱정한다.

반면 '추측'에 힘쓰는 자는

지난날의 보고 듣고 맛보고 냄새 맡고 감촉한 기氣를 미루어,

그 가부를 헤아리되,

가하면 그것으로 그치고, 아니면 그 미루어 함을 변통하여,

측測이 가할 때까지 기다린다.

대개 거경 궁리를 말하는 이학理學은

천지 만물의 이理를 하나의 이理로 생각하므로

내 마음을 연구하여 지극해지면 모든 이理에 들어맞다고 한다.

반면 추측을 말하는 기학은

인성과 자연(天)은 분별이 있고, 사물과 나는 차별이 있으므로,

이것을 미루어 저것을 증험하고,

계량할 수 있는 것만이 일치한다고 한다.

기학氣學/권1/53면

천인 운화를 경험을 쌓아 밖에서 얻고,

얻은 것을 인상印象으로 만들어 안에 간직하며,

간직한 것을 기미를 따라 밖으로 사용한다.

『대학』팔조의 격물치지는

밖에서 얻는 것이요(경험),

窮理之學 有一定之本元[138]

而究吾知之未盡.

推測之學 有條理之可尋

而驗取捨之活法.[139]

務窮理者

以爲萬理皆具於我心

猶患我究之未盡.

務推測者

推其前日見聞臭味觸之氣

而測其可否

於此可則止之 否則變通其推

期測其可.

蓋窮理者

以天地萬物之理爲一理

故究我心窮至 則可該[140] 諸理.

推測者

性與天有分 物與我有別

推此驗彼

而測之者一也.

天人運化累驗 而得之於外

成象而藏之于內

隨機而用之於外.

卽大學八條 格物致知

得之於外也

---

138) 선험론과 연역법을 말한다.

139) 검증 가능성과 반증 가능성을 말한다.

140) 該(해)=들어맞다.

성의와 정심은 그것을 안에 간직하는 것이요(인상),	誠意正心 藏之于內也
수신제가 치국평천하는	修身齊家治國平天下
그것을 밖으로 쓰는 것이다.	用之於外也.
그런즉 격물치지의 사업은	然則 格物致知之事
곧 수신제가 치국평천하의 도道인 것이다.	乃修身齊家治國平天下道也.
이처럼 천인 운화를 경험을 쌓아 얻으면	是以 天人運化 累驗而得之
격물格物의 격格과 치지致知의 치致가 되고,	爲格致.
천인 운화를 인상을 이루어 간직하면	天人運化 成象而藏之
성의誠意의 성誠과 정심正心의 정正이 되며,	爲誠正.
천인 운화를 기미를 따라 쓰면	天人運化 隨機而用之
수기修己의 수修, 치국治國의 치治, 평천하平天下의 평平이 된다.	爲修齊治平.
그러므로 대학 팔조목에는 천인의 도가 완비되어 있다.	八條之中 天人之道完備.

**경험의 확충과
심心경험
기氣경험**

　　그러나 혜강은 정주학의 선험론적인 거경궁리居敬窮理의 '격물설格物說'을 부정하는 것으로 그치지 않고 고봉과 율곡의 견문 중시의 '물격설物格說'도 선험론이라고 비판한다. 성리학에서 말하는 견문은 추측推測의 전제 조건이 되는 객관적인 경험이 아니며, 여전히 자기 마음을 위주로 하는 주관적인 것이기 때문이다. 다시 말하면 그들이 말하는 견문은 이심관물以心觀物이라는 것이다.

　　그러므로 혜강은 경험을 심心 경험과 기氣 경험으로 구분하고, '도문학道問學'과 '견문見聞'을 심 경험(주관)으로 규정하고 이는 진정한 경험이 아니라고 비판한다. 그리고 기 경험(객관)만이 진정한 경험이라고 말한다.

　　그렇다고 심 경험을 불신하여 버리자는 것은 아니다. 심 경험은 기 경험의 한계를 보충하는 2차적인 경험이므로 중요하게 생각한다. 다만 심 경험은 기 경험을 기초로 해야 한다는 것 뿐이다. 그렇지 않고 심 경험을 위주로 하면 마음공부를 전부인 양 알게되어 망상에 빠지기 쉽다는 것이다. 그러므로 그는 이를 물物 위주도 심心 위주도 아닌 인물人物 운화기를 위주로 하는 것이라고 말한다.

인정人政/권10/교인문教人門/주운화主運化

외물을 위주로 하지도 말고, 마음을 위주로 하지도 말며,   勿以物爲主 勿以心爲主

인물人物 운화의 기氣를 위주로 한다.   以人物運化氣爲主.

인물 운화에서 얻어, 마음속에서 저장하고 길러   而得於人物運化 貯養於內

인물 운화에 사용하는 것이니,   用之於人物運化

바로 그 마음속에 저장된 것이   則貯養於內者

바로 인물 운화의 기다.   卽是人物運化之氣也.

그러므로 마음속이나 밖이나 모두 '인물 운화의 기'인 것이다.   於外於內 皆是人物運化之氣也.

추측록推測錄/권1/추측제강推測提綱/인물기다소지분人物氣多少之分

인人으로부터 추측하는 것은 많고, 물物로 추측하는 것은 적다.   從人而推測多 從物而推測少.

기氣로부터 추측하는 것은 인과 물이 다 동일하고,   從氣而推測 人物皆同

사事로부터 추측하는 것은 인물人物이 기와 더불어 다 참여한다.   從事而推測 人物與氣皆得參焉.

바닷가 백성은 어업과 염업에 대한 추측이 절실하고,   濱海之民 推測切於魚鹽

산골 백성은 나무하고 나물 캐는 데 추측이 깊다.   山居之民 推測深於樵採.

기의 추측은 때와 장소를 가릴 것 없이 사용할 수 있으며,   氣之推測 無處不在 隨時有用

인물의 추측은   人物之推測

모두 기를 따라 조리를 탐색할 수 있다.   皆因氣而有究索之條理矣.

만약 일에 대해 추측하는 것에 이르면,   至若從事而推測

마치 공인이 날카로운 기계를 갖추어   如工匠之具利器

마음대로 사용하는 것과 같으므로,   隨意隨用

이것을 일러 달관이라 한다.   是謂達觀矣.

추측록推測錄/권1/추측제강推測提綱/소습각이所習各異

익힘은 환경에 말미암고, 견문은 익힘에 말미암고,   所習由於所處. 見聞由於所習

추측은 견문에 말미암은 것이니,   推測由於見聞

한 사람의 견문으로   而一人之見聞

천하 고금을 두루 섭력하기란 어렵다.   難得遍天下歷千古.

그런즉 가문을 미루어 나라를 헤아리고,   則推家而測國

나라를 미루어 천하를 헤아리며,   則推國而測天下

오늘을 미루어 옛날을 헤아리는 것이니, 이를 대동이라 말한다.　　推今而測古 是謂大同.

만약 추측도 없이 견문만으로는 착오에 이르기 쉽다.　　若無所推測 只以見聞 易致差誤.

그러므로 부질없이 견문만 넓히는 것은 부러울 것이 못되며,　　徒博見聞 不足羨也

견문을 거쳐 추측이 생겨야 진실로 얻음이 있을 것이다.　　由見聞而推測生 則是謂實得.

인정人政/권13/교인문敎人門/심경험기경험心經驗氣經驗

눈으로 드러난 빛을 보는 것은　　目之現色

남의 가르침을 기다리지 않아도 되지만,　　不待人之敎

모든 빛을 경험하는 것은 남의 가르침이 있어야 한다.　　惟經驗諸色 待人之敎.

신기로 추측하는 것은 남의 가르침을 기다리지 않고도 되지만,　　神氣推測 不待人之敎

추측을 경험하는 것은 남의 가르침이 있어야 된다.　　惟經驗推測 待人之敎.

운화를 가슴에 익히는 것은　　運化服膺

남의 가르침을 기다리지 않아도 되지만,　　不待人之敎

운화를 경험하는 것은 남의 가르침이 있어야 하는 것이다.　　惟經驗運化 待人之敎.

이처럼 남에게 배우는 것이나 가르치는 것은 오직 경험인데,　　然則學於人敎諸人 惟是經驗

경험에는 선후와 다소와 유무의 구분이 있다.　　而經驗有先後多少有無之分.

경험이 같더라도 각자 얻은 것에는　　然經驗雖同 其所得

천심, 본말 정조, 허실이 있으므로,　　自有淺深本末精粗虛實

가르침은 비록 같으나　　故敎之雖同

가르침으로 인한 소득은 다르다.　　而所敎由於所得之不同.

학문과 교법을 논함에는　　論學問敎法

마땅히 심心 경험과 기氣 경험을 알아야만,　　當知心經驗氣經驗

학문과 교법의 대소 허실을 분별할 수 있다.　　可以辨別學問敎法大小虛實.

기 경험은 처음부터 천지와 인물의 기를 좇아　　氣經驗 始從天地人物之氣

경험을 얻고, 이를 신기에 저장하였다가　　得經驗 而貯神氣

천하 인물의 기를 경험함에 적용하여,　　用經驗於天下人物之氣

앞뒤 경험의 합치 불합치를 경험으로 삼는다.　　前後之合不合爲經驗.

심 경험은 천문, 수학, 지리를　　心經驗 以曆象數學地志

우원하고 불급한 일로 간주하고,　　爲迂遠不急之務

물류학과 기계학을 비천 사소한 일이라 하여
모두 홀대하며,
다만 마음 위주로 사물을 경험함으로써,
방 안의 견문을 사해로 확장하고,
한 모퉁이에 부합한 것을 만사의 법칙으로 삼는 우를 범한다.

以物類器械 爲卑賤瑣屑之事
總歸忽略
只主於心 而經驗事物
以房闥之見 爲四海之廣
以一隅之合 爲萬事之則.

인정人政/권13/교인문敎人門/천도미진측天道未盡測

도道는 운화의 유행이고, 앎은 선후의 추측이다.
도는 하늘의 신기에 있고, 앎은 사람의 신기에 있다.
하늘의 신기는 크고 심원하며,
사람의 신기는 작고 미미하다.
작고 미미한 것으로 크고 심원한 것을 헤아릴 때는
잠시 얻은 혼자의 의견으로 판단해서는 안 된다.
고금의 경험을 모으고,
천하 사람의 증험을 집성해야만,
바야흐로 그 충만한 형체가
곧 조화의 창고임을 믿게 된다.
고금 천하의 지식과 의견을 종합하지 못한다면,
어찌 그 대략이라도 짐작할 수 있겠는가?

道者 運化之流行 知者先後推測.
道在於天之神氣 知在人之神氣.
天之神氣大而遠
人之神氣小而微.
以小而微者 測大而遠者
不可以暫時獨見質定焉.
合聚古今人之經歷
集成天下人之證驗
方可信其充滿之形質
乃造化之府藏.
不有古今天下之合知見
何以得此大略斟酌.

사람의 신기는 본래 어두운 물체이므로
해와 달을 빌려 밝음으로 삼고,
수천 년의 경험을 빙자해 지혜롭다 여겨도,
수개월 사이의 일도 열에 하나를 기억할 뿐이다.
정력을 들여 오래 익혀야만 소득이 있는 것이므로,
한평생 배워야 약간 나은 것이 한두 가지에 불과하다.
만약 천기 운화와 인기 운화를 구분하지 못하면,
자기 마음을 광대 광명의 신통 묘용이라고
스스로 믿는 것이 심히 독실하여,
천지의 도道를 자기가 아는 척하지만 실은 알지 못한다.

人之神氣本以黯體
借日月之光以爲明
藉數千年之閱歷以爲知
時月間事 漏十記一.
精力所到 熟習有得
終身勉學 優於人者 不過一二事.
若無分別於天氣運化人氣運化
則以心爲廣大光明神通妙用
自信甚篤
以天地之道 爲自己之知實不知.

사람의 추측만으로는 천지의 도를 증험하려 해도,

미진한 것이 많다는 것을 아직도 모른다.

人之推測 欲驗天地之道

而尙有未盡者多.

인정人政/권9/교인문敎人門/지지병知之病

지식은 운화의 경험에서 생기는 것이므로

오직 일신 운화만 알고 교접 운화를 모르면,

그 지식은 미진하며,

오직 교접 운화만 알고 통민 운화를 모르면,

그 지식은 미진하며,

오직 통민 운화만 알고 천지 운화를 모르면,

그 지식은 미진한 것이다.

이처럼 운화는 사 단계가 있는 것인즉

대기 운화를 안 연후에야,

통민 운화, 교접 운화,

일신 운화를 알 수 있다.

다만 이것들도 경험의 지식일 뿐 그 원인에 대한 지식은 아니다.

황차 한 사람의 마음으로 헤아린 것을 지식이라 여기고,

다시 천지 만물을 지식으로 추구하지 않는다면,

이야말로 지식의 병통이다.

知生於運化之經驗

惟知一身運化 而不知交接運化

所知未盡也

惟知交接運化 而不知統民運化

所知未盡也

惟知統民運化 而不知天地運化

所知未盡也.

運化有此四等 然則

知到於大氣運化 然後

方可知統民運化 交接運化

一身運化也.

猶是經驗之知 非所以然之知.

況以一心之料度事物爲知

而更不求天地萬物以爲知也

是乃知之病也.

대체 병통이 없는 지식이란 지극히 어려운 것이다.

경험을 추측하고 이를 점차 모아 운화를 통달하는 것을

지식으로 삼는 것만이 병통이 없는 지식이다.

기존의 물들임과 학습을 생각하지 않고,

현재 사물의 지각만을

천성이 품부받은 지식으로 생각하는 것은

바로 병통이 있는 지식이다.

병통이 없는 지식은 모두 살리는 활법을 아는 것이니,

이것은 추측과 검증과 변통에서 생기는 것이다.

병통이 있는 지식은 아는 것이 모두 죽은 법도이므로

蓋知之無病極難.

以經驗推測 漸次收聚 達於運化

以爲知則 乃無病之知也.

不念前日之習染

擧今事物之知覺

以爲天性所品之知

乃有病之知也.

無病之知 所知皆活法

而推驗變通生焉.

有病之知 所知皆死法

고루하고 침체함이 심하다.　　　　　　　　　而泥着固滯甚焉.

　이처럼 혜강의 경험론의 특징은 감각적인 견문에만 집착하지 않는다는 점이다. 즉 우주에 가득한 신기神氣에 통하는 감각적 인지와 이를 실천 비교 종합하는 추측推測이 순차적으로 병행되어야만 진리에 접근할 수 있다고 본다. '추측'이란 경험한 것을 기초로 미루어(推) 아직 경험하지 않은 것을 헤아리는(測) 것으로 경험의 확충을 의미한다. 즉 측測은 반드시 추推를 전제해야 한다는 것이다. 이를 지행론知行論으로 말하면 인식은 앞서 실천으로 얻어지지만, 그 얻은 지식은 더욱 시대적, 공간적, 논리적으로 확충되어야 한다는 뜻이다.

기측체의氣測體義/서序

기氣는 실체적인 이理의 근본이 되고,	氣爲實理之本
추측은 지식을 확장하는 요체가 된다.	推測爲擴知之要.
이 기에 연유되지 않는	不緣於是氣
연구는 모두 허망하고 거짓된 이理이며,	則所究皆虛妄愧誕之理
추측으로 말미암지 않은 지식은	不由於推測
증거 없는 말일 뿐이다.	則所知皆無據沒證之言.

신기통神氣通/권1/서序

여러 감각 기관과 촉각으로 인정과 물리를 거두어	從諸窺諸觸 而收聚人情物理
신기에 익혀 물들이고,	習染於神氣
그것을 발용할 때는	及其發用
마음속에 쌓아둔 인정과 물리를	積中之人情物理
여러 감각 기관과 촉각을 따라 시행한다.	從諸窺諸觸而施行.
(이것이 곧 맹자가 말한) 천형의 대도다.	卽踐形141)之大道也.

추측의 검증

　이처럼 인식은 추측推測에 의하여 이루어진다. 다만 추推에는 원인이 있어야 하고 측測에는 근거가 있어야 한다. 원인과 근거가 없는 추측은 실상이 아니

---

141) 踐刑(천형)=하늘에서 받은 형체와 기능을 발현함.

라 허상에 불과한 것이 된다. 그러나 추측만으로 다 해결되는 것은 아니다. 추와 측이 인과 관계가 아닌 것일 수도 있고, 추가 두루 통한 것(周通)이 아닐 수도 있고, 시기가 지나 변통變通이 필요한 경우도 있을 수 있기 때문이다. 그러므로 귀납과 연역 등 여러 가지로 검증해야 한다. 다시 말하면 감각적 경험을 기초로 하여 사유적 추측과 실천적 검증을 거치는 것만이 참이라는 것이다.

추측록推測錄/권1/추측제강推測提綱/사기불가捨其不可

눈으로 이미 본 것을 미루어 아직 보지 않은 것을 헤아리고,	推目之所嘗見 測其未及見者
귀로 이미 들은 것을 미루어 아직 듣지 못한 것을 헤아린다.	推耳之所嘗聞 測其未及聞者.
코의 냄새, 혀의 맛, 신체의 촉각에 이르기까지,	至於鼻之嗅 舌之味 身之觸.
모두 그렇지 않은 것이 없다.	莫不皆然.

추측록推測錄/권1/추측제강推測提綱/추측원위推測源委

하나를 미루어 만 가지를 헤아리는 것은	推一測萬
곧 근원을 미루어 가지를 헤아리는 것이요.	卽是推源測委也.[142]
만을 미루어 하나를 헤아림은	推萬測一
가지를 미루어 근원을 헤아리는 것이다.	卽是推委測源也.[143]

추측록推測錄/권1/추측제강推測提綱/추측상참推測相參

부질없이 미루어 비교하기만 하고 계량함이 없다면,	徒推而無所惻
정靜은 굳어버리고 동動은 정체될 것이며,	動靜皆固滯
부질없이 계량만 하고 미루어 비교함이 없다면,	徒測而無所推
어찌 허망한 것이 아니겠느냐?	豈不是虛妄.
모름지기 추推와 측測이 서로 참여해야만 마땅함을 얻을 것이다.	必須推測相參 乃得其宜.

추측록推測錄/권1/추측제강推測堤綱/사기불가捨其不可

추推에는 반드시 '무엇 때문에'라는 원인이 있어야 하며,	推必有因
측測에는 반드시 '무엇으로써'라는 근거가 있어야 한다.	測必有以[144].

---

142) 연역법을 뜻한다.

143) 귀납법을 뜻한다.

144) 以(이)=用也, 及也, 至也.

원인도 근거도 없는 추측은 실상이 없는 그림자일 뿐이다. 無因無以 是爲罔兩[145].

그러므로 추측을 잘한다는 것은 故善推測者

헤아릴 수 있는 것만 헤아릴 수 있고 但能測其可測

헤아릴 수 없는 것은 버려야 한다. 而捨其不可測者.

만약 볼 수 없고, 들을 수 없고, 냄새 맡을 수 없고, 若求測其不可見 不可聞不可臭

맛보고 감촉할 수도 없는 것을 헤아리고자 하면, 不可味觸者

이는 미루어 알 수 있는 근거가 없는 것이므로, 是無所椎

허망에 빠지기 쉬울 것이다. 而殆涉虛妄.

그러므로 측測을 잘하는 것은 故善測者

측하지 못할 것이 없다는 것을 말하는 것이 아니다. 非謂其無不可測也.

기학氣學/권2/49면

이 『기학』을 읽어서 활동 운화의 기氣를 보려는 것은 讀氣學而 求見活動運化之氣

그림자나 메아리와 같을 것이다. 猶爲影響然.

그러나 사람들로 하여금 반드시 그림자를 따라 형체를 찾고, 然必欲使人 因影求形

메아리를 따라 원래 목소리를 알도록 해야 하며, 緣響知聲

또 눈으로 직접 보는 운화의 실체를 담보해나가도록 又就質於目所見之運化實

형체와 그림자가 서로 기준이 되고, 爲形影相準

소리와 메아리가 서로 증험이 되어야 한다. 聲響交驗耳.

만약 그림자와 메아리만 좇고 비교 증험할 줄 모른다면, 若夫就影響而追逐 不知較驗

실체는 떠나고 형체와 목소리는 더욱 멀어질 것이다. 實體去 形聲逾遠.

지행합일

그러므로 혜강은 지행병진知行竝進 내지 지행합일설知行合一說을 지지한다. 다만 선지후행先知後行은 추측이 있고난 이후의 이차적인 것이며, 근본적인 것은 선행후지先行後知라고 보았다. 특히 그는 퇴계 고봉의 사칠 논쟁을 인식론으로 종합해버린다. 즉 주기파의 기발이승氣發理乘은 근본적인 선행후지를 말한 것이며, 주리파의 이발기승理發氣乘은

---

145) 罔兩(망량)=景外之 微陰也(莊子/齊物論).

이차적인 선지후행을 말한 것으로 의미를 해석 정리했다.

인정人政/권11/교인문敎人門/지행선후知行先後

귀와 눈이 듣고 보고, 손과 발이 잡고 걷는 것은 모두 행行이다.	耳聞目見手持足運 皆是行也.
태어난 이후부터	自出胎以後
귀로 듣고, 눈으로 보고, 손으로 잡고, 발로 걷는 등	耳有聞目有見 手有持 足有運
행으로써 점차 신기에 얻는 것이 있는데	漸次有得於神氣
이것을 지식이라 말한다.	是謂知也.
이와 반대로 고인들이 '선지후행'이라고 한 것은,	古人先知後行
지知가 있는 이후에 행이 있는 경우를 말한 것일 뿐,	謂其得知以後乃有所行.
처음으로 눈, 귀	非謂其自初耳聞目見
손발이 행하여	手持足運之行
지식을 얻는 것을 말한 것이 아니다.	而得之
이 경우는 바로 '선행후지'이다.	是乃先行後知也.

추측록推測錄/권4/추동측정推動測瀜/지행선후知行先後

기氣의 운동 작용을 행行이라 하고,	氣之動用謂之行
이理의 추측을 지知라 한다.	理之推測謂之知.
사람이 처음 태어날 때는 지식이 없다.	人於始生 別無知識.
점점 성장하면서 일에 따라 학습이 있음으로써	至于漸長隨事有習
지식이 넓어진다.	而知識隨廣.
이것이 바로 '선행후지'다.	是乃先行後知也.
그 행으로 얻은 지식을 가지고 다시 영위하는 행이 있으니	旣得其知 而有所營爲
이것이 바로 '선지후행'다.	是乃先知後行.
그러므로 행行 이후에 아는 지식은 적실하고 명확하며,	故行而後知之知 的實詳明
지知 이후에 행하는 지식은 의제요, 짐작일 뿐이다.	知而後行之知 擬形斟酌而已.
그러나 그 원인을 궁구해보면, 모방하고 짐작한 지식도,	然究其所由 則擬形斟酌之知
이미 적실 명확한 지로부터 추椎하여 나온 것이다.	已自的實詳明之中 椎出來矣.
이른바 지행합일설 또는 지행병진론은	知行合一之說 竝進之論

결국 이를 혼륜하여 종합하려는 방도다.

기발이승은 선행후지설이요,

이발기승은 선지후행설이다.

果是渾淪和會之方也.

氣發而理乘 先行後知之論.

理發氣乘 先知後行之說也.

수리와
신기

이처럼 혜강의 추측론은 기철학의 인식론을 종합 완성한 것이지만 인류사에서 혜강에게서만 볼 수 있는 독특한 것은 기수론氣數論이다. 우리나라 산술 교과서로는 홍담헌이 지은 『주해수용籌解需用』이 있고, 그다음으로는 본격적인 수학 교과서로 평가되는 혜강의 『습산진벌習算津筏』이 있다. 이처럼 혜강은 수리에 관심이 많은 유학자였다. 수數를 존재론에 끌어들인 것은 중국 소강절의 상수학象數學 이후 조선에서는 혜강의 기수학氣數學이 처음일 것이다. 그의 기수학은 수의 연원을 기氣에서 찾는 것으로, 수數의 연원을 상象의 이理에서 찾는 소강절의 '상수학象數學'과는 다르다. 소강절은 수를 이理에서 구하고, 혜강은 수를 기에게 구하기 때문이다. 이것은 동서양 철학사에 유례가 없는 것이다.

신기통神氣通/**권1**/**체통**體通/**수학생어기**數學生於氣

천지와 인물의 신기는 저절로 모이고 쌓이고 흩어지며,

다과, 대소, 원근, 후박 등 각각 한계가 정해지지만,

또한 수시로 변환하니 한계를 정하기는 어려움이 있다.

신기를 성취하려면 그 부등을 비교하고

차이를 상량하고,

중심이 되는 줄기의 운동을 표지하고, 전후를 추측해야 한다.

그런즉 불가불 산수를 만들어

분개의 조리와 한계의 시종을 정하는 것은

고금천지에 다 같으며

인물과 사세에 고유한 것이다.

이로써 신기가 통함으로써 크게는 천지를 규찰하고,

작게는 머리카락과 실을 분석할 수 있는 것이다.

天地人物之神氣 自有積累聚散

多寡大小 遠近厚薄 各定界限

又有隨時變幻 難定界限.

欲就[146] 神氣 而比較其不等

商度其差異

標識其幹運 推測其前後.

則不可不設爲算數

以定分開之條理 界限之始終

古今天下之同然

人物事勢之所固有也.

是以神氣之通 大以揆[147] 天察地

細以毫分縷析.

---

146) 就(취)=成也.

147) 揆(규)=商量하다.

기수학은 물리의 요체와 묘용을 규명하여 소통하는 것이다.

물건의 다과는

가감법만으로 분석에 충분한 도움이 된다.

하물며 기수의 승재법은 실로 조화에 참여하는 단서다!

역법이란 하늘이 운행하여 만물을 빚어내는 기수이며

만물은 이것을 따라 변화한다.

길의 이수里數란 산해 원근을 나타내는 기수이며

풍토의 적의함을 따라 물화를 생산한다.

그릇이란 물건을 받아들이는 용량의 기수이며,

규구는 이것을 따라 제정된 것이다.

음악이란 불고 두드림을 길고 짧게 하는 기수이며,

율려는 이것을 따라 절도 있게 연주된 것이다.

또한 성인은 백성의 신기를 통어 절제하는 것이며

전례란 등위와 급수를 세워 한계를 방어하는 기수이며,

상벌이란 선을 권면하고 악을 징계하는 기수다.

이 두 가지는 신기의 격식이 없으면

제작하는 근본인 기수를 잃기 쉽다.

또 물건의 경중, 강약, 중경을

수로 정하기도 한다.

경중이란 물건을 들어 올릴 수 있느냐 없느냐의 기수요,

강약이란 들어 올린 물건이 편안한지 아닌지의 기수요,

중경이란 중량을 운반하여 옮기는 일의 기수다.

이 세 가지는 힘과 재주로 능한 것이지만

그 성패와 이둔은 모두 분수가 있어 어길 수 없다.

또한 의표를 마름하고 헤아리는 기수와,

석궁을 과녁에 적중하는 기수와

도량형, 동작, 언어에 이르기까지

氣數之學 乃究通物理之要妙也.

物數之多寡

加減亦足爲分開之助.

況氣數乘除 實參造化之端乎.

曆法者 天運陶鑄之氣數

萬物隨之而變化焉.

道里者 山海遠近之氣數

土宜因之而産物焉.

器皿[148]者 範圍容受之氣數

規矩[149]因之而有制焉.

聲音者 鼓噓長短之氣數

律呂因之而節奏焉.

又有聖人統民之神氣 而節制

典禮者 等級防限之氣數

刑賞者 善惡勸懲之氣數.

斯二者 未有神氣之格式

易失制作之原數也.

又有因物之輕重彊弱重徑[150]

而定數.

輕重者 擧物克不克之氣數也

彊弱者 懸物安不安之氣數也

重徑者 物重運移之氣數也.

此三者 力藝之所能

而成敗利鈍 皆有分數 不可違也.

至於儀表之裁量氣數

矢礮之衝的氣數

度量權衡 動作言語

---

148) 皿(명)=食器.

149) 規矩(규구)=곱자와 컴퍼스

150) 重徑(중경)=더딤과 느림.

기수가 그렇게 하지 않는 것이 없다.

수數는 기氣를 따라 만들었고,

물건은 기로 말미암아 생겼으니,

수가 아니면 무엇으로 기를 사용할 것이며,

기가 아니면 무엇으로 만물을 궁리 격물할 것인가?

비록 기수에 정통하다 해도

아직 물리의 오묘한 뜻을 다 알 수 없는데,

기수도 모르는 자의 궁리 격물이야 알 만한 일이다.

無非氣數之所使然也.

數由氣而作

物由氣而生

非數無以用其氣

非氣無以窮格萬物.

雖精於氣數者

尙不能盡物理之蘊奧.

不知氣數者 所謂窮格可知也.

신기통神氣通/권1/체통體通/수학생어기數學生於氣

기氣는 반드시 이理가 있고, 이理는 반드시 상象이 있고,

상은 반드시 수數가 있다.

수를 따라 상을 통하고, 상을 따라 이理를 통하고,

이理를 따라 기를 통하는 것이니,

서로 발현하고 서로 부양하는 이익이 있는 것이다,

그러므로 부질없이 수학만 익히면서 기의 유통을 알지 못하면,

그것은 악공이 악보만 배운 것과 같을 것이다.

氣必有理 理必有象

象必有數.[151]

從數而通象 從象而通理

從理而通氣.

有交發互將之益.

徒習算學 而不知神氣之通

其類樂工之學譜乎.

습산진벌習算津筏/서序

수數는 상象의 가감승제에서 생겼고,

상은 이理의 모습과 자세한 내막에서 생겼고,

이理는 기氣의 전후 추측에서 생기는 것이니,

기는 수의 본체가 되고, 수는 기의 이용이 된다.

유자들이 궁리 격물을 말한 것은

기에서 수를 얻고, 수에서 기를 증험하여

기와 수를 하나로 부합하게 함으로써,

천지를 살펴 헤아려, 사물을 헤아려 마름질하고자 함이었다.

數生於象之加減乘除

象生於理之形容曲節

理生於氣之前後推測

氣爲數之體 數爲氣之用[152]

儒者窮格

得數於氣 驗氣於數

使氣數合一

而揆察天地 裁度事物.

---

151) 左傳/僖公15年: 거북점은 象으로 나타내고, 주역점은 數로 나타냅니다(龜象也 筮數也). 만물이 태어나면 象이 있고, 象이 번성하니 (物生而後象 象而後滋) 數가 생겼습니다(滋而後有數).

152) 用(용)=可施行也, 利也, 貨也, 器也, 通也.

추측록推測錄/권2/추기측리推氣測理/수리數理

기氣가 운동하고 갈마들고 일어나는 데는	氣之運動迭興
모두 일정한 법칙이 있으며,	皆有攸軌
빠르고 느린 차이가 저절로 있기 마련이다.	疾速舒遲 自在其差.
이에 산수의 학문이 생겼으니,	於是有算數之學
이로써 기 운동을 헤아리면 이理가 그 속에 있으며,	以齊¹⁵³⁾氣之運動 而理在其中
하나를 더하고 빼는 것이 이理 아닌 것이 없다.	一加一減無非理也.
이理를 연구하여 정밀하게 하는 것도 수리를 벗어나지 않으며,	究理精緻 無過於此
사물을 헤아려 마름질하는 것도 수리를 벗어나지 않는다.	事物裁度 不外于是.

인정人政/권8/교인문敎人門/수학數學

수학은 신기를 단련하는 용광로요,	數學爲鍛鍊神氣之鑛
사물을 재단하는 창고다.	裁制事物之藏.
상고 이래 점차로 수련이 밝아진 자가	上古以來 漸次修明
몇천 명뿐이 아니고	不翅幾千百人
그들을 이어 단련한 것이 사오천 년에 이르렀으므로	連續鍛鍊 已至四五千年
조리가 정밀하고 대체가 상세하게 구비되었고	條理精爽 大體詳備
이것이 후세로 갈수록 점진적으로 밝아지고	是乃後世漸明
이로 인해 지각이 더욱 창달하게 되었다.	由此知覺益暢.

수학의 효과는 수數를 계산하여,	數學之效 不獨在於計數
그것의 합과 불합을 증험하는 데만 있는 것이 아니라	而驗其合不合
그 실질은 측량하여 과불급을 재단하고 제어하는 데 있다.	其實在於測量 而裁制過不及.
이 학문은 조그만 오차라도 있으면 금방 탄로나므로	此學之微有差誤 可以頃刻綻露
만약 여기에서 실효를 얻을 수 있으면	若於此有見得之實效
비단 경사經史의 강론에 유익할 뿐만 아니라,	非但有益於經史講論
모든 사물을 헤아려 재단함에 취사선택의 기준을 제공하고,	凡於事物裁度取捨 有準
사람을 대하는 데 명백한 언론을 발표할 수 있다.	對人多發明白之言論.
진실로 사람들에게 수학을 강습하게 하면,	得人人講習

---

153) 齊(제)=辨也, 度也.

조리를 나누고 여는 능력을 넓혀주고,　以廣其分開條理

사세를 재량하고 판단하는 능력을 길러주며,　以養其裁度事勢

선악, 허실의 판별을 쉽게 하고,　善惡虛實辨別最易

운화와 교제와 실천을 바르게 나아가게 하며,　運化交接踐履趨正

다툼의 꼬투리가 거의 사라지고,　鬨之端 庶幾寢息

혼탁한 풍속도 청명해질 것이다.　渾濁之俗 可以淸明.

기학氣學/권1/9면

기氣의 물리치고 펴는 것을 테두리 짓고,　範圍此氣之排布

기의 원근과 지속을 비교 실험하고,　較驗此氣之遠近遲速

기의 장단과 대소를 헤아리고,　度此氣之長短 量此氣之大小

기의 무게가 무겁고 가벼운지를 저울질하고,　權此氣之輕重

기의 차고 덥고 건조하고 습한 것을 실험하고,　驗此氣之冷熱燥濕

기의 시각과 분초를 정하여,　定此氣之時刻分秒

불과 물의 기를 변통하고, 무겁고 큰 기를 운동시키는 것은　變通水火之氣 運動重大之氣

역수학과 기계학만이 할 수 있는 것이다.　乃是歷[154]數學器械學之所能也.

기계가 아니면 이 기氣를 손댈 방법이 없고,　非器械 無以着手乎此氣

역수가 아니면 이 기를 분별하여 열어 보일 수가 없다.　非歷數無以分開于此氣.

역수와 기계는 서로 밝혀주는 것이므로,　歷數器械互相發明

기를 인지할 수 있고 증험할 수 있게 한다.　庶可以認氣 亦可以驗氣.

이는 모두 옛사람이 수천 년 동안 추측과 경험을 쌓아,　儘[155]是古人數千載 積累測驗

점차 개명하여 후인들에게 혜택을 베푼 것이다.　漸次開明 以惠後人也.

운화측험運化測驗/권1/25면/기지수氣之數

아침과 낮, 저녁과 밤이 되는 것은 지구가 자전하는 기수요,　朝晝暮夜 地體自轉之氣數

초하루와 보름, 상현과 하현은 태음이 일주하는 기수요,　朔望兩弦[156] 太陰一周之氣數

춘하추동이 갈마드는 것은 태양이 일주하는 기수이니,　春夏秋冬 太陽一周之氣數

---

154) 歷(역)=曆. 曆法. 數也.

155) 儘(진)=盡也. 모두 다하여.

156) 兩弦 (양현)=上弦과 下弦.

이는 바로 매일 매월 매년 | 是乃[157]每日每月每年

증험하는 기氣의 수數다. | 證驗之氣數也.

물체의 경중과 물의 경중은 물체가 | 物體之輕重 與水體之輕重

부침하는 기수요, | 有浮沈之氣數

드는 물건의 경중과 지렛대의 대소는 | 擧物之輕重 與槓杆之大小

능력의 기수요, | 有能力之氣數

화포가 포탄을 발사하는 것은 원근의 기수요, | 火砲之放丸 有遠近之氣數

물과 불로 음식을 끓이는 것은 조화의 기수요, | 水火烹飪 有調和之氣數

거푸집에 쇳물을 부어 그릇을 만드는 것은 적합의 기수다. | 範[158]鎔陶鑄 有適合之氣數.

이는 모두 날마다 사용하고 증험하는 기수다. | 此皆日用證驗之氣數也.

기氣는 활동 운화하는 물건이며, | 氣是活動運化之物

수數 역시 그 활동 운화의 묘리를 포착하니, | 則數亦得其活動運化之妙

곧 '기수'라고 말할 수 있는 것이다. | 方可謂氣數.

만약 기와 수가 서로 떨어져 합하지 못한다면, | 若氣與數相離不合

기는 기대로 운행하여 온갖 조화를 부리고 | 氣自氣而運行萬化

수는 수대로 제멋대로 선택하고 배척한다면, | 數自數而隨意排撰[159]

어찌 '기수'라고 말할 수 있겠는가? | 烏可謂氣數也.

　　그러나 수數의 근원을 기氣에서 찾은 것은 무리인 것 같다. 서양에서는 고대로부터 지금까지 감각은 저급한 것이므로 진리를 알 수 없다고 생각해왔다. 그러므로 경험론을 주장하는 학자도 수와 언어를 경험론의 인식 대상에서 제외하는 것이 불문율이었다.

　　플라톤은 수와 논리를 인식하는 데는 오성Understanding만으로는 부족하므로 이성Reason에 의존해야 한다고 말한다. 그는 수와 언어를 참된 실재인 이데아와 같은 것으로 보았던 것이다. 이성만이 이데아를 인식함으로써 그 이데아가 실재이며 그 실재가 곧 선善이라는 결론에 도달했기 때문이다. 플라톤은 그의 저서 『티마이오스Timaeus』에서 다음과 같이 말한다.

　　불변의 것은 이성에 의해 알 수 있고, 변하는 것은 의견에 의해 알 수 있다.

157) 乃(내)=곧, 단지, 겨우.

158) 範(범)=모형.

159) 撰(찬)=글짓다. (전)=고르다.

세계는 감성적인 것이므로 영원한 것이 될 수 없다.

종교 사상인 그노시스주의의 다음과 같은 교리도 이러한 플라톤의 영향이었다. 그노시스gnosis는 원래 지식이라는 그리스 말이며, 기독교 이전의 로마를 비롯하여 그리스 문화가 끼친 중근동 일대에 유행한 종교 사상이었다.

감관계感官界는 열등한 신인 이알다바오스Ialdabaoth가 창조하였다.
이 신은 천국의 지혜인 소피아의 반역적인 아들이다.

위와 같은 플라톤의 논리로 혜강을 말한다면 그가 말하는 기氣는 유형의 실재이고, 수數는 무형의 가상이다. 유형의 감각 경험으로는 현상을 인식할 수 있으나 직선은 경험하지 못한다. 수나 직선은 가변적인 세계의 현상이 아니고 불변의 가상이므로 경험할 수 없는 것이다.

중세 스콜라 철학자로 유명론唯名論자인 오컴William of Ockhm, 1285?~1349?은 플라톤과는 반대로 지각을 지식의 근원으로 인정했다. 그러나 그는 감관의 혼을 예지의 혼과 구별하고, 예지적 영혼인 오성만이 진리의 근원이라고 보았다. 어느 종교든 마찬가지이지만 그도 여전히 감각을 탐욕과 관련지었으므로 부정적이었다.

존 로크는 경험론을 창시한 자유주의 철학의 시조다. 그는 1690년에 발표한 『인간 오성론』에서 데카르트의 생득 관념을 부인하고 경험론을 주장했다. 그러나 그의 경험론이란 것도 우리의 모든 지식이 경험에서 나오는 것이지만 논리와 수학은 제외된다는 것이었다.

변증법적 유물론(약칭 '변유론')은 처음에는 언어와 수학도 물질적 토대에서 결정된다고 보았지만 1950년대 '토대·상부 구조의 논쟁'을 통해 상부 구조의 독립성을 인정하는 경향으로 수정되었고 과학과 문화에 대한 변유론의 강제 적용을 해제했다. 당시 변유론의 유일한 해석권자였던 스탈린Iosif Vissarionovich Stalin, 1879~1953의 논문 「마르크스주의와 언어학의 문제」에서 수학, 물리학, 언어, 논리학에 대해서는 토대도 상부 구조도 아닌 선험적인 것으로 간주하여 유물 변증법의 적용을 배제하고 예외로 인정한 것이다.

이처럼 '수리론數理論'은 인류 사상사의 불문율인데도 혜강은 '수기론數氣論'을 주장하였으니 획기적인 것이다. 만약 스탈린이 혜강의 '수數는 기氣의 운용運用'이라는 테제를 미리 알았다면 유물 변증법을 파괴하는 예외를 인정하지 않았을지도 모른다. 그러나 그 적합성은 많은 비판과 검증을 거친 후에야 판명될 것이다.

칸트는 데카르트의 선험론과 로크의 경험론을 종합했다고 평가를 받는다. 그도 우리의 지식은 어떤 것이나 경험을 초월할 수는 없다고 인정한다. 그러나 논리와 논리에서 연역되지 않는 것까지도 포함하여 어떤 부분은 선험적이어서 경험에서 귀납적으로 추리되는 것은 아니라고 인정했다. 선험적 명제는 경험에 의하여 유도될지라도 일단 이것이 유도된 후에는 경험 이외의 다른 기초를 가지고 있는 명제다. 특히 순수 수학의 모든 명제는 선험적이다. 그러므로 수학과 기하학은 물론이거니와 인과 법칙까지도 모두 '선험적 종합 판단'이라는 것이 칸트의 결론이다.

그렇다면 선험적 종합 판단은 어떻게 가능한가? 칸트에 의하면 외계外界는 감각의 재료만을 공급한다. 이 재료를 우리의 정신 기관이 공간과 시간 속에 배열하고, 개념을 부여하며, 이 개념에 의하여 우리는 경험을 이해하는 것이다.

혜강의 '추측'은 칸트처럼 종합적이다. 혜강이 말한 '통通'이란 우주 만물이 똑같이 신기神氣의 조화이므로 상통한다는 것이며 상통하므로 지각知覺이 가능하다는 것이다. 즉 지각의 근원이 신기의 통함이다. 추측이란 사람의 뇌가 '지각한 것을 미루어, 지각하지 않은 것을 헤아린다'는 뜻이다.

그렇지만 혜강은 거기서 멈추지 않고 한 걸음 더 나아간다. 이러한 종합 판단이라도 천기天氣에 승순한 것인지를 실험을 통해 검증되어야 하며, 그리고 그 검증 결과를 사무事務에 적용하여 치국 안민에 유용한 결과를 얻어야만 진리로 인정받을 수 있다는 것이다. 즉 혜강은 경험론에서 출발하여 선험론을 종합하고, 실증주의를 거쳐 실용주의로 나아간 것이라고 말할 수 있다.

실증주의

묵자는 2,500년 전에 이미 인민의 정치에 적용하여 이로운 것으로 증험된 것만이 참이라고 주장했다. 이른바 그의 '삼표론三表論'은 첫째 성왕의 역사적 경험, 둘째 민중의 경험과 의사, 셋째 실용의 검증 등 세 가지를 판단의 표준으로 삼아야 한다는 것이다. 혜강은 묵자의 이러한 주장을 그대로 계승한다.

혜강은 자신의 기학氣學을 실학으로 정의했다. 백성이 실제 이용하는 것, 세계의 정치가 반드시 따르는 것, 형체가 있어 파악할 수 있는 것, 사물에 적용하여 검증할 수 있는 것만이 실학이며, 무릇 학문이란 이러한 실학이 되어야 한다는 것이다.

이를 한마디로 정리하면 증험된 추측推測만이 참된 지식이라고 말한 것이다. 이것은 서양의 실증주의 내지 실용주의와 비슷하다고 이해할 수 있다.

신기통神氣通/권1/체통體通/통유상응通有相應

대저 기氣가 통한다 함은	夫氣通之
증험이 가능한 것만이 그 통함을 인정받는다.	而可以證驗者 方許其通.
비록 통했다고 말할지라도	雖謂通之
증험할 길이 없으면 통通이라 할 수 없다.	而無所證驗 不可許其通也.

신기통神氣通/권1/체통體通/통유시중종通有始中終

무릇 통通에는 처음과 중간과 끝의 세 가지 계단이 있으니,	凡通有三等
일에 앞서 테두리를 통하는 것(범위의 통)이 있고,	先事而有範圍之通
일을 실천하면서 점진적으로 통하는 것(점진의 통)이 있고,	踐事而有漸進之通
일이 끝난 후 증험하는 통(징험의 통)이 있다.	後事而有證驗之通.
어찌 테두리(범주)를 통한 것만으로 자만하여,	豈可以範圍之通 自滿自足
증험하는 통을 고려하지 않고 기뻐하겠는가?	而不顧證驗之通 自有悅樂哉.

기학氣學/권1/16면

혜강의 삼표론三表論

온 천하 학문이 옳은가 그른가는	統天下學問是非
다음의 조건으로 우열을 가려야 한다.	論定優劣.
천하 인민의 민생에 실용하고,	以天下民生所實用
천하의 정사에 필요하며,	四海政治所必有
형체가 있어 파악할 수 있고,	有形可執
사물에 조처하여 효과를 검증 가능한 것만이 실학이다.	處物可驗 爲實學.
실학은 인간이 버리려 해도 버릴 수 없고	欲捨而不能捨
어기려 해도 어길 수 없는 것이다.	欲違而不能違.

인정人政/권8/교인문教人門/교학허실教學虛實

배움에는 성誠과 위僞가 있고, 가르침에는 허虛와 실實이 있으니,	學有誠僞 而教有虛實
현저한 실제의 사물을 좇아 모름지기 활용할 뿐이다.	從其顯著之誠實事物 須用而已.
그렇게 된 원인을 알 수 있는 것은	可知之所以然
오래 누적된 경험에서 얻어지며,	得之於積累經驗

다스려 변통하는 방법은	以爲變通之方
다분히 사람이 조작한 사물에 있다.	多在於人造人爲之事物.
그렇게 된 원인을 알 수 없는 것은	不可知之所以然
마음(心)을 수고롭게 하여 탐구하더라도	苦心求索
수고롭고 초조할 뿐 도움이 없을 뿐만 아니라	非但勞憔無益
도리어 허무맹랑한 곳으로 빠지기 일쑤다.	反易陷於虛無荒誕.

크게는 천지 운화의 기氣가 있어	大則有天地運化之氣
일월성신을 배열하고 만물을 화생하니,	排布星曜 化生萬物
다만 마땅히 바탕으로 의지하고 받들어 따라 행할 뿐,	但當資賴依據 承順遵行
왜 그렇게 되었는지 그 원인을 궁구할 수 없다.	不可究其所以然.
지극히 비근하고 날마다 사용하는 몸의 형체도	至近切用之一身形體
다만 마땅히 학습한 대로 활용할 뿐,	但當隨習須用
진실로 그 원인을 궁구하기는 어려운 것이다.	固難究其所以然.

　　원래 실증주의positivism란 사회학의 아버지로 불리는 콩트Auguste Comte, 1798~1857의 『실증 철학 강의Cours de philosophie positive』에서 나온 말이다. 혜강의 『기측체의』가 1836년에 저술되었고, 콩트의 책이 1830년~1842년에 저술되었으므로 실증주의는 프랑스와 한국에서 비슷한 시기에 나란히 제기된 셈이다. 콩트는 인간의 지식의 진보는 신학적에서 형이상학적으로 다시 실증적으로 발달했으며, 또한 실증 과학은 수학, 천문학, 물리학, 화학, 생물학, 사회학의 순서로 발전했다고 말했다.

　　'positive'란 말은 확실하다는 뜻으로 실증주의란 확실한 것만이 지식이라는 학문적 태도를 말한다. 이것은 인간의 인식을 아프리오라a priori 한 것을 배격하고 경험적 사실에 한정하는 현상학적인 학문 방법론이다. 그 후 빈Wien 학단은 감각 소여所與에 의한 '검증 가능성verifiability'만을 유의미한 것으로 간주하였으므로 이를 실증주의라고 불렀다. 이로써 알 수 있듯이 실증주의에서는 형이상학적 진술은 무의미한 것이 되어버리고 수학적 경험 과학적 진술만을 유의미한 것으로 간주한다.

　　특히 영국의 과학 철학자인 포퍼Karl Popper, 1902~1994는 빈 학단에 참가했으나 검증가능성을 비판하고 '반증가능성falsifiability'만을 대안으로 제시하여 비판적 합리주의를 주창했는데 혜강은 오히려 포퍼에 가까운 듯하다. 비판적 합리주의에서는 역사법칙주의, 우주와 사회의 유기체론,

결정론적인 유토피아주의는 반증 가능성이 없으므로 사이비 과학이 되지만, 반면 형이상학도 반증 가능성 또는 반박 가능성이 있는 열린 사고라면 유의미한 인식이 될 수 있다고 본다. 어찌 되었든 과학적 사고가 전무한 당시 조선에 혜강이 실험과 검증을 강조하며 선진적인 과학적 방법을 말한 것은 놀라운 일이 아닐 수 없다.

신기통神氣通/권1/체통體通/통허通虛

사물이 없는데 신기만이 발동한다면	無物無事 而神氣徒發
그것을 소통할 방도가 없으며,	無所通也
사물은 있으나 신기가 발동하지 않으면	有事有物 而神氣不發
소통할 방도가 없을 것이다.	無所通也.
사물이 있으면 반드시 신기가 발동하므로	有事有物 而神氣隨發
소통할 수 있는 것이다.	方有所通也.
대저 신기는 원래 살아 움직이는 것이요, 고정된 것이 아니므로,	蓋神氣原是活動之物 難得常靜
환상과 망상에 이르기 십상이다.	易致幻妄.
모름지기 사물을 따라 연구하고	須從事物上研究
또 사물에서 증험해야 하며,	又從事物上試驗
증험할 수 없는 것은 연구를 기대할 수 없고,	不可試驗者 不必研究
증험할 수 있는 것만을 연구할 수 있는 것이다.	當待驗試者 亦可研究.
만일 증험은 상관없이 부질없이 사물을 소통하려 한다면,	若不顧驗試 徒欲通事物
망망대해에서 표준이 없는 것처럼,	滉瀁[160]無準的
밝은 앎을 어찌 성취할 수 있겠는가?	明知何可進就.
신기만 점점 어지럽게 될 것이다.	神氣漸趨荒亂.

신기통神氣通/권3/주통周通/주통원위周通源委

소통을 얻어야 도道를 밝히고,	得諸通 而明其道
소통을 이용해야 사실을 경험하고,	用諸通 而驗其實
소통을 전해주어야 후인을 성취하게 할 수 있으니,	傳諸通 而成後人
이것을 일러 두루 소통함의 본말이라고 말한다.	是謂周通之源委也.
오직 알았다고 주장해도 그 우열을 알기 어렵고,	惟言其得 則難知其優劣

---

160) 滉瀁(황양)=물이 넓고 깊은 모양.

반드시 증험한 연후라야 그 앎을 믿을 수 있다.   用驗以後 方信所得也.

신기통神氣通/권1/체통體通/물아증험物我證驗

통하고 불통함을 어찌 스스로 단정하고 만족할 것인가?   通與不通 豈可自斷自足.

반드시 사람에게 실험함으로써 그 불통한 것을 통하도록 하고,   必須驗之於人 以通其所不通

그래도 석연치 않으면 모름지기 사물에 실험해야 하며,   猶未釋然 又須驗之於物

자연과 인간의 신기가 상통하여 어긋남이 없는 것이 필요하다.   要無違於天人之神氣相通也.

인정人政/권9/교인문敎人門/의거증험依據證驗

마음의 추측은 의거할 증험이 없으면,   心之推測 不有依據證驗

공허하고 잡됨에 빠지기 쉽다.   易入于虛雜.

또한 성리학의 성명性命에 관한 심오한 이론도   且性命微奧之理

비록 옛 문적을 찾아보면   縱有古文蹟之推尋

구구절절 허다한 명목이 있으나,   字字句句許多名目

그 모두 심기가 운화의 기氣에   未必皆有心氣之通徹

통철했다고 말할 수 없다.   於運化之氣也.

운화를 무시하고,   不顧運化

주관적인 심리로만 궁구 수색하면,   而只以心理究索于內

이것은 혼자만의 연출이요 자기만의 주장일 뿐이니,   是自排布[161]自主張

이것을 사물에 시행하고 사람에게 적용하면,   及其施諸事加諸人

오차가 많고 부합이 적을 것이다.   多差誤少符合.

이는 객관적인 운화를   以其在外者皆是運化

주관적인 심리로 재량하기 때문이다.   而惟將心理揣度也.

그러므로 처음부터 대기 운화에서 얻은 것을   是以自初得於運化

심기 운화로 삼고, 인물 운화에 시행하면,   以爲心氣運化 施行於人物運化

증험에 의거한 추측을 얻을 수 있다.   乃有依據證驗之推測.

신기통神氣通/권1/체통體通/이목신기통만위일耳目神氣統萬爲一

치우친 소통은 고루 정체되고, 두루 소통하면 활달하다.   偏通則固滯 周通則豁達.

---

161) 排布(배포)=配列 → 演出.

일신의 여러 감관과 촉관으로 서로 참작 비교함으로써,
한 가지 일의 본말을 정하는 것이,
오히려 한 개의 감각을 통한 것으로
일을 단정하는 것보다 우월하다.
반드시 자기 몸으로 소통한 것으로 하여금
여러 사람의 소통한 것에 미루어 소통하게 하고
여러 사람의 귀와 눈을 나의 눈과 귀로 삼고,
여러 사람의 신기를 나의 신기로 소통하게 해야 한다.
그리하면 비록 나는 두 눈과 두 귀를 가졌지만,
만 개의 눈과 귀를 가진 것처럼 만들 수 있으니,
만 개의 이목이 보고 들은 것을
나의 눈 귀로 사용할 수 있다.
나는 비록 한 개의 신기를 가졌으나,
만 개 억 개의 신기를 가진 것처럼 만들 수 있으니,
만 개, 억 개의 신기를 모아
나의 신기로 사용할 수 있다.
그런 연후에 중정한 대도는 억만 사람을 따르게 하고,
상도에 소통하는 바 있을 것이다.

以一身之諸竅諸觸 參互比較
以定一事之本末
猶勝於通一竅
而斷一事.
必使我身之所通
推通於諸人之所通
以諸人之耳目 爲我之耳目氣
以諸人之神氣 通我之神氣.
則我雖雙耳雙眼
可作萬耳萬目
收聚萬耳萬目之所得
須用於雙耳雙眼.
我雖一神氣
可作萬億之神氣
收聚萬億神氣
須用於一身之神氣.
然後中正大道從萬億人
所通經常.

실험 과학

혜강은 조선에 처음으로 경험 과학을 수립한 학자다. 그는 인식은 측험測驗 (추측과 실험)에서 이루어지는 것으로 보았으므로 당연히 실험이 없는 학문은 허학虛學으로 단정했다. 특히 혜강은 이기理氣를 신비한 형이상학이 아니라 인간이 경험할 수 있는 형이하학적 실체로 보았으므로 천天과 신神도 측험할 수 있는 물건으로 보았다. 이로써 조선에 최초로 근대적인 과학으로서 천문학과 의학이 성립될 수 있었다.

기학氣學/권1/26면

천문역수학(歷數學), 동식물 분류학(物類學), 기계학(器用學) 등	歷數學物類學器用學
세 가지 학문을 두루 갖추면,	三者兼備
기氣를 인식하여 그것을 증험하고 시험하며,	乃認氣而驗之試之
또한 기를 기르고 그것을 변통하여 통용할 수 있다.	又將氣而變之通之.
천문역수학은 땅이 구체임을 기본으로 삼는다.	歷數學以地球爲本.
사람은 땅 표면에 붙어 사니까, 마땅히 증험하고 밝혀야 하니,	人在地面 所當驗而明之
시험하고 통하는 것은 지구의 내력과 이치다.	試而通之者 地球之歷數.
해와 달에 대해서도,	至於日月
고저, 원근, 남북, 진퇴와 초하루, 보름과 일식, 월식 등을	高低遠近 南北進退 朔望掩食
비록 추산할 수는 있으나 아직도 미진한 것이 많다.	雖能推算 尙多未盡.
물류학이란	物類學
수화, 금석, 곡식, 채소, 초목,	非但以水火金石 穀菜草木
금수, 곤충, 물고기 등	禽獸蟲魚
동류를 모으고 무리로 나누며 형색과 기미를 비교 실험하여,	類聚群分 形色氣味 比較測驗
용도에 따라 취하여 사용하는 것뿐만 아니라,	隨宜取用
여러 종류의 사물에 대해	事類之
그 성취와 쇠퇴, 날카로움과 둔한 것에서부터	成敗利鈍
인류의 현우에 이르기까지 역시 조목별로 분별하는 학문이다.	人類之知愚賢蠢 亦條別.

천인 운화에 대한 추측과 증험은 사오천 년 이어져왔고,
어떤 문명에서는 팔구천 년 계속되어왔다.
이로써 고금에서 후세에 걸쳐 어질고 지혜로운 사람들이
같은 마음으로 기록을 찾고 추측과 증험을 쌓아나가며
천지 대기의 운화를 함께 밝혀왔다.
만약 서적으로 전해오지 않았다면
어떻게 선인과 후인 간에 증험을 공유할 수 있겠는가?
상고 천 년은 서적이 없었고,
증험할 수 있는 것은 그다음 천 년이다.

지구가 둥글다는 것이 밝혀진 이후,
기수를 측험할 수 있게 되어 점차 계몽되었다.
지구가 자전하므로 주야가 생기고,
지구가 공전함으로 사시가 생기며,
뜨거운 기氣가 올라가 구름과 비가 되면,
비를 맞고 기를 품으며 일월을 교접하여
이로써 만사 만물이 이루어짐을 알게 되었다.
대지와 대기의 측험에 대해서는
결코 한 사람의 일시 생각에 따라
속단할 일이 아니다.
우주를 통합하고 측험이 가능한 서적을 참고하고,
방금 운화에 맞으면 그것을 취하고,
증험이 없는 것은 버려야 한다.

신기천험身機踐驗/서序

중국과 서양의 의서는 각각 자기 지역의 경험을 발전시킨 것으로
옛부터 전습된 것이어서 아직도 발명되지 않은 부분이 많다.
서양 의학은 해부학에 상세한 연구가 이루어져,
신체 전부의 경락과 부위를 밝게 살필 수 있다.

大本測驗 惟在於四五千年
或有俟于八九千年.
是乃古今與後世賢知之人
同心記繹[162] 積累測驗
共明天地大氣之運化.
若非書籍傳達
何以通驗前後哉.
上古千年無書籍
可證驗者其次千年.

自地球闡明以後
可測驗之氣數 漸次啓發.
自轉而爲晝夜
輪轉而爲四時
熱氣昇而爲雲雨
雨蒙氣包而接日月
以成萬事萬物.
於大地大氣之測驗
決非一人一時
徒將意思而排布也.
統合宇宙 可測驗之書籍考
準於方今運化則取之
無所驗則捨之.

中西醫書 各將本地經驗
傳襲旣久 尙多未明之端.
西醫以剖割 詳稽之致
明察全體 經絡部位.

---

162) 繹(역)=解也, 尋也.

부위에 밝지 않으면 병의 근원에 밝지 않고,	部位不明 病源不明.
병의 근원이 밝혀지지 않으면 치료 방법이 밝지 않다.	病源不明 治法亦不明.
병증 부위가 밝혀지면 병의 근원을 추측할 수 있다.	部位旣明 病源可推.
병근을 적실하게 볼 수 있다면 치료법은 거의 처방을 얻을 수 있다.	病源的覩 治法庶得其方.
이에 비해 중국의 의서는 부위에 다분히 몽매하다.	擧此法較中國醫書 部位多罔昧.
오행론이 첨가된 후로는 더욱 혼미해졌다.	五行添昏迷.
중국 의술을 쓰되 서양 치료법을 참고하면	擧[163]中醫而較西治則
서로 보완이 될 것이다.	溫涼補瀉.

사무학

    혜강의 경험 과학은 그 목적을 실용 학문에 둔 것이므로 실학의 근대적 전통에서 자라난 것임을 알 수 있다. 그는 경험 과학을 개물성무開物成務[164]라 하고, 이용학을 행사성무行事成務[165]라고 말한다. 그러므로 그의 실학은 사물학事物學 또는 사무학事務學이라고 말할 수 있다. 서양의 과학, 정치학, 경제학 등 경험 과학이 본격적으로 수입된 것은 조선이 망하고 일제 강점기 치하에서 시작되었지만 그 기초는 이미 조선 내부에서 홍대용과 정약용 등을 거쳐 혜강에 이르기까지 본격적으로 주창되고 있었던 것이다.

인정人政/권11/교인문教人門/사무진학문事務眞學問

무릇 모든 사무가 진정 절실한 학문이다.	凡百事務 皆是眞切學問.
사물을 버리고 학문을 구함은 공중에 매달린 학문이다.	捨事務而求學問 乃懸空底學.
장부 처리와 송사를 관장하는 일도	掌簿書獄訟者
마땅히 운화의 사실과 민중의 공론으로 조처하고 결단해야 한다.	當運化事實 衆庶公論 以爲處斷.
사농공상과 장병에 관한 일도	士農工商將兵之類
모두 학문의 열매요, 족적이다.	皆是學問之實跡.
그것들의 행사와 조처를 보면,	觀其行事條施
가히 그 학문의 성부, 우열을 점쳐볼 수 있다.	可占其學問成否優劣
부질없이 공허한 고담준론을 일삼거나,	至若徒習虛套高談峻論

---

163) 擧(거)=用也.
164) 사물을 개명하여 직무를 이룸.
165) 일을 실행하고 직무를 이룸.

문자를 사업으로 삼고, 문파를 전수로 삼는 것은

이름은 비록 학문이지만 사무의 조처와 계책에 몽매하니,

사람들에게 도움이 되지 않는 것이다.

以文字爲事業 以門戶爲傳受

名雖學問 罔昧事務措畫[166]

亦鮮補益於人.

승순사무承順事務/서序

학문은 일을 실행하고(行事) 직무를 이루는(成務) 사무에 있으니,

따라서 실질을 학문으로 삼아야 한다.

학문이 사무에 있지 않으면 공허한 것을 학문으로 삼는다.

의식 절차, 법률. 전제와 조세, 생산과 소비,

교육, 문예, 군사,

사농공상, 기구, 천문 기상,

수학, 노동, 경영 등은

사람이 살아가는 사무이며 마땅히 구비되어야 하는 것이다.

學問在事務

爲實學問.

學問不在事務 爲虛學問.

典禮 刑律 田賦 財用

學校 文藝 武備

士農工商 器皿 歷象

數學 動役 御衆

乃人生事務所當備也.

김수실金秀實의 재교후財敎後[167]

곰곰 생각해보면 재물이란

민民이 살아가는 데 날마다 쓰는 것이며,

생명을 기르며 죽음을 보내는 데

잠시라도 없어서는 안 되는 것이다.

왕공 귀인으로부터 마을과 시골의 서민에 이르기까지,

그 사이에서 시작하고 끝마치지 않을 수 없는 것이다.

그러므로 예의와 재용은 서로를 기다려 이루는 것이다.

그러므로 재용만 힘쓰고 인의를 돌아보지 않는 것은

진실로 만족할 수 없는 말이지만,

인의를 말하면서 재용을 생각하지 않는 것은

역시 부끄러운 일이 아닌가?

竊念財者

民生日用

養生送死

不可須臾離者也.

王公貴人閭巷匹庶

莫不終始於其間.

禮義財用 相須而成.

務財用而不顧仁義者

固無足言

語仁義而不念財用

亦非可羞耶.

---

166) 畫(화)=그림. (획)=계책.

167) 『財敎』라는 책은 일실됨.

신기는 사무로써 격물을 하고,	神氣 以事務爲格物
사무로써 치지를 하고,	以事務爲致知
사무로써 존양을 하고, 사무로써 단련을 하며,	以事務爲存養 以事務爲鍛鍊
사무로써 성덕하며, 사무로써 후세를 가르친다.	以事務爲成德. 以事務敎後生.
사무가 아니라면 신기는 무엇으로 그 능함을 성취할 것인가?	若非事務 神氣何以成就其能.

기용학

혜강은 천지, 인간, 우주를 하나의 기器로 보았다. 따라서 실학은 이들 기계를 잘 이용하는 기용학器用學이 되어야 한다고 말한다. 이것은 '기氣는 곧 기器'라는 것이므로 기氣=도道=이理=기器라는 도식이 승인되는 혁명적인 발상이다. 형이상의 도와 형이하의 기器를 분리 구분하는 성리학의 이른바 도기론道器論을 전복하는 것이다. 따라서 유가들의 우주 일가론, 인간 소우주론 등 우주를 유기체로 보는 전통적 사고도 우주 기계론과 만물 기계론으로 지양 발전된다.

이로 볼 때 혜강의 기학氣學은 공자로부터 시작된 경세학經世學을 근대적이며 세계화된 실학으로 발전시켰으며, 이기 이원론에 메어 있는 성리학을 지양할 뿐만 아니라, 실학을 학문으로 정초하는 과학 철학으로 발전시켰다고 말할 수 있다. 총체적으로 말하면 혜강은 공자와 성리학 등의 구학舊學을 대체할 수 있는 신학新學을 주창한 위대한 철학자였다고 평가할 수 있을 것이다.

신기통神氣通/**권1**/**서**序

사람의 형체는 여러 기능을 갖추어	夫民形體 乃備諸用
신기를 통하는 기계다.	通神氣之器械也.
눈은 색깔을 드러내는 거울이며, 귀는 소리를 듣는 피리이며,	目爲顯色之鏡 耳爲聽音之管
코는 향기를 맡는 대롱이며, 입은 말을 출납하는 문이며,	鼻爲嗅香之筒 口爲出納之門
손은 물건을 잡는 기구이며, 발은 이동을 위한 바퀴다.	手爲執持之器 足爲推運之輪.
이목구비와 손발과 촉각을 버린다면,	捨此耳目口鼻手足諸觸
무엇으로 털 한 올인들 이치를 알 수 있으며,	有何一毫可得之理
무엇으로 일을 증험할 수 있겠는가?	可驗之事乎.

하늘도 땅도 사람도 만물도

모두 그릇(器)이다.

어리석은 세상 사람들은

솥이나 술잔이 그릇인 줄은 알지만

그 원리는 모른다.

그러므로 기계 이용의 학문을 버리고 천시한다.

조금 지각이 있어 이해하는 자들도

겨우 수기와 화기, 배와 수레를 제작하는 이치를 알고,

공업의 핵심이며 이익의 원천이라고 생각했지만,

아직도 천天, 지地, 인人, 물物도 역시 그릇인 줄을 모른다.

어찌 그들이 진정한 기용학을 논구할 수 있겠는가?

통틀어 말하면 단지 하늘이라는 하나의 그릇이 있을 뿐이다.

나누어 말하면 천지 인물이 각자 그릇이라 할 것이다.

蓋天是器也 地亦器也

人亦器也. 物亦器也.

世之愚夫

惟知釜鼎杯棬之爲器

而不知釜鼎杯棬之理.

故輒賤棄器用之學矣.

稍有知覺究解者

纔得水火器 舟車制之妙

以爲工作之督府 利益之美源

曾不思天地人物亦是器也.

烏可論其眞器之用也.

統言之則 只有天之一器也.

分言之則 天地人物 各自爲器也.

기학氣學/**권1/27면**

기용학이란 실제로 기氣를 이용하는 데서 나오는데,

기를 지키고, 기를 증험하고, 기를 시험하고,

기의 무게를 달고, 기의 수량을 계산하고,

기를 조절하고, 기의 소통을 바꾸는 것을 말한다.

단지 기를 말할 뿐

착수할 곳을 모르는 기존의 기론氣論에 비하면,

기용학은 기를 다루는 방법을 알아 이용후생하려는 것이다.

器用學實出於用氣

衛氣 驗氣 試氣

稱氣 量氣

度氣 變通氣.

比諸徒言其氣

無所着手

快有措施方略 利用厚生.

대저 기용학이란

민생의 일용과 나라와 가문을 일으키는 데 유익한 것이다.

부질없이 법식과 규구를 고집하여 생활 도구를 만드는 것은

공인과 장인의 기예로서 말단의 업무다.

유형의 기계를 좇아 무형의 이치를 증험하고,

夫器用之學

有益於民生日用 國家興作.

徒執法式規矩 修製資生

工匠之技藝末務也.

從其有形之器 驗其無形之理

여러 무형의 이치를 미루어 유형의 기계들을 만들어냄으로써,
천하에 이로움을 이루고 정미한 이치를 증험하는 것이야말로
세상을 다스리는 자의 임무인 것이다.

推諸無形之理 製造有形之器
以成天下之利 以驗精微之理
乃治世者之所務也.

9절. 도덕론

천인 도덕

혜강은 전통적인 유가의 도덕론을 인정한다. 하지만 그것은 재해석되어야 한다고 생각했다. 그것들은 인류의 새벽에 성립된 것이고 지금은 밝은 대낮인 시대이므로 변통해야 한다는 것이다. 즉 유교의 명분론名分論과 『주역』의 상象은 신기神氣를 종지로 삼아 취사선택하되, 허무虛無는 버리고 실유實有만을 취해야한다고 주장한다. 그러므로 그는 변화를 강조하였고 일신 운화→교접 운화→통민 운화가 대기 운화에 승순 일통하는 천인天人 도덕을 제창한다. 이것은 유가의 표상인 성인聖人의 머리 위에 기氣 운화의 모자를 올려놓은 것이며, 성학聖學 위에 기학氣學을 올려놓은 모습이다. 그렇지만 같은 도덕률을 유물론으로 설명해냈다는 점에서 새로운 것이며, 설득력이 다르다는 점에서 충분히 관심을 끌 만하다.

천인 도덕론의 의의는 교접 운화에 주된 관심을 보인 경학經學의 '관계론적 도덕론'과 개인의 심성 수양에 주된 관심을 보인 성리학의 '본질론적 도덕론'을 결합하고, 나아가 이를 천하의 통민統民과 천지의 운화에 복속시킴으로써, 인류적 도덕론을 우주적 도덕론으로 확장했다는 데 있다고 하겠다.

여기서 우리가 혜강의 도덕론을 주목하는 것은 그가 새로운 도덕률을 제시하기를 기대하는 데 있지 않다. 오히려 도덕률이란 시대마다 지역마다 달라질 수 없다는 것을 그가 깨달았다는 데 의의가 있으며, 또한 유물론과 도덕론을 어떻게 조화롭게 설명할 수 있느냐, 그리고 동양의 도덕률을 서양 과학 지식으로 어떻게 설명할 수 있는지를 보여주는 최초의 담론이라는 데 주목해야 한다. 특히 유물론을 기초로 하는 역사적 공산주의 실험이 실패한 것은 유물론이 인간성과 도덕론을 새롭게 정립하지 못한 데서 연유되었다는 반성을 염두에 둔다면, 그의 도덕론은 충분히 관심 거리가 아닐 수 없다. 통상 '혁명가들에게 도덕은 없다'는 담론은 인간의 잔혹성을 호도하는 것일 뿐이다. 인간적 온정과 도덕적 경건함은 정치가나 학자에게는 더더욱 필요조건이다. 이런 점에서 혜강의 유물론적이며 과학적이고 혁명적 담론에도 불구하고 면면히 계승되어온 인류적 유산인 도덕에 대한 겸손함은 우리에게 감명이 아닐 수 없다.

신기통神氣通/**권1**/**체통**體通/**통교**通教

만백성을 통솔하는 도道는 오직 교화뿐이다.	統率蒸民之道 惟教耳.
때에 따라 지킬 것은 지키고 고칠 것은 고쳐서,	然隨時沿革

백성의 풍속이 변화하는 추세를 바로잡아,	以正民俗之趨[168]變
반드시 가리고 막힌 것들을 통달하도록 해야 한다.	必使蔽塞者通達.
군신유의, 부자유친,	君臣有義 父子有親
부부유별, 장유유서, 붕우유신 등,	夫婦有別 長幼有序 朋友有信
오륜을 인륜 상도의 조목으로 삼고,	以爲倫常之目
인의 예악을 교화의 방술로 삼아야 한다.	仁義禮樂 以爲導化之方.
이것은 실로 사람의 도리에 본래부터 있는 것이며,	是實人道之所固有
다만 성인이 그 조목을 이름 붙여 말한 것일 뿐이다.	聖人特名言其條目而已.
비록 성인이 다시 태어나도 이 도리를 바꿀 수 없을 것이다.	縱使聖人復起 不可變換此道.

인정人政/권9/교인문敎人門/도덕부귀道德富貴

빈천은 사람마다 버리고자 하는 것이지만,	貧賤 人之所欲去
운화의 도리로써 버리지 않으면 옳지 않으며,	而不以運化道理去之 不可
부귀는 사람마다 바라는 것이지만,	富貴 人之所欲爲
운화의 도리로써 얻지 않으면 옳지 않다.	而不以運化道理爲之 不可也.
벼슬과 재물 등 부귀는 영욕이 반반이고	爵位財帛之富貴 榮辱參[169]半
득실이 무상하지만,	得失無常
오직 이러한 운화의 부귀라야만,	惟此運化富貴
천하의 우러름이 무궁하고	天下人之敬仰無窮
후세의 감복이 커질 것이다.	後世人之感服漸大.[170]

인정人政/권8/교인문敎人門/삼층교三層敎

교화는 세 층이 있으니 인사교, 인도교, 인천교다.	敎有三 曰人事敎人道敎人天敎.
청소, 응대, 문필, 산수,	自灑掃應對文筆算數
교제, 접물의 절도에서부터	交人接物之節
사농공상의 업무에 이르기까지 일찍부터 학습에 종사하여	以至士農工商之業 早從學習

---

168) 趨(추)=趣의 俗字. 走也.

169) 參(참)=참가하다.

170) 이 글은 『논어』의 '道'를 '運化'로 바꾸어 말한 것이다. 혜강은 '道卽運化'라고 인식했기 때문이다(論語/里仁 5: 子曰 富貴是人之所欲也.
　　不以其道得之不處也. 貧與賤是人之所惡也. 不以其道得之不去也).

신기 운화가 아울러 성취하게 하는 것이 인사교人事教다.　　與身氣運化竝就 乃人事教也.

부자친, 군신의, 부부별,　　自父子親 君臣義 夫婦別
장유서, 붕우신에부터　　長幼序 朋友信
정교와 학술, 예율과 법전에 이르기까지,　　以至政教學術 禮律典章
지금에 시험하고 옛것을 증거하며,　　驗於今 證於古
나의 백성을 밝혀 남의 백성에게까지 미치게 함으로써,　　明於吾民 及人之民
일통 운화가 천하에 이르게 하는 것이 인도교人道教다.　　一統運化 達於天下 乃人道教也.

천지가 회전하고 운화가 착종하여 인물이 생성됨을,　　天地旋轉 運化錯綜 人物生成
받들어 따르되 마름질하고 제어하며,　　奉循裁御
옛날에 밝혀지지 않은 것을 지금 적실하게 드러냄으로써,　　古所不明 今乃的見
만사가 조리 있도록 근원을 찾아내는 것이 인천교人天教다.　　萬事條理 推尋根源 乃人天教也.

기학氣學/권1/41면

수신제가 치국평천하는　　修身齊家治國平天下
인기 운화에 관계되지만,　　係是人氣運化
천기 운화를 승순하여　　而承天氣之運化
인기 운화로 삼는다면,　　以爲人氣運化
백성들이 귀의하여 따르기가 간편하고 쉬울 것이다.　　則民皆歸順 簡且易焉.
만약 천기 운화를 버리고 인기 운화를 만들어내고자 하면,　　拂天氣運化 要作人氣運化
상하가 반목 분열하여 각각 사사로움에 방종할 것이다.　　則上下暌[171]離 各逞[172]其私.
이처럼 천인 운화는 근원으로 말하면　　是以天人運化 語其源則
학문의 뿌리가 되고,　　乃爲學問之根基
가지로 말하면 학문의 표준이 되는 것이다.　　語其委則 乃爲學問之標準.

명남루수록明南樓隨錄/1면

도道, 덕德, 인仁, 지知, 성性, 이理는　　道德仁知性理

---
171) 暌(규)=乖也.
172) 逞(령)=肆行也.

학문을 위한 명칭에서 나온 것이며,　　　　　出於學問之名.

『주역』의 '상象'을 만든 것은 그것을 전수함에 의거하고자 함이다.　　象因成 傳受之依據.

남을 깨우치려고 해도 말로는 밝히기 어려우므로,　　　欲曉喩于人 語或難明

형질이 있는 물건을 따라 가리켜 보여주려는 것이다.　　必因物類之有形質 而指示.

글로 서술하고자 해도 모호할 염려가 있으므로　　　欲撰述于文 恐涉糢糊

흔적이 있는 지난 일을 인용해서 드러내 증명하려는 것이다.　引往事之有痕跡而顯證.

당연히 형질이 있는 것으로 비유하면 빨리 깨닫게 되기 때문이다.　當因形質譬喩 自有輒疾開悟.

형질이 크고 완비한 것으로 말하자면,　　　　形質之大而完備

상象보다도 오직 운화하는 신기만이　　　　惟有運化神氣

만사 만물의 본원이다.　　　　　　　爲萬事萬物之本源.

도, 덕, 인, 지, 성, 이의 글자들을　　　　　道德仁知性理諸字

모두 신기로 밝히면,　　　　　　　俱以神氣明之

도는 신기의 도가 되므로 도는 광대한 몸을 이룰 것이고　道爲神氣之道 而道成廣大之體

덕은 신기의 덕이 되므로　　　　　　德爲神氣之德

덕은 외물을 제압하는 몸에 머물 것이며,　　　而德處鎭物之體

인은 신기의 인이 되므로 인은 천지의 준거를 이룰 것이고,　仁爲神氣之仁 而仁成天地之準

지는 신기의 지가 되므로 지는 만물의 도를 두를 것이며,　知爲神氣之知 而知周萬物之道

성과 이理는 신기의 성리가 되어　　　　性爲神氣之性

형질의 따름이 있을 것이고,　　　　　而有形質之可循

이理는 신기의 이理가 되어 형질의 향상이 있을 것이다.　理爲神氣之理 而有形質之可踐.

명남루수록明南樓隨錄/17면

암흑 시대→계몽 시대

상고 시대에는 귀신의 신神에 가려　　　　上古蔽奪於鬼神之神

수천 년을 내려오면서,　　　　　　流傳數千載[173]

기괴한 명名과 상象이 풍속을 미혹시켰으므로　　奇怪名象 迷亂風俗

민중은 대기에 신명이 있음을 알지 못했다.　　衆庶不知大氣之有神.

여러 가지로 시험하고 경험이 자못 넓어지고서야,　及乎驗試多方 經閱頗[174]廣

---

173) 載(재)=夏曰歲. 商曰祀. 周曰年. 唐虞曰載(爾雅/釋天).
174) 頗(파)=약간, 조금.

비로소 대기에 형질이 있다는 것을 알게 되었으니,

천고의 대발견이라 할 것이다.

대기 형질론에 따르고부터 만사에 의혹이 제거되고,

만물의 참모습을 보게 되었다.

암흑 시대를 떨어버리고 조리를 찾았으니,

이제야 기氣에 신이 있어, 운화에 붙어 운행한다는 것을 알았다.

이에 기괴한 신이 참된 신에 귀의했으며,

암흑세계를 광명 세계가 되게 하였다.

이미 신기의 종지가 세워진 전후를 경계로 삼아서,

도덕, 인지, 성리, 예율, 전장, 법식 등의

명과 상은 비록 같을지라도,

그중에서 종지가 허무인가, 실유인가를 분별하여

취할 것인가, 버릴 것인가, 정해야 할 것이다.

명과 상 중에서 실實에 허虛가 딸린 것은 허를 제거하고,

허에 실이 딸린 것은 실만을 보존하면,

도덕, 인지, 성리가 순일해져서

신기의 도덕, 인지, 성리가 됨으로써

허황하고 잡스러운 것이 참섭하는 일이 없을 것이며,

예율, 전장, 법식이,

각각 신기의 예율, 전장, 법식을 밝혀

참된 도움이 있게 될 것이다.

명남루수록 明南樓隨錄/41면

대기가 우주에 충만하여 만물을 빚어내는데,

형질의 운화하는 신기가 있어 생을 영위해나간다.

이처럼 사람과 만물은 항상 이것을 의지해야 하므로,

천하에 그 누구도 이 기氣의 사물에서 벗어날 수 없다.

인간에게는 기의 명칭과 상象을 가닥 지은 분별이 있으니,

始知大氣有形質

爲千古之大闡[175]明.

　循形質而萬事除疑惑

觀眞的萬物.

祛晦昧尋條理

因知氣之有神 付運化而通行.

於是奇怪之神 歸依於眞的之神

使晦昧世界 成光明世界.

旣以宗旨得立前後爲界限

則道德仁知性理禮律典章法式

名象雖同

就其中 分別宗旨之虛無實有

以定取捨.

名象中 實之兼虛 除其虛

虛之兼實 存其實

道德仁知性理純一

爲神氣之道德仁知性理

無虛雜之參涉

禮律典章法式

各自晠其神氣之禮律典章法式

有誠實之裨益.

夫大氣充滿宇內 陶均萬物

有形質之運化神氣 爲生.

人物之平常資賴

天下無外 此氣之事物.

人間有 條別氣之名象

---

175) 闡(천)=열다. 널리 퍼지다.

도道란 기의 유행을 형용한 것이고,

덕德이란 기가 충양하도록 펴는 것이고,

인仁이란 인도의 기를 조화하는 것이고,

의義란 사물의 기를 마름질하고 제어하는 것이고,

성性이란 신기를 품부받은 것이고,

이理란 신기를 추측하는 것이다.

道者 形容氣之流行

德者 敷施氣之充養

仁者 調和人道之氣

義者 裁制事物之氣

性是 稟受乎神氣

理是 推測乎神氣.

명남루수록 明南樓隨錄/43면

효도 중에서 작고 범상한 것은 어버이를 봉양하는 데 있고,

크고 귀한 효도는 신기를 섬기는 데 있다.

부모 봉양의 효孝와 신기 섬김의 효는

반드시 척도가 되는 도리가 있는 것이니,

아래에서 싫어하는 것으로 위를 섬기지 말며,

위에서 좋은 것은 아래에도 미치게 하는 것이다.

신기가 밝혀지기 전에도

천지를 섬기는 학설이 있었지만,

그것은 오직 한 해의 추수를 감사하는 것뿐이었다.

어찌 천지에 대한 큰 효도가 있었다고 하겠는가?

孝之小而常者 在於養親

大而貴者 存乎事神氣.

養親之孝 與事神氣者

有絜[176]矩之道

所惡於下 無以事上

所宜於上 可以逮下.

神氣未著之前

縱[177]有事天事地之說

惟爲報謝歲功之成.

何嘗爲天地之大孝.

명남루수록 明南樓隨錄/18면

천하를 다스리고자 하면 천하가 함께하는 근원을 따라

천하가 함께하는 가르침을 펴

천하가 함께하는 교화를 실행해야만,

바야흐로 천하를 다스려 태평하게 할 수 있을 것이다.

신기 운화는 천하가 함께하는 것일 뿐만 아니라

만사 만물에 이르기까지,

시종의 조리와 수미의 맥락이 본래 일체를 이루므로,

한 모서리를 흔들면 네 모서리가 절로 움직이고,

治天下可 因天下所同之源

以施天下所同之敎

以行天下所同之化

方可以治天下矣.

神氣運化非獨天下所同

至於萬事萬物

始終條理 首尾脈絡 原成一體

撼[178]一隅則四隅自動

---

176) 絜(혈)=헤아릴. (결)=조촐할.
177) 縱(종)=雖也.
178) 撼(감)=搖也.

한 사람이 화평하면 만백성이 달려와 호응하니,

천하가 함께하는 것으로는 이에 견줄 만한 것이 없다.

더구나 이것은 천하 사람들이 처음부터 익숙하고,

평생 의뢰하여 잠시도 간단이 없는 것임에라!

一人和則萬姓趍應

天下所同 更無他可比擬之事物.

況是宇內億兆自初習染

平生資賴 未有一息之間斷.

명남루수록明南樓隨錄/33면

우리는 하늘의 신기를 품부받았으니,

그것을 길러 완전함을 이루고, 그것을 깨달아 밝음을 이루며,

그것을 행하여 독실함을 이루어 세상에 사용해야 한다.

신기의 은혜를 정사와 교화에 펴서,

원근의 생령으로 하여금

일월성신의 도수에 따르게 하고,

한열 건습한 계절의 질서를 어기지 않게 하면,

사농공상은 자기 자리를 얻지 못함이 없을 것이며,

금수 초목도 자기의 본성을 이루지 못함이 없을 것이다.

我之稟於天之神氣

養之致其完 知之致其明

行之致其篤 用於世.

則因政教 敷神氣所得[179]

使遐邇生靈

循日月星辰運化之度

無違寒熱乾濕之序

士農工商無不得其所

禽獸草木無不遂其性.

그러나 성학은 인도人道이고, 기학은 천도天道다. 인도는 그 주체가 인간이고, 천도는 그 주체가 자연이다. 인간은 자연이지만 동시에 문명과 문화의 창조자이고, 자연은 문명이 아닌 운화다. 그러므로 도덕론으로서의 기학氣學은 인위人爲보다 무위無爲를 중시하는 노장의 연장선에 있다.

반면 성리학은 외재적 천天을 인심에 내재화해 인성人性을 절대화했다. 그러므로 그들의 '천인합일天人合一'은 천天과 인人을 동일격으로 보는 인본주의였으므로 천天을 우위에 놓는 신본주의神本主義 내지 자연주의와는 다르다. 그러나 기학의 '천인일통天人一統'은 외재적인 자연으로서의 천天을 인성 위에 군립시킨다는 점에서 노장과 일치한다. 그러므로 기학은 인본주의가 아니라 자연주의라고 해석해야 할 것이다. 그러나 혜강의 자연은 날것으로서의 자연이 아니라 운화하는 자연이므로 과학으로서의 자연을 의미한다고 보아야 할 것이다. 다시 말하면 혜강의 천도는 유위의 자연이므로 노장의 무위의 자연과는 반대편으로 갈라진다.

그럼에도 불구하고 혜강은 유가의 인본주의적 도덕론을 긍정하고 이를 과학으로 설명하려 한다. 이는 인간의 역사를 자연 과학사로 보는 것이므로 무위의 자연과 유위의 문명을 결합하는 것이지만 여전히 인간의 인문성人文性을 왜소화한다는 비판을 면할 수 없다. 다만 그의 도덕론은 인

---

179) 得(득)=感恩也.

간 문명의 죄악성을 질타하는 노장의 자연주의와는 달리 자연 도덕과 인문 도덕을 결합하려는 시도라는 점에서 시사하는 바가 많다.

인정人政/권11/교인문敎人門/사기극기무아捨己克己無我

우禹가 요堯를 칭찬한 것이나, 맹자가 순舜을 칭찬한 것이나,	禹之稱堯 孟子之稱舜
이는 모두 사기捨己를 말한 것이며,	皆曰 捨己[180].
공자의 절사絶四도 궁극은 무아無我다.	孔子絶四 以毋我爲究竟
그래서 극기라고 말하지만,	又曰 克己[181].
범인도 성인도 자기를 끊어버릴 수는 없으며,	無論聖凡 已不可頓絶
그렇다고 멋대로 행동할 수도 없는 것이니,	亦不可肆行
반드시 의거할 표준이 있어야 매사에 과불급이 없게 될 것이다.	必有準的依據 庶無過不及.
내 몸은 이미 운화의 기氣를 품부받았으니,	身旣稟受於運化之氣
이 운화의 기를 본받아 행사하되,	效則行事於運化氣
여기에서 지나치면 억제하여 물러나게 하고,	過於斯者 抑而退之
불급하면 발돋움하여 이르도록 한다.	不及斯者 跂而及之
요컨대 표준에 어긋남이 없게 하는 것이	要無違戾於準的
바로 사기하여 무아에 이르는 극기의 도道다.	乃是舍己無我 克己之道也.
교접 운화로 말하면 사기이며,	以交接運化言之捨己也
일신 운화로 말하면 극기인 것이다.	以一身運化言之克己也.

인정人政/권5/측인문測人門/도덕대소道德大小

도덕은 원래 형체가 없으나,	道德原無形體
기화의 도道를 얻어 드러냄으로써 형체를 이루니,	以見得氣化之道 爲形體
또한 대소의 차등이 있으며,	又有大小
사람을 감화 감복시키는 정도의 다소와 원근이 있으니	以感於人服於人 多寡遠近
대소의 등급이 나뉜다.	爲大小等分.
대체로 천인 운화의 경상과	蓋天人運化之經常敷達
교화가 통창 전파되어,	敎化之遞傳

---

180) 捨己(사기)=자기를 버림.
181) 絶四(절사)=毋意. 毋必.毋固.毋我.

천하 인민을 감복시키는 것이 가장 광대한 도덕이다.　　感服宇內之人 爲最廣大之道德.

그런즉 진정한 도덕은　　然則眞正道德

천하 인민이 감복하는 알맞음이며,　　乃天下人感服之所稱

한 나라 한 지방의　　非一邦一隅

몇몇 당류만의 알맞음이 아니다.　　如于人黨類之所稱[182]也.[183]

인정人政/권1/측인문測人門/범례凡例

인간의 삶을 깊이 탐구해보면,　　潛究人生

거스르고 넘을 수 없는 그래서 따라야만 할 도리가 있다.　　不可違越 惟當承順之道.

일신 운화로부터 교접 운화　　自一身運化 至交接運化

통민 운화에 이르기까지,　　至統民運化

모두 대기 운화를 본받아　　皆效則 于大氣運化

진퇴, 지속, 위합, 순역을 한다면,　　進退遲速違合順逆

자연히 운화의 진행이 바르고 마땅하게 제어될 것이며,　　自有運移之裁御正宜

형세를 따라 이롭게 인도될 것이니,　　因勢而利導

온갖 이론이 소멸되어　　千百異論 咸歸零落

일통 운화로 천인이 일치할 것이다.　　一統運化胳合天人.

이것을 일러 인정人政이라 한다.　　是謂人政.

　이처럼 혜강은 어디까지나 유학자이므로 성인의 사덕과 오륜을 부정하지 않는다. 다만 그는 유술을 '통민 운화의 도道'로 새롭게 해석한다. 그러므로 그는 성인과 경전의 권위에 의존하는 태도를 버리고 객관적 실재 세계를 스승으로 삼았으며, 구체적으로는 대다수 인민이 감복한 것만이 진정한 도덕이라고 믿었다. 그러므로 일용의 생활 세계에서 검증하여 부합하지 않을 때는 공자도 사덕도 오륜도 변통해야 한다고 주장한다.

인정人政/권10/교인문敎人門/인의예지仁義禮智

인의예지는 통민 운화에서 행하여 확충해나가면,　　仁義禮智 行於統民運化 擴而充之

곧 천지 운화의 인의예지가 되며,　　卽天地運化之仁義禮智

---

182) 稱(칭)=名號. 各當其宜也.

183) 민주적 도덕과 유사하다.

그것을 보존하고 기르면 　　　　　　　　存而養之 卽

곧 일신 운화의 인의예지가 된다. 　　　　一身運化之仁義禮智.

무릇 인도와 의리와 예절과 지식을 　　　凡仁道義理禮節知識

사람들에게 서로 전수하여 　　　　　　與相傳相受

이로써 통솔의 기강으로 삼으면 　　　　以爲統率綱紀

곧 억조의 인간을 운화하는 인도人道다. 　卽億兆運化之人道也.

진실로 이를 닦고 밝혀 인도를 시행하고 성취하는 것이 　固當修明 以行人道成人道

고금 천하에 교법의 대강령인 것이다. 　乃古今天下敎法之大綱.

인정人政/권6/인도人道/인도득실人道得失

대저 인도란 인의로써 인민을 화합 협동하게 하여, 　夫人道者 以仁義和協人衆

다 같이 구제하고 살리는 길이다. 　　　　共濟生道也.

인도를 일가에서 행하면 일가가 편안하고, 　人道行於一家 則一家安

인도를 일국에 행하면 일국이 다스려지고, 　行於一國 則一國治

인도를 천하에 행하면 천하가 태평하다. 　行於天下 則天下平.

인도를 몸으로 실천하여 천하를 교화하는 것이 성인의 도道이며, 　行之於身 而敎化天下 聖人之道

인도를 몸으로 밝혀 인민을 깨우치는 것이 현인의 도다. 　明之於身 而達於人民 賢人之道.

기학氣學/권1/44면

예악과 상벌에 대한 논의는 선인이 저술한 바 있으나, 　禮樂刑賞之論 前人述作

정미하고 거칠고, 허하고 실한 것을 　精麤虛實

함께 가지고 있지 않을 수 없었다. 　無不畢具然.

그러니 마땅히 기화를 통창 인도함을 기준으로 삼아, 　然亦當以導達氣化爲準

그 허황된 꾸밈과 말단의 절차를 제거하고, 　除其浮文末節

구제의 사업을 행함이 정미하고 절실하여, 　行其濟事精實

그 본의를 잃지 않도록 운화를 보존하여 통창하면, 　勿使本義侵泯 俾[184]存運化通暢

예禮와 악樂은 만민을 감화하고, 　禮樂爲其萬民感化

형벌과 포상은 만민을 권선징악할 것이다. 　刑賞爲其萬民勸懲.

---

184) 俾(비)=使也 從也.

기학氣學/권2/21면

다만 천도, 천리, 천칙이라고 말하지만,	但云 天道 天理 天則
모습과 자취를 볼 수도 없고, 소리와 냄새를 들을 수도 없다.	無形迹之可見 無聲臭之可聞.
그러나 아직 대기 운화가 창달되기 전에는	在於氣化未暢之前
그것을 집어내 말하려고 하면	所執言者
어찌 이보다 나은 것이 있었겠는가?	豈有過此.
부지중에 저절로 기화의 운행이 있으나 그것을 모르고,	不知之中 自有氣化運行 以其不知
그 기화를 도道다, 이理다, 칙則이다 이름 붙였을 뿐,	名其氣化 曰道 曰理 曰則而已
다시 상세한 말을 덧붙일 단서가 없었다.	更無執着可詳言之端.

기학氣學/권2/24면

덕德에는 불변의 스승이 없고, 운화만이 덕의 스승이다.	德無常師 運化爲師.
선善에는 불변의 주인이 없고, 운화만이 선의 주인이다.	善無常主 運化爲主.
인仁이란 운화의 순수한 덕이요,	仁是運化純德
의義란 운화의 적절하고 마땅함이다.	義是運化適宜.
옛 성현들이 이름을 붙여 내걸었던 학문이란	古聖賢之標題學問
모두 천도와 천리에서 나왔다고 하는데,	皆云出於天道天理
그 천도와 천리는 곧 운화를 말한 것이다.	則天道天理卽運化也.

인정人政/권11/교인문敎人門/신기즉사물神氣卽事物

운화運化와 경륜經綸

경륜을 처음 설계함에는 가공적인 허구에서가 아니라,	經綸設始 非捉空架虛
교접 운화를 따라 옳고 그름을 상탁商度하고.	乃因交接運化 量度其可不可
피차의 타당성을 참작 상탁하여	參商彼此攸宜
내외 운화에 모두 어긋남이 없어야 시행할 수 있는 것이다.	內外運化 俱無違戾 可以施行.
어려서부터 강구하고 경험한 것은 사물 아닌 것이 없으며,	自兒時講究經閱 無非事物
신기에서 보존하고 기른 것은 모두가 사물이다.	所存養於神氣者 皆事物也.
하물며 경륜을 처음 설계한다면	況設始經綸
우선 운화를 살펴야 하지 않겠는가?	先察事物運化乎.

운화측험運化測驗/서序

사무事務와 명덕明德

생령이 행사行事 성무成務하는 것은 저절로 대소가 있다.	生靈事務 自有大小.
일상 사용하고 항상 행하는 것은 사무를 조처하는 작은 단락이요,	日用常行 處事之小節
천지가 운화함은 생령의 도리에 큰 근본이다.	天地運化 生道之大本.
이 물건 저 물건을 비교함으로써 추측이 나오고	此物彼物比較而生測
이 일 저 일을 겪어나감으로써 증험을 얻는다.	一事二事經歷而得驗.
추측과 증험을 얻은 연후에야 믿음이 독실해지고,	測驗立然後信之篤
의혹이 다 없어질 때까지 진실로 힘써 나가면 명덕이 드러난다.	而疑惑鎖[185] 誠力進而明德著.
추측과 증험이 서지 않으면 평생의 하는 일이 다 망령된다.	測驗不立 平生行事 率多妄昧.
지각의 명암과 학업의 성패는	知覺之明不明 學業之成不成
모두 추측과 증험의 유무와 다소에 달려 있다.	皆以測驗之有無多少.

인의예지는 추측에서 생긴다

혜강은 유교의 도덕률인 사덕四德을 추측推測에서 나오는 것으로 설명한다. 또한 성리학에서 『맹자』의 사단과 『예기』의 칠정을 성리性理로 설명하는 것과는 달리 이를 바꾸어 생명 의지인 호오好惡에 대한 추측으로 설명한다. 특히 그는 윤리 도덕에 대해서는 서양도 동양 전통을 수용해야 한다고 주장할 정도로 불변의 진리로 인정한다. 다만 그것을 운화기運化氣로 설명함으로써 그 실현 방법에 있어서는 현저히 다르다. 이에 대해서는 앞에서도 언급했지만 제5부 6절의 심학을 대체한 운화교를 참고하기 바란다.

추측록推測錄/권1/추측제강推測堤綱/애경출어추측愛敬出於推測

도덕의 학습

이처럼 어버이를 사랑하고 형을 공경하는 것은	是以愛親敬兄
실은 나이가 들면서 물들고 익힌 견문과 추측에서 나온다.	實出於積年染習之見聞推測矣.
이른바 사랑과 공경이 양지양능에서 나온다 함은	所謂愛敬出於良知良能者
단지 물들고 익힌 이후를 거론한 것일 뿐,	特擧其染習以後而言也.
물들고 익히기 이전의 일을 말한 것이 아니다.	非謂染習以前之事也.

---

185) 銷(소)=滅也.

추측하는 가운데 절로 생기는 것이 있으니.

낳고 이루는 인仁, 적당하고 마땅한 의義,

차례를 따르는 예禮, 권선징악하는 지知가 그것이다.

그러나 이것은 잡으면 보존되고, 놓으면 없어진다.

인물이 태어나면 각각 형질을 갖게 되는데,

그 사이에서 저울질하여 헤아리는 것은

오직 추측의 조리에 있다.

상하고 해치는 것을 미워하고 생성을 좋아하니

이것을 일러 인仁이라 하고,

잘못하면 불안하고, 적당하면 편안하니,

적의한 것을 일러 의義라 하고,

단초를 잃으면 어지럽고, 차례를 따르면 성취되므로,

차례를 따름을 일러 예禮라 하고,

보고 듣고 말하고 행할 뿐 아니라 능히 권장하고 경계하니

이것을 일러 지知라 한다.

천하가 불인, 불의, 무례, 무지한 까닭은

다분히 추측에서 얻는 바가 없기 때문이다.

만약 추측에 얻은 바가 있다면 고인의 가르침이 없더라도

저절로 인의예지는 따라야 할 방도임을 알게 될 것이다.

사물을 참작하여 그것을 얻는 것은 나에게 달려 있으니

이미 얻은 다음에 그것을 이루는 것은 나의 행함에 달려 있다.

사람들은 간혹 인의예지를 나의 본성에서 구하려 한다.

그 유폐는 사물을 버리고 나의 마음에서만 구하려는 데 있다.

그렇다면 어찌 성인이 구하여 얻는 방도를 강론하였겠는가?

推測之中 自有

生成之仁 適宜之義

循序之禮 勸懲之知.

然操則存捨則亡.

人物之生 各具形質

而權度於這間者

惟有推測之條理.

惡戕害喜生成者

曰仁

虺虺[186]於過差 而妥帖[187]於適宜

故適宜者 曰義

亂於失緒 以成於循序

故循序者 曰禮

非獨視聽言動而已 能勸能懲

是謂知也.

天下之不仁不義無禮不知者

多以其無攸得[188]於推測也.

若有得於推測 則不必待古訓

而自有仁義禮智 可循之方.

參酌乎物 而得之在我

旣得乎我 而成之在行與事矣.

人或以爲仁義禮智 索求於我性.

其流之弊 遺物而只求於我.

烏可論 其求得之方也.

925

제 5부 유물론적 신학

186) 虺虺(얼올)=위태 불안.

187) 妥帖(타첩)=편안 침착.

188) 得(득)=獲也, 猶知也.

추측록推測錄/권3/추정측성推情測性/사단四端

인의예지(四德)의 명칭은	仁義禮智之名
성性을 추推(미루어)한 데서 나온 것이고,	出於性之推
측은, 수오, 사양, 시비의 사단四端은	惻隱羞惡辭讓是非之端
정情을 측測(헤아림)한 데서 나온 것이다.	出乎情之測.
그러나 성은 다른 것으로는 알 수 없으므로	而性不可從他求之故
반드시 그 발현되는 단서를 쫓아 그 근원을 측해야 한다.	必從其所發之端 而測其原.
맹자에 이르기를 "측은은 안仁의 단서요, 수오는 의義의 단서요,	孟子曰 惻隱仁之端 羞惡義之端
사양은 예禮의 단서요, 시비지심은 지知의 단서"라 했는데,	辭讓禮之端 是非知之端
이것이야말로 정을 미루어 성을 헤아린 사례다.	實是推情[189]而測性也

추측록推測錄/권3/추정측성推情測性/칠정출어호오七情出於好惡

생명에 적의하면 좋아하고, 생명에 적의하지 않으면 싫어하니,	宜於生者好之. 不宜於生者惡之
정情의 발현을 일곱 가지로 이름 붙였으나	情之所發 名雖有七
기실은 호오뿐이다.	其實好惡而已.
싫어함이 절실하면 슬픔이 되고,	惡之切者爲哀
싫어함이 격렬하면 노여움이 되고,	惡之激者爲怒
좋아함을 드러내면 즐거움이 되고	好之著者爲樂
좋아함이 사물에 미치면 사랑이 되고,	好之及物爲愛
싫은 것을 피하여 좋은 것으로 달려가면 욕망이 된다.	避惡趍好爲欲.
그러므로 추측에서 얻음이 있는 자는	然得於推測者
좋아할 것을 좋아하고 미워할 것을 미워하게 된다.	好其所好 惡其所惡.
그렇지만 추측에서 얻음이 없으면 혹은 미워할 것을 좋아하고,	未得於推測者 或好其所惡
혹은 좋아할 것을 미워하게 된다.	又或惡其所好.
그래서 남들이 좋아하는 것을 싫어하고,	以至於惡人之所好
남들이 싫어하는 것을 좋아하는 지경에 이른다.	好人之所惡.

추측록推測錄/권3/추정측성推情測性/인물성정人物性情

인人과 물物은 천기天氣와 지질地質을 품부받았으므로,	人物之受天氣 而稟地質者

---

189) 情(정)=實也, 心中 性之動意也.

성性과 정情이 없는 것이 없다.

태어날 때의 이理를 가리켜 성이라 말하고,

성이 밖으로 나타난 것을 가리켜 정이라 한다.

대개 성(生之理)은 보기 어렵고 정(性之發用)은 알기 쉬우므로,

정을 미루어 성을 헤아리는 것이다.

이처럼 인과 물은 모두가 성과 정을 가지고 있으니,

사람의 성정을 사물의 성정에 의해 참작 고찰하고,

그것들이 하나의 근본으로 규제된다는 것을 안다면,

성정을 인식하는 데 치우침이 없을 것이다,

사람의 성은 인의예지요,

정은 희로애락이며,

금석 초목의 성은 견堅, 강剛, 유柔, 인靭이요,

정은 가물어 마르고 비를 내려 적시는 것이다.

사람의 희로애락의 정으로

인의예지의 성을 측測함은,

마치 금석초목의 마르고 적시는 정으로

견고, 강건, 유약, 질김의 성을 헤아리는 것과 같다.

莫不有性情.

指其生之理 曰性

指其性之發用 曰情.

蓋生之理難見 而性之發用易之故

推其情以測其性.

人與物俱有性情

以人性情 參稽於物之性情

而得其一本之規

則所認之性情 庶不偏矣.

人之性仁義禮智也

情喜怒哀樂也.

金石草木之性 堅剛柔靭也

情旱焦雨潤也

以人之喜怒哀樂之情

測其仁義禮智之性

如以金石草木之旱焦雨潤之情

測其堅剛柔靭之性也.

927

제 5부 유물론적 신학

인정人政/권9/교인문教人門/선악허실생어교접善惡虛實生於交接

전일 압사자와 익사자가 많다는 것을 들어 알고 있으므로

갑자기 어린이가 우물에 들어가는 것을 보면,

안타깝고 측은한 마음이 생기는 것이다.

일찍이 흙에 깔리고 우물에 빠지는 환난을 듣지 못한 자는

우물에 빠지려는 어린이를 보아도

측은한 마음이 일어나지 않을 것이다.

前日聞知 壓溺者多死

故乍[190]見孺子入井

有怵惕惻隱之心.

曾未聞壓溺之患者

見孺子入井

未有惻隱之心.

추측록推測錄/권3/추정측성推情測性/추측생어성推測生於性

정情은 추측에서 생기고, 추측은 성性에서 생긴다.

호오의 일이 멀리 있어 들어 알지 못했을 때는

情生於推測 推測生於性.

蓋好惡之事 在遠而未及聞知

---

190) 乍(사)=갑자기.

나에게 있는 호오의 정도 드러나지 않지만,　　　　　在我之好惡未發

들어 알게 되면 그제야 호오의 정이 생기는 것이니　及其聞知 方生好惡

이것으로 정이 추측에서 생김을 알 수 있다.　　　　是乃情生於推測也.

남의 호오를 내가 추측하여　　　　　　　　　　　他人之所好惡 我能推測

그것을 호오할 수 있는 것은　　　　　　　　　　而好惡之

그 성이 같고 추측도 같기 때문이다.　　　　　　以其性同 而推測亦同也.

이것으로 추측이 성에서 생김을 알 수 있다.　　　是乃推測生於性也.

이처럼 성을 추推하여 정을 측測하는 것이니,　　　推於性而 測有情故.

추측이란 것은 성과 정을 통괄한다고 말하는 것이다.　推測者 統性情之謂也.

추측록推測錄/권3/추정측성推情測性/본연성本然性

본연의 성性이란　　　　　　　　　　　　　　　所謂本然之性

그 형질이 있기 전을 지칭한 것이 아니라,　　　　非指其形質未成時也

형질이 갖추어진 뒤에도 항상 본연은 있는 것이다.　既具形質之後 常有其本然者.

즉 천지와 인물이 다 공유하는 것으로　　　　　　卽天地人物所同得之

기氣를 타고 이루어진 것이다.　　　　　　　　　乘氣而化成也.

인人과 물物의 형질이 갖추어지기 전에는　　　　人物之形質未具時

천지의 이기理氣뿐이었으나,　　　　　　　　　　卽是天地之理氣也

그 형질이 생긴 뒤에야　　　　　　　　　　　　及其形質之胎成

기는 질質이 되고 이理는 성이 된다.　　　　　　氣爲質而理爲性.

그 형질이 다하게 되면 질은 기로,　　　　　　　又及其形質之漸盡

성은 이理로 돌아간다.　　　　　　　　　　　　質還氣而性還理.

그러므로 천지에 있으면 이기理氣라 말하고,　　　在天地而 曰氣也理也

인물人物에 있으면 형성形性이라 말한다.　　　　在人物而 曰形也性也.

만약 인물에 형질이 없다면 무엇으로 성性을 논할 수 있겠는가?　若未有人物之形 何以論其性.

선악은 운화의
순역

성리학에서는 본성을 회복하는 것(復性說)이 인仁이었으나 혜강의 기학에서
는 성선설을 부인하므로 복성설復性說은 쓸모없게 된다. 활동活動 운화하는

신기神氣를 통하여 따르면 선善이 되고 거역하면 악惡이 되는 것이다.

이를 살펴보면 표현은 다르지만 성리학과 결론은 같아진다. 혜강에 따르면 신기와 이理는 일체이며, 이 일체가 인물에 품부된 것이 성性이므로, 결국은 이성을 따르면 선이요, 이성을 거스르면 악이 된다는 결론에 도달하기 때문이다. 그러나 혜강은 유형의 사물에 대한 추측, 학습, 검증을 강조하는 경험론이라는 점에서 선험적인 성리학과 다르다. 즉 성선설과 성악설은 의미가 없어지고 후천적으로 행동한 결과로 선악이 갈린다는 것이다. 이 점에서는 다산의 자유 의지설과 다름이 없다. 다시 말하면 혜강의 선악관은 운화기運化氣로 설명하는 것 외에 그 내용에 있어서는 "실용과 민중의 이익이 곧 의義"라고 말하는 묵자의 실용주의와 비슷하다.

추측록推測錄/권3/추정측성推情測性/성순역정선악情善惡性順逆

성性에서 말하면 순역이라 하고, 정情에서 말하면 선악이라 한다.	在性曰順逆 在情曰善惡.
그러므로 정이 선한 것은 이성을 따른 때문이고,	故情之善者 由於順其性
정이 악한 것은 이성을 거역한 것에서 연유된다.	情之惡者 由於逆其性.
만약 정의 선善은 성에서 연유하지만,	若謂 情之善由於性
정의 악惡은 성에서 연유하지 않는다거나,	情之惡不由於性[191]
반대로 만약 정의 악은 성에서 연유하지만,	又若謂 情之惡由於性
정의 선은 성에서 연유하지 않는다고 한다면,	情之善不由於性[192]
이는 선악이 각각 성정에 당연히 있다는 것이므로,	則是善惡各有當於性情
이러한 맹자의 성선설과 순자의 성악설은	而孟子性善 荀子性惡之說
다만 후인들의 변설만 더할 뿐이다.	而只增後人之辨說矣.
또 만약 정의 선악은 성에서 연유하지 않는다고 한다면,	又若謂 情之善惡不由於性
이는 성정은 서로 간섭함이 없으므로	則是性情不相涉
선악의 뿌리가 없게 된다.	而善惡無根蔕也.

명남루수록明南樓隨錄/21면

선악이란 사물을 만나야만	善惡偶於事物
그 모습을 찾을 수 있고,	然後可尋善惡之形
사물은 신기와 형질이 결합해야만	事物和於神氣形質

---

191) 성선설을 뜻한다.
192) 성악설을 뜻한다.

선악의 형질을 볼 수 있다.

만약 사물의 신기를 분개하여 미루어 찾지 않으면,

기화에 부합되면 선善이고,

기화에 어긋나면 악惡이 됨을 무엇으로 드러내겠는가?

옛 성인은 하늘을 따름을 선善이라 말하고,

또 악惡을 내려준 것은 후세를 경계하기 위함이라 말했다.

그러나 사람들에게 강론하는 자들이 선악 두 글자만 거론할 뿐,

근원을 버리고 끝을 어둡게 하였으니

분별을 가르침이 밝지 않았다.

혹자는 선으로 악을 혼동하고,

혹자는 악으로 선을 흐리게 하여,

후학들의 심지가 어지럽고 미혹되어,

선은 권장하기에 부족하고, 악은 경계할 수 없었다.

만약 신기와 사물을 세워 일체를 이루게 한다면,

사물이 운화를 따르는 데서 선을 발견할 것이며,

사물이 운화에 어긋나는 데서 악을 발견할 것이다.

사물을 버리고 선악을 밝히려 하는 것은

마치 음식을 버리고 기갈을 해명하려는 것과 같을 것이다.

명남루수록明南樓隨錄/44면

선善이란 명칭은 천天을 받들어 성취한 것에서 나온 것이니,

이는 근원이 있는 선이라 하겠다.

선이 천에서 연원된 사실을 모르고,

단지 끼리끼리 서로 좋아하는 것을 선이라고 하거나,

또는 세력에 기대고 높은 자에게 아첨하는 것을 선이라 한다면,

이는 모두 표준이 없고 분수가 없이 선을 말한 것이다.

然後善惡形質乃可見矣.

若不以事物神氣 推尋分開

何以見 符合氣化爲善

違逆氣化爲惡.

古聖人載天而言善

又言惡以遺 勸戒於後世.

講習諸人 但擧善惡二字

祛源昧委

指別未分明.

或以善渾惡

或以惡摙[193]善

後學之心志迷亂

善不足爲勸 惡不可爲戒.

如樹神氣事物 打成一體

見善於事物之順運化

見惡於事物之違運化.

捨事物而明善惡

如捨飮食而解飢渴.

出於繼[194]天而成之

則是乃有源之善.

不知善之源於天

只從儕類之所相好 而謂之善.

又從阿勢媚貴而稱其善.

是皆無準的沒分數之稱善.

---

193) 摙(혹)=惛也.

194) 繼(계)=償也, 導也, 敬也.

실학사상

선善이라 일컬을 수 있는 것은,

온 천하가 인정해야만 그것을 선이라 정할 수 있다.

하늘을 받드는 선을 곧 '승순 운화'라고 하는 것이니,

이야말로 근원도 있고 끝도 있는 선이다.

비록 혹시 한 고장 한 나라가 인정하지 않는다 해도

어찌 만국의 공론을 손상할 수 있겠는가?

악惡은 하늘을 어기는 데서 나온 것이며 선과 대립된다.

다만 연원의 분별이 자세하지 못하면 일정한 준거가 없다.

비록 선의 명칭처럼 세분된 절목이 많지는 않지만

악도 천하가 함께 인정해야만 악의 이름이 정해지는 것이다.

대동의 공론에는 자연히 어길 수 없는 표준이 있지만,

또한 사람들에게 습염된 것은 제거하기 어려운 점도 있으므로

명칭이 혼란하여 분별하기 어려운 것은

반드시 본원에서 바로잡아야

그 시비의 분란이 그칠 것이다.

남에게 배운 사람들은

선善에 대한 명칭의 성誠, 위僞, 허虛, 실實을 모르고,

다만 그 스승이 말한 선만을 따르기 마련이라

이들은 스승의 가르침에 따라

각자 읽은 경전을 인용함으로써

서로 다툴 수 있는 틈새를 막아버린다.

이들은 하늘을 스승으로 삼는 자를 만나야만 그 속박을 풀 수 있다.

所稱之善

至於天下同予[195]之 其善定矣.

以其繼[196]天之善 卽承順運化

有源有委之善.

縱或有一鄉一國之不予

何損於萬國大同之公論.

惡出於悖天 與善相對.

亦緣[197]分別未詳 無一定指準.

雖不及善稱之多支節

然惡亦至于天下所同 而定矣.

大同公論 自有準的之不可違戾

又有習染之難得擾奪

名稱之渾淆難分者

必就質于本源

可息其是非之紛亂矣.

世之師人者

不知善稱之誠僞虛實

輒從其師之稱善

此人從此師之所稱善

各據經傳句讀

以塞相爭之隙.

如逢師天之人 可解其束縛矣.

명남루수록 明南樓隨錄/22면

시비란 옳다 그르다 말하는 것이다.

앞일에 시시비비하는 것은 뒷일의 시비를 바르게 하고자 함이요,

뒷일에 시시비비하는 것은 앞일의 시비를 바르게 하기 위함이다.

是非者 是之非之也.

先事之是非 欲正後事之是非

後事之是非 歸正先事之是非.

---

195) 予(여)=許之也.

196) 繼(계)=償也.

197) 緣(연)=因也, 歷也.

한 사람의 시비를 따지는 것은,	一人之是非
천하를 화해하고 대동하려는 시비이며,	和解於天下 大同之是非
한때의 시비를 따지는 것은	一時之是非
운화를 따라 일을 주선하고 나아가고 물러나기 위한 시비다.	運化於周旋 進退之是非.
이처럼 사물의 신기는 시비의 의거할 표준이 되는 것이니,	事物神氣 爲是非之依據準的
시是는 신기 운화에 부합하는 데서 생기고,	是之在附合氣化 非之在違逆氣化.
비非는 신기 운화를 거역하는 데서 생기는 것이다.	非之在違逆氣化.

명남루수록 明南樓隨錄/23면

천지 사방에 신기가 통하고, 형질이 맑아,	神氣形質通徹六合
만고를 꿰어 일생으로 삼고, 억조창생을 꿰어 한 몸으로 삼아	貫萬古爲一生 洞[198]億兆爲一體
활동 운화가 하늘의 준칙을 받들고 따르면,	活動運化承順天則
어지러움을 다스리고, 위태로움을 편안하게 하며 인도를 알선하니,	治亂安危 斡旋[199]人道
이것이 우주 대책의 큰 공훈일 것이다.	是宇宙策之大勳也.

명남루수록 明南樓隨錄/24면

심신의 신기는 원래 대기의 운화에서 품부받은 것이니	心身神氣元來 稟受於大氣運化
원래 당연히 때와 처지를 따라 운화를 받들고 따를 뿐이니	則固當隨遇承順運化
자기가 별도로 보충하거나 기른다고는 말할 수 없다.	而己別無充養之可言.
사물을 교접함에는	至於事物交接
신기에 손익과 이해의 문제가 생긴다.	自有神氣之損益利害.
신기에 손해되는 일은 하지도 취하지도 않음으로써	損害事 勿爲勿取
신기를 충실하게 하고,	以充神氣.
신기에 이익이 되는 일은	利益事 必爲
반드시 취하여 함으로써 신기를 길러야 한다.	必取 以養神氣.

운화하는 기氣에 통하는 것이 선善이라는 말은 선이 '정언 명령'이 아니고, 기의 운동에 따라 변통 운화해야 한다는 뜻이기도 하다. 이것은 선의 본질이 없어지는 중대한 언명이다. 즉 선량한

---

198) 洞(통)=空也, 貫也.

199) 斡旋(알선)=돌봄.

여러 사람이 좋아하는 것이 곧 선이라는 뜻이기 때문이다. 이것은 순환 논법이다.

또한 선량한 사람은 학습에 달려 있다고 한다. 그렇다면 선악의 판단은 추측의 여하에 달려 있다는 말이 된다. 결론은 각자의 추측이 하나의 대기 운화에 통하는 것이 바로 선이라는 것이다. 또한 그 通통이란 승순承順을 포함한다. 그러므로 선이란 각 개인의 일신 운화가 하나의 대기 운화에 승순하는 것을 말한다. 그런데 그 통과 승순은 개개인의 선택과 노력에 달려 있으므로, 결국 선악은 외재적인 것이 아니라 각 개인의 자유 의지에 달려 있게 된다. 이로써 유물론에서 결정론적인 물질 운동의 법칙주의로 소외된 인간의 주체성이 구제된다 하겠다.

신기통神氣通/권1/체통體通/지각추측개자득知覺推測皆自得

사람이 하늘로부터 품수받은 것은 일단의 신기와	人之所稟於天者 乃一團神氣
기氣가 통하는 몇 개의 구멍(九竅)과 사지뿐이다.	與通氣之諸竅四肢.
인간이 활용할 수 있는 것은	則須用之具如斯而已
이것 외에 다른 것은 없다.	更無他分得來者矣.
어릴 때부터 장성할 때까지 얻은 지각과	自孩嬰至壯盛 所得之知覺
소용되는 추측은	所用之推測
모두 스스로 얻은 것이지 하늘이 준 것이 아니다.	皆自我得之 非天之授我也.
선善과 불선은 자신의 선택에 맡겨진 것이며	善不善 任其人之擇取
이루고 못 이루는 것은 자신의 노력에 달려 있다.	成不成 在其人之用力.

인정人政/권9/교인문敎人門/부운화평우내敷運化平宇內

일신 운화를 수신의 요체로 삼고,	一身運化 爲修身之要
교접 운화를 제가의 요체로 삼고,	交接運化 爲齊家之要
통민 운화를 치국의 요체로 삼으며,	統民運化 爲治國之要
대기 운화를 우주의 평화를 위한 요체로 삼는다.	大氣運化 爲平宇內之要.
이처럼 대소의 범주가 각각 마땅함이 있다.	大小範圍 各有攸當.
대기 운화에 승순하면 선善이 되고,	大氣運化 承順爲善.
이를 위역하면 악惡이 된다.	違逆爲惡.
이것은 우주와 인간에게 다 같이 동일하며 한 치라도 어김이 없다.	宇內人 皆同一 無差謬.

선善은 고정된 위치가 없으니,	善無常位
사물과 내가 함께 좋아하는 것을 취하고,	取於物我之攸好
악惡은 정해진 한계가 없으니,	惡無定限
사물과 내가 함께 싫어하는 것을 버린다.	捨其物我之所惡.
말한 대로라면 선과 악은 털 한 오리의 차이뿐이며,	善之於惡 縱云 差于毫釐
사실은 이미 추측한 바에 따라 먼저 정해지는 것이다.	其實已先定于所推.
나는 좋아하지만 백성이 좋아하지 않으면 선이 아니고,	我好之 而民不好之者 非善也
내가 싫어하지만 백성이 싫어하지 않으면 악이 아니다.	我惡之 而民不惡之者 非惡也.
한 사람의 좋고 싫은 것을 선악이라 하지 않고	是不以一人之好惡爲善惡
민중이 좋고 싫은 것을 선악이라 하는 것이다.	以蒸民之好惡爲善惡也.
다만 뭇 악인들의 좋고 싫은 것은 참된 선과 악이 아니고	衆惡人之好惡 非眞善惡也
한 선인이 좋고 싫은 것이 참된 선과 악이다.	一善人之好惡 乃眞善惡也.
이는 좋고 싫은 사람이 많고 적은 것으로 선악을 정하지 않고,	是不以好惡之衆寡爲善惡
사람의 선악에 따라서 그의 호오를 선악이라 하는 것이다.	以人之善惡 爲好惡之善惡也.
생활을 다스리는 선악은 습관에 달려 있고,	平生之善惡 在於所習
일에 임하는 선악은 추측에 달려 있다.	臨事之善惡 在於所推.
이처럼 선악의 나뉨은 이미 뿌리가 박혀 있는 것이니,	善惡之分 已有根着
추측이 선한 자는 모두 선을 따르고,	推善者畢從其善
추측이 악한 자는 반드시 악을 택할 것이다.	推惡者必擇其惡.
만약 추측을 생각하지 않고 애매하게 선악의 기미를 논하면,	若不念推測 泛論善惡之幾
선악의 차이는 서로 멀지 않을 것이다.	相去不遠.
오직 털 한 올의 차이지만 그 사람이 취사선택에 임해서는	惟在毫釐之分 任其人之取捨
추측이 선한 자는 선을 취하고,	善者取善
추측이 악한 자는 악을 취할 것이다.	惡者取惡.
비록 무의식적으로 취했을지라도 기실 점점 물들었기 때문이다.	雖若無意取之 其實所有來有漸.

율곡의 기국론氣局論은 맹자의 천형론踐形論과 정주의 기질지성氣質之性을 해명하기 위한 것이었
다. 그런데 기질지성은 선천적인 선험론에 머물고 있으므로 다산이 이미 이를 비판 거부한 바 있

다. 혜강의 신기 추측론도 다산과 마찬가지로 후천적인 학습론이다. 학습론은 선험적인 본성이나 기질 때문이 아니라 인간 자신의 선택이라고 주장하므로 묵자의 소염론所染論 이래 가장 진보적인 인식론이라 할 수 있다.

성리학에서는 선악의 구분을 기질의 청탁수박淸濁粹粕에서 구한다. 그러나 혜강은 본연과 기질을 구분하지 않는다. 이런 구분은 이理를 본연으로 보는 주리론에서 나온 것이며, 반면 혜강은 이理를 기氣의 조리條理 내지 사무事務로 보기 때문에 기질이 곧 본연이 된다. 다시 말하면 사람의 기질이란 곧 운화運化의 기가 성취한 것이므로 기질이 곧 천성이기 때문이다. 즉 기질은 성장하면서 변화하는 운화의 기질이며 운화의 천성일 뿐이다. 그러므로 혜강은 기질과 본연을 하나로 묶어 '대기 운화'로 대체한다. 그 전거로 맹자의 '형색形色이 곧 천성天性'이라는 명제를 제시한다. 결론은 대기 운화인 기질에 승순하면 선善이고 위역하면 악惡이라는 것이다. 이는 성리학의 이理는 선이고 기는 선악이 혼재한다는 입론을 완전히 뒤집는 것이다.

그러나 각자가 좋아하는 것만이 아니라 싫어하는 것도 공동 생활을 위해 절제해야 하는 것이 도덕이다. 그래서 도덕은 선택이 아니라 절대적 명령이어야 한다는 칸트의 정언 명령과는 판이하게 다르다. 혜강처럼 자기 생명에 이로운 것을 좋아하고 해로운 것은 싫어하며 그러한 호오가 바로 선악이라면 그 선악은 가언 명령일 뿐이기 때문이다. 그래서 혜강은 통민 운화를 말하지만 그것은 반드시 대기 운화와 동일한 것만은 아니라는 점에서 그의 유물론적 도덕론은 한계에 봉착한다. 그러므로 우리는 도덕학과 수학에 대해서는 변증법적 유물론의 적용을 배제한 소련 유물론자들의 역사적 경험을 유념해야 할 것이다.

맹자孟子/진심盡心/상上

천형론踐刑論

맹자께서 말씀하셨다. "형색은 천성이니,
오직 성인이라야 형색을 다하여 살 수 있다."

孟子曰 形色[200]天性也
惟聖人然後 可以踐[201]形.

맹자孟子/공손축公孫丑/상上

이르기를 "뜻이 나타나면 기氣가 뒤를 따르고,
또 그 뜻을 지키되 기를 해치지 말라는 말은 무슨 뜻입니까?"
맹자께서 말씀하셨다. "뜻이 한결같으면 기를 움직이고,

旣曰志至焉 氣次焉
持其志 無暴其氣者 何也.
曰志一則動氣

---

200) 形色(형색)=형체와 안색.

201) 踐(천)=履行也. 履居之也.

기가 한결같으면 뜻을 움직인다.

엎어지고 달리는 것은 기가 하는 것이지만.

그것이 도리어 마음을 동요시키기 때문이다."

맹자께서 말씀하셨다.

"나는 남의 말을 분별하고, 호연한 기氣를 잘 기른다."

공손축이 물었다. "호연지기란 무엇입니까?"

맹자께서 말씀하셨다. "기氣는 지극히 크고 지극히 굳세므로

곧음으로 기르면 해로움이 없으며

천지간에 가득한 것이기 때문이라네.

또한 그 기는 의義와 도道에 배속되는 것이라서

도의가 없으면 허탈하게 되기 때문이네!"

氣一則動志也.

今夫蹶者趨者是氣也.

而反動其心.

曰 我知言.

我善養吾浩然之氣.

敢問 何謂浩然之氣.

曰 其爲氣也 至大至剛

以直養而無害

則塞于天地之間.

其爲氣也 配義與道

無是餒也.

추측록推測錄/권3/추정측성推情測性/인의예지仁義禮智

추측하는 가운데 자연히 생성하는 인仁과

적의한 의義와

순서의 예禮와, 권징의 지知가 저절로 생긴다.

그러니 붙잡으면 보존되고 버리면 없어진다.

천하에 불인, 불의, 무례, 무지한 자가 많은 것은

추측에서 얻은 것이 없기 때문이다.

만약 추측에서 얻은 것이 있다면

고인의 가르침을 기다리지 않아도

스스로 인의예지와 그것을 따르는 방법을 알 것이다.

사람들은 간혹 인의예지는 본래 나의 성性에 갖추어져 있다고 한다.

그런 유폐 때문에 사물을 도외시하고 오직 나에게서 구하려 하니,

어찌 구하여 얻는 방법을 더불어 논의할 수 있겠는가?

推測之中 自有生成之仁

適宜之義

循序之禮 勸懲之知.

然操則存 捨則亡.

天下之不仁不義無禮不知者多

以其無攸得於推測也.

若有得於推測

則不必待古訓

而自有仁義禮智可循之方.

人或以爲仁義禮智 素具於我性.

其流之弊 遺物而只求於我

烏可論其求得之方也.

인정人政/권9/교인문敎人門/기질즉천성氣質卽天性

사람의 기질이란 곧 운화의 기氣가 성취한 것이다.

눈으로 보고 귀로 듣고 입으로 말하고

人之氣質 乃運化氣之所成就也.

目視 耳聽 口言

손으로 잡고 발로 걷는 것은 모두 기질이니	手持 足行 皆是氣質
이른바 천성이란 모두 이것을 좇아 유행하는 것이다.	而所謂天性從此處流行.
그러므로 천성과 기질을 둘로 나눌 수 없다.	天性與氣質 不可分而二之.
형색이 곧 천성이라는 맹자의 말이 곧 그것이다.	孟子形色天性是也.
기질을 제거한다면 어디서 천지의 성性을 구할 것인가?	除却氣質 何處求天地之性也.
나의 기질을 제거한다면	除却我之氣質
어디서 사람의 천성을 찾을 것인가?	將何以求人之天性.

그러나 성리학에서는 인의예지를 이理로 설명한다. 주자에 의하면 우주에는 하나의 이理가 있을 뿐이며, 천지는 물론이거니와 우주의 모든 생명체는 각각 그것을 얻어 성품이 된다고 한다. 그러므로 그 이理를 펴면 삼강三綱이 되며, 벼리로 삼으면 오상五常(仁義禮智信)이 된다는 것이다. 따라서 인仁은 '애지리愛之理', 예禮는 '경지리敬之理', 의義는 '의지리宜之理', 지智는 '별지리別之理', 신信은 '실지리實之理'가 된다.

주문공전집朱文公全集/논어혹문論語或問/학이學而

인仁은 애愛의 이理이며, 예禮는 경敬의 이理이며,	仁則愛之理也 禮則敬之理也
의義는 의宜의 이理이며, 지智는 별別의 이理이며,	義則宜之理也 智則別之理也
신信은 실재의 이理다.	信則實有之理也.
이것은 모두 천리가 원래 그러한 것이며,	是皆天理之固然
인심이 오묘한 까닭이다.	人心之所以爲妙也.

주문공전집朱文公全集/권70

우주에는 하나의 이理가 있을 뿐이다.	宇宙之間 一理而已.
하늘이 이理를 얻어 하늘이 되고, 땅이 이理를 얻어 땅이 되며,	天得之爲天 地得之爲地
우주 안의 모든 생명체는 각각	而凡生于天地之間者
그 이理를 얻어 성품이 된다.	又各得之以爲性.
그 이理를 펴면 삼강이 되며,	其張之爲三綱
이理를 벼리로 하면 오상이 된다.	其紀之爲五常.

그러나 혜강의 해석은 다르다. 그는 이기 이원론도 주리론도 아니고 기일원론이기 때문이다.

그에게 이理는 별도의 존재가 아니라 기氣가 곧 이理다. 따라서 기는 하나이지만 이理는 객관적인 유행지리流行之理와 주관적인 추측지리推測之理로 구분한다. 그리고 주자가 말한 '애지리愛之理'는 마음의 추측지리(당위 법칙)일 뿐이므로 반드시 선善은 아니고 자연의 유행지리流行之理(존재 법칙)에 부합될 때에만 선이 된다는 것이다.

결국 혜강이 말하는 선은 득得이며, 악惡은 실失이라는 결론에 도달한다. 그러므로 선善=호好=득得=이利며, 악惡=오惡=실失=해害가 되므로 공리功利주의와 동일한 결론에 이른다. 그러나 공리功利주의는 공리共利주의가 아니므로 반드시 '보이지 않는 손'이라는 자비로운 신神의 섭리를 전제로 하지 않는 한 약육강식이 된다. '유행의 이理'라는 것도 자연법칙인 만큼 그것은 적자생존의 법칙이 된다. 그렇지만 도덕률은 약육강식이나 적자생존과는 다른 상부상조여야 한다는 점에서 보면 도덕을 유물론으로 설명하기는 곤란한 것 같다. 그러나 이러한 난관을 극복하고 유물론과 도덕론을 결합한 것은 획기적인 것으로 평가할 만하다 하겠다.

추측록推測錄/권2/추기측리推氣測理/득어기필우어인得於氣必尤於人

기氣를 체득한 자는 반드시 볼만한 점이 있다.	有得於氣者 必有可見之蹟[202].
일을 처단함이 원칙이 있고,	辨事機也有準的
물리를 논함이 정밀하고,	論物理也有精詳
그릇을 만들면 용도에 알맞고,	製器皿則 必適於用
육예를 닦으면 남보다 뛰어난다.	修六藝則 必尤於人.
예禮는 기氣의 질서에서 생기고, 악樂은 기의 화평에서 생기고,	禮生於氣之序 樂生於氣之和
활쏘기는 기의 표준에서 생기고,	射生於氣之準
말타기는 기의 인도함에서 생기고,	御生於氣之導
글쓰기는 기의 표지에서 생기고,	書生於氣之識
수數는 기의 헤아림에서 생긴 것이다.	數生於氣之度量.

추측록推測錄/권2/추기측리推氣測理/천인유분天人有分

유행의 이理는 천도요,	流行之理 即天道也
추측의 이理는 인도다.	推測之理 即人道也.
인도는 천도에서 나오고, 추측은 유행에서 나온다.	人道出於天道 推測出於流行.
그렇게 해석한다면	既有此飜譯

---

202) 蹟(적)=迹或字.

천도와 인도는 분별이 없을 수 없고,

유행과 추측도 역시 분별이 있어야 한다.

만약 분별이 없다면 인도를 천도라고 하거나,

추측을 유행이라 할 것이니 착오가 많을 것이다.

則天道人道不可無分別

流行推測亦自有分別.

若無有分別 以人道爲天道

以推測爲流行 則錯誤多端.

기학氣學/권1/13면

(마음의) 추측의 이理가 (자연의) 운화의 이理에 부합하면,

이른바 득得이 되고 선善이 되며,

만약 추측의 이理가

운화의 이理에 부합되지 않는다면,

이른바 실失이 되고 불선이 된다.

推測之理 合於運化之理

所云得也善也

不合於運化之理

所云失也不善也

所云失也不善也.

선악과 이욕

이처럼 혜강의 기학氣學은 실용학이므로 선악과 이해利害를 별개로 보지 않는다. 이로운 것은 선한 것이며 이로운 것은 악한 것이다. 이利란 욕망을 충족시키는 것이다. 따라서 공자의 극기克己와 정주의 멸인욕滅人欲은 수정되어야 한다.

북송 이래 이구, 왕안석 등 주기학파는 공자의 '극기'를 멸인욕으로 해석하지 않고 도리어 이욕利欲을 긍정한다. 이후 인간의 욕망을 긍정하는 것은 심기학心氣學의 일반적인 특징이 된다. 혜강도 천리天理와 인욕人欲을 둘로 갈라놓지 않는다.

이구집李覯集/권2/원문原文

이利를 도모해도 되는가?

사람은 이利가 아니면 살 수 없으니 어찌 도모하지 말라 하겠는가?

욕欲은 도모해도 되는가?

욕이란 사람의 정이니 어찌 도모함을 불가하다 하겠는가?

다만 도모한다 해도 예禮로써 하지 않으면

탐욕이요 방탕이니 죄다.

利可言203)乎.

曰人非利不生 曷爲不可言.

欲可言乎.

曰欲者人之情 曷不可言.

言而不以禮

是貪與淫 罪矣

---

203) 言(언)=議也, 謀也.

기학氣學/권2/47면

사람의 신기는 밝은 오성으로 인하여 기억이 있고,	人之神氣 因明悟而有記繹[204]
기억으로 인하여 애욕이 있게 된다.	因記繹而有愛欲.
밝은 오성이 없으면 어떻게 기억할 것이며,	未有明悟 何以記繹
기억이 없으면 어떻게 애욕이 있겠는가?	未有記繹 何以愛欲.
명오明悟, 기역記繹, 애욕愛欲 세 가지는	夫明悟記繹愛欲三者
밖의 사물에서 받아들여,	收取於在外之事物
심기에 저장하였다가 급기야 밖으로 사용하게 되는 것이다.	藏在心氣 及其須用於外.
인물을 교접하면서 애욕에 거스르면 싫어하고 성내며	交接人物 有逆愛欲 則惡之怒之
애욕에 따르면 기뻐하고 즐거워한다.	有順愛欲 則喜之樂之.
이것이 모두 인물 운화의 실정이다.	是皆人物運化之情.
통민의 정사와 교화는 애욕을 억제하기도 하고 넓히기도 하여,	統民政敎 弛張[205]愛欲
요컨대 천하 인민의 애욕을 각각 기氣에 합당하게 함으로써,	要使天下人民愛欲 各當其氣
서로 침해함이 없게 하는 것이다.	無相侵害.

추측록推測錄/권2/추기측리推氣測理/인천물천人天物天

천리와 인욕은 두 가지 단서가 아니고,	天理人欲不是兩端
다만 천리에 대한 순종과 거역이 있을 뿐이다.	就天理而有順逆耳.
천리 밖에 인욕이 있는 것이 아니고,	天理之外 非有人欲
인욕 밖에 천리가 있는 것도 아니다.	人欲之外 非復有天理也.
천리를 순종하지 않는 것이 인욕이요,	天理之不順爲人欲.
인욕이 다시 천리를 따르면 인욕이라 하지 않는다.	人欲之復循天理 不謂之人欲.

추측록推測錄/권6/추물측사推物測事/물욕자유중정物欲自有中正

물욕은 제거해서도 안 되며 빠져버려도 안 된다.	物欲不可頓[206]除 亦不可沈着.
거기에도 중정한 지선이 있다.	自有中正之至善.
물욕이란 만물이 버릴 수 없는 것이며,	物欲者 物有不可去者
그 물物로 인하여 욕망이 있게 되는 것이다.	而因其物有所欲也.

---

204) 繹(역)=解也, 尋也.

205) 弛張(이장)=풀고 당김. 성쇠.

206) 頓(돈)=壞也, 止也.

의롭지 않은 물욕은

의義와 불의不義로 논정할 수는 있지만,

물욕 자체를 문제 삼아 말해서는 안 된다.

지나친 물욕과 미치지 못한 물욕은

과불급으로 경계할 수는 있지만,

물욕 자체를 문제 삼아 말할 것은 못 된다.

재화, 색정, 명예, 현달은 물욕의 큰 것인데,

이 네 가지를 제거하면 할 일이 없는 것이고,

이에 빠져버리면 다른 것을 돌아보지 않는다.

재화가 생명을 부지하게 하고, 여색이 부부를 맺게 하고,

명성이 진실에 힘쓰게 하고, 현달이 스스로 닦게 하는 것은

원래 중정한 지선의 도리다.

어찌 곪지도 않은 종기를 억지로 도려낼 수 있겠는가?

또 다른 통증을 더하게 할 것이다.

非義之物欲

乃可以義不義論定也

而不可但以物欲言也.

過當之物欲 不及之物欲

乃可以過不及爲戒

而不可但以物欲言也.

貨色名顯 物欲之大者

除却四者 是鮮所事矣

沈着四者 更不顧他矣

貨之資生 色之夫婦

名之務實 顯之自修

元有中正至善之道理.

豈可用力割斷 如抉[207]未濃之腫.

添得別痛也.

제 5 부 유물론적 신학

추측록推測錄/권1/추측제강推測提綱/개발폐색開發蔽塞

그런즉 이욕이 사람을 반드시 어둡게 하는 것은 아니다.

이는 이욕을 성취함에

추측이 다하고 못 다함이 있을 뿐이다.

만약 이욕 때문에 가려져서

내 마음에 갖추어진 이理를 드러내지 못한다고 여겨,

평생 이욕 없애기에 힘써

하루아침에 활연관통하기를 바란다면,

이는 거의 선가의 돈오설에 가까울 뿐이다.

능히 스스로 반성하여 정미하게 생각하고

재물과 벼슬의 득실, 거짓과 바름, 성패의 도리가

모두 은미함을 드러내면,

하늘을 원망하거나 남을 탓하지 않을 것이다.

則利欲非必蔽人.

乃是就利欲

而推測有盡有未盡耳.

若謂以利欲所蔽

未顯我心所具之理

平生用力要除利欲

冀得一朝豁然貫通

殆近於禪家頓悟之說也.

有能自反精思

其財宦之得失 邪正成敗道理

庶發隱微

而不至於怨天尤人.

---

207) 抉(결)=剔抉.

추측록 推測錄/권5/추기측인 推氣測人/의리 義利

이利에는 의로운 것과 의롭지 못한 것이 있으니,	利有義不義
의로운 이利는 취하지만 불의한 이利는 취해서는 안 된다.	義之利可取 不義之利不可取.
대저 해害를 피하고 이利를 좇는 것은 다 같은 인정이니,	盖避害趨利 人情之大同也
자기 이利를 좇는 마음으로 대동의 이利를 좇아가면,	因其趨利之心 進取利之大同
인의의 이利로 나아갈 수 있으므로	則可進於仁義之利
도리어 해로운 이利를 버릴 수 있을 것이다.	而反害之利 庶可除矣.
의義의 이름을 빌린 이利도 불의한 이利보다는 나은 것이니,	假義之利 猶勝於不義之利
거짓을 미루어 참을 헤아리고 점차 나아가면,	推假而測眞 漸有所進
의로운 이利에 이를 수 있을 것이다.	可至於義之利也.
그러므로 이利를 좇음이 의로 나아가지 못함을 걱정해야지,	故惟患趨利之不進
사람들이 이利를 좇는 것을 걱정할 것은 없다.	不患人之趨利也.

신기통 神氣通/권3/변통 變通/변통재초급공사지분 變通在初及公私之分

사욕을 좇아 변통하는 사람은 많고,	從其私欲而變通者多
공의를 좇아 변통하는 사람은 적다.	從其公議而變通者寡.
사욕은 자기만을 위한 것이며 주야로 탐닉해도	私欲在於一己 晝夜究索
한정이 없다.	無有限截[208].
공의가 대중으로부터 나오면	公義出於衆人
백세의 시비가 저절로 정해진다.	百世是非自有攸定.
사욕을 바르게 길러 공의로 변통해야지,	可將私欲而變通於公義矣
사욕과 공의를 나누어 두 개의 일로 만들어,	不可以私欲公義 分作兩件事
상관없는 것으로 생각하면 안 된다.	而不相關也.
또 방자한 사욕으로 공의를 변통해서도 안 된다.	又不可肆私欲而變通公議也.

신기통 神氣通/권3/변통 變通/선악이해 善惡利害

선악은 공의의 이해이고,	善惡者 公議之利害也
이해는 사세의 선악이다.	利害者 事勢之善惡也.
처음부터 끝까지, 숨은 것에서부터 드러난 것까지,	自初至終 自微至著

---

208) 截(절)=絶也, 整齊也.

선하면 이롭다 하고, 이로우면 선하다 하며,

악하면 해롭다 하고, 해로우면 악하다 한다.

선악과 이해는 어찌 하늘이 정해놓은 한계가 있어서

변통할 수 없다 하겠는가?

대개 선악은 이처럼 정해진 바가 없으므로,

사람들의 시비에서 취하여 표준을 삼고,

물리의 순역에서 증험하여 귀착을 삼아야 한다.

善爲利 而利爲善矣

惡爲害 而害爲惡矣.

善惡利害 豈有天定之限截

而未有變通哉.

蓋善惡無定所

取諸人之是非 以爲準的

驗諸物理之順逆 以爲歸宿.

인정人政/권4/측인문測人門/무욕유욕無欲有欲

욕망이 없다면 함이 없고, 욕망이 있어야 함이 있다.

욕망 중에서도

선한 욕망, 악한 욕망, 귀한 욕망, 천한 욕망을 분간해야 한다.

착한 욕망과 귀한 욕망은 인도에 유익하게 쓰이는 것이므로,

오히려 용맹스럽게 추진하지 못할까 걱정이고,

악한 욕망과 천한 욕망은 단지 자기의 이익만 위하고

남의 피해는 돌보지 않으므로 마땅히 기쁘게 제거해야 한다.

무릇 인간이란 욕망의 세계에 태어났다.

먼저 스스로 자기 소망을 선택하고, 또 남의 소망도 헤아리면,

선善과 악惡, 귀貴와 천賤 모든 교접 운화가 바르게 조처될 것이다,

만약 나와 너의 욕망을 모른다면

살아 있는 것인가, 죽은 것인가?

故無欲而無爲 有欲而有爲.

有欲之中

當分善欲惡欲貴欲賤欲.

善欲貴欲 可用於人道之有益

猶恐其不勇進

惡欲賤欲 只爲自己之利

不顧在人之害 當喜其除却也.

夫人生於欲世界.

先自擇我所欲 又測人之所欲

善惡貴賤 交接運化 可以措施.

若不識人之欲我之欲

生者乎死者乎.

인정人政/권11/교인문敎人門/이욕의견利欲意見

마음속에 간직한 것을 따라 운화의 단서를 밝히면,

가르치는 말이 쉽게 받아들여질 것이다.

이욕에 빠진 사람은 그 이욕이 소망하는 바를 따라,

그 운화의 그렇지 않을 수 없음을 교도해주면,

운화를 이욕으로 삼게 되어 개과천선을 기대할 수 있을 것이다.

의견에 빠진 사람은 그 의견이 지향하는 바를 따라,

그 운화의 그렇지 않을 수 없음을 교도해주면,

因其心中所存 而明其運化之端

敎言易入.

溺于利欲人 因其利欲所向

導其運化之不得不然

則以運化爲利欲 而庶望遷改.

溺于意見人 因其意見所趨

導其運化之不得不然

자기 의견을 운화에 따라서 점차 실천해나갈 것이다.　　　　　　　則以意見從運化 而漸次實踐.

혜강은 이른바 '천인도덕天人道德'의 인간 교화에 대해 일신一身 운화, 통민統民 운화, 대기大氣 운화 등 삼등 운화에 대응하는 인사교人事教, 인도교人道教, 인천교人天教의 삼등 교화를 말한다. 인사교는 사람과 사무의 관계, 인도교는 사람과 사회의 관계, 인천교는 사람과 자연의 관계에 대한 운화 승순承順을 말한다. 즉 삼등교는 승순 운화로 통일된다. 그러면 승순 운화가 목표로 하는 인간상은 무엇인가? 혜강은 대체로 다음과 같이 다섯 가지를 제시한다. 특히 주목되는 점은 자연의 원리와 세계의 추세와 과학의 발명을 강조한 것으로 여타 유학자들에게서는 볼 수 없는 실학자들만의 근대적인 인간상이 아닐 수 없다.

기학氣學/권1/49면

지금에 와서 대기 운화를 반복하여 추구하고 밝히는 것이,	到今大氣運化 反覆推明
민생의 도리에 무슨 보탬이 있겠는가?	有何補於民生道理乎.
대체로 말하면 근본을 모르고 행하고 쓰는 것만으로는	大體則 晦昧本源 但能行用
어찌 본말을 아울러 통찰하고	豈若統察源委
때를 따라 조치하는 것만 하겠는가?	隨時措處.
그다음은 이미 마땅히 준수해야할 대도가 있으면,	其次則 旣有當遵之大道
이단 잡설에 굽히거나 이탈하지 않는 것이다.	不爲異端雜說所撓奪.
그다음은 도량이 넓어 억지로 애쓰지 않아도,	其次則 度量恢廓 不待勉强
사해가 동포요 혈맥이 관통하는 것이다.	四海同胞 血脈貫通.
그다음은 변화하는 세계의 선후를 미리 헤아려,	其次則 輪轉世界 先後預度
다음 세대를 위한 사업을 생전에 이루는 것이다.	身後事業生前做得.
그다음은 일상생활에서 스스로 모범을 이루어,	其次則 日用常行 自成軌轍
사곡邪曲이 없이 힘을 낭비하지 않고 학문을 개발하는 것이다.	無枉費力 有開來學.
그다음은 불과 물을 기계로 이용하기를 좋아하여,	其次則 水火器用悅
미묘한 기계를 발명 제작하며 창조적 취미로 살아가는 것이다.	微妙之機 意匠制作 寓創始之趣.

인정人政/**권11**/**교인문**敎人門/**삼등일통**三等一統

인도를 가르침은	敎人道
군주는 군주답고 신하는 신하다우며,	所以君君臣臣
아비는 아비답고 아들은 아들다우며,	父父子子
지아비는 지아비답고 부인은 부인다우며,	夫夫婦婦
어른은 어른답고 아이는 아이다우며,	長長幼幼
온 천하가 각자 분수를 지켜 안주하게 하려는 것이다.	達於天下 各安其分.
운화를 가르침은,	敎運化
천지를 관찰하여 인人을 미루어 물物을 헤아리고	所以仰觀俯察 推人測物
과거와 현재를 살펴 기강을 세우고,	暢往察來 入綱振紀
뭇 생령을 통어하여 대도에 승순하고자 함이다.	統御群生 承順大道.
재예를 가르침은	敎才藝
각자 직업을 따라 숙련하여	所以各遵所業 成就嫺[209]習
재용財用을 편리하게 하고,	便利須用
사농공상의 사민四民이 직무에 정진하여	士農工商 專精世務
민民의 수요를 넉넉하게 하고 치화治化를 돕고자 함이다.	贍[210] 民用補治化.
대체로 인도, 운화, 재예는 이름은 셋이지만,	盖人道運化才藝 名雖有三
실은 승순 운화의 가르침 하나로 통일되는 것이다.	其實乃一統承順運化之敎.

945

제5부 유클론적 신학

인정人政/**권10**/**교인문**敎人門/**인심의리**人心義理

일신 운화는 통민 운화에 어긋나서는 안 되고,	一身運化 不可違於統民運化
통민 운화는 천지 운화에 어긋나서는 안 된다.	統民運化 不可違於天地運化.
어긋남이 있으면 올바른 도리가 아니다.	有違則非善道也.
일신 운화는 통민 운화를 받들어 따르고,	一身運化 承順於統民運化
통민 운화는 천지 운화를 받들고 따라야 한다.	統民運化 承順於天地運化.
이것을 일러 올바른 도리라고 한다.	是謂善道也.
주자가 이르기를 "도심이 언제나 일신의 주재가 되어,	朱子曰 道心常爲一身之主

---

209) 嫺(한)=習也.

210) 贍(섬)=충족.

인심은 매양 그 명을 들어야 한다"라고 했다.　　　而人心每聽命焉.

송나라의 잠실 진 씨는 "의리가 기품을 이겨내지 못하면,　　宋潛室陳氏埴曰 義理不勝氣稟

성명이 기품이 가는 대로 따르므로　　　　　　　　則性與命 皆隨氣稟中去

불선이 많다"라고 했다.　　　　　　　　　　　　　所以多不善.

도심과 의리는　　　　　　　　　　　　　　　　道心與義理

곧 천지 운화와 통민 운화의 도리이고,　　　　　　即天地運化統民運化之道

인심과 기품은 일신 운화의 일이니,　　　　　　　　人心與氣稟 即一身運化之事

그 명칭은 다르지만 뜻은 한 가지다.　　　　　　　　名雖殊而義則一也.

인정人政/권3/측인문測人門/귀천유허실貴賤有虛實

운화를 아는가, 모르는가?　　　　　　　　　　　運化之知不知.

인도를 행하는가, 않는가?　　　　　　　　　　　人道之行不行.

이것만이 진정한 귀천의 분별이다.　　　　　　　　爲眞貴賤也.

명남루수록明南樓隨錄/33면

사람의 신기는 경험이 쌓이면서 살찌고,　　　　　　人之神氣 積累經驗 而充之

견문이 쌓이면서 실해지며,　　　　　　　　　　　積累見聞 而實之

세월이 쌓이면서 힘이 생기며,　　　　　　　　　　積累歲月 而生力

운화가 쌓이면서 신명이 나타나며,　　　　　　　　積累運化 而著神

추측이 쌓이면서 덕이 밝아진다.　　　　　　　　　積累推測 而明德.

충실과 소양이 여기에 이르면 뜻이 강건하며 능히 조화로워,　所充養到此 志剛而能和

비록 공경의 벼슬이 주어진다고 하여도 기뻐하기에는 부족하고,　雖加之卿相 不足喜

만 종의 논이 주어진다고 하여도 교만하지 않으며,　予之萬鐘 而不驕滋[211]

환난이 닥쳐도 두려워하지 않으며,　　　　　　　　臨之患難而不怵

빈천하여 곤궁해도 걱정하지 않고,　　　　　　　　困之貧賤而不憂

언제나 어디에서나 편안히 살아갈 뿐이다.　　　　　隨所遇而安處.

---

211) 滋(자)=味旨. 蕃也. 濁也.

10절. 정치사상

혜강의 기학氣學은 조국이 서구 열강의 침입에 무너져가는 모습을 바라보며
나라의 개화와 민생을 고민한 데서 이루어낸 철학이었다. 그러므로 그에게
학문의 목표는 여전히 수신제가 치국평천하의 실천에 있었다.

인정人政/권9/교인문敎人門/부운화평우내敷運化平宇內

일신 운화는 수신의 요체이고,	一身運化 爲修身之要
교접 운화는 제가의 요체이고,	交接運化 爲齊家之要
통민 운화는 치국의 요체이고,	統民運化 爲治國之要
대기 운화는 평천하를 위한 요체이니,	大氣運化 爲平宇內之要
대소의 범위가 각기 합당함이 있다.	大小範圍 各有攸當.

그러나 성리학은 모든 것이 마음에 달렸다는 내면적인 수신에 그치고 있어 실천적인 수단이
없었다. 그러므로 그는 구학舊學을 지양하고 신학新學을 일으켰다. 그것은 사무기용事務器用의 실학
을 보편 철학으로 정립하는 것이었다. 그것은 사람의 일상적인 사무기용이야말로 우주 삼라만상
의 조화를 승순承順하여 인류와 세계의 평화를 이루는 위대한 사업이라는 것이다.

혜강은 인간의 주체적 창조성을 경시하는 몰역사적인 과학주의자이면서 모든 학문의 목표를
인민의 평안에 두었다. 그러나 그가 말하는 치안治安의 학문이란 재용의 풍족함을 강조한 나머지
주체, 자유, 사회, 문화, 예술을 경시한 정치학이 되고 말았다. 그러므로 그의 기학에는 왕도 정치
학도 근대 정치학도 없다.

그는 자신의 학문을 '기학'이라 명명하여 신학임을 분명히 했지만 드러내놓고 구학을 전면 부
정하지는 않았다. 이러한 한계는 그의 신학이 정치론에서는 여전히 구학의 틀을 벗어나지 못한
데서 연유된 것인지도 모른다. 그의 통민統民 운화 또는 일통一統은 유학의 대동 사회론과 유교의
우주일가론宇宙一家論을 기일원론으로 설명한 것일 뿐 새로운 정치 체제나 사회 구성체를 말한 것
이 아니다.

그러므로 그가 유가의 성인聖人 정치에 대한 대안으로 제시한 천인天人 정치도 성인 정치의 과
학적 개량주의였을 뿐 유가의 정치 체제의 틀 안에 멈추어 있다. 또한 실제로 그는 당시 동도서

기東道西器파에 동조했다. 이는 그의 학문이 역사 법칙주의나 유토피아적인 이상 사회론을 거부하는 실증주의였기 때문일 것이다. 다시 말하면 그는 여전히 다산이 종합한 실학의 정치관인 '계몽 군주제'의 틀을 뛰어넘지 못했다고 봐야 할 것이다.

다만 여기서 유가의 정치적 이상이 나쁜 것이라는 선입견은 금물이다. 아리스토텔레스도 가장 좋은 정체는 군주 정체이지만 그것이 타락하면 제일 나쁜 폭군 정체가 되므로 채택할 수 없고, 다음으로 좋은 정체는 귀족 정체이지만 그것이 타락하면 나쁜 과두 정체가 되므로 취할 수 없고, 그다음으로 좋은 정체는 입헌 정체인데 그것이 타락해도 덜 나쁜 민주 정체가 되므로 입헌 정체를 택해야 한다고 주장했음을 기억해야 할 것이다. 다산이나 혜강이 꿈꾸었던 계몽 군주제도 인민 주권을 구체적인 제도적로 말하지는 않았지만 입헌 군주제에 근접하고 있음을 유념해야 할 것이다.

기학氣學/권1/45면

정치를 함에는 의당 천인天人 기화를 길러,	講論政治 宜將天人氣化
융성과 쇠락을 알고,	以知汚隆盛衰
개명한 달인으로 하여금 천인 정치를 행해야 한다.	使明達人行天人政治.
경전과 사책史策과 글과 말에 이르기까지 선善이란 글자는	經傳史策 以至凡常文辭之善字
천기 운화에 승순한다는 뜻으로 사용된 것을 알 수 있다.	可見承順天氣運化之意也.
선정, 선교, 선언, 선행은	善政善敎善言善行
모두 천인 운화에 승순함이다.	皆是承順天人運化也.
선이란 글자가 이목에 익숙하면 정곡을 이루기도 하겠지만,	善之一字 慣熟耳目 自成指的
도리어 본뜻을 새겨주는 데 소홀해지는 점도 있다.	反忽訓義.
운화 대기가 항상 살갗과 골수를 적셔주건만,	運化大氣 常洽膚髓
물고기가 물을 잊듯이 그것을 무형이라고 말하기에 이른다.	魚水相忘 至云無形.

인정人政/권11/교인문敎人門/통민위중統民爲中

통민 운화는	統民運化
대기 운화와 일신 운화를 위한 중심이다.	爲大氣運化一身運化之中.
일신 운화가	一身運化
통민 운화를 담보하지 못하면,	不有就質[212]於統民運化

---

212) 質(질)=保也. 要也.

치우침과 정체에 빠지기 쉽고,

대기 운화가 통민 운화에 요점이 포괄되지 못하면,

망망대해 같아 그 법도를 본받을 수 없다.

사람을 가르치는 정신과 묘맥이 모두 통민 운화에 있는 것이다.

말은 비록 광대하나 천하 백성을 통합하는 것을 넘어설 수 없고,

행함은 비록 한 몸에서 비롯되나

핵심은 천하 백성을 통합하는 법을 이루는 것에 있다.

그러므로 덕德, 성聖, 신神, 심心, 도道, 천天을 말하고,

이理, 중中, 성性, 명命, 성誠

선善, 일一, 경敬을 말하지만,

사람들을 일으켜 세워 따르게 하려는 것이 아닌 것이 없건만

도리어 시끄럽고 혼란하게 만들었다.

어찌 삼등 운화를 승순하여 교화를 세우는 것만 하겠는가?

則易陷於偏滯

大氣運化 不能撮要於統民運化

則浩蕩而不可效則範圍.

敎人之精神命脈 盡在統民運化.

言雖廣大 不可越於統天下之民

行雖自於一身

要成法於統天下之民.

曰德 曰聖 曰神 曰心 曰道 曰天

曰理 曰中 曰性 曰命 曰誠

曰善 曰一 曰敬

無非要人起[213]聽

反使囂亂.

豈若以三等運化 承順立敎哉.

인정人政**/권13/교인문**敎人門**/삼등불가궐일**三等不可闕一

대기 운화를 본받아 통민 운화를 삼으면,

빗나갈 수도 증감할 필요도 없게 되며,

통민 운화를 추출하여 일신 운화를 삼으면,

자기만 이롭게 하고 남을 해치는 일을 멋대로 하지 못하며,

남을 이루어줌으로써 자기를 이루는 방법이 저절로 생길 것이다.

效則大氣運化 以爲統民運化

則自有違越不得增減不得

抽出於統民運化 以爲一身運化

則利己害人 不敢肆行

立人立己 自有其道.

인정人政**/권16/선인문**選人門**/도덕이민위준**道德以民爲準

옛사람이 도道, 덕德, 의義를 말했지만

인재 등용을 표준으로 논한다면,

곧 치안의 도요. 치안의 덕이요,

민民을 편안하게 하는 것의 의義다.

만약 치민 안민으로 표준을 삼지 않는다면,

장차 무엇을 가리켜 도요, 덕이요, 의義라 말하겠는가?

古者 曰道曰德曰義

以選擧準的論之

治民安民之道 治民安民之德

治民安民之義也.

若不以治民安民爲準的

將何所指 而曰道曰德曰義.

---

213) 起(기)=能立也. 發興也.

인정人政/권19/선인문選人門/행선유위신위국行選有爲身爲國

인재 등용은 개인의 행복과 영달을 위한 것이 아니고,	勿爲一人榮幸而行選
마땅히 국가의 치안을 위해 해야 한다.	當爲一國治安而行選.
사람의 소견은 대소의 구분이 있으니,	人之所見有大小之分
일신 운화의 견문과 추측을 확충하지 못하면,	一身運化見聞推測 不能擴充
인재 등용뿐 아니라 매사 지조와 실행이	非特選擧 每事操行
다분히 편근 천루하게 된다.	率多便近淺陋.
진실로 일신 운화를 확충하여,	苟能擴充自身
가문에서 나라로 세계로 나아가 서로 관통하면,	而家而國而天下 互相貫通
만백성의 치안을 일신의 안정으로 여기고,	以萬姓治安 爲一身之安
현준을 등용하는 것을 자기의 덕행으로 여기게 된다.	而選擧賢俊 爲自己德行.

인정人政/권19/선인문選人門/신독선거愼獨選擧

신독愼獨의 공부는 오직 궁리에 있다 하여,	愼獨工夫 惟在於究理
다만 심성의 기발旣發 미발未發을 말할 뿐,	但說心性發未發
인간과 사물의 실정을 체득하는 데 이르지 못하고,	不達于體人物之情
사무을 처리하는 데 겨우 입으로 말하고 손으로 지적하면서,	措處事務 口道手指
만백성이 화응하기를 바란다면	契合萬姓之和應
어찌 진정으로 광대한 신독이겠는가?	烏可謂眞正廣大之愼獨也.
인재 등용을 당하여 재상들과 시비를 따지고	當選而與宰執爭是非
관료들의 우열을 따져,	與諸僚論優劣
어렵고 순탄한 여러 경우에 대비하며,	備險阻開濬之境
준량을 등용하여 내외 관직을 맡기고	登崇俊良 排布內外職官
교화를 밝혀, 친히 치안을 이룩하며,	休明敎化 親見治安
몸소 다 같이 운화 승순의 아름다움을 갖추는 것이다.	於躬俱運化承順之美
이것이 진정 신독의 인재 등용일 것이다.	是眞愼獨選擧也.

인정人政/권19/선인문選人門/선거학은현選擧學隱顯

세상에는 쓸모 있는 학문과 쓸모없는 학문 등	天下有用學問 無用學問
구류 백가에 이르지만,	至有九流百家

오직 인재 등용에 관한 학문은	惟選擧學問
세상에 공부하는 사람이 없다.	無專功於世.
더구나 통일적으로 집성하여	至於集成一統
자세한 내용을 순서 있게 정리한 책은 더욱 보기 드물다.	臚列詳備 尤爲罕有.
하물며 다시 운화의 표준을 세우고	況復抽立 運化之標準
치안의 귀착점을 밝혀,	明其治安之歸宿.
안으로 경상을 수립하고	建于內經常
만백성의 소박한 소원에 부응할 만한 것은	協萬姓素願
오직 이 책이 있을 뿐이다.	惟有此書.

민民을 위한, 민에 의한 정치

묵자는 백성의 눈과 귀로 보고 들은 공론을 하늘의 뜻으로 삼아야 한다고 말했고, 혜강은 천지 운화는 백성의 눈과 귀로 보고 들어야 한다고 말했다. 이는 또한 인심이 곧 천심이라는 예부터의 성현의 말씀과 같은 것이다. 다만 다산의 민의회民議會, 군주 선출, 토지 균분론처럼 구체적인 제도적 개혁을 제시하지 않은 것은 그가 시무時務에 밝은 정치가가 아니라 철학도라는 한계 때문일 것이다. 그러나 그는 분명히 민을 위한 민에 의한 정치를 밝혀 민주주의에 대한 철학을 제시했다.

주서周書/태서泰誓

하늘은 우리 민중이 본 것을 통해서 보며,	天視自我民視
하늘은 우리 민중이 들은 것을 통해서 듣습니다.	天聽自我民聽.

인정人政/권23/용인문用人門/기민급자기欺民及自欺

속이는 것 가운데 가장 큰 것은 백성을 속이는 것이니,	欺之最大者 欺民也
이는 하늘을 속이는 것이라고 말한다.	亦謂欺天也.
"백성이 어찌 알겠는가"라고 말하는 것은 나라를 망칠 말이다.	民何以知之 喪邦言.
사람을 씀에 삼가지 않는 것은 바로 자신을 속이는 단초다.	用人無審愼 自欺之始.
백성은 비록 어리석으나 그 지혜는 신神과 같다.	民雖至愚 其知如神.
이는 성현의 말씀이니 어찌 나를 속이겠는가?	聖賢之言 豈欺我哉.

많은 사람이 써서는 안 된다고 하는 자를 독단으로 임용하여,	千百人所謂不可用者 獨薦任用
불세출의 공을 세운 특별한 경우는	以樹不世之功
그에게 운화 치안의 고상함이 있음을	以其獨信
홀로 믿었을 것이다.	斯人有運化治安之漸[214]也.
그러나 오직 일세에 볼만한 치적을 이루려면	惟有一世可見之
백성의 전체적인 걱정과 근심을 따르는 길뿐이다.	跡[215]萬姓之大體憂樂.
백성은 조정에서 어진 이를 쓰는 것을 보면,	見朝廷之用賢俊
은혜를 입지 않아도 즐거워하고	未及蒙惠而欣悅
간사한 자를 쓴 것을 들으면	聞朝廷之用奸佞
해를 당하기 전부터 걱정한다.	先於見害而憂歎.
또한 어길 수 없는 운화의 천칙이 있으니,	又有難違越之運化天則
그것을 따르면 백성이 모두 믿고,	順蹈而民皆信之
역행하면 위태롭게 생각한다.	逆行而人咸危之.
불학무식자라도 순진한 천민은	至於不學無識之純然天民
그 소행을 보면	觀其所行
다분히 운화 천칙을 어기지 않는다.	多不違於運化天則.
이로써 오도된 지식인은	是以差誤知識
도리어 학술이 없는 선량한 자연인만 못한 것을 알 수 있다.	反不如無學術之天良也.

눈은 자기를 보는 데는 부족하므로	目短於自見
백성을 거울로 삼아 자기를 보고,	故鑑於民以見己
지혜는 자기를 아는 데는 부족하므로 백성에게 들어 자기를 안다.	知短於自知 故聽於民以知己.
백성을 거울로 삼으면 잘못 보는 죄가 없고,	以民爲鑑 無見疵之罪
백성을 귀로 삼으면 잘못 듣는 원망이 없게 된다.	以民爲聽 無明[216]過之怨.
자와 저울이 동일하지 않으면	尺度權衡 不得其同
장단 경중에 의혹이 생기기 마련이니,	猶致惑於長短輕重

---

214) 漸(참)=高也.

215) 跡(적)=迹. 行也 理也.

216) 明(명)=聽也.

| 황차 견문과 지식이 백성과 부합하지 않는다면, | 況見知不副於民 |
| 어찌 치안을 바라겠는가? | 而欲望治安乎. |

혜강은 국민을 위한 국민에 의한 정치를 주장했다. 그 방법은 공론에 의한 공직 선출로 가능하다는 것이다. 공론에 의한 관리의 선거는 인민이 직접 공직자를 뽑는 공선共選의 효과가 있으며, 공선이야말로 국민에 의한 정치인 공치共治가 되며 국민을 위한 공제共濟가 된다는 것이다. 이는 투표를 통한 직접 선거 제도에는 미치지 못하지만 민주적 선거 제도로 나아가는 단초를 제공했다는 점에서 평가할 만하다. 이는 국가를 어느 한 가문의 소유로 보는 가문 정치의 봉건성을 벗어나지 못한 당시로는 획기적인 발언이다. 이로써 공公과 사私를 천리天理, 도덕, 왕법이 아닌 여론에 따라 구분한다는 점에서 가치의 근거에 대한 중대한 진전이며, 주권 재민으로 나아가는 시발점이라는 의미를 부여할 수 있다.

인정人政/권16/선인문選人門/국심선인國心選人

공치共治―공론公論

일국의 국사는 일국의 인민과 더불어 공동으로 다스려야 하며,	一國之事 當與一國之人共治
사사로운 한두 사람이 자기 뜻대로 다스려서는 안 된다.	不可與一二私人 從欲而治.
한 나라의 공론이 지망한 사람을 취하여,	取一國公論所指望之人
관직을 맡기고 안민安民 입정立政을 책임지게 하면	任官責成
그것이 바로 국민과 공동으로 다스리는 것이 된다.	卽與國人共治也.
공론이란 곧 국민이 한가지로 추구하는 의논이니,	公論乃國人共推之論
공론이 아니면 무엇으로 국민의 마음을 하나로 모으겠는가?	非公論 何以會合國人之心也.
이처럼 윗사람이 언제나 민심에 어긋남이 있을까 걱정하고,	在上者 常憂或違
아랫사람이 소원대로 부합된 것을 항상 즐거워한다면,	在下者 永樂副願
어찌 한 나라만이 잘 다스려지겠는가?	奚獨一國之康濟.
가히 만세의 법도가 될 수 있을 것이다.	可謂萬世法程.
만약 온 백성의 마음을 자기 마음으로 삼지 않는다면,	若不以萬姓之心爲心
반드시 엉뚱한 것으로 마음을 삼아 자기 마음대로 하려 하고,	必有他以爲心者 唯事其心
백성의 마음을 돌아보지 않을 것이므로,	不顧萬姓
말은 국민을 위한다지만 국민을 해롭게 하는 일이 많게 될 것이다.	縱有爲民之言 率多害民之事.

공선共選→**공제**共濟

한 사람을 거거했는데 나라 사람이 모두 옳은 선거라고 말하면,	擧一人 一國人皆曰可選
이것이 곧 일국의 공선이다.	是一國之公選.
공정하고 명성 있는 이의 말을 듣고 사람을 뽑는다면,	聽從公正聲譽而選人
이는 국민과 함께 선발하는 것이 되며	是謂與國人選之
이로써 국가 사무를 국민과 함께 처리하는 것이 된다.	以共濟一國事務.
사람을 거거했는데 나라 사람이 모두 옳지 않은 선거라고 말하면	擧一人 一國人皆曰不可選
이는 선관 독단의 사사로운 선거다.	是選官之私選.
공선이야말로 온 국민의 소원이고	公選一國人之所願
매사를 치안하는 길이며,	衆事物之治安
운화를 승순하고 조리를 따름이요,	承運化而循條理
한결같이 궤철을 따르므로 사도로 빠지지 않게 하며,	一遵軌轍 勿致傍谿之決
일하기도 쉽고 공을 이루기도 쉽다.	易爲力易爲功矣.
사선私選은 일국의 민심에 위배되고,	私選忤一國之民情
선왕의 헌장에도 어긋나며,	犯先王之成憲
하기도 어렵고 않기도 어려운 것이다.	爲亦難 不爲亦難.

국가가 임무는	國家常有之事
백성을 다스려 편안하게 하는 일, 즉 치안이다.	乃治民安民之事也.
그러므로 사람의 재덕과 행사를	以其人之才德行事
치민 안민에 견주어,	較擬於治民安民
적합하면 선거하고 이에 어긋나면 버려야 한다.	合則擧之 違則捨之.
정사를 위주로 하지 않고 사람을 선거하면	不爲事而選人
각자의 소견을 고집하여,	則各執所見
중론을 무시하고 자기 권익만 존중하여,	捨僉議 而重己權
공선을 폐지하고 사사로운 은혜를 베풀 것이다.	廢公擧而行私惠.
심지어 자기 뜻은 행하지도 못하고,	甚至於不得已私之行
한결같이 시류와 가신家臣의 지휘만 따르게 될 것이다.	而一從時宰之指揮.

인정人政/권20/용인문用人門/만성원불원萬姓願不願

만백성이 다 같이 현준한 인재를 등용하기를 바란다.	萬姓俱願 朝廷用賢俊.
그러므로 모든 백성의 마음을 내 마음으로 삼아 부합하여야 한다.	則合萬姓之心 以爲心.
백성의 마음을 거스르고 혼자 마음으로 독단하면,	違萬姓之心 以獨心所得
천지의 조화와 세상사를 배반하여 펴게 되며,	排布天地造化 世間事務
자기를 지나치게 믿으면,	自信甚篤
다른 사람의 지혜는 모두 나만 못하다고 여기게 된다.	謂人知識皆不如我.
백성과 함께하는 것이 왕도 정치의 급선무인데,	與民同之 王政先務
견식이 이에 미치지 못하면 널리 공의를 모은다는 것이	而見識旣不到 此所謂博採公議
단지 측근과 아첨배의 입에서 나올 뿐이다.	只出於近習媚悅之口.

만물 일체론

원래 천인 일체론은 동중서가 유학의 천하일가론天下一家論을 음양론으로 해석한 유교의 강령이었으므로 혜강의 기학氣學과 그 존재론적 기초가 동일하다. 그러므로 성리학의 천인합일론天人合一論은 혜강의 천인天人 운화로 더욱 정교화 된다. 또한 대동 사회라는 테제는 혜강의 기학에서는 일통一統 운화로 표현되는데 일신一身 운화, 교접交接 운화, 통민統民 운화가 대기大氣 운화를 승순하여 천인天人이 일치되는 천인 운화가 이루어지는 것을 의미한다. 여기서 말하는 일통은 유학의 천인합일과 대동 사회론을 흡수한다. 또한 이것은 노장의 자연自然과 유교의 천리天理와 서양의 문명文明을 조화 통합한 것이며 특히 세계의 교류와 평화를 지향 강조하는 것이 특색이다.

신기통神氣通/권3/변통變通/기가변통기불가변통器可變通氣不可變通

기미를 따라 변통함은 항상 인사 교접에만 있는 것이므로	隨機變通 常在於人事交接
하늘 기운의 유행과 땅의 마땅함이 각각 다름은	天氣流行 土宜各異
사람의 힘과 꾀로 변통할 수 있는 것이 아니다.	不可以人力人謀 變而通之也.
그러나 하늘의 신기와 사람의 신기는 본시 하나다.	天之神氣 人之神氣 本是一也.
천지도 그릇이요, 인체도 그릇인데 그 됨됨이는	天地之爲器 人形之爲器
역시 매한가지다.	亦是一也.
하늘의 신기가 일월로 인하여 밝은 것은	天之神氣 從日月而明朗

사람의 신기가 두 눈으로 밝은 것과 같다.

만약 일월이 비추지 않으면 사람의 눈은 암흑만 볼 것이다.

등촉으로 밝음을 빌리고, 망원경으로 멀리 바라보는 것은

역시 기계를 사용하고 기氣를 소통한 것이다.

卽人之神氣 從兩眼而明朗.

日月不照 人目見黑.

以燈燭借明 以遠鏡照遠

亦是設器械以通氣也.

기학氣學/권1/43면

물아동포 物我同胞

사람이 대기 운화를 알면, 할 것과 하지 말 것이 정해지며,

만물과 내가 동포가 될 것이다.

인기 운화를 알면 곤궁 현달,

장수 요절을 운명으로 알고,

화복과 재상을 구차하게 좇거나 피하지 않을 것이다.

夫人知大氣運化 則爲不爲已定

物與我同包.

知人氣之運化 則窮達壽夭

固守命運

禍福災祥 毋苟趨避.

기학氣學/권1/44면

서민 운화에 통달하면

일신 운화도 통달했음을 알 수 있지만,

일신 운화에 통달해도

반드시 서민 운화에 통달한 것은 아니다.

서민 운화란 견문을 두루 넓게 흡수하여,

만백성을 통합하여 나와 일체로 삼고,

사무를 단련하고 근골을 뜸질하여 은택을 두루 끼치며,

한마디 말을 하면 천리만리 사람들이 화응하고,

한 가지 일을 행하면 천인 만인이 감복함에 있는 것이니,

이것은 스스로 덕德과 국량이 있기 때문이다.

達庶民運化者

可知其達一身之運化也

達一身運化者

未必達庶民運化也.

庶民運化 在於博洽見聞

統萬姓而爲一體

鍛鍊事務 灸筋骨而成膏澤

發一言則 千萬里和應

行一事則 千萬人感服

是自有德量焉.

인정人政/권14/선인문選人門/치치재체민致治在體民

실로 인재 선거를 관장하는 자는 만백성을 내 몸처럼 여기는 도량과

운화를 승순하는 덕성을 가지고 있어야 한다.

정치와 교화가 편안하여 상하가 일통을 이루면,

서로 필요로 하는 일체가 될 것이니,

苟使銓選人 有一體兆民之量

承順運化之德.

政敎妥成 一統上下

相須一體

다스림과 교화는 저절로 융성할 것이다.

오로지 만백성을 내 몸처럼 여기는 뜻이

가슴속에 이루어져 밖으로 드러나고,

희로애락이 모두 만백성을 내 몸처럼 여기는 데서 나오고,

그런 생각을 가진 사람을 끌어 모은다면,

나라를 다스리는 데 무슨 어려움이 있겠는가?

이것이 바로 천하의 법칙이다.

治化自底郅²¹⁷⁾隆.

惟擧一體萬姓之義

形於中發於外

喜怒哀樂 皆出於萬姓一體者

招朋引類

何有乎爲邦.

卽是天下則.

인정人政/권14/선인문選人門/운화일체運化一體

온 천하를 내 몸처럼 여기는 것은 대기 운화에서 얻어지는 것이며,

만백성을 내 몸처럼 여기는 것은 통민 운화에서 얻어지는 것이다.

만약 운화가 일체임을 모르고,

한갓 옛사람들의 일체로 삼으라는 말만 전해 듣고,

마음속의 일체라는 생각만으로 조처하려고 하면,

급기야 실제 행동으로 나올 때는 삼분오열되어,

외물에 흔들리지 않으면 곧 편벽될 것이니,

이것은 의거할 표준과

따라갈 법도가 없기 때문이다.

盖四海一體 得之于大氣運化

億兆一體 得之于統民運化.

若不識運化一體

而徒傳古人一體之言

排撰²¹⁸⁾胸中一體之思

及其行事 三分五列

如非擾奪 卽是偏隘

乃由於無所依據之準的

循蹈之軌轍.

인정人政/권9/교인문敎人門/만물일체萬物一體

만물 일체라고 말하는 것은

기실은 운화의 일기가 충만 투철해서 지탱해주고 있는

땅과 달, 해와 별, 만물에 이르기까지

그 형질이 일체를 이루고 있음을 말한 것이다.

옛날 천인합일에 대한 의논들은

혹자는 사욕을 완전히 떨쳐버려 혼연한 것이 하늘이라 했고,

혹자는 하늘은

본래 형질이 없는 것임을 절실히 깨닫는 것이라 했고,

萬物一體云者

其實運化一氣 撑柱充滿透徹

地月日星及萬物

形質以成一體.

古之天人合一之論

或謂克去私欲 渾是天也

或謂眞知天

自是形質隔不得也

---

217) 郅(질)=至也 盛也.

218) 排撰(배찬)=물리치고 선택함.

혹자는 성명이 천天과 인人을 소통시킨다고 말하는 등	或謂性命通天人也
억측하고 부회한 것이 모두 타당하지 못하다.	揣摩牽合俱未妥點.
또한 인물의 생사로 논한다 해도	且以人物之生死論之
기氣가 모이면 사람과 사물이 생장 노쇠하며	氣聚而人物之生長老衰
저절로 운화의 시종이 있기 마련이며,	自有運化之始終
기가 흩어지면 대기 속으로 되돌아가	氣散而返和大氣
역시 대기 운화와 일체가 되는 것이다.	亦運化之一體.

추측록推測錄/**권6**/**추물측사**推物測事/**기용학**器用學

하늘도 땅도	蓋天是器也 地亦器也
사람도 만물도 모두 그릇이다.	人亦器也 物亦器也.
통틀어 말하면 단지 하늘이라는 하나의 그릇이 있을 뿐이며,	統言之則 只有天之一器也
나누어 말하면 천지 인물이 각자 그릇이라 할 것이다.	分言之則 天地人物 各自爲器也.

혜강의 저서 『승순사무』는 승천, 순인順人, 행사行事, 성무成務의 준말이며, 이것들을 천인天人 운화로 관통되는 것으로 보았다. 이러한 일통一統 사상은 우주 일체론과 아울러 모순과 대립 그리고 개별성과 다양성을 간과하는 함정이 있다.

그에게 있어 이성적인 것은 자연적인 것에 한해서만 적실 타당한 것이다. 그러나 이성적인 것이 반드시 자연적인 것은 아니다. 이것은 인문보다 자연을 위주로 하는 점에서 유가보다 도가에 더 가깝다. "이성적인 것은 자연적이고 자연적인 것은 이성적이다"라고 하는 테제는 성리학과는 서로 어긋나기 때문이다. 그러므로 혜강의 우주 일체론은 유가의 천하일가론에 비해 국가와 사회보다는 자연의 상호 의존 관계를 더욱 반영한다는 점에서 차이가 있지만 여전히 너무도 낙관적인 현실 긍정과 전체주의적인 함정을 제거하지 못했다는 점에서 비판의 여지가 상존한다.

성리학의 테제는 헤겔의 "실재하는 것은 이성적이요, 이성적인 것은 실재적이다"라는 테제와 비교될 만하다. 헤겔의 요점은 "실재의 성질은 자기모순이 되어서는 안 되고 이것을 해소하기 위해 변증법적으로 반전한다"라는 고찰에서 연역된 것이다. 그러나 실재와 이성의 동일시는 불가피하게 '존재하는 것은 바르다'라는 믿음과 자족으로 떨어지게 되어 전체주의에 이론적 기초를 제공한 것처럼, 동양의 자연주의는 무위無爲로 떨어져 결과적으로 왕권을 무력화하고 지배 호족들의 발호를 낳았던 것이다.

승순사무承順事務/89면/사절일관중인상관四節—貫衆人相關

승천, 순인, 행사, 성무의 네 절목은 일관되어 있다.	承天順人行事成務 四節爲一貫.
승천은 역상 기수를 살피는 데 있으니,	承天在於歷象氣數
형질을 얻어 드러내는 자가 능하며,	見得形質者所能
순인은 만백성을 일체로 하는 데 있으니,	順人在於一體萬姓
밝게 궁구하고 감화하게 하는 자가 능하며,	究明感化者所能
행사는 사세의 기회를 주밀하게 살펴 이용하는 데 있으니,	行事在於周[219]察機會
완급 선후를 조절하는 자가 능하며,	先後緩急者所能
성무는 전심전력으로 실행해나가는 데 있으니,	成務在於專 力做去[220]
흔들리지 않고 이탈하지 않는 자가 능하다.	毋致撓奪[221]者所能.

인정人政/권6/인도人道/천하인도天下人道

인도人道란 통민 운화로	人道者 統民運化
각자 분수대로 편안하게 하는 도리다.	各安其分之道也.
인仁으로 정교를 다스리고 의義로 마르고 어거하며,	仁爲政敎 義爲裁御
예禮로 화목하게 인도하고, 법法으로 악惡을 금하여,	禮以導和 律以禁惡
천인 운화의 기氣를 받들고 따르며 원근을 이끌어	承順天人運化之氣 提挈遠近
벼리를 펴면	綱維之張
천하 인민이 기약하지 않아도 그렇게 되고,	天下之人 不期而然
꾀하지 않아도 대동하니 이것이 천하의 인도다.	不謀而同 是天下之人道也.

신기통神氣通/권1/체통體通/형질추측이통形質推測異通

그런즉 형질의 통을 따라서	然則因形質之通
추측의 통에 이르러야 한다.	而達之于推測之通.
나를 주장함은 가볍게 하고, 사물을 주장함은 깊게 하여	主我者輕 主物者深
천天과 인人이 소통할 수 있어 오류가 적을 것이다.	庶幾通天人 而少差謬.

---

219) 周(주)=密也.

220) 做去(주거)=실행해나감. 做는 作의 속자.

221) 奪(탈)=失也, 狹路.

방금 운화를 표준으로 한다

우주 안에서 지금 펼쳐지고 있는 방금 운화야말로,

만사 만물이 의뢰해야 할 근원적 기초요, 전후의 표준이다.

학자는 모름지기 이 뿌리와 표준인 방금 운화를 정립한 연후에야

방향을 찾을 수 있고 조처하고 시행할 수 있다.

宇內羅列 方今運化

資賴之根基 前後之標準.

學者須定根基 立標準然後

庶尋方向 亦可操行.

공전하며 만물을 만들어내는 것은 천지의 기氣요,

가르치고 배우며 이끌고 따라감은 인심의 기다.

심기의 이끌고 따라감이 천기의 생성을 거스르지 않아야만,

가히 우주에 두루 통용되고 시행될 수 있는 것이다.

만약 "천도는 곧 인도요, 인도는 곧 천도"라고 말은 하면서도,

대기의 범위에 어긋나는지 여부를 고려하지 않고,

오직 심기를 좇아 학문을 말하게 되면,

어찌 인정이 같은 부류에게는 화답과 호응이 없을까만,

천하인이 함께 열복하기를 기대하기는 어려울 것이다.

그것은 실로 '동당同黨의 학學'일 뿐 '천인天人의 학'은 아니다.

輪轉陶鑄 天地之氣

敎學導率 人心之氣.

心氣導率 不悖於天氣陶鑄

可通行於宇宙.

若謂天道卽人道 人道卽天道

不顧大氣範圍 有違無違

惟從心氣而說學

豈無人情之同類和應

難期天下人共悅服.

其實 同黨之學 非天人之學.

심기가 운화하는 조목에는 인의예지,

측은수오, 공경시비, 희로애락,

지의사려, 계신공구 등이 있다.

이것들은 각각 지시하는 것이 다르지만 모두 내면에 있다.

반면 군신, 부부, 장유, 붕우로부터

만사 만물에 이르기까지

이것들은 나의 외부에 있으면서 내가 대처하고 응수하는 것들이다.

내외를 통괄하여 말하면

다만 하나의 천인 운화의 기氣가,

순환하여 끝이 없고, 침투해 들어가 틈이 없으니,

心氣運化之目 有仁義禮智

惻隱羞惡 恭敬是非 喜怒哀樂

志意思慮 戒愼恐懼之類.

各有指別 是皆在內者也.

君臣父子夫婦長幼朋友

以至萬物萬事

是則在外 而接濟應酬者也.

統內外而言之

只是一箇天人運化之氣

循環無端 透澈無間

심기 운화는 대기 운화에 제어되어	心氣運化爲大氣運化之制御
어긋나거나 벗어날 수 없다.	不得違越.
말하는 것은 다단하지만	縱云多端
모두가 천인 운화를 승순하는 일이고,	皆是承順天人運化之事
하나라도 혼자서 전횡하거나 멋대로 행하는 것은 없다.	未有一自專自行者也.
그러나 한마음을 모든 변화의 근원으로 생각하는 사람들은	蓋以一心爲萬化之源者
매사를 먼저 마음에서 궁구하고 난 뒤에야 사물에서 살피니,	凡事皆先究於心 而後稽于事物
자기를 위주로 하는 병이 이로 말미암아 생기는 것이다.	主我之病所由始也.
어찌 사물의 운화를 마음 밖에서 얻어	曷若以事物運化 得之于外
이를 마음에 간직하고,	藏之于心
기미를 따라 밖으로 시행하는 것만 하겠는가?	隨機而行之于外.
주아主我의 병이 없어지고, 하늘을 따르는 효과가 있을 것이다.	無主我之病 有順天之效.

세계화와 평화

따라서 혜강은 동양의 전통적인 인류 도덕을 세계의 보편성과 우주적 평화를 담보로 하는 것으로 인정했고, 따라서 오륜五倫에 '조민유화兆民有和'라는 강령을 추가하여 육륜六倫을 만들었다. 그의 통민 운화는 세계로 확장되는 세계화를 긍정했고, 나아가 세계인이 대기 운화에 승순하는 세계 평화를 지향했다. 또한 그의 평화는 패권주의 전체주의적 평화가 아니라 개인의 주체성을 존중하는 것이며, 사상과 종교의 자유를 포괄하는 것이었다. 이처럼 그의 세계 평화론은 화이론華夷論, 서양 우월주의, 국가주의, 제국주의 사상의 함정을 극복했다는 점에서 동시대의 그 누구보다도 선구적이라는 평가를 받을 만하다.

특히 사상 종교에 대해 반교조적인 태도는 담헌 홍대용의 이단 포용론을 그대로 닮았다. 담헌과 혜강은 똑같이 과학자요, 수학자였으며, 세계 학문의 수입 개방을 주장했다는 점에서 일치한다. 이러한 경향은 두 사람 모두 중인에 가까운 하층 양반 출신으로 중상주의적 가풍이 토양이 되었을 것이다.

혜강의 '조민유화兆民有和'는 유교의 대동 사상과 묵자의 겸애兼愛를 인류 보편적 개념으로 확대한 것으로 볼 수 있다. 또한 신분 차별 없는 교육을 보장하는 견무교법畎畝教法으로 신분 상승의 기회를 부여하고, 신분 차별 없는 평등한 인재 등용을 강조한 것은 반계 유형원 이래의 실학파의 주장을 그대로 계승한 것이다.

신기통神氣通/권1/체통體通/사해문자변통四海文字變通

문자란 언어를 소통시키는 표지일 뿐이다.	文字乃通言語之標識也.
그런데 각국이 사용하는 글자의 모양이 같지 않아,	各國所用字形不同
문자가 불통하니 타고난 벙어리와 상대하는 것 같아,	文字之不通 如天啞之相對
막히고 얽힌 생각을 품게 되고 쟁투의 사단이 되기 쉽다.	帶鬱結之悔 易致爭鬪之端.
만약 문자를 서로 같도록 한다면,	若使文字相同
사정이 서로 통하게 되고 화해의 방도가 되며,	事情交通 和解之方
위로하고 깨우치는 도리가 곡진하여 은폐됨이 없을 것이다.	慰諭之道 曲盡無隱.
소수가 다수를 본받고, 흩어짐이 모임을 본받는 것은 대세이니,	勢將使寡效衆 使散效聚
서역 제국이 중국의 문자를 같이 쓰게 되면,	則西域諸國 同行華夏文字
음은 다르지만 자의와 자형이 같아	而音則雖異 字意字形同
통행할 수 있을 것이다.	則可以通行.

인정人政/권18/선인문選人門/견무교법조민유화畎畝敎法兆民有和

오륜의 가르침은 그 이상 더할 수 없는 진리이므로,	五倫之敎 至矣盡矣
그것을 천하에 확충하면 절로 만국이 다 화합할 것이다.	而推擴天下 自有萬國咸和.
그러므로 부자유친, 군신유의, 부부유별,	父子有親 君臣有義 夫婦有別
장유유서, 붕우유신 다음에	長幼有序 朋友有信之下
조민유화의 구절 하나를 첨가하여,	添一兆民有和[222]一句
이로써 오륜의 통행을 나타내면,	以箸五倫通行
세계 인민이 화합하는 실효가 있을 것이다.	兆民致和之實效.
오륜의 가르침은 각자가 힘써 행하는 것과	五倫之敎 各自勉行
천하에 통행하는 것과는 자연히 대소의 차이가 있는 것이니,	與通行天下 自有大小之不同
각자가 힘써 행하는 것은 자기의 일신 운화이며,	各自勉行 一身運化也.
천하에 통행하는 것은 통민 운화다.	通行天下 統民運化也.
그러므로 천하에 통행하는 오륜을	以天下通行之五倫
일신의 각자 행하는 오륜의 천칙으로 삼고,	爲一身各行五倫之天則

---

222) 兆民有和(조민유화)=세계 평화.

일신의 각자 행하는 오륜의 증험을 미루어, 推一身各行五倫之證驗

천하에 통하는 오륜의 치안으로 삼는다면, 爲天下通行五倫之治安

장애되거나 치우치는 폐단이 거의 없게 되어 庶無妨碍偏滯之短

도리어 대소가 완비된 오륜이 될 것이다. 却是大小完備之五倫也.

기학氣學/권1/38면

천지 운화를 모르는 자들은 不識天人運化者

항상 자기에게 익숙한 것과 每以一己之習熟

한 나라에서 보고 들은 것으로 먼 나라 사람을 헤아린다. 一國之聞見 忖度遠國之人.

그러므로 먼 나라 일을 설명하는 데 과장되고 황당한 말이 많다. 論說遠國之事 率多誇誕之辭.

견문이 높고 넓어지면 취사선택이 사실에 근거하게 된다. 見聞漸博 取捨在實.

서적을 조사 열람하여 기화의 단서를 찾은 후, 簡策搜閱 尋其氣化之端

사물을 경험하여 기화에 부합되는 것만을 취한다. 事物經驗 取其氣化之合.

이렇게 쌓인 공적이 인기의 운화를 이루고, 積累之功 成人氣之運化

이를 미루어 도달한 효험이 천지의 운화에 미치면, 推達之效 及天地之運化

먼 외국인도 우리와 다름이 없게 되고, 遠國之人 無異同國之人

이방의 풍속도 대동의 풍속으로 귀일할 수 있을 것이다. 異邦之俗 可歸大同之俗.

기학氣學/권1/52면

의복, 음식, 주택, 수레, 말의 제도와 등급은 衣服飲食宮室車馬 制度等級

나라마다 통용되는 규율과 관례가 있다. 自有當國通行之律例.

또 풍토에 따라 생산되는 산물을 항상 재료로 삼게 마련이다. 又有土宜物産 常用之材料.

이것들이 천인 운화에 해가 되지 않는다면 無害於天人運化

반드시 풍속과 관례를 어길 필요가 없다. 不必違於俗習.

또 천인 운화에 보탬이 된다면, 有補於天人運化

변통하여 대중과 다르게 하는 것도 가할 것이다. 可變通而違衆.

기학氣學/권2/31면

천지는 변화하며 사람도 변화한다. 天地有化 人亦有化.

위대한 성인이 교화를 남겼기에 백성이 모두 교화되고, 大聖遺化 民皆歸化

낡고 더러운 습속이 점차 근원으로 돌아왔고,　　　汚俗陋習 漸次還元

이단과 잡학이 사라져 정도로 귀일하여　　　　異端雜學 沈滅歸正

민생의 대도가 표준을 얻고 장애가 없어졌다.　　民生大道 得準無碍.

이처럼 변통을 보여줌으로써 지나간 것이 모두 변화하고　以示變通 所過者化

그 계몽이 무궁하여 후인까지 교화되었다.　　以啓無窮 後人之化.

인정人政/권6/측인문測人門/상商

한 가정의 살림을 꾸려가려면　　　　　　治一家之産者

시골 저자의 상인에게 의지해야 하며,　　　有資於鄕市之商

한 나라의 백성을 다스리려면 국내의 상인들을 두루 통해야 하며,　治一國之政者 周通境內之商

천하를 태평하게 하려는 사람은 천하의 상인과 접촉해야 한다.　謨天下之平者 接天下之商.

천하를 두루 돌아다니는 상인은　　　　　天下周行之商

역량과 배포가 좌판이나 행상과 달라서　　局量排布 異於坐販行商

천하의 훌륭한 도학을 모으기도 하고,　　或有收聚天下善道者

병선을 가지고 노략질하는 해적을 대동하기도 한다.　或有挾帶兵船侵掠者.

그러나 천하 사람은 형체가 같고 신기도 같으며　然天下之人 形貌旣同 神氣亦同

행하는 사업도 또한 같다.　　　　　　　所行事業亦同.

다만 언어 문자가 같지 않아　　　　　　但言語文字不同

의사가 통하는 데 장애가 있지만,　　　　雖爲通情之妨碍

우리가 헤아리는 것을 그들도 역시 헤아리니,　我之所測 彼亦測之

헤아리는 기술은 천하에 두루 통용된다.　　而測之之術 遍達于天下.

그러므로 좁은 소견으로 그들을 불선한 자로 추측하거나,　以狹見 測之以不善

그들에게 불선한 짓을 보인다면,　　　　示之以不善之事

원근의 모든 나라에 소문이 전파되어　　　傳播遐邇諸國

우리나라 사람은 불선하다는 오명을 얻게 될 것이니,　使擧國之人 皆歸之于不善

이는 한 사람의 좋지 않은 추측으로　　　是一人不善測之害

온 나라가 불선하다는 오명을 듣게 되는 것이다.　至使擧國有不善之名.

승순사무承順事務/42면/중서통용기수도리中西通用氣數道理

천지 운화는 중국과 서양이 조금도 다름이 없으니,　天地運化 無小異於中西

따라서 중국과 서양의 백성이 승천 순인함도
다를 바 없다.
서양의 기수氣數의 학문이 중국에 들어와
이미 삼백여 년이 되었으므로,
기계와 시험이 다소 계몽되고 개발되었다.
중국에 비교하면 서양은
예로부터 천문 수리학설이 전래되었으며
중국보다 상세한 이유는 기계를 장려하고 기氣를 시험한 때문이다.
중국의 법을 서양에 시행할 수 있는 것은
도리를 정치와 교화의 대략적 범위로 삼는 것이다.
필경 중국과 서양은 서로의 좋은 법을 취할 것이다.
서양의 좋은 법을 중국에 시행하려면 덜고 보탬이 있을 것이며,
중국의 좋은 법을 서양에 시행하려면 역시 변통이 있을 것이니,
이로써 사해의 승순 사무를 통일하는 것이 될 것이다.

則中西民隨行承順
亦無不同.
西方氣數之學 入於中國
已過三百餘年
器械驗試多所啓發.
比諸中國
自古流傳氣數之說
其所詳於中國者 由於將器驗氣.
中法之可行於西國者
道理爲政敎之大略範圍.
畢竟中西相取善法.
西之善法行於中 而損益焉
中之善法行於西 而變通焉
是爲統一四海之承順事務也.

제 5 부 유물론적 신학

겸애평등

혜강은 묵자의 겸애兼愛 사상을 그대로 수용한 것 같다. 이 점 하나만으로도
조선 사상가로서는 혁명적이다. 이는 유교의 혈연적이고 차별적인 사랑인
인애仁愛를 극복하는 것이기 때문이다. 특히 혜강이 여자의 교육도 남자와 다를 것이 없다고 말함
으로써 유교의 천형天刑과도 같은 남녀 차별을 배격한 것은 특기할 만하다.

인정人政/권11/교인문敎人門/여자교女子敎

여자의 교육은 위로 부모를 섬기고 아래로 자녀를 기르며
가정의 운화에 순응하는 것이니,
남자를 가르치는 것이나 다를 것이 없다.

女子之敎 仰事俯育
順家庭之運化
與敎男子無異.

인정人政/권25/용인문用人門/애유대소愛有大小

사람이 그 무리를 사랑하는 데는 대소 광협이 있을 수 있으니,
천하 인민을 하나로 통합하는 것이 가장 넓고 큰 것이다.

人之愛其類 有大小廣狹
一統天下人民 最廣大.

대저 사랑이란 인仁을 베푸는 것이다.

천하 생령을 하나로 볼 때 인도가 이루어지는 것이니,

남과의 교접을 제거하면 인도가 이루어질 수 없다.

인간과 만물을 두루 사랑하는 것이야말로 진정한 사랑이다.

夫愛者仁之施也.

一視天下生靈 而人道成

非除交接而人道成.

則博愛人物 眞是愛也.

인정人政/권1/측인문測人門/측유허실測有虛實

사람의 귀천을 헤아림은

많은 사람이 아끼고 싫어함에 있지,

벼슬의 높고 낮음에 있지 않다.

사람의 길흉을 점치는 것은

인도의 득실 손익에 있을 뿐,

관상이나 간지干支에 있지 않다.

測人之貴賤

亶在於衆庶之所愛惡

不在於爵位之尊卑.

占人之吉凶

實在於人道之得失損益.

不在於部位²²³⁾干支

인정人政/권15/선인문選人門/거천擧賤

타고난 국량과 재능의 우열로 귀천을 구분하는 것이

참된 귀천이요,

문벌이나 직업의 존비로 귀천을 나누는 것은

속된 귀천이다.

위수 물가에서 낚시질하던 천한 노인이었던 강태공은

주나라를 인도하여 바로잡아 천하의 주인으로 만들었고,

회수 북쪽에서 굶주리던 한 사내의 재능이

한나라의 창업을 도왔으니,

이것이 어찌 범상한 만남이겠는가?

인재를 구하는 본뜻은 제세안민에 있으니,

오직 그 임무를 감당할 재주와 국량을 가진 인재를 취해야 하며,

시속이 말하는 귀천으로 간택하지 말아야 한다.

天稟之器局才能 以優劣分貴賤

眞貴賤也

以門地所業之尊卑分貴賤

俗貴賤也.

渭濱賤老

道可匡周

淮陰餓夫才能

佐漢

是豈常有際遇哉.

求人之義 在於濟世安民

惟取可堪之才局

不擇時俗之所貴賤.

인정人政/권16/선인문選人門/물한귀천勿限貴賤

사람이 타고난 재품은 본래 귀천을 구분함이 없다.

人生才稟 本無限於貴賤.

---

223) 部位(부위)=항열. 지위. 얼굴 각 부분의 위치.

국가가 사람을 쓰는 것은

일을 이루고 백성을 다스리는 것이 위주이니,

어찌 반드시 귀천에 구애될 필요가 있겠는가?

國家用人

以濟事治民爲主

何必拘於貴賤哉.

인정人政/권16/선인문選人門/평등재비교平等才比較

평등한 것이 재능이지만 버리고 취함을 재량해야 한다.

일을 행하는 것이 동일하면 인도의 우열을 취하며,

인도가 동일하면 경험이 많은 연치 방장한 사람을 취하고,

연치가 동일하면 현준과 친한 사람을 취하고,

현준과 친함이 동일하면 용의가 화동한 사람을 취해야 한다.

이 다섯 가지로 취하고 버림을 결정할 뿐,

귀천과 빈부가 간여되면 안 된다.

平等之才 較量取捨.

行事同則 取人道優劣

人道同則 取年齒方壯

年齒又同則 取所親賢俊

所親又同則 取容儀和同.

以此五者 決定取捨.

而貴賤貧富不預[224]焉.

인정人政/권25/용인문用人門/공상통운화工商通運化

공업과 상업은 운화의 소통과 불통,

백성의 이용후생에 유불리로써 귀천과 우열이 정해진다.

용인의 도道는 이런 공업과 상업의 일을 아울러 잘하게 하고,

상공업에 종사하는 자들을 권장 징계하는 것에 있다.

기수氣數에 통달하지 못하고 어찌 치안을 이룰 수 있겠는가?

工商之業 猶以運化之通不通

民用之利不利 爲貴賤優劣.

用人之道 兼得[225]百工商賈之事

勸懲百工商賈之業.

其可不達氣數 而能濟治安乎.

말세의 습속이 공업과 상업을 천한 직업으로 여겨,

죽어라고 일하여 겨우 밥이나 얻어먹는 무리에게 내맡겼다.

그래서 공인과 상인을 점점 천하게 여기게 되었다.

어찌 용인의 도리가 공상에게는 베풀어지지 않는가?

사람이 태어날 때 원래 사농공상으로 정해진 바 없으며,

오직 조정에서 인품의 귀천을 취사선택하는 것일 뿐이다.

末俗以工商爲賤業

任置于營營[226] 苟食之輩.

至使工商之人 漸至賤陋.

用人之道 何獨不行於工商乎.

人生原無士農工商之定限.

朝廷惟有人品貴賤之取捨.

---

224) 預(예)=先也. 及也.

225) 得(득)=能也.

226) 營營(영영)=분주한 모습.

혜강은 이단을 탄압할 것이 아니라 천하 공론에 맡겨야 한다고 주장한다. 이는 구동존이求同存異를 말하는 것으로 홍대용의 이단 포용론과 다산의 추서推恕와 같은 맥락이다. 이는 종교와 학문의 자유를 말한 것으로 당시 조선의 척사 운동과는 배치되는 근대적인 것으로 평가할 만하다. 이러한 이단 포용과 학문의 자유야말로 민주주의의 기초인 관용주의의 시발점이다.

인정人政/권23/용인문用人門/상살相殺

애당초 간사 아첨으로 채용된 자는 그 위세가 커지면,	始以奸佞進用者 及其威勢熾烘
다분히 생령을 해치고 때로는 현량을 죽인다.	多害生靈 時戮賢良.
만약 이런 자들을 엄형에 처하지 않는다면	若不正刑此人
인재를 등용하는 도道를 논할 수 없다.	用人之道不可言論.
차마 하지 못하는 마음으로	若有不忍之心
저들을 베고 끊어 후예를 막을 수 없어,	不能斬截屛裔
겨우 잠시 물러나 있게만 한다면 저들 당류의 원한을 키워,	姑務退息 黨類之忿鬱蘊蓄
필경 망측한 재앙으로 반격당할 것이며,	竟致罔測之禍
그간 진출한 간성 같은 현준들이 주륙당하게 될 것이다.	其間所進 如干賢俊 無不戮辱.
또한 예禮를 논하여 살인하고, 문文을 논하여 살인하고,	又或 禮論而殺人 論文而殺人
또 관직을 다투어 살인하고, 재물을 다투어 살인한다.	爭官而殺人 爭財而殺人.
죽임의 다소가 있으므로 비록 같지는 않을지라도,	所殺之多少雖不同
이기려는 마음에서 나온 잔인하고 각박한 것은 동일하다.	出於勝心而忍刻一也.

인정人政/권11/교인문敎人門/교화사설敎化邪說

소견이 정대하고 성실한 자는	見得正大誠實之人
그 도리를 밝혀 이단 사설을 교화 교도할 뿐,	但明其道 導化異端.
심히 공격 배척하지 않으니	不甚攻斥
도리어 이단을 막고 바른길로 이르게 한다.	反致扞[227]格.

227) 扞(한)=막을.

인정人政/권11/교인문敎人門/벽이단闢異端

이단 사설을 물리침에는	凡異端邪說之闢
구구한 사단을 쟁변해서는 안 되며,	不可區區事端爭辨
근거도 기준도 없는 것으로 서로 다투어도 안 된다.	又不可以沒着無準相競.
마땅히 성실하고 흠결이 없는 인도人道와 경상經常으로써,	當以誠實無欠人道經常
사람이라면 벗어날 수 없는 것을	爲人而不可逃脫者
언론으로 표현하고 서적으로 저술하여,	形於言論 著於書籍
천하 공론이 선택하기를 기다려야 한다.	以俟天下公論之取捨.

인정人政/권12/교인문敎人門/배이불가급排異不可急

외도와 이단은	外道異端
마땅히 성실한 도리로 인도하고 감화시키는 것을 위주로 해야지,	當以誠實道感化爲主
이를 배척하거나 기필코 승리의 깃발을 세우려고	不可以闢之斥之 期立勝旛
적진을 굴복시키는 것을 위주로 해서는 안 된다.	摧伏敵陣爲主.
왜냐하면 이들도 동등한 기화 속의 사람이며,	同是氣化中人
모두 선한 도리를 구하는 마음이 있기 때문이다.	俱有求善道之心.
밝게 닦은 성실한 자라면 의당 운화의 귀정을 기다릴 뿐,	修明誠實者 當俟運化之歸整
어찌 급하게 그들을 박멸하는 데 힘쓸 것인가?	何事於遄[228]急之撲滅.

인정人政/권13/교인문敎人門/학문견해學問見害

스스로 닦는 학문은 권면이 없어도 흥기하지만,	自修之學 不待勸勉而興
범인의 학문은 국가의 정책으로 장려하고 이끌어주어야만	凡人之學 待國政之獎援 而勸勉
기풍이 장려되고 진작되는 것이다.	風動獎進.
학문의 본의는 필생 연구하여	學問本義 畢生究竟
아직 개발하지 못한 것을 개발하고,	發前未發.
후세에 마땅히 밝혀야 할 것을 밝히는 것이니,	明後當明
어찌 당장 그것을 자랑하거나 모욕을 받게 하고,	豈爲生前夸伐 而受侮
권력을 거슬렀다고 해를 보게 할 것인가?	觸[229]忤[230]而見害哉.

228) 遄(천)=빠르게.
229) 觸(촉)=抵觸됨.
230) 忤(오)=거역하다.

또한 죽여야 한다고 말하는 자도 있지만	且以戕[231]害者言之
학문하는 사람을 보호하지는 못할망정	不克顧護學問之人
도리어 어질고 유능한 자를 질투하여 죄를 주는 것이	反致妬賢嫉能之責
어찌 사람으로서 차마 할 일인가?	亦豈人所可忍哉.
만일 거짓된 학문으로 우매한 자를 속여 유혹한다면,	如以邪僞之學 誑惑愚迷
마땅히 국법으로 금지하고 지도하여 교화해야겠지만,	則當以王法 禁斷而導化之
진실로 그들을 죽이기까지 하는 것은 마땅하지 않다.	固不宜誅及其人.
하물며 학문을 잘못했을 뿐 남을 해치려는 의도가 없이,	況差誤學問 志不在害人
오직 견해 차이가 있을 뿐이라면 더욱 그렇다.	惟有所見之差異乎.
진실로 운화를 배워 터득하여	苟能學得運化
하늘과 땅을 본받고 사람에 조화하여 호응함에 따라 행동하면	法天則地和人 隨應而動
조화는 메아리 같고 따름은 그림자 같을 것이다.	和之者若響 從之者如影.
해를 당하는 일이 있을 수 없으니 어찌 해치는 자가 있으리요!	不當有見害之事 亦豈有害之者.

붕당과 경장

혜강은 붕당朋黨이 생기고 경장更張에 대한 논의가 분분한 것은 잘못된 구학舊學의 탓이며, 그 주범으로 심학心學과 거짓된 천제와 신神을 지목한다. 그러므로 진실한 학문은 평화를 지향하는 것이어야 하며, 운화를 따르면 항상 변통할 것이므로 경장할 일이 없게 된다는 것이다. 따라서 자신이 말하는 운화의 학문에는 붕당도 경장도 있을 수 없다고 말한다.

인정人政/권12/교인문敎人門/학유치란學有治亂

학문이란 근본적으로 태평성세를 좇는 것이다.	學問本自[232]昇[233]平.
인사에 분쟁이 있으면 학문을 들어 그것을 화해시키고,	人事之紛爭 擧學問而和解之
정령이 도리를 잃으면 학문을 밝혀 정령을 바로잡는 것이니,	政令之失道 明學問而規正之
혼란을 막고 위태로운 것을 붙들어주며,	止亂扶危
어리석음을 깨우치고 악惡을 감화시키는 것이 학문의 본의다.	發蒙化惡 乃學問本意也.

---

231) 戕(장)=殺也. 傷也.
232) 自(자)=由也. 從也.
233) 昇(승)=日上 豊也.

그러나 그릇된 학문은 남을 이기려는 마음 때문에

바람이 잔 뒤에도 풍파를 일으키고,

매양 자기 결점을 숨기고 문자를 빌어 엄호하는 술수를 부린다.

어찌 그들의 부질없는 입에 올라 온전한 사람이 있겠는가?

심지어 붓끝으로 사람을 죽이기에까지 이른다.

이런 학문으로 조정에 들어가면

붕당의 재앙이 일어나고,

후세까지 전해지면 문벌의 다툼이 혹심할 것이니,

학문의 본의가 어디에 있겠는가?

竊觀差錯學問者 常肆[234]其勝心

揚波濤於風靜之後

每掩其缺漏 援文字爲遮護之術.

奚但[235]口無完人.

至有筆端殺人.

以此學問 徵用於朝廷

則朋黨之禍 興

流傳於後世 則門戶之爭酷

學問之本義安在.

인정人政/권12/교인문敎人門/경장更張

세상일은 경장할 것이 많지만

운화교는 경장할 것이 없으니,

때를 따라 수행하여

운화의 기氣에 어김이 없도록 할 뿐이다.

기화가 만약 변한다면 당연히 경장이 있겠지만,

기화가 불변이면 영영 경장은 없을 것이다.

그 동일하지 않은 형세를 승순하여 수행으로 삼으며,

폐단이 있으면 없애고, 해로움이 있으면 김매듯 다스리며,

보탬이 있으면 포상하고, 모자람이 걱정되면 예비하며,

앞일을 거울삼아 뒷일을 삼가고,

소홀히 잊지 않지만 억지로 조장하지 않으니,

또 무엇을 경장하겠는가?

진실로 경장할 것은 기물의 폐단을

새로운 재료로 개조하고,

불완전한 법은 완전한 법을 얻어 옛 법을 고치는 일이다.

예로부터 지금까지

인도人道의 상행常行은 별로 크게 바뀐 것이 없으나,

天下事多有更張

惟運化敎無所更張

但當隨時修行

無違於運化而已.

氣化若變 則當有更張

氣化不變 則永無更張.

則承其不同之勢 以爲修行

有弊則除祛 有害則鋤治

有補益則獎襃 慮不逮則豫備

懲前毖[236]後

勿忘勿助

有何事於更張.

固所更張 器物之弊

以新材料改造

未完之法 得完法而革舊.

自古及今

人道常行 別無大端更張

234) 肆(사)=放恣 市也 故也. 究也.

235) 但(단)=空也. 徒也.

236) 毖(비)=愼也.

그것을 안으로 숨긴 것은 심학의 천착에 있으며	深於常行在內 而有心學之穿鑿
그것을 밖으로 표류하게 한 것은 거짓된 신과 하늘에 있으니,	浮於常行在外 而有神天之荒誕
파탄됨이 많고 착오하여 한결같지 않게 되었다.	破綻多端 差誤不一.
이런 것들을 경장하려면	欲擧此而更張
경장이 없는 운화의 가르침을 버리고	則捨斯無更張之運化敎
무엇을 취할 것인가?	而奚取哉.

역성혁명

혜강은 여론에 따른 왕업 교체의 혁명을 하늘에 순응하는 추세라고 인정했다. 이는 멀리 묵자의 군주 선출론과 맹자의 폭군 방벌론과 맥을 같이하는 것이다. 그러나 혜강의 역성혁명론은 허균의 민중 봉기론과 너무도 닮았다.

혜강은 청나라를 통해 서구 문물을 소상히 접하고 있었으므로 1789년의 프랑스 혁명과 미국의 독립을 알고 있었을 것으로 추측할 수 있으나 그가 이러한 서구의 시민 혁명에 영향을 받았는지는 알 수 없다. 어떻든 그의 혁명론이 실린 『인정』이 발표된 것은 1860년이므로 혜강의 혁명론은 서구에 비해 약 1세기가 뒤진 것이다. 그러나 당시 조선은 봉건 왕조 시대였으므로 그의 역성혁명론은 획기적인 것으로 평가할 수 있다.

인정人政/권23/용인문用人門/무위유덕위천하소존無位有德爲天下所尊

백성 가운데 치안의 덕德이 있는 사람은	萬姓之中 有治安德者
지위는 없어도 만백성의 수령이 되어,	爲無位民之首領
민중과 서민들이 저절로 존경하고 사모하니 그것을 막을 수 없다.	衆庶尊慕 自有不得不然.
인도를 밝히고 경상을 세우고 말없이 실행하여,	人道修明 特立經常 不言而行
민중이 저절로 감복하면 나라 없는 교화이니	民自感服 無方之化
어찌 이를 제한할 수 있겠는가?	豈有界限.
지위가 있는 자가 이런 사람을 존경하고 사모한다면	有位者尊慕斯人
자신을 스스로 높이지 않아도	則雖不自尊
경내의 생령들은 그가 존경하는 유덕자임을 안다.	宇內生靈 知其尊有德.
도리어 그를 높여주면 그 나라는 천하의 높임을 받게 된다.	而尊之 至尊其國於天下.
그러나 만약 유덕자를 높이지 않고 천대하고 버린다면,	若不尊有德 而賤棄之

백성의 존경하는 것을 어기는 것이니 그 자신도 천하게 되고,
아울러 그 나라까지도 천하의 천대를 받을 것이다.

인정人政/권23/용인문用人門/용인대세用人大勢

한두 사람으로 구제될 일이라면,
그 일의 기미를 따르면 거의 재량할 수 있겠지만,
억만 사람이 바라거나 바라지 않는 것이라면,
대세의 방향을 억제할 수 없을 것이다.
백성의 쌓인 원망과 오랜 울분으로 모두 이반을 생각할 때는
한 사람이 부르짖고 일어나면 만백성이 벌 떼처럼 일어날 것이니,
엄중한 형벌과 준열한 법률도 아무 쓸모가 없게 된다.
이것은 일조일석의 원인에서 생기는 것이 아니라,
반드시 민중의 원망이 누적되어
한꺼번에 터지도록 사태를 기른 것이다.
무엇이 민중이 이런 변란에 이르도록 했는가?
이들이 어찌 변란을 즐겨하겠는가?
도탄을 견디다 못하여 터진 것일 뿐이다.
그 추동의 원인을 생각해보면
용인用人이 부른 재앙이 아님이 없다.

대개 지위가 높아지고 세력이 커지면 부리는 데 습관이 들어,
민중은 시키는 대로 따르는 것인 줄만 알 뿐,
민중이 아끼고 두려워하는 것이 무엇인지 모른다.
그래서 측근끼리 작당하여
백성을 해치는 일을 자행하고,
위세를 부리며 억울함을 호소하는 백성을 위협하면,
원망이 쌓여 급기야 제방이 터지듯 사납게 분출하는 것이다.
만약 학정이 없었다면

違於民之所尊 至於自賤
幷其國而爲天下所賤.

一二人可濟之事
從其事機 庶可入量
億萬人願不願之事
大勢所趨 有不可抑制.
人民積怨久鬱 咸思離叛
一夫唱起 萬姓勇躍
嚴刑峻法 固無所用.
此非一朝一夕之故
必積累衆怨
以養一齊潰決.
何以使民 致此變亂.
是豈所樂爲哉.
出於不堪塗炭.
潛究其樞紐
莫非用人而召禍.

盖位高勢重 狃[237]於任使者
但知衆庶惟令是從
不識衆庶可畏可愛.
獨與近習私人唱和
而行害民之事
施威而脅呼寃之氓
而致厚怨而橫[238]決.
若無厲虐之政

---

237) 狃(뉴)=邪也.
238) 橫(횡)=가로, 橫逆 橫暴.

백성이 어찌 반란에 이르게 되었겠는가?

만약 침학을 견디지 못하여 군중이 일어났다면,

이는 생민의 소원이 표출된 것이며, 하늘의 자연스러운 추세다.

이런 기회를 타서,

치안에 덕德이 있는 사람이 백성에게 추대되어

왕업을 이룬다면,

이것이 곧 하늘 법칙이 사람을 등용한 것이다.

만약 치안에 덕도 없는 사람이 권위를 빌려

찬탈을 행한다면,

이것은 곧 용인을 잘못한 재앙이 아직 남아 다하지 않았음이니,

다시 난을 다스려 세상을 구제할 사람을 기다려야 한다.

而民到于此亂逆也.

若不堪侵暴 而有此群動.

寔出於生民之大願 天則之順勢.

然乘此機會

有治安之德者 爲民所推

以成王業

卽天則之用人也.

若無治安之德 而借權假威

以行簒奪

乃不善用人之餘厄 未盡

留待撥[239]亂濟世之人.

---

239) 撥(발)=治也. 除也.

실 학 사 상

찾아보기

실實 50~54, 58, 94, 150~151, 171, 300, 329, 392, 768, 809, 810, 824, 856, 859, 865, 901, 917, 931

『실증 철학 강의』 902

실증주의 707, 900, 902, 948

실지리 937

심 경험 884, 886

심기학 864, 939

심론心論 687

심사정 605

심성합일론 864

심心 44, 81, 122, 193, 197, 305, 334, 389, 403, 632, 675~676, 681, 685, 687, 689, 693, 712, 717, 721, 799, 802, 842, 854, 860, 864~866, 878, 884, 886, 949

심즉기 864

심지덕 626, 632, 644

심징론 694

심학心學 71, 717, 722, 970

십만 양별설 129, 235, 238

쑨원 831

ㅇ

아리스토텔레스 206, 232, 948

아雅 771

아인슈타인, 알베르트 848, 850

아프리오리 902

『악기』 629

악惡 105, 169, 191, 201, 304, 306~307, 313, 675~676, 679~685, 687, 694~695, 699~702, 704, 712, 717, 721~722, 728, 732, 768, 772, 864~865, 929~931, 933~935, 938, 943, 959, 970

안정복 28, 37, 38, 76, 175, 177, 251

애민 212, 352, 604, 619~620

애유락 272

애지리 626, 643~644, 937~938

양良 718, 720~721

양마락 272

양명학 465, 469, 480, 712, 714, 717

양반 민주제 229~230

『양반전』 356, 534

양陽 86, 185~186, 191, 199~200, 304, 308~310, 362, 378, 466, 655, 662, 842

양웅 116, 358~360, 367, 681~685, 768

양자(양주) 119, 120~121, 249, 330, 366, 384, 466~467, 684, 724~725, 760 , 768

양지 70, 321~323, 481, 702, 717~718, 720~721, 798

양지설 469, 480

양지양능설 480

어유붕 348

어윤중 791

에피쿠로스 651

『여유당전서』 639

여전제 344, 739, 741, 743

여탁 712~713

『역경질서』 182

역성혁명론 972

『역옹패설』 484

『연암집』 443, 519

『열녀함양박씨전』 356, 407

『열하일기』 349, 356, 364, 415, 425, 474, 486, 497, 520~521, 754

영업전 260, 262~263

『예기』 145, 159, 200, 618, 628~630, 634, 670~671, 673, 677, 766, 785, 924

예禮 34, 36~37, 114, 153, 155, 190, 233, 248, 253, 255, 289, 302, 326, 337~338, 352, 432~433, 488, 498, 514, 518, 578, 610, 618, 621, 623~624, 627, 629, 633, 635, 636~638, 640~642, 677, 736, 747, 762, 828, 922, 925~926, 936~939, 959, 968

예치 635, 641

오규 소라이 638

오덕 310

오덕종시설 374

실
학
사
상

실
학
사
상

ㅁ

ㅂ

ㅅ

실학사상

ㅈ

ㅊ

사진 제공

93쪽 국립중앙박물관.

96쪽 실학박물관.

106쪽 김성순.

144쪽 실학박물관.

174쪽 성호기념관.

350쪽 실학박물관.

510쪽 단국대학교 석주선기념박물관.

602쪽 다산기념관.

767쪽 고려대학교 박물관.

790쪽 이주화.

이 책의 사진은 저작권을 확인하고 정상적인 절차를 밟아 사용했습니다.
일부 누락된 부분은 이후에 확인 과정을 거쳐 반영하겠습니다.